PARKER RHONE

ROBERT M. PARKER, JR.

PARKER RHONE

AUS DEM ENGLISCHEN VON
CLAUDIA BRUSDEYLINS,
WERNER HORCH UND ANGELA KUHK

HALLWAG VERLAG
BERN UND STUTTGART

Schmuckelemente: Levavi & Levavi, Inc.
Übersichtskarten: Jeanyee Wong

Lektorat: Heike Brillmann-Ede/Werkstatt Gillhofer, München
Umschlag und Gestaltung: Robert Buchmüller
Satz: Werkstatt Gillhofer, München

Druck: Hallwag AG, Bern
Einband: Burckhardt AG, Mönchaltorf (Schweiz)
Printed in Switzerland

ISBN 3-444-10493-6

Hallwag

INHALT

DIE SÜDLICHE RHÔNE 333

*Für Maia-Song und Pat
und zur Erinnerung an Jacques Ferlay
und Jacques Reynaud*

DANK

Ich werde Joan Passmann, meiner «Madame Everything», und Hanna Agostini, «La Grande Parkerette» Frankreichs, niemals genug für ihre unermessliche Hilfe bei der Zusammenstellung der Materialien für die Drucklegung danken können. Ich weiß, dass dieses Buch ohne ihre Bemühungen nicht hätte vollendet werden können.

Kein Autor kann geistig ohne die Unterstützung seines Verlegers überleben. Die Lektoren Gillian Sowell und Jay Schweitzer bei Simon & Schuster haben mir große Dienste erwiesen.

Ich muss gestehen, dass ich im Rhônetal sehr viele Männer und Frauen kennen gelernt habe, denen meine Bewunderung gilt und die ich sogar zu meinen Freunden zähle. Gerade bei Letzteren war ich zwar stets bemüht, einen angemessenen Abstand zwischen Kritiker und Erzeuger zu wahren, doch konterkarieren die vielen Besuche, tief gehenden Gespräche und die zahlreichen Flaschen köstlichen Weins zu herrlichen Mahlzeiten, die sie mit mir teilten, im Endeffekt eine objektive Beobachtung. Ihrem Wein begegne ich trotzdem mit kritisch-unabhängiger Distanz. Diese Menschen haben mich erzogen, begeistert und durch ihre Worte und ihre Weine inspiriert. In meinem Dank an sie werde ich niemals die gebührende Bewunderung und Anerkennung ausdrücken können. Hier ihre Namen (in alphabetischer Reihenfolge): Paul Avril, Henri Bonneau, André Brunel, die Gebrüder Brunier, Michel Chapoutier, Gérard Chave, Auguste Clape, Paul und Laurent Feraud, der verstorbene Jacques Ferlay, Marius Gentaz-Dervieux, Marcel Guigal, Michèle und Philippe Laurent, François und Jean-Pierre Perrin, der verstorbene Jacques Reynaud, Georges Vernay und Noël Verset.

Es gibt noch weitere Rhône-Begeisterte, denen ich für ihre Unterstützung und Ermunterung danken möchte: Jim Arsenault, Bruce Bassin, Christopher Cannan, Bob Cline, Jean-Luc Colombo, «Fast Eddie», Lawrence und Bernard Godec, Josué Harari, Alexandra Harding, Barbara G. und Steve R. R. Jacoby, Alain Junguenet, Robert Kacher, Brenda Keller, Robert «Slowly» Lescher, Susan Lescher, «The Magnum Force», J. C. Mathes, Ron «the king» Metzer, Jay Miller, Allen Peacock, Frank Polk, Pierre-Antoine Rovani, Carlo Russo, Ed Sands, Martine Saunier, Bob Schindler, Eric Solomon, Elliott Staren, Steve «the Ho» Verlin, Peter Vezan, Karen Weinstock, Joseph Weinstock und «the Wiz-zard».

Schließlich stehe ich für immer in der Schuld des klugen und großzügigen Park B. Smith, genannt «Le Grand Parkster», der vermutlich der zweitgrößte, leidenschaftliche Liebhaber von Rhôneweinen in den Vereinigten Staaten und der ganzen Welt ist.

Suche im Wein nicht den Spiegel einer exakten Wissenschaft!
Die Formeln der wissenschaftlichen Önologie sind
nichts als ein dürftiger Versuch, den Geheimnissen der ewigen
Schöpfung Respekt zu erweisen.

Der verstorbene JACQUES PERRIN,
Château Beaucastel, Châteauneuf-du-Pape

Es ist traurig, dass nur wenige Menschen in der Lage sind,
auf natürliche Weise erzeugte, individuelle Weine zu verstehen.
Die Technologie hat sich so weit entwickelt,
dass es zu vielen Weinen an ihrem ursprünglichen Geschmack fehlt;
sie gleichen einander. Mehr als alles andere ist «terroir»
der Ausdruck von Finesse und Komplexität.

GERARD CHAVE, Domaine J. L. Chave, Hermitage

Die einzige Garantie für Qualität ist,
sich mit kleinen Erträgen zufrieden zu geben.

Der verstorbene JACQUES REYNAUD,
Château Rayas, Châteauneuf-du-Pape

Filtrierter Wein ist wie Liebe mit Kondom,
und zugesetzte Säure ist wie eine Rüstung, hinter der die Rebsorte,
das «terroir», der Charakter des Jahrgangs und die Persönlichkeit
des Weins versteckt werden.

MICHEL CHAPOUTIER, Chapoutier, Hermitage

Ich bin kein Önologe;
wenn ich Wohlstand und Sicherheit wollte,
würde ich für die Regierung arbeiten.

HENRI BONNEAU, Châteauneuf-du-Pape

Beim Pferderennen heißt es, dass ein gutes Pferd
im Allgemeinen auch einen großen Namen trägt – beeindruckend
und wohlklingend. Von diesen drei Weinen – Côte Rôtie,
Châteauneuf-du-Pape sowie dem weißen und roten
Hermitage – würde ich Ähnliches behaupten.

Subtilität, dieser abgedroschene Weinbegriff, ist ein Klischee,
das in Verbindung mit Rhôneweinen nur selten verwendet wird;
ihre Anziehungskraft ist völlig unzweideutig.

A. J. LIEBLING, Between Meals

Beim Trinken eines großen Rhônetropfens ist mir,
als hätten Herz und Gaumen die Plätze getauscht.

ROBERT M. PARKER, JR., Autor

Uneingeschränkt der beste Wein der Welt.

THOMAS JEFFERSON
(über weißen Hermitage im Jahre 1787)

EINFÜHRUNG

Nachdem ich nun zwanzig Jahre lang das Rhônetal bereist habe, nach den Tausenden Weinen, die ich verkosten durfte, Hunderten von Weingütern, Kellern und Erzeugern, die ich besucht habe, fühle ich mich außer Stande, in Kürze meine Gefühle für diese ungemein bedeutende Region auszudrücken. Dabei ist das Rhônetal nicht nur reich an Weinen, sondern verfügt auch über eine jahrhundertealte Geschichte und beeindruckende Naturschauspiele. Photos würden sicherlich jeden Menschen mit Sinn für Schönheit und Abenteuer davon überzeugen, dass diese Region, deren beeindruckende Historie in einer Vielzahl von Büchern dokumentiert ist, eine Reise wert ist. Doch wie soll ich Ihnen die Pracht und Erhabenheit, den Wert und das reine Vergnügen, das die Rhôneweine bereiten, vermitteln? Leider kann ich Ihnen kein Glas mit dieser wunderbaren Flüssigkeit überreichen! Das geschriebene Wort, egal wie inspiriert, deutlich, präzise, begeistert oder lebendig es auch ist, wird stets völlig unzureichend sein für die Schilderung eines Côte Rôtie von Guigal, eines Condrieu von Vernay, eines Hermitage von Jaboulet, Chapoutier oder Chave, eines Cornas von Clape, eines Châteauneuf-du-Pape von Rayas, Bonneau oder Beaucastel, eines Gigondas von Santa Duc, eines Côtes du Rhône von Gramenon oder Fonsalette, oder des honigartigen Muscat Beaumes de Venise von Durban – um nur einige der hervorragenden Gewächse zu nennen. Diese Tropfen sprengen jedes durchschnittliche Weinvokabular und erfordern selbst von dem fortgeschrittensten Kenner der Materie neue Verkostungsparameter.

Trotzdem werde ich den Versuch wagen. Vor etwa 2 000 Jahren erlebten viele der Rhôneweine ihr goldenes Zeitalter, das mit der römischen Eroberung Frankreichs – das damals Gallien hieß – zusammenfiel. Sie stammen von den ältesten Weinbergen Frankreichs und haben Jahrhunderte überstanden, in denen sie ignoriert, missverstanden und unterschätzt wurden. Trotzdem hielten sich in der Vinifikation erstaunlich hohe Maßstäbe und die achtziger Jahre unseres Jahrhunderts brachten schließlich die verdiente Anerkennung – in Frankreich und in der ganzen Welt.

Dies ist die Geschichte der Rhôneweine, angefangen bei den bescheidenen Durchschnittsprodukten der Côtes du Rhône bis hin zu den erhabenen, himmlischen Kreszenzen der Côte Rôtie, von Hermitage, Condrieu und Châteauneuf-du-Pape. Ausführlich werden die Weine, die Erzeuger, ihre Persönlichkeit, die Jahrgänge, ihre Erfolge und Misserfolge in einer umfassenden Nahaufnahme des Rhônetals dargestellt. Doch vermag es auch die überzeugendste und leidenschaftlichste Prosa nicht, diesen Gewächsen gerecht zu werden.

DIE APPELLATIONEN DER CÔTES DU RHÔNE

APPELLATION	WEISS-WEIN	ROT-WEIN	ROSÉ-WEIN	SCHAUM-WEIN	GESPRITETER SÜSSWEIN
Nördliche Rhône					
Côte Rôtie		X			
Condrieu	X				
Château Grillett	X				
Hermitage	X	X			
Cornas		X			
Crozes-Hermitage	X	X			
St-Joseph	X	X			
St-Péray	X			X	
Südliche Rhône					
Vacqueyras	X	X	X		
Châteauneuf-du-Pape	X	X			
Gigondas		X	X		
Tavel		X	X		
Lirac	X	X	X		
Côtes du Rhône-Villages	X	X	X		
Beaumes de Venise		X			X
Rasteau	X	X	X		X
Côtes du Rhône	X	X	X		
Coteaux du Tricastin	X	X	X		
Côtes de Ventoux	X	X	X		

ZUM GEBRAUCH DIESES BUCHES

Die vorliegenden Kommentare und Bewertungen zu den Winzern aus dem Rhônetal und der Provence sind äußerst umfassend. Sie sind das Ergebnis einer Liebesgeschichte mit diesen Weinen, die während meines ersten Besuchs in der Region im Jahre 1970 ihren Anfang nahm. Seitdem verfolge ich die Entwicklung der Erzeuger und ihrer Produkte genauestens und habe im Laufe der letzten beiden Jahrzehnte einen Großteil meiner Zeit an der Rhône verbracht, um so viele Hersteller wie nur möglich zu besuchen. In Verbindung mit den zahlreichen Verkostungen bei mir und auf den Gütern der Erzeuger haben mir diese Besuche einen Einblick in die Welt der Rhôneweine geboten und zu einer Wertschätzung geführt, die weitaus größer ist, als ich es mir je hätte vorstellen können.

Bei der professionellen Beurteilung versteht es sich von selbst, dass geeignete Gläser und die richtige Servietemperatur unerlässlich sind für eine objektive und sinnvolle Verkostung. Das optimale Glas, das traditionell für diese Zwecke verwendet wird, ist das von der International Standards Organization empfohlene, so genannte ISO-Glas. Es ist tulpenförmig und wurde extra für Degustationen entworfen. Ich verwende jedoch auch verschiedene andere Gläser. So ist «L´Impitoyable» (das Schonungslose) ein sehr feines Verkostungsglas und erheblich größer als das ISO-Glas. Es verstärkt das Bukett und lässt Mängel viel deutlicher hervortreten. Aus dem «Impitoyable» kann man unter normalen Umständen nicht gut trinken, weil die Öffnung zu schmal ist, für die kritische Beurteilung der Aromastoffe eines Weins ist es aber ideal. Zudem verwende ich Riedel-Gläser, die sich ebenfalls hervorragend eignen. Sie werden in Österreich hergestellt und sind einfach zu beschaffen. Die beste Temperatur liegt sowohl für Rot- als auch für Weißwein bei etwa 16 bis 18 °C. Bei zu hoher Temperatur wird das Bukett diffus und der Geschmack flach. Liegt die Temperatur zu niedrig, ist das Bukett nicht mehr wahrzunehmen und durch den Kühleffekt verschließt sich der Geschmack.

Zur kritischen Prüfung eines Weins gehört eine optische und eine physische Untersuchung. Zunächst betrachte ich den Wein vor einem weißen Hintergrund und beurteile die Brillanz, Dichte und Intensität seiner Farbe. Gerade bei den Roten von der Rhône ist die Farbe von besonderer Aussagekraft. Praktisch alle großen Jahrgänge zeichnen sich in der Jugend durch ein sehr tiefes, sattes, dunkles Rubinrot aus, während bei minderen Jahrgängen die Farbe infolge von schlechter Witterung und Regen oft verblasst. So hat ein junger Wein von heller, trüber Färbung offensichtlich erhebliche Schwierigkeiten. In den Jahren 1967, 1970, 1978, 1989, 1990, 1991 und 1995 war im Allgemeinen der Farbton der Roten sehr dunkel.

Bei der Betrachtung eines älteren Weins ist zunächst der Rand unmittelbar am Glas auf bernsteingelbe, orangefarbene, rostrote und braune Töne zu untersuchen. Dabei handelt es sich um normale Reifezeichen. Treten diese Farbnuancen jedoch in einem guten Jahrgang bei einem bedeutenden Wein auf, der noch keine sechs bis sieben Jahre alt ist, dann stimmt etwas nicht. Beispielsweise können junge Weine, die schlampig bereitet und in unreinen Fässern oder an der Luft gelagert wurden, bereits in ihrer Jugend ein altes Aussehen annehmen.

Neben der Farbe sind auch die «Beine» des Weins von Bedeutung. Darunter versteht man die Tränen oder Schlieren, die an der Innenwand des Glases herunterlaufen. Gehaltvolle Jahrgänge zeigen meistens «gute Beine», weil die Trauben viel Glyzerin und Alkohol enthalten, was dem Wein die für den Träneneffekt nötige Viskosität verleiht. Jahrgänge mit guten bis ausgezeichneten «Beinen» sind 1995, 1994, 1991, 1990, 1989, 1985, 1981, 1978 und 1967.

Nach Beendigung der optischen Untersuchung folgt die eigentliche physische Prüfung: des Geruchs über den Geruchssinn und des Geschmacks, der mit dem Gaumen analysiert wird. Nachdem man den Wein im Glas geschwenkt hat, steckt man die Nase hinein – ins Glas, nicht in den Wein – und nimmt seine Aromen auf. Das ist äußerst wichtig, denn das Aroma und der Geruch des Weins geben Aufschluss über Reifegrad und Reichhaltigkeit der zugrunde liegenden Frucht, über seinen Reifezustand sowie über eventuelle Unsauberkeiten. Der Geruch eines Weins, ob jung oder alt, sagt viel über seine Qualität aus. Deshalb wird kein verantwortungsbewusster, professioneller Degustator die Bedeutung der als «Nase» oder «Bukett» bezeichneten Gerüche und Aromen unterschätzen. Emile Peynaud definiert in seinem klassischen Werk über die Verkostung – *Le Goût du Vin* (Bordas, 1983; deutsch: *Die Hohe Schule für Weinkenner*, Rüschlikon-Zürich: Albert Müller Verlag, 1984) – neun Aromakategorien:

1. Animalische Düfte: Rindfleisch, Wild und Wildbret
2. Balsamische Düfte: Pinien, Harz, Vanille
3. Holzdüfte: frisches Holz von Eichenfässern
4. Chemische Düfte: Aceton, Merkaptan, Hefen, Wasserstoffsulfid, Säure- und Gärgerüche
5. Gewürzdüfte: Pfeffer, Gewürznelken, Zimt, Muskat, Ingwer, Trüffel, Anis, Minze
6. So genannte «himmlische» Düfte: Karamel, Rauch, Toast, Leder, Kaffee
7. Blumige Düfte: Blüten, Veilchen, Rosen, Flieder, Jasmin
8. Fruchtige Düfte: Schwarze Johannisbeeren, Himbeeren, Kirschen, Pflaumen, Aprikosen, Pfirsiche, Feigen
9. Vegetabile Düfte: Kräuter, Tee, Pilze, Gemüse

Das Vorhandensein oder Fehlen einzelner oder aller dieser Aromen, ihre Intensität, Komplexität und Nachhaltigkeit formen das Bukett eines Weins, das als vornehm und interessant oder mangelhaft und einfach bezeichnet werden kann.

Nach gründlicher Prüfung des Buketts wird der Wein verkostet, indem er gegen den Gaumen gedrückt oder gekaut und gleichzeitig inhaliert wird, um so die Aromen freizusetzen. Gewicht, Fülle, Tiefe, Balance und Nachhaltigkeit lassen sich an dem Gefühl erkennen, das der Wein am Gaumen hinterlässt. Süße empfindet man an der Zungenspitze, den Salzgehalt unmittelbar dahinter, Säure an den Zungenseiten und Bitterkeit am Zungengrund. Die meisten professionellen Weinverkoster spucken danach den Wein aus, auch wenn man natürlich immer ein wenig schluckt.

Der Abgang beziehungsweise die Nachhaltigkeit des Weins, also seine Fähigkeit, Aroma und Geschmack auch dann noch von sich zu geben, wenn er sich nicht mehr auf der Zunge befindet, macht den Hauptunterschied zwischen einem guten und einem großen jungen Wein aus. Wenn Aroma und Geschmack nicht vergehen wollen, dann hatte man zumeist einen großen, vollen Wein auf der Zunge. Wichtige Weine und Jahrgänge sind stets geprägt von der Reinheit, Fülle, Reichhaltigkeit, Tiefe und Reife der Frucht, von der sie stammen. Verfügen sie zusätzlich über genügend Tannin und Säure, dann ist das Gleichgewicht hergestellt. Diese Eigenschaften sind es, die ausgezeichnete Jahrgänge wie 1995, 1990, 1989, 1978 oder 1967 von den lediglich guten wie 1994, 1983 oder 1981 unterscheiden.

BEWERTUNG DER ERZEUGER

Nach Jahren der Verkostung und dem Besuch zahlreicher Anbaugebiete und Kellereien hat sich inzwischen gezeigt, wer in der Welt des Weins wie einzuordnen ist. Bedeutende Produzenten sind leider noch eine Seltenheit, doch stellen heute sicherlich mehr Weingüter mit Hilfe einer besseren Technologie und eines größeren Fachwissens feinere Weine her. Die hier aufgestellte Bewertungsskala klassifiziert die Hersteller nach einem Fünf-Sterne-System. Fünf Sterne und die Note «hervorragend» bekommen diejenigen, die ich für die Besten halte, vier Sterne entsprechen einem «ausgezeichnet», drei Sterne bedeuten «gut», zwei Sterne «durchschnittlich» und ein Stern «unterdurchschnittlich». Da Sie im vorliegenden Buch die Spitzenerzeuger kennen lernen sollen, ist ihnen der Hauptteil des Werks gewidmet.

Die wenigen Winzer mit fünf Sternen sind tatsächlich jene, die die weltbesten Weine herstellen. Aus zweierlei Gründen erhielten sie die Höchstnote: Sie bereiten in ihrer Region den größten Wein und zeichnen sich – selbst in mittelmäßigen und schlechten Jahrgängen – durch eine bemerkenswerte Gleichmäßigkeit und Verlässlichkeit aus. Bewertungen wie ein Punktesystem für einzelne Weine oder Klassifizierungen von Erzeugern bieten unter Produzenten und Kritikern stets Anlass zu Kontroversen. Erfolgen die Benotungen aber unparteiisch, von höherer Warte aus und aus erster Hand, vor Ort und in Kenntnis der Weine, der Erzeuger und der Art und Qualität der Weinproduktion, dann können die Ergebnisse verlässlich sein und zahlreiche Informationen bieten. Produzenten mit vier oder fünf Sternen verdienen jedenfalls eine erhöhte Aufmerksamkeit, denn ihre Weine enttäuschen fast nie. Die Erzeuger mit drei Sternen zeigen Qualitätsschwankungen, doch darf man auch von ihnen in sehr guten bis ausgezeichneten Jahrgängen durchschnittliche bis überdurchschnittliche Leistungen erwarten. Ihre Schwächen lassen sich entweder darauf zurückführen, dass ihre Weingüter strategisch ungünstig liegen oder dass sie aus finanziellen und anderen Gründen nicht in der Lage sind, die strenge Auswahl zu treffen, die für die Erzeugung der besten Weine unerlässlich ist.

Es ist das vielleicht wichtigste Ziel dieses Buches, die Kellereien der weltbesten Anbaugebiete zu bewerten. Die Jahre der Verkostung haben mich vieles gelehrt, und mit zunehmendem Wissen über die verschiedenen Regionen der Welt lassen sich ohne weiteres die wenigen wirklichen Produzenten von Weltklasse benennen. Sie ragen sowohl in großen wie in durchschnittlichen Jahren aus der Masse heraus. Mir liegt immer daran, Verbraucher vor einem blinden Vertrauen in Erzeuger oder besondere Jahrgänge zu warnen. Hersteller, die mit «hervorragend» oder «ausgezeichnet» bewertet wurden, kommen allerdings einer Qualitätsgarantie so nahe wie nur möglich.

BEWERTUNGSSTUFEN

***** Hervorragend
**** Ausgezeichnet
*** Gut

BENOTUNG UND BEWERTUNG DER WEINE

Weine verkoste ich möglichst im gleichrangigen Sortenverbund und blind, das heisst, gleichartige Weintypen werden miteinander verglichen, ohne dass der Name des Erzeugers bekannt ist. In der Bewertung spiegelt sich die unabhängige, kritische Prüfung wider. Weder der Preis noch das Renommee des Erzeugers beeinflussen in irgendeiner Weise die Begutachtung. Ich verbringe jedes Jahr drei Monate mit Weinproben in den Anbaugebieten. In den übrigen neun Monaten sind Arbeitswochen von sechs und sogar sieben Tagen allein dem Verkosten und der schriftlichen Ausarbeitung gewidmet. An Weinprämierungen oder Fachweinproben beteilige ich mich aus vielerlei Gründen nicht. Die Hauptgründe sind: 1. Ich verkoste Wein vorzugsweise aus vollen Flaschen. 2. Richtig geformte und gut gespülte professionelle Gläser sind für mich unabdingbar. 3. Die Temperatur des Weins muss stimmen. 4. Ich möchte allein darüber entscheiden, wie viel Zeit ich den jeweiligen Prüfweinen widmen will.

Die numerische Benotung gibt meine Einstufung eines Weins innerhalb einer zusammengehörigen Gruppe wider. Natürlich sind bereits Erzeugnisse mit einer Note von über 85 Punkten sehr gut bis ausgezeichnet und solche mit 90 Punkten und mehr einfach hervorragend. Es wird gelegentlich behauptet, eine Punktebewertung sei für ein seit Jahrhunderten romantisch überhöhtes Getränk unangebracht, doch ist Wein eben auch ein Verbraucherprodukt wie andere. Es gibt ganz bestimmte Qualitätsstandards, die ein hauptberuflicher Fachmann zu erkennen vermag, und es gibt vorbildliche Kreszenzen, an denen alle anderen gemessen werden können. Ich kenne niemanden, der aus drei oder vier Gläsern mit verschiedenen Weinen – unabhängig davon, wie gut oder schlecht sie sein mögen – nicht denjenigen auswählen könnte, der ihm am besten schmeckt. So ist die Benotung lediglich die Festschreibung einer sachverständigen Meinung unter einheitlicher Anwendung eines festgelegten Punktesystems. Darüber hinaus ermöglicht die Punkteverteilung die rasche Weitergabe von Informationen an Fachleute und Laien.

Die Note eines Weins ist Ausdruck seiner optimalen Qualität. Ich vergleiche die Beurteilung eines Erzeugnisses, das ja vielfach bis zu zehn Jahren und länger ständigem Wandel unterworfen ist, gerne mit dem Fotografieren eines Marathonläufers. Von einem Bild lässt sich vieles ablesen, doch Wein wie Läufer werden sich ändern. Produkte aus offensichtlich schlecht verkorkten oder beschädigten Flaschen verkoste ich erneut, da eine einzige mangelhafte Flasche nicht den Rückschluss gestattet, dass der ganze Posten mangelhaft ist. Viele der hier vorgestellten Erzeugnisse habe ich mehrere Male geprüft. Die Benotung stellt somit einen Mittelwert aus den Erfahrungen aller bisherigen Verkostungen dar. Sie sagt jedoch nichts über die wichtigsten Fakten aus. Der begleitende Kommentar gilt als die bessere Informationsquelle, berücksichtigt er doch den Stil und die Persönlichkeit eines Weins, seine Qualität im Vergleich zu gleichrangigen Weinen, seinen relativen Wert und sein Reifepotenzial.

Nachfolgend möchte ich eine allgemeine Anleitung zum Verständnis der Benotung geben: 90 bis 100 Punkte entsprechen einer Eins; sie werden ausschließlich bei einer hervorragenden oder einer besonderen Leistung vergeben. Solche Weine sind die allerbesten ihrer Art. Der Unterschied zwischen 90 und 99 ist natürlich sehr groß, doch sind beides Spitzennoten. Eine solche Bewertung ist selten, weil es nicht sehr viele wirklich große Weine gibt.
80 bis 89 Punkte entsprechen der Note Zwei. Ein solcher Wein, insbesondere im Bereich zwischen 85 und 89, ist als sehr gut zu bezeichnen. Ich selbst habe zahlreiche Weine dieser Kategorie für meine persönliche Sammlung erworben.

70 bis 79 Punkte entsprechen der Note Drei, einem guten Durchschnitt. Je näher an 80, umso besser. Weine mit 75 bis 79 Punkten sind meist gefällig und geradlinig, es fehlt ihnen aber an Komplexität, Charakter oder Tiefe. Billigexemplare dieser Art können für anspruchslose Gelegenheiten bestens geeignet sein.

Weniger als 70 Punkte entsprechen einer Vier oder Fünf. Die Note weist auf einen unharmonischen, mangelhaften oder gar schrecklich nichts sagenden, dünnen Wein hin, der für den kritischen Konsumenten von geringem Interesse ist.

Grundsätzlich erhält jeder Wein von vornherein 50 Punkte. Die allgemeine Farbe und das Aussehen bringen bis zu fünf Punkten ein. Da heutzutage dank moderner Methoden und des verstärkten Engagements von Önologen die meisten Weine gut bereitet sind, erreichen sie ohne weiteres vier, häufig sogar fünf Punkte. Aroma und Bukett bringen bis zu 15 Punkten, je nachdem wie intensiv und reichhaltig sie sind und wie sauber der Wein erscheint. Auf Geschmack und Nachhaltigkeit entfallen 20 Punkte, wobei die Intensität des Aromas sowie die Ausgewogenheit, Sauberkeit und die tiefe, anhaltende Wirkung des Geschmackseindrucks wesentliche Kriterien sind. Schließlich ergeben das allgemeine Qualitätsniveau oder das Reife- und Alterungspotenzial bis zu zehn Punkte.

Die numerische Beurteilung ist wichtig, um dem Leser einen von einem professionellen Degustator definierten Maßstab an die Hand zu geben, nachdem der Wein mit gleichrangigen Erzeugnissen verglichen wurde. Dennoch sollte die Beschreibung seiner Eigenart, Persönlichkeit und seines Potenzials ebenso Beachtung finden. Kein Punktesystem ist vollkommen. Wenn es aber eine flexible Vergabe der Punkte erlaubt und durch ein und denselben vorurteilsfreien Kritiker angewendet wird, kann es unterschiedliche Qualitätsniveaus messen und dem Leser ein verantwortliches, verlässliches, unzensiertes und höchst informatives, fachgerechtes Urteil bieten. Allerdings gibt es keinen Ersatz für den eigenen Gaumen und nichts bildet den Geschmack besser aus als das eigene Verkosten.

DIE ROLLE DES WEINKRITIKERS

Ein Mensch muss seiner Zeit in jeder Branche, mit Ausnahme der Zensur, dienen – Kritiker finden sich schnell. LORD BYRON

Oft wird behauptet, dass jeder, der über einen Stift, ein Notizheft und einige Flaschen Wein verfügt, Weinkritiker werden kann. Genauso habe ich im Spätsommer 1978 mit einer Sonderausgabe meiner Fachzeitschrift *Baltimore/Washington Wine Advocate* begonnen.

Zwei Einflüsse haben im Wesentlichen meine Ansichten über die Verantwortung eines Weinkritikers bestimmt. Ich war damals – und bin es bis heute – in starkem Maße beeindruckt von der unabhängigen Philosophie des bekannten Verbraucheranwalts Ralph Nader. Zudem bin ich geprägt von meinen Professoren im Jurastudium, die ihren Studenten nach Watergate eine weit gefasste Definition des Interessenkonflikts einschärften. Diese beiden Kräfte haben das Ziel und die Seele meiner Zeitschrift *The Wine Advocate* sowie meiner Bücher bestimmt.

Die Rolle des Kritikers besteht also darin, Urteile zu fällen, die verlässlich sind. Sie sollten auf umfangreichen Erfahrungen und einer geschulten Sensibilität für das betreffende Thema beruhen. Folgende Kriterien muss der Kritiker in der Praxis erfüllen:

Unabhängigkeit: Es ist für einen Weinkritiker unerlässlich, dass er selbst bezahlt. Unentgeltliche Gastfreundschaft, die sich etwa in Flugtickets, Hotelzimmern oder Pensionen äußert, sollte unter keinen Umständen weder im Ausland noch zu Hause angenommen werden. Und wie steht es mit Probelieferungen? Ich finanziere 75 % der Weine, die ich verkoste, aus eigenen Mitteln und halte es deshalb für moralisch vertretbar, unangeforderte Probelieferungen anzunehmen. Zahlreiche Verfasser von Weinbüchern behaupten, dass Gefälligkeiten ihre Meinung nicht beeinflussen. Doch wer ist schon bereit, egal, in welcher Position, die Hand zu beißen, die ihn ernährt? Unbestreitbar ist der Weinkonsument und nicht der Weinhandel mein Zielpublikum. Es ist zwar wichtig, mit dem Handel eine professionelle Beziehung zu unterhalten. Trotzdem kann die Unabhängigkeit eines Verbraucheranwalts oft – und das ist nicht überraschend – zu einer Gegenposition zum Weinhandel führen. Das Risiko muss man eingehen, um tatsächlich objektiv bleiben zu können. Diese Einstellung mag als Reserviertheit fehlinterpretiert werden, die Freiheit eines Kritikers ist aber die Garantie für einen aussagekräftigen, unvoreingenommenen und unbeeinflussten Kommentar.

Mut: Mut zeigt sich in dem, was ich als «demokratisches Weinkosten» bezeichnen möchte. Urteile sollten lediglich auf Grund des Produktes in der Flasche gefällt werden und nicht von dessen Herkunft, Preis und Seltenheitswert oder der eigenen Sympathie oder Antipathie für einen Erzeuger abhängen. Der völlig unvoreingenommene Weinkritiker mag dem Handel gefährlich erscheinen, trotzdem ist eine unzensierte, unparteiische Meinung für den Verbraucher von primärer Bedeutung. Das ist Weinkritik in ihrer reinsten und wesentlichsten Form. Bei einer Verkostung sollte die 15-DM-Flasche eines kleinen Château Pauillac (eines der weniger bekannten und hochgejubelten Bordeaux-Weingüter) die gleiche Chance bekommen wie eine Flasche Lafite-Rothschild oder Latour für 120 DM. Höchstleistungen müssen erkannt und anerkannt, die Akteure hervorgehoben und dem Weinpublikum zur Kenntnis gebracht werden. Umgekehrt hat der Kritiker unterdurchschnittliche Leistungen und deren Gründe anzuprangern. Mit unverblümten und unverkrümmten Kommentaren wird man sich im Weinhandel nur wenige Freunde machen, die Weinkäufer haben aber gerade darauf ein Recht. Wenn ein Kritiker seine Urteile auf den Meinungen anderer oder auf die Herkunft, den Preis oder das angenommene Potenzial des Weins gründet, dann ist seine Kritik nichts als Heuchelei.

Erfahrung: Es ist zwingend erforderlich, zunächst ausführliche Verkostungen im gesamten Untersuchungsgebiet durchzuführen, um die Bezugsgrößen der jeweiligen Region identifizieren und sich über die global geltenden Maßstäbe für die Weinproduktion ein Bild machen zu können. Dies ist die zeitaufwendigste und teuerste Seite der Weinkritik, aber auch die befriedigendste für den Kritiker, wenngleich diese Regel selten befolgt wird. Leider werden oft nur zehn bis zwölf Weine einer bestimmten Region oder eines Jahrgangs verkostet. Trotzdem wagt der Degustator eine Gesamtbeurteilung. Diese Vorgehensweise ist so unverantwortlich wie erschreckend. Für eine fundierte Kritik bedarf es einer möglichst umfassenden Verkostung. Dies bedeutet, dass vor dem Qualitätsurteil jeder bedeutende Tropfen einer Region oder eines Jahrgangs degustiert wird. Soll die Weinkritik jemals als ernsthafte Tätigkeit Anerkennung finden, müssen sich professionell arbeitende Weinverkoster – und nicht Amateure – diesem komplexen und zeitintensiven Unterfangen stellen. Schließlich können auch Weine und Jahrgänge, wie alles im Leben, nicht auf Schwarzweißkategorien reduziert werden.

Ebenso wichtig erscheint es mir, für die weltbesten Weine Bezugspunkte festzulegen. Die Mannigfaltigkeit an Weinen und die Vielzahl der Stile lassen dies zunächst unmöglich erscheinen. Indem man jedoch die Zahl der zu verkostenden Weine pro Jahrgang aus sämtlichen klassischen Weinbaugebieten so hoch wie möglich ansetzt, lassen sich Charakteristika ableiten, die für vergleichende Urteile über Jahrgänge, Erzeuger und Weinregionen die Grundlage bilden.

Individuelle Verantwortlichkeit: Individuelle Notizen zu einzelnen Weinverkostungen würde ich niemals als unwiderstehliche Lektüre bezeichnen. Anmerkungen aber, die in allgemeiner Übereinstimmung von einer Kommission herausgegeben werden, zählen in jedem Fall zu den langweiligsten und häufig auch irreführendsten Kommentaren. Die Juroren neigen dazu, die persönlichen Vorlieben einer Gruppe zusammenzufassen. Möglicherweise aber hat jeder Einzelne sein Urteil auf gänzlich unterschiedliche Kriterien gestützt. War der eine Kritiker auf Grund der Typentreue eines Weins begeistert, verurteilte ein anderer das Produkt wegen desselben Merkmals oder bejubelte es gerade wegen seiner Individualität. Bei einem kollektiven Votum lässt sich das nicht feststellen. Diese Unsicherheiten gibt es nicht, wenn ein einzelner Autor eine Verkostungskritik verfasst.

Darüber hinaus erkennt eine Kommission selten einen Wein von großer Individualität. Ein Blick auf die Ergebnisse von Degustationsveranstaltungen zeigt leider, dass gut gemachten Mittelklasseweinen höchste Preise zuerkannt werden. Das führt dazu, die Unauffälligkeit eines Weins zur Tugend zu erheben. Individuelle und charaktervolle Erzeugnisse gewinnen dagegen niemals einen solchen Wettbewerb, da sich mindestens ein Verkoster finden wird, der etwas zu bemängeln hat. Gibt es auch nur einen großen Roten oder Weißen, der einstimmig von einer Kommission ausgewählt wurde?

Meines Erachtens fühlen sich einzelne Weinverkoster, gerade weil sie sich nicht hinter der kollektiven Meinung einer Kommission mit mehreren Mitgliedern verstecken können, stets in einem größeren Maß verantwortlich.

Die Meinung eines einzelnen Degustators ist trotz seiner Vorurteile und Vorlieben – vorausgesetzt, er ist hinreichend informiert und stellt sein Thema umfassend dar – immer eine größere Hilfe bei der Suche nach der absoluten Qualität eines Weins als ein Kommissionsentscheid. Der Leser kann den individuellen Weinkritiker einordnen; bei einem Kollektiv bleibt stets eine gewisse Unsicherheit.

Schwerpunkt Freude und Genuss: Zu viele Weinführer konzentrieren sich auf Glamourweine wie die französischen Burgunder und Bordeaux oder einen Cabernet Sauvignon und Chardonnay aus Kalifornien. Diese Weine sind bedeutend und bilden die Grundausstattung für den Keller der meisten seriösen Weinkenner. Doch es zählen auch Individualität und Eigenart. Das ungesunde Diktum der englischen Kritikerzunft, dass ein großer Tropfen in jungen Jahren schlecht schmecken muss, sollte über Bord geworfen werden. Weine, die in jungen Jahren gut schmecken, wie etwa Chenin Blanc, Dolcetto, Beaujolais, Côtes du Rhône, Merlot und Zinfandel, sind genauso ernst zu nehmen, auch wenn man sie nicht erst jahrzehntelang lagern muss. Wein ist letztendlich ein Freudenspender und eine intelligente Weinkritik sollte gleichzeitig einen hedonistischen und einen analytischen Ansatz verfolgen.

Qualitätsprobleme im Brennpunkt: Zweifellos verstiegen sich namhafte Erzeuger zu Produktionsmengen, die Persönlichkeit, Konzentration und Charakter zahlreicher Weine gefährdeten. Ihnen gegenüber steht eine Handvoll Enthusiasten, die freiwillig ihre Ernte dezimieren, nur um höchste Qualität zu erreichen; diese Gruppe wird immer kleiner. In den letzten zehn Jahren haben die Erträge in fast jedem neuen Jahrgang weltweit Rekorde gebrochen, und die Anzahl der Weine, denen es an Charakter, Konzentration und Nachhaltigkeit fehlt, steigt. Das Argument, Weingüter, die sorgfältiger und kompetenter geführt werden, brächten größere Erträge hervor, halte ich für Unfug.

Neben hohen Erträgen haben technische Fortschritte die Erzeugung korrekterer Weine ermöglicht. Gleichzeitig hat der Missbrauch von Verfahren wie Säureanpassung (Azidifikation), übermäßiges Schönen und Filtern im Ergebnis zu vielen Kompromissen geführt. Die schreibende Zunft der Weinkritiker äußert sich zu diesen Fragen nur selten, und wenn, dann unzureichend. Die Weinpreise lagen niemals höher als zur Zeit, doch erwirbt der Verbraucher tatsächlich immer einen besseren Wein? Weit greifende qualitative Fragen sollten stets als Erstes erörtert werden.

Objektivität: Niemand wird leugnen wollen, dass die Weinverkostung ein subjektives Unterfangen ist. Ein erfolgreicher Weinkritiker sollte sich durch eine aktuelle und nützliche, intelligent zusammengestellte Weinliste auszeichnen, auf der gute Beispiele für verschiedene Arten der Weinbereitung in verschiedenen Preisklassen zu finden sind. Es ist sowohl für den Leser als auch für den Erzeuger von wesentlicher Bedeutung, dass der Kritiker in einer verständlichen Weise erläutert, warum er einen Wein bezaubernd oder mangelhaft findet. Der Autor sollte immer versuchen, dem Leser seine Kenntnisse und sinnvollen Richtlinien zu vermitteln. Letztlich aber gibt es keinen Ersatz für den Geschmackssinn des Verbrauchers und keine bessere Erziehung als eine selbst vorgenommene Verkostung. Der Kritiker hat den Vorteil, Zugang zur Weinproduktion auf der gesamten Welt zu haben, sollte aber seine Vorlieben im Zaum halten und den Leser in die Gründe für seine schlechten Beurteilungen einweihen. So werde ich beispielsweise niemals meine Abneigung gegen vegetabile Cabernet Sauvignons und übermäßig gesäuerte Weißweine aus der Neuen Welt oder unverhüllt kräuterwürzige Rotweine von der Loire ablegen können.

In meinen Weinbüchern setze ich mir zum Ziel, die weltbesten Tropfen und ihre wichtigsten Charaktereigenschaften aufzuspüren. Dabei sollte ein Weinjournalist meines Erachtens nicht davor zurückschrecken, jene Erzeuger zu kritisieren, deren Produkte er für mangelhaft hält. Schließlich ist der Konsument der tatsächliche Verkoster. Der Grundsatz, «über Weine nur Gutes zu schreiben», nutzt allein dem Weinhandel. Es hat sich gezeigt, dass konstruktive und kompetente Kritik dem Verbraucher hilft. Sie regt die Erzeuger mit unterdurchschnittlichen Noten dazu an, die Qualität ihrer Ware zu verbessern, und ermutigt überdurchschnittliche Produzenten, ihre hohen Maßstäbe für alle diejenigen zu bewahren, die guten Wein genießen und schätzen.

DER AUFBAU DES BUCHES

Das Buch besteht aus drei Hauptteilen: I. Die nördliche Rhône, II. Die südliche Rhône, III. Ratgeber für Besucher des Rhônetals.

Jeder Teil ist nach den Appellationen geordnet und enthält jeweils eine systematische Präsentation der wichtigsten Fakten zu den Weinen der Region, einen einführenden Text, eine Skala zur Beurteilung der einzelnen Erzeuger sowie allgemeine Anmerkungen zu neueren Jahrgängen. Anschließend werden die wichtigsten Erzeuger alphabetisch aufgeführt und ihre Weine sowie die Art der Produktion gründlich untersucht. Die Darstellung jeder Appellation erfolgt also nach folgendem Schema:

1. Name der Appellation
2. Eine systematische Übersicht der wichtigsten Fakten zur Appellation
3. Die besten Erzeuger und Weine der Appellation
4. Überblick über die neueren Jahrgänge
5. Einführender Text zur Appellation
6. Kommentierte alphabetische Liste der Erzeuger und bei Bedarf Notizen zu Verkostungen und Beurteilungen der Weine

Die nördliche Rhône

Côte Rôtie
Condrieu und Château Grillet
Hermitage
Cornas
Crozes-Hermitage
Saint-Joseph
Saint-Péray

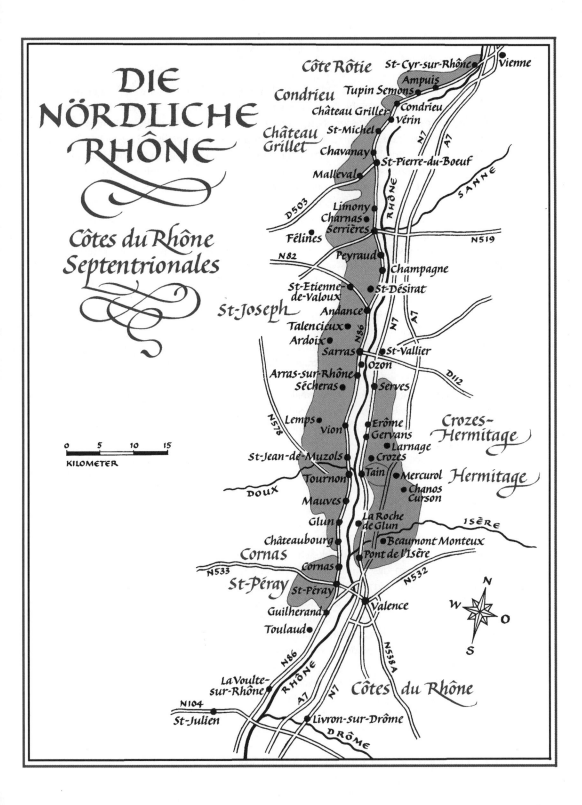

EINFÜHRUNG

Die Rhône beginnt als kleines Rinnsal in den eisigen Tiefen der Schweiz und fließt an einigen der besten Weinberge des Landes vorbei, um 70 Kilometer westlich von Genf die französische Grenze zu überqueren. In Ostfrankreich durchfließt sie in schnellem Tempo die Schluchten des Juragebirges und strömt dann weiter in südwestlicher Richtung, bis sie in Lyon – Frankreichs zweitgrößter Stadt und gleichzeitig ein bedeutendes ökonomisches und gastronomisches Zentrum – einen anderen Fluss in sich aufnimmt: die Saône. Das Weinbaugebiet der nördlichen Rhône beginnt nur rund 30 Kilometer südlich von Lyon, in Ampuis, wo der reißende Fluss zwischen steilen Hügeln hindurch nach Süden drängt. Hier – am Westufer – entstehen die Weine der Côte Rôtie. 200 Kilometer flussabwärts, bei Valence, enden die Weinberge der nördlichen Rhône. Dazwischen liegen acht bedeutende Appellationen und eine einfache Côtes-du-Rhône-Appellation. Nur die beiden Appellationen Hermitage und Crozes-Hermitage befinden sich am Ostufer der Rhône. Alle anderen – Côte Rôtie, Condrieu, Château Grillet, Saint-Joseph, Cornas und Saint-Péray – liegen am Westufer. In Côte Rôtie und Cornas wird nur Rotwein gewonnen, in Condrieu, Château Grillet und St-Péray ausschließlich Weißwein. In Hermitage, St-Joseph und Crozes-Hermitage baut man Rot- wie Weißweine an, produziert jedoch vorwiegend Rote. Interessanterweise gibt es an der nördlichen Rhône keinen Rosé, sieht man einmal von den wenigen Bereichen ab, die nur die allgemeine Bezeichnung Côtes du Rhône tragen dürfen. Bisher sind unter diesem Namen im nördlichen Rhônegebiet jedoch keine wichtigen Weine entstanden.

Die auffallendsten geologischen Merkmale der nördlichen Rhône sind ihre steilen Uferhänge und der vorwiegend aus Granit bestehende Boden. Hier befinden sich die besten Lagen, und von hier aus geht der Blick hinunter auf den schnell fließenden, gefährlich tiefen, wirbelnden Rhônefluss.

Das Sortiment der Rhôneweine ist ausgesprochen vielfältig. In den Gebieten Côte Rôtie und Hermitage gibt es Rotweine, die ohne Zweifel so komplex und reichhaltig sind wie die edelsten Bordeaux-Gewächse oder die Grands crus in Burgund. In Condrieu werden verblüffend duftige, exotische Weine bereitet, die zu den genussvollsten und außergewöhnlichsten dieser Erde gehören. In Cornas wiederum entstehen die massivsten und kompaktesten trockenen roten Tafelweine der Welt. Aus den anderen Appellationen kommen beachtliche Tropfen, aber auch langweilige, ausdrucksschwache und leblose Weine. Eines haben sie jedoch alle gemeinsam: Nahezu das ganze Jahrhundert hindurch waren sie praktisch unbekannt. Angesichts ihrer Qualität und der Tatsache, dass sie aus den ältesten Weingärten Frankreichs stammen sowie in der Umgebung von Städten erzeugt werden, die zum Schauplatz erregender Ereignisse der französischen Geschichte wurden, erscheint dies unbegreiflich.

Die Geographie, das Klima und natürlich die Weine selbst unterscheiden sich stark von jenen der südlicheren Flussregionen. Dort kann der Wein aus einem Verschnitt von mehr als einem Dutzend Sorten bestehen: Für Rotweine werden mindestens drei verschiedene Rebsorten, für Weißweine zwei bis drei verwendet. Im Norden kommen nur vier Rebsorten – Marsanne, Roussanne, Viognier und Syrah – für die acht Hauptappellationen in Betracht. Für Rotwein wird allein die rote Syrah-Traube akzeptiert. Die unbeständige und seltene Viognier-Rebe wird ausschließlich in Condrieu, Château Grillet und an der Côte Rôtie gepflanzt. In den Lagen St-Joseph, Crozes-Hermitage, Hermitage und St-Péray wird die weiße Marsanne bevorzugt; gleichzeitig feiert die Rosanne-Traube ein vorsichtiges Comeback. Obwohl alle diese Sorten auch an der südlichen Rhône gedeihen, spielen sie dort nur eine Nebenrolle: Grenache, in Rot und Weiß, ist hier die Nummer eins.

Im Folgenden sollen die Appellationen des oberen Rhônegebiets, beginnend im Norden mit Côte Rôtie bis nach St-Péray, seiner südlichsten Lage, vorgestellt werden. Dazu gehören auch ausführliche Untersuchungen zur Qualität der Weine, ihre Merkmale, ihr Reifepotenzial und die Charakteristika ihrer Erzeuger. Für neuere und ältere Jahrgänge aller führenden Weinproduzenten gibt es Degustationskommentare. Die nördliche Rhône bringt drei der größten Weine der Welt hervor, den Weißen aus Condrieu und die Roten der Côte Rôtie und aus Hermitage. Die Letzteren zeichnen sich auch durch eine bemerkenswert hohe Lebensdauer aus. Am Beginn meiner Karriere als Weinverkoster standen die großen Klassiker aus Bordeaux, die mir – aus bescheidenen oder berühmten Châteaux – bis heute große Befriedigung und Freude bereiten. Die belebendsten Augenblicke hatte ich jedoch nicht bei einem Glas Margaux oder Pétrus, sondern bei einem reifen Spitzen-Côte-Rôtie oder Hermitage. Meines Erachtens wird jeder, der diesen bemerkenswerten Weinen eine Chance gibt, um eine bedeutende Geschmackserfahrung reicher.

EINIGE ANMERKUNGEN

1. Abgesehen von einigen Ausnahmen, insbesondere verschiedenen Côte-Rôtie- und Hermitage-Weinen aus Einzellagen sowie einigen der Prestigecuvées des südlichen Anbaugebiets, bieten Weine aus dem Rhônetal unter den Spitzenroten der Welt nach wie vor das beste Preis-Leistungs-Verhältnis.

Konsumenten sollten berücksichtigen, dass die Appellationen der nördlichen Rhône – Côte Rôtie, Cornas und Hermitage – vor einem ähnlichen Problem stehen wie in Burgund: Eine Vielzahl von Erzeugern stellt nur mikroskopisch kleine Mengen her. Trotzdem kosten die meisten großen Hermitage-Cuvées nur halb so viel wie ein Grand cru aus Burgund. Noch besser sind die Syrah-Weine in Cornas, Crozes-Hermitage und St-Joseph, wo einige hochbegabte Erzeuger in den letzten Jahren den Markt erobert haben.

Die stärksten unter den charakteristischen und langlebigen Rotweinen im gesamten Rhônegebiet, wenn nicht in ganz Frankreich, findet man in Châteauneuf-du-Pape und Gigondas. Trotzdem lassen sich die meisten Weine aus diesen windigen, malerischen Gegenden noch zu recht bescheidenen Preise erwerben! Die Luxuscuvées kosten allerdings etwas mehr. Unbestritten preisgünstig sind dagegen Côtes du Rhône, Côtes du Ventoux und Côtes du Lubéron. Die meisten dieser Tropfen können sofort getrunken, aber auch vier bis fünf Jahre gelagert werden. Einige Cuvées der Côtes du Rhône, darunter die teureren Fonsalette und Coudoulet, werden 15 bis 20 Jahre alt. Ich selbst besitze noch einige großartige Flaschen Fonsalette der Jahrgänge 1966 und 1969, die keinerlei Zeichen des Verfalls erkennen lassen. Kenner und begeisterte Weinfreunde wissen seit langem, dass die hier erwähnten Gewächse nach wie vor zu den am meisten unterschätzten großen Weinen der Welt gehören.

2. Das Rhônetal liefert die trinkbarsten unter den größten Weinen der Welt.

Ich möchte nochmals betonen, dass im Gegensatz zu jungen Bordeaux-Sorten, fast jeder Rhônerotwein – bis auf Cornas und Hermitage – im Allgemeinen nach der Abfüllung getrunken werden kann. Die Spitzenjahrgänge wie etwa 1989, 1990 und 1995 werden sich zudem anmutig entwickeln und sich 15 bis 25 Jahre und länger gut trinken lassen. Auf Grund ihrer Beständigkeit besitzen die feinsten Tropfen ein Lagerungspotenzial, das lediglich bei einer

Handvoll kalifornischer Cabernet-Sauvignon-Weine und den besten Bordeaux-Châteaux nachweisbar ist. Tatsächlich sind an der Rhône lediglich Hermitage und Cornas in jungen Jahren nicht trinkbar. Ein Hermitage muss häufig 10 bis 15 Jahre gelagert werden, bevor er genießbar ist. Ich gehe jedoch jede Wette ein, dass ein 89er und 90er Jaboulet Hermitage La Chapelle oder der 90er Hermitage von Gérard Chave praktisch jeden Bordeaux aus diesen Jahren überleben werden.

3. Als Begleiter zum Essen zeigen sich die Rhôneweine außerordentlich flexibel.

Zwanglose, unprätentiöse Restaurants – Grillstuben, Bistros und Trattorien – haben heute Konjunktur. Die Bedienung ist freundlich, das Essen für jeden Geldbeutel erschwinglich. Zudem serviert man kräftige, aromatische und geschmackvolle Mahlzeiten. Aus analogen Gründen hat man sich etwa in Belgien, Frankreich, Holland, Schweden und in der Schweiz stets für Weine von der Rhône entschieden. Selbstverständlich sind Bordeaux und Spitzen-Burgunder renommierter und werden von der Weinpresse seit Jahrhunderten hofiert. Sollten Sie jedoch aromatische, würzige Speisen mögen, so werden Sie feststellen, dass sich Rhône-erzeugnisse häufig besser dazu eignen, weil sie generell nicht mit der Würze neuer Eiche oder strengen Tanninen belastet sind. Die neunziger Jahre haben eine gesunde Einstellung entstehen lassen: Das Preis-Leistungs-Verhältnis muss stimmen. Den wirtschaftlichen und hedonistischen Bedürfnissen der Weinkonsumenten entsprechen nur wenige Regionen in der Welt besser als das Rhônetal.

CÔTE RÔTIE

Einer der berühmtesten und größten Rotweine Frankreichs

DIE APPELLATION CÔTIE RÔTIE AUF EINEN BLICK

Appellation seit:	18. Oktober 1940
Weinarten:	Ausschließlich Rotwein
Erlaubte Rebsorten:	Syrah und Viognier (bis zu 20 % Viognier dürfen beigemischt werden, doch gehen nur wenige Erzeuger über 5 % hinaus)
Gesamtanbaufläche:	201 ha
Qualitätsniveau:	Mindestens gut, im besten Fall außergewöhnlich; der Côte Rôtie zählt zu den feinsten Rotweinen der Welt.
Reifepotenzial:	Die feinsten Jahrgänge reifen 5 bis 30 Jahre.
Allgemeine Eigenschaften:	Gehaltvolle, reiche, sehr duftige, rauchige, körperreiche, überwältigende Weine
Größte neuere Jahrgänge:	1995, 1991, 1990, 1989, 1988, 1985, 1983, 1978, 1976, 1969
Aroma:	Die überaus duftigen Weine entfalten ein unwiderstehliches Bukett mit dem Duft und Geschmack von Schwarzen Johannisbeeren, Schwarzen Himbeeren, Rauch, Speck, Veilchen, Oliven und Grillfleisch. Beim entsprechend langen Ausbau in neuen Eichenfässern kommen Vanille und *pain grillé* hinzu.
Struktur:	Die Weine sind elegant, doch ungemein kraftvoll und häufig vollmundig und tief. Sie besitzen in der Regel einen mittleren bis schweren Körper und für ihre beachtliche Reife und Kraft einen überraschend günstigen Säuregrad. Der Tanningehalt ist im Allgemeinen mäßig.
Die besten Weine der Appellation Côte Rôtie:	Chapoutier La Mordorée • Domaine Clusel-Roch Les Grandes Places • Gentaz-Dervieux [+] • Jean-Michel Gérin Les Grandes Places • Guigal Château D'Ampuis • Guigal La Landonne • Guigal La Mouline • Guigal La Turque • Jean-Paul und Jean-Luc Jamet • René Rostaing Côte Blonde • René Rostaing Côte Brune La Landonne • L. de Vallouit Les Roziers • Vidal-Fleury La Chatillonne

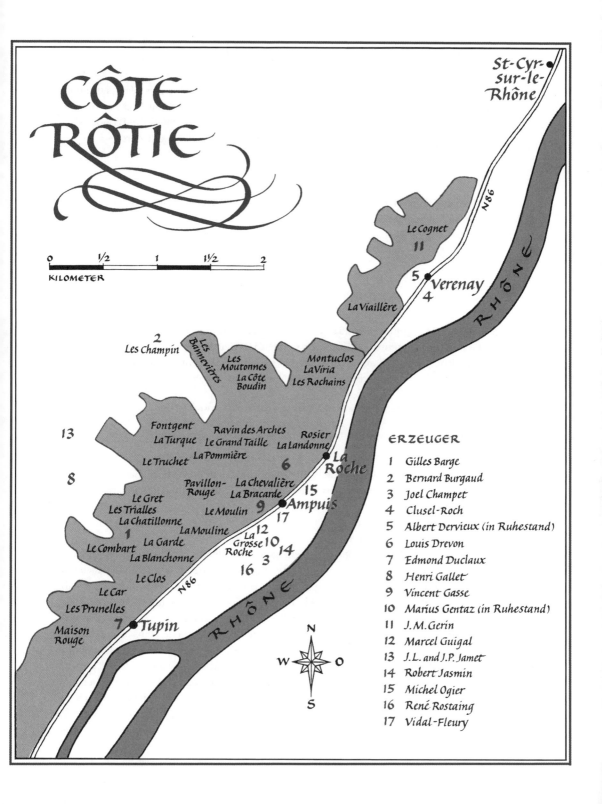

CÔTE RÔTIE

St-Cyr-sur-le-Rhône

Le Cognet
11

5 · Verenay
4

La Viaillère

RHÔNE

2 Les Champin

Les Bannevières

Les Moutonnes
La Côte Boudin

Montuclos
La Viria
Les Rochains

13

Fontgent
La Turque

Ravin des Arches
Le Grand Taille
La Pommière

Rosier
La Landonne

Le Truchet

6

La Roche

8

Pavillon-Rouge

La Chevalière
La Bracarde

15

Le Gret
Les Trialles
La Chatillonne

Le Moulin

9 · Ampuis

17

La Mouline

12
La Grosse Roche

10

1

Le Combart

La Garde
La Blanchonne

3

14

16

Le Clos

N86

Le Car

Les Prunelles

7 · Tupin

Maison Rouge

N86

RHÔNE

N
W · O
S

ERZEUGER

1 Gilles Barge
2 Bernard Burgaud
3 Joel Champet
4 Clusel-Roch
5 Albert Dervieux (in Ruhestand)
6 Louis Drevon
7 Edmond Duclaux
8 Henri Gallet
9 Vincent Gasse
10 Marius Gentaz (in Ruhestand)
11 J. M. Gerin
12 Marcel Guigal
13 J. L. and J. P. Jamet
14 Robert Jasmin
15 Michel Ogier
16 René Rostaing
17 Vidal-Fleury

0   ½   1   1½   2
KILOMETER

BEWERTUNG DER CÔTE-RÔTIE-ERZEUGER

*****

Chapoutier (La Mordorée) • Domaine Clusel-Roch (Les Grandes Places) • Marius Gentaz-Dervieux [+] • Guigal (Château D'Ampuis) • Guigal (La Landonne) • Guigal (La Mouline) • Guigal (La Turque) • Jean-Paul und Jean-Luc Jamet • René Rostaing (Côte Blonde) • René Rostaing (Côte Brune La Landonne) • L. de Vallouit (Les Roziers) • Vidal-Fleury (La Chatillonne)

****

Bernard Burgaud • Domaine Clusel-Roch (andere Cuvées) • Henri Gallet • Vincent Gasse • Jean-Michel Gérin (Les Grandes Places) • Guigal (Côte Blonde et Brune) • Michel Ogier • René Rostaing (Standardcuvée) • René Rostaing (Côte Brune La Viaillère) (seit 1991) • Vidal-Fleury Côte Brune et Blonde

***

Gilles Barge (und Pierre Barge) • Guy und Frédéric Bernard • Gerard Bonnefond • Domaine de Bonserine (Domaine Ile la Rousse) • Emile Champet • Joel Champet (La Viaillère) • Chapoutier (Standardcuvée) • Domaine Clusel-Roch (Standardcuvée) • Delas Frères (Les Seigneurs de Maugiron) • Albert Dervieux-Thaize [++] • Yves Gangloff • Jean-Michel Gérin (Champin de Seigneur) • Paul Jaboulet-Ainé (Les Jumelles) • Robert Jasmin (***/****) • Lyliane Saugère

[+] Gentaz hat sich nach der 92er Weinernte zur Ruhe gesetzt; seine Weinberge werden heute von dem 5-Sterne-Erzeuger René Rostaing bewirtschaftet.

[++] Dervieux-Thaize, seit 1991 im Ruhestand, hat seine Weinberge an René Rostaing verpachtet.

Die Weine der Côte Rôtie gehören mittlerweile zu den modischsten und beliebtesten Gewächsen des Rhônetals. Die aufregende, bisweilen explosive Duftmischung aus Johannisbeeren, Himbeeren, Oliven, gebratenem Speck und Rauch sowie das übervolle, samtige und saftige Beerenfruchtaroma machen sie ungemein verführerisch und sinnlich, was auch weniger versierte Kenner zu würdigen wissen.

Der erste Blick auf die Côte Rôtie (wörtlich: «gerösteter Hang», am Westufer der Rhône in idealer südöstlicher Ausrichtung gelegen, ist unvergesslich. Nur 20 Autominuten südlich von Lyon liegt das wenig interessante Städtchen Ampuis. Hinter dem Ort erheben sich die steil abfallenden terrassierten Hänge – das Gefälle beträgt stellenweise 55 Grad – der Côte Rôtie. Außer in Banyuls und an der Mosel finden sich in ganz Europa keine derart steilen und gewaltigen Weinberge. Da die schmalen, schwer begehbaren Weinterrassen den Einsatz von Maschinen ausschließen, werden sie durchweg von Hand bestellt. Oftmals lassen sich nicht einmal Ochsen und Pferde verwenden. Zweifellos hat der enorme Arbeitsaufwand viele der weniger standfesten Winzer dazu veranlasst, ihrer beruflichen Tätigkeit andernorts nachzugehen.

Diese nördlichste Appellation im Rhônetal blickt auf eine bemerkenswert lange Geschichte zurück, um die sich die üblichen Legenden ranken. So führen einige die Entstehung der Weinberge auf die alten Griechen zurück, die den Weinbau hier im 6. Jahrhundert vor Christus eingeführt haben sollen. Andere halten entgegen, erst die Römer hätten im 1. Jahrhundert die Steilhänge mit Terrassen überzogen und Weinstöcke angepflanzt. Die zweite Theorie erscheint angesichts der Tatsache, dass Vienne eine Hochburg der Römer war, plausibler. In der Stadt findet man heute noch römische Ruinen, an erster Stelle die Überreste der Tempel von Livia und Augustus, die vermutlich 1oo Jahre vor Christus errichtet wurden. Welche Ansicht auch immer zutreffen mag, es ist wenig wahrscheinlich, dass sich das Erscheinungsbild der steilen Côte-Rôtie-Weinberge in den vergangenen 2 000 Jahren sehr gewandelt hat. Allerdings hat man die Rebfläche vergrößert und sie wird, angesichts der starken Nachfrage auf dem Weinmarkt und der erzielbaren Höchstpreise, noch weiter wachsen. Die heutige Beliebtheit des Côte Rôtie nahm ihren Anfang in den ausgehenden siebziger Jahren unseres Jahrhunderts und profitierte ungemein von dem weltweit gestiegenen Interesse an edlen Weinen.

Die Côte Rôtie genoss im 18. Jahrhundert einen solchen Ruhm, dass Thomas Jefferson der Region einen Besuch abstattete. Er beschrieb die Weinberge als «eine Kette zerklüfteter Hügel, die sich von dem Dorf Ampuis bis zur Stadt Condrieu eine Meile den Fluss entlang erstreckt». Überdies war Jefferson von den Weinen so begeistert, dass er sich zum Kauf entschloss. 1787 schrieb er: «Der Wein ist von dauerhafter Qualität, transportfähig und bietet mindestens vier Jahre Trinkgenuss.» Den Côte Rôtie ließ Jefferson in Flaschen abfüllen, in Holzkisten verpacken und in sein Haus nach Paris schicken.

Etwa 100 Jahre später, im ausgehenden 19. Jahrhundert, wurde Côte Rôtie wie fast jede größere Weinbauregion Frankreichs von der Reblausepidemie heimgesucht. Nach den beiden Weltkriegen und der Wirtschaftskrise 1929 schienen die Tage der abgelegenen Kleinstweinbauregion schon gezählt. Marius Gentaz-Dervieux zufolge war es in dieser Zeit leichter, seinen Lebensunterhalt mit Aprikosenplantagen zu verdienen als mit dem Anbau von Trauben.

Das wachsende Interesse an Wein und die hohen Preise, die Frankreichs führende Produkte erzielten, wirkten sich für die Winzer in dieser Appellation jedoch vorteilhaft aus. Die Wende aber brachte der Einsatz eines einzigen Erzeugers – Etienne Guigal. Die Welt des Weins entdeckte, dass Frankreich neben den berühmten Erzeugnissen aus der Champagne, aus Burgund und dem Bordelais noch mehr zu bieten hatte. Der Höhenflug des Hauses Guigal, der mit dem Anfang der achtziger Jahre explosionsartig erwachenden Interesse an edlen Gewächsen einsetzte, hält unvermindert an. Erregte die Aufmerksamkeit für Guigal zunächst verständlicherweise die Missgunst der Nachbarwinzer, so sind diese Animositäten heute, wo Fremde aus aller Welt auf den Straßen des Dörfchens Ampuis gesichtet werden, Respekt und Bewunderung gewichen.

Für die wachsende Anerkennung der Côte-Rôtie-Weine spricht auch, dass die Rebfläche in den vergangenen 37 Jahren von knapp 50 auf gut 200 Hektar ausgedehnt wurde. Die Produktion hat sich von etwas mehr als 40 000 Kisten im Jahr 1987 bis 1995 nahezu verdoppelt, liegt aber immer noch weit unter der Produktionsmenge der berühmten Appellation Médoc im Bordelais. Diese Angaben beziehen sich auf alle Hanglagen und eine wachsende, nahezu alarmierend große Anzahl neuer Weingärten auf der Hochebene jenseits von Ampuis. Formell gehört ein Großteil des Plateaus zur Appellation Côte Rôtie und zweifellos werden hier auch weiterhin neue Anbauflächen entstehen. Die besten Côte-Rôtie-Weine stammen aber von den Steilhängen. So liefern die Trauben aus den Hochlagen 15 bis 30 % mehr Saft, die Rebdichte ist geringer und die hochgelegenen Weingärten kommen nicht wie die Hänge in den Genuss einer fast perfekten Sonneneinstrahlung aus südlicher bis südöstlicher Richtung.

Man unterscheidet zwei Berghänge: die flächenmäßig weitaus größere Côte Blonde und die Côte Brune. Beide sind beängstigend steil – sie erreichen eine Höhe von gut 300 Meter mit einem Gefälle von 30 bis 55 Grad – und sehen aus wie gemalt. Die alten römischen Terrassen, die sich in horizontaler und manchmal vertikaler Richtung die Hänge entlangwinden, bieten einen majestätischen Anblick. Der vertikale Rebschnitt und die Guyot-Erziehung steigern den Eindruck noch. Guyot war ein angesehener, auf Weinbau spezialisierter Wissenschaftler im 19. Jahrhundert. Jeder Rebstock wird von senkrecht stehenden Pfählen, die nur mit äußerster Mühe in den felsigen Untergrund getrieben werden können, auf den schmalen Absätzen gehalten. Steht man auf einer der Terrassen, beschleicht einen der Gedanke, dass man im Falle eines Absturzes mit hoher Wahrscheinlichkeit von dem senkrecht stehenden Spalier auf einer tiefer gelegenen Terrasse aufgespießt wird. Ungeachtet der Besorgnis erregenden schlagartigen Ausbreitung neuer Anbauflächen auf dem Plateau bestellen jüngere Winzer heute mithilfe neuer Technologien und kleiner, leistungsstarker Bulldozer einige der steilsten Lagen. In der Tat gibt es seit 1996 mehr Neuanpflanzungen an den Hängen als auf dem Plateau.

Die Erklärung für die Namen der beiden Hänge Côte Blonde und Côte Brune liefert eine lokale Legende. Danach vermachte ein feudaler Grundbesitzer die *Côtes* seinen beiden Töchtern, von denen die eine goldblondes, die andere dunkelbraunes Haar hatte. Besucher werden keine markierte Trennlinie zwischen den beiden Hängen entdecken, die gleichwohl unmittelbar südlich eines kleinen Wasserlaufs, des Ruisseau de Reynard im Südteil von Ampuis unweit der Guigal-Keller, ihren Anfang nimmt. Natürlich gibt es Unterschiede in der Bodenbeschaffenheit, was sich sehr stark auf die jeweiligen Weine auswirkt. Die nördlicher gelegene Côte Brune enthält mehr Lehm und Eisen, die Côte Blonde mehr Sand, Granulit und Kalkstein.

Die Weine der Côte Brune sind in der Regel von dunklerer Farbe, auffällig tanninreich und besitzen mehr Kraft und deutliches Gewicht. Sie bieten in ihrer Jugend normalerweise keinen allzu schmeichelhaften Genuss; dafür sollen sie die langlebigsten Weine der Region sein. Die Erzeugnisse der Côte Blonde sind weniger tanninhaltig, duftiger, rund und geschmeidig und zeigen sich in ihrer Jugend zugänglicher. Die Gesetze der Appellation gestatten die Beimischung von 20 % Viognier, der aromatischen weißen Traube, die den Nachbarn Condrieu weltberühmt gemacht hat. Tatsächlich ist die hiesige Viognier-Rebe ausschließlich auf dem nördlichen Hang zu finden; der mit Lehm und Eisen durchsetzte Boden der Côte Brune ist für sie zu schwer. Nur wenige Winzer verwenden mehr als fünf bis zehn Prozent für ihre Verschnitte, doch sind sich alle darin einig, dass die Viogniertraube dem bereits majestätischen Bukett eines Côte Rôtie ein beträchtliches Maß an Finesse und Würde sowie der Struktur des Weins eine samtige Note verleiht. Ein reinsortiger Syrah – Syrah heisst die zweite in der nördlichen Rhône zugelassene Rebsorte – genießt jedoch bei den meisten Winzern unbestrittene Priorität. Der Trend geht deshalb heutzutage eindeutig zu einer Verringerung des Viognier-Anteils im Verschnitt. Die beiden Hügel beherbergen offiziell fast fünf Dutzend immer bekannter werdende Lagen und *lieux-dits*. Die berühmtesten Weingärten an der Côte Blonde sind La Mouline (im alleinigen Besitz der Familie Guigal), La Chatillonne (vermarktet unter dem Namen Vidal-Fleury, doch im Besitz von Guigal), La Garde (bewirtschaftet von René Rostaing) und Le Clos. Die Namen der zur Côte Brune gehörenden Lagen La Viaillère (teilweise im Besitz von Dervieux-Thaize und bewirtschaftet von René Rostaing), La Landonne (seine bekanntesten Besitzer sind Guigal und Rostaing), La Chevalière (mehrere Besitzer, an erster Stelle Jasmin), La Turque (ein Guigal-Weinberg) und Les Grandes Places (so heißen die Spitzenweine von Clusel-Roch und J. M. Gérin) sind allesamt auf Côte-Rôtie-Abfüllungen zu finden. Zu den übrigen Lagen gehören: La Viria, Le Truchet, Les Triottes, Tharamon de Gron, Les Sévenières, Rosier, Les Rochains, Les Prunelles, La Pommière, Le Pavillon Rouge, Nève, Les Moutonnes, Le Moulin, Montuclos, Montmain, Le Mollar, Les Lézardes, Lancement, Les Journaries, Janville, La Guillambaude, La Balaiyat, Le Grand Taille, La Garelle, La Giroflavie,

COTE ROTIE

Les Germines, Les Gagères, La Fuzonne, Le Fourvier, Le Cret, La Côte Baudin, Corps des Loups, Combe de Calon, Le Combart, Le Cognet, Chez Guerard, Chez Gaboulet, Les Chavaroches, Chambretout, Le Car, La Brocarde, Les Bannevières, La Blanchonne, Bassemon und Les Arches. Die Mehrzahl dieser Weine trägt im Handel allerdings nicht den Namen des Weinbergs, sondern einfach die Bezeichnung «Côte Rôtie» oder «Côte Rôtie Brune et Blonde». Im ersten Fall entstammt der Wein einer Traubenmischung aus dem Plateau oder dem Plateau und einer Hanglage. Ein Côte Rôtie Brune et Blonde ist ausschließlich am Hang gewachsen.

In den vergangenen zehn Jahren wurde die Produktion qualitativ höchstwertiger Tropfen von der Familie Guigal dominiert, die ihren Weinbergbesitz ständig erweitert hat. Ihre Winzerphilosophie übte einen großen Einfluss auf andere Weinbauern aus. Einige der Kollegen kritisieren allerdings weiterhin die von Guigal eingeführte Verwendung neuer Eichenfässer zur Alterung des Côte Rôtie sowie seine Politik, die Weine nach den Weinbergen zu benennen und zu Spitzenpreisen anzubieten. Trotz aller Meinungsverschiedenheiten über Herstellung und Ausbau gibt es keinen Zweifel an der beeindruckenden Qualität dieser winzigen Appellation. Guigal produziert die betörendsten Weine, vorzügliche Tropfen stammen aber auch von anderen Erzeugern (siehe Erzeugerklassifikation).

Offensichtlich bevorzugen die Côte-Rôtie-Winzer drei unterschiedliche Stilrichtungen, deshalb unterscheide ich Traditionalisten, Reformer und Revolutionäre. *Traditionalisten* sind resistent gegen eine Veränderung der bisherigen Praktiken und produzieren weiterhin so wie vor 50 oder 100 Jahren. Einige ihrer Produkte sind fabelhaft, andere dagegen minderwertig, weil unhygienische, alte Fässer verwendet werden. Zudem führt der Entschluss, die Trauben auch dann nicht zu entrappen, wenn die Stiele unreif sind, zu Erzeugnissen mit vegetabilem Charakter. *Reformer* sind im Wesentlichen liberale (im traditionellen, unpolitischen Sinne des Wortes), anpassungsfähige und aufgeschlossene Winzer, die die Vorteile der althergebrachten Methoden mit denen moderner Techniken verbinden; zu ihnen gehören die meisten Erzeuger. Die *Revolutionäre* haben sich im Keller, aber nicht auf dem Weinberg von den alten Methoden weitgehend verabschiedet. Gerade in dieser Gruppe finden sich die Schöpfer der größten Weine der Côte Rôtie. Was haben sie gemeinsam? Sie beschlossen, die Erträge zu verringern, das Risiko einer späten Weinlese einzugehen, um sehr reife Früchte zu ernten, und einen hohen Anteil neuer Eichenfässer für die Alterung zu verwenden.

TRADITIONALISTEN

Emile Champet • Joel Champet • Delas Frères • Albert Dervieux-Thaize •
Marius Gentaz-Dervieux • Robert Jasmin • Vidal-Fleury

REFORMER

Gilles Barge • Pierre Barge • Guy et Frédéric Bernard • Bernard Burgaud •
Yves Cuilleron • Edmond Duclaux • Pierre Gaillard • Henri Gallet • Paul Jaboulet-Aîné •
Jean-Paul und Jean-Luc Jamet • Michel Ogier • René Rostaing • L. de Vallouit

REVOLUTIONÄRE

Domaine de Bonserine • Chapoutier • Domaine Clusel-Roch • Yves Gangloff •
Vincent Gasse • Jean-Michel Gérin • Marcel Guigal • François Villard

Neuere Jahrgänge

1995 Für einige Produzenten – Guigal, Chapoutier und René Rostaing – war 1995 ein außergewöhnlicher Jahrgang. Wie im Jahr zuvor bescherte der Sommer warme, bisweilen sogar heiße Tage und gerade genug Regen. Wie 1991, 1992, 1993 und 1994 begann der September viel versprechend, doch dann setzte am 9. September der Regen ein. In den darauf folgenden zehn Tagen herrschte fast durchgehend Schauerwetter. Manche Produzenten befürchteten eine Neuauflage des Vorjahres, als es den ganzen September hindurch geregnet hatte, und ernteten deshalb vorzeitig den noch nicht ausgereiften Syrah. Ein hoher Säureanteil kennzeichnet diese Weine. Da die gleichen Erzeuger 1995 auch auf das Entrappen verzichteten, intensivierte sich noch der unreife und beißende Eindruck. Es entstanden zwar gute Côte-Rôtie-Cuvées, doch verleiht ihnen die Säure einen aufdringlichen, komprimierten Charakter. Diejenigen Winzer, die das Risiko eingingen und ihre Ernte aufschoben, wurden nach dem 20. September mit herrlichem Wetter belohnt. Die Trauben, die Ende September und Anfang Oktober gepflückt wurden, waren nicht nur physiologisch reif, sie bewahrten sich auch erstaunliche Säuregrade. Wie Marcel Guigal vollkommen richtig bemerkte, kann 1995 ein großer Jahrgang werden, dem 85er ähnlich, aber säurereicher. Michel Chapoutier ist überzeugt, dass alle, die in der Côte Rôtie und Hermitage die Ernte bis Anfang Oktober hinauszögerten, ein den legendären Jahrgängen 1947, 1961 und 1990 vergleichbares Jahr an der Rhône erlebten. Bei den drei Jahrgangsbesten – Guigal, Chapoutier und Rostaing – fiel die Weinausbeute mit einer um mindestens zehn Prozent gesunkenen Durchschnittsproduktion extrem niedrig aus. Insgesamt erwartet man einen ungleichmäßigen Jahrgang, dessen Ruf durch die Spitzenerzeugnisse gerettet, aber auch verzerrt werden kann. Die erfrischende Säure und der hohe Extraktstoffgehalt werden für eine gewisse Langlebigkeit sorgen.

1994 Ein brennend heißer Sommer kündigte einen großen Jahrgang an. Vom 7. September an fegten mehrere Tiefdruckgebiete nacheinander über Frankreich hinweg und brachten Unmengen an Regen. Bis Ende September blieb es nass, und die meisten Erzeuger mussten ihre Ernte zwischen Regenschauern einbringen. Glücklicherweise hatten die Beeren infolge des ungewöhnlich heißen Sommers und des kalten Septembers eine dicke Schale gebildet. Die Qualität ist alles andere als außergewöhnlich, der Jahrgang aber gut bis sehr gut.

1993 Nach einem kühlen Sommer fielen im September, begleitet von stürmischen Gewittern, ungeheure Regenmengen. Die folgende Fäulnis führte zu der enttäuschendsten Lese seit 1984 und 1977. Die meisten Weine gerieten miserabel, dennoch brachten einzelne Erzeuger gute Tropfen zu Stande. Chapoutiers Luxuscuvée La Mordorée ist der Spitzenwein. In Anbetracht des schwierigen Jahres produzierte René Rostaing überraschend reife Weine. Auch Marcel Guigal erzielte scheinbar gute Leistungen mit seinen Einzellagenprodukten. Trotzdem bleibt es ein höchst erbärmlicher Jahrgang: hohl, tanninreich und dünn, mit einem säuerlichen, adstringierenden Geschmack.

1992 Eine anständige Ernte überlebte die Launen des wechselhaften Septemberwetters und brachte tadellose, fruchtige Weine mit mittelschwerem Körper hervor, die zum größten Teil getrunken werden müssen, bevor sie 10 bis 12 Jahre alt sind. Erneut sind Guigals Einzellagenweine von der Côte Rôtie und Chapoutiers La Mordorée von unglaublicher Konzentration und Fülle. Sie ragen deutlich aus dem Meer des Mittelmaßes heraus. 1992 ist bestenfalls ein durchschnittlicher Jahrgang mit einer Hand voll ausgezeichneter bis überragender Tropfen.

1991 Als ich diesen Jahrgang mit den Produzenten diskutierte, gehörte ich anfangs zu den wenigen, die ihn dem 90er geringfügig vorzogen. Nach fast 6-jähriger Reifezeit hat sich der

91er mit klassischen, konzentrierten, potenziell langlebigen Weinen, die ausgezeichnete Beispiele für die Appellation sind, unverkennbar als großer, erfolgreicher Jahrgang erwiesen. Allenthalben findet man wahrhaft tiefe Weine. Aufgrund der reichen Ernte gehört die Produktion von 41 Hektolitern pro Hektar (etwa eine Tonne Trauben pro Hektar) zu den höchsten der jemals registrierten in der Côte Rôtie. Dabei ist klar: Solche Ertragsmengen gelten in Burgund als lächerlich gering.

1990 Der 90er entwickelt gerade ein Sekundäraroma und verspricht herrlichen Genuss. Die heiße Vegetationsperiode hat die Weine geprägt, wenn auch in geringerem Maße, als man es hätte erwarten können. Ich hatte jedenfalls mit mehr Röstaroma gerechnet. Es war ein großes Jahr für so aufstrebende Jungtalente wie Clusel-Roch, J. M. Gérin und Jamet, das auch den Durchbruch brachte für Chapoutiers La Mordorée. Guigal stand wieder mit großartigen Einzellagengewächsen an der Spitze. Die 90er scheinen einen etwas rasanteren Entwicklungsprozess zu durchlaufen als die 91er. Ein ausgezeichneter bis hervorragender Jahrgang.

1989 Erzeugt wurde eine große Menge säurearmer, fülliger Weine. Interessanterweise gaben die Produzenten entweder Säure hinzu – was nach französischem Recht verboten, aber trotzdem weit verbreitet ist – oder sie gerieten wegen der außergewöhnlichen Hitze im September in Panik und pflückten zu früh: Die Trauben mögen reif gewesen sein, die Stiele waren es noch nicht. Im Ergebnis zeigen sich Unreife und ein beißender Charakter. Von einigen Ausnahmen abgesehen ist 1989 ein edler Jahrgang, der wundervoll duftende, füllige Weine hervorbrachte, die sich auch weiterhin gut halten. Guigal, Chapoutier, Clusel-Roch, Michel Ogier, Jamet, Gentaz-Dervieux, Vincent Gasse und Henri Gallet produzierten erstklassige Gewächse, deren Reifungsprozess auch weiterhin gut verlaufen sollte. Interessant wird sein, wie sich der 89er und 90er gegenüber dem 91er behaupten werden, der zunächst niedriger eingestuft wurde als seine Vorgänger, jetzt aber den Eindruck erweckt, zumindest gleichwertig zu sein.

1988 Ein hervorragender Jahrgang, der viele große Tropfen hervorbrachte. Dennoch bleibt er verschlossen und tanninbetont. Im Gegensatz zu so vielen Erzeugnissen seiner nördlichen Nachbarn – den 88er roten Burgundern – besitzt der Côte Rôtie die Tiefe, Fülle und den Extrakt, um mit ihrer Struktur mithalten zu können. Die Weine zeigen sich außerordentlich viel versprechend, sind aber noch jung und benötigen weitere Reifezeit. Geduld lohnt sich.

1987 Obwohl der Sommer nicht sonderlich warm und der September nicht eben ausgewogen war, schmecken die 87er generell besser als erwartet. Guigals Einzellagencuvées sind außergewöhnlich und, obwohl voll ausgereift, durchaus noch ein weiteres Jahrzehnt haltbar. Die meisten anderen Weine müssen getrunken werden. Sie sind leicht, dabei überraschend fruchtig und ausgewogen. Auch wenn dies kein großes Jahr war, so wird es doch unterbewertet.

1986 Ende August und Anfang September fiel eine Unmenge Regen, trotzdem fand die Ernte unter idealen Bedingungen statt und ergab eine Menge kräftiger Trauben. Während man zunächst von einem sehr guten, ergiebigen Jahrgang schnell reifender Weine sprach, was Ende der achtziger Jahre noch zuzutreffen schien, wirkt dieser Jahrgang heute weitaus ungleichmäßiger als angenommen. Zwar produzierten Guigal und andere Spitzenweine, zu viele Erzeugnisse besitzen jedoch adstringierendes Tannin, ein hohles Mittelstück und eine Paprikanote. Insgesamt ein Durchschnittsjahrgang.

1985 Ein großartiges Jahr mit einer reichen Lese sehr reifer Trauben. Die Weine sind außerordentlich konzentriert, von tiefer Farbe und niedrigem Säuregehalt und schon jung wunderbar duftig. Sie haben sich bislang gut entwickelt, und nahezu jeder Erzeuger brachte erstklassige Gewächse hervor, die sich weitere 8 bis 10 Jahre gut trinken lassen dürften; die Einzellagenweine Guigals sogar noch länger.

1984 Diese Weine sind im Geschmack noch unreifer geworden, und ihr Tanningehalt überlagert zunehmend das Fruchtaroma – der 84er ließ sich jung am besten trinken. Guigals La Mouline ist wahrhaft köstlich, nahezu hervorragend, doch wird sich auch er nicht länger halten. Unter dem Strich handelt es sich um einen unterdurchschnittlichen Jahrgang, der größtenteils verblüht ist.

1983 Die 83er, ehedem als tanninreiche, konzentrierte Vins de garde eines großen, klassischen Jahrgangs gehandelt, verwirren und enttäuschen ihre Anhänger seit fast vierzehn Jahren mehr und mehr. Geduld ist gefragt. Nicht wenige bestreiten mittlerweile, dass die Weine zu sehr nach Tannin schmecken. Guigals Einzellagencuvées sind vollkommen, und Erzeuger wie Levet und Gentaz-Dervieux haben bemerkenswerte Leistungen erbracht; die Bewertungen der Weine Rostaings und seines Schwiegervaters Dervieux-Thaize stehen noch aus. Höchstwahrscheinlich werden einige 83er ausgetrocknet sein, bevor sie voll erblüht sind, die Großen halten sich weitere 10 bis 15 Jahre oder länger.

1982 Bei sengender Hitze wurde eine reiche Lese sehr reifer Trauben eingebracht. Wie 1983 brachte der Gärungsprozess zahlreiche Schwierigkeiten mit sich, die meisten der Spitzenproduzenten haben sich jedoch in bewundernswerter Weise den Problemen gestellt. Die 82er gehören zu den üppigsten, verlockendsten und schmeichlerischsten Côte-Rôtie-Kreszensen der vergangenen 20 Jahre. Der Säureanteil war gering, der Alkoholgehalt hoch, und die Weine sind seit ihrer Freigabe köstlich. Guigals 82er wirken überwältigend und dürften noch ein Jahrzehnt lang ungetrübten Genuss bereiten. Andere Produzenten wie Gentaz-Dervieux, Barge und Champet formten sehr feine Tropfen, die vor Ablauf des Jahrhunderts getrunken werden müssen.

1981 Das kläglichste Ergebnis der Côte Rôtie in den achtziger Jahren: Die Weine sind größtenteils verblasst, was niemanden überrascht, denn sie haben als kompakte, eindimensionale Tropfen begonnen. Nur die Jahre 1984 und 1993 fielen ähnlich dürftig aus.

1980 Ein hoffnungslos unterbewerteter Jahrgang. Die 80er sind seit Beginn der neunziger Jahre voll ausgereift, lassen sich erstaunlich gut trinken und bewahren Farbe, Frucht und Eigenart. Guigals La Mouline und La Landonne sind die herausragenden Tropfen, wobei La Mouline als Frankreichs Wein des Jahres in Frage kommt, zusammen mit dem Burgunder Domaine de la Romanée-Conti la Tâche. Es gibt keinen Grund, den Genuss dieser Luxuscuvées aufzuschieben, denn sie müssen in den nächsten 5 bis 7 Jahren getrunken werden.

1979 Es ist ein weit verbreitetes Phänomen, dass nach einem ausgezeichneten Jahrgang das folgende Jahr in der Begeisterung für «den Schlager» untergeht. So stehen die 79er im Schatten der 78er, der edelsten Gewächse der nördlichen Rhône seit 1961. Mit Ausnahme von Guigals La Landonne und dem La Viaillère von Dervieux-Thaize sind diese Weine ausgereift. Es handelt sich um volle, körperreiche, ziemlich robuste Tropfen mit gutem Charakter, die getrunken werden müssen, obwohl sich Guigals Einzellagenweine noch gut 10 bis 15 Jahre halten dürften.

1978 Ein denkwürdiger Jahrgang, außerordentlich konzentriert, tadellos ausgewogen und wunderbar duftig; die Weine werden sich die nächsten zehn Jahre weiter vervollkommnen. Bis die Familie Guigal 1985 die Firma übernahm, war es für Vidal-Fleury der letzte Spitzenjahrgang. Guigals La Mouline und La Landonne haben gute Chancen, zusammen mit dem 29er und 45er Mouton-Rothschild oder den 47er Cheval Blanc und Pétrus Unsterblichkeit zu erlangen. Ein legendäres Jahr!

ÄLTERE JAHRGÄNGE

Auf Grund ihrer geringen Produktion ist die Côte Rôtie kaum auf Auktionen vertreten, und die älteren Jahrgänge sind vermutlich nur im Keller eines ungewöhnlich weitsichtigen Sammlers zu finden. 1977 war ein furchtbar niederschmetterndes Weinjahr für Frankreich und ein katastrophales für die Côte Rôtie, während der 76er Jahrgang sowohl hier als auch in Burgund noch etwa 5 Jahre trinkbar sein wird. 1975 brachte ein desolates Ergebnis – ähnlich wie 1974. Die 73er Weine waren annehmbar, die 72er besser als anderswo in Frankreich, die 71er sehr gut, lassen aber mittlerweile, wie auch die 70er, Anzeichen von Erschöpfung erkennen.

1969 war ein unglaublich großer Jahrgang für die Appellation. Der La Mouline dieses Jahres gehört zu den edelsten Tropfen, die ich je gekostet habe. 1964 ist ein ausgezeichneter Jahrgang, ebenso 1961, doch wird es kaum möglich sein, noch eine Flasche im Handel zu finden.

GILLES BARGE ***

Adresse:
Le Carcan, Route de Boucharey, 69420 Ampuis, Tel.: 4 74 56 13 90, Fax: 4 74 56 10 98

Produzierte Weine: Condrieu, Côte Rôtie

Rebfläche: 5 ha

Produktionsmenge: 30 000 Flaschen

Ausbau: Mindestens 2 Jahre in Eichenfässern

Durchschnittsalter der Reben:
Die ältesten 50, die mittleren 25 Jahre und einige junge Reben

Viognier-Anteil: 5 %

Gilles, der Sohn von Pierre Barge, hat die Leitung dieses kleinen Weinguts übernommen. Er ist auch Vorsitzender der Winzervereinigung der Côte Rôtie und gehört zu den seltenen Menschen, die die Kunst der Weinbereitung umfassend zu begreifen suchen. Ein Mann der klaren Worte, der sich unmissverständlich gegen die Filtration ausspricht, mit der er noch vor Jahren experimentierte, deren Resultate ihn dann allerdings enttäuschten. Seine Weine verbringen zwei Jahre in riesigen hölzernen *foudres*, obwohl er 1985 sechs neue Burgunderfässer hinzukaufte. Er gibt offen zu, dass er die Verwendung neuer Eichenfässer Guigal verdankt. Die Familie Barges verfügt über eine fünf Hektar große Rebfläche, die teils im eigenen Besitz, teils gepachtet ist, und zu 80 % an der Côte Brune liegt. Weitere 0,8 Hektar sind von anderen Winzern gepachtet. Der drahtige Barge meint, die meisten Jahrgänge seines Côte Rôtie ließen sich am besten trinken, wenn sie zwischen fünf und zehn Jahre alt sind, und er behauptet, dass sich große Weine wie die 78er 20 Jahre hielten. Gilles hat außerdem mit der Herstellung mehrerer Fässer Condrieu pro Jahr begonnen. Meistens füllt er den Wein erst beim Verkauf ab, was ärgerlicherweise zu starken Schwankungen bei den Flaschen führt. Bis 1992 boten er und sein Vater zwei verschiedene Côte-Rôtie-Weine unter ihrer jeweiligen Bezeichnung an. In Spitzenjahren werden 200 bis 250 Kisten einer Spezialcuvée namens Goutillonnage produziert, ich habe diesen Tropfen aber bisher weder zu Gesicht bekommen noch gekostet. Die Firma Barge ist eine gute Quelle für rustikale Weine; die 92er und 93er waren leider wenig beeindruckend.

JAHRGÄNGE

1991 • 88 Côte Rôtie (Gilles Barge): Der ausgezeichnete 91er ist ein typischer Vertreter dieses feinen Jahrgangs. Dicht und konzentriert besitzt der Wein eine dunkle rubin- bis purpurrote Farbe, ein duftiges toastwürziges Bukett von Unterholz und schwarzem Beerenobst, einen mittleren bis schweren Körper, weiches Tannin, geringe Säure und eine geballte Ladung Frucht. Er sollte in den nächsten 5 bis 7 Jahren getrunken werden. Letzte Verkostung: 9/94.

1991 • 85 Côte Rôtie (Pierre Barge): Pierre Barge bereitete einen 91er, der eine Spur besser zu sein scheint als der 90er. Beide sind relativ leichte, doch elegante Weine, der 91er weist allerdings mehr Reife und Frucht und einen längeren Abgang auf. Ein weicher, zarter Tropfen, der in den nächsten 5 bis 6 Jahren getrunken werden sollte. Letzte Verkostung: 9/94.

1990 • 85 Côte Rôtie (Gilles Barge): Bei der Verkostung vom Fass nahm sich der 90er enttäuschend leicht, weich und flüssig aus, doch seitdem er in Flaschen gefüllt ist, zeigt er mehr Festigkeit und Extrakt. Auch wenn er nicht herausragt, so verfügt er doch über ein Bukett von würzigem Eichenholz und Schwarzen Johannisbeeren, einen runden, mittelschweren, reifen und fruchtigen Geschmack, weiches Tannin und einen angenehmen, wenn auch kurzen Abgang. Er sollte in den nächsten 2 bis 3 Jahren getrunken werden. Letzte Verkostung: 6/94.

1990 • 84 Côte Rôtie (Pierre Barge): Der 90er zeigt sich seit der letzten Verkostung vom Fass leicht verbessert. Er ist ein etwas wässriger, gefälliger, locker gefügter Wein, der in den nächsten 4 bis 5 Jahren getrunken werden sollte. Letzte Verkostung: 6/94.

1989 • 88 Côte Rôtie (Gilles Barge): Attraktiv, mit einem süß-duftigen Himbeerbukett und Nuancen von Erde und Eichenholz. Der Wein schmeckt ausgezeichnet und zeigt feine Reife, eine tiefe, kräftige und volle Fruchtigkeit, mittelschweren Körper, gutes Glyzerin, genug Säure, um ihm Konturen zu verleihen sowie einen weichen, mittelschweren Abgang. Er dürfte sich in den nächsten 3 bis 5 Jahren gut trinken lassen. Letzte Verkostung: 6/94.

1989 • 90 Côte Rôtie (Pierre Barge): Ein 89er von hervorragender Intensität und großem Geschmacksextrakt. Dem Glas entströmt ein gewaltiges würziges Bukett von Speck, Eichenholz und schwarzem Beerenobst, dabei spürt man reichlich Tiefe, Ummengen an Frucht, angenehme Säure und einen langen, vollen, mäßig weichen Abgang. Dieser schmeichlerische und frühreif schmeckende Côte Rôtie ist schon heute zugänglich und dürfte sich die nächsten 10 Jahre gut trinken lassen. Letzte Verkostung: 6/94.

1988 • 76 Côte Rôtie (Gilles Barge): Als ich den 88er das erste Mal aus der Flasche verkostete, schmeckte er durch und durch nach Kork, was eine Beurteilung unmöglich machte. Die zweite Flasche offenbarte einen Anflug von Schimmel, was möglicherweise auf angehende ernste Schwierigkeiten mit der Verkorkung hindeutete. Er schmeckte wässrig, leicht und dünn. Letzte Verkostung: 6/93.

1988 • 89 Côte Rôtie (Pierre Barge): Der 88er ist das strukturierteste und kraftvollste Gewächs, das Barge seit 1983 hervorgebracht hat. Das Bukett entfaltet einen rauchigen, mit dunklen Früchten wie Rosinen und Pflaumen beladenen Vanilleduft (dank der Verwendung neuer Eichenfässer). Der Wein zeigt viel Körper, Tannin und Säuregehalt; er ist fester gefügt als der 89er und 90er. Voraussichtliche Genussreife: jetzt bis 2008. Letzte Verkostung: 6/93.

1985 • 90 Côte Rôtie: Der dunkle, rubinrote, vollreife 85er präsentiert konzentrierte Frucht, ein duftiges Bukett von Brombeeren, Zedernholz und Gewürzen, einen schweren Körper und einen langen, reifen, tanninherben Abgang. Voraussichtliche Genussreife: jetzt bis 2000. Letzte Verkostung: 1/94.

Weitere erfolgreiche Jahrgänge: 1983, 1978

Guy und Frederic Bernard – G.A.E.C. Bernard ***

Adresse:
Route Nationale 86, 69420 Tupin-et-Semons, Tel.: 4 74 59 54 04, Fax: 4 74 56 68 81

Produzierte Weine: Côte Rôtie

Rebfläche: 4,2 ha

Produktionsmenge: 18 000 Flaschen

Ausbau: 18 bis 24 Monate in Fässern

Durchschnittsalter der Reben: 35 Jahre

Viognier-Anteil: Keiner

JAHRGÄNGE

1995 • 86 Côte Rôtie: Bernards 95er ist ein robuster, monolithischer, fülliger Wein mit schöner Tiefe und Reife, ansehnlich und gut gemacht, doch fehlt zum gegenwärtigen Zeitpunkt der echte, unverwechselbare Côte-Rôtie-Charakter.

1994 • 87 Côte Rôtie: Der 94er zeigt, was einen Jahrgang ausmachen kann. Der Wein besitzt eine attraktive dunkle, rubinrote Farbe und ein volles, süßes Bukett von rauchigen Kräutern, Vanille und Schwarzen Johannisbeeren. Mit seinem mittleren bis schweren Körper, seiner samtigen Struktur und seiner verlockenden Art ist er ein köstlicher, runder Côte Rôtie, der in den ersten 7 bis 9 Jahren nach seiner Freigabe getrunken werden sollte. Letzte Verkostung: 6/96.

1993 • 74 Côte Rôtie: Von diesem dünnen, krautigen 93er mit leichtem bis mittlerem Körper kann man nur abraten. Letzte Verkostung: 11/95.

1990 • 85 Côte Rôtie: Auch wenn ich die tiefe Farbe, die feine Konzentration und den Extrakt dieses Weins sehr schätze, schmeckt er doch nur eindimensional. Er ist fleischig, besitzt ein nach Gewürzen, Kräutern und Leder duftendes Bukett sowie einen körper- und tanninreichen Geschmack. Werden sich mit zunehmendem Alter auch Komplexität und Charakter einstellen? Er hält gut und gerne noch 10 bis 12 Jahre. Letzte Verkostung: 11/94.

1988 • 83 Côte Rôtie: Der 88er hätte angesichts der ausgezeichneten Rohstoffe dieses Jahrgangs besser ausfallen müssen. Bei zwei Verkostungen offenbarte er ein stark von Kräutern bestimmtes, fast vegetabiles Bukett und einen pfeffrigen, etwas unharmonischen, wenn auch reifen Geschmack. Er verfügt über einen mäßigen Tanningehalt und gute Säure, der grüne Charakter dieses Weins lässt aber auf junge Reben oder eine zu frühe Lese schließen.

1987 • 86 Côte Rôtie: Nachdem Guy Bernard bereits 1986 äußerst erfolgreich gewesen war, überraschte es nicht, wie gut er auch in diesem, für Côte-Rôtie-Verhältnisse unterbewerteten Jahr 1987 abschnitt. Sein weicher Wein ist herrlich fruchtig und schmeckt nach Kräutern und Schwarzen Johannisbeeren, mit Gewürz- und Holznoten im Hintergrund. Das Tannin ist mild und samtig, die Säure tadellos, die Konzentration sehr gut. Diese köstliche, elegante Kreszenz dürfte sich die nächsten 4 bis 5 Jahre gut trinken lassen.

DOMAINE DE BONSERINE (GEORGES DUBŒUF) **

Adresse:
Besitzer: S.E.A.R., S.A.; Kontaktperson: Marc Allagnat Verenay, 69420 Ampuis,
Tel.: 4 74 56 14 27, Fax: 4 74 56 18 13

Produzierte Weine: Côte Rôtie

Rebfläche: 10 ha

Produktionsmenge: 45 000 Flaschen

Ausbau: 18 bis 24 Monate in Fässern

Durchschnittsalter der Reben: 25 Jahre

Viognier-Anteil: 3 %

Die Domäne verfügt über eine Rebfläche von zehn Hektar, drei Hektar davon an den Hängen und der Rest auf dem weniger bevorzugten Plateau der Côte Rôtie. Georges Dubœuf, der berühmte Beaujolais-Winzer, bezieht die Trauben zur Herstellung seiner Cuvée Domaine Ile Rousse von der Domaine de Bonserine. Obwohl Dubœufs Weine für gewöhnlich reicher, vollmundiger und konzentrierter ausfallen als die Bonserine-Erzeugnisse, sollen die Cuvées beider Häuser identisch sein. Eine Behauptung, die sich bei meinen Verkostungen nicht bestätigt hat. Nach dem Erwerb des Weinguts hat Dubœuf 1988 unverzüglich dafür gesorgt, dass in Weinberg und Keller mehr Wert auf die Feinheiten gelegt wird.

JAHRGÄNGE

1991 • 87 Côte Rôtie Domaine Ile Rousse: Dieser immer noch jugendliche, dunkle, rubin- bis purpurrote Wein besitzt ein mäßig intensives, würziges Bukett von Schwarzen Johannisbeeren, Laub und Kräutern, einen mittelschweren Körper sowie ausgezeichnete Dichte und Fülle. Er ist nicht sehr komplex, aber vollmundig und zeigt schön integriertes Tannin im Abgang. Der Wein hat annähernd Vollreife erreicht. Voraussichtliche Genussreife: jetzt bis 2003. Letzte Verkostung: 8/96.

1990 • 85 Côte Rôtie Domaine Ile Rousse: Der 90er, der zur Hälfte in Barriques altert, präsentiert sich als attraktiver, mittelschwerer, weicher, fülliger Wein mit lieblicher Frucht, eleganter Persönlichkeit und einem rundem, anmutigem, großzügigen Geschmack. Er dürfte den Höhepunkt seiner Genussreife jetzt erreicht haben und noch bis 2000 halten. Letzte Verkostung: 8/94.

1989 • 87 Côte Rôtie Domaine Ile Rousse: Der Wein zeigt ein attraktives Bukett von überreifen Himbeeren, leichtes Tannin und einen mittelschweren Körper. Sein Geschmack ist weich und geschmeidig, sein Glyzeringehalt gut und sein Abgang säurearm. In Charakter und Struktur erinnert er an einige 82er Côte-Rôtie-Weine. Er ist nahezu ausgereift und sollte in den nächsten 4 bis 5 Jahren getrunken werden. Letzte Verkostung: 12/95.

1988 • 89+ Côte Rôtie Domaine Ile Rousse: Der beste Wein, den Dubœufs Winzerei bis heute erzeugte. Dunkel, tanninbetont und verschlossen, hoch konzentriert und körperreich dürfte dieses muskulöse Erzeugnis mühelos weitere 10 bis 15 Jahre altern. Falls sich das Tannin restlos verflüchtigt und der Wein völlige Ausgewogenheit erreicht, verdient er eine hervorragende Bewertung. Voraussichtliche Genussreife: 1999 bis 2010. Letzte Verkostung: 8/96.

BERNARD BURGAUD ****

Adresse:
Le Champin, 69420 Ampuis, Tel.: 4 74 56 11 86, Fax: 4 74 56 13 03

Produzierte Weine: Côte Rôtie

Rebfläche: 4 ha

Produktionsmenge: 13 000 Flaschen

Ausbau: 15 Monate in Fässern

Durchschnittsalter der Reben: 25 Jahre

Viognier-Anteil: Keiner

Diese 40 Jahre alte Weinkellerei – auf einem Bergkamm im Dorf Le Champin mit Blick auf die Côte Rôtie gelegen – produziert bemerkenswerte Weine. Burgauds Winzerkarriere begann 1980, nach dem Tod seines Vaters. Er besitzt eine Rebfläche von vier Hektar, davon zwei Drittel in Hanglage und ein Drittel auf dem Plateau. Seine Weine werden ausnahmslos in kleinen, zu 20 % neuen Fässern ausgebaut; von den produzierten 1 000 Kisten verkauft man etwa ein Fünftel an örtliche *négociants*. Zur besseren Extraktstoffgewinnung wird der Rebensaft bei sehr hoher Temperatur fermentiert und 15 Monate lang in kleinen Fässern ausgebaut, um dann ungeschönt und ungefiltert in Flaschen abgefüllt zu werden. Auch wenn Burgaud selbst sagt, dass seine aus den eher verrufenen Plateaulagen stammenden Cuvées die leichtesten und säurehaltigsten Tropfen sind, überzeugt doch die erzielte Qualität: Die Weine zeigen sich robust, kraftvoll, außerordentlich rein im Geschmack und besitzen ein Alterungspotenzial von 10 bis 15 Jahren. Bernard Burgaud gehört zu den aufstrebenden Jungtalenten der Appellation.

JAHRGÄNGE

1995 • 87? Côte Rôtie: Der 95er präsentiert sich zwar in einem bemerkenswert satten, dunklen Rubin- bis Purpurrot, wirkt dabei aber hart und verschlossen, mit lebhafter Säure und Unmengen von Tannin. Er schmeckt, als sei die malolaktische Gärung soeben zum Abschluss gekommen. Dieser Wein von schöner Klarheit und Reife sollte in 6 bis 12 Monaten erneut bewertet werden. Bestimmt ist er sehr gut, doch fällt mein Urteil mit Bedacht vorsichtig aus. Letzte Verkostung: 6/96.

1994 • 87 Côte Rôtie: Bernard Burgauds noch nicht in Flaschen abgefüllter 94er gibt sich rustikal, tanninreich, dunkel und schroff, mit einer großen Portion süßer, reichhaltiger Frucht bei hohem Tannin. Dieser verschlossene Wein fordert Geduld und sollte noch weitere 4 bis 5 Jahre reifen. Es scheinen ausreichend Fülle, Konzentration und Frucht vorhanden zu sein, um seine Kraft und Struktur zu überdauern, so dass man ihn noch 10 bis 12 Jahre gut trinken kann. Letzte Verkostung: 6/96.

1993 • 74 Côte Rôtie: Eine bemerkenswert satte Farbe ist das einzig positive Merkmal dieses vegetabilen, hohlen, tanninherben und insgesamt verdrießlichen Côte Rôtie. Er wird mit zunehmendem Alter austrocknen. Austrinken! Letzte Verkostung: 6/96.

1992 • 87 Côte Rôtie: Von einem ungewöhnlich kräftigen Granatrot mit einem Hauch von Purpur besitzt dieser 92er ein ausgeprägtes Bukett von Kräutern, schwarzem Beerenobst und feuchter Erde. Er zeigt einen schönen, fetten Stil, eine ausgezeichnete Fülle und mittleren bis schweren Körper. Aufgrund seines schmeichlerisch-weichen Charakters sollte dieser Tropfen in den nächsten 7 bis 8 Jahren getrunken werden. Eine feine Leistung in einem Jahr, das mehr gute Weine hervorbrachte, als ich ursprünglich annahm. Letzte Verkostung: 6/96.

1991 • 90 Côte Rôtie: Dieser herausragende 91er ist ein undurchdringlicher, tief purpuroter Wein mit einem kräftigen Bukett von schwarzem Beerenobst, Kräutern und Blumen. Ausgestattet mit schwerem Körper und erstklassigem Extrakt enthüllt er einen vollen, eindringlichen, gut strukturierten Geschmack und einen ungeheuer langen, aufregenden Abgang. Bei dem mäßigen Tanningehalt und der großartigen Konzentration sollte er weitere 15 Jahre lang genießbar sein. Letzte Verkostung: 6/96.

1990 • 89+ Côte Rôtie: Aus der Flasche verkostet macht der 90er einen besseren Eindruck als aus dem Fass. Er zeigt das für diese Kellerei sprichwörtlich undurchdringliche, dunkle Rubinrot und entfaltet ein mit dem Duft von Vogelkirschen und Schwarzen Himbeeren durchsetztes Bukett von Kräutern, Erde und Eichenholz. Im Geschmack erweist er sich als einer der konzentriertesten 90er dieses Anbaugebiets, ausgestattet mit einer für den Jahrgang erstaunlichen Reichhaltigkeit und Fülle. Der lange, tanninreiche Abgang ist phänomenal. In 4 bis 5 Jahren könnte dieses Gewächs eine hervorragende Bewertung erzielen. Voraussichtliche Genussreife: jetzt bis 2010. Letzte Verkostung: 6/96.

1989 • 90 Côte Rôtie: Der 89er weist die herrliche, fast schwarze rubin- bis purpurrote Farbe auf, die nach Auskunft des Winzers der hohen Gärtemperatur und der zahlreichen *pigeages* – dem Eintauchen des Huts im gärenden Most – zu verdanken ist. Dieser gewaltige, umwerfend konzentrierte und kraftvolle Tropfen mit enormem Tanningehalt benötigt noch einige Jahre Flaschenalterung; er besitzt ein Reifepotenzial von 20 Jahren. Im Vergleich zu den übrigen, relativ weichen und säurearmen Côte-Rôtie-Weinen dieses Jahrgangs zeigt er sich in jeder Hinsicht reich ausgestattet! Letzte Verkostung: 12/95.

1988 • 92 Côte Rôtie: Vielleicht einer der langlebigsten Weine Burgauds! Für Weinliebhaber mit einem mehr auf Bordeaux ausgerichteten Gaumen hat er sicherlich einiges zu bieten. Die Erträge waren gering, trotzdem charakterisiert diesen 88er eine außerordentliche Konzentration, eine undurchdringliche Farbe (mit nur etwas hell rubinroter Tönung am Rand) und viel Tannin. Ich habe meine Note für diesen Wein nach oben korrigiert, denn er hat sich in der Flasche weiter entwickelt und besitzt heute weitaus mehr Fülle und Intensität als vermutet. Ein wirklich vorzügliches Gewächs. Voraussichtliche Genussreife: jetzt bis 2010. Letzte Verkostung: 1/94.

1985 • 88 Côte Rôtie: Im Vergleich zu den elegant geformten Weinen der früheren Jahre ist der 85er ein korpulenter, dichter, kräftiger und voll ausgereifter Tropfen. Von sattem Rubinrot mit einer Spur Bernstein am Rand, besitzt er ein würziges Bukett mit dem Duft von Schwarzen Johannisbeeren, Kräutern und Lakritze, schöne Säure sowie außergewöhnliche Tiefe und Länge. Voraussichtliche Genussreife: jetzt bis 2000. Letzte Verkostung: 1/94.

1983 • 85 Côte Rôtie: Ein pfeffriges, kräuterartiges Himbeerbukett zeichnet diesen mittelschweren und doch festen, tanninreichen Wein aus. Da er in den kommenden 5 bis 7 Jahren austrocknen wird, sollte er ab sofort getrunken werden. Letzte Verkostung: 1/94.

1982 • 85 Côte Rôtie: Der 82er war Burgauds Debütjahrgang – attraktiv und gut gemacht. Er ist voll ausgereift, geschmeidig, rund und fruchtig trotz der mörderischen Temperaturen dieses Jahres. Die Klasse und Eleganz späterer Erzeugnisse erreicht dieser Tropfen aber noch nicht. Austrinken! Letzte Verkostung: 6/86.

EMILE UND JOEL CHAMPET ***

Adresse:

Emile Champet, 22, rue du Port, 69420 Ampuis

Joel Champet, Chemin de la Viaillère, Verenay, 69420 Ampuis, Tel.: 4 74 56 10 88

Produzierte Weine:

Côte Rôtie, Côte Rôtie La Viaillère

Rebfläche:

Emile – 0,4 ha; Joel – 2,3 ha

Produktionsmenge:

Emile – 2 400 Flaschen; Joel – 14 250 Flaschen

Ausbau:

Emile – 24 Monate in Fässern; Joel – 36 Monate in Fässern

Durchschnittsalter der Reben:

Emile – 40 Jahre; Joel – 25 Jahre

Viognier-Anteil:

Je 6 % bei Emile und Joel

Der nicht sehr große, umtriebige, drahtige Emile Champet ist ein überaus rühriger Mann, der sich auch im Gemüse- und Blumengeschäft stark engagiert. Champet, der Mitte 70 sein dürfte, hat den größten Teil seiner Weingärten an seinen Sohn Joel übergeben. Er selbst – sehr spontan und schillernd – operiert noch immer von einem alten Keller aus, der mit einem Sammelsurium aus alten Fässern kleiner und mittlerer Größe sowie großen altertümlichen *foudres* gefüllt ist. Selbstredend vermittelt eine solche Umgebung wenig Vertrauen in die Weinbereitung, doch erweist sich – wie bei so vielen kleinen Winzern in Frankreich – die altersschwache Kellerausstattung als reichlich trügerisch, wenn es um die Beurteilung des fertigen Weins geht. In bemerkenswerter körperlicher Verfassung und mit faltigem, sonnenverbranntem Gesicht gewinnt Champet seinen Wein heute nur noch aus einer 0,4 Hektar großen Parzelle an der Côte Blonde. Die übrige Rebfläche – gut zwei Hektar des berühmten Côte Brune La Viaillère – wird von seinem Sohn Joel bewirtschaftet, der in Verenay seine eigene Kellerei betreibt. Joel verwendet eher Barriques (etwa 25 % in guten Jahren) und lässt den Wein darin länger lagern. Ansonsten ist die Weinherstellung auch bei ihm sehr traditionell: kein Entrappen, ein lang andauernder Ausbau in alten hölzernen *foudres* und kleineren Fässern sowie Flaschenabfüllung von Hand ohne Filtration. Beide Champets trinken ihren Côte Rôtie am liebsten, wenn er zwischen fünf und zehn Jahre alt ist, und sind stolz darauf, einen natürlichen, ungefilterten Wein herzustellen. Der Stil der Champet-Weine ähnelt meines Erachtens mehr als bei den anderen Winzern einem großen Côte de Nuits aus Burgund – man denkt sofort an einen würzigen, aggressiven Chambertin. Die Weine von Vater und Sohn zeigen in der Regel Qualitätsschwankungen. Die 92er und 93er waren eine Enttäuschung, ihre beiden besseren Jahrgänge 1994 und 1995 konnte ich leider nicht verkosten. Ältere Spitzenjahrgänge sind gut bis sehr gut. Joel Champets Erzeugnisse firmieren übrigens unter der Bezeichnung «Côte Rôtie La Viaillère», Emile Champets Weine unter dem Namen «Emile Champet».

JAHRGÄNGE

1991 • 86 Côte Rôtie La Viaillère (Joel Champet): Dieser 91er aus dem herrlichen Weinberg La Viaillère an der Côte Brune besitzt ein attraktives, süß duftiges Bukett aus Schwarzen Himbeeren, Kräutern und Erde, ein mittleres Gewicht, einen mäßig konzentrierten Geschmack, mildes Tannin, wenig Säure und eine gut entwickelte, frühreife Art. Er sollte in den nächsten 4 bis 7 Jahren getrunken werden. Letzte Verkostung: 6/94.

1990 • 86 Côte Rôtie (Emile Champet): 1990 hat Emile Champet einen Wein geformt, der über ein stark nach Leder duftendes, an geräuchertes Rindfleisch erinnerndes Aroma, einen mittelschweren Körper und reichlich Tannin, aber wenig Säure verfügt. Allerdings lässt er weder die ausladende Fülle noch die Ausdauer der Jahrgänge 1989 und 1988 erkennen. Voraussichtliche Genussreife: jetzt bis 2000. Letzte Verkostung: 6/94.

1989 • 88 Côte Rôtie (Emile Champet): Der volle, mittelschwere bis körperreiche 89er offenbart ein nach Schokolade und Leder duftendes, rustikales Bukett, hat einen süßen, reichhaltigen Geschmack, milderes Tannin als der 88er und einen kräftigen, schmackhaften Abgang. Er sollte im Laufe der nächsten 10 Jahre getrunken werden. Letzte Verkostung: 6/94.

1988 • 88 Côte Rôtie (Emile Champet): Ein körperreicher, duftiger, würziger, tiefer und überaus extraktstoffreicher 88er, der nahezu ausgereift ist. Er wird niemals sein ganzes Tannin abstreifen können, muss aber auch nicht sofort getrunken werden. Voraussichtliche Genussreife: jetzt bis 2001. Letzte Verkostung: 10/93.

1985 • 78 Côte Rôtie (Emile Champet): Im Vergleich zu anderen Kollegen verlief dieses Jahr für Champet weniger erfolgreich. Immerhin gelang ein zurückhaltender, rustikaler Tropfen mit mittelschwerem Körper. Er besitzt ein äußerst würziges, pfeffriges Aroma, hinreichende Konzentration, etwas grünes Tannin und einen ärgerlich hohen Säuregehalt. Jetzt genussreif. Letzte Verkostung: 11/93.

CHAPOUTIER *** / *****

Adresse:
18, avenue du Docteur Paul Durand, B.P. 38, 26600 Tain l'Hermitage,
Tel.: 4 75 08 28 65, Fax: 4 75 08 81 70

Produzierte Weine:
Erzeugerabfüllung: Côte Rôtie Cuvée La Mordorée; Händlerabfüllung: Côte Rôtie

Rebfläche: 3 ha

Produktionsmenge: Standardcuvée – 36 000 Flaschen; La Mordorée – 500 Kisten

Ausbau:
Standardcuvée – 12 Monate zu 33% in Barriques; La Mordorée – 12 Monate zu 100 % in Barriques

Durchschnittsalter der Reben:
Standardcuvée – 45 Jahre; La Mordorée – 75 bis 80 Jahre

Viognier-Anteil: Keiner

Dieser berühmte *négociant* und Weinbergbesitzer des Rhônetals wird ausführlich im Kapitel über den Hermitage (siehe Seite 156ff.) zur Sprache kommen. Chapoutier produziert aber auch einen guten Côte Rôtie aus einem Verschnitt von eigenen und gekauften Trauben. Auch wenn sich die Qualität seiner Standardcuvée seit Ende der achtziger Jahre, als Michel und Marc Chapoutier das Geschäft von ihrem Vater übernahmen, erheblich verbesserte, gelang der tatsächliche Durchbruch doch erst mit der Luxuscuvée La Mordorée. Dieser Tropfen, der 1990 das Licht der Welt erblickte, ist Michels Hommage an Marcel Guigals Côte-Rôtie-Kreationen La Turque, La Mouline und La Landonne. La Mordorée stammt aus einigen ausgewählten Parzellen mit sehr alten, durchschnittlich 75- bis 80-jährigen Reben an der Côte Brune, die an Guigals berühmten La-Turque-Weinberg grenzen. Seit 1989 werden sämtliche Weingärten Chapoutiers nach den strengen Richtlinien einer biodynamischen Anbauweise bestellt. La Mordorée wird aus Erträgen von weniger als 25 Hektolitern pro Hektar gewonnen, ausschließlich in Barriques ausgebaut und ungeschönt und ungefiltert abgefüllt. Seit 1990 war jeder Jahrgang unwiderstehlich, selbst in so schwierigen Jahren wie 1992 und 1993. Wie aus den folgenden Prüfnotizen hervorgeht, hielt ich den 91er für die absolute Krönung. Im Gegensatz zu einigen Traditionalisten sind Michel Chapoutier und seine Mannschaft der Meinung, dass der in ihren Côte-Rôtie-Weinbergen geerntete Syrah zur Vermeidung übermäßiger Säure und vegetabiler Geschmacksnoten vollständig entrappt werden müsse. Das Unternehmen, das unter Michels und Marcs Vater eher mittelmäßig war, hat sich zu einer der bedeutendsten Adressen im Rhônetal entwickelt: Die Standardcuvée wird immer besser, während die Luxusversion La Mordorée die größten Tropfen der Region zu übertreffen sucht.

JAHRGÄNGE

1995 • 89 Côte Rôtie: Die 95er Standardcuvée enthüllt eine würzige, pfeffrige, süße Nase mit dem Aroma von Schwarzen Himbeeren. Sie besitzt lebhafte Säure, mittelschweren Körper, feine Reife und eine erstaunliche Spur Eleganz. Der Wein wird in kleinen Eichenfässern ausgebaut. Letzte Verkostung: 6/96.

1995 • 97 Côte Rôtie Cuvée La Mordorée: Der 95er kann den herausragenden 91er sogar noch überragen. Er ist der kompakteste, eleganteste und vielseitigste junge Côte Rôtie, den ich je bei Chapoutier verkostet habe. Das Ehrfurcht gebietende Aroma birgt in sich den Duft von Kaffee, Schwarzen Himbeeren, Vanille, Schokolade, rauchigem Hickoryholz, Blumen und provenzalischen Oliven. Dieser mit außergewöhnlicher Fülle, Zartheit und Präzision ausgestattete Spitzenwein ist zwar weniger massiv als der 91er, wegen seiner hervorstechenden Zartheit aber möglicherweise auch unwiderstehlicher. Seine Struktur und Komplexität sprechen dafür, dass er als der Musigny des Rhônetals gelten kann. Ob er sich schon trinken lässt, ist schwer einzuschätzen, doch wird er zu seiner Zeit einen Hochgenuss bieten und mühelos noch 1 bis 2 Jahrzehnte reifen.

1994 • 86 Côte Rôtie: Der 94er – laut Chapoutier lediglich ein «gutes» Jahr für die Region – offenbart einen süßen ersten Eindruck, dann aber dominiert das Tannin und der Wein zeigt Struktur und Festigkeit. Man darf gespannt sein, wie er sich in der Flasche entwickeln wird. Letzte Verkostung: 6/96.

1994 • 93 Côte Rôtie La Mordorée: Der erstklassige 94er ist einer der Schlager seines Jahrgangs. Er enfaltet ein großartiges Bukett von Schwarzen Himbeeren, Cassis, Oliven und Veilchen. Mit seiner erstaunlichen, allen großen Côte-Rôtie-Weinen eigenen Komplexität beschert dieses Produkt dem Gaumen eine geballte Ladung fette, rauchige, an Schwarze Johannisbeeren erinnernde Frucht, einen mittelschweren Körper, mildes Tannin und einen langen, vollen Abgang. Obwohl er bereits ein erstaunliches Aroma entwickelt hat, muss der Geschmack erst noch mit seinem gewaltigen Bukett gleichziehen. Nach 2 bis 3 Jahren im Keller kann dieser Tropfen in den darauf folgenden 10 bis 15 Jahren getrunken werden.

1993 • 88 Côte Rôtie: Dieser 93er besitzt mehr Extrakt als der 94er und 92er, aber auch ein stärkeres Eichenholzaroma in seinem rauchigen, toastwürzigen Bukett sowie mäßiges Tannin. Einer der wenigen 93er mit Mittelstück und attraktiver, süßer Frucht! Weitere 2 bis 3 Jahre Flaschenalterung werden ihm gut tun. Voraussichtliche Genussreife: jetzt bis 2004. Letzte Verkostung: 6/96.

1993 • 91 Côte Rôtie La Mordorée: Obwohl er mehr Struktur und Tannin aufweist als die Spitzenjahrgänge dieser Cuvée, hat sich der aus einem erbärmlichen Weinjahr hervorgegangene 93er La Mordorée zu einem der edelsten Tropfen der nördlichen Rhône entwickelt. Seine Farbe ist wunderbar dunkel rubin- bis purpurrot, sein Bukett kraftvoll und anregend mit Düften von asiatischen Gewürzen, rauchigem Eichenholz und reichlich schwarzem Beerenobst. Er zeigt mittleren bis schweren Körper und ein fruchtiges Mittelstück. Der Wein ist zugänglich, doch wird er durch weitere 2 bis 4 Jahre Lagerung nur besser. Er sollte sich 15 Jahre halten. Letzte Verkostung: 6/96.

1992 • 87+ Côte Rôtie: Bei süßer, leicht kräuterartiger, nach Schwarzen Himbeeren schmeckender Frucht, mittelschwerem Körper, feinem, toastwürzigem Eichenholzaroma und pfeffrigem, süßem und fruchtreichem Bukett präsentiert sich der 92er weich und angenehm im Genuss. Sein Reifepotential beträgt 7 bis 8 Jahre. Voraussichtliche Genussreife: jetzt bis 2006. Letzte Verkostung: 9/95.

1992 • 92 Côte Rôtie La Mordorée: Der 92er offenbart ein gleichzeitig süßes und rauchiges Bukett von Veilchen und Schwarzen Johannisbeeren, einen vollmundigen, üppigen Geschmack und einen langen, schmeichelnden, säurearmen und fruchtigen Abgang. Körperreich und seidig ist dieser Tropfen schon jetzt köstlich, dürfte sich aber weitere 15 Jahre gut trinken lassen. Letzte Verkostung: 6/96.

1991 • 100 Côte Rôtie La Mordorée: Dieser Gewächs von einem satten Purpurrot gehört in eine Klasse mit den großen Einzellagenweinen der Côte Rôtie von Marcel Guigal – La Mouline, La Turque und La Landonne. Der Duft ist verführerisch-überirdisch, die süße, expansive und samtige Frucht wunderbar reich. 400 Kisten wurden von diesem La Mordorée produziert, der eng verwandt ist mit dem La Mouline. Sein gewaltiges Bukett und seine herrlich volle, vielschichtige Persönlichkeit liefern ein erstaunliches Beispiel dafür, was geringe Erträge zu Stande bringen können – wenn der Weinberg auf natürliche Weise bestellt und in der Produktion auf Schönung und Filtration verzichtet wird. Voraussichtliche Genussreife: jetzt bis 2020. Letzte Verkostung: 7/96.

1990 • 87 Côte Rôtie Brune et Blonde: Ein 90er von einem tiefen Rubinrot, einem rauchigen, an Schwarze Johannisbeeren erinnernden Bukett, sehr großem Gehalt, mildem Tannin, geringer Säure und einem würzigen, fülligen, üppig strukturierten Abgang. Er sollte in den kommenden 8 bis 10 Jahren getrunken werden. Letzte Verkostung: 7/96.

1990 • 94 Côte Rôtie La Mordorée: Die kräftige rubin- bis purpurrote Farbe wird begleitet von einem überwältigenden Bukett, das Unmengen an süßem schwarzen Beerenobst, Blumen sowie toastwürziges, frisches Eichenholzaroma und Räucherspeck offenbart. Ausgezeichnet konzentriert, mit einer milden, expansiven Struktur und einem Schwindel erregenden, langen Abgang schmeckt dieser verschwenderisch reiche La Mordorée schon jetzt köstlich, dürfte sich aber auch noch weitere 10 bis 15 Jahre halten. Letzte Verkostung: 7/96.

1989 • 88 Côte Rôtie Brune et Blonde: Ein kräftiger, intensiver, komplexer 89er, der ein schönes würziges Bukett von Schwarzen Himbeeren, Oliven und einem Hauch frisches Eichenholz entfaltet. Von ungemein samtiger Art besitzt dieser Rotwein eine volle, seidige Stuktur, mildes Tannin, geringe Säure und einen überschäumenden und langen Abgang. Ein schön bereiteter, eleganter Côte Rôtie, der nahezu Vollreife erreicht hat. Er dürfte sich die nächsten 7 bis 8 Jahre gut trinken lassen. Letzte Verkostung: 12/95.

ÄLTERE JAHRGÄNGE

Die von Max Chapoutier vor 1988 erzeugten Jahrgänge verbrachten zu lange Zeit in alten *foudres* aus Kastanienholz. Nur wenige Weine überstanden diese Art des Ausbaus und waren gut bis sehr gut. Die meisten schmeckten erdig, die Frucht war verschwunden, genauso wie jedes Anzeichen von *terroir* oder *cépage*. Die 70er und frühen 80er Jahrgänge schwanken in der Qualität; hervorragende Weine gab es nicht. Einige Uraltjahrgänge aus den späten fünfziger Jahren (1959) besaßen die für eine schöne Alterung notwendige Konzentration und Kraft.

DOMAINE CLUSEL-ROCH ****/*****

Adresse:
15, route du Lacat-Verenay, 69420 Ampuis, Tel.: 4 74 56 15 95, Fax: 4 74 56 19 74

Produzierte Weine:
Condrieu, Côte Rôtie, Côte Rôtie Les Grandes Places

Rebfläche:
3 ha in der Côte Rôtie, 0,5 ha in Condrieu

Produktionsmenge: 11 000 Flaschen

Ausbau:
Standardcuvée – 18 Monate in Fässern
Les Grandes Places – 24 Monate in Fässern

Durchschnittsalter der Reben:
Standardcuvée – 25 Jahre; Les Grandes Places – 62 Jahre

Viognier-Anteil: 3 %

Nach René Clusels Pensionierung führen sein Sohn Gilbert und seine Schwiegertochter Brigitte diesen winzigen, nur drei Hektar umfassenden Weinbaubetrieb in der Côte Rôtie; dazu kommen noch 0,48 Hektar in Condrieu. Bei unserer ersten Begegnung zeigte sich Gilbert noch sehr zurückhaltend. Seit 1988 zählt die Domaine Clusel-Roch jedoch zu den erfolgreichsten Betrieben des Anbaugebiets, und so wirkt auch er inzwischen aufgeschlossener und zuversichtlicher. Die kühlen, tiefen Keller in Verenay am Nordrand der Côte Rôtie und in Ampuis gehören zu den kältesten der Region. Folglich leiden die Weine nicht unter größeren Temperaturschwankungen. 1988 beschloss Gilbert, die Trauben seiner 62-jährigen Les-Grandes-Places-Reben, die sagenhafte 0,7 Hektar Boden bedecken, getrennt zu behandeln und 24 Monate lang in kleinen, zu 50 % neuen Eichenfässern zu lagern. So entstand ein Spitzenerzeugnis der Appellation, das zwar nicht ganz das Niveau von Guigals La Mouline, La Landonne und La Turque oder Chapoutiers La Mordorée erreicht, doch auch nicht sehr weit darunter rangiert. Der aus den mit jungen Reben der Weinberge La Viaillère und Le Champon gewonnene Tropfen verbringt 18 Monate in Fässern, von denen nur 10 bis 15 % neu sind. Beide Weine werden vor dem Abfüllen einer leichten Schönung, aber keiner Klärung unterzogen. Die 92er und 93er sind durchweg mittelmäßig, was bei so unerquicklichen Jahrgängen keine Überraschung ist. Leider konnte ich vor der Veröffentlichung dieses Buches nicht mehr Clusel-Rochs 94er und 95er kosten.

JAHRGÄNGE

1991 • 88 Côte Rôtie: Der 91er zeigt eine dunkle rubin- bis purpurrote Farbe und eine schöne, rauchige Nase mit einem Duft von Veilchen und Schwarzen Himbeeren. Zu der Unmenge an üppiger Frucht, dem mittleren bis schweren Körper und der schönen Säure gesellt sich ein kerniger, voller Abgang. Der Wein sollte in den nächsten 7 bis 10 Jahren getrunken werden. Letzte Verkostung: 12/95.

1990 • 94 Côte Rôtie Les Grandes Places: Ein wunderbar gelungener 90er, der über ein kräftiges, fast schwarzes Purpurrot und ein aufregendes Bukett von Grillfleisch, asiatischen Gewürzen, schwarzem Beerenobst und frischem Eichenholz verfügt. Hervorragend konzentriert und ausgestattet mit wenig Säure dürfte sich dieser körperreiche, verblüffend volle und reine Rote noch weitere 15 Jahre gut trinken lassen. Letzte Verkostung: 12/95.

1989 • 90 Côte Rôtie: Eine der herausragendsten Leistungen dieses Jahrgangs! Tief rubin- bis purpurrot gefärbt entfaltet dieser Tropfen ein süß duftiges, erdiges Bukett von Speck, Schwarzen Himbeeren und Blumen und zeigt eine ausladende Fülle. Die Vanillenote lässt auf Alterung in rauchiger, frischer Eiche schließen. Dieser mittelschwere bis körperreiche Tropfen besitzt eine ausgezeichnete Reinheit und Ausgewogenheit und einen mäßig tanninherben, vollmundigen Abgang. Er sollte in den nächsten 10 bis 12 Jahren getrunken werden. Letzte Verkostung: 9/95.

1988 • 92 Côte Rôtie: Hochgradig konzentriert und tanninreich zeigt dieser 88er mehr Verschlossenheit als der 89er, sein beeindruckender Fruchtextrakt ist aber vortrefflich. Seine Nase entfaltet ein Aroma aus Rauchfleisch, schwarzem Beerenobst und Kräutern. Im Geschmack offenbart er vollen Körper und eine großartige Konzentration sowie einen langen, kräftigen Abgang. Voraussichtliche Genussreife: jetzt bis 2008. Letzte Verkostung: 9/95.

1985 • 84 Côte Rôtie: Für einen 85er ist Clusels Produkt bedeutend weniger erfolgreich als andere Erzeugnisse. Von einem mittleren Rubinrot zeigt sich der Wein leicht gefügt und säurearm, doch auch weich und zugänglich. Er muss in den nächsten 5 bis 6 Jahren getrunken werden. Letzte Verkostung: 6/86.

COTE ROTIE

Yves Cuilleron **

Adresse:
Verlieu, 42410 Chavanay, Tel.: 4 74 87 02 37, Fax: 4 74 87 05 62

Produzierte Weine:
Côte Rôtie, Côte Rôtie Coteau de Bassenon, Condrieu, Saint-Joseph (rot und weiß)

Rebfläche: 1,5 ha

Produktionsmenge: 6 750 Flaschen

Ausbau: 18 Monate in Fässern

Durchschnittsalter der Reben: 15 Jahre

Viognier-Anteil: 10 %

Von Yves Cuilleron wird im Kapitel über Condrieu (siehe Seite 116f.) ausführlicher die Rede sein. Mit seinem weißen Saint-Joseph bringt er unbestreitbar Wunderdinge zu Stande, doch sind seine Côte-Rôtie-Weine von unterschiedlicher Qualität. Zwei Weingärten nennt er sein Eigen. Der eine liegt am südlichen Rand der Appellation im Bassenongebiet, der andere – eine nur 0,36 Hektar kleine Rebfläche mit 30 Jahre alten und sehr jungen Weinstöcken – in La Viaillère an der Côte Brune. Yves Cuillerons Enthusiasmus, seine Energie und sein kompromissloser Hang zur Perfektion lassen vermuten, dass die Qualität seiner Weine mit dem zunehmenden Alter seiner Rebstöcke noch steigen wird.

Jahrgänge

1995 • 78 Côte Rôtie Coteau de Bassenon: Diesem Tropfen fehlen ausreichend Frucht und Extrakt, um seinen hölzernen, tanninherben Stil und seine Struktur ausgleichen zu können. Letzte Verkostung: 6/96.
1994 • 86 Côte Rôtie: Der 94er stammt aus einer nur 1,5 Hektar großen Rebfläche in Hanglage. Der Beimischung von 10 % Viognier ist das üppige, sinnliche und prunkvolle Bukett von schwarzem Beerenobst, Geißblatt und Aprikosen zu verdanken. Auf Grund seines mittelschweren Körpers, seiner eleganten und vollfruchtigen Art dürfte sich dieser Wein weitere 5 bis 7 Jahre gut trinken lassen. Im Alter von 7 bis 8 Jahren bietet der verführerisch-anmutige 94er den besten Trinkgenuss. Letzte Verkostung: 6/96.
1994 • 77 Côte Rôtie Coteau de Bassenon: Ähnlich wie der 95er lässt auch dieses Gewächs die Balance zwischen Holzwürzigkeit und Tanninreichtum einerseits sowie Frucht und Extrakt andererseits vermissen. Letzte Verkostung: 6/96.
1993 • 76 Côte Rôtie: Es ist keine Überraschung, dass sich Cuillerons 93er als magerer, harter, robuster, komprimierter Wein mit wenig Charme und Reife erweist. Nur wenigen Erzeugern gelang es, mit den Unzulänglichkeiten dieses Jahrgangs fertig zu werden. Letzte Verkostung: 9/94.

Delas Frères **/***

Adresse:
2, allées de l'Olivet, 07300 Saint-Jean-de-Muzols, Tel.: 4 75 08 60 30, Fax: 4 75 08 53 67

Produzierte Weine:
Côte Rôtie Les Ravines, Côte Rôtie Les Seigneurs de Maugiron

Rebfläche: 3,8 ha

Produktionsmenge:
Les Seigneurs de Maugiron – 18 000 Flaschen; Les Ravines – 22 500 Flaschen

Ausbau: 14 bis 16 Monate in Fässern

Durchschnittsalter der Reben: 30 Jahre

Viognier-Anteil: 5 bis 6 %

Dieser *négociant* produziert in der Nähe Tournons qualitativ bescheidene Côte-Rôtie-Weine in geringer Menge. Die potenziellen Erfolgsweine des Hauses Delas Frères sind der Hermitage Marquise de la Tourette und der Hermitage Les Bessards (siehe Seite 175ff.) sowie ein ausgezeichneter Condrieu. Die beiden Côte-Rôtie-Cuvées werden nach modernen Methoden hergestellt, in rostfreiem Stahl fermentiert, nach der malolaktischen Gärung gefiltert, mit Bentonit geschönt und vor der Abfüllung erneut geklärt. Der Ausbau in zwei bis drei Jahre alten Fässern und *foudres* dauert bis zu zwei Jahren; diese Zeitspanne ist inzwischen auf 14 bis 16 Monate verkürzt worden. Die Kellerei genießt den im Rhônetal wenig verbreiteten Luxus einer Klimaanlage. Der Les Seigneurs de Maugiron stammt ausschließlich von Rebflächen an der Côte Brune und enthält einen Viognier-Anteil von fünf Prozent zur Erzielung eines komplexen, weichen Charakters. Delas Frères ist im Besitz des bekannten Champagnerherstellers Deutz (jetzt unter dem Dach von Laurent-Perrier) und spielt auf dem Markt nur eine Nebenrolle. Es bleibt abzuwarten, ob die Qualität des Côte Rôtie gesteigert und mit den Erzeugnissen von Guigal, Chapoutier und Jaboulet konkurrieren kann. Angesichts der Konkurrenz müssen die Weine konzentrierter werden, um die Qualität zu steigern. Es bleibt zu hoffen, dass endlich höhere Maßstäbe angelegt werden.

Jahrgänge

1993 • 68 Côte Rôtie Les Seigneurs de Maugiron: Dieser halbdunkle, rubinrote, hohle Wein charakterisiert sich durch adstringierendes Tannin, ein fehlendes Mittelstück und reichlich Säure im fruchtlosen Abgang. Letzte Verkostung: 7/96.

1992 • 73 Côte Rôtie Les Seigneurs de Maugiron: Ein verwässerter Wein. Die helle rubinrote Farbe, das kräuterartige, würzige und erdige Bukett und der kurze, mit mittelschwerem Körper ausgestattete Geschmack sind ohne Belang. Austrinken! Letzte Verkostung: 7/96.

1990 • 76 Côte Rôtie: Der 90er offenbart einige der sprichwörtlichen Eigenarten dieser Appellation: rauchige Frucht und Würze. Ansonsten besitzt dieser leichte, aber charmante Wein unzureichende Konzentration und Tiefe, mittleren Körper und einen kurzen Abgang. Voraussichtliche Genussreife: jetzt bis 1999. Letzte Verkostung: 9/95.

1990 • 86 Côte Rôtie Les Seigneurs de Maugiron: Der 90er ist ein voller, nach Oliven duftender, mittelschwerer bis körperreicher Wein mit hohem Säuregehalt, aber ausreichendem Potenzial für eine Reifezeit von 10 bis 15 Jahren. Kein großes, aber ein sehr gutes Gewächs. Letzte Verkostung: 6/96.

1989 • 78 Côte Rôtie: Die 89er Standardcuvée ist geradlinig, weich und durchschnittlich, aber geschmackvoll und sauber bereitet. Austrinken. Letzte Verkostung: 9/95.

1989 • 87 Côte Rôtie Les Seigneurs de Maugiron: Der anspruchsvolle 89er enthüllt ein starkrauchiges Aroma von frischem Eichenholz und ein attraktives Bukett aus Speck und reifen Pflaumen; sein langer Abgang ist voll und üppig. Sofort genussreif, dürfte er sich weitere 5 bis 7 Jahre halten. Letzte Verkostung: 6/93.

1988 • 86 Côte Rôtie: Der 88er weist etwas weniger Konzentration, dafür mehr Säure und härteres Tannin auf. Er ist geprägt von reichhaltiger, in frischem Eichenholzduft schön verpackter Cassisfrucht und hält sich noch 10 Jahre. Wird jedoch die Frucht das Tannin überdauern? Letzte Verkostung: 6/95.

1988 • 89 Côte Rôtie Les Seigneurs de Maugiron: Dieser 88er gehört zu den vollendetsten Kreszenzen des Hauses Delas Frères. Er ist körperreich, ausgewogen, konzentriert und duftig. Außerdem besitzt er mehr Frucht, Extrakt und Balance als die Standardabfüllung. Er sollte in den nächsten 8 bis 10 Jahren getrunken werden. Letzte Verkostung: 6/93.

ALBERT DERVIEUX-THAIZE ***

Am Nordrand des Anbaugebiets findet man in dem Städtchen Verenay den warmherzigen und freundlichen, sehr energischen Albert Dervieux-Thaize. Von 1953 bis zu seiner Pensionierung 1990 war er Vorsitzender der Winzervereinigung. Seinen letzten Wein erzeugte er 1989 und verpachtete ein Jahr später seinem Schwiegersohn René Rostaing die Weinberge. Fünf Prozent Viognier mischte der alte Winzer in seinen La Garde und beließ den Wein ausnahmslos 30 Monate und länger in großen alten *foudres*. Neue Holzfässer wurden nicht eingesetzt, da sie laut Dervieux-Thaize den wahren Charakter des Côte Rôtie verfälschen. Mit dem Ertrag von drei verschiedenen, insgesamt dreieinhalb Hektar großen Rebflächen wurden 1 200 bis 1 500 Kisten produziert, unter anderem der La Fongent von der Côte Brune, der La Garde von der Côte Blonde und das Meisterstück, der La Viaillère, von uralten Rebstöcken an der Côte Brune. Die Erzeugnisse wurden mit Eiweiß geschönt, aber nicht gefiltert; die Trubstoffe konnten sich absetzen und der Wein wurde auf natürliche Weise glanzhell. So entstanden einige der muskulösesten und rustikalsten Tropfen, die in den Spitzenjahren 1985, 1983 und 1975 außergewöhnliche Qualität erreichten. Im Vergleich zu den Weinen von Jasmin oder Guigal schmecken sie allerdings tanninreicher und härter, sie sind zudem körperreich und recht kräftig, mit einem Duft nach Erde und Sattelleder und dem Aroma von Frühlingsblumen und reifer Beerenfrucht. Schlechtere Jahrgänge wurden häufig zu lange im Holzfass gelassen – ein Beweis für die Unbeweglichkeit von Dervieux-Thaize –, und Produkte aus so regenreichen Jahren wie 1984, 1980 und 1977 gerieten dünn.

René Rostaing hat das Herstellungsverfahren geändert, so dass die Weine die typisch aggressive Schroffheit verloren (siehe auch René Rostaing, Seite 88ff. und 130f.).

JAHRGÄNGE

1989 • 85 Côte Rôtie La Garde: Weich und leicht, fehlt es ihm doch an Konzentration und Festigkeit. Er sollte in den nächsten 5 bis 6 Jahren getrunken werden. Letzte Verkostung: 9/92.

1989 • ? Côte Rôtie La Fongent: Der äußerst leichte 89er weist einen fast metallischen Charakter sowie den Geruch nach fauliger Hefe auf, was auf einen fehlerhaften Ausbau (*élevage*) schließen lässt. Letzte Verkostung: 9/92.

1989 • 86 Côte Rôtie La Viaillère: Für gewöhnlich ist der La Viaillère der verschlossenste und eindrucksvollste Tropfen dieses Winzers, der 89er hat aber reichlich Gewicht. Zudem lässt die gewaltige Menge an aggressivem, adstringierendem Tannin bei mangelndem Fruchtgehalt auf fehlende Balance schließen. Letzte Verkostung: 9/92.

1988 • 85? Côte Rôtie La Garde: Dervieux-Thaize erzeugte in diesem Jahr keinen Côte Rôtie La Fongent, dafür aber einen Côte Rôtie La Garde. Geschmeidiger als der La Viaillère weist er doch reichlich Tannin auf und besitzt eine beunruhigend beißende, adstringierende Schärfe. Zu spüren sind seine gute Reife und die untergründige Konzentration, während das Verhältnis von Frucht und Gerbstoffen aber unausgewogen wirkt. Voraussichtliche Genussreife: jetzt bis 1998. Letzte Verkostung: 9/92.

1988 • 90 Côte Rôtie La Viaillère: Üppig, vollmundig, überaus kräftig, sehr muskulös und tanninreich – das sind die Charakteristika dieses reichlich konzentrierten 88ers mit einem starken Aroma aus gedörrtem schwarzen Beerenobst und erdigen, mineralischen Düften. Er fühlt sich ganz vorzüglich an, eine Lagerung von 5 bis 6 Jahren ist aber unabdingbar. Freuen Sie sich auf diesen Wein, der zwischen 1998 und 2010 den höchsten Genuss verspricht. Dem 89er vergleichbar ist sein Tannin doch robuster, und der Säuregehalt liegt geringfügig höher. Letzte Verkostung: 2/96.

1987 • 86 Côte Rôtie La Viaillère: Ein guter Vertreter seines Jahrgangs: fest gefügt, hochgradig konzentriert, maskulin und voll ausgereift. Er könnte noch 5 bis 8 Jahre halten. Letzte Verkostung: 5/95.

1985 • 89 Côte Rôtie La Viaillère: Ausgezeichnet ist der 85er mit einer tief rubinroten Färbung und etwas Bernsteintönung am Rand. Der Tropfen entfaltet ein exotisches, erdiges und fruchtiges Bukett von rauchigen Kräutern und Grillfleisch, weist erstklassige Reife, Fülle und schöne Länge auf, doch auch ein wenig aufdringliches Tannin. Voraussichtliche Genussreife: jetzt bis 2004. Letzte Verkostung: 11/95.

1985 • 90 Côte Rôtie La Garde: Im Gegensatz zum kräftigen La Viaillère von der Côte Brune ist dieser La Garde von der Côte Blonde geschmeidiger, dazu samtig und voll ausgereift. Er verfügt über eine geballte Ladung Himbeer- und Cassisfrucht, ausgezeichnete Intensität, eine dunkle, rubinrote Farbe und reifes, rundes Tannin. Voraussichtliche Genussreife: jetzt bis 2002. Letzte Verkostung: 11/95.

1985 • 87 Côte Rôtie La Fongent: Der voll ausgereifte, mittelschwere 85er La Fongent ist üppig und konzentriert, doch fehlt ihm die Tiefe des La Garde und des La Viaillère. Trotzdem handelt es sich um einen sehr schönen Côte Rôtie, der sich von jetzt an bis zum Jahr 2000 gut trinken lässt. Letzte Verkostung: 11/95.

1983 • 88? Côte Rôtie La Viaillère: Ein Erzeugnis, das sich bisher mit unglaublicher Langsamkeit entwickelt hat. Tief rubinrot mit etwas Bernsteintönung am Rand, fest, konzentriert und robust besitzt der Wein reichlich Länge und Tannin zum Ausgleich seiner Kraft – doch wird sich die Frucht halten? Voraussichtliche Genussreife: jetzt bis 2006. Letzte Verkostung: 11/95.

1983 • 85 Côte Rôtie La Garde: Deutlich weniger kraftvoll und konzentriert als der La Viaillère, ist dieser voll ausgereifte La Garde geschmeidig, glatt, fruchtig und von mäßig dunkler Farbe mit etwas Bernstein am Rand. Voraussichtliche Genussreife: jetzt bis 2000. Letzte Verkostung: 9/92.

1983 • 82 Côte Rôtie La Fongent: Ein Tropfen von der Côte Brune – tief rubin- bis granatrot und mit einem teerartigen, sehr würzigen (Zimt-)Bukett von Pferdeschweiß und Sattelleder. Der Wein ist robust und schroff, hat aber Vollreife erlangt. Voraussichtliche Genussreife: jetzt bis 1999. Letzte Verkostung: 9/92.

LOUIS DREVON **

Adresse:
3, rue des Moutonnes, 69420 Ampuis, Tel.: 4 74 56 11 38, Fax: 4 74 56 13 00

Produzierte Weine: Côte Rôtie

Rebfläche: 7 ha

Produktionsmenge: 30 000 Flaschen

Ausbau: Mindestens 18 Monate in Fässern

Durchschnittsalter der Reben: 35 Jahre

Viognier-Anteil: 3 %

Drevon verkauft auch weiterhin einen Großteil seiner Weinproduktion an verschiedene Händler im Rhônetal. Seine Erzeugerabfüllungen waren nie beeindruckend und sind trotz der Verpflichtung des talentierten Jean-Luc Colombo als Berater nicht besser geworden. Nach der bescheidenen Qualität der Weine befragt, antwortete Colombo: «Man kann sie zwar beraten, doch sie brauchen nicht darauf zu hören.» Diese durchschnittlichen, leicht gewirkten Weine sind offenbar das Produkt junger und/oder übermäßig bepflanzter Weinberge, denn es fehlt ihnen an Konzentration. Der hohe Säuregehalt bei vielen Jahrgängen deutet außerdem darauf hin, dass die Trauben vor Erreichen ihrer physiologischen Reife gepflückt wurden.

JAHRGÄNGE

1995 • 85 Côte Rôtie: Dieser 95er ist wohl der feinste Wein, den ich von Drevon verkostet habe: ein fetter, reifer Tropfen mit attraktiver Cassisfrucht, mittlerem bis schwerem Körper, schöner Dichte und Charakter. Er dürfte sich 7 bis 8 Jahre lang gut trinken lassen.

1994 • 72 Côte Rôtie: Eine herbe Enttäuschung: das mittlere Rubinrot, der dünne, wässrige Geschmack und die strenge kräuterartig-vegetabile Note sind abstoßend.

1989 • 80 Côte Rôtie: Das Bukett des weichen 89ers ist mit einem Hauch von Himbeeren und frischem Eichenholz durchzogen. Der Wein hat einen runden, leichten, aber unbestimmten Geschmack. Letzte Verkostung: 9/93.

1988 • 75 Côte Rôtie: Der überraschend eindimensionale 88er hat Ähnlichkeit mit dem 89er. Er sollte in den nächsten 4 bis 5 Jahren getrunken werden. Letzte Verkostung: 9/93.

EDMOND DUCLAUX **/***

Adresse:
Route Nationale 86, 69420 Tupin et Semons, Tel.: 4 74 59 56 30

Produzierte Weine: Côte Rôtie

Rebfläche: 3,8 ha

Produktionsmenge: 10 000 bis 12 000 Flaschen

Ausbau: 2 bis 3 Jahre in Fässern

Durchschnittsalter der Reben: 25 Jahre

Viognier-Anteil: 4 bis 5 %

Duclaux gehört zu den engagiertesten Winzern der Côte Rôtie. Bis 1978 verkaufte er den aus seiner 3,8 Hektar großen und ausschließlich an der Côte Blonde gelegenen Rebfläche gewonnenen Wein an Firmen wie Guigal, Delas und Chapoutier. Ermuntert von seinem Mentor Robert Jasmin begann er dann, seine ganze Produktion selbst abzufüllen. Folgerichtig ähneln Duclaux-Tropfen denen von Jasmin. Sie sind duftig, verführerisch und gut entwickelt, besitzen ein reifes Aroma und einen ausladenden, geschmeidigen Geschmack, der auf frühe Trinkbarbeit und Reife schließen lässt. Duclaux lagert seinen Wein zwei Jahre lang in Fässern und gibt normalerweise nicht mehr als fünf Prozent Viognier hinzu. Ähnlich wie Jasmin und Gentaz-Dervieux – Letzterer besitzt annähernd 100 Jahre alte Fässer – erklärt Duclaux, dass neue Fässer etwas für Winzer seien, die ihre Erzeugnisse manipulieren wollten und dabei den wahren Geschmack und die Fruchtkonzentration zudeckten. Auf seinem Weinberg Maison Rouge am Südrand der Côte Rôtie stehen Rebstöcke, die 1924, 1943 und 1963 gepflanzt wurden. Zur Aufbesserung seines Einkommens zieht Duclaux wie viele kleine Winzer zusätzlich Gemüse und Blumen. Er verfügt über Erfahrung und gute Weinlagen, nach einigen viel versprechenden Leistungen in den achtziger Jahren erreichten seine Weine in den neunziger Jahren aber nur eine helle Färbung und waren frucht- und körperarm. Ich weiß nicht, ob es an den Jahrgängen liegt oder ob sich in der Kellerei etwas verändert hat.

Pierre Gaillard **

Adresse:
Favier, 42410 Malleval, Tel.: 4 74 87 13 10, Fax: 4 74 87 17 66

Produzierte Weine:
Condrieu, Côtes du Rhône, Condrieu Clos de Cuminaille, Côte Rôtie,
Côte Rôtie Brune et Blonde, Saint-Joseph, Saint-Joseph Clos de Cuminaille

Rebfläche: 2,7 ha

Produktionsmenge: 8 000 Flaschen

Ausbau: 18 Monate in Eichenfässern (zu 20 % neu)

Durchschnittsalter der Reben: 12 Jahre

Viognier-Anteil: 10 bis 15 %
1993 wurde wegen Fäulnis kein Viognier verwendet

Gaillard, dessen moderne Keller sich in dem mittelalterlichen Dorf Malleval befinden, erschien Mitte der achtziger Jahre auf der Bildfläche und erntete überschwängliche Kritik. Mit reichlich Erfahrung ausgestattet – er arbeitete für Vidal-Fleury und danach für Guigal – schien er mit seinem Debütjahrgang 1987 viel versprechend zu starten, enttäuschte dann aber zumeist. Seine feinsten Weine sind immer noch die Weißen, meistens aus Saint-Joseph, gefolgt von einem köstlichen, ausschließlich aus Viognier bereiteten Côtes du Rhône. Sein Côte Rôtie aus verschiedenen Parzellen im Viallière und Rozier war gut, aber zumeist reizlos und etwas vegetabil. Die hohe Qualität des 88ers erreichte er bedauerlicherweise nicht wieder. Das mag auch an den durchweg jungen, 12 bis 13 Jahre alten Rebstöcken liegen, denn Wachstum, Laubwerk und Abdeckung bereiten in diesem Alter die größten Probleme.

Mehr Informationen über Pierre Gaillard sind in dem Kapitel über Saint-Joseph zu finden (siehe Seite 318).

Jahrgänge

1995 • 75 Côte Rôtie: Dieser leichte, vegetabile, dünne, nach Oliven duftende und nach Kräutern schmeckende Côte Rôtie ist abstoßend. Letzte Verkostung: 6/96.

1995 • 79 Côte Rôtie Brune et Blonde: Der Wein ist zwar eleganter als die Standardcuvée, trotzdem schmeckt er tanninherb, schlank, hart und unattraktiv. Letzte Verkostung: 6/96.

1990 • 83 Côte Rôtie Brune et Blonde: Der 90er zeigt etwas Extrakt, doch sein Abgang ist schlank und hart, ohne große Fülle oder starkes Mittelstück. Vermutlich wird er sich nicht weiter entwickeln. Letzte Verkostung: 9/94.

1989 • 86 Côte Rôtie Brune et Blonde: Nachdem der Wein einen erheblichen Teil seiner Reifezeit in Barriques verbracht hat, ist ein körperreicher, voller, überraschend tanninreicher Tropfen entstanden, mit einer bewundernswerten Eleganz und Reinheit im Untergrund. Stark geprägt von reichlich schwarzer Beerenfrucht besitzt er eine großartige Farbe und verrät einen kräftigen Schuss toastwürzigen, vanillereichen Eichenholzduft. Voraussichtliche Genussreife: jetzt bis 2000. Letzte Verkostung: 9/94.

1988 • 88 Côte Rôtie Brune et Blonde: Ein Produkt mit intensiv rubin- bis purpurroter Farbe und einem Bukett von reifen Schwarzen Johannisbeeren, das mit dem Aroma von Vanille und Karamell verwoben ist. Im Mund zeigt er feine, attraktive Fülle, ein starkes Mittelstück und einen nachhaltigen, alkoholreichen, vollen und tanninherben Geschmack, der für weitere 10 bis 12 Jahre feinen Genuss verspricht. Letzte Verkostung: 9/94.

HENRI GALLET ****

Adresse:
Boucharey, 69420 Ampuis, Tel.: 4 74 56 12 22, Fax: 4 74 56 00 08

Produzierte Weine:
Côte Rôtie, Côte Rôtie Côte Blonde

Rebfläche: 3 ha

Produktionsmenge: 13 500 Flaschen

Ausbau: 18 bis 24 Monate in Fässern

Durchschnittsalter der Reben: 30 bis 40 Jahre

Viognier-Anteil: 5 bis 6 %

Das robust wirkende Ehepaar Gallet lebt in Boucharey, der Hochebene über den Steilhängen der Côte Rôtie. Die drei Hektar große Anbaufläche teilt sich auf zwischen Steilterrassen und Plateau. Henri Gallet brachte seine erste Weinernte 1942 ein und verkaufte bis vor kurzem einen Großteil seiner Produktion an Guigal. Angesichts der zunehmenden Nachfrage nach Côte-Rôtie-Produkten und der gestiegenen Preise ergriffen die Gallets jedoch die Gelegenheit, ihre Umsätze zu steigern und füllen immer größere Mengen selbst ab. Die Weinbereitung ist traditionell: Wie so viele andere kleine Winzer verzichtet man auf das Entrappen, verwendet keine neuen Eichenfässer und füllt den ungefilterten Wein nach 18 bis 20 Monaten Fassreife erst beim Verkauf nach und nach in Flaschen. Den Verbrauchern, die bei einem Jahrgang gleichmäßige Qualität erwarten, bereitet dieses Vorgehen Verdruss.

Trotzdem produziert man einige fabelhafte Tropfen, wie der 90er und 91er zeigen, und das auf einem preislich überaus fairen Niveau.

JAHRGÄNGE

1995 • 88? Côte Rôtie: Ein weicher, fruchtiger, verlockend aufgeschlossener Tropfen, der mit seinem ausladenden, süß duftigen, runden Cassisgeschmack einem Burgunder sehr nahe kommt. Der Wein wird nicht allzu alt werden, dürfte sich aber 7 bis 8 Jahre lang gut trinken lassen. Letzte Verkostung: 6/96.
1994 • 87 Côte Rôtie: Der 94er besitzt hartes Tannin im Abgang, ansonsten erinnern sein mittleres Rubinrot und seine volle, runde, fruchtige Art mit dem Duft nach Räucherspeck und Cassis an seinen Nachfolger. Letzte Verkostung: 6/96.
1993 • 78 Côte Rôtie Côte Blonde: Der mit einem ausgeprägt kräuterartigen und würzigen Bukett ausgestattete Wein von mittlerer rubinroter Färbung besitzt ausreichend Körper, doch

auch sehr viel Tannin und einen recht schwachen Charakter ohne genügend Frucht. Letzte Verkostung: 7/96.

1992 • 90 Côte Rôtie Côte Blonde: Angesichts dieses verregneten Jahres findet sich nicht so leicht ein vergleichbar voller und komplexer Côte Rôtie wie Gallets 92er. Nach den erstklassigen beiden Vorgängern ist hier ein leicht gefügter, nach Schwarzen Himbeeren, Pfeffer und Trüffel duftender Tropfen gelungen, der in den nächsten 5 bis 7 Jahren ausgetrunken werden sollte. Er gleicht eher dem verführerisch-unwiderstehlichen 91er als dem gewaltigen, dichten, konzentrierten und muskulösen 90er. Der 92er bietet einen reichlich fruchtigen Geschmack nach prallen schwarzen Kirschen und Himbeeren, zeigt einen Stich ins Exotische (Gallet hat etwa 8 % Viognier beigemischt) und einen mittelschweren bis körperreichen, seidig weichen Abgang. Letzte Verkostung: 12/94.

1991 • 91 Côte Rôtie Côte Blonde: Der 91er, sowohl in kleinen Eichenfässern (zu etwa 30 % neu) als auch in *foudres* gereift und ungefiltert abgefüllt, repräsentiert den eleganten «Musigny»-Stil, den der Côte Rôtie manchmal erreichen kann. Sein Bukett ist duftig und kräftig, aus Veilchen, Cassis, Zedernholz, Kräutern und geräuchertem Entenfleisch. Er ist ein außergewöhnlich weicher, samtiger Wein, der den möglicherweise vorhandenen Mangel an Kraft und Extrakt durch seine feine Art und seinen Duft mehr als ausgleicht. Ein voller, komplexer, vollendeter Tropfen, der sich schön trinken lässt und wohl ein Jahrzehnt lang anmutig altern wird. Verlockend!

1990 • 94 Côte Rôtie Côte Blonde: Ausschließlich mit Trauben von 40 Jahre alten, an der Côte Blonde stehenden Weinstöcken bereitet, hat der 94er die Chance, einer der Spitzentropfen dieses guten bis sehr guten Jahrgangs zu werden. Gallet füllte ihn ab, nachdem er ihn zuvor in alten *foudres* ausgebaut hatte. Die außergewöhnlich dunkle Farbe wird begleitet von einem Aufsehen erregenden, rauchigen Bukett von prallem schwarzen Beerenobst, Lakritze und Kräutern bei mäßigem Tannin und wenig Säure. Die unglaubliche Fülle und zähflüssige Beschaffenheit weisen auf alte Reben und niedrige Ernteerträge hin. Sollte sich in den nächsten zehn Jahren oder länger gut trinken lassen. Großartig! Letzte Verkostung: 6/96.

YVES GANGLOFF ***

Adresse:

2, chemin du Moulin, 69420 Condrieu, Tel.: 4 74 59 57 04

Produzierte Weine: Condrieu, Côte Rôtie

Rebfläche: 2 ha

Produktionsmenge: 10 500 Flaschen

Ausbau: Mindestens 24 Monate in Fässern

Durchschnittsalter der Reben:

1,2 ha über 50 Jahre, der Rest 6 bis 10 Jahre

Viognier-Anteil:

Seit 1994 kein Zusatz bei den Trauben von alten Reben, 10 % bei jungen Reben; vor 1994 keiner

Dieser klein gewachsene Künstler hat sich in Windeseile einen Namen für erstklassige Côte-Rôtie- und Condrieu-Weine erworben. Seine Leistung in einem so schwierigen Jahr wie 1993 hat viele seiner Kollegen veranlasst, seine ungezügelte Leidenschaft und sein Streben nach Qualität anzuerkennen. Es ist zwar noch zu früh für Prognosen, doch scheint der temperamentvolle Gangloff zu der neuen Generation leidenschaftlicher Winzer zu gehören, von denen man erstklassige Weine mit unverkennbarem, eigenständigem Charakter erwarten kann.

JAHRGÄNGE

1993 • 88 Côte Rôtie: Das Jahr 1993 war eines der schwierigsten Jahrgänge für das nördliche Rhônetal. Nur wenige Erzeuger waren so erfolgreich wie Gangloff, der einen überraschend feinen 93er Côte Rôtie bereitete. Zu der kräftig-dunklen, rubin- bis purpurroten Farbe gesellt sich ein Bukett von Vanille, schwarzem Pfeffer und ein wenig süßer Cassisfrucht. Dieser würzige Wein – ohne vegetabilen oder erdigen Charakter, aber mit mittlerem bis schwerem Körper und ein wenig hartem Tannin im Abgang – ist überraschend vollmundig und gelungen. Er dürfte sich 7 bis 8 Jahre lang gut trinken lassen. Letzte Verkostung: 5/96.

VINCENT GASSE ****

Adresse:
La Roche-R.N. 86, 69420 Ampuis, Tel.: 4 74 56 17 89

Produzierte Weine:
Côte Rôtie Cuvée Classique, Côte Rôtie Cuvée Vieilles Vignes, Saint-Joseph;
bis 1992 nannte er seinen besten Wein Côte Rôtie Côte Brune

Rebfläche: 0,9 ha

Produktionsmenge: 3 000 Flaschen

Ausbau: 18 bis 24 Monate in Fässern (zu 20 % neu)

Durchschnittsalter der Reben:
Zwei Drittel 12 Jahre, ein Drittel 40 Jahre

Viognier-Anteil: Keiner

Vincent Gasse – ein intelligenter, wortgewandter, drahtiger, kahlköpfiger Mann mit einem gewaltigen schwarzen Bart – ist einer der wenigen Außenseiter, die in der Côte Rôtie von Erfolg gekrönt wurden. Geboren in dem Dorf Vouvray im Loiretal, zog Gasse 1980 an die Route Nationale in Ampuis, gleich gegenüber von Vidal-Fleury. Der zurückhaltende Gasse, der seine Weingärten nach biodynamischen Grundsätzen bestellt, besitzt mehrere Parzellen in bedrohlicher Hanglage neben Guigals La Landonne. Zusätzlich zu seiner feinsten Cuvée, die er Côte Brune nennt, hat Gasse die Produktion einer Cuvée Classique und einer Cuvée Vieilles Vignes aufgenommen, die von seinen ältesten Rebstöcken stammt. Die Weine werden in einem mit Klimaanlage und Temperaturregelung ausgestatteten Keller auf traditionelle Weise bereitet und selbst abgefüllt. Dazu gehören der Verzicht auf das Entrappen, eine relativ lange Mazeration und die zweijährige Lagerung des Weins in Eichenfässern: Die Standardcuvée wird in etwa 20 % neuen Eichenfässern ausgebaut, die Cuvée aus alten Rebstöcken in Jahren, in denen Fülle und Intensität der Weine es gestatten, in 50 % neuer Eiche. Der Winzer hat seine

Fähigkeit bewiesen, in Spitzenjahren wie 1990 und 1991 fabelhafte sowie in weniger glücklichen Jahrgängen wie 1992 und 1993 gute Tropfen zu bereiten. Es lohnt sich, diese Weine zu kaufen, vor allem aus den Spitzenjahrgängen der Côte Rôtie.

Jahrgänge

1995 • 86 Côte Rôtie Cuvée Classique: Ein guter Tropfen, dem allerdings die Tiefe, Fülle und Intensität der rauchigen, mit dem Duft von Schwarzen Himbeeren ausgestatteten 95er Cuvée Vieilles Vignes fehlt. Letzte Verkostung: 6/96.

1995 • 91 Côte Rôtie Cuvée Vieilles Vignes: Neben einem Aroma aus Rauch und Schwarzen Himbeeren zeigt dieser gut bereitete Wein Tiefe, Fülle und Intensität. Letzte Verkostung: 6/96.

1994 • 87? Côte Rôtie Cuvée Classique: Die 94er Cuvée Classique – laut Vincent Gasse ist der Jahrgang «zu tanninreich» – präsentiert sich als schlanker, fest gefügter, harter Wein, dem eine Eiweißschönung gut tun würde. Da Gasse nicht filtert, dürfte diese Maßnahme die einzige Möglichkeit sein, seinen Wein weicher zu machen. Er besitzt ein wenig Reife. Letzte Verkostung: 6/96.

1994 • 89? Côte Rôtie Vieilles Vignes: Die dunklere 94er Cuvée Vieilles Vignes weist mehr Fülle, Dichte und Reife auf, aber auch hier ist der Tanninanteil im Abgang erheblich und noch nicht integriert. Letzte Verkostung: 6/96.

1991 • 95 Côte Rôtie Côte Brune: Diese an den berühmten La-Landonne-Weinberg grenzende Rebfläche hat einen tief purpurroten Tropfen mit einem kräftigen Bukett von übervoller Cassisfrucht, Kräutern, Räucherspeck und asiatischen Gewürzen, insbesondere Sojasauce, hervorgebracht. Der vielschichtige Wein besitzt vollen Körper, außerordentliche Konzentration und Intensität, dazu mäßiges Tannin und einen gewaltigen, kernigen Abgang. Nach einer Flaschenalterung von 2 bis 3 Jahren lässt er sich die darauf folgenden zwei Jahrzehnte gut trinken. Bravo! Letzte Verkostung: 7/96.

1990 • 91 Côte Rôtie Côte Brune: 1990 ist für die Côte Rôtie kein so großer Jahrgang wie für Saint-Joseph, Crozes-Hermitage, Cornas und Hermitage. Dieser ausgezeichnete, ungefilterte Wein ist in 25 % Barriques herangereift. Ein Teil der Anbaufläche ist mit alten Rebstöcken bepflanzt und befindet sich am La Landonne, den Marcel Guigal und René Rostaing so Gewinn bringend bearbeiten. Dieser organisch bereitete Tropfen besitzt ein gewaltiges Bukett mit dem Duft von Räucherspeck, gedörrtem schwarzen Beerenobst und Kräutern. Er gibt sich würzig, reichhaltig und füllig, mit wenig Säure und einem schönen, reifen Fruchtkern, mittlerem bis schwerem Körper und weichem, vollem Abgang. Der Wein sollte in den nächsten 7 bis 8 Jahren ausgetrunken werden. Letzte Verkostung: 10/95.

MARIUS GENTAZ-DERVIEUX *****

Adresse:
Le Vagnot, 69420 Ampuis, Tel.: 4 74 56 10 83

Produzierte Weine: Côte Rôtie

Rebfläche:
1,2 ha; seit 1993 ist bis auf 0,4 ha die ganze Fläche an René Rostaing verpachtet

---

Produktionsmenge: 2 000 Flaschen

Ausbau: 18 bis 24 Monate in Fässern

Durchschnittsalter der Reben: 55 Jahre

Viognier-Anteil: 0,1 bis 0,2 %

Marius Gentaz-Dervieux, der Schwager von Albert Dervieux-Thaize und einer der bedeutendsten Weinerzeuger der Côte Rôtie, erzeugte normalerweise lediglich 600 bis 800 Kisten Wein aus seiner 1,2 Hektar großen Rebfläche an der Côte Brune. Folglich war sein weinbauliches Können nicht allzu bekannt. Zudem verpachtet er inzwischen, abgesehen von einer 0,4 Hektar großen, mit 65 Jahre alten Rebstöcken bestandenen Parzelle, alle seine alten Weinberge an René Rostaing. Gentaz-Dervieux, ein warmherziger, heiterer, energischer Mann in den Siebzigern, verschmäht neue Eichenfässer – einige seiner Fässer sind 100 Jahre alt – und die Filtration, die seiner Ansicht nach schon viele Weine ruiniert hat. Er baut seinen Rebensaft 18 bis 24 Monate lang in Fässern aus, schönt ihn mit einigen Portionen Eiweiß pro Fass und füllt ihn dann per Hand in Flaschen ab. Auf Grund ihrer Beliebtheit mussten die guten Tropfen schon immer kontingentiert werden. Nach Meinung des Winzers lassen sie sich am besten im Alter zwischen zehn und zwölf Jahren trinken, bereiten aber auch vorher schon Genuss. Für mich gehören seine Weine stets zu den feinsten Gewächsen der Appellation. Sie sind zwar nicht so körperreich, eichenholzduftig und dick wie Guigals Erzeugnisse und auch nicht so rustikal und verschlossen wie die seines Schwagers Albert Dervieux-Thaize, trotzdem gelangen wahre Wunder an Feinheit und Fülle.

JAHRGÄNGE

1991 • 90 Côte Rôtie: Dieser mit einem großen Alterungspotenzial ausgestattete 91er zeigt sich körperreich, bemerkenswert konzentriert und mit einem schönen, runden Abgang. Weitere Charakteristika sind seine tiefe, rubin- bis purpurrote Farbe und sein süß duftiges Bukett von gedörrten Schwarzen Himbeeren, Sattelleder, Rinderhackfleisch und feuchter Erde. Wen der Geruch der Brett-Hefe nach Leder und Fleisch stört, sollte dieses Gewächs meiden. Voraussichtliche Genussreife: jetzt bis 2005. Letzte Verkostung: 7/96.
1990 • 89 Côte Rôtie: Der 90er scheint nach der Abfüllung an Gewicht gewonnen zu haben. Ohne die Fülle des 91ers und gemessen an den Ansprüchen von Gentaz-Dervieux weniger interessant als seine 82er, 83er, 85er und 88er Tropfen, präsentiert sich dieser Côte Rôtie mit Charme und einem mittelschweren Körper, von großartigem Duft und vorzüglichem, reichhaltigem, schmeichelndem Stil. Er ist schon jetzt genussreif und dürfte sich rasch weiter ent-

wickeln, deshalb sollte er in den kommenden 6 bis 8 Jahren getrunken werden. Voraussichtliche Genussreife: jetzt bis 2001. Letzte Verkostung: 7/96.

1989 • 91 Côte Rôtie: Dieses Gewächs ist die Finesse und Versuchung schlechthin, und der Erzeuger fühlt sich an den fabelhaften 85er erinnert, den er für den vollkommensten, im vergangenen Jahrzehnt bereiteten Tropfen hält. Von einem satten Rubinrot und mit einem gewaltigen Bukett von rauchiger Himbeerfrucht, vermischt mit den Düften von Veilchen und Mineralien, ausgestattet, verfügt dieser Rote über eine ausgezeichnete Reife, eine volle, mittelschwere bis körperreiche Struktur, reichlich Glyzerin und einen langen, schmeichelnden, leicht tanninherben Abgang. Voraussichtliche Genussreife: jetzt bis 2006. Letzte Verkostung: 12/95.

1988 • 94 Côte Rôtie: 1988 entstand ein ungeheuer voller Wein mit ausgezeichneter Tiefe und Intensität. Der trübe, dunkle, rubinrote, noch immer sehr verschlossene Tropfen entfaltet ein gewaltiges Bukett von Cassis, Mineralien, Lakritze, Erde und Blumen. Er wirkt erstaunlich kompakt und verfügt über ein großartiges Geschmacksprofil, mittleren bis schweren Körper, reichlich Tannin und einen langen, würzigen, fest gewirkten Abgang. Ein umwerfender Côte Rôtie, der noch im nächsten Jahrhundert von sich reden machen wird. Voraussichtliche Genussreife: 1998 bis 2010. Letzte Verkostung: 12/95.

1987 • 88 Côte Rôtie: 1987 erweist sich für die Côte Rôtie im Unterschied zu anderen Appellationen der nördlichen Rhône als ein überraschend guter Jahrgang. Den meisten Spitzenerzeugern gelangen eindrucksvolle, sogar konzentrierte Weine mit weichem Tannin und ausgezeichneter Reife. Dieser 87er ist ein samtiger und fruchtiger, nach Beerenobst, Kräutern und Oliven duftender Wein von mittelschwerem Körper. Austrinken! Voraussichtliche Genussreife: jetzt bis 2000. Letzte Verkostung: 12/95.

1985 • 95 Côte Rôtie: Gentaz-Dervieux hält diesen in jeder Hinsicht außergewöhnlichen Tropfen für seine persönliche Meisterleistung des letzten Jahrzehnts. Der immer noch intensiv rubinrote Wein entfaltet ein extravagantes, vollduftiges Bukett von Himbeer- und Cassisfrucht und verfügt über eine schmeichelnde, tiefe, samtige Struktur sowie ausreichend Tannin für eine Entwicklungszeit von weiteren 5 bis 10 Jahren. Ein verlockender, wahrlich Genuss versprechender Tropfen! Voraussichtliche Genussreife: jetzt bis 2005. Letzte Verkostung: 12/95.

1983 • 90 Côte Rôtie: Wenn auch etwas verschlossen und tanninherb, besitzt der 83er doch hervorragende, untergründige Fülle und Länge, muss aber noch einige Zeit reifen. Der granatrote Wein mit Bernsteintönung verströmt einen würzigen Duft nach Leder, Rauchfleisch und Brett-Hefe. Wie bei so vielen 83ern ist auch in diesem Fall fraglich, ob sich das Tannin jemals verflüchtigen wird. Voraussichtliche Genussreife: jetzt bis 2006. Letzte Verkostung: 12/95.

1982 • 93 Côte Rôtie: Im Gegensatz zu dem verschlossenen, breit gebauten, doch robusten Nachfolger ist dieser 82er voll ausgereift, samtig und vollmundig. Ein unverhüllter und üppiger Wein mit dem Aroma von Erde, Fleisch, Leder und Beerenfrucht sowie von bemerkenswerter Geschmacksfülle. Voraussichtliche Genussreife: jetzt bis 1999. Letzte Verkostung: 12/95.

1978 • 91 Côte Rôtie: Dieser Spitzenwein besitzt ein voll entfaltetes Bukett von reichhaltiger Pflaumenfrucht sowie einen üppigen, geschmeidigen und hochgradig konzentrierten Geschmack, mittleren bis schweren Körper und mildes Tannin im nachhaltigen Abgang. Austrinken! Letzte Verkostung: 12/90.

DIE NÖRDLICHE RHONE

JEAN-MICHEL GÉRIN ****

Adresse:

19, rue de Montmain-Verenay, 69420 Ampuis, Tel.: 4 74 56 16 56, Fax: 4 74 56 11 37

Produzierte Weine:

Côte Rôtie Le Champin Junior, Côte Rôtie Champin Le Seigneur,
Côte Rôtie Les Grandes Places, Condrieu, Côtes du Rhône

Rebfläche:

Champin Le Seigneur – 3,7 ha; Les Grandes Places – 1,3 ha

Produktionsmenge:

Champin Le Seigneur – 20 000 Flaschen; Les Grandes Places – 5 000 Flaschen

Ausbau:

Champin Le Seigneur – 18 bis 20 Monate in 25 % Barriques und 75 % 1 bis 3 Jahre alten Fässern
Les Grandes Places – mindestens 20 Monate in 100 % Barriques

Durchschnittsalter der Reben:

Champin Le Seigneur – 25 % unter 10 Jahre, der Rest 10 bis 50 Jahre
Les Grandes Places – 25 % unter 10 Jahre, der Rest 30 bis 60 Jahre

Viognier-Anteil: 5 %

Das Weingut schrieb in den neunziger Jahren Erfolgsgeschichte, und die Gérins sind eine alte eingesessene Winzerfamilie in der Côte Rôtie. Jean-Michels Vater Alfred, ehemals Bürgermeister von Ampuis und ein Mitglied der französischen Regierung, ist an der nördlichen Rhône ein allseits bekannter Politiker. Einige Weine gerieten gut, doch zeigten sie zu oft extrem viel Säure und einen stark vegetabilen Charakter.

Der junge, engagierte und überschwängliche Jean-Michel errichtete 1990 seine eigene Domäne. Er besaß die Weitsicht, den angesehenen Önologen Jean-Luc Colombo aus Cornas zu verpflichten und seitdem erringen seine Weine fabelhafte Kritiken. Es werden zwei Côte-Rôtie-Cuvées erzeugt: Der Champin Le Seigneur, ein Verschnitt aus Trauben junger und alter Rebstöcke, macht den größten Teil der Produktion aus. Die aus alten Weinstöcken gewonnene Luxuscuvée heißt Les Grandes Places, nach dem gleichnamigen Weinberg an der Côte Brune. Er ist zum größten Teil mit 80 Jahre alten Weinstöcken und einer Hand voll jüngerer Reben bepflanzt. Im Unterschied zu seinem Vater glaubt Jean-Michel, dass neue Eichenfässer erheblich zur Qualität des Côte Rôtie beitragen. Die Luxuscuvée altert deshalb mindestens 20 Monate lang zu 100 % in Barriques und wird, wie auch der Champin Le Seigneur, ungefiltert abgefüllt. 1995 entstand der Champin Junior, gewonnen aus den jüngsten Reben.

Der rasante Qualitätsanstieg nahm 1991 seinen Anfang, erlebte in den schwierigen Jahren 1992 und 1993 einen Rückschlag, setzte sich dann aber mit den Jahrgängen 1994 und 1995 fort. Jean-Michel Gérin ist zweifellos eines der aufstrebenden Jungtalente in der Region.

JAHRGÄNGE

1995 • 89 Côte Rôtie Le Champin Junior: 1995 wurde aus den Trauben noch sehr junger Weinstöcke der Le Champin Junior bereitet. Von einem dunklen Purpurrot, offenbart er mehr

Offenheit und eine deutlichere Persönlichkeit mit Unmengen an süßer, reichhaltiger, saftiger Frucht als der Champin Le Seigneur, erreicht jedoch nicht dessen Komplexität und Alterungspotenzial. Er dürfte sich schon jung gut trinken lassen und 7 bis 10 Jahre halten. Letzte Verkostung: 6/96.

1995 • 88 Côte Rôtie Champin Le Seigneur: Dieser Champin Le Seigneur von einem kräftig-dunklen Rubin- bis Purpurrot und feiner Reife verfügt über eine rauchige, nach Vanille duftende, toastwürzige Cassisfrucht. Er zeigt sich tanninreich und verschlossen, sein Frucht-, Extraktstoff- und Glyzeringehalt scheinen aber trotzdem die Struktur des Weins erhalten zu können. Nach 5 bis 6 Jahren Flaschenalterung dürfte er sich anschließend 15 Jahre lang halten. Letzte Verkostung: 6/96.

1995 • 90 Côte Rôtie Les Grandes Places: Die Trauben für diesen satt purpurroten 95er stammen von den besten Parzellen und ältesten Weinstöcken, deshalb ist er überaus kräftig und voll, gleichzeitig aber auch äußerst verschlossen und unentwickelt. Der Wein verfügt über ein sattes Purpurrot, ein rauchiges Eichenholzaroma, mittleren bis schweren Körper, ausgezeichneten bis hervorragenden Extrakt sowie vortreffliche Reinheit und Länge. Nach weiteren 4 bis 5 Jahren im Keller dürfte er sich 15 oder mehr Jahre halten. Letzte Verkostung: 6/96.

1994 • 86 Côte Rôtie Champin Le Seigneur: Der tief rubinrote 94er Champin Le Seigneur entfaltet ein würziges Eichenholzbukett, verfügt über einen seidigen, runden Geschmack von erstaunlicher Reife und gutem Extrakt und einen kurzen Abgang. Ein attraktiver Wein, der mit zunehmender Flaschenreife hoffentlich an Länge und Charakter gewinnt. Letzte Verkostung: 6/96.

1994 • 87 Côte Rôtie Les Grandes Places: Ein reifer, muskulöser Les Grandes Places von mittlerem Körper und nachhaltigem Geschmack. Der Wein besitzt eine tiefe, rubin- bis purpurrote Farbe und ein aus den Düften von schwarzen Oliven, Cassis und Zedernholz zusammengesetztes Bukett. Sein Eingang ist süß, fest strukturiert und kraftvoll, in seinem Abgang liegt eine geballte Ladung Tannin. Er wird wohl immer ein wenig spröde schmecken, trotzdem ist seine Qualität gut bis ausgezeichnet. Letzte Verkostung: 6/96.

1993 • 75 Côte Rôtie Champin Le Seigneur: Ein magerer, wenig fruchtiger, adstringierender und harter Wein ohne Zukunft. Letzte Verkostung: 10/95.

1993 • 82 Côte Rôtie Les Grandes Places: Die dunkle 93er Luxuscuvée enthüllt einen guten Schuss toastwürziges Eichenholzaroma, ein wenig süße Frucht im Eingang und einen mittleren Körper. Der geschmeidige Wein sollte in naher Zukunft getrunken werden. Er ist keine Enttäuschung, aber eindimensional. Letzte Verkostung: 10/95.

1991 • 89 Côte Rôtie Champin Le Seigneur: Der dunkle 91er Champin Le Seigneur entfaltet ein nach Kräutern und Schwarzen Himbeeren duftendes Bukett, ist süß, weich und reif im Geschmack, zeigt geringe Säure und einen reifen, runden Abgang. Es ist ein besonders konzentrierter Wein mit reichlich Finesse, einer kraftvollen Struktur und von anmutigem Stil. Voraussichtliche Genussreife: jetzt bis 2003. Letzte Verkostung: 6/95.

1991 • 93 Côte Rôtie Les Grandes Places: Seine Farbe ist ein undurchdringliches Rubin- bis Purpurrot, sein herrlich rauchiges Bukett atmet eine Unmenge schwarzer Beeren, exotischer Gewürze und frisches Eichenholz, und er gibt sich üppig strukturiert. Ein wahrlich vorbildlicher Côte Rôtie mit geringer Säure und einem atemberaubend langen Abgang. Voraussichtliche Genussreife: jetzt bis 2007. Letzte Verkostung: 7/96.

1990 • 74? Côte Rôtie Champin Le Seigneur: Erneut ein 90er, dem es an Frucht, Gehalt und Charakter fehlt. Ein schlanker, säurebetonter Wein, der bald getrunken werden sollte. Jetzt genussreif. Letzte Verkostung: 6/93.

GUIGAL ****/*****

Adresse:

1, route de Taquières oder Château d'Ampuis, 69420 Ampuis, Tel.: 4 74 56 10 22, Fax: 4 74 56 18 76

Produzierte Weine:

Côte Rôtie Château d'Ampuis, Côte Rôtie Brune et Blonde, Côte Rôtie La Landonne,
Côte Rôtie La Mouline, Côte Rôtie La Turque

Rebfläche:

Château d'Ampuis – 7,3 bis 8 ha; Brune et Blonde – 8 ha
La Landonne – 2,5 ha; La Mouline – 1,4 ha; La Turque – 1 ha

Produktionsmenge:

Château d'Ampuis – 28 000 Flaschen
Brune et Blonde – 20 000 oder mehr Kisten
La Landonne – 800 Kisten; La Mouline – 400 Kisten; La Turque – 400 Kisten

Ausbau:

Château d'Ampuis – 3 und mehr Jahre in neuen *foudres* und Fässern aus Eichenholz
Brune et Blonde – 36 Monate in Eichenfässern und *foudres*
La Landonne – 42 Monate in 100 % Barriques
La Mouline – 42 Monate in 100 % Barriques
La Turque – 42 Monate in 100 % Barriques

Durchschnittsalter der Reben:

Château d'Ampuis – 25 bis 75 Jahre; Brune et Blonde – 10 bis 70 Jahre
La Landonne – 10 Jahre; La Mouline – 60 bis 65 Jahre; La Turque – 15 Jahre

Viognier-Anteil:

Château d'Ampuis – 5 bis 8 %; Brune et Blonde – 4 %
La Landonne – Keiner; La Mouline – 11 %; La Turque – 7 %

Alle Weine dieses Hauses – vom Côtes du Rhône über den ausgezeichneten Châteauneuf-du-Pape und den vorzüglichen Condrieu bis hin zu den atemberaubenden und mustergültigen Côte-Rôtie-Erzeugnissen – beweisen, dass Marcel Guigal ein absoluter Könner auf seinem Gebiet ist. Es gibt keinen zweiten Winzer der, ungeachtet der in den jeweiligen Jahrgängen anzutreffenden Bedingungen, so viele unwiderstehliche Weine bereitet hat. Seit ich Ende der siebziger Jahre mit meinen jährlichen Besuchen bei Guigal begann, stieg seine Produktion vermutlich um das Fünfzigfache. Trotzdem zeigen die jährlichen Verkostungen in Guigals Kellern, dass er sich auf gleich bleibend hohem Niveau bewegt. Die Stunden, die ich riechend, Gläser schwenkend und Wein ausspuckend auf diesem Gut verbracht habe, gehören zu den denkwürdigsten und lehrreichsten Momenten in meinem Leben. Die hier erreichte Qualität lässt sich in Frankreich nur vergleichen mit der Domaine Leroy in Burgund und der Domaine Zind-Humbrecht im Elsass.

Worin liegt der Schlüssel zu diesem Erfolg? In Guigals eigenen Weinbergen, die ohne chemische Düngemittel oder Behandlungen biologisch bewirtschaftet werden, findet die Weinlese spät statt. Ziel ist es, Trauben zu pflücken, die wegen ihrer Überreife beinahe platzen. Eine Kombination aus später Lese, extrem niedrigen Erträgen und auf das Notwendigste beschränkten Eingriffen im Weinkeller – nur wenige Abstiche und absolut kein Filtern – bringt aufregend duftige, volle und tiefe Weine hervor. Die gleichen Voraussetzungen gelten für den Most, den Guigal zum Verschneiden seines Côtes du Rhône, Hermitage, Condrieu und Châteauneuf-du-Pape hinzukauft. Er bezieht ihn ausschließlich von Erzeugern, die alte Rebstöcke besitzen, geringe Erträge einfahren und spät ernten.

Was immer Guigal produziert, mit seinem Namen werden für alle Zeit die Aufsehen erregendsten Côte-Rôtie-Kreszenzen der Appellation verbunden sein. Wohlhabende Weinliebhaber haben schon viel dafür gegeben, Abfüllungen der höchst seltenen und teuren Einzellagencuvées La Landonne, La Mouline oder La Turque zu erwerben. Der Weinberg La Mouline wird in aller Regel als Erster abgeerntet. Aus der Ferne gewinnt man den Eindruck, als befänden sich die Rebstöcke in einer natürlichen römischen Arena mit genau nach Süden ausgerichteten, konkav geformten Hängen und Weinterrassen. Diese Lage und eine tadellose Sonneneinstrahlung garantieren, dass die Trauben sieben Tage eher reif sind als die der anderen Lagen. Außerdem kann der La Mouline in nur drei bis vier Stunden abgeerntet werden. Nach der Ernte – die Rebstöcke sind im Durchschnitt 60 Jahre alt, darunter etwa 11 % Viognierreben – wird das Lesegut einer langsamen, wohl temperierten, sehr lang anhaltenden Fermentation unterzogen, ohne dass seine Schalen im gärenden Most eingetaucht werden. Damit soll ein zu hoher Tanninverlust vermieden werden. Guigal hat sich das Ziel gesetzt, den La Landonne zu seinem seidigsten, elegantesten und komplexesten Côte Rôtie zu machen. Indem der Most regelmäßig schonend über den Hut geleitet wird, erzielt er eine außerordentliche Konzentration ohne raue Kanten. Diese Luxuscuvée gibt es seit 1966, berühmt wurde sie aber erst 1969 und 1976.

Der zweite Einzellagenwein ist der La Landonne. Er stammt aus einer Reihe kleiner Parzellen des La Landonne, einem extrem steilen Hang mit einem Gefälle von 63 Grad am Nordrand der Appellation an der Côte Brune. Mit dem Kauf dieser Rebflächen begann Guigal 1972, zwei Jahre später bestockte er sie. Nach dem Erwerb des Hauses Vidal-Fleury kam 1985 La Petite Landonne hinzu. In süd-südöstliche Ausrichtung gelegen wird dieser zweite, größere Weinberg für gewöhnlich nach dem La Mouline abgeerntet. Dafür benötigt man zwei volle Tage, zumal sein Gefälle die Ernte ungeheuer erschwert. Im Gegensatz zu der für den La Mouline verwendeten Kellertechnik wird der La Landonne in einem geschlossenen, mit einer Vorrichtung zur automatischen *pigeage* ausgestatteten Tank fermentiert, um möglichst viel Geschmack und Intensität extrahieren zu können. Im La-Landonne-Weinberg ist kein Viognier gepflanzt. Der hohe Eisengehalt des Bodens bringt einen der konzentriertesten, extraktreichsten und kraftvollsten Weine der Welt hervor.

Vom La Turque, Guigals jüngste und viel weniger steile Rebfläche, wird die Lese zuletzt eingebracht. An diesem konvex geformten Hang mit südlicher Ausrichtung genießen die Trauben den ganzen Tag Sonne. Die Erträge sind in der Regel geringfügig höher und betragen etwa 30 bis 40 Hektoliter pro Hektar gegenüber den 25 bis 36 Hektolitern des La Mouline und La Landonne. Da die Trauben einen etwas stärkeren Säuregehalt aufweisen, erfolgt hier die Lese, die in der Regel einen Tag dauert, sehr spät: Ein möglichst hoher Zuckeranteil soll die Säure ausgleichen. Wie der La Landonne wird auch der La Turque in geschlossenen Tanks mit wiederholter *pigeage* vinifiziert. Nur selten werden die Trauben entrappt. Als allerdings 1995 die Trauben zwar vollkommen reif waren, ihre Stiele aber immer noch grün und voller Säure, wurden sie zum Teil entfernt. Alle drei Cuvées werden in 100 % Barriques gefüllt und im ersten Jahr zwei- bis dreimal, im zweiten ein- bis zweimal abgestochen. Im dritten Jahr wird kaum mehr als ein Abstich vorgenommen. Nach einem 42-monatigen Ausbau im Fass erfolgt die Abfüllung ungeschönt und ungefiltert. Bemerkenswerterweise lassen die außerordentliche Fülle und tiefe Persönlichkeit der Weine nach drei bis vier Jahren in der Flasche kaum noch erkennen, dass sie jemals in frischem Eichenholz gelagert wurden.

La Mouline Diese Cuvée weist den höchsten Viognier-Anteil auf, der je nach Jahr zwischen 8 bis 12 % schwanken kann. Sie gehört weltweit zu den intensivst duftenden Weinen und offenbart in großen Jahrgängen ein nahezu überirdisches toastwürziges Aroma von Speck, Schwarzen Johannisbeeren und Himbeeren, weißen Blüten, und – gelegentlich – provenzalischen Oliven. Auf Grund ihres Viognier-Anteils und des *terroir* gilt der La Mouline als die geschmeidigste und verlockendste Kostbarkeit Guigals. Er ist oft schon als ganz junger Wein köstlich und bietet für 15 bis 20 Jahre üppigen Trinkgenuss. Nur die tanninreichsten und konzentriertesten Jahrgänge wie 1976, 1978, 1983, 1988 und 1985 brachten einen La Mouline hervor, der eine kellertechnische Behandlung erforderte.

La Landonne Der La Landonne stammt von der Côte Brune, die mit ihrem ungemein hohen Eisengehalt einen Wein von riesiger Wucht und Konzentration erzeugt, gewonnen aus 100 % Syrah. Seine geradezu undurchdringlich purpurrote Farbe spielt ins Schwarz, seine Dichte und Kraft sind außergewöhnlich, seine fast einschüchternde, selbstversunkene Verschlossenheit wirkt überaus beeindruckend. Der La Landonne offenbart in Aroma und Geschmack eine kräftige Mischung aus Rauch, Lakritze, asiatischen Gewürzen, Grillfleisch und Schwarzen Johannisbeeren. Es ist der tanninreichste Wein der Côte Rôtie mit einer Lebensdauer von 30 bis 40 Jahren – eindeutig ein Wein für Liebhaber, da er in der Regel mindestens 8 bis 10 Jahre Lagerung benötigt. Das gilt auch für nicht so schwere Jahrgänge.

La Turque Der La Turque ist zwar nicht so tanninreich, muskulös und strukturiert, dafür aber ebenso konzentriert wie der La Landonne, und er entfaltet annähernd das gleiche unwiderstehliche Aroma wie der La Mouline. In vielerlei Hinsicht schmeckt er wie eine Antwort der Rhône auf die zwei großen Cru-Weinberge Burgunds, Richebourg und Musigny. In der Regel besitzt er eine satte purpurrote Farbe – intensiver als der La Mouline, aber nicht so undurchdringlich wie der La Landonne – sowie reichlich Aroma, Geschmack, Konsistenz und Extrakt. Bei der Freigabe zeigte er sich bereits überaus köstlich und dabei strukturierter als der La Mouline, im Aroma aber weniger entwickelt. Die Spitzenjahrgänge dieses Tropfens verfügen über ein Reifepotenzial von 20 bis 25 Jahren.

Sein Debüt gab der Château d'Ampuis 1995: In diesem Jahr besorgte Philipp, der Sohn Marcel Guigals, erstmalig die Ernte und assistierte seinem Vater bei der Kelterung. Qualitativ mag dieser Wein dem Côte Brune et Blonde zwar überlegen sein, trotzdem fehlt ihm die erhabene Struktur der drei hier vorgestellten Einzellagencuvées. Die Verkostung der Rebsäfte aus den sechs Weinlagen, die zu diesem außergewöhnlichen Erzeugnis beitragen, deutet an, dass er einmal zu den feinsten Tropfen der Appellation gehören kann. Da er sowohl in Fässern als auch in speziell konstruierten *foudres* gealtert wird, ist er im Charakter dem La Turque ähnlicher als dem La Landonne oder dem La Mouline.

Seit langem wird Guigals Côte Rôtie Brune et Blonde aus eigenen und hinzugekauften Trauben gewonnen und manchmal sogar mit dem Most anderer Winzer verschnitten. Er zählte durchweg zu den besten Erzeugnissen der Appellation und fiel in den Jahren 1976, 1978, 1983, 1985, 1988, 1989, 1990 und 1991 besonders kraftvoll aus. Auf Grund der drei Jahre und länger dauernden Reifezeit in Fässern und des wohltuenden Viognier-Anteils ist dieser Tropfen schon in jungen Jahren köstlich. Er sollte im Alter von 10 bis 12 Jahren getrunken werden, obwohl Spitzenjahrgänge wie 1976 anstandslos zwei Jahrzehnte durchgehalten haben. Guigals

Produktion von Brune et Blonde ist beständig gestiegen und macht heute bereits fast 40 % der Gesamtproduktion der Region aus. Steht jemand auf dem Höhepunkt seiner Karriere, so warten andere oft auf seinen Niedergang oder überziehen ihn mit spöttischer Kritik. Solange aber Marcel Guigal selbst die Geschicke lenkt, wird seine Firma ihre Spitzenproduktion halten können, wobei er bereits jetzt sehr viel Unterstützung von seiner Frau und dem engagierten Philippe erfährt, der die Hingabe an seinen Beruf von Vater und Großvater geerbt zu haben scheint. Trotz seines ungeheuren Erfolges bleibt Marcel bodenständig. Noch heute kennt er den Standort aller Fässer und *foudres* in seinen ausgedehnten unterirdischen Kellern sowie das Datum der letzten Verkostung oder Abfüllung. Ich bin nie einem anderen, dermaßen vom Streben nach Qualität besessenen Winzer begegnet wie Marcel Guigal.

JAHRGÄNGE

1995 • 91 Côte Rôtie Château d'Ampuis: Die sechs Lagen, die die Reben für diesen einzigartigen Côte Rôtie liefern, heißen: La Pommière, Pavillon, La Garde, Le Clos, La Grande Plantée und Le Moulin. Ich habe alle sechs Weine verkostet und sie mit einer Punktzahl zwischen 89 bis 92 und 92 bis 94 bewertet. Da nur eine Lage weniger als 90 Punkte erreichte, wird der 95er vermutlich eine Wertung von 90 bis 92 Punkten verdienen. Die Cuvées sind erstklassig – voll, konzentriert, großartig ausgestattet und ausgewogen. Die lebhafte, untergründige Säure – ein Merkmal aller 95er – dürfte eine beträchtliche Lebensdauer garantieren, ohne so beißend und scharf auszufallen wie zahlreiche 93er rote Burgunder und einige 95er Côte-Rôtie-Gewächse. Die Produktion ist auf 28 000 Flaschen, das heißt etwa 2 300 Kisten begrenzt. Wegen der langen Reifezeit in Eichenfässern und der neuen, speziell konstruierten *foudres* wird der Wein erst in einigen Jahren in den Handel kommen. Letzte Verkostung: 6/96.

1995 • 95 Côte Rôtie La Landonne: Der undurchdringlich schwarze 95er La Landonne triumphierte bei der Verkostung: Er zeigt weniger Säure als viele andere 95er aus der nördlichen Rhône und besitzt ein ansehnliches, aber nicht übermäßiges Tannin. Seine unglaubliche Menge rauchiger, an Lakritze und asiatische Gewürze erinnernder, mit dem Duft und Geschmack von Grillfleisch erfüllter Frucht wird begleitet von einem gewaltigen Körper und einem kraftvollen Abgang. Nach der Freigabe wird er weitere 3 bis 4 Jahre Lagerung benötigen, um sich dann 25 Jahre oder länger zu halten. Letzte Verkostung: 6/96.

1995 • 95 Côte Rôtie La Mouline: Ein unwiderstehlicher Tropfen! Die Intensität seines rauchigen Buketts von Schwarzen Johannisbeeren, Speck und Geißblatt und der unglaublich volle, süße, opulente Geschmack sind ein Erlebnis. Dazu kommen ein holzduftiges Tannin und tadellose Säure. Wie die meisten La-Mouline-Weine wird auch dieser Rote bei der Freigabe köstlich sein und sich mindestens 15 Jahre halten. Letzte Verkostung: 6/96.

1995 • 97 Côte Rôtie La Turque: Der süßeste, dichteste, vollkommenste und exotischste dieser drei atemberaubenden Weine ist der 95er La Turque! Ein dekadent rauchiger Tropfen mit einem übervollen Bukett von Cassis und Himbeeren, öliger Struktur und der für einen Wein dieses Formats und dieser Konzentration erstaunlichen Balance. Wie so oft sind diese drei in begrenzten Mengen – jeweils etwa 400 bis 800 Kisten – produzierten Glanzleistungen einfach mustergültig. Und doch verbergen sich hinter ihrer Größe keine Geheimnisse: Guigal steht für geringe Erträge, physiologisch reife Trauben und eine Nichteinmischung in die Weinbereitung. Letzte Verkostung: 6/96.

1994 • 90 Côte Rôtie Brune et Blonde: Der 94er – ich habe sechs einzelne Cuvées verkostet und mit einer Punktzahl zwischen 89 und 93 bewertet – ist ein Côte Rôtie von süßer, voller und gut entwickelter Art. Er besitzt ein reichhaltiges Aroma von Vanille, Schwarzen Himbeeren und Johannisbeeren, eine vorzügliche, opulente Struktur und einen mittelschweren bis körperreichen, üppigen und verlockenden Abgang. Der Wein sollte in den ersten 10 bis 12 Jahren nach seiner Freigabe getrunken werden. Letzte Verkostung: 6/96.

1994 • 92 Côte Rôtie La Landonne: Das ist der am wenigsten entwickelte, tanninreichste und ausladendste Wein dieses Trios. Seine schwarz-purpurrote Farbe und das würzige, straffe, rauchige Bukett lassen kaum die Fülle erahnen, die sich im Geschmack entfaltet. Dick und verschlossen, dabei unglaublich großzügig braucht er noch 4 bis 5 Jahre Flaschenalterung, um sich dann 2 Jahrzehnte zu halten. Letzte Verkostung: 6/96.

1994 • 94 Côte Rôtie La Mouline: Der 94er La Mouline erinnert an den großen 82er. Der rubin- bis purpurrote Wein besitzt einen üppigen Geschmack und ein verschwenderisches, tiefes Aroma aus Geißblatt, Cassis und prallen Schwarzen Himbeeren. Es handelt sich um einen großartig vollen, konzentrierten Tropfen, seidig und zugänglich, der seine Holznote und Säure schön integriert. Er dürfte sich 15 Jahre halten. Letzte Verkostung: 6/96.

1994 • 92 Côte Rôtie La Turque: 1994 scheint auch für Guigals La Turque ein weiterer großer Jahrgang zu sein. Der dunkle, rubin- bis purpurrote Wein gibt sich bereits erstaunlich sinnlich und besitzt eine süße, sahnige Struktur. Dazu offenbart er großartige Reife und einen vielschichtigen Kern aus süßem Saft mit reichlichen Mengen Extrakt, Glyzerin und Geschmack. Er dürfte sich schon jung gut trinken lassen und 12 bis 15 Jahre durchhalten. Letzte Verkostung: 6/96.

1993 • 78 Côte Rôtie Brune et Blonde: Der schwächste Côte Rôtie, den Guigal in den letzten 10 Jahren hervorgebracht hat. Ich wäre überrascht, wenn er sich überdurchschnittlich entwickeln sollte. Dagegen sprechen das herbe Tannin, die magere Art, die robuste Struktur, der vegetabile Charakter und der hohe Säuregehalt. Der Wein wird aus der Flasche sicherlich besser schmecken – ein Beweis für Guigals geniale Art der Weinbereitung –, doch fehlen ihm vorerst noch Fülle, Charme und Frucht. Letzte Verkostung: 6/96.

1993 • 86 Côte Rôtie La Landonne: Von allen diesen Erzeugnissen verfügt der 93er La Landonne über die dunkelste Farbe, doch er ist unerträglich tanninreich, ohne dass die hinter seiner Struktur verborgene fette und reife Frucht zum Vorschein kommt. Letzte Verkostung: 6/96.

1993 • 88 Côte Rôtie La Mouline: Der 93er La Mouline präsentiert sich mit mäßig intensivem Rubinrot und leichtem Körper. Die vorhandenen Toastnoten gründen sich in einem vanilleduftigen Holzaroma, das den Charakter des Weins dominiert. Er ist weich und verrät feine Reife und süße Frucht im Eingang, wirkt dann aber hohl und zeigt eine Spur Paprika. Vermutlich muss er innerhalb von 5 bis 8 Jahren nach seiner Freigabe ausgetrunken werden. Letzte Verkostung: 6/96.

1993 • 89 Côte Rôtie La Turque: Der La Turque scheint das beste Erzeugnis des Jahres 1993 zu sein. Er verfügt über ein würziges, kräuterartiges, süßes Bukett von Oliven, asiatischen Gewürzen und Johannisbeeren. Mit seinem mittelschweren Körper, seiner reifen, sich vordrängenden Frucht und seinem trockenen, herben Tannin im Abgang ist er ein guter Tropfen, wenn auch etwas hart. Letzte Verkostung: 6/96.

1992 • 87 Côte Rôtie Brune et Blonde: Ein Wein, der sich als sehr viel schmackhafter erwiesen hat, als es noch bei der Verkostung der einzelnen Zutaten vor Verschnitt und Abfüllung schien. Er besitzt ein dunkles Rubinrot sowie ein duftiges, leicht gewobenes Bukett von Kaffee, Rauch, Zedernholz, Himbeer- und Cassisfrucht. Zudem wartet der weiche und würzige Wein mit einem süßen Eingang und rundem Geschmack bei mittelschwerer Art auf. Er sollte in den nächsten 5 bis 7 Jahren ausgetrunken werden. Letzte Verkostung: 6/96.

1992 • 92 Côte Rôtie La Landonne: Dies ist die dichteste, ungezähmteste und animalischste Ausgabe der drei Einzellagencuvées. Aus den Trauben eines Weinbergs am Steilhang der Côte Brune bereitet, entfaltet der dunkle, rubin- bis purpurrote Wein eine Nase von reichlich süßen Mengen schwarzem Beerenobst, verwoben mit dem Duft von asiatischen Gewürzen, rauchigen Kräutern und gegrilltem Steak. Er zeigt mittleren bis schweren Körper, ist kräftig und voll, verfügt über eine beachtliche Dosis Tannin und bereitet wegen seines geringen Säuregehalts Genuss. Ein weiterer außergewöhnlicher La Landonne! Trinken Sie ihn in den nächsten 15 Jahren. Letzte Verkostung: 6/96.

1992 • 91 Côte Rôtie La Mouline: Erneut eine Spitzencuvée von einem tiefen, dunklen Rubin- bis Pupurrot. Ihr Bukett offenbart einen verschwenderisch toastwürzigen Duft von schwarzen Oliven und Cassis. Der Wein präsentiert sich voll und pikant, verfügt über eine samtige Struktur und reiche, süße, sahnige Frucht sowie einen mittleren bis schweren Körper. Der köstliche 92er La Mouline, der als einziger der drei Einzellagenabfüllungen mit etwa 10 % Viognier verschnitten wurde, dürfte sich 10 bis 12 Jahre gut trinken lassen. Letzte Verkostung: 6/96.

1992 • 93 Côte Rôtie La Turque: Der 92er La Turque präsentiert in seinem süßen, durchdringenden Aroma Spuren von Schwarzen Johannisbeeren, Lakritze und *pain grillé*. Erstaunlich, wie viel Gewicht und Fülle dieser Tropfen im Fass erlangt hat: Ein tiefer, süßer, voller, opulenter Wein ohne Härte und vegetabilen Einschlag ist dabei entstanden. Der niedrige Säuregrad und die vorwitzige und gut entwickelte Art lassen darauf schließen, dass er ab sofort 12 bis 15 Jahre lang getrunken werden kann. Letzte Verkostung: 6/96.

1991 • 90 Côte Rôtie Brune et Blonde: Der dunkle, rubinrote 91er Brune et Blonde lässt den weichen, saftigen, frühreifen Charakter dieses vollen, mit samtiger Struktur ausgestatteten Jahrgangs erkennen. Er zeigt sich gut entwickelt. In sein Bukett mischt sich ein kräftiger Schuss süßen, toastwürzigen Eichenholzdufts mit einem stark-rauchigen Aroma von Schwarzen Johannisbeeren und Pfeffer. Der üppige Wein besitzt mittleren bis schweren Körper, wenig Säure und reifes Tannin. Er ist schon jetzt köstlich und dürfte sich mindestens ein Jahrzehnt lang gut trinken lassen. Letzte Verkostung: 6/96.

1991 • 99 Côte Rôtie La Landonne: Der 91er La Landonne, eine weitere Meisterleistung Marcel Guigals, wird Multimillionären in den kommenden 20 Jahren großen Genuss bereiten. Sie können auch darüber streiten, welcher der bessere Wein ist – der 91er oder der vollendete 90er. Das großartige Bukett des 91ers entfaltet einen rauchigen Duft von frischem Sattelleder, Lakritze, asiatischen Gewürzen, Fleisch und Cassis, trotzdem ist der schwarze, mit reichlich Fülle, gewaltigem Körper, kräftigem Extrakt und außerordentlichem Abgang ausgestattete Wein der unreifste Vertreter dieses Jahrgangs. Er wird sich nicht vor der Jahrhundertwende öffnen und entfalten, dürfte aber 25 bis 30 Jahre oder länger halten. Letzte Verkostung: 6/96.

1991 • 100 Côte Rôtie La Mouline: Mit dem schwarz-purpurroten 91er La Mouline scheint sich ein weiterer, vollkommener Wein anzukündigen. Sein umwerfendes Bukett entfaltet den Duft von Veilchen, Speck, süßer Cassisfrucht und angerauchtem Eichenholz. Der Tropfen zeigt ausgezeichnete Dichte und ist noch voller und konzentrierter im Geschmack als in jungen Jahren. Ein einzigartiger Wein, der mit 8 % Viognier verschnitten und aus einer äußerst geringen Ernte – es wurden nur 400 Kisten produziert – hervorgegangen ist. Ich finde ihn verlockender als den nahezu vollkommenen 90er. Voraussichtliche Genussreife: jetzt bis 2012. Letzte Verkostung: 6/96.

1991 • 99 Côte Rôtie La Turque: Der La Turque dieses Jahres ist ein Ehrfurcht gebietender Tropfen von ungeheurer Fülle und Komplexität. Sein sattes dunkles Rubinrot ist gepaart mit großartiger Geschmacksintensität und reichhaltigem Extrakt, trotzdem fühlt sich der Wein leichter an als vermutet. Eine önologische Glanzleistung: Trotz ihrer geballten Ladung Frucht, Komplexität und Reichhaltigkeit wirkt diese samtig strukturierte Essenz nicht im geringsten schwer. Voraussichtliche Genussreife: 1998 bis 2015. Letzte Verkostung: 6/96.

1990 • 90 Côte Rôtie Brune et Blonde: Ein weiterer herausragender Tropfen. Er offenbart ein süßes, ausladendes, rauchiges Bukett mit dem Duft von Speck und Schwarzen Johannisbeeren sowie einen vollen, körperreichen, üppigen Geschmack. Er ist weder so tanninherb wie der 88er noch so weich wie der schmeichlerische, vorwitzige 89er.

1990 • 96 Côte Rôtie Brune et Blonde Hommage Magnum: Zu Ehren seines Vaters bietet Guigal erstmals eine Cuvée in der Magnumversion an. Aus den Trauben einer Parzelle des La-Pommière-Weinbergs bereitet, präsentiert er sich als majestätischer, dichter und rauchiger Wein. Zudem offenbart er einen ungeheuren Extraktreichtum, eine undurchdringlich purpur-rote Farbe und ein überwältigendes Bukett von prallem, schwarzem Beerenobst. Ein überaus körperreicher Côte Rôtie mit ungemein süßer Frucht (vor Reife, nicht vor Zucker), doch ist diese Kostbarkeit wegen der verschwindend geringen Produktionsmenge eher von akademi-schem Interesse. Voraussichtliche Genussreife: 1999 bis 2015. Letzte Verkostung: 8/96.

1990 • 100 Côte Rôtie La Landonne: Was für ein vollkommener Tropfen, von dem glück-licherweise über 800 Kisten hergestellt wurden! Von einem dichten Schwarz, entfaltet er ein gewaltiges Bukett von Trüffeln, Lakritze, Schwarzen Johannisbeeren und Pfeffer. Einer der konzentriertesten Weine, die mir je unter den Gaumen gekommen sind, dabei aber wunder-bar ausgewogen, mit ausreichend untergründiger Säure, einem üppigen Extrakt aus reifer Frucht und Tannin. Der Abgang dauert phänomenale 70 Sekunden und länger. Ein Wein der Superlative, der den Geist des Syrah atmet und weitere 7 bis 10 Jahre Lagerung benötigt, um dann mindestens 40 bis 45 Jahre zu halten.

1990 • 99 Côte Rôtie La Mouline: Der hoch konzentrierte 90er von einem undurchdringlichen Purpurrot ist in seiner Art dem überirdischen 88er näher, als ich erwartet hätte. Dieser präch-tige, volle La Mouline präsentiert ein gewaltiges, rauchiges Bukett mit dem Duft von Speck, Cassis und Blumenblüten sowie einen außerordentlich reichhaltigen Geschmack. Er beein-druckt durch seine Üppigkeit und ungewöhnliche Intensität. Voraussichtliche Genussreife: 1997 bis 2018.

1990 • 98 Côte Rôtie La Turque: Auch der 90er La Turque zeigt ein dichtes Purpurrot. Es ist gepaart mit einem überwältigenden toastwürzigen Aroma von prallen Vogelkirschen, Cassis und Mineralien – unvergesslich in seiner süßen, üppigen, unglaublich harmonischen Art. Er verfügt über liebliches Tannin, wenig Säure, einen selten erlebten, überaus samtig struk-turierten, verschwenderisch reichhaltigen Geschmack. Der Abgang dauert länger als eine Minu-te. Voraussichtliche Genussreife: 1998 bis 2016. Letzte Verkostung: 7/96.

1989 • 90 Côte Rôtie Brune et Blonde: Guigal hat einen runden, eleganten, geschmackvol-len, weichen und frühreifen 89er Côte Rôtie Brune et Blonde bereitet. Der voll ausgereifte, köstlich-verlockende Wein von dunklem Rubinrot sollte in den nächsten 10 Jahren getrunken werden. Letzte Verkostung: 7/96.

1989 • 98 Côte Rôtie La Landonne: Die 89er Einzellagen-Côte-Rôtie sind prachtvolle Gewäch-se. Der schwarz-purpurrote, an den 85er und 82er erinnernde La Landonne besitzt eine fabel-hafte Konzentration und eine süß duftige, expansive Art. Er zeigt eine Menge Tannin, aber auch genügend Frucht, um die Gerbstoffe fast vollständig zu überlagern. Es ist dies ein Mal mehr ein außerordentlich extraktreicher Wein von gewaltigem Format. Voraussichtliche Ge-nussreife: 1999 bis 2020. Letzte Verkostung: 7/96.

1989 • 98 Côte Rôtie La Mouline: Die Reihe der Superlative reißt nicht ab. Auch dieser intensiv purpurrote 89er entfaltet ein tiefes Aroma aus Veilchen, Schwarzen Himbeeren und angerauchtem, duftig frischem Eichenholz. Mit überaus schwerem Körper, ausgezeichneter Opulenz, Unmengen von Frucht, öliger Struktur und kraftvollem Abgang ausgestattet, gelingt es diesem Wein, zwischen Intensität und großer Eleganz die Balance zu halten. Voraussichtliche Genussreife: jetzt bis 2016. Letzte Verkostung: 7/96.

1989 • 99 Côte Rôtie La Turque: Das rauchige Aroma von Lakritze und Schwarzen Himbeeren sowie die außerordentliche Fülle dieses frühreifen, süßen, übervollen La Turque bescheren erneut ein einzigartiges Geschmackserlebnis. Der körperreiche, dichte und dicke Wein wartet mit dem konzentrierten Duft von Vogelkirschen auf. Schon als junger Wein ein Hochgenuss! Voraussichtliche Genussreife: jetzt bis 2012. Letzte Verkostung: 7/96.

1988 • 90 Côte Rôtie Brune et Blonde: Bei dieser Standardcuvée Brune et Blonde handelt es sich um einen ausgesprochen feinen Tropfen mit einer erstaunlichen Portion süßer, üppiger, rauchiger Himbeerfrucht, die sich vermischt mit dem Duft von frischer Eiche, Speck und Blumen. Man spürt die vorwitzige, frühreife Weichheit und Üppigkeit des 85ers, dieser 88er zeigt aber mehr Komplexität, Struktur und Tannin im Abgang. Voraussichtliche Genussreife: jetzt bis 2008. Letzte Verkostung: 12/95.

1988 • 100 Côte Rôtie La Landonne: Eine undurchdringliche, purpurrote Farbe und ein verschlossenes, aber aufregendes Bukett von Trüffeln und Mineralien, asiatischen Gewürzen und Früchtebrot zeichnen dieses Spitzengewächs aus. Wenn man sein enormes Gewicht und seinen Geschmacksextrakt spürt, muss man einer so außerordentlichen Fülle und Reinheit schlichtweg erliegen. Gleichzeitig besitzt der Wein jedoch eine immer noch bemerkenswert große Menge von eher süßem als adstringierendem Tannin, einen jungen Fruchtcharakter und einen so reichhaltigen Geschmack, dass man sich nach der Verkostung die Zähne putzen möchte. Voraussichtliche Genussreife: 2002 bis 2030. Letzte Verkostung: 7/96.

1988 • 100 Côte Rôtie La Mouline: Von den vielen außergewöhnlichen La-Mouline-Kreszenzen gehört der 88er zu den profundesten. Er präsentiert sich ungewöhnlich verschlossen und langsam in der Entwicklung, mit einem tiefen Purpurrot und nur einem Hauch des extravaganten, für diese Lage typischen Aromas. Ein hoch konzentrierter, wuchtiger, körper- und tanninreicher Tropfen, der über eine geballte Ladung Frucht verfügt; er wird allerdings noch einige Zeit brauchen, um seinen Tanninmantel ganz abzustreifen. Vermutlich ist er der Langlebigste seiner Art nach dem 78er und dem 69er Jahrgang. Voraussichtliche Genussreife: 1999 bis 2015. Letzte Verkostung: 7/96.

1988 • 100 Côte Rôtie La Turque: Das sich allmählich entfaltende rauchige Grillfleischaroma und der verschwenderische Duft von Zwetschgen und Cassis sind nicht ganz so unterentwickelt wie bei dem La Mouline desselben Jahrgangs. Der dicke, ölig strukturierte, körperreiche Spitzenwein mit tiefroter Färbung wird bald seine Bestform erreichen. Er zeigt eine Ehrfurcht gebietende Konzentration und außerordentliche Reinheit, dabei hat der 42-monatige Ausbau in 100 % Barriques erstaunlicherweise keinerlei Spuren hinterlassen. Dieser überaus vollmundige und reichhaltige, möglicherweise beständigste La Turque aller Zeiten wird in die Geschichte eingehen. Voraussichtliche Genussreife: 2000 bis 2015. Letzte Verkostung: 7/96.

1987 • 89 Côte Rôtie Brune et Blonde: Die Côte Rôtie war 1987 die erfolgreichste Appellation im Rhônetal. Die meisten Winzer entschieden sich für eine späte Lese und brachten vollreife, nur geringfügig verwässerte Trauben ein. Spitzenweine wie dieser 87er sind herrlich duftige, mit samtiger Struktur ausgestattete Gewächse von großem Bukett und seidenweichem Geschmack. Ließe man Guigals 87er in einer «blinden» Verkostung gegen einige der 88er Grands crus aus Burgund antreten, würde er ohne Weiteres unter den zwei oder drei besten Weinen rangieren, vielleicht sogar auf Platz eins. In der Entwicklung immer etwas voraus, zeigt der voll ausgereifte, tief granatrote Côte Rôtie eine überraschend hohe Konzentration und ein mit dem Duft von Schwarzen Himbeeren, rauchigen Kräutern und Lakritze beladenes Bukett. Der üppige, opulent strukturierte und elegante, mittelschwere bis körperreiche Wein verfügt über eine gute Länge und Konzentration und ist nahezu völlig ausgereift. Ein bemerkenswert schön gealterter Tropfen aus einem unerwartet erfolgreichen Jahrgang. Voraussichtliche Genussreife: jetzt bis 2002. Letzte Verkostung: 7/96.

1987 • 96 Côte Rôtie La Landonne: Dieser undurchdringliche La Landonne von einem fast schwarzen Purpurrot hält sein Aroma verborgen wie kein anderer seines Jahrgangs. Er ist zwar noch immer verschlossen, doch äußerst kraftvoll, reichhaltig und dick und atmet den Geist des Syrah. Das erdige Aroma aus Mineralien, Trüffeln und Lakritze schickt sich eben an, aus dem massiv gebauten Wein zu entströmen. Es ist bemerkenswert, dass dieser Jahrgang einen Tropfen von so außerordentlicher Konzentration und Fülle hervorgebracht hat. Voraussichtliche Genussreife: 2001 bis 2020. Letzte Verkostung: 8/96.

1987 • 95 Côte Rôtie La Mouline: Noch ein Aufsehen erregendes Gewächs! In Anbetracht des Jahrgangs dürfte er der größte, 1987 in Frankreich produzierte Wein sein. Ausgestattet mit einem frischen Purpurrot offenbart sein Bukett den süßen, rauchigen und reinen Duft von prallen Schwarzen Himbeeren und Geißblatt, überzogen mit einem Hauch von Aprikosen. Ein konzentrierter, reichhaltiger Geschmack überzieht den Gaumen wie ein nahtloses, samtenes Tuch. Dieser mittelschwere bis körperreiche La Mouline ohne scharfe Kanten ist der Inbegriff verschwenderischer Fülle. Seit seiner Freigabe bietet er herrlichen Trinkgenuss und zeigt keinerlei Alterserscheinungen. Voraussichtliche Genussreife: jetzt bis 2007. Letzte Verkostung: 8/96.

1987 • 96 Côte Rôtie La Turque: Eine geballte Ladung Duft von getrockneten Kräutern, Lakritze und schwarzem Beerenobst entströmt dem Glas, das mit diesem körperreichen, hoch konzentrierten 87er gefüllt ist. Der Wein, dem noch eine leichte Toastwürzigkeit anhaftet, gibt sich sehr rein, dick, fruchtig und weich. Seine Farbe und sein Bukett passen eher zu einem 3 bis 4 Jahre alten als zu einem annähernd 10-jährigen Gewächs. Im langen, vollen Abgang zeigt sich mehr Tannin als beim 87er La Mouline. Voraussichtliche Genussreife: jetzt bis 2009. Letzte Verkostung: 8/96.

1986 • 85 Côte Rôtie Brune et Blonde: Ein zufrieden stellender Wein, der aber getrunken werden muss. Mit einem intensiven Granatrot und einem Bukett von Teer, Lakritze, Schwarzen Johannisbeeren und Oliven ausgestattet wirkt er etwas spröde und tanninherb – eine für den 86er Jahrgang typische Erscheinung in der nördlichen Rhône. Der Abgang zeigt eine gewisse Robustheit, die sich vermutlich nie völlig verlieren wird. Voraussichtliche Genussreife: jetzt bis 2001. Letzte Verkostung: 11/95.

1986 • 90 Côte Rôtie La Landonne: Diesem hervorragenden La Landonne fehlt der wunderbare Duft des La Mouline und der unbeschreiblich fesselnde Charakter des La Turque. Er ist tanninreicher und großzügiger ausgestattet, besitzt aber nicht das Format und die Intensität der größten Jahrgänge – 1989, 1988, 1985, 1983 und 1982. Voraussichtliche Genussreife: jetzt bis 2009. Letzte Verkostung: 12/91.

1986 • 91 Côte Rôtie La Mouline: Der 86er La Mouline offenbart das charakteristisch exotische Aroma von rauchiger Eiche, Speck und Frühlingsblumen im Zusammenspiel mit Unmengen an üppigem schwarzem Beerenobst. Die noch immer tief purpurrote Farbe hellt sich zum Rand hin etwas auf. Es ist mehr Tannin und olivenwürzige Frucht vorhanden, als norma-lerweise in einem Wein dieser Lage festzustellen ist, angesichts des schwierigen Jahres erzielte man ein bemerkenswertes Ergebnis. Voraussichtliche Genussreife: jetzt bis 2004. Letzte Ver-kostung: 4/95.

1986 • 92 Côte Rôtie La Turque: Voll ausgereift entfaltet dieser 86er La Turque ein rauchiges Bukett von Sattelleder, getrockneten Kräutern, Fleisch und üppig süßem, schwarzem Bee-renobst. Der noch junge, mittelschwere bis körperreiche, reife und kräftige Wein, dem die außerordentliche Fülle der edelsten Jahrgänge fehlt, dürfte auch weiterhin gut altern. Voraus-sichtliche Genussreife: jetzt bis 2006. Letzte Verkostung: 11/95.

1985 • 90 Côte Rôtie Brune et Blonde: Wie viele andere Gewächse dieses Jahrgangs aus der nördlichen Rhône ist auch die 85er Standardcuvée ein herrlich gehaltvoller, runder, frühreif schmeckender Wein mit konzentrierter, sahniger Struktur und rauchigem Bukett. Der bern-steinfarbene Rand und die volle, süße Frucht empfehlen sofortigen Trinkgenuss. Jetzt genuss-reif. Letzte Verkostung: 7/96.

1985 • 100 Côte Rôtie La Landonne: Wieder einmal ist der La Landonne nicht nur der dunkels-te, dickste, kraftvollste und konzentrierteste, sondern auch der am wenigsten schmeichelnde und einschüchterndste Tropfen unter Guigals Einzellagenweinen der Côte Rôtie. Wie seine bei-den Geschwister bildet er reichlich Bodensatz aus: Die Innenseite der Flasche ähnelt der eines 15 Jahre alten Jahrgangs-Ports. Von einem trüben, dunklen Purpurrot entfaltet dieser giganti-sche Wein ein Bukett mit dem rauchigen Aroma von Rinderblut, Vitaminen (Eisen), Mineralien und Trüffeln. Außergewöhnlich körperreich, wuchtig und mit hohem Tanningehalt, dabei oh-ne scharfe Kanten, besitzt dieser Wein so viel Kraft und Extrakt, dass er die Zähne färbt. Eine bemerkenswerte Leistung! Voraussichtliche Genussreife: 2000 bis 2025. Letzte Verkostung: 8/96.

1985 • 100 Côte Rôtie La Mouline: Dieser noch junge, unentwickelte 85er ist der Inbegriff eines La Mouline! Er verfügt zwar nicht über das strenge Tannin des 88ers oder die pure Kraft und Intensität des 78ers, 76ers und 69ers, trotzdem stimmt an diesem körperreichen, schwarz-purpurroten Gewächs ohne granatrote oder bernsteinfarbene Nuancen einfach alles: Das Bukett präsentiert eine gewaltige Portion überreifer Schwarzer Himbeeren und Kirschen, verwoben mit dem Duft von Zedernholz, Schokolade, Oliven und Toast. Der Abgang dieses unglaublich zähflüssigen und üppigen, samtig strukturierten 85ers dauert über eine Minute. Er gehört zu den konzentriertesten Erzeugnissen, die ich je verkostet habe, und ist dabei großzügig ausgestattet und ausgewogen. Der Wein hat seine Vollreife erreicht und dürfte die-sen Zustand 15 Jahre oder länger aufrechterhalten. Voraussichtliche Genussreife: jetzt bis 2012. Letzte Verkostung: 8/96.

1985 • 100 Côte Rôtie La Turque: Der Debütjahrgang dieses Weins war angesichts des jun-gen Alters der Reben unglaublich beeindruckend. Der 85er La Turque wartet mit einer satten, purpurroten Farbe ohne Anzeichen von bernsteingelber oder heller Tönung auf. Dem Glas entströmt ein rauchiges Bukett mit dem Duft von prallem schwarzem Beerenobst, Lakritze und Graphit. Der süße, dicke, hoch konzentrierte Geschmack enthält genug Säure und wei-ches Holztannin, um dem Wein schöne Konturen zu verleihen. Derart ausgestattet wird sich dieser großartige Tropfen vermutlich noch weiterentwickeln und dürfte die nächsten 15 oder mehr Jahre hohen Trinkgenuss bereiten. Voraussichtliche Genussreife: Jetzt bis 2012. Letzte Verkostung: 8/96.

1984 • 77 Côte Rôtie Brune et Blonde: Ein Côte Rôtie, der seinen Babyspeck und einen Teil seiner süßen, rauchigen Frucht von Schwarzen Himbeeren verloren hat; heute entfaltet er nur noch ein Aroma von Erde, Kräutern und grüner Säure. Der Zenit ist überschritten, er muss jetzt getrunken werden. Letzte Verkostung: 6/93.

1984 • 76 Côte Rôtie La Landonne: Die letzten beiden Flaschen offenbaren eine rauchige Note sowie eine brandige, unausgereifte, erdige und vegetabile Komponente. Ein wenig Frucht ist noch vorhanden, doch scheint der Tropfen seinem baldigen Zerfall entgegenzugehen. Letzte Verkostung: 5/92.

1984 • 89 Côte Rôtie La Mouline: Der 84er hat sich zwar gut gehalten, muss aber bis zum Ende des Jahrhunderts getrunken werden. Trotz der erbärmlichen Lese 1984 ist er beinahe hervorragend geraten und zeigt immer noch eine tiefe, granatrote Farbe mit etwas Bernsteintönung am Rand. Das exotische, grillwürzige Bukett mit den Aromen von getrockneten Kräutern, grünen Oliven und Schwarzen Himbeeren ist unversehrt und reizvoll. Der erste Eindruck verrät saftige Frucht, einen Hauch von unausgereiftem Gemüse und einen kompakten Abgang. Ein wenig natürliche Süße und ein gutes Mittelstück sind noch vorhanden, doch erwarten Sie nicht zu viel. Voraussichtliche Genussreife: jetzt bis 1999. Letzte Verkostung: 11/95.

1983 • 87 Côte Rôtie Brune et Blonde: In den ersten 10 Lebensjahren hat mir dieser Tropfen mehr zugesagt; heute hat er einiges an Gehalt und Üppigkeit verloren. Das kräftige, dunkle Rubinrot mit kaum merklichen Bernsteintönen am Rand hat sich bewahrt, gleichzeitig entfaltet sich ein reiches, erdiges Bukett von süßem rotem Beerenobst. Wie so viele andere Weine dieses Jahrgangs besitzt auch dieser trockenes Tannin, aber auch noch einen Rest an Frucht, einen mittleren bis schweren Körper und einen würzig-herben Abgang. Voraussichtliche Genussreife: jetzt bis 2004. Letzte Verkostung: 12/93.

1983 • 98+ Côte Rôtie La Landonne: Ein trüber, purpur- bis granatroter Wein, der ein exotisches erdiges Bukett von Tee, geräucherter Ente, Lakritze und Trüffeln entfaltet. Großartig ausgestattet, kraftvoll, außerordentlich konzentriert und für ein Getränk fast zu gehaltvoll fehlen ihm noch 5 bis 7 Jahre bis zur Vollreife. Der Wein besitzt unerträglich viel Tannin im Abgang, aber auch überwältigende Mengen Extraktstroffe und Glyzerin. Voraussichtliche Genussreife: 2001 bis 2025. Letzte Verkostung: 6/96.

1983 • 100 Côte Rôtie La Mouline: Ein kraftvoll-konzentrierter La Mouline, der sich immer noch verschlossen gibt, allmählich aber beträchtlichen Bodensatz ausbildet und leichte Bernsteintöne am Rand zeigt. Er entfaltet ein unverwechselbares Aroma von Veilchen, Cassis und Speck, vermischt mit Nuancen von geräucherter Ente und asiatischen Gewürzen. Der 83er ist überaus körperreich, robust und auffällig tanninreich, allerdings weniger verlockend als viele andere Jahrgänge. Im Grunde wirkt er eher wie ein La Landonne. Bereits jetzt genussreif, sollte er weitere 4 bis 5 Jahre im Keller bleiben. Viele Weine dieses Jahrgangs haben sich wegen ihres harten Tannins als weniger aufregend erwiesen als erwartet, das gilt aber nicht für diesen 89er. Außerdem ist noch immer eine Menge Frucht vorhanden. Voraussichtliche Genussreife: jetzt bis 2020. Letzte Verkostung: 6/96.

1982 • 87 Côte Rôtie Brune et Blonde: Dieser vollreife Brune et Blonde ist von einem mittleren Rubinrot mit starker Bernsteinfärbung am Rand. Sein würziges Aroma von Zedernholz und Oliven mischt sich mit einer verschwenderisch süßen, erdigen Beerenfrucht; sein Abgang ist aber trocken und spröde. Austrinken! Letzte Verkostung: 3/94.

1982 • 95+ Côte Rôtie La Landonne: In einem frühreifen Jahrgang, zeigt sich der 82er La Landonne verschlossen, fleischig, rauchig, vollmundig und tanninreich. Auf Grund der Unmenge an Bodensatz ist die Flasche so trübe, als handle es sich um einen 15 Jahre alten Jahrgangs-Port. Das erdige Bukett von Oliven, Lakritze, Mineralien und Grillfleisch wird begleitet von einer fabelhaften Tiefe und einer großartigen, reich ausgestatteten Persönlichkeit. Ein gigantischer, hoch konzentrierter Wein, der seinen Höhepunkt zur Jahrhundertwende erreichen dürfte. Voraussichtliche Genussreife: 2000 bis 2025. Letzte Verkostung: 12/95.

1982 • 99 Côte Rôtie La Mouline: Verlockend und voll ausgereift! Dem Glas entströmt eine gewaltig rauchige Note, verwoben mit dem Duft von Speck und Cassis. Dank der geringen Säure und der fetten, leicht gewobenen Art ist der 82er von Anfang an ein köstlicher Tropfen gewesen. Sein dunkles Rubin- bis Purpurrot ist ohne bernsteinfarbene oder helle Tönung. Der Wein offenbart eine dicke, ölige Struktur, reichliche Mengen Frucht und viel anregenden Alkohol in einem umwerfenden Abgang. Voraussichtliche Genussreife: jetzt bis 2008. Letzte Verkostung: 12/95.

1981 • 84 La Landonne: Das überschwängliche, rauchige Bukett von gedünstetem Gemüse und Zwetschgen gibt Rätsel auf. In sein sattes Rubin- bis Purpurrot mischen sich leichte Bernsteinnuancen, darüber hinaus zeigt der La Landonne kaum Altersspuren. Der würzige, mit süßer Frucht ausgestattete 81er schmeckt wie zu stark geräuchertes Fleisch. Dennoch ist reichlich Fülle vorhanden. Voraussichtliche Genussreife: jetzt bis 2002. Letzte Verkostung: 12/95.

1981 • 86 Côte Rôtie La Mouline: Im Aroma des tief granatroten 81ers dominiert eine vegetabile Note von grünen Bohnen und Rauchfleischduft. Der Wein zeigt mittleren Körper, ist kompakter als üblich und vollreif. Eine bemerkenswerte Leistung in einem für die Côte Rôtie äußerst schwierigen Weinjahr. Austrinken! Letzte Verkostung: 12/94.

1980 • 94 Côte Rôtie La Landonne: Im Unterschied zu dem leicht gewobenen, vollreifen La Mouline desselben Jahrgangs beginnt der La Landonne gerade erst, sich zu öffnen. Er hat eine Menge Bodensatz gebildet, behält aber sein trübes, dunkles Granatrot, und sein gewaltiges Bukett von gebratenem Fleisch, asiatischen Gewürzen, Trüffeln, Mineralien und Früchtebrot ist atemberaubend. Mit vollem Körper, gewaltigen Mengen Frucht und und einem Geschmack nach Wild und rohem Fleisch präsentiert sich dieser Wein als dicker, kräftiger, vollmundiger Tropfen, der zu gut abgehangenem Rindfleisch serviert werden will. Seine außerordentliche Konzentration ist eine wahre Glanzleistung, und so hat dieser La Ladonne ebenso wie der La Mouline gute Chancen, in Frankreich zum größten Wein des Jahres 1980 erkoren zu werden. Voraussichtliche Genussreife: jetzt bis 2010. Letzte Verkostung: 8/96

1980 • 94 Côte Rôtie La Mouline: Es ist kaum zu glauben. Obwohl dieser 94er 3 Jahre in Barriques alterte, zeigt sein Aroma keinerlei Spuren von Toastwürze, Vanille oder rauchigem, frischem Fassholz. Die gewaltige Fruchtfülle hat den Holzgeruch absorbiert, und das Ergebnis ist eines der besten Erzeugnisse Frankreichs in diesem Jahr. Das dunkle, rubin-purpurne Granatrot hat sich erhalten, hinzu kommt ein gewaltiges Bukett von Rauchfleisch und Schwarzen Himbeeren. Der üppige und konzentrierte, voll ausgereifte Wein verspricht noch etliche Jahre zu halten. Voraussichtliche Genussreife: jetzt bis 2005. Letzte Verkostung: 12/91.

1979 • 91 Côte Rôtie La Landonne: Überraschend wenig entwickelt, zeigt sich dieser satte rubin- bis purpurrote Wein ohne Alterserscheinungen. Er wirkt kompakter und fester gewirkt als viele andere Côte-Rôtie-Erzeugnisse aus dem Hause Guigal, ist körperreich und kraftvoll, bei guter Säure sowie hervorragender Konzentration und Extrakt. Etwas monolithisch und weniger komplex verfügt er doch über einen üppigen Frucht- und Glyzeringehalt. Da die nötige Balance vorhanden ist, wird man vermutlich nur etwas Geduld aufbringen müssen. Voraussichtliche Genussreife: 1998 bis 2015. Letzte Verkostung: 5/96.

1979 • 93 Côte Rôtie La Mouline: Dieser 79er macht sich besser als erwartet. Für einen La Mouline weist er mehr Säure als üblich auf, was ihm allerdings gut bekommt, ist doch die Frische erhalten geblieben und eine relativ langsame Entwicklung gewährleistet. Der Wein zeigt ein kräftiges, nach Wild duftendes Syrah-Bukett, überaus vollen, reifen Geschmack und einen körperreichen, langen Abgang. Voraussichtliche Genussreife: jetzt bis 2005. Letzte Verkostung: 1/92.

1978 • 86 Côte Rôtie Brune et Blonde: Die mäßig dunkle rubinrote Farbe zeigt einen leichten Bernsteinton am Rand. Obwohl er seit 10 bis 12 Jahren vollreif ist, lässt sich dieser würzige, erdige, süße, vollduftige Tropfen noch immer gut trinken. Er besitzt mittleren bis schweren Körper, üppige, reichhaltige Beerenfrucht und ein attraktives Blumenaroma. Im Abgang machen sich Pfeffer- und Gewürznoten sowie trockenes Tannin bemerkbar. Der Wein beginnt vermutlich auszutrocknen. Jetzt genussreif. Letzte Verkostung: 6/96.

1978 • 96 Côte Rôtie La Landonne: Was für ein Debütjahrgang des La Landonne! Der großzügig ausgestattete, sehr dunkle Gigant unter den Weinen beginnt soeben, sich zu öffnen und seine Persönlichkeit zu entfalten. Wie beim La Mouline weist die Flasche einige Gramm Bodensatz auf. Die kräftige Farbe spielt von Granatrot über Purpur bis Schwarz, das erdige Bukett entfaltet den mit einem Hauch von Mineralien verwobenen Duft nach Rauchfleisch, Gegrilltem, Trüffeln und schwarzem Beerenobst. Der überaus kräftige, reichhaltige, leicht herbe Geschmack bewirkt eine ungeheure Fülle. Das Tannin weist zwar eine rustikale Note auf, doch ist auch eine außerordentlich konzentrierte, gewaltige Menge an Frucht, Extrakt, Glyzerin und Charakter vorhanden. Voraussichtliche Genussreife: 1998 bis 2020. Letzte Verkostung: 5/96.

1978 • 100 Côte Rôtie La Mouline: Ich habe diesen Tropfen mehr als zwei Dutzend Mal verkosten dürfen. Er ist einer der aufregendsten Weine, die ich je getrunken habe – die Krönung der von Guigal bereiteten La-Mouline-Gewächse! Sein sattes Granatrot scheint ohne wahrnehmbare Aufhellungen am Rand zu sein, sein himmlisches Aroma atmet reichlich Schwarze Himbeeren, Kokosnüsse, geräucherte Ente, asiatische Gewürze und Veilchen. Der Geruchssinn ist nahezu überfordert. Der Wein zeigt eine phantastische Konzentration, eine geballte Ladung dicker, saftiger Frucht, schön integrierte Säure und Tannin sowie einen üppigen Abgang von mehr als einer Minute. Dieses tadellose Prachtexemplar ist einer der größten Weine des Jahrhunderts. Mein Favorit! Voraussichtliche Genussreife: jetzt bis 2015. Letzte Verkostung: 5/96.

1976 • 93 Côte Rôtie Brune et Blonde: Vielleicht ist dies der feinste Brune et Blonde, den Guigal in den vergangenen 3 Jahrzehnten bereitete. Als ich an meinem 49. Geburtstag eine meiner letzten Flaschen öffnete, war ich begeistert, wie jung, spritzig und voll dieser Wein geblieben ist. Er hat eine satte, dunkle rubin- bis granatrote Farbe und entfaltet ein Bukett, in dem sich eine Unmenge überreifer Schwarzer Himbeeren mit dem Duft von Rauchfleisch und getrockneten Kräutern mischen. Dieser phantastisch körperreiche, dicke, saftige, erstaunlich konzentrierte und temperamentvolle Rote dürfte sich noch ein weiteres Jahrzehnt gut trinken lassen. Letzte Verkostung: 7/96.

1976 • 100 Côte Rôtie La Mouline: Der 76er ist noch fülliger und gehaltvoller als einige andere große La-Mouline-Gewächse. Im Grunde stellt er eine Mischung aus trockenem rotem Tafelwein und Jahrgangs-Port dar. Natürlich ist er nicht süß, doch unglaublich konzentriert und hat ein paar Gramm Bodensatz gebildet. Mit Ausnahme des 47er Pétrus und des 47er Cheval Blanc sind keine vergleichbaren Weine zu finden. Sein himmlisches Bukett ist mit der süßen, blumenduftigen Frucht von schwarzem Beerenobst getränkt. In seiner öligen und viskosen Art und atemberaubenden Konzentration ist dieser Tropfen schon immer ein Hochgenuss gewesen; und er trotzt weiterhin dem Alter. Da ich meinen Bestand ausgeschöpft habe, bin ich künftig auf Freunde angewiesen. Einer der legendären Jahrhundertweine! Letzte Verkostung: 7/96.

ÄLTERE JAHRGÄNGE

Der erste Jahrgang des La Mouline datiert von 1966, und während ich im Juni 1996 mit Marcel Guigal den 69er La Mouline verkostete – der Wein war großartig wie immer und von höchster Vollendung –, hatten die meisten anderen Jahrgänge das Ende ihrer Genießbarkeit schon erreicht. Vor einigen Jahren ließen Verkostungen des 71ers und 70ers auf eine weitere Haltbarkeit der Weine hoffen, doch geht es mit ihnen bergab. Die letzte Verkostung des 66ers liegt zwar schon einige Jahre zurück, doch ist der Wein vermutlich am Ende. Die Konsistenz und Größe des 69ers finden sich erst 1976 wieder; ab 1978 folgte eine Reihe weiterer Spitzenweine.

PAUL JABOULET AINÉ **/***

Adresse:

Les Jalets, R.N. 7, B.P. 46, La-Roche-de-Glun, 26600 Tain l'Hermitage,
Tel. 4 75 84 68 93, Fax: 4 75 84 56 14

Produzierte Weine: Côte Rôtie, Côte Rôtie Les Jumelles

Rebfläche: Null; Händlerabfüllung

Produktionsmenge: 20 000 Flaschen

Ausbau: 14 Monate in 3 bis 4 Jahre alten Fässern

Viognier-Anteil: 5 %

Dieses traditionsreiche, 1834 gegründete Unternehmen ist in dem zu Tain l'Hermitage gehörenden Dorf La-Roch-de-Glun in einem der wohl unansehnlichsten Gebäude der Rhôneregion untergebracht. Jaboulets Ruhm gründet sich vor allem auf der Qualität seines größten Rotweins, des herausragenden Hermitage La Chapelle. Allerdings produziert man wie die meisten *négociants* eine ganze Reihe von Rhôneweinen, zu denen auch der Côte Rôtie gehört. Eine ausführliche Darstellung dieses Unternehmens folgt im Kapitel Hermitage auf Seite 189ff.

Die heutige Führungsriege des Hauses Jaboulet besteht aus dem leutseligen Vater Louis und drei weiteren Familienmitgliedern: dem stolzen und feinfühligen Jacques, der zwischen 1966 und 1992 für die Weinbereitung zuständig war (bis ihn ein Tauchunfall aus dem Rennen warf), dem geselligen Philippe, der sich um die Weinberge kümmert, und dem bekanntesten Jaboulet, dem stattlichen, rotwangigen, sehr umgänglichen Gérard. Letzterer ist als wortgewandter Repräsentant für die Erzeugnisse seiner Familie und des gesamten Rhônetals sehr viel auf Reisen. Man könnte sich kaum einen besseren Botschafter für ihre Weine wünschen.

Insbesondere seit Mitte der achtziger Jahre unterliegt ihr Côte Rôtie großen Qualitätsschwankungen und gehört sicherlich nicht in die gleiche gehobene Kategorie wie ihr Hermitage. Die Jaboulets besitzen in dieser Appellation keine eigenen Rebflächen, sind also abhängig von anderen Winzern, denen sie hochwertige Trauben und Most abkaufen. Da jedoch immer mehr erstklassige *vignerons* dazu übergegangen sind, ihren Wein selbst abzufüllen, verringert sich das Angebot stetig. Der jabouletsche Côte Rôtie (Les Jumelles – Zwillinge) will jung getrunken werden, in der Regel im ersten Jahrzehnt nach seiner Freigabe. Auch die älteren Jahrgänge fallen unterschiedlich aus: Ein 70er und ein 67er hatten bei ihrer Verkostung 1995 trotz der einwandfreien Lagerung erheblich nachgelassen. Demgegenüber zeigten sich ein 59er und ein 61er, die ich beide zuletzt 1996 getrunken habe, in ausgezeichneter Verfassung und gehörten zu den feinsten Côte-Rôtie-Gewächse Jaboulets, die ich kenne. Der Wein wird mit fünf Prozent Viognier verschnitten und vor der Abfüllung 14 Monate in Eichenfässern ausgebaut. Wie die Prüfnotizen zeigen, waren 1976, 1978, 1983 und 1985 die besten Jahrgänge.

JAHRGÄNGE

1989 • 85 Côte Rôtie Les Jumelles: Das ist kein großer Wein. Er ist weich und nicht so konzentriert wie die anderen 89er Jaboulets. Das Bukett weist eine kräftige Kräuternote auf, die nicht nach meinem Geschmack ist. Trotzdem handelt es sich um einen runden, anständig bereiteten Tropfen. Jetzt genussreif. Letzte Verkostung: 4/94.

1988 • 79 Côte Rôtie Les Jumelles: Der 88er präsentiert sich als eleganter, schnörkelloser, fruchtiger Wein ohne große Fülle und Komplexität. Er bietet unbeschwerten Genuss, wird aber wohl nur noch die nächsten 4 bis 5 Jahre durchhalten. Ein überraschend wässriges Erzeugnis. Jetzt genussreif. Letzte Verkostung: 4/94.

1985 • 86 Côte Rôtie: Die Jaboulets halten dieses Gewächs für ihren besten Côte Rôtie seit dem feinen 76er. Der frühreife Wein verfügt über wenig Säure, dafür aber eine Menge saftiger Brombeerfrucht, mittleren bis schweren Körper und einen langen Abgang mit einigen Säurequalitäten. Voraussichtliche Genussreife: jetzt bis 2000. Letzte Verkostung: 4/94.

1983 • 84 Côte Rôtie: Der 83er ist noch immer tanninherb und unnachgiebig. Er besitzt ein mittleres Granatrot und ein rauchiges, mit etwas Wildgeschmack durchsetztes Bukett von reifem Beerenobst, ist aber ärgerlicherweise auch ein wenig adstringierend. Hat die Frucht genug Fülle, um das Tannin zu überdauern? Voraussichtliche Genussreife: jetzt bis 2002. Letzte Verkostung: 4/94.

1982 • 85 Côte Rôtie: Dieser Tropfen ähnelt dem 85er, ist allerdings von leichter, weicher und geschmeidiger Art, mit mittlerem Körper und viel Säure. Austrinken! Letzte Verkostung: 4/94.

1979 • 84 Côte Rôtie: Der leicht gewobene, toastwürzige, weiche, fruchtige Geschmack zeigt Noten von Beerenfrucht, Kräutern und Gewürzen. Der bernsteingelbe Rand lässt auf Vollreife schließen. Obwohl dem 79er etwas mehr Gehalt gut täte, ist er ein gefälliger Wein, der wegen seines langsam steigenden Säuregehalts getrunken werden will. Letzte Verkostung: 4/94.

1961 • 95 Côte Rôtie Les Jumelles: Bedauerlicherweise bereitet Jaboulet keinen verleichbaren Côte Rôtie mehr. Der großartige Wein entfaltet ein gewaltiges Syrah-Bukett von rauchigem Hickoryholz, Beerenobst, Kaffee und Fleisch. Er ist herrlich konzentriert, hervorragend konturiert, erstaunlich nachhaltig und erfrischend – ein Paradebeispiel für Côte Rôtie! Er wird sich mühelos weitere 10 bis 15 Jahre entwickeln und vielleicht sogar verbessern können. Erstaunlich! Letzte Verkostung: 2/92.

ÄLTERE JAHRGÄNGE

Der 76er gilt als der feinste Côte Rôtie Jaboulets in den vergangenen 20 Jahren. Ein äußerst duftiger, reicher, kraftvoller und ausgewogener, dazu üppiger und köstlicher Tropfen, der in den nächsten 4 bis 5 Jahren getrunken werden sollte. Der 71er und der 70er zeigen dagegen Ermüdungserscheinungen; wenn die Weine nicht in großformatige Flaschen gefüllt sind oder aus sehr kühlen Kellern stammen, sollten sie umgehend getrunken werden. Der 59er und auch der 61er sind nach wie vor herausragend und werden weitere 5 bis 6 Jahre halten.

COTE ROTIE

JEAN-PAUL UND JEAN-LUC JAMET *****

Adresse:
Le Vallin, 69420 Ampuis, Tel.: 4 74 56 12 57

Produzierte Weine: Côte Rôtie

Rebfläche: 6 ha

Produktionsmenge: 16 000 Flaschen

Ausbau: 24 Monate in Fässern

Durchschnittsalter der Reben: 15 Jahre

Viognier-Anteil: 0,5 %

Als ich die Kellerei zum ersten Mal besuchte, haben mir nicht nur ihre Weine zugesagt. Ich genoss gleichzeitig die Gesellschaft von Joseph Jamet, der Ende sechzig sein dürfte und sich seit fast einem Jahrzehnt seines wohl verdienten Ruhestands erfreut. Seine tüchtigen Söhne Jean-Paul und Jean-Luc, von denen Letzterer für die Weinbereitung zuständig ist, bewirtschaften das Gut seit 1985 und haben die Qualität der Weine noch gesteigert. Ihre Weinberge liegen ziemlich verstreut, die meisten Hanganpflanzungen sind relativ neuen Datums. So wurde der Weinberg in Chavaroche Anfang der achtziger Jahre und eine weitere Parzelle in den frühen neunziger Jahren angelegt. Auf der ältesten Rebfläche, an der Côte Rôtie gelegen, wachsen sowohl 52-jährige als auch durchschnittlich neun Jahre alte Weinstöcke. Die größten Flächen befinden sich in Chavaroche und in Le Truchet.

Die Keller der Jamets liegen in den Hügeln des Städtchens Le Vallin. Ihre Weine sind voll, konzentriert und kräftig, was auf eine regelmäßige Behangausdünnung (Ausschneiden von schwach entwickelten Trauben) zurückzuführen ist. Dadurch werden die Erträge auf unter 40 Hektoliter pro Hektar gedrückt. Zudem verkauft man inzwischen keinen Wein mehr an die drei größten Händler – Chapoutier, Delas und Jaboulet –, sondern füllt ihn zu 100 % selbst ab. Bei der Weinbereitung werden eine kleine Anzahl neuer Eichenfässer (etwa 20 bis 25 %) und größere *foudres* verwendet. Die Weine fallen erwartungsgemäß natürlich aus: Nach einem zweijährigen Ausbau im Fass werden sie ungefiltert und oft auch ungeschönt abgefüllt. In Spitzenjahrgängen sind die Erzeugnisse beeindruckend und potenziell langlebig. Die Brüder Jean-Luc und Jean-Paul haben in regnerisch-feuchten Jahren bisher noch keine großen Leistungen hervorgebracht, was möglicherweise in ihrer strikten Ablehnung des Entrappens begründet liegt. Marcel Guigal, der diese Meinung teilt, entfernt einen Großteil der Stiele in Jahren, in denen sie physiologisch unreif sind, so zum Beispiel 1984, 1992, 1993 und sogar 1995. Nach wie vor ist aber das Haus Jamet eine ausgezeichnete, mitunter hervorragende Quelle für Côte-Rôtie-Weine; Jean-Paul und Jean-Luc gehören zu den viel versprechendsten Jungtalenten in der nördlichen Rhône.

JAHRGÄNGE

1994 • 89 Côte Rôtie: Dieser Wein ist seit der Verkostung im letzten Jahr erheblich voller und bedeutend besser geworden als der tanninstrenge, hohle 93er. Er verfügt über die für Jamets Erzeugnisse sprichwörtliche tiefe, satte rubin- bis purpurrote Farbe, ist körperreich und voll. Sein Bukett mit dem Duft von Zedernholz, Kräutern und Früchtebrot – mit Rauch und Cassisfrucht im Hintergrund – ist erdig und würzig, der erste Eindruck süß, der Abgang tannin- und säurebetont. Er muss weitere 3 bis 4 Jahre lagern und dürfte sich 15 Jahre oder länger halten. Letzte Verkostung: 6/96.

1993 • 72 Côte Rôtie: Ein typischer Vertreter dieses enttäuschenden Jahrgangs. Er wartet mit einem großartig dunklen Rubin- bis Purpurrot auf, besitzt aber nur wenig Frucht, Charme, Fett und Glyzerin. Der übermäßig harte, mit adstringierendem Tannin und einem abgeschwächten, scharfen und kurzen Abgang ausgestattete Wein ohne Geschmack am weichen Gaumen hat keine Zukunft. Letzte Verkostung: 6/96.

1992 • 88+ Côte Rôtie: Der 92er ist strukturiert, tanninbetont, ausgezeichnet konzentriert, dabei körperreich und kraftvoll. Der dunkle Wein ist unverkennbar ein kräftiges Syrah-Erzeugnis: Reichliche Menge nach Lakritze duftender, rauchiger Cassisfrucht sind ebenso spürbar wie die Kräuternuancen, die um die Aufmerksamkeit des Verkosters wetteifern. Sein Abgang ist lang und tanninherb, mit viel süßer, praller Frucht und Glyzerin im Hintergrund. Der Überraschungserfolg eines unterbewerteten Jahrgangs sollte bis zum Ende des Jahrhunderts im Keller bleiben und in den darauf folgenden 10 bis 15 Jahren getrunken werden. Letzte Verkostung: 9/95.

1991 • 94 Côte Rôtie: Dieser Wein wird zu 33 % in Barriques ausgebaut; ein Drittel des Verschnitts stammt aus Jamets Besitz im La-Landonne-Weinberg an der Côte Brune. Sein gewaltiges, kräftiges, würziges Bukett entfaltet den Duft von Rauchfleisch, Schwarzen Himbeeren, Kräutern und neuem Sattelleder. Der kräftige, volle, kernige Côte Rôtie besitzt eindrucksvolle Geschmacksextraktstoffe, auffällige Eichenholzwürze und einen großartigen Abgang. Er benötigt noch 3 bis 4 Jahre Flaschenalterung, danach dürfte er sich 15 bis 20 Jahre halten. Sehr beeindruckend! Voraussichtliche Genussreife: 1999 bis 2015. Letzte Verkostung: 6/95.

1990 • 89 Côte Rôtie: Obwohl der 90er dicht und tanninreich ist, weist er weder die geschmackliche Dimension noch das aromatische Profil des 91ers auf. Er ist tief und voll und eine großartige Leistung für dieses Jahr, aber ohne die Güte der Jahrgänge 1988, 1989 und 1991. Voraussichtliche Genussreife: jetzt bis 2007. Letzte Verkostung: 1/94.

1989 • 91 Côte Rôtie: Der 89er Côte Rôtie ist ein Wein mit einer potenziellen Lebensdauer von 20 Jahren. Seine Farbe ist ein dunkles Rubin- bis Purpurrot und sein dichtes, exotisches Bukett lässt Lakritze, Schwarze Johannisbeeren, Kräuter und würziges Eichenholz erahnen. Im Geschmack offenbart er eine überschäumende Fülle, viel Kraft, einen hohen Alkoholgehalt, eine außerordentliche Dichte, einen fleischigen Charakter und einen Abgang von ungemein üppiger, geradezu sinnlicher Art. Voraussichtliche Genussreife: jetzt bis 2015. Letzte Verkostung: 6/95.

1988 • 95 Côte Rôtie: Der 88er Côte Rôtie hat auf Grund seines bemerkenswerten Extrakts bereits eine Menge Bodensatz gebildet. Undurchdringlich, fast purpurrot bis schwarz entfaltet er ein geradezu überwältigendes Bukett von Cassis, Leder, Kräutern, Rauchfleich und asiatischen Gewürzen (Soja). Die Struktur dieses fabelhaft vollen, dichten, fleischigen Côte Rôtie hat mich an einen großen Pomerol erinnert. Ich habe ihn drei Tage lang offen stehen lassen,

ohne eine Spur von Oxidation zu entdecken. Wahrhaft mustergültig! Voraussichtliche Genussreife: 1998 bis 2020. Letzte Verkostung: 12/95.

1987 • 87 Côte Rôtie: Als sofort genießbarer Côte Rôtie zu einem angemessenen Preis präsentiert sich dieser nach Speck und Schwarzen Johannisbeeren duftende 87er. Der geschmeidige,
herrlich reife, runde Tropfen von mittlerem Körper ist voll entwickelt, läuft allerdings Gefahr,
seine Frucht zu verlieren. Er dürfte sich weitere 6 bis 7 Jahre gut trinken lassen. Letzte Verkostung: 3/93.

1985 • 90 Côte Rôtie: Außerordentlich konzentriert, kraftvoll und voll entwickelt zeigt dieser
Wein noch immer eine satte rubin- bis purpurrote Farbe sowie unermesslich viel Frucht, vol-
len Körper und beeindruckenden Extrakt. Voraussichtliche Genussreife: jetzt bis 2005. Letzte
Verkostung: 12/95.

1983 • 87 Côte Rôtie: Dieses typische Jamet-Produkt ist von einem satten Rubinrot, voll und
konzentriert, dabei beeindruckend tief und lang. Trotzdem zeigt er sich weiterhin verschlossen und tanninreich. Wird das Tannin die Frucht überdauern? Letzte Verkostung: 12/95.

1982 • 87 Côte Rôtie: Jamets geschmeidiger, schmeichlerischer, vollreifer und überaus fruchtiger 82er ist sehr intensiv und verfügt über ein rauchiges, nach Hickoryholz duftendes
Bukett sowie mittleren bis schweren Körper. Er sollte in den kommenden 5 Jahren getrunken
werden. Letzte Verkostung: 7/94.

ROBERT JASMIN *** / ****

Adresse:
14, rue des Maraichers, 69420 Ampuis, Tel.: 4 74 56 11 41, Fax: 4 74 56 01 78

Produzierte Weine: Côte Rôtie

Rebfläche: 4 ha

Produktionsmenge: 15 000 bis 20 000 Flaschen

Ausbau:
12 bis 18 Monate in 10 % neuen Eichenfässern

Durchschnittsalter der Reben: 35 Jahre

Viognier-Anteil: 5 %

Jasmins Besitz verteilt sich auf sieben Parzellen. Die ältesten, 60 Jahre alten Weinstöcke stehen in Les Moutonnes, in La Chevalière sind sie 35 Jahre alt. Zu den übrigen Parzellen gehört
der günstig gelegene La Garde mit 28-jährigen Rebstöcken an der Côte Blonde. Die Weinbereitung ist ganz traditionell, kennt kein Entrappen und befürwortet den Ausbau in kleinen
Eichenfässern und einigen *foudres*. Für jeden Jahrgang wird eine geringe Anzahl (12 bis 15 %)
Barriques angeschafft. Noch vor zehn Jahren gab es auf Grund der zahlreichen Abfüllungen
Probleme. Das mag heute nicht mehr so sein, da die Weine wegen der starken Nachfrage nor-
malerweise alle sechs bis neun Monate abgefüllt werden. Robert Jasmin und sein Sohn
Patrick weigern sich jedoch, die Abfüllungen hinauszuzögern, so dass es zu verwirrenden und
für den Kunden enttäuschenden Schwankungen in Aroma und Geschmack kommt. Kleinen
Winzern fehlt es oft an genügend Kapital, sie müssen erst den Verkauf des Weins abwarten,

um dann in Korken und Flaschen investieren zu können. Deshalb kann nicht immer die gesamte Produktion auf einmal abgefüllt werden. Das gilt auch für diese Kellerei.

Jasmins Côte Rôtie kann ein kräftiger, großartig duftender Tropfen sein, den man den burgunderartigsten der Appellation nennen könnte. Er schwört darauf, ihn jung zu trinken, da der Wein laut Jasmin nach fünf Jahren Bestform erreicht. Andererseits haben sich der 78er und der 76er zwei Jahrzehnte lang tadellos gehalten. Sie sollten aber jetzt getrunken werden.

JAHRGÄNGE

1993 • 70 Côte Rôtie: Ein kräftiges, vegetabiles Aroma verdeckt jeden echten Côte-Rôtie-Charakter. Der kräuterwürzige, paprikaähnliche Geschmack und der hohe Tanningehalt verraten, wie schwierig dieses Jahr war. Letzte Verkostung: 7/96.

1992 • 75 Côte Rôtie: Die weiche und verwässerte Art, die moosbeerenartige Frucht und das harte Tannin im Abgang machen diesen Wein zu einem fragwürdigen Erzeugnis. Letzte Verkostung: 7/96.

1991 • 86 Côte Rôtie: Von tieferer Färbung als seine beiden Vorgänger (erst beim 88er gibt es wieder diese Farbintensität) zeigt dieser 91er süße Johanisbeer-, Kirsch- und Himbeerfrucht in seinem duftigen Aroma. Verwirrend ist der starke Säuregeschmack, doch besitzt der Wein einen guten Körper, Extrakt und Reife, aber auch eine etwas bittere Note im Abgang. Es bleibt abzuwarten, ob er größere Ausgewogenheit erreichen kann: Vermutlich wird die Säure noch deutlicher hervortreten und die Frucht an Anziehungskraft verlieren. Letzte Verkostung: 7/96.

1990 • 85 Côte Rôtie: In diesem Wein von mittlerem Körper mit eher gutem als beeindruckendem Extrakt, mit Eleganz und einem robust strukturierten Abgang steckt eine ordentliche Portion attraktiver Beerenfrucht, vermischt mit dem Duft von Gewürzen, Holz, Erde und Kräutern. Wahrscheinlich wäre ein besserer Tropfen entstanden, wenn man intensiver entrappt hätte. Letzte Verkostung: 7/96.

1989 • 84 Côte Rôtie: Angesichts des Jahrgangs enttäuscht das Ergebnis. Dieser 89er von einem mittleren Rubinrot offenbart ein attraktives Bukett von Kirsch- und Himbeerfrucht mit einer kräuterwürzigen Note im Hintergrund. Der Wein wirkt geschmacklich etwas hohl, sein Säuregehalt ist erstaunlich, sein Tannin im Abgang adstringierend. Austrinken! Letzte Verkostung: 7/96.

1988 • 91 Côte Rôtie: Der beste Tropfen, den ich bei Jasmin in den letzten Jahren verkostet habe! Er enthüllt eine außerordentliche Reife, ein volles, würziges Bukett von Schwarzen Himbeeren und Paprika, mittleren Körper, konzentrierten Geschmack, gut integrierte Säure und festes Tannin im Abgang. Dieser köstliche Côte Rôtie kann durchaus noch 5 bis 6 Jahre halten. Letzte Verkostung: 7/96.

1987 • 78 Côte Rôtie: Der voll ausgereifte 87er ist ein ansprechender, einwandfreier Wein von mittlerem Körper, doch fehlt ihm die Frucht, um als schmackhaft gelten zu können. Vermutlich wird er rasch seinen Charme verlieren und sollte deshalb getrunken werden. Letzte Verkostung: 7/96.

1986 • 76 Côte Rôtie: Ein mäßig ausgestatteter Rotwein mit erheblicher Bernsteinfärbung am Rand. Zunächst macht sich eine ansehnliche Duftnote von Paprika und Himbeeren bemerkbar, verliert sich dann aber schnell in der beißenden Säure und dem tanninherben Abgang. Jasmins 86er scheint auszutrocknen. Letzte Verkostung: 7/96.

1985 • 86 Côte Rôtie: Für den Winzer ist dieser Côte Rôtie sein bester seit dem 47er, den noch sein Vater bereitet hatte. Voll ausgereift entfaltet der Wein von einem mittleren Rubinrot ein

Bukett von Kräutern, Eichenholz und Himbeeren. Trotzdem drängt sich inzwischen seine Säure in den Vordergrund, und er verliert allmählich an Frucht. Jetzt austrinken! Letzte Verkostung: 12/94.

1978 • 92 Côte Rôtie: Der 78er war von jeher ein Aufsehen erregender Tropfen. Er besitzt noch immer eine satte Farbe mit leichter Bernsteintönung und ein kraftvolles, würziges Bukett von schwarzem Beerenobst und Frühlingsblumen. Die Struktur ist voll, sahnig und tadellos ausgewogen. Ein vorzüglich konzentrierter und komplexer Côte Rôtie, aber doch elegant und stilvoll. Vergleichbares ist Jasmin nicht wieder gelungen. Voraussichtliche Genussreife: jetzt bis 2002. Letzte Verkostung: 10/94.

1976 • 90 Côte Rôtie: Wenn auch etwas fester und spröder als der üppigere 78er, bleibt der 76er ein immer noch großer, gehaltvoller und fleischiger Wein, der eher die Kraft als die Finesse betont. Er bietet weiterhin schönen, wenn auch tanninherben Trinkgenuss. Voraussichtliche Genussreife: jetzt bis 2003. Letzte Verkostung: 1/92.

BERNARD LEVET **

Adresse:
22 et 26 boulevard des Allées, Route Nationale 86, 69420 Ampuis,
Tel.: 4 74 56 15 39, Fax: 4 74 56 19 75

Produzierte Weine:
Côte Rôtie Brune et Blonde, Côte Rôtie La Chavaroche

Rebfläche: 3,5 ha

Produktionsmenge: 20 250 Fässer

Ausbau: 2 bis 3 Jahre in Fässern

Durchschnittsalter der Reben: 35 bis 40 Jahre

Viognier-Anteil: 2 bis 3 %

Bernard Levets Keller liegen direkt an der durch das kleine Dorf Ampuis führenden Route Nationale. Für seine traditionelle Art der Weinbereitung verwendet er praktisch überhaupt keine neuen Eichenfässer und dehnt die Lagerung in Fässern und *foudres* auf zwei bis drei Jahre aus. Ich habe in Levets Erzeugnissen erhebliche Qualitätsschwankungen und einen häufig übermäßig vegetabilen Charakter festgestellt – Entrappen wäre auf diesem Gut durchaus angebracht –, bin gelegentlich aber auch auf ausgezeichnete Gewächse gestoßen. Vor einigen Jahren hat der Winzer begonnen, eine weder geschönte noch gefilterte Cuvée unter der Bezeichnung Côte Rôtie La Chavaroche Cuvée Spéciale abzufüllen, die von den Rebstöcken seiner Parzelle an der Côte Brune, direkt gegenüber der Côte Blonde, stammt. Dieser Wein ist ohne Frage sein feinster Tropfen und dürfte sich 10 bis 15 Jahre gut halten.

JAHRGÄNGE

1994 • 88 Côte Rôtie La Chavaroche: Der 94er stammt von Weinstöcken mit einem Durchschnittsalter von 40 bis 50 Jahren und wird ungefiltert abgefüllt. Von einem dunklen Rubinrot entfaltet er ein kräuterartiges und würziges Bukett, verwoben mit dem rauchigen Duft von

DIE NÖRDLICHE RHONE

süßen Schwarzen Himbeeren. Der mit mittlerem bis vollem Körper und einer beträchtlichen Menge Tannin ausgestattete Rote ist reif, strukturiert und benötigt wohl eine Flaschenalterung von 4 bis 5 Jahren. Er dürfte mindestens 15 Jahre halten. Letzte Verkostung: 9/95.

1993 • 74 Côte Rôtie La Chavaroche: Es ist keine Überraschung, dass Levets 93er La Chavaroche sich als rau strukturierter, tanninreicher, spröder und kompakter Wein mit adstringierender Frucht präsentiert. Seine Frucht kann seine Struktur nicht ausgleichen. Letzte Verkostung: 9/95.

1992 • 86 Côte Rôtie La Chavaroche: Der 92er offenbart ein pfeffriges, kräuterartiges, erdiges, nach Leder duftendes, fruchtiges Bukett sowie einen mittleren Körper, beträchtliche Würze, monolithischen Geschmack und leichtes bis mäßiges Tannin im Abgang. Der robuste Côte Rôtie muss noch 1 bis 3 Jahre gelagert werden, um dann ein Jahrzehnt lang gut zu altern. Letzte Verkostung: 9/95.

1989 • 87 Côte Rôtie Brune et Blonde: Ein Roter von mittlerem bis vollem Körper, großem pfeffrig-würzigem Himbeerbukett und mäßigem Tannin. Er zeigt verhältnismäßig wenig Säure und fleischige, konzentrierte schwarze Beerenfrucht mit einem Hauch von provenzalischen Kräutern im Hintergrund. Voraussichtliche Genussreife: jetzt bis 2003. Letzte Verkostung: 6/95.

1988 • 86 Côte Rôtie Brune et Blonde: Der 88er ist strukturierter und besitzt eine bessere Säure sowie geringfügig mehr aggressives Tannin, doch fehlen ihm möglicherweise die Extravaganz und die reiche, fleischige Frucht seines Nachfolgers. Es ist letztlich eine Frage des persönlichen Geschmacks, welchen Wein man bevorzugt. Mir gefiel die Offenheit des 89ers, der zudem einige Jahre länger trinkbar sein wird. Der 88er ist ein schön konzentrierter, gut gebauter Wein von mittlerem bis vollem Körper. Voraussichtliche Genussreife: jetzt bis 2003. Letzte Verkostung: 12/94.

MICHEL OGIER ****

Adresse:
Chemin du Bac, 69420 Ampuis, Tel.: 4 74 56 10 75, Fax: 4 74 56 01 75

Produzierte Weine:
Côte Rôtie, Vin de pays aus dem Weinberg La Rosine

Rebfläche: 2,5 ha

Produktionsmenge: 10 000 Flaschen

Ausbau: 18 bis 24 Monate in Fässern

Durchschnittsalter der Reben: 25 Jahre

Viognier-Anteil: Höchstens 1 %

Michel Ogier besitzt eine größtenteils an der Côte Blonde gelegene Rebfläche von nur zweieinhalb Hektar und füllt seinen Wein seit 1980 selbst ab. Vorher verkaufte er einen Großteil seiner Ernte an Marcel Guigal und Max Chapoutier. Sein Weinberg, der je zur Hälfte mit alten sowie durchschnittlich sieben bis zehn Jahre jungen Weinstöcken bepflanzt ist, bringt duftige, sinnliche, geschmeidige, ausnehmend elegante Weine hervor, die in den ersten sieben bis zehn Jahren nach ihrer Freigabe den höchsten Genuss bereiten. Ogiers Erfolg kommt nicht von ungefähr: Er nennt einen schön gelegenen, 42 Jahre alten Weingarten in Rozier sein

Eigen und sein größter Weinberg, Lancement, trägt alte und junge Rebstöcke. Einer seiner verkannten Weine ist ein reinsortiger Landwein aus den Syrah-Trauben von La Rosine, gegenüber der Côte Rôtie. Im Geschmack einem guten Côte Rôtie sehr ähnlich, darf er doch nur die Bezeichnung *vin de pays* tragen. Ogiers Weinbereitung ist teilweise traditionell: Das gesamte Lesegut wird entrappt, dann folgen eine 15-tägige *cuvaison*, ein 18 bis 24 Monate dauernder Ausbau in kleinen Eichenfässern, vier Abstiche und eine Schönung, aber kaum jemals eine Filtration. Heraus kommen außerordentlich stilvolle Rote, die unter den Weinen der Appellation vielleicht die größte Finesse zeigen.

JAHRGÄNGE

1995 • 89 Côte Rôtie: Dieser 95er wartet mit dunkler Farbe, erstklassiger Struktur, auffälliger Säure, hohem Tannin und einem ansehnlichen Alkoholgehalt auf. Er hat zwar noch nicht das sprichwörtliche Räucherspeckaroma entwickelt, dafür besitzt er aber jede Menge Cassisfrucht. Die Farbe wirkt außerordentlich intensiv, der Wein ist aber verschlossen, strukturiert und weitaus weniger schmeichelnd als der 94er. Der wieder einmal ausgezeichnete und stilvolle Côte Rôtie von mittlerem Körper gibt sich fest gewirkt, aber viel versprechend. Letzte Verkostung: 6/96.

1994 • 89 Côte Rôtie: Ogiers 94er gehört zu jenen eleganten, vornehmen Weinen, die ein kraftvolles, verführerisches, sinnliches, rauchiges Bukett mit dem Duft von Speck und Schwarzen Johannisbeeren entfalten. Er zeigt eine köstliche, süße Reife, mittleren Körper, genug lebhafte Säure, um ihm Konturen zu verleihen, und eine schön gewirkte Persönlichkeit. Der etwas kurze Abgang verhindert eine höhere Bewertung. Er könnte aber in den nächsten Jahren voller und dann besser bewertet werden. Bietet weitere 12 Jahre attraktiven Genuss. Letzte Verkostung: 6/96.

1993 • 74 Côte Rôtie: Das harte, stumpfe, adstringierende Tannin lässt diesen misslungenen 93er zu einem zweifelhaften Vergnügen werden. Er entfaltet ein irreführend angenehmes Bukett aus reifer Syrah-Frucht, ist aber tatsächlich mager, hohl und fruchtarm und wird weiter austrocknen. Letzte Verkostung: 9/95.

1992 • 87 Côte Rôtie: Der leichte 92er Rote besitzt eine ausgeprägte kräuterartige Note in seinem Bukett von Rauch und Cassis. Er ist weich, reif und von mittlerem Körper, doch fehlt ihm die in Spitzenjahren erzielbare Konzentration. In den nächsten 5 bis 7 Jahren austrinken. Letzte Verkostung: 9/95.

1991 • 93 Côte Rôtie: Ein aufsehenerregender Rotwein! In ihm verbinden sich herausragende, außerordentliche Eleganz mit samtig strukturierter, geschmeidiger, reichhaltiger Fruchtigkeit. Ogiers Côte-Rôtie-Weine sind nicht so kräftig oder robust, dafür aber kompakter und raffinierter als andere. Der 91er von mittlerem Körper entfaltet ein zartes Bukett von reifen Schwarzen Johannisbeeren, Schinken, Vanille und Veilchen. Ausgestattet mit außerordentlicher Finesse, Duftigkeit und nachhaltigem Geschmack dürfte dieser Tropfen manche Musignys aus Burgund in den Schatten stellen. Er sollte in den kommenden 10 bis 12 Jahren getrunken werden. Letzte Verkostung: 12/95.

1990 • 87 Côte Rôtie: Der 90er zeigt den für Ogier-Erzeugnisse typischen rauchigen Beerenduft. Kompakter und weit weniger konzentriert und komplex im Geschmack als der 91er, präsentiert sich dieser Côte Rôtie als schmackhafter, attraktiver Wein von mittlerem Körper, der sich die nächsten 6 bis 8 Jahre gut trinken lassen dürfte. Letzte Verkostung: 11/94.

1989 • 90 Côte Rôtie: Ein Roter von außerordentlicher Eleganz und einem Duft, der dem der größten Burgunder in nichts nachsteht. Der Wein besitzt mehr Tannin und Struktur als sein Nachfolger, eine ausgezeichnete Farbe und ein wunderbares Bukett von Frühlingsblumen, schwarzem Beerenobst, Eichenholz und Mineralien. Doch ist sein Geschmack fest gewirkt und die durch seinen Duft angedeutete frühreife Art findet keine Bestätigung. Er benötigt aber noch 2 bis 3 Jahre Kellerreife. Letzte Verkostung: 11/94.

RENÉ ROSTAING ****/*****

Adresse:
Le Port, 69420 Ampuis, Tel.: 4 74 56 12 00 oder 4 74 59 80 03, Fax: 4 74 56 62 56

Produzierte Weine:
Côte Rôtie Cuvée Côte Blonde, Côte Rôtie Cuvée Normale,
Côte Rôtie La Landonne, Côte Rôtie La Viaillère, Condrieu

Rebfläche:
Cuvée Côte Blonde – 1 ha; Cuvée Normale – 3 ha
La Landonne – 1,5 ha; La Viaillère – 1 ha

Produktionsmenge:
Cuvée Côte Blonde – 4 500 Flaschen; Cuvée Normale – 16 500 Flaschen
La Landonne – 6 750 Flaschen; La Viaillère – 4 500 Flaschen

Ausbau (alle vier Weine): 2 Jahre in Fässern (zu 30 % neu)

Durchschnittsalter der Reben:
Cuvée Côte Blonde – 60 Jahre; Cuvée Normale – 35 Jahre
La Landonne – 35 Jahre; La Viaillère – 70 Jahre

Viognier-Anteil:
Cuvée Côte Blonde – 5 bis 8 %; Cuvée Normale – Keiner
La Landonne – Keiner; La Viaillère – Keiner

Dem jungen Geschäftsmann René Rostaing lacht das Glück. Eine Kostprobe seines Weins wird zweifellos jeden davon überzeugen, dass er in dieser Appellation eine Kapazität ist. Sein kleiner unterirdischer, prächtig ausgestatteter und klimatisierter Keller liegt am Flussufer in Ampuis, nur einen Häuserblock von dem Emile Champets entfernt und in der Nähe des zur Renovierung anstehenden, kürzlich von Marcel Guigal erworbenen Château d'Ampuis. Rostaing ist im Immobiliengeschäft tätig und verwaltet Appartmenthäuser im nahe gelegenen Condrieu. Der intelligente Winzer hat von seinem Schwiegervater Albert Dervieux-Thaize die traditionellen Methoden gelernt und verbindet diese Kenntnisse mit den Vorteilen moderner Technologie. Es ist seine Anpassungsfähigkeit, die besondere Bewunderung hervorruft. Bei strittigen Fragen wie Schönung und Filtration wartet er die Resultate von Laboruntersuchungen ab und entscheidet dann, ob der Wein kräftig genug ist, um ungeklärt in Flaschen gefüllt zu werden. Diese aufgeschlossene Einstellung steht im krassen Widerspruch zu Erzeugern, die nur deshalb schönen und filtern, weil «mein Vater und Großvater es getan haben».

Rostaing ist zu einem der bedeutendsten Erzeuger von erstklassigem Côte Rôtie geworden. Als sein Schwiegervater Albert Dervieux-Thaize und sein Onkel Marius Gentaz-Dervieux sich zur Ruhe setzten, übernahm er die Verantwortung für die meisten ihrer Weinberge. Dadurch erweiterte sich seine Anbaufläche beträchtlich und umfasst außergewöhnliche, alte Rebflächen in La Fongent (Côte Brune), La Garde (Côte Blonde) und La Viaillère (85 Jahre alte Weinstöcke an der Côte Brune). Zudem erwarb er 1993 das Recht, die hervorragenden, 73-jährigen Rebstöcke von Marius Gentaz-Dervieux zu bewirtschaften, die nicht weit entfernt von Guigals berühmtem Weinberg La Turque, ebenfalls am Côte Brune, stehen.

Die peinlich saubere Kellerei beherbergt eine Mischung aus kleinen neuen Eichenfässern und, mit zunehmender Tendenz, aus größeren *demi-muids*, die ebenfalls aus Eichenholz bestehen und nach Rostaings Überzeugung größenmäßig am besten für den Ausbau des Côte Rôtie geeignet sind. Seine Weinbereitung, die in modernen drehbaren, mit einer Vorrichtung zur automatischen *pigeage* ausgestatteten Gärbottichen aus rostfreiem Stahl stattfindet, ist Ausdruck seiner Intelligenz und Anpassungsfähigkeit. Manche Cuvées werden je nach Jahrgang und *terroir* ganz aus entrappten Beeren bereitet, bei anderen werden die Trauben nur zum Teil entstielt. In Spitzenjahren produziert der Betrieb vier Weine: die Cuvée Normale, die Cuvée Côte Blonde, den La Viaillère und den La Landonne. In unsicheren Jahren verschneidet Rostaing die Cuvée Normale häufig mit Trauben aus La Landonne und La Viaillère. Alle vier Cuvées sind gut bis ausgezeichnet, an der Spitze aber stehen der Côte Blonde und der La Landonne. Bei Verkostungen serviert er den Côte Blonde gerade wegen seiner herrlichen Struktur, außerordentlichen Fülle und Intensität gern zuletzt. Dieser Tropfen überragt sogar seinen La Landonne, obwohl Letzterer von Weinstöcken stammt, die sogar älter sind als die von Marcel Guigal. Tatsächlich wachsen auf einer der drei La-Landonne-Parzellen junge und auf den beiden anderen 50 bis 60 Jahre alte Rebstöcke; auf 0,3 Hektar stehen die 63-jährigen La-Landonne-Weinstöcke von Marius Gentaz-Dervieux.

Noch vor zehn Jahren kritisierte Rostaing seine Landsleute scharf, weil sie dem Côte Rôtie so wenig Beachtung schenken. Heute zitiert er noch immer gern aus einer Studie, die in Lyon, einer von Frankreichs drei größten Städten und nur 37 Kilometer von der Côte Rôtie entfernt, durchgeführt wurde. Danach hat nur einer von 50 Einwohnern Lyons schon einmal etwas von Côte-Rôtie-Weinen gehört und nur einer von 500 einen Côte Rôtie gekostet. In Gedanken an diese Untersuchung erzählt er stolz, dass praktisch jede einzelne Flasche seines Côte Rôtie ins Ausland verkauft wird. Einige führende französische Restaurants und *cavistes* haben erste Bestellungen aufgegeben, doch erreichten Rostaing-Erzeugnisse inzwischen eine solche Berühmtheit, dass sie bis nach Japan und Singapur exportiert werden.

Wie die folgenden Prüfnotizen zeigen, ist der Winzer selbst in so schwierigen Jahrgängen wie 1992 und 1993 sehr erfolgreich gewesen; in den Spitzenjahren 1991 und 1995 fielen die Weine so ausgezeichnet aus, dass sie zu den feinsten der Appellation gehören. Es sind erstklassige Côte-Rôtie-Gewächse, äußerst ausdrucksstark und sehr rein; die drei Cuvées Côte Blonde, La Viaillère und La Landonne verfügen darüber hinaus über eine hohe Lebensdauer. In der kurzen Zeitspanne von etwas mehr als zehn Jahren ist René Rostaing in der Côte Rôtie zu einer Berühmtheit geworden.

Seinen wunderbaren Condrieu erwähne ich nur in der Erzeugertabelle am Anfang des Condrieu-Kapitels, denn leider werden selbst in einem ergiebigen Jahr aus den Trauben seiner 0,2 Hektar großen, in der Nähe des Château Rozay gelegenen Parzelle an den Steilhängen von Condrieu nur etwa 2 000 Flaschen produziert. Es ist ein außergewöhnlich kräftiger, voller Rotwein, der möglicherweise Rostaings bestgehütetes Geheimnis darstellt.

DIE NÖRDLICHE RHONE

1995 • 95 Côte Rôtie Cuvée Côte Blonde: Der dunkelpurpurrote 95er Côte Blonde wartet mit einem Ehrfurcht gebietenden, atemberaubenden Bukett von Veilchen, Cassis, Blaubeeren und Vanille auf. Im Geschmack zeigt er sich lebhaft-intensiv, üppig und voll. Der Wein verfügt über außerordentliche Intensität, eine vielschichtige Persönlichkeit sowie unglaubliche Ausdauer und klare Konturen. Er ist ein Côte Rôtie der Extraklasse! Leider gibt es ihn nur in sehr begrenzter Menge, da die Erträge von gut zwei Tonnen pro Hektar weit unter dem Normalmaß lagen. Letzte Verkostung: 6/96.

1995 • 88 Côte Rôtie Cuvée Classique: Die 95er Cuvée Classique offenbart ein Bukett von Schwarzen Himbeeren und Veilchen, eine unglaublich satte rubin- bis purpurrote Farbe, ausgezeichnete Reife, Dichte, einen mittleren Körper und einen langen, lebhaften Abgang. Seiner Säure verdankt dieser Tropfen die hervorragenden Konturen und seine Dynamik. Er dürfte sich mindestens ein Jahrzehnt lang gut trinken lassen. Letzte Verkostung: 6/96.

1995 • 92 Côte Rôtie La Landonne: Dieser opale La Landonne gibt sich verschlossen und herb und beginnt eben erst, seinen Charakter zu enthüllen. Ein kraftvoller, unergründlicher Tropfen, tanninreich und voll, der über ein schokoladiges, rauchiges Bukett von Cassis verfügt. Er muss noch bis zum Ende des Jahrhunderts im Keller altern und ist dann 10 bis 12 Jahre lang trinkbar. Letzte Verkostung: 6/96.

1995 • 90 Côte Rôtie La Viaillère: Überraschend auffällig ist die Säure dieses La Viaillère, der sich mit einem frischen, sauberen Bukett von Brombeeren, Blaubeeren und Johannisbeeren präsentiert. Von dunkler Farbe zeigt er sich reif, dicht, mit mittlerem bis vollem Körper und viel Tannin. Der verschlossene Côte Rôtie von herber, lebhafter Art wird sich 15 bis 20 Jahre halten. Letzte Verkostung: 6/96.

1993 • 86 Côte Rôtie: Rostaing gehörte in diesem verregneten Jahr zu den erfolgreicheren Erzeugern. Wie die Bewertungen und Prüfnotizen zeigen, konnte er weiche, verlockende, komplexe und charaktervolle Weine von guter Konzentration produzieren. Er beschnitt im August die Hälfte seiner Rebstöcke und nahm während der Lese eine rigorose *triage* vor. Der 93er Côte Rôtie von einem mittleren Rubinrot besitzt ein rauchiges Bukett, einen eleganten, ausreichend konzentrierten, würzigen Geschmack und weiches Tannin. Er muss in den ersten 5 bis 7 Jahren nach seiner Freigabe getrunken werden. Voraussichtliche Genussreife: 1998 bis 2006. Letzte Verkostung: 6/96.

1993 • 88 Côte Rôtie Cuvée Côte Blonde: Der 93er Côte Blonde, Rostaings süßester und verlockendster Côte Rôtie, offenbart ein duftiges, blumiges Bukett von Vogelkirschen und Cassis, einen rauchigen, sahnig strukturierten Geschmack und weiches Tannin. Er sollte in den ersten 10 Jahren nach seiner Freigabe getrunken werden. Letzte Verkostung: 6/96.

1993 • 89 Côte Rôtie La Landonne: Der schwarze La Landonne ist ein erstaunlicher Tropfen für diesen Jahrgang. Bereitet aus den Trauben 25- bis 80-jähriger Weinstöcke, enthüllen sich ein rauchiges Bukett mit dem Duft von Lakritze, asiatischen Gewürzen und Schwarzen Johannisbeeren sowie ein voller, körperreicher, konzentrierter Geschmack. Der lange Abgang zeigt ausreichend Säure und mäßiges Tannin. Angesichts der schwierigen Erntebedingungen eine ganz erstaunliche Leistung! Er wird 10 bis 15 Jahre gut altern. Letzte Verkostung: 6/96.

1993 • 86 Côte Rôtie La Viaillère: Der La Viaillère aus dem berühmten Weinberg an der Côte Brune wird zwar von Rostaing bereitet und in Flaschen gefüllt, kommt aber unter dem Namen seines Schwiegervaters Albert Dervieux-Thaize auf den Markt. Ein kräftiger, tanninreicher, rustikaler Wein von ausgezeichneter Farbe, dessen hoher Säure- und Tanninanteil letztlich zu viel für ihn sein könnte. Der La Viaillère ist ein potenziell großer Weinberg, der in Jahren mit außergewöhnlich viel Sonnenschein und Wärme wunderbar reife Trauben erzeugt. Rostaing besitzt hier Rebstöcke, die im Durchschnitt 80 Jahre alt sind. Voraussichtliche Genussreife: 1999 bis 2010. Letzte Verkostung: 6/96.

1992 • 86 Côte Rôtie: Die 92er Côte-Rôtie-Standardabfüllung, in die alle deklassierten Teile des La Landonne eingehen, präsentiert sich mit einem mittleren Rubinrot, einem weichen, erdigen Kirschbukett, einem lieblichen, mittleren bis körperreichen Geschmack, wenig Säure und einem attraktiven Abgang. Seine Leichtigkeit, sein Duft und seine Üppigkeit erinnern an einen Burgunder. Er sollte im Laufe der nächsten 5 bis 7 Jahre getrunken werden. Letzte Verkostung: 9/95.

1992 • 87 Côte Rôtie Cuvée Côte Blonde: Das pfeffrige, kräuterartige, mit dem Duft von Schwarzen Himbeeren erfüllte Bukett wird begleitet von einem rauchigen, mittleren Geschmack, einem vom Ausbau in Eiche herrührenden Hauch Vanilleduft und einem kurzen, aber gefälligen, fruchtigen Abgang. Der Wein sollte sich 7 bis 8 Jahre lang gut trinken lassen. Letzte Verkostung: 9/95.

1991 • 88 Côte Rôtie: Was für ein voller, körperreicher Tropfen mit weichem Tannin, wenig Säure und Unmengen an reifer Syrah-Frucht. Er entfaltet das sprichwörtliche Räucherspeckbukett und einen von üppiger schwarzer Beerenfrucht geprägten Charakter. Dieser Rote sollte im Alter von 7 bis 8 Jahren getrunken werden. Letzte Verkostung: 7/96.

1991 • 92 Côte Rôtie Cuvée Côte Blonde: Dieser 91er Côte Blonde ist von süßer, fetter, üppiger Art mit weichem Tannin ohne den rustikalen oder animalischen Charakter des La Viaillère. Mit seinem süßen und ausladenden Geschmack bietet er verführerischen, vollmundigen Genuss und dürfte sich 8 bis 10 Jahre lang gut trinken lassen. Letzte Verkostung: 7/96.

1991 • 94 Côte Rôtie La Landonne: Der 91er La Landonne ist vermutlich *der* Wein seines Jahrgangs. Zwischen Rostaing und Guigal besteht eine große Rivalität, und Rostaing legt Wert auf die Feststellung, dass seine La-Landonne-Weinstöcke erheblich älter sind als die seines Nachbarn. Der intensive dunkle Tropfen betört mit einem köstlichen, toastwürzigen Duft von Lakritze, Veilchen und Brombeeren und besitzt eine umwerfende Konzentration, weiches Tannin und wenig Säure. Großartig, außerordentlich üppig, mehrdimensional und mit einer Unmenge Geschmack ausgestattet, dürfte sich dieser Rote 10 bis 15 Jahre lang gut trinken lassen. Letzte Verkostung: 7/96.

1991 • 92 Côte Rôtie La Viaillère: Der 91er Côte Rôtie La Viaillère ist fabelhaft. Er wurde in neuen Eichenfässern ausgebaut (mehr in den größeren *demi-muids* als den normalen gut 200 Liter fassenden *barriques*). Gewonnen aus den Trauben 80 Jahre alter Weinstöcke, verrät er die für einen Côte Rôtie typisch animalische, fleischige und erdige Note. Die nahezu schwarze Farbe wird begleitet von einem ungeheuren Aroma aus Sojasoße, geräuchertem Wild und Schwarzen Himbeeren, vermischt mit dem Duft von toastwürzigem frischem Eichenholz. Dieser üppige und vornehme, tanninherbe Côte Rôtie mit vollem Körper und massivem Extraktstoffgehalt dürfte sich mindestens 15 Jahre lang gut trinken lassen. Letzte Verkostung: 7/96.

1990 • 87 Côte Rôtie: Die 90er Standardcuvée – das Lesegut stammt zum größten Teil aus dem Weinberg La Fongent – entpuppt sich als weicher, geschmeidiger, duftiger und köstlicher Tropfen, der in den nächsten 5 bis 7 Jahren getrunken werden sollte. Sein kräuterwürziges Bukett von Schwarzen Himbeeren ist von einer toastwürzigen, frischen Eichenholznote durchzogen. Das Tannin ist weich, sein Abgang samtig und anmutig. Letzte Verkostung: 6/94.

1990 • 93 Côte Rôtie Cuvée Côte Blonde: Der 90er Côte Blonde aus den Trauben 30- bis 60-jähriger Weinstöcke verfügt über das dem Côte Rôtie eigene, durchdringende und rauchige Röstaroma. Er zeigt einen geschmeidigen, mittleren bis körperreichen Geschmack von süßen Schwarzen Himbeeren und einen kernigen, fleischigen, verführerischen Abgang. Sein Tannin verbirgt sich unter einer geballten Ladung Frucht bei einem niedrigen Säuregehalt. Der Wein sollte in den nächsten zehn Jahren getrunken werden. Letzte Verkostung: 6/94.

1990 • 91 Côte Rôtie La Landonne: Rostaings 90er La Landonne offenbart einen erdigen, animalischen, rauchigen Charakter, herrliche Fruchtfülle, Unmengen von Glyzerin und Extrakt, weiches Tannin und wenig Säure. Trotz seines ansehnlichen Formats sollte der Wein in den ersten 10 bis 12 Jahren nach seiner Freigabe getrunken werden. Letzte Verkostung: 6/94.

1989 • 89 Côte Rôtie Cuvé Côte Blonde: Die 89er Côte-Rôtie-Tropfen dieser Kellerei sind vorzügliche, aufgeschlossene, volle und elegante Weine, die knapp die Note hervorragend verfehlen. Ein Beispiel ist dieser Côte Blonde mit seinem erstklassigen, rauchigen Bukett von schwarzem Beerenobst und Blumen, dem vollmundigen, reifen, eleganten, Geschmack von mittlerem Körper bei weichem Tannin, lebhafter Säure und einem mäßig langen Abgang. Er dürfte sich die nächsten 10 Jahre schön trinken lassen. Letzte Verkostung: 6/94.

1989 • 87 Côte Rôtie La Landonne: Trotz des erwartungsgemäß hohen Tannins bietet der 89er La Landonne wahre Gaumenfreuden. Er enthüllt ein ausgeprägtes erdiges Bukett von Lakritze und Beerenobst und zeigt einen mit Eichenholznuancen durchsetzten, ansprechenden Geschmack von mittlerem Körper sowie mäßiges Tannin im attraktiven Abgang. Er dürfte noch mindestens 10 bis 12 Jahre mit Anmut altern. Letzte Verkostung: 6/94.

1989 • 85 Côte Rôtie La Viaillère: Die Produktionsmenge des 89er La Viaillère lag mit 50 Hektoliter pro Hektar für die Bereitung eines konzentrierten Weins zu hoch. Im Ergebnis präsentiert sich hier ein geradliniger, vollfruchtiger und reifer, aber im Grunde eindimensionaler Tropfen, dem es an der Konzentration und Länge fehlt, die die Weine aus geringeren Ernteerträgen und den Trauben älterer Weinstöcke charakterisieren. Letzte Verkostung: 6/94.

1988 • 92 Côte Rôtie Cuvée Côte Blonde: Geschmeidig, samtig strukturiert mit fabelhaften, überschäumenden Fruchtreserven. So ausgestattet entfaltet dieser äußerst kräftige und reife Wein ein stark nach Cassis duftendes und mit einer wohl dosierten Note von frischem Eichenholz unterlegtes Himbeerbukett. Da der tiefe, geschmackvolle Tropfen reichlich Tannin enthält, sollte er noch einige Jahre im Keller verbringen. Voraussichtliche Genussreife: 1998 bis 2010. Letzte Verkostung: 12/95.

1988 • 90 Côte Rôtie La Landonne: Ein 88er La Landonne mit einem fabelhaft unwiderstehlichen Bukett und dem Duft von Schwarzen Himbeeren und Vanille. Der volle, körperreiche, tadellos ausgewogene Geschmack des Weins verbindet Kraft mit Finesse. Das Tannin muss sich noch etwas beruhigen. Voraussichtliche Genussreife: 1999 bis 2012. Letzte Verkostung: 12/95.

1987 • 88 Côte Rôtie Cuvée Côte Blonde: Von mittlerem Rubinrot, reif und samtig zeigt dieser 87er eine unmittelbare, schmeichelnde, duftige Himbeerfruchtigkeit. Er ist voll ausgereift und muss getrunken werden. Letzte Verkostung: 11/94.

1987 • 86 Côte Rôtie La Landonne: Der 87er La Landonne ist tanninreich und robuster strukturiert, dennoch köstlich und mit einem gewaltigen Bukett von Trüffeln und Himbeeren, vermischt mit würzigem, vanilleduftigem Eichenholz, ausgestattet. Er zeigt mittleren Körper, Konzentration, viel Säure sowie eine ausgezeichnete Geradlinigkeit und schöne Konturen. Voraussichtliche Genussreife: jetzt bis 2000. Letzte Verkostung: 11/93.

1985 • 92 Côte Rôtie La Landonne: Dunkel purpurrot schmeckt dieser 85er sehr konzentriert, kraftvoll und reif. Er besitzt ausgezeichneten Extrakt, ein fabelhaftes würziges Bukett von schwarzem Beerenobst, mittleren bis schweren Körper und eine lebhafte, noch jugendliche Art. Ein Prachtexemplar! Voraussichtliche Genussreife: jetzt bis 2005. Letzte Verkostung: 12/93.

1985 • 91 Côte Rôtie Cuvée Côte Blonde: Im Vergleich zu dem tanninherben 85er La Ladonne wirkt dieser vollreife Côte Blonde samtiger. Der vollmundige, mit einem kräftigen Bukett von gerösteten Nüssen, reifen, prallen Schwarzen Himbeeren und Cassisfrucht ausgestattete Wein bietet eine Vielfalt an exotischen Duft- und Geschmacksnuancen. Voraussichtliche Genussreife: jetzt bis 2001. Letzte Verkostung: 12/93.

1983 • 85 Côte Rôtie La Landonne: Der zwei Jahre jüngere La Landonne gibt sich weiterhin tanninreich und verschlossen, mit einem harten, spröden Charakter. Die Intensität der Frucht wird möglicherweise nicht ausreichen, um das beträchtliche Tannin zu überdauern. Dieser Wein bereitet mir zunehmend Sorge. Voraussichtliche Genussreife: jetzt bis 2002. Letzte Verkostung: 12/93.

1983 • 86 Côte Rôtie Cuvée Côte Blonde: Weniger verschlossen und tanninherb offenbart dieser Rote im Bukett und Geschmack mehr Frucht, aber weniger Körper und Tiefe. Zwar verrät der etwas kantige 83er Kraft und Fülle, trotzdem bleibt fraglich, ob die Frucht das Tannin überdauern kann. Voraussichtliche Genussreife: jetzt bis 2003. Letzte Verkostung: 12/93.

L. DE VALLOUIT **/*****

Adresse:

24, rue Désiré Valette, 26240 Saint-Vallier, Tel.: 4 75 23 10 11, Fax: 4 75 23 05 58

Produzierte Weine:

Côte Rôtie, Côte Rôtie Les Roziers, Côte Rôtie La Vonière

Rebfläche:

Côte Rôtie – 6 ha; Les Roziers – 1,8 ha; La Vonière – 2 ha

Produktionsmenge:

Côte Rôtie – 35 000 Flaschen; Les Roziers – 7 000 Flaschen; La Vonière – 7 500 Flaschen

Ausbau:

Côte Rôtie – 18 Monate in Fässern (zu 10 % neu); Les Roziers – 30 bis 40 Monate in Fässern (zu 20 % neu); La Vonière – 30 bis 40 Monate in Fässern (zu 20 % neu)

Durchschnittsalter der Reben:

Côte Rôtie – 40 Jahre; Les Roziers – 40 Jahre; La Vonière – 40 Jahre

Viognier-Anteil:

Côte Rôtie – 5 bis 10 %; Les Roziers – 5 %; La Vonière – 20 %

Dieser Betrieb ist nicht in Ampuis angesiedelt, sondern weiter südlich in Saint-Vallier. Das etablierte, 1922 gegründete Unternehmen spielt, zumindest auf den großen Exportmärkten, nur eine untergeordnete Rolle, was angesichts der Tatsache, dass Madame de Vallouit in der Côte Rôtie 9,7 Hektar Rebfläche besitzt und damit zu den größten Besitzern zählt, erstaunlich ist. Die Firma betätigt sich auch als *négociant* und erzeugt eine ganze Palette von Rhôneweinen, vom Côtes du Rhône über den Gigondas, Châteauneuf-du-Pape und Saint-Joseph bis zum Hermitage. Die Produktionsmenge des Côte Rôtie beträgt durchschnittlich 4 400 Kisten bei einer Gesamtproduktion der Appellation von etwa 80 000 Kisten. Merkwürdigerweise ist dieses Gut relativ unbekannt, obwohl sich bei den wenigen Verkostungen seiner Erzeugnisse recht gute Weine zeigten, voller Geschmack und offensichtlich nach festen Grundsätzen bereitet. Angesichts der Verhältnisse in der nördlichen Rhône scheinen die Vallouit-Erzeugnisse reichlich unterbewertet.

Ende der achtziger Jahre hat Monsieur de Vallouit – zweifellos als Antwort auf die überschwänglichen Lobeshymnen für Marcel Guigals Einzellagenweine der Côte Rôtie – damit begonnen, in begrenzten Mengen zwei Côte-Rôtie-Gewächse zu produzieren. Schon der 88er Debütjahrgang des Les Roziers, gewonnen aus einer Parzelle mit 40 Jahre alten Weinstöcken, war und ist hervorragend, seine Qualität überragt die Standardcuvée des Guts bei weitem. Auf den Les Roziers folgte 1989 der herrlich verlockende La Vonière, der die nach französischem Recht erlaubte Höchstmenge von 20 % Viognier enthält und mit der maskulinen, körperreichen Vehemenz und Kraft des Les Roziers konstrastiert. Wie den folgenden Prüfnotizen zu entnehmen ist, bringt de Vallouit ausgezeichnete Weine hervor, die zu Unrecht bisher weitgehend ignoriert wurden. Zugegebenermaßen sind sie nicht leicht zu finden, verdienen aber angesichts der berechtigten Lobeshymnen für andere, in begrenzter Menge produzierte Côte-Rôtie-Tropfen sehr viel mehr Aufmerksamkeit und Beifall.

JAHRGÄNGE

1991 • 89 Côte Rôtie Les Roziers: Der dunkle, körperreiche 91er verfügt über eine würzige, rauchige Fruchtigkeit von Schwarzen Himbeeren und ist üppig-kraftvoll in Struktur und Abgang. Ab sofort genussreif dürfte er sich 10 bis 12 Jahre halten. Letzte Verkostung: 6/94.

1991 • 93 Côte Rôtie La Vonière: Der La Vonière ist mit 7 500 Flaschen eine Cuvée im Kleinformat, die die nach französischem Recht erlaubte Höchstmenge von 20 % Viognier enthält. Das Ergebnis ist ein ungemein duftiger Wein, der dem Condrieu ähnelt und gleichzeitig mit seinem Duft nach Pfirsichen, Aprikosen und Geißblatt und dem rauchigen Aroma von Schwarzen Himbeeren an den Côte Rôtie erinnert. Dem hohen Viognier-Anteil verdankt der Tropfen seine dunkel rubinrote Farbe, die üppige, samtige Struktur und die geballte Ladung reifer Frucht. Seine elegante und sinnliche Art ist umwerfend. Er sollte in den kommenden 7 bis 8 Jahren getrunken werden. Letzte Verkostung: 6/94.

1990 • 85 Côte Rôtie: Die 90er Standardcuvée offenbart einen hohen Säuregehalt, reichlich Tannin, rauchige Himbeerfrucht, einen mittleren Körper und Geradlinigkeit. Sie sollte im Laufe der nächsten 5 bis 7 Jahre getrunken werden. Letzte Verkostung: 6/94.

1990 • 92 Côte Rôtie Les Roziers: Der 90er Les Roziers ist geringfügig voller und konzentrierter als der 91er. Er verfügt über eine ausgezeichnete Dichte, eine volle, körperreiche Persönlichkeit sowie reichliche Mengen schwarzer Beerenfrucht, Glyzerin, toastwürzigen, frischen Eichenduft und Tannin. Er ist ab sofort genießbar und dürfte sich 10 bis 12 Jahre halten. Letzte Verkostung: 6/94.

1990 • 89 Côte Rôtie La Vonière: In seiner Art dem 90er ähnlich zeigt der 91er La Vonière doch nicht dessen Fülle. Er ist weich und üppig und entfaltet einen überwältigenden Duft. Das sind reizvolle Aussichten, doch erfordert sein hoher Viognier-Anteil eine sorgfältige Beobachtung, da der Wein rasch altern wird. Voraussichtliche Genussreife: jetzt bis 2002. Letzte Verkostung: 6/94.

1989 • 87 Côte Rôtie: Der 89er Côte Rôtie, der in der Flasche nicht mehr so viel Extrakt aufweist, entstand aus eindeutig reiferen und konzentrierteren Trauben als der 90er. Er besitzt weniger Kräuterwürzigkeit, dafür aber ein größeres, rauchiges Bukett von Speck und Himbeeren. Darüber hinaus gibt er sich weich, von mittlerem bis schwerem Körper und verfügt über eine schmeichelnde, samtige Struktur. Der erste Eindruck ist berauschend und alkoholstark. Der Wein sollte in den kommenden zehn Jahren getrunken werden. Letzte Verkostung: 6/94.

1989 • 89 Côte Rôtie Les Roziers: Ein weniger konzentrierter Rotwein, der sich aber weich, anmutig und gut entwickelt, dabei wohlschmeckend und aromareich ist. Ihm fehlen die Festigkeit und Tiefe des 90ers sowie die Saftigkeit des 91ers. Voraussichtliche Genussreife: jetzt bis 2006. Letzte Verkostung: 11/95.

1989 • 90 Côte Rôtie La Vonière: Der mit Viognier verschnittene 89er La Vonière enthüllt ein überwältigendes Bukett von Frühlingsblumen und Himbeeren, einen angenehmen, honigartigen Duft und besitzt eine wundervolle, leicht gewobene, runde, direkte Art. Er ist zu offenherzig, und der großartige erste Eindruck verblasst recht schnell, doch wird er sich die nächsten 4 bis 6 Jahre hervorragend trinken lassen. Letzte Verkostung: 11/95.

1988 • 88 Côte Rôtie La Vonière: Der 88er ist leichter, aber auch tanninreicher als der 89er und hat auf lange Sicht die vollendetere Struktur. Trotz der Tatsache, dass de Vallouit die Höchstmenge von 20 % Viognier für den Verschnitt verwendet, beeindruckt die Farbtiefe. Das kräftige, exotische, himbeerduftige Bukett von rotem Beerenobst und Blumen verbindet sich mit einem mittleren Körper, ansehnlichem Tannin und besserer Säure, allerdings zeigt er nicht die Konzentration und verschwenderische Ausstattung seines Nachfolgers. Voraussichtliche Genussreife: jetzt bis 2002. Letzte Verkostung: 11/95.

1988 • 91 Côte Rôtie Les Roziers: Ein prachtvoller Wein. Er weist eine tiefe Farbe ohne Bernsteintönung auf und lässt ein ungeheures Bukett von Speck, getrockneten Oliven, Himbeeren und sahniger Frucht aus dem Glas aufsteigen. Der vielschichtige Tropfen besitzt eine samtige, üppige Struktur, reichlich Tannin und verschwenderische Mengen an Glyzerin und Extrakt. Vorzüglich! Voraussichtliche Genussreife: jetzt bis 2012. Letzte Verkostung: 7/96.

1986 • 89 Côte Rôtie Les Roziers: Der erstklassige Les Roziers ist ein erstaunlich voller Vertreter seines Jahrgangs. Alkoholstark, duftig und mit einem wunderbar kräftigen Körper präsentiert sich dieser überraschend weiche, intensiv rote Wein mit einem vollen, ausladenden Bukett von Schwarzen Himbeeren, Vanille und würzig-frischer Eichen. Er dürfte sich weitere 7 bis 10 Jahre schön trinken lassen. Letzte Verkostung: 9/91.

1985 • 87 Côte Rôtie: Ein intensives Aroma von Pfeffer und sehr reifer Himbeerfrucht entströmt dem Glas. Dieser mittelschwere 85er ist äußerst geschmackvoll und voll ausgereift. Voraussichtliche Genussreife: jetzt bis 2000. Letzte Verkostung: 6/90.

DIE NÖRDLICHE RHONE

VIDAL-FLEURY ****

Adresse:

Route Nationale 86, 69420 Ampuis, Tel.: 4 74 56 10 18, Fax: 4 74 56 19 19

Produzierte Weine:

Erzeugerabfüllung: Côte Rôtie, Côte Rôtie La Chatillonne Côte Blonde,
Côte Rôtie Brune et Blonde

Händlerabfüllung: Muscat Beaumes de Venise, Châteauneuf-du-Pape,
Condrieu, Cornas, Côtes du Rhône, Côtes du Ventoux, Crozes-Hermitage,
Gigondas, Hermitage, Saint-Joseph, Vacqueyras

Rebfläche: 10 ha

Produktionsmenge:

Côte Rôtie – 60 000 bis 70 000 Flaschen; La Chatillonne – 4 000 Flaschen

Ausbau: 36 Monate in Fässern und *foudres*

Durchschnittsalter der Reben: 25 bis 35 Jahre

Viognier-Anteil:

Côte Rôtie – 5 bis 8 %; La Chatillonne – 15 %

Diese 1781 gegründete Kellerei ist die älteste im Rhônetal und genoss bis Ende der siebziger Jahre einen ausgezeichneten Ruf. Der Betrieb ist gleichzeitig als *négociant* und als Erzeuger tätig und besitzt in der Côte Rôtie Weinberge von zehn Hektar in ausgezeichneten Lagen an der Côte Brune und der Côte Blonde. Jahrzehntelang leitete Joseph Vidal-Fleury das Gut mit peinlicher Sorgfalt und großer Hingabe. Sein Musterschüler, Etienne Guigal, verließ das Unternehmen 1946 und gründete seine eigene Firma. Nach Vidals Tod 1976 brachte man zwar auch weiterhin einige überragende Weine hervor, trotzdem traten Unregelmäßigkeiten, Unzuverlässigkeit und allgemeine Führungslosigkeit an die Stelle vergangener Beständigkeit. Der mürrische alte Kellermeister, Monsieur Battier, schien von Besuch zu Besuch starrköpfiger zu werden. Noch ärgerlicher war die Tatsache, dass sehr gute Weine zu lange in alten Kastanienfässern gelagert wurden, was zu Oxidation und Austrocknung führte. Besonders deprimierend war für mich die Erkenntnis, dass sich die großen Erfolge der Jahre 1959, 1964, 1966 und 1969 vermutlich nicht wiederholen würden.

Anfang der achtziger Jahre ging das Gerücht, dass Vidal-Fleury zum Verkauf anstehe. Das bestätigte sich 1985, als die Familie Guigal das Gut erwarb und zufällig im gleichen Jahr den besten Jahrgang produzierte. Marcel Guigal beeilte sich zu erklären, dass beide Häuser ihre Eigenständigkeit behielten und Vidal-Fleury nicht zum Zweitetikett würde. Guigal bereitet zwar aus Vidal-Fleurys bester Lage La Turque seine dritte Einzellagencuvée, doch blieb der große La-Chatillonne-Weinberg bei Vidal-Fleury. Die Philosophie der Weinbereitung und Kellertechnik des neuen Eigentümers finden zum Teil Anwendung bei Vidal-Fleury, mit Ausnahme der neuen Eichenfässer. Darüber hinaus arbeitet inzwischen der talentierte Jean-Pierre Rochias für die neue Firma, ein ehemaliger Angestellter des Bordeaux-Erzeugers Cordier. Von 1985 bis heute führt Rochias die Geschäfte mit beachtlicher Selbstsicherheit und Kompetenz. Eine Runderneuerung erlebte Vidal-Fleury Mitte der neunziger Jahre, wie die bedeutende Anzahl neuer *foudres* bestätigt. Man behauptet, dass zwischen den Weinen der beiden Kellereien kein großer Unterschied bestehe, was nicht stimmt. Sie sind im Gegenteil völlig verschieden, ergänzen einander aber oft. Das Tochterunternehmen hat einen eigenen stabilen Geschäftsbereich mit gut gemachten, preiswerten Roten und Weißen von Trauben aus der Côtes du Ventoux, Côtes du Rhône und Crozes-Hermitage aufgebaut, produziert außerdem einen Cornas und einen großartigen Muscat Beaumes de Venise.

Vidal-Fleurys Côte-Rôtie-Weine gehören unverändert zu den besten Gewächsen der Appellation: Der Côte Rôtie Brune et Blonde ist durchweg ausgezeichnet und verdient vier Sterne, der Côte Rôtie La Chatillonne zeigt annähernd den gleichen unwiderstehlichen Duft, Geschmack und die Struktur wie der La Mouline und Rostaings Cuvée Côte Blonde. Seine Produktion beläuft sich auf 3 000 bis 4 000 Flaschen, gewonnen aus den Trauben 52 Jahre alter Rebstöcke von einer Parzelle an der Côte Blonde und verschnitten mit beachtlichen 15 % Viognier. Auch ohne das Reifepotenzial des La Mouline gelang ein vorzüglicher Tropfen, der in den ersten zehn bis zwölf Jahren nach seiner Freigabe den besten Genuss bietet.

Vidal-Fleurys Ansehen, das zwischen 1979 und 1984 gelitten hat, stabilisiert sich langsam. Das gilt auch für die Qualität seiner Händlerabfüllungen Côtes du Ventoux, Côtes du Rhône, Châteauneuf-du-Pape, Crozes-Hermitage, Saint-Joseph, Cornas, Hermitage und Muscat Beaumes de Venise.

Jahrgänge

1994 • 88 Côte Rôtie Brune et Blonde: Der 94er Côte Rôtie Brune et Blonde ist ein ausgezeichneter, fast hervorragender Wein mit einem rauchigen Bukett von Schwarzen Himbeeren und Speck, einem mittleren Körper und konzentriertem, samtigem Geschmack. Dieser gut entwickelte Rotwein dürfte sich 7 bis 8 Jahre lang schön trinken lassen. Letzte Verkostung: 6/96.

1994 • 91 Côte Rôtie La Chatillonne: Ein hervorragender La Chatillonne mit einem herrlichen Bukett von süßen, prallen Schwarzen Himbeeren, gerösteten Kräutern und Rauch. Er verfügt über eine sahnige Struktur, hervorragende Konzentration und ausgezeichnete Fülle. Dieser großzügig ausgestattete und verlockende Tropfen sollte in den kommenden 10 bis 12 Jahren getrunken werden. Letzte Verkostung: 6/96.

1993 • 79 Côte Rôtie La Chatillonne: Der 93er La Chatillonne schmeckt hohl, tanninherb, hart und ist fest gefügt – er passt zu diesem unerquicklichen Jahrgang. Letzte Verkostung: 6/96.

1991 • 89 Côte Rôtie Brune et Blonde: Die 91er-Version des Brune et Blonde gehört zu den besten Leistungen des Hauses Vidal-Fleury in den letzten Jahren. Seine tiefe Farbe, der ausgeprägte Duft von Speck, Rauch und Schwarzen Himbeeren sowie die seidige, sahnig strukturierte Art machen ihn zu einem der verlockendsten Côte-Rôtie-Weine. Er sollte im Laufe der nächsten zehn Jahre getrunken werden. Letzte Verkostung: 6/96.

1991 • 92 Côte Rôtie La Chatillonne: Der wunderbare 91er La Chatillonne verrät einen duftigen Charakter, geprägt von einem kräftigen und reifen Bukett aus prallem Beerenobst, toastwürziger Eiche, Kräutern, Pfeffer und dem berühmten Speckaroma der Appellation. Mit sinnlicher Struktur, weichem Tannin und wenig Säure ausgestattet, dürfte sich dieser üppige Wein 10 bis 15 Jahre lang gut trinken lassen. Letzte Verkostung: 6/96.

1990 • 88 Côte Rôtie Brune et Blonde: Die Standardcuvée besitzt ein zartes Aroma von Speck, gerösteten Nüssen und Schwarzen Himbeeren, eine tiefe Farbe, ausgezeichnete Reife und einen weichen, geschmeidigen Abgang. Sie sollte in den kommenden 10 bis 12 Jahren getrunken werden. Letzte Verkostung: 6/96.

1990 • 90 Côte Rôtie La Chatillonne: Ein betörender Duft von Nelken, Pfeffer, Gewürzen und schwarzem Beerenobst gehört zu diesem gehaltvollen Wein mit einem mittleren reichen Körper. Sein Abgang ist jedoch kürzer, als sein Bukett und der erste Eindruck erwarten lassen. Ein komplexer, facettenreicher Tropfen, der in den nächsten zehn Jahren getrunken werden will. Letzte Verkostung: 6/96.

1989 • 86 Côte Rôtie Brune et Blonde: Im Vergleich zum 88er gibt sich dieser Brune et Blonde nicht ganz so eindrucksvoll. Der gehaltvolle, würzige Wein verfügt über ein rauchiges, eichenholzduftiges Himbeerbukett, einen mittleren Körper, mäßiges Tannin und einen ansehnlichen Abgang. Er sollte in den kommenden 6 bis 7 Jahren getrunken werden. Letzte Verkostung: 6/96.

1989 • 90 Côte Rôtie La Chatillonne: Sein toastwürziges, vanilleduftiges Bukett durchzieht reichlich rotes und schwarzes Beerenobst, doch zeigt er sich weniger üppig und konzentriert als seine beiden Nachfolger. Dennoch würde ich ihn immer wieder gerne trinken. Der reichhaltige, weiche Wein von mittlerem bis schwerem Körper bietet weitere 7 Jahre den schönsten Trinkgenuss. Letzte Verkostung: 6/96.

1988 • 89 Côte Rôtie Brune et Blonde: Dieser 88er ist nahezu hervorragend und könnte nach weiteren 1 bis 2 Jahren in der Flasche durchaus noch höher bewertet werden. Er besitzt die klassisch rauchige, mit dem Duft von Speck durchsetzte Himbeerfruchtigkeit, einen vollen, körperreichen, ausladenden Geschmack sowie attraktive Fülle und Länge – ein Ausdruck einwandfreier Kellertechnik. Er ist ab sofort trinkbar und dürfte sich die nächsten 5 bis 10 Jahre schön weiterentwickeln. Letzte Verkostung: 11/95.

1988 • 91 Côte Rôtie La Chatillonne: Ein typischer Vertreter seines Jahrgangs: strukturiert, muskulös und tanninreich. Die geballte Ladung schwarzes Beerenobst wird umhüllt von rauchigem Eichenduft und einem fesselnden Aroma von gerösteten Nüssen und Kräutern. Der Wein öffnet sich allmählich und erreicht bald Vollreife. Er präsentiert sich mit ausgezeichneter Fülle, hervorragender Komplexität und einem Alterungspotenzial von weiteren 10 bis 15 Jahren. Großartig! Voraussichtliche Genussreife: jetzt bis 2006. Letzte Verkostung: 6/96.

1987 • 88 Côte Rôtie La Chatillonne: Die ausgezeichnete Güte des 87er Jahrgangs stellt auch dieser La Chatillonne wieder unter Beweis. Sein tiefes, rauchiges Bukett von üppig vorhandenen Schwarzen Himbeeren, getrockneten Pflaumen, Oliven und Leder erzeugt ein seidigsamtiges Gefühl. Dieser konzentrierte Tropfen besitzt wenig Säure, einen sauberen, alkoholstarken, vollmundigen Abgang und ein dunkles Rubinrot mit Bernsteintönung, das auf Vollreife hinweist. Voraussichtliche Genussreife: jetzt bis 2001. Letzte Verkostung: 11/95.

1986 • 90 Côte Rôtie La Chatillonne: Ein 86er, der Geduld erfordert. Sein außergewöhnlich hoher Tanningehalt wird durch die großartige Konzentration, die gewaltige, mittelschwere bis körperreiche Struktur und den langen, vollen, kräftigen Abgang ausgeglichen. Der recht robuste Wein beeindruckt und wird sich für eine verlängerte Flaschenalterung erkenntlich zeigen. Voraussichtliche Genussreife: jetzt bis 2000. Letzte Verkostung: 1/90.

1985 • 91 Côte Rôtie La Chatillonne: Der vollreife, fette, mit Brombeerfrucht schwer beladene La Chatillonne besitzt eine ausgezeichnete Tiefe und Fülle, wenig Säure, aber viel Charme. Er hat sich rasant entwickelt und muss jetzt getrunken werden. Letzte Verkostung: 8/96.

1985 • 88 Côte Rôtie Brune et Blonde: Dieser Tropfen steht dem 85er Einzellagenwein La Chatillonne nur wenig nach. Er offenbart ein dunkles Rubinrot, eine feine Konzentration, reichhaltige Frucht, sahnige Struktur und einen weichen Abgang. Jetzt genussreif. Letzte Verkostung: 8/96.

1983 • 78 Côte Rôtie La Chatillonne: Der 83er ist, vor allem angesichts des Jahrgangs, eine Enttäuschung und gibt sich ziemlich spröde, trocken, hart und ohne nennenswerte Frucht. Außerdem zeigt er eine staubige Struktur und übermäßig viel Tannin im Abgang. Er wird vermutlich langsam austrocknen. Letzte Verkostung: 11/88.

1978 • 90 Côte Rôtie Brune et Blonde: Ein großartiger Wein, der in seiner Qualität neuerdings schwankt. Die feinsten Flaschen des 78ers offenbaren das gewaltige Bukett von intensiver, praller Cassisfrucht, gerösteten Nüssen, Lakritze, Teer und Kräutern, das dem Côte Rôtie seine besondere Note verleiht. Dieser beeindruckende, üppige Tropfen ist hoch konzentriert, körperreich und hat endlich Vollreife erreicht. Letzte Verkostung: 7/95.

ÄLTERE JAHRGÄNGE

Die ersten großen Côte-Rôtie-Weine, die ich verkostet habe, waren Erzeugnisse von Vidal-Fleury. Den 59er habe ich nur einmal probiert, Mitte der siebziger Jahre. Damals war er vorzüglich, doch danach konnte es mit ihm eigentlich nur abwärts gehen. Der 66er, von dem ich einmal einige Kisten besaß, erreichte seinen Höhepunkt Anfang der siebziger Jahre und ist jetzt verblasst. Der 69er war vor zehn Jahren voll ausgereift und ein recht außergewöhnlicher Tropfen, reich an Frucht und sehr duftig. Er hätte noch 5 bis 6 Jahre durchhalten können. Ich habe von ihm keine Flasche mehr zu Gesicht bekommen.

DIE NÖRDLICHE RHONE

WEITERE CÔTE-RÔTIE-ERZEUGER

ANDRÉ UND JOSEPH BLANC

Adresse: La Brocarde, 69420 Ampuis, Tel.: 4 74 56 13 58
Produzierte Weine: Côte Rôtie
Rebfläche: 2,5 ha
Produktionsmenge: 5 000 Flaschen
Ausbau: 20 Monate in Fässern
Viognier-Anteil: Keiner

DIDIER DE BOISSEYT-CHOL

Adresse: Route Nationale 86, 42410 Chavanay,
Tel.: 4 74 87 23 45, Fax: 4 74 87 07 36
Produzierte Weine: Côte Rôtie
Rebfläche: 0,8 ha
Produktionsmenge: 3 000 Flaschen
Ausbau: Mindestens 2 Jahre in Fässern
Durchschnittsalter der Reben: 55 Jahre
Viognier-Anteil: 15 %

GÉRARD BONNEFOND

Adresse: Le Port, 69420 Ampuis, Tel.: 4 74 56 12 11
Produzierte Weine: Côte Rôtie
Rebfläche: 2,5 ha
Produktionsmenge: 2 000 bis 3 000 Flaschen, der Rest wird offen verkauft
Ausbau: 36 Monate in Fässern
Durchschnittsalter der Reben: 50 Jahre
Viognier-Anteil: 8%

PATRICK UND CHRISTOPHE BONNEFOND

Adresse: Le Mornas, 69420 Ampuis, Tel.: 4 74 56 12 30, Fax: 4 74 56 17 93
Produzierte Weine: Côte Rôtie
Rebfläche: 5 ha
Produktionsmenge: 27 000 Flaschen
Ausbau: 12 Monate in Fässern (zu 30 % neu)
Durchschnittsalter der Reben: 25 Jahre, einige 4 Jahre
Viognier-Anteil: Keiner

COTE ROTIE

CAVES COTTEVERGNE – L. SAUGÈRE

Adresse: Quartier le Bret, 07130 Saint-Péray,
Tel.: 4 75 40 30 43, Fax: 4 75 40 55 06
Produzierte Weine: Côte Rôtie
Produktionsmenge: 3 000 Flaschen
Ausbau: 6 bis 8 Monate in Fässern (zu 25 % neu)
Viognier-Anteil: 10 %

BERNARD CHAMBEYRON

Adresse: Boucharey, 69420 Ampuis, Tel.: 4 74 56 15 05, Fax: 4 74 56 00 39
Produzierte Weine: Côte Rôtie
Rebfläche: 1,6 ha
Produktionsmenge: 10 500 Flaschen
Ausbau: 24 Monate in Fässern
Durchschnittsalter der Reben: 10 bis 15 Jahre
Viognier-Anteil: 5 %

CHRISTIANE CHAMBEYRON-MANIN

Adresse: 23, rue de la Brocarde-Le Carcan, 69420 Ampuis,
Tel.: 4 74 56 11 79 oder 4 74 56 11 17
Produzierte Weine: Côte Rôtie
Rebfläche: 0,4 ha
Produktionsmenge: 2 340 Flaschen
Ausbau: 24 Monate in Fässern
Durchschnittsalter der Reben: 50 Jahre
Viognier-Anteil: Keiner

JEAN CLUSEL

Adresse: 24, route de la Roche, 69420 Ampuis,
Tel.: 4 74 56 13 54, Fax: 4 74 56 16 07
Produzierte Weine: Côte Rôtie
Rebfläche: 0,6 ha
Produktionsmenge: Unbekannt – Hobbybetrieb
Ausbau: 18 bis 24 Monate in Eichenfässern
Viognier-Anteil: 5 %

DIE NÖRDLICHE RHONE

BERNARD DAVID

Adresse: Le Giraud, 69420 Ampuis, Tel.: 4 74 56 14 83
Produzierte Weine: Côte Rôtie
Rebfläche: 5 ha
Produktionsmenge: 1 500 bis 2 000 Flaschen,
90 % der Produktion werden offen verkauft
Ausbau: 15 bis 18 Monate in Fässern
Durchschnittsalter der Reben: 12 Jahre
Viognier-Anteil: 5 bis 12 %

RENÉ FERNANDEZ

Adresse: 8, rue de Monlis, Verenay, 69420 Ampuis, Tel.: 4 74 56 10 05
Produzierte Weine: Côte Rôtie
Rebfläche: 2,8 ha
Produktionsmenge: 135 000 Flaschen
Ausbau: 36 Monate in Fässern
Durchschnittsalter der Reben: 7 bis 8 Jahre
Viognier-Anteil: 15 %

ANDRÉ FRANÇOIS

Adresse: Mornas, 69420 Ampuis, Tel.: 4 74 56 13 80
Produzierte Weine: Côte Rôtie

FRANÇOIS GÉRARD **

Adresse: Côte Chatillon, 69420 Condrieu, Tel.: 4 74 87 88 64
Produzierte Weine: Côte Rôtie
Rebfläche: 3 ha
Produktionsmenge: 5 000 bis 6 000 Flaschen
Ausbau: 18 bis 24 Monate in neuen Eichenfässern
Durchschnittsalter der Reben: 20 Jahre
Viognier-Anteil: 3 %

BERNARD GUY

Adresse: Guy und Frédéric Bernard,
A.E.C. Bernard-Tupin-et-Semons, 69420 Condrieu,
Tel.: 4 74 59 54 04, Fax: 4 74 56 68 81
Rebfläche: 4,1 ha

COTE ROTIE

LUCIEN LAGNIER

Adresse: 42410 Chavanay, Tel.: 4 74 87 24 46

Produzierte Weine: Côte Rôtie

Rebfläche: 0,6 ha

Produktionsmenge: 1 500 Flaschen

Ausbau: 18 bis 24 Monate, je zur Hälfte in großen und kleinen Fässern,
keine neuen Eichenfässer

Durchschnittsalter der Reben: 10 Jahre

Viognier-Anteil: 10 %

JEAN-PIERRE LEYMIN

Adresse: Planèze, 69560 Saint-Cyr-sur-le Rhone, Tel.: 4 74 53 42 21

Produzierte Weine: Côte Rôtie

Rebfläche: 1,8 ha

Produktionsmenge: 1 000 Flaschen

Ausbau: 3 Jahre in Fässern

Durchschnittsalter der Reben: 18 Jahre

Viognier-Anteil: 5 %

ROBERT NIERO

Adresse: 20, rue Cuvillère, 69420 Condrieu,
Tel.: 4 74 59 84 38, Fax: 4 74 56 62 70

Produzierte Weine: Côte Rôtie

Rebfläche: 1 ha

Produktionsmenge: 2 500 Flaschen

Ausbau: 18 Monate, je eine Hälfte der Ernte in großen und kleinen Fässern,
20 % neue Eichenfässer

Durchschnittsalter der Reben: 7 Jahre

LOUIS REMILLIER

Adresse: Verenay, 69420 Ampuis, Tel.: 4 74 56 17 11

Produzierte Weine: Côte Rôtie

Rebfläche: 1,5 ha

Produktionsmenge: 3 000 Flaschen

Ausbau: Mindestens 24 Monate in Fässern

Durchschnittsalter der Reben: 50 Jahre

Viognier-Anteil: 2 %

DIE NÖRDLICHE RHONE

ADOLPHE ROYER

Adresse: Route Nationale 86, 69420 Tupin-et-Semons, Tel.: 4 74 59 52 15
Produzierte Weine: Côte Rôtie

G.A.E.C. DANIEL UND ROLAND VERNAY

Adresse: Le Plany, 69560 Saint Cyr-sur-le-Rhone, Tel.: 4 74 53 18 26
Produzierte Weine: Côte Rôtie
Rebfläche: 4,2 ha
Produktionsmenge: 3 000 Flaschen
Ausbau: 18 Monate in Fässern
Durchschnittsalter der Reben: 25 Jahre
Viognier-Anteil: Keiner

GEORGES VERNAY

Adresse: 1, Route Nationale 86, 69420 Condrieu,
Tel.: 4 74 59 52 22, Fax: 4 74 56 60 98
Produzierte Weine: Côte Rôtie
Rebfläche: 2,8 ha
Produktionsmenge: 7 000 Flaschen
Ausbau: 24 Monate in Fässern (zu 30 % neu)
Durchschnittsalter der Reben: 10 bis 60 Jahre (20 % junge Reben)
Viognier-Anteil: 5 bis 6 %

GÉRARD VILLANO

Adresse: 111, Route Nationale 86, Tel.: 4 74 59 87 64
Produzierte Weine: Côte Rôtie
Rebfläche: 0,54 ha
Produktionsmenge: 1 000 Flaschen
Ausbau: 18 bis 24 Monate in Fässern
Durchschnittsalter der Reben: 20 Jahre
Viognier-Anteil: 8 bis 10 %

CONDRIEU UND CHÂTEAU GRILLET

Exotische Kostbarkeiten an der Rhône

DIE APPELLATION CONDRIEU AUF EINEN BLICK

Appellation seit:	27. April 1940
Weinarten:	Ausschließlich Weißwein
Rebsorten:	Viognier
Derzeitige Rebfläche:	Condrieu: 101 ha, Château Grillet: 3 ha
Qualitätsniveau:	Die Spitzenweine sind außergewöhnlich, es handelt sich um die seltensten und unvergleichlichsten Weine der Welt; doch ist ihre Qualität zunehmenden Schwankungen unterworfen.
Reifepotenzial:	1 bis 4 Jahre; Château Grillet 4 bis 8 Jahre
Allgemeine Eigenschaften:	Der exotische, oft überwältigende Duft von Aprikosen, Pfirsichen, Geißblatt verbindet sich mit säurearmen, sehr vollen, kurzlebigen Weinen; paradoxerweise halten sich die weniger erfolgreichen Jahrgänge mit höherem Säuregehalt länger.
Größte neuere Jahrgänge:	1994
Aroma:	Einem mit erstklassigem Condrieu gefüllten Glas sollte das Aroma von Geißblatt, Pfirsichen, Aprikosen und kandierten tropischen Früchten entsteigen.
Struktur:	In reifen Jahrgängen besitzt der Condrieu in aller Regel wenig Säure, ohne jedoch schlaff zu wirken. Er sollte füllig, dekadent und trocken sein, mit einem herrlich fruchtigen, vielschichtigen und kräftigen Geschmack, aber nicht schwer.
Die besten Weine der Appellation Condrieu:	Yves Cuilleron Condrieu Les Chaillets Vielles Vignes • Yves Cuilleron Condrieu Les Eguets Vendange Tardive • Pierre Dumazet Condrieu Coteau de Côte Fournet • Yves Gangloff Condrieu • Guigal Condrieu La Doriane • Domaine du Monteillet (Antoine Montez) Condrieu • André Perret • Condrieu Coteau du Chéry • René Rostaing Condrieu • Georges Vernay Condrieu Les Chaillées de l'Enfer • Georges Vernay Condrieu Coteaux du Vernon • François Villard Condrieu Coteaux de Poncin

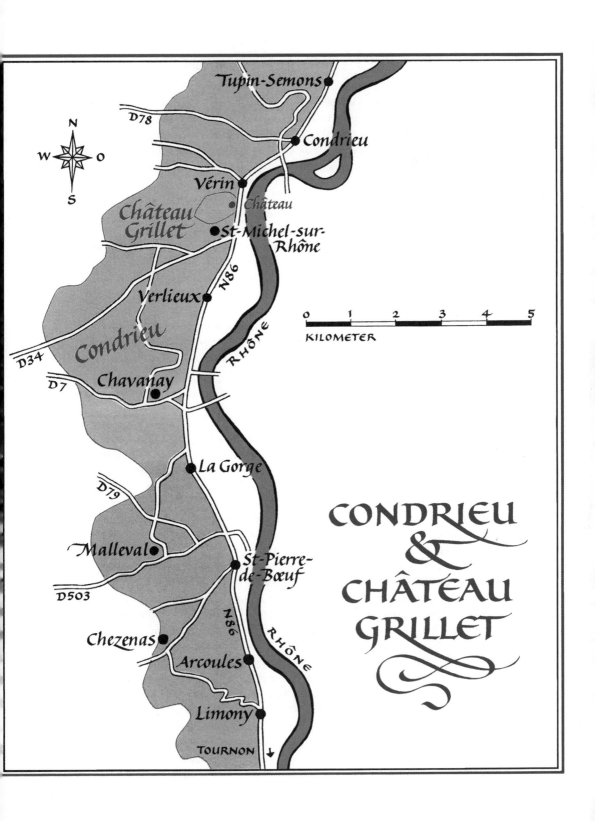

Bewertung der Condrieu-Erzeuger

*****

Yves Cuilleron (Les Chaillets Vieilles Vignes) • Domaine du Monteillet (Antoine Montez) •
Yves Cuilleron (Les Eguets) • Pierre Dumazet (Côte Fournet) • Yves Gangloff •
Guigal (La Doriane) • Guigal (Händlerabfüllung) • Domaine du Monteillet
(Antoine Montez) • André Perret (Clos Chanson) • André Perret (Coteaux du Chery) •
Georges Vernay (Les Chaillées d'Enfer) • Georges Vernay (Coteaux du Vernon)

****

Patrick und Christophe Bonnefond • Chapoutier • Georges Vernay (Standardcuvée) •
J. L. Chave • Yves Cuilleron (Standardcuvée) • Delas Frères (Clos Boucher) • Pierre
Dumazet (Rouelle Midi) • Philippe et Christophe Pichon • Hervé Richard • René
Rostaing (****/*****) • Georges Vernay (Standardcuvée) • François Villard (Coteaux
de Poncin) (****/*****) • François Villard (Les Terrasses du Palat) • Gérard Villano

***

Gilles Barge • Domaine du Chêne-Marc Rouvière • Domaine Louis Chèze •
Domaine Farjon • Philippe Faury • Château Grillet + • Paul Jaboulet-Ainé •
Niero-Pinchon (***/****) • Vidal-Fleury

+ Vor 1979 *****, seit 1979 ***. Das Château Grillet darf eine eigenständige Appellation sein – eine sehr ungewöhnliche
Situation in Frankreich.

Der Besuch einer guten Weinhandlung kann sehr aufschlussreich sein. Noch vor zehn Jahren
hielten die Verbraucher vergeblich Ausschau nach Weinen aus der Viognier-Traube. Vielleicht
konnten einige, von Idealisten geführte Geschäfte mit ein oder zwei Exemplaren des berühmten und geschätzten Condrieu aufwarten, doch waren sie die Ausnahme. 1997 ist der Viognier in aller Munde, was er größtenteils der kleinen Appellation Condrieu verdankt.

Der Condrieu gehört unter den Weißweinen der Welt zu den größten Raritäten. Auch im
Rhônetal gibt es – ähnlich wie in vielen anderen Anbaugebieten – kaum historische Dokumente über die Entstehung der ersten Anpflanzungen.

Die meisten Kommentatoren und Historiker haben überzeugend argumentiert, dass der
Viognier zusammen mit dem Syrah wahrscheinlich von griechischen Seeleuten zwischen
600 und 400 vor Christus die Rhône flussaufwärts gebracht wurde. Dagegen sprechen ortsansässige Geschichtenerzähler davon, dass die Römer im 3. Jahrhundert vor Christus den Viognier
aus Dalmatien herausgeschmuggelt und auf die unfruchtbaren Steilhänge hinter dem heutigen Dorf Condrieu gepflanzt hätten. Welche Version auch immer glaubwürdiger erscheinen
mag, diese Rebenart blieb lange Zeit ein Wein für Eingeweihte. Berichten zufolge gab es relativ ausgedehnte Anbauflächen, nach der Reblausplage vor allem auf dem fruchtbareren Acker-
land in der nördlichen Rhône. Die beiden Weltkriege und die Weltwirtschaftskrise in den
dreißiger Jahren haben das 37 Kilometer südlich von Lyon und nur fünf Kilometer südlich von
Ampuis, der Hauptstadt der Côte Rôtie, gelegene Weinbaudorf letztlich zugrunde gerichtet.

Der Aufstieg des Viognier ist leicht nachzuvollziehen, zumindest für denjenigen, der
schon einmal einen feinen Condrieu gekostet hat. Seinen heutigen Ruhm verdankt der Wein
zu einem Teil den führenden Küchenchefs Frankreichs. Der berühmteste und einflussreichs-

te unter ihnen war unbestreitbar Fernand Point (1897 bis 1955), der in der Küche seines beliebten Restaurants La Pyramide in dem wenige Kilometer entfernten Vienne das Zepter schwang. So prominente Gourmets wie der Aga Khan, Jean Cocteau und Winston Churchill unternahmen häufige Pilgerreisen in diesen kulinarischen Palast, um eine Probe seiner Kochkunst zu genießen. Von den zwanziger Jahren bis Mitte der fünfziger Jahre war Point, der viele der begabtesten französischen Küchenchefs des 20. Jahrhunderts – darunter Alain Chapel, Pierre Troisgros, Paul Bocuse, Michel Guérard – stark beeinflusste, ein lautstarker Fürsprecher des Condrieu, den er fast ebenso gern servierte wie einen Montrachet aus Burgund. Nach Points Tod übernahm mit Jacques Pic ein anderer bedeutender Koch die Aufgabe, von seinem Restaurant in Valence aus für den Condrieu zu werben. Heute versucht Alain, der Sohn des verstorbenen Jacques Pic, Weinneulinge von dem Zauber dieses Weins zu überzeugen.

Der Viognier hat es auch in anderen Weinbauregionen der Welt zu großer Beliebtheit gebracht. Der verführerische Duft von Geißblatt, Pfirsichen und Aprikosen und die bei diesem überaus trockenen, konzentrierten Wein anzutreffende üppige, vollmundige Fruchtigkeit haben die Traube zu einem gefragten Exportartikel gemacht. Die Anbauregion Condrieu und diejenigen Erzeuger, die den schwierigen Beginn des 20. Jahrhunderts überlebten und langsam begannen, die mit Unkraut und Buschwerk überwucherten Terrassen neu zu bewirtschaften und zu bestocken, zeichnen verantwortlich für den Erfolg. Das Interesse am Viognier stieg schlagartig Mitte der achtziger Jahre und erreichte so bedenkliche Ausmaße, dass sich das Institut National des Appellations d'Origine (INAO) zur Überprüfung der Grenzen der Condrieu-Region gezwungen sah: Neue Rebflächen dürfen nur auf solchen Hängen entstehen, die für die Hervorbringung eines hochwertigen Tropfens geeignet sind. Abgesehen von der Côte Rôtie wurde keiner anderen Appellation im Rhônetal eine vergleichbar starke Ausdehnung ihrer Anbauflächen zugestanden. In der Folge stieg die Ertragsmenge pro Hektar bedenklich an.

Mit der international gestiegenen Wertschätzung für den Viognier belebte sich auch in Frankreich das Interesse neu. Vor zehn Jahren habe ich von Versuchsanpflanzungen im südlichen Rhônetal, vor allem in der Domaine Ste-Anne und im Château Estève, berichtet. Seitdem sind ausgedehnte Bestockungen an der Ardèche und in der Region Languedoc-Roussillon entstanden, in der überraschend volle, interessante Weine zu einem Viertel der für Condrieus üblichen Preise erzeugt werden. Mit großem Enthusiasmus wurden zudem Plantagen im südlichen Rhônetal angelegt, die positive Ergebnisse erzielen. Die bemerkenswerte Renaissance hat aber auch zu haushohen Preisen geführt. Viele Verbraucher fragen sich inzwischen, ob ein weniger kostspieliger, aber ebenso hochwertiger Viognier aus dem südlichen Frankreich einem teuren Condrieu nicht vorzuziehen sei. Ich halte die Preise der profundesten Weine der Appellation (siehe die Liste am Anfang dieses Kapitels) für durchaus gerechtfertigt, denn weltweit verleihen die Condrieu-Erzeugnisse der Viognier-Traube ihren höchsten Ausdruck.

Zweifellos bilden die schmalen Granitterrassen und ein Boden, den Georges Vernay «arzelle» (zersetztes Gestein, Granit, Glimmer, Schiefer und etwas Lehm) nennt, die entscheidenden Voraussetzungen für einen großen Condrieu. Der Großteil der besten Weinberge drängt sich auf einem 21 Kilometer langen Streifen am Westufer der Rhône, einige Kilometer südlich der Côte Rôtie.

Der Viognier, dessen Rebe auf diesem harten Boden nur unter Schwierigkeiten gepflanzt werden kann und stets für Mehltaubefall anfällig ist, war nie einfach zu kultivieren. Die meisten der erstklassigen Hanglagen wie André Perrets Coteaux du Chéry, Georges Vernays

Coteaux du Vernon, Yves Cuillerons Les Chaillets, Pierre Dumazets Coteau de Côte Fournet und Marcel Guigals La Doriane sind auf wunderbar nach Süden und Südosten ausgerichteten Terrassen angelegt, wo sie in den vollen Genuss der Morgen- und Mittagssonne kommen.

Die Hänge sind weit weniger Furcht erregend steil als die von Côte Rôtie, Hermitage oder Cornas. Dennoch stellt die durch schwere Regenfälle ausgelöste Bodenerosion die Erzeuger vor ernsthafte Probleme. Der berühmte *arzelle*, der so sehr zu dem an Früchtecocktails und Blumengärten erinnernden Geißblattbukett beiträgt, kann leicht fortgeschwemmt werden und muss daher in mühevoller Handarbeit wieder aufgefüllt werden. Auch hier ist eine mechanische Bearbeitung fast immer unmöglich.

Abgesehen von der ungewöhnlich schwierigen Bestockung und Bestellung der Rebflächen bereitet die Viognier-Traube auch noch schwerwiegende Probleme bei der Kelterung. Verläuft diese einwandfrei, ist das Ergebnis ein bemerkenswert verlockender und exotisch anmutender Wein mit einem überwältigenden Duft, kräftigem Körperbau, viskoser Struktur, erstaunlicher Länge und hohem Alkoholgehalt. Der bekannte englische Weinkenner und Autor Jancis Robinson bringt das auf den Punkt: «Condrieu produziert körperreiche, erlesene Weine mit einem unvergesslichen, begehrenswerten und verwirrenden Bukett.» In Spitzenjahrgängen sind diese Erzeugnisse häufig säurearm und lassen sich deshalb am besten in den ersten zwei bis drei Jahren nach der Freigabe trinken. Einige Kenner, allen voran Frankreichs berühmter Experte Michel Bettane, behaupten, der Condrieu entwickle sich erst richtig nach drei bis vier Jahren, doch abgesehen von einigen älteren Jahrgängen des Château Grillet bevorzuge ich diesen verschwenderischen, üppig strukturierten, exotische Düfte verströmenden Wein nicht später als drei Jahre nach der Lese.

Anbau, Ernte und Vinifikation des Viognier erlauben so gut wie keine Fehler. Die Trauben müssen in reifem Zustand gepflückt werden, andernfalls schmeckt der Wein zu sehr nach Säure und offenbart ein grünes, unreifes Pfirsich- und Grapefruitaroma. Erfolgt die Lese zu spät, kann der Viognier unmöglich durchgären, weil der Zuckergehalt in die Höhe schnellt und die Naturhefe vor dem Ende der Gärung abgetötet wird. Die meisten führenden Erzeuger bereiten körperreiche Weine. Einige verwenden eine geringe Anzahl neuer Eichenfässer, bauen darin einen Teil der Ernte aus und verschneiden dann dieses Kontingent mit dem übrigen Wein, der im Tank vergoren wurde. Das *macération pelliculaire* (Hülsenmaischung) genannte Verfahren, das zur Hebung des Qualitätsniveaus des Sauvignon und des Sémillon im Bordelais erheblich beigetragen hat, wird von einigen Condrieu-Erzeugern zur Erzielung eines intensiveren Dufts eingesetzt; die meisten bevorzugen eine komplette malolaktische Gärung. Diese wird von sehr wenigen Winzern in reifen, säurearmen Jahren mittendrin gestoppt, damit der Wein nicht zu flach oder zu fett wird. Es überrascht nicht, dass drei der führenden Produzenten – Marcel Guigal, Georges Vernay und André Perret – vor der Gärung eine Maischung vornehmen, um das Aroma ihres Weins zu verstärken. Darüber hinaus bauen sie einen Teil der Ernte in bis zu einem Drittel neuen Eichenfässern aus und verschneiden ihn dann mit dem übrigen Rebensaft, der in rostfreiem Stahl fermentiert und gealtert wurde. Für meinen Geschmack ist das die richtige Mischung. Das frische Eichenholz verleiht dem Wein Struktur und eine klare Gesamtanlage, sollte jedoch bei der Verkostung nach dem Verschnitt nicht mehr zu spüren sein.

Obwohl er aus völlig reifen Trauben besteht, ist der Condrieu kein langweiliger Wein, denn sein Alkoholgehalt erreicht häufig 13,5 bis 14 %, ohne eine Spur von Überreife. In seinen besten Zeiten besitzt der Wein außerordentliche Intensität, Kraft und Fülle in Verbindung mit Finesse und Eleganz.

Welche Speisen passen zu einem so exotischen, extravaganten, unverwechselbaren Wein? Die meisten Erzeuger empfehlen Lachs oder die in der Region berühmten Hechtklößchen in Sauce Nantua. Eine wirklich köstliche Verbindung! Condrieu eignet sich ebenso zu Sushi, indischen und einer Vielzahl von asiatischen Gerichten. Die ausgeprägte Persönlichkeit dieses Tropfens leidet selten unter würzigen Speisen mit starkem Geruch und Geschmack. Marcel Guigal behauptet, der Condrieu gehöre zu den wenigen Weinen auf der Welt, die den Spargel ergänzen würden.

Neuere Jahrgänge

Es wurden nur jüngere Jahrgänge verkostet, da ein Condrieu, der älter als vier bis fünf Jahre ist, normalerweise enttäuscht.

1995 Das Jahr bereitete mehr Verdruss, als zunächst erwartet. Eine Hand voll großer Weine wurden von Guigal, Vernay, Dumazet und Cuilleron bereitet; die anderen Erzeuger verzichteten zu häufig auf das Entrappen der Trauben und ernteten zu früh. Im Ergebnis zeigten die Weine zu viel Säure und einen vegetabilen Geschmack. Condrieu-Liebhaber sollten bei diesem Jahrgang sorgfältig auswählen, seine Spitzenreiter sind allerdings fabelhaft. Bis zur Jahrhundertwende sollte man diese Weine trinken.

1994 Generell war dies ein beständigerer Jahrgang als 1995. Die 94er Condrieus sind volle, schmeichlerische, üppig strukturierte Weine, die bis zum Jahr 2000 schönen Trinkgenuss versprechen. Nahezu überall findet man zumindest guten Wein, doch haben Marcel Guigal, Georges Vernay, Pierre Dumazet, François Villard und René Rostaing überragende Gewächse hervorgebracht.

1993 Wie in vielen anderen Teilen der nördlichen Rhône hat es auch hier während der Lese geregnet. Dennoch wurden einige anständige Tropfen bereitet, von denen allerdings der größte Teil bis 1997 ausgetrunken werden muss.

1992 Dieser Jahrgang fiel so kläglich aus wie der 93er. Der Regen verwässerte das Lesegut und bescherte teilweise Fäulnis. Der Wein sollte bis Mitte der neunziger Jahre getrunken sein.

1991 Ein großartiger Jahrgang für Condrieu. Die 91er gefielen von Anfang an, die meisten sollten jedoch bis Ende 1997 getrunken werden.

1990 Dieses Dürrejahr brachte großartige, massiv ausgestattete Weißweine hervor. Eine Reihe von Winzern entschloss sich zur späten Lese (*vendange tardive*) und bereitete halbsüße Weine, die sich noch 5 bis 6 Jahre gut halten dürften, während die trockeneren Cuvées bis zur Mitte der neunziger Jahre ausgetrunken sein sollten.

Anmerkung: Die Probiernotizen zu den führenden Condrieuerzeugern beschränken sich auf die Jahrgänge 1994 und 1995.

DIE NÖRDLICHE RHONE

PATRICK UND CHRISTOPHE BONNEFOND ****

Adresse:

Le Mornas, 69420 Ampuis, Tel.: 4 74 56 12 30, Fax: 4 74 56 17 93

Produzierte Weine: Condrieu Côte Chatillon

Rebfläche: 0,6 ha

Produktionsmenge: 1 800 Flaschen

Ausbau:

8 bis 10 Monate, ein Drittel in neuen Eichenfässern und zwei Drittel in Edelstahltanks

Durchschnittsalter der Reben: 10 Jahre

Angesiedelt in Ampuis ist dieses kleine Unternehmen besser für seinen Côte Rôtie bekannt. Seit Anfang der neunziger Jahre bringen die Bonnefonds aus den Rebstöcken ihrer kleinen Parzelle am Côte Chatillon sehr gute, bisweilen hervorragende Weißweine hervor. Dieses Gut sollte man deshalb im Auge behalten.

JAHRGÄNGE

1995 • 89 Condrieu Côte Chatillon: Es wurden nur 1 500 Flaschen der ungefilterten 95er Cuvée aus den Trauben alter Rebstöcke produziert. Der gehaltvolle Wein zeigt ausgezeichnete Reife und feines Glyzerin bei einem vom Aprikosenaroma beherrschten Geschmack. Er ist ein vollmundiger, dicker, muskulöser Condrieu, der in den kommenden 5 bis 6 Jahren getrunken werden sollte. Letzte Verkostung: 6/96.

1994 • 91 Condrieu Côte Chatillon: Ein kräftiger, körperreicher, voller, hochgradig extraktreicher, trockener Condrieu mit üppiger, honigsüßer Aprikosen- und Pfirsichfrucht. Der Wein zeigt etwas Viskosität, ist aber weder schwer noch überladen. Er sollte in den nächsten 1 bis 2 Jahren getrunken werden. Letzte Verkostung: 9/95.

CHAPOUTIER ****

Adresse:

18, avenue du Docteur Paul Durand, B.P. 38, 26600 Tain l'Hermitage,
Tel.: 4 75 08 28 65, Fax: 4 75 08 81 70

Produzierte Weine: Condrieu

Rebfläche: 2,5 ha

Produktionsmenge:
12 000 Flaschen (einschließlich des Mosts anderer Erzeuger)

Ausbau:
8 bis 12 Monate, 25 % in 10 % Barriques und 75 % der Ernte in Edelstahltanks

Durchschnittsalter der Reben: 10 bis 20 Jahre

Michel und Marc Chapoutier bearbeiten eine zweieinhalb Hektar große, mit Condrieu-Wein-
stöcken bepflanzte Fläche und ergänzen ihren Ertrag um den von anderen Erzeugern gekauften Most. Sie bereiten einen stark mineralischen, würzigen Wein mit Feuersteinge-
schmack und mittlerem Körper, der sich durch Eleganz, eine lebhafte, frische Frucht und
Reinheit auszeichnet. Er hebt sich von den dickeren, öligen Weinen der Appellation ab. Die
Erzeugnisse sind gut, erreichen aber nicht das herausragende Niveau der übrigen Rhônetalweine dieser Kellerei.

JAHRGÄNGE

1995 • 89 Condrieu: Chapoutiers 95er Condrieu ist ein exotischer, reifer, mineralischer, nach
Aprikosen duftender Wein mit lebhafter Säure – ein Charakteristikum des 95er Jahrgangs –
und einem eleganten, körperreichen, erfrischenden Abgang. 30 % des Weins werden in Barriques fermentiert, der Rest in Tanks. Vor der Abfüllung werden beide Anteile miteinander
verschnitten. Letzte Verkostung: 6/96.
1994 • 87 Condrieu: Der 94er ist ein gut gemachter, lebhafter Weißer, der sich in den nächsten 2 bis 3 Jahren schön trinken lassen sollte. Letzte Verkostung: 9/95.

DOMAINE DU CHÊNE (MARC ROUVIÈRE) ***

Adresse:

Le Pêcher, 42410 Chavanay, Tel.: 4 74 87 27 34, Fax: 4 74 87 02 70

Produzierte Weine:

Condrieu, Condrieu Automnal, Condrieu Cuvée Julien

Rebfläche: 3,5 ha

Produktionsmenge: 13 000 Flaschen

Ausbau:

6 Monate, 10 bis 20 % in Barriques und der Rest in Edelstahltanks

Durchschnittsalter der Reben: 15 bis 20 Jahre

Marc Rouvière, einer der jüngsten Erzeuger in der nördlichen Rhône, bereitet Weine, die recht gut geraten können, obwohl sie Qualitätsschwankungen unterliegen. Der Betrieb besitzt eine bedeutende Anbaufläche in Condrieu und produziert über 1 000 Kisten Wein aus einem Verschnitt, der sowohl in Barriques als auch in rostfreien Stahltanks ausgebaut wird. Die jüngsten Jahrgänge waren einwandfrei und solide, erreichten aber selten Spitzenqualität. Wie einige wenige seiner Kollegen bereitet auch Rouvière in bestimmten Jahren einen süßen Condrieu, den er Cuvée Julien nennt.

JAHRGÄNGE

1995 • 89 Condrieu: Rouvières 95er ist ein gelungener Wein für diesen Jahrgang. Dank seiner lebhaften Säure besitzt er deutliche Konturen, einen vollen, körperreichen, durchdringenden Duft und den Geschmack von Geißblatt und Aprikosen, schöne Reife und eine Spur Eleganz. Er dürfte sich 2 bis 4 Jahre gut trinken lassen, möglicherweise länger auf Grund der lebhaften Säure. Letzte Verkostung: 6/96.

1995 • 87? Condrieu Automnal: Der süße 95er Condrieu Automnal war bei meinem Besuch nur wenig entwickelt, schlaff und unharmonisch. Ich bin sicher, es steckt mehr in diesem Wein, doch er braucht Zeit, um zur Ruhe zu kommen. Letzte Verkostung: 6/96.

1994 • 83 Condrieu: Ein leichter, schlichter, fruchtiger Weißer mit verwirrenden mineralischen Düften, aber ohne rechte Konzentration oder Tiefe. Er sollte bis Ende 1996 getrunken werden. Letzte Verkostung: 9/95.

1993 • 87 Condrieu Cuvée Julien: Die süße Cuvée Julien ist ein Beispiel für einen aus später Lese (*vendange tardive*) gewonnenen Wein. Sie zeigt eine ausgezeichnete Reife, eine Spur Frische, vollen Körper und einen alkoholstarken, süßen Abgang. Letzte Verkostung: 6/95.

CONDRIEU UND CHATEAU GRILLET

Domaine Louis Chèze ***

Adresse:

07340 Limony, Tel.: 4 75 34 02 88, Fax: 4 75 34 13 25

Produzierte Weine:

Condrieu Coteau de Brèze

Rebfläche: 2 ha

Produktionsmenge: 9 000 Flaschen

Ausbau:

7 Monate, 80 % in Eichenfässern (davon 30 % neue) und 20 % in Edelstahltanks

Durchschnittsalter der Reben: 4 Jahre

Chèze ist relativ neu im Geschäft. Nachdem er entschieden hatte, dass seine Familie nicht länger die gesamte Produktion an Kooperativen verkaufen sollte, begann er 1978 selbst mit der Weinherstellung. Er besitzt eine kleine, zwei Hektar große Rebfläche an der Coteau de Brèze, die erst Ende der achtziger Jahre bestockt wurde. Der Wein, der bei niedriger Temperatur vinifiziert und sowohl in Tanks als auch in Eichenfässern (die zu 30 % neu sind) gealtert wird, ist ein solide bereiteter und ansprechender, aber wenig begeisternder Condrieu. Allerdings zeigt der junge Chèze, dem der tüchtige Önologe Jean-Luc Colombo zur Seite steht, viel Hingabe und Enthusiasmus. Angesichts der erst sehr jungen Weinstöcke ist jede Prognose verfrüht, trotzdem verfügt dieses Gut über gute Voraussetzungen, um in späteren Jahren immer bessere Condrieus bereiten zu können.

Jahrgänge

1994 • 88 Condrieu Coteau de Brèze: Dieser reine, mittelschwere, trockene Condrieu besitzt ein ausgezeichnetes Aroma von Geißblatt und Pfirsichen, beträchtliche Finesse, schöne Frische und gut integrierte lebhafte Säure. Er ist zwar kein umwerfender, dafür schön bereiteter Tropfen, der in den nächsten 1 bis 2 Jahren herrlichen Trinkgenuss bieten wird. Letzte Verkostung: 9/95.

YVES CUILLERON   ****/*****

Adresse:

Verlieu, 42410 Chavanay, Tel.: 4 74 87 02 37, Fax: 4 74 87 05 62

Produzierte Weine:

Condrieu La Côte, Condrieu Les Chaillets Vieilles Vignes,

Condrieu Les Eguets Vendange Tardive

Rebfläche:

La Côte – 4,5 ha; Les Chaillets Vieilles Vignes – 1,52 ha

Les Eguets Vendange Tardive – 1 ha

Produktionsmenge:

La Côte – 19 500 Flaschen

Les Chaillets Vieilles Vignes – 5 250 Flaschen

Les Eguets Vendange Tardive – 1 500 Flaschen

Ausbau:

La Côte – 6 Monate, 30 % in Eichenfässern und 70 % in Edelstahltanks

Les Chaillets Vieilles Vignes und Les Eguets Vendange Tardive – 7 Monate in Fässern

---

Durchschnittsalter der Reben:

La Côte – 15 Jahre; Les Chaillets Vieilles Vignes – 33 bis 50 Jahre

Les Eguets Vendange Tardive – 20 Jahre

Yves Cuilleron ist einer der bedeutendsten Weißweinproduzenten der nördlichen Rhône; seine Rotweine lassen eine ähnliche Finesse, Komplexität und Vollkommenheit vermissen. Seit der junge Yves, ein Neffe von Antoine Cuilleron, 1986 die Kellerei seines Onkels übernahm, ist die Qualität gestiegen. Mit einer Anbaufläche von stolzen 9,1 Hektar, von denen zwei Hektar unbestockt sind, hat er sich zu einem der wichtigsten Erzeuger entwickelt. Sein Condrieu besticht nicht nur durch einen außergewöhnlichen Duft, sondern auch durch großartige Reinheit, Ausgewogenheit und eine vielschichtige, intensive, aber nicht erdrückende Fülle.

Produziert werden drei Cuvées. Die Standardcuvée wird aus den Trauben 15 Jahre alter Weinstöcke zu 30 % in Barriques und zu 70 % in rostfreiem Stahl bereitet. Cuilleron führt mehrere *batonnages* (Umrühren der Hefe) durch und glaubt zudem, dass seine Weine von einer vollständigen malolaktischen Gärung profitieren. Nach sechs- bis siebenmonatigem Ausbau wird der Wein geschönt und vor der Abfüllung leicht gefiltert. Während das Standardprodukt ein glänzender Wein ist, ist der Condrieu Les Chaillets Vieilles Vignes – gewonnen aus 33 bis 50 Jahre alten Weinstöcken – einfach exquisit. Er geht aus einer 1,52 Hektar großen, terrassierten Rebfläche hervor, gehört zu den besten Weißen der Appellation und kann vier bis fünf Jahre lang gut altern. Wie die folgenden Prüfnotizen zeigen, wäre er 1994 und 1995 beinahe der Condrieu des Jahres geworden. Cuilleron hat sein Sortiment um die *vendange tardive* (Spätlese) Condrieu Les Eguets aus einer ein Hektar großen Parzelle erweitert. Dieser Wein soll schon von seinem Großvater kreiert worden sein und wegen des traditionell späten Lesetermins, normalerweise um Allerheiligen (1. November), entsteht ein leichter, süßer Tropfen, den laut Cuilleron schon seine Familie als Aperitif getrunken habe.

In den zehn Jahren, seit er die Domäne leitet, stieg Yves Cuilleron zu einem strahlenden Stern am Himmel der nördlichen Rhône auf. So bereitet er in St-Joseph glänzende Weißweine. Es wird noch eine ganze Weile dauern, bis die Roten eine vergleichbare Qualität erreicht haben, zumal die entsprechenden Rebstöcke zumeist relativ jung sind. Es ist aber allein eine Frage der Zeit, bis er auch auf diesem Gebiet Höchstleistungen erbringt.

JAHRGÄNGE

1995 • 96 Condrieu Les Chaillets Vieilles Vignes: Ein wahrhaft bemerkenswerter, tiefer Condrieu! Sein gewaltiges Bukett von Früchten, Frühlingsblumen, Aprikosen, Pfirsichen und Mineralien ist prächtig – einfach unwiderstehlich. Der unglaublich dicke und füllige Wein schmeckt wie purer Weihrauch und besitzt eine schöne Grundstruktur. Eine Meisterleistung! Auch wenn einige Beobachter behaupten werden, dieser Tropfen könne noch mindestens fünf Jahre gelagert werden, empfehle ich einen Genuss in den kommenden 2 bis 3 Jahren. Letzte Verkostung: 6/96.

1995 • 90 Condrieu La Côte: Der 95er La Côte ist ein mustergültiger Condrieu. Er besitzt ein honigsüßes Pfirsich- und Aprikosenaroma, einen exotischen, vollen, säurearmen, schwerfälligen, sahnig strukturierten Geschmack und bemerkenswerte Intensität und Reinheit im langen, reichhaltigen Abgang. Der Wein sollte in den nächsten 1 bis 2 Jahren getrunken werden. Letzte Verkostung: 6/96.

1995 • 90+ Condrieu Les Eguets Vendange Tardive: Dieser 95er Les Eguets ist gerade abgefüllt worden, doch benötigt seine Persönlichkeit noch Entwicklungszeit. Angesichts seiner hoch konzentrierten, öligen Struktur und seiner halbsüßen Art dürfte er zweifellos ein hervorragender Tropfen werden; im Augenblick besitzt er noch keine Konturen. Er schmeckt zwar bemerkenswert reichhaltig und füllig, doch benötigt er noch 6 bis 12 Monate Flaschenreife. Letzte Verkostung: 6/96.

1994 • 89 Condrieu La Côte: Diese Standardcuvée, zu 30 % in Barriques vinifiziert, ist ein Wein von herausragender Fülle, Eleganz und Ausdruckskraft. Er verfügt über das sprichwörtliche Aroma von tropischen Früchten, Geißblatt und Pfirsichen, eine lebhafte Säure und großartige Reinheit – ein Markenzeichen der Cuilleron-Weine. Er dürfte sich 1 bis 2 Jahre lang gut trinken lassen. Letzte Verkostung: 9/95.

1994 • 93 Condrieu Les Chaillets Vieilles Vignes: Der 94er Les Chaillets stammt von einer Parzelle mit durchschnittlich 35 Jahre alten Weinstöcken. Er wurde aus Minimalerträgen von 20 Hektolitern pro Hektar bereitet und verrät ausgezeichnete Frucht, großartige Fülle sowie kristallklare Konturen. Dieser großartige Wein hinterlässt einen körperreichen, vielschichtigen Eindruck und entfaltet einen exotischen, verschwenderisch vollen Geschmack, der nahezu alle Sinne verwirrt. Er sollte im Laufe der nächsten 1 bis 2 Jahre getrunken werden. Letzte Verkostung: 9/95.

1994 • 95 Condrieu Les Eguets Vendange Tardive: Der kostbare, in begrenzten Mengen hergestellte 94er Les Eguets aus nur 0,2 Tonnen mit dem Schimmelpilz *Botrytis cinerea* befallenen Trauben pro Hektar ist eine Spätlese. Der ölige, großartige und eindrucksvolle Süßwein besitzt Dichte und unglaubliche Reinheit. Mit seiner massiven, hoch konzentrierten und süßen Art verkörpert er die Quintessenz der Viognier-Traube – eine Meisterleistung. Er dürfte sich 4 bis 5 Jahre lang gut trinken lassen. Letzte Verkostung: 9/95.

DELAS FRÈRES **/****

Adresse:

Z.A. de l'Olivet, B.P. 4, 07300 Saint-Jean-de-Muzols, Tel.: 4 75 08 60 30, Fax: 4 75 08 53 67

Produzierte Weine:

Condrieu, Condrieu Clos Boucher

Rebfläche:

Condrieu – Traubenkauf bei anderen Winzern

Clos Boucher – 2 ha

Produktionsmenge:

Condrieu – 15 000 Flaschen; Clos Boucher – 2 500 Flaschen

Ausbau:

Condrieu – 8 Monate in Edelstahltanks

Clos Boucher – 8 Monate, 15 % in neuer Eiche und 85 % in Edelstahltanks

Durchschnittsalter der Reben:

Condrieu – 25 Jahre; Clos Boucher – 35 Jahre

Dieser *négociant* besitzt eine der erlesensten Weinlagen in Condrieu. Trotz der ihm eigenen Tendenz, die Weine so lange zu behandeln und künstlich zu beeinflussen, bis sie häufig steril und eintönig geraten, bringt der an einem Steilhang gelegene, zwei Hektar große Weinberg Clos Boucher einen vorzüglichen Weißen hervor. Das Unternehmen bereitet seinen Condrieu in rostfreiem Stahl bei sehr niedriger Temperatur, verzögert die malolaktische Gärung und lagert den Rebensaft für kurze Zeit in kleinen Eichenfässern. Obwohl der Wein keimfrei gefiltert wird, bleibt doch etwas von seinem vorzüglichen Duft erhalten. Während die meisten Weine von Delas Frères erschreckend langweilig schmecken und starken Qualitätsschwankungen unterliegen, zählt der Clos Boucher zu den önologischen Glanzleistungen der Appellation. Der zweite Condrieu wird aus hinzugekauftem Most bereitet. Er kann ausgezeichnet geraten, ist allerdings äußerst unbeständig.

JAHRGÄNGE

1994 • 90 Condrieu: Der 94er Condrieu ist ein großartig proportionierter, kräftiger Wein, der im Laufe des nächsten Jahres getrunken werden sollte. Letzte Verkostung: 9/95.

1994 • 91 Condrieu Clos Boucher: Delas Frères bereitet in Spitzenjahren den Einzellagen-Condrieu Clos Boucher. Von diesem körperreichen, vollen und duftigen Tropfen werden nur 200 Kisten produziert. Der trockene Wein ist öliger strukturiert und reichhaltiger als die Standardcuvée. Die Säure des 94er reicht aus, um den gewaltigen Proportionen des Weins Dynamik und Definition zu verleihen. Er sollte in den kommenden 1 bis 2 Jahren getrunken werden. Letzte Verkostung: 9/95.

Lucien Désormeaux **

Adresse:

Le Colombier, Route Nationale 86, 42410 Saint-Michel-sur-Rhône, Tel.: 4 74 87 21 93

Produzierte Weine: Condrieu

Rebfläche: 1 ha

Produktionsmenge:

500 bis 1 000 Flaschen, der Rest wird offen verkauft

Ausbau: 5 bis 6 Monate in Edelstahltanks

Durchschnittsalter der Reben: 10 Jahre

Désormeaux neigt dazu, die Weine entsprechend seiner eigenen Persönlichkeit zu bereiten: verhalten, abgewogen und sparsam. Die aus seinen Rebflächen an der Coteau du Colombier zwischen Condrieu und Chavanay stammenden Condrieus sind ansprechende, unkomplizierte, gute Weine, aber überbezahlt. Genau genommen sind zum Beispiel Georges Dubœufs Viognier von der Ardèche oder eine Reihe von Viogniers aus dem Languedoc-Roussillon, die zu einem Drittel des Preises zu haben sind, reichhaltigere und vollkommenere Weine. Ein Teil der Produktion wird an Marcel Guigal verkauft; nur etwa 100 Kisten füllt Désormeaux selbst ab.

Pierre Dumazet ***/*****

Adresse:

Route Nationale 86, 07340 Limony, Tel.: 4 75 34 03 01, Fax: 4 75 34 14 01

Produzierte Weine:

Condrieu, La Myriade, Condrieu Coteau de Côte Fournet,

Condrieu Coteau Rouelle Midi

Rebfläche:

Condrieu – 0,35 ha; Coteau de Côte Fournet – 0,4 ha; Coteau Rouelle Midi – 0,25 ha

Produktionsmenge:

Condrieu – 2 000 bis 2 200 Flaschen; Coteau de Côte Fournet – 1 200 Flaschen

Coteau Rouelle Midi – 1 600 Flaschen

Ausbau (alle drei Cuvées): 13 bis 14 Monate in 3 Jahre alten Fässern

Durchschnittsalter der Reben:

Condrieu – 20 Jahre; Coteau de Côte Fournet – 65 Jahre

Coteau Rouelle Midi – 5 bis 20 Jahre

Auf seiner Kleinstanbaufläche produziert Pierre Dumazet, ein aufgeschlossener Mann Ende fünfzig, einen vorzüglichen Condrieu. Sein edelster Tropfen ist der bekannte Condrieu aus dem Coteau de Côte Fournet, einem Weinberg am Südrand der Appellation mit hartem, gra-

DIE NÖRDLICHE RHONE

nitreichem Boden. Die 1930 bestockte Rebfläche bringt einen der kraftvollsten und konzentriertesten Tropfen der Appellation hervor. Wie die Standardcuvée Condrieu und der Condrieu Coteau Rouelle Midi – zu annähernd gleichen Teilen aus Trauben von 5 und 20 Jahre alten Weinstöcken bereitet – durchläuft auch der Coteau de Côte Fournet eine komplette malolaktische Gärung. Er wird aber nicht in jedem Jahr produziert, und ich habe nur die Jahrgänge 1989, 1990, 1991 und 1994 verkostet. Dumazet verwendet mehr Holzfässer als die meisten anderen Winzer: 60 % seines Weins altert 13 bis 14 Monate in Fässern – von denen 20 % neu sind –, der Rest ebenso lange in glasbeschichteten Edelstahltanks. Auch in diesem Betrieb spielt die *batonnage* (Umrühren der Hefe) eine wichtige Rolle; darüber hinaus vertraut man auf leichtes Schönen und Filtration mit Zellulose.

Von einer jüngeren Rebfläche wird eine kleine Menge Viognier gewonnen, den Dumazet nicht sehr schätzt und schlicht Côte du Rhône nennt. Außerdem bereitet er den *vin de pays* Collines Rhodaniennes – ein gutes, reinsortiges Viognier-Produkt zu einem vernünftigen Preis.

JAHRGÄNGE

1995 • 91 Condrieu La Myriade: Eine meiner Sternstunden erlebte ich mit diesem Wein! Er verfügt über einen trockenen, körperreichen, übervollen, marmeladigen Aprikosen- und Pfirsichgeschmack, intensive Säure, schweren Körper und einen reifen birnenartigen Geschmack im Abgang. Dieser komplexe, volle, erstklassige Condrieu dürfte auf Grund seines überdurchschnittlichen Säuregehalts weitere 4 bis 5 Jahre gut altern. Letzte Verkostung: 6/96.

1994 • 91 Condrieu Coteau de Côte Fournet: Eindrucksvoll, dieser 94er! Den 95er habe ich nicht verkostet, sein Vorgänger präsentiert sich aber als ein jugendlicher, unentwickelter, ungeheuer voller Condrieu mit riesigen Mengen geißblattduftiger Mandarinenfrucht. Seine schöne Säure verleiht der Fülle und Opulenz des körperreichen Weins Konturen. Er dürfte sich 3 bis 4 Jahre lang gut trinken lassen. Letzte Verkostung: 6/96.

PHILIPPE FAURY ***

Adresse:
La Ribaudy, 42410 Chavanay, Tel.: 4 74 87 26 00, Fax: 4 74 87 05 01

Produzierte Weine: Condrieu

Rebfläche: 1 ha

Produktionsmenge: 3 500 Flaschen

Ausbau:
9 bis 10 Monate in 10 % Barriques,
30 % in 2 bis 5 Jahre alten Fässern und 60 % in Edelstahltanks

Durchschnittsalter der Reben: 5 Jahre

Philippe Faury gehört zu der kleinen, aber wachsenden Schar junger Winzer in Condrieu. Seine Debütweine waren tadellos, doch abgesehen von dem großartigen 94er nicht außergewöhnlich.

1994 • 90 Condrieu: Philippe Faury hat einen fetten, weichen, ölig strukturierten Condrieu mit leichtem Restzuckergehalt komponiert. Der tiefe Wein verfügt über außerordentlichen Extrakt und ein überwältigendes, mit Blumendüften vermischtes Bukett von überreifen Pfirsichen und Aprikosen. Er sollte im Laufe der nächsten zwölf Monate ausgetrunken werden. Im Charakter kommt er einem aus *vendange tardive* hervorgegangenen Wein sehr nahe. Letzte Verkostung: 9/95.

PIERRE GAILLARD **/***

Adresse:

42520 Malleval, Tel.: 4 74 87 13 10, Fax: 4 74 87 17 66

Produzierte Weine: Condrieu

Rebfläche: 1 ha

Produktionsmenge: 3 500 Flaschen

Ausbau: 6 Monate in 10 % Barriques

Durchschnittsalter der Reben: 5 Jahre

Gaillard bewirtschaftet ein ausgedehntes Gut, mit dem er bescheidene Mengen St-Joseph, Côtes du Rhône, Vin de pays und Côte Rôtie produziert. In Condrieu besitzt er nur eine mit jungen Weinstöcken bepflanzte Fläche von einem Hektar. Er baut seinen Wein ausnahmslos in Fässern aus, von denen 10 % neu sind. Seine von vielen Kritikern sehr gelobten Weißen aus St-Joseph und seinen Viognier Côtes du Rhône fand ich reizvoller als seinen Condrieu, der häufig zu sehr nach Eiche und/oder zu wenig nach Wein schmeckt.

1994 • 87 Condrieu: Dieser körperreiche Weiße ist von sauberer, reiner und feiner Art und verfügt über den unverwechselbaren Duft von Geißblatt, Aprikosen und Pfirsichen. Der trockene, schön proportionierte, schmackhafte Tropfen sollte 1996 getrunken werden. Letzte Verkostung: 9/95.

YVES GANGLOFF *****

Adresse:
2, chemin du Moulin, 69420 Condrieu, Tel.: 4 74 59 57 04, Fax: 4 74 59 57 04

Produzierte Weine: Condrieu

Rebfläche: 1,2 ha

Produktionsmenge: 2 500 Flaschen

Ausbau:
10 Monate, die Gärung erfolgt je zur Hälfte in Eiche und Edelstahltanks,
dann lagert der Wein weitere 8 Monate in Eiche

Durchschnittsalter der Reben: 10 Jahre

Die Weine Yves Gangloffs sind vorzüglich, aber wie so oft wird auch in seinem Betrieb nur eine geringe Menge von 200 Kisten in Flaschen gefüllt; den Rest verkauft er an Marcel Guigal. Nicht viele Condrieus vertragen den acht Monate währenden Ausbau in Eichenholz, dem Gangloffs Weine ausgesetzt werden, doch kann sich ihre kraftvolle Art sehen lassen.

JAHRGÄNGE

1994 • 92   Condrieu: Der ungeheuer reife 94er ist mit einer geballten Ladung übervoller Frucht und schwerem Körper ausgestattet und entfaltet ein gewaltiges honigsüßes Bukett von Pfirsichen und Aprikosen. Zudem verfügt er über die für sehr reife Condrieu-Jahrgänge typische Viskosität und großartige Länge. Zur Erhaltung seiner Intensität wird dieser Wein ungefiltert abgefüllt. Letzte Verkostung: 9/95.

JEAN-MICHEL GÉRIN **

Adresse:
19, rue de Montmain-Verenay, 69420 Ampuis, Tel.: 4 74 56 16 56, Fax: 4 74 56 11 37

Produzierte Weine: Condrieu Coteau de la Loye

Rebfläche: 1,8 ha

Produktionsmenge: 7 000 Flaschen

Ausbau:
10 Monate, ein Drittel in neuer Eiche, zwei Drittel in Edelstahltanks

Durchschnittsalter der Reben: Unter 10 Jahre

Gérin besitzt in einem südlich der berühmten Coteaux du Chéry liegenden Gebiet eine 1,8 Hektar große, mit jungen, 8- bis 10-jährigen Weinstöcken bepflanzte Fläche in der Hanglage Coteau de la Loye. So gut seine Côte-Rôtie-Produkte auch ausfallen, sein Weißwein schmeckt

unbestimmt und dünn. Vermutlich stammt er von sehr jungen Rebstöcken, so dass ein ab-
schließendes Urteil erst in einigen Jahren erfolgen kann.

Jahrgänge

1994 • 85 Condrieu Coteau de la Loye: Eine aufdringliche toastwürzige, von frischer Eiche
herrührende Vanillenote verbindet sich leider nicht vollständig mit der Aprikosen- und Kirschfrucht dieses mittelschweren, reifen, vollwürzigen Weins. Kleine Mengen Eichenduft können
zwar zur Struktur beitragen, bei diesem Wein dominiert das Holz jedoch. Er sollte in den kommenden 8 bis 12 Monaten getrunken werden, bevor die Frucht zu verblassen beginnt. Letzte
Verkostung: 9/95.

Château Grillet ***

Adresse:

S.C.E.A. Neyret Gachet, Château Grillet, 42410 Verin, Tel.: 4 74 59 51 56, Fax: 4 78 92 96 10

Produzierte Weine: Condrieu

Rebfläche: 3,4 ha

Produktionsmenge: 15 000 Flaschen

Ausbau: 18 Monate in alten Eichenfässern

Durchschnittsalter der Reben: 40 Jahre

Das legendäre Château Grillet produziert nicht nur den berühmtesten Weißen des Rhônetals,
sondern auch einen der bedeutendsten Weine Frankreichs überhaupt. Es ist in vielerlei Hinsicht einzigartig. Zum einen stellt es mit einer Anbaufläche von 3,4 Hektar eine eigenständige
Appellation dar – die kleinste des Rhônetals. Zum anderen sind seine Weinberge, die in Form
eines Amphitheaters mit hervorragender süd-südöstlicher Ausrichtung 150 Meter über der
Rhône liegen, während der gesamten Wachstumsperiode in Sonnenlicht getaucht. Wie im nur
knapp zwei Kilometer entfernten Condrieu baut man auch hier den launischen Viognier an,
doch zeigt sich der Boden leichter und brüchiger und enthält sehr viel Glimmer. Dieser privi-
legierte, fast geweihte Ort liefert etwa 1 250 Kisten Weißen – einst der teuerste seiner Art, den
heute aber verschiedene Cuvées Spéciales aus Condrieu überflügelt haben. Typisch für das
Château Grillet sind seine bräunlich-gelben Flaschen, die es in Frankreich kein zweites Mal
gibt. Bei genauerer Überprüfung zeigt sich, dass sie nur 70 und nicht die 75 Zentiliter der
französischen Standardweinflasche fassen. Seit 1830 befindet sich dieses Gut im Besitz der
Familie Neyrat-Gachet. Derzeitiger Besitzer ist der mit Ende siebzig nicht mehr ganz junge,
vornehme André Canet, der zwar in Lyon wohnt, doch offensichtlich viel Zeit im Château
Grillet verbringt. De facto verantwortet seine Tochter Isabelle Baratin gemeinsam mit dem bekannten Burgunder Önologen Max Leglise die Weinbereitung.

Ist der Château Grillet den Spitzenweinen aus Condrieu überlegen? Mit Sicherheit nicht.
Freilich werden gut betuchte Sammler wegen seines Seltenheitswerts, seines Preises und seines Mythos von diesem Gewächs angezogen, nach meiner Erfahrung sind jedoch praktisch
alle Jahrgänge seit 1967 hinter den Erwartungen zurückgeblieben. Es steckt ein Schuss Ironie

darin, dass Rhôneweine grundsätzlich unterbewertet und unterschätzt werden, der berühmteste Weißwein der Region aber zweifellos überbezahlt und überbewertet wird.

Das soll nicht heißen, dass Grillet keine feinen Weine bereitet hätte. Die Jahrgänge 1967, 1970, 1972 und 1976 gelten als durchweg vorzügliche, eher sehr gute als erstaunliche Beispiele für die hier ansässige Kunst der Weinbereitung. Die neueren Jahrgänge fielen leicht, manchmal verwässert und unausgereift aus. Die meisten Beobachter – einschließlich der örtlichen Kenner in Condrieu – machen viel Aufhebens um die Tatsache, dass diese Kellerei durchweg mehrere Wochen vor den besseren Winzern erntet, da man offensichtlich keinen Herbstregen riskieren will. Vor allem Guigal vertritt die Ansicht, dass dadurch der Wein viel von seiner Fülle verliert, weil die Trauben nicht voll ausgereift sind. Zudem liegen die Erträge hier höher als wünschenswert, was auch die bescheidenen Ergebnisse erklärt. Schließlich dürfte die fortgesetzte Praxis, den Wein 18 Monate lang in alten Fässern auszubauen, ihm Frucht entziehen und zu seiner schlanken, komprimierten Persönlichkeit beitragen. Alle diese Faktoren erklären, warum die neueren Jahrgänge so wenig attraktiv ausfallen. Immer wieder ist zu hören, dass die Domäne möglicherweise verkauft werden soll, doch scheinen solche Spekulationen eher das Wunschdenken mehrerer mächtiger Familien im Rhônetal widerzuspiegeln, die lieber heute als morgen das Château Grillet ihren eigenen Besitzungen eingliedern würden.

JAHRGÄNGE

1994 • 84 Condrieu: Der Wein präsentiert sich mit einem leichten Bukett von Honig und unreifer Frucht, mittlerem Körper, guter Säure und maßvollem, schlichtem Charakter. Er ist ein guter, wenn auch eindimensionaler und anspruchsloser Tropfen, der sich 10 bis 15 Jahre halten wird. Letzte Verkostung: 6/96.

1993 • 76 Condrieu: Am Anfang macht sich ein undeutliches, verstecktes Aroma von Kräutern und unreifer Frucht bemerkbar. Mit etwas gutem Willen kommt ein hohler Wein mit hoher Säure und einem mageren, scharfen Abgang zum Vorschein. Er wird sich nicht entwickeln, doch sorgt die starke Säure für eine lange Lebensdauer. Letzte Verkostung: 6/96.

1992 • 72 Condrieu: Der schlanke, kompakte Wein beginnt seine Frucht zu verlieren. Er offenbart eine muffige Honignote in seinem Bukett, mittleren Körper und lebhafte Säure. Dem Abgang fehlt es an Tiefe und Frucht. Letzte Verkostung: 9/95.

1990 • 87 Condrieu: Grillets 90er vermittelt einen flüchtigen Eindruck von dem großen Potenzial dieses Hauses. Während die meisten 90er Condrieus schon fast verblasst sind, bleibt dieser strohgelbe Tropfen jung und spritzig. Er verfügt über sehr viel frische, honigsüße Frucht mit Akaziennoten im Hintergrund, mittelschweren Körper, gute Konzentration, ausgezeichnete Frische und einen langen, würzigen, lebhaften Abgang. Von angemessener, geradliniger Art dürfte sich dieser sehr gute Weiße weitere 7 bis 10 Jahre gut trinken lassen. Letzte Verkostung: 7/96.

1989 • 87 Condrieu: Nicht so ausdrucksstark oder voll wie sein Nachfolger, dafür aber gut gemacht und mit den Düften von Honig, Erde, Gewürzen und Blumen ausgestattet. Der mittelschwere, lebhafte, attraktive Wein weist keinerlei Anzeichen von Oxidation oder schwindender Frucht auf, doch fehlen ihm Extravaganz und Tiefe. Letzte Verkostung: 4/94.

Marcel Guigal *****

Adresse:

1, route de Taquières, 69420 Ampuis, Tel.: 4 74 56 10 22, Fax: 4 74 56 18 76

Produzierte Weine:

Condrieu La Doriane, Condrieu-Händlerabfüllung

Rebfläche: La Doriane – 1,8 ha

Produktionsmenge:

La Doriane – 6 000 bis 8 000 Flaschen

Condrieu-Händlerabfüllung – dieser Condrieu macht 45 %

der Gesamtproduktion der Appellation aus

Ausbau:

La Doriane – 9 bis 10 Monate zu je 50 % in Barriques und Edelstahltanks für

die alkoholische und die malolaktische Gärung

Condrieu-Händlerabfüllung – 10 Monate, ein Drittel in neuer

Eiche und zwei Drittel in Edelstahltanks

Durchschnittsalter der Reben: La Doriane – 15 Jahre

Von den etwa 25 000 Kisten Wein, die aus einer durchschnittlichen Condrieu-Lese produziert werden, entfallen 45 % auf Marcel Guigal, der noch vor zehn Jahren in Condrieu nur eine Nebenrolle spielte. Doch zeigte er schon damals Interesse, weil er das gewaltige Potenzial und den Wert der Appellation erkannte. Von Patrice Porte kaufte er eine herrliche, 1,8 Hektar große Rebfläche in Hanglage, aus deren Trauben er seine Luxuscuvée La Doriane bereitet. Sein Debütjahrgang war ein Aufsehen erregender 94er. Von diesem üppigen Wein aus Trauben von den Côtes Colombier gibt es nur 500 bis 600 Kisten; eine Aufstockung der Produktion ist unwahrscheinlich, weil es sich um eine Einzellagencuvée handelt. Die übrigen Erzeugnisse stammen von gekauften Trauben (nicht Saft).

Für die Bereitung seines Condrieu wurden die *macération pelliculaire*, eine vier bis acht Stunden dauernde Hülsenmaischung bei niedriger Temperatur, und die vollständige malolaktische Gärung eingeführt. Guigal befürwortet auch das Entrappen des Viognier, um einen zu sauren oder grünen Geschmack zu verhindern, und produziert im Ergebnis vorzügliche Weine. Seine Standardcuvée ist erstklassig. Sie wird zu einem Drittel in Barriques und zu zwei Dritteln in temperaturgeregelten rostfreien Stahltanks gealtert. Der ebenfalls 10-monatige Ausbau des La Doriane erfolgt vor dem Verschnitt zu gleichen Teilen in Barriques (auch die Gärung findet in neuen Eichenfässern statt) und rostfreien Tanks.

Jahrgänge

1995 • 88 Condrieu: Guigals 95er verspricht ausgezeichnet zu werden. Der Wein entfaltet einen durchdringenden Duft von Blumen, Pfirsichen und Honig bei mittlerem Körper, anständiger Säure und reichlichen Mengen frischer, belebender Frucht; manche Cuvées zeigen sogar einen Hauch Grapefruit. Er scheint ein Condrieu von der leichteren, zurückhaltenderen und köstlichen Art zu sein, der sich in den kommenden 3 bis 4 Jahren gut trinken lassen wird. Letzte Verkostung: 6/96.

1995 • 93 Condrieu La Doriane: Der 95er La Doriane ist aufregend. Er offenbart ein überwältigendes Bukett von Mineralien, Lakritze, Honig und reifen Pfirsichen, ist körperreich, von seidiger Struktur, mit herrlicher Frucht und einem trockenen, üppigen Abgang. Dieser vorzügliche Wein ist für mich ein aussichtsreicher Kandidat für den Condrieu des Jahres. Wenn man bedenkt, wie schön der 94er La Doriane in der Flasche altert, hält er vermutlich doch länger als erwartet – vielleicht 4 bis 6 Jahre, trotzdem befürworte ich einen Genuss in den ersten 2 bis 3 Jahren nach der Ernte. Letzte Verkostung: 6/96.

1994 • 88 Condrieu: Die aus gekauften Trauben bereitete Standardcuvée gibt sich elegant, fett, voll und honigsüß, mit viel Glyzerin, mittlerem bis schwerem Körper und Unmengen frischer, belebender Pfirsich- und Aprikosenfrucht. Wenn sie auch nicht die Intensität und Länge des La Doriane besitzt, so handelt es sich hier doch um einen sehr feinen Condrieu. Letzte Verkostung: 6/96.

1994 • 94 Condrieu La Doriane: 1994 ist die Geburtsstunde dieses Luxusweins, von dem 10 000 Flaschen poduziert wurden. Die Weinstöcke sind durchschnittlich 15 Jahre alt. Guigal fermentierte den Rebensaft vor dem Verschnitt je zur Hälfte im Fass und im Tank und erzielte einen erstaunlich vollen, intensiven und komplexen Wein – körperreich, ölig strukturiert und raffiniert. Sein gewaltiges Bukett von honigsüßen Aprikosen, Pfirsichen und Blumen zeigt keine Spuren von Fassgärung. Die ungeheure Konzentration wird durch eine ausreichende Säure unterstützt, um der reichlich vorhandenen Frucht des Weins Frische und Konturen zu verleihen. Ich halte diesen exquisiten, vollen Tropfen für einen der besten trockenen Condrieus des Jahrgangs, den großen Weinen von Yves Cuilleron, Georges Vernay und André Perret durchaus ebenbürtig. Er dürfte sich noch 1 bis 3 Jahre gut trinken lassen. Letzte Verkostung: 6/96.

DOMAINE DU MONTEILLET (ANTOINE MONTEZ) *****

Adresse:
42410 Chavanay, Tel.: 4 74 87 24 57, Fax: 4 74 87 06 89

Produzierte Weine: Condrieu

Rebfläche: 1,5 ha

Produktionsmenge: 4 000 Flaschen

Ausbau:
10 bis 12 Monate zu je 50 % in neuen Eichenfässern und Edelstahltanks

Durchschnittsalter der Reben: 6 Jahre

Antoine Montez besitzt in Condrieu eine 1,5 Hektar große Anbaufläche an den Hängen von Boissey und Chanson. Sein üppiger Weißwein ist einer der feinsten der Appellation, doch leider zu selten.

1994 • 92 Condrieu: Die neuesten Jahrgänge dieses Erzeugers waren beeindruckend. Der exotische, rauchige, honigsüße, pfirsichduftige, volle 94er Monteillet verfügt über eine geballte Ladung Frucht, eine glänzende Konzentration und Reinheit sowie einen wohl definierten, körperreichen, langen und trockenen Abgang. Dieser überwältigende Wein muss in den kommenden Jahren ausgetrunken werden. Letzte Verkostung: 9/95.

NIERO-PINCHON *** / ****

Adresse:
20, rue Cuvillère, 69420 Condrieu, Tel.: 4 74 59 84 38, Fax: 4 74 56 62 70

Produzierte Weine:
Condrieu, Condrieu Coteaux du Chéry

Rebfläche: 2,6 ha

Produktionsmenge: 6 000 Flaschen

Ausbau:
10 Monate, 80 % in Edelstahltanks und 20 % in 15 % neuen Eichenfässern

Durchschnittsalter der Reben:
15 bis 20 Jahre, die ältesten 45 Jahre

Robert Niero hatte das Glück, die Tochter des verstorbenen Jean Pinchon, eines der angesehensten Erzeuger in Condrieu, heiraten zu können. Nach Vereinigung der durch Heirat ererbten Parzellen mit hinzugekauften Rebflächen umfasst der Besitz inzwischen gut dreieinhalb Hektar, die sich auf so renommierte Weinberge wie Chatillon, Coteaux du Chéry und Rozay verteilen. Das Durchschnittsalter der Reben ist mit 15 bis 20 Jahre für französische Verhältnis nicht der Rede wert, doch stehen auf manchen Parzellen auch 45 Jahre alte Weinstöcke. Robert Niero praktiziert eine behutsame Art der Weinbereitung, des Ausbaus und der Abfüllung mit umfangreicher kellertechnischer Behandlung und Filtration. Dennoch hat er einige sehr feine Weine hervorgebracht. Die Qualitätsschwankungen lassen sich vermutlich mit den misslichen Jahrgängen 1992 und 1993 erklären. Niero vinifiziert seinen Coteaux du Chéry stets separat und hat jetzt auch mit der Herstellung eines Condrieu La Ronchard von einer Parzelle in Chatillon begonnen. Wie es aussieht, tut sich damit eine Quelle für gute bis ausgezeichnete Weißweine auf, die allerdings noch nicht durch besondere Beständigkeit auffielen.

1994 • 77 Condrieu: Die grünen, unreifen, stieligen und pfirsichartigen Nuancen lassen auf eine zu frühe Lese schließen. Obwohl ein anständiger Geschmack vorhanden ist, wirkt der Wein schwach, kompakt und eindimensional. Er sollte 1996 getrunken werden. Letzte Verkostung: 9/95.

1994 • 87 Condrieu Coteaux du Chéry: Ausgestattet mit bedeutend weniger Körper und Geschmacksextraktstoffen als André Perrets Coteaux du Chéry präsentiert sich dieser 94er als schmackhafter, voller, mittelschwerer Condrieu, in dem sich der Duft von Frühlingsblumen mit einem honigsüßen Pfirsicharoma verbindet. Ein eleganter, sauber bereiteter Wein mit guter Säure, der 1996 getrunken werden sollte. Letzte Verkostung: 9/95.

ANDRÉ PERRET *****

Adresse:
Route Nationale 86, Verlieu, 42410 Chavanay, Tel.: 4 74 87 24 74, Fax: 4 74 87 05 26

Produzierte Weine:
Condrieu, Condrieu Cuvée Clos Chanson, Condrieu Cuvée Coteaux du Chéry

Rebfläche:
Condrieu – 1 ha; Cuvée Clos Chanson – 0,5 ha; Cuvée Coteaux du Chéry – 2,5 ha

Produktionsmenge:
Condrieu – 2 200 Flaschen; Cuvée Clos Chanson – 1 500 Flaschen
Cuvée Coteaux du Chéry – 8 000 Flaschen

Ausbau:
Alle drei Cuvées verbringen 12 Monate zu zwei Dritteln in Edelstahltanks
und zu einem Drittel in Eichenfässern, von denen 10 % neu sind.

Durchschnittsalter der Reben:
Condrieu – 10 Jahre; Cuvée Clos Chanson – 30 Jahre; Cuvée Coteaux du Chéry – 40 Jahre

Der freundlich, warmherzige und umgängliche André Perret ist ein brillanter Weißwein- und ein ausgezeichneter Rotweinerzeuger, dessen Name in Condrieu und in Saint-Joseph Bedeutung hat. Er besitzt vier Hektar Rebfläche in herrlicher Lage: An den Coteaux du Chéry stehen zehn und fünfzig Jahre alte Weinstöcke, im Clos Chanson, in der Nähe von Chavanay, durchschnittlich 30-jährige Rebstöcke. Aus diesen entsteht die Standardcuvée.

André Perrets Erfolg birgt selbst in schwierigen Jahrgängen keine Geheimnisse. Alte Weinstöcke, geringe Erträge, reife Beeren und eine auf Nichteinmischung beruhende Philosophie der Vinifikation bringen einen ausgezeichneten Weißen hervor. Wenn es erforderlich ist, befürwortet er das Entrappen, während Gärung und *élevage* zu gleichen Teilen in Holzfässern und temperaturgeregelten rostfreien Stahltanks stattfinden. Die Weine werden vor der Abfüllung verschnitten, leicht geschönt und nur grob gefiltert. Beim Gespräch mit Perret gewinnt man den Eindruck, dass er nur deshalb filtert, weil der Weißwein früh abgefüllt werden muss. Seine Produkte sind gleichbleibend superb – Paradebeispiele für Condrieu! Obwohl ich niemals genug Geduld aufgebracht habe, einen dieser Tropfen länger als zwei bis drei Jahre aufzubewahren, hält sich die Frucht vermutlich länger als fünf bis sechs Jahre.

Jahrgänge

1995 • 92+ Condrieu Coteaux du Chéry: Der 95er Coteaux du Chéry dürfte in diesem heiklen Jahrgang zu den besten zwei oder drei Weinen der Appellation gehören. Er enthüllt lebhafte Säure, eine komplexe, hefige, sahnig strukturierte Reife, mittleren bis schweren Körper, große Eleganz und köstliche Pfirsich- und Aprikosenfrucht. Trotz ihrer Kraft und Intensität besitzt die Cuvée ansehnliche Frucht und Struktur; ihrer ausgezeichneten Säure verdankt sie wunderbare Konturen. Letzte Verkostung: 9/96.

1994 • 92 Condrieu Coteaux du Chéry: Der 94er sieht ganz nach einem weiteren verschwenderisch reichhaltigen und üppigen Condrieu aus. Während der Fassreife wurde er fast ein Jahr lang *sur lie* gehalten. Der Wein zeigt viel Körper und Unmengen an honigsüßer, reichhaltiger, ölig strukturierter und dicker Pfirsich- und Aprikosenfrucht, gepaart mit einer klaren Gesamtanlage und herrlichem Geschmacksextrakt. Er fällt deshalb weniger alkoholreich und schwer aus. Eine weitere Meisterleistung! Letzte Verkostung: 9/96.

Philippe und Christophe Pichon ****

Adresse:
Le Grand Val-Verlieu, 42410 Chavanay, Tel.: 4 74 87 23 61, Fax: 4 74 87 07 27

Produzierte Weine:
Condrieu, Condrieu Moelleux

Rebfläche:
Condrieu – 2 ha; Condrieu Moelleux – 0,44 ha

Produktionsmenge:
Condrieu – 6 600 Flaschen; Condrieu Moelleux – 1 100 Flaschen

Ausbau:
Condrieu – 8 Monate, je 50 % in alten Eichenfässern und Edelstahltanks
Condrieu Moelleux – 6 Monate in Edelstahltanks

Durchschnittsalter der Reben (Condrieu und Condrieu Moelleux): 18 Jahre

Vater Philippe und Sohn Christophe Pichon produzieren auf ihrer 2,44 Hektar großen Rebfläche elegante, etwas herbe, saubere Condrieus. Zu ihrer traditionellen Weinbereitung gehören die vollständige malolaktische Gärung und der Ausbau zu je 50 % in Eiche und rostfreiem Stahl, bevor der Wein verschnitten wird. Neue Eichenfässer kommen nicht zum Einsatz. Gelegentlich wird ein süßer Condrieu (*vendange tardive*) aus Trauben von 18 Jahre alten Weinstöcken produziert, der als Dessertwein getrunken werden will. Pichon gehört zu den wenigen Erzeugern, die immer wieder einen süßen Weißen bereiten. Auch wenn jüngere Jahrgänge wie der 92er und der 93er schwierig waren, so gilt diese Kellerei doch als zufrieden stellende Quelle für eher gute als große Condrieus.

DIE NÖRDLICHE RHONE

HERVÉ RICHARD ****

Adresse:

Verlieu, 42410 Chavanay, Tel.: 4 74 87 07 75

Produzierte Weine: Condrieu

Rebfläche: 2,5 ha

Produktionsmenge:

9 000 Flaschen, 50 % der Produktion wird offen verkauft

Ausbau: 10 bis 12 Monate in Edelstahltanks

Durchschnittsalter der Reben: 10 Jahre

Richards zweieinhalb Hektar große Rebfläche an den Hügeln hinter Chavanay ist mit 10 Jahren nicht eben alt, trotzdem sollte man diesen Erzeuger im Auge behalten. Sein Ertrag verteilt sich zu je 50 % auf Händler- und Erzeugerabfüllungen. Die Condrieus, die ich verkostet habe, waren regelrechte Fruchtbomben, was angesichts eines zehn- bis zwölfmonatigen Ausbaus in rostfreien Stahltanks nicht überrascht.

JAHRGÄNGE

1991 • 94 Condrieu: Hervé Richards Erträge beliefen sich 1991 auf 25 Hektoliter pro Hektar, der natürliche Alkoholgehalt des Weins lag bei 14 %. Dieser ungefilterte Tropfen gehört zu den konzentriertesten Condrieus, die ich jemals gekostet habe. Er entfaltet ein Aufsehen erregendes honigsüßes Bukett von Aprikosen und Frühlingsblumen, ist massiv, außerordentlich voll und doch völlig trocken. Umwerfend und mit schöne Konturen passt der Weiße gut zu reichhaltigen Fischgerichten, zartem Geflügel und Kalbfleisch. Letzte Verkostung: 12/93.

RENÉ ROSTAING **** / *****

Adresse:

Le Port, 69420 Ampuis, Tel.: 4 74 56 12 00 oder 4 74 59 80 03, Fax: 4 74 56 62 56

Produzierte Weine: Condrieu

Rebfläche: 1 ha

Produktionsmenge: 3 500 Flaschen

Ausbau:

8 bis 10 Monate, ein Drittel in Eichenfässern und zwei Drittel in Edelstahlstanks

Durchschnittsalter der Reben: 18 Jahre

Mit seiner einen Hektar großen Viognier-Fläche in La Bonnette gleich hinter Georges Vernays Coteaux du Vernon produziert Rostaing einige herrlich volle und üppige Weine. Leider kommen selbst in einem ergiebigen Jahr nur 200 Kisten zusammen. In der Regel werden 60 % der Ernte in rostfreiem Stahl und der Rest in Eiche gealtert, dann durchläuft der Wein eine vollständige malolaktische Gärung und wird nach einer leichten Filtration abgefüllt. Besser bekannt für seine feinen Côte-Rôtie-Produkte bleibt der Condrieu dieses Winzers ein Geheimtip.

Jahrgänge

1994 • 93 Condrieu La Bonnette: Ein massiver, nicht ganz trockener Wein mit überschäumender Geißblatt-, Aprikosen- und Pfirsichfrucht! Er gibt sich sehr körperreich, ölig strukturiert sowie außergewöhnlich rein und geschmackvoll, mit einer für sein Format bemerkenswerten Konturenschärfe. Dieser 94er Condrieu ging aus einem Ertrag von 26 Hektolitern pro Hektar hervor und sollte in den kommenden 1 bis 2 Jahren getrunken werden. Letzte Verkostung: 9/95.

Château du Rozay (Jean-Yves Multier) **

Adresse:
Rozay Nord, 69420 Condrieu, Tel.: 4 74 87 81 89, Fax: 4 74 87 82 92

Produktionsmenge:
Condrieu, Condrieu Cuvée Château du Rozay

Rebfläche:
Condrieu – 2 ha; Cuvée Château du Rozay – 1 ha

Produktionsmenge:
Condrieu – 8 000 Flaschen; Cuvée Château du Rozay – 2 000 Flaschen

Ausbau:
Je 8 bis 10 Monate in 90 % Edelstahltanks und 10 % Barriques

Durchschnittsalter der Reben:
Condrieu – 12 Jahre; Cuvée Château du Rozay – 45 Jahre

Hoch über der Stadt Condrieu liegt das Château du Rozay, ein blassrosafarbenes Schloss von gewaltigen Ausmaßen. Die Familie Multier lebt hier seit 1898, doch begann man erst 1978 mit der eigenen Abfüllung. Seit dem frühen Tod des Vaters lenkt Jean-Yves Multier die Geschicke dieser hoch angesehenen, berühmten Kellerei. Früher hatte das Château du Rozay außergewöhnliche Weine im Sortiment, seit Beginn der neunziger Jahre fallen die Erzeugnisse aber nur sehr mittelmäßig aus. Der 95er war schlichtweg katastrophal – dermaßen vegetabil und säurereich, dass ich ihn nahezu ungenießbar fand. Die Familie stellt zwei Cuvées her: Die eine stammt von 12 Jahre alten, auf einer zwei Hektar großen Parzelle in Corbery stehenden Rebstöcke, die andere – der berühmte Château du Rozay – von 45-jährigen Weinstöcken auf einer Parzelle an den Coteaux du Chéry. Beide Weißweine werden in 90 % rostfreiem Stahl und 10 % Barriques vinifiziert und gealtert. Natürlich kann sich das ändern, da das Gut nicht nur über einen kompetenten Besitzer verfügt, sondern auch über ein außerordentliches *terroir*. Es bleibt abzuwarten, ob diese Kombination zum Erfolg führen wird.

Chais Saint-Pierre **/***

Adresse:

Place de l'Eglise, 42410 Saint-Pierre-de-Boeuf, Tel.: 4 74 87 12 09, Fax: 4 74 87 17 34

Produzierte Weine:

Condrieu Cuvée Le Ceps du Nébadon, Condrieu Cuvée Lys de Volan

Rebfläche:

Cuvée Le Ceps du Nébadon – 4,5 ha; Cuvée Lys de Volan – 2,5 ha

Produktionsmenge:

Cuvée Le Ceps du Nébadon – 15 000 Flaschen; Cuvée Lys de Volan – 10 000 Flaschen

Ausbau:

Je 6 Monate in 20 % Barriques und 80 % Edelstahltanks

Durchschnittsalter der Reben:

Cuvée Le Ceps du Nébadon – 12 bis 15 Jahre

Cuvée Lys de Volan – 10 bis 15 Jahre

Nach dem Tod seines Vaters begann Alain Paret, der Eigentümer dieses Hauses, 1972 seine Karriere als Winzer. Hinter dem malerischen alten Dorf Malleval, gut sechs Kilometer südlich von Condrieu, besitzt er eine 36 Hektar große Rebfläche, von der sieben Hektar in Condrieu und der Rest in Saint-Joseph liegen. Die Weinberge sind alle auf Terrassen in eindrucksvoller Lage mit süd-südöstlicher Ausrichtung angelegt. Eine nette Anekdote über dieses Gut betrifft den bekannten französischen Schauspieler Gérard Depardieu, den eine Flasche Paret so sehr entzückt haben soll, dass er telefonisch eine Bestellung aufgab. Später wurde Depardieu Parets Teilhaber.

Ich bin häufiger mit Parets Roten als mit seinen Weißweinen in Berührung gekommen, von denen er zwei bereitet: Seine Luxuscuvée Lys de Volan trägt den Namen des Château, das in exponierter Lage von einem Hügel aus auf das mittelalterliche Dorf Malleval blickt. Die Cuvée Le Ceps du Nébadon ist ein geradliniger Weißwein, der aus einer 1980 bestockten Rebfläche hervorgeht.

Die Weinberge bieten einen großartigen Anblick, die Erträge werden gering gehalten, und die Kellertechnik ist durchweg traditionell. Allerdings neigt man dazu, die Weine zu oft zu filtrieren und dadurch einen Verlust von Aroma und Geschmack zu riskieren. Das Gut verfügt noch über ein beträchtliches, ungenutztes Potenzial.

Georges Vernay ****/*****

Adresse:

1, Route Nationale 86, 69420 Condrieu, Tel.: 4 74 59 52 22, Fax: 4 74 56 60 98

Produzierte Weine:

Condrieu, Condrieu Les Chaillées de l'Enfer, Condrieu Coteaux du Vernon

Rebfläche:

Condrieu – 3,2 ha; Les Chaillées de l'Enfer – 0,8 ha

Coteaux du Vernon – 1,6 ha

Produktionsmenge:

Condrieu -12 000 Flaschen; Les Chaillées de l'Enfer – 2 400 Flaschen

Coteaux du Vernon – 4 500 Flaschen

Ausbau:

Condrieu – 8 Monate, zu je 50 % in Edelstahltanks und in 10 % neuen Eichenfässern

Les Chaillées de l'Enfer und Coteaux du Vernon – 15 bis 18 Monate in 10 % neuen

Eichenfässern, *assemblage* in Edelstahltanks

Durchschnittsalter der Reben:

Condrieu – 10 bis 30 Jahre; Les Chaillées de l'Enfer – 30 bis 40 Jahre

Coteaux du Vernon – 40 Jahre

Der untersetzte, mit einem ausgeprägten Doppelkinn ausgestattete Georges Vernay gilt als der große Mann des Condrieu. Er ist nicht nur der langjährige Vorsitzende der Winzervereinigung, sondern auch der zweitgrößte Erzeuger, nachdem ihn Marcel Guigals Expansionsdrang von der Spitzenposition verdrängte. Eine knapp sechs Hektar große Rebfläche, ergänzt durch Zukäufe von anderen Weinbauern, gehört zu dieser Kellerei. Trotz seiner 70 Jahre ist Vernay ständig in Bewegung, eilt durch Condrieu und spendet ermutigende Worte, erteilt Ratschläge und setzt alles daran, aus einer der launischsten Trauben der Welt den bestmöglichen Wein zu gewinnen. Mit der Zähigkeit einer Bulldogge hält er an seiner Überzeugung fest, dass der Condrieu zu den größten Weißen weltweit gehört. Den Löwenanteil seiner Produktion macht der trockene, körperreiche, vorzügliche Condrieu aus, der zu gleichen Teilen in rostfreiem Stahl und Eichenfässern (von denen 10 % neu sind) vinifiziert und ausgebaut wird. Vernay vertraut auf eine frühe Abfüllung, um den Duft und die Frucht des Weins zu erhalten, deshalb dauert der Ausbau nur selten länger als acht Monate. Seine Luxuscuvée aus 40 Jahre alten, in terrassierter Steillage an den Coteaux de Vernon direkt gegenüber dem berühmten Hotel und Restaurant Beau Rivage wachsenden Weinstöcken wird vollständig in großen Fässern vergoren und bis zu 18 Monate in kleinen gealtert. Danach wird der Wein in rostfreiem Stahl verschnitten und erst dann abgefüllt, wenn Vernay die Zeit für gekommen hält. Für jeden neuen Jahrgang werden etwa 10 % Barriques benutzt. Jahrelang stand Vernays Weißer als Inbegriff des Condrieu an einsamer Spitze. Dann begannen auch andere Winzer mit der Herstellung von Einzellagen- oder Luxuscuvées, unter ihnen insbesondere André Perrets Coteaux du Chéry und Marcel Guigals La Doriane. Vernay, der einen möglichst starken Pfirsich- und Aprikosenduft in seinem Viognier anstrebt, erntet spät. Nirgends macht sich das deutlicher bemerkbar als in seinem Coteaux du Vernon, der durchaus vier bis fünf Jahre überdauern könnte, vielleicht sogar noch länger.

Wegen der ungeheuren Nachfrage nach den Minimalmengen dieses Spitzentropfens begann Vernay 1992 mit der Bereitung der Cuvée Les Chaillées de l'Enfer. Sie wird in einer besonders großen, geriffelten, braunen Flasche abgefüllt, nachdem sie zuvor den gleichen Gärungs- und Ausbauprozess durchlaufen hat wie der Coteaux du Vernon. Ich habe zwar nur den 92er und den 94er verkostet, kann aber bestätigen, dass es sich auch hier um einen großartigen Condrieu handelt.

Obwohl man sich Georges Vernay kaum als Pensionär vorstellen kann, ist seine Nachfolge bereits durch seinen stattlichen Sohn Luc geregelt, der sich schon heute sehr stark auf diesem erstklassigen Weingut engagiert.

Jahrgänge

1995 • 86 Condrieu: Der 95er Weiße offenbart – in bescheidenem Format – eine lebhafte, beißende Säure, mittleren Körper und ein reifes Geißblatt- und Aprikosenbukett. Die Säure wird den Wein frisch und lebendig erhalten, jedoch zeigt er für meinen Geschmack zu wenig Tiefe. Letzte Verkostung: 6/96.

1995 • 88 Condrieu Coteaux du Vernon: Bei der Verkostung hatte der 95er Condrieu Coteaux du Vernon gerade die malolaktische Gärung abgeschlossen. Er ist ein viel versprechend voller, mittelschwerer bis körperreicher Tropfen und zeigt ein weiches, honigartiges, marmeladiges Bukett, ausgezeichnete Reinheit, würzige Säure und einen kompakten Abgang. Letzte Verkostung: 6/96.

1994 • 89 Condrieu: Der 94er enthüllt reiche, honigsüße Pfirsich- und Aprikosenfrucht bei mittlerem bis schwerem Körper und einem reinen, schmackhaften Format. Dieser köstliche Tropfen verspricht für 1996 höchsten Genuss. Letzte Verkostung: 9/95.

1994 • 90+ Condrieu Les Chaillées de l'Enfer: Georges Vernay begann 1994 mit der Herstellung einer Luxuscuvée, deren Produktionsmenge noch unter der seines berühmten Coteaux du Vernon liegt. Der gerade freigegebene 94er Les Chaillées de l'Enfer, von dem nur 1 500 besonders gestaltete Flaschen abgefüllt wurden, ist ein erstaunlich voller, körperreicher, üppiger Condrieu, der einen Kern von Aprikosen- und Pfirsichfrucht, verwoben mit einem Duft und Geschmack von Stahl und Mineralien, offenbart. Er stammt von einem 1957 angelegten Weinberg. Der elegante Tropfen dürfte bei Condrieu-Liebhabern ein voller Erfolg werden. Letzte Verkostung: 6/96.

1994 • 92 Condrieu Coteaux du Vernon: Im Unterschied zu den meisten anderen Condrieus hält sich der Coteaux du Vernon 4 bis 5 Jahre. Der ungemein eindrucksvolle 94er ist ein exotischer, körperreicher Weißer mit einer geballten Ladung voller, fleischiger, honigsüßer Frucht und ausreichend Säure, um dem Wein Konturen zu verleihen. Der lange, würzige Abgang dauert fast 45 Sekunden. Verschwenderisch! Letzte Verkostung: 9/95.

1993 • 90 Condrieu Coteaux du Vernon: Ein körperreicher Tropfen mit einem mannigfaltigen Aroma von Pfirsichblüten, Aprikosen, Honig und Kirschen. Der Wein zeigt eine ausgezeichnete Tiefe und Fülle, eine hervorragende Ausgewogenheit und einen langen, kräftigen, unentwickelten Abgang. Er muss getrunken werden. Letzte Verkostung: 12/94.

FRANÇOIS VILLARD ****/*****

Adresse:

42410 Chavanay, Tel.: 4 74 53 11 25, Fax: 4 74 53 38 20

Produzierte Weine:

Condrieu Coteaux de Poncin, Condrieu Les Terrasses du Palat, Condrieu Quintessence

Rebfläche: 3,5 ha

Produktionsmenge: 750 bis 900 Kisten

Ausbau: 12 bis 18 Monate in kleinen Eichenfässern

Villard gehört zu den jungen, ernst zu nehmenden Erzeugern, die der Bereitung eines Condrieu sowohl eine intellektuelle als auch eine künstlerische Seite abgewinnen. Seine Weine bleiben lange an der Hefe und einige Cuvées werden bei minimaler Behandlung ausnahmslos in Barriques gealtert und abgefüllt. Heraus kommen expressionistische, fest strukturierte Condrieus, die bei der Verkostung auf Grund ihrer Kraft und Konzentration herausragen.

JAHRGÄNGE

1995 • 90 Condrieu Coteaux de Poncin: Der vorzügliche Coteaux de Poncin ist ein körperreicher und konzentrierter Tropfen mit hefe- und honigartigen Noten im toastwürzigen und schmeichlerischen Aprikosen- und Pfirsichbukett. Er wirkt zunächst verhalten, doch entfaltet er im Glas einen reichhaltigen Geschmack und zahlreiche Duftnuancen. Bei der lebhaften Säure und dem hervorragenden Extrakt kann der Wein durchaus 10 Jahre halten. Letzte Verkostung: 6/96.

1995 • ? Condrieu Les Terrasses du Palat: Eine Bewertung des verschlossenen, adstringierenden, tanninreichen 95er Les Terrasses du Palat war unmöglich. Er schien gerade die malolaktische Gärung beendet zu haben, zeigte sich trocken und voll, dabei unentwickelt und undurchdringlich. Letzte Verkostung: 6/96.

1994 • 88+ Condrieu Coteaux de Poncin: Der reife 94er Condrieu Coteaux de Poncin verrät einen chablisähnlichen, mineralischen Charakter sowie leichte Adstringenz und eine ausgeprägte Holznote, da er in 100 % neuer Eiche ausgebaut wurde. Letzte Verkostung: 6/96.

1994 • 94 Condrieu Quintessence: Der Spitzenreiter dieses Jahrgangs ist im Stil einer Beerenauslese von unglaublich voller, süßer und öliger Art. Er zeigt eine großartige Balance bei abnehmendem Säuregrad und einer mineralischen Komponente im Hintergrund. Er dürfte sich 10 Jahre oder länger gut trinken lassen. Letzte Verkostung: 6/96.

1994 • 87+ Condrieu Les Terrasses du Palat: Zum 94er Jahrgang gehört auch der vorzügliche Condrieu Les Terrasses du Palat. Er besitzt schöne Reife und Frucht, lebhafte Säure, einen trockenen, spröden Charakter und einen eleganten, komplexen, von mineralischen Noten dominierten Abgang. In seinem gemessenen, verhaltenen, mineralischen Stil fehlt ihm etwas von dem erregenden Charakter anderer Condrieus, doch handelt es sich hier ebenfalls um einen sehr guten Tropfen. Letzte Verkostung: 6/96.

DIE NÖRDLICHE RHONE

WEITERE CONDRIEU-ERZEUGER

GILLES BARGE

Adresse: Le Carcan, Route de Boucharey, 69420 Ampuis, Tel.: 4 74 56 13 90, Fax: 4 74 56 10 98
Produzierte Weine: Condrieu
Rebfläche: 0,5 ha
Produktionsmenge: 2 550 Flaschen
Ausbau: 6 Monate in alten Eichenfässern
Durchschnittsalter der Reben: 50 % der Reben 20 Jahre alt, die übrigen jünger

PIERRE BONNARD

Adresse: Le Petite Gòrge, 42410 Chavanay, Tel.: 4 74 87 21 62
Produzierte Weine: Condrieu
Rebfläche: 0,8 ha
Produktionsmenge: Pierre Bonnard hat sich nach dem 83er Jahrgang zur
Ruhe gesetzt, die Weinstöcke werden jetzt von Didier Morion bestellt,
doch der Ertrag wird hauptsächlich offen verkauft.

PIERRE BOUCHET

Adresse: Domaine de la Favière, 42410 Malleval, Tel.: 4 74 87 15 25
Produzierte Weine: Condrieu
Rebfläche: 1 ha
Produktionsmenge: 4 000 bis 5 000 Flaschen
Ausbau: 12 Monate in Edelstahltanks
Durchschnittsalter der Reben: 8 bis 10 Jahre

MICHEL BOUCHET

Adresse: Le Ventabrin, 42410 Chavanay, Tel.: 4 74 87 23 38
Produzierte Weine: Condrieu
Rebfläche: 0,3 ha
Produktionsmenge: 1 000 Flaschen
Ausbau: 8 Monate in Eichenfässern, die zu einem geringen Teil neu sind
Durchschnittsalter der Reben: 5 Jahre

DOMINIQUE BOURRIN

Adresse: Brossin, 42410 Roisey, Tel.: 4 74 87 49 15

Produzierte Weine: Condrieu

Rebfläche: 1 ha

Produktionsmenge: 3 750 Flaschen

Ausbau: 7 bis 8 Monate, 80 % in Edelstahltanks und 20 % in ein Jahr alten Fässern

Durchschnittsalter der Reben: 7 Jahre

FRANÇOIS BRACOUD

Adresse: 28, route de Saint Prin, 38370 Saint-Clair-du-Rhône, Tel.: 4 74 56 33 24

Produzierte Weine: Condrieu

Rebfläche: 0,7 ha

Produktionsmenge: 500 bis 1 000 Flaschen, der Rest wird offen verkauft

Ausbau: 18 Monate in Eichenfässern

Durchschnittsalter der Reben: 10 Jahre

BERNARD CHAMBEYRON

Adresse: Boucharey, 69420 Ampuis, Tel.: 4 74 56 15 05

Produzierte Weine: Condrieu

Rebfläche: 0,5 ha

Produktionsmenge: 3 700 Flaschen

Ausbau: 6 Monate, 20 % in neuen Eichenfässern und 80 % in Edelstahltanks

Durchschnittsalter der Reben: 10 Jahre

ROGER CHANAL

Adresse: La Combe, 42410 Pelussin, Tel.: 4 74 87 83 17

Produzierte Weine: Condrieu

Rebfläche: 1,3 ha

Produktionsmenge: 500 bis 2 000 Flaschen, der Rest wird offen verkauft

Ausbau: 8 Monate je zur Hälfte in Edelstahltanks und in alten Eichenfässern

Durchschnittsalter der Reben: 10 Jahre

GILBERT CHIRAT

Adresse: Le Piaton, 42410 Saint-Michel-sur-Rhône, Tel.: 4 74 56 68 92

Produzierte Weine: Condrieu

Rebfläche: 1,5 ha

Produktionsmenge: 5 000 Flaschen

Ausbau: 6 bis 8 Monate in Edelstahltanks

Durchschnittsalter der Reben: 10 Jahre

DIE NÖRDLICHE RHONE

GILBERT CLUSEL-ROCH

Adresse: 15, route du Lacat-Verenay, Tel.: 4 74 56 15 95, Fax: 4 74 56 19 74
Produzierte Weine: Condrieu
Rebfläche: 0,5 ha
Produktionsmenge: 1 500 Flaschen
Ausbau: 8 Monate je zur Hälfte in Edelstahltanks und in überwiegend alten Eichenfässern
Durchschnittsalter der Reben: 10 Jahre

PIERRE CORROMPT

Adresse: Route Nationale, 42410 Verin, Tel.: 4 74 59 52 66

FRANÇOIS GÉRARD

Adresse: Côte Chatillon, 69420 Condrieu, Tel.: 4 74 87 88 64
Produzierte Weine: Condrieu
Rebfläche: 1 ha
Produktionsmenge: 2 000 Flaschen
Ausbau: 12 Monate in Edelstahltanks
Durchschnittsalter der Reben: 15 Jahre

ROBERT JURIE DES CAMIERS

Adresse: 32, chemin de la Begonnière, 69230 Genlis Laval, Tel.: 78 56 34 02
Produzierte Weine: Condrieu
Rebfläche: 1,5 ha
Produktionsmenge: Insgesamt 4 000 Flaschen, von denen 3 000 Flaschen an
André Perret abgegeben werden, der das Gelände als *métayage* übernommen hat.
Ausbau: 12 Monate in 50 % neuen Eichenfässern
Durchschnittsalter der Reben: Je zur Hälfte 7 und 45 Jahre

LUCIEN LAGNIER

Adresse: 42410 Chavanay, Tel.: 74 87 24 46
Produzierte Weine: Condrieu
Rebfläche: 0,5 ha
Produktionsmenge: 1 500 Flaschen
Ausbau: 10 Monate in alten Eichenfässern
Durchschnittsalter der Reben: 50 Jahre

CONDRIEU UND CHATEAU GRILLET

MICHEL MOURIER

Adresse: Domaine de la Pierre Blanche, 19, rue du Mont, 42000 Saint-Etienne,
Tel.: 77 57 29 59, Fax: 77 80 68 71
Produzierte Weine: Condrieu
Rebfläche: 0,4 ha
Produktionsmenge: 1 820 Flaschen
Ausbau: 6 Monate in Edelstahltanks
Durchschnittsalter der Reben: 6 Jahre

ANDRÉ PORT

Adresse: Place de la Maladière, 69420 Condrieu, Tel.: 74 59 80 25
Produzierte Weine: Condrieu

L. DE VALLOUIT

Adresse: 24, rue Désiré Valette, 26240 Saint-Vallier, Tel.: 75 23 10 11
Produzierte Weine: Condrieu
Rebfläche: 0,65 ha
Produktionsmenge: 3 750 Flaschen
Ausbau: 8 bis 10 Monate, je zur Hälte in neuen Eichenfässern und in Edelstahltanks
Durchschnittsalter der Reben: 25 Jahre

JACQUES VERNAY

Adresse: Le Biez, 42410 Saint-Pierre-de-Boeuf, Tel.: 74 87 11 70
Produzierte Weine: Condrieu
Rebfläche: 2,2 ha
Produktionsmenge: 10 000 Flaschen
Ausbau: In der Regel 4 Monate, in außergewöhnlichen Jahrgängen
9 Monate in Polyestertanks
Durchschnittsalter der Reben: 9 bis 12 Jahre

PHILIPPE VERZIER

Adresse: Izerat, 42410 Chavanay, Tel.: 74 87 23 69
Produzierte Weine: Condrieu, Condrieu Moelleux (Debütjahrgang war 1994)
Rebfläche: Condrieu – 1 ha; Condrieu Moelleux – 0,35 ha
Produktionsmenge: Condrieu – 3 000 Flaschen; Condrieu Moelleux – 700 Flaschen
Ausbau: Condrieu – 10 Monate, 70 % in Edelstahltanks und 30 % in Barriques;
Condrieu Moelleux – 3 Monate in Edelstahltanks, Verzögerung der Gärung
durch Kühlung, frühzeitige Flaschenabfüllung
Durchschnittsalter der Reben: Condrieu – 6 Jahre; Condrieu Moelleux – 8 Jahre

GÉRARD VILLANO

Adresse: 39, Grande Rue de la Maladière, 69420 Condrieu, Tel.: 74 59 87 64
Produzierte Weine: Condrieu
Rebfläche: 1,5 ha
Produktionsmenge: 1 500 Flaschen
Ausbau: 8 bis 12 Monate in alten Eichenfässern
Durchschnittsalter der Reben: 20 Jahre

HERMITAGE
Eines der großartigsten *terroirs* der Welt

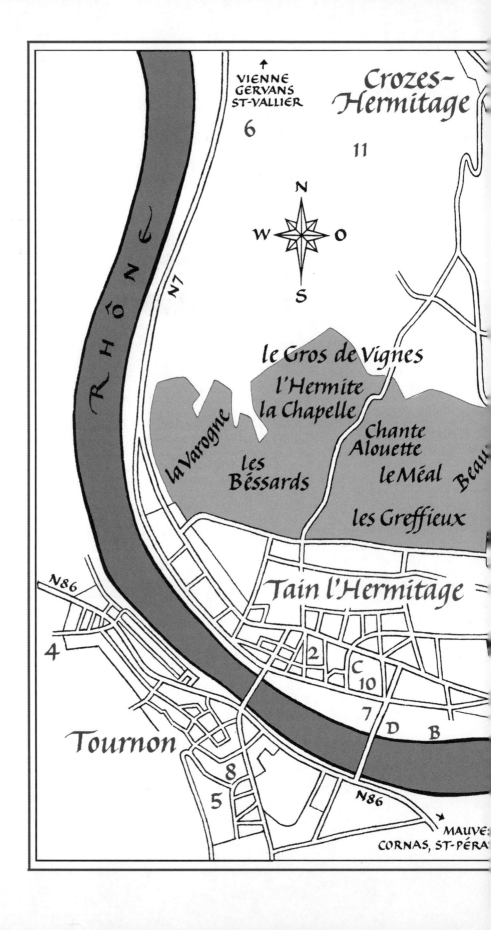

HERMITAGE

↑
LARNAGE

1

la Pierelle
la Maison
anche
l'Homme
les Murets
la Croix
es ocoules
les Diognières

D532

N7

RHÔNE

→ VALENCE, LA ROCHE-DE-GLUN

E 9

ERZEUGER

1 Albert Belle (Larnage)
2 Chapoutier
3 J. L. Chave (Mauves)
4 Delas Frères
    (St-Jean de Muzols)
5 Bernard Faurie (Tournon)
6 J. C. and J. P. Fayolle
    (Gervans)
7 Michel Ferraton
8 J. L. Grippat (Tournon)
9 Paul Jaboulet
    (La Roche-de-Glun)
10 Marc Sorrel
11 L. de Vallouit (St-Vallier)

A Restaurant Le Château (Tournon)
B Restaurant Reynaud (Tournon)
C Hôtel Mercure (Tain l'Hermitage)
D Valrhona Schokoladenfabrik
E Restaurant/Hôtel Chabran
    (Pont d'Isère)

DIE APPELLATION HERMITAGE AUF EINEN BLICK

Appellation seit:	4. März 1937
Weinarten:	Rotwein, Weißwein und *vin de paille*, eine Art weißer Dessertwein
Rebsorten:	Syrah für den Rotwein, für den Weißwein in erster Linie Marsanne sowie etwas Roussanne. Dem Rotweinverschnitt können bis zu 15 % Weißweintrauben zugefügt werden; dies wird in der Praxis jedoch weitgehend vermieden.
Derzeitige Rebfläche:	130 ha
Qualitätsniveau:	Außergewöhnlich bei den edelsten Rotweinen, gut bis außergewöhnlich bei den Weißweinen.
Reifepotenzial:	Rot: 5 bis mindestens 40 Jahre Weiß: 3 bis 25 Jahre
Allgemeine Eigenschaften:	Reichhaltige, viskose, sehr körperreiche, tanninbetonte Rotweine. Körperreiche Weißweine mit einem einzigartigen Aroma von Kräutern, Mineralien, Nüssen und Pfirsichen.
Größte neuere Jahrgänge:	1995, 1991, 1990, 1989, 1979, 1978, 1972, 1970, 1966, 1961, 1959.
Aroma:	Roter Hermitage – Cassis, schwarzer Pfeffer, Teer und sehr reife rote und schwarze Beeren sind für einen feinen jungen Jahrgang charakteristisch. Bei 10-jähriger Flaschenreife können es die Weine mit ihrem Aroma aus Zedernholz, Gewürzen und Cassis zuweilen durchaus mit einem Premier cru aus Pauillac aufnehmen. Weißer Hermitage – Ananasaroma, verwoben mit den Düften von Akazienblüten, Pfirsichen und Honig. Bei fortgeschrittener Reife (15 Jahre oder älter) sind die Düfte von gerösteten Nüssen, Fino Sherry und Honig manchmal überwältigend.
Struktur:	Roter Hermitage – Ungewöhnlich körperreich, kraftvoll und tanninbetont, unempfindlich gegen Oxidierung; ein Wein, der extrem langsam reift. Weißer Hermitage – Der junge Wein ist fruchtig, körperreich und duftig und verschließt sich etwa 4 bis 5 Jahre nach der Abfüllung, um sich 15 bis 25 Jahre später als öliger, dicker, trockener Weißwein erneut zu entfalten.
Die besten Weine der Appellation Hermitage:	Chapoutier Ermitage Cuvée de l'Orée (weiß) • Chapoutier Ermitage Le Pavillon (rot) • J. L. Chave Hermitage (rot) • J. L. Chave Hermitage (weiß) • J. L. Chave Hermitage Cuvée Cathelin (rot) • Bernard Faurie Hermitage Le Méal (rot) • Delas Frères Hermitage Les Bessards (rot) • Paul Jaboulet-Aîné Hermitage La Chapelle (rot) • Marc Sorrel Hermitage Le Gréal (rot)

BEWERTUNG DER ERZEUGER ROTER HERMITAGE-WEINE

*****

Chapoutier (Le Pavillon) • J. L. Chave (Cuvée Cathelin) • J. L. Chave (Standardcuvée) •
Bernard Faurie (Le Méal) • Paul Jaboulet-Aîné (La Chapelle) • Marc Sorrel (Le Gréal)

****

Albert Belle • Chapoutier (La Sizeranne) (seit 1989) • Domaine du Colombier •
Delas Frères (Les Bessards) • Bernard Faurie (Standardcuvée) • Marc Sorrel
(Cuvée Classique) • L. De Vallouit (Les Greffières)

***

Cave Cottevergne – L. Saugère • Bernard Chave • Dard et Ribo • Delas Frères
(Marquise de la Tourette) • Desmeure • Domaine Fayolle • Ferraton Père et Fils (Cuvée
les Miaux) • Alain Graillot • Guigal • Paul Jaboulet-Aîné (Pied La Côte) • Vidal-Fleury

BEWERTUNG DER ERZEUGER WEISSER HERMITAGE-WEINE

*****

Chapoutier (Ermitage Cuvée de l'Orée) • J. L. Chave

****

J. L. Grippat • Guigal • Paul Jaboulet-Aîné (Chevalier de Stérimberg, ab 1989) •
Marc Sorrel (Les Rocoules)

Die gewaltige Bergkuppe des Hermitage, der an einer scharfen Biegung der Rhône in den
Himmel ragt, bietet einen beeindruckenden Anblick. Besucher, die das erste Mal nach Tain
l'Hermitage kommen, wären gut beraten, den Fluss über die Pont G. Toursier – die einzige
Brücke der Stadt, die für den Autoverkehr zugelassen ist – zu überqueren oder den Wagen in
Tain l'Hermitage zu lassen und über die Fußgängerbrücke Pont M. Séguin nach Tournon sur
Rhône zu gehen, der Zwillingsstadt von Tain l'Hermitage am Westufer des Flusses. Von den
Terrassen des Château de Tournon bietet sich ein atemberaubender Blick. Man sieht die nach
Süden hin außerordentlich exponierte Lage der drei großen Hügel von Hermitage.

Das Erklimmen des Hermitage ist allerdings die mutigere Variante: Aus der Vogelper-
spektive kann man sich einen Eindruck von diesen imponierenden Weinbergen verschaffen
– und davon, wie mühsam ihre Bewirtschaftung sein muss. Als Ausgangspunkt empfiehlt sich
der Bahnhof, von dessen Rückseite aus man direkt zu der Kapelle auf dem Gipfel gelangt.
Das glatte Granitgeröll in dieser Gegend von Hermitage und die starke Steigung machen den
Aufstieg selbst bei einigermaßen guter Kondition zu einem recht anstrengenden Unternehmen. Bis zum Gipfel braucht man 30 bis 45 Minuten – doch mit was für einem Ausblick wird
man belohnt!

Hermitage blickt auf eine lange und bewegte Geschichte zurück. John Livingstone-Learmonth stellt in seinem ausgezeichneten Buch über die Weine der Rhône fest, dass die ersten

Weinstöcke um 500 vor Christus von den Griechen nach Hermitage gebracht wurden. Nach einer häufig zitierten Legende über diesen berühmten Berg suchte der Kreuzritter Gaspard de Stérimberg, der in den Glaubenskriegen des 13. Jahrhunderts verwundet worden war, Zuflucht auf dem Gipfel und baute dort eine Kapelle, in der der Ritter fortan in selbst auferlegter Einsamkeit lebte. Ihre moderne, rekonstruierte Version – St-Christopher – steht noch heute abgeschieden auf dem Hügelkamm. Sie gehört der Familie Jaboulet, die ihren besten roten Hermitage «La Chapelle» und ihren weißen «Chevalier de Stérimberg» nennt. Ironischerweise gehören die umliegenden Rebflächen Chapoutier, einem Konkurrenten der Jaboulets.

Es war ein Amerikaner, der die Weine des Hermitage zum ersten Mal in seinen Schriften erwähnte: Thomas Jefferson besuchte Tain l'Hermitage im Frühjahr 1787, während seiner Zeit als amerikanischer Botschafter in Frankreich. Wie James M. Gabler in *Passions – The Wines and Travels of Thomas Jefferson* schreibt, gehörte der weiße Hermitage neben dem Champagner zu den besten Weißweinen Frankreichs. In seinem Tagebuch vermerkte Jefferson, er bringe dem weißen Hermitage eine solche Hochachtung entgegen, dass er ihn als «ausnahmslos besten Wein der Welt» bezeichnen würde – und erwarb 550 Flaschen von diesem Tropfen. Noch aufschlussreicher sind Jeffersons Bemerkungen über den Rotwein, der nach seiner Einschätzung über einen «vollen Körper, eine dunkelpurpurne Farbe [...], exquisiten Geschmack und einen Duft, den man [...] mit dem von Himbeeren vergleicht» verfügt. Vielleicht war Thomas Jefferson der erste wahre Weinkenner Amerikas; seine Beschreibung des Hermitage könnte auch aus unseren Tagen stammen.

Bereits im frühen 19. Jahrhundert war er Frankreichs teuerster Rotwein. Doch nicht genug damit, dass ein Amerikaner ihn zu würdigen wusste – alte Kataloge von Nicolas, Frankreichs bekanntestem Weinhändler, belegen sogar, dass der Hermitage höhere Preise erzielte als Bordeaux-Weine so berühmter *Châteaux* wie Lafite-Rothschild und Haut-Brion. Doch war der weiße Hermitage noch teurer als der rote. In der ersten Hälfte des 19. Jahrhunderts, der Glanzzeit dieses Weins, war er insbesondere am russischen Zarenhof sehr beliebt. Weniger bekannt, aber historisch gesichert ist, dass der Hermitage auch ins Bordelais geschickt wurde, wo man ihn mit hochwertigem Bordeaux verschnitt, um die Farbe, Kraft und Struktur der Weine aufzubessern. Tatsächlich schätzte man den Hermitage als Zusatz für den Bordeaux so sehr, dass die so genannten *Hermitagé*-Weine häufig die höheren Preise erzielten.

Bei allem Ruhm auf dem internationalen Markt wurde auch Hermitage, wie fast jede Appellation der nördlichen Rhône, von der Reblaus verwüstet und musste im 20. Jahrhundert durch die beiden Weltkriege und die globale Wirtschaftskrise der dreißiger Jahre schwere Rückschläge hinnehmen. Noch vor einem Jahrzehnt war der Hermitage «einer der am stärksten unterbewerteten Weine der Welt». Dies trifft heute nicht mehr zu, denn seitdem hat sich das Interesse für hochwertige Weine explosionsartig entwickelt. Im ausgehenden 20. Jahrhundert hat der Hermitage bereits Kultstatus erlangt. Gleichwohl ist ein großer Wein aus dieser Appellation trotz der erheblichen Preissteigerungen immer noch für den halben Preis eines Grand cru aus Burgund zu haben.

Der Rote besteht meist zu 100 % aus Syrah, obwohl ein Anteil von bis zu 15 % Marsanne und Roussanne zugelassen ist. In der Praxis wird dies nur selten in Anspruch genommen.

Weißer Hermitage wird gewöhnlich aus Marsanne bereitet, auch wenn Roussanne allmählich wieder stärkere Verwendung findet. Chapoutier und Chave erzeugen ihre großen weißen Hermitages vorwiegend aus Marsanne, durch den Einfluss des jungen Jean-Louis Chave scheint sich allerdings der Anteil der Roussanne-Rebe in dem von ihm und seinem Vater bereiteten

Weißen zu erhöhen. Als ich im Juni 1996 dort war, planten die beiden sogar die separate Abfüllung einer 94er Cuvée von alten Roussanne-Rebstöcken aus der Lage L'Hermite (8 Fässer/200 Kisten). Dies ist ein Wein von außerordentlicher Komplexität und honigartiger Fülle. Den höchsten Prozentsatz an Roussanne verwendet die Firma Jaboulet für ihren Weißen. So wird ihr Chevalier de Stérimberg aus je 50 % Roussanne und Marsanne verschnitten. Roussanne ist noch immer relativ wenig verbreitet, weil viele Erzeuger ihre Tendenz zu schneller Oxidation fürchten.

Im Gegensatz zu der anderen berühmten Rotwein-Appellation der nördlichen Rhône, der Côte Rôtie, hat sich die Größe von Hermitage nicht verändert. Die Behörden haben sich dem Druck zur Erweiterung der Gesamtanbaufläche nicht gebeugt, die mit etwa 130 Hektar konstant blieb. Sie setzt sich zusammen aus etwa einem Dutzend größerer Lagen, die Hälfte davon ist höchst beachtlich. Der Aufbau der Region ist leicht nachzuvollziehen, wenn man sich vergegenwärtigt, dass sie aus drei Hügeln besteht. Die größte und steilste Granitkuppe wird überwiegend von Les Bessards eingenommen, einer der besten Lagen. Nach Osten hin schließen sich – immer noch sehr steil, aber niedriger gelegen – die drei größten Lagen an: L'Hermite, Le Méal und die letzte Parzelle am Fuße des Hügels, Les Greffieux. Sie alle sind Teil des schmalen Streifens von Hermitage, der allgemein als das Herzstück dieses Anbaugebiets gilt. Weiter östlich liegt etwas tiefer der zweite Hügel mit seinen wichtigen Lagen Maison Blanche, Les Beaumes, Les Rocoules und Péleat. Die dritte und niedrigste Erhebung umfasst in erster Linie Les Murets, Les Diognières und La Croix.

Über die Bodenzusammensetzung und die Eigenschaften jeder dieser Rebflächen kann man viel diskutieren, doch gibt es nichts Lehrreicheres, als bei einem Besuch in den Kellern von Gérard Chave, dem einzigen Erzeuger von Hermitage mit so vielen unterschiedlichen Weinbergen, die Produkte der Einzellagen individuell zu verkosten. Zudem halten die Chaves die Weine der verschiedenen Lagen bis zum endgültigen Verschnitt, der ein Jahr nach der Lese erfolgt, voneinander getrennt. Im Folgenden fasse ich die Beobachtungen zusammen, die ich in den vergangenen 15 Jahren während meiner Besuche und Degustationen bei Gérard Chave aufgezeichnet habe.

Les Bessards Eine der größten Lagen von Hermitage, mit einem Boden aus Granitgeröll und sandigem Kiesgestein auf einem Untergrund aus reinem Granit. Sie liegt direkt unter der jabouletschen Kapelle St-Christopher, an den steilsten Hängen im äußersten Westen der Appellation. Nach meiner Erfahrung gehören diese Tropfen zu den vollsten, konzentriertesten und kraftvollsten von Hermitage. Hier entstehen Chapoutiers außergewöhnlicher Le Pavillon sowie ein großer Teil von Chaves Hermitage, einschließlich des Hauptbestandteils seiner Cuvée Cathelin. Für Jaboulets La Chapelle spielen diese Reben keine vergleichbare Rolle.

Les Beaumes Im Zentrum der Appellation – östlich von Les Bessards und Le Méal, westlich von Les Murets und La Croix – liegt Les Beaumes auf einer Granitschicht, die von einer Mischung aus Kalkstein, Ton und anderem Gestein bedeckt ist. Chaves Cuvée aus Les Beaumes ist durchgängig süß, fruchtig, mit großzügigen Nuancen von Schwarzen Himbeeren und Cassis, zeigt mittleren bis vollen Körper sowie eine ausgezeichnete Reinheit und Fruchtigkeit, aber nicht die Komplexität und Würde von Les Bessards.

Les Diognières Diese Rebflächen befinden sich am östlichen Rand der Appellation auf etwas geringerer Höhe. Jean-Claude und Jean-Paul Fayolle bereiten einen Wein aus dieser Lage, Guigal kauft für den Verschnitt seines roten Hermitage beträchtliche Mengen Most von hier hinzu; auch Chave besitzt dort ein kleines Stück Land. Nach den Verkostungen bei ihm und bei Fayolle zu urteilen, wächst auf dem etwas kieshaltigeren, leichteren Boden ein Wein mit üppigem Aroma von roten und schwarzen Beeren sowie erheblichen Mengen Tannin und Säure.

L'Hermite Im Jahr 1984 erwarb Gérard Chave diesen Weinberg von Terrence Gray. Damit handelt es sich eigentlich um ein *monopole*, sollte Chave die Weine aus diesem Bereich separat abfüllen, was aber wenig wahrscheinlich ist. L'Hermite liegt hoch oben auf der Bergkuppe, über den beiden großen Weinbergen Les Bessards und Le Méal, und sein Boden ist recht eisenhaltig. Die Weine sind tanninreich und kraftvoll, gleichzeitig aber auch edel und elegant. Mit den Trauben aus dieser Lage hat Chave bereits einige großartige Cuvées aus reinem Roussanne produziert.

Le Méal Dieser unmittelbar hinter dem Zentrum von Tain l'Hermitage gelegene Weinberg ist eine meiner Lieblingsquellen für großen roten Hermitage. Ich kann mich erinnern, dass ich den inzwischen verstorbenen Henri Sorrel einst um das Privileg bat, eine Flasche von seinem 1978er Hermitage Le Méal erwerben zu dürfen. Er weigerte sich mit der Begründung, es sei nur noch ein sehr kleiner Vorrat für den persönlichen Verzehr der Familie vorhanden. Der Boden von Le Méal enthält erhebliche Mengen Kalkstein – große Felsblöcke inmitten von zerfallenem Quarzgestein. Diese große, steile, terrassierte Parzelle bringt einen äußerst exotischen, rauchigen, sinnlichen Syrah-Stil hervor. Der Wein ist geschmeidig und von üppiger Konsistenz, besser entwickelt und einschmeichelnder als die Tropfen anderer Lagen. Er bildet den weitaus wichtigsten Bestandteil von Jaboulets La Chapelle und findet sich zu 90 bis 100 % in Marc Sorrels Hermitage Le Gréal; dessen Name leitet sich aus der gelegentlichen Beimischung einer kleinen Partie Syrah von Sorrels Besitz in Les Greffieux ab. Chave besitzt ebenfalls einen guten Hektar alter Weinstöcke in Le Méal, doch spielt diese Lage im Gesamtverschnitt seiner Produktion eine eher bescheidene Rolle. Interessanterweise wird einer der großen Hermitage-Weine, die weiße Ermitage Cuvée de l'Orée von Chapoutier, aus der hier angepflanzten Marsanne hergestellt.

Péleat Eine der kleinsten Lagen von Hermitage liegt in der Mitte der Appellation auf den unteren Hängen östlich von Les Beaumes und westlich von Les Rocoules. Sie zählt zu den wichtigsten Quellen für den köstlichen Weißen von Chave. Der Boden besteht aus bräunlichem, sandigem, erodiertem Gestein und ist einerseits zwar durchlässig, andererseits aber weniger gut entwässert als in den oberen Hanglagen. Da dieser Untergrund einen Wein mit höherem Säureanteil hervorbringt, gilt Péleat als ideal für Weißweine.

Les Rocoules Mit ihrer Mischung aus sandigem, steinigem Boden und Kalkstein gilt Les Rocoules, eine östliche Lage auf halber Höhe des Bergs, als geeigneter Boden für Weißwein. Sie liefert den wichtigsten Bestandteil des weißen Hermitage aus dem Hause Chave sowie die Lagenbezeichnung für Marc Sorrels traditionell bereiteten Spitzenweißen. Zudem spielt die Traube eine wichtige Rolle für Jaboulets Chevalier de Stérimberg.

Les Greffieux Eine Lage am Fuße der Hügel im Westen des Hermitage, unterhalb von Le Méal. Es heißt, dieser Boden aus zerbröckeltem Kalkstein, vermischt mit eisenhaltiger und sandiger Erde, habe einst zum Flussbett der Rhône gehört. Aus seinen Rebstöcken werden fruchtige, geradlinige Rotweine und sehr gute Weiße gewonnen.

Soweit die bedeutendsten Hermitage-Lagen. Wie aus den folgenden Anmerkungen hervorgeht, waren die meisten dieser Weine traditionell ein Verschnitt von Trauben aus zahlreichen Lagen, der Markt tendiert jedoch zu Superluxuscuvées aus winzigsten Erträgen alter Rebstöcke. Auf dieser Basis entstand selbst bei einem Traditionalisten wie Chave 1990 und 1991 die Cuvée Cathelin. Fauries Méal, Sorrels Méal, Chapoutiers Le Pavillon und Delas Frères' Les Bessards waren die ersten Spitzenweine aus Einzellagen. Dagegen bleiben Jaboulets La Chapelle, Chapoutiers La Sizeranne, Sorrels Le Gréal, der Marquise de la Tourette von Delas Frères und Chaves Hermitage der Tradition des Verschnitts aus verschiedenen Lagen treu.

Im Großen und Ganzen präsentiert sich die kleine Hermitage-Produktion fast immer in sehr traditionellem Stil. Nur wenige Erzeuger verwenden mehr als 20 bis 30 % neue Eichenfässer, und weil sich die Erzeugnisse jahrzehntelang halten sollen, finden Schönung oder Filtration in größerem Umfang kaum statt. Haben sie erst eine oder zwei Flaschen vorzeitig probiert, dann zeigen sich die meisten Käufer geduldig genug, die Entwicklung des Weins abzuwarten. Bei den besten Weinen ist die Qualität im Allgemeinen gleich bleibend hoch. Beim Hermitage gibt es wahrscheinlich sogar geringere stilistische Unterschiede als innerhalb jeder anderen Appellation im Rhônetal, zumindest hinsichtlich der Philosophie der Weinbereitung. So ist der umstrittene Michel Chapoutier zwar der einzige Winzer, der biodynamischen Weinbau betreibt, seine Methoden unterscheiden sich jedoch gar nicht so sehr von denen der Familie Chave.

Wie die Côte Rôtie ist auch Hermitage durch die geografische Lage begünstigt. Mit den wirklich großen Tropfen dieser Appellation kann sich kein Wein der Welt messen. So entstehen aus der Syrah-Rebe zwar in zunehmendem Maße sehr gute Weine – nicht nur in Languedoc-Roussillon, sondern auch in Kalifornien und Australien –, so dass man durchaus andere vorzügliche Gewächse aus dieser Rebsorte finden kann. Auf Grund ihrer schieren Fülle, vereint mit einer bemerkenswerten Komplexität und Eleganz, bleiben die Hermitages jedoch unübertroffen.

Sie sind heute immer noch massiv, aber nicht mehr so portweinähnlich und dickflüssig wie noch vor hundert Jahren. Was seinen Ruf als männlichsten Wein Frankreichs angeht, so würde ich diese chauvinistische Auszeichnung eher dem südlichen Nachbarn des Hermitage, dem Cornas, zuerkennen. Trotzdem kann der Hermitage in den Händen der besten Winzer und Produzenten zu einem ganz außergewöhnlichen Wein heranwachsen. Fünf Weine, die ein unwiderlegbares Zeugnis von der enormen Reifekurve dieser Erzeugnisse ablegen, sind der 29er weiße und rote Hermitage von Chave (zuletzt 1986 verkostet), und der 49er, der 59er und der 61er La Chapelle von Paul Jaboulet-Aîné (sehr häufig verkostet, zuletzt 1996).

NEUERE JAHRGÄNGE

1995 Die Weißweine sind strukturiert, zurückhaltend und elegant, jedoch unentwickelt und nicht so kraftvoll oder konzentriert wie die feinsten 94er. Auf Grund ihres höheren Säuregrades dürften sie sich allerdings länger halten. Die hochwertigsten Roten dieses Jahrgangs sind reichhaltiger, fülliger, vollendeter und besser strukturiert als die 94er. So erzeugte Jaboulet den besten La Chapelle seit 1990, und die Chaves, die schon 1994 einen wunderbaren Tropfen produziert hatten, wiederholten ihre Vorjahresleistung. Als ich diese Zeilen schrieb, schien es wahrscheinlich, dass die Familie auch eine kleine Partie ihrer berühmten Cuvée Cathelin herstellen würde. Michel Chapoutier glaubt, dass seine beiden Hermitage-Cuvées La Sizeranne und Le Pavillon für sein Weingut Maßstäbe setzen und selbst seine großen Erfolge aus den Jahrgängen 1991, 1990 und 1989 übertroffen werden. Die Hermitages waren 1995 zweifellos von höchster Klasse, werden aber bis zur vollen Reife viele Jahre Flaschenalterung benötigen. Optimale Genussreife: 2005 bis 2040.

1994 Dies ist ein sehr guter bis ausgezeichneter Jahrgang für den roten Hermitage, und ein potenziell hervorragender Jahrgang für den Weißen. Die Weine haben einen relativ geringen Säuregehalt, sind voll und weich. Der Jahrgang erinnert ein wenig an 1982 und 1985, doch war die Verarbeitung 1994 besser, und in den Kellern der Spitzenerzeuger fand ein schärferes Auswahlverfahren statt. Der Sommer war außerordentlich heiß, trotzdem wurde – wie 1990 – ein potenziell großer Jahrgang durch Regenfälle im September zunichte gemacht. Gleichwohl werden diese Weine köstlich sein und sich 15 Jahre oder länger halten. Optimale Genussreife bei Rotweinen: jetzt bis 2012, bei Weißen: jetzt bis 2010.

1993 In diesem Jahr litt Hermitage unter einer äußerst schlechten Ernte. Einem mittelmäßigen Sommer folgte ein grauenhafter September. Rekordniederschläge verursachten zusammen mit hoher Luftfeuchtigkeit ernsthafte Probleme durch Mehltau und Fäule. Die meisten Erzeuger waren am Boden zerstört. Sie hatten eine gute Lese erwartet, stattdessen verfaulte ihnen nun ein Großteil der Trauben. Chave brachte einen sehr guten Wein zu Stande – vor allem durch den Verkauf von 60 % seiner Produktion an *négociants*, während Jaboulet seinen gesamten La Chapelle deklassierte. Die Sensation des Jahrgangs lieferte allerdings Michel Chapoutier, dessen Ermitage Le Pavillon sich als der Wein des Jahres erwies. Als Chapoutier seine Nachbarn wegen ihres Einsatzes chemischer Hilfsmittel verspottete und den Erfolg seiner biodynamischen Anbaumethoden pries, erntete er Missgunst und wurde als Aufschneider bezeichnet. Guigals Hermitage geriet ebenfalls besser als die meisten anderen und kaum schlechter als die Erzeugnisse von Chave. Nominell ist 1993 ein schrecklicher Jahrgang; selbst seine besten Weine – auch Chapoutiers Le Pavillon – sollten bis 2005 getrunken werden.

1992 Eigentlich ein mittelmäßiges Jahr, aber in Hermitage wurden einige überraschend fruchtige, runde und unkomplizierte Weine leichteren Stils erzeugt. Wiederum brachte der impulsive, manchmal allzu direkte Michel Chapoutier brillante Tropfen hervor; freilich rührt sich in der Nachbarschaft keine Hand zum Applaus. Die meisten Weißweine dieses Jahrgangs sind sehr reichhaltig und ergiebiger als die Roten. Optimale Genussreife für Rotweine: jetzt bis 2005, für Weißweine: jetzt. Die Luxuscuvées L'Orée und Le Pavillon von Chapoutier werden weitere 20 bis 25 Jahre reifen.

1991 In diesem Jahr erfreute sich die Appellation einer ausgezeichneten, nahezu hervorragenden Ernte. Die Trauben waren klein und gesund und sorgten für elegante, aber konzentrierte Weine, die erheblich besser sind als zunächst angenommen. Der Jahrgang ist von deutlich höherer Qualität als 1986 und 1980. Wenn er schon weitgehend in Vergessenheit geraten ist, wird sich zeigen, dass er viele Spätentwickler von beachtlicher Langlebigkeit hervorgebracht hat. Optimale Genussreife für Rotweine: 2000 bis 2015, für Weißweine: jetzt bis 2005.

1990 Ein großer Jahrgang für das gesamte Rhônetal. Es besteht kein Zweifel mehr, welches Anbaugebiet den größten Erfolg erzielte: Hermitage erlebte eine traumhafte Lese. Höchste Zuckerwerte, sagenhaft gesunde Trauben und überraschend hohe Erträge führten zu satt gefärbten, duftigen, konzentrierten Weinen – den besten seit 1961. Der natürliche Alkoholgehalt betrug sensationelle 13 bis 14 %. Manche Beobachter fürchteten, die Frucht könnte eine rauchige Note erhalten, was sich aber als unbegründet erwiesen hat. Den Lesern meiner Zeitschrift *The Wine Advocate* empfahl ich 1991, die einmalige Gelegenheit zu nutzen, sich einen Vorrat an Rhôneweinen anzuschaffen, sollten sie diese Erzeugnisse mögen. 1990 war für alle Winzer in Hermitage ein erfolgreiches Jahr. So ist Jaboulets La Chapelle perfekt – ein Tropfen, der mit dem legendären 1961er konkurrieren kann, ihn vielleicht sogar übertreffen wird. Die Brüder Gérard und Jacques Jaboulet halten ihn für den besten Tropfen, den sie je hervorgebracht haben. Die beiden Hermitage-Cuvées von Chave sind erwartungsgemäß groß-artig, ebenso wie Chapoutiers Le Pavillon. Auch andere Erzeuger, vor allem Marc Sorrel, Guigal und der unterschätzte Bernard Faurie, vollbrachten Unübertreffliches: Fauries Le Méal ist überwältigend. Auf Grund der außerordentlichen Reife der Trauben werden die 90er Hermitages immer eine gewisse Frühreife und einschmeichelnde Art zeigen, doch sind die meisten von ihnen noch 10 bis 15 Jahre von ihrem Höhepunkt entfernt. Sie werden sich 50 Jahre oder länger halten. Ein gewaltiger Jahrgang für Rotweine! Die säurearmen Weißen sind kraftvoll, reichhaltig, hinreißend honigfein und dick. Sie haben sich noch nicht verschlossen und lassen sich weiterhin gut trinken. Es wird sich zeigen, ob sie sich noch 20 bis 30 Jahre halten, doch sind sie sehr alkoholhaltig. Optimale Genussreife für Rotweine: 2008 bis 2050, für Weißweine: jetzt bis 2010.

1989 Wäre das Jahr 1990 nicht gewesen, so würden die meisten Erzeuger in Hermitage ihre 89er als große Weine anpreisen. Ein sagenhafter Jahrgang, der auf Grund des berechtigten Jubels über den 90er zumeist in Vergessenheit geraten ist. Die Weine haben sich seit der Ab-füllung verschlossen, sind aber ausgesprochen reichhaltig, von großem Extraktstoffgehalt, guter Konzentration und schönem Tannin. Manche Weine zeigen eine rauchige Note, die je-doch nur zu ihrer Komplexität beiträgt. Ich glaube nicht, dass der 89er die prachtvolle Üppig-keit und extravagante Fülle der 90er jemals erreichen wird, aber er ist ein klassischer langlebi-ger, gewaltiger Jahrgang für Hermitage, der über 30 bis 40 Jahre hinweg gut reifen sollte. Die Weißweine haben sich verschlossen – sie sind zwar sehr gut, aber nicht außergewöhnlich. Optimale Genussreife für Rotweine: 2005 bis 2035, für Weißweine: jetzt bis 2005.

1988 Als erster eines Dreigespanns wundervoller Jahrgänge wurde der 88er von der über-ragenden Qualität seiner beiden Nachfolger überschattet. Die Roten haben eine satte Farbe und ein schönes Format, sind gewichtig, voll und reich an Extrakt. Diese körperreichen Weine klassischen Stils, mit etwas grünerem Tannin und höherem Säuregehalt als die 89er und 90er, lassen den Jahrgang mehr als nur passabel erscheinen. Optimale Genussreife für Rotweine: 2007 bis 2025, für Weißweine: jetzt bis 2010.

1987 Der Jahrgang, bei dem Regenfälle im September potenziell hervorragende Leistungen zunichte machten, brachte einige angenehm leichte Weine hervor. Chaves 87er ist ein immer noch jugendlicher, köstlicher, weicher Roter; bei Erzeugnissen anderer Winzer drängte sich jedoch eher die vegetabile Seite des Syrah in den Vordergrund. Der Jahrgang ist – trotz eini-ger Erfolge – unbeständig und unausgewogen. Mit Ausnahme von Chaves Hermitage würde ich die Reife dieser Weine nicht über 15 Jahre ausdehnen. Die Weißen sind eher mittelmäßig.

1986 Eine überreiche Ernte in Hermitage, wobei die Weißweine deutlich weniger kraftvoll und konzentriert gerieten als die gelegentlich verblühten, säurearmen 85er. Die Roten zeigen durchschnittliche Konzentration und mittleren Körper, sind elegant und fruchtig, reifen je-doch früh. Optimale Genussreife: jetzt bis 1998.

1985 Die Rotweine dieses Jahrgangs waren nicht so erfolgreich wie die der Appellation Côte Rôtie. Trotzdem sind sie äußerst fruchtig, etwas fett und säurearm, aber duftig, rund und gehaltvoll. Sie sind voll ausgereift und müssen innerhalb der nächsten 10 Jahre getrunken werden. Die einzige Ausnahme bildet der Rote von Chaves, der Feinste der Appellation, der sich weitere 20 Jahre halten wird. Die Weißweine sind sehr, manchmal übertrieben konzen-trierte und dennoch prächtige, ungeheuer interessante, volle Weine mit etwas zu hohem Alkoholgehalt. Der Chante-Alouette von Chapoutier und Chaves Weiße sind sensationelle, üppige Tropfen. Optimale Genussreife: jetzt bis 2005.

1984 Erneut waren die Rotweine weniger erfolgreich als in Côte Rôtie, dieser Jahrgang brachte jedoch recht anständige Weißweine hervor. Zunächst schienen sie mager und sehr säurebetont, in der Flasche zeigten sie jedoch allgemein einen leichteren Stil und einige Finesse. Sie sind zwar nicht sensationell, aber sicherlich angenehm zu trinken. Die roten 84er sind recht leicht und werden rasch reifen. Chaves weiße und rote Hermitages sind in diesem Jahrgang bemerkenswert erfolgreich. Optimale Genussreife: jetzt.

1983 Ein Spitzenjahrgang, der in Hermitage jedoch ärgerlich hart und tanninreich ausgefallen ist. Er bleibt wahrhaft ein Jahrgang für *vins de garde*, denn der trockene, heiße Sommer sorgte für bescheidene Erträge und sehr volle, überaus tanninbetonte, harte Weine, die noch mindestens 4 bis 5 Jahre Flaschenalterung benötigen. Aus dem Fass waren sie fabelhaft, haben sich jetzt aber verschlossen und weigern sich, die hohen Erwartungen zu erfüllen, was ihre Produzenten zunehmend in Unruhe versetzt. Sicherlich werden die Diskussionen um die Frage, ob es Chave oder Jaboulet war, der den edelsten roten Hermitage produziert hat, auch im nächsten Jahrhundert noch nicht beendet sein, stellen doch beide Erzeugnisse hervorragende Leistungen dar. Sie sollten vor dem Jahr 2000 nicht angerührt werden. Delas Frères, Guigal, Sorrel und Ferraton brachten ebenfalls edle Tropfen zu Stande. Die Weißen sind zwar ausgezeichnet, jedoch nicht so durchgängig außergewöhnlich wie die Roten. Ist 1983 nun ein besserer Jahrgang als 1978? Keinesfalls. Die 78er sind entschieden vollmundiger als die 83er. Optimale Genussreife für Rotweine: 1993 bis 2020, für Weißweine: jetzt.

1982 Dieser potenziell außergewöhnliche Jahrgang war gleichzeitig extrem schwierig, denn die Sonnenglut während der Ernte führte zu überhitzter Gärung und Verderb. Die roten Spitzenweine, wie die von Chave und Fayolle sowie Jaboulets La Chapelle, sind samtige, volle Gewächse von ausladendem Aroma und beträchtlichem Reiz. Sie sollten innerhalb der nächsten 5 bis 10 Jahre getrunken werden. Die reichhaltigen, duftigen, jedoch säurearmen Tropfen haben sich rasch entwickelt. Die Weißen sind dagegen voll ausgereift und zerfallen allmählich auf Grund ihres niedrigen, fixierten Säuregehalts, sieht man von Chaves weißem Hermitage ab. Zwei gute Erzeuger – Ferraton und Sorrel – haben schlechte Weine hervorgebracht, sicherlich deshalb, weil sie die Gärtemperaturen nicht unter Kontrolle bekamen. Optimale Genussreife für Rotweine: jetzt bis 2004, für Weißweine: jetzt.

1981 Bis heute halte ich diesen Jahrgang für den am wenigsten ansprechenden Hermitage der achtziger Jahre. Die Weine haben eine beißende, leicht unterernährte, kantige Art ohne Charme und Fülle. Jaboulet hielt die Qualität des Weins zunächst für unzureichend, um ihn zu einem La Chapelle zu erklären, änderte dann aber – meines Erachtens zu Unrecht – seine Meinung. Selbst Chaves 81er ist für seine Verhältnisse ein spröder, recht dünner Wein. Überraschenderweise stammt eines der besten Erzeugnisse dieses Jahres von dem kleinen Winzer Michel Ferraton. Auch Guigal hat 1981 einen guten Wein produziert. Die Weißen sind zwar interessanter, insgesamt aber doch wenig begeisternd. Ich bezweifle, dass einer dieser Weine sich verbessern wird, daher ist es ratsam, sie jetzt zu trinken.

1980 Die Weine dieses unterschätzten Jahrgangs waren 10 bis 15 Jahre lang geschmeidig, fruchtig und ansprechend zu trinken, beginnen jedoch langsam zu verblassen.

1979 Ein ausgezeichneter Jahrgang für Rotwein, ein guter für Weißwein. Bei den Roten ergab sich die klassische Situation, dass ein sehr gutes Jahr weitgehend vergessen wird, wenn das vergangene Jahr überragend war. So erschien auch der 79er – nach dem vorzüglichen 78er – wenig aufregend. In Wahrheit sind die Weine kaum hinter die 1978 erreichten Höchstleistungen zurückgefallen. Wie erwartet haben sie sich schneller entwickelt als die 78er, besitzen jedoch eine außergewöhnliche Farbe und eine ausgezeichnete Tiefe. Jaboulets La Chapelle, der Marquise de la Tourette von Delas Frères und Sorrels Le Méal werden anmutig und in Bestform das nächste Jahrhundert erreichen, sofern es ihnen die Lagerbedingungen erlauben. Seltsamerweise ist Chaves 79er zwar recht gut, erreichte aber nicht die Klasse, die man hätte erwarten können. Optimale Genussreife für Rotweine: jetzt bis 2005.

1978 Für die Erzeuger von Hermitage der größte Jahrgang zwischen 1961 und 1990! Die Spitzenweine sind entwicklungsmäßig noch im Teenageralter und zeigen sich als volle, hochgradig konzentrierte, tanninbetonte und doch komplexe, duftige Gewächse. Die meisten von ihnen werden sich 40 bis 50 Jahre halten. Chave hat einen umwerfenden Tropfen herausgebracht, der in 20 Jahren einen monumentalen Genuss bereiten wird. So erhaben er aber auch ist, die 78er von Sorrel und Delas sowie Jaboulets La Chapelle sind gleichermaßen grandios. Leider werden diese Weine wahrscheinlich höchstens einmal bei Auktionen auftauchen. Optimale Genussreife für Rotweine: jetzt bis 2020.

ÄLTERE JAHRGÄNGE

1977 war ein dürftiger Jahrgang, 1976 dagegen recht hoch angesehen, aber gewaltig überbewertet, und die Jahre 1973 bis 1975 waren alle schlecht bis mittelmäßig. Der Spätentwickler der siebziger Jahre ist der erschreckend unterbewertete 72er. In jenem Jahr war Jaboulets La Chapelle hervorragend. Auch 1970, 1966 und 1961 waren in Hermitage außergewöhnliche Jahrgänge. Letzterer brachte einen La Chapelle hervor, der nach wie vor einer der drei oder vier größten Roten ist, die ich je degustiert habe. Auch 1964 war sehr gut, 1962 und 1969 fielen dagegen gut, aber nicht so beständig und weniger konzentriert aus. Alte Jahrgänge von Jaboulets La Chapelle, die auf dem Markt auftauchen, werden sich weiterhin gut trinken lassen, wenn sie richtig gelagert wurden. 1959 brachte vorzügliche Ergebnisse, wobei Jaboulets La Chapelle kaum mehr als einen Hauch schlechter ist als der sagenumwobene 61er.

ALBERT BELLE ****

Adresse:
Les Marsuriaux, 26600 Larnage, Tel.: 4 75 08 24 58

Produzierte Weine: Hermitage (rot und weiß)

Rebfläche: Weiß: 0,5 ha; Rot: 1 ha

Produktionsmenge: Weiß: 2 800 Flaschen; Rot: 5 250 Flaschen

Ausbau:
Weiß: Bis 1993 der gesamte Weißwein ein Jahr lang in Edelstahltanks. Ab 1994 ein Jahr
lang zu jeweils 50 % in Edelstahltanks und in ausschließlich neuen Eichenfässern.
Rot: 18 Monate in zu 50 % neuen Eichenfässern

Durchschnittsalter der Reben: Weiß: 25 Jahre; Rot: 30 Jahre

Verschnitt: Weiß: 75 % Marsanne, 25 % Roussanne; Rot: 100 % Syrah

Albert Belle, ein ernster, in sich gekehrter Mann, verließ 1990 zusammen mit seinem Sohn die Winzergenossenschaft von Tain l'Hermitage, um seine Weine fortan auf dem eigenen Gut zu keltern und abzufüllen. Der Besitz wird im Kapitel über Crozes-Hermitage ausführlicher beschrieben, da der Hauptteil seiner Produktion zu jener Appellation gehört. Belle besitzt jedoch auch zwei kleine Weinberge in Hermitage. Sein Weißer kommt von einer kleinen Parzelle in Les Diognières, sein Roter aus Les Murets. Die Qualität dieser Gewächse scheint sich mit jedem neuen Jahrgang zu steigern. Sein Hermitage erreicht zwar nicht das Niveau seiner Cuvée Louis Belle aus der Appellation Crozes-Hermitage, wird jedoch ohne jeden Kompromiss bereitet. In einem schön ausgestatteten Keller strebt Belle nach langlebigen Erzeugnissen traditionellen Stils. Er arbeitet ohne Entrappen, mit einer langen *cuvaison* von mehr als drei Wochen und ohne Filtration. In mäßigem Umfang setzt Belle auch neue Eiche ein: Sein Roter reift zu etwa 50 % in Barriques, sein Weißer, der im Übrigen einen wesentlichen Anteil Roussanne enthält, in Tanks und neuer Eiche. In dieser Appellation werden seine Weißweine nur von Jaboulets Chevalier de Stérimberg übertroffen. Bei Belle handelt es sich um ein aufstrebendes Weingut, wie die folgenden Prüfnotizen bezeugen.

JAHRGÄNGE

1995 • 88 Hermitage: Belles tief rubinroter 95er ist verhaltener als seine Cuvée Louis Belle. Er zeigt feine Reife, mittleren bis vollen Körper, eine gewisse Würze, eine lebhafte, säurebetonte Note sowie schöne Reintönigkeit und Ausgewogenheit. Dieser Rote ist nicht gerade extravagant, aber ein eleganter, stilvoller Hermitage, der innerhalb der ersten 10 bis 12 Lebensjahre getrunken sein will. Letzte Verkostung: 6/96.
1994 • 88 Hermitage: Der dunkel rubinrote 94er Hermitage ist keine Sensation, aber ein eleganter, reifer, kräuterwürziger Wein von mittlerem Körper und mit einer pfeffrigen Note. Sein liebliches Auftreten und seine schöne Konturenschärfe machen ihn zu einem erlesenen Tropfen, der innerhalb der nächsten 10 Jahre getrunken werden sollte. Letzte Verkostung: 6/96.
1992 • 92 Hermitage: In diesem Jahr hat Albert Belle die besten Weine produziert, die ich von seinem kleinen Besitz gekostet habe. Der 92er ist eine Sensation. Seine gewaltige Nase

aus gerösteten Kräutern, lieblicher schwarzer Frucht, geräuchertem Fleisch und Gewürzen strömt einem geradezu aus dem Glas entgegen. Der körperreiche Wein verfügt über einen großen Fruchtextrakt, wenig Säure und mäßiges Tannin. Er ist noch unentwickelt und traubig und braucht weitere 3 bis 4 Jahre Flaschenalterung; er wird sich 15 Jahre halten. Vielleicht erweist sich dieser Wein später als einer der zwei oder drei besten Hermitages dieses Jahrgangs. Letzte Verkostung: 6/95.

1992 • 87 Hermitage (weiß): Mit seinem Bukett aus Tannennadeln, Blumen und Ananas und seiner körperreichen, konzentrierten Fruchtigkeit ist dies unbestreitbar ein ausgezeichneter Weißer. Er ist zuverlässig, robust und vollmundig im Geschmack und sollte sich über eine Zeitspanne von 10 bis 12 Jahren gut entwickeln und schön trinken lassen. Letzte Verkostung: 6/95.

1990 • 91 Hermitage: Als ich erfuhr, dass der 90er von Belle vorwiegend in neuer Eiche reifte, war ich überrascht. Der Wein ist so kompakt und reichhaltig, dass ich erst auf Grund dieser Information sein rauchiges Vanillearoma entdecken konnte, das jedoch eher vage ist. Der 90er hat eine satte Farbe und ein viel versprechendes, wenn auch verschlossenes Bukett, das nach Mineralien, schwarzen Beeren, Kräutern und Trüffeln duftet. Im Mund spürt man viel Frucht, einen langen, körperreichen, konzentrierten Geschmack, reichlich Kraft, hohes Tannin und genügend Säure, um dem Wein Konturenschärfe zu verleihen. Er sollte nicht vor 1998 angerührt werden und müsste Ende der neunziger Jahre bis zum ersten Jahrzehnt des kommenden Jahrtausends faszinierend zu trinken sein. Letzte Verkostung: 9/94.

1989 • 91 Hermitage: Der süße Cassisgeruch dieses dunkel rubinrot bis rotschwarz gefärbten 89er wirkt zusammen mit seinem Lakritzeduft und dem etwas rauchigen Charakter sehr eindrucksvoll. Geschmacklich zeigt er explosive Fruchtfülle, große Konzentration und Nachhaltigkeit sowie einen weichen, üppigen Abgang. Der Tanningehalt ist zwar erhöht, verleiht dem Wein aber keine grüne, adstringierende Art, sondern macht ihn reif und rund. Ähnlich dem 90er dürfte auch dieser Tropfen schnell reifen, sich aber weitere 10 bis 15 Jahre halten. Letzte Verkostung: 9/94.

CHAPOUTIER

(Standardcuvées ***/****, Einzellagencuvées *****)

Adresse:
18, avenue du Docteur Paul Durand, B.P. 38, 26600 Tain l'Hermitage,
Tel.: 4 75 08 28 65, Fax: 4 75 08 81 70

Produzierte Weine:
Hermitage Chante-Alouette, Ermitage Cuvée de l'Orée,
Ermitage Le Pavillon, Hermitage La Sizeranne

Rebfläche:
Weiß: 13 ha; Rot: 17 ha

Produktionsmenge:
Weiß: Chante Alouette – 3 400 Kisten; Cuvée de l'Orée – 600 Kisten (aus Le Méal)
Rot: La Sizeranne – 4 300 Kisten; Le Pavillon – 700 Kisten (von Les Bessards)

Ausbau:
Weiß: 6 bis 8 Monate, ein Drittel in zu 20 % neuer Eiche, 70 % in Edelstahltanks
Rot: 12 Monate in zu 33 % neuen Eichenfässern

Durchschnittsalter der Reben:
Weiß: 30 bis 80 Jahre; Rot: 50 bis 80 Jahre

Verschnitt:
Weiß: 100 % Marsanne; Rot: 100 % Syrah

In meiner fast zwanzigjährigen Laufbahn als Weinkritiker habe ich noch keinen so deutlichen Qualitätssprung und keinen größeren Wandel in der Philosophie der Weinbereitung erlebt als in der Kellerei der Familie Chapoutier seit 1989. Dieses berühmte und traditionsreiche Unternehmen, gegründet 1808, besitzt im Rhônegebiet mehr als 70 Hektar bedeutender Rebflächen in fünf Appellationen. Die Chapoutiers haben schon immer gute traditionelle, selten aber vorzügliche Rhôneweine hergestellt. Seit dem Kriegsende bis in die achtziger Jahre hinein wurde die Firma von dem begeisterungsfähigen, lebhaften Max Chapoutier geführt. Als sich dieser jedoch 1988 zur Ruhe setzte, übernahm sein jüngster Sohn Michel die Leitung des Unternehmens und die volle Verantwortung für die Weinbereitung; Michels älterer Bruder Marc blieb für den Vertrieb der Weine zuständig. Die Erfolge Michel Chapoutiers haben in der Welt des Weins großes Aufsehen erregt. Er hat die althergebrachten Methoden der Weinbereitung und *élevage* vollkommen umgestellt und bringt seitdem Weine hervor, die es mit den Erzeugnissen des bedeutendsten Weinproduzenten des Rhônetals, Marcel Guigal, aufnehmen können.

Hinsichtlich seiner Weißweinherstellung wurde Michel Chapoutier vor allem von den Elsässern André Ostertag und Marcel Deiss beeinflusst. Sein oberstes Ziel war eine Bewegung «zurück zur Natur», um die Handschrift des Erzeugers abzuschwächen und stattdessen Typentreue und Lagencharakter des Weins herauszuarbeiten. «Es ist alles im Boden und in der Rebe angelegt», sagt Michel Chapoutier. So ist er bestrebt, «den Charakter der Rebsorte zu unterdrücken, den Charakter des Bodens dagegen zu betonen.» Um dies zu erreichen, hat Chapoutier sich zur biologischen Bewirtschaftung seiner Anbauflächen entschlossen und setzt bei der Gärung ausschließlich wilde Hefen ein. In den Jahren 1988 und 1989 erfolgte ein rigoroser Rebschnitt und eine Ausdünnung der Trauben, um die Erträge von Rot- und Weißwein auf konservative 30 bis 35 Hektoliter pro Hektar zu drücken.

Sein Stil bei der Rotweingewinnung stützt sich, so der junge Chapoutier, auf seine Beratungen mit Gérard Chave und Marcel Guigal. Zunächst trennte er sich von den kleinen *foudres* aus Kastanienholz, die den alten Crozes-Hermitage-Stil des Hauses gekennzeichnet hatten, und ersetzte sie durch kleine Eichenfässer. Der Inhaber der berühmten Böttcherei Demptos wurde damit beauftragt, kleine Fässer aus Tronçais-Eiche zu bauen. Die Vinifikation in offenen Gärbottichen aus Holz wurde fortgesetzt, wobei man großen Wert auf das Eintauchen des Huts aus Traubenschalen in den gärenden Most legt. Mit Ausnahme der Roten aus Saint-Joseph und Côte Rôtie werden die Weine vollständig entrappt und einer *cuvaison* von drei bis dreieinhalb Wochen unterzogen. Neben der Vergärung in kleinen Fässern lag jedoch die wichtigste Veränderung in Chapoutiers Entschluss, seine besten Roten und Weißen weder zu schönen noch zu filtrieren.

In den sieben Jahren zwischen 1989 und 1996, in denen Michel Chapoutier, sein Bruder Marc und ihr brillanter Önologe Alberic Mazoyer die Weinbereitung maßgeblich bestimmten, gelangen nur wenigen Erzeugern der Welt außergewöhnlichere Weine. Gleichzeitig riefen auch nur wenige Winzer größere Kontroversen und Feindseligkeiten hervor. Michel Chapoutier ist ein erklärter Befürworter des biodynamischen beziehungsweise organischen Anbaus, wie ihn der Verfechter der von ihm bevorzugten landwirtschaftlichen Methoden, Rudolf Steiner, in seinem Buch *Die Landwirtschaft* vertrat, das zahlreiche 1924 in Deutschland gehaltene Vorträge zusammenfasst. Chapoutiers Kritiker neigen dazu, den biologischen Landbau als Kult oder Hexerei abzutun, mittlerweile bewegen sich jedoch immer mehr Spitzenerzeuger in seine Richtung – so zum Beispiel Lalou Bize-Leroy, Nicolas Joly und andere. Sie erkennen an, dass die jahrzehntelange übertriebene Anwendung von Chemikalien, Dünge- und Spritzmitteln der Gesundheit der Weinberge erheblichen Schaden zugefügt hat. Durch seine Temperamentsausbrüche provoziert Michel Chapoutier leider immer wieder Streitereien. Wenn man bedenkt, dass er bereitwillig eingesteht, wie viel er Erzeugern wie Marcel Guigal, Gérard Chave, François und Jean-Pierre Perrin sowie Jacques Reynaud zu verdanken hat, kann man dieses Verhalten nur bedauern. Chapoutiers Streben nach Qualität führt häufig zu voreiligen Stellungnahmen, in denen er seine Kollegen undiplomatisch und gelegentlich in schärfstem Ton kritisiert. Dies trägt natürlich nicht dazu bei, dass Chapoutier von Weinproduzenten, Angehörigen der Weinindustrie und qualitätsbewussten Verbrauchern die – wie ich finde – verdiente Unterstützung findet. Ich bin mir nicht sicher, ob er in seinem jugendlichen Überschwang und seiner Besessenheit überhaupt im Stande ist, auf rhetorische Breitseiten zu verzichten, wenn er den Eindruck hat, dass Erzeugern mit Spitzenlagen das Qualitätsbewusstsein fehlt. Unstrittig ist aber, dass Michel Chapoutier ein hell erstrahlender Stern am Himmel der Weinerzeuger geworden ist.

Fast ein Jahrzehnt nach der Übernahme des Weinguts ist Chapoutier noch immer nicht zufrieden und zwingt sich geradezu, das Niveau seiner Weine ständig weiter in die Höhe zu treiben. Zudem ist er ein Freund so markanter Aussprüche wie: «1989 konnte ich Lärm machen – heute mache ich Musik.» Offenbar hält er seine Erzeugnisse aus der Anfangszeit schlicht für ungeheuer massive Weine mit starkem Extraktstoffgehalt, während sie sich heute zusätzlich durch Komplexität und Finesse auszeichnen. Eine weitere Lieblingsaussage ist: «Ein filtrierter

Wein ist wie Liebe mit Kondom.» Dieser Standpunkt ist zwar nicht politisch korrekt und demonstriert Chapoutiers Neigung zu Provokationen, sein Hauptargument ist aber, dass der Wein durch Filtrieren seinen Charakter, sein *terroir* und seine Persönlichkeit verliert – vom Geschmack ganz zu schweigen.

Die Weinkeller wurden vollständig renoviert, Klimaanlagen und neue kleine Fässer angeschafft, und überall bewies man viel Liebe fürs Detail. Michel glaubt an die «*mono-cépage*», deshalb werden seine Côtes Rôties aus 100 % Syrah, sein weißer Hermitage und der Saint-Joseph aus 100 % Marsanne und sein Châteauneuf-du-Pape aus 100 % Grenache gewonnen. Als Purist vertritt er die Meinung, dass der Verschnitt nur den Charakter des *terroir* und der Traube unterdrückt.

Um das riesige Sortiment, das heutzutage auf diesem Gut produziert wird, richtig einordnen zu können, sollte man die folgenden vier Qualitätsniveaus kennen:

(1) Südfranzösische Weine: Die Chapoutiers orientieren sich mehr und mehr nach Süden, da sie im Languedoc-Roussillon und mehreren *vin-de-pays*-Regionen das enorme Potenzial erkennen, Spitzengewächse zu annehmbaren Preisen zu erzeugen. 1995 haben sie drei Hektar in Banyuls erworben, und gegenwärtig sehen sie sich in den Côtes de Roussillon und den Coteaux d'Aix-en-Provence nach Grundbesitz um. 1995 brachten sie auch ihren ersten Wein aus dem d'Oc heraus, einen Markenverschnitt aus Syrah, Grenache, Carignan und Mourvèdre, der «Entre Nous» heißt. Dieser Ausflug in den französischen Süden wird nicht der letzte gewesen sein, da es nach Meinung der Familie an der Rhône nicht mehr genügend hervorragende Weinberge gibt.

(2) Händlerweine aus dem Rhônetal: Die zweite Qualitätsstufe stellen die reinen Händlerweine dar, die aus zugekauften Trauben und Most bereitet werden. Michel Chapoutier arbeitet gern mit ganz bestimmten Winzern zusammen – er kann zwar nicht alles kontrollieren, hat jedoch stets auf geringeren Erträgen und einem reduzierten Einsatz von Kalium bestanden und biologische Vinifikationsmethoden gefördert.

(3) Erzeugerabfüllungen aus dem Rhônetal: Die dritte Stufe bilden Chapoutiers Erzeugerabfüllungen wie der berühmte weiße Hermitage Chante-Alouette und die Rotweine Hermitage La Sizeranne, Châteauneuf-du-Pape La Bernadine, Crozes-Hermitage Les Meysonnières und der St-Joseph Les Deschants. Die Firma Chapoutier hat diese Weine aus dem Meer der Mittelmäßigkeit herausgehoben und auf ein hohes Qualitätsniveau gebracht. Neben den Händlerweinen sind es diese Erzeugnisse, die der Leser auf dem Markt wahrscheinlich am ehesten findet. 1995 hat Chapoutier als Reaktion auf die Tatsache, dass es von seinen umfangreichsten Cuvées aus den Côtes du Rhône, aus Crozes-Hermitage und Hermitage mehrere Abfüllungen gab, die notwendigen Investitionen vorgenommen, um mit maximal zwei Abfüllungen – in den meisten Fällen mit nur einer Abfüllung für jeden Wein – auszukommen, damit eine gleich bleibende Qualität gewährleistet wird.

(4) Vom Erzeuger abgefüllte Luxuscuvées aus dem Rhônetal: An der Spitze der Hierarchie stehen die Luxuscuvées aus Parzellen extrem alter Rebstöcke mit mikroskopisch kleinen Erträgen, ausgebaut in zu 100 % neuer Eiche und meist ungeschönt oder ungeklärt abgefüllt. Diese Weine sind vorbildlich für ihre Appellation und gehören zu den größten Roten und Weißen der Welt. Aus der südlichen Rhône stammt der Châteauneuf-du-Pape Barbe Rac, von einem 1901 bestockten Weinberg in der Nähe des berühmten Château La Gardine. Im Norden liegen der Saint-Joseph Les Granits, eine Fläche 80 Jahre alter Reben, die auf reinem Granitboden an einem Hang hinter dem Dorf Mauves angepflanzt wurde, der Crozes-Hermitage

Les Varonniers, der weiße Ermitage Cuvée de l'Orée aus uralten Weinstöcken in Le Méal (die häufig nur 1,2 Tonnen Ertrag pro Hektar liefern), der rote Ermitage Le Pavillon aus den ältesten Reben in Les Bessards (70 bis 80 Jahre alt) sowie der Côte Rôtie La Mordorée, eine Parzelle 75- bis 80-jähriger Rebstöcke, die nur einen Katzensprung von Guigals berühmtem La Turque entfernt ist. Die Produktionsmengen liegen mit 400 bis 700 Kisten außerordentlich niedrig, ihre Qualität ist jedoch vorzüglich.

Damit verfügen die Chapoutiers, die von sich behaupten, die größten Landbesitzer in der 133 Hektar großen Appellation zu sein, über rund 33 Hektar. Ihre Weine werden stets entrappt, weil man fürchtet, dass andernfalls die stielige, pflanzliche Komponente zu stark hervortritt. Vor dem Generationenwechsel war gewöhnlich Gérard Chave mit seiner Ernte der Letzte, heute findet die Lese bei Chapoutier noch einige Tage später statt.

Jahrgänge

1995 • 99+ Ermitage Le Pavillon (rot): Der 95er Ermitage Le Pavillon – Chapoutier hat das Anfangs-H von Hermitage gemäß der alten Schreibweise fallen lassen – müsste sich als perfekter Wein erweisen. Die Lese für diese Cuvée begann erst Anfang Oktober, mehrere Wochen nach dem letzten Regen. Das Ergebnis ist ein Tropfen von dichter schwarz-purpurner Farbe, der eben erst beginnt, sein exquisites Potenzial zu enthüllen. Offenbar ist er ähnlich konzentriert wie die besten 90er und 89er, besitzt aber auf Grund seines höheren Säuregehalts einen verschlosseneren, geradlinigeren Charakter. Seine ungeheure Fülle, der gewaltige Extraktstoffgehalt, die beeindruckend kraftvolle Art und der lange Abgang deuten darauf hin, dass dieser Wein weitere 10 bis 15 Jahre Reifezeit benötigen wird. Wahrscheinlich wird er auch im Jahr 2050 noch einen umwerfenden Trinkgenuss bereiten. In seiner Überfülle an Frucht, Reinheit und Tiefe stellt er eine weitere Glanzleistung der Weinbereitung dar. Letzte Verkostung: 6/96.

1995 • 91 Hermitage La Sizeranne (rot): Dieser Rote wird aus Minimalerträgen von weniger als 2,5 Tonnen pro Hektar produziert, was in etwa der Ertragsmenge von Chapoutiers berühmtem Le Pavillon entspricht. Er zeigt ausgezeichnete Fülle, ein erdiges, rauchiges, süßes Bukett von Schwarzen Johannisbeeren, ist verschlossen, tanninstreng und sehr säurebetont im Geschmack und hinterlässt am Gaumen einen vielschichtigen Eindruck. Der Wein ist jedoch extrem zurückhaltend und wird sich angesichts der beißenden Säure nur langsam entwickeln. Vermutlich kann man ihn nach 8 bis 10 Jahren Flaschenalterung gut trinken und er verspricht, mindestens weitere 20 Jahre zu halten. Zweifellos der bisher reservierteste La Sizeranne von Michel Chapoutier. Letzte Verkostung: 6/96.

1995 • 92 Hermitage Chante-Alouette (weiß): Der 95er zeigt ein ausgeprägtes Bukett von Lavendel, Honig, Ananas und Mineralien. Dieser ausladende und volle, dabei aber für sein körperreiches Format bemerkenswert frische Wein ist ein muskulöser, intensiver Weißer, der sich wie der 94er ein Jahrzehnt oder länger halten sollte. Letzte Verkostung: 6/96.

1995 • 98 Ermitage Cuvée de l'Orée (weiß): Ein wahrhaft großer trockener Weißwein von enormer Fülle, Konzentration und klarer Struktur, die durch seine lebhafte Säure im Gleichgewicht gehalten wird. Als ich erfuhr, dass der Wein in zu 100 % neuer französischer Eiche verarbeitet und ausgebaut wird, war ich überrascht, denn er zeigt keine Spur von Toastwürze oder Vanillearoma – dafür ist er zu dick, ölig und reichhaltig. Das Aroma aus Akazienblüten, Mineralien, Orangen und Honig scheint in diesem außergewöhnlichen Tropfen nicht schwächer zu werden. In der Jugend wird er sich hervorragend trinken lassen, um sich dann in ein paar Jahren zu verschließen. Vielleicht tue ich ihm Unrecht, wenn ich nicht die höchste Punktzahl vergebe. Die Erträge waren mit 12 Hektolitern pro Hektar schrecklich gering und haben einen der allergrößten, jungen, trockenen Weißen hervorgebracht, die ich je gekostet habe. Er ist wunderbar reichhaltig, verblüffend ausgewogen, außerordentlich komplex und erinnert an Montrachet. Wird er 10, 20 oder 30 Jahre halten? Vielleicht nicht, trotzdem markiert dieser flüssig-mineralische, honigfeine Tropfen einen Höhepunkt in der Welt des Weins. Letzte Verkostung: 6/96.

1994 • 96 Ermitage Le Pavillon (rot): Eine weitere Sensation! Der Le Pavillon gehört in jedem Jahrgang zu den drei oder vier besten französischen Weinen! Das dichte Purpurrot des unglaublich konzentrierten 94ers und seine wunderbar süße, reintönige Nase aus Cassis und anderen schwarzen Beerenfrüchten, verflochten mit einem mineralischen Aroma, wird von tiefer Fülle, großer Komplexität und einem vollen Körper begleitet. Man könnte ihn fast als den Inbegriff von Brombeeren und Cassis bezeichnen. Dieser riesige Hermitage ist ungeheuer säurereich, bleibt dabei aber ausgewogen und elegant. Die Trauben stammen aus einer Parzelle – ich habe sie mir angeschaut –, deren Rebstöcke teilweise noch aus der Zeit vor der Reblaus-Epidemie stammen. Ein Ermitage Le Pavillon, der nur gekauft werden sollte, wenn man bereit ist, ihm eine Lagerzeit von 10 bis 12 Jahren zu gewähren. Er wird seine Vollreife nicht vor dem Ende des ersten Jahrzehnts im nächsten Jahrhundert erreicht haben, sich dann aber noch mindestens 30 Jahre halten. Letzte Verkostung: 6/96.

1994 • 90 Hermitage La Sizeranne (rot): Der 94er La Sizeranne (Partie 6711; dieser Jahrgang ist der letzte, der in mehreren Durchgängen abgefüllt wurde) ist ein strukturierter, kompakter, konzentrierter und körperreicher Wein, der weitere 4 bis 5 Jahre Flaschenalterung benötigt. Er sollte sich 15 bis 20 Jahre halten. Seine dichte, rubin- bis purpurrote Farbe wird von blumigen Düften und lieblichem Cassisaroma begleitet. Auf die überfallartig wirkende, süße, reife Frucht folgt eine tanninreiche Struktur. Ein beeindruckender Hermitage, der freilich Geduld erfordert. Letzte Verkostung: 6/96.

1994 • 98+ Hermitage Vin de Paille (weiß): Chapoutier hat von diesem ungefilterten 94er Vin de Paille nur rund 1 000 Flaschen produziert. Der ausschließlich in neuer Eiche ausgebaute Wein ist bernsteingelb und präsentiert ein liebliches Bukett von Karamell, Pfirsichen, Tee und Orangenmarmelade, eine große Struktur sowie erstaunliche Reichhaltigkeit und Länge. Michel Chapoutier glaubt, dass dieser nach reifen Aprikosen schmeckende Wein mindestens ein Jahrhundert halten wird. Letzte Verkostung: 6/96.

1994 • 91 Hermitage Chante-Alouette (weiß): Der Chante Alouette (Partie 6671) ist vorzüglich: Sein Bukett aus Kirsch-, Ananas- und Aprikosendüften ist voll, sein Geschmack ölig-dick und reichhaltig, seine Art flüssig-mineralisch und das Aroma reintönig, frisch, körperreich und honigfein. Letzte Verkostung: 6/96.

1994 • 99 Ermitage Cuvée de l'Orée (weiß): Dieser Tropfen mit seinem riesenhaften, blumigen, überaus vollen Bukett ist beinahe der Inbegriff von Mineralien und reifer Frucht. Mit seiner extrem kraftvollen, körperreichen und öligen Konsistenz sollte sich dieser umwerfende Wein mindestens 30 bis 50 Jahre halten. Letzte Verkostung: 6/96.

1993 • 93 Ermitage Le Pavillon (rot): Der beste Hermitage seines Jahrgangs. Er ist jetzt spröder als bei der ersten Verkostung vor der Abfüllung und gehört zu den wenigen 93ern mit süßem, fruchtigem Kern, dichter, rubin- bis purpurroter Farbe sowie hervorragender Konzentration, schönem Extrakt und viel Tannin im Abgang. Im Stil härter als der Le Pavillon von 1992, sollte er sich aber trotzdem noch 40 bis 50 Jahre halten. Letzte Verkostung: 6/96.

1993 • 93 Hermitage La Sizeranne (rot): Der tiefschwarze 93er La Sizeranne verfügt über ein wunderbar rauchiges, dichtes Bukett von vorzüglicher Fülle und Reife, vollem Körper und vielschichtigen Geschmacksnuancen. Ein großartiger Roter, der 5 bis 6 Jahre gelagert werden muss und ein Reifepotenzial von 3 Jahrzehnten besitzt. Letzte Verkostung: 6/96.

1993 • 85 Hermitage La Sizeranne (Partie 021, rot): Wie viele meiner Leser habe auch ich von Beschwerden über die Qualitätsschwankungen bei verschiedenen Flaschen des Hermitage La Sizeranne gehört. Ich werde bei der Verkostung dieses Weins in Zukunft stärker auf die Los-kennzeichnung achten. Die hohen Punktzahlen, mit denen ich die Fassproben von 1993 und 1992 bewertet habe, sind heute jedenfalls nicht mehr angemessen. Dies gilt besonders für den 93er, der nach Chapoutiers Einschätzung zu spät abgefüllt wurde. Der dunkel rubinrote La Sizeranne ist extrem verschlossen und zeigt adstringierendes Tannin. Es scheint, als bräuchte er 7 bis 10 Jahre Lagerzeit, ich glaube allerdings nicht, dass die Frucht sich so lange halten wird. Letzte Verkostung: 6/96.

1993 • 91 Hermitage Chante-Alouette (weiß): Ein dicker, blumiger, mineralischer, honigfeiner Wein von großem Format mit einem deutlichen Aroma von Akazienblüten. Er gibt sich tief und körperreich bei schöner Frucht – ein vorzüglicher Weißer, der innerhalb der nächsten 10 bis 20 Jahre getrunken werden kann. Letzte Verkostung: 6/96.

1993 • 90 Hermitage Chante-Alouette (Partie 5931, weiß): Diese Partie des 93er Chante-Alouette erzielte einen natürlichen Alkoholgehalt von 14 %. Sein buttriger, rauchiger, minera-lischer Geschmack geht mit beträchtlicher Kraft, Intensität und öliger Konsistenz einher. Der hervorragende Tropfen aus einem schwierigen Jahrgang sollte sich für mindestens 10 Jahre gut trinken lassen. Letzte Verkostung: 6/96.

1993 • 94 Ermitage Cuvée de l'Orée (weiß): Die 93er Cuvée de l'Orée hat zahlreiche Nuan-cen entwickelt: Flüssig-granitartige Düfte vermischen sich mit honigzarten, rauchigen und blu-migen Aromen – sogar eine Andeutung von überreifen Pfirsichen ist wahrzunehmen. Große Frucht, eine vielschichtige, viskose Konsistenz, ein sehr hoher Alkohol- und Glyzeringehalt sowie ein sensationeller Abgang sind weitere Eigenschaften dieses schönen Tropfens. Ein äußerst massives Beispiel für weißen Hermitage, der nur noch von seinem Vorgänger über-troffen wird.

1992 • 95 Ermitage Le Pavillon (rot): Kaum zu glauben, welche Intensität Chapoutier in diesem 92er hervorgebracht hat. Die schwarz-purpurne Farbe wird von einem lieblichen, intensiven Duft, gemischt aus Lakritze, pfeffriger Cassisfrucht und Gewürzen, begleitet. So körperreich, kraftvoll und kompakt, sollte dieser bemerkenswerte Wein noch in 6 bis 7 Jah-ren trinkbar sein und sich 20 bis 25 Jahre halten. Eine schöne Leistung für diesen Jahrgang. Voraussichtliche Genussreife: 2000 bis 2020. Letzte Verkostung: 6/96.

1992 • 86 Hermitage La Sizeranne (rot): Der tief rubinrote 92er La Sizeranne enthüllt ein Aroma von grünem Pfeffer, Kräutern und Cassis. Er zeigt einen ansprechenden, süßen Ge-schmack von schwarzen Beeren, mittleren Körper, schöne Dichte und gute Konzentration. Ein glatter, sofort trinkbarer Hermitage. Voraussichtliche Genussreife: jetzt bis 2007. Letzte Verkostung: 6/96.

1992 • 90 Hermitage Chante-Alouette (weiß): Der 92er Chante-Alouette zeigt das verräteri-sche Bukett von Mandarine, Honig und Akazienblüten, einen vollen Körper, bewundernswer-te Kraft und Intensität, eine dicke, ölige Konsistenz und wenig Säure. Er ist die sirupartigste, vielschichtigste und konzentrierteste Cuvée Chante-Alouette. Voraussichtliche Genussreife: jetzt bis 2002. Letzte Verkostung: 6/96.

1992 • 96 Ermitage Cuvée de l'Orée (weiß): Dieser Wein enthüllt die Viskosität eines reich-haltigen Sauternes, ist dabei aber völlig trocken. Die körperreiche, schwergewichtige, massiv ausgestattete Huldigung an die Marsanne-Traube muss man verkostet haben, um an ihre Existenz zu glauben. Der Wein ist so dick und vollmundig, dass manch einer von seiner Intensität reichlich geschockt sein wird und sich fragt, was er da eigentlich im Glas hat. Solche Gewächse sind selten, aber ich bin sicher, dass sich dieser Wein halten und mindestens 30 Jahre weiterentwickeln wird – ein Klassiker! Voraussichtliche Genussreife: 1998 bis 2025. Letzte Verkostung: 6/96.

1992 • 96+ Hermitage Vin de Paille (weiß): Der zwischen Bernstein und Gold changierende 92er Hermitage Vin de Paille zeigt eine buttrige, honigfeine Blume, ist viskos, dick und äußerst gehaltvoll im Geschmack und besitzt einen sirupartigen Abgang mit genügend Säure, um ihm Größe und Dynamik zu verleihen. Er ist erstaunlich wenig geformt. Voraussichtliche Genussreife: 2005 bis 2050. Letzte Verkostung: 6/96.

1991 • 100 Ermitage Le Pavillon (rot): Ein weiterer Le Pavillon von sagenhaften Proportionen. Er wurde aus extrem alten Rebstöcken erzeugt, die zum Teil aus der Mitte des 19. Jahrhunderts stammen und durchschnittliche Erträge von weniger als 15 Hektolitern pro Hektar hervorbringen. Dies ist der reichhaltigste, konzentrierteste und tiefgründigste Wein, den Hermitage hervorgebracht hat und folgt demselben Muster wie die Jahrgänge 1989 und 1990. Seine satte schwarz-purpurrote Farbe begleitet ein Bukett von Gewürzen, gegrilltem Fleisch sowie schwarzen und roten Beeren. Mit seiner unglaublichen Konzentration und brillanten Konturenschärfe sollte sich diese außerordentliche, von der Natur so reich ausgestattete Kreation mühelos mindestens 30 Jahre halten. Kräftig, voll mit seidigen Tanninen – einfach makellos! Voraussichtliche Genussreife: 2001 bis 2035. Letzte Verkostung: 6/96.

1991 • 90 Hermitage La Sizeranne (rot): Der 91er La Sizeranne besitzt eine undurchdringliche Farbe und ein reintöniges Bukett von Cassis, Lakritze und Rauch. Er ist körperreich, konzentriert und so intensiv wie der 90er; im Vergleich zum Le Pavillon ist er aber sehr viel besser entwickelt. Voraussichtliche Genussreife: 1998 bis 2010. Letzte Verkostung: 6/96.

1991 • 90 Hermitage Chante-Alouette (weiß): Gewonnen aus Erträgen von 25 Hektolitern pro Hektar zeigt dieser volle, körperreiche Wein glänzende Konturen und einen verführerischen Duft nach Birnen, Blumen und Mineralien. Gleichzeitig besitzt er hervorragende Fülle und Extrakt, anständige Säure und eine subtile Andeutung von neuer Eiche, die dem Wein eine nur noch größere Dimension und Struktur verleiht. Voraussichtliche Genussreife: jetzt bis 2009. Letzte Verkostung: 6/96.

1991 • 94+ Ermitage Cuvée de l'Orée (weiß): Obwohl dieser 91er Ermitage Cuvée de l'Orée schon für sich einnehmen sollte, zeigt er sich noch verschlossen. Der Wein ist körperreich und verblüffend gehaltvoll, mit einem dichten, aber viel versprechenden Bukett von Aromen aus Honig, Pfirsichblüte, Akazienblüte und Mineralien. Seine ölige Struktur und der dicke, reichhaltige, vollmundige Geschmack werden durch den hohen Säuregehalt ausgeglichen. Der Abgang dauert bis zu einer Minute. Voraussichtliche Genussreife: 2000 bis 2025. Letzte Verkostung: 6/96.

1991 • 98 Hermitage Vin de Paille (weiß): In diesem Jahr waren Chapoutiers Bemühungen, einen lieblichen *vin de paille* aus rosinierten und getrockneten Hermitage-Trauben zu bereiten, höchst erfolgreich. Der Wein besitzt einen rauchigen, honigfeinen und lieblichen Charakter, eine beeindruckende Konzentration und Fülle und einen umwerfenden Abgang. Diese Weine, die nur in halben Flaschen erhältlich sind – die aber für mindestens 10 bis 15 Personen ausreichen müssten –, werden sich wenigstens über 50 Jahre halten. Voraussichtliche Genussreife: 2000 bis 2050. Letzte Verkostung: 6/94.

1990 • 100 Ermitage Le Pavillon (rot): Dieser Rote ist genauso unwiderstehlich wie der 89er – zwar nicht ganz so üppig, dafür aber kraftvoller und gewichtiger. Ein fast schwarzer Wein von einem außerordentlichen Duft nach Lakritze, süßer Cassisfrucht, Rauch und Mineralien, der dem Gaumen mit einem vielschichtigen, üppig reichen, hoch konzentrierten, ja fast viskosen Syrah-Geschmack schmeichelt. Sein Glyzeringehalt ist erstaunlich, seine ölige Konsistenz und sein kerniger Abgang sind phänomenal. Die Tannine, deren Anteile sich bei einer chemischen Analyse als sehr hoch erweisen, werden von der schieren Masse der Frucht praktisch maskiert. Hoffentlich werde ich noch den Tag erleben, an dem Chapoutiers 90er Ermitage Le Pavillon, Chaves 90er Hermitage und Jaboulets 90er La Chapelle voll ausgereift sind! Was für ein großartiges Dreigestirn von Weinen haben diese Erzeuger der altehrwürdigen Appellation Hermitage bereitet! Das Reifepotenzial des Ermitage Le Pavillon ist vermutlich besser entwickelt als das der Hermitages von Chave und von Jaboulet – wer jedoch das Glück hat, eine Flasche davon zu finden, öffnet diese lieber nicht vor Ablauf von mindestens 7 bis 10 Jahren. Der Tropfen sollte sich 30 bis 40 Jahre halten. Letzte Verkostung: 12/95.

1990 • 91 Hermitage La Sizeranne (rot): Der aus Erträgen von 28 Hektolitern pro Hektar produzierte 90er La Sizeranne hat begonnen, sich zu verschließen. Seine Farbe ist ein dunkles Purpur, und mit etwas Geduld kann man die extrem reife Blume aus Cassis, Lakritze, Mineralien und Gewürzen allmählich aus ihm herauskitzeln. Ein körperreicher, tanninbetonter Wein, in zu 60 % neuen Eichenfässern gereift, der über einen reichlichen Geschmack von schwarzen Beeren, eine vollmundige Struktur und einen sehr feinen Abgang verfügt. Vermutlich wird er erst um die Jahrtausendwende voll ausgereift sein und 25 bis 30 Jahre halten. Letzte Verkostung: 12/95.

1990 • 90 Hermitage Chante-Alouette (weiß): Die gelbe Farbe des 90er Chante-Alouette lässt auf hochreife Trauben schließen. Sein Bukett zeigt das honigfeine Aroma von Haselnüssen, Gestein und Pfirsichen eines weißen Hermitage von höchstem Rang. Im Mund zeigt er vorzüglichen Extrakt, vereint mit überraschend lebhafter, starker Säure. Ein extrem voller, intensiver Liebhabertropfen. Voraussichtliche Genussreife: jetzt bis 2010. Letzte Verkostung: 12/95.

1990 • 96 Hermitage Vin de Paille (weiß): Aus einem winzigen Ertrag von 9 Hektolitern pro Hektar hat Chapoutier in diesem Jahr einen verblüffenden *vin de paille* produziert. Dafür wurden die Trauben zweieinhalb Monate lang auf Strohmatten gelagert, bevor sie gepresst und verarbeitet wurden. Entstanden ist ein öliger, unglaublich reichhaltiger, wunderbar duftiger, honigfeiner Wein von außerordentlicher Ausgewogenheit, misst man ihn an seinem massiven Format. Leider wurden von diesem Nektar, der 40 bis 50 Jahre reifen wird, nur rund 225 Kisten hergestellt. Letzte Verkostung: 4/94.

1989 • 100 Ermitage Le Pavillon (rot): Gewaltig, dieser Tropfen! Die Parzelle alter Rebstöcke mit einem Durchschnittsalter von 70 bis 80 Jahren hat bei einem Ertrag von 14 Hektolitern pro Hektar einen Wein von dichter schwarz-purpurroter Farbe mit einem überwältigenden Bukett von Veilchen, Cassis, Mineralien und neuer Eiche hervorgebracht, das einen nicht mehr loslässt. Im Mund zeigt er auffallende Ähnlichkeit mit der Struktur, Fülle und perfekten Ausgewogenheit des unwiderstehlichen 86er Mouton-Rothschild, nur ist dieser Wein gehaltvoller und im Abgang länger als der Bordeaux. Der außerordentlich ausgewogene Tropfen wird wohl nicht vor Ablauf von mindestens 5 bis 10 Jahren trinkbar sein, sich jedoch über 30 Jahre oder länger entfalten. Er ist riesenhaft und offenbart doch eine erstaunliche Geradlinigkeit. Ein Jammer, dass es von diesem großartigen Gewächs – dem ersten in einem Trio exquisiter Le Pavillons (89er, 90er und 91er) – nur 600 Kisten gibt. Letzte Verkostung: 12/95.

1989 • 90 Hermitage La Sizeranne (rot): Aus Erträgen von höchstens 30 Hektolitern pro Hektar bereitet und in zu 40 % neuen Eichenfässern ausgebaut, ist der rote 89er bereits ein biologisch angebauter, ungeschönter und ungefilterter Wein, der sich überraschend gut trinken lässt. Seine dunkle, rubin- bis purpurrote Farbe zeigt keinerlei Alterserscheinungen. Das Bukett entströmt förmlich dem Glas und enthüllt dabei Duftnoten von Cassis, Mineralien, rauchigem Eichenholz und Kräutern. Im Mund erweist sich dieser volle, kräftige, konzentrierte und hochreife Wein als üppig und geradlinig, bei merklichen, aber reifen und unaufdringlichen Tanninen. Voraussichtliche Genussreife: jetzt bis 2010. Letzte Verkostung: 6/96.

1989 • 90 Hermitage Chante-Alouette (weiß): Ein erneut gelungenes Gewächs mit einem reichen, buttrigen, haselnussduftigen Bukett, tiefem, alkoholstarkem Geschmack, fetter, vollmundiger Struktur und einem langen Abgang von großem Format. Obwohl dieser 89er noch keine Komplexität entwickelt hat, gehört er zu dem Typus von Hermitage-Weißweinen, der sich über 20 Jahre oder länger anmutig entfalten kann. Nach 7 bis 10 Jahren Reifezeit lassen sich solche Tropfen sogar noch besser trinken, da sie in ihrer Jugend häufig stämmig und eindimensional wirken. Letzte Verkostung: 6/96.

1988 • 87 Hermitage La Sizeranne (rot): Der 88er La Sizeranne ist ein weicher, aber immer noch hoch konzentrierter, hervorragender Hermitage. Nur im Vergleich zu dem der Welt entrückten 89er schneidet er schlechter ab. Sein Bukett ist eine Nuance blumiger und weist einen Veilchenduft auf, der sich neben den hochreifen Aromen von Cassis und angerauchter Eiche gut ausnimmt. Der Wein ist großzügig ausgestattet und körperreich, jedoch milder, weiter entwickelt und zugänglicher als sein Nachfolger und sollte sich noch über die nächsten 10 bis 15 Jahre schön trinken lassen. Letzte Verkostung: 10/93.

1988 • 87 Hermitage Chante-Alouette (weiß): Der weniger konzentrierte, eher würzige als blumige Weiße hat eine gute Lagerfähigkeit von 10 bis 15 Jahren. Probiert man ihn zusammen mit dem 89er, so drängt ihn dieser in den Hintergrund; der 88er bleibt aber trotzdem ein beeindruckender Tropfen. Letzte Verkostung: 10/93.

ÄLTERE JAHRGÄNGE

Unter der Herrschaft von Vater Max Chapoutier wurden gute rote Hermitages in bäuerlichem Stil produziert, wobei die Weißen eher von bleibender Qualität und hochwertiger waren als die Roten. Letztere oxidierten des Öfteren – eine Folge von Max Chapoutiers *élevage*, da sie zu lange in *foudres* aus Kastanienholz gelagert wurden. Seine Söhne verabscheuten diese *foudres* so sehr, dass sie sie nach dem Führungswechsel umgehend abschafften und, wie Michel erzählt, zum geheimen Brennstoff so mancher familiärer Grillparty machten. Zudem hatte sein Vater Verschnittweine ohne Jahrgangsangabe produziert, die er *Cuvées Numérotées* nannte. Dabei handelte es sich um einen gemischten Satz aus verschiedenen hochrangigen Jahrgängen, denen gewisse Partien aus alten Jahren beigemischt wurden. Häufig kamen dabei vortreffliche Tropfen heraus, mit Bezeichnungen wie Ermitage Le Pavillon, Ermitage Cuvée de l'Orée und Châteauneuf-du-Pape Barbe Rac. Trotzdem warf Michel die Idee eines jahrgangslosen Verschnitts zu Recht über Bord. Sollte der eine oder andere der genannten Weine jedoch auf einer Auktion zu haben sein, kann man ihn durchaus kaufen, vorausgesetzt er wurde gut gelagert. Zwischen 1977 und 1988 wurden jeweils etwa 400 bis 500 Kisten produziert.

Die Chapoutiers bringen noch andere sehr edle Weine hervor wie Condrieu, Saint-Joseph, Crozes-Hermitage, Cornas, Côte Rôtie, Châteauneuf-du-Pape und mehrere Côtes du Rhônes. Genauere Informationen und Prüfnotizen sind in dem jeweiligen Kapitel über diese Appellationen zu finden.

Jean-Louis Chave *****

Adresse:

37, avenue Saint-Joseph, 07300 Mauves, Tel.: 4 75 08 24 63, Fax: 4 75 07 14 21

Produzierte Weine:

Hermitage (rot und weiß), Hermitage Cuvée Cathelin, Hermitage Vin de Paille

Rebfläche:

Weiß: 5 ha; Rot: 10 ha

Produktionsmenge:

Weiß: 15 000 Flaschen

Rot: 25 000 bis 30 000 Flaschen

Vin de Paille: 1 000 Flaschen

Cuvée Cathelin: 2 500 Flaschen (aus sehr alten Rebstöcken in Les Bessards)

Ausbau:

Weiß: 18 Monate, 80 % in Eiche, der Rest in Edelstahltanks, 10 % des Ertrags in neuer Eiche

Rot: 18 bis 24 Monate in zu 10 % neuer Eiche

Durchschnittsalter der Reben:

Weiß: 60 Jahre; Rot: 60 Jahre

Verschnitt:

Weiß: 80 % Marsanne, 20 % Roussanne; Rot: 100 % Syrah

Zweifellos gehören Jean-Louis Chave und sein Vater Gérard, die jüngsten Vertreter einer Winzerfamilie, die seit sechs Jahrhunderten Hermitage bereitet, zu den besten Weinproduzenten der Welt. Wenn ich es schwierig finde, objektiv über sie zu berichten, so liegt es daran, dass ich so vieles an ihnen bewundere. Sie sind ungeheuer großzügig, außerordentlich liebenswürdig und von aufrichtiger Lebensfreude erfüllt; sowohl Gérard als auch sein Sohn Jean-Louis sind großartige Degustatoren, vorzügliche Köche und brillante Geschichtenerzähler. Gérard besitzt ein umfassendes Wissen aus einem erstaunlichen Spektrum von Fachgebieten, angefangen bei den wichtigsten Ursachen der Gicht (an der er selbst leidet) bis hin zu dem Thema, ob der Zinfandel im Granitboden von Hermitage lebensfähig ist. Der 1935 geborene Chave wohnt in dem winzigen Dorf Mauves, das Tain l'Hermitage gegenüber am anderen Rhôneufer südlich von Tournon liegt. Wenn man beim Gang durch Mauves nicht ganz genau aufpasst, übersieht man leicht das kleine, verblasste und rostige braunweiße Metallschild, das an einer Hauswand unauffällig den Keller von «J. L. Chave – Viticulteur depuis 1481» ankündigt. Gérard Chaves große, traurige Hundeaugen und seine lange, spitze Nase geben einem sofort das Gefühl, es mit einem verständnisvollen, warmherzigen Mann zu tun zu haben. Bei all seinen Erfolgen ist er ein bemerkenswert bescheidener Mann geblieben, der seiner Leidenschaft für die Bereitung des Weins nach den von seinem Vater überlieferten Methoden, ohne technischen Schnickschnack, treu geblieben ist. Er lässt sich auf keine Kompromisse zu Gunsten von Verbrauchern ein, die einen schon bei der Freigabe reifen Wein vorziehen.

Dabei ist Chave kein provinziell denkender Mann, der sich blind auf die Tradition verlässt. Durch mehrere Kalifornienreisen und die ihm eigene, wache Neugier ist er auf die Verlockungen und Gefahren neuerer Techniken aufmerksam geworden. Dazu gehören zum Beispiel

Zentrifugen und deutsche Mikrofiltersysteme, die einen Wein in Minutenschnelle klären und stabilisieren können, so dass sich kein Winzer mehr um instabile Flaschen sorgen muss, die dem Wein aber auch den größten Teil seiner geschmacklichen Eigenart nehmen können. Chave kommen diese Methoden nicht ins Haus – für ihn bedeuten sie «die Tragödie der modernen Weinbereitung». In seinen tief liegenden, feuchten, mit Spinnennetzen verzierten Kellern durften sich bis heute über 500 Hermitage-Jahrgänge der Familie ohne den Einsatz von Chemikalien oder Maschinen auf natürliche Weise entwickeln. Nicht die winzigste Geschmacksnuance ist diesen Hilfsmitteln geopfert worden, und Chave sieht auch keinen Grund zur Veränderung, da die alte Form der Kellertechnik – obwohl viel mühsamer und riskanter – Weine von einem umfassenderen Geschmack sowie größerer Dimension und Tiefe hervorbringt.

Erweist es sich, dass ein besserer Wein dabei herauskommt, ist Chave Experimenten gegenüber durchaus aufgeschlossen. So hat die Verwendung neuer Eichenfässer, die zuerst Marcel Guigal für seinen Côte Rôtie einsetzte und die jetzt auch in anderen Häusern des Rhônetals in Mode gekommen sind, Chave einen Denkanstoß gegeben. Davon überzeugt, dass die in Hermitage erzielte intensive Fruchtfülle den Ausbau in neuer Eiche nicht benötigt, um ihr Struktur zu verleihen, erwarb er 1985 trotzdem ein einziges neues Fass, um eine Partie seines roten Hermitage darin reifen zu lassen. Chave, der ein großer Bewunderer Marcel Guigals ist, kam aber zu dem Ergebnis, dass der angerauchte, vanillewürzige Charakter, den das neue Fass seinem Hermitage verlieh, nicht nur dessen Charakter veränderte, sondern seine Identität geradezu verschleierte – zum Nachteil des Weins. Das Experiment hatte jedoch eine interessante Konsequenz. Auf Drängen seines talentierten Sohns Jean-Louis, der eine Zeit lang an der University of California in Davis studiert und in den USA auch einen Magister in Wirtschaftswissenschaften erworben hat, ließ er einen kleinen Teil seines Roten aus Les Bessards in zu 100 % neuer Eiche reifen. Seine Zustimmung gab er bei dem außergewöhnlichen Jahrgang 1990, von dem er wusste, dass der Wein das Aroma des neuen Eichenholzes in sich aufnehmen konnte, ohne seine Typentreue zu verlieren. Er wurde nicht für den Verschnitt zahlreicher Partien des roten Hermitage verwendet, sondern getrennt gehalten und anschließend in schwere, altmodische Flaschen mit rotem Etikett abgefüllt. Diese nach dem Maler Bernard Cathelin (einem Freund von Chave) benannte Cuvée Cathelin wurde auch 1991 produziert, und in Anbetracht dessen, was ich im Sommer 1996 dort verkostet habe, könnte es sein, dass auch mit dem 95er Jahrgang wieder so verfahren wird. Es ist interessant, dass sich Gérard über die Bedeutung seiner Luxuscuvée nach wie vor nicht im Klaren ist; der Wein hat jedoch bei allen, die das Glück hatten, ihn zu trinken, schwärmerische Lobeshymnen ausgelöst.

Heute besitzt die Familie auf dem Berg Hermitage 15 Hektar Rebfläche. Die Produktion liegt zwischen 2 000 und 3 000 Kisten Hermitage und 500 Kisten Rotwein aus den eineinhalb Hektarn, die Chave in St-Joseph besitzt.

Es ist nicht schwer zu erraten, warum gerade diese Weine so großartig sind. Die Gründe liegen in ertragsarmen Rebstöcken, einer sehr späten Ernte physiologisch reifer Früchte und dem nahezu vollständigen Verzicht auf jeden Eingriff in Weinbereitung oder Ausbau sowie auf Filtration und übermäßige Schönung. Eine Degustation in Chaves Kellern ist immer sehr lehrreich, weil man nur bei ihm die Weine aus den verschiedenen Lagen vor dem Verschnitt verkosten kann. Dies habe ich häufig getan, und es ist immer wieder spannend, seine drei Weißen zu probieren: den einen aus seinem *monopole* Péleat mit seinen eineinhalb Hektarn 50- bis 85-jähriger Rebstöcke, den zweiten aus den gut dreieinhalb Hektarn 80-jähriger Reben in Les Rocoules und den dritten aus seiner winzigen Parzelle 60-jähriger Reben in La Maison Blanche. Zu Chaves Besitz gehört auch eine kleine Parzelle sehr alter Roussanne-Reben auf L'Hermite. Daraus bereitet er einen außerordentlich gehaltvollen, komplexen, honigfeinen Wein, der perfekt ausgewogen ist und gleichwohl große Finesse zeigt. Er wurde traditionell immer mit dem Weißen von Chave verschnitten, jedoch nicht 1994. Dieser Weiße, ein Verschnitt aus 85 % Marsanne und 15 % Roussanne, wird nach der malolaktischen Gärung 14 bis 18 Monate lang in Tanks und Fässern ausgebaut und hat – vor allem dank Jean-Louis – von einem höheren Anteil neuer Eiche profitiert. Er ist der feinste weiße Hermitage der gesamten Appellation. Chapoutiers Ermitage Cuvée de l'Orée ist zwar noch voller und kräftiger, wird aber in derart geringen Mengen hergestellt, dass man sie unmöglich auf dem Markt finden kann. Chaves weißer Hermitage lässt sich vier bis fünf Jahre nach der Freigabe sehr schön trinken, verschließt sich dann, verliert scheinbar seine Frucht und wird etwas monolithischer und neutraler. Nach 10 bis 15 Jahren entfaltet er sich dann mit Düften von gerösteter Haselnuss, Butter und Honig in dem außergewöhnlich leichten Stil eines Fino Sherry. Die großen Jahrgänge können dieses Format über 20 bis 30 Jahre hinweg bewahren.

Chaves Rotweinlagen umfassen eine Parzelle sehr alter Stöcke in Les Rocoules, eine zwei Hektar große Parzelle 80-jähriger Reben in Les Bessards, relativ junge Reben in L'Hermite, uralte Reben in Péleat, alte Reben in Les Beaumes und 50-jährige Weinstöcke in Le Méal. Jeder dieser Weinberge liefert einen Hermitage mit leichten Aroma-, Struktur- und Geschmacksunterschieden; die Summe ihrer Teile ist jedoch immer weit interessanter als jede einzelne Cuvée. Die Ausnahme bildet hier vielleicht der Wein aus Les Bessards, der in den größten Jahren zum Teil in die Cuvée Cathelin eingeht.

Wie so viele Spitzenerzeuger ruht sich Chave niemals auf seinen Lorbeeren aus. Weil seine Keller für die Produktion und Lagerung eines gesamten Jahrgangs nicht groß genug waren, errichtete er 1990 einen sehr schönen unterirdischen Keller. Tatsächlich hat es seit 1983 in jedem Jahr nur eine Abfüllung des Hermitage gegeben.

Beim Rotwein liegt vielleicht die wichtigste Entscheidung für Chave in der Bestimmung des Erntetermins. Zusammen mit Chapoutier ist er in jedem Jahr der Letzte, der mit der Lese beginnt. Schon oft sagte er, er benötige keinen Önologen, der ihn auf den richtigen Zeitpunkt hinweist: «Ich denke nie an die Lese, bis die ersten Kastanien von meinen Bäumen fallen.» Sein Ziel ist die Gewinnung höchster Reife und Fülle – seiner Auffassung nach die wichtigsten Elemente für einen großen Rotwein. Das Hinauszögern der Ernte ist allerdings riskant, weil Frankreich Anfang Oktober häufig von sintflutartigen Regenfällen heimgesucht wird. Chave hält die Weine aus den verschiedenen Rebflächen ein Jahr lang getrennt und entscheidet erst dann über den endgültigen Verschnitt. In einer komplizierten und mühsamen Prozedur werden verschiedene *assemblages* erzeugt, um festzustellen, welcher den feinsten Wein ergibt. Dies ist ein zeitraubender Prozess, das Endprodukt stellt jedoch regelmäßig ein eindrucksvolles Zeugnis von Chaves Fähigkeiten dar. In den besten Jahren ist sein roter Hermitage unsterblich. Verglichen mit dem auffallenden, opulenten Stil von Jaboulets La Chapelle und den außerordentlich konzentrierten Luxuscuvées Chapoutiers beginnt das Leben des roten Hermitage von Chave sehr langsam, verfehlt aber nach sieben bis zehn Jahren in der Flasche nie seine beeindruckende Wirkung. Wird er seinen Höhepunkt in zehn, fünfzehn oder zwanzig Jahren erreichen? Seine großen Jahrgänge 1978, 1983, 1985, 1988, 1989, 1990, 1991, 1994 und 1995 werden nur von wenigen anderen französischen Erzeugern übertroffen.

Vor 1978 war die Qualität von Chaves Weinen weniger beständig. Das ist weitgehend dadurch zu erklären, dass er nach 1970, als er den Betrieb von seinem Vater übernahm, zunächst die Jahrgänge 1972 bis 1975 überstehen musste, die alle für Hermitage extrem schwierig und verregnet waren. Sein 76er erwies sich ebenfalls als wenig erfolgreich, doch war auch dies auf Grund eines ungewöhnlich trockenen Sommers und schwerer Regenfälle im September kein leichtes Jahr. Dank Chave wurde ferner eine alte Tradition von Hermitage wieder belebt, die Produktion eines *vin de paille*: Ganze Trauben werden zum Trocknen auf Strohmatten gelegt, bis sie sich gut 60 Tage nach der Lese (meist im Dezember) in Rosinen verwandelt haben. Diese werden dann vergoren und erzeugen zwar nur kleinste Mengen Most, daraus entstehen aber unglaublich konzentrierte, intensive, honigduftende Weine, die bekanntermaßen mehr als 100 Jahre alt werden können. Als ich Chaves 74er *vin de paille* probierte, war ich von seinem exquisiten Aroma aus Feigen, Aprikosen, gerösteten Nüssen und Honig begeistert. Dieser Tropfen wurde nie verkauft, 1986 und 1989 machte er sich jedoch bewusst an die Erzeugung winziger Mengen Dessertwein. Beide Jahrgänge sind außergewöhnlich gut geraten, wie die folgenden Prüfnotizen zeigen.

Jahrgänge

1995 • 95 Hermitage (rot): Der rote Hermitage scheint ein großartiges Potenzial in sich zu tragen. Ob er nun die elegante Zartheit von Les Rocoules, die dichte, tanninreiche Kraft von L'Hermite, den süßen Wildbeerenduft und die Komplexität von Péleat, die exotische, rauchige, ja geröstete, sinnliche Reife und Üppigkeit von Le Méal oder die herausragende Konzentration, massive Reichhaltigkeit und mineralische, Richebourg-ähnliche Komplexität von Les Bessards besitzt – der 95er sollte sich als Chaves feinster Jahrgang seit 1990 erweisen. Offen gesagt glaube ich, dass seine enorme Kraft und Fülle sogar den vorzüglichen 91er in den Schatten stellen werden. Chave findet – und da stimme ich ihm zu –, dass der 95er mehr als die meisten anderen Jahrgänge die Eloquenz und Komplexität der großen *terroirs* von Hermitage ausdrückt. Nachdem ich die in zu 100 % neuer Eiche ausgebaute, außergewöhnliche Cuvée von Les Bessards verkostet hatte, überzeugte mich das Funkeln in den Augen von Jean-Louis und Gérard, dass es auch 1995 wieder eine Cuvée Cathelin geben wird; die erste nach den beiden heroischen Jahrgängen 1990 und 1991. Letzte Verkostung 6/96.

1995 • 93 Hermitage (weiß): Hier gelang offenbar einer der phantastischsten Weißen der vergangenen 10 Jahre. Dieses Gewächs kann es leicht mit der sagenhaften Trilogie der Jahrgänge 1988, 1989 und 1990 aufnehmen. Nachdem ich die zahlreichen Cuvées aus Maison Blanche, L'Hermite, Les Rocoules und Péleat verkostet hatte, wurde mir klar, dass der 95er eine Bewertung zwischen 90 und 95 Punkten verdient. Er ist kraftvoll und reichhaltig, bemerkenswert konzentriert und intensiv, zeigt am mittleren Gaumen einen honigartigen, vollmundigen Fruchtkern und einen großartigen Abgang. Seit Jean-Louis in der Kellerei mitarbeitet, wird ein Teil der Cuvée in neuen Eichenfässern vergoren. Der Verschnitt mit dem in älteren Fässern fermentierten Rest und den Partien, die in den Tanks verbleiben, erfolgt anschließend. Eine Vorgehensweise, die der Fülle und Geradlinigkeit des Weins offensichtlich zugute kommt. Letzte Verkostung: 6/96.

1994 • 93+ Hermitage (rot): Der rote Hermitage von 1994 ist vorzüglich. Kürzlich schmeckte er wie eine vollere Ausführung des 85ers, mittlerweile aber ist er bedeutend reichhaltiger, doch mit der Weichheit, Eleganz und dem frühreifen Charme seines älteren Bruders. Von einem schwarzen Rubin- bis Purpurrot besitzt dieser Wein ein intensives, rauchig-mineralisches Bukett mit dem Duft von Cassis, ist körperreich und ausgesprochen dicht, von sanftem Auftreten, gutem Biss und einem langen, beeindruckenden Abgang. Ein Tropfen von unleugbarer Kraft und Würze, voller Tannin und Frucht, von seidiger, öliger Art – was bleibt da noch zu wünschen übrig? Der Wein sollte ab dem Jahr 2000 trinkbar sein und sich gut 25 Jahre halten. Letzte Verkostung: 6/96.

1994 • 94 Hermitage (weiß): Der 94er ist einer der verführerischsten, duftigsten, vielschichtigsten und beststrukturierten Weißen, die ich je bei Chave verkostet habe. Seine ölige Konsistenz und das prächtige Bukett von honigfeinen weißen Blüten und Mineralien werden durch die außergewöhnliche Tiefe, Fülle und Ausgewogenheit ergänzt. Wie sein Nachfolger sollte er sich weitere 4 bis 5 Jahre hervorragend trinken lassen und sich dann für rund 10 Jahre völlig verschließen, bei einer Lebensdauer von 20 bis gut 30 Jahren. Letzte Verkostung: 6/96.

1993 • 88 Hermitage (rot): Im Allgemeinen war dieses Jahr fürchterlich, und so deklassierten viele Winzer ihre Erzeugnisse, weil ihnen Lesegut verfault war. In einigen Kellern wurden trotzdem überraschende Erfolge erzielt. Das gilt auch für den 93er von Chave, der im Handel zu Niedrigpreisen verkauft wird, obwohl er ein hervorragender Tropfen ist. Im Abgang liegt eine Idee zu viel Säure, ansonsten zeigt er aber reichlich reine, reife schwarze und rote Beerenfrucht, die weder pflanzlich noch faul schmeckt. Er ist schön dicht, von mittlerem Körper und stellt 1993 offenbar einen der beiden feinsten Hermitages dar; der andere ist Chapoutiers bemerkenswerter Ermitage Le Pavillon. Eigentlich überrascht diese hohe Qualität nicht, denn Chave deklassierte über zwei Drittel seiner Ernte. Der Wein sollte innerhalb der nächsten 12 bis 15 Jahre getrunken werden. Letzte Verkostung: 6/96.

1993 • 88 Hermitage (weiß): Auch der 93er Weiße bedeutet angesichts der schlechten Witterungsbedingungen in jenem Jahr eine erstaunliche Leistung. Er zeichnet sich aus durch schöne Reife und besondere Frische, eine leicht honigfeine, weißblütige Art (vielleicht Akazienblüte?), mittleren Körper und einen lebhaften, langen Abgang. Letzte Verkostung: 6/96.

1992 • 85 Hermitage (rot): Der rote 92er ist etwas schlank und zeigt bittere Tannine in einem ansonsten ansprechenden, reifen Wein von mittlerem Körper. Die Regenfälle des Jahrgangs haben den Wein etwas verdünnt, so dass er wahrscheinlich, gemessen an den Maßstäben dieses Guts, ein Kurzstreckenläufer sein wird, der sich nicht länger als 10 Jahre hält. Letzte Verkostung: 6/96.

1992 • 88 Hermitage (weiß): Der vollmundige und körperreiche weiße Hermitage von 1992 enthüllt einen schönen Glyzerin- und Extraktstoffgehalt sowie Düfte von Blumen, Honig, gebutterten Nüssen und Mineralien. Ein berauschend üppiger, alkoholreicher, weicher 92er, der die nächsten 5 bis 6 Jahre hindurch ideal zu trinken sein wird. Letzte Verkostung: 6/96.

1991 • 89 Hermitage (rot): Ein wunderschön eleganter, stilvoller 91er. Sein leicht gefügtes Bukett von roten und schwarzen Beeren, Gewürzen, Blumen und Rauch überzeugt genauso wie seine ausgezeichnete Fülle und der mittlere bis volle Körper. Vielleicht zeigt sich dieser tiefe, anmutige Wein eine Spur gehaltvoller als der 87er, eher dem opulenten 82er ebenbürtig. Voraussichtliche Genussreife: 1999 bis 2015. Letzte Verkostung: 6/96.

1991 • 96 Hermitage Cuvée Cathelin (rot): In diesem Jahr hat Chave 2 500 Flaschen einer Hermitage Cuvée Cathelin bereitet, die bedeutend voller und tiefgründiger ist als seine Standardcuvée. Sie zeigt ein undurchdringliches, dunkles Purpurrot und eine riesenhafte Nase von Cassis-, Vanille-, Rauch- und Blumendüften. Der körperreiche, dichte und kraftvolle Tropfen ist stark konzentriert, vollmundig und unwiderstehlich. Voraussichtliche Genussreife: 1999 bis 2025. Letzte Verkostung: 6/96.

1991 • 90 Hermitage (weiß): Der fette, volle weiße 91er präsentiert sich mit einem großen, saftigen Bukett von Akazienblüten und honigfeiner Frucht, mittlerem bis vollem Körper und reichlicher Geschmacksfülle. Er bietet zwar nicht die geschmackliche Vielfalt und Kraft seiner beiden Vorgänger, ist jedoch ein köstliches, gut bereitetes, ausgezeichnetes Beispiel für einen weißen Hermitage. Voraussichtliche Genussreife: jetzt bis 2005. Letzte Verkostung: 6/96.

1990 • 99 Hermitage (rot): Der größte Jahrgang dieser Appellation seit 1978, vielleicht sogar seit 1961! Ich verkoste die Hermitage-Weine von Chave schon seit 1978, und der fast schwarze 90er ist unzweifelhaft der massivste und konzentrierteste Wein, den er in dieser Zeit hervorgebracht hat. Der wahre Unterschied zu dem glänzenden 89er liegt wohl darin, dass der 90er ein etwas rauchigeres Bukett sowie ein wenig mehr Tannin und Konzentration im Geschmack zeigt. Davon abgesehen sind beide überwältigende, monumentale Tropfen. Der 90er mit seinem reichlichen Aroma aus Teer, gerösteten Schwarzen Johannisbeeren und Hickoryholz und seiner verblüffenden Konzentration wird als Jungwein kein Interesse finden. Voraussichtliche Genussreife: 2005 bis 2040. Letzte Verkostung: 6/95.

1990 • 99 Hermitage Cuvée Cathelin (rot): Gewaltig! Der Rote zeigt sich von dem neuen Eichenholz stärker beeinflusst als die Standardcuvée, trotzdem tritt die Würze des Holzes gegenüber dem vorzüglichen Rohmaterial dieses Weins in den Hintergrund. Der 90er ist von fabelhafter Konzentration, Fülle und Intensität und hat einen überwältigenden, nachhaltigen Abgang. Im Vergleich zur Standardcuvée zeigt er keine Überlegenheit, aber Andersartigkeit auf Grund seiner stärkeren, gewissermaßen internationalen Prägung durch die Eiche, seines Ehrfurcht gebietenden Extrakts und seines Potenzials. Diese Cuvée Cathelin sollte man nicht vor Ablauf von 10 bis 15 Jahren trinken; sie hat ein Alterungspotenzial von 30 bis 50 Jahren! Letzte Verkostung: 6/96.

1990 • 92 Hermitage (weiß): Ein kühner, voller, kräftiger Tropfen mit einem Bukett, das nach Blumen, Honig, Aprikosen, Feigen und gerösteten Nüssen duftet. Er hat beträchtliches Format und ist sehr fett und fruchtig. Körperreich und gehaltvoll gibt er sich zwar noch zugänglich, trotzdem bleibt er ein Kandidat für mehrere Jahrzehnte Lagerung. Bei der letzten Degustation hatte er noch nicht begonnen, sich zu verschließen. Voraussichtliche Genussreife: jetzt bis 2015. Letzte Verkostung: 8/96.

1989 • 96 Hermitage (rot): Dieser tanninreiche, gewaltig ausgestattete Wein hat bereits angefangen, sich zu verschließen, doch sind sein schwarzes Rubin- bis Purpurrot, das intensiv duftende Bukett von lieblichem Cassis, Mineralien und Gewürzen sowie sein körperreicher, voller und konzentrierter Stil unverwechselbar. Ein enorm gehaltvoller, noch unentwickelter Hermitage, der zwar nicht die rauchige Art, Masse oder tanninreiche Schlagkraft des 90ers besitzt, aber trotzdem phantastisch schmeckt. Der Wein wird sich mühelos 20 bis 30 Jahre halten. Voraussichtliche Genussreife: 2005 bis 2030. Letzte Verkostung: 6/96.

1989 • 92 Hermitage (weiß): Der 89er Hermitage Blanc besitzt wenig Säure, ist ausladend, gewichtig und überaus vollmundig. Die honigartige, leicht ölige Persönlichkeit dieses Weins tritt im 89er stärker hervor als im 88er, er verfügt jedoch über dasselbe auffallend schöne, blumige Aroma, die sensationelle Konzentration, höchste Reife und den ähnlich geringen Säuregehalt. Die zuletzt genannte Eigenschaft hält Chave für ein typisches Merkmal der größten Hermitage-Jahrgänge. Letzte Verkostung: 8/96.

1989 • 98 Hermitage Vin de Paille (weiß): Der Inbegriff eines honigfeinen, schön extrahierten, lieblichen Dessertweins. Ich ziehe ihn nicht einer großen *Sélection de Grains Nobles* aus dem Elsass vor, doch ist dieser 89er ein wunderbar voller, dicker, öliger Tropfen. Mit einer halben Flasche sind 10 bis 15 glückliche Menschen gut bedient. Voraussichtliche Genussreife: 2000 bis 2060. Letzte Verkostung: 12/95.

1988 • 93 Hermitage (rot): Dicht und dunkel rubin- bis purpurrot ist dieser Wein noch zurückhaltender als der 89er oder der 90er und enthüllt ein fest gewirktes Bukett von Cassis,

Mineralien und Teer. Der körperreiche, herrlich konzentrierte 88er zeigt stärker adstringierende, härtere Tannine als die beiden darauf folgenden Jahrgänge. Er wirkt zwar strukturierter als diese, verfügt aber bei weitem nicht über deren Gewicht und blendende Üppigkeit. Trotzdem handelt es sich um eine vorzügliche Cuvée. Voraussichtliche Genussreife: 2000 bis 2020. Letzte Verkostung: 6/96.

1988 • 90 Hermitage (weiß): Ein zarter, subtiler, voller und ausdrucksstarker Tropfen mit einem verlockenden Bukett von Akazienblüten und honigartiger Frucht. Seine körperreiche, dichte Struktur zeigt glänzende Konturenschärfe, ist jedoch nicht schwer und bietet sich geradezu an für eine ausgedehnte Lagerung. Letzte Verkostung: 8/96.

1987 • 88 Hermitage (rot): Der wahrscheinlich feinste Wein der Appellation, eine wirklich schöne Flasche! Ich halte so große Stücke auf ihn, dass ich mehrere Magnum-Flaschen gekauft habe. Er ist weich und – wie alle Weine aus dieser Kellerei – extrem elegant und feminin, dabei gleichzeitig wunderbar rund, voll, konzentriert und sehr, sehr verführerisch. Mit zunehmendem Flaschenalter wird er zwar an Komplexität gewinnen, nach Chaves Maßstäben ist er aber nicht langlebig. Voraussichtliche Genussreife: jetzt bis 2008. Letzte Verkostung: 11/95.

1987 • 87 Hermitage (weiß): Der weiße 87er ist ausgezeichnet rund und reif, mit leichtem Körper und einem ansprechenden honig- und pfirsichartigen Bukett, das mit dem Duft von Frühlingsblüten (Akazien?) verwoben ist. Im Mund zeigt er mittleren bis vollen Körper bei schöner Klarheit, untadeliger Reintönigkeit und einem langen, gehaltvollen Abgang. Ein köstlicher Tropfen. Voraussichtliche Genussreife: jetzt bis 2000. Letzte Verkostung: 11/95.

1986 • 88 Hermitage (rot): Strenge Selektion ergab einen tief gefärbten Roten mit einem aufgeschlossenen, frühreifen Bukett von geräuchertem Fleisch, reifen Pflaumen und Cassis. Er ist voll und weich sowie körperreich und nachhaltig im Abgang. Voraussichtliche Genussreife: jetzt bis 2006. Letzte Verkostung: 11/96.

1986 • 97 Hermitage Vin de Paille (weiß): Einer der außergewöhnlichsten Weine, die ich je verkostet habe. Er wurde ohne Schwefelung bereitet und ist deshalb auch bei vorhandener Schwefelallergie trinkbar. Mit seinem tiefen Goldton und seinem riesigen, honigartigen Geschmack, bestehend aus einer ausschweifenden Mischung süßer Früchte, ist dieser überwältigend volle, intensive, ölige Nektar fast zu schön, um wahr zu sein. Ein nahezu perfekter Tropfen, der sich vermutlich 20 bis 30 Jahre halten wird. Letzte Verkostung: 12/94.

1985 • 91 Hermitage (rot): In diesem Jahr produzierte Chave den besten roten Hermitage des Jahrgangs. Für ihn war 1985 jedoch nicht gerade ein Jahr, an das er gerne zurückdenkt. Er muss die Tränen unterdrücken, wenn er traurig erzählt, dass damals seine geliebte Mutter starb und er im selben Jahr auch seinen Hund, der ein treuer Freund war, verlor. Als Gefühlsmensch wird Chave wohl seinem riesigen Vorrat alter Weine, die seine Familie das ganze Jahrhundert hindurch gewissenhaft eingekellert hat, keine größeren Mengen dieses Jahres hinzufügen. Dem 85er fehlt der übertrieben geschmeidige Stil einiger anderer 85er Rotweine. Seine tief rubinrote Farbe zeigt an den Rändern leichte Aufhellungen. Der intensive Duft von geräuchertem Fleisch, Cassis und provenzalischen Oliven wird ergänzt von einer vollen, körperreichen, samtig strukturierten Konsistenz – der Wein hat seinen Höhepunkt fast erreicht. Voraussichtliche Genussreife: jetzt bis 2012. Letzte Verkostung: 12/95.

1985 • 92 Hermitage (weiß): Chaves weißer 85er fiel besonders kraftvoll aus – ein Spitzengewächs! Sein riesiges Aroma von Ananas, nassem Gestein, Minze, Frühlingsblüten und Honig ist sensationell. Im Geschmack ist der Wein sehr intensiv, lang und nuancenreich, üppig und extrem gehaltvoll. Der Säuregehalt ist eine Idee zu niedrig, trotzdem ist dieser Tropfen sehr vollmundig. Voraussichtliche Genussreife: jetzt bis 2003. Letzte Verkostung: 6/96.

1984 • 78 Hermitage (rot): Dieser einst elegant bereitete Wein hat einen Teil seiner Frucht verloren und schmeckt jetzt spröde, mager und leicht pflanzlich. Austrinken. Genussreife: jetzt. Letzte Verkostung: 1/93.

1983 • 93? Hermitage (rot): Chave hat den 83er immer geliebt – eine Empfindung, die ich mit ihm teile, trotz des beunruhigend hohen Tanningehalts. Mir scheint, sein 83er hat das Potenzial für einen überragenden Wein, noch zeigt er sich allerdings spröde und ohne Charme. Er präsentiert sich in einem sehr dunklen Rubinrot mit leichten Bernsteintönen am Glasrand und zutiefst konzentrierten Düften von reifen, rauchigen Beerenfrüchten und asiatischen Gewürzen. Von reichem Körper verfügt er über außergewöhnliche Tiefe und Länge sowie gewaltiges Tannin. Voraussichtliche Genussreife: 2003 bis 2025. Letzte Verkostung: 12/95.

1983 • 90 Hermitage (weiß): Ein sehr aromatischer Wein mit wunderbarer Duftvielfalt (Geißblatt, Ananas, mineralisches Gestein) – ein anmutiger Tropfen, in dem sich Kraft und Finesse die Waage halten. Voraussichtliche Genussreife: jetzt bis 2005. Letzte Verkostung: 6/95.

1982 • 93 Hermitage (rot): Wie so viele Weine von Chave hat der 82er in der Flasche an Tiefe und Fülle zugelegt, nachdem er etwas diffus und schwierig begonnen hatte. Er ist jetzt voll ausgereift, reichhaltig und seidig im Geschmack, mit einer Fülle an Frucht und unverwechselbaren Düften und Geschmacksnuancen von lieblichen Beeren, gegrilltem Fleisch, Teer und Sattelleder. Einer seiner köstlichsten Hermitages! Voraussichtliche Genussreife: jetzt bis 2008. Letzte Verkostung: 7/96.

1980 • 76 Hermitage (rot): Mit Blick auf die übrigen 80er Jahrgänge spricht dieser milde, fruchtige, schnörkellose und voll ausgereifte Wein Chave selbst am wenigsten an; ich pflichte ihm bei. Austrinken. Letzte Verkostung: 11/90.

1980 • 84 Hermitage (weiß): Dieser Weiße ist sicherlich besser als der Rote, zeigt mittleren Körper und ein reifes, komplexes Bukett von Tropenfrüchten, gerösteten Nüssen und Kräutern. Im Geschmack ist er frisch, weich und voll genussreif, doch wird er sich nicht mehr lange halten. Letzte Verkostung: 6/86.

1979 • 87 Hermitage (rot): Ein perfektes Beispiel für meine These, dass sich Chaves Weine langsam entwickeln. Nach der Abfüllung 1981 schien dieses Gewächs recht hell in der Farbe und wenig gehaltvoll. Zwei Jahre später hatte sich die Farbe intensiviert und er zeigte mehr Körper. 1987 war der Wein dann voll entwickelt, heute ist er immer noch köstlich. Ein eleganter, reifer, runder, geschmackvoller und gut ausgewogener Tropfen von mittlerem Körper. Austrinken. Letzte Verkostung: 11/95.

1978 • 96 Hermitage (rot): Schon immer einer von Chaves größten Jahrgängen, dessen Format in den letzten Jahren möglicherweise vom 89er, 91er, 94er und 95er erreicht und vielleicht vom 90er sogar übertroffen wurde. Wenn man sich dieses Aroma, diesen Geschmack, diese Konsistenz und Länge merken kann, hat man gelernt, was einen großen Wein ausmacht. Mit seiner trüben, rubin-granatroten Farbe steckt er noch in den Kinderschuhen und zeigt eine Duftpalette von Rauch, Teer, Cassis, Kräutern und gegrilltem Fleisch, riesigen Körper und beißende Tannine. Ein immer noch sehr jugendlicher Wein – und das nach fast zwei Jahrzehnten im Keller! Voraussichtliche Genussreife: 2000 bis 2025. Letzte Verkostung: 11/95.

1978 • 86 Hermitage (weiß): Mit seiner erstaunlich jungen und dynamischen, aber mageren, verschlossenen Art und seinem schockierend hohen Säuregehalt befindet sich dieser Weiße vielleicht noch im Stadium der Ruhe. Falls nicht, wird die Frucht kaum ausreichen, seine Schärfe auszugleichen. Voraussichtliche Genussreife: 2000 bis 2015. Letzte Verkostung: 6/96.

1976 • 77 Hermitage (rot): Aus welchem Grund auch immer – ich fand diesen Wein äußerst mager, wenig entgegenkommend sowie schrecklich tanninreich und trocken im Geschmack.

Vielleicht hatte ich nur Pech, aber ich fürchte, er verliert die geringe Frucht, die er einst besaß. Letzte Verkostung: 7/84.

1969 • 80 Hermitage (rot): Der 69er ist nicht sehr beeindruckend – voll ausgereift, aber zu leichtgewichtig und kurz im Abgang. Dennoch ein recht anständiger Tropfen. Letzte Verkostung: 5/83.

1967 • 91 Hermitage (rot): Von mittlerem Rubinrot und mit einem bernstein- bis orangefarbenen Rand, zeigt der 67er ein intensives rauchiges, cremiges, verführerisches Bukett und lang anhaltende, sehr großzügige Geschmacksnoten von Beerenfrüchten, die von reifen, weichen Tanninen und recht viel Körper ausgeglichen werden. Er sollte sich noch mindestens ein Jahrzehnt halten. Letzte Verkostung: 6/86.

1967 • 92 Hermitage (weiß): Die himmlischen Düfte von gerösteten Nüssen, getrockneten Datteln, tropischen Früchten und exotischen Gewürzen sind einfach wunderbar verlockend. Am Gaumen sprüht dieser Wein geradezu vor üppig reifer Frucht. Er wirkt noch recht frisch. Letzte Verkostung: 6/86.

1952 • 93 Hermitage (weiß): Diesen Wein habe ich zusammen mit Chave als Vorspiel zu seinem 29er verkostet. Ich war überwältigt von seiner Reichhaltigkeit und Fülle, aber auch von seiner Komplexität. Wer außer Chave wäre sonst noch bereit, weißen Hermitage so lange zu lagern? Letzte Verkostung: 6/86.

1935 • 92 Hermitage (rot): Chaves Geburtsjahr 1935 gilt nach der Überlieferung französischer Winzer nicht gerade als mitreißender Jahrgang – und doch wurde ein großartig nach Wild duftender rauchiger Wein produziert, der eine immer noch dunkle Farbe zeigt und vor voller, reicher Frucht förmlich überläuft. Ein erstaunlich frischer Tropfen. Letzte Verkostung: 6/86.

1929 • 86 Hermitage (rot): Dieser Wein von mittlerem Rubinrot und einem leicht pink- bis bernsteinfarbenen Rand wurde nie neu verkorkt und kam direkt aus Chaves Keller. Er zeigte ein Aroma aus Zigarrenasche und etwas Pflaume sowie gute Säure und war immer noch recht lebendig, wenn auch am Verblassen. Chave meinte, er hätte schon bessere Tropfen probiert. Im Vergleich zu dem wenig angesehenen 35er fehlten auch dem 29er Fülle, Komplexität und Länge, trotz seines hohen Alters schmeckte der Wein noch recht voll. Letzte Verkostung: 6/86.

1929 • 88 Hermitage (weiß): Dieser weiße 29er zeigte einen tiefen Goldton und ein Aroma, das einem sehr alten Yquem-Jahrgang nicht unähnlich war, mit dem Duft von gerösteten Haselnüssen. Er ist leicht oxidiert, aber trocken, voll, schwer, intensiv und besitzt immer noch viel Frucht. Auch diese Flasche kam direkt aus dem Keller und war nie neu verkorkt worden. Chave servierte ihn zu *foie gras* – eine ideale Kombination. Ein ganz hervorragender Wein, gemessen an seinem Alter sogar phantastisch. Letzte Verkostung: 6/86.

DIE NÖRDLICHE RHONE

DOMAINE DU COLOMBIER ****

Adresse:

Florent et Gabriel Viale, Les Chenêts, 26600 Mercurol, Tel.: 4 75 07 44 07

Produzierte Weine:

Crozes-Hermitage Cuvée Gaby, Hermitage

Rebfläche: 1,6 ha

Produktionsmenge: 3 000 Flaschen

Ausbau: 16 bis 18 Monate in Fässern, wenig neue Eiche

Durchschnittsalter der Reben: 50 bis 60 Jahre

Verschnitt: 100 % Syrah

Mit diesem kleinen Erzeuger habe ich wenig Erfahrung und kenne nur den 94er und 93er, die beide beeindruckend sind. Der 93er gehörte in diesem für Hermitage katastrophalen Jahr sogar zu den drei Spitzengewächsen. Er übertraf den sehr guten roten Hermitage von J. L. Chave und unterlag nur knapp dem großen Ermitage Le Pavillon von Michel Chapoutier. Leider produzieren die Besitzer des Guts, Gabriel und Florent Viale, nur sehr wenig Wein. Was sie allerdings auf ihrer winzigen, nur eineinhalb Hektar großen Parzelle mit 55-jährigen Weinstöcken in Les Beaumes zu Stande bringen, ist schon beeindruckend. Es handelt sich hier offenbar um eines der kleinen, praktisch unbekannten Weingüter, das früher eher als langjähriger Weinlieferant für Guigal in Erscheinung trat. Diesen Winzer sollte man sich merken, auch wenn die Produktionsmengen extrem gering ausfallen. Die Viales bereiten außerdem einen sehr edlen Crozes-Hermitage, genannt Cuvée Gaby.

JAHRGÄNGE

1994 • 91 Hermitage, ungefiltert (rot): Von diesem ungefilterten Hermitage wurden nur 80 Kisten hergestellt. Der schöne Wein besitzt eine undurchdringliche purpurne Farbe und ein liebliches, duftendes Bukett aus reintönigem Cassis, Schwarzen Himbeeren, Rauch und Mineralien. Er ist bereits überraschend aufgeschlossen und köstlich. Bei diesem körperreichen, vollmundigen, gehaltvollen Roten muss sich hinter der Frucht, dem Glyzerin und dem Alkohol einiges an Tannin verbergen. Der große, überraschend geschmeidige Tropfen wird im Laufe seiner Reifezeit über die nächsten 10 bis gut 15 Jahre an Struktur gewinnen. Letzte Verkostung: 5/96.

1993 • 90 Hermitage (rot): Leider wurden für den amerikanischen Importeur nur 40 Kisten dieser besonderen, ungefilterten Abfüllung produziert. In diesem für die Appellation verheerenden Jahrgang, in dem nur zwei andere beachtenswerte Hermitages – der von J. L. Chave und Chapoutiers Le Pavillon – produziert wurden, ragt der 90er durch seine schöne, satte Farbe, seine Intensität, seinen Körper und seine Konzentration heraus. Das dichte, schwarze Rubinrot geht einher mit einem intensiv aromatischen Bukett süßer Syrah-Frucht aus Rauch, animalischen Düften und Cassis. Der extraktreiche, umwerfende Hermitage mit seinen süßen Tanninen und der phänomenalen Fülle und Länge ist ein früher Kandidat für den feinsten Wein der Appellation! Im Laufe der nächsten 20 Jahre gut zu trinken. Letzte Verkostung: 11/95.

Delas Frères ***/****

Adresse:

Z. A. de l'Olivet, B.P. 4, 07300 St-Jean-de Muzols, Tel.: 4 75 08 60 30, Fax: 4 75 08 53 67

Produzierte Weine:

Hermitage Cuvée Les Bessards, Hermitage Cuvée Les Grands Chemins,
Hermitage Cuvée La Marquise de la Tourette (rot und weiß)

Rebfläche: Weiß: 1 ha; Rot: 9,5 ha

Produktionsmenge:

Weiß: 4 500 Flaschen

Rot: Cuvée Les Bessards – 3 500 Flaschen; Cuvée Les Grand Chemins – 5 000 bis 6 000 Flaschen;
Cuvée La Marquise de la Tourette – 20 000 Flaschen

Ausbau:

Weiß: 8 Monate lang, je 50 % in Edelstahltanks und neuen Eichenfässern
Rot: 14 bis 16 Monate in 1 bis 5 Jahre alten Fässern

Verschnitt:

Weiß: 80 % Marsanne, 20 % Roussanne; Rot: 100 % Syrah

Dieser Betrieb hält sich überraschend bedeckt, obwohl mehrere seiner Weine ungewöhnlich gut sind. Es handelt sich um ein altes, 1836 gegründetes Haus, das bis 1978 in Familienbesitz blieb, dann aber von dem Champagnererzeuger Deutz gekauft wurde. 1981 verließ Delas Frères das malerische Touristenstädtchen Tournon, das gegenüber von Tain l'Hermitage am anderen Ufer der Rhône liegt, und bezog eine geräumige, moderne Kellerei einige Kilometer weiter nördlich in Saint-Jean-de-Muzol. 1990 wurde diese Appellation Dominique Lallier unterstellt. Drei Jahre später erwarb das jetzige Mutterunternehmen Louis Roederer den Champagnerproduzenten Deutz, was jedoch wenig Einfluss auf den Charakter – oder mangelnden Charakter – dieser Weine hatte. Der Stolz des Hauses Delas Frères sind seine an Ort und Stelle abgefüllten nördlichen Rhôneweine aus der zehneinhalb Hektar großen Rebfläche in Hermitage. Man produziert ein breites Spektrum und kauft zur Ergänzung des Angebots aus den anderen Appellationen Trauben und/oder Most hinzu. Den von diesem Unternehmen angebotenen Weinen der südlichen Rhône fehlt die Qualität der Erzeugerabfüllungen des nördlichen Rhônegebiets, was die Firma selbst bestätigt.

Die Gesamtproduktion von über 100 000 Kisten, darunter nur 2 700 Kisten Hermitage, entspricht ganz und gar nicht dem bescheidenen Image des Hauses. Die Keller sind höchst modern, tadellos sauber und verfügen über hoch technisierte Anlagen, Zentrifugen, Filteranlagen und Ähnliches. Das Qualitätsniveau der hier bereiteten Weine ist sehr unterschiedlich und reicht von den gutseigenen Spitzengewächsen bis zu den nichts sagenden, charakterlosen Händlerabfüllungen. Zweifellos sind der Hermitage Les Bessards und der Hermitage Marquise de la Tourette die Aushängeschilder dieses Erzeugers. Hat man die Spitzenweine erst verkostet, trifft man auf solche, die von einer Fixierung auf technische Stabilität und Sauberkeit zeugen. Um dieses Ziel zu erreichen, wird eine malolaktische Gärung bei den Weißen vermieden und sie werden mehrfach – auch ein Mal steril – filtriert und mit Bentonit geschönt. Auf diese

Weise entstehen keine interessanten, komplexen oder langlebigen Weine, aber beständige, risikolose Produkte, die die Tiefkühlkostmentalität ihrer Erzeuger zum Ausdruck bringen.

Die Spitzencuvées stammen dagegen aus gut gelegenen Weinbergen in Hermitage. In Les Bessards besitzt die Kellerei knapp sechs Hektar Rebfläche, aus der man den weißen und roten Marquise de la Tourette gewinnt und – in großen Jahrgängen wie 1990 und 1991 – auch die Luxuscuvée Les Bessards, letztere von 38-jährigen Syrah-Reben. Wie die folgenden Prüfnotizen zeigen, hat Delas Frères einige der besten roten Hermitages im Angebot. Vergleicht man ihren Roten mit dem opulenten, fülligen, exotischen Stil des La Chapelle von Jaboulet, den eleganten, anmutigen, ausdrucksvollen Gewächsen von Chave oder den sensationellen Tropfen von Chapoutier, so wirken sie gehaltvoll im Geschmack und ebenso füllig. Sie neigen jedoch auch zu einem ausgeprägten Aroma von schwarzen Oliven und Kräutern der Provençe, das zu ihrem deutlich rauchigen, gerösteten, an Hickoryholz erinnernden Charakter passt. Die herausragenden Erzeugnisse dieses Weinguts wurden zweifellos bisher übersehen und folglich preislich unterbewertet; in der Flasche können sie sich aber noch über 10 bis 20 Jahre entfalten. Angesichts der Jahrgänge ab 1991 glaube ich, dass man auf dem besten Wege ist, sich von dem Kreis derjenigen Erzeuger aus dem Rhônetal zu verabschieden, die hinter den Erwartungen zurückblieben. Offenbar muss das Unternehmen lediglich aufgerüttelt werden.

Jahrgänge

1993 • 73 Hermitage Marquise de la Tourette (rot): Dieser sehr hohle Wein aus einem dürftigen Jahrgang zeigt ein mittleres Rubinrot und schmeckt nach Gewürzen und roten Beeren, hinterlässt jedoch am weichen Gaumen keinen bleibenden Eindruck und bietet keinen Abgang. Ein magerer Wein von minderer Qualität. Letzte Verkostung: 6/96.

1993 • 86 Hermitage Marquise de la Tourette (weiß): Der 93er zeigt mittleren Körper und ein schönes Gewicht, leichte Eichenholztöne sowie ansprechende Dicke und Reife. Sollte über die nächsten 5 bis 6 Jahre getrunken werden. Letzte Verkostung: 9/95.

1992 • 88+ Hermitage Marquise de la Tourette (rot): Ein gehaltvoller Wein mit viel Cassisfrucht und mittlerem bis vollem Körper, aber ohne große Komplexität. Ein kraftvoller junger Tropfen, der noch 10 bis 15 Jahre überdauern kann. Letzte Verkostung: 6/96.

1992 • 86 Hermitage Marquise de la Tourette (weiß): Der 92er Marquise de la Tourette ist zwar voll, honigartig und eichenwürzig, entfaltet sich aber rasch und muss jetzt getrunken werden. Letzte Verkostung: 6/96.

1991 • 92+ Hermitage Les Bessards (rot): Dieser Les Bessards, nach einem Rebstreifen auf der großen Granitkuppe – dem Berg Hermitage – benannt, ist ein hervorragender Wein von tief purpurroter Farbe, reichlich pfeffriger Cassisfrucht und Mineralien im Bukett. Gleichzeitig lockt er mit einem fest gewirkten, körperreichen Geschmack, phantastischem Extraktreichtum und einem langen, muskulösen, kraftvollen Abgang. Er benötigt weitere 5 bis 6 Jahre Flaschenalterung und sollte sich 20 bis 30 Jahre halten. Letzte Verkostung: 6/96.

1991 • 87+ Hermitage Marquise de la Tourette (rot): Ein dichter, vollmundiger, körperreicher und muskulöser Wein mit beträchtlichem Tannin. Braucht 7 bis 8 Jahre Lagerung und sollte sich mühelos 20 bis 25 Jahre halten. Kein außergewöhnlicher, aber ein ausgezeichneter Hermitage. Letzte Verkostung: 9/95.

1990 • 93+ Hermitage Les Bessards (rot): Der sensationelle, tief purpurrot gefärbte 90er zeigt sich dicht und gehaltvoll, schmeckt opulenter und süßer als sein Nachfolger und besitzt zudem mehr Kraft und Konzentration. Der massive, breitschultrige, exquisite Wein ist der feinste Hermitage von Delas Frères, den ich je verkostet habe, verlangt allerdings etwas Geduld. Voraussichtliche Genussreife: 2005 bis 2030. Letzte Verkostung: 6/96.

1990 • 87 Hermitage Marquise de la Tourette (weiß): Ein Tropfen von bewundernswerter Intensität, öliger, vollmundiger Konsistenz sowie reichen, honigartigen Nuancen von Äpfeln und Nüssen, gefolgt von einem langen, alkoholstarken Abgang. In Anbetracht des gewaltigen Reifepotenzials von weißem Hermitage kann sich dieser Wein noch über ein Jahrzehnt entfalten. Voraussichtliche Genussreife: jetzt bis 2004. Letzte Verkostung: 6/95.

1989 • 78 Hermitage (rot): Der rote 89er hat einen leichten bis mittleren Körper und ein duftiges Aroma aus Mineralien und Cassis – ein schmackhafter, schnörkelloser Hermitage. Genussreife: jetzt. Letzte Verkostung: 5/95.

1989 • 88 Hermitage Marquise de la Tourette (rot): Dieser Rote zeigt schönen Extrakt und beunruhigend harte Tannine im Abgang. Er braucht offenbar noch eine gewisse Reifezeit, kann aber auch bereits Ende der neunziger Jahre trinkbar sein. Der Wein ist zwar nicht so konzentriert wie der 90er, dafür aber tanninbetonter, besser strukturiert und mit einem größeren Reifepotenzial ausgestattet. Ich habe jedoch meine Zweifel, ob er jemals solchen Genuss bereiten wird wie sein Nachfolger. Voraussichtliche Genussreife: 2000 bis 2015. Letzte Verkostung: 9/94.

1988 • 87 Hermitage Marquise de la Tourette (rot): Viel versprechend, aber verschlossen, tanninbetont und hart besitzt der 88er ein einnehmend reifes Bukett mit Düften von neuer Eiche und Cassis. Er ist gehaltvoll im Geschmack und zeigt im Abgang reichlich Kraft, im Moment überwiegen aber noch die Tannine. Voraussichtliche Genussreife: 1999 bis 2010. Letzte Verkostung: 6/95.

1985 • 88 Hermitage Marquise de la Tourette (rot): Der tief rubin- bis granatrot gefärbte, voll ausgereifte 85er ist dick und sehr fruchtig, körperreich und von geringem Säuregehalt. Seine ansprechenden Nuancen von Cassis, Teer und getrockneten Kräutern sind noch frisch und intensiv. Voraussichtliche Genussreife: jetzt bis 2002. Letzte Verkostung: 12/93.

1983 • 90 Hermitage Marquise de la Tourette (rot): Ein dunkler, rubin- bis granatroter Hermitage, der weitaus leichter gewirkt und besser entwickelt ist als viele andere Weine seines Jahrgangs, mit einem voll aufgeblühten Bukett von eingelegten Oliven, Rauch, Fenchel und reifen Beeren. Er gibt sich recht körperreich, vollmundig und kernig, ist dabei aber dem Höhepunkt überraschend nahe – ein tiefer, konzentrierter Tropfen. Mit ihm gelang der Kellerei einer der ausgewogensten Weine des Jahres 1983. Voraussichtliche Genussreife: jetzt bis 2010. Letzte Verkostung: 11/96.

1978 • 92 Hermitage Marquise de la Tourette (rot): Das herrliche Bukett von süßen, eichenholzwürzigen, lieblichen, pfeffrigen Beerenfrüchten und Lakritze ist ganz verlockend. Der Wein ist sehr körperreich im Geschmack und sogar noch konzentrierter als der schon herausragende 83er. Seine Frucht scheint grenzenlos, sein Tannin ist schön und reif, der Abgang lang. Genussreife: jetzt. Letzte Verkostung: 12/86.

DIE NÖRDLICHE RHONE

BERNARD FAURIE ****

Adresse:
Avenue Hélène de Tournon, 07300 Tournon, Tel.: 4 75 08 55 09, Fax: 4 75 08 55 09

Produzierte Weine:
Hermitage (rot und weiß), Hermitage Le Méal, St-Joseph

Rebfläche: Weiß: 0,2 ha; Rot: 1,5 ha

Produktionsmenge:
Weiß: 800 Flaschen; Rot: 6 000 Flaschen

Ausbau:
Weiß: 4 Wochen Gärung in neuer Eiche, dann 12 Monate in alten Eichenfässern
Rot: 18 bis 24 Monate in zu 10 bis 15 % neuen Eichenfässern

Durchschnittsalter der Reben: Weiß: 40 Jahre; Rot: 40 bis 45 Jahre

Verschnitt: Weiß: 100 % Marsanne; Rot: 100 % Syrah

Faurie, mit Sitz in Toulon, gehört bereits seit einem Jahrzehnt zu den aufsteigenden Stars am Erzeugerhimmel von Hermitage, erhält aber nach wie nur vor wenig Anerkennung. Der Stil seiner Weinbereitung kommt Gérard Chave am nächsten: Die Weine sind zwar voll im Geschmack, bewahren sich jedoch Eleganz und Finesse und entwickeln sich anfangs genauso langsam. Faurie produziert nur 500 Kisten Rotwein und spärliche 66 Kisten Weißwein sowie 200 bis 250 Kisten Saint-Joseph. Seine traditionelle Art der Weinbereitung kennt kein Entrappen und keine großen Eingriffe in den Produktionsprozess. Die Weißen dieses Winzers habe ich nur selten verkostet, es wird jedoch berichtet, dass sie sich gegenüber seinen früheren anspruchslosen, überdimensionierten Erzeugnissen erheblich verbessert haben. Die Roten werden in offenen Holzbottichen vergoren und bleiben längere Zeit – bis zu 20 Tage – eingemaischt. Danach wird der Wein 18 bis 24 Monate in Holzfässern ausgebaut und ein Mal geschönt, jedoch nicht gefiltert.

Faurie, der eine Art schüchterne Leidenschaftlichkeit ausstrahlt, bereitet meist zwei Cuvées roten Hermitage – eine von seinem sehr alten, bereits 1914 angepflanzten Syrah in Le Méal, die andere aus einem Verschnitt seiner übrigen Bestände. Seinen in verschwindend geringer Menge produzierten reinsortigen Marsanne-Weißen gewinnt er aus dem hoch geschätzten Weinberg von Les Greffieux. Die von dort stammenden Rotweine sind von gleich bleibend hervorragender, manchmal – wie 1988 und 1990 – sogar brillanter Qualität. Der feinste Faurie ist immer der Hermitage Le Méal, der in begrenzter Menge hergestellt wird und zu den fünf oder sechs besten Tropfen der Appellation gehören kann. Angesichts der unbedeutenden Produktionsmenge und der Tatsache, dass sich Faurie im Schatten der kontaktfreudigeren Erzeuger ganz wohl zu fühlen scheint, wird sein Le Méal auch weiterhin kaum die ihm gebührende Aufmerksamkeit erhalten. Die geringe Menge seines Saint-Joseph gewinnt Faurie aus drei Parzellen von insgesamt 1,7 Hektar. Bis auf eine winzige Fläche auf einem Hang oberhalb von Tournon, wo der Syrah durchschnittlich 35 Jahre alt ist, stammt dieser Wein ausschließlich von jungen Reben.

1991 • 88+ Hermitage (rot): Dieser zu 100 % aus Les-Greffieux-Trauben bereitete Wein zeigt ein tiefes Purpur ohne jede Alterserscheinung. Sein großes Bukett von Teer, Cassis und Rauch verbindet sich mit einer körperreichen, rustikalen Art, beträchtlicher Kraft, reicher Frucht und Fülle. Der Wein benötigt 2 bis 4 Jahre im Keller und sollte sich 15 bis 20 Jahre lang halten. Sollte er einen besseren Ausgleich zwischen Frucht und Tanningehalt entwickeln, könnte er hervorragende Noten erzielen. Voraussichtliche Genussreife: 2000 bis 2015. Letzte Verkostung: 5/96.

1991 • 90 Hermitage Le Méal (rot): Ein Aufsehen erregendes, sehr intensives Purpur und ein süßes Bukett von getrockneten Kräutern, schwarzen Beerenfrüchten und Rauch wird begleitet von außergewöhnlicher Tiefe, vollem Körper und harten, trockenen Tanninen im Abgang. Bei einer besseren Einbindung des Tannins wäre dieser Wein eine Sensation. Er zeigt mehr Süße und Fülle als die Standardcuvée, braucht aber weitere 5 bis 6 Jahre Flaschenalterung. Voraussichtliche Genussreife: 2002 bis 2018. Letzte Verkostung: 5/96.

1990 • 90 Hermitage (rot): Dieser dicke, gehaltvolle, saftige Wein ist hervorragend gelungen, reichlich fruchtig, von beträchtlichem Körper und einer Süße im Tannin, die Fauries 91er nicht zeigt. Der Wein zeigt sich zwar zugänglich, aber noch wenig entwickelt und traubig. Voraussichtliche Genussreife: 2000 bis 2015. Letzte Verkostung: 5/96.

1990 • 93 Hermitage Le Méal (rot): Unzweifelhaft der feinste Hermitage von Faurie, den ich je verkostet habe: von dichter purpurner Farbe, mit einem Bukett von reichlich süßer Cassisfrucht, Lakritze, Rauch und Pfeffer. Dieser sensationelle Rote – körperreich, wunderbar konzentriert, voll seidiger Tannine, Glyzerin und Extrakt – wird zwischen 2005 und 2020 auf dem Höhepunkt seiner Entwicklung sein. Letzte Verkostung: 5/96.

1989 • 87 Hermitage (rot): Etwas ungebärdig ist dieser 87er: Zwar verschlossen und gedämpft im Aroma, enthüllt er trotzdem ein beeindruckendes, sattes Rubin- bis Purpurrot und eine Nase von gerösteten Kräutern. Seine Frucht wird von überraschend hohem Tannin beherrscht und scheint sich verborgen zu halten. Dieser Hermitage hat zwar das Potenzial eines sehr guten Tropfens, wird jedoch meines Erachtens niemals die Qualität eines 88ers, 90ers oder 91ers erreichen. Letzte Verkostung: 5/96.

1988 • 90 Hermitage (rot): Der dicke, vollmundige und reichhaltige, rot-schwarz gefärbte 88er ist immer noch jung. Er verfügt über gewaltige Fülle und reichlich Tannin, ist dabei gut ausgewogen, körperreich, überschwänglich und kraftvoll. Vielleicht wird er sich als der langlebigste Hermitage der jüngeren Zeit erweisen. Voraussichtliche Genussreife: 2005 bis 2020. Letzte Verkostung: 5/96.

1985 • 88 Hermitage (rot): Tiefrot gefärbt, körperreich, kraftvoll und von bewundernswerter Balance zwischen Muskelkraft und Finesse – wie viele 85er hat dieser eine frühreife, üppige Wirkung, doch sind auch die für ein langes Leben nötigen Tannine vorhanden. Voraussichtliche Genussreife: jetzt bis 2001. Letzte Verkostung: 10/86.

1983 • 88 Hermitage (rot): Ein Roter von derselben Farbtiefe, Verschlossenheit und Festigkeit wie die meisten Rhôneweine seines Jahrgangs. Er zeigt sich gehaltvoll, körperreich und tanninbetont, verfügt aber ohne Zweifel über ausreichend Frucht, um die Tannine zu überdauern. Kann noch reichlich Lagerzeit gebrauchen. Voraussichtliche Genussreife: jetzt bis 2005. Letzte Verkostung: 10/86.

DOMAINE FAYOLLE ***

Adresse:
Quartier des Gamets, 26600 Gervans, Tel.: 4 75 03 33 74, Fax: 4 75 03 32 52

Produzierte Weine:
Hermitage Cuvée Les Dionnières (rot und weiß), Crozes-Hermitage (rot und weiß)

Rebfläche:
Weiß: 0,3 ha; Rot: 1,2 ha

Produktionsmenge:
Weiß: 2 100 Flaschen; Rot: 6 300 Flaschen

Ausbau:
Weiß: 12 Monate in emaillierten Tanks; Rot: 2 Jahre in zu 10 % neuen Eichenfässern

Durchschnittsalter der Reben:
Weiß: 15 Jahre; Rot: 45 Jahre

Verschnitt:
Weiß: 100 % Marsanne; Rot: 100 % Syrah

Die beiden jungen Zwillingsbrüder Jean-Claude und Jean-Paul Fayolle haben ihr Domizil in dem kleinen Dörfchen Gervans unmittelbar nördlich von Tain l'Hermitage. Die sympathischen Winzer sind für ihre guten weißen und roten Crozes-Hermitages bekannt. Sie können allerdings auch ausgezeichneten Roten bereiten – aus einer winzigen Parzelle von 1,2 Hektar auf dem Weinberg von Les Dionnières (auch als «Les Diognères» bekannt). Dieser Wein, von dem es rund 500 Kisten gibt, zeichnet sich durch eine sehr satte, dunkle Farbe und ein üppiges, tiefes Brombeeraroma aus. Allerdings kommt es bei bestimmten Flaschen viel zu häufig zu übermäßigem Schwefelgeruch im Bukett, was angesichts der im Übrigen hohen Qualität der Frucht unverzeihlich ist. Der weiße Hermitage ist fehlerfrei, aber wenig begeisternd. Fayolle ist einer der wichtigen Lieferanten für Guigals weißen und roten Hermitage.

JAHRGÄNGE

1990 • 86 Hermitage Les Dionnières (rot): Der 90er riecht zwar unangenehm nach Bodensatz, eine Bewertung wird dadurch aber nicht verhindert. Es ist ein reifer, gehaltvoller, runder, vollreifer Wein von süßem, ausladendem Geschmack und mit üppiger Frucht, enormer Reife, wenig Säure und mildem Tannin. Ähnlich wie der 89er sollte er in den ersten 10 Jahren seines Lebens getrunken werden. Voraussichtliche Genussreife: jetzt bis 2004. Letzte Verkostung: 3/90.

1989 • 87 Hermitage Les Dionnières (rot): Der Les Dionnières von 1989 präsentiert sich mit einem ausgezeichnet dunklen Rubin- bis Purpurrot, einem großen, rauchigen Bukett von Cassis und Kräutern sowie fettiger, vollmundiger, fülliger Konsistenz. Gemessen an der Lebensdauer von Hermitage-Weinen wird er zwar nicht langlebig sein, sich aber trotzdem weitere 7 bis 8 Jahre schön trinken lassen. Voraussichtliche Genussreife: jetzt bis 2006. Letzte Verkostung: 12/93.

1988 • 85 Hermitage Les Dionnières (rot): Auch der rote 88er zeigt einen ausgezeichneten dunklen Farbton, gepaart mit einem großen, erdigen, teerartigen Bukett von gedörrten schwarzen Beeren. Ein tiefes, körperreiches und muskulöses Erzeugnis mit reichlich Tannin, das im Geschmack einen etwas schwerfälligen Eindruck macht. Bewundernswert konzentriert, aber etwas schroff und konturenlos. Voraussichtliche Genussreife: 1998 bis 2008. Letzte Verkostung: 12/93.

FERRATON PÈRE ET FILS ***

Adresse:
13, rue de la Sizeranne, 26600 Tain l'Hermitage, Tel.: 4 75 08 59 51, Fax: 4 75 08 81 59

Produzierte Weine:
Crozes-Hermitage, Hermitage Cuvée Les Miaux, Hermitage Le Reverdy

Rebfläche: Rot: 3,7 ha

Produktionsmenge: Rot: 15 000 Flaschen

Ausbau:
Rot: 12 bis 18 Monate, 70 % des Ertrags in Fässern, 30 % in Edelstahltanks, kaum neue Eiche

Durchschnittsalter der Reben: Rot: 30 Jahre

Verschnitt: Rot: 100 % Syrah

Michel Ferraton, ein nachdenklicher, grauhaariger Mann mittleren Alters, besitzt in Hermitage eine Rebfläche von 3,7 Hektar, aus der er Roten und Weißen erzeugt. In Crozes-Hermitage gehören der Firma Ferraton Père et Fils weitere knapp fünfeinhalb Hektar. Gelegentlich produziert man einen süßen *vin de paille*. Ferraton, dessen reizvolle Kellerei in Tain l'Hermitage ganz in der Nähe des Rathauses und unmittelbar hinter dem Gut von Marc Sorrel liegt, ist ein Winzer aus Leidenschaft. Sein weißer Hermitage, der zu 100 % aus der Marsanne-Traube bereitet wird, hat einen etwas moderneren Stil entwickelt, mit einer stärkeren Betonung der lebendigen, frischen Frucht. Die älteren Jahrgänge waren recht schwerfällige, viskose und gehaltvolle Weine von beträchtlichem Charakter, aber auch ärgerlicher Unberechenbarkeit. Sein Weißer stammt aus zwei Lagen – Les Dionnières und Les Murets. Sein manchmal sehr guter, gelegentlich vorzüglicher roter Hermitage wird aus Trauben der beiden Weinberge Le Méal und Les Beaumes gewonnen. Die weiße Cuvée nennt er «Le Reverdy», die rote «Les Miaux». Da er mit Problemen zu kämpfen hatte, begann Ferraton 1982, seine Rotweine zu filtrieren, gab diese Praxis jedoch Ende der achtziger Jahre wieder auf, weil der Wein zu sehr an Körper und Geschmack einbüßte. Michel Ferraton bleibt ein kunsthandwerklich orientierter Winzer und ein extrem gewissenhafter Erzeuger, der sehr feinen Wein hervorbringen kann. Sein Preis-Leistungs-Verhältnis gehört zu den fairsten des gesamten Anbaugebiets.

JAHRGÄNGE

1994 • 89 Hermitage Cuvée Les Miaux: Dieser 94er enthüllt die weiche, säurearme und fruchtige Art des Jahrgangs, die an den 85er erinnert. Er ist körperreich und voll, mit mäßigem Tanningehalt im Abgang. Sollte der Wein noch etwas gewichtiger werden, kann er sich nach der

Abfüllung als hervorragend erweisen. Voraussichtliche Genussreife: 1998 bis 2010. Letzte Verkostung: 6/95.

1992 • 87 Hermitage Cuvée Les Miaux: Ein Les Miaux von dichter Farbe und einem ausgeprägten Aroma aus Erde, Kräutern und schwarzen Beeren. Zudem besitzt dieser zugängliche Wein ein gehobenes Tannin, weiche Säure, ausgezeichnete Reife und einen körperreichen, kraftvollen Abgang. Voraussichtliche Genussreife: jetzt bis 2009. Letzte Verkostung: 6/96.

1991 • 88 Hermitage Cuvée Les Miaux: Der 91er zeigt ein undurchdringlich dunkles Rubin- bis Purpurrot, ein pfeffriges, süßes, überreifes Bukett von schwarzen Beeren und eine tanninreiche, verschlossene, spröde Art. Er ist von mittlerem Körper und harter Struktur. Ob der hohe Anteil herber Tannine zum Problem werden wird? Voraussichtliche Genussreife: 2000 bis 2009. Letzte Verkostung: 12/95.

1990 • 96 Hermitage Cuvée Les Miaux: Dieser Rote aus einem Jahrgang, der für Hermitage unzweifelhaft der größte seit 1961 war, zeigt eine sehr dunkle Färbung und ein riesiges, sich noch entwickelndes Bukett von lieblichem Cassis und Mineralien, verwoben mit Düften nach Kräutern, Blumen und Lakritze. Er ist phantastisch ausgestattet, mit einem Furcht erregend hohen Glyzerin-, Alkohol- und Tanningehalt – ein hoch konzentrierter, reintöniger, geradliniger Hermitage alten Stils. Überwältigend! Voraussichtliche Genussreife: 2005 bis 2040. Letzte Verkostung: 12/96.

1988 • 78 Hermitage Cuvée Les Miaux: Ferratons 88er Les Miaux zeigt weiterhin ärgerlich viel Säure, jedoch genügend Konzentration. Im Vergleich zu anderen Hermitages dieses Jahrgangs ist der Wein etwas kleiner dimensioniert. Voraussichtliche Genussreife: 1998 bis 2006. Letzte Verkostung: 4/94.

1985 • 90 Hermitage Cuvée Les Miaux: Der hervorragend ausgereifte 85er ist mild und dick, mit einem riesigen Bukett von wilden Beerenfrüchten, rauchigem Teer und animalischen Düften. Er ist sehr intensiv und körperreich und hat seinen höchsten Reifegrad erreicht, den er noch bis 2005 halten sollte. Letzte Verkostung: 10/94.

1985 • 93 Vin de Paille: Von diesem Tropfen erzeugte Ferraton nur eine winzige Menge – weniger als 1 000 Flaschen –, die einen Gesamtalkoholgehalt von 22 % aufweist. Die Marsanne-Trauben wurden am 10. Oktober 1985 gelesen, auf Strohmatten gelegt und am 15. Januar 1986 gepresst. Daraus ist ein wunderbar exotischer, opulenter, dekadent reichhaltiger Dessertwein mit Unmengen an Frucht und einem Schwindel erregenden Duft nach Aprikosen und Pfirsichen hervorgegangen. Er sollte sich 50 bis 60 Jahre halten. Letzte Verkostung: 6/86.

1983 • 88? Hermitage Cuvée Les Miaux: Ein weiterer strenger, stark strukturierter Wein. Der 83er ist körperreich, vollmundig, sehr schön konzentriert und hat ein rauchiges, teerwürziges Bukett, das seinen jugendlichen Charakter bewahrt. Die Tannine im Abgang sind jedoch adstringierend. Voraussichtliche Genussreife: 2000 bis 2010. Letzte Verkostung: 10/94.

ALAIN GRAILLOT **

Adresse:
Domaine Les Chênes Verts, 26600 Pont de l'Isère, Tel.: 75 84 67 52, Fax: 75 07 24 31

Produzierte Weine:
Crozes-Hermitage, Hermitage, St-Joseph

Rebfläche: 1,2 ha

Produktionsmenge: 600 Flaschen

Ausbau: 18 Monate in großen und kleinen Eichenfässern

Durchschnittsalter der Reben: 3 bis 80 Jahre

Verschnitt: 100 % Syrah

Für Graillots Hermitage hatte ich nie besonders viel übrig. Seine Stärke sind die ausgezeichneten Crozes-Hermitages und Saint-Josephs, die er in seiner Domäne Les Chênes Verts in Pont de l'Isère erzeugt. Ihm gehört eine kleine Rebfläche mit 80 Jahre alten Weinstöcken in Les Greffieux und eine weitere, erst 1994 bepflanzte Parzelle. Sein Hermitage ist gut, in manchen Jahren (wie 1990) nahezu hervorragend. Im Allgemeinen zeigt er eine leicht kräuterwürzige, jugendliche Art ohne Tiefe oder Intensität und ist ein Wein, der jung getrunken werden will. Natürlich sollte diese Cuvée, haben die Hermitage-Rebstöcke erst ein gewisses Alter erreicht, seinen Weinen aus Crozes-Hermitage und Saint-Joseph ebenbürtig, wenn nicht gar überlegen sein.

JAHRGÄNGE

1995 • 87 Hermitage (rot): Der 95er war weniger beeindruckend und zeigte eine schwächere Färbung als der Saint-Joseph oder der Crozes-Hermitage desselben Jahres – warum auch immer. Er offenbarte ein rauchiges, schinkenwürziges Aroma im Bukett und süße, reife Frucht im Geschmack, doch schien die starke Säure seinen kantigen, harten, tanninbetonten Abgang eher zu verschärfen. Ich bin sicher, dass sich noch mehr in diesem Wein verbirgt, trotzdem fiel es extrem schwer, ihn zu begreifen und zu bewerten. Letzte Verkostung: 6/96.
1994 • 88 Hermitage (rot): Ein dunkler, rubinroter 94er, von dem nur 50 Kisten erzeugt wurden (alle aus Les Greffieux), mit einem lieblichen, rauchig-cassiswürzigen Bukett und einem eleganten Stil. Der Wein gibt sich geschmeidig und reif im Geschmack und nachhaltig im Abgang. Keineswegs ein sensationeller Hermitage im Sinne von Jaboulets La Chapelle, Chaves Hermitage oder Chapoutiers Le Pavillon, doch auch nicht zu unterschätzen. Er sollte in 2 bis 3 Jahren trinkreif sein und 12 bis 15 Jahre halten. Letzte Verkostung: 6/96.
1992 • 86+ Hermitage (rot): Der 92er Hermitage ist zwar pfeffrig, würzig, von mittlerem bis vollem Körper und tanninreich, ihm fehlen aber die Tiefe und Intensität, die man von den feinsten Weinen dieser geheiligten Appellation erwartet. Man sollte ihn 3 bis 4 Jahre lang lagern – in der Hoffnung, dass die Frucht nicht verblasst – und innerhalb der folgenden 6 bis 7 Jahre trinken. Letzte Verkostung: 11/94.
1990 • 89 Hermitage (rot): Der beste Rote von Graillot, den ich degustiert habe, mit süß duftenden Aromen von Schwarzen Kirschen, toastwürziger neuer Eiche und Kräutern. Im Mund

ist er dicht und körperreich, von ausgezeichneter Konzentration, im Geschmack lang, wenig tanninbetont und unentwickelt, im Abgang würzig und von mäßigem Tannin. Voraussichtliche Genussreife: jetzt bis 2008. Letzte Verkostung: 5/94.

J. L. GRIPPAT

(Rot **/ Weiß ****)

Adresse:
07300 Tournon, Tel.: 4 75 08 15 51, Fax: 4 75 07 00 97

Produzierte Weine:
Hermitage (rot und weiß)

Rebfläche:
Weiß: 0,3 ha; Rot: 1,2 ha

Produktionsmenge:
Weiß: 4 800 Flaschen; Rot: 1 800 bis 2 000 Flaschen

Ausbau:
Weiß: 16 Monate in Edelstahltanks; Rot: 16 Monate in Eiche

Durchschnittsalter der Reben:
Weiß: 75 Jahre; Rot: 58 Jahre

Verschnitt:
Weiß: 100 % Marsanne; Rot: 100 % Syrah

Die Kellerei von Jean-Louis Grippat liegt vor den Toren Tournons am anderen Rhôneufer, gegenüber dem langweiligeren und lauteren Tain l'Hermitage. Grippat ist Anfang fünfzig und gehört einer Winzerfamilie an, die seit über hundert Jahren Hermitage- und Saint-Joseph-Weine produziert. Heute unterstützt ihn seine Tochter Sylvie. Er ist ein ernsthafter, besonnener, redegewandter Mann, der sich bei der Erläuterung seiner Vinifikationsmethoden viel Mühe gibt. Stets spricht er mit Respekt von seinen Kollegen, manchmal kritisiert er auch seine eigene Produktion. So gibt er bereitwillig zu, dass sein roter Hermitage recht leicht ist und ihm in höherer Konzentration lieber wäre. Dabei weiß Grippat nur zu genau, dass Kenner von seinem weißen Hermitage sowie dem roten und weißen St-Joseph entzückt sind, die auf Grund ihrer hohen Qualität quotiert werden müssen. In einem normalen Jahr gewinnt der Winzer aus seinem Weinberg in Les Murets nur 400 Kisten Weißen. Die dort wachsenden Rebstöcke sind durchschnittlich 70 Jahre alt. Seine Rotweinproduktion beläuft sich sogar auf nur 150 Kisten. Dies entspricht etwa einem Drittel seiner Gesamtproduktion. Dazu kommen noch ein ausgezeichneter weißer und zwei rote Saint-Joseph-Weine aus knapp viereinhalb Hektar Weinbergen in guten Hanglagen.

Grippats Weiße sind nicht so langlebig wie Chapoutiers Chante-Alouette und Ermitage Cuvée l'Orée oder die Erzeugnisse von Chave, es sind aber wunderbar gehaltvolle und fruchtige Tropfen, die innerhalb der ersten vier bis fünf Jahre nach der Abfüllung getrunken werden wollen. Sie werden bis zu 16 Monate lang in Tanks ausgebaut. Grippat kaufte 1985 versuchsweise drei neue Eichenfässer, stellte aber fest, dass er den Geschmack, die sie seinem

Wein verliehen, nichts abgewinnen konnte. Auch wenn sein roter Hermitage auf keinen Fall enttäuschend ist, so sollte man doch insbesondere nach dem Weißen suchen. Weitere Informationen über J. L. Grippat sind dem Kapitel über St-Joseph zu entnehmen, da es die Weine dieser Appellation sind, die seinen Ruf begründet haben.

JAHRGÄNGE

1994 • 87 Hermitage (rot): Grippats 94er gehört zu den wenigen Hermitage-Weinen, die sich jung trinken lassen. Seine leichte Säure und sein eleganter Stil prägen den geschmeidigen, von Cassisfrucht überströmenden, runden, gehaltvollen, einschmeichelnden Roten. Er verfügt über mittleren Körper und leichte Tannine, ganz besonders beeindruckend ist aber seine vordringliche Fruchtigkeit. Im Laufe der nächsten 10 Jahre austrinken. Letzte Verkostung: 6/96.

1994 • 89 Hermitage (weiß): Der 94er Weißwein enthüllt eine honigartige, zitronig-fruchtige Art, hervorragende Reife, volle, vielschichtige Frucht von öliger Konsistenz sowie beträchtliche Kraft und Intensität. Angesichts seiner geringen Säure sollte man ihn in den nächsten 5 bis 6 Jahren austrinken. Letzte Verkostung: 6/96.

1992 • 88 Hermitage (weiß): Der 92er zeigt Duftnoten von Honig, Ananas und Blumen, ist von öliger Konsistenz, dick, ja fett im Geschmack, niedrig im Säuregehalt und bietet einen ausgezeichneten kräftigen, alkoholstarken Abgang. Ein trotz seiner Gewichtigkeit recht fragiler Wein, daher sollte er im Laufe der nächsten 2 bis 4 Jahre getrunken werden. Letzte Verkostung: 11/94.

1990 • 88 Hermitage (rot): Grippats überraschend gut entwickelter Rotwein von 1990 zeigt eine beeindruckend satte, dunkle, rubin- bis purpurrote Farbe und ein riesiges Bukett von Schwarzen Kirschen, Mineralien und Kräutern. Er ist von mittlerem bis vollem Körper, füllig und gehaltvoll, mit üppigem, reintönigem Geschmack, sanften Tanninen, geringer Säure und einem weichen, aber ausdrucksvollen Abgang. Von den Hermitages, die ich verkostet habe, hat sich dieser 90er vielleicht am besten entwickelt, trotzdem wird er sich mindestens weitere 10 Jahre halten. Letzte Verkostung: 6/94.

1990 • 89 Hermitage (weiß): Der weiße 90er verfügt über ein Bukett von honigfeinen Pfirsichen, Mineralien, einer fast an Chablis erinnernden Note von kaltem Stahl sowie ein volles, körperreiches Aroma von schöner Konturenschärfe. Er ist bereits jetzt verlockend und sollte sich weitere 7 bis 10 Jahre halten. Letzte Verkostung: 6/94.

1989 • 88 Hermitage (weiß): Der 89er Weißwein ist extrem frisch, reintönig und lebendig, mit einem Bukett, das gleichsam dem Glas entströmt und einen Duft nach nassem Gestein, Pfirsichen und Blumen verbreitet. Im Mund zeigt dieser üppig ausgestattete, körperreiche Tropfen reichlich Frucht, bei etwas zu geringer Säure und Klarheit; insgesamt ein opulenter und saftiger Weißer, den man im Laufe der nächsten 2 bis 4 Jahre trinken sollte. Letzte Verkostung: 11/93.

1988 • 82 Hermitage: Gerne hätte ich von Grippats 88er Hermitage einen besseren Eindruck gewonnen, gerade weil dieser Jahrgang so viele Spitzengewächse hervorgebracht hat. Dies ist jedoch ein direkter, relativ leichter, runder und fruchtiger Wein von mittlerem Körper, dem Struktur und Länge fehlen. Er sollte innerhalb der nächsten 4 bis 5 Jahre getrunken werden. Letzte Verkostung: 10/92.

DIE NÖRDLICHE RHONE

GUIGAL ***

Adresse:

1, route de Taquières, 69420 Ampuis, Tel.: 4 74 56 10 22, Fax: 4 74 56 18 76

Produzierte Weine:

Roter und weißer Hermitage, ausschließlich aus zugekauftem Wein

Das Unternehmen Guigal erzeugt nicht nur exquisiten Côte Rôtie (siehe Seite 66), sondern auch weißen und roten Hermitage in nicht unerheblichem Umfang. Die Familie besitzt in Hermitage keine Rebflächen, kauft aber Wein, der von dem jeweiligen Erzeuger im Stil dieses Hauses vinifiziert wurde. Guigal schöpft den gesetzlich zugelassenen Anteil von 15 % weißen Trauben nicht aus und bereitet einen reinsortigen Roten aus Syrah, bei einem Produktionsumfang von knapp 2 000 Kisten. Der Wein wird nicht geschönt und auch nur dann gefiltert, wenn er sich im Laufe der mit drei Jahren sehr langen Ausbauzeit in Holzfässern und großen *foudres* nicht ohnehin auf natürliche Weise klärt. Guigal glaubt wie sein Vater an diese lange Reifeperiode für Syrah: Nur so könne man einen milderen, komplexeren Wein hervorbringen. Folgerichtig füllt er deshalb immer als Letzter den roten Hermitage ab. Der Weiße, von dem zumeist etwa 600 Kisten pro Jahr produziert werden, wird gewöhnlich aus einem Verschnitt von 90 bis 95 % Marsanne, ergänzt durch Roussanne, bereitet. Im Gegensatz zu Guigals anderen Erzeugnissen – vorwiegend sehr vollen, dramatischen Verkörperungen der Winzerkunst – ist sein weißer Hermitage etwas spröde, zurückhaltend und weniger eindrucksvoll als der rote. Manche Jahrgänge schmecken auch «grün» und streng, so dass der Eindruck entsteht, diese Produkte sind die am wenigsten verlässlichen unter den vielen erfolgreichen des Hauses Guigal. Auffallend ist auch, dass sich die Lebenserwartung der roten Hermitages zunehmend verkürzt. Die meisten jüngeren Jahrgänge (seit 1985) fangen bereits in ihrem zehnten bis zwölften Lebensjahr an auszutrocknen. Ob die Weine ihre Frucht besser konservieren könnten, wenn sie früher abgefüllt würden?

Guigal hält sich bezüglich der Frage, wo er den Most für seine Produktion kauft, sehr bedeckt; es ist aber bekannt, dass die Fayolles, gelegentlich auch Bernard Faurie sowie Jean-Michel und Marc Sorrel zu seinen Lieferanten gehören. Mir gegenüber hat er eingeräumt, dass er nicht eher ruhen wird, bis er einige der Hermitage-Weinberge sein Eigen nennen kann. Angesichts des ungeheuren Reichtums seiner Kellerei sollte ihm das nicht schwer fallen.

JAHRGÄNGE

1994 • 89 Hermitage (weiß): Dieser 94er Hermitage blanc zeigt ein Bukett von Frühlingsblumen, Mineralien und reifer, pfirsichähnlicher Frucht. Bei seinem geringen Säuregehalt und seiner schönen Dichte, seiner Kraft und seinem Extraktreichtum sollte sich dieser Wein in den ersten 5 bis 6 Jahren gut trinken lassen. Letzte Verkostung: 6/96.

1993 • 88 Hermitage (rot): In einem Jahr, das im nördlichen Rhônegebiet bekanntlich viele hohle, adstringierende und vegetabile Weine hervorgebracht hat, stellt dieser Tropfen einen erstaunlichen Erfolg dar. Er ist tief rubinrot in der Farbe und schön reif, mit einem süßen Bukett von Lakritze und Cassis und mittlerem bis vollem Körper. Im Abgang konnte ich keine harte Säure, Hohlheit oder herbe Tannine feststellen. Der Rote sollte sich über ein Jahrzehnt schön trinken lassen. Letzte Verkostung: 6/96.

1992 • 86 Hermitage (rot): Der 92er Hermitage enthüllt in seinem duftigen Bukett einige Nuancen von grünem Pfeffer, die jedoch gegenüber den erdigen, würzigen Düften von schwarzen Beeren gegenwärtig noch im Hintergrund bleiben. Der Wein zeigt eingangs süße Frucht, die dann aber vom Tannin dominiert wird. Seine Struktur ist etwas zusammenhanglos, trotzdem handelt es sich um eine gute Leistung. Der Wein sollte möglichst im Laufe des nächsten Jahrzehnts getrunken werden. Letzte Verkostung: 6/96.

1992 • 85 Hermitage (weiß): Ein Weißwein, der in einem ungewohnt leichten, direkten Stil bereitet wurde; zum Teil ist dafür auch der Jahrgang verantwortlich. Letzte Verkostung: 6/96.

1991 • 88 Hermitage (rot): Der rote 91er, der vorwiegend aus den beiden Lagen Le Méal und Les Bessards stammt, ist leichter als seine beiden Vorgänger. Ein eleganter, reifer Wein von mittlerem Gewicht und ausladender Fülle mit einem mäßig tanninreichen Abgang. Er sollte sich 10 bis 15 Jahre lang gut trinken lassen. Letzte Verkostung: 6/96.

1991 • 87 Hermitage (weiß): Der 91er Weiße ist milder, reifer und voller als der 92er, in einem frühreifen, einschmeichelnden Stil. Beide Weiße sollten innerhalb von 7 bis 8 Jahren getrunken werden. Letzte Verkostung: 6/96.

1990 • 90 Hermitage (rot): Das ist möglicherweise der beste Rote der letzten Jahre, wenn auch die Qualität von Flasche zu Flasche variiert. Marcel Guigal glaubt, dies sei der feinste Hermitage, den seine Firma seit 1955 hervorgebracht hat. Ich habe die Entwicklung des 90ers verfolgt, seit ich zum ersten Mal die Partien, aus denen er verschnitten wurde, verkostet habe. Er zeigt ein Bukett von intensiven pfeffrigen, prallen Schwarzen Himbeeren, das mit Aromen von Rauch, Vanille und Gewürzen verwoben ist. Mit seinem vollen Körper, großer Fruchttiefe, Reintönigkeit und dem beträchtlichen Tannin im Abgang ist dieser Tropfen bereits jetzt zugänglich, weil er so lange in *foudres* und kleinen Fässern ausgebaut wurde. Ein reichhaltiger, dicker, konzentrierter Tropfen. Voraussichtliche Genussreife: jetzt bis 2009. Letzte Verkostung: 6/96.

1990 • 89 Hermitage (weiß): Der 90er Guigals ist ein körperreicher, ausdrucksvoller Weißer, der sich einiges von seinem blumigen, honigfeinen, pfirsichduftigen Bukett, mit ein wenig subtiler Eichenholzwürze im Hintergrund, bewahrt hat. Fest, konzentriert und vollmundig, kann er jetzt getrunken werden. Als einer der kraftvollsten und alkoholstärksten weißen Hermitage-Erzeugnisse dieser Kellerei könnte er sich als genauso unwiderstehlich erweisen wie ihr 88er oder ihr 79er. Voraussichtliche Genussreife: jetzt bis 2000. Letzte Verkostung: 4/94.

1989 • 89 Hermitage (rot): Der 89er ist nicht ganz so konzentriert wie sein umwerfender Nachfolger und enthüllt eine verschlossene, aber viel versprechende Nase von Mineralien, Schwarzen Johannisbeeren und getrockneten Kräutern. Er zeigt sich gehaltvoll und körperreich, mit beträchtlicher Kraft und spürbarem Tannin. Voraussichtliche Genussreife: jetzt bis 2001. Letzte Verkostung: 12/95.

1988 • 91 Hermitage (rot): Mit dem 88er schuf Guigal seinen besten Roten seit 1983. Er ist konzentrierter als der 89er oder der 90er und von einem undurchdringlich dunklen Rubin- bis Purpurrot. Sein riesiges, relativ unentwickeltes, aber viel versprechendes Bukett besteht aus Cassis und Mineralien. Im Mund gibt er sich sensationell konzentriert, mit reichlich robusten Tanninen in einem beeindruckend langen Abgang. Sein erregender Geschmack hat sich allerdings noch nicht sehr entwickelt. Voraussichtliche Genussreife: jetzt bis 2005. Letzte Verkostung: 12/95.

1988 • 88 Hermitage (weiß): Ein Weißer, dessen Bukett von Honig, Haselnüssen und – wenn Guigal Recht hat – Akazienblüten erfüllt ist. Er ist voll und körperreich im Mund, mit viel Glyzerin, lebhafter Säure, kräftigem Geschmack und einem langen Abgang. Ein Wein von großem

Format, der gut zu aromatischen Fisch- und Geflügelgerichten passt. Voraussichtliche Genussreife: jetzt bis 2002. Letzte Verkostung: 8/96.

1987 • 85 Hermitage (rot): Der 87er präsentiert sich sanft, mit geschmeidigen, samtigen Geschmacksnuancen, mittlerem Körper, sehr guter Konzentration und Reife sowie einem seidigen Abgang. Eine achtbare Leistung in einem Jahr, das für Hermitage insgesamt weniger erfolgreich war als für die Appellation Côte Rôtie. Der Wein ist deutlich besser als Jaboulets La Chapelle, dennoch würde ich ihn knapp unter dem von Gérard Chave einstufen. Genussreife: jetzt. Letzte Verkostung: 12/93.

1985 • 87 Hermitage (rot): Ein sehr guter 85er, der laut Guigal seinem 82er ähnelt. Er zeigt Fülle, ein sehr dunkles Granatrot mit leichtem Bernsteinsaum und ein Bukett von pfeffriger Cassisfrucht. Wegen seines geringen Säuregehalts reifte dieser körperreiche Wein sehr schnell und sollte daher bald getrunken werden. Voraussichtliche Genussreife: jetzt bis 2000. Letzte Verkostung: 8/96.

1984 • 74 Hermitage (rot): Gemessen an den gehobenen Maßstäben des Hauses erscheint der 84er ein wenig zu leicht und substanzlos. Dabei besitzt er einen überraschend schönen Farbton, viel Säure, einen kantigen, beißenden, pflanzlichen Geschmack und mäßige Tannine. Letzte Verkostung: 1/92.

1983 • 88 Hermitage (rot): Voll ausgereift, körperreich und konzentriert zeigt der 83er ein sehr sattes Granatrot und ein Bukett von reifer Cassisfrucht, Zedernholz, Teer und Kräutern, bei öliger Struktur, milden Tanninen und guter Ausgewogenheit. Voraussichtliche Genussreife: jetzt bis 2002. Letzte Verkostung: 8/96.

1982 • 88 Hermitage (rot): Ein weiterer uneingeschränkter Erfolg für Guigal. Der tief-dunkle, rubinrote 82er ist sehr viel fruchtiger und zugänglicher als der robustere 83er. Sein verführerisches, gut entwickeltes Bukett von reifer Cassisfrucht und Vogelkirschen ist gepaart mit einer körperreichen, öligen Struktur, üppig reifer, samtiger Frucht und einer gehörigen Portion Tannin. Genussreife: jetzt. Letzte Verkostung: 11/89.

1979 • 86 Hermitage (rot): Nach Jaboulets La Chapelle und Sorrells Le Méal der feinste Hermitage des Jahrgangs! Guigals 79er ist ein kräftiger, fleischiger, intensiver Wein, der sich besser zu entfalten scheint als der höher gelobte 78er. Sein Bukett von geräuchertem Fleisch, Oliven und altem Sattelleder zeigt erste Alterserscheinungen, er ist körperreich und tanninstreng, trocknet jedoch allmählich aus. Der Wein stellt zwar immer noch eine gute Leistung dar, ist aber vollreif und muss getrunken werden. Genussreife: jetzt. Letzte Verkostung: 7/96.

1978 • 74 Hermitage (rot): Dieser zunächst extrem eindrucksvolle Wein hat einen schnellen Niedergang erlebt. Er ist tief rubinrot mit bernsteinfarbenen Nuancen, sein Aroma verliert aber an Ausdruck und verblasst. In diesem hohlen Hermitage findet man kaum noch Frucht. Letzte Verkostung: 8/96.

Paul Jaboulet-Aîné ***/*****

Adresse:
Les Jalets, R.N. 7, B.P.46, La-Roche-de-Glun, 26600 Tain l'Hermitage,
Tel.: 4 75 84 68 93, Fax: 4 75 84 56 14

Produzierte Weine:
Erzeugerabfüllungen: Hermitage La Chapelle, Hermitage Chevalier de Stérimberg
sowie gelegentlich, wenn die Qualität des Weins für seine Vermarktung als La Chapelle
nicht ausreicht, ein Hermitage Pied La Côte. 1993 wurde die gesamte Hermitage-Produktion
unter diesem Etikett verkauft, da sie nicht die erforderlichen Qualitätsstandards erfüllte.
Andere Erzeugerabfüllungen sind Cornas, Crozes-Hermitage Domaine de Thalabert,
Crozes-Hermitage Domaine Roure (seit 1996) und Condrieu.
Eine ganze Anzahl von Rhôneweinen sind Händlerabfüllungen.

Rebfläche:
Weiß: 4,5 ha; Rot: 21 ha

Produktionsmenge:
Weiß: 25 000 Flaschen; Rot: 90 000 Flaschen

Ausbau:
Weiß: 4 bis 8 Monate in 1 bis 2 Jahre alten Fässern
Rot: 12 bis 18 Monate in alten Fässern, beim La Chapelle teilweise in neuer Eiche

Durchschnittsalter der Reben:
Weiß: 10 bis 70 Jahre; Rot: 10 bis 70 Jahre

Verschnitt:
Weiß: 50 % Marsanne, 50 % Roussanne; Rot: 100 % Syrah

Das Familienunternehmen von Paul Jaboulet-Aîné ist vermutlich der weltweit bekannteste Erzeuger erstklassiger Rhôneweine. Sein berühmtester Tropfen ist der Hermitage La Chapelle – zweifellos einer der größten trockenen Rotweine der Welt –, der nicht nach einer bestimmten Lage benannt wurde, sondern nach der winzigen weißen Kapelle hoch oben auf der steilsten Kuppe des Hermitage. Dieser Wein stammt vorwiegend aus den beiden Lagen Le Méal und Les Bessards, wo die Jaboulets 21 Hektar besitzen. Zusätzlich gehören ihnen gut 2,8 Hektar, die ausschließlich für eine Standardcuvée von rotem Hermitage verwendet werden sowie ein Weinberg von viereinhalb Hektar in La Croix. Der von diesen Reben erzeugte Wein ist Bestandteil eines Weißen, der nach dem Kreuzritter Gaspard Chevalier de Stérimberg aus dem 13. Jahrhundert benannt ist.

Die Jaboulets sind die vielleicht älteste Familie des Rhônetals, sämtliche historischen Dokumente wurden jedoch während der Französischen Revolution zerstört. Der erste Jaboulet, Antoine, wurde 1807 in Tain l'Hermitage geboren und gründete das Unternehmen 1834. Dieses wird heute von dem gut aussehenden, jungenhaft wirkenden und redegewandten Gérard, seinem Bruder Jacques sowie den Cousins Philippe und Michel Jaboulet mit offensichtlicher Begeisterung und Kompetenz in einer neu eröffneten, modernen Kellerei im

Süden von Tain l'Hermitage geführt. Auch der mittlerweile fast 85 Jahre alte Vater Louis Jaboulet ist dort gelegentlich anzutreffen, obgleich er sich bereits 1976 offiziell zur Ruhe gesetzt hat; er zeigt die gleiche Lebenslust, offenbar eine besondere Eigenart der Familie. Neben ihrem ansehnlichen Grundbesitz in Hermitage besitzen die Jaboulets den 46 Hektar großen Weinberg Domaine de Thalabert in Crozes-Hermitage, der einen der feinsten Rotweine der Appellation hervorbringt – und der ohne weiteres der Hermitage des kleinen Mannes genannt werden könnte. Als *négociants* produzieren sie darüber hinaus weitere 200 000 Kisten, die zweifellos zu ihrem weltweiten Renommee beitragen; ihre großartigsten Kreszenzen indes reifen in den eigenen Anbauflächen heran.

Der wachsende Ruhm des gewaltigen La Chapelle ist leicht nachzuvollziehen. Es handelt sich um einen ungeheuer konzentrierten Tropfen, der im Normalfall ein ganzes Jahrzehnt braucht, um seinen Tanninmantel abzuwerfen; selbst dann lässt er nur leise ahnen, welch majestätischen Duft und was für eine Fülle er später zeigen wird. Was seine Lebenserwartung angeht, so ist dieser Wein fast unsterblich! In Qualität und Komplexität gleichen ihm vielleicht nur einige Dutzend *crus classés* aus dem Bordelais, fünf oder sechs Burgunder und ebenso viele andere rote Rhôneweine. Dieses Produkt wird im konservativen Stil bereitet und ist auf Langlebigkeit angelegt. Vor 1988 wurden lediglich 40 % der Trauben entrappt; seit jenem Jahrgang ist jedoch das vollständige Entrappen die Regel. Für die Einleitung der Gärung werden nur die wilden Hefen vom Weinberg verwendet. Die Maischung dauert lang – von insgesamt 21 Tagen bis zu 38 Tagen in großen Jahren wie 1990 –, es sei denn, die Traubenschalen sind krank. Das Produkt ist sehr tanninreich und von dichter Farbe. Anschließend kommt der Wein in kleine, zu einem geringen Prozentsatz neue Burgunderfässer (hergestellt von dem berühmten Küfer François Frères) und in ein und zwei Jahre alte Fässer, die Jacques Jaboulet von Leflaive und Sauzet, berühmten Erzeugern weißen Burgunders, kaufte. Die Jaboulets arbeiten nur zum Teil mit neuer Eiche, die sie eigentlich nicht mögen, da ihr Hermitage keine zusätzlichen Holztannine benötigt. Ihrer Meinung nach besitzt er bereits so viel Format und Frucht, dass neues Eichenholz nur von den natürlichen Eigenschaften des Weins ablenken würde. Der La Chapelle wird nicht geklärt, sondern nach der malolaktischen Gärung einer groben Filtration unterzogen. Anfang der achtziger Jahre wurde zusätzlich vor der Abfüllung gefiltert, eine Praxis, die man jedoch später wegen ihrer negativen Auswirkungen aufgab. Erstaunlicherweise wird in dieser Kellerei schon sehr früh abgefüllt, der Wein verbringt selten mehr als 12 bis 14 Monate in den Fässern. Dagegen dauert der Ausbau bei Guigal über 36 Monate, bei Chave 18 bis 24 Monate. Heutzutage füllt nur Chapoutier seinen Hermitage ähnlich früh ab. Laut Gérard ist dies die alte jabouletsche Methode, und dagegen ist kaum etwas einzuwenden, denn die Ergebnisse sprechen für sich.

Viele Weinfreunde stellen sich einen Hermitage als dicken, vollmundigen Wein mit Schwindel erregendem Alkoholgehalt vor. Demgegenüber könnte man den La Chapelle, wenn er nach 15 oder 20 Jahren seinen Höhepunkt erreicht, fast mit einem großen Pauillac verwechseln. Zudem steigt sein Alkoholgehalt nur selten über 13 %. Den ungeheuren Geschmack bekommt dieser Tropfen durch seinen sagenhaft vielschichtigen Fruchtgehalt, den die durchschnittlich 40 Jahre alten, in dem Granitboden von Le Méal und Les Bessards gewachsenen Rebstöcke garantieren. In einem ertragreichen Jahr werden etwa 7 500 bis 8 500 Kisten Hermitage La Chapelle hergestellt, was nicht im Entferntesten ausreicht, die steigende Nachfrage im Ausland, wo sich die größten Bewunderer dieses Weins finden, zu befriedigen.

Im Vergleich zu dem großartigen Roten ist der Weiße, der aus 60 % Marsanne und 40 % Roussanne bereitete Chevalier de Stérimberg, bis vor wenigen Jahren eher enttäuschend gewesen. Zu der jabouletschen Methode der Weißweinbereitung gehörten die Fermentation bei sehr niedrigen Temperaturen, das Abstoppen der malolaktischen Gärung und die Abfüllung des Weins im auf die Lese folgenden März oder April, ohne dass er auch nur einen Monat in Fässern verbracht hätte. Dieses Erzeugnis ließ viel zu oft Charakter und Fülle vermissen und schmeckte wie ein technisch perfektes, aber fades Gewächs aus der Neuen Welt. Seit Anfang der achtziger Jahre scheint es aber den Versuch zu geben, dem weißen Hermitage mehr Muskelkraft und Persönlichkeit zu verleihen. Dies gilt jedenfalls für die neueren Jahrgänge. Ich habe zwar schon wunderbare alte weiße Hermitages dieses Unternehmens verkostet – der 69er ist zum Beispiel vorzüglich –, die jüngeren haben jedoch erst in den achtziger Jahren allmählich an Qualität gewonnen: Sie werden nun aus je 50 % Roussanne und Marsanne verschnitten – der höchste Roussanne-Anteil der Appellation –, bis zum natürlichen Ende der malolaktischen Gärung geführt und dann in neuen Eichenfässern ausgebaut. Alle Trauben stammen aus gut gelegenen Parzellen in Maison Blanche, Les Rocoules und La Croix. Vor allem Spitzenjahrgänge dieses Weißen werden sich, so scheint es, 10 bis 15 Jahre halten.

Bei vertikalen Proben des Hermitage La Chapelle stellt sich häufig die Frage, ob die neueren Jahrgänge die tiefgründige Fülle der feinsten alten erreichen. Zweifellos waren die Jahre 1978, 1988, 1989 und 1990 große Jahrgänge für diesen Wein. Der 90er wird wahrscheinlich sogar dem legendären 61er gleichkommen, ja ihn vielleicht sogar übertreffen. Der 83er hat sein Potenzial, das er vor der Abfüllung besaß, nicht erfüllt, was auch für den 82er und den 85er gilt. Die Weine von 1986, 1991, 1992 und 1994 sind mildere, kommerzieller orientierte Erzeugnisse und stehen damit in deutlichem Gegensatz zu den sensationellen Spitzencuvées von außerordentlicher Tiefe und Komplexität, die 1959, 1961, 1962, 1964, 1966, 1970, 1971 und 1972 produziert wurden. Zweifellos ist der qualitative Einbruch in der ersten Hälfte der achtziger Jahre auf interne Probleme zurückzuführen, die mit einem Unfall von Jacques, dem Kellermeister der Familie, in Zusammenhang standen. Seit 1988 geht es jedoch wieder aufwärts, und als ich Jacques im Sommer 1996 traf, war er in großartiger Form. Zusammen mit seinem Bruder Gérard, dem größten Fürsprecher von Rhôneweinen, und den Cousins Philippe und Michel bildet er ein ernst zu nehmendes, sehr talentiertes Team.

In diesem Kapitel werden nur die Weine aus Hermitage behandelt; Informationen über die anderen Weine der Jaboulets – von ihrem glänzenden Crozes-Hermitage Domaine de Thalabert bis zu ihrem beeindruckenden neuen Cornas Domaine St-Pierre und ihrem Angebot aus dem südlichen Rhônetal – sind in den Abhandlungen über die jeweiligen Appellationen nachzulesen.

Die riesige Produktion dieser Firma erlaubt es darüber hinaus, viele ihrer Weine unter anderen Namen zu vermarkten. So waren die regelmäßig angebotenen Marken André Passat und Jaboulet-Isnard erheblich billiger, nach Auskunft der Kellerei handelte es sich aber um dieselben Weine, mit Ausnahme des La Chapelle.

JAHRGÄNGE

1995 • 91 Hermitage La Chapelle (rot): Dies ist der zweifellos feinste La Chapelle, der seit dem sensationellen Jahrgangsquartett von 1988, 1989, 1990 und 1991 hervorgebracht wurde.

Jacques Jaboulet glaubt heute, dass der 90er, den ich für einen der größten La-Chapelle-Wei-
ne aller Zeiten halte, am Ende als bester Hermitage dieses Weinguts den 61er überflügeln
wird! Der 95er kann sich einer tief rubinroten Farbe sowie eines komplex zusammengesetz-
ten Aromas rühmen, das Düfte von Cassis, Mineralien, Graphit und Gewürzen enthält. Er zeigt
gute Säure und vollen Körper, hervorragende Fülle und eine verschlossene Persönlichkeit.
Um Vollreife zu erlangen, benötigt der Tropfen weitere 7 bis 8 Jahre Flaschenalterung und
sollte sich dann mehr als zwei Jahrzehnte halten. Mit seiner feinen Säure erinnert er mich ein
wenig an den 72er, er zeigt aber auch etwas von dem Charakter des 88ers; für Jaboulet ist der
95er vergleichbar mit dem 82er und dem 88er. Letzte Verkostung: 6/96.

1995 • 85 Hermitage Pied La Côte (rot): Der Pied La Côte stammt von jüngeren Reben, hinzugekauftem Most oder Trauben und von den Weinstöcken in weniger gut gelegenen Parzellen auf den Hügeln des Hermitage. Der charmante, offene 95er erinnert mit seinem Charakter von Kirschen, Kräutern und Erde an Burgunder. Er zeigt mittleren Körper bei lebendiger
Säure und einem würzigen, frischen Abgang. Er sollte innerhalb der nächsten 5 bis 7 Jahre
getrunken werden. Letzte Verkostung: 6/96.

1995 • 90+ Hermitage Chevalier de Stérimberg (weiß): Dieser in französischer Eiche ausgebaute Verschnitt aus je 50 % Roussanne und Marsanne ist kraftvoll, dick, dicht und vollmundig. Es steht zu erwarten, dass er sich über die nächsten Jahre verschließen und nicht vor Ablauf von 10 Jahren wieder öffnen wird. Diese Weißen sind bemerkenswert langlebig und
bleiben dabei günstig im Preis, da nur wenige Verbraucher genügend Geduld aufbringen,
ihre Entfaltung abzuwarten. Der intensive, honigfeine 95er ist sehr trocken, muskulös und
gewichtig – die erfolgreichste Cuvée der Jaboulets seit ihren spektakulären Leistungen Ende
der achtziger und Anfang der neunziger Jahre. Letzte Verkostung: 6/96.

1994 • 88 Hermitage La Chapelle (rot): Der 94er La Chapelle gibt sich bewundernswert
intensiv, bei einem aufgeschlossenen, milden, runden Stil, der wie eine weniger konzentrierte Fassung des 85ers wirkt. Er zeigt viel Gehalt, im Abgang ist er jedoch spröde und tanninreich. Der Wein wird sich weitere 10 bis 15 Jahre halten. Letzte Verkostung: 6/96.

1994 • 77 Hermitage Chevalier de Stérimberg (weiß): Ein Tropfen, der vom Eichenholz dominiert wird und im Geschmack viel Säure bei wenig Fülle, Gewicht oder Gehalt zeigt. Letzte
Verkostung: 6/96.

1991 • 88 Hermitage La Chapelle (rot): Für diesen roten 91er, der ebenfalls eine Gärungs-
periode von 40 Tagen erlebte, mussten die Terrassen wegen der unbeständigen Witterung
Stück für Stück gelesen werden. Er ist ein Erfolg, mit einer Persönlichkeit, die von der des 85ers
nicht weit entfernt ist. Der milde, reife Tropfen enthüllt ein ausgezeichnetes, tiefes Purpurrot,
ein reichhaltiges, ungeformtes, aber intensives Bukett und ist im Körper mittelschwer bis voll.
Darüber hinaus besitzt er eine ausgezeichnete Konzentration, bei milden Tanninen und geringem Säuregehalt. Voraussichtliche Genussreife: 2000 bis 2015. Letzte Verkostung: 11/96.

1991 • 88 Hermitage Chevalier de Stérimberg (weiß): Der 91er Chevalier de Stérimberg, ein
Verschnitt aus 45 % Roussanne und 55 % Marsanne, durchlief im Gegensatz zum 90er keine
malolaktische Gärung, wurde aber zwei Monate in neuen Eichenfässern ausgebaut. Er ist voll
und tief, mittelschwer bis körperreich, aber ohne die Kraft und Ausdrucksstärke des 90ers.
Trotzdem zeigt der Tropfen ausgezeichnete Fülle, ist honigfein in Struktur und Bukett und
köstlich im Geschmack. Diese Weine können sich über Jahrzehnte halten, es wäre demnach
nicht verwunderlich, wenn der 91er 20 Jahre oder länger trinkbar wäre. Voraussichtliche
Genussreife: jetzt bis 2010. Letzte Verkostung: 11/96.

1990 • 100 Hermitage La Chapelle (rot): Ein monumentaler Tropfen! Ich habe ihn 1996 mehrfach neben dem 89er, dem 88er, dem 83er und dem 78er verkostet, er aber war der bei weitem intensivste und vollendetste Wein dieser Gruppe. Er ist seit dem 61er und dem 59er der feinste La Chapelle und sogar noch voller, tiefgründiger und extraktreicher als der perfekte 78er. Er wurde erstaunliche 44 Tage lang eingemaischt, und der Anteil an neuer Eiche wurde auf Grund der Stärke des Weins auf 50 % erhöht. Die Familie experimentierte Mitte der achtziger Jahre zwar mit Filtrationen, dieser Tropfen wurde jedoch ohne Behandlung abgefüllt. Sein riesiges Bukett von Pfeffer, Unterholz und schwarzen Beeren zeigt unglaubliche Intensität. Im Mund ist diese fast schwarze Kreszenz von Ehrfurcht gebietender Konzentration sowie außerordentlicher Ausgewogenheit und Kraft, gefolgt von einem langen, gewaltigen Abgang, der länger als eine Minute andauert. Die Tannine sind beträchtlich, doch machen die enormen Mengen süßer Frucht und seine facettenreiche Vielschichtigkeit am Gaumen diesen 90er zu einem der unglaublichsten jungen Rotweine, die ich je verkostet habe. Voraussichtliche Genussreife: 2005 bis 2040 und länger. Letzte Verkostung: 11/96.

1990 • 92 Hermitage Chevalier de Stérimberg (weiß): Zweifellos wird dies ein langlebiger, mächtiger Chevalier de Stérimberg werden. Er wurde mit 45 % Roussanne und 55 % Marsanne verschnitten, verbrachte 7 Monate in Eichenholz und wurde zur malolaktischen Gärung gebracht. Der beste trockene Weißwein von Jaboulet, den ich degustierte. Nachdem ich ihn dreimal verkostet habe, frage ich mich, warum der Weiße nicht mehr Anhänger findet. Ich weiß, dass diese Weine Geduld verlangen, aber der 90er sollte sich mühelos über 15 bis 20 Jahre entfalten. Wenn man einmal eine Alternative zu Chardonnay sucht, sollte man diesen körperreichen, hervorragend bereiteten Wein probieren. Voraussichtliche Genussreife: jetzt bis 2012. Letzte Verkostung: 11/95.

1989 • 97 Hermitage La Chapelle (rot): Der 89er La Chapelle ist phänomenal. Sein undurchdringliches, ungeheuer sattes Rubinrot und sein riesiges Bukett von Kaffee, Hickoryholz, praller Cassisfrucht, Mineralien und Gewürzen sind der Stoff, aus dem Legenden gewoben werden. Der Wein ist massiv im Geschmack und zeigt Schicht um Schicht ölige, extraktreiche, hochreife Frucht. Sein Abgang bietet eine außerordentliche Explosion von Frucht, Glyzerin und starkem, aber reifem Tannin. Meines Erachtens wird der 89er seine volle Reife einige Jahre vor dem 90er erreichen, da beide Weine zwar wenig Säure haben, im 90er die Tannine aber kräftiger sind als im 89er. Zwei monumentale Weine, die die Herrlichkeit dieser namhaften, historischen Appellation bezeugen. Ob sie sich als moderne Nachfolger des großen jabouletschen Duos von 1959 und 1961 erweisen werden? Voraussichtliche Genussreife: 2002 bis 2030. Letzte Verkostung: 11/96.

1989 • 86 Hermitage Chevalier de Stérimberg (weiß): Dieser 89er wurde in Edelstahltanks fermentiert und dann für 6 Monate in zu 100 % neuen Eichenfässer ausgebaut. Er enthüllt rauchige, toastwürzige, nussige Düfte, einen schön reifen, fruchtigen Geschmack, mittleren bis vollen Körper und milde Säure in einem runden, üppigen Abgang. Voraussichtliche Genussreife: jetzt bis 2005. Letzte Verkostung: 6/95.

1988 • 93 Hermitage La Chapelle (rot): Ein Tropfen, der sich weiterhin auf langsame und doch beruhigende Art entfaltet. Freunde von mir sind der Ansicht, dass er letztlich besser ausfallen wird als der 89er! Ich dagegen sehe in diesem Wein nicht die verblüffende Tiefe und die geschmacklichen Dimensionen seines Nachfolgers, er ist aber zweifellos ein vorzüglicher La Chapelle, der bis zur vollen Ausreifung länger brauchen wird als der 89er. Kräftig und extrem gehaltvoll findet die Syrah-Rebe in ihm ihre klassische Ausdrucksform. Es sei an dieser

Stelle noch einmal darauf hingewiesen, dass Jaboulet nach Filtrationsversuchen Anfang der achtziger Jahre beschlossen hat, seine Spitzencuvées ohne Schönen oder Klären abzufüllen. Voraussichtliche Genussreife: 2005 bis 2025. Letzte Verkostung: 11/96.

1988 • 87 Hermitage Chevalier de Stérimberg (weiß): Ein noch etwas konzentrierterer Weißer als der 89er, zweifellos deshalb, weil sich der Ertrag gegenüber dem Vorjahr halbiert hatte. Er zeigt viel toastwürziges Vanillearoma von Eichenholz, etwas haselnussduftige, blumige Frucht, vollen Körper und größere Tiefe sowie bessere Säure im Abgang. Voraussichtliche Genussreife: jetzt bis 2005. Letzte Verkostung: 6/95.

1987 • 86 Hermitage La Chapelle (rot): Die wenig beeindruckende rubinrote Farbe hat noch etwas Jugendlichkeit bewahrt, ihr fehlt jedoch die Sättigung, die Spitzenjahrgänge dieses Roten auszeichnet. Der 87er enthüllt Düfte von Pfeffer, Teer, Pflaumen und Kirschen mit leichtem Olivenaroma im Hintergrund. Ein kompakter Tropfen von mittlerem Körper, guter Konzentration und einem leichteren Stil. Alles in allem ein etwas abgeschwächter La Chapelle, angenehm, aber nicht gerade begeisternd. Voraussichtliche Genussreife: jetzt bis 2005. Letzte Verkostung: 11/95.

1986 • 87 Hermitage La Chapelle (rot): Dieser Jahrgang, der im Norden des Rhônetals so enttäuschend ausfiel, brachte einen überraschend angenehmen Wein mit einem tiefen, glänzenden Rubinrot und einem verfeinerten, zurückhaltenden Aroma hervor. Im Vergleich zu den großen Jahrgängen zeigt sich der Wein zwar recht mild, besitzt aber mehr Tiefe und Fülle als der 87er, mittleren Körper, scharfe Tannine im Abgang und schöne Reintönigkeit. Zudem hat er etwas von dem durch Cassis, Zedernholz und Pfeffer geprägten Charakter, für den dieser Wein bekannt ist. Er kann jetzt getrunken werden, aber mit Vorsicht, da sein Alterungspotenzial begrenzt ist. Voraussichtliche Genussreife: jetzt bis 2005. Letzte Verkostung: 11/95.

1985 • 89 Hermitage La Chapelle (rot): Dieser Tropfen hat rasch den vollen Reifegrad erreicht. Seine Farbe ist ein dunkles Rubin-Granatrot, mit leichtem Bernsteinsaum. Das Bukett bietet süße Düfte von getrockneten Kräutern, Karamell, Pflaume, Cassis und Vogelkirschen, mit einer Andeutung von gegrilltem Fleisch und Tierfell. Dem runden, samtig strukturierten Wein, dessen Säure stärker spürbar ist als sein Tannin, fehlt zwar die nötige Kraft und Reichhaltigkeit für ein Spitzengewächs, er ist aber ohne Zweifel ein köstlicher, schon jetzt komplexer Tropfen im eleganten La-Chapelle-Stil. Voraussichtliche Genussreife: jetzt bis 2005. Letzte Verkostung: 11/96.

1985 • 86 Hermitage Chevalier de Stérimberg (weiß): Vielleicht ist es die Reife dieses Jahrgangs, die für den ungewohnt reichhaltigen und intensiven Geschmack des 85ers verantwortlich ist. Im Vergleich zu früheren Versuchen zeigt er ein größeres Format und ist ein kräftiger, alkoholstarker Wein mit Pfirsich- und Aprikosendüften im Bukett. Innerhalb der nächsten 1 bis 3 Jahre trinken. Letzte Verkostung: 6/86.

1984 • 79 Hermitage La Chapelle (rot): Seine Charakteristika sind ein mittleres Granatrot und merkliche Rost- und Bernsteintöne am Glasrand sowie ein harmloses Bukett mit einem Anflug von geschmolzenem Teer, Pfeffer und muffigen Kaffeefiltern. Der Wein zeigt milde, kräuterwürzige Kirschenfrucht, die rasch verblasst und etwas Säure hervortreten lässt, leichtes Tannin, geringen Körper und einen kurzen Abgang. Er trocknet allmählich aus, wird kompakter und schwächt sich ab. Austrinken. Letzte Verkostung: 5/96.

1984 • 72 Hermitage Chevalier de Stérimberg (weiß): Wenig intensive, duftige Aromen von Blumen und nassen Steinen. Eindimensional im Geschmack, frisch, etwas beißend, aber angenehm. Austrinken. Letzte Verkostung: 12/86.

1983 • 90 Hermitage La Chapelle (rot): Dieser Wein ist derart verschlossen, tanninstreng und hart, dass er mindestens 10 bis 15 Jahre von der Vollreife entfernt sein muss. Ich habe deshalb meine frühere hohe Einstufung nach unten korrigiert. Der Wein kann sich zwar noch als Aufsehen erregend erweisen – die Jaboulets halten ihn weiterhin für ihre beste Leistung seit 1961 –, momentan ist er jedoch abstoßend tanninreich und unentwickelt. Voraussichtliche Genussreife: 2005 bis 2030. Letzte Verkostung: 11/96.

1983 • 85 Hermitage Chevalier de Stérimberg (weiß): Der 83er ist würzig, voll ausgereift, drall und vollmundig, mit guter Frucht und einem gefälligen, etwas alkoholstarken Abgang. Eine der besseren jabouletschen Leistungen auf dem Gebiet des weißen Hermitage. Austrinken. Letzte Verkostung: 4/86.

1982 • 92 Hermitage La Chapelle (rot): Was für ein befriedigender, vielschichtiger La Chapelle in opulentem Stil, mit einer Menge Glyzerin, Extrakt und Alkohol. Ein vollmundiger, saftiger Wein von explosiver Fruchtigkeit und dem tiefen, pfeffrigen Aroma von wilden Heidelbeeren und Cassis, vermischt mit Zedernholz, Trüffeln und öligen Düften von eingelegten provenzalischen Oliven. Er ist dicht und füllig, zeigt noch einiges Tannin und ein jugendlich-dunkles rubin- bis purpurnes Granatrot ohne Anzeichen einer Aufhellung. Der voll entwickelte Wein könnte als moderne Version des gleich bleibend köstlichen 71ers angesehen werden. Voraussichtliche Genussreife: jetzt bis 2010. Letzte Verkostung: 11/96.

1981 • 68 Hermitage La Chapelle (rot): Die Farbe dieses Weins ist ein überraschend helles Rubinrot mit nur leichten bernsteinfarbenen Nuancen am Glasrand. Ihm fehlt aber jedes Aroma, wenn man von einem Geruch nach feuchten Kellern und gekochtem Gemüse einmal absieht. Er ist mager, spröde, kurz und wurde offensichtlich aus verwässerter, unreifer Frucht bereitet – zunehmend enttäuschend. Hinterher ist man immer klüger, aber dieser Wein hätte deklassiert werden müssen. Genussreife: jetzt. Letzte Verkostung: 5/96.

1980 • 86 Hermitage La Chapelle (rot): Ein granatroter Tropfen mit mäßig rubinroten Rändern und einem interessanten Bukett von Früchtebrot, süßen, überreifen Pflaumen, geräuchertem Fleisch und orientalischen Gewürzen. Diese duftige Nase täuscht jedoch, denn der Wein hat nur mittleren Körper und ist kompakt im Geschmack, zeigt beißende Tannine und scharfe Säure, und seine Frucht im Abgang trocknet bereits aus. Sollte zwar bald getrunken werden, ist aber noch annehmbar. Genussreife: jetzt. Letzte Verkostung: 5/96.

1979 • 92 Hermitage La Chapelle (rot): Ein außergewöhnlicher Tropfen, der sich weiterhin ohne Mühe entfaltet und dessen Rubinrot sich unverändert satt, dunkel und undurchdringlich mit einem Bernsteinsaum zeigt. Der 79er wurde auf Grund des vorangegangenen 78er Jahrgangs stets unterbewertet und übersehen. Er besitzt zwar nicht das extravagante Aroma oder die massive Erscheinung seines Vorgängers, präsentiert sich aber als ein körperreicher, gewaltig ausgestatteter, voller Wein in einem etwas komprimierteren La-Chapelle-Stil mit überbordender Frucht und von maßvollerer Art. Seinem Höhepunkt nahe beginnt dieser volle, tanninbetonte 79er gerade damit, einen Duft von geschmolzenem Teer, Cassis, Pflaumen, Zedernholz und Rauch zu verströmen. Voraussichtliche Genussreife: 1998 bis 2015. Letzte Verkostung: 5/96.

1978 • 100 Hermitage La Chapelle (rot): Eine großartige Essenz ist dieser mit 20 Jahren noch erstaunlich junge Syrah, der auch weiterhin ein undurchdringliches Granatrot zeigt. Hilft man etwas nach, so offeriert das Bukett Düfte von Kräutern, hochreifer Cassisfrucht, Mineralien, dunklen Himbeeren, Früchtebrot und gebratenem Fleisch. Im Mund zeigt dieser massive, körperreiche Wein höchste Konzentration, wirkt aber noch jugendlich. Könnte diese Kreszenz vielleicht eine Art imaginärer Verschnitt aus dem 61er und dem 90er sein? Wahrhaft herrlich! Voraussichtliche Genussreife: 2000 bis 2020. Letzte Verkostung: 11/96.

1977 • 76 Hermitage La Chapelle (rot): Beim Degustieren meinte ich, im Glas den Duft des Früchtebrots meiner Mutter wahrzunehmen. Dieser Wein ist recht leicht im Geschmack, worüber das angenehme Bukett hinwegtäuschen kann, voll ausgereift und ein anständiges Getränk für den unkritischen Zecher. Genussreife: jetzt. Letzte Verkostung: 2/84.

1976 • 81 Hermitage La Chapelle (rot): Ein Roter, den ich noch nie für einen beeindruckenden La Chapelle gehalten habe, und auch die siebte Probe konnte mich keines Besseren belehren. Der Wein ist jetzt überraschend hell und zeigt beträchtliche rostrote Nuancen am Glasrand. In seiner staubigen, kräuterbetonten, erdigen Nase fehlt es an reifer Frucht; er ist trocken und tanninreich im Geschmack und lässt sehr nach. Austrinken. Letzte Verkostung: 5/96.

1972 • 93 Hermitage La Chapelle (rot): Der Wein des Jahrgangs! Hermitage erlebte in diesem allseits negativ bewerteten Jahr überraschende Erfolge, und dieser Tropfen zeigt seit über 10 Jahren sensationelle Reife, entfaltet sich aber nach wie vor nur sehr langsam. Zu seiner noch immer dunklen, granatroten, am Saum leicht bernsteinfarbenem Tönung bietet er großartige Düfte von rauchiger Syrah, Kräutern und orientalischen Gewürzen. Im Mund zeigt er gewaltige Konzentration, reichlich Kraft und eine körperreiche Struktur; sein Säure- und Reifegrad, aber auch sein Extraktstoffgehalt sind bemerkenswert hoch. Dieses voll ausgereifte Gewächs kann sich weitere 10 bis 15 Jahre halten. Voraussichtliche Genussreife: jetzt bis 2008. Letzte Verkostung: 11/96.

1971 • 92 Hermitage La Chapelle (rot): Der 71er hat sich bereits nach 4 Jahren hervorragend trinken lassen und wird immer besser. Er ist scheinbar zu mild, um lange durchzuhalten, streichelt aber den Gaumen mit seiner samtigen Struktur und der riesigen Fülle von Rauch, Kaffee, Kräutern und Schwarzen Himbeeren. Dieser sensationelle La Chapelle ist körperreich, seidig und wird sich weitere 10 bis 20 Jahre halten. Voraussichtliche Genussreife: jetzt bis 2010. Letzte Verkostung: 11/96.

1970 • 95 Hermitage La Chapelle (rot): Ein Roter, den ich zweimal aus einer Magnum-Flasche verkostet habe – einmal Ende 1995 und dann wieder 1996 –, und der selbst in diesem Format voll ausgereift erscheint. Was für eine komplexe, verführerische Luxuscuvée! Die Farbe zeigt an den Rändern recht umfangreiche Bernsteintönung, in der Mitte aber ein gutes, sattes Rubinrot. Das großartige Bukett bietet Düfte von Kaffee, Zedernholz, geschmolzenem Karamell, praller Frucht und Rauch. Der opulente, ölig strukturierte, körperreiche, phantastisch ausgewogene und ausladende, vollmundige La Chapelle scheint nur aus Seide zu bestehen, ohne harte Kanten. Der Inbegriff von Eleganz, Süße und Fruchtfülle. Schwer zu sagen, wie lange er noch dieses traumhafte Niveau halten wird; gut gelagerte Flaschen sollten sich jedoch weitere 10 bis 12 Jahre schön trinken lassen. Letzte Verkostung: 5/96, aus der Magnum.

1969 • 89 Hermitage La Chapelle (rot): Der 69er war immer fest, tanninbetont, strukturiert und reift weiterhin langsam. Ich vermute, dass er voll ausgereift ist, aber seine gesunde, dunkle, rubin- bis granatrote Farbe zeigt nur einen leichten Bernsteinsaum. Seine Nase von gerösteten Kaffeebohnen, Zedernholz, in Brandy eingeweichten, reifen Pflaumen, Rauch und exotischen Gewürzen ist intensiv, aber nicht so extravagant wie bei seinen beiden Nachfolgern. Der Wein hat festes Rückgrat, mittleren bis vollen Körper, ausgezeichnete bis hervorragende Konzentration und einen tanninstarken Biss im Abgang. Ich bin mir nicht sicher, ob er sich je öffnen und voll aufblühen wird; unter Umständen hält sich der 69er immer bedeckt. Trotzdem ist er ein ausgezeichneter Wein, den mancher Leser vielleicht noch höher bewerten würde und der noch mindestens weitere 10 bis 15 Jahre reifen wird. Voraussichtliche Genussreife: jetzt bis 2010. Letzte Verkostung: 5/96.

1966 • 94 Hermitage La Chapelle (rot): Seit mehr als 10 Jahren voll ausgereift, hat sich dieser großartige Tropfen wunderbarerweise seine exzellente Frucht und seinen Charakter bewahrt und nichts von seiner körperreichen, ölig strukturierten, vielschichtigen Persönlichkeit eingebüßt. In der Farbe ist er von einem mittleren Rubin- bis Granatrot mit ausgeprägten Rost- und Bernsteintönen am Glasrand. Das wunderbare Bukett birgt Düfte von geräuchertem Fleisch, praller Beerenfrucht, provenzalischen Oliven, Sattelleder und Kaffee. Der saftge, dicke und volle Wein ist mit seiner geringen Säure und ohne vordringliche Tannine weiterhin ein luxuriöser, verschwenderisch reichhaltiger La Chapelle, der dem Verlust seiner Frucht erfolgreich widerstanden hat. Meine Prüfnotizen zu diesem Wein haben sich in den vergangenen 10 Jahren kaum verändert. Genussreife: jetzt. Letzte Verkostung: 12/95.

1961 • 100 Hermitage La Chapelle (rot): Dieser Tropfen diente bei einer Probe alter Jahrgänge von außergewöhnlichen Bordeaux-Weinen als heimliches «Kuckucksei». Ich konnte erraten, um welchen Roten es sich handelte, aber nicht ohne Schwierigkeiten. Wegen seines lieblichen Buketts und des ausladenden, verschwenderisch reichhaltigen Geschmacks hielt ich ihn zunächst für einen 61er Latour à Pomerol. Nachdem er eine Weile geatmet hatte, kam jedoch eine Ahnung der Düfte von Wild und geräucherter Ente zum Vorschein, die ich mit der Syrah-Traube verbinde. Der Wein ist in unglaublich guter Verfassung, noch immer in der Entfaltung begriffen, mit öliger Struktur, unglaublicher Konzentration und einer vollkommenen Nase. Der Abgang ist nicht von dieser Welt. Ohne Frage einer der größten Weine, die je hervorgebracht wurden! Dieses monumentale Gewächs ist noch immer süß, von verführerischer Vollmundigkeit und kann jetzt oder im Laufe der nächsten 20 bis 30 Jahre getrunken werden. Er ist unsterblich! Letzte Verkostung: 7/96.

1959 • 98 Hermitage La Chapelle (rot): Ein weiterer, etwas in Vergessenheit geratener, großer Jahrgang für La Chapelle. Der 59er besitzt vielleicht nicht die vollkommene Intensität und Herrlichkeit des 61ers, kommt ihm aber recht nahe. Er zeigt ein tiefes, dunkles Granatrot mit leichtem Bernsteinsaum. Sein sagenhaftes Bukett von orientalischen Gewürzen, schwarzen Beerenfrüchten, Unterholz, Rauch und süßen Grillgewürzen verbindet sich mit einem ungeheuren Volumen. Der dicke, ölige, körperreiche und alkoholstarke Wein mit seinem massiven Fruchtgehalt und geringer Säure ist einer der genussbetontesten, dekadentesten jabouletschen Rotweine, die ich je verkostet habe. Da er weiter entwickelt und fülliger ist als der 61er, bereitet er hinreißenden Trinkgenuss. Er ist zwar voll ausgereift, gut gelagerten Flaschen würde ich aber weitere 10 bis 15 Jahre Zeit zur Entwicklung lassen. Voraussichtliche Genussreife: jetzt bis 2005. Letzte Verkostung: 11/96.

1957 • 88 Hermitage La Chapelle (rot): Dem überraschend tiefen, dunklen, an Granat erinnernden Rot dieses Weins sieht man sein Alter nicht an. Für einen vor so langer Zeit abgefüllten Tropfen zeigt er ein recht gedämpftes Bukett, aus dem Nuancen von Pflaumen, Schwarzen Kirschen, Kräutern und Lederduft hervortreten. Der Wein scheint von seinem hohen Säuregehalt zusammengehalten zu werden, was ihn zwar jugendlich erhält, ihm aber gleichzeitig mehr Ausdrucksstärke nimmt, als man hoffen und/oder erwarten könnte. Von mittlerem Körper, ausgezeichneter Konzentration, jugendlichem Schwung sowie würzigem, mäßig tanninbetontem Abgang sollte sich dieser Rote problemlos weitere zwei oder drei Jahrzehnte halten. Ich glaube allerdings nicht, dass er sich je voll entfalten wird. Voraussichtliche Genussreife: jetzt bis 2010. Letzte Verkostung: 5/96.

JEAN-MICHEL SORREL **/***

Adresse:
128, avenue Jean Jaurès, 26600 Tain l'Hermitage, Tel.: 4 75 08 40 94, Fax: 4 75 07 16 58

Produzierte Weine:
Hermitage (rot und weiß), Hermitage Le Vignon

Rebfläche: Weiß: 1 ha

Produktionsmenge: Weiß: 5 000 Flaschen

Ausbau: Weiß: 24 Monate

Durchschnittsalter der Reben: Weiß: 70 Jahre

Verschnitt: Weiß: 100 % Marsanne

Der verstorbene Henri Sorrel war nicht nur ein großartiger Kellermeister, sondern auch Vater von vier Söhnen, darunter Marc Sorrel, der den größeren Teil des von seinem Vater geerbten Grundbesitzes bewirtschaftet, sowie Jean-Michel. Neben seiner Tätigkeit als Jurist bereitet und vertreibt er die Weine dieses mit einem Hektar sehr kleinen Guts zusammen mit seiner Frau Michelle. Ihnen gehören 80 Jahre alte Marsanne-Reben in Les Greffieux und 80 bis 100 Jahre alte Syrah-Weinstöcke in Les Greffieux und Le Méal; beides sind hervorragende Lagen. Der weiße Hermitage wird in Bottichen vergoren, dann in Fässern ausgebaut und anschließend abgefüllt. Die Qualität des Rotweins war bisher recht wechselhaft, was in Anbetracht des *terroir* überrascht; zudem zeigen seine Roten und Weißen häufig weniger Reife und Vollkommenheit als die seines Bruders Marc. Ungeachtet der kleinen Produktionsmengen lohnt es sich jedoch, diesen Erzeuger im Auge zu behalten, denn sein Potenzial ist hervorragend.

JAHRGÄNGE

1991 • 87 Hermitage (weiß): Jean-Michel Sorrel hat einen weißen 91er mit vollem, gut entwickeltem Bukett, ausgezeichneter Reife, dichter, kerniger Struktur, wenig Säure und schönem Abgang hervorgebracht. Dieser aufgeschlossene Wein sollte über die nächsten 6 bis 7 Jahre getrunken werden. Letzte Verkostung: 6/94.

1990 • 87 Hermitage Le Vignon (rot): Der 90er Le Vignon enthüllt ein undurchdringliches Schwarz-Purpurrot, ein viel versprechendes Bukett mit dem Wildaroma der Syrah-Traube und merklich vorhandener Kräuterwürze. An seiner außergewöhnlichen Fülle und seinem Körperreichtum kann nicht gezweifelt werden, sein Säuregehalt liegt allerdings beunruhigend hoch, ja aufdringlich, und seine Tannine sind so adstringierend und stark ausgeprägt, dass sie den Mund zu verbrennen scheinen. Nach meiner Erfahrung finden derartige Tropfen nur selten zu einem Gleichgewicht. Sollte die Frucht indes nicht vor dem Tannin verblassen, könnte meine Bewertung zu vorsichtig ausgefallen sein. Der Wein wird sich wohl als ungewöhnlich langlebig erweisen, selbst für einen Hermitage. Letzte Verkostung: 6/94.

1989 • 87 Hermitage Le Vignon (rot): Ein Wein von berauschendem, alkoholstarkem Abgang, tief rubinroter Färbung und einem komplexen Bukett von Gewürzen, Eichenholz und gedörrter Cassisfrucht. Im Mund zeigt er einen ansehnlichen Alkoholgehalt, geringe Säure und einen langen, seidigen Abgang. Er sollte sich bis zu 10 Jahre halten. Letzte Verkostung: 6/94.

1988 • 86 Hermitage Le Vignon (rot): Der 88er Le Vignon ist mild, rund und reif, verfügt aber bei weitem nicht über die geschmacklichen Dimensionen, die Konzentration oder den Charakter des 89ers. Er sollte sich über 6 bis 8 Jahre gut trinken lassen. Letzte Verkostung: 6/93.

MARC SORREL ****/*****

Adresse:

128 bis, avenue Jean Jaurès, B.P. 69, 26600 Tain l'Hermitage, Tel.: 4 75 07 10 07, Fax: 4 75 08 75 88

Produzierte Weine:

Crozes-Hermitage (rot und weiß), Hermitage Cuvée Classique,
Hermitage Le Gréal, Hermitage Les Greffieux (Debütjahrgang 1995,
wird aus 1984 gepflanzten Reben bereitet), Hermitage Les Rocoules

Rebfläche:

Weiß: 0,7 ha; Rot: 0,9 ha

Produktionsmenge:

Weiß: 2 300 Flaschen
Rot: Cuvée Classique – 5 000 Flaschen; Le Gréal – 3 900 Flaschen

Ausbau:

Weiß: 12 Monate in Eichenholz, dann bis zur *assemblage* in Edelstahltanks
Rot: Cuvée Classique – 18 bis 22 Monate in 8 bis 10 Jahre alten Eichenfässern;
Le Gréal – 18 bis 24 Monate in 7 bis 8 Jahre alten Eichenfässern

Durchschnittsalter der Reben:

Weiß: 45 Jahre
Rot: Cuvée Classique – 25 Jahre; Le Gréal – 67 Jahre

Verschnitt:

Weiß: 95 % Marsanne, 5 % Roussanne
Rot: Cuvée Classique – 100 % Syrah; Le Gréal – 92 % Syrah, 8 % Marsanne

Eine meiner liebsten Erinnerungen gilt meinem ersten Besuch auf der Domäne Sorrel im Jahr 1980. Dem uralten Henri Sorrel ging es damals gesundheitlich sehr schlecht, trotzdem wurde ich überaus höflich behandelt, und sein Enthusiasmus rührte mich. Bis zur Mitte der siebziger Jahre verkaufte er seine Weine aus Le Méal, Les Greffieux und Les Rocoules an *négociants*. Mein Besuch war durch zwei begeisterte Berichte über seine Erzeugnisse ausgelöst worden, der eine stammte von Mark Williamson, dem Inhaber von *Willi's Wine Bar* in Paris, der andere von dem verstorbenen Martin Bamford. Von den ersten Jahrgängen, die ich verkostete – einem unwiderstehlichen 78er und einem ebenso eindrucksvollen 79er – war ich überwältigt. Henri Sorrel verstarb 1982, und sein Sohn Marc – damals Mitte dreißig, wenig ausgebildet und ohne Erfahrung – übernahm die Leitung eines Großteils des Weinguts: Die Weine dieses Jahrgangs waren eine Katastrophe, von übermäßiger, flüchtiger Säure verunstaltet. Da ich diese Fehlschläge in meiner Weinzeitschrift *The Wine Advocate* dokumentierte, wurde ich für mehrere Jahre von der Domäne verbannt. Trotz der problematischen Ergebnisse feierte Marc Sorrel 1983 ein Comeback mit sehr schönen Tropfen und ist seitdem erfolgreich. Sein Weingut gilt als eine der besten Quellen für handwerklich solide und sehr traditionell bereitete Hermitages.

Sechs verschiedene Tropfen entstehen auf der Domäne Sorrel. Der Weiße aus einer Parzelle 45 Jahre alter Rebstöcke in Les Rocoules ist ein solides, vollmundiges, körperreiches Erzeugnis mit einem nach Mineralien und Ananas duftenden Bukett und einiger Eichenholzwürze. 1995 brachte Sorrel erstmals einen Hermitage Les Greffieux heraus, der von zwölf Jahre alten Weinstöcken stammt. Daneben offeriert er zwei Rote, eine gute, aber nur selten phänomenale Standardcuvée, die Cuvée Classique, und den Spitzenrotwein Le Gréal, ein Verschnitt aus 50-jährigen Reben in Le Méal und 12-jährigen Reben in Les Greffieux. Bei Sorrels Vater hieß der Wein Le Méal, da seine Cuvée noch zu 100 % von dort stammte. Der Le Gréal kann ein ausgezeichnet reichhaltiger Wein mit hohem Reifepotenzial sein, und in Jahrgängen wie 1978, 1979, 1983, 1985, 1988, 1989, 1990, 1991 und 1995 ist er mit den feinsten Weinen der Appellation vergleichbar.

Marc Sorrels Prinzip ist es, sich nicht in den Prozess der Weinbereitung einzumischen. Ein Entrappen findet deshalb normalerweise nicht statt, in dem schwierigen Jahr 1993 zeigte er sich indessen flexibel und entstielte seine Hermitage-Trauben. Neues Eichenholz kommt nicht zum Einsatz, und die Weine werden erst nach einem Ausbau von bis zu zwei Jahren in Holzfässern abgefüllt. Die Weißen können gewaltig ausfallen, sich ein paar Jahre sagenhaft trinken lassen, um sich dann vollständig zu verschließen und sich eventuell erst nach 10 bis 15 Jahren erneut zu entfalten. Die Roten, vor allem der Le Gréal, erreichen eine Lebenserwartung von 20 bis 30 Jahren oder mehr.

In den neunziger Jahren wurde das Gut um zwei Hektar erweitert, indem man Weinberge in Crozes-Hermitage mit 50-jährigen Marsanne-Reben und 7-jährigen Syrah-Reben hinzukaufte. Der Weinberg in Larnage bringt offenbar korrekte, angenehm zu trinkende Tropfen hervor, wobei die Weinstöcke noch entschieden zu jung sind, um sie angemessen beurteilen zu können.

Wie die folgenden Prüfnotizen zeigen, ist der drahtige, nachdenkliche Marc Sorrel ein kompromissloser Kellermeister; es ist eine Freude, seinen Erfolg miterleben zu dürfen.

JAHRGÄNGE

1995 • 86 Hermitage Cuvée Classique (rot): Die 95er Cuvée Classique (zu einem Drittel aus Les Greffieux und zu zwei Dritteln aus Le Méal) offenbart sich als ein lebendiger, dynamischer, dunkelroter Tropfen mit mittlerem Körper und mehr Säure als üblich. Er kann sich noch 10 bis 12 Jahre halten, die Tiefe so glänzender Jahrgänge wie 1988, 1989, 1990 und 1991 lässt er indes vermissen. Letzte Verkostung: 6/96.

1995 • 92 Hermitage Le Gréal (rot): Ein Le Gréal von dichtem Purpurrot und kraftvoller, süßer Nase aus Cassis, Rauch und Mineralien. Er präsentiert sich schön konzentriert, mit süßem Auftreten, einem tanninstarken, beißenden Abgang und dem niedrigen pH-Wert des Jahrgangs, verfügt aber über genügend Fülle und Intensität, um auf Langlebigkeit schließen zu lassen. Wie ich von Marc Sorrel erfuhr, werden neben der Syrah interessanterweise 7 bis 8 % Marsanne dem Verschnitt beigemischt. Dieser 95er wird 5 bis 6 Jahre im Keller brauchen und sich dann über 2 Jahrzehnte halten. Letzte Verkostung: 6/96.

1995 • 86 Hermitage Cuvée Classique (weiß): Ein Wein, der jetzt vollständig aus dem Besitz in Les Greffieux kommt. Er gibt sich offen gewirkt und fruchtig, bei mittlerem Körper und reichlich honigsüßer Ananas sowie faszinierenden Duft- und Geschmacksnuancen von Mineralien. Er sollte sich weitere 5 bis 7 Jahre gut trinken lassen. Letzte Verkostung: 6/96.

1995 • 88 Hermitage Les Rocoules (weiß): Aus 45 Jahre alten Rebstöcken, die 1995 einen Ertrag von 28 Hektolitern pro Hektar lieferten, gewonnen, zeigt dieser Weiße ein Bukett von flüssigen, schieferartigen Mineralien, mit Nuancen von Kirsche, Ananas und Honig, ausgezeichnete Präzision und viel Wucht, vereint mit guter Säure, die dem Wein mehr Dynamik und Geradlinigkeit verleiht. Letzte Verkostung: 6/96.

1994 • 87 Hermitage Cuvée Classique (rot): Er ist verführerischer, einschmeichelnder und besser entwickelt als der 95er, aber leichter ausgefallen, als ich erwartet hatte. Charakteristika sind seine gut entfaltete, mittelrubin- bis granatrote Farbe, sein Bukett von süßer, milder, sinnlich-reifer Cassisfrucht, vermischt mit Kräutern, Pfeffer, Mineralien und Gewürzen, sowie seine schöne Komplexität. Sein Säuregehalt liegt niedrig, der Abgang ist rund und großzügig. Ein schon jetzt köstlicher Tropfen, der sich weitere 10 Jahre gut trinken lassen sollte und dessen außergewöhnliches Aroma fast an einen Burgunder erinnert. Letzte Verkostung: 6/96.

1994 • 90 Hermitage Le Gréal (rot): Der hervorragende 94er Le Gréal ist aufgeschlossener als gewohnt, mit sinnlicher Struktur und großzügigen Mengen reifer, mit Düften von Erde, Trüffeln und Mineralien verwobener Cassisfrucht. Dieser volle, körperreiche Hermitage erinnert mich an den 79er in seiner frühen Jugend. Säure und Tannin sind so gut ausgewogen, dass der 94er jetzt getrunken werden kann, obwohl er noch ganz am Anfang seiner Entwicklung steht und sich 15 Jahre oder länger halten sollte. Laut Sorrel ist dies der letzte Le Gréal, der mit Trauben aus Les Greffieux verschnitten wurde. Letzte Verkostung: 6/96.

1994 • 87 Hermitage Cuvée Classique (weiß): Diese Cuvée Classique zeigt eine sahnigere Konsistenz, ist offener gewirkt und (noch) reichhaltiger als die 95er. Ein reifer, runder, großzügig ausgestatteter Wein. Letzte Verkostung: 6/96.

1994 • 90+ Hermitage Les Rocoules (weiß): Ein hervorragendes Beispiel für weißen Hermitage. Der Wein ist ausgestattet mit viel Alkohol (14 % wurden auf natürlichem Wege erzielt), einem Bukett von würzigen, flüssig-mineralischen und honigfeinen Düften von Pfirsichen und Ananas, vollem Körper und einem ausladenden, reifen, verführerischen Aroma. Offen gewirkt besitzt er bewundernswert viel Kraft und Glyzerin im Abgang. Diese Weine sind innerhalb der ersten 1 bis 2 Jahre nach der Abfüllung sehr gut zu trinken, verschließen sich dann aber und kommen erst nach einer Reifezeit von etwa 10 Jahren erneut zur Entfaltung. Letzte Verkostung: 6/96.

1993 • 86 Hermitage (weiß): Der Weiße von 1993, von dem nur 100 Kisten produziert wurden, ist ein überraschend eleganter, nach Mineralien duftender und schmeckender Wein von mittlerem Körper und schöner Reife. Auch dieser Tropfen sollte bald getrunken werden. Letzte Verkostung: 6/96.

1993 • 78 Hermitage Cuvée Classique (rot): Der einzige Rote, der 1993 erzeugt wurde, war die Cuvée Classique, die den mittlerweile deklassierten Le Gréal enthält. Sie zeigt ein helles bis mittleres Rubinrot, ordentlichen Körper, einige Kräuter, Erde und Beerenfrucht im Bukett und einen milden, durchschnittlichen Abgang. Innerhalb von 3 bis 4 Jahren trinken. Letzte Verkostung: 6/96.

1993 • 89 Hermitage Les Rocoules (weiß): Dieser Les Rocoules aus einem Jahrgang, von dem Sorrel sagt, er sei «der schlimmste Jahrgang, den ich je erlebt habe», ist gut geraten. Nach einer Lese, die bei entsetzlicher Witterung stattfinden musste, zeigt der Wein nun fleischige, erdige, von Mineralien dominierte, würzige Frucht, schöne Reife, Gewicht und Tiefe, einen mäßig langen Abgang und ein Reifepotenzial von 5 bis 10 Jahren. Bei einem natürlichen Alkoholgehalt von 14 % gelang ein körperreicher, kraftvoller, kerniger und intensiver Wein – für 1993 ein glänzender Erfolg. Letzte Verkostung: 6/96.

1992 • 87 Hermitage (rot): Dieser dunkle, in seiner Färbung an Rubine erinnernde Rote enthüllt ein pfeffriges, kräuterwürziges, süßes Bukett von Cassis und Teer, milden, üppig strukturierten Geschmack, ausgezeichnete Fülle und einen reifen, weichen Abgang von mittlerem Körper. Er ist bereits trinkreif und sollte sich 10 Jahre halten. Letzte Verkostung: 6/96.

1992 • 77 Hermitage Cuvée Classique (rot): Die 92er Cuvée Classique ist ein kompakter, sparsam gebauter Wein mit scharfen Tanninen im Abgang. Dieser Tropfen scheint einen guten Teil seiner Frucht bereits verloren zu haben und fängt möglicherweise schon an auszutrocknen. Letzte Verkostung: 6/95.

1992 • 87+ Hermitage Le Gréal (rot): Ein tiefes Rubinrot und ansprechende Noten von Cassis, Kirschen, Kräutern und Gewürzen im Aroma kennzeichnen diesen herausragenden, tanninbetonten und körperreichen Wein ebenso wie sein guter Extrakt und sein würziger, lang anhaltender Abgang. Er benötigt weitere 2 bis 3 Jahre Flaschenalterung und sollte sich danach noch mindestens 15 Jahre halten. Der Wein könnte sich in diesem unbeständigen Jahrgang als überraschend feiner Tropfen erweisen. Letzte Verkostung: 6/95.

1992 • 87 Hermitage Les Rocoules (weiß): Dieser Weiße ist füllig, kernig, säurearm, überraschend reif und rund. In großen Jahrgängen kann er sich 20 bis 30 Jahre halten, der 92er sollte aber in den nächsten 5 bis 6 Jahren getrunken werden. Letzte Verkostung: 6/95.

1991 • 88 Hermitage (rot): Ein sehr schöner Hermitage: dunkel rubin- bis purpurrot, mit einem würzigen, kräuterbetonten, ledrigen, pfeffrigen Bukett und ausgezeichneter Tiefe. Der Wein präsentiert sich vollmundig und tanninreich in Geschmack und Struktur, mit einem würzig-straffen, aber langen Abgang. 3 bis 5 Jahre Kellerreife werden ihm gut tun, dann wird er sich 15 Jahre oder länger halten. Letzte Verkostung: 6/95.

1991 • 93+ Hermitage Le Gréal (rot): Ein spektakulärer, fast schwarzer Le Gréal, der aus Erträgen von weniger als 20 Hektoliter pro Hektar produziert wurde – also aus einer geringeren Menge als der 90er –, mit einem riesigen Bukett von asiatischen Gewürzen, Lakritze, schwarzer Beerenfrucht, Erde und Vanille. Er ist sagenhaft konzentriert und körperreich und zeigt bei mäßigen Tanninen reichlich dicke, saftige Syrahfrucht – ein herrlicher Tropfen. Voraussichtliche Genussreife: 2000 bis 2020. Letzte Verkostung: 6/95.

1991 • 89+ Hermitage Les Rocoules (weiß): Es überrascht nicht, dass dieser Weißwein ausgezeichnet ist – im nördlichen Rhônegebiet war 1991 das seit langem beste Jahr. Er bietet ein honigfeines Bukett von Äpfeln, Zitronen und Mineralien, volle, körperreiche Geschmacksnoten von ausgezeichneter Konzentration und einen würzigen, vollmundigen Abgang mit schönem Glyzerin, Alkohol- und Fruchtgehalt. Voraussichtliche Genussreife: jetzt bis 2008. Letzte Verkostung: 6/95.

1990 • 88 Hermitage (rot): Grimmig und ungezähmt wirken Sorrels tanninbetonte Rotweine von 1990 in ihrem verschlossenen, körperreichen und rustikalen Stil. Die Standardcuvée ist fast schwarz, mit einem erdigen, ledrigen, animalischen Bukett und einem körperreichen, bewundernswert ausgestatteten, tanninreichen Geschmack. Der Wein verfügt über den notwendigen, üppigen Fruchtgehalt, um die Tannine ausbalancieren zu können. Voraussichtliche Genussreife: jetzt bis 2010. Letzte Verkostung: 10/95.

1990 • 93+ Hermitage Le Gréal (rot): Der 90er Le Gréal (aus Rebstöcken, die 1928 gepflanzt wurden) erzielte einen natürlichen Alkoholgehalt von 13,7 Prozent! Dieses Schwergewicht von einem Wein enthüllt eine undurchdringliche schwarz-purpurne Farbe und ein viel versprechendes Bukett von Lakritze, feuchter Erde, Leder und dunklen Himbeeren. Ein körperreicher, ungeheuer gewichtiger und massiver Wein von Ehrfurcht gebietender Konzentration, dessen hart strukturierter, tanninbetonter, doch beeindruckend langer Abgang darauf schließen lässt, dass er eine recht lange Lagerung benötigt. Er wird sich als außergewöhnlicher Hermitage erweisen, aber wie viele Leser werden bereit sein, mindestens 10 bis 15 Jahre, wenn nicht gar länger zu warten, bis sich die Tannine verflüchtigt haben? Voraussichtliche Genussreife: 2005 bis 2040. Letzte Verkostung: 6/96.

1990 • 90 Hermitage Les Rocoules (weiß): Ein zwar verschlossener, aber kraftvoller Tropfen. Er wurde von durchschnittlich 46 Jahre alten Rebstöcken gelesen und aus 90 % Marsanne und 10 % Roussanne verschnitten; nur 300 bis 325 Kisten wurden produziert. Sein überwiegend gedämpftes Bukett zeigt eine blumige Komponente, während der große, volle, honigsüße Geschmack beträchtliche Konzentration, vollen Körper und eine leichte Nuance von Eichenholz aufweist. Ein kräftiger, fülliger, vollmundiger Wein, der seine Zeit im Keller benötigt und Weinfreunden in 10 bis 15 Jahren fesselnden Trinkgenuss bereiten wird. Letzte Verkostung: 1/96.

1989 • 89+ Hermitage (rot): Die 89er Standardcuvée zeigte zunächst merkliche Tannine und eine unentwickelte, verschlossene Art. Sie war jedoch zum Zeitpunkt der Probe eben erst abgefüllt worden und befand sich vielleicht noch in einem leichten Schockzustand, wenngleich Sorrel vor der Abfüllung nicht filtriert. Der Wein hat eine schwarz-rubinrote Farbe und ein zurückhaltendes, aber aufblühendes Bukett von Pflaumen, Hickoryholz, Kaffee, Schokolade und Cassis. Im Mund stehen die Tannine noch im Vordergrund, aber die Wucht, Fülle und vielschichtige Konzentration dieses Erzeugnisses stehen außer Zweifel. Voraussichtliche Genussreife: 1998 bis 2010. Letzte Verkostung: 6/96.

1989 • 95 Hermitage Le Gréal (rot): Dieser Le Gréal braucht mindestens noch 3 Jahre Lagerzeit, doch wird er sich 40 bis 50 Jahre halten, denn vermutlich handelt es sich hier um einen nahezu unsterblichen Tropfen seines Jahrgangs! Wie häufig kann man das heute noch von einem Bordeaux oder einem Burgunder sagen? Der Wein ist schwarz-purpurrot in der Farbe, und sein Bukett gibt nur zögerlich die Düfte von Teer und Gewürzen (einschließlich Sojasauce), Rauch, Kaffeebohnen und Cassis preis. Im Mund zeigt er berauschende, vollmundige Reife, außerordentliche Präsenz und fast massive, wuchtige Frucht. Dies alles findet in dem geradlinigen, gehaltvollen, verschlossenen, tanninbetonten, geradezu sublimen Tropfen Platz, der für roten Hermitage Maßstäbe setzt. Voraussichtliche Genussreife: 2000 bis 2035. Letzte Verkostung: 6/96.

1989 • 90 Hermitage Les Rocoules (weiß): Ein ansprechend entwickeltes und frühreifes Gewächs mit hohem Alkoholgehalt, wenig Säure und einer fleischigen, vollmundigen Struktur. Diese üppigen Tropfen scheinen mit der heutigen Nachfrage nach leichteren Weißweinen kaum in Einklang zu stehen, doch entfalten sich ihre Finesse und Anmut erst bei zunehmender Reife. Sie sollten zu kräftigen, intensiven, aromatischen Gerichten serviert werden. Voraussichtliche Genussreife: jetzt bis 2006. Letzte Verkostung: 1/96.

1988 • 88 Hermitage (rot): Die 88er Standardcuvée ist reif und voll, dabei geschmeidiger und etwas weniger konzentriert als die 89er, kann aber trotzdem als großformatiger, ausgezeichneter Hermitage gelten. Letzte Verkostung: 6/93.

1988 • 92 Hermitage Le Gréal (rot): Ein weiterer sensationeller Hermitage – übervoll von rauchiger, gedörrter, praller Cassisfrucht, einer ansprechenden Komponente von vanilleartiger Eichenholzwürze sowie reichlich schön extrahiertem, vollem Fruchtaroma, das sich nur bei niedrigen Erträgen alter Weinstöcke entwickeln kann. Voraussichtliche Genussreife: jetzt bis 2012. Letzte Verkostung: 6/96.

1988 • 93 Hermitage Les Rocoules (weiß): Verblüffend sind der sensationelle Extraktreichtum, die unglaubliche Länge und Reichhaltigkeit dieses Produkts, das fast als Inbegriff eines weißen Hermitage gelten kann. Beeindruckend konzentriert, gehaltvoll und tief wie kaum ein anderer Weißer aus dem Rhônegebiet, sollte sich der 88er 10 bis 20 Jahre oder sogar länger halten. Kühne Leser, die einmal einen bemerkenswert individualistischen, großen weißen Hermitage probieren wollen, kann ich nicht nachdrücklich genug auffordern, sich ein paar Flaschen dieser Rarität zu beschaffen. Dieses Gewächs zeigt ähnliche Aromen und Geschmacksnuancen wie der 89er, ist jedoch im Ganzen üppiger. Voraussichtliche Genussreife: 1998 bis 2010. Letzte Verkostung: 1/96.

1985 • 85 Hermitage (rot): Ein stilvoller Tropfen von überraschender Eleganz und Milde, bei guter Farbe, viel schwarzer Kirschenfrucht, angemessenem Säuregehalt und wenig Tannin. Schon heute angenehm zu trinken. Genussreife: jetzt. Letzte Verkostung: 12/90.

1985 • 90 Hermitage Le Gréal (rot): Der Le Gréal ist bedeutend tiefer und aromatischer als die Standardcuvée und zeigt ein rauchiges, toastwürziges, pflaumenduftiges Bukett von ausgezeichneter Reife und Komplexität sowie einen nachhaltigen, vollen, sehr intensiven Geschmack von Vogelkirschen. Der körperreiche Wein ist voll von überbordender Frucht. Voraussichtliche Genussreife: jetzt bis 2003. Letzte Verkostung: 12/90.

1983 • 86 Hermitage (rot): Mit einem schönen Rubinrot und Bernsteinsaum zeigt sich hier ein würziger, pfeffriger Tropfen mit mittlerem bis vollem Körper, herrlich tiefer Frucht und einer kräftigen Dosis Tannin, das noch abgestreift werden muss. Wird der Wein austrocknen, bevor sich seine Tannine beruhigt haben? Voraussichtliche Genussreife: jetzt bis 2005. Letzte Verkostung: 1/91.

1983 • 88 Hermitage Le Gréal (rot): Eine der Enttäuschungen des Jahres 1983; wie andere wird der Wein sich vielleicht als zu tanninbetont erweisen. Sein Rubinrot vereint sich mit einem erdigen Bukett von Oliven, Zedernholz und Pflaumen und einem mittleren bis vollen Körper. Leider scheint die Frucht bereits auszutrocknen. Voraussichtliche Genussreife: jetzt bis 2004. Letzte Verkostung: 1/91.

1979 • 94 Hermitage Le Méal (rot): Dieser Hermitage bleibt jugendlich und ist doch eine Sensation. Tief rubinrot bis schwarz und ohne Bernsteinsaum bietet er ein explosives Bukett von toastwürziger Eiche, Teer, Lakritze und praller Vogelkirschenfrucht. Sein voller Körper zeigt überwältigende Fruchtschichten, reichlich Tannin und ungewöhnliche Nachhaltigkeit. Selbst bei der dritten Weinprobe seit 10 Jahren hatte er sich entwicklungsmäßig noch nicht von der Stelle gerührt. Voraussichtliche Genussreife: 2000 bis 2020. Letzte Verkostung: 6/96.

1978 • 98 Hermitage Le Méal (rot): Eine triumphale Leistung! Ich hatte diesen Tropfen nur ein Mal 1980 bei Sorrel verkostet, konnte ihn aber dank der Großzügigkeit von Michel Bettane aus Frankreich 1994 erneut probieren. Nach 14 Jahren in der Flasche hatte sich der Wein kaum verändert! Nach wie vor war er schwarz-rubinrot mit einem vorzüglichen Bukett, das den Geruchssinn mit Kaffee, Oliven, Zedernholz, praller Frucht und orientalischen Gewürzen förmlich überflutet. Der am Gaumen noch immer ungeheuer massiv wirkende, riesig proportionierte Tropfen hat vielleicht einige Tannine abgestreift, anderweitig aber kaum abgebaut. Eine beträchtliche Herausforderung für die im gleichen Jahr von Chave und Jaboulet bereiteten Monumentalweine. Weinfreunde können sich glücklich schätzen, diesen Roten aus der Kellerei Sorrel ihr Eigen nennen zu dürfen. Voraussichtliche Genussreife: 2000 bis 2025. Letzte Verkostung: 6/94.

Union des Propriétaires à Tain l'Hermitage **

Im südlichen Rhônetal gibt es zahlreiche Winzergenossenschaften, im Norden hingegen nur drei. Die größte von ihnen liegt in Tain l'Hermitage, wo ihre 540 Mitglieder gut ein Viertel der gesamten Produktion dieser Appellation verantworten. Die Genossenschaft rühmt sich, eine der wenigen französischen Kooperativen zu sein, die ihren Wein in kleinen Eichenfässern ausbauen, für deren Herstellung sie eigens einen Küfer eingestellt haben.

Das Spektrum der Genossenschaftserzeugnisse ist breit. Kritik lässt sich nicht üben an der Weinbereitung, der es weniger an Sorgfalt fehlt, wohl aber an der mangelnden Individualität der verschiedenen Weine. Jahrgangsunterschiede werden verwischt, was zweifellos auf die Verschnittpraxis zurückzuführen ist; es gibt zu wenige Geschmacksnuancen. Die Spitzenweine sind immer wieder der weiße Hermitage und der Cornas, dessen Charakter offenbar am stärksten ausgeprägt ist; aber auch die roten Hermitages sind in durch und durch modernem Stil kompetent produzierte Gewächse. Die Preise der Kooperative sind ganz angemessen.

DIE NÖRDLICHE RHONE

L. Vallouit **/****

Adresse:
24, rue Désirée Valette, 26240 St-Vallier, Tel.: 4 75 23 10 11, Fax: 4 75 23 05 58

Produzierte Weine:
Hermitage (weiß und rot), Hermitage Les Greffières

Rebfläche:
Weiß: 0,25 ha
Rot: Standardcuvée 0,5 ha; Les Greffières 0,9 ha

Produktionsmenge:
Weiß: 1 600 Flaschen
Rot: Standardcuvée – 3 000 Flaschen; Les Greffières – 4 000 Flaschen

Ausbau:
Weiß: 8 bis 10 Monate, je zur Hälfte in neuer Eiche und in Edelstahltanks
Rot: Standardcuvée – 2 Jahre in zu 10 % neuen Eichenholzfässern;
Les Greffières – 36 bis 40 Monate in zu 10 % neuen Eichenholzfässern

Durchschnittsalter der Reben:
Weiß: 40 Jahre
Rot: Standardcuvée – Bis 40 Jahre; Les Greffières – Bis 80 Jahre

Verschnitt:
Weiß: 85 % Marsanne, 15 % Roussanne
Rot: Standardcuvée – 100 % Syrah; Les Greffières – 100 % Syrah

De Vallouit ist ein interessanter, allerdings auch häufig missverstandener Erzeuger. Vielleicht lässt sich das durch die Tatsache erklären, dass die Kellerei in Saint-Vallier – einer tristen Handelsstadt auf halbem Wege zwischen Côte Rôtie und Hermitage – liegt, so dass man das Weingut leicht übersieht. Hier wird eine ganze Reihe von Weinen produziert, zum Großteil Händlerabfüllungen; einige der Luxuscuvées aus eigenen Weinbergen in Saint-Joseph, Hermitage und Côte Rôtie verdienen jedoch das Interesse selbst anspruchsvollster Kenner. So fielen die roten Saint-Joseph Les Anges, Hermitage Les Greffières und Côte Rôtie Les Roziers in der wunderbaren Trilogie 1988, 1989 und 1990 erstklassig aus. In den anderen Jahren wirkt das Angebot von de Vallouit qualitativ weniger einheitlich.

Die altmodische unterirdische Kellerei am Südrand von St-Vallier leiten Madame de Vallouit und ihr Mann Louis. Sie verwenden kaum neue Eiche und verfügen in ihrem Keller über ein ganzes Angebot an *demi-muids* und *foudres* der verschiedensten Größen. Die Weinbereitung wirkt traditionell, wobei einige Standardcuvées wegen der zu langen Ausbauzeit in Holzfässern einen ausgetrockneten Geschmack annehmen. Verkostet man das Sortiment großer *négociant*, wird man immer wieder auf enttäuschende Weine stoßen, bei de Vallouit finden sich aber auch überraschend gute Tropfen sowie einige vorzügliche Luxuscuvées. Zur Steigerung der Nachfrage erwarben sie 1990 das exquisite, im 11. Jahrhundert erbaute Château de Châteaubourg, die größte Sehenswürdigkeit am westlichen Rhôneufer zwischen Tournon und

Saint-Péray. Das Schloss wurde in ein niveauvolles Restaurant verwandelt, und man errichtete – was noch wichtiger ist – Verkaufs- und Degustationsräume für guteigene Weine.

Jahrgänge

1991 • 88 Hermitage (weiß): Der 91er Hermitage, von dem es nur 2 000 Flaschen gibt, erreichte einen natürlichen Alkoholgehalt von 13,5 %. Ein körperreicher, robuster, vollmundiger Wein mit hervortretendem Glyzerin und Alkohol, von mindestens 8 bis 10 Jahren Lebenserwartung. Letzte Verkostung: 6/94.

1991 • 88 Hermitage Les Greffières (rot): Der beste Rote von de Vallouit, dessen 83er Debütjahrgang die Hermitages von Jaboulet und Chave noch übertreffen wird! Aus einer zwischen 1912 und 1922 bepflanzten Parzelle wurden etwa 350 bis 500 Kisten Les Greffières produziert. Der Wein wird ausschließlich in kleinen Fässern aus neuem Eichenholz ausgebaut. Er ist fett, würzig, nachhaltig und geschmeidig, mit spürbarer Kräuterwürze, verfügt aber nicht über die Tiefe oder Statur seiner beiden Vorgänger. Voraussichtliche Genussreife: 2000 bis 2012. Letzte Verkostung: 6/94.

1990 • 79 Hermitage (rot): Der harte 90er Hermitage ist würzig und zeigt gute Farbe und angemessene Konzentration, kann aber im Vergleich zum Les Greffières nicht sonderlich beeindrucken. Letzte Verkostung: 6/94.

1990 • 95 Hermitage Les Greffières (rot): Eindrucksvoll ist dieser 90er mit seinem fast schwarzen Rubinpurpurrot, dem außerordentlichen Extraktstoffreichtum und dem riesigen Bukett von Mineralien, schwarzen Oliven, Cassis, Kirschen und toastwürziger, neuer Eiche. Im Mund zeigt dieser massive Tropfen eine rauchige, äußerst gehaltvolle Art und beträchtliche Tannine; er sollte mindestens 8 bis 10 Jahre gelagert werden. Voraussichtliche Genussreife: 2000 bis 2030. Letzte Verkostung: 6/94.

1990 • 87 Hermitage (weiß): Dieses kräftige Gewächs besitzt reichlich Kraft und Konzentration. Vielleicht ist der Verbraucher von heute nicht bereit, einen Weißen so zu lagern, wie es für einige dieser kräftigeren, volleren, weniger entwickelten Hermitages notwendig wäre, dieser 90er würde sich aber dankbar erweisen: Er reift sicherlich zu einem sehr guten bis ausgezeichneten Tropfen heran. Voraussichtliche Genussreife: 1998 bis 2006. Letzte Verkostung: 6/94.

1989 • 90 Hermitage Les Greffières (rot): Der 89er zeigt einen süßen, runden, großzügig ausgestatteten, aufgeschlossenen Les-Greffières-Stil mit einem Bukett von Vogelkirschen, Kräutern und neuem Eichenholz. Einen Teil der vor der Abfüllung vorhandenen Tannine hat er abgestreift, so dass ein großformatiger, voller, stämmiger, aber potenziell komplexer Wein entstanden ist. Voraussichtliche Genussreife: 2000 bis 2015. Letzte Verkostung: 6/94.

1988 • 91 Hermitage Les Greffières (rot): Der schwarz-rubinrote 88er ist noch verschlossener als seine beiden Nachfolger. Trotz seiner extrem rauhen Art ist er wuchtig, unglaublich gehaltvoll und konzentriert. Durch das füllige Aroma und den Geschmack von Cassis zieht sich ein sanfter Duft von toastwürzigem, neuem Eichenholz. Vollmundig, riesig, kraftvoll, aber so bedauerlich unentwickelt: Dieser Wein wird unsere Geduld auf eine harte Probe stellen. Voraussichtliche Genussreife: 2004 bis 2020. Letzte Verkostung: 6/96.

1986 • 90 Hermitage Les Greffières (rot): Der beste 86er Hermitage! Der tief rubinrot gefärbte Tropfen ohne Bernsteinsaum ist vollmundig, überraschend reif und schön strukturiert. Er wird über die nächsten 10 Jahre idealen Trinkgenuss bieten. Letzte Verkostung: 6/94.

1983 • 93 Hermitage Les Greffières (rot): Sollten Sie den 83er Les Greffières irgendwo finden, greifen Sie zu. Ich habe ihn ein halbes Dutzend Mal verkostet und ihn immer mit einer Punktzahl in den unteren 90ern bewertet. Er entfaltet sich zwar noch sehr schön, sein Tannin verflüchtigt sich aber im Gegensatz zu vielen Weinen seines Jahrgangs ohne Fruchtverlust. Der Wein besitzt auf jeden Fall die nötige Konzentration, um die Gerbstoffe auszugleichen, die nicht im Entferntesten so adstringierend sind wie die in Jaboulets 83er La Chapelle oder Chaves 83er Hermitage. Ein prachtvolles Gewächs. Voraussichtliche Genussreife: jetzt bis 2010. Letzte Verkostung: 1/96.

WEITERE ERZEUGER VON HERMITAGE

BERNARD CHAVE

Adresse: 26600 Mercurol, Tel.: 4 75 07 42 11, Fax: 4 75 07 47 34
Produzierte Weine: Hermitage (rot)
Rebfläche: 1 ha
Produktionsmenge: 3 500 Flaschen
Ausbau: 8 Monate in zu 20 % neuen Eichenfässern
Durchschnittsalter der Reben: 15 Jahre
Verschnitt: 100 % Syrah

CAVES COTTEVERGNE – L. SAUGÈRE

Adresse: Quartier Le Bret, 07130 St-Péray, Tel.: 4 75 40 30 43, Fax: 4 75 40 55 06
Produzierte Weine: Hermitage La Côte des Seigneurs
Produktionsmenge: 3 000 Flaschen
Ausbau: 18 Monate in 2 bis 4 Jahre alten Fässern
Verschnitt: 100 % Syrah

DARD ET RIBO

Adresse: Quartier Blanche Laine, 26600 Mercurol, Tel.: 4 75 07 40 00, Fax: 4 75 07 71 02
Produzierte Weine: Hermitage (rot)
Rebfläche: 0,36 ha
Produktionsmenge: 600 Liter
Ausbau: 15 bis 18 Monate in Fässern, neue Eiche wird im Allgemeinen nicht verwendet
Durchschnittsalter der Reben: Jüngste 5 Jahre, zum größten Teil älter als 100 Jahre
Verschnitt: 100 % Syrah

HERMITAGE

Alphonse et Philippe Desmeure – Domaine des Remizières

Adresse: Quartier des Remizières, 26600 Mercurol, Tel.: 4 75 07 44 28, Fax: 4 75 07 45 87
Produzierte Weine: Hermitage (rot und weiß)
Rebfläche: Weiß: 0,53 ha; Rot: 2 ha
Produktionsmenge: Weiß: 3 300 Flaschen; Rot: 12 750 Flaschen
Ausbau: Weiß: 10 Monate in Fässern, neue Eiche wird im Allgemeinen nicht verwendet;
Rot: 24 Monate in zu 50 % neuen Eichenfässern
Durchschnittsalter der Reben: Weiß: 5 Jahre; Rot: 25 Jahre
Verschnitt: Weiß: 100 % Marsanne; Rot: 100 % Syrah

Aimé Fayolle

Adresse: Le Village, 26600 Gervans, Tel.: 4 75 03 30 45
Produzierte Weine: Hermitage (rot und weiß)
Rebfläche: Weiß: 1,5 ha; Rot: 2,5 ha
Produktionsmenge: Weiß: 9 000 Flaschen; Rot: 15 000 Flaschen
Ausbau: Weiß: Emailtanks; Rot: Fässer
Durchschnittsalter der Reben: Weiß: 25 Jahre; Rot: 25 Jahre
Verschnitt: Weiß: 100 % Marsanne
Rot: 100 % Syrah

Marcel Habrard

Adresse: 26600 Gervans, Tel.: 4 75 03 30 91
Produzierte Weine: Hermitage (weiß), allerdings wird nur sehr wenig von diesem
Wein unter dem Erzeugernamen abgefüllt. Der größte Teil wird an *négociants* verkauft.
Rebfläche: 0,45 ha
Produktionsmenge: 3 000 Flaschen
Ausbau: 8 Monate in Edelstahltanks
Durchschnittsalter der Reben: 20 bis 100 Jahre
Verschnitt: 100 % Marsanne

Domaine St-Jemms

Adresse: Les Châssis, Route Nationale 7, 26600 Mercurol, Tel.: 4 75 08 33 03, Fax: 4 75 08 69 80
Produzierte Weine: Hermitage (rot und weiß)
Rebfläche: Weiß: 0,25 ha; Rot: 0,25 ha
Produktionsmenge: Weiß: 1 200 Flaschen; Rot: 1 500 Flaschen
Ausbau: Weiß: 6 Monate in alten Eichenfässern; Rot: 12 bis 18 Monate in Fässern
Durchschnittsalter der Reben: Weiß: 25 Jahre; Rot: 25 Jahre
Verschnitt: Weiß: 100 % Marsanne; Rot: 100 % Syrah

TARDIEU-LAURENT

Adresse: 84160 Loumarin

Dieser Handelsbetrieb wurde 1994 gegründet und hat sich auf den Einkauf von Most spezialisiert, dessen Erzeuger für geringe Erträge und/oder alte Rebstöcke bekannt sind. Der Weinmakler Michel Tardieu und der Bäcker Dominique Laurent aus der Bourgogne haben diesen Handelsbetrieb im Château Loumarin aufgebaut, dessen Keller zu den ältesten im südlichen Rhônegebiet gehören. Ihre ersten Jahrgänge waren eindrucksvolle Weine, zumeist aus dem Gebiet der südlichen Rhône, aber auch ausgezeichnete Cuvées aus den Appellationen Crozes-Hermitage, Cornas, Côte Rôtie und Hermitage. Alle Weine werden in kleinen Fässern aus altem und einem bedeutenden Anteil neuem Eichenholz ausgebaut und ohne Schönen oder Filtrieren und mit sehr zurückhaltender Schwefelung abgefüllt. Nach den beiden Jahrgängen zu urteilen, die ich im Juni 1996 bei Tardieu-Laurent verkostet habe, entwickelt sich dieser Betrieb offenbar zu einer viel versprechenden neuen Quelle für erstklassige Rhôneweine.

VIDAL-FLEURY

Adresse: Route Nationale 86, 69420 Ampuis, Tel.: 4 74 56 10 18, Fax: 4 74 56 19 19

Die Firma Vidal-Fleury kauft Most von verschiedenen Lieferanten und verschneidet ihn dann in ihrer Kellerei in Ampuis in großen *foudres*. Die meisten Weine bieten zwar ein gutes Preis-Leistungs-Verhältnis und sind verlässlich in ihrer relativ hohen Qualität, ihre Hermitage-Cuvées fallen jedoch eher wechselhaft aus, und manche Jahrgänge zeigen eine merklich vegetabile Art.

CORNAS

Die wirklich schwarzen Weine Frankreichs

DIE APPELLATION CORNAS AUF EINEN BLICK

Appellation seit:	5. August 1938
Weinarten:	Ausschließlich Rotwein
Rebsorten:	Ausschließlich Syrah
Derzeitige Rebfläche:	550 ha, davon 90 ha bepflanzt
Qualitätsniveau:	Gut bis außergewöhnlich
Reifepotenzial:	5 bis 20 Jahre
Allgemeine Eigenschaften:	Rubinrot bis schwarz, sehr tanninbetonte, körperreiche, männliche und robuste Gewächse mit kräftigem Aroma und rustikaler Persönlichkeit
Größte neuere Jahrgänge:	1991, 1990, 1989, 1985, 1979, 1978, 1976, 1969
Aroma:	Schwarze Früchte, Erde, Mineralien, gelegentlich Trüffel, geräucherte Kräuter und Fleisch kommen häufig vor.
Struktur:	Massive, tanninreiche, fast schroffe Geschmacksnoten mit viel Körper, Intensität, Länge und Festigkeit, doch sind sie vielen Verkostern häufig zu ungebärdig.
Die besten Weine der Appellation Cornas:	Auguste Clape • Jean-Luc Colombo Cornas Cuvée JLC • Jean-Luc Colombo Les Ruchets • Paul Jaboulet-Ainé Domaine de Saint-Pierre • Noël Verset Cornas • Alain Voge Les Vieilles Fontaines • Alain Voge Cuvée Vieilles Vignes

BEWERTUNG DER CORNAS-ERZEUGER

*****

Auguste Clape • Jean-Luc Colombo (Cuvée JLC) • Jean-Luc Colombo (Les Ruchets) • Noël Verset • Alain Voge (Les Vieilles Fontaines) • Alain Voge (Cuvée Vieilles Vignes)

****

Thierry Allemand (Cuvée Les Chaillots) • Thierry Allemand (Cuvée Les Reynards) • L. und D. Courbis-Domaine des Royes (Champelrose) • L. und D. Courbis-Domaine des Royes (La Sabarotte) • Paul Jaboulet-Ainé (Domaine de Saint-Pierre) • Marcel Juge (Cuvée Coteaux) • Jacques Lemencier • Robert Michel (Le Geynale)

***

René Balthazar • Cave Coopérative de Tain l'Hermitage • Caves Guy de Barjac • Chapoutier • Jean-Luc Colombo (Terres Brûlées) • L. und D. Courbis (Standardcuvée) • Delas Frères (Cuvée Chante-Perdrix) • Cave Dumien-Serette ***/**** • N. J. Durand • Domaine de la Haute Fauterie • Paul Jaboulet-Ainé (Händlerabfüllung) • Marcel Juge (Standardcuvée) • Jean Lionnet (Cuvée Rochepertuis) • Robert Michel (Cuvée des Coteaux) • Robert Michel (Cuvée le Pied du Coteau) • Cave Coopérative de Tain l'Hermitage • J. L. Thiers • Alain Voge (Cuvée Barriques)

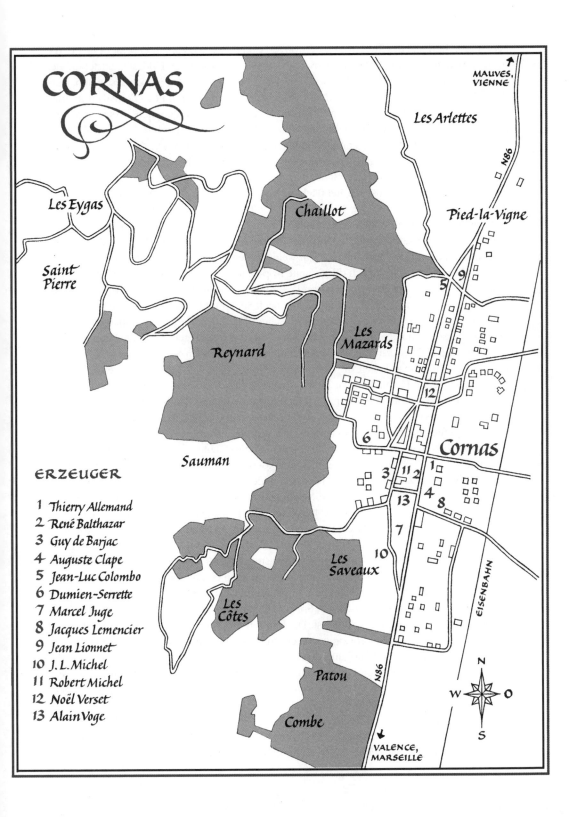

CORNAS

Les Arlettes

MAUVES,
VIENNE

Les Eygas

Chaillot

Pied-la-Vigne

Saint
Pierre

N86

5   9

Reynard

Les
Mazards

12

Sauman

6

Cornas

ERZEUGER

3   11 2   1

1 Thierry Allemand
2 René Balthazar
3 Guy de Barjac
4 Auguste Clape
5 Jean-Luc Colombo
6 Dumien-Serrette
7 Marcel Juge
8 Jacques Lemencier
9 Jean Lionnet
10 J. L. Michel
11 Robert Michel
12 Noël Verset
13 Alain Voge

13

4   8

7

Les
Saveaux

10

Les
Côtes

EISENBAHN

Patou

N86

N

W   O

Combe

S

VALENCE,
MARSEILLE

Sein undurchdringliches Rubinrot bis Schwarz, das herbe, wilde Tannin in seiner Jugend, die massive Struktur und der erdige Bodensatz in der Flasche lassen den Eindruck entstehen, der Wein stamme aus dem 19. Jahrhundert. Die Risikobereiten werden jedoch feststellen, dass diese Erzeugnisse nach einer Lagerung von sieben bis zwölf Jahren bemerkenswert kräftige Aromen von Cassis, Himbeeren, Kastanien und Trüffeln freisetzen können. Trotz allem, was möglicherweise gegen sie spricht, hat die winzige Appellation Cornas bisher überlebt. Dieses malerische, etwas rückständig anmutende Weinanbaugebiet wird jedoch durch den Bauboom in den Vororten des nahe gelegenen Valence bedroht. Die Städter betrachten die Lagen am Hang mit ihrem wunderschönen Blick über das Rhônetal als idealen Baugrund und gefährden in zunehmendem Maße die Rebflächen. Noch bedrohlicher für die Zukunft des Dorfes ist jedoch die Ausdehnung der Weinberge in der Talsohle unterhalb der Steilhänge. Die in übermäßig fruchtbarem Boden gedeihenden Reben könnten dem blühenden Ruf von Cornas mehr schaden als die französischen Yuppies auf der Suche nach einem Haus auf dem Lande. Verglichen mit den Hanglagen fehlt es dem Wein aus dem Tal eindeutig an Charakter und Kraft.

Wie die Côte Rôtie liegt auch die gesamte Appellation Cornas am Westufer der Rhône. Die besten Reben gedeihen dort unter besonders günstigen Bedingungen. Ihre sonnendurchfluteten Lagen sind ähnlich einem Amphitheater nach Süden und Südosten ausgerichtet. Die sie umgebenden Hügel schützen vor den stürmischen Windböen, denen die Anbaugebiete von Côte Rôtie und Hermitage ausgesetzt sind. Dies bedeutet jedoch auch, dass die Hitze im Sommer umso gnadenloser ist und die Syrah-Trauben in der heißen Sonne «gebacken» werden. Bemerkenswerterweise liegen die Temperaturen in Cornas viel höher als im elf Kilometer nördlich gelegenen Hermitage. Das Wort Cornas soll aus dem Keltischen stammen und übersetzt so viel wie «verbrannte» oder «versengte Erde» bedeuten. Die besten *terroirs* bestehen zum Großteil aus Granit, vermischt mit etwas Kalkstein und Lehm. Weiter südlich, in Richtung Saint-Péray, finden sich in den Böden des Tals und der niedrigeren Hänge (den so genannten *pieds du coteau*) auch Sand und lockere Granitschichten. Im Nordwesten überwiegt Kalkstein. Wie in Côte Rôtie und Hermitage werden die Weinberge auch hier von Steinmauern gestützt, die in Zickzackmustern Terrassen bilden. Die Hänge erreichen stellenweise eine Höhe von bis zu 260 Metern und eine Neigung von 45 Grad, was eine maschinelle Bearbeitung unmöglich macht. Das spezielle Mikroklima, das Fehlen von Weißweinreben, die die intensive, kräftige Farbe, den Geschmack und das Tannin der Syrah-Trauben mildern könnten, und die traditionellen Vinifikationsmethoden der ortsansässigen Produzenten haben Frankreichs robustesten, strukturreichsten und dunkelsten Tropfen hervorgebracht. Die Weine, die auch nach zehnjähriger Flaschenalterung kräftig und jugendlich wirken, besitzen in ihrer Kindheit einen abstoßend ungebärdigen, unnahbaren Charakter. Trotzdem wächst der Kreis der Cornas-Liebhaber stetig, so dass in Spitzenjahrgängen die gesamte Lese der besten Winzer bereits vor der Freigabe verkauft ist. Die feinsten Tropfen stammen von den Steilhängen (*coteaux*), die hinter dem Dorf Cornas liegen. In dieser Region ist die Syrah-Rebe verbreitet, und es wird, wie in Côte Rôtie, auch hier kein Weißwein erzeugt; man hat hier sogar die Anpflanzung der weißen Viognier untersagt. Auf Grund der steigenden Nachfrage – die Niederländer, Briten, Schweizer, Asiaten und Amerikaner kaufen vermehrt Cornas-Weine – geht inzwischen 80 % der Produktion in den Export.

Das Anbaugebiet zählt vermutlich zu den ältesten Frankreichs; bereits vor 2 000 Jahren wurden seine Weine erwähnt. Ortsansässige Historiker berichten stolz von dem Besuch Karls des Großen, der im Jahre 840 seinen Kelch zu Ehren der Erzeuger erhoben haben soll. Trotz dieser Vergangenheit und der außerordentlichen Lage an der Rhône wollten noch vor weniger als zehn Jahren viele Kellereien die Produktion einstellen. Aus zweierlei Gründen:

Zum einen kritisierten angehende Erzeuger den erheblichen Arbeitsaufwand, zum anderen erzielten die Weine extrem niedrige Preise. Folglich sah sich die Mehrzahl der Winzer gezwungen, in den großen Fabriken in Valence am gegenüberliegenden Ufer Arbeit zu suchen oder mit dem Anbau von Obst ihr Einkommen aufzubessern. Seit Mitte der siebziger Jahre steigt allerdings die Nachfrage nach Cornas-Erzeugnissen, so dass die Preise in die Höhe kletterten. Heute ist das Interesse an Spitzenweinen so groß, dass die beiden besten Winzer Auguste Clape und Noël Verset einen neuen Jahrgang bereits innerhalb von vier bis fünf Monaten absetzen. Weitere Weinberge wurden bestockt und alte brachliegende Lagen revitalisiert. Verschiedene große *négociants* von hervorragendem Ruf, insbesondere Paul Jaboulet-Aîné und in jüngster Zeit auch Chapoutier, kaufen vermehrt Cornas-Jahrgänge. 1993 erwarben die Jaboulets drei Hektar der Steillagen hinter dem Dorf und nannten das Gut Domaine de Saint-Pierre. Die Appellation erfreut sich offenbar immer größerer Beliebtheit, der Cornas bleibt aber auch trotz des zunehmenden Verbraucherinteresses stark unterbewertet.

Das Anbaugebiet, dessen beste Lagen aus den Steilhängen herausgemeißelt wurden, die das Rhônetal überragen, erstreckt sich von Norden nach Süden. Sein Herzstück befindet sich unmittelbar hinter dem Dorf. Diese stark ansteigenden, terrassierten Weinberge sind die Heimat der potenziell feinsten Tropfen. Zu den erstklassigen Lagen zählen Les Reynards und La Côte. Les Reynards teilen sich unter anderem Robert Michel, Alain Voge, Auguste Clape und Thierry Allemand. Parzellen von La Côte gehören Thierry Allemand und Auguste Clape. Die gut entwässerten Granitböden von Les Reynards und La Côte sind anfällig für Dürre, so dass Wasser in extrem heißen und trockenen Jahren ein kostbares Gut darstellt.

Weiter südlich, in Richtung Saint-Péray, sind die Hänge ebenfalls steil, jedoch eher nach Osten und gelegentlich nach Norden ausgerichtet. Auch hier bestehen die Böden hauptsächlich aus Granit mit Kalksteineinsprengseln. In den niedrigeren Lagen, am Fuße der Hänge, gibt es außerdem Sandböden. Zu den besten Weinbergen zählen La Combe, Sabarotte, Les Côtes und Champelrose. Noël Verset besitzt bedeutende Parzellen mit altem Rebbestand in Sabarotte und Champelrose. Die Angst vor der Trockenheit ist hier weniger ausgeprägt, da die Reben nicht im gleichen Maße der sengenden Hitze ausgesetzt sind.

Auch nördlich von Cornas bestehen die Böden aus Granit und Kalkstein. Dort heißt der schönste Weinberg Les Chaillots. Er befindet sich unter anderem im Besitz von Noël Verset, Alain Voge, Robert Michel und Thierry Allemand. Folgt man den Ardèche-Hängen Richtung Nordwesten, erreicht man hinter Les Reynards die drei *lieux-dits* Les Eygas, Ruchets und das von Ortskennern auch als Les Aires bezeichnete Saint-Pierre. Das Gebiet umfasst zehn Hektar Rebfläche und zählt zu den höchsten der Appellation. Jean-Luc Colombo besitzt Land in allen drei Lagen.

Auch wenn sich in Cornas Veränderungen gewöhnlich nur sehr langsam vollziehen, lässt sich doch feststellen, dass inzwischen unterschiedliche Cuvées vermarktet werden. Am teuersten sind meistens die Hanglagenerzeugnisse (oder *coteaux*) oder auch Einzellagencuvées der *coteaux*, wie etwa Robert Michels Le Geynale oder der Champelrose und der La Sabarotte von Laurent Courbis. Der revolutionäre, junge Önologe Jean-Luc Colombo, der in dem verschlafenen Dorf Cornas bereits häufiger für Aufregung gesorgt hat, hat einen seiner feinsten Tropfen nach einem Stück Land mit altem Rebbestand benannt: Les Ruchets. Auch Thierry Allemand gibt seinen Produkten den Namen von Weinbergen: Les Chaillots und Les Reynards.

Andere Winzer wie Voge sind in der Lage, bis zu drei Weine zu produzieren, darunter Vieilles Vignes oder Les Vieilles Fontaines. Interessanterweise stellen Verset und Clape, die beiden bekanntesten und häufig größten Erzeuger dieser Region, nur einen Verschnitt aus ihren beiden besten Partien her.

Alle diejenigen, die es nunmehr kaum erwarten können, bei ihrem Händler eine Flasche Cornas zu erwerben, seien trotzdem gewarnt: Es handelt sich um ein schwerfällig dunkles, rustikales, massiv proportioniertes, sehr muskulöses Gewächs, das demjenigen, der an moderne, industriell erzeugte, ausdruckslose, aber technisch einwandfreie Rotweine gewöhnt ist, durchaus die Sinne vernebeln kann. Ich bezweifle, dass sich der Cornas von heute wesentlich von demjenigen unterscheidet, an dem sich die Römer vor 2 000 Jahren labten. Wer allerdings die Geduld aufbringt, sieben bis zehn Jahre zu warten, wird feststellen, dass sich die aggressive Schroffheit der Weine etwas legt. Ein üppiges Bukett von Teer, Pfeffer und Cassis mit Nuancen von Trüffeln und Sattelleder ruft dann beeindruckende Geschmackserlebnisse hervor. Der Cornas wird gern mit den Hermitage-Weinen verglichen, doch sind beide, obwohl aus der gleichen Traube und auf ähnlichem Boden erzeugt, im Grunde sehr verschieden: Ersterer hat mehr Struktur, verblasst aber im Gegensatz zu einem großen Hermitage meistens nach 10 bis 15 Jahren. Eine Begründung für diesen Prozess gibt es nicht, da der Wein anfangs scheinbar das gleiche Maß konzentrierter Frucht besitzt. Vielleicht schließt die eher handwerkliche Herstellungsweise, die sich bei nahezu allen Erzeugern in Cornas findet, eine größere Langlebigkeit ihrer Produkte aus. Fakt ist, dass die Frucht in den meisten Weinen nach circa 15 Jahren nachlässt und nicht in der Lage ist, den hohen Tanningehalt auszugleichen. Zudem ist es unwahrscheinlich, dass ein solcher Tropfen jemals ganz sein Tannin abstreifen wird, unabhängig davon, wie viel süße Frucht er enthält. Selbst Spitzenjahrgänge brauchen sieben bis acht Jahre, bis sich das Tannin beruhigt. Die meisten Weine sollten innerhalb von 15 bis 20 Jahren getrunken werden. Seine Anhänger lieben ihn trotzdem.

Es gibt in diesem Anbaugebiet nur wenige Kellereien, die ihre Produkte filtern. Deshalb ist es keineswegs ungewöhnlich, dass ein fünf bis zehn Jahre alter Cornas – einem Portwein ähnlich – eine Menge Trubstoffe am Boden und an den Flaschenwänden absetzt. Er sollte deshalb unbedingt dekantiert werden. Es kann kaum verwundern, dass in einem Dorf, dessen Bewohner in den seltensten Fällen ein Faxgerät besitzen, auch moderne Zentrifugen und Mikroporenfilter größtenteils unbekannt sind. Diese können zwar das Leben eines Winzers erleichtern, bergen aber in sich auch die Gefahr, mit nur einem Knopfdruck den Charakter und Geschmack eines Weins zu vernichten.

Im Ganzen gesehen bewegt sich die Weinbereitung in Cornas auf hohem Niveau, was umso erstaunlicher ist, als die Techniken oft antiquiert, die Fässer alt und die Keller baufällig sind. Trotz dieser hohen Qualität und im Gegensatz zu anderen französischen Weinorten könnte man durch das Dorf fahren, ohne zu bemerken, was hier eigentlich erzeugt wird. Der eher trist anmutende Flecken macht wenig Werbung für seine Produkte und jeder Erzeuger organisiert seinen Verkauf selbst.

Neuere Jahrgänge

1995 Auf dem Papier schien dies zunächst ein sehr guter bis hervorragender Jahrgang zu sein, ungeachtet des unbeständigen Wetters mit gelegentlichem Septemberregen. Die Weine besitzen zwar eine gute Farbe, aber auch viel Säure, die ihnen eine kompakte, dichte Persönlichkeit verleiht. Manche schmecken, als seien sie aus unreifen Früchten bereitet. Erzeuger wie Clape, Colombo und Jaboulet haben gute Leistungen erzielt, doch war 1995 generell gesehen für Cornas weniger erfolgreich als für die meisten anderen Appellationen des Rhônetals.

1994 Trotz heftigen Regens vor und während der Lese fällt der 94er besser aus als der 95er. Er ist säurearm, schmeichelnd und sanft und war bereits 1996 ein köstlicher Tropfen. Ein für die Anbauregion untypisch weicher und leicht zu verstehender Jahrgang, geeignet für Weinneulinge. Die Spitzenerzeugnisse von Clape, Courbis, Colombo und Voge sind verführerisch. Optimale Genussreife: jetzt bis 2008.

1993 Wie in den meisten Anbaugebieten der nördlichen Rhône ist der Jahrgang von Regen und Fäulnis bestimmt, deshalb werden nur wenige angenehme, einfache Weine bereitet. Die meisten 93er präsentieren sich hohl und tanninstreng, mit einem Geschmack unreifer Frucht. Es ist der enttäuschendste Jahrgang für die Region seit 1977.

1992 Die starken Schwankungen ausgesetzte Lese war von Regen und Reifeschwierigkeiten gezeichnet. Die besten 92er sind leicht, fleischig und von angemessener Farbe. Sie sollten vor 2005 getrunken werden.

1991 Ein sehr guter bis hervorragender Jahrgang, der in der Begeisterung für seine drei Vorgänger übersehen wurde. Die 91er Weine zählen zu den erfolgreichsten des Rhônetals. Sie zeigen sich satt in der Farbe, reif, reich und vollmundig, mit mäßigem Tannin. Ein gut ausgewogener Jahrgang, der auch in den nächsten 15 Jahren und länger für angenehme Überraschungen sorgen wird.

1990 Es schien zunächst ein großer Jahrgang zu werden, doch verkraftete ein Teil der Reben weder Hitze noch Dürre. Die Spitzenweine fallen bemerkenswert konzentriert aus und werden sich weitere 10 bis 15 Jahre gut trinken lassen. Clape hat Hervorragendes geleistet, ebenso Juge, Lionnet, Michel, Verset und Voge.

1989 Ein Spitzenjahrgang für die gesamte Appellation. Cornas-Liebhaber sollten die Entwicklung der vier Jahrgänge 1988 bis 1991 aufmerksam verfolgen. Der 89er ist strukturierter, herber und tanninhaltiger als die 90er Jahrgänge, gleichzeitig aber außerordentlich konzentriert, oft massiv und sehr körper- und tanninreich.

1988 Der Klassiker gibt sich muskulös, breitschultrig und massiv, mit einem hohen Extraktstoff- und Tanningehalt. Er benötigt eine weitere Reifezeit; Spitzenweine dürften sich problemlos 20 Jahre und länger lagern lassen.

1987 Die besten Kellereien erzeugten attraktive, weiche, runde Tropfen. Die optimale Genussreife ist seit den frühen 90er Jahren erreicht, deshalb sollten die Weine vor der Jahrtausendwende getrunken werden.

1986 Eine Lese relativ gesunder Früchte bei gutem Wetter ließ zunächst hoffen, im Großen und Ganzen aber enttäuschte das Jahr. Der Regen Anfang September verwässerte vor Erntebeginn die Trauben vermutlich mehr als zunächst angenommen. Die Weine sind hohl, vegetabil und trocknen zunehmend aus.

1985 Ein hervorragendes Jahr für die Winzer in Cornas, das beste zwischen 1978 und 1991. Die meisten Weine sind rubinrot bis schwarz, sehr fleischig, reif, duftig, tanninbetont und säurearm. Das Lesegut hat die Hitze während der Ernte gut vertragen, die Erzeugnisse sind fruchtiger als die straffen 83er.

1984 Die 84er sind körperarm, kantig und mager, und abgesehen von den sehr guten Weinen Versets und Clapes gelang den Winzern wenig. Genussreife: jetzt.

1983 Glaubte man zunächst einen klassischen Jahrgang zu erleben, so häuft sich inzwischen die berechtigte Kritik: Die Weine sind adstringierend, tanninbetont und ohne Charme. Für Clape, Verset und Delas Frères verlief das Jahr allerdings außergewöhnlich erfreulich: In ihren Erzeugnissen halten sich Frucht und Tannin die Balance. Ein *vin-de-garde*-Jahr. Doch werden die 83er, die sich in der Tat weitere 10 bis 20 Jahre lagern lassen, jemals trinkbar sein?

1982 Die Anlagen für ein besonderes Jahr waren gegeben, den Erzeugern fehlten aber die technischen Voraussetzungen, um die Gärtemperatur niedrig zu halten. Die Hitze verursachte viele Schwierigkeiten, von übertemperierter Gärung bis zum völligen Gärstopp. Zahlreiche Weine zeigen Farbschwankungen und flüchtige Säure. Die *négociants* Jaboulet und Delas Frères erzielten eine bessere Qualität und auch Verset präsentiert einen feinen 82er. 1997 sollte dieser Jahrgang nur noch mit größter Vorsicht und nach kritischer Auswahl erworben werden.

1981 Für Cornas lief das Jahr 1981 um vieles besser als für die Appellationen Hermitage und Côte Rôtie. Das wärmere Mikroklima ließ die Syrah-Trauben besser reifen als in den übrigen Gebieten der nördlichen Rhône. Die Erzeugnisse sind insgesamt erfolgreicher als ein Jahr später, besitzen mäßiges Gewicht, erhebliches Tannin und eine gute Farbe. Sie bleiben sehr lebendig, gleichzeitig aber auch spröde und kantig.

1980 Ein ausgezeichneter Jahrgang mit relativ leichten, geschmeidigen, fruchtigen Weinen. Sie zeigen eine schöne Farbe, mehr Anmut und Finesse als gewöhnlich und ein gutes, reines Aroma. Die meisten haben seit Ende der 80er Jahre ihre optimale Genussreife erreicht.

1979 Ein hervorragender Jahrgang, auch wenn er zunächst unterbewertet wurde. Die sehr dunklen, reichen, intensiven, körperreichen 79er haben sich gut entwickelt. Der Jahrgang ähnelt dem 78er, der für das gesamte Rhônetal von besonderer Bedeutung ist. Clape, Voge und Michel bereiteten phantastische Tropfen.

1978 Im Laufe der Zeit hat sich 1978 gegenüber dem nachfolgenden Jahr als überlegen erwiesen. Die Weine besitzen ein außerordentliches Alterungspotenzial und nur wenige 78er haben bereits Vollreife erreicht. Sie sind gehaltvoll, reich an Extraktstoffen, nach wie vor tanninbetont und unglaublich lang im Abgang. Jaboulet bereitete einen außergewöhnlichen Cornas, dasselbe gilt für Clape, Voge, Verset und Juge. In seiner Außergewöhnlichkeit gehört dieser Jahrgang zu den großartigsten der Appellation.

ÄLTERE JAHRGÄNGE

Ältere Abfüllungen finden sich nur selten auf dem Markt. Laut Clape gehören 1976, 1972 und 1969 zu den Spitzenjahrgängen, was meine Verkostungsproben in seiner Kellerei belegen. Michel und Voge behaupten, 1969 und 1971 seien besonders gute Jahrgänge gewesen, de Barjac favorisiert den 70er. Vielleicht bedingen in Cornas mehr als in jedem anderen französischen Anbaugebiet die individuellen Fähigkeiten eines Winzers die Güte seiner Weine, bestimmt seine Flexibilität im Umgang mit den verschiedenen Klimafaktoren die Charakteristika eines Jahrgangs.

Thierry Allemand ****

Adresse:
Route Nationale 86, 07130 Cornas, Tel.: 4 75 81 06 50

Produzierte Weine:
Cornas, Cornas Cuvée Les Chaillots, Cornas Cuvée Les Reynards

Rebfläche:
Cuvée Les Chaillots – 1,2 ha; Cuvée Les Reynards – 1,3 ha

Produktionsmenge:
Cuvée Les Chaillots – 5 300 Flaschen
Cuvée Les Reynards – 4 200 Flaschen

Ausbau:
Cuvée Les Chaillots – 12 Monate, zu je 50 % in Edelstahltanks und in alten Fässern
Cuvée Les Reynards – 12 Monate, 40 % in Edelstahltanks, 60 % in alten Fässern

Durchschnittsalter der Reben:
Cuvée Les Chaillots – 10 bis 20 Jahre
Cuvée Les Reynards – 50 bis 60 Jahre, manche über 100 Jahre

Thierry Allemand zählt zu den neuen Stars in Cornas. Da viele der Winzer bereits 60 bis 70 Jahre alt sind, wirkt die heranwachsende neue Generation um Allemand, Jean-Luc Colombo, Jacques Lemencier und Pierre-Marie Clape durchaus erfrischend. Allemands Karriere begann als Kellergehilfe bei einem seiner Nachbarn, Robert Michel, für den er auch heute noch gelegentlich arbeitet. Schon 1982 fand seine erste Lese statt, ich verkoste jedoch seine Erzeugnisse erst seit 1990, als er erstmals seine Produktion teilte: Les Chaillots wird aus den Reben seiner terrassierten Steillage nördlich von Cornas gewonnen, Les Reynards aus der Steillage hinter dem Dorf. Darüber hinaus gehört ihm ein Hektar Land in Saint-Joseph, dessen Trauben er an die Winzergenossenschaft von Tain l'Hermitage verkauft. Aus niedrigen Erträgen erzeugt Allemand kraftvolle, dichte Weine von undurchdringlicher Farbe. Sie werden ungefiltert und häufig ungeschönt abgefüllt und sollten im Allgemeinen 6 bis 10 Jahre reifen.

Jahrgänge

1995 • 86 Cornas Cuvée Les Chaillots: Dieser rubin- bis purpurrote 95er mit dem süßen Geruch von Schwarzen Johannisbeeren gibt sich lebhaft, beißend, mit mittlerem Körper und hohem Säuregehalt. Es sollte 2 bis 3 Jahre gelagert und dann bis 2007 getrunken werden. Letzte Verkostung: 6/96.
1995 • 88 Cornas Cuvée Les Reynards: Ein wohl strukturierter, rubin- bis purpurroter Wein mit dem süßen Duft von Schwarzen Johannisbeeren, Veilchen und Erde. Er ist ein lebhafter Tropfen von mittlerem Körper, mit viel Biss und einem langen, kräftigen, konzentrierten Abgang, der in 3 bis 4 Jahren trinkbar sein sollte. Er wird sich dann weitere 15 Jahre halten. Letzte Verkostung: 6/96.

1994 • 91 Cornas Cuvée Les Chaillots: Dieser hervorragende Cornas zeigt sich in einem dichten Purpurrot bis Schwarz und mit einem reinen Bukett von süßem Cassis, Kräutern, Mineralien und geräuchertem Fleisch. Körperreich, hervorragend konturiert und gehaltvoll dürfte dieser säurearme große 91er bereits jetzt schön zu trinken sein, sich aber gleichwohl weitere 15 Jahre und länger halten. Letzte Verkostung: 6/95.

1994 • 89 Cornas Cuvée Les Reynards: Der 94er Les Reynards präsentiert sich mit einem intensiven, reichhaltigen Fruchtkern. Bei tief rubinroter bis schwarzer Farbe ist er wundervoll rein und reif, mit einem langen, vollmundigen, säurearmen, fettigen Abgang und öliger Konsistenz. Er sollte sich 10 Jahre lang gut halten. Letzte Verkostung: 6/95.

1993 • 86 Cornas: Das ist einer der tiefsten, gesättigsten Weine, die ich verkostet habe. Dunkel rubin- bis purpurrot zeigt sein Bukett eine feine Reife und Süße und wird im Mund von hervorragender Schwarzkirschenfrucht, Lakritze und Erde begleitet. In den würzigen Abgang mit mäßigem bis vollem Körper mischt sich sanftes Tannin. Obwohl er jung trinkbar sein wird, dürfte er sich auf Grund seiner Tiefe und Konzentration ein Jahrzehnt halten. Letzte Verkostung: 11/95.

1992 • 87 Cornas: Der rubin- bis purpurrote 92er zählt ebenfalls zu den konzentriertesten Weinen der Appellation. Er zeigt ein kräuterwürziges Bukett, gepaart mit den Düften von Lakritze und Schwarzen Johannisbeeren. Seine hervorragende Reife, sein mittlerer Körper und seine schöne Länge vermitteln ein Gefühl der Ausgewogenheit. Dieser Rote sollte in seinen ersten 7 bis 10 Lebensjahren getrunken werden. Letzte Verkostung: 11/95.

1990 • 93 Cornas Cuvée Les Reynards: Ein glänzendes Erzeugnis! Im Bukett offenbart dieser purpurrote bis schwarze Tropfen vollreife Aromen von Speck und Cassis. Der konzentrierte, vollmundige Wein gibt sich extravagant und gehaltvoll, mit einem für einen Cornas erstaunlich sanften Tannin. Sein Abgang ist lang. Er sollte mindestens noch 10 bis 15 Jahre den größten Trinkgenuss bereiten. Höchst beeindruckend! Letzte Verkostung: 1/96.

René Balthazar ***

Adresse:
Rue Basse, 07130 Cornas, Tel.: 4 75 40 47 32

Produzierte Weine: Cornas

Rebfläche: 2 ha

Produktionsmenge: 10 500 Flaschen

Ausbau: 18 bis 24 Monate in alten großen Fässern

Durchschnittsalter der Reben: 80 Jahre

René Balthazar zählt zu den Anhängern der traditionellen Weinbereitung in Cornas und produziert auf zwei Hektar mit sehr altem Rebbestand Kleinstmengen. Die Trauben werden nicht entrappt und der Ausbau findet in einer Ansammlung alter *foudres* in Balthazars kleinem Keller statt. Er erzielte er bis auf den 93er, der generell schwach bis mittelmäßig ausfiel, mit seinen neueren Jahrgängen insgesamt gute Leistungen; ich selbst verfüge über wenig Erfahrung mit diesem Gut.

JAHRGÄNGE

1995 • 86 Cornas: Balthazars eleganter, gut bereiteter 95er mit einem tiefen Rubin- bis Purpurrot zeigt eine sanfte Geschmeidigkeit und weniger Säure als viele andere Weine der Appellation. Ein Cornas voller Stil und Finesse, der in den nächsten 7 bis 8 Jahren getrunken werden sollte. Letzte Verkostung: 6/96.

1994 • 89 Cornas: Der 94er enthüllt eine tiefere und reifere Frucht, viel Cassis, eine ansprechend sahnige Eichenwürzigkeit und einen vollen Körper. Er besitzt reiche Geschmacksnoten, ist säurearm und von bestechender Länge. Ein nahezu hervorragender Tropfen, der 10 bis 12 Jahre lang Genuss bereiten wird. Letzte Verkostung: 6/96.

1993 • 73 Cornas: Dieser mittel- bis rubinrote Wein offenbart ein vegetabiles, staubiges Bukett mit einem ausgewaschenen, harten, hohlen Aroma. Sein Tannin ist beißend und wirkt in dem mageren Abgang fast adstringierend. Letzte Verkostung: 9/95.

1992 • 86 Cornas: Trotz des erfolgreichen Jahrgangs zeigt sich dieser 92er weniger kraftvoll als üblich. Die dunkle rubinrote Farbe geht einher mit einem pfeffrigen, würzigen, überreifen Bukett. Dem Gaumen bietet sich fleischige, üppige Frucht und ein erstaunlich langer, geschmeidiger Abgang. In den nächsten 5 bis 7 Jahren genussreif. Letzte Verkostung: 9/95.

CAVES GUY DE BARJAC ***

Adresse:
32, Grande Rue, 07130 Cornas, Tel.: 4 75 40 32 03

Produzierte Weine: Cornas

Rebfläche: 1,5 ha

Produktionsmenge: 3 000 bis 4 000 Flaschen

Ausbau: 12 bis 24 Monate in alten Eichenfässern

Durchschnittsalter der Reben: 50 bis 92 Jahre

Der tiefe Bariton von Guy de Barjac passt irgendwie zu seinem zerfurchten, sympathischen Gesicht, das an den verstorbenen Yves Montand erinnert. Als wir uns zum ersten Mal begegneten, hielt er in der einen Hand ein Bier und in der anderen eine Zigarette. Er hatte gerade «einen heißen Morgen in den Reben» hinter sich. Da er sich bald, zumindest teilweise, aus dem Geschäft zurückziehen möchte, sind bereits verschiedene Parzellen mit älterem Bestand an andere Winzer verpachtet: ein halber Hektar an Jean-Luc Colombo und knapp 1,2 Hektar an Sylvain Bernard, dessen Domaine de Fauterie sich in St-Péray befindet. De Barjacs tief rubinrote Weine wirken robust und zeigen gelegentlich recht viel Bodensatz. In seinem tiefen, kühlen und ordentlichen Keller lässt er sie vor der Abfüllung 12 bis 24 Monate in sehr alten Eichenfässern reifen. Der Winzer ist stolz auf seine anderthalb Hektar Weinberge mit durchschnittlich 50 Jahre alten Reben, zu denen auch eine Parzelle in La Barjasse mit 92 Jahre alten Weinstöcken gehört. Alle Lagen befinden sich an Steilhängen. Die Weine werden auf traditionelle Weise bereitet, mit gelegentlicher Schönung, aber ohne Filtration. Für eine natürliche und allmähliche Klärung und Kältestabilisierung reicht laut de Barjac das kalte Winterwetter aus. Seinen Cornas, der ideal zu Wild, Fleisch und kräftigem Käse passt, trinkt er am liebsten nach 5 bis 10 Jahren. Da Colombo und Bernard bereits einen Großteil seiner Rebflächen gepachtet haben, gelangen nur circa 300 Kisten echter de Barjac auf den Weltmarkt.

JAHRGÄNGE

1994 • 87 Cornas: Es ist typisch für diese Erzeugnisse, dass sie eine weitaus geringere Farbsättigung zeigen als andere. Dennoch lassen sich weder flüchtige Säure noch Böcksergeruch, die häufiger seine Produkte belasten, ausmachen. Sein 94er ist ein sanfter, fruchtig-aufgeschlossener, verführerischer Cornas, der in den ersten 7 bis 8 Jahren getrunken werden will. Letzte Verkostung: 6/96.

1993 • 85 Cornas: Nach den sintflutartigen Regenfällen, die zwischen dem 25. September und 1. Oktober über der nördlichen Rhône niedergingen, konnte de Barjac, der immer als einer der Letzten erntet, gewiss nicht begeistert sein. Dennoch bereitete gerade er einen schmeichelnden, runden und sauber bereiteten 93er mit leichtem Körper, der vorzügliche Frucht, geringe Säure und eine samtige Konsistenz zeigt. Er sollte sich weitere 4 bis 5 Jahre gut trinken lassen. Letzte Verkostung: 9/95.

1992 • 67 Cornas: Der 92er verströmt Geschmacksnoten von vermodernder Vegetation und Fäulnis. Insgesamt eine der großen Enttäuschungen. Letzte Verkostung: 9/95.

1989 • 75 Cornas: Schon in der Vergangenheit war ich von dem sehr leichten, offen gewirkten, flachen und fragilen 89er enttäuscht. Auch nach der Abfüllung fehlt es an Gehalt und seine zusammenhanglose Persönlichkeit bleibt spürbar. Auf Grund seines instabilen Gleichgewichts wird man ihn in den nächsten 2 bis 3 Jahren trinken müssen. Letzte Verkostung: 11/94.

1988 • 84 Cornas: Der 88er ist eindeutig der beste der letzten drei Jahrgänge. Sein dunkles Rubinrot verbindet sich mit sanften, körperreichen, intensiven Geschmacksnoten. Der Wein zeigt die für einen Cornas typisch kernige Struktur, gepaart mit Würze, Tannin und einem alkoholstarken Abgang. Es wird einige Zeit dauern, bis sich das Tannin beruhigt hat. Voraussichtliche Genussreife: jetzt bis 2003. Letzte Verkostung: 11/94.

1985 • 87 Cornas: Mit geringerer Säure als üblich und reifem, sanftem Tannin ist dieser 85er ein Schmeichler. Seine breit angelegten, samtigen Geschmacksnoten ergänzt ein schönes, aufgeschlossenes Bukett von Pfeffer- und Brombeerdüften. Der Abgang ist süß und lang. Ein verführerischer Tropfen für den sofortigen Genuss. Letzte Verkostung: 11/90.

CHAPOUTIER ***

Adresse:

18, avenue du Docteur Paul Durand, B.P. 18, 26600 Tain l'Hermitage,
Tel.: 4 75 08 27 43, Fax: 4 75 08 28 65

Produzierte Weine: Cornas

Rebfläche:

4 ha. Der Wein wird bei verschiedenen bekannten Erzeugern gekauft,
darunter Louis Verset. Chapoutier hat vertraglich festgelegt, dass sein Team
Reben, Lese und Weinbereitung überwachen kann.

Produktionsmenge: 13 500 Flaschen

Ausbau:

12 Monate in Fässern von 225 Litern, davon 25 % Barriques

Durchschnittsalter der Reben: 20 Jahre und älter

JAHRGÄNGE

1995 • 89 Cornas: Dieser nahezu hervorragende Wein reift vor der Abfüllung ein Jahr lang in kleinen Eichenfässern und besitzt die fast sprichwörtlichen Charakteristika der Appellation: Erde, Cassis, Rustikalität, reichlich Tannin und hervorragende Tiefe. Das Tannin wird dem Wein, der bei einem der großen Cornas-Winzer erworben wurde, stets eine gewisse Schroffheit verleihen. Dieser Riese dürfte sich 15 Jahre und länger halten. Letzte Verkostung: 6/96.

1994 • 88 Cornas: Chapoutiers 94er, dessen Trauben größtenteils von Louis Verset stammen, zeigt ein undurchdringliches Purpur sowie ein gehaltvolles, mäßig intensives Bukett von Cassis, schwarzen Trüffeln und Mineralien. Im Geschmack gibt sich dieser junge, verschlossene 94er körperreich, vollmundig und tanninbetont. Eine Lagerung von weiteren 4 bis 5 Jahren wird ihm nicht schaden. Letzte Verkostung: 6/95.

1993 • 74 Cornas: Ein vegetabiler, harter 93er ohne jeden Charme. Letzte Verkostung: 6/95.

1992 • 89 Cornas: Dieser feine, schwarze Cornas bietet die süßen Düfte von gerösteten Nüssen, Vogelkirschen und Gewürzen. Er zeigt mittleren bis vollen Körper, mäßiges Tannin und eine verführerische Geschmeidigkeit. Er sollte in seinen ersten zehn Jahren getrunken werden. Letzte Verkostung: 6/95.

1990 • 89 Cornas: Chapoutiers 90er ist tief purpurrot bis schwarz, mit einem süßen, reinen Duft nach Cassis und einem fülligen, dichten und körperreichen Geschmack. Das Tannin wirkt sanft, der Abgang geschmeidig, die Konsistenz samtig. Für einen Cornas ist er erstaunlich edel und zugänglich. Er dürfte sich noch 8 bis 10 Jahre gut trinken lassen. Letzte Verkostung: 6/94.

AUGUSTE CLAPE *****

Adresse:
Route Nationale 86, 07130 Cornas, Tel.: 4 75 40 33 64, Fax: 4 75 81 01 98

Produzierte Weine:
Cornas, Côtes du Rhône, Vin des Amis (ein *vin de pays*)

Rebfläche:
Cornas – 4 ha; weitere – 1,6 ha

Produktionsmenge: 24 000 Flaschen

Ausbau: 18 bis 24 Monate in alten Eichenfässern

Durchschnittsalter der Reben: 50 bis 60 Jahre

Die Keller des akademisch wirkenden, etwa 60 Jahre alten Clape, liegen direkt an der Route Nationale 86, die durch Cornas führt. Wie Marcel Guigal für die Côte Rôtie, Gérard Chave für Hermitage, die Perrins, Henri Bonneau, Jacques Reynaud und Paul Féraud für Châteauneuf-du-Pape zählt Clape zu jenen seltenen Winzern, die nicht nur vollendete Handwerker, sondern auch begeisterte Bewahrer einer Tradition sind, die sie größtenteils selbst ins Leben gerufen haben. Niemand bezweifelt, dass der Cornas von Clape das Aushängeschild der Appellation ist. Seinem Erfolg verdankt die Region auch das große Interesse weltweit.

Eine Schwierigkeit gibt es jedoch: Jeder verlangt nach seinem Wein. So auch bekannte französische Restaurants wie das nahe gelegene Pic, Vrinats Taillevent in Paris und Guy Juliens La Beaugravière in Mondragon. Sie alle versuchen, möglichst große Mengen von Clape zu kaufen. Für seine ausländischen Kunden hat er das Angebot limitiert, neue Interessenten kann er nicht mehr bedienen. Selbst ein üppiger Jahrgang wie 1991 kann die ungeheure Nachfrage nicht befriedigen.

Gleichwohl hat er es versucht, indem er die Rebfläche auf vier Hektar erweiterte, von denen sich 90 % an Steilhängen befinden. Seine Reben sind circa 50 bis 60 Jahre alt und ergeben im Jahr durchschnittlich 2 000 Kisten. Die Weinberge befinden sich in außergewöhnlich guter Lage, unmittelbar hinter dem Ortskern – im Herzstück der Appellation. Außerdem gehören ihm ausgewählte Parzellen von La Côte, Les Reynards und, niedriger gelegen, Les Mazards und Pied la Vigne. Auf der zuletzt genannten Anbaufläche wachsen die alten Syrah-Rebstöcke, aus denen der reinsortige Côtes du Rhône gewonnen wird – ein hervorragendes, deklassiertes Erzeugnis, das man sehr gut kaufen kann. Dasselbe gilt für seinen *Vin des Amis*, einen Landwein ohne Jahrgang, der auch zu 100 % aus Syrah-Trauben hervorgeht, die gewöhnlich aus der jüngsten Lese stammen. Dieses erstaunlich preiswerte Produkt eignet sich als Einführung in den Clape-Stil. Er baut seine Weine 18 bis 24 Monate in alten Holzfässern aus und schönt sie einmal mit Eiweiß, filtriert sie aber nicht. Sie sind dichter als Versets und ursprünglicher als Colombos Erzeugnisse: der Inbegriff eines Cornas. In ihnen verbinden sich das robuste, aggressive Tannin und die großartige Struktur mit den gewaltigen Extrakten von pfeffriger, praller Frucht. Diese Eigenschaften und seine Erfolge in den weniger spektakulären Jahrgängen 1980, 1981, 1987 und 1992 haben den Namen Clape beinahe zu einem Mythos werden lassen. Die meisten seiner Produkte müssen mindestens sechs bis acht Jahre ruhen. In den besten Cornas-Jahren – 1972, 1976, 1978, 1983, 1985, 1988, 1989, 1990, 1991 und 1994

– entwickeln sich seine Weine über mindestens 10 bis 15 Jahre lang harmonisch. Mit Stolz berichtet der erfahrene Winzer, dass sich sein etwa 40-jähriger Sohn Pierre-Marie erfreulicherweise dazu entschlossen hat, in die Fußstapfen seines Vaters zu treten. Auf die Frage, was er zu seinem Cornas bevorzugt isst, antwortet Clape Senior unmissverständlich: Wild, Kaninchen und Roquefort. C'est tout.

Jedem Weinbegeisterten, der etwas auf sich hält, lege ich ans Herz, die hervorragenden Erzeugnisse dieses Guts zu probieren.

JAHRGÄNGE

1995 • 92 Cornas: Dieser 95er ist ein Kandidat für den Wein des Jahrgangs, obwohl die in Kleinstmengen bereitete 95er Cuvée JLC von Jean-Luc Colombo eine würdige Konkurrentin ist. Clapes intensiv purpurroter Tropfen bietet ein wunderbar reifes, süßes Bukett von Lakritze, dunklen Pflaumen und Cassis. Seine Säure und sein Tannin verbinden sich auf angenehme Weise mit dem körperreichen, satten, konzentrierten und ausgewogenen Geschmack. Die Erträge lagen bei 30 bis 32 Hektoliter pro Hektar – die hohe Qualität dieses renommierten Guts steht außer Frage. Der 95er könnte 20 Jahre alt werden. Letzte Verkostung: 6/96.

1994 • 90 Cornas: Der 94er ist exzellent, gleichzeitig aber viel offener gewirkt, opulenter und leichter zu trinken als der 95er in diesem frühen Stadium. Sein dichtes Rubinrot bis Schwarz begleitet ein süßes Aroma aus Trüffeln, schwarzen Beeren, Rauch und Erde. Seine sinnliche Struktur, die reiche Frucht, seine bewundernswerte Reife und großartige Reinheit charakterisieren den Cornas-Stil, den man als köstlich, körperreich und konzentriert bezeichnen kann. Er sollte 12 bis 15 Jahre Trinkgenuss bieten. Letzte Verkostung: 6/96.

1993 • 78 Cornas: Der 93er besitzt zwar mehr Charakter und eine intensivere Farbe, doch fehlt es ihm an Frucht und Glyzerin, sein Mittelstück ist hohl und sein Geschmacksbild zu klar. Letzte Verkostung: 9/95.

1992 • 87 Cornas: Im schwierigen 92er Jahrgang zählt dieser Cornas zu den seltenen erfolgreichen Erzeugnissen. Seine kräftige Farbe verbindet sich mit einem Bukett von Lakritz-, Mineralien- und Cassisdüften, einem mittleren Körper und einem Hauch von überreifen Brombeeren. Ausgestattet mit einem tiefen, rauchigen, kernigen Geschmack und einem tanninbetonten Abgang von mittlerer Länge werden ihm 1 bis 2 Jahre Lagerung gut tun. Der Tropfen sollte sich 10 bis 12 Jahre halten. Letzte Verkostung: 9/95.

1991 • 90 Cornas: Eine Kostbarkeit für Cornas-Freunde! Der Wein gibt sich anmutiger und weniger konzentriert als der 91er von Clapes Freund und Konkurrent Noël Verset. Er enthüllt mittleren bis vollen Körper, hervorragende Tiefe und einen würzigen Abgang mit mäßigem Tannin. Er ist bereits trinkbar, wird sich jedoch noch weiter verbessern und 8 bis 10 Jahre halten. Letzte Verkostung: 11/95.

1990 • 91 Cornas: Clapes 90er ist phänomenal. Sein dichtes Purpur bis Schwarz verbindet sich mit einem Bukett von üppig-reifen, reichen schwarzen Früchten, Lakritze und Gewürzen. Am Gaumen präsentiert sich der vollmundige Tropfen äußerst konzentriert, körperreich und voller Extrakt. Dieser Cornas besitzt mäßiges Tannin, angemessene Säure und einen umwerfend langen Abgang. Für einen Wein dieser Region wirkt er recht raffiniert, ohne jenes rustikale Tannin oder jenen aufdringlichen erdigen Duft, die so vielen Erzeugnissen dieser Appellation eigen sind. Er kann jetzt bereits getrunken werden, doch empfehle ich weitere 3 bis 4 Jahre Flaschenalterung. In den darauf folgenden 12 bis 15 Jahren ist er dann zu genießen. Letzte Verkostung: 1/96.

1989 • 88   Cornas: Den 89er charakterisieren ein dunkles Rubin- bis Purpurrot, ein anziehender Duft von Beerenobst und ein gehaltvoller Geschmack. Er zeigt weniger Extrakt und ein sanfteres Tannin als sonst üblich bei einem Cornas von Clape. Stilistisch erinnert er an einen stärkeren 82er, der für Cornas kein besonders erinnerungswürdiger Jahrgang ist. Der Wein sollte sich in 2 bis 4 Jahren trinken lassen, um sich dann mindestens 12 bis 15 zu halten. Letzte Verkostung: 1/96.

1988 • 89   Cornas: Der 88er hat einen zarteren Stil, als ich es bei Clape gewohnt bin. Er ist ein leichterer, weicherer Wein ohne den Reichtum und die Fülle der anderen Erzeugnisse aus dieser Kellerei. Im Augenblick lässt er sich erstaunlich gut trinken. Gerade wegen seines Mangels an abstoßend rauhen, strengen Tanninen, die die ungebärdigen Produkte dieses Anbaugebietes besitzen können, werden der 88er und 89er vermutlich Beifall finden, ich dagegen halte gerade diese Charakteristika für entscheidend. Eine 10 Jahre und länger dauernde Flaschenalterung lohnt allemal. Letzte Verkostung: 1/96.

1985 • 90   Cornas: Im Vergleich zum 83er finden sich im 85er mehr Frucht und Länge. Ein fetter, sanfter, vollmundiger Tropfen, der mit einer Fülle an Lakritze, schwarzem Pfeffer und Cassisfrucht aufwartet und dessen Farbe ein unverändert dunkles Purpur ohne Bernsteintönung bleibt. Reifer und runder als dieses ölig-köstliche Erzeugnis kann ein Cornas kaum werden. Bereits in der Jugend bereitet er ein unwiderstehliches Vergnügen, wird sich aber auch noch halten. Voraussichtliche Genussreife: jetzt bis 2005. Letzte Verkostung: 8/96.

1984 • 86   Cornas: Dieser außergewöhnlich elegante Rote mit einem schönen Bukett von Erde, Trüffeln, Zedern und Beerenfrüchten besitzt Reife und Länge, einen mittleren Körper und im Abgang etwas Säure und Tannin. Genussreife: jetzt. Letzte Verkostung: 11/96.

1983 • 90   Cornas: Ein weiterer riesiger, tanninbetonter und verschlossener 83er, der einmal mehr seine bemerkenswerte Langlebigkeit beweist. Er enthüllt ein dichtes Rubin- bis Purpurrot ohne Bernsteintönung und in seinem Bukett mischen sich Schwarze Johannisbeeren, Pfeffer und Lakritze. Ein Wein von enormer Struktur mit hervorragender Tiefe und reichlich festem Tannin. Voraussichtliche Genussreife: 2000 bis 2010. Letzte Verkostung: 11/95.

1982 • 85   Cornas: Dieser Wein präsentiert sich mit einem weniger intensiven Rubinrot mit Bernsteintönung und duftet nach Rauch, Gewürzen, Erde, Kräutern, Cassis und Trüffeln. Er besitzt wenig Säure und wirkt etwas flach. Genussreife: jetzt. Letzte Verkostung: 11/95.

1981 • 86   Cornas: Der 81er zeigt weiterhin ein tiefes Rubin- bis Purpurrot bei mittlerem Körper und pfeffrig-kernigen Geschmacksnoten. Der Wein ist aggressiv mit hartem Tannin bei schöner Frucht und Länge. Seinen kargen Geschmack wird er nicht verlieren. Voraussichtliche Genussreife: jetzt bis 2000. Letzte Verkostung: 11/96.

1979 • 87   Cornas: Der 79er ist für Clape ein sehr guter, sich langsam entwickelnder Jahrgang. Der rubin- bis purpurrote Wein verfügt über ein rauchiges Bukett mit Düften von gerösteten Kräutern und Fleisch. Er ist körperreich und vielschichtig im Geschmack, besitzt eine gute Säure und ausreichend Tannin. Voraussichtliche Genussreife: jetzt bis 2008. Letzte Verkostung: 11/96.

1978 • 90   Cornas: Auf dem Höhepunkt seiner Reife zeigt sich der 78er in tiefem Purpur und bietet ein intensives Bukett von gegrilltem Fleisch und Kräutern, verwoben mit Cassis. Er ist wunderbar konzentriert, mit festem Tannin und einem langen Abgang. Voraussichtliche Genussreife: jetzt bis 2006. Letzte Verkostung: 11/94.

Clapes 76er war ein Gedicht. Unter den Spitzenjahrgängen ist er der einzige neuere große Wein, der sich der Vollreife nähert. Auch der 72er ist sensationell. Ich habe ihn zwar seit 1991 nicht mehr verkostet, damals gefielen aber sein vielschichtiges Bukett von Zedernholz, geräuchertem Fleisch und Unmengen praller Cassisfrucht.

Jean-Luc Colombo ***/*****

Adresse:
Pied de la Vigne, 07130 Cornas, Tel.: 4 75 40 36 09, Fax: 4 75 40 16 49

Produzierte Weine:
Erzeugerabfüllung – Cornas Les Ruchets, Cornas Terres Brûlées, Cornas Cuvée JLC
und ein *vin de pays*; Händlerabfüllung – eine Reihe von Weinen
mit dem Etikett *Les Terroirs du Rhône*

Rebfläche:
Les Ruchets – 1 ha; Terres Brûlées – 4 ha

Produktionsmenge:
Les Ruchets – 500 Kisten; Terres Brûlées – 1 650 Kisten

Ausbau:
Les Ruchets – 15 Monate in zu 100 % Barriques
Terres Brûlées – 15 Monate in 1 bis 5 Jahre alten Fässern

Durchschnittsalter der Reben:
Les Ruchets – 80 Jahre; Terres Brûlées – 20 Jahre

Neben seiner Tätigkeit als Berater für zahlreiche Erzeuger aus dem Rhônetal ist der kontroverse Önologe Jean-Luc Colombo auch Weinbergbesitzer in Cornas. Ähnlich wie Marcel Guigal vor 25 Jahren oder vor kurzem Michel Chapoutier gilt er als radikaler Revolutionär. Jean-Luc und seine Frau Anne – beide besitzen einen Abschluss in Önologie – haben sich in die steilen Terrassen um Cornas verliebt und 1983 das *Centre Oenologique des Côtes du Rhône* gegründet.

Trotz seiner zahlreichen Kritiker hat sich Colombos Kundenstamm erheblich erweitert; die Zahl liegt inzwischen bei über 110 und scheint sich wöchentlich zu erhöhen. Seine aggressive Natur diente als Katalysator für tief greifende Veränderungen in vielen Kellereien an der Rhône. Der junge Winzer glaubt an das völlige Entrappen, die malolaktische Gärung in kleinen Fässern, den verstärkten Einsatz von Barriques und mehr Sauberkeit. Die meisten objektiven Beobachter würden der Behauptung zustimmen, dass es Colombo gelungen ist, den Ruf zahlreicher berühmter und doch tot geglaubter Weingüter wiederzubeleben – so etwa des Château Fortia in Châteauneuf-du-Pape. Er versucht, die Errungenschaften von Michel Rolland und Denis Dubourdieu in Bordeaux auch in Cornas umzusetzen und die traditionellen Methoden der Weinbereitung so zu verbessern, dass die Charakteristika des Jahrgangs, *terroir* und *cépage,* genauer hervortreten. Ob seine Kritiker wohl zugeben können, dass zahlreiche Rhôneweine durch dreckige Fässer und Kellergerüche verdorben wurden? Colombo wirbt für den organischen Anbau in den Weinbergen, für eine verlängerte Gärzeit zur Erlangung eines weicheren Tannins und für schonendere Abfüllungen ohne Schönung und Filtration. Wie einige seiner Kollegen in Bordeaux hat auch er begonnen, die malolaktische Gärung in Fässern durchzuführen, was bei jungen Weinen zu einer Erhöhung der Integration und einer Verfeinerung durch die Eiche geführt hat.

Colombo hat erkannt, dass die Erzeugnisse der Rhône vermarktet werden müssen – sehr zum Verdruss der meisten anderen hier ansässigen Erzeuger. Wie erfrischend und entwaffnend ist doch diese Einstellung im Vergleich zu der massiven Werbemaschinerie in Bordeaux, Burgund und der Champagne. Darüber hinaus haben der Önologe und einige seiner Kunden die *Rhône Vignobles* gegründet; sie nutzen ihre Reisen in aller Welt, um für die Rhôneweine zu werben. Colombo selbst genießt eine immer größere Öffentlichkeit, führt Präsentationen durch und verkostet Weine, die in anderen Teilen der Welt aus Rhônetrauben gewonnen werden.

1987 begann er mit dem Ankauf kleinerer Parzellen und konnte damals bereits mit Les Ruchets eine großartige Rebfläche erwerben, die hoch über Cornas liegt. Später kamen Lagen in Les Chaillots, Les Côtes, Les Eygats und Saint-Pierre hinzu. Außerdem wird ein *vin de pays* aus den jungen Syrah-Reben der Collines Rhodaniennes bereitet.

Circa drei Hektar Rebfläche hat Colombo von Guy de Barjac in Les Chaillots gepachtet. In den letzten Jahren tat er sich auch als *négociant* hervor, kaufte Most und brachte gute Cuvées aus Cornas, den Côtes du Rhône und Saint-Joseph unter dem Händleretikett *Les Terroirs du Rhône* zu vernünftigen Preisen auf den Markt.

Auch heute noch wird Jean-Luc Colombo heftig kritisiert. Er ist ein relativ junger Mann, der aggressiv reagieren kann und dessen Zukunftsvorstellungen den Status quo in Frage stellen. Wie Michel Chapoutier in Tain l'Hermitage äußert auch er seine Meinung zu direkt. Beurteilt man einen Mensch jedoch nach seinen Leistungen, dann muss man anerkennen, dass gerade er die Winzer des Rhônetals positiv beeinflusste. Dabei soll die Rolle seiner Frau Anne nicht unberücksichtigt bleiben, denn sie ist nicht nur die Inhaberin der einzigen Apotheke in Cornas, sondern arbeitet auch im önologischen Labor in den Seitenstraßen des Dorfes mit.

JAHRGÄNGE

1995 • 92 Cornas Cuvée JLC: Die 75 Kisten Cuvée JLC wurden aus spät gelesenen Syrah-Beeren hergestellt, zu 100 % in Barriques ausgebaut und ohne Schönung oder Filtration abgefüllt. Der sensationelle Tropfen mit einer geballten Ladung schwarzer Frucht besitzt eine dicke, ölige Konsistenz, einen süßen reichen Abgang und ausgewogenes Tannin. Seine Säure verleiht ihm Konturen. Er sollte noch 2 Jahrzehnte lang Genuss bereiten. Letzte Verkostung: 6/96.

1995 • 91 Cornas Les Ruchets: Dieser phänomenale Les Ruchets wurde zu 70 % in Barriques ausgebaut, in denen auch die malolaktische Gärung stattfand. Er wurde geschönt, aber nicht filtriert. Der purpurrote bis schwarze Wein von mittlerem bis vollem Körper enthüllt ein hervorragendes Bukett von wilden Blaubeeren, Cassis, Erde und Vanille. Er ist beeindruckend, tief und reich. Nach weiteren 3 bis 4 Jahren Flaschenlagerung wird er noch 15 Jahre halten. Letzte Verkostung: 6/96.

1995 • 86 Cornas Terres Brûlées: Dieser 86er kann als Beispiel für einen klaren, internationalen Stil in der Weinbereitung dienen. Er zeigt mittleren Körper, einen Duft von Schwarzen Himbeeren, gute Farbe und schöne Gewürze. Von den drei 95er Cuvées besitzt diese den höchsten Säuregrad. Letzte Verkostung: 6/96.

1994 • 91 Cornas Cuvée JLC: Colombos feinster 94er ist die Cuvée JLC. Der tief rubin- bis purpurrote Tropfen wurde in diesem Jahr aus der Taufe gehoben und nur in Kleinstmengen produziert. Sein Bukett duftet nach Schokolade, Kaffee und Cassis und verbindet sich mit einem üppig-sinnlichen Geschmack. Dem vollmundigen, süßen Mittelstück folgt ein sanfter, runder Abgang. Dieser schmeichelnde Wein ist viel zugänglicher als der 95er. Er sollte sich in den nächsten 5 bis 8 Jahren schön trinken lassen. Letzte Verkostung: 6/96.

1994 • 88 Cornas Les Ruchets: Um einiges reicher und sinnlicher als der 94er Terres Brûlées, aber spröder und magerer als sein Nachfolger, zeigt sich dieser 94er Les Ruchets in tiefem Rubinrot. Er ist tanninbetont, üppig-reif und fruchtig, dabei aber auch verschlossen und un-entwickelt. Ihm fehlt das süße ausladende Mittelstück des 95ers. Letzte Verkostung: 6/96.

1994 • 84 Cornas Terres Brûlées: Zum 94er Jahrgang gehört auch dieser mit dem Duft und Geschmack von Preiselbeeren ausgestattete, beißende und doch gefällige Terres Brûlées. Am besten in den nächsten Jahren austrinken. Letzte Verkostung: 6/96.

1993 • 86 Cornas Les Ruchets: In diesem grauenvollen Jahr stellte Colombo sein bewun-dernswertes Talent unter Beweis und bereitete zwei erfolgreiche Weine. So präsentiert sich der 93er Les Ruchets als süßer, reicher, reifer Tropfen mit mittlerem bis vollem Körper, guter Konzentration, einem gesunden dunklen Rubinrot mit Anflügen von Purpur und langem großzügigem Nachgeschmack. Darüber hinaus zeigt er weder das bittere, adstringierende Tannin anderer 93er noch deren vegetabile Fruchtigkeit. Letzte Verkostung: 6/96.

1993 • 86 Cornas Terres Brûlées: Ein sanfter, runder, schön gefärbter 93er Terres Brûlées mit einer erstaunlichen Reife und einem süßen Mittelstück voller Frucht, das den meisten 93ern fehlt. Er besitzt den würzigen, erdigen, attraktiven Charakter dunkler Früchte und einen mitt-leren Körper. Dieser tanninbetonte Wein sollte in den nächsten 7 bis 8 Jahren getrunken wer-den. Letzte Verkostung: 6/96.

1992 • 85 Cornas: Der geschmeidige Cornas zeigt ansprechende neue Eiche in seinem kla-ren Bukett von Vogelkirschen und gerösteten Nüssen, ist säurearm und hinterlässt einen schmackhaften, robusten Eindruck. Er sollte innerhalb von 7 bis 8 Jahren getrunken werden. Letzte Verkostung: 9/95.

1992 • 88 Cornas Les Ruchets: Einer der besten Weine dieser Region, die ich verkostet habe. Er besticht durch sein attraktives Bukett aus Gewürz-, Toast- und Cassisdüften, zeigt mitt-leren bis vollen Körper, angemessene Säure und einen sanften, üppigen Abgang. Zweifellos ein erstklassiger Erfolg für diesen Jahrgang! Er sollte sich noch mindestens ein Jahrzehnt gut trinken lassen. Letzte Verkostung: 9/95.

1991 • 92 Cornas Les Ruchets: Der 91er Les Ruchets prahlt förmlich mit seinem nahezu un-durchdringlichen Rubin- bis Purpurrot, seinem gewaltigen Bukett von dunklen Früchten (Himbeeren und Pflaumen), provenzalischen Kräutern und feiner, toastwürziger neuer Eiche. Der reichhaltige, konzentrierte Cornas gibt sich körperreich und gehaltvoll mit vielschichtiger Frucht, geringer Säure und üppiger Struktur. Für einen Tropfen dieser Appellation besitzt er erstaunliche Finesse und Komplexität, verliert aber keineswegs das, was man gemeinhin «Sortencharakter» nennt. Dürfte sich noch 10 bis 12 Jahre gut halten. Letzte Verkostung: 9/95.

1990 • 85 Cornas Les Ruchets: Colombos schnittiger, kompakter 90er Les Ruchets ist durch-aus gut, es fehlt ihm aber an Großzügigkeit und sein internationaler Stil zeigt eine gewisse Ausdrucksschwäche. Freilich verleiht ihm die neue Eiche eine vornehme Art, doch erscheint die Suche nach der dem 91er zugrunde liegenden Reichhaltigkeit vergeblich. In den nächsten 7 bis 8 Jahren austrinken. Letzte Verkostung: 9/95.

1989 • 79 Cornas Les Ruchets: Was ist mit diesem Wein passiert? Er ist zwar konzentriert, zeigt aber bei mittlerem Körper eine exzessive Eichenholzwürze, die die verbleibende Frucht maskiert. Dieser Cornas ist aus dem Gleichgewicht geraten. 1989 war kein einfaches Jahr für die Region und dieses Beispiel zeigt, dass man gelegentlich besser auf Barriques verzichten sollte. Letzte Verkostung: 6/95.

L. UND D. COURBIS – DOMAINE DES ROYES ***/****

Adresse:
07130 Châteaubourg, Tel.: 4 75 40 32 12, Fax: 4 75 40 25 39

Produzierte Weine:
Cornas Champelrose, Cornas La Sabarotte, Saint-Joseph (rot und weiß)

Rebfläche: 4 ha

Produktionsmenge: 15 000 Flaschen

Ausbau:
14 bis 18 Monate in Fässern, Tanks und *foudres* (30 % Barriques)

Durchschnittsalter der Reben: 25 Jahre

Ein neuer optimistischer Wind weht durch das Gut, das in der Nähe des beeindruckenden, ummauerten Dorfes Châteaubourg liegt. Im Wesentlichen wird Saint-Joseph produziert und unter dem Namen Domaine des Royes verkauft. Daneben wurde aber auch mit der Abfüllung zweier Einzellagencuvées – La Sabarotte und Champelrose – begonnen, die von den steilen Terrassen im Süden des Dorfes stammen. Die Brüder Courbis waren vernünftig genug, sich mit der Anstellung des einflussreichen Önologen Jean-Luc Colombo Unterstützung von außen zu holen. Gleichzeitig bewiesen sie ein unglaubliches Engagement für die Zukunft von Cornas und St-Joseph und sicherten sich das Recht, einige der sehr steilen Hänge in beiden Appellationen kultivieren und bestocken zu können. In Anbetracht der Tatsache, dass die Kellerei in den letzten Jahren in beiden Anbaugebieten Spitzenleistungen hervorbrachte, sollte man sich den Namen Courbis in der nördlichen Rhône merken.

Zur Weinbereitung gehört das vollständige Entrappen der Trauben – ein Vorgang, den die meisten Kunden Jean-Luc Colombos befürworten – und die Gärung in temperaturgeregelten Edelstahltanks mit relativ langer *cuvaison*. Die beiden Cornas-Cuvées werden zur Zeit zu etwa 30 % in neuer Eiche ausgebaut. 90 % ihrer Erzeugnisse verkaufen Laurent und Dominique Courbis in Frankreich selbst.

JAHRGÄNGE

1995 • 84 Cornas Champelrose: Der dunkle rubin- bis purpurrote 95er enthüllt ein würziges Bukett von schwarzen Früchten sowie einigen Holznoten, er komprimiert und verdichtet sich jedoch. Er könnte ein Jahrzehnt oder länger halten. Letzte Verkostung: 6/96.
1995 • 87 Cornas La Sabarotte: Dieser Cornas präsentiert sich in intensiverem Purpur und mit einem süßeren, rauchigeren, von dunkler Frucht dominierten Bukett. Er zeigt ein weiches

Auftreten, mittleren Körper und wohl integrierte Säure bei schöner Frucht und Struktur. Sollte in den nächsten 8 bis 10 Jahren getrunken werden. Letzte Verkostung: 6/96.

1994 • 87 Cornas Champelrose: Der tief purpurrote 94er Champelrose bietet zu einem erstklassigen toastwürzigen, rauchigen Bukett von Cassisdüften eine schöne Reife, mittleren bis vollen Körper, gute Dichte und Gehalt. Sein säurearmer, runder Abgang ist großzügig ausgestattet. Er kann jetzt und innerhalb der nächsten 10 bis 12 Jahre getrunken werden. Letzte Verkostung: 6/96.

1994 • 89+ Cornas La Sabarotte: Der 94er La Sabarotte, ausgebaut in 32 % Barriques, besitzt ein burgunderähnliches Bukett von Vogelkirschen, Cassis und *pain grillé* sowie ausladende, sinnlich strukturierte Düfte. Die süße Frucht ist reif, der Abgang üppig. Dieser Wein repräsentiert einen köstlichen, ansprechenden Cornas-Stil und sollte in den nächsten zehn Jahren getrunken werden. Letzte Verkostung: 6/96.

1993 • 84 Cornas Champelrose: Laurent und Dominique Courbis bereiteten einen 93er Champelrose mit leichtem bis mittlerem Körper und ansprechender, mäßig intensiver Himbeer- und Kirschfrucht. Weich und bereits entwickelt dürfte er sich weitere 3 bis 4 Jahre gut trinken lassen. Letzte Verkostung: 6/96.

1993 • 79 Cornas La Sabarotte: Der 93er zeigt eine gesunde, dunkle Farbe, doch dominieren seine harte, tanninreiche Persönlichkeit, sein kompaktes Aroma und sein dichter Geschmack. Der Wein scheint auszutrocknen und sollte bald getrunken werden. Letzte Verkostung: 6/96.

1992 • 76 Cornas Champelrose: Ein verwässerter 92er Champelrose mit einem pilzig-erdigen Bukett (Fäulnis?), leichtem Körper und staubigem, hartem Tannin im Abgang. Dem Wein fehlen Frucht und Tiefe. Letzte Verkostung: 6/96.

1992 • 85 Cornas La Sabarotte: Der 92er ist klarer und von solider festgefügter Persönlichkeit. Er sollte sich 4 bis 6 Jahre gut trinken lassen. Letzte Verkostung: 6/96.

DELAS FRÈRES ***

Adresse:
Z.A. de l'Olivet, 07300 Saint-Jean-de-Muzols, Tel.: 4 75 08 60 30, Fax: 4 75 08 53 67

Produzierte Weine:
Cornas Cuvée Chante-Perdrix, Cornas Cuvée Les Serres

Produktionsmenge:
Cuvée Les Serres – 25 000 Flaschen; Chante-Perdrix – 25 000 Flaschen

Ausbau:
Je 12 bis 14 Monate, 60 % des Ertrags in 1 bis 5 Jahre
alten Fässern und 40 % in Barriques

Das Unternehmen produziert eine ganze Reihe von Weinen aus den eigenen Lagen im nördlichen Rhônetal sowie aus hinzugekauftem Most und Trauben aus der gesamten Region. Bis zu Beginn der achtziger Jahre gehörte auch eine nur einen Hektar große Parzelle in Cornas dazu. Heute wird dieser Wein zu 100 % aus fremden Trauben bereitet. Wie meine Prüfnotizen zeigen, gab es auch einige gute Jahrgänge, doch sind die jüngsten Leistungen durchweg enttäuschend. Der uneindeutige Charakter der Erzeugnisse schreckt eher ab.

1993 • 71 Cornas Chante-Perdrix: Diesem Wein von einem mittleren Rubinrot fehlt die wahrnehmbare Frucht im Aroma. Er zeigt nur magere, spröde, tanninbetonte Geschmacksnoten, einen mittleren Körper und adstringierendes Tannin. Schlichtweg ungenießbar. Letzte Verkostung: 7/96.

1992 • 68 Cornas Chante-Perdrix: Dünn, vegetabil und verwässert: eine herbe Enttäuschung. Letzte Verkostung: 7/96.

Cave Dumien-Serette ***/****

Adresse:
Rue du Ruisseau, 07130 Cornas, Tel.: 4 75 40 41 91, Fax: 4 75 40 47 27

Produzierte Weine: Cornas

Rebfläche: 1,3 ha

Produktionsmenge: 7 500 Flaschen

Ausbau: 18 Monate in alten Eichenfässern

Durchschnittsalter der Reben: 50 bis 80 Jahre

Von den drei Jahrgängen, die ich bisher verkostet habe, beeindruckten zwei. Aus gut gelegenen Weinbergen bereitet Dumien-Serrette interessante Tropfen.

Jahrgänge

1994 • 88 Cornas: Dieser dunkle, purpurrote 94er besitzt ein mäßig intensives Bukett von Cassis-, Veilchen-, Pfeffer- und Erddüften. Er hinterlässt einen reichen ersten Eindruck von reifer Frucht, doch fehlt ihm das Gewicht anderer 94er, und er zeigt im Abgang adstringierendes Tannin. Seine Reife und die geringe Säure gefallen, der harte Abgang beunruhigt dagegen. Trotzdem sollte dies ein sehr guter, möglicherweise hervorragender Cornas für einen Genuss in 5 bis 15 Jahren werden. Letzte Verkostung: 6/96.

Domaine de la Haute Fauterie ***

Adresse:

07130 Saint-Péray, Tel.: 4 75 40 46 17

Produzierte Weine: Cornas, Saint-Péray

Rebfläche: 1,5 ha

Produktionsmenge: 6 000 Flaschen

Ausbau: 18 Monate in 1 bis 2 Jahre alten Fässern

Durchschnittsalter der Reben: 90 bis 100 Jahre

Sylvain Bernard aus Saint-Péray gehört neuerdings auch zu den Erzeugern in Cornas, vor allem deshalb, weil er eine ganze Parzelle in La Barjasse von Guy de Barjac gepachtet hat. Es handelt sich um eine der ältesten Rebflächen in diesem Anbaugebiet, deren Weinstöcke zwischen 1896 und 1904 gepflanzt wurden.

Paul Jaboulet Ainé

**** (Domaine de Saint-Pierre), *** (Händlerabfüllung)

Adresse:

Les Jalets, R.N. 7, B.P. 46, La-Roche-de-Glun, 26600 Tain l'Hermitage,
Tel.: 4 75 84 68 93, Fax: 4 75 84 56 14

Produzierte Weine: Cornas, Cornas Domaine de Saint-Pierre

Rebfläche: 3,7 ha

Produktionsmenge: 7 000 Flaschen

Ausbau: 10 bis 15 Monate in alten Fässern

Durchschnittsalter der Reben: 7 bis 15 Jahre

In den achtziger Jahren erweiterte diese berühmte Kellerei den Kauf von Weinen aus Cornas erheblich und kaufte in dem ergiebigen Jahr 1985 75 % der gesamten Produktion dieses Anbaugebiets. Das Interesse konkretisierte sich noch ein Mal 1993, als man mit der Domaine de Saint-Pierre ein Gut von 3,7 Hektarn mit relativ jungen, sieben bis fünfzehn Jahre alten Rebstöcken erwarb. Es liegt in unmittelbarer Nähe der berühmten Lagen Les Reynards und Les Chaillots, direkt hinter dem Dorf. Hier entstand ein beeindruckender Wein. Zudem wird eine Standardcuvée aus gekauftem Most im alten Stil bereitet: Sie ist muskulös, von mittlerem Körper, mit reichlich Struktur und hartem Tannin. Trotz des leichteren Charakters einiger anderer Rhôneweine, insbesondere des Châteauneuf-du-Pape Les Cèdres und des Gigondas, zeigt sich das Unternehmen zufrieden mit der Produktion von zwei kraftvollen, muskulösen, fleischigen Cornas-Weinen.

1995 • 86 Cornas: Der 95er bietet reiche Pfeffer-, Erd-, Teer- und Gewürzdüfte, gepaart mit Lakritze und schwarzem Beerenobst. Bei mittlerem Körper und mäßigem Tannin sollte er sich über die nächsten 7 bis 8 Jahre trinken lassen. Letzte Verkostung: 6/96.

1995 • 90+ Cornas Domaine de Saint-Pierre: Ein prachtvoller Tropfen! Der undurchdringlich purpurrote Wein gibt sich ungeheuer körper- und extraktstoffreich und zeigt unglaublich viel Tannin im kräftigen Abgang. Nach 7 bis 10 Jahren Flaschenalterung wird dieser Rotwein in den ersten 10 bis 15 Jahren des nächsten Jahrtausends Genuss bereiten. Letzte Verkostung: 6/96.

1994 • 90 Cornas Domaine de Saint-Pierre: Der 94er ist ebenso außergewöhnlich, aber süßer, schmeichelnder und reifer als sein Nachfolger. Der tief rubin- bis purpurrote Wein präsentiert Unmengen an Cassisfrucht und einen sinnlicheren, samtigen Abgang. Er dürfte 10 bis 15 Jahre gut zu trinken sein. Letzte Verkostung: 6/96.

1991 • 87 Cornas: 1991 wurde Jaboulets Cornas zum ersten Mal in Barriques ausgebaut, um seine Ungebärdigkeit zu zügeln. Er offenbart einen betörenden Duft von roten und schwarzen Früchten, unterlegt mit toastwürziger neuer Eiche. Bei mittlerem Körper gibt er sich rund und wird in den nächsten 7 bis 8 Jahren idealen Trinkgenuss bereiten. Letzte Verkostung: 11/95.

1990 • 86 Cornas: Der 90er Cornas wirkt angenehmer als der 89er. Er besitzt mehr Tannin und gibt sich spröder bei einem kräftigen Bukett von Gewürzen, Pfeffer, Kräutern und Erddüften. Ausgestattet mit einem mittleren bis vollen Körper und stattlichem Tannin, aber hervorragender Konzentration benötigt der Wein weitere 5 bis 6 Jahre Lagerung. Er sollte dann 12 bis 15 Jahre halten. Letzte Verkostung: 5/95.

1989 • 79 Cornas: Ein leichter, etwas seelenloser Rotwein mit aggressivem Tannin und nicht annähernd genug Frucht und Tiefe, um seine robuste und muskulöse Persönlichkeit auszugleichen. Kann im Alter nur dünner werden. Letzte Verkostung: 5/95.

1985 • 86 Cornas: Für einen jungen Cornas durchaus ansprechend und schmeichelnd zeichnet sich dieser Wein durch die geringe Säure seines Jahrgangs und die üppig-reiche Vogelkirschenfrucht aus. Bei vollem, doch geschmeidigem Körper wird sich der Wein schnell entwickeln. Genussreife: jetzt. Letzte Verkostung: 12/93.

1983 • 86 Cornas: Der 83er war vom Fass derart beeindruckend, dass ich sofort eine Kiste für meinen Keller bestellte. Nach acht Flaschen erscheint er jedoch auf störrische Weise unentwickelt, adstringierend und kräftig, so dass ich das Vertrauen in ihn verliere. Ein großer, kräftiger Wein, der sich noch immer sehr verschlossen, tanninbetont, hart, und unglaublich unfreundlich gibt – wird sich die Frucht halten? Voraussichtliche Genussreife: jetzt bis 2005? Letzte Verkostung: 11/96.

ÄLTERE JAHRGÄNGE

Unter den 70er Jahrgängen sind der 78er und der 72er voll ausgereifte, hervorragende Erzeugnisse. Ich habe auch noch ein paar Flaschen des harten, robusten 70ers im Keller. Er ist gut, aber ohne Charme und er war schon immer zu muskulös.

CORNAS

MARCEL JUGE ***/****

Adresse:

Place de la Salle des Fêtes, 07130 Cornas, Tel.: 4 75 40 36 68, Fax: 4 75 40 30 05

Produzierte Weine:

Cornas, Cornas Cuvée Coteaux, Cornas Sélection Coteaux, Saint-Péray Blanc

Rebfläche: 2,5 ha

Produktionsmenge:

Cornas – 5 000 bis 6 000 Flaschen

Cuvée Coteaux – 10 000 bis 12 000 Flaschen

Sélection Cuvée Coteaux – 2 100 Flaschen

Ausbau:

2 bis 3 Jahre in alter Eiche, davon mindestens 18 Monate in Barriques

Durchschnittsalter der Reben: 45 Jahre

Der eher klein gewachsene Marcel Juge ist unbestritten der Freigeist von Cornas. Er geht vermutlich auf die sechzig zu, doch lassen ihn sein diabolisches Grinsen und seine Verspieltheit durchaus jünger wirken. Wie das legendäre Duo aus Châteauneuf-du-Pape, Jacques Reynaud und Henri Bonneau, ist auch Juge für seine Kritik an Frankreichs «ausufernder Bürokratie» bekannt. Juge bereitet seine drei Cuvées alle in der gleichen Weise. Die jährlich produzierte Cuvée Coteaux entsteht aus Reben, die in Coteaux wachsen. Die Sélection Coteaux ist ein spezieller Wein, der nur aus überreifen Trauben bereitet wird; infolge wechselnder klimatischer Bedingungen ist die erforderliche *surmaturité* nicht jedes Jahr gegeben.

Juges Keller befinden sich unter seinem modernen Haus, direkt neben dem Place du Marché. Ihm gehören Weinberge von 2,7 Hektar Größe, davon 0,5 Hektar in Saint-Péray – eine Hälfte in Hanglage, die andere im Tal. Das Durchschnittsalter der Reben liegt bei 45 Jahren, eine kleine Parzelle ist mit 7-jährigen Weinstöcken bepflanzt, eine weitere mit 80-jährigen. Folglich produziert und verkauft er in den meisten Jahrgängen zwei Cuvées. In Spitzenjahren wie 1989, 1990 und 1991 bereitet er auch seine Sélection Coteaux. Da die Appellationsbehörden den Erzeugern untersagen, die Bezeichnung «Coteaux» auf dem Etikett zu drucken, tragen die Spezialcuvées den Vermerk «C» für Cuvée Coteaux und «SC» für Sélection Coteaux. Als ich Juge das letzte Mal sprach, war er unsicher, ob er die Produktion der Sélection Coteaux fortsetzen sollte, da sie das Interesse an seinen übrigen Erzeugnissen schmälert.

Stilistisch zeigen sich seine Weine sicherlich weniger beständig als die Erzeugnisse von Clape oder Verset, hat Juge jedoch Erfolg – und das ist meistens der Fall –, dann sind seine Produkte die bei weitem elegantesten und burgunderähnlichsten in Cornas. Sie präsentieren sich gewöhnlich eher mit tiefem als mit dichtem Rubin- bis Purpurrot und offenbaren üppige, süße Frucht, aber nicht die Tanninstrenge und Rustikalität anderer Cornas-Erzeugnisse. Die Weine, die alle ungeschönt und ungefiltert vor der Abfüllung 24 bis 36 Monate in Barriques und *foudres* ausgebaut werden, lassen sich gut lagern, wie die frühen achtziger Jahrgänge beweisen. Möglicherweise verleiht sogar die lange Zeit im Fass dem Wein seine größere Geschmeidigkeit und Trinkbarkeit; die Hanglagencuvées sind die feinsten. In kleineren Mengen wird auch ein weißer Saint-Péray bereitet, den ich jedoch noch nicht verkostet habe.

DIE NÖRDLICHE RHONE

JAHRGÄNGE

1994 • 88 Cornas: Ein süßer, geschmeidiger Roter mit einem von Teer-, Blumen-, Veilchen- und Cassisdüften erfüllten Bukett. Der verführerische, seidig-strukturierte Wein zeigt eine gute bis ausgezeichnete Konzentration, geringe Säure und leichtes Tannin. Er sollte in seinen ersten 7 bis 8 Jahren getrunken werden. Marcel Juge bereitet häufig eine Cuvée Coteaux, die ich jedoch weder 1993 noch 1994 verkosten konnte. Letzte Verkostung: 6/96.

1993 • 85 Cornas: Dieser gefällige Wein von leichtem Körper zeigt den geschmeidigen, reinen Charakter von schwarzen Früchten, sanftes Tannin und geringe Säure. Angesichts des schwierigen Jahrgangs eine ansprechende Leistung. Voraussichtliche Genussreife: jetzt bis 2000. Letzte Verkostung: 4/94.

1988 • 79 Cornas: Die 88er Cuvée ist ein einfach und geradlinig. Genussreife: jetzt. Letzte Verkostung: 4/94.

1988 • 84 Cornas Cuvée C: Diese 88er Cuvée C besitzt ein wunderbares Bukett von Schwarzen Himbeeren, Veilchen und Pilzen, doch fehlen ihr Extrakt und Länge. Ob die Erträge zu hoch lagen? Voraussichtliche Genussreife: jetzt bis 2000. Letzte Verkostung: 4/94.

1985 • 92 Cornas Cuvée Spéciale: Ein 85er, der sicherlich zu den feinsten Cornas zählt, die ich jemals verkostet habe! Leider wurden nur 150 Kisten bereitet. Der rubinrote bis schwarze, konzentrierte Wein ohne Bernsteintönung duftet nach schwarzen Früchten, Oliven, Kräutern und gerösteten Kräutern. Er zeigt einen vollen Körper und außerordentliche Reinheit; Säure und Tannin sind schön integriert. Voraussichtliche Genussreife: jetzt bis 2005. Letzte Verkostung: 11/95.

1985 • 84 Cornas Demi-Coteaux: Der Demi-Coteaux ist ein völlig anderer Wein und entstand aus einer *assemblage* von jungen Hangreben und Talflächenerträgen. Von mittlerem Rubin- bis Purpurrot präsentiert er sich vollreif, mittelschwer und raffiniert im Stil mit sanfter Frucht. Genussreife: jetzt. Letzte Verkostung: 11/95.

JACQUES LEMENCIER ***

Adresse:

Route des Granges, 07130 Cornas, Tel.: 4 75 40 49 54

Produzierte Weine: Cornas, Saint-Péray Blanc

Rebfläche: 2,5 ha

Produktionsmenge: 10 500 Flaschen

Ausbau: 10 Monate in 2 bis 10 Jahre alten Fässern

Durchschnittsalter der Reben: 10 und 90 Jahre

Der drahtige, langhaarige Jacques Lemencier zählt zu den jüngeren Winzern des Anbaugebiets. Bevor er sein eigenes Unternehmen gründete, ging er bei Robert Michel in die Lehre. Er entrappt sein Lesegut vollständig, vermeidet neue Eiche und füllt die Weine nach einem Jahr im Fass ab. Lemencier hat den Zeitpunkt der Abfüllung vorverlegt, um die Frucht so gut wie möglich zu erhalten. Wie in der Region üblich, wird auch hier nicht gefiltert. Aus seiner Kellerei stammen sehr feine Tropfen mit ansprechender Intensität und einem schönen Reifepotenzial, doch ergeben zweieinhalb Hektar leider nur eine begrenzte Menge Wein. Die Erträge aus seinen beiden Parzellen mit 10 und 90 Jahre alten Reben werden verschnitten. Außerdem produziert er in geringem Umfang weißen St-Péray, der aber monolithisch und eindimensional wirkt.

Jahrgänge

1990 • 87 Cornas: Der 90er scheint körperreicher und strukturierter zu sein als der 89er, jedoch ohne die Konzentration des 88ers. Dieser große, ungebärdige und fest gefügte Wein zeigt eine satte Farbe und würzig-stielige Erdigkeit, begleitet von einem üppigen Aroma schwarzer Beerenfrucht bei vollem Körper und einem Potenzial, das nicht ausreichen wird, das Niveau des 88ers zu erreichen, den 89er aber übertreffen könnte. Lemencier stellt 8 000 Flaschen her, die ungeschönt und ungeklärt abgefüllt werden, was nach einigen Jahren der Lagerung zu einem deutlichen Bodensatz führen wird. Letzte Verkostung: 3/95.

1989 • 87 Cornas: 1989 verlief für die meisten Winzer in Cornas enttäuschend, Lemencier war allerdings erfolgreich. Der Wein, dem der Winzer eine «Verwandtschaft mit dem 87er» attestiert, ist von beeindruckender, tiefer rubin- bis purpurroter Farbe. Er offenbart ein üppiges, würzig-erdiges Bukett von Mineralien und schwarzen Früchten, gepaart mit einem lieblichen, aufgeschlossenen Geschmack, wenig wahrnehmbaren Tanninen im Abgang sowie Konzentration und Extrakt in Hülle und Fülle. Ein klassischer Cornas für die nächsten 12 bis 15 Jahre. Letzte Verkostung: 3/95.

1988 • 90 Cornas: 1988 hat Lemencier einen purpurroten bis schwarzen Wein mit einem riesigen Bukett von Schokolade und Cassis sowie vollen, konzentrierten Geschmacksnoten hervorgebracht. Er besitzt einen vollen Körper und solide, aber sanfte Tannine im langen Abgang. Eine heroische Leistung für einen Cornas aus diesem Jahrgang. Voraussichtliche Genussreife: jetzt bis 2008. Letzte Verkostung: 11/94.

Jean Lionnet **/***

Adresse:
Pied la Vigne, 07130 Cornas, Tel.: 4 75 40 36 01

Produzierte Weine: Cornas, Cornas Cuvée Rochepertuis

Rebfläche:
Gesamt – 14 ha; Cornas – 4 ha; Cuvée Rochepertuis – 4 ha

Produktionsmenge:
Cornas – 2 500 Kisten; Cuvée Rochepertuis – 1 875 Kisten

Ausbau:
Cornas – 18 Monate in 1 bis 2 Jahre alten Fässern; Cuvée Rochepertuis – 18 Monate in 20 % Barriques

Durchschnittsalter der Reben:
Cornas – 50 bis 60 Jahre; Cuvée Rochepertuis – 80 Jahre

Jean Lionnet ist ein großer, warmherziger und freundlicher Mann, dessen acht Hektar Rebfläche in guten Lagen – in Les Chaillots, Les Arlettes und Pied la Vigne – zu den bedeutendsten Weinbergen in Cornas gehören. Zwei weitere Hektar kamen kürzlich dazu. Darüber hinaus bewirtschaftet er zwei Hektar mit weißen Trauben in Saint-Péray sowie etwas mehr als 1,2 Hektar in den Côtes du Rhône, die zu 100 % mit Syrah bestockt sind. Seine Kellerei ist eine der modernsten vor Ort, ausgestattet unter anderem mit temperaturgeregelten Edelstahltanks und Filteranlagen. Als einer der Hauptkunden Jean-Luc Colombos befürwortet Lionnier das vollständige Entrappen und lässt seinen Wein in zu 20 % neuer Eiche reifen. Bei der Abfüllung werden die Erzeugnisse geschönt und gefiltert. Gut, aber zu «holzig», lassen sie die Intensität und Fülle der besten Cornas-Weine vermissen. Trotz Entrappen zeigen sie sich ausgeprägt kräuterwürzig, was ihren Charme schmälert. Die Cuvée Rochepertuis, benannt nach einem schroffen Felsenvorsprung in einem seiner Weinberge, ist ein Spitzenwein, den ich allerdings selten überdurchschnittlich bewertete. Wahrscheinlich führen zu hohe Erträge und eine übertriebene Kellertechnik zu einem Mangel an Gehalt.

Jahrgänge

1995 • 84 Cornas Cuvée Rochepertuis: Lionnets Spitzencuvée wird in kleinen, zu einem Großteil neuen Fässern ausgebaut. Der dunkle, rubinrote 95er präsentiert sich mit stark holzwürzigem Bukett und harten, tannin- und säurebetonten, spröden Geschmacksnoten. Vermutlich wird er sich nie öffnen und erblühen, doch ist er sauber bereitet und gewinnt vielleicht nach der Abfüllung. Letzte Verkostung: 6/96.

1994 • ? Cornas Cuvée Rochepertuis: Der 94er riecht nach altem, muffig-feuchtem Papier, was ein Urteil unmöglich macht. Vielleicht lag es am Korken, auch wenn sich hier nicht der bekannte schale Korkgeschmack zeigte. Letzte Verkostung: 6/96.

1993 • 86 Cornas Cuvée Rochepertuis: Für den Jahrgang geriet dieser dunkle, rubinrote Rochepertuis erstaunlich gut. Sein süßes, nach Vanille und Johannisbeeren duftendes Bukett verbindet sich mit einem vollen, reichen Geschmack, mittlerem Körper und einem ordentlichen Abgang. In den nächsten 6 bis 7 Jahren austrinken. Letzte Verkostung: 6/96.

1992 • 65 Cornas Cuvée Rochepertuis: Der 92er bereitet mir Schwierigkeiten. Er offenbart ein schales, pilziges Bukett (Fäulnis?), einen leichten Körper und einen verwässerten, kurzen Abgang. Letzte Verkostung: 9/95.

1991 • 79 Cornas Cuvée Rochepertuis: Ein kompakter 91er mit einem aggressiv kräuterwürzigen, animalisch duftenden Bukett und anständigen, schnittigen Geschmacksnoten. Sollte im nächsten Jahrzehnt getrunken werden. Letzte Verkostung: 9/95.

1990 • 85 Cornas Cuvée Rochepertuis: In diesem Jahr zeigt sich der Rochepertuis farblich besser und ohne die Kräuterwürzigkeit, die am 91er so stört. Er besitzt einen würzigen, erdigen Charakter von schwarzer Beerenfrucht, ansprechende Toastwürzigkeit, einen guten, festen, einfachen Geschmack und einen mittleren bis vollen Körper. In den nächsten 10 Jahren sollte er getrunken werden. Letzte Verkostung: 9/94.

ROBERT MICHEL ***/****

Adresse:

Grande Rue, 07130 Cornas, Tel.: 4 75 40 38 70, Fax: 4 75 40 58 57

Produzierte Weine:

Cornas Cuvée des Coteaux, Cornas Le Geynale, Cornas Le Pied du Coteau

Rebfläche:

Cuvée des Coteaux – 4 ha; Le Geynale – 1,5 ha; Le Pied du Coteau – 0,5 ha

Produktionsmenge:

Cuvée des Coteaux – 22 500 Flaschen; Le Geynale – 5 600 Flaschen

Le Pied du Coteau – 4 200 Flaschen

Ausbau:

6 Monate in Edelstahltanks und 12 Monate in alten Fässern (alle 3 Cuvées)

Durchschnittsalter der Reben:

Cuvée des Coteaux – 45 Jahre; Le Geynale – 80 Jahre

Le Pied du Coteau – 30 Jahre

Robert Michel – groß, Anfang fünfzig, mit rotem Haar und Geheimratsecken – stammt aus einer Winzerfamilie, die seit neun Generationen in Cornas Wein bereitet. Seine selbst im Sommer ungewöhnlich feuchten und kalten Keller befinden sich in der Dorfmitte. Sechs Hektar Rebfläche, davon 5,5 Hektar in terrassierter Steillage, gehören zum Gut. Die Weinstöcke sind durchschnittlich beeindruckende 40, auf der kleinen Parzelle Le Geynale sogar fast 80 Jahre alt. Michel lehnt es beharrlich ab, seinen schwarzen, robusten Cornas zu filtern, glaubt aber an eine gewisse Schönung, um das herbe Tannin zu besänftigen. Der Ausbau erfolgt über 18 Monate in alten Fässern und nie in Barriques. Vielleicht ist diese Kellertechnik zu traditionell, denn seine Weine gehören zu den muskulösesten, ungebärdigsten und intensivsten der Region. Tatsächlich zeigen sie sich in den ersten Jahren unzugänglich und unerträglich tanninbetont, und daran ändert sich im Alter weniger, als ich erhofft hatte. Drei Cuvées werden hier erzeugt: der Einzellagenwein Le Geynale (gepflanzt 1910), eine Cuvée des Coteaux und die Standardcuvée Le Pied du Coteau.

JAHRGÄNGE

1995 • 77 Cornas Cuvée des Coteaux: Beide Weine des 95er Jahrgangs sind beängstigend tannin- und säurebetont, mager und unmöglich zu verkosten. Ich kann mir nicht vorstellen, dass die Frucht oder das Glyzerin ausreichen, um diese Mengen an Tannin und Säure auszugleichen. Der pH-Wert dieser ausgezeichnet rubin- bis purpurroten Cuvée des Coteaux liegt niedrig. Letzte Verkostung: 6/96.

1995 • 80 Cornas Le Geynale: Ähnlich der 95er Cuvée des Coteaux bleibt auch dieser Wein vermutlich immer hart und spröde. Letzte Verkostung: 6/96.

1994 • 87 Cornas Cuvée des Coteaux: Ein völlig anderes Erzeugnis mit süßerer Frucht und einem tiefen Rubin- bis Purpurrot. Säureärmer und deshalb zugänglicher und geschmeidiger strukturiert, präsentiert sich der 94er reif, rund und großzügig. Ein klassischer Cornas mit dem

Charakter von Cassis, Lakritze, Erde und Gewürzen. Man spürt das Tannin, doch kann dieser Wein jetzt und weitere zehn Jahre getrunken werden. Letzte Verkostung: 6/96.

1994 • 88+ Cornas Le Geynale: Der rustikale Le Geynale zeigt sich 1994 mit süßerer Frucht, größerer Reife, stärkerem Tannin und mittlerem bis vollem Körper. Der undurchdringlich purpurrote, ausgezeichnete Wein wird sich in den nächsten zehn Jahren weiter entwickeln und vielleicht eine höhere Bewertung verdienen. Voraussichtliche Lebensdauer: 15 Jahre. Letzte Verkostung: 6/96.

1993 • 85 Cornas: Ich habe Michels Spitzencuvée, die von der Hanglage Le Geynale stammt, nicht verkostet (angenommen, sie wird überhaupt produziert). Der 93er Cornas ist aber ein weicher Wein von mittlerer Farbe, wenig Säure sowie ohne Tannin und Festigkeit. Von angemessener Reife und mäßigem Alkoholgehalt sollte er in den nächsten 5 bis 7 Jahren getrunken werden. Letzte Verkostung: 6/96.

1992 • 75 Cornas: Der dünne, kompakte 92er offenbart ein aufdringliches, erdiges, offenkundig kräuterwürziges Aroma, doch fehlt ihm die Reife. Beim Schwenken entströmt dem Glas ein Hauch von pilziger Fäule. Letzte Verkostung: 12/94.

1985 • 87 Cornas Le Geynale: Von tiefem Rubin- bis Purpurrot präsentiert sich dieser körperreiche Wein sehr dicht, erdig und pfeffrig. Er besitzt weiterhin erhebliches Tannin. Letzte Verkostung: 12/94.

1985 • 82 Cornas: Dunkel rubin- bis purpurrot mit etwas Bernsteintönung, hart und verschlossen: Das sind die Charakteristika dieses fest gefügten, aggressiven 85ers, der trotz seines ordentlichen Fruchtgehalts vermutlich nie die Balance finden wird. Voraussichtliche Genussreife: jetzt? Letzte Verkostung: 12/94.

1979 • 86 Cornas: Der überaus erfolgreiche 79er von dichtem Granatrot bleibt ein robuster, körperreicher Cornas mit ausreichend Frucht und Fleisch, um den riesigen Tanningehalt ausgleichen zu können. Geschmacklich gehaltvoll zeigt er sehr gute Länge. Ein zumindest auch in den kommenden 10 Jahren vollmundiger Tropfen, dessen Tannin sich nie ganz verflüchtigen wird. Genussreife: jetzt. Letzte Verkostung: 12/95.

ÄLTERE JAHRGÄNGE

Die beiden älteren Jahrgänge, die ich bei Michel verkosten durfte, waren sehr beeindruckend. Der üppige, vollmundige, ganz ausgereifte 71er erinnert an einen rauchigen, gehaltvollen, vielschichtigen Hermitage. Als ich ihn 1985 verkostete, war er beladen mit Frucht. Der 69er, den ich mit Michel 1986 degustierte, war trocken und schroff im Abgang, enthüllte aber ein erstaunlich facettenreiches Bukett von exotischen Gewürzen und wilden Beeren sowie ungewöhnlich viel Körper.

CAVE COOPÉRATIVE DE TAIN L'HERMITAGE ***

Adresse:
Route Larnage, B.P. 3, 26600 Tain l'Hermitage, Tel.: 4 75 08 20 87

Produzierte Weine:
Cornas Les Nobles Rives, Cornas Les Vignerons Réunis

Produktionsmenge:
Les Nobles Rives – 45 000 Flaschen
Les Vignerons Réunis – 30 000 Flaschen

Ausbau:
Les Nobles Rives – 24 bis 36 Monate, 70 % des Ertrags für 12 Monate
in 1 Jahr alten Fässern und der Rest in Edelstahltanks
Les Vignerons Réunis – 24 bis 36 Monate, 50 % des Ertrags in 1 bis 2 Jahre alten Fässern

Durchschnittsalter der Reben:
Les Nobles Rives – 35 Jahre; Les Vignerons Réunis – 20 bis 25 Jahre

Die Winzergenossenschaft von Tain l'Hermitage erzeugt 15 % der Gesamtproduktion von Cornas. Zwölf ihrer Mitglieder besitzen zusammen 15 Hektar und produzieren zwei Cuvées, von denen nur Les Nobles Rives unter dem Namen der Genossenschaft verkauft wird. Les Vignerons Réunis soll dagegen von minderer Qualität sein. Im Wesentlichen unterscheiden sich die beiden Weine durch das Alter der Rebstöcke. Nach getrennter Lese und Kelterung entscheidet man erst nach der Gärung, ob eventuell unbefriedigende Mengen von Les Nobles Rives dem Vignerons Réunis beigemischt werden.

Weinliebhaber rümpfen schon einmal die Nase über Produkte von Winzergenossenschaften, doch sind bei der *Cave Coopérative de Tain l'Hermitage* deutliche Fortschritte feststellbar. Sie gehört zweifelsohne zu den besser geführten «coops» in Südfrankreich.

L. DE VALLOUIT **

Adresse:
24, rue Désiré, 26240 Saint-Vallier, Tel.: 4 75 23 10 11, Fax: 4 75 23 05 58

Produzierte Weine: Cornas

Rebfläche: 0,7 ha

Produktionsmenge: 4 500 Flaschen

Ausbau: 18 Monate in 10 % Barriques

Durchschnittsalter der Reben: 35 Jahre

Generell ist der Cornas von de Vallouit rustikal und tanninbetont, ohne die süße Frucht, Vollendung oder Komplexität, die seine Spitzencuvées aus den Lagen Côte Rôtie, Hermitage und Saint-Joseph auszeichnen. Die Jahrgänge, die ich verkostet habe, zeigten exzessives Tannin.

NOËL VERSET *****

Adresse:

Impasse de la Couleyre, 07130 Cornas, Tel.: 4 75 40 36 66

Produzierte Weine: Cornas

Rebfläche: 1,9 ha

Produktionsmenge: 10 500 Flaschen

Ausbau: 18 Monate in alten Fässern

Durchschnittsalter der Reben: 80 Jahre

Der glatzköpfige, über 80-jährige Noël Verset hat sich im Grunde vom Weinanbau verabschiedet. Als er noch stolze zweieinhalb Hektar terrassierter Steilhänge besaß, hatten seine
Weine bereits Seltenheitswert. Seitdem er einen halben Hektar mit sehr altem Rebbestand in
Les Reynards an Thierry Allemand verkauft hat, produziert er noch weniger Cornas. Verset
gehören noch einige alte, knorrige Weinstöcke in prächtigsten Lagen, so etwa eine Parzelle
mit 80-jährigem Bestand in Les Chaillots und eine andere mit 100-jährigen Rebstöcken in Les
Sabarottes. Eine weitere, kleine Anbaufläche liegt am Fuße des Hangs in Champelrose.

Sein Rezept für die Bereitung erstklassiger Weine besteht in Kleinsterträgen, später Lese
physiologisch vollreifer Trauben und dem Verzicht auf technische Eingriffe bei der Weinbereitung. Seine Erträge pro Rebstock gehörten stets zu den kleinsten im Dorf , was die außergewöhnliche Fruchtkonzentration in seinen Spitzenjahrgängen erklären mag. In seinem Keller fühlt man sich ins 17. Jahrhundert zurückversetzt: überall stehen alte Fässer und große
foudres aus Eiche, in denen er seinen Wein 18 Monate lang ausbaut. Er nimmt eine Schönung
mit Eiweiß vor, die Abfüllung geschieht ungefiltert. Mit Stolz erzählt er, dass er fast seine ganze
Produktion – mit 600 Kisten minimal – in Amerika, Australien, Großbritannien, Holland, Japan und der Schweiz absetzt. In großen Jahren bietet selbst sein junger Wein Genuss, er kann
aber auch problemlos 15 Jahre und länger altern.

Neben August Clape brachte Verset bis Ende der achtziger Jahre die besten Erzeugnisse
in Cornas hervor. Das stimmt so nicht mehr. Liegt das vielleicht an seinem Alter, einigen
schwierigen Jahrgängen und an dem Auftreten jüngerer, tatkräftigerer Winzer? Seinen Enthusiasmus und seine Lebendigkeit hat er sich jedenfalls bewahrt. Ein langes Leben scheint bei
den Versets übrigens zur Tradition zu gehören, hielt sich doch Vater Emanuel, der 100-jährig
starb, noch mit 95 im Weinberg auf.

JAHRGÄNGE

1995 • 87 Cornas: Den 95er charakterisieren ein sattes Rubin- bis Purpurrot, ein wunderbar
süßes Bukett von schwarzen Früchten, eine feine Tiefe und Reife, ein hoher Säuregehalt und
ein schlanker, würziger Abgang. Ein sehr guter Wein! Letzte Verkostung: 6/96.
1994 • 85 Cornas: Auch dieser Cornas ist tief rubin- bis purpurrot gefärbt. Neben den feinen
Extraktstoffen und den süßen, würzigen, Cassis-ähnlichen Geschmacksnoten überraschen

aber sein kurzer Abgang und sein Mangel an ernsthafter Tiefe. Der 94er dürfte sich weitere 5 bis 6 Jahre gut trinken lassen. Letzte Verkostung: 6/96.

1993 • 82 Cornas: Verset besitzt einige der ältesten und besten Lagen von Cornas. Die Tatsache, dass auch seine Weine leichter und weniger konzentriert ausfielen als üblich, weist darauf hin, wie kläglich die Arbeitsbedingungen für die Erzeuger 1994 und 1993 waren. So enthüllt zwar dieser Wein von mittlerem Rubinrot einen zarten Duft von schwarzen Früchten, Mineralien und Kräutern, doch gibt sich sein Mittelstück hohl, sein Körper leicht und sein würziger Abgang straff. Vermutlich wird er in den alten *foudres* nicht mehr an Gehalt gewinnen. Letzte Verkostung: 6/95.

1992 • 83 Cornas: Der 92er bietet ein ausgesprochen vegetabiles Bukett, reife Cassisfrucht und hartes, fest gefügtes Tannin im Abgang. Im Vergleich zum 93er erscheint er konzentrierter und vollendeter, doch wirkt sein Tannin angesichts der bescheidenen Geschmacksdimensionen beängstigend. Letzte Verkostung: 6/95.

1991 • 92 Cornas: Der 91er – aus einem für die nördlichen Rhônegebiete wie Côte Rôtie, Condrieu und Cornas unterbewerteten Jahrgang – besitzt ein dichtes, undurchdringliches schwarzes Purpur und ein üppig-süßes Bukett von Cassis, Trüffeln und Lakritze. Von außergewöhnlicher Opulenz und Konzentration, wenig Säure und reichem Körper bietet dieser Tropfen idealen Trinkgenuss für die nächsten 10 bis 12 Jahre. Letzte Verkostung: 11/95.

1990 • 93 Cornas: Nachdem ich den 90er Cornas verkostet hatte, notierte ich: «Die Quintessenz von Syrah und Cornas – fast ein Portwein». Er ist bemerkenswert voll, dick und undurchdringlich, dazu phantastisch intensiv. Die Erträge von unter 30 Hektolitern pro Hektar lassen ihn unglaublich konzentriert werden. Zweifelsohne ein geradezu spektakulärer Tropfen, der später sogar eine noch höhere Platzierung erreichen könnte – vielleicht die Höchstnote, die je einem Cornas nach der Abfüllung verliehen wurde. Monumental! Voraussichtliche Genussreife: jetzt bis 2009. Letzte Verkostung: 11/95.

1989 • 88 Cornas: Gemessen an Versets Maßstäben ist der 89er nur ein sterblicher Wein wie andere auch. Von dunklem Purpur bis Schwarz verbreitet er süße, reife, kräuterwürzige Düfte von Cassis und zeigt Fülle. Für den Jahrgang schmeckt er erstaunlich gut, rund und konzentriert. Er reift schnell und sollte in den nächsten 7 bis 8 Jahren getrunken werden. Letzte Verkostung: 6/95.

1988 • 89 Cornas: Wer das Glück hat, noch einen 88er von Verset zu finden, wird ihn für strukturierter, tanninbetonter und muskulöser halten als den vollmundigen alkoholreichen 89er. Er sollte noch zwei weitere Jahre im Keller ruhen. Wie die meisten Weine Versets präsentiert sich auch dieser mit einem großen, prallen Bukett von Brombeeren, verwoben mit asiatischen Gewürzen, Lakritze, Veilchen und Mineralien. Ein ausgezeichneter, fast herausragender Cornas, der sich noch verbessern wird. Voraussichtliche Genussreife: jetzt bis 2003. Letzte Verkostung: 6/95.

1987 • 85 Cornas: Normalerweise interessieren sich Restaurants nicht für Cornas-Erzeugnisse. Dieser 87er empfiehlt sich aber nachdrücklich als idealer Wein für innovativ ausgerichtete Häuser: Er zeigt geringe Säure, runde, schmackhafte verschwenderische Geschmacksnoten und eine geschmeidige Struktur. Sein Reifepotenzial erstreckt sich noch über mindestens 5 bis 7 Jahre. Letzte Verkostung: 6/94.

1985 • 91 Cornas: Eine von Versets größten Leistungen mit einem Aroma von Rauch, Veilchen, praller Brombeerfrucht, Lakritze und asiatischen Gewürzen. Hervorragend konzentriert bieten seine zahlreichen Geschmacksnoten nicht enden wollenden Genuss. Die Struktur dieses körperreichen Tropfens ist üppig und sein Mittelstück süß, aufgeschlossen und vielschichtig. Die außerordentlich üppige, reife Frucht verhüllt fast seinen erstaunlichen Gehalt an reifem Tannin. Voraussichtliche Genussreife: jetzt bis 2006. Letzte Verkostung: 11/95.

1983 • 90 Cornas: Obwohl der Wein höheres Tannin besitzt als der 85er, zählt er zu den ausgewogeneren 83ern. Von dunkel rubin- bis purpurroter Farbe bietet er einen vollen Körper, Unmengen von Cassis-Frucht im Geschmack und einen extrem langen Abgang. Er bleibt ein jugendlicher, tanninbetonter und reichhaltiger Cornas. Voraussichtliche Genussreife: 1997 bis 2008. Letzte Verkostung: 11/95.

1982 • 88 Cornas: Der feinste Tropfen, den Cornas im Jahr 1982 hervorgebracht hat. Er zeigt sich in sehr tiefem Granatrot mit einem duftigen Bukett von Rauch, Kräutern, Trüffeln und Teer, verflochten mit Schichten von Schwarzer Johannisbeer- und überreifer Pflaumenfrucht. Der körperreiche, sanft strukturierte Rote gibt sich alkoholstark im Abgang. Jetzt genussreif. Letzte Verkostung: 11/95.

ALAIN VOGE ***/*****

Adresse:
Rue de l'Equerre, 07130 Cornas, Tel.: 4 75 40 32 04

Produzierte Weine:
Cornas, Cuvée Vieilles Vignes, Cornas Les Vieilles Fontaines, Cornas Cuvée Barriques

Rebfläche:
Cornas – 1,9 ha; Cuvée Vieilles Vignes – 5 ha
Les Vieilles Fontaines – Diese Spezialcuvée wird teils aus der Lese,
teils aus Fassproben zusammengestellt

Produktionsmenge:
Cornas – 6 000 Flaschen; Cuvée Vieilles Vignes – 30 800 Flaschen
Les Vieilles Fontaines – 3 500 Flaschen

Ausbau:
Cornas – 12 Monate in 2 bis 3 Jahre alten Fässern
Cuvée Vieilles Vignes – 24 Monate in 2 bis 3 Jahre alten Fässern
Les Vieilles Fontaines – 32 bis 36 Monate in 3 bis 5 Jahre alten Fässern

Durchschnittsalter der Reben:
Cornas – 10 bis 20 Jahre; Cuvée Vieilles Vignes – 70 bis 80 Jahre

Zu den größten Cornas-Weinen, die ich je getrunken habe, gehören die Jahrgänge 1978, 1979, 1989, 1990, 1991 und 1994 von Alain Voge. Tatsächlich erinnern seine Weine mit der ihnen eigenen gehaltvollen, rauchigen, schwarzen Frucht, die sich intensiv entfaltet, am ehesten an einen feinen Hermitage. Voge, ein früherer Rugby-Spieler, ist breit gebaut und zurückhaltend, geht es aber um seine Weine, dann blüht er auf. Auf seiner relativ großen *domaine* erzeugt er zwei Cuvées. In außergewöhnlichen Jahrgängen – wie 1985, 1988, 1990 und 1991 – bereitet er zudem einen besonderen Tropfen aus sehr alten Reben, die aus den zwanziger Jahren stammen: Les Vieilles Fontaines. Voges Weine, die häufig teilentrappt werden, durchlaufen ihre Fermentation in Edelstahltanks und ruhen anschließend in Holzfässern und *foudres*. Wie die meisten Erzeuger in Cornas, schönt er seine Erzeugnisse, filtert jedoch nur selten. Voge

besitzt einige erstklassige Lagen, darunter Parzellen in sieben der bekanntesten Anbaugebiete: Les Reynards, Les Mazards, Les Chaillots, La Côte, Patou, La Combe und Les Sabeaux.
Außerdem gehören ihm vier Hektar Anbaufläche in Saint-Péray, wo er Schaum- und Stillweine erzeugt. Wegen ihres intensiven, schwerfälligen und saftigen Charakters wirken seine
Erzeugnisse in jüngeren Jahren gefälliger als viele andere Cornas-Weine, sie halten sich aber
dennoch 10 bis 15 Jahre. In den frühen 80er Jahren schienen sich gewisse Änderungen im Stil
der Weine anzukündigen, doch beruhten diese vermutlich eher auf schlechten Jahrgängen als
auf einer geänderten Politik.

Jahrgänge

1995 • 88 Cornas Cuvée Vieilles Vignes: Voges 95er bietet rauchige Cassisfrucht in Hülle und
Fülle neben feiner Dichte und Reife, mittlerem Körper, gutem Säuregehalt und einem
sauberen Abgang mit Biss. Wenngleich es sich hier um eine der konzentrierteren Cuvées handelt, sollte sich der sehr säurehaltige Wein doch noch 12 bis 15 Jahre halten. Letzte Verkostung: 6/96.
1994 • 90 Cornas Cuvée Vieilles Vignes: Der dunkle rubin- bis purpurrote 94er zeigt ein weitaus ansprechenderes und schmeichelnderes Bukett als sein Nachfolger. Rauchige Düfte von
Cassis und gerösteten Nüssen mischen sich mit runden, großzügigen Geschmacksnoten, einem
mittleren Körper und einem guten Abgang. Er dürfte sich ein Jahrzehnt lang gut trinken lassen und gehört zweifellos zu den feinsten Tropfen, die die Appellation 1994 hervorgebracht
hat. Für die Liebhaber von Voges Erzeugnissen sei angemerkt, dass er inzwischen Kleinstmengen seiner 91er Spezialcuvée Vieilles Fontaines freigegeben hat. Der Wein ruhte knapp
drei Jahre in Fässern und wird lediglich in ausgewählten Jahrgängen wie 1990 und 1991 erzeugt. Letzte Verkostung: 6/96.
1993 • 87 Cornas Cuvée Vieilles Vignes: Dieser 93er besitzt eine schöne, tiefe Farbe und zählt
zu den dunkleren Weinen. Ausgestattet mit einem würzigen, reifen, pfeffrigen Bukett und dem
Duft von schwarzer Beerenfrucht gibt er sich im Geschmack rund und zeigt einen mittleren
Körper, bewundernswerte Konzentration, etwas Fett und Fülle und einen weichen Abgang. Er
sollte sich in den nächsten 7 bis 8 Jahren schön trinken lassen. Letzte Verkostung: 6/96.
1992 • 86 Cornas Cuvée Vieilles Vignes: Der 92er besitzt ein kräuterwürziges Bukett von
Vogelkirschen, süße, reife Frucht, einen mittelschweren Körper sowie einen geschmeidigen,
nicht ganz so langen Abgang. Ein erfolgreicher Tropfen für diesen Jahrgang, der sich weitere
5 bis 6 Jahre gut trinken lassen wird. Letzte Verkostung: 9/95.
1991 • 90 Cornas: Voge versteht es, einen wunderbaren Cornas hervorzubringen! Seine 91er
Standardcuvée – häufig bietet er auch Cuvées aus alten Rebbeständen, ausgebaut in Barriques
– präsentiert sich als reichhaltiger, erdiger Tropfen mit dem Duft Schwarzer Himbeeren. Der
Wein zeigt bewundernswerte Tiefe und Reife und einen langen, würzigen Abgang. Schlicht
und dennoch voller Charakter, reifer Frucht, feiner Reichhaltigkeit und von mittlerem Tannin
sollte er in den nächsten 7 bis 8 Jahren getrunken werden. Letzte Verkostung: 9/95.
1990 • 87 Cornas Cuvée Barriques: Dieser 90er ist für einen Cornas erstaunlich verfeinert und
weich. Die Barriques haben das Ungebärdige und die herben Tannine, die die Syrah-Trauben
an den Gluthängen um Cornas entwickeln können, besänftigt. Sein Aroma von rauchigen
schwarzen Früchten mischt sich mit den Düften von neuer Eiche und *pain grillé*. Er zeigt
einen üppigen, mittleren bis vollen Körper, ausgezeichnete Reife, eine geschmeidige, glatte

Struktur und einen Abgang von mittlerer Länge. Schön zu trinken in den nächsten 5 bis 7 Jahren. Letzte Verkostung: 11/94.

1990 • 94 Cornas Les Vieilles Fontaines: Eine Sensation! In undurchdringlichem Purpur offenbart dieser 94er ein sensationelles Aroma von prallen Blaubeeren, Brombeeren und Cassis, gepaart mit den Düften von gebratenem Fleisch und Lakritze. Ein massiver Wein großen Stils, von beachtenswerter Tiefe und Ausgewogenheit. Trotz seiner Jugend zählt er zu den größten Cornas-Tropfen, die ich je verkostet habe. Voraussichtliche Genussreife: 1999 bis 2015. Letzte Verkostung: 6/96.

1989 • 90 Cornas Cuvée Vieilles Vignes: Undurchdringlich dunkel rubin- bis granatrot duftet der Wein reich und süß nach gerösteten Nüssen, Kräutern und schwarzen Früchten. Seine aufgeschlossene, körperreiche, vollmundige Fülle verdankt er den alten Syrah-Reben. Mit Unmengen an weichen Tanninen und geringer Säure ausgestattet bietet er einen fetten, alkoholstarken und sehr konzentrierten Abgang. Der Wein dürfte problemlos weitere 10 bis 15 Jahre altern. Letzte Verkostung: 11/94.

1985 • 89 Cornas: Ein herrlich opulenter Tropfen von tiefer Farbe und vollem Körper, verwoben mit dem Duft asiatischer Gewürze und prall-saftiger Frucht. Auf dem Höhepunkt seiner Reife angelangt wird diese seidig-geschmeidige Rarität noch weitere 5 bis 6 Jahre kostbaren Genuss bereiten. Voraussichtliche Genussreife: jetzt bis 2002. Letzte Verkostung: 11/95.

1983 • 89 Cornas: Ein großes Bukett von Hickory, verflochten mit rauchigen Düften von Speck und reifen Pflaumen scheint dem Glas zu entströmen: Im Vergleich zu anderen Weinen des Jahrgangs zeigt sich dieser dunkle, granatrote Cornas unverhüllter und weiter entwickelt, mit Unmengen reifer Frucht, vollem Körper, ausgezeichneter Konzentration und einem Alterungspotenzial von weiteren zehn Jahren. Welch eine Ausgewogenheit in einem 83er! Voraussichtliche Genussreife: jetzt bis 2005. Letzte Verkostung: 11/95.

1982 • 77 Cornas: Der diffuse, uninteressante 82er zeigt sehr weiche, eindimensionale Geschmacksnoten. Er entspricht zwar den Maßstäben dieses Guts, erreicht aber nicht seine bekannte Qualität. Austrinken. Letzte Verkostung: 9/91.

1979 • 91 Cornas: Immer noch tief und undurchdringlich granat- bis purpurrot besitzt dieser 79er reiche, rauchige Nuancen von Speck und opulent-vollmundige, vielschichtige Geschmacksnoten im Mittelstück. Körperreich, samtig, intensiv und extrem lang ist dieser genussvolle, fast dekadent-reichhaltige Cornas hervorragend gealtert. Ein vollendeter Genuss! Letzte Verkostung: 11/95.

1978 • 92 Cornas: Seine beeindruckend dunkle, granatrote Farbe ohne Bernsteintönung wird von erdigen und rauchigen Düften, verflochten mit Gewürzaromen in ausgeprägt konzentrierten Noten begleitet. In seiner öligen Struktur und der vielschichtigen, toastwürzigen, prallen Frucht erinnert dieser 78er an einen Portwein. Ein großer Cornas mit einem weichen, anhaltenden Abgang. Voraussichtliche Genussreife: jetzt bis 2008. Letzte Verkostung: 11/95.

Andere Erzeuger von Cornas

Elie Bancel

Adresse: Route Nationale 86, 07130 Cornas, Tel.: 4 75 40 25 53
Produzierte Weine: Cornas
Rebfläche: 0,8 ha
Produktionsmenge: 4 500 Flaschen
Ausbau: 2 bis 3 Jahre in alten Fässern
Durchschnittsalter der Reben: 50 Jahre

Bernard Blachon

Adresse: Quartier Champelrose, 07130 Cornas, Tel.: 4 75 40 22 11
Produzierte Weine: Cornas
Rebfläche: 2 ha
Produktionsmenge: 12 000 Flaschen
Ausbau: 18 bis 36 Monate in alten Fässern
Durchschnittsalter der Reben: 50 Jahre

Jean-François Chaboud

Adresse: 21, rue de Vernoux, 07130 Saint-Péray, Tel.: 4 75 40 31 63
Produzierte Weine: Cornas
Rebfläche: 2 ha
Produktionsmenge: 12 000 Flaschen
Ausbau: 24 Monate in 2 bis 5 Jahre alten Fässern
Durchschnittsalter der Reben: 30 Jahre

Caves Cottevergne – L. Saugère

Adresse: Quartier le Bret, 07130 Saint-Péray, Tel.: 4 75 40 30 43, Fax: 4 75 40 55 06
Produzierte Weine: Cornas
Produktionsmenge: 4 500 Flaschen
Ausbau: 16 bis 18 Monate in 2 bis 4 Jahre alten Fässern

Charles Despesse

Adresse: 07130 Cornas, Tel.: 4 75 40 25 57
Produzierte Weine: Cornas
Rebfläche: 0,3 ha
Produktionsmenge: 1 500 Flaschen
Ausbau: 36 Monate in 2 bis 3 Jahre alten Fässern
Durchschnittsalter der Reben: Die Ältesten sind 80 Jahre alt

Noël Durand

Adresse: G.A.E.C. du Lautaret, 07130 Châteaubourg, Tel.: 4 75 40 46 78, Fax: 4 75 40 29 77
Produzierte Weine: Gigondas
Rebfläche: 2,5 ha
Produktionsmenge: 14 000 Flaschen, davon die Hälfte Erzeugerabfüllung
Ausbau: 12 Monate in 2 bis 6 Jahre alten Fässern
Durchschnittsalter der Reben: 10 bis 15 Jahre

André Fumat

Adresse: Rue des Bouviers, 07130 Cornas, Tel.: 4 75 40 42 84
Produzierte Weine: Cornas
Rebfläche: 1,5 ha
Produktionsmenge: 9 000 Flaschen
Ausbau: 18 bis 24 Monate in zu 50 % Barriques
Durchschnittsalter der Reben: 60 Jahre

Pierre Lionnet

Adresse: Le Village, Route Nationale 86, 07130 Cornas
Produzierte Weine: Cornas
Rebfläche: 2 ha
Produktionsmenge: 15 000 Flaschen
Ausbau: 18 bis 24 Monate in alten Eichenfässern
Durchschnittsalter der Reben: 45 bis 50 Jahre

Marc Maurice

Adresse: Grande Rue, 07130 Cornas, Tel.: 4 75 40 03 65
Produzierte Weine: Cornas
Rebfläche: 1 ha
Produktionsmenge: Nur 10 000 Flaschen, der Rest wird offen verkauft
Ausbau: 24 Monate in alten Fässern
Durchschnittsalter der Reben: 40 Jahre

Jean-Luc Michel

Adresse: 52, Grande Rue, 07130 Cornas, Tel.: 4 75 40 03 65
Produzierte Weine: Cornas
Rebfläche: 3 ha
Produktionsmenge: 19 500 Flaschen
Ausbau: 12 bis 15 Monate in 3 bis 4 Jahre alten Eichenfässern
Durchschnittsalter der Reben: 23 Jahre

CORNAS

G.A.E.C. Les Ravières

Adresse: Laurent et Dominique Courbis, 07130 Châteaubourg,
Tel.: 4 75 40 32 12, Fax: 4 75 40 25 39
Produzierte Weine: Cornas
Rebfläche: 2,5 ha
Produktionsmenge: 11 250 Flaschen
Ausbau: 12 Monate in alten Fässern
Durchschnittsalter der Reben: 40 Jahre, manche 80 Jahre

Domaine Saint-Jemms

Adresse: Les Châssis, Route Nationale 7, 26600 Mercurol, Tel.: 4 75 08 33 03, Fax: 4 75 08 69 80
Produzierte Weine: Cornas
Rebfläche: 3 ha
Produktionsmenge: 15 000 Flaschen
Ausbau: Mindestens 24 Monate in Eichenfässern
Durchschnittsalter der Reben: 40 Jahre

Louis Sozet

Adresse: Rue du Ruisseau, 07130 Cornas, Tel.: 4 75 40 51 13
Produzierte Weine: Cornas
Rebfläche: 1,6 ha
Produktionsmenge: 4 500 Flaschen
Ausbau: 12 Monate in Edelstahltanks und 12 bis 16 Monate in alten Eichenfässern
Durchschnittsalter der Reben: Die Ältesten sind 75 Jahre alt

Tardieu-Laurent

Adresse: 84160 Loumarin

Das *négociant*-Unternehmen wurde 1994 gegründet. Der Weinmakler Michel Tardieu kooperiert mit Dominique Laurent, einem Bäcker aus Burgund, um in erster Linie Most von Erzeugern mit niedrigen Erträgen und/oder altem Rebbestand anzukaufen. Zu diesem Zweck haben sie sich im Château Loumarin eingerichtet, das über einige der kältesten Keller der südlichen Rhône verfügt. In den ersten Jahren brachten sie beeindruckende Tropfen hervor, die vor allem aus dem südlichen Rhônegebiet stammten, doch bereitete man ebenfalls ausgezeichnete Cuvées aus Crozes-Hermitage, Cornas, Côte Rôtie und Hermitage. Sie werden alle in kleinen Eichenfässern ausgebaut, ein Großteil davon in Barriques, und ohne Schönung oder Filtration bei niedrigem Schwefelgehalt abgefüllt. Ausgehend von den beiden Jahrgängen, die ich im Juni 1996 verkostet habe, könnte sich hier eine anregende neue Quelle erstklassiger Rhôneweine aufgetan haben.

JEAN-MARIE TEYSSEIRE

Adresse: 07130 Cornas, Tel.: 4 75 40 52 01
Produzierte Weine: Cornas
Rebfläche: 2,7 ha
Produktionsmenge: 15 000 Flaschen
Ausbau: 18 Monate in 3 Jahre alten Fässern
Durchschnittsalter der Reben: 30 Jahre

JEAN-LOUIS THIERS

Adresse: Quartier Biguet, 07130 Toulaud, Tel.: 4 75 40 49 44
Produzierte Weine: Cornas
Rebfläche: 0,5 ha
Produktionsmenge: 3 000 Flaschen
Ausbau: 12 bis 15 Monate in 2 bis 3 Jahre alten Fässern
Durchschnittsalter der Reben: 60 Jahre

LOUIS VERSET

Adresse: Route Nationale 89, 07130 Cornas, Tel.: 4 75 40 41 23
Produzierte Weine: Cornas
Rebfläche: 1,5 ha
Produktionsmenge: 7 500 Flaschen
Ausbau: 12 bis 18 Monate in 2 bis 3 Jahre alten Fässern
Durchschnittsalter der Reben: 50 Jahre

VIDAL-FLEURY

Adresse: Route Nationale 86, 69420 Ampuis, Tel.: 4 74 56 10 18, Fax: 4 74 56 19 19
Produzierte Weine: Cornas
Rebfläche: Der Wein wird nur zur Lagerung in die Keller von Vidal-Fleury gebracht,
die Vinifikation findet bei den Erzeugern selbst statt, unter der Leitung von
Jean-Pierre Rochias und seinem Team
Produktionsmenge: 5 000 bis 10 000 Flaschen
Ausbau: Insgesamt 36 bis 48 Monate, davon 24 bis 36 Monate in großen
und kleinen Eichenfässern, wenig Verwendung neuer Eiche

Crozes-Hermitage

Billiger Hermitage oder teurer Côtes du Rhône?

DIE APPELLATION CROZES-HERMITAGE AUF EINEN BLICK

Appellation seit:	3. März 1937
Weinarten:	Rotwein und Weißwein
Rebsorten:	Marsanne und Roussanne für Weißwein; Syrah für Rotwein, der 90 % der Appellation ausmacht
Derzeitige Rebfläche:	1 032 ha
Qualitätsniveau:	Durchschnittlich bis gut, gelegentlich ausgezeichnet, einige Weine sind superb
Reifepotenzial:	Weiß: 1 bis 4 Jahre Rot: 3 bis 10 Jahre
Allgemeine Eigenschaften:	Die Rotweine weisen eine bemerkenswerte Vielfalt auf, die Weißen sind fleischig, stämmig, kompakt und eher durchschnittlich.
Größte neuere Jahrgänge:	1995, 1991, 1990, 1989, 1988, 1978
Aroma:	Einem Hermitage nicht unähnlich verfügt der Wein jedoch nicht über dessen Intensität und ist stärker mit Düften von provenzalischen Kräutern und Oliven ausgestattet. Die *terroirs* sind sehr unterschiedlich und die Syrah-Trauben gelangen hier nicht zu jener außergewöhnlichen Reife, die man von Hermitage kennt. Die Spitzenweine besitzen einen mittleren bis vollen Körper mit einem ansprechenden rauchigen Bukett von Pfeffer und Cassis, das an einen kleineren Hermitage erinnert.
Struktur:	Der tief rubin- bis purpurrote Wein besitzt im Allgemeinen einen mittleren bis vollen Körper und mäßiges Tannin. Die besten Tropfen zeigen zudem feine Tiefe. Mit Ausnahme der Jahrgänge 1978, 1989 und 1990 liegt das Alterungspotenzial bei 10 Jahren.
Die besten Weine der Appellation Crozes-Hermitage:	Albert Belle Cuvée Louis Belle • Chapoutier Les Varonnières • Laurent Combier Clos des Grives • Alain Graillot La Guiraude • Paul Jaboulet-Ainé Domaine de Thalabert • Domaine du Pavillon Vieilles Vignes (Stéphane Cornu)

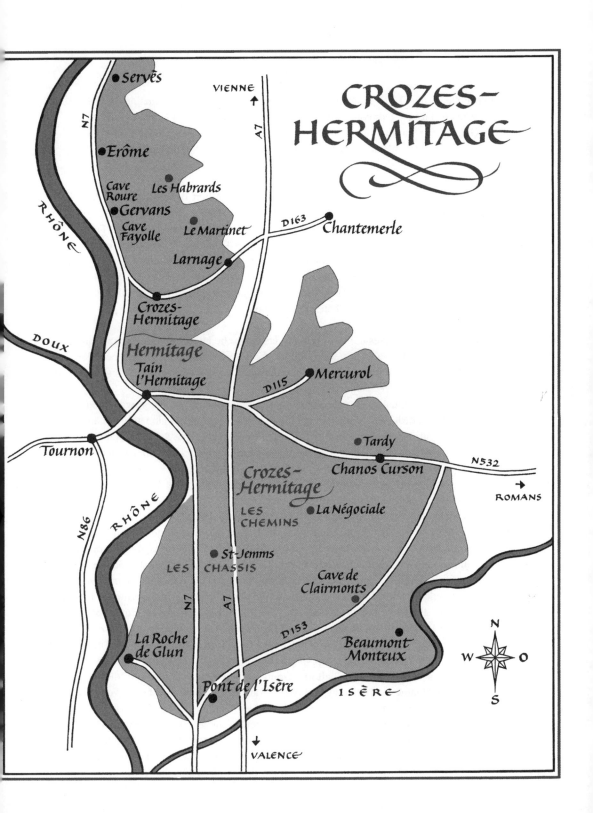

Bewertung der Crozes-Hermitage-Erzeuger

****

Albert Belle (Cuvée Louis Belle) • Chapoutier (Les Varonnières) • Domaine du Colombier (Cuvée Gaby) • Domaine Combier (Clos des Grives) • Alain Graillot (Cuvée La Guiraude) • Paul Jaboulet-Aîné (Domaine de Thalabert) • Domaine du Pavillon (G.A.E.C. Cornu) (Cuvée Vieilles Vignes) • Vidal-Fleury

***

Luc Arnavon (Domaine du Veau d'Or) • Albert Bégot • Albert Belle (Cuvée Les Pierrelles) • Chapoutier (Les Meysonniers) • Chapoutier (Petite Ruche) • Bernard Chave • Domaine Collonge • Dard et Ribo/Domaine Blanche Laine • Domaine des Entrefaux (Le Dessus des Entrefaux) • Domaine Fayolle (La Grande Séguine) • Domaine Fayolle (Les Voussères) • Michel Ferraton • Alain Graillot (Cuvée Classique) • Jean Marsanne • Domaines Pochon/Château de Courson • Domaine Jacques et Jean-Louis Pradelle (Les Hirondelles) • Raymond Roure (1996 erworben von Paul Jaboulet-Aîné) • L. de Vallouit (Château du Larnage ***/****)

Seit die Erzeuger aus Crozes in ihrem Namen das magische Hermitage als Zusatz führen dürfen, wird mit dem Anbaugebiet mehr verbunden, als gerechtfertigt ist. Denn trotz aller Hoffnungen, die die Bezeichnung wecken mag, unterscheiden sich die meisten Weine doch stark von jenen der berühmten Nachbarn.

Die schwächere Qualität ist umso bedauerlicher, als es sich um einen wichtigen Produzenten aus dem nördlichen Rhônegebiet handelt. Die gesamte Region umfasst insgesamt 4 860 Hektar, von denen aber nur 1 032 Hektar bestockt sind. Die Rebflächen am östlichen Rhôneufer überziehen den gewaltigen Hermitage-Granithügel, der sich über Tain l'Hermitage erhebt. Das ausgedehnte Anbaugebiet beginnt etwa zehn Kilometer nördlich von Tain in Serves-sur-Rhône, verbreitert sich allmählich und endet etwa zwölf Kilometer südlich von Tain l'Hermitage gerade unterhalb von Pont de l'Isère.

Die Appelation setzt sich aus fünf Gebieten zusammen. In und um das nördlich gelegene Dorf Gervans befinden sich die besten Lagen. Die Hänge sind nach Süden bis Südwesten ausgerichtet und bestehen in erster Linie aus Granit. Südöstlich von Gervans in Richtung Larnage und damit immer noch deutlich nördlich von Tain l'Hermitage enthält der Boden weniger Granit und mehr Lehm, was dem Wein mehr Intensität und Reife, aber auch einen niedrigeren Säuregehalt verleiht. Südlich von Larnage zwischen den Dörfern Crozes-Hermitage und Mercurol, die sich östlich von Tain l'Hermitage auf der Rückseite der riesigen Granitkuppel befinden, weist der Boden zudem Kalkgestein und Geröll auf. Nach Meinung der Winzer entsteht hier der feinste Weiße der Appellation. Südlich von Tain l'Hermitage hat sich das Anbaugebiet in den letzten zehn Jahren am stärksten vergrößert, denn das flache Land eignet sich zum Teil sogar für die maschinelle Bewirtschaftung. Dennoch befinden sich gerade in diesem Gebiet mit Jaboulets Domaine de Thalabert und Alain Graillots Domaine les Chênes Verts zwei der besten Weingüter, zu denen beispielsweise die beiden Gerölllagen Les Chassis und Les Sept Chemins gehören. Das Mikroklima dieser Rebflächen ist mit jenem in Hermitage identisch.

Aus Crozes-Hermitage stammen zweifelsohne einige superbe Tropfen, doch konnten bisher viel zu wenige dieser Erzeugnisse Aufmerksamkeit erregen. Die Winzer behaupten, ihre Produkte würden keine guten Preise erzielen, so dass kein finanzieller Anreiz zur Optimierung der Qualität gegeben sei. Der Einfluss Jaboulets und seit Mitte der achtziger Jahre Alain Graillots ermutigte dennoch eine neue Generation von Erzeugern, besondere Cuvées zu bereiten. Es sind reichhaltige, konzentrierte und beeindruckende Weine, die stark an Hermitages erinnern, aber für ein Drittel des Preises zu haben sind. Dank der Nachwuchswinzer Laurent Colombier, Michel Chapoutier und Stéphane Cornu von der Domaine du Pavillon und der ständig steigenden Qualität der Erzeugnisse von Albert Belle verbesserte sich der Ruf von Crozes-Hermitage deutlich.

Obwohl sich die Spitzencuvées aus den besten Lagen ein Jahrzehnt lang halten, müssen die meisten Syrah-Produkte aus Crozes-Hermitage innerhalb von fünf bis sechs Jahren getrunken werden. Zu den unerwarteten Aufsteigern zählt die große Zahl an wohlschmeckenden, eleganten Weißweinen, die in den letzten Jahren entstanden. Keiner von ihnen wird jemals die Tiefe eines großen weißen Hermitage oder die Verführungskraft und das Aroma eines Condrieu besitzen – sie zeichnen sich stattdessen immer mehr durch einen direkten, leicht verständlichen Stil, eine reiche Frucht und einen erschwinglichen Preis aus.

Neuere Jahrgänge

1995 Im Allgemeinen ein sehr guter bis ausgezeichneter Jahrgang. Alain Graillot behauptet, niemals derart reife Früchte mit einem so hohen Säuregehalt geerntet zu haben. Die vermutlich fest strukturierten Gewächse dürften in jungen Jahren weniger schmeicheln als die 94er, die besten Cuvées besitzen jedoch ein Reifepotenzial von 10 bis 15 Jahren; die Weißweine sollten dagegen in den nächsten Jahren getrunken werden. Ihr Säuregehalt liegt höher, doch fallen sie weniger konzentriert aus als die 94er. Der 95er ist auch der Debütjahrgang von Chapoutiers neuer Luxuscuvée Les Varonnières, einem Tropfen, der in die Geschichte eingehen wird.

1994 Auf einen außerordentlich heißen Sommer folgte ein kühl-nasser September, der die Aussicht auf einen großen Jahrgang zunichte machte. Die feinsten Weine haben einen sanften, runden, fruchtigen Charakter und werden die nächsten 5 bis 6 Jahre einen herrlichen Genuss bereiten. Die ausgezeichneten Weißen geben sich reichhaltiger, vollständiger und interessanter als die 95er, sollten aber in den nächsten 2 bis 3 Jahren getrunken werden.

1993 Ein verheerender Jahrgang, in dem fast nur hohle, dünne Weine erzeugt wurden.

1992 Das Jahr brachte sanfte, leicht verwässerte, kräuterwürzige, fruchtige Rotweine hervor. Sie haben ihre optimale Genussreife erreicht und sollten vor Ende des Jahrhunderts getrunken werden. Die Weißen beginnen bereits zu verblassen und auszutrocknen.

1991 Wie viele andere Appellationen der nördlichen Rhône hat auch Crozes-Hermitage 1991 sehr feine Gewächse hervorgebracht, die jedoch durchweg unterbewertet werden. Sie besitzen nicht die massive, umwerfende Kraft der 90er, sind aber den 92ern, 93ern und vielleicht sogar den 94ern deutlich überlegen. Ein beständiger Jahrgang, der mit eleganten, konzentrierten und ausgewogenen Weinen aufwartet, die sich weitere 3 bis 4 Jahre gut trinken lassen sollten. Den Weißweinen war ein geringerer Erfolg beschieden.

1990 Der größte neuere Jahrgang! Die Weine zeigen eine undurchdringliche Farbe, sind reichhaltig, kräftig und von verblüffender Geschmacksfülle – ähnlich dem großen Vorbild Hermitage. Die 90er entwickeln sich langsam, und einige Spitzenleistungen wie etwa Graillots La Guiraude oder Jaboulets Domaine de Thalabert befinden sich noch im Teenageralter. Ein sensationelles Jahr.

1989 Verglichen mit den 90ern sind die Erzeugnisse aus diesem ausgezeichneten, sogar hervorragenden Jahrgang etwas weniger kraftvoll und intensiv, dafür aber fester und klassischer strukturiert. Die feinsten Tropfen sind tief, gehaltvoll und lagerungsfähig. 1989 und 1990 stellen ein wunderbares Gespann dar, das in der Region Erzeugnisse von Spitzenqualität hervorbrachte. Die Weißweine zeigten bereits Anfang der 90er Jahre optimale Genussreife. Die besten roten Cuvées sollten sich bis Ende des Jahrhunderts gut trinken lassen.

ÄLTERE JAHRGÄNGE

Bis auf die Spitzen-88er, die sich noch gut trinken lassen wie Jaboulets Domaine de Thalabert und Graillots La Guiraude, sind die älteren Jahrgänge in erster Linie von akademischem Interesse. Ein erstklassiger Jahrgang war der 78er, in dem Jaboulet einen herausragenden Domaine de Thalabert hervorbrachte.

Anmerkung: In diesem Kapitel werden lediglich jene Weine bewertet, die ein Reifepotenzial von einem Jahrzehnt erkennen lassen. Deshalb finden sich hier weder Prüfnotizen zu weißen noch zu roten Crozes-Hermitages, die innerhalb der nächsten 3 bis 4 Jahre getrunken werden sollten.

LUC ARNAVON ***

Adresse:
Quartier de la Baume, 26600 Mercurol, Tel.: 4 75 07 43 41

Produzierte Weine:
Crozes-Hermitage (weiß), Crozes-Hermitage Cave Arnavon (rot),
Crozes-Hermitage Domaine du Veau d'Or (rot)

Rebfläche: Weiß: 1,3 ha; Rot: 4,5 ha

Produktionsmenge:
Weiß: 9 000 Flaschen
Rot: Cave Arnavon – 10 500 Flaschen; Domaine du Veau d'Or – 13 500 Flaschen

Ausbau:
Weiß: 6 Monate in Edelstahl
Rot: Cave Arnavon – 18 Monate in Eiche;
Domaine du Veau d'Or – 18 Monate in zwei Jahre alten Eichenfässern

Durchschnittsalter der Reben:
Weiß: 18 Jahre; Rot: 12 bis 25 Jahre

Verschnitt:
Weiß: 100 % Marsanne; Rot: 100 % Syrah

Arnavon zeigt als Winzer wenig Profil, doch scheint er bemüht, seinen Wein auf traditionelle Weise zu erzeugen. Seinen Erzeugnissen würde es allerdings gut tun, früher abgefüllt zu werden, da ihre Rustikalität vermutlich nicht den modernen Geschmack trifft.

Albert Bégot ***

Adresse: Le Village, 26600 Serves-sur-Rhône, Tel.: 4 75 03 30 27

Produzierte Weine: Crozes-Hermitage (rot und weiß)

Rebfläche: Weiß: 1 ha; Rot: 4 ha

Produktionsmenge: Weiß: 6 000 Flaschen; Rot: 22 500 Flaschen

Ausbau: Weiß: 18 Monate, 85 % in Edelstahl und 15 % in neuer Eiche
Rot: 2 Jahre zu je 50 % in Edelstahl und in Eiche (darunter 50 % in neuen Fässern)

Durchschnittsalter der Reben: Weiß: 45 Jahre; Rot: 45 Jahre

Verschnitt: Weiß: 100 % Marsanne; Rot: 100 % Syrah

Die Witwe von Albert Bégot, Marcelle, bereitet weiterhin einen traditionellen, körperreichen und leicht schroffen Crozes-Hermitage ohne Konzessionen an den modernen Geschmack. Der Wein wird beim Verkauf abgefüllt, hat zuvor jedoch mindestens zwei Jahre in Eichenfässern oder Edelstahltanks geruht – möglicherweise eine zu lange Zeit für diese weniger konzentrierten Gewächse. Die Trauben wachsen in den besten Lagen mit einem beeindruckenden Bestand an alten Reben, doch wird das Potenzial zur Zeit nicht vollends ausgeschöpft. Positiv zu bewerten ist, dass Marcelle Bégot heute wie vor 20 Jahren ihr Land organisch-biologisch bewirtschaftet.

ALBERT BELLE ***/****

Adresse:

Les Marsuriaux, 26600 Larnage, Tel.: 4 75 08 24 58

Produzierte Weine:

Crozes-Hermitage (weiß), Crozes-Hermitage Cuvée Les Pierrelles (rot),

Crozes-Hermitage Cuvée Louis Belle (rot)

Rebfläche:

Weiß: 1,5 ha

Rot: Cuvée Les Pierrelles – 10 ha; Cuvée Louis Belle – 6,5 ha

Produktionsmenge: Weiß: 7 500 Flaschen

Rot: Cuvée Les Pierrelles – 60 000 Flaschen; Cuvée Louis Belle – 30 000 Flaschen

Ausbau:

Weiß: Vor 1993 1 Jahr in Edelstahl, seit 1994 1 Jahr in 80 % Edelstahl und 20 % in neuer Eiche

Rot: Cuvée Les Pierrelles – 12 Monate in Eiche;

Cuvée Louis Belle – 12 Monate in 25 bis 35 % neuen Eichenfässern

Durchschnittsalter der Reben:

Weiß: 50 Jahre

Rot: Cuvée Les Pierrelles – 30 Jahre; Cuvée Louis Belle – 50 Jahre

Verschnitt:

Weiß: 85 % Marsanne, 15 % Rousanne; Rot: 100 % Syrah (beide Cuvées)

Die Domaine Albert Belle existiert erst seit kurzem. 1990 verließ Belle die Winzergenossenschaft von Tain l'Hermitage, um seine Erzeugnisse selbst abzufüllen. In Crozes-Hermitage verfügt er über eine beeindruckende Rebfläche von 19 Hektar. Zudem besitzt er eine winzige Parzelle von 1,5 Hektar in den beiden Hermitage-Lagen Les Murets und Les Diognières. Bei meinem Besuch in den frühen neunziger Jahren hatte er gerade den Bau seines modernen Weinkellers in Larnage beendet. Er rüstete ihn in einem Zug mit temperaturgeregelten Edelstahltanks, Klimaanlage sowie Räumen für die Fasslagerung und Abfüllung eines gesamten Jahrgangs aus.

Belles Gewächse sind von gleich bleibend guter Qualität und besitzen eine reichhaltige, konzentrierte Frucht, die Intensität alter Reben und ein feines Reifepotenzial. Die meisten Jahrgänge werden nicht entrappt. Belle zählt zu den Erzeugern der nördlichen Rhône, die in diesem Punkt kompromisslos sind. Rot- und Weißweine werden in temperaturgeregelten Edelstahltanks ausgebaut. Die Cuvée Louis Belle, benannt nach Alberts Vater, wird mittlerweile, ähnlich wie in Burgund, zum Teil in Eichenfässern vergoren. Seit 1990 entstehen selbst in schwierigen Jahren wie 1992 und 1993 Kreszenzen, die zu den feinsten der Appellation zählen. Die Rotweine werden grundsätzlich ungefiltert abgefüllt.

Albert Belle, der wie sein Vater nach Perfektion strebt, gilt als einer der hellsten Sterne am Himmel von Crozes-Hermitage; es dürfte lohnen, ihn im Auge zu behalten.

JAHRGÄNGE

1995 • 88 Crozes-Hermitage Cuvée Louis Belle (rot): Der verschlossene 95er ist ein großer, reichhaltiger und intensiver Wein. Gut ausgestattet zeigt er eine feine Reife und in erster Linie Aromen von Schwarzen Johannisbeeren und Mineralien. Im Abgang gibt er sich würzig, mittelschwer und tanninbetont. Er braucht noch 1 bis 2 Jahre Entfaltungszeit und wird sich weitere 10 Jahre halten. Letzte Verkostung: 6/96.

1995 • 88 Crozes-Hermitage Les Pierrelles (rot): Die 95er weisen nicht dasselbe Maß an Kräuterwürzigkeit wie die 94er auf. Neben einer süßeren Frucht und besserer Säure besitzen sie auch eine verschlossenere Persönlichkeit. Der 95er Les Pierrelles schmeichelt am ehesten und lässt sich am besten einschätzen. Bei einem dunklen Rubinrot mit Nuancen von Purpur zeigt er eine Fülle an reifer, praller Frucht von Vogelkirschen und Cassis, einen mittleren Körper, etwas Tannin, lebhafte Säure und einen reifen Abgang. Er sollte sich 7 bis 8 Jahre gut trinken lassen. Letzte Verkostung: 6/96.

1994 • 88 Crozes-Hermitage Cuvée Louis Belle (rot): Der 94er Louis Belle gibt sich süßer, gehaltvoller und satter in der Farbe als sein Nachfolger und wirkt insgesamt vollendeter und komplexer. Er bietet eine schöne Dichte bei mittlerem bis vollem Körper und köstlicher, ausladend-vollmundiger Reichhaltigkeit. In seine geballte Ladung Cassisfrucht mit einem Anflug von Oliven mischen sich Lakritze- und Toastdüfte. Ein köstlicher, gut entwickelter Crozes-Hermitage, der noch 7 bis 8 Jahre Genuss bereiten wird. Letzte Verkostung: 6/96.

1994 • 86 Crozes-Hermitage Les Pierrelles (rot): Zu dem Duft von grünem Pfeffer fügt sich ein weicher, runder erster Eindruck, eine samtige Struktur und eine anziehende Cassisfrucht, verwoben mit einem kräuterwürzigen Aroma im Hintergrund. Im Abgang zeigt dieser sanfte, sinnliche 94er etwas Tannin. Wer Syrah-Erzeugnisse mit einer vegetabilen Note mag, wird diesen Wein, der in den nächsten 5 bis 6 Jahren getrunken werden sollte, zu schätzen wissen. Letzte Verkostung: 6/96.

1992 • 89 Crozes-Hermitage Cuvée Louis Belle (rot): Der 92er Louis Belle wird zum Teil in neuer Eiche ausgebaut und wie Belles andere Rotweine ungefiltert abgefüllt. Zu seiner satten Farbe gesellt sich ein intensives, reifes Bukett, große Reichhaltigkeit und ein sensationell langer, üppiger Abgang. Bei mittlerem bis vollem Körper wird er noch weitere 10 Jahre Genuss bereiten. Einen überwältigenderen 92er Crozes-Hermitage kann man kaum finden. Letzte Verkostung: 6/95.

1992 • 86 Crozes-Hermitage Les Pierrelles (rot): Der rote Les Pierrelles besitzt ein intensivpfeffriges Bukett von Kräutern und Johannisbeeren, begleitet von geschmeidigen, reichhaltigen, vollmundigen Geschmacksnoten bei mittlerem Körper, üppiger Frucht und ausladendem Abgang. Voraussichtliche Genussreife: jetzt bis 1999. Letzte Verkostung: 6/95.

1990 • 87 Crozes-Hermitage Les Pierrelles (rot): Das süße, duftige, unentwickelte Bukett bietet schwarze Früchte, Kräuter und Gewürze in Hülle und Fülle. Am Gaumen zeigt sich der wunderbar rubinrote bis schwarze Wein reichhaltig, gut entwickelt, von ausladender, beeindruckender Tiefe und Länge. Seine tadellose Säure paart sich mit einem hohen, aber runden Tanningehalt und einem imponierenden Abgang. Dieses Prachtexemplar wird sich zwischen 1997 und 2003 wunderbar trinken lassen. Letzte Verkostung: 11/95.

1990 • 89 Crozes-Hermitage Louis Belle (rot): Die Farbe des 90er Louis Belle ist ein undurchdringliches Purpur. Beim Schwenken entfalten sich verlockende Aromen von Kräutern, Teer,

Rauch und schwarzen Früchten. Am Gaumen zeigt er die Essenz von Vogelkirschenfrucht, einen vollen Körper, einen dichten, reichhaltigen Charakter und einen eindrucksvoll langen, konzentrierten Abgang. Dieser superbe Tropfen sollte seine Syrah-Frucht noch 10 bis 15 Jahre halten. Voraussichtliche Genussreife: jetzt bis 2003. Letzte Verkostung: 11/95.

CAVE DES CLAIRMONTS **

Adresse:
Sylvaine et Michel Borja, 26600 Beaumont-Monteux,
Tel.: 4 75 84 61 91, Fax: 4 75 94 56 98

Produzierte Weine:
Crozes-Hermitage (rot)

Rebfläche: 94,5 ha

Produktionsmenge:
150 000 Flaschen (der Rest wird offen verkauft)

Ausbau: 18 Monate im Fass

Durchschnittsalter der Reben: 27 bis 28 Jahre

Verschnitt:
100 % Syrah (vor der Abfüllung wird geschönt und filtriert)

Das Gut ist ein Zusammenschluss von vier Familien, die die Verwaltung des Unternehmens Michel Borja übertragen haben. Auf einer Rebfläche von 94 Hektar, die sich über das gesamte Anbaugebiet verteilen, wird ausschließlich roter Crozes-Hermitage erzeugt. Den größten Teil des Ertrags verkauft man offen, zusätzlich werden Weine unter dem Etikett Caves des Clairmonts in Beaumont-Monteux abgefüllt. Im Stil eindeutig kommerziell werden fruchtig-reife, vollmundige Tropfen bereitet, die innerhalb von zwei bis drei Jahren, am besten gekühlt, getrunken werden sollten. Die Preise sind angemessen.

CROZES-HERMITAGE

CHAPOUTIER ***/****

Adresse:

18, avenue du Docteur Paul Durand, B.P. 38, 26600 Tain l'Hermitage,
Tel.: 4 75 08 28 65, Fax: 4 75 08 81 70

Produzierte Weine:

Crozes-Hermitage Les Meysonniers (rot und weiß),
Crozes-Hermitage Petite Ruche (rot und weiß), Crozes-Hermitage Les Varonnières (rot)

Rebfläche:

Weiß: Ausschließlich gekaufte Trauben
Rot: Les Meysonniers und Petite Ruche – 7 ha, 50 % aus gekauften Trauben; Les Varonnières – 2,4 ha

Produktionsmenge:

Weiß: Les Meysonniers – 900 Kisten; Petite Ruche – 1 300 Kisten
Rot: Les Meysonniers – 900 Kisten; Petite Ruche – 1 300 Kisten; Les Varonnières – 335 Kisten

Ausbau:

Weiß: Les Meysonniers – 8 Monate in Edelstahl, sehr wenig in Eiche;
Petite Ruche – 6 Monate in Edelstahl
Rot: Les Meysonniers – 10 bis 12 Monate, zu je 50 % in Edelstahl und Eiche,
darunter 10 % neue Fässer; Petite Ruche – 10 bis 12 Monate hauptsächlich in Edelstahl, wenig Eiche;
Les Varonnières – 12 Monate in 100 % neuen Eichenfässern

Durchschnittsalter der Reben:

Weiß: Gekaufte Trauben
Rot: Les Meysonniers – 40 bis 80 Jahre; Petite Ruche – 25 Jahre; Les Varonnières – 65 bis 70 Jahre

Verschnitt:

Weiß: 100 % Marsanne (beide Cuvées); Rot: 100 % Syrah (alle drei Cuvées)

Chapoutier erzeugt den Großteil seiner Crozes-Hermitage-Weine aus gekauften Trauben und
bietet zwei Weißweincuvées und drei Rote an. Die Produkte aus jüngeren Reben nennt er
Petite Ruche (rot und weiß), die Erträge der älteren Weinstöcke Les Meysonniers; seit 1994
produziert er auch die Luxuscuvée Les Varonnières. Sie stammt aus Le Chassis, einer Parzelle mit altem Rebbestand und niedrigen Erträgen, deren große runde Kieselsteine, die *cailloux
roulés*, an die Lagen in Châteauneuf-du-Pape erinnern. Mit dem 94er eroberte sich Chapoutier bereits einen festen Platz in dieser Appellation – Les Varonnières übertrifft selbst die Spitzencuvées von Alain Graillot und Paul Jaboulet. Dieser herausragende Tropfen, von dem nur
etwa 335 Kisten hergestellt werden, beweist, welches Maß an Qualität mit alten Reben, kleinen Erträgen und geringer Intervention nach einem Jahr in neuer Eiche und ohne Schönung
und Filtrierung erreicht werden kann.

Von den anderen Crozes-Hermitage-Erzeugnissen Chapoutiers fielen die roten und weißen Les Meysonnières immer etwas besser aus als die Petite-Ruche-Cuvées, mit denen er
offensichtlich sehr preisbewusste Käufer bedienen möchte.

Chapoutiers Weiße sollten innerhalb von ein bis zwei Jahren getrunken werden. Mit Ausnahme des Les Varonnières, der allem Anschein nach über eine Lebenserwartung von 15 bis
20 Jahren verfügt, sind seine Roten für eine Lagerung von drei bis fünf Jahren geeignet.

JAHRGÄNGE

1995 • 86 Crozes-Hermitage Les Meysonnières (rot): Dieser ausgezeichnete 95er zählt zu den besseren Erzeugnissen aus dem Hause Chapoutier. Er verführt mit seinen süßen Düften von Brombeere, Kräutern der Provence und Cassis, begleitet von einer lebhaften Säure, einem reifen Aroma von Beerenfrüchten, einem mittleren Körper und einem sanften Abgang. Letzte Verkostung: 6/96.

1995 • 86 Crozes-Hermitage Petite Ruche (rot): Zu leicht erkennbaren Düften von Lakritze und Cassis bietet der 95er einen mittleren Körper, feine Reife und hinreichend Konzentration, so dass er sich noch 4 bis 5 Jahre genießen lassen wird. Letzte Verkostung: 6/96.

1995 • 95 Crozes-Hermitage Les Varonnières (rot): Der 95er ist ein noch größerer Tropfen als der umwerfende 94er. Entstanden aus einem Ertrag von 10 Hektolitern pro Hektar bietet dieses großartige, reinsortige Syrah-Gewächs Reichhaltigkeit, unglaubliche Konzentration und einen vollen Körper. Der Wein zeigt sich so gehaltvoll und komplex, dass er bei einer Blindprobe leicht für Chapoutiers Ermitage Le Pavillon gehalten werden könnte. Ausgestattet mit schönem Tannin und mäßiger Säure kann er relativ jung getrunken werden, verfügt möglicherweise aber auch über eine erhebliche Langlebigkeit. Voraussichtliche Genussreife: 1998 bis 2018. Letzte Verkostung: 6/96.

1995 • 87 Crozes-Hermitage Les Meysonnières (weiß): Gewonnen aus 100 % Marsanne besitzt der 95er (Partie 7051) einen steinigen Charakter, ansprechenden Orangenblütenduft, gute Eleganz und einen lebhaften, trockenen, erfrischenden Abgang. In den nächsten 3 bis 4 Jahren zu geniessen. Letzte Verkostung: 6/96.

1994 • 93 Crozes-Hermitage Les Varonnières (rot): Eindeutig der feinste Crozes-Hermitage, den ich jemals verkostet habe, und den meisten Hermitage-Erzeugnissen ebenbürtig, wenn nicht sogar überlegen. Die Produktion beschränkt sich auf 4 000 Flaschen. Der Wein begeistert durch seine vielschichtige Cassisfrucht, verwoben mit dem Aroma von Lakritze, Rauch, Blumen und Gesteinsmehl. In seiner Fülle und Dichte zeigt sich, zu welchen Leistungen ein Crozes-Hermitage fähig ist. Letzte Verkostung: 6/96.

BERNARD CHAVE ***

Adresse: La Burge, 26600 Mercurol, Tel.: 4 75 07 42 11

Produzierte Weine: Crozes-Hermitage (rot und weiß)

Rebfläche: Weiß: 1,5 ha; Rot: 6 ha

Produktionsmenge: Weiß: 5 000 Flaschen; Rot: 30 000 Flaschen

Ausbau:
Weiß: 4 Monate, 5 % in neuer Eiche und 95 % in Edelstahl
Rot: 4 Monate, 20 % in neuer Eiche und 80 % in 2 Jahre alten Fässern

Durchschnittsalter der Reben: Weiß: 20 Jahre; Rot: 25 Jahre

Verschnitt: Weiß: 70 % Marsanne, 30 % Roussanne; Rot: 100 % Syrah

Aus dem Hause Bernard Chave stammen ein fruchtiger, sanfter roter Crozes-Hermitage sowie eine kleine Menge Weißwein. Der Großteil der Rebstöcke befindet sich in der Nähe von

Larnage auf schwerem Lehmboden mit Sand, darüber hinaus verfügt das Gut über einige kleine Parzellen im steinigen Les Chassis, aus denen auch drei der größten Gewächse des Anbaugebiets gewonnen werden: Jaboulets Domaine de Thalabert, Alain Graillots La Guiraude und Chapoutiers Les Varonnières. Das Lesegut wird bei Chave grundsätzlich nicht, auch nicht zum Teil, entrappt, was seinen Weinen gelegentlich eine zu vegetabile Note verleiht. Diese Inflexibilität mag den Niedergang manch eines kleinen Unternehmens im nördlichen Rhônegebiet begründen, auch wenn in Jahrgängen wie 1990 und 1989 kein Entrappen notwendig war, weil selbst die Stiele vollkommen reif waren. Meistens trifft das aber nicht zu, so dass der Verbraucher einen stieligen Geschmack mit einer Nuance von Oliven wahrnimmt, der selten gefällt.

Chave, der nicht mit Gérard Chave in Mauves am westlichen Rhôneufer verwandt ist, besitzt gute Lagen; niedrige Erträge und geringfügige Verbesserungen könnten die Qualität seiner Erzeugnisse deutlich steigern.

DOMAINE COLLONGE (GÉRARD COLLONGE) **

Adresse:
26600 Mercurol, Tel.: 4 75 07 44 32, Fax: 4 75 07 44 06

Produzierte Weine:
Crozes-Hermitage (rot und weiß)

Rebfläche: Weiß: 4 ha; Rot: 30 ha

Produktionsmenge:
Weiß: 27 000 Flaschen; Rot: 210 000 Flaschen

Ausbau:
Weiß: 3 Monate in mit Email beschichteten Zementtanks
Rot: 12 Monate in mit Email beschichteten Zementtanks

Durchschnittsalter der Reben:
Weiß: 20 Jahre und älter; Rot: 20 bis 30 Jahre

Verschnitt:
Weiß: 100 % Marsanne; Rot: 100 % Syrah

Das relativ große Gut befindet sich in Mercurol. Der Familie Collonge gehört eine Rebfläche von 34 Hektar, auf der sie circa 18 000 Kisten Rotwein und 2 000 Kisten Weißwein erzeugen. Nach dem Ausbau in Tanks werden die Produkte früh abgefüllt. Man schätzt hier vor allem die reine, frische und lebendige Frucht, so dass alle, die auf der Suche nach gehaltvollen, lagerungsfähigen und konzentrierten Gewächsen sind, diese Erzeugnisse sicherlich als zu einfach und anspruchslos empfinden werden.

DIE NÖRDLICHE RHONE

Domaine du Colombier (Florent et Gabriel Viale) ****

Adresse:
Les Chenêts, 26600 Mercurol, Tel.: 4 75 07 44 07, Fax: 4 75 07 43 47

Produzierte Weine:
Crozes-Hermitage (rot und weiß), Crozes-Hermitage Cuvée Gaby
(eine Spezialcuvée aus einer Auswahl der feinsten Rotweine)

Rebfläche:
Weiß: 1 ha; Rot: 8,5 ha

Produktionsmenge:
Weiß: 4 000 Flaschen; Rot: 20 000 Flaschen

Ausbau:
Weiß: 5 Monate, 20 % in Eiche und 80 % in Edelstahl
Rot: Standardcuvée – 12 Monate, 33 % in Eiche und 67 % in Edelstahl;
Cuvée Gaby – 12 Monate zu 100 % in Eiche (darunter wenig neue)

Durchschnittsalter der Reben:
Weiß: 80 bis 100 Jahre; Rot: 35 bis 40 Jahre

Verschnitt:
Weiß: 100 % Marsanne; Rot: 100 % Syrah

Während selbst die besten Erzeuger der nördlichen Rhône 1993 mit Schwierigkeiten zu kämpfen hatten, gelang Florent Viale ein sehr feiner Jahrgang – beide Rotweincuvées sind sehr gut. Die Cuvée Gaby bietet die nötige Konzentration und Tiefe, die einen Ausbau von zwölf Monaten in zu 100 % Barriques erlaubt. Die Standardcuvée lagert in Eiche und Edelstahl. Diese beeindruckenden Gewächse sollten innerhalb von drei bis vier Jahren getrunken werden. Hier handelt es sich um ein weiteres Gut, dem größere Aufmerksamkeit gebührt.

Jahrgänge

1994 • 87 Crozes-Hermitage Cuvée Gaby: Der 94er zeigt eine Fülle an rauchiger, gehaltvoller, reiner Cassisfrucht. Ein vorzüglich reifes, süßes und rundes Mittelstück mit einem Hauch von *pain grillé* aus neuen Eichenfässern wird von einem würzigen, geschmeidigen, gut ausgestatteten Abgang begleitet. Er lässt sich schon heute gut trinken und hat noch weitere 5 bis 7 Jahre vor sich.

Domaine Combier (Laurent Combier) ****

Adresse:

Clos des Grives, Route Nationale 7, 26600 Pont de l'Isère, Tel.: 4 75 84 61 56, Fax: 4 75 84 53 43

Produzierte Weine:

Crozes-Hermitage (rot und weiß), Crozes-Hermitage Cuvée Prestige Clos des Grives (rot)

Rebfläche:

Weiß: 1 ha; Rot: Standardcuvée – 10 ha; Clos des Grives – 2 ha

Produktionsmenge:

Weiß: 6 000 Flaschen

Rot: Standardcuvée – 63 000 Flaschen; Clos des Grives – 7 500 Flaschen

Ausbau:

Weiß: 7 Monate, 33 % in neuen Eichenfässern und 67 % in Edelstahl

Rot: Standardcuvée – 9 Monate, 80 % in Edelstahl und 20 % in 2 bis 3 Jahre alten Eichenfässern;

Clos des Grives – 12 Monate zu je 50 % in neuen Eichenfässern und 1 Jahr alten Fässern

Durchschnittsalter der Reben:

Weiß: 7 und 80 Jahre

Rot: Standardcuvée – 25 Jahre; Clos des Grives – 45 Jahre

Verschnitt:

Weiß: 100 % Marsanne; Rot: 100 % Syrah (beide Cuvées)

Dank Maurice und Laurent zählen die Erzeugnisse der Domaine Combier heute zur Elite von Crozes-Hermitage. Auf 13 Hektar, die sich bis auf einen Hektar in St-Joseph alle auf dieses Anbaugebiet erstrecken, bereiten sie seit einigen Jahren – mit steigender Tendenz – beeindruckende Weine, darunter die 95er, die Feinsten des Guts. Begeistertes Lob hört man aus den Reihen der französischen Weinkritiker und in zunehmendem Maße auch aus Amerika. Die neue Kellerei, die erst vor fünf Jahren gegründet wurde, liegt an der stark befahrenen Route Nationale zwischen Tain l'Hermitage und Pont de l'Isère. Für den Gärprozess werden temperaturgeregelte Edelstahltanks verwendet, die Spitzencuvées baut man in zahlreichen kleinen Eichenfässern aus.

Maurice Combier hat die Weinbereitung im Laufe der Zeit immer mehr in die Hände seines Sohnes Laurent gegeben. Dieser erzeugt mit den Erträgen ihrer imposant gelegenen Rebstöcke auf der Hochfläche von Les Chassis konzentrierte, reichhaltige, üppige, fruchtige, doch gleichzeitig intensive und reine Tropfen. Die Bewirtschaftung folgt ausschließlich nach organisch-biologischen Methoden.

Vier Weine werden erzeugt: Ein fruchtiger, geradliniger weißer Crozes-Hermitage, der sein Debüt 1993 feierte, eine geringe Menge roter Saint-Joseph sowie zwei rote Crozes-Hermitage-Cuvées. Die Standardcuvée wird in Edelstahl und Eiche ausgebaut und anschließend verschnitten. Der Spitzenwein, die Cuvée Prestige Clos des Grives, stammt von einer kleinen, zwei Hektar großen Parzelle mit 45-jährigen Rebstöcken. Sie ruht zwölf Monate in zu 50 % neuen Eichenfässern und wird danach unfiltriert abgefüllt.

Dieser aufgehende Stern von Crozes-Hermitage verdient erhöhte Aufmerksamkeit.

JAHRGÄNGE

1995 • 88 Crozes-Hermitage (rot): Der 95er zeigt ein undurchdringliches Purpur bis Schwarz, verwoben mit einem süßen Bukett von Schwarzen Johannisbeeren, Pflaumen, Lakritzen und Rauch. Seine reife Frucht, Struktur, gut integrierte Säure und sein Tannin verbinden sich zu einem beeindruckenden Gaumenerlebnis. Der Tropfen sollte weitere 10 Jahre gut altern. Letzte Verkostung: 6/96.

1995 • 90 Crozes-Hermitage Clos des Grives (rot): Der 95er Clos des Grives ähnelt der Standardcuvée, doch gibt er sich vollmundiger, länger und extraktstoffhaltiger bei süßerer, reiferer Frucht. Er wird weitere 10 Jahre Genuss bieten. Letzte Verkostung: 6/96.

1994 • 87 Crozes-Hermitage (rot): Der 94er zeigt ein tiefes Rubin- bis Purpurrot, begleitet von einem reifen Bukett von Oliven, Cassis und Vanille, geringer Säure und einem großzügigen, offen gewirkten, runden, schmackhaften Aroma. Er wird sich über 4 bis 7 Jahre hinweg gut trinken lassen. Letzte Verkostung: 6/96.

1994 • 88 Crozes-Hermitage Clos des Grives (rot): Der 94er Clos des Grives besitzt ähnliche Qualitäten wie sein Nachfolger, bietet jedoch mehr Nuancen von Vogelkirschen und rauchiger Eiche, eine süßere, reifere Frucht, mehr Glyzerin und Extraktstoffe sowie einen vielschichtigen Abgang. Das ausgewogene Preis-Leistungs-Verhältnis dieses Weinguts sollte endlich anerkannt werden. Dieser Rote dürfte ein Jahrzehnt lang Genuss bereiten. Letzte Verkostung: 6/96.

DARD ET RIBO/DOMAINE BLANCHE LAINE ***

Adresse:
Quartier Blanche Laine, 26600 Mercurol, Tel.: 4 75 07 40 00, Fax: 4 75 07 71 02

Produzierte Weine:
Crozes-Hermitage (weiß, je eine Cuvée aus alten und jungen Rebstöcken),
Crozes-Hermitage (rot), Crozes-Hermitage Cuvée de Printemps (rot)

Rebfläche: Weiß: Alte Rebstöcke – 0,1 ha, junge Rebstöcke – 0,8 ha; Rot: 3 ha

Produktionsmenge: Weiß: 3 800 Flaschen; Rot: 10 500 Flaschen

Ausbau: Weiß: 6 Monate in Fässern, keine neue Eiche
Rot: 12 Monate in Fässern, zumeist keine neue Eiche;
die Cuvée du Printemps wird bereits im Vorfrühling abgefüllt

Durchschnittsalter der Reben:
Weiß: Alte Rebstöcke – 30 bis 35 Jahre; junge Rebstöcke – 10 Jahre
Rot: 10 und 45 Jahre

Verschnitt:
Weiß: Alte Rebstöcke – 100 % Marsanne; junge Rebstöcke – 20 % Marsanne und 80 % Roussanne;
Rot: 100 % Syrah

René-Jean Dard und François Ribo haben sich zusammengeschlossen, um ihre 3,9 Hektar Weinberge, die zum größten Teil in Crozes-Hermitage liegen, gemeinsam zu bewirtschaften. Ihnen gehören auch zwei Hektar alter Rebbestände in Saint-Joseph, die fast ausschließlich an

CROZES-HERMITAGE

den Granithängen oberhalb von Tournon und Saint-Jean-de-Muzols liegen sowie 0,25 Hektar mit 105 Jahre alten Weinstöcken in Les Varognes, der westlichsten Hermitage-Lage.

Geringe Erträge, minimale Intervention – der Weißwein bleibt ungefiltert, der Rote wird weder geschönt noch filtriert – und ein hoher Anteil von Roussanne im weißen Crozes-Hermitage könnten einen Tropfen ergeben, der von einigen meiner Kollegen als «parkerisierter Wein» bezeichnet wird. Aus nicht näher bekannten Gründen erreichen die Erzeugnisse von Dard et Ribo aber nur gelegentlich Höchstnoten. Ihre Rotweine sind eher schroff und rustikal, die Weißen geschmackvoll, doch mangelt es ihnen an Dynamik und Spritzigkeit. Das Weingut bringt interessante und manchmal sehr gute Erzeugnisse hervor, leider mit schwankender Qualität.

DOMAINE DES ENTREFAUX (TARDY ET ANGE) ***

Adresse:
La Beaume, 26600 Chanos-Curson, Tel.: 4 75 07 33 38, Fax: 4 75 07 35 27

Produzierte Weine:
Crozes-Hermitage (rot und weiß), Crozes-Hermitage Le Dessus des Entrefaux (rot und weiß)

Rebfläche: Weiß: 6 ha;
Rot: Standardcuvée – 21 ha; Le Dessus des Entrefaux – 3 ha

Produktionsmenge:
Weiß: Standardcuvée – 37 500 Flaschen; Le Dessus des Entrefaux – 3 000 bis 4 000 Flaschen
Rot: Standardcuvée – 90 000 Flaschen; Le Dessus des Entrefaux – 15 000 Flaschen

Ausbau:
Weiß: Standardcuvée – 7 bis 8 Monate in Edelstahl;
Le Dessus des Entrefaux – 6 Monate in kleinen und großen Eichenfässern
Rot: Standardcuvée – 4 bis 5 Monate, zu je 50 % in kleinen und großen Fässern,
darunter 10 % neue; Le Dessus des Entrefaux – 12 Monate, zu je 50 % in großen
und kleinen Eichenfässern, darunter 30 % neue

Durchschnittsalter der Reben: Weiß: 15 bis 20 Jahre
Rot: Standardcuvée – 25 Jahre; Le Dessus des Entrefaux – 35 Jahre

Verschnitt: Weiß: Standardcuvée – 80 % Marsanne, 20 % Roussanne
Rot: 100 % Syrah (beide Cuvées)

Auch im Rhônetal lässt sich inzwischen häufiger beobachten, dass langjährige Mitglieder von Winzergenossenschaften es auf Dauer beruflich und finanziell vorziehen, ihre Produkte als Erzeugerabfüllung zu vermarkten. So gründeten auch Charles Tardy und sein Partner Bernard Ange 1980 ihr eigenes Unternehmen. Ihre relativ große Rebfläche von annähernd 30 Hektar ist auf diverse Weinberge um ihre Kellereien in Chanos-Curson verteilt. Eine weitere große Parzelle befindet sich an der Isère in Beaumont-Monteux.

Neben ihren einfachen Rot- und Weißweinen von angenehmer, durchschnittlicher Qualität erzeugen sie auch zwei anspruchsvollere Cuvées, die sie Le Dessus des Entrefaux nennen. Im Wesentlichen werden diese aus älteren Rebbeständen gewonnen und im Fass ausgebaut.

Der rote Crozes-Hermitage Le Dessus des Entrefaux fällt gehaltvoller als die Standardcuvée aus, doch im Vergleich zur majestätischen Fülle der großartigen Domaine de Thalabert Jaboulets oder Alain Graillots La Guiraude bleibt selbst der 90er ein Leichtgewicht.

Beim Weißen wird die malolaktische Gärung gestoppt und der Wein steril gefiltert. Obwohl Tardy und Ange versucht haben, ihm mehr Struktur zu verleihen, stellte er nur selten zufrieden. Trotzdem bedient gerade dieser eindimensionale, harmlose Wein die Nachfrage.

DOMAINE FAYOLLE ***

Adresse:

Quartier des Gamets, 26600 Gervans, Tel.: 4 75 03 33 74, Fax: 4 75 03 32 52

Produzierte Weine:

Crozes-Hermitage (rot und weiß), Crozes-Hermitage Les Blancs (weiß),
Crozes-Hermitage La Grande Séguine Prestige Cuvée (rot),
Crozes-Hermitage Les Pontaix (rot und weiß), Crozes-Hermitage Les Voussères (rot)

Rebfläche:

Weiß: Standardcuvée – 1 ha; Les Pontaix – 1 ha; Les Blancs – 1,3 ha
Rot: Standardcuvée – 2,5 ha; Les Pontaix – 3 ha; Les Voussères – 1 ha; La Grande Séguine – 1,1 ha

Produktionsmenge:

Weiß: Standardcuvée – 6 000 Flaschen; Les Pontaix – 4 500 Flaschen; Les Blancs – 6 000 Flaschen
Rot: Standardcuvée – 12 000 Flaschen; Les Pontaix – 18 000 Flaschen;
Les Voussères – 6 000 Flaschen; La Grande Séguine – 6 000 Flaschen

Ausbau:

Weiß: 12 Monate in Email- und Edelstahltanks (alle 3 Cuvées)
Rot: 15 Monate in 10 % neuen Eichenfässern (alle 4 Cuvées)

Durchschnittsalter der Reben:

Weiß: Standardcuvée – 10 Jahre; Les Pontaix – 50 Jahre; Les Blancs – 50 Jahre
Rot: Standardcuvée – 10 Jahre; Les Pontaix – 35 Jahre; Les Voussères – 50 Jahre;
La Grande Séguine – 20 Jahre

Verschnitt:

Weiß: Standardcuvée – 100 % Marsanne; Les Pontaix – 95 % Marsanne, 5 % Roussanne;
Les Blancs – 95 % Marsanne, 5 % Roussanne
Rot: 100 % Syrah (alle drei Cuvées)

Die Kellerei, die die Zwillinge Jean-Paul und Jean-Claude Fayolle leiten, zählte zu den ersten des Anbaugebiets, die in den frühen siebziger Jahren auf Erzeugerabfüllungen umstiegen. Das Gut ist mir seit 1982 bekannt und weist bedrückende Qualitätsunterschiede auf. Die Weine stammen von der knapp elf Hektar umfassenden Crozes-Hermitage-Fläche, die sich vor allem an den niedrigeren Hängen in und um Gervans erstreckt, sowie von einer kleinen Parzelle im Hermitage-Anbaugebiet Les Diognières.

In den achtziger Jahren beeinträchtigte häufig ein Böcksergeschmack die Erzeugnisse. Sie wurden nicht von einem Fass oder *foudre* in ein anderes abgestochen, so dass Hefebestandteile Geschmack und Aroma des Weins beeinflussten. Die neueren Jahrgänge geraten beständiger, doch liegt das Potenzial dieses Guts weit höher, als seine tatsächlichen Leistungen andeuten.

Es werden drei rote und drei weiße Cuvées erzeugt. Die Weißen sind eher ausdrucksschwach und neutral – typisch für weißen Crozes-Hermitage. Die Roten sind beständiger und von größerem Interesse. Die Standardcuvée Les Pontaix, die relativ lange – 15 Monate – im Fass ausgebaut wird, ist von durchschnittlicher Qualität: weder zu leicht noch übermäßig konzentriert. Zu den feinsten Fayolle-Gewächsen zählen Les Voussères und die Prestigecuvée La Grande Séguine, die in Partien von 300 Kisten erzeugt werden und sich konzentrierter und intensiver zeigen. Die Spitzenjahrgänge lassen sich etwa zehn Jahre lagern.

MICHEL FERRATON ***

Adresse:
13, rue de la Sizeranne, B.P. 91, 26600 Tain l'Hermitage, Tel.: 4 75 08 59 51, Fax: 4 75 08 81 59

Produzierte Weine: Crozes-Hermitage Cuvée La Matinière (rot)

Rebfläche: 5,5 ha

Produktionsmenge: 37 750 Flaschen

Ausbau: 10 bis 12 Monate, 70 % in alter Eiche und 30 % in Edelstahl

Durchschnittsalter der Reben: 30 Jahre

Verschnitt: 100 % Syrah

Michel Ferraton, der ausführlich im Kapitel zu Hermitage vorgestellt wird (siehe Seite 181), besitzt unweit von Jaboulets großer Domaine de Thalabert 5,5 Hektar Weinberge in Crozes-Hermitage, auf der steinigen Hochfläche von Les Chassis, südlich von Tain l'Hermitage in Richtung La-Roche-de-Glun. Die Erzeugnisse erweisen sich als gelegentlich rustikal, gleichzeitig aber auch würzig und reich im Geschmack. Da es Ferraton vorzieht, sein Lesegut nicht zu entrappen, besitzen schwierige Jahrgänge manchmal eine vegetabile Note. Die Qualität seiner Produktion ist ungleichmäßig, in Spitzenjahren gehören seine Weine allerdings zu den Besten des Anbaugebiets. Das Preis-Leistungs-Verhältnis dieses Guts überzeugt.

JAHRGÄNGE

1994 • 86 Crozes-Hermitage La Matinière: 1993 hat Ferraton seine gesamte Hermitage- und Crozes-Hermitage-Produktion deklassiert. Seine 94er Cuvées müssen noch ein Jahr auf die Freigabe warten. Der muskulöse La Matinière ist ein kompakter, rubinroter Tropfen mit würzig-süßen Aromen, einem mittleren Körper und mäßigem Tannin; er sollte sich weitere 7 bis 8 Jahre halten. Letzte Verkostung: 6/96.
1992 • 85 Crozes-Hermitage La Matinière: Der 92er La Matinière präsentiert sich mit einem ausgezeichneten Rubin- bis Purpurrot, Unmengen an süßer, würziger Frucht und einem geschmeidigen, leicht zu verstehenden Charakter. Genussreife: jetzt. Letzte Verkostung: 6/96.
1990 • 86 Crozes-Hermitage La Matinière: Diese tiefrote 90er Cuvée offenbart ein kraftvolles Syrah-Bukett von Wild, Gewürzen und Kräutern, bei einem vollen Körper, viel Extrakt sowie

schöner Reichhaltigkeit und Konzentration. Voraussichtliche Genussreife: jetzt bis 2000. Letzte Verkostung: 7/94.

1988 • 76 Crozes-Hermitage La Matinière: Der 88er zeigt zwar noch eine angemessene Konzentration, sein Säuregehalt liegt jedoch zu hoch und er beginnt zu verblassen. Genussreife: jetzt. Letzte Verkostung: 7/94.

1985 • 87 Crozes-Hermitage La Matinière: Von einem tiefen Granat- bis Rubinrot mit leichten Orangetönen offenbart dieser 85er ein kräuterwürziges, sehr intensives Bukett von Cassisfrucht und rauchigen Düften. Er hat Vollreife erreicht und gibt sich geschmeidig und üppig, bei einem vollen, schön entwickelten Körper. Genussreife: jetzt. Letzte Verkostung: 7/94.

ALAIN GRAILLOT (DOMAINE LES CHÊNES VERTS) ***/****

Adresse: 26600 Pont de l'Isère, Tel.: 4 75 84 67 52, Fax: 4 75 07 24 31

Produzierte Weine:

Crozes-Hermitage Cuvée Classique (rot und weiß), Crozes-Hermitage Cuvée La Guiraude (rot)

Rebfläche: Weiß: 3 ha; Rot: 17 ha

Produktionsmenge: Weiß: 15 000 Flaschen

Rot: Cuvée Classique – 80 000 Flaschen; La Guiraude – 0 bis 15 000 Flaschen je nach Jahrgang

---

Ausbau:

Weiß: 10 Monate, zu je 50 % in Edelstahl und Eiche

Rot: Cuvée Classique – 12 Monate, 80 % in alter Eiche und 20 % im Fass;

La Guiraude – 12 Monate in alter Eiche

Durchschnittsalter der Reben: Weiß: 15 Jahre; Rot: 20 Jahre

Verschnitt: Weiß: 80 % Marsanne, 20 % Roussanne; Rot: 100 % Syrah

Alain Graillot, Anfang vierzig, wurde 1985 Winzer in Crozes-Hermitage, nachdem er seinen Beruf als internationaler Vertreter einer Landwirtschaftsfirma in Paris aufgegeben hatte. Erfahrung habe er zwar keine gehabt, erzählt er, dafür aber einen gesunden Menschenverstand. In nur zehn Jahren entwickelte er sich zu einem neuen Star und zählt zu jener jüngeren Generation von Erzeugern aus dem Rhônetal, die den Ruf der Weine durch die hohe Qualität ihrer Erzeugnisse verbessert haben. Sein Einfluss ist beträchtlich und zweifellos verdient er das ihm gezollte Lob.

Das Weingut Domaine Les Chênes Verts, in dem er auch wohnt, liegt in unmittelbarer Nähe der vielbefahrenen Route Nationale 7, südlich von Tain l'Hermitage, in Richtung Pont de l'Isère. Nach seinen ersten Leistungen auf gepachteten Anbauflächen, erwarb er 1988 das 21,3 Hektar umfassende Gut, von denen 20 Hektar in Crozes-Hermitage und zwei winzige Parzellen in Les Greffieux/Hermitage und Saint-Joseph liegen. Die Rebflächen verteilen sich auf den ebenen Flächen östlich von La-Roche-de-Glun und setzen sich nördlich bis zu den hervorragenden Lagen Les Chassis und Les Sept Chemins fort.

Sein Handwerk erlernte Graillot im Wesentlichen von seinen Freunden Gérard Jaboulet, Gérard Chave, Marcel Guigal und anderen engagierten französischen Spitzenerzeugern. Dank eines klimatisierten Kellers, der Verwendung kleiner Eichenfässer und seines progressiven Stils zählen seine Produkte häufig zu den feinsten der Appellation. Er arbeitet mit niedrigen

Erträgen, erntet später als die meisten Winzer und macht den Einsatz neuer Eichenfässer von dem jeweiligen Gehalt eines Jahrgangs abhängig. In dieser Region, die für ihr Festhalten an traditionellen Herstellungsweisen bekannt ist, wirkt der offene, internationale Standpunkt Graillots erfrischend, was die hohe Qualität seiner Weine nur bestätigt.

Graillot besitzt für Weißen zwar gute Möglichkeiten, doch fand ich seine Erzeugnisse, von einigen Ausnahmen abgesehen, nichts sagend und eindimensional – in den neueren Jahrgängen zeigen sich allerdings Verbesserungen. Er lässt die malolaktische Gärung stoppen, so dass die Weine steril gefiltert werden müssen. Da seine Gewächse in tadellos sauberen Kellern erzeugt werden, halten sie sich länger als die meisten weißen Crozes-Hermitages, sollten aber trotzdem innerhalb von zwei bis drei Jahren getrunken werden. In der Bereitung seiner Roten zeigt er sich außerordentlich flexibel. Er entrappt das gesamte Lesegut von St-Joseph, belässt aber die Stiele bei den Crozes-Hermitage-Erzeugnissen. Weine, die in Zementtanks vergären, werden danach in Tanks oder Fässer umgepumpt. Ungefähr 80 % seiner Rotweine baut Graillot in Eiche aus, die anderen 20 % in Tanks; danach werden sie untereinander verschnitten. Die Spitzencuvée La Guiraude ist eine *assemblage* aus den besten Fässern, das heißt, aus denjenigen, die dem Winzer «am besten gefallen». Vor der Abfüllung lässt er beide Cuvées durch einen groben Zellulosefilter laufen. Schönen kommt für Graillot nicht in Frage; es würde dem Wein mehr schaden als das Filtern. Die Standardcuvée wird am besten in den ersten sechs bis acht Jahren getrunken. La Guiraude besitzt hingegen in großen Jahrgängen wie 1990 und 1995 ein bemerkenswertes Alterungspotenzial von 15 Jahren und länger.

Alain Graillot ist eine Seltenheit – ein Newcomer, der in wenig mehr als zehn Jahren einen wesentlichen Beitrag zur Qualitätssteigerung der Rhôneweine geleistet hat.

Jahrgänge

1995 • 89 Crozes-Hermitage (rot): Der 95er hinterlässt einen glänzenden Eindruck. Sein Bukett von schwarzem Pfeffer, Kräutern, Oliven und Cassis wird von einem mittleren bis vollen Körper, außergewöhnlicher Fülle, kräftigem Tannin und spritziger Säure begleitet. Dieser verschlossene, jugendliche, dynamische Tropfen sollte weitere 4 bis 5 Jahre altern und sich 10 bis 15 Jahre halten. Letzte Verkostung: 6/96.

1995 • 85 Crozes-Hermitage (weiß): Der weiße 95er Crozes-Hermitage wird aus 80 % Marsanne und 20 % Roussanne verschnitten. Er gibt sich gehaltvoll, weich, eindimensional und zitrusduftig bei cremiger Struktur und sollte in den nächsten 2 bis 3 Jahren getrunken werden. Letzte Verkostung: 6/96.

1994 • 87 Crozes-Hermitage (rot): Sein dunkles Rubin- bis Purpurrot wird von fleischigen Düften, einem samtig-weichen Aroma und einem eleganten, stilvollen Charakter begleitet. Er wird sich 7 bis 8 Jahre halten, doch ist sein Charme bereits heute unwiderstehlich. Letzte Verkostung: 6/96.

1994 • 89 Crozes-Hermitage La Guiraude (rot): Die 94er Spitzencuvée zeigt ein undurchdringliches Rubin- bis Purpurrot und offenbart ein volles, süßes Bukett von Kräutern, Cassis, Lakritze und Rauch. Dieser fette, ausdrucksstarke, aromatische Wein verfügt über einen runden, üppigen, mittleren bis vollen Körper und wird sich weitere 10 Jahre gut trinken lassen. Letzte Verkostung: 6/96.

1993 • 76 Crozes-Hermitage (rot): Dieser 93er besitzt ein kräuterwürziges Bukett, einen mittleren Körper und beißend-würzige Geschmacksnoten bei hohem Säuregehalt. Es mangelt ihm an Fülle. Genussreife: jetzt. Letzte Verkostung: 11/95.

1993 • 79 Crozes-Hermitage La Guiraude (rot): Der 93er La Guiraude zeigt eine tiefere Farbe und einen spürbar stärkeren Duft von neuer Eiche als der 94er. Trotzdem handelt es sich um einen mageren und schnörkellosen Wein mit mittlerem Körper und mangelnder Frucht, dessen ausgeprägtes Aroma von grünem Pfeffer beunruhigt. Voraussichtliche Genussreife: jetzt bis 2000. Letzte Verkostung: 11/95.

1992 • 83 Crozes-Hermitage (rot): Graillots 92er Rotweincuvées besitzen nicht die Tiefe der 90er oder 89er, sind aber anständig bereitete, runde und geschmeidige Tropfen, die einen guten Genuss in der näheren Zukunft bereiten sollten. Bei mittlerem Körper präsentiert dieser Crozes-Hermitage ein würziges, reifes Bukett von Cassisduft und einen mäßig tanninbetonten Abgang. Genussreife: jetzt. Letzte Verkostung: 6/95.

1992 • 87 Crozes-Hermitage La Guiraude (rot): Der 92er La Guiraude präsentiert sich mit mehr toastwürziger neuer Eiche und einem Bukett von Vogelkirschen und Kräutern, gepaart mit einer vollen Frucht, einer weichen Struktur und geringer Säure. Im Abgang findet sich leichtes Tannin. Voraussichtliche Genussreife: jetzt bis 1999. Letzte Verkostung: 6/95.

1991 • 85 Crozes-Hermitage (rot): Diese Cuvée Classique ist mit einem rauch-würzigen, reifen Bukett von Cassisdüften, einem mittleren Körper, weichem Tannin und einem geschmeidigen, fruchtigen Abgang ausgestattet. Voraussichtliche Genussreife: jetzt bis 1999. Letzte Verkostung: 6/95.

1991 • 87 Crozes-Hermitage La Guiraude (rot): Der 91er La Guiraude wurde länger in neuen Eichenfässern ausgebaut, so dass er eine größere Dichte und ein toastiges Vanillearoma bietet. Von mittlerem Körper ist er am Gaumen konzentrierter als die Cuvée Classique. Ein eleganter, runder und fruchtiger Wein auf dem Höhepunkt seiner Reife. Voraussichtliche Genussreife: jetzt bis 2002. Letzte Verkostung: 6/95.

1990 • 91 Crozes-Hermitage (rot): Dieser Rote schmeckt wie ein durchschnittlicher Hermitage. Sein sensationell dunkles Purpur verbindet sich mit einem üppigen Bukett von gerösteter Schwarzer Himbeerfrucht, rauchigen, erdigen Düften und einem Hauch von *pain grillé*. Er zeigt eine umwerfende Fülle und außergewöhnliche Extraktstoffe bei einem hinreichenden Maß an Säure, Tannin und Alkohol. Eindeutig die feinste Cuvée Classique aus dem Hause Graillot! Voraussichtliche Genussreife: jetzt bis 2003. Letzte Verkostung: 12/95.

1990 • 93 Crozes-Hermitage La Guiraude (rot): Der 90er La Guiraude beweist, welche Topqualität ein Spitzenerzeuger eines weniger renommierten Anbaugebiets erzielen kann. Schon das Bukett von Rauch, asiatischen Gewürzen, schwarzem Beerenobst und Eiche reicht aus, um jeden Weinliebhaber zu einem leidenschaftlichen Rhône-Fan werden zu lassen. Im Geschmack spürt man seine vielschichtige Persönlichkeit, seine phänomenale Reife und mäßige Säure, begleitet von Unmengen an Glyzerin, Alkohol und Extrakt. Der Abgang hält mindestens eine Minute lang an. Für einen Tropfen seiner massiven Statur gibt er sich erstaunlich zugänglich, doch maskieren sein Körper und seine Frucht ein stattliches Maß an Tannin. Voraussichtliche Genussreife: jetzt bis 2006. Letzte Verkostung: 12/95.

1989 • 89 Crozes-Hermitage (rot): Dieser 89er ist ein umwerfendes Gewächs. Seine rubin- bis purpurrote Farbe geht einher mit einem lieblichen Bukett von vanilleduftiger neuer Eiche, gerösteter Frucht – insbesondere Cassis und schwarze Pflaumen – und einem hervorragenden Extrakt. Dieser köstliche Crozes-Hermitage ist gehaltvoll, konzentriert und körperreich, sein Abgang wunderbar lang. Er sollte sich weitere 10 bis 15 Jahre halten. Voraussichtliche Genussreife: jetzt bis 2002. Letzte Verkostung: 12/95.

1989 • 90 Crozes-Hermitage La Guiraude (rot): Der undurchdringlich rubin- bis purpurrote La Guiraude zählt zu den Spitzengewächsen des Jahrgangs. Er verführt mit einem sensationellen Bukett von Lakritze, provenzalischen Kräutern, Vogelkirschen und Himbeeren; bei einer Weinprobe könnte man ihn leicht mit einem besseren Hermitage verwechseln. Dieser vielschichtige Rotwein zeigt eine beeindruckende Konzentration und mehr Eichenwürzigkeit als die Cuvée Classique. Mit vollem Körper, einem hervorragenden Abgang und einer fesselnden Tiefe findet der Syrah hier zu einem wunderbaren Ausdruck. Eine grandiose önologische Leistung! Voraussichtliche Genussreife: jetzt bis 2004. Letzte Verkostung: 12/95.

1988 • 86 Crozes-Hermitage (rot): Sein sattes Granatrot verbindet sich mit einem äußerst duftigen Bukett von Schwarzen Himbeeren, provenzalischen Kräutern, *pain grillé* und würziger Eiche. Der Wein gibt sich kompakt, muskulös, voll und konzentriert, bei einem hinreichend weichen Tannin sowie lebhafter Säure, einer schönen Festigkeit und Länge. Voraussichtliche Genussreife: jetzt bis 2005. Letzte Verkostung: 6/95.

1988 • 89 Crozes-Hermitage La Guiraude (rot): Der sagenhafte 88er La Guiraude bietet im Bukett Düfte von schwarzem Pfeffer und Oliven, verwoben mit vollreifen, überaus dunklen Pflaumen, Himbeeren, Mineralien und Lakritze. Unmengen an toastwürziger Eiche umrahmen seine Größe und Konzentration. Ein köstlicher Crozes mit ausladenden Geschmacksnoten. Voraussichtliche Genussreife: jetzt bis 2007. Letzte Verkostung: 6/95.

PAUL JABOULET-AINÉ ***/****

Adresse:
Les Jalets, Route Nationale 7, B.P. 46, La-Roche-de-Glun, 26600 Tain l'Hermitage,
Tel.: 4 75 84 68 93, Fax: 4 75 84 56 14

Produzierte Weine: Crozes-Hermitage Mule Blanche (weiß),
Crozes-Hermitage Les Jalets (rot), Crozes-Hermitage Domaine de Thalabert (rot)

Rebfläche: Weiß: 7 ha
Rot: Domaine de Thalabert – 40 ha; Les Jalets – Erzeugt aus jungen Rebstöcken
der Domaine de Thalabert und Wein, der bei anderen Winzern gekauft wird

Produktionsmenge:
Weiß: 35 000 Flaschen
Rot: Domaine de Thalabert – 200 000 Flaschen; Les Jalets – 300 000 Flaschen

Ausbau:
Weiß: 2 bis 3 Monate in 1 bis 2 Jahre alten Fässern
Rot: Domaine de Thalabert – 12 bis 18 Monate in alten Eichenfässern;
Les Jalets – 8 bis 12 Monate in Edelstahl

Durchschnittsalter der Reben: Weiß: 25 bis 50 Jahre; Rot: 7 bis 50 Jahre

Verschnitt: Weiß: 50 % Marsanne und 50 % Roussanne; Rot: 100 % Syrah

Jaboulet-Ainés Domaine de Thalabert schmeckt und riecht wie ein leichterer Hermitage und zählt zweifelsohne zu den feinsten Gewächsen der Appellation. Das Gut umfasst 40 Hektar in Crozes und produziert vor allem Rotwein in einem Umfang von circa 17 000 Kisten. Die

Rebstöcke sind durchschnittlich 25 bis 30 Jahre alt. Vor der Abfüllung ruht der Wein 12 bis 18 Monate in Eichenfässern. Sie gehören zu den wenigen Roten der Region, die sich vier bis acht Jahre in der Flasche gut entfalten und in Jahrgängen wie 1978, 1983 und 1990 zehn Jahre und länger halten. Aus einem Verschnitt von gekauftem Wein und den Erträgen der jungen Thalabert-Reben erzeugt Jaboulet-Aîné 25 000 bis 40 000 Kisten eines weiteren roten Crozes-Hermitage, dem Les Jalets: ein tadelloser Wein, wenn auch weniger konzentriert als der Thalabert.

Die Kellerei bringt auch 3 000 Kisten eines weißen Crozes-Hermitage unter dem kuriosen Namen La Mule Blanche auf den Markt, der wie andere Weißweine dieses Guts bis 1983 neutral und langweilig war. Damals begann man, die Weißen zu kräftigen und ihnen mehr Geschmack zu verleihen. Die weißen Trauben wachsen auf den sieben Hektar umfassenden Lagen der Kellerei. Mit einem Verschnittanteil von 50 % Roussanne ist La Mule Blanche einzigartig und sollte innerhalb von zwei bis drei Jahren nach der Freigabe getrunken werden.

Verschiedene Vinifikationsverfahren hat man hier ebenso erprobt wie den Einsatz neuer Eichenfässer. Damit ein fruchtiger, kraftvoller und dynamischer Wein entstehen kann, wird die malolaktische Gärung gestoppt. Der Ausbau findet vor allem in Tanks statt und nur ein bis drei Monate in Eiche. Anschließend wird steril gefiltert und früh abgefüllt, damit die Frische erhalten bleibt. Bei Jahrgängen wie 1995 scheint sich diese Technik zu bewähren, und so gelangen Jaboulet-Aîné in den neunziger Jahren einige attraktivere Weißweine: der Crozes-Hermitage, der Hermitage Chevalier de Stérimberg, der Saint-Joseph le Grand Pompée und der Châteauneuf-du-Pape Les Cèdres.

JAHRGÄNGE

1995 • 87 Crozes-Hermitage Domaine de Thalabert (rot): Von einem tiefen Rubin- bis Purpurrot besitzt der ausgezeichnete Wein einen mittleren Körper, ein schönes Bukett von Gewürz-, Kräuter-, Lakritze- und Cassisdüften, eine vorzügliche Frucht und einen vordergründigen, ausladenden Charakter. Der Säureanteil dürfte ausreichen, um ihn 7 bis 8 Jahre frisch und konzentriert zu halten. Letzte Verkostung: 6/96.

1995 • 87 Crozes-Hermitage La Mule Blanche (weiß): Einen Genuss für die nächsten Jahre bietet dieser frische, lebendige La Mule Blanche, der mit seinem Verschnitt aus je 50 % Marsanne und Roussanne, seinem honigartigen Bukett und seinem aprikosenähnlichen Aroma an den Charakter eines Viognier erinnert. Letzte Verkostung: 6/96.

1994 • 75 Crozes-Hermitage Les Jalets (rot): Jaboulet deklassierte 1992 und 1993 seine berühmten Hermitage La Chapelle und Crozes-Hermitage Domaine de Thalabert. 1994 hoffte man vergebens auf beeindruckendere Weine. So geriet auch der vegetabile, leichte, weiche, verwässerte Les Jalets nicht sonderlich aufregend. Letzte Verkostung: 6/96.

1994 • 84 Crozes-Hermitage Domaine de Thalabert (rot): Der 94er Domaine de Thalabert zeigt eine sattere Farbe, gibt sich aber fest gefügt, bei mittlerem Körper und ohne Konzentration. Sein Duft von Oliven und Cassis bietet mäßigen Charme. Voraussichtliche Genussreife: jetzt bis 2002. Letzte Verkostung: 6/96.

1994 • 78 Crozes-Hermitage La Mule Blanche (weiß): Die Weißen 94er sind einfach, mit mittlerem Körper und mangelnder Frucht. Der 94er Crozes-Hermitage La Mule Blanche gefiel mir trotzdem besser als der teurere 94er Hermitage Chevalier de Stérimberg. Genussreife: jetzt. Letzte Verkostung: 6/96.

Anmerkung: 1993 deklassierte Jaboulet-Aîné seinen Crozes-Hermitage Domaine de Thalabert, weil er mit dessen Qualität nicht zufrieden war.

1992 • 81   Crozes-Hermitage Domaine de Thalabert (rot): Dieses würzige, vegetabile und relativ verwässerte Beispiel eines Domaine de Thalabert von einem mittleren Rubinrot zeigt ein vages Cassisaroma, strenges Tannin und keine Spur des süßen, reifen, vollen Mittelstücks, das dieser Tropfen in Spitzenjahrgängen aufweist. Genussreife: jetzt. Letzte Verkostung: 6/95.

1991 • 87   Crozes-Hermitage Domaine de Thalabert (rot): Rauchig-würzig verströmt der rote 91er den lieblichen Duft von schwarzen Früchten, begleitet von runden, üppigen, körperreichen Geschmacksnoten. Er besitzt eine erstaunlich gute Konzentration, geringe Säure und offenbart weiches Tannin im Abgang. Voraussichtliche Genussreife: jetzt bis 2000. Letzte Verkostung: 6/95.

1990 • 85   Crozes-Hermitage Les Jalets (rot): Dieser Les Jalets zeigt ein Bukett von schwarzen Früchten, Kräutern, Rauch und feuchten Walddüften. Er ist fest gefügt mit einer geballten Ladung Frucht, wunderbaren Extraktstoffen und einem langen samtigen Abgang. Voraussichtliche Genussreife: jetzt bis 1998. Letzte Verkostung: 9/94.

1990 • 92   Crozes-Hermitage Domaine de Thalabert (rot): Ein ausgesprochenes Spitzengewächs, das den 78er mit Leichtigkeit überragen dürfte. Sein volles, geröstetes Syrah-Bukett und seine massive Kraft verdankt dieser Jahrgang den heißen Sonnenstrahlen und der Trockenheit. Auch die unglaublich lange Gärzeit von 40 Tagen wirkte sich vorteilhaft aus. Die gewaltigen, rauchigen vollreifen Düfte von Kräutern, Kaffee und Cassis entsteigen einem äußerst kompakten, in seiner autoritären Fülle fast massiven und doch erstaunlich ausgewogenen Wein. Voraussichtliche Genussreife: jetzt bis 2005. Letzte Verkostung: 12/95.

1989 • 82   Crozes-Hermitage Les Jalets (rot): Dieser 89er gibt sich ungebärdiger und besitzt ein erdiges Bukett von Tabak und Kräutern, verwoben mit einem reifen, mäßig tanninhaltigen Aroma und einem kürzeren Abgang. Ein guter, brauchbarer Crozes-Hermitage. Austrinken. Letzte Verkostung: 11/94.

1989 • 90   Crozes-Hermitage Domaine de Thalabert (rot): Der dunkle granat- bis rubinrote Wein offenbart ein intensives süßes Bukett von Zedern, Gewürzen, Oliven und schwarzen Früchten. Er präsentiert sich vollmundig, mit reicher Frucht, Unmengen von Glyzerin und lieblichem Tannin im Abgang. Voraussichtliche Genussreife: jetzt bis 2004. Letzte Verkostung: 6/94.

1988 • 85   Crozes-Hermitage Domaine de Thalabert (rot): Der schöne, krautig-johannisbeerige 88er Thalabert zeigt ein großes kräuterwürziges Bukett von Gewürzen und Pflaumen, ein mittleres bis volles Aroma und einen dichten, konzentrierten, tanninbetonten Abgang. Sein Tannin wird sich vermutlich nie ganz beruhigen. Genussreife: jetzt. Letzte Verkostung: 12/95.

1985 • 87   Crozes-Hermitage Domaine de Thalabert (rot): Im Vergleich zur Standardcuvée gibt sich der Thalabert desselben Jahrgangs viel sinnlicher und opulenter. Ein sattes Granatrot charakterisiert den 85er ebenso wie sein voller Körper, seine hervorragende Konzentration, seine großzügigen Oliven-, Pfeffer- und Cassisdüfte und sein samtiger Abgang. Genussreife: jetzt. Letzte Verkostung: 11/94.

1983 • 84   Crozes-Hermitage Domaine de Thalabert (rot): Von tief granatroter Farbe bietet dieser 83er ein erdiges Aroma von Beerenfrüchten und gerösteten Nüssen. Der tanninbetonte, immer noch kantige Tropfen von mittlerem Körper scheint bei zunehmender Adstringenz seine Frucht zu verlieren und auszutrocknen. Genussreife: jetzt. Letzte Verkostung: 6/96.

ÄLTERE JAHRGÄNGE

Bei meiner letzten Verkostung im November 1995 zeigte der 78er Domaine de Thalabert noch reiche Frucht und einen vollen, komplexen Körper, gepaart mit einem Aroma von gebratenem Fleisch und Wild mit einem Hauch von Oliven. Er wirkt wie ein kleinerer Hermitage, hat Vollreife erreicht und gibt sich nach wie vor dynamisch und köstlich.

JEAN MARSANNE ***

Adresse:
Avenue Ozier, 07300 Mauves, Tel.: 4 75 08 86 26

Produzierte Weine: Crozes-Hermitage (rot)

Rebfläche: 0,7 ha

Produktionsmenge: 4 800 Flaschen

Ausbau:
10 bis 15 Monate in alten Eichenfässern (*demi-muids*), dann 6 Monate in Edelstahl

Durchschnittsalter der Reben: 15 bis 20 Jahre

Verschnitt: 100 % Syrah

Das Gut, das seit dem Tod von Jean Marsanne im Jahr 1990 von seinen Brüdern André und René geführt wird, ist besser bekannt für seinen füllig-fruchtigen, traditionell und gut bereiteten Saint-Joseph. In Crozes-Hermitage besitzen sie knapp 0,8 Hektar Syrah-Flächen. Bis jetzt habe ich erst einige Erzeugnisse aus älteren Jahrgängen verkostet, die aber auf Grund ihres Aromas aus Lakritze, provenzalischen Kräutern und süßer Cassisfrucht überzeugten. In dieser Kellerei wird nicht entrappt und die natürlich gewonnenen Weine füllt man ungeklärt ab. Ein Großteil der Produktion geht in den Direktverkauf.

Domaine du Pavillon (G.A.E.C. Cornu) ****

Adresse:
Les Chassis, 26600 Mercurol, Tel.: 4 75 08 24 47

Produzierte Weine:
Crozes-Hermitage (rot und weiß), Crozes-Hermitage Cuvée Vieilles Vignes (rot)

Rebfläche:
Weiß: 0,5 ha; Rot: 9,5 ha

Produktionsmenge:
Weiß: 3 000 Flaschen
Rot: 55 500 Flaschen, darunter 15 000 Flaschen als Erzeugerabfüllung

Ausbau:
Weiß: 8 Monate, zu je 50 % in Edelstahl und Zementtanks
Rot: Standardcuvée – 6 Monate in 2 bis 3 Jahre alten Fässern;
Cuvée Vieilles Vignes – 6 bis 12 Monate in Fässern, darunter einige neue

Durchschnittsalter der Reben:
Weiß: 20 Jahre
Rot: Standardcuvée – 17 Jahre; Cuvée Vieilles Vignes – 60 Jahre

Verschnitt:
Weiß: 100 % Marsanne; Rot: 100 % Syrah (beide Cuvées)

Bis 1989 zählte dieses etwa zehn Hektar große Gut zu den Hauptlieferanten der Kellerei Jaboulet-Aíné. Stéphane Cornu überzeugte jedoch seinen Vater, einen größeren Teil der Produktion als Erzeugerabfüllung zu verkaufen, was eine merkliche Qualitätssteigerung zur Folge hatte. Die Weinbereitung basiert auf attraktiven, modernen Verfahren, die sowohl der Traubensorte als auch der Lage Rechnung tragen. Die Rebstöcke, aus denen ein fruchtig-lebhafter, reintöniger Weißwein und zwei sehr gute rote Cuvées bereitet werden, wachsen auf den steinigen Hochflächen von Les Chassis und Les Sept Chemins. Die gehaltvolle Standardversion zeigt sich fruchtig und von tiefer Farbe. Eine Parzelle mit 60 Jahre alten Syrah-Reben liefert die Cuvée Vieilles Vignes, die man in kleinen Eichenfässern ausbaut. Dieses ernst zu nehmende Gut hat sich erst kürzlich als einer der neuen Spitzenerzeuger von Crozes-Hermitage-Weinen etabliert.

Jahrgänge

1995 • 89 Crozes-Hermitage Cuvée Vieilles Vignes (rot): Der Ertrag der 60 Jahre alten Syrah-Rebstöcke der Domaine du Pavillon lag 1995 bei mageren 28 Hektolitern pro Hektar, das sind weniger als 50 Doppelzentner Trauben pro Hektar. Das opake Purpurrot, die dichte, volle, süße Cassisfrucht, der mittlere bis volle Körper und die auffallende, füllige Struktur begeistern sofort. Zweifellos kopierte Cornu mit Erfolg den Stil seines Nachbarn Alain Graillot und erzeugte einen beachtlichen, körperreichen Crozes-Hermitage mit geringer Säure und Unmengen an Frucht. Er sollte in den nächsten 5 bis 6 Jahren getrunken werden. Letzte Verkostung: 6/96.

DOMAINES POCHON/CHÂTEAU DE CURSON (ETIENNE POCHON) ***

Adresse:
Château de Curson, 26600 Chanos-Curson, Tel.: 4 75 07 34 60, Fax: 4 75 07 30 27

Produzierte Weine:
Crozes-Hermitage Château Curson (rot und weiß), Crozes-Hermitage Domaines Pochon (rot und weiß)

Rebfläche: Weiß: Château Curson – 1 ha; Domaines Pochon – 2,5 ha
Rot: Château Curson – 3 ha; Domaines Pochon – 8 ha

Produktionsmenge:
Weiß: Château Curson – 6 750 Flaschen; Domaines Pochon – 15 000 Flaschen
Rot: Château Curson – 6 000 bis 18 000 Flaschen; Domaines Pochon – 30 000 bis 40 000 Flaschen

Ausbau:
Weiß: Château Curson – 4 Monate in 100 % neuer Eiche; Domaines Pochon – 6 Monate in Edelstahl
Rot: Château Curson – 40 % altern 8 Monate in neuer Eiche und 60 % in 1 bis 2 Jahre alten Fässern;
Domaines Pochon – Ein Drittel altert 9 Monate in 2 bis 6 Jahre alten Eichenfässern und
der Rest 9 Monate in Edelstahl

Durchschnittsalter der Reben:
Weiß: Château Curson – 20 Jahre; Domaines Pochon – 10 bis 20 Jahre
Rot: Château Curson – 30 Jahre; Domaines Pochon – 15 Jahre

Verschnitt:
Weiß: Château Curson – zu je 50 % Marsanne und Roussanne;
Domaines Pochon – 80 % Marsanne und 20 % Roussanne; Rot: 100 % Syrah (beide Cuvées)

Etienne Pochon bewirtschaftet seine 14 Hektar umfassende Rebfläche nach organisch-biologischen Grundsätzen. Aus seinen Kellern stammen die roten und weißen Château-Curson- und Domaines-Pochon-Weine, von denen Erstere in limitierter Anzahl hergestellt werden. Der Ausbau geschieht hauptsächlich in Eichenfässern, unter denen sich viele neue befinden. Die Domaines-Pochon-Erzeugnisse sind fruchtiger und lagern in Edelstahltanks. Die Produktion des Guts kommt damit der Nachfrage nach sofort trinkbaren, frischen Weiß- und Rotweinen entgegen, stellt aber auch jene ernsthafteren Liebhaber von Rhôneweinen zufrieden, die nach einem körperreichen, konzentrierten Tropfen größeren Stils verlangen. Etienne Pochon zählt zu den wenigen Crozes-Hermitage-Winzern, die den Großteil ihrer roten Trauben entrappen und mittels Hülsenmaischung ihrem Weißwein mehr Komplexität und Aroma verleihen. In Jahrgängen wie 1990, 1989 und 1988 hält sich ein Château Curson bis zu zehn Jahre, während der Domaines Pochon innerhalb von drei bis fünf Jahren getrunken werden sollte, ähnlich früh wie die beiden Weißweine. Qualitativ verlässlich bringt man hier Weine modernen Stils hervor – sauber bereitet, frisch und lebendig. Die Spitzencuvées der besten Jahrgänge erweisen sich als relativ langlebig.

JAHRGÄNGE

1990 • 87 Crozes-Hermitage Château Curson (rot): Das ist der beste Wein, den ich von diesem Erzeuger verkostet habe. Er zeigt ein undurchdringliches Purpur bis Schwarz sowie ein großzügiges Bukett von Kräutern und überreifen Schwarzen Johannisbeeren. Am Gaumen bietet er eine superbe Fülle und kräftiges Tannin, eine Kombination von Eleganz und Gehalt und einen würzig-gerösteten langen Abgang. Ein Tropfen, der leicht mit einem mittelschweren Hermitage verwechselt werden könnte. Voraussichtliche Genussreife: jetzt bis 2000. Letzte Verkostung: 4/95.

1989 • 86 Crozes-Hermitage Château Curson (rot): Der 89er besitzt ähnliche Fülle und Substanz, dafür aber weniger Säure und Tannin. Wie der 90er sollte dieser kernige, volle Crozes-Hermitage innerhalb der nächsten 10 bis 12 Jahre getrunken werden. Letzte Verkostung: 6/93.

1988 • 85 Crozes-Hermitage Château Curson (rot): Der 88er offenbart ein wunderbares Rubinrot bis Schwarz, ein vordergründiges, verführerisches Bukett von schwarzen Früchten und einen toastwürzigen Duft. Er zeigt gute, aber keine große Konzentration und büßte auf Grund seiner fehlenden Länge im Abgang Punkte ein. Er gilt zwar nicht als der «Spitzenwein der Appellation», bietet aber dennoch ein sauber bereitetes Beispiel eines Crozes-Hermitage. Voraussichtliche Genussreife: jetzt bis 2000. Letzte Verkostung: 6/93.

DOMAINE JACQUES ET JEAN-LOUIS PRADELLE ***

Adresse:
Le Village, 26600 Chanos-Curson, Tel.: 4 75 07 31 00, Fax: 4 75 07 35 34

Produzierte Weine:
Crozes-Hermitage (rot und weiß), Crozes-Hermitage Cuvée Les Hirondelles (rot)

Rebfläche:
Weiß: 4 ha
Rot: Standardcuvée – 14,1 ha; Les Hirondelles – 6 ha

Produktionsmenge:
Weiß: 24 000 Flaschen
Rot: Standardcuvée – 60 000 Flaschen; Les Hirondelles – 30 000 Flaschen

Ausbau:
Weiß: 5 Monate in Zementtanks
Rot: Standardcuvée – 9 Monate, zu je 50 % in Fässern und in alten Eichenfässern;
Les Hirondelles – 18 Monate, zu je 50 % in Fässern und in alter Eiche

Durchschnittsalter der Reben:
Weiß: 20 Jahre
Rot: ungefähr 20 Jahre (beide Cuvées)

Verschnitt:
Weiß: 95 % Marsanne, 5 % Roussanne
Rot: 100 % Syrah (beide Cuvées)

1978 verließen die Brüder Jacques und Jean-Louis Pradelle die Winzergenossenschaft Union des Propriétaires in Tain l'Hermitage, um ihre roten und weißen Crozes-Hermitage-Weine als Erzeugerabfüllungen auf den Markt zu bringen. Ihre Keller befinden sich in Chanos-Curson, im östlichen Teil des Anbaugebiets. In den steinig-sandigen Böden von Mercurol besitzen sie 20,2 Hektar Syrah-Fläche und weitere 4 Hektar mit Marsanne-Trauben. Mehr als zwei Drittel

DIE NÖRDLICHE RHONE

ihrer Reben befinden sich eher in Hoch- als in Hanglage. Die Pradelles zeigen Kompetenz im Hinblick auf roten Crozes-Hermitage, den sie ein Jahr lang in Fässern und *foudres* ausbauen. Robust, rustikal und voller Frucht kontrastiert der Wein erheblich mit dem faden, eindimensionalen Weißwein, dem es trotz moderner Herstellungsverfahren an Charakter mangelt und der im Geschmack beißend und dünn ausfällt.

Die etwas teurere, empfehlenswerte Cuvée Les Hirondelles bietet mehr Intensität und reifere Frucht. Die Weißweine müssen innerhalb von ein bis zwei Jahren getrunken werden, die Roten halten sich gut drei bis acht Jahre.

RAYMOND ROURE ***

Adresse:
Quartier Les Blancs, 26600 Gervans, Tel.: 4 75 03 32 72

Produzierte Weine:
Crozes-Hermitage (weiß), Crozes-Hermitage Les Picaudières (rot)

Rebfläche: Weiß: 2 ha; Rot: 8,9 ha

Produktionsmenge:
Weiß: 12 000 Flaschen; Rot: 60 000 Flaschen

Ausbau:
Weiß: 18 bis 30 Monate in Tanks und Fässern
Rot: Gärung in Zementtanks, Ausbau 24 bis 30 Monate in Fässern und *demi-muids*

Durchschnittsalter der Reben:
Weiß: 20 Jahre; Rot: 50 bis 80 Jahre

Verschnitt: Weiß: 100 % Marsanne; Rot: 100 % Syrah

Anmerkung: Das Unternehmen von Paul Jaboulet-Ainé hat dieses Gut im Herbst 1996 gekauft. Beginnend mit dem 96er Jahrgang werden die Weine den Namen Domaine Roure tragen und unter dem Etikett Jaboulet-Ainé abgefüllt.

Der heute über 80 Jahre alte Raymond Roure erzeugte in den siebziger Jahren große Crozes-Hermitage-Weine, doch weisen heute seine neueren Jahrgänge eine erhebliche Instabilität auf. Der alte Winzer besitzt einige der schönsten Lagen in Crozes-Hermitage, die sich alle an den Hängen hinter dem berühmten Hügel von Tain l'Hermitage befinden und sich nordwärts zum Dorf Gervans hinziehen. Alte Rebstöcke, niedrige Erträge und ein hervorragendes Rohmaterial stellten diese Kellerei nie vor Probleme. Schwierigkeiten bereitete vielmehr der Ausbau, der zu oft ausgetrocknete, schale und oxidierte weiße und rote Erzeugnisse hervorbrachte. Zweifellos kann man eine Fasslagerungszeit von 24 bis 30 Monaten für Weißwein als übertrieben bezeichnen. Dasselbe gilt für leichtere Rotweinjahrgänge. Roure macht ansonsten wenig falsch, da er seine Wein in der Bereitung sich selbst überlässt und sie auf natürliche Weise, meistens ohne Filtrierung, abfüllt. In Jahren mit unzureichender physiologischer Reife legt er auch beim Entrappen eine größere Flexibilität an den Tag als die meisten seiner Kollegen. Roures Alter, seine Gesundheit und das Fehlen eines Nachfolgers lassen jedoch die Zukunft dieses Guts unsicher erscheinen.

Domaine Saint-Jemms **

Adresse:

Les Chassis, Route Nationale 7, 26600 Mercurol, Tel.: 4 75 08 33 03, Fax: 4 75 08 69 80

Produzierte Weine: Crozes-Hermitage (rot und weiß)

Rebfläche: Weiß: 3 ha; Rot: 32 ha

Produktionsmenge: Weiß: 15 000 Flaschen; Rot: 15 000 Kisten

Ausbau:
Weiß: 8 Monate in Email- und Fiberglastanks
Rot: mindestens 9 Monate in Eichenfässern

Durchschnittsalter der Reben: Weiß: 25 bis 30 Jahre; Rot: 25 bis 30 Jahre

Verschnitt: Weiß: 90 % Marsanne, 10 % Roussanne; Rot: 100 % Syrah

Robert Michelas erzeugt auf seinen Rebflächen zwischen Mercurol im Norden und Pont de l'Isère im Süden korrekte, stämmige, häufig rustikale Weine. Die Lese erfolgt größtenteils maschinell und einige Kostproben lassen vermuten, dass auch in den Kellern nur eine geringe Auslese stattfindet. Seine Erzeugnisse sind nicht schlecht, aber durchschnittlich und offenkundig kommerziell.

Marc Sorrel **

Adresse:

128bis, avenue Jean Jaurès, B.P. 69, 26600 Tain l'Hermitage,
Tel.: 4 75 07 10 07, Fax: 4 75 08 75 88

Produzierte Weine: Crozes-Hermitage (rot und weiß)

Rebfläche: Weiß: 0,5 ha; Rot: 1 ha

Produktionsmenge:
Weiß: 1 800 Flaschen; Rot: 6 000 Flaschen

Ausbau:
Weiß: 12 Monate in Fässern, danach Verschnitt in Edelstahlfässern
Rot: 12 Monate in Eichenfässern und Fässern

Durchschnittsalter der Reben:
Weiß: 50 Jahre; Rot: 5 bis 7 Jahre

Verschnitt:
Weiß: 90 % Marsanne, 10 % Roussanne; Rot: 100 % Syrah

Marc Sorrel hat erst wenige Jahrgänge bereitet, die Zukunft wird zeigen, wie sich seine Erzeugnisse entwickeln. Seine Rebflächen befinden sich in den Lagen von Larnage: Der Weißwein aus 90 % Marsanne und 10 % Roussanne entsteht auf einer Parzelle mit 50 Jahre alten Reben und ist zweifelsohne etwas besser als sein Rotwein, der aus noch sehr jungen, fünf bis sechs Jahre alten Syrah-Reben mit einem bescheidenen Ertrag von 40 Hektolitern pro Hektar erzeugt wird. Der Rebbestand muss erst deutlich an Alter gewinnen, bevor sein Potenzial bewertet werden kann. Alle Rotweine werden ungeschönt und ungefiltert abgefüllt. Eingedenk des glänzenden Niveaus der Hermitage-Weine kann man nicht ausschließen, dass auch die Qualität in Crozes-Hermitage in den nächsten Jahren steigen wird.

JAHRGÄNGE

1995 • 78 Crozes-Hermitage (rot): Sorrels mittelschwere, rubinrote 95er und 94er sollten innerhalb von 3 bis 4 Jahren getrunken werden. Der 95er zeigt mehr Säure und gibt sich im Geschmack schlanker und kompakter als sein Vorgänger. Letzte Verkostung: 6/96.

1995 • 84 Crozes-Hermitage (weiß): Die weißen 94er und 95er sind mit einer soliden, steinigen Ananasfrucht und einem mittleren Körper ausgestattet. Gut und sauber hergestellt besitzen sie eine geringe, angemessene Säure. Letzte Verkostung: 6/96.

L. DE VALLOUIT ***/****

Adresse:
24, rue Désiré Valette, 26240 Saint-Vallier, Tel.: 4 75 23 10 11, Fax: 4 75 23 05 58

Produzierte Weine:
Crozes-Hermitage (rot und weiß), Crozes-Hermitage Château du Larnage (rot)

Rebfläche:
Weiß: 1,5 ha; Rot: Standardcuvée – 4,5 ha; Château du Larnage – 1,5 ha

Produktionsmenge:
Weiß: 6 000 Flaschen
Rot: Standardcuvée – 25 000 Flaschen; Château du Larnage – 8 000 Flaschen

Ausbau:
Weiß: 8 bis 10 Monate zu je 50 % in Edelstahl und alter Eiche
Rot: Standardcuvée – 18 Monate in 10 % neuer Eiche;
Château du Larnage – 30 Monate in 10 % neuer Eiche

Durchschnittsalter der Reben:
Weiß: 30 Jahre; Rot: Standardcuvée – 30 Jahre; Château du Larnage – 50 Jahre

Verschnitt:
Weiß: 90 % Marsanne, 10 % Roussanne; Rot: 100 % Syrah (beide Cuvées)

Das Unternehmen von L. de Vallouit besitzt in Crozes-Hermitage bedeutende 7,5 Hektar Rebfläche und erzeugt auf traditionelle Weise schnörkellose Rot- und Weißweine von durchschnittlicher Qualität. Die neue limitierte Cuvée Château du Larnage aus alten Reben, benannt nach dem Weinberg, hat das Potenzial, einer der feinsten Tropfen der Appellation zu werden. Der 90er war der neueste Jahrgang, den ich verkosten konnte: gehaltvoll, konzentriert und um vieles besser als die einfachen, durchaus angenehmen roten und weißen Cuvées, die durchschnittlich und direkt ausfallen.

CROZES-HERMITAGE

Vidal-Fleury ****

Adresse:

Route Nationale 86, 69420 Ampuis, Tel.: 4 74 56 10 18, Fax: 4 74 56 19 19

Produzierte Weine: Crozes-Hermitage (rot und weiß)

Produktionsmenge:

Weiß: 5 000 bis 10 000 Flaschen; Rot: 75 000 Flaschen

Ausbau:

Weiß: 6 Monate in Edelstahl; Rot: 24 bis 36 Monate in Eichenfässern

Verschnitt:

Weiß: 100 % Marsanne; Rot: 100 % Syrah

Vidal-Fleury kauft seinen gesamten Wein von anderen Winzern und lagert ihn in den eigenen Kellereien in *foudres*. Seit Jean-Pierre Rochias die Führung des Unternehmens übernahm, zählt der Crozes-Hermitage potenziell zu den besseren Weinen des Anbaugebiets. Jahrgänge wie 1994 zeigen allerdings ein zu vegetabiles Aroma, 1989, 1988 und 1985 wartet der Wein dagegen mit einer erstaunlich schönen Farbe auf, begleitet von einer vollen Frucht, dem Duft von Oliven und Cassis, einem mittleren Körper und einer samtigen Struktur. Der Ausbau findet meistens über einen längeren Zeitraum in großen Holzfässern statt.

Weitere Erzeuger von Crozes-Hermitage

Jean-Louis Buffières

Adresse: Les Sept Chemins, 26600 Pont de l'Isère, Tel.: 4 75 07 32 85

Produzierte Weine: Crozes-Hermitage (rot und weiß)

Rebfläche: Weiß: 1 ha; Rot: 8 ha

Produktionsmenge: Weiß: 7 500 Flaschen, darunter 2 200 Erzeugerabfüllungen

Rot: 60 000 Flaschen, darunter 15 000 Erzeugerabfüllungen

Ausbau: Weiß: 8 bis 10 Monate in 2 bis 4 Jahre alten Fässern

Rot: 12 Monate in 2 bis 4 Jahre alten Fässern

Durchschnittsalter der Reben: Weiß: 15 Jahre; Rot: 15 bis 25 Jahre

Verschnitt: Weiß: 100 % Marsanne; Rot: 100 % Syrah

Caves Cottevergne – L. Saugère

Adresse: Quartier le Bret, 07130 Saint-Péray, Tel.: 4 75 40 30 43, Fax: 4 75 40 55 06

Produzierte Weine: Crozes-Hermitage Les Arbalètes (rot)

Produktionsmenge: 12 000 Flaschen

Ausbau: 12 Monate in 2 bis 4 Jahre alten Fässern

Verschnitt: 100 % Syrah

DIE NÖRDLICHE RHONE

GABRIEL CHOMEL

Adresse:
Le Village, 26600 Gervans, Tel.: 4 75 03 32 91

MAXIME CHOMEL

Adresse: Quartier les Blancs, 26600 Gervans, Tel.: 4 75 03 32 70, Fax: 4 75 03 37 58
Produzierte Weine: Crozes-Hermitage (rot und weiß)
Rebfläche: Weiß: 1,5 ha; Rot: 5,5 ha
Produktionsmenge: Weiß: 9 000 Flaschen; Rot: 30 000 Flaschen
Ausbau: Weiß: 8 bis 9 Monate in Edelstahltanks
Rot: 12 bis 18 Monate in 2 bis 3 Jahre alten Fässern
Durchschnittsalter der Reben: Weiß: 35 Jahre; Rot: 10 und 50 Jahre
Verschnitt: Weiß: 100 % Marsanne; Rot: 100 % Syrah

DELAS FRÈRES

Adresse: Z.A. de l'Olivet, B.P. 4, 07300 Saint-Jean-de-Muzols, Tel.: 4 75 08 60 30, Fax: 4 75 08 53 67
Produzierte Weine: Crozes-Hermitage Les Launes (rot und weiß),
Crozes-Hermitage Cuvée Tour d'Albon (rot)
Produktionsmenge: Weiß: Les Launes – 12 000 Flaschen
Rot: Cuvée Tour d'Albon – 12 000 Flaschen; Les Launes – 82 200 Flaschen
Ausbau: Weiß: 8 Monate, 20 % in 1 bis 3 Jahre alten Eichenfässern und 80 % in Edelstahltanks
Rot: 14 bis 16 Monate in 1 bis 5 Jahre alten Fässern (beide Cuvées)
Verschnitt: Weiß: 80 % Marsanne, 20 % Roussanne
Rot: 100 % Syrah (beide Cuvées)

ALPHONSE ET PHILIPPE DESMEURE – DOMAINE DES REMIZIÈRES **

Adresse:
Quartier des Remizières, 26600 Mercurol, Tel.: 4 75 07 44 28, Fax: 4 75 07 45 87

OLIVIER DUMAINE

Adresse: 26600 Larnage, Tel.: 4 75 08 22 24, Fax: 4 75 08 13 75
Produzierte Weine: Crozes-Hermitage (rot und weiß)
Rebfläche: Weiß: 2,5 ha; Rot: 4,5 ha
Produktionsmenge: Weiß: 5 250 Flaschen; Rot: 15 000 Flaschen
Ausbau: Weiß: 8 bis 9 Monate in Edelstahltanks
Rot: 12 Monate, 67 % in Zementtanks und 33 % in alten Eichenfässern
Durchschnittsalter der Reben: Weiß: 60 Jahre; Rot: 60 Jahre
Verschnitt: Weiß: 100 % Marsanne; Rot: 100 % Syrah

CROZES-HERMITAGE

AIMÉ FAYOLLE

Adresse: Le Village, 26600 Gervans, Tel.: 4 75 03 30 45
Produzierte Weine: Crozes-Hermitage (rot und weiß)
Rebfläche: Weiß: 2 ha; Rot: 2,5 ha
Produktionsmenge: Weiß: 15 000 Flaschen; Rot: 18 750 Flaschen
Ausbau: Weiß: In Emailtanks; Rot: In Eichenfässern
Durchschnittsalter der Reben: Weiß: 25 Jahre; Rot: 25 Jahre
Verschnitt: Weiß: 100 % Marsanne; Rot: 100 % Syrah

ROBERT FLANDIN

Adresse: Quartier les Balmes, 26600 Crozes-Hermitage, Tel.: 4 75 08 39 98
Produzierte Weine: Crozes-Hermitage (rot und weiß)
Rebfläche: Weiß: 0,25 ha; Rot: 2,3 ha
Produktionsmenge: Weiß: 1 500 Flaschen; Rot: 2 500 Flaschen
Ausbau: Weiß: 6 Monate in alten Eichenfässern
Rot: 18 Monate in alten Eichenfässern
Durchschnittsalter der Reben: Weiß: 50 Jahre; Rot: 50 Jahre
Verschnitt: Weiß: 100 % Marsanne; Rot: 100 % Syrah

RAYMOND FONFREDE

Adresse: Les Chenets, 26600 Mercurol, Tel.: 4 75 07 44 24
Produzierte Weine: Crozes-Hermitage (rot und weiß)
Rebfläche: Weiß: 3,5 ha; Rot: 6 ha
Produktionsmenge: Weiß: 18 000 Flaschen; Rot: 37 500 Flaschen
Ausbau: Weiß: 8 Monate in Edelstahl
Rot: 9 bis 12 Monate in 40 % neuen Eichenfässern
Durchschnittsalter der Reben: Weiß: 15 Jahre; Rot: 15 Jahre
Verschnitt: Weiß: 100 % Marsanne; Rot: 100 % Syrah

MARCEL HABRARD

Adresse: Le Village, 26600 Gervans, Tel.: 4 75 03 30 91, Fax: 4 75
Produzierte Weine: Crozes-Hermitage (rot und weiß)
Rebfläche: Weiß: 2,2 ha; Rot: 5 ha
Produktionsmenge: Weiß: 4 500 Flaschen; Rot: 37 500 Flaschen
Ausbau: Weiß: 8 Monate in Edelstahltanks
Rot: 8 Monate in alten Eichenfässern
Durchschnittsalter der Reben: Weiß: 70 bis 100 Jahre; Rot: 40 Jahre
Verschnitt: Weiß: 100 % Marsanne; Rot: 100 % Syrah

DIE NÖRDLICHE RHONE

Eric Rocher

Adresse: Domaine de Champal, 07370 Sarras, Tel.: 4 75 23 08 51, Fax: 4 75 34 30 60
Produzierte Weine: Crozes-Hermitage (rot)
Rebfläche: 1,2 ha
Produktionsmenge: 10 500 Flaschen
Ausbau: 6 Monate, 75 % in Edelstahl, 25 % in alter Eiche
Durchschnittsalter der Reben: 6 Jahre
Verschnitt: 100 % Syrah

Robert Rousset

Adresse: Le Village, 26600 Erôme, Tel.: 4 75 03 30 38
Produzierte Weine: Crozes-Hermitage (rot und weiß)
Rebfläche: Weiß: 2,5 ha; Rot: 5,5 ha
Produktionsmenge: Weiß: 12 000 Flaschen, darunter 7 500 Erzeugerabfüllung
Rot: 30 000 Flaschen, darunter 18 000 Erzeugerabfüllung
Ausbau: Weiß: 4 Monate in Edelstahltanks
Rot: 12 Monate, 60 % in Edelstahl und 40 % in 1 bis 3 Jahre alter Eiche
Durchschnittsalter der Reben: Weiß: 50 Jahre; Rot: 25 Jahre
Verschnitt: Weiß: 100 % Marsanne; Rot: 100 % Syrah

SAINT-JOSEPH

Auf der Suche nach Identität

DIE APPELLATION SAINT-JOSEPH AUF EINEN BLICK

Appellation seit:	15. Juni 1956
Weinarten:	Rot- und Weißwein
Rebsorten:	Marsanne und Roussanne für Weißwein, Syrah für Rotwein
Derzeitige Rebfläche:	700 Hektar
Qualitätsniveau:	Durchschnittlich bis ausgezeichnet
Reifepotenzial:	Weiß: 1 bis 5 Jahre Rot: 3 bis 8 Jahre
Allgemeine Eigenschaften:	Die Roten sind die leichtesten, fruchtigsten und femininsten Weine der nördlichen Rhône. Die Weißweine sind füllig und duften nach Aprikosen und Birnen.
Größte neuere Jahrgänge:	1995, 1990, 1989, 1978.
Weißweinaroma:	Die feinsten weißen Erzeugnisse sind erfrischende, nach Pfirsichen und Aprikosen, gelegentlich auch Birnen duftende Weine mit ansehnlicher Zitrussäure und mittlerem Körper. Sie bieten 2 bis 3 Jahre nach der Lese herrlichen Trinkgenuss, was leider nur für eine kleine Anzahl trockener Weißer gilt. Die Mehrzahl der weißen Saint-Josephs sind neutrale, monolithische Weine ohne Charme und Persönlichkeit.
Rotweinaroma:	Die Syrah-Traube entwickelt hier bisweilen ein Höchstmaß an Frucht, Leichtigkeit und Charme. Ein guter Saint-Joseph entfaltet ein burgunderähnliches Bukett von Vogelkirschen, Himbeeren, gelegentlich auch Schwarzen Johannisbeeren, und besitzt einen mittleren Körper, mildes Tannin und prickelnde Säure. Diese sehr leichten Roten bieten in den ersten 5 bis 6 Jahren nach ihrer Freigabe den besten Trinkgenuss.
Struktur der Weißweine:	Sie verfügen normalerweise über einen leichten bis mittleren Körper und wenig Gewicht. Eine schöne Frische, lebhafte Säure und natürliche Frucht verleihen diesen Weinen einen ansprechenden leichten Charakter.
Struktur der Rotweine:	Eine ansehnliche Frucht in einem mittelschweren, reizvollen Gewand ist das Markenzeichen eines feinen roten Saint-Joseph. Die Weine sollten sich nicht auf Tannin, sondern auf eine lebhafte Säure stützen.
Die besten Weine der Appellation Saint-Joseph:	Chapoutier Les Granites (rot und weiß) • J. L. Chave (rot) • Domaine Chèze Cuvée Prestige de Caroline • Yves Cuilleron (weiß) • Paul Jaboulet-Ainé Le Grand Pompée (rot) • J. L. Grippat Vignes de l'Hospices (rot) • J. L. Grippat (weiß) • Domaine du Monteillet – Antoine Montez Cuvée du Papy (rot) • André Perret (weiß) • André Perret Les Grisières (rot) • Pascal Perrier Domaine de Gachon (rot) • Pascal Perrier Domaine de Collonjon (rot) • Raymond Trollat (rot) • L. de Vallouit Les Anges (rot)

Bewertung der Saint-Joseph-Erzeuger

*****

Chapoutier (Les Granites) (rot)

****

Chapoutier (Les Granites) (weiß) • J. L. Chave (rot) • Domaine du Chêne (Cuvée Anaïs)
(rot) • Domaine Louis Chèze (Cuvée Prestige de Caroline) (rot) • Yves Cuilleron (weiß) •
Yves Cuilleron (Cuvée Prestige Le Bois Lombard) (weiß) • Bernard Faurie (rot) •
Alain Graillot (rot) • J. L. Grippat (weiß) • Paul Jaboulet-Ainé (Le Grand Pompée) (rot) •
Domaine du Monteillet – Antoine und Monique Montez (Cuvée du Papy) (rot) •
André Perret (weiß) • André Perret (Cuvée Les Grisières) (rot) •
Pascal Perrier (Domaine de Gachon) (rot) • Pascal Perrier (Cuvée de Collonjon) (rot) •
Raymond Trollat (rot) • L. de Vallouit (Les Anges) (rot)

***

Clos de l'Arbalestrier (rot) • Roger Blachon (rot) • Chapoutier (Les Deschants)
(rot und weiß) • Domaine du Chêne (rot) • Domaine Louis Chèze (rot) • Domaine
Collonge (rot) • Maurice Courbis (rot und weiß) • Pierre Coursodon (Paradis Saint-Pierre)
(rot) • Pierre Coursodon (L'Olivaie) (rot) • Yves Cuilleron (rot) • Yves Cuilleron (Cuvée
Prestige) (rot) • Bernard Faurie (weiß) • Philippe Faury (rot) • Bernard Grippa (rot) •
Bernard Grippa (Cuvée Le Berceau) (rot und weiß) • J. L. Grippat (rot) • Paul
Jaboulet-Ainé (weiß) • Jean Marsanne (rot) • Domaine du Monteillet – Antoine und
Monique Montez (rot) • Alain Paret (Chais Saint-Pierre l'Arm de Père) (rot) • Alain Paret
(Chais Saint-Pierre Domaine de la Couthiat) (rot) • André Perret (rot) • Saint-Désirat
Cave Coopérative (rot und weiß) • Vidal-Fleury (rot)

Saint-Joseph ist die verwirrendste Appellation der nördlichen Rhône. Ihr ausgedehntes Areal am Westufer der Rhône beginnt unmittelbar am Südrand von Les Roches de Condrieu und erstreckt sich in südlicher Richtung bis Cornas. Die potenzielle Rebfläche beträgt stattliche 3 000 Hektar, von denen bis heute lediglich 700 Hektar bepflanzt sind, allerdings eignen sich große Gebiete dieser Appellation auch nicht zur Hervorbringung qualitativ hochwertiger Weine. Entlang der Route Nationale von Condrieu nach Châteaubourg wechseln auf fruchtbaren, flachen Talböden angelegte Anbaugebiete mit Bestockungen an steilen Granithängen. Zweifellos liegt in dieser krassen Ungleichheit der Weinlagen die Ursache für die sowohl mittelmäßige als auch charmante bis verführerische Qualität der Weine.

Nach Ansicht der meisten Winzer entstammen die feinsten Saint-Josephs der ursprünglichen, 1956 abgesteckten Appellationsfläche. Dieser nördlich von Cornas gelegene, elf Kilometer lange Landstrich zwischen Vion am Nordrand und Glun am Südrand von Tain l'Hermitage mit den Gemeinden Mauves, Tournon, Saint-Jean-de-Muzols, Lemps, Vion und Glun beherbergt die besten Hanglagen. Aus rein kommerziellen Gründen wurde die Appellation 1971 von ehedem 90 Hektar auf die heutigen 3 000 Hektar ausgedehnt! Anfang der neunziger Jahre gab es innerhalb der Winzervereinigung Bestrebungen, die Grenzen ein drittes Mal zu verändern und wieder enger zu ziehen.

Die Bezeichnung Saint-Joseph stammt ebenso wie Côte Rôtie nicht von einer gleichnamigen Ortschaft, sondern von einem Rebgelände an den Steilhängen hinter Tournon. Ausführliche Einzelheiten über die Anfänge des Weinbaus in dieser Gegend liefert John Livingstone-Learmonth in seinem ausgezeichneten Buch *The Wines of the Rhône*. Danach finden sich erste Hinweise auf Saint-Joseph während der Herrschaftszeit Ludwigs XII. (1498 bis 1515) und König Heinrichs II. (1547 bis 1559). Der Wein wurde außerdem von dem berühmten französischen Schriftsteller Victor Hugo (1802 bis 1885) in seinem Klassiker *Les Misérables* erwähnt. Natürlich sind die Weinberge älter als diese Hinweise, denn bekanntlich betrieben die einem spartanischen Arbeitsethos verpflichteten Karmeliter, die in Tournon eine bedeutsame Rolle spielten, schon im 13. Jahrhundert an den Steilhängen Weinbau.

Heutzutage muss Saint-Joseph erst noch eine eigenständige Identität entwickeln. Unter Weinliebhabern herrscht begreiflicherweise Verwirrung darüber, welche Art Wein man hier eigentlich produziert. In diesem Kapitel sind die herausragenden Winzer und ihre besten Produkte aufgeführt, von denen viele dem ursprünglichen Anbaugebiet entstammen, vor allem aus und um Mauves sowie aus Tournon und Saint-Jean-de-Muzols weiter nördlich. Oft wird nur Mittelmaß erzeugt. Noch vor zehn Jahren war ich der Ansicht, diese Anbauregion verfüge über ein gewaltiges Potenzial zur Bereitung reichlicher Mengen qualitativ guter Weine zu vernünftigen Preisen. Während jedoch andere Appellationen im Rhônetal die Qualität merklich steigern konnten, stagnierte sie in Saint-Joseph.

Wie sieht die Zukunft also aus? Zweifellos wird man die Grenzen neu abstecken müssen, ob sich aber die französische Regierung zu derart weit reichenden Maßnahmen bereit erklärt, ist fraglich. Helfen würde den Verbrauchern immerhin ein System zur Klassifizierung der Lagen, ähnlich dem in Burgund, um die – zumindest potenziell gesehen – besten Rebflächen zu erkennen. Sollte keine dieser Maßnahmen in die Tat umgesetzt werden, wird man hier vermutlich weiterhin so stümperhaft wie bisher verwirrende, entsetzlich ungleichmäßige Weine produzieren.

Neuere Jahrgänge

1995 Die Weine dieses Jahrgangs gerieten durchweg sehr gut bis ausgezeichnet und besitzen vermutlich ausreichend Festigkeit. Sie zeigen sich zwar in jungen Jahren weniger schmeichlerisch als die 94er, dafür aber besitzen die besten Cuvées eine potenzielle Lebensdauer von 10 bis 15 Jahren. Die Weißweine müssen im Laufe der nächsten Jahre getrunken werden. Sie sind säurereicher und weniger konzentriert als die 94er.

1994 Der Anfang September einsetzende Regen machte Saint-Josephs Aussicht auf einen großen Jahrgang zunichte. Auf einen brennend heißen Sommer folgte ein kühler, feuchter September. Die feinsten Tropfen geben sich weich, rund und fruchtig und bieten in den nächsten 5 bis 6 Jahren idealen Trinkgenuss. Die ausgezeichneten Weißweine fallen voller, reichhaltiger und reizvoller aus als die 95er und müssen in den kommenden 2 bis 3 Jahren getrunken werden.

1993 In diesem für Saint-Joseph katastrophalen Jahr wurden fast ausnahmslos hohle und dünne Weine bereitet.

1992 Man produzierte weiche, leicht wässrige, kräuterwürzige und fruchtige Rotweine, die voll ausgereift sind und bis zum Ende des Jahrhunderts getrunken werden müssen. Die Weißen beginnen bereits, ihre Frucht zu verlieren und auszutrocknen.

1991 Wie in so vielen anderen Appellationen in der nördlichen Rhône wurden auch hier sehr feine, aber durchweg unterbewertete Rote bereitet. Sie besitzen nicht die massive, umwerfende Kraft der 90er, sind jedoch dem 92er, 93er und vielleicht auch dem 94er weit überlegen. Die eleganten, konzentrierten, gut ausgewogenen roten 91er weisen kaum Qualitätsschwankungen auf und dürften sich weitere 3 bis 4 Jahre gut trinken lassen. Die Weißweine sind weniger gelungen.

1990 Saint-Josephs größter neuerer Jahrgang. Bereitet wurden außergewöhnlich dunkle, volle, kräftige, aufregende Weine, die den Erzeugnissen des großen Nachbarn Hermitage ähneln. Die 90er altern langsam, einige der Spitzencuvées befinden sich praktisch noch in ihrer Jugend. Großartig!

Ältere Jahrgänge

Mir ist kein weißer Saint-Joseph bekannt, der sich nach zwei bis drei Jahren in der Flasche noch verbessern könnte. Die Roten haben ihre Bestform erreicht, sobald sich die üppige pfeffrige Himbeerfruchtigkeit voll entfaltet hat, was normalerweise im Alter von drei bis sechs Jahren geschieht. Trotz der großen Nähe zur Appellation Hermitage entwickeln sich die sechs bis sieben Jahre alten Saint-Josephs – mit Ausnahme so großer Jahrgänge wie 1978 – in der Flasche nicht mehr gut.

Clos de l'Arbalestrier (Dr. D. Florentin) ***

Adresse:
32, avenue Saint-Joseph, 07300 Mauves, Tel.: 4 75 08 12 11, Fax: 4 75 55 83 10

Produzierte Weine: Saint-Joseph (rot und weiß)

Rebfläche: Weiß: 1 ha; Rot: 4 ha

Produktionsmenge:
Weiß: 4 500 Flaschen; Rot: 18 000 Flaschen

Ausbau:
Weiß: 2 Jahre in alten Eichenfässern; Rot: 3 Jahre in alten Eichenfässern

Durchschnittsalter der Reben:
Weiß: 33 % 15 und 67 % 50 Jahre; Rot: 50 Jahre

Verschnitt:
Weiß: 67 % Roussanne, 33 % Marsanne; Rot: 100 % Syrah

In diesem nach althergebrachten Methoden geführten Weingut scheint endlich die Einsicht einzukehren, dass man sich im 20. und nicht mehr im 18. Jahrhundert befindet. Der Betrieb wurde lange Jahre von Dr. Florentin, einem mittlerweile auf die Neunzig zugehenden Arzt aus Paris, geleitet, der auf einen biodynamischen Weinbau und eine traditionelle Kellertechnik schwor. Von der etwa 5,3 Hektar großen Rebfläche liegen 3,4 Hektar in einem *clos*, das heißt in einem von einer Mauer eingefassten Weingarten, südlich von Mauves. Die auf einem flachen, verwitterten, sandigen, granithaltigen Lehmboden gepflanzten 50 und mehr Jahre zählenden Weinstöcke brachten äußerst rustikale, herkömmliche Weiße und Rote hervor. Florentin hat die Leitung des Guts inzwischen an seinen Sohn, Dr. Dominique Florentin, und eine seiner Töchter, Françoise, übergeben, die gemeinsam einige der hier vertretenen Vinifikationsmethoden weiterentwickelt haben. In der Vergangenheit bereitete man nur gelegentlich beeindruckende, körperreiche, große, umwerfende Rotweine, die Weißen jedoch gerieten im Allgemeinen langweilig und oxidierten, während sich die schroffen, tanninherben, vollmundigen Roten ungebärdig zeigten. Dominique und Françoise scheinen zwar Zugeständnisse an den modernen Geschmack zu machen, trotzdem verbringen die Weißweine zwei und die Rotweine drei Jahre im Fass. Selbst bei den geringen Erträgen von weniger als einer Tonne Trauben pro Hektar – man liegt damit weit unter den Erträgen der meisten Erzeuger dieser Appellation – dauert der Ausbau in alten Fässern einfach zu lange. Da außerdem keine Schwefelung stattfindet, geraten die Weine ausgesprochen ungleichmäßig, obwohl die Rohstoffe bisweilen durchaus ansprechend sind. Vermutlich könnten weitere Zugeständnisse an das 20. Jahrhundert diese Domaine in die oberen Ränge der Saint-Joseph-Kellereien heben.

Die einzigen neueren, von mir verkosteten Weine aus dem Clos de l'Arbalestrier waren ein im Nachlassen begriffener, oxidierter weißer 89er und ein beeindruckend voller, körperreicher, erdiger, nach Pflaumen, Vogelkirschen und Tabak duftender roter 90er. Dieser Wein hat die viel zu lange *élevage* überstanden, ohne seine Frucht zu verlieren, allerdings gehört er auch zum größten Jahrgang der nördlichen Rhône seit 1961. Leichtere Weine wie der 92er, 93er und 94er werden einen so langen Ausbau wahrscheinlich nicht ohne irreparable Schäden überstehen.

CHAPOUTIER ***/*****

Adresse:

18, avenue du Docteur Paul Durand, B.P. 38, 26600 Tain l'Hermitage,
Tel.: 4 75 08 28 65, Fax: 4 75 08 81 70

Produzierte Weine:

Saint-Joseph Les Deschants (rot und weiß), Saint-Joseph Les Granites (rot und weiß)

Rebfläche: Weiß: 4 ha; Rot: 4 ha

Produktionsmenge:

Weiß: Les Deschants – 1 600 Kisten; Les Granites – 500 Kisten

Rot: Les Deschants – 3 000 Kisten (einschließlich des von anderen Erzeugern
bezogenen Weins im Gegenwert von 3 ha); Les Granites – 500 Kisten

Ausbau:

Weiß: Les Deschants – 6 Monate, 20 % in 2 bis 3 Jahre alten Fässern und 80 % in rostfreien Stahltanks;
Les Granites – 6 Monate in neuen Eichenfässern und im Tank
Rot: Les Deschants – 12 Monate in 2 bis 5 Jahre alten Fässern;
Les Granites – 12 Monate in 100 % neuer Eiche, ohne Schönung und Filtrierung

Durchschnittsalter der Reben:

Weiß: Les Deschants – 25 bis 30 Jahre; Les Granites – 50 bis 60 Jahre
Rot: Les Deschants – 35 bis 40 Jahre; Les Granites – 60 bis 70 Jahre

Verschnitt:

Weiß: 100 % Marsanne (beide Cuvées); Rot: 100 % Syrah (beide Cuvées)

Dieser weithin bekannte Großbetrieb in Tain l'Hermitage besitzt in Saint-Joseph eine acht Hektar umfassende Rebfläche in Hanglage, aus der eine rote und eine weiße Cuvée gewonnen werden. Die Les Deschants genannte Standardcuvée wird aus eigener Ernte und hinzugekauften Trauben bereitet. Die Qualität des Weißen steigt seit Ende der achtziger Jahre beträchtlich, seitdem Michel Chapoutier versucht, dem Bukett und Geschmack dieses Weins eine stärkere mineralische Note zu verleihen, was ihm meiner Meinung nach gelang. Der Rote ist ein fruchtiger, gut gebauter Wein und seinen Preis wert.

1994 beschloss der junge Winzer, aus den Trauben alter Rebstöcke zwei Cuvées zu bereiten, die den «Inbegriff des roten und weißen Saint-Joseph» verkörpern sollten. Beide Weine – der aus Marsanne gewonnene Weiße und der aus Syrah bereitete Rote – werden aus den Kleinsterträgen alter Weinstöcke in Chapoutiers besten Hanglagen in der Nähe von Mauves gekeltert. Sie werden in geringem Umfang hergestellt und sind ohne Frage die feinsten Saint-Josephs, die ich je gekostet habe. Wie bei den meisten Weinen dieser Kellerei besteht zwischen den Luxuscuvées und den Standardabfüllungen ein gewaltiger Qualitätsunterschied. Wer einen Eindruck von der Leistungsfähigkeit dieser Appellation gewinnen möchte, sollte versuchen, einige Flaschen von Chapoutiers Saint-Joseph Les Granites zu erwerben.

DIE NÖRDLICHE RHONE

1995 • 85 St-Joseph Les Deschants (rot): Der aus den granithaltigen Weinhängen von Saint-Joseph stammende 95er Les Deschants enthüllt in seiner reifen Cassisfrucht eine mineralische Note. Mit seiner eleganten Art und der beißenden Säure erinnert er an die schlanken, unreifen roten 93er Burgunder. Der pH-Wert soll nur 3,3 betragen. Letzte Verkostung: 6/96.

1995 • 89 St-Joseph Les Deschants (weiß): Dieser Weiße ist das Abbild eines Chablis und seinen Preis wert. Der mit außergewöhnlicher Reinheit und Finesse ausgestattete Tropfen besitzt ein festes, fruchtiges Orangenbukett, eine erstaunliche Präzision und einen vollen, konzentrierten Geschmack bei mittlerem Körper. Er sollte im Laufe der nächsten 3 bis 4 Jahre getrunken werden. Letzte Verkostung: 6/96.

1995 • 93 St-Joseph Les Granites (rot): Der 95er Les Granites besticht durch eine undurchdringlich purpurrote bis schwarze Farbe, ein tiefes Bukett mit dem starken Duft von Schwarzen Johannisbeeren und Mineralien, eine Ehrfurcht gebietende Intensität, einen vielschichtigen Geschmack und einen außerordentlich langen Abgang. Prüfnotizen wirken angesichts des Qualitätsniveaus dieser erstklassigen Weine nahezu absurd. Dieser Rote dürfte schon bei der Freigabe trinkbar sein und sich 20 bis 30 Jahre halten. Letzte Verkostung: 6/96.

1995 • 94 St-Joseph Les Granites (weiß): Die neue, mit außergewöhnlicher Intensität ausgestattete Luxuscuvée ist eine Auslese aus den Trauben 80 Jahre alter Weinstöcke, die auf einer 2 Hektar großen, an einem Hang hinter Gérard Chaves Haus in Mauves gelegenen Rebfläche stehen. Die Erträge beliefen sich auf 15 Hektoliter pro Hektar, und der Wein wurde ausschließlich in kleinen Fässern ausgebaut. Dem Glas entströmt ein flüssig-mineralisches Aprikosenaroma, und die untergründige lebhafte Säure verleiht dem massiven, reinsortigen Marsanne-Wein Konturen. Dem Geschmack nach könnte er auch mit einem kleinen Anteil Viognier-Trauben verschnitten sein. Von diesem größten weißen trockenen Saint-Joseph, den ich je verkostet habe, wurden nur 250 Kisten hergestellt. Er dürfte sich 15 bis 20 Jahre halten. Letzte Verkostung: 6/96.

1994 • 86 St-Joseph Les Deschants: Der ins Schwarz spielende rubin- bis purpurrote 94er Les Deschants verrät ein kraftvolles, süßes Syrah-Aroma von Cassis, Rauch und Pfeffer, ausgezeichnete Intensität sowie ein volles, süßes Mittelstück. Letzte Verkostung: 6/96.

1994 • 86 St-Joseph Les Deschants (Partie 5641) (weiß): Der nach Orangenschalen, Mineralien und Akazien duftende Weiße zeigt eine helle, strohgelbe Farbe, eine ansehnliche Konzentration und viel reine, reife Frucht. Letzte Verkostung: 6/96.

J. L. Chave ★★★★

Adresse:

37, avenue Saint-Joseph, 07300 Mauves, Tel.: 4 75 08 24 63, Fax: 4 75 07 14 21

Produzierte Weine: Saint-Joseph (rot)

Rebfläche: 1,5 ha

Produktionsmenge: 5 000 bis 6 000 Flaschen

Ausbau: 16 bis 18 Monate in alten Eichenfässern

Durchschnittsalter der Reben: 25 Jahre

Verschnitt: 100 % Syrah

Das wohl gehütete Geheimnis ist gelüftet: Gérard Chave und sein Sohn Jean-Louis produzieren 400 bis 500 Kisten eines großartig fruchtigen, eleganten, geschmeidigen, roten Saint-Joseph von mittlerem Körper, der inzwischen im größeren Umfang vertrieben wird. Ein feiner Roter, der in den ersten vier bis fünf Jahren nach seiner Freigabe den besten Trinkgenuss bietet. Bei meinem letzten Besuch im Sommer 1996 erörterten die Chaves die Möglichkeit, eine Händlerabfüllung zu bereiten, um die unglaubliche Nachfrage nach ihren Weinen befriedigen zu können.

Jahrgänge

1995 • 86 St-Joseph: Alle, die Einblick in das Chave-Mysterium gewinnen wollen, sollten diesen Saint-Joseph erwerben. Das ist ein herrlich reifer, reiner, eleganter, nach Schwarzen Johannisbeeren und Kirschen duftender sowie mit reichlich Frucht und Charme ausgestatteter Wein. Der 95er, aus einer Hanglage stammende Rote dürfte sich 5 bis 8 Jahre gut trinken lassen. Letzte Verkostung: 6/96.

1990 • 89 St-Joseph: Der dunkel purpurrote 90er schäumt über vor Geschmack und zeigt sich so zugänglich, dass man glauben könnte, er würde überhaupt nicht altern. Vermutlich hält er sich noch länger als 10 Jahre. Warum aber warten, wenn doch seine Attraktivität vor allem der jugendlichen Reinheit und Fruchtfülle zu verdanken ist? Letzte Verkostung: 6/96.

1989 • 88 St-Joseph: Der überaus volle, fruchtige Wein bereitet Hochgenuss und verströmt einen überschäumenden Duft und Geschmack von Cassis und provenzalischen Kräutern. Dieser vorzügliche Tropfen sollte in den nächsten 5 bis 7 Jahren getrunken werden. Letzte Verkostung: 6/96.

DOMAINE DU CHÊNE (MARC ROUVIÈRE) ***/****

Adresse:
Le Pêcher, 42410 Chavanay, Tel.: 4 74 87 27 34, Fax: 4 74 87 02 70

Produzierte Weine:
Saint-Joseph (rot und weiß), Saint-Joseph Cuvée Anaïs (rot)
(eine Auslese der feinsten roten Standardcuvées)

Rebfläche: Weiß: 1,5 ha; Rot: 6 ha

Produktionsmenge:
Weiß: 9 000 Flaschen; Rot: 36 000 Flaschen

Ausbau:
Weiß: 8 bis 10 Monate, 10 bis 20 % in neuer Eiche und der Rest in rostfreien Stahltanks
Rot: 12 bis 18 Monate in Fässern

Durchschnittsalter der Reben: Weiß: 15 Jahre; Rot: 35 Jahre

Verschnitt: Weiß: 100 % Marsanne; Rot: 100 % Syrah

Marc Rouvière hat sein Können weiterentwickelt und bereitet heute einen sehr guten, fruchtigen, ausschließlich aus Marsanne gewonnenen Weißen. Sein guter Roter lässt sich in den ersten drei bis vier Jahren nach der Freigabe am besten trinken. Zudem produziert Rouvière etwa 600 Kisten der Cuvée Anaïs, einer Auslese aus seinen konzentriertesten Weinen, die zu einem kleinen Teil in neuer Eiche gealtert werden. Dieser besondere Tropfen dürfte für einen Saint-Joseph ungewöhnlich langlebig sein, während die meisten der besseren Jahrgänge eine Lebensdauer von acht bis zehn Jahren haben.

JAHRGÄNGE

1994 • 89 St-Joseph Cuvée Anaïs (rot): Der tief rubinrote 94er Anaïs präsentiert sich als ein ausgezeichneter, fast herausragender Wein. Er offenbart ein Bukett von toastwürziger neuer Eiche, Cassis und Gewürzen, einen mittleren bis vollen Körper, eine hervorragende Reife und Fülle sowie einen langen, würzigen und konzentrierten Abgang. Ein ausgesprochen schöner, geschmeidiger Tropfen, der im Laufe der nächsten 7 bis 8 Jahre getrunken werden sollte. Letzte Verkostung: 6/96.

ÄLTERE JAHRGÄNGE

In den Jahren 1989, 1990 und 1991 fiel die Cuvée Anaïs sehr edel aus und erzielte, mit Ausnahme des 89er Jahrgangs, durchweg knapp unter 90 Punkte. Die Weine sollten alle bis zum Ende des Jahrhunderts getrunken werden. In dem sehr schwierigen Jahr 1992 produzierte Rouvière eine geschmeidige und fruchtige Cuvée Anaïs.

Domaine Chèze ***

Adresse:
07340 Limony, Tel.: 4 75 34 02 88, Fax: 4 75 34 13 25

Produzierte Weine:
Saint-Joseph (rot und weiß), Saint-Joseph Cuvée Prestige de Caroline (rot)

Rebfläche:
Weiß: 1 ha; Rot: Standardcuvée – 6 ha; Cuvée Prestige de Caroline – 2 ha

Produktionsmenge:
Weiß: 6 000 Flaschen
Rot: Standardcuvée – 37 500 Flaschen; Cuvée Prestige de Caroline – 9 750 Flaschen

Ausbau:
Weiß: 7 Monate, 60 % in alten Eichenfässern und 40 % in rostfreien Stahltanks
Rot: Standardcuvée – 14 bis 18 Monate, 80 % in alten Eichenfässern und 20 %
in rostfreien Stahltanks; Cuvée Prestige de Caroline – 18 bis 24 Monate,
80 % in neuen und 20 % in 2 bis 3 Jahre alten Eichenfässern

Durchschnittsalter der Reben:
Weiß: 10 Jahre
Rot: Standardcuvée – 10 bis 15 Jahre; Cuvée Prestige de Caroline – 25 bis 30 Jahre

Verschnitt:
Weiß: 100 % Marsanne; Rot: 100 % Syrah (beide Cuvées)

Dieser zu den aufstrebenden Weingütern in Saint-Joseph zählende Betrieb wurde erst 1978 gegründet. Damals entschied Louis Chèze, entgegen der Gewohnheit seines Vaters, seine Produktion nicht mehr zu verkaufen. Seine wunderbare Cuvée de Caroline, benannt nach seiner 1986 geborenen Tochter, fiel 1995 und 1994 sehr gut und 1991 nahezu hervorragend aus. Darüber hinaus wurde 1994 eine weniger kräftige Cuvée de Ro-Rez bereitet.

Alle Erzeugnisse der mit modernen Methoden arbeitenden Kellerei unterliegen der Kontrolle des Önologen Jean-Luc Colombo. Die roten Trauben werden vollständig entrappt und bei relativ hoher Temperatur vergoren, um bessere Farben und eine höhere Intensität zu erreichen. Colombo hat die hier übliche grobe Art der Schönung und Filtrierung verfeinert und eine schonendere Methode der Abfüllung eingeführt; sie gewährleistet mehr Frucht, Struktur und Körper.

Das Gut produziert zudem den eleganten Condrieu aus den Trauben einer zwei Hektar großen Parzelle am Coteau de Breze, die erst 1988 und 1989 bestockt wurde. In ebenfalls geringer Menge wird ein preisgünstiger, solider Gamay *vin de table* bereitet.

DIE NÖRDLICHE RHONE

Maurice Courbis (G.A.E.C. Les Ravières) ***

Adresse:
07130 Châteaubourg, Tel.: 4 75 40 32 12, Fax: 4 75 40 25 39

Produzierte Weine:
Saint-Joseph (rot und weiß), Cuvée Spéciale Les Royes (rot)

Rebfläche:
Weiß: 4,5 ha; Rot: Insgesamt 12,2 ha;
Cuvée Spéciale Les Royes – Auslese von Weinstöcken einer 4,2 ha großen Rebfläche

Produktionsmenge:
Weiß: 4 800 Flaschen
Rot: Standardcuvée – 4 800 Flaschen; Cuvée Spéciale Les Royes – 4 500 Flaschen

Ausbau:
Weiß: 6 Monate, 25 % in 1 Jahr alten Eichenfässern und 75 % in rostfreien Stahltanks
Rot: Standardcuvée – 14 bis 18 Monate in alten Eichenfässern;
Cuvée Spéciale Les Royes – 14 bis 18 Monate in alten Eichenfässern

Durchschnittsalter der Reben:
Weiß: 40 Jahre
Rot: Standardcuvée – 25 Jahre; Cuvée Spéciale Les Royes – 20 Jahre

Verschnitt:
Weiß: 95 % Marsanne, 5 % Roussanne; Rot: 100 % Syrah (beide Cuvées)

Die Kellerei Courbis wird im Cornas-Kapitel (siehe Seite 230) ausführlicher behandelt. Die drei von ihr produzierten Saint-Joseph-Weine sind allesamt gut, der feinste aber ist die Cuvée Spéciale Les Royes. Die Familie begann 1587 mit der Weinbereitung in Châteaubourg, wo sich auch ihre beste Hanglage, die Domaine des Royes, befindet. Maurice Courbis gehört zu der wachsenden Zahl junger Winzer im Rhônetal, die sich den Rat des Önologen Jean-Luc Colombo gesichert haben.

Jahrgänge

1995 • 85 St-Joseph (weiß): Dieser lebhafte, limonen- und zitrusfruchtige trockene Wein von mittlerem Körper sollte in den nächsten 2 Jahren getrunken werden. Letzte Verkostung: 6/96.
1995 • 86 St-Joseph Les Royes (rot): Dem eichenholzduftigen, muskulösen und tanninherben 95er Les Royes wird eine Lagerung von 1 bis 3 Jahren gut tun. In den darauf folgenden 7 bis 8 Jahren sollte er getrunken werden. Letzte Verkostung: 6/96.
1994 • 87 St-Joseph Les Royes (rot): Nur wenig besser fällt der 94er aus, ein sehr fruchtiger, toastwürziger, süßer, dunkel rubinroter Wein mit einer reichlichen Portion Frucht und Charakter. Letzte Verkostung: 6/96.

Pierre Coursodon ***

Adresse:

Place du Marché, 07300 Mauves, Tel.: 4 75 08 18 29, Fax: 4 75 08 75 72

Produzierte Weine:

Saint-Joseph (rot und weiß), Saint-Joseph Paradis Saint-Pierre (rot und weiß),

Saint-Joseph L'Olivaie (rot)

Rebfläche:

Weiß: 2 ha

Rot: Standardcuvée – 8 ha; Paradis Saint-Pierre – 1 ha; L'Olivaie – 1 ha

Produktionsmenge:

Weiß: Standardcuvée – 7 500 Flaschen; Paradis Saint-Pierre – 2 250 Flaschen

Rot: Standardcuvée – 45 000 Flaschen; Paradis Saint-Pierre – 3 500 bis 4 500 Flaschen;

L'Olivaie – 3 500 bis 4 500 Flaschen

Ausbau:

Weiß: Standardcuvée – 6 Monate in rostfreien Stahltanks

Rot: Paradis Saint-Pierre – 80 Monate in 2 bis 3 Jahre alten Fässern;

Standardcuvée – 18 Monate in Eichenfässern; Paradis Saint-Pierre – 18 Monate in Eichenfässern;

L'Olivaie – 18 Monate in 20 % neuen Eichenfässern

Durchschnittsalter der Reben:

Weiß: 40 Jahre

Rot: Standardcuvée – 40 Jahre; Paradis Saint-Pierre – 50 bis 70 Jahre; L'Olivaie – 50 bis 70 Jahre

Verschnitt:

Weiß: 100 % Marsanne (beide Cuvées); Rot: 100 % Syrah (alle drei Cuvées)

Die zwölf Hektar große Rebfläche dieses Guts befindet sich ausschließlich in der Appellation Saint-Joseph. Die hier produzierten zwei weißen und drei roten Cuvées haben sich, seit Gustave Coursodons Sohn Pierre die Weinbereitung verantwortet, durchweg verbessert. Die Weißen sind typische Saint-Joseph-Erzeugnisse. Weil Pierre den Wein weder zu säurehaltig noch zu ausdrucksschwach mag, nimmt er eine teilweise malolaktische Gärung vor. Das Ergebnis sind zitrusduftige, fruchtige Tropfen, die innerhalb von ein bis zwei Jahren nach der Lese getrunken werden sollten. Der weiße Paradis Saint-Pierre, von dem etwa 200 Kisten hergestellt werden, verbringt acht Monate in alten Eichenfässern und gewinnt dadurch im Vergleich zur Standardcuvée, die in rostfreien Stahltanks gealtert wird, an Gehalt und Charakter.

Die Qualität der drei Roten variiert und steigert sich von der Standardcuvée über die Cuvée Paradis Saint-Pierre bis zur Spitzencuvée L'Olivaie. Der Paradis Saint-Pierre wird aus einer Auswahl der besten Fässer bereitet, und der L'Olivaie geht aus den 50 bis 70 Jahre alten Rebstöcken einer ein Hektar großen Parzelle an den granithaltigen Hängen über Saint-Jean-de-Muzols hervor. Kritik lässt sich lediglich an dem mit 18 Monaten ungewöhnlich langen Fassausbau üben, auch wenn die herausragenden Erzeugnisse der Jahrgänge 1989 und 1990 diese *élevage* ohne Weiteres durchstehen. Die recht maskulinen, kraftvollen roten Saint-Josephs halten sich mindestens zehn Jahre. Seit Ende der achtziger Jahre zeigen die Coursodon-Produkte eine erheblich verbesserte Konsistenz.

YVES CUILLERON ***/****

Adresse:

Les Prairies, Route Nationale 86, 42410 Chavanay, Tel.: 4 74 87 02 37, Fax: 4 74 87 05 62

Produzierte Weine:

Saint-Joseph Cuvée Izeras (weiß), Saint-Joseph Cuvée Prestige Le Bois Lombard (weiß),
Saint-Joseph (rot), Saint-Joseph Cuvée Prestige (rot), Saint-Joseph L'Amarybelle (rot)

Rebfläche:

Weiß: Cuvée Izeras – 1 ha; Cuvée Prestige Le Bois Lombard – 0,5 ha
Rot: Standardcuvée – 6 ha; Cuvée Prestige – 2,5 ha

Produktionsmenge:

Weiß: Cuvée Izeras – 6 000 Flaschen; Cuvée Prestige Le Bois Lombard – 3 000 Flaschen
Rot: Standardcuvée – 30 000 Flaschen; Cuvée Prestige – 10 500 Flaschen

---

Ausbau:

Weiß: Cuvée Izeras – 6 Monate, 30 % in Eiche und 70 % in rostfreiem Stahl;
Cuvée Prestige Le Bois Lombard – 7 Monate, 30 % in Eiche und 70 % in rostfreiem Stahl
Rot: Standardcuvée – 16 Monate in kleinen und großen Fässern;
Cuvée Prestige – 20 Monate in kleinen und großen Fässern

Durchschnittsalter der Reben:

Weiß: Cuvée Izeras – 20 Jahre; Cuvée Prestige Le Bois Lombard – 40 Jahre
Rot: Standardcuvée – 15 Jahre; Cuvée Prestige – 35 bis 50 Jahre

---

Verschnitt:

Weiß: 100 % Marsanne (beide Cuvées); Rot: 100 % Syrah (beide Cuvées)

Yves Cuillerons Fähigkeiten werden ausführlicher im Condrieu-Kapitel (siehe Seite 116) beschrieben. Aus der Appellation Saint-Joseph stammen mit Sicherheit seine feinsten Rotweine, aber auch einige seiner besten Weißen. Cuilleron gilt als Meister der Weißweinbereitung, so dass seine beiden Spitzenerzeugnisse – die Cuvée Izeras und die Cuvée Prestige Le Bois Lombard – den Kauf lohnen. Wie die Prüfnotizen zeigen, handelt es sich um köstliche, trockene Weine, die zu den Markenzeichen der nördlichen Rhône gehören.

Obwohl Cuilleron bei der Bereitung von Roten nur selten das gleiche Können an den Tag gelegt hat, geraten seine Saint-Josephs aus den Trauben einer kleinen Syrah-Anpflanzung in Hanglage überraschend voll, ausgewogen und herrlich. Sie sollten in den ersten fünf Jahren nach ihrer Freigabe getrunken werden. Dieser Winzer gehört zu den seltenen unangefochtenen Stars in Saint-Joseph und zu den wenigen, die mit Weißweinen ähnlich erfolgreich sind wie mit Rotweinen.

SAINT-JOSEPH

1995 • 86 St-Joseph L'Amarybelle (rot): Das edelste Erzeugnis unter Cuillerons aktuellen und bevorstehenden Freigaben ist der 95er L'Amarybelle mit seinem süßen, reinen Bukett von Vogelkirschen, seinem lebhaften, eleganten, beißenden Geschmack, seinem mittleren Körper und seiner dynamischen, erfrischenden Persönlichkeit. Er dürfte sich 4 bis 5 Jahre gut trinken lassen. Letzte Verkostung: 6/96.

1995 • 87 St-Joseph Izeras (weiß): Der 95er Izeras enthüllt ein Bukett von Zitrusfrüchten und Ananas. Er besitzt eine geballte Ladung Frucht, einen mittleren bis vollen Körper und einen sauberen, erfrischenden Abgang, dessen Säuregehalt dem Wein Würze und Dynamik verleiht. Er sollte im Laufe des kommenden Jahres ausgetrunken werden. Letzte Verkostung: 6/96.

1995 • 89 St-Joseph Le Bois Lombard (weiß): Als Folge außergewöhnlich geringer Erträge und reifer Trauben gibt sich dieser 95er vollmundig und körperreich, wobei sein Geschmack und sein Aroma von einer honigsüßen Ananasnote dominiert werden. Ein üppiger, saftiger, reinsortiger Marsanne – es findet sich kein besserer in Saint-Joseph. Er sollte in den nächsten 2 bis 3 Jahren getrunken werden. Letzte Verkostung: 6/96.

1994 • 78? St-Joseph L'Amarybelle (rot): Der Wein ist spröde, mager und unterernährt. Letzte Verkostung: 6/96.

1994 • 86 St-Joseph Cuvée Prestige (rot): Cuillerons tief-dunkle 94er Cuvée Prestige enthüllt ein attraktives toastwürziges Aroma von frischem Eichenholz, Vogelkirschen und Cassis. Der säurearme, weiche, reife Wein besitzt eine schöne Portion köstliche, elegante und üppige Syrah-Frucht. Er sollte in den ersten 7 bis 8 Jahren nach seiner Freigabe getrunken werden. Letzte Verkostung: 6/96.

1992 • 89 St-Joseph Cuvée Prestige (rot): Diese großartige und dazu preiswerte 92er Cuvée Prestige stammt von den ältesten Rebstöcken der Kellerei. Ihr kräftig-dunkles Rubin- bis Purpurrot verbindet sich mit einem ausladenden Aroma von schwarzem Beerenobst, Kräutern und Vanille. Ein herrlich voller, expansiver und konzentrierter Wein mit reichem Körper und einer samtigen Struktur. Voraussichtliche Genussreife: jetzt bis 1998. Letzte Verkostung: 9/95.

1991 • 89 St-Joseph Cuvée Prestige (rot): Die in dieser 91er Cuvée Prestige reichlich vorhandene Cassisfrucht weist eine würzige, pfeffrige, kräuterartige Komponente auf. Der Wein ist fein abgestimmt und besitzt erstaunliche Säure im Hintergrund, dazu ausgezeichnete Konzentration und einen vollen, mittelschweren bis körperreichen, langen und mäßig tanninherben Abgang. Voraussichtliche Genussreife: jetzt bis 2002. Letzte Verkostung: 9/95.

DELAS FRÈRES **

Adresse:

2, allées de l'Olivet, 07300 Saint-Jean-de-Muzols, Tel.: 4 75 08 60 30, Fax: 4 75 08 53 67

Produzierte Weine:

Saint-Joseph Cuvée Sainte-Epine (rot und weiß), Saint-Joseph Cuvée Les Challeys (rot und weiß),
Saint-Joseph Cuvée François de Tournon (rot)

Rebfläche: Weiß: 1 ha; Rot: 3 ha

Produktionsmenge:

Weiß: 15 000 Flaschen (Gesamtproduktion einschließlich Traubenkauf von anderen Winzern);
Cuvée Sainte-Epine – 2 500 Flaschen; Cuvée Les Challeys – 8 000 bis 9 000 Flaschen
Rot: 90 000 Flaschen (Gesamtproduktion einschließlich Traubenkauf von anderen Winzern);
Cuvée Sainte-Epine – 2 500 Flaschen; Cuvée François de Tournon – 12 000 Flaschen;
Cuvée Les Challeys – 55 000 Flaschen

Ausbau:

Weiß: 8 Monate, je 50 % in neuen und alten Eichenfässern
Rot: 12 bis 14 Monate in 2 bis 5 Jahre alten Fässern

Durchschnittsalter der Reben:

Weiß: 15 bis 20 Jahre; Rot: 15 bis 20 Jahre

Verschnitt:

Weiß: 90 % Marsanne, 10 % Roussanne; Rot: 100 % Syrah

Die Firma Delas Frères bereitet eine ganze Reihe mehr oder weniger mittelmäßiger Saint-Joseph-Cuvées. Auf Grund ihrer geringen Qualität rufen die Weine dieses wohlhabenden *négociant* keine besondere Aufmerksamkeit hervor.

BERNARD FAURIE ***/****

Adresse: Avenue Hélène de Tournon, 07300 Tournon, Tel. und Fax: 4 75 08 55 09

Produzierte Weine: Saint-Joseph (rot und weiß)

Rebfläche: Weiß: 0,2 ha; Rot: 1,5 ha

Produktionsmenge: Weiß: 800 Flaschen; Rot: 6 000 Flaschen

Ausbau:

Weiß: 4 Wochen dauernde Gärung in neuem Eichenholz, dann 9 Monate in alten Fässern
Rot: 14 bis 18 Monate in maximal 10 % neuen Eichenfässern

Durchschnittsalter der Reben: Weiß: 10 Jahre; Rot: 10 und 30 Jahre

Verschnitt: Weiß: 100 % Marsanne; Rot: 100 % Syrah

Faurie produziert eine geringe Menge Saint-Joseph-Weine. Sein Weißer hat sich in den letzten Jahren verbessert, ist aber immer noch eher neutral als verlockend. Der Rote gelangt unter zwei verschiedenen Bezeichnungen mit je 125 Kisten in den Handel: als Cuvée Jeunes Vignes und Cuvée Vieilles Vignes. Beide Weine sind gut, die Cuvée Vieilles Vignes besitzt allerdings eine tiefere Färbung, ein kräftigeres Brombeer- und Cassisaroma sowie mehr Struktur. Der Wein will 3 bis 6 Jahre nach der Lese getrunken werden.

ALAIN GRAILLOT (DOMAINE LES CHÊNES VERTS) ****

Adresse:
26600 Pont de l'Isère, Tel.: 4 75 84 67 52, Fax: 4 75 07 24 31

Produzierte Weine: Saint-Joseph (rot)

Rebfläche: 2 ha

Produktionsmenge: 10 000 Flaschen

Ausbau: 12 Monate, 80 % in Eiche und 20 % in rostfreien Stahltanks

Durchschnittsalter der Reben: 20 Jahre

Verschnitt: 100 % Syrah

Alain Graillot hat in der Nähe von Tournon zwei Hektar Hanglage gepachtet und produziert sehr feine, volle und konzentrierte Weine. Große Mengen werden nicht hergestellt, doch lohnt sich die Suche. Ausführlichere Informationen über Graillot und seine Art der Vinifikation sind im Kapitel über Crozes-Hermitage (siehe Seite 183) zu finden.

JAHRGÄNGE

1995 • 88 St-Joseph (rot): Der pechschwarze 95er Rotwein enthüllt ein erstklassiges rauchiges Bukett von reifer Cassisfrucht und Mineralien. Er besitzt lebhafte Säure, ausgezeichnete Konturen und eine tanninherbe, verschlossene Persönlichkeit. In seiner Machart erinnert er an den 88er. Dieser Wein wird bis zur Vollreife noch einige Jahre im Keller lagern müssen, dürfte sich dann aber ein Jahrzehnt lang halten. Letzte Verkostung: 6/96.

1994 • 87 St-Joseph (rot): Der 94er liefert ein klassisches Beispiel dafür, was eine exzellente Kellertechnik zu leisten vermag. Der dunkle rubin- bis purpurrote Tropfen ist mit reichlich Cassisfrucht beladen. Wer das Glück hat, diesen köstlichen Wein irgendwo zu finden, sollte ihn gleich kistenweise kaufen. Letzte Verkostung: 6/96.

1993 • 67 St-Joseph (rot): Der 93er ist dagegen eines der enttäuschendsten Erzeugnisse dieses erstklassigen Winzers. Der harte, hohle Wein besitzt weder Frucht noch Reife und zeigt, mit welchen Schwierigkeiten sogar Alain Graillot beim 93er Jahrgang zu kämpfen hatte. Letzte Verkostung: 6/96.

1991 • 87 St-Joseph (rot): Liebhaber reiner Eleganz und satinweicher Struktur sollten Graillots 91er Rotwein probieren. Dieser üppige, reichlich mit Vogelkirschenfrucht und Cassis beladene Tropfen besitzt einen mittelschweren Körper, mildes Tannin und einen alkoholstarken, opulent strukturierten, langen Abgang. Voraussichtliche Genussreife: jetzt bis 1999. Letzte Verkostung: 11/95.

1990 • 89 St-Joseph (rot): Graillots nahezu opaker 90er entfaltet ein gewaltiges Bukett von Lakritze, schwarzem Beerenobst und Mineralien. Schwer bepackt mit öliger, sahniger Johannisbeerfrucht, verfügt er über eine anständige Säure, reichlich Tannin und einen überschäumenden, langen, samtigen Abgang. Voraussichtliche Genussreife: jetzt bis 2000. Letzte Verkostung: 4/94.

BERNARD GRIPPA ***

Adresse:
5, avenue Ozier, 07300 Mauves, Tel.: 4 75 08 14 96, Fax: 4 75 07 06 81

Produzierte Weine:
Saint-Joseph (rot und weiß), Saint-Joseph Cuvée Le Berceau (rot und weiß)

Rebfläche: Weiß: 3 ha; Rot: 6 ha

Produktionsmenge:
Weiß: Standardcuvée – 18 000 Flaschen; Cuvée Le Berceau – 1 200 Flaschen
Rot: Standardcuvée – 30 000 Flaschen; Cuvée Le Berceau – 700 bis 2 000 Flaschen

Ausbau:
Weiß: 6 Monate (beide Cuvées), 80 % in rostfreien Stahltanks und 20 % in Barriques
Rot: Standardcuvée – 12 Monate in 10 % neuen Eichenfässern;
Cuvée Le Berceau – 12 Monate in 25 % neuen Eichenfässern

Durchschnittsalter der Reben: Weiß: 30 bis 40 Jahre; Rot: 30 Jahre, einige Weinstöcke 70 Jahre

Verschnitt: Weiß: 100 % Marsanne; Rot: 100 % Syrah

Die neun Hektar große Rebfläche liegt bis auf einen Hektar in Saint-Joseph. Der stattliche, enthusiastische Bernard Grippa besitzt einige der besten Lagen der Appellation, darunter zwei mit sehr alten Rebstöcken bepflanzte Parzellen an den Steilhängen von Tournon und Mauves. Bereits in der vierten Generation wird unter dem Namen Grippa Wein erzeugt, heute jeweils eine rote und eine weiße Standardcuvée sowie eine rote und eine weiße Cuvée Le Berceau («Wiege»), die allerdings seltener zu finden sind. Es handelt sich hier um Auslesen aus Parzellen mit altem Rebbestand – Weine von sehr hoher Qualität und Konzentration, die nicht in jedem Jahr produziert werden. Die Weinbereitung ist traditionell: Während die Fermentierung des Weißweins hauptsächlich im Tank stattfindet, wird ein kleiner Teil des Ertrags, in der Regel unter 20 %, in Holz ausgebaut. Die roten Trauben werden nicht entrappt, allerdings diskutiert man immer wieder mit dem Önologen Jean-Luc Colombo die mögliche Einführung des vollständigen Entrappens, so dass es hier Veränderungen geben kann. Der Rotwein altert in kleinen Eichenfässern, von denen im Falle der Cuvée Le Berceau höchstens 25 % neu sind.

Grippas Erzeugnisse, vor allem die Roten, sind durchweg sehr gut. Die recht kräftige Cuvée Le Berceau zeichnet sich durch ein dunkles, Rubin- bis Purpurrot sowie eine attraktive Frucht von Schwarzen Himbeeren und Cassis aus. Sie sollte im Laufe von sechs bis sieben Jahren nach der Lese getrunken werden, während die Standardcuvée in den ersten vier bis fünf Jahren den besten Trinkgenuss bietet. Die Weißen besitzen ein Aroma von Pfirsichen und Aprikosen, einen mittleren Körper, ansehnliche Frucht und einen sauberen, frischen Geschmack. Sie sind den meisten anderen Weißweinen der Appellation überlegen, auch wenn aus unerfindlichen Gründen bei der im Sommer 1996 vorgenommenen Verkostung der 94er und 95er schwächer ausfielen.

JAHRGÄNGE

1990 • 87 St-Joseph Le Berceau (rot): Der opake 90er Le Berceau verrät eine reichliche Portion toastwürziges frisches Eichenholz. Im Geschmack offenbart sich eine attraktive und reife Frucht von Schwarzen Himbeeren und Cassis, eine ausladende, kernige Struktur, weiches Tannin und ein langer Abgang. Die Bewertung könnte später durchaus höher ausfallen. Voraussichtliche Genussreife: jetzt bis 2000. Letzte Verkostung: 9/94.

J. L. GRIPPAT ***/****

Adresse: 07300 Tournon, Tel.: 4 75 08 15 51, Fax: 4 75 07 00 97

Produzierte Weine: Saint-Joseph (rot und weiß)

Rebfläche: Weiß: 1,4 ha; Rot: 4,3 ha

Produktionsmenge: Weiß: 9 000 Flaschen; Rot: 21 000 Flaschen

Ausbau:
Weiß: 16 Monate in rostfreien Stahltanks
Rot: 3 bis 4 Monate in rostfreien Stahltanks und 10 bis 12 Monate in Eichenholz

Durchschnittsalter der Reben: Weiß: 50 Jahre; Rot: 20 Jahre

Verschnitt: Weiß: 100 % Marsanne; Rot: 100 % Syrah

Der überschwängliche Grippat bereitet große weiße und nichts sagende rote Hermitages (siehe Seite 184) und widmet den größten Teil seiner Zeit und Energie der Herstellung weißer und roter Saint-Josephs. Seine knapp sechs Hektar umfassende Rebfläche verteilt sich auf herrliche Hanglagen oberhalb von Tournon, wo sich auch die Kellerei befindet, und in Mauves, zudem hat er vom Krankenhaus in Tournon eine 0,4 Hektar große Parzelle gepachtet. Ihre 100 Jahre alten Rebstöcke schlängeln sich im Zickzackmuster die steil abfallenden Hänge in der Nähe des mittelalterlichen Turms, der auf Tournon und Tain l'Hermitage blickt, entlang und ergeben 125 Kisten Cuvée des Hospices – einen der zweifellos feinsten Rotweine der Appellation. Leider ist es praktisch unmöglich, ihn im Handel zu finden.

Die anderen Roten Grippats wirken elegant und weich und werden vermutlich eher wegen ihres Charmes und ihrer Leichtigkeit als wegen ihrer Kraft oder Intensität zusagen. Zu seinem Angebot gehört auch der beste Weiße in der Region, ein sehr angenehmer, überaus duftiger, mit dem Aroma von Pfirsichen und Aprikosen erfüllter Wein, der sich durch seine Qualität und den maßvollen Preis auszeichnet.

JAHRGÄNGE

1994 • 85 St-Joseph (rot): Ohne die unreife, pfeffrige, vegetabile Note in seinem Bukett hätte der 94er eine höhere Bewertung verdient. Er ähnelt mehr dem Chinon aus dem Loiretal als einem Wein der nördlichen Rhône und verrät trotz seiner vegetabilen Komponente reichlich Cassisfrucht. Freunde eines stark kräuterwürzigen Saint-Joseph werden diesen Wein besser zu schätzen wissen als ich. Letzte Verkostung: 6/96.

1994 • 87 St-Joseph (weiß): Ich habe von jeher Grippats schönen Weißen und stilvollen Roten bewundert. Dieser 94er ist honigsüß, aprikosenduftig und schmackhaft, von mittlerem bis vollem Körper, ausgezeichneter Reinheit und weicher, üppiger Art. Er sollte in den nächsten Jahren getrunken werden. Letzte Verkostung: 6/96.

1994 • 86 St-Joseph Cuvées des Hospices: Die dunkle rubinrote 94er Cuvée des Hospices zeigt ein attraktives, rauchiges Bukett von Vogelkirschen und Kräutern sowie mittleren Körper. Gleichzeitig überwältigen die Frucht und der Charme dieses eleganten, runden Weins, der in den nächsten 4 bis 6 Jahren getrunken werden sollte. Letzte Verkostung: 6/96.

ÄLTERE JAHRGÄNGE

Wer eine Flasche der großartigen 90er Cuvée des Hospices findet, sollte sie kaufen; es lohnt sich. Der Wein gehört zu den besten Saint-Josephs aus dem Hause Grippat. Er enthüllt ein ungeheures Bukett von Schwarzen Himbeeren und Trüffeln sowie einen körperreichen, üppigen und vollen Geschmack. Ein prächtiges, überwältigendes Beispiel für das hohe Niveau, das ein Saint-Joseph erreichen kann! Letzte Verkostung: 11/94.

PAUL JABOULET-AINÉ ***/****

Adresse:
Les Jalets, Route Nationale 7, B.P. 46, La-Roche-de-Glun, 26600 Tain l'Hermitage,
Tel.: 4 75 84 68 93, Fax: 4 75 84 56 14

Produzierte Weine:
Saint-Joseph Le Grand Pompée (rot und weiß)

Rebfläche:
Weiß: Keine; für diesen Verschnitt wird der Wein gekauft
Rot: Keine; für diesen Verschnitt wird der Wein gekauft

Produktionsmenge: Weiß: 4 000 Flaschen; Rot: 100 000 Flaschen

Ausbau: Weiß: 6 bis 8 Monate in Eichenfässern
Rot: 10 Monate in Eichenfässern

Verschnitt: Weiß: 100 % Marsanne; Rot: 100 % Syrah

Verbraucher, die an einem guten Saint-Joseph zu einem vernünftigen Preis interessiert sind, sollten nach Jaboulet-Ainés fruchtigem, extravagantem «Le Grand Pompée», benannt nach einem Lieblingsgeneral Karls des Großen, Ausschau halten. Die Kellerei produziert fast 8 500 Kisten dieses sauber und im modernen Stil bereiteten Rotweins, der in den ersten fünf bis sechs Jahren nach seiner Freigabe den besten Trinkgenuss verspricht. Seit einigen Jahren erzeugt der Betrieb in der geringen Menge von etwa 330 Kisten einen köstlichen, ausschließlich aus Marsanne gewonnenen Weißwein, der zu einem kleinen Teil in neuen Eichenfässern ausgebaut und dann sechs Monate in gebrauchtem Holz gealtert wird. Der 95er war köstlich, sollte aber in den ersten ein bis zwei Jahren nach seiner Freigabe getrunken werden.

1995 • 87 St-Joseph Le Grand Pompée (weiß): Der ausschließlich aus Marsanne-Trauben gewonnene 95er Le Grand Pompée weist einen lieblichen mandarinen- und grapefruitartigen
Charakter auf. Er schmeckt zudem nach Aprikosen und besitzt einen ansehnlichen Körper,
eine schöne Fülle und einen schnörkellosen, lebhaften Abgang. Er sollte in den nächsten Jahren getrunken werden. Letzte Verkostung: 6/96.
1990 • 89 St-Joseph Le Grand Pompée (rot): Der reichhaltige 90er Le Grand Pompée gehört
zu den konzentriertesten Saint-Josephs des Hauses Jaboulet-Aîné. Sein sattes Purpurrot verbindet sich mit einem Bukett von Schwarzen Johannisbeeren und Mineralien, einem körper-
und extraktstoffreichen Geschmack, guter Säure, mildem Tannin und einem üppigen Abgang.
Voraussichtliche Genussreife: jetzt bis 2000. Letzte Verkostung: 6/95.

JEAN MARSANNE ***

Adresse:
Avenue Ozier, 07300 Mauves, Tel.: 4 75 08 86 26

Produzierte Weine: Saint-Joseph (rot und weiß)

Rebfläche: Weiß 0,35 ha; Rot: 4 ha

Produktionsmenge:
Weiß: 1 950 Flaschen; Rot: 19 500 Flaschen

Ausbau:
Weiß: 6 bis 8 Monate in rostfreien Stahltanks
Rot: 10 bis 15 Monate in alten Eichenfässern und anschließend 6 Monate in rostfreien Stahltanks

Durchschnittsalter der Reben:
Weiß: 4 Jahre; Rot: 30 bis 50 Jahre

Verschnitt:
Weiß: 100 % Marsanne; Rot: 100 % Syrah

Marsanne produziert in geringen Mengen roten und seit 1994 auch weißen Saint-Joseph,
hauptsächlich verdient er seinen Lebensunterhalt aber mit Obstbaumplantagen. Seinen Rotwein bereitet er nach traditionellen Methoden und baut ihn mindestens 18 Monate in großen
foudres aus. Kraftvoll und mit einer geballten Ladung Frucht ausgestattet erinnert der Wein
stilistisch an den fleischigen, körperreicheren roten Saint-Joseph, der von Jean Marsannes
Nachbar Pierre Coursodon bereitet wird. Den Weißen aus dieser Kellerei habe ich noch nicht
verkosten können.

DOMAINE DU MONTEILLET (ANTOINE UND MONIQUE MONTEZ) ***/****

Adresse:
42410 Chavanay, Tel.: 4 74 87 24 57, Fax: 4 74 87 06 89

Produzierte Weine:
Saint-Joseph (rot und weiß), Saint-Joseph Cuvée du Papy (rot)

Rebfläche:
Weiß: 0,7 ha; Rot: Standardcuvée – 3 ha; Cuvée du Papy – 1,5 ha

Produktionsmenge:
Weiß: 3 000 Flaschen; Rot: Standardcuvée – 15 000 Flaschen; Cuvée du Papy – 5 000 Flaschen

Ausbau:
Weiß: 10 bis 12 Monate, 50 % des Ertrags in kleinen alten
Eichenfässern und 50 % in rostfreien Stahltanks
Rot: Standardcuvée – 12 Monate, zu je 50 % in großen und kleinen alten Eichenfässern;
Cuvée du Papy – 18 bis 24 Monate in 100 % Barriques

Durchschnittsalter der Reben:
Weiß: 20 Jahre; Rot: Standardcuvée – 25 Jahre; Cuvée du Papy – 40 Jahre

Verschnitt: Weiß: 100 % Marsanne; Rot: 100 % Syrah (beide Cuvées)

Mit seinen jüngsten Kreationen hat Antoine Montez das Interesse an hochwertigen Saint-Josephs geweckt, und abgesehen von einigen Domaines Gachons der Kellerei Pascal Perriers und Michel Chapoutiers neuem Les Granites findet man keinen konzentrierteren und großzügiger ausgestatteten Saint-Joseph. Die Standardcuvée fällt hervorragend aus. Die Cuvée du Papy, die fast zwei Jahre lang ausschließlich in neuer Eiche gealtert wird, ist neben Chapoutiers Les Granites der einzige andere Saint-Joseph, der mit so viel Eichenholz in Berührung kommt; dank seiner überragenden Konzentration und Intensität wird der Wein ohne weiteres mit diesem Ausbau fertig. Die Domaine du Monteillet hat sich zu einem der neuen Spitzenerzeuger in dieser Appellation entwickelt.

JAHRGÄNGE

1992 • 90 St-Joseph (rot): Monteillets Saint-Joseph ist aus einem Ertrag von 35 Hektolitern pro Hektar hervorgegangen. Von einem dichten, satten Purpurrot bis Schwarz entfaltet dieser körperreiche Wein ein gewaltiges Bukett von Vogelkirschen, Kräutern und Unterholz. Dank seiner fabelhaften Konzentration und seiner erstaunlichen Fülle, Reife und Länge lohnt sich die Investition. Voraussichtliche Genussreife: jetzt bis 2005. Letzte Verkostung: 9/95.
1991 • 90 St-Joseph (rot): Eine beeindruckende Leistung der Domaine de Monteillet! Condrieu und Côte Rôtie fuhren 1991 die größte Ernte im Rhônetal ein, trotzdem hat gerade dieser Wein aus Saint-Joseph gute Chancen, Jahrgangsbester zu werden. Da kein frisches Eichenholz verwendet wurde, kann die pfeffrige, mit dem Aroma von Schwarzen Johannisbeeren erfüllte Syrah-Frucht voll zur Entfaltung kommen. Weitere Charakteristika sind seine tiefe, viskose Struktur, sein süßer, kerniger Geschmack und sein vollfruchtiger Abgang. Voraussichtliche Genussreife: jetzt bis 2004. Letzte Verkostung: 9/95.

ANDRÉ PERRET ***/****

Adresse:
Route Nationale 86, Verlieu, 42410 Chavanay, Tel.: 4 74 87 24 74, Fax: 4 74 87 05 26

Produzierte Weine:
Saint-Joseph (rot und weiß), Saint-Joseph Les Grisières (rot)

Rebfläche: Weiß: 0,5 ha; Rot: 3,5 ha

Produktionsmenge:
Weiß: 1 500 Flaschen; Rot: 15 000 Flaschen

Ausbau:
Weiß: 12 Monate in kleinen Eichenfässern
Rot: 12 bis 18 Monate, zu je 50 % in 10 % Barriques und großen Eichenfässern

Durchschnittsalter der Reben: Weiß: 12 Jahre; Rot: 20 Jahre

Verschnitt: Weiß: 100 % Marsanne; Rot: 100 % Syrah

André Perret bereitet exquisite Condrieus und beweist häufig ein ausgezeichnetes Geschick bei seinen weißen Saint-Josephs, die aus einer 0,5 Hektar großen, mit jungen und alten Marsanne-Reben bestockten Parzelle hervorgehen. Aus einer 3,5 Hektar großen Syrah-Anpflanzung gewinnt er zwei rote Cuvées. Die besten Partien fließen in den Les Grisières ein, der lange in toastwürziger frischer Eiche ausgebaut wird und dessen Frucht reifer und konzentrierter ist; er sollte in den ersten sieben bis acht Jahren nach seiner Freigabe getrunken werden. Die gelungensten Les Grisières stammen aus den Jahren 1989, 1990 und 1991. Perrets rote Standardcuvée schwankt in ihrer Qualität, wobei die reifsten Jahrgänge die besten Ergebnisse liefern. Der weiße Saint-Joseph ist durchweg gut gemacht – so wie man es von einem Könner erwartet.

JAHRGÄNGE

1995 • 87 St-Joseph Les Grisières (rot): Der verlockende, sinnliche 95er Les Grisières zeichnet sich durch ein dunkles Rubinrot, eine hervorragende Reife, schöne Konturen und einen süßen Auftakt aus. In den erstklassigen, reinen Abgang mischt sich der Geschmack von Kirschen und Vanille. Der Wein dürfte sich 7 bis 8 Jahre lang gut trinken lassen. Letzte Verkostung: 6/96.

1994 • 84 St-Joseph (rot): Duft und Geschmack dieses köstlichen, reifen und fruchtigen 94er Saint-Joseph erinnern an Kirschen und Himbeeren, sein harter, magerer und kompakter Abgang mindert allerdings seine Qualität und Punktzahl. Zwar sind das Aroma und der Auftakt vorzüglich, doch bietet der Wein auch nicht mehr. Letzte Verkostung: 6/96.

1994 • 85 St-Joseph Les Grisières (rot): Der mittelschwere 94er Les Grisières präsentiert sich mit einem eleganten, süßen Bukett von Vogelkirschen, einer ausgezeichneten Reinheit und einem langen, reifen Abgang mit feiner Frucht und schönem Körper. Ein gut gebauter Wein, der in den kommenden 3 bis 6 Jahren den höchsten Trinkgenuss bieten wird. Letzte Verkostung: 6/96.

Pascal Perrier (Domaine de Gachon) ****

Adresse: Rue de l'Eglise, 07370 Gachon, Tel.: 4 75 23 24 10

Produzierte Weine:
Saint-Joseph Domaine de Gachon (rot), Saint-Joseph Cuvée de Collonjon (rot)

Rebfläche:
Domaine de Gachon – 5 ha; Cuvée de Collonjon – 0,8 ha

Produktionsmenge:
Domaine de Gachon – 25 500 Flaschen; Cuvée de Collonjon – 3 780 Flaschen

Ausbau:
Beide Cuvées – 24 Monate, davon 12 Monate in größtenteils alten Fässern

Durchschnittsalter der Reben:
Domaine de Gachon – 15 Jahre; Cuvée de Collonjon – 8 Jahre

Verschnitt: 100 % Syrah (beide Cuvées)

Das 5,8 Hektar große Weingut produziert zwei rote Saint-Josephs. Die Standardcuvée Domaine de Gachon ist ungeheuer beeindruckend, die Cuvée de Collonjon habe ich bisher noch nicht verkosten können. Pascal Perrier schätzt sehr intensive, konzentrierte Weine, die zu den größten und gehaltvollsten Erzeugnissen der Appellation gehören.

Der florierende Betrieb erlebte 1993 einen schweren Rückschlag. Eine Überschwemmung vor der Ernte verursachte oberhalb des Guts einen Bergrutsch und löste eine Lawine aus, die praktisch Perriers gesamte Kellerei und sein Weinlager zerstörte. Davon hat er sich bis heute nicht erholt. Der Rest der Jahrgänge 1993 und 1994 wurde lose an *négociants* verkauft.

Jahrgänge

1991 • 90 St-Joseph Domaine de Gachon: Dieser mit einem großartigen Duft von Vogelkirschen, Kräutern, Lakritze und asiatischen Gewürzen ausgestattete Wein wurde in 20 % neuer Eiche gealtert. Körperreich und hochgradig konzentriert gehört er zu den feinsten Saint-Josephs, die ich je verkostet habe. Seine Reinheit und Geschmacksfülle sind ein Erlebnis, sein Abgang dauert über eine Minute. Schon jetzt zugänglich verspricht der Tropfen 2 Jahrzehnte zu halten. Voraussichtliche Genussreife: jetzt bis 2004. Letzte Verkostung: 12/94.

1990 • 89 St-Joseph Domaine de Gachon: Aus dem 90er Domaine de Gachon kann ein hervorragender Wein werden. Das gewaltige, unentwickelte Bukett dieses nahezu undurchdringlichen, purpurrot bis schwarz gefärbten Weins verströmt den Duft von Schwarzen Johannisbeeren, Lakritze und Kräutern. Für einen Saint-Joseph zeigt er eine erstaunliche Fülle, verbunden mit einer körperreichen, fast massiven Frucht sowie reichlichen Mengen geschmeidigem Tannin im aufregenden Abgang. Voraussichtliche Genussreife: jetzt bis 2002. Letzte Verkostung: 12/94.

1989 • 90 St-Joseph Domaine de Gachon: Der 89er Domaine de Gachon fällt beeindruckender, gehaltvoller und viel versprechender aus als sein Nachfolger. Ausgestattet mit einem undurchdringlichen, ins Schwarze spielenden Purpurrot erinnert sein Bukett an Minze, Schwarze

Johannisbeeren, provenzalische Kräuter und Hickoryholz. Geschmacklich zeigt er eine explosive Fruchtfülle, eine großartige, vollmundige, fleischige Struktur und einen langen, hoch konzentrierten Abgang. Sollte dieser Tropfen noch an Komplexität gewinnen, dann gehört er zu den besten Saint-Josephs, die ich kenne. Voraussichtliche Genussreife: jetzt bis 2005. Letzte Verkostung: 12/94.

SAINT-DÉSIRAT CAVE COOPÉRATIVE ***

Adresse: 07340 Saint-Désirat, Tel.: 4 75 34 22 05, Fax: 4 75 34 30 10

Die Saint-Désirat Cave Coopérative, die zu den besseren Genossenschaften Frankreichs gehört, produziert zahlreiche Rhônetalweine. Die einfachen Cuvées sind zufrieden stellend, wenn auch etwas leicht und eindimensional. Sehr feine Tropfen wie der Saint-Joseph Cuvée Côte Diane erweisen sich als gut ausgestattete, volle, konzentrierte Weine, die unter den besseren Erzeugnissen der Appellation rangieren. Die von Jean-Luc Chaleat glänzend geführte Genossenschaft mit mehr als 100 Mitgliedern, die ihre Weine zumeist aus Syrah und Marsanne bereiten, verfügt über ein erhebliches Potenzial. In der modern ausgestatteten Kellerei befinden sich etliche temperaturgeregelte rostfreie Stahltanks und ein Raum für die Fassreifung mit zahlreichen neuen Eichenholzfässern, die für die konzentriertesten Cuvées verwendet werden. Es mag populär sein, den Genossenschaftsweinen Geringschätzung entgegenzubringen, diese Kooperative aus Châteauneuf-du-Pape verdient aber Anerkennung als seriöses, ehrgeiziges Unternehmen, dessen Produkte häufig mehr überzeugen als die drei oder vier Spitzenweine der Appellation.

JAHRGÄNGE

1990 • 87 St-Joseph Côte Diane (rot): Der in kleinen Eichenfässern ausgebaute 90er Côte Diane belegt eindrucksvoll die Leistungsfähigkeit dieser unterbewerteten Appellation am Westufer der Rhône. Sein dunkles, opakes Rubin- bis Purpurrot wird begleitet von einem mäßig kräftigen Bukett von toastwürziger frischer Eiche und Schwarzen Johannisbeeren, einem mittleren bis schweren Körper, voller, süßer Frucht, mildem Tannin und einem langen, konzentrierten Abgang. Der Wein kann ab sofort getrunken werden und dürfte noch 8 bis 10 Jahre mit Anmut altern.

RAYMOND TROLLAT ****

Adresse:
Quartier Aubert, 07300 Saint-Jean-de-Muzols, Tel.: 4 75 08 27 17

Produzierte Weine: Saint-Joseph (rot und weiß)

Rebfläche: Weiß: 0,16 ha; Rot: 2 ha

Produktionsmenge:
Weiß: 1 050 Flaschen; Rot: 12 000 Flaschen

Ausbau:
Weiß: 10 bis 12 Monate in alten Eichenfässern; Rot: 18 Monate in alten Eichenfässern

Durchschnittsalter der Reben:
Weiß: 40 bis 80 Jahre; Rot: 40 bis 80 Jahre

Verschnitt:
Weiß: 100 % Marsanne; Rot: 100 % Syrah

Trollat gehört zu den legendären Erzeugern in Saint-Joseph. Sein knapp 2,2 Hektar großes Weingut, auf dem sich einige der ältesten, dicksten und knorrigsten Weinstöcke dieses Anbaugebiets befinden, lässt sich nur über einen verschlungenen Pfad die Hänge bei Saint-Jean-de-Muzols hinauf erreichen. Trollat gehört zu den altmodischen *vignerons* des Rhône-gebiets – aus dem gleichen Holz geschnitzt wie der verstorbene Jacques Reynaud und Henri Bonneau aus Châteauneuf-du-Pape. Er steckt voller Kalauer und macht sich nicht nur über die französische Regierung, sondern auch über die moderne Önologie lustig. Aus den steilen Granithängen gewinnt er kraftvolle, konzentrierte, muskulöse Weine, die einige Zeit in der Flasche reifen müssen. In großen Jahren wie 1989 und 1990 profitieren die Rotweine von der 18-monatigen Lagerung im Fass, dagegen können Jahrgänge wie 1987, 1992 und 1993 selbst bei geringen Erträgen und reifen Trauben einen derart langen Aufenthalt in Holz nicht überstehen. Von dem früh abgefüllten Weißwein werden weniger als 100 Kisten hergestellt. Er gibt sich robust, fleischig und körperreich und unterscheidet sich in Stil und Qualität nicht wesentlich von dem weißen Hermitage, den Trollats Freund und ehemaliger Schulkamerad Gérard Chave bereitet. Die Roten können wahrhaft Ehrfurcht gebieten. Von Zeit zu Zeit füllt Trollat ein oder zwei Fässer eines erstklassigen Syrah-Tropfens separat ab. Ich habe ihn im Handel noch nicht entdecken können, was nicht weiter überrascht, findet man doch schon kaum seine Standardcuvée.

In weniger reifen Jahren weisen Trollats Weine häufig einen stieligen, kräuterartigen Charakter auf, denn er lehnt traditionell das Entrappen ab. Die Rotweine der neueren Spitzenjahrgänge 1994, 1991, 1990 und 1989 dürften alle bis zum Ende des Jahrhunderts durchhalten.

L. DE VALLOUIT ****

Adresse:
24, rue Désiré Valette, 26240 Saint-Vallier, Tel.: 4 75 23 10 11, Fax: 4 75 23 05 58

Produzierte Weine:
Saint-Joseph (rot und weiß), Saint-Joseph Les Anges (rot)

Rebfläche:
Weiß: 0,5 ha; Rot: Standardcuvée – 1 ha; Les Anges – 1 ha

Produktionsmenge:
Weiß: 3 000 Flaschen
Rot: Standardcuvée – 6 000 Flaschen; Les Anges – 5 000 Flaschen

Ausbau:
Weiß: 8 bis 10 Monate, zu je 50 % in neuen Eichenfässern und rostfreien Stahltanks
Rot: Standardcuvée – 18 Monate in 10 % neuen Eichenfässern;
Les Anges – 30 Monate in 10 % neuen Eichenfässern

Durchschnittsalter der Reben:
Weiß: 40 Jahre; Rot: Standardcuvée – 40 Jahre; Les Anges – 60 Jahre

Verschnitt:
Weiß: 80 % Marsanne, 20 % Roussanne; Rot: 100 % Syrah (beide Cuvées)

De Vallouit bereitet einen weißen und zwei rote Saint-Josephs, von denen jedoch nur die Spezialcuvée Saint-Joseph Les Anges von Bedeutung ist. Der Wein wird aus den Trauben 60 Jahre alter Syrah-Reben gewonnen, 30 Monate in kleinen, zu 10 % neuen Eichenfässern gealtert und verkörpert die kernigere, robustere und konzentriertere Art des Saint-Joseph. Besonderen Eindruck machte er 1988, 1989 und 1990 folgten weitere sehr gute Leistungen. Die übrigen Erzeugnisse dieser Kellerei sind leidlich ausgewogene, ziemlich reizlose und zurückhaltende Weine ohne merkliche Kontur.

WEITERE SAINT-JOSEPH-ERZEUGER

ROGER BLACHON ***

Adresse: Chemin des Goules, 07300 Mauves, Tel.: 4 75 08 51 12
Produzierte Weine: Saint-Joseph (rot und weiß)
Rebfläche: Weiß: 0,7 ha; Rot: 3,8 ha
Produktionsmenge: Weiß: 3 750 Flaschen; Rot: 22 000 Flaschen
Ausbau: Weiß: 6 bis 8 oder 12 Monate in Polyestertanks
Rot: 12 Monate in 1 bis 2 Jahre alten Fässern
Durchschnittsalter der Reben: Weiß: 10 Jahre; Rot: 20 bis 25 Jahre
Verschnitt: Weiß: 100 % Marsanne; Rot: 100 % Syrah

DIDIER DE BOISSEYT-CHOL

Adresse: Route Nationale 86, 42410 Chavanay, Tel.: 4 74 87 23 45, Fax: 4 74 87 07 36
Produzierte Weine: Saint-Joseph (rot); eine Standardcuvée Saint-Joseph
und eine Saint-Joseph Trois Ans Fûts de Chêne
Rebfläche: 5 ha
Produktionsmenge: 20 000 Flaschen
Ausbau: 2 bis 3 Jahre in Eichenfässern
Durchschnittsalter der Reben: 35 Jahre
Verschnitt: 100 % Syrah

JEAN-LOUS BONNARDEL

Adresse: 07340 Vinzieux, Tel.: 4 75 34 86 94
Produzierte Weine: Saint-Joseph (rot)
Rebfläche: 0,56 ha
Produktionsmenge: 3 600 Flaschen
Ausbau: 6 Monate in alten Eichenfässern
Durchschnittsalter der Reben: 15 bis 20 Jahre
Verschnitt: 100 % Syrah

PIERRE BOUCHER

Adresse: Domaine de la Favière, 42520 Malleval, Tel. und Fax: 4 75 87 15 25
Produzierte Weine: Saint-Joseph (rot und weiß)
Rebfläche: Weiß: 0,5 ha; Rot: 2,5 ha
Produktionsmenge: Weiß: 2 000 Flaschen; Rot: 8 000 bis 10 000 Flaschen
Ausbau: Weiß: 10 Monate in rostfreien Stahltanks;
Rot: 12 Monate, zu je 50 % in rostfreien Stahltanks und größtenteils alten Eichenfässern
Durchschnittsalter der Reben: Weiß: 12 bis 15 Jahre; Rot: 12 bis 15 Jahre
Verschnitt: Weiß: 100 % Marsanne; Rot: 100 % Syrah

SAINT-JOSEPH

MICHEL BOUCHET

Adresse: Le Ventabrin, 42410 Chavanay, Tel.: 4 74 87 23 38
Produzierte Weine: Saint-Joseph (rot und weiß)
Rebfläche: Weiß: 0,2 ha; Rot: 1,5 ha
Produktionsmenge: Weiß: 1 000 bis 1 200 Flaschen; Rot: 10 500 Flaschen
Ausbau: Weiß: 5 bis 6 Monate in größtenteils alten Eichenfässern
Rot: 18 Monate in größtenteils alten Eichenfässern
Durchschnittsalter der Reben: Weiß: 12 Jahre; Rot: 15 bis 20 Jahre
Verschnitt: Weiß: 100 % Marsanne; Rot: 100 % Syrah

DOMINIQUE BOURRIN

Adresse: Brossin, 42410 Roisey, Tel.: 4 74 87 49 15
Produzierte Weine: Saint-Joseph (rot und weiß)
Rebfläche: Weiß: 0,25 ha; Rot: 2 ha
Produktionsmenge: Weiß: 1 800 Flaschen; Rot: 15 000 Flaschen
Ausbau: Weiß: 12 Monate in 1 Jahr alten Eichenfässern
Rot: 1 bis 2 Jahre, 25 % in rostfreien Stahltanks und 75 % in alten Eichenfässern
Durchschnittsalter der Reben: Weiß: 12 Jahre; Rot: 10 Jahre
Verschnitt: Weiß: 100 % Marsanne; Rot: 100 % Syrah

CAVES COTTEVERGNE

Adresse: Quartier Le Bret, 07130 Saint-Péray, Tel.: 4 75 40 30 43, Fax: 4 75 40 55 06
Produzierte Weine: Saint-Joseph Chandarcet (rot)
Produktionsmenge: 9 000 Flaschen
Ausbau: 12 Monate in 2 bis 4 Jahre alten Fässern
Verschnitt: 100 % Syrah

DOMAINE COLLONGE ***

Adresse: 26600 Mercurol, Tel.: 4 75 07 44 32, Fax: 4 75 07 44 06
Produzierte Weine: Saint-Joseph (rot und weiß)
Rebfläche: Weiß: 1,5 ha; Rot: 4,7 ha
Produktionsmenge: Weiß: 9 000 Flaschen; Rot: 25 500 Flaschen
Ausbau: Weiß: 3 Monate in Emailtanks
Rot: 12 Monate, ein Drittel in Emailtanks und zwei Drittel in alten Eichenfässern
Durchschnittsalter der Reben: Weiß: 10 bis 15 Jahre
Rot: Mindestens 15 Jahre
Verschnitt: Weiß: 100 % Marsanne; Rot: 100 % Syrah

MIREILLE COMBE

Adresse: Les Vessettes, 42410 Chavanay, Tel.: 4 74 87 26 26
Produzierte Weine: Saint-Joseph (rot und weiß)
Rebfläche: Weiß: 0,5 ha; Rot: 3 ha
Produktionsmenge: Weiß: 2 700 Flaschen; Rot: 18 000 Flaschen
Ausbau: Weiß: 8 bis 10 Monate in rostfreien Stahltanks
Rot: 18 bis 20 Monate, ein Drittel in bis zu 5 Jahre alten Eichenfässern
und zwei Drittel in Zementtanks
Durchschnittsalter der Reben: Weiß: 20 Jahre; Rot: 30 Jahre
Verschnitt: Weiß: 100 % Marsanne; Rot: 100 % Syrah

DARD ET RIBO (DOMAINE BLANCHE LAINE)

Adresse: Quartier Blanche Laine, 26600 Mercurol, Tel.: 4 75 07 40 00
Produzierte Weine: Saint-Joseph (rot und weiß)
Rebfläche: Weiß: 0,2 ha; Rot: 2 ha
Produktionsmenge: Weiß: 1 200 Flaschen; Rot: 9 000 Flaschen
Ausbau: Weiß: 6 Monate in alten Eichenfässern
Rot: 15 bis 18 Monate in alten Eichenfässern
Durchschnittsalter der Reben: Weiß: 45 Jahre; Rot: 40 bis 45 Jahre
Verschnitt: Weiß: 100 % Roussanne; Rot: 100 % Syrah

PHILIPPE DESBOS

Adresse: Gouye, 07300 Saint-Jean-de-Muzols, Tel.: 4 75 08 58 24
Produzierte Weine: Saint-Joseph (rot und weiß)
Rebfläche: Weiß: 0,33 ha; Rot: 3 ha
Produktionsmenge: Weiß: 900 Flaschen; Rot: 10 500 Flaschen
Ausbau: Weiß: 12 Monate in rostfreien Stahltanks
Rot: 14 Monate in alten Eichenfässern
Durchschnittsalter der Reben: Weiß: 20 Jahre; Rot: 35 Jahre
Verschnitt: Weiß: 100 % Marsanne; Rot: 100 % Syrah

MICHEL DESESTRET

Adresse: Domaine de la Côte Sainte-Epine, 07300 Saint-Jean-de-Muzols, Tel.: 4 75 08 85 35
Produzierte Weine: Saint-Joseph (rot und weiß)
Rebfläche: Weiß: 0,1 ha; Rot: 4 ha
Produktionsmenge: Weiß: 600 Flaschen; Rot: 4 500 Flaschen
Ausbau: Weiß: 6 bis 8 Monate in alten Eichenfässern
Rot: 18 Monate in 3 bis 4 Jahre alten Fässern
Durchschnittsalter der Reben: Weiß: 7 bis 50 Jahre; Rot: 50 bis 150 Jahre
Verschnitt: Weiß: 100 % Marsanne; Rot: 100 % Syrah

NOËL DURAND

Adresse: G.A.E.C. du Lautaret, 07130 Châteaubourg, Tel.: 4 75 40 46 78, Fax: 4 75 40 29 77
Produzierte Weine: Saint-Joseph Cuvée Générique (aus jungen Reben, rot),
Saint-Joseph Sélection des Coteaux (rot)
Rebfläche: 5 ha
Produktionsmenge: Cuvée Générique – 3 000 Flaschen
Sélection des Coteaux – 10 000 Flaschen
Ausbau: 6 bis 12 Monate, 20 bis 40 % in rostfreien Stahltanks und 60 bis 80 %
in 1 bis 5 Jahre alten Eichenfässern
Durchschnittsalter der Reben: 15 Jahre
Verschnitt: 100 % Syrah

PHILIPPE FAURY ***

Adresse: La Ribaudy, 42410 Chavanay, Tel.: 4 74 87 26 00, Fax: 4 74 87 05 01
Produzierte Weine: Saint-Joseph (rot und weiß)
Rebfläche: Weiß: 1 ha; Rot: 4 ha
Produktionsmenge: Weiß: 6 000 Flaschen; Rot: 22 500 Flaschen
Ausbau: Weiß: 10 Monate, 30 % in alten Eichenfässern und 70 % in rostfreien Stahltanks
Rot: 12 bis 18 Monate in 10 % neuen Eichenfässern
Durchschnittsalter der Reben: Weiß: 25 Jahre; Rot: 20 bis 25 Jahre
Verschnitt: Weiß: 80 % Marsanne, 20 % Roussanne; Rot: 100 % Syrah

PIERRE FINON

Adresse: 07340 Charnas, Tel.: 4 75 34 08 75
Produzierte Weine: Saint-Joseph (rot und weiß)
Rebfläche: Weiß: 0,4 ha; Rot: 4 ha
Produktionsmenge: Weiß: 2 250 Flaschen; Rot: 22 500 Flaschen
Ausbau: Weiß: 10 Monate, 60 % in Polyestertanks und 40 % in zu einem Drittel neuen Eichenfässern
Rot: 16 Monate, 40 % in Polyestertanks, 45 % in alten Fässern und 15 % in neuen Eichenfässern
Durchschnittsalter der Reben: Weiß: 5 bis 6 Jahre; Rot: 12 bis 13 Jahre
Verschnitt: Weiß: 100 % Marsanne; Rot: 100 % Syrah

GILLES FLACHER

Adresse: Le Village, 07340 Charnas, Tel.: 4 75 34 06 97
Produzierte Weine: Saint-Joseph (rot und weiß)
Rebfläche: Weiß: 0,5 ha; Rot: 4 ha
Produktionsmenge: Weiß: 1 000 Flaschen; Rot: 8 000 bis 9 000 Flaschen
Ausbau: Weiß: 6 Monate, 30 % in neuer Eiche und 70 % in rostfreien Stahltanks
Rot: 10 bis 14 Monate in 30 % neuen Eichenfässern
Durchschnittsalter der Reben: Weiß: 6 Jahre; Rot: 15 Jahre
Verschnitt: Weiß: 100 % Marsanne; Rot: 100 % Syrah

ELIZABETH FOGIER

Adresse: La Roue, 07300 Saint-Jean-de-Muzols, Tel.: 4 75 08 22 13
Produzierte Weine: Saint-Joseph (rot)
Rebfläche: 2 ha
Produktionsmenge: 7 500 Flaschen, davon 2 700 Flaschen Erzeugerabfüllung
Ausbau: 12 Monate in alten Eichenfässern
Durchschnittsalter der Reben: 10 bis 100 Jahre
Verschnitt: 100 % Syrah

PIERRE GAILLARD

Adresse: Favier, 42520 Malleval, Tel.: 4 74 87 13 10, Fax: 4 74 87 17 66
Produzierte Weine: Saint-Joseph (rot und weiß)
Rebfläche: Weiß: 1 ha; Rot: 6,5 ha
Produktionsmenge: Weiß: 2 200 Flaschen; Rot: 18 000 Flaschen
Ausbau: Weiß: 6 Monate in großen alten Eichenfässern
Rot: 18 Monate in 20 % neuen kleinen Eichenfässern
Durchschnittsalter der Reben: Weiß: 5 Jahre; Rot: 15 Jahre
Verschnitt: Weiß: 100 % Roussanne; Rot: 100 % Syrah

VINCENT GASSE-LAFOY

Adresse: Route Nationale 86, La Roche, 69420 Ampuis, Tel.: 4 74 56 17 89
Produzierte Weine: Saint-Joseph (rot)
Rebfläche: 0,3 ha
Produktionsmenge: 1 000 Flaschen
Ausbau: 18 bis 24 Monate in 20 % neuen Eichenfässern
Durchschnittsalter der Reben: 12 Jahre
Verschnitt: 100 % Syrah

PIERRE UND JEAN GONON

Adresse: Rue des Launays, 07300 Mauves, Tel.: 4 75 08 07 95, Fax: 4 75 08 65 21
Produzierte Weine: Saint-Joseph Les Oliviers (weiß), Saint-Joseph (rot)
Rebfläche: Weiß: 1,5 ha; Rot: 4,5 ha
Produktionsmenge: Weiß: 5 000 bis 6 000 Flaschen
Rot: 15 000 bis 18 000 Flaschen
Ausbau: Weiß: 11 Monate in 4 bis 10 Jahre alten Fässern
Rot: 14 bis 16 Monate in alten Eichenfässern
Durchschnittsalter der Reben: Weiß: 30 Jahre; Rot: 28 Jahre
Verschnitt: Weiß: 75 % Marsanne, 25 % Roussanne; Rot: 100 % Syrah

PAUL GRUAS

Adresse: 8, avenue de Nîmes, 07300 Tournon, Tel.: 4 75 08 15 36
Produzierte Weine: Saint-Joseph (rot)
Rebfläche: 0,4 ha
Produktionsmenge: 1 500 Flaschen
Ausbau: 12 Monate in alten Eichenfässern
Durchschnittsalter der Reben: 4 und 50 Jahre
Verschnitt: 100 % Syrah

PIERRE GUILLERMAIN

Adresse: La Tuilière, Route Nationale 86, 07300 Lemps, Tel.: 4 75 08 11 50
Produzierte Weine: Saint-Joseph (rot und weiß)
Rebfläche: Weiß: 0,5 ha; Rot: 2,5 ha
Produktionsmenge: Weiß: 700 Flaschen; Rot: 1 200 bis 1 500 Flaschen
Ausbau: Weiß: 6 bis 8 Monate in alten Eichenfässern
Rot: 12 bis 18 (manchmal 24) Monate in alten Eichenfässern
Durchschnittsalter der Reben: Weiß: 20 Jahre; Rot: 20 Jahre
Verschnitt: Weiß: 95 % Marsanne, 5 % Roussanne; Rot: 100 % Syrah

DOMAINE DE LA HAUTE FAUTERIE

Adresse: 07130 Saint-Péray, Tel.: 4 75 40 46 17
Produzierte Weine: Normalerweise werden zwei Cuvées produziert:
die Cuvée Tradition und die Cuvée Sélection. Bei unzureichender
Qualität wird die ganze Produktion als Cuvée Tradition abgefüllt.
Rebfläche: 5 ha
Produktionsmenge: 23 000 Flaschen
Ausbau: 8 bis 12 Monate in alten Eichenfässern
Durchschnittsalter der Reben: 12 Jahre
Verschnitt: 100 % Syrah

GEORGES LAGNIER

Adresse: Verlieu, 42410 Chavanay, Tel.: 4 74 87 24 74
Produzierte Weine: Saint-Joseph (rot und weiß)
Rebfläche: Weiß: 0,15 ha; Rot: 0,5 ha
Produktionsmenge: Weiß: 2 250 Flaschen; Rot: 3 000 Flaschen
Ausbau: Weiß: 9 bis 10 Monate in alten Eichenfässern
Rot: 12 Monate in alten Eichenfässern
Durchschnittsalter der Reben: Weiß: 40 bis 50 Jahre; Rot: 40 bis 50 Jahre
Verschnitt: Weiß: 100 % Marsanne; Rot: 100 % Syrah

DIE NÖRDLICHE RHONE

GUY LANTHEAUME

Adresse: 80, avenue de Saint-Joseph, 07300 Mauves, Tel.: 4 75 08 00 20

JEAN-YVES LOMBARD

Adresse: Chalaix, 07300 Mauves, Tel.: 4 75 08 66 86

ANDRÉ MARGIRIER

Adresse: Cessieux, 07300 Saint-Jean-de-Muzols, Tel.: 4 75 08 67 02
Produzierte Weine: Saint-Joseph (rot und weiß)
Rebfläche: Weiß: 0,3 ha; Rot: 2 ha
Produktionsmenge: Weiß: 750 Flaschen; Rot: 6 000 Flaschen
Ausbau: Weiß: 12 Monate in Epoxidtanks
Rot: 6 Monate in rostfreien Stahltanks und 12 Monate in alter Eiche
Durchschnittsalter der Reben: Weiß: 20 Jahre, die ältesten 80 Jahre
Rot: 25 Jahre, die ältesten 90 Jahre
Verschnitt: Weiß: 100 % Marsanne; Rot: 100 % Syrah

LAURENT MARTHOURET

Adresse: Les Rotisses, 07340 Charnas, Tel.: 4 75 34 03 55, Fax: 4 75 34 15 91
Produzierte Weine: Saint-Joseph (rot)
Rebfläche: 2,5 ha
Produktionsmenge: 15 000 Flaschen, davon 7 500 Flaschen Erzeugerabfüllung
Ausbau: 12 Monate in 2 bis 6 Jahre alten Fässern
Durchschnittsalter der Reben: 10 bis 15 Jahre
Verschnitt: 100 % Syrah

MICHEL MOURIER

Adresse: Domaine de la Pierre Blanche, 19, rue du Mont, 42000 Saint-Etienne,
Tel.: 4 77 57 29 59, Fax: 4 77 80 68 71
Produzierte Weine: Saint-Joseph (rot)
Rebfläche: 1 ha
Produktionsmenge: 6 450 Flaschen
Ausbau: 10 Monate in neuer Eiche
Durchschnittsalter der Reben: 4 bis 7 Jahre
Verschnitt: 100 % Syrah

ALAIN PARET (CHAIS SAINT-PIERRE) ***

Adresse: Place de l'Eglise, 42410 Saint-Pierre-de-Boeuf, Tel. 4 74 87 12 09, Fax: 4 74 87 17 34

SAINT-JOSEPH

Philippe Pichon

Adresse: Le Grand Val, Verlieu, 42410 Chavanay, Tel.: 4 74 87 23 61, Fax: 4 74 87 07 27
Produzierte Weine: Saint-Joseph (rot)
Rebfläche: 0,4 ha
Produktionsmenge: 5 700 Flaschen
Ausbau: 6 Monate, 25 % in alten Eichenfässern und 75 % in rostfreien Stahl- und Epoxidtanks
Durchschnittsalter der Reben: 20 Jahre
Verschnitt: 100 % Syrah

Jacques und Jean-Louis Pradelle

Adresse: Le Village, 26600 Chanos-Curson, Tel.: 4 75 07 31 00, Fax: 4 75 07 35 34
Produzierte Weine: Saint-Joseph (rot)
Rebfläche: 0,6 ha
Produktionsmenge: 3 000 Flaschen
Ausbau: 12 Monate in alten Eichenfässern
Durchschnittsalter der Reben: 5 Jahre
Verschnitt: 100 % Syrah

Hervé Richard

Adresse: Verlieu, 42410 Chavanay, Tel.: 4 74 87 07 75
Produzierte Weine: Saint-Joseph (rot und weiß)
Rebfläche: Weiß: 0,7 ha; Rot: 3 ha
Produktionsmenge: Weiß: 3 750 Flaschen; Rot: 18 000 Flaschen
Ausbau: Weiß: 10 bis 12 Monate in rostfreien Stahltanks
Rot: 18 Monate in 10 % neuen Eichenfässern
Durchschnittsalter der Reben: Weiß: 15 Jahre; Rot: 15 Jahre
Verschnitt: Weiß: 80 % Marsanne, 20 % Roussanne; Rot: 100 % Syrah

Daniel Roche

Adresse: Le Village, 07340 Charnas, Tel.: 4 75 34 05 50
Produzierte Weine: Saint-Joseph (rot und weiß), Saint-Joseph Cuvée Spéciale
(rot; wird nur bereitet, wenn der Ertrag der ältesten Rebstöcke zufrieden stellend ausfällt;
ansonsten der Standardcuvée beigemischt)
Rebfläche: Weiß: 0,3 ha
Rot: Standardcuvée – 2,5 ha; Cuvée Spéciale – 1 ha
Produktionsmenge: Weiß: 1 800 Flaschen
Rot: Standardcuvée – 18 000 Flaschen; Cuvée Spéciale – 4 000 Flaschen
Ausbau: Weiß: 6 Monate, 70 % in rostfreien Stahltanks und 30 % in 1 bis 2 Jahre alten Eichenfässern
Rot: 1 bis 2 Jahre in größtenteils alten Fässern (beide Cuvées)
Durchschnittsalter der Reben: Weiß: 17 Jahre
Rot: Standardcuvée – 15 Jahre; Cuvée Spéciale – 25 Jahre
Verschnitt: Weiß: 100 % Marsanne; Rot: 100 % Syrah (beide Cuvées)

DIE NÖRDLICHE RHONE

ERIC ROCHER

Adresse: Domaine de Champal, 07370 Sarras, Tel.: 4 75 23 08 51, Fax: 4 78 34 30 60
Produzierte Weine: Saint-Joseph (rot und weiß)
Rebfläche: Weiß: 2 ha; Rot: 13 ha
Produktionsmenge: Weiß: 10 500 Flaschen; Rot: 75 000 Flaschen
Ausbau: Weiß: 4 Monate in rostfreien Stahltanks
Rot: 6 Monate, 75 % in rostfreien Stahltanks und 25 % in alten Eichenfässern
Durchschnittsalter der Reben: Weiß: 7 Jahre; Rot: 7 Jahre
Verschnitt: Weiß: 50 % Marsanne, 50 % Roussanne; Rot: 100 % Syrah

DOMAINE SAINT-JEMMS

Adresse: Les Châssis – Route Nationale 7, 26600 Mercurol, Tel.: 4 75 08 33 03, Fax: 4 75 08 69 80
Produzierte Weine: Saint-Joseph (rot und weiß)
Rebfläche: Weiß: 1 ha; Rot: 4 ha
Produktionsmenge: Weiß: 6 750 Flaschen; Rot: 22 500 Flaschen
Ausbau: Weiß: 8 Monate in rostfreien Stahltanks
Rot: 12 Monate in Eichenfässern
Durchschnittsalter der Reben: Weiß: 15 Jahre; Rot: 15 Jahre
Verschnitt: Weiß: 100 % Marsanne; Rot: 100 % Syrah

FERNAND SALETTE

Adresse: Chemin de Corneilhac, 07340 Vinzieux, Tel.: 4 75 34 86 94
Produzierte Weine: Saint-Joseph (rot)
Rebfläche: 3,5 ha
Produktionsmenge: 18 000 Flaschen
Ausbau: 12 Monate in alten Eichenfässern
Durchschnittsalter der Reben: 15 bis 18 Jahre
Verschnitt: 100 % Syrah

ETIENNE SAUZAT

Adresse: Les Eguets, 42410 Chavanay, Tel.: 4 74 87 21 44
Produzierte Weine: Saint-Joseph (rot)
Rebfläche: 1,5 ha
Produktionsmenge: 700 Flaschen
Ausbau: 12 bis 14 Monate in 4 Jahre alten Fässern
Durchschnittsalter der Reben: 25 Jahre
Verschnitt: 100 % Syrah

Marcel Tomasini

Adresse: Jassoux, 42410 Saint-Michel-sur-Rhône, Tel.: 4 74 87 26 57
Produzierte Weine: Saint-Joseph (rot und weiß)
Rebfläche: Weiß: 0,1 ha; Rot: 0,26 ha
Produktionsmenge: Weiß: 675 Flaschen; Rot: 1 800 Flaschen
Ausbau: Weiß: 12 Monate in rostfreien Stahltanks
Rot: 12 Monate in alten Eichenfässern
Durchschnittsalter der Reben: Weiß: 35 Jahre; Rot: 35 Jahre
Verschnitt: Weiß: 100 % Marsanne; Rot: 100 % Syrah

Louis Vallet

Adresse: 07340 Serrières, Tel.: 4 75 34 04 64
Produzierte Weine: Saint-Joseph (rot und weiß)
Rebfläche: Weiß: 0,5 ha; Rot: 4 ha
Produktionsmenge: Weiß: 400 Flaschen; Rot: 18 000 Flaschen
Ausbau: Weiß: 6 Monate, zu je 50 % in rostfreien Stahltanks und neuer Eiche
Rot: 12 Monate in 10 % neuen und 90 % in 3 bis 4 Jahre alten Eichenfässern
Durchschnittsalter der Reben: Weiß: 12 bis 15 Jahre; Rot: 18 Jahre
Verschnitt: Weiß: 95 % Marsanne, 5 % Roussanne; Rot: 100 % Syrah

Georges Vernay

Adresse: 1, Route Nationale 86, 69420 Condrieu, Tel.: 4 74 59 22 22, Fax: 4 74 56 60 98
Produzierte Weine: Saint-Joseph (rot)
Rebfläche: 1 ha
Produktionsmenge: 3 000 Flaschen
Durchschnittsalter der Reben: 25 bis 50 Jahre
Verschnitt: 100 % Syrah

Philippe Verzier

Adresse: Izerat, 42410 Chavanay, Tel.: 4 74 87 23 69, Fax: 4 74 87 07 77
Produzierte Weine: Saint-Joseph (rot und weiß), Saint-Joseph Cuvée La Madone (rot)
Rebfläche: Weiß: 0,6 ha
Rot: Standardcuvée – 3,2 ha; Cuvée La Madone – 0,5 ha
Produktionsmenge: Weiß: 300 Flaschen
Rot: Standardcuvée – 15 000 Flaschen; Cuvée La Madone – 2 500 Flaschen
Ausbau: Weiß: 10 Monate in Emailtanks
Rot: Standardcuvée – 12 bis 18 Monate in alten Eichenfässern;
Cuvée La Madone – 12 bis 18 Monate in 2 bis 5 Jahre alten Eichenfässern
Durchschnittsalter der Reben: Weiß: 20 Jahre
Rot: Standardcuvée – 15 Jahre; Cuvée La Madone – 30 Jahre
Verschnitt: Weiß: 100 % Marsanne; Rot: 100 % Syrah (beide Cuvées)

DIE NÖRDLICHE RHONE

GUY VEYRIER

Adresse: 07340 Saint-Désirat, Tel.: 4 75 34 23 05
Produzierte Weine: Saint-Joseph (rot und weiß)
Rebfläche: Weiß: 0,4 ha; Rot: 4 ha
Produktionsmenge: Weiß: 2 250 Flaschen; Rot: 18 750 Flaschen
Ausbau: Weiß: 6 Monate in Email- und Glasfasertanks
Rot: 18 Monate in Email- und Glasfasertanks
Durchschnittsalter der Reben: Weiß: 7 bis 12 Jahre; Rot: 3 und 25 Jahre
Verschnitt: Weiß: 100 % Marsanne; Rot: 100 % Syrah

VIDAL-FLEURY ***

Adresse:
Route Nationale 86, B.P. 12, 69420 Ampuis, Tel.: 4 74 56 10 18, Fax: 4 74 56 19 19

GEORGES VILLANO

Adresse: 111, Route Nationale 86, 69420 Condrieu, Tel.: 4 74 59 87 64
Produzierte Weine: Saint-Joseph (rot)
Rebfläche: 1 ha
Produktionsmenge: 1 500 Flaschen
Ausbau: 18 bis 24 Monate in alter Eiche
Durchschnittsalter der Reben: 20 Jahre
Verschnitt: 100 % Syrah

SAINT-PÉRAY

Der «Jurassic Park» der Rhône

DIE APPELLATION SAINT-PÉRAY AUF EINEN BLICK

Appellation seit:	8. Dezember 1936
Weinarten:	Weiße Still- und Schaumweine
	(Letztere machen 80 % der Gesamtproduktion aus)
Rebsorten:	Marsanne und Roussanne
Derzeitige Rebfläche:	65 Hektar
Qualitätsniveau:	Unterdurchschnittlich bis durchschnittlich
Reifepotenzial:	2 bis 4 Jahre
Allgemeine Eigenschaften:	Die recht eigenartigen Weine sind ausdrucksschwach, schwer und ohne Konturen.
Aroma:	Die leider nur wenigen annehmbaren Weine entfalten einen vagen Duft von Limonen und Pfirsichen und sie besitzen einen unbestimmten Fruchtgeschmack. Zumeist trifft man auf schwere Weine mit hohem Säuregehalt und wenig Frucht.
Struktur:	Die Schaumweine sind lebhaft und zuweilen leidlich erfrischend. Die Stillweine können recht kraftlos, körperreich und kernig ausfallen und zeigen keinerlei Dynamik. Allen Saint-Pérays fehlt es an Tiefe.

BEWERTUNG DER SCHAUMWEIN-ERZEUGER VON SAINT-PÉRAY

***

Jean-François Chaboud • Pierre und Guy Darona • Jean-Marie Teysseire •
Jean-Louis Thiers

BEWERTUNG DER STILLWEIN-ERZEUGER VON SAINT-PÉRAY

***

Auguste Clape • Jean-René Lionnet •
Jean-Marie Teysseire • Jean-Louis Thiers

Saint-Péray liegt gegenüber von Valence am Westufer der Rhône und südlich des unmittelbaren Nachbars Cornas. Der Wein dieser letzten Appellation der nördlichen Rhône ist kaum der Rede wert. Die Stadt Saint-Péray bietet ein trostloses Bild, doch belohnt eine Wanderung oder Fahrt zu den Ruinen des Château de Crussol, das auf einer schroffen Granitkuppe oberhalb des Ortes thront, mit einem reizvollen Blick auf Valence und das Rhônebecken. Hält sich die von Valence ausgehende Luftverschmutzung in Grenzen, kann man sogar die Alpen sehen. Empfehlenswert ist auch eine Fahrt auf der gefahrvollen und kurvenreichen Route Départmentale 287 in westlicher Richtung hinauf nach Saint-Romain-de-Lerps, das mit einer herrlichen Aussicht über das Rhônetal aufwartet. Auf dem Plateau über Saint-Péray findet man eine großartige, unberührte Landschaft. Trotz dieser touristischen Attraktionen verdankt Saint-Péray seine Berühmtheit dem Wein. Zahlreiche historische Dokumente belegen, dass die Weinstöcke an den Steilterrassen hinter der Stadt im 10. Jahrhundert von Mönchen gepflanzt wurden. Unter den örtlichen Winzern scheint Einhelligkeit darüber zu bestehen, dass Napoleon, als er 1795 als Kadett in Valence stationiert war, Geschmack an Weinen aus Saint-Péray fand. Doch verblasst diese Geschichte im Vergleich zu einer anderen, oft zitierten Anekdote, derzufolge der berühmte Komponist Richard Wagner sich während der Arbeit an *Parsifal* 100 Flaschen Saint-Péray nach Bayreuth schicken ließ.

In Saint-Péray werden aus Marsanne und Roussanne zwei ausdrucksschwache Weißweine hergestellt: Still- und Schaumweine. Mehr als 80 % der Gesamterzeugung entfallen auf Schaumwein, der nach traditionellen Methoden bereitet wird und eine natürliche Flaschengärung durchläuft. Ihn annehmbar zu nennen wäre unredlich. Ich habe den schweren und zur Oxidation neigenden Saint-Péray-Schaumwein noch niemals lebendig oder interessant erlebt. Er stellt eine Kuriosität dar, die in der heutigen, von starker Konkurrenz und Qualitätsbewusstsein geprägten Weinwelt auf verlorenem Posten steht. Die Stillweine fallen etwas besser aus, dürfen jedoch, weil sie häufig schwer und sehr säurearm geraten, ebenfalls nur auf begrenzte Marktchancen hoffen.

Vermutlich gibt es für die Appellation mit diesen beiden Weinen keine Zukunft. Die Granithänge über der Stadt wären zweifellos besser für Syrah geeignet, der keine zwei Kilometer weiter nördlich in Cornas an ähnlichen Hängen mit großem Erfolg wächst. Doch wird sich diese Traube in Saint-Péray wahrscheinlich kaum durchsetzen, da Wohnungsspekulanten begonnen haben, mit aggressiven Methoden die malerischen Hügel zu erschließen. Selbst der bekannteste Winzer der Appellation, Jean-François Chaboud, ein kahlköpfiger Mann in mittleren Jahren, scheint mit einem baldigen Ende zu rechnen. Seine Befürchtungen gründen sich allerdings nicht so sehr auf die mangelnde Anziehungskraft der Saint-Pérays, sondern auf die in Frankreich wachsende Konkurrenz durch preiswertere Schaumweine, die in immer größeren Mengen im Elsass, in Limoux, im Loiretal und in Burgund hergestellt werden. Es ist das Wachstum dieser Schaumweinindustrie, die mehr Saint-Péray-Erzeuger aus dem Geschäft drängen wird als die mangelnde Qualität ihrer Weine. Chaboud gibt unumwunden zu, dass jeder Winzer mit dem Verkauf seiner Rebfläche an die ungeduldig wartenden Spekulanten ein gutes Geschäft machen könne.

Unter den Weinbauregionen des Rhônetals ist Saint-Péray mit seinen 65 Hektar so etwas wie ein Dinosaurier, dem man wegen der Eigentümlichkeit seiner Schaumweine und ihrer langen Tradition den Fortbestand gönnt. Trotzdem kann die tatsächliche Qualität der Weine allenfalls Neugier hervorrufen.

Wer sich auf das Abenteuer einlässt, wird die meisten Saint-Pérays erschwinglich finden. Sie liegen preislich zwischen einem durchschnittlichen Champagner und einem besseren Schaumwein aus dem Elsass, von der Loire oder aus Burgund. Saint-Péray-Weine müssen innerhalb von zwei bis drei Jahren nach der Lese getrunken werden. Viele besitzen bei der Freigabe einen sonderbaren und bisweilen durch Oxidation beeinflussten Geschmack, was an der altmodischen Kellertechnik oder auch an der Verwendung von Marsanne und Roussanne liegen mag. Empfehlenswert sind die Weine nicht.

JEAN-FRANÇOIS CHABOUD ***

Adresse:
21, rue de Vernoux, 07130 Saint-Péray, Tel.: 4 75 40 31 63

Produzierte Weine: Saint-Péray (Still- und Schaumwein)

Rebfläche: 9 ha

Produktionsmenge:
Stillwein: 24 000 Flaschen; Schaumwein: 37 500 Flaschen

Ausbau:
Stillwein: 6 bis 8 Monate in rostfreien Stahltanks
Schaumwein: 5 bis 6 Monate in rostfreien Stahltanks und 3 Jahre in der Flasche

Durchschnittsalter der Reben: 45 Jahre

Verschnitt:
Stillwein: 80 % Marsanne, 20 % Roussanne; Schaumwein: 100 % Marsanne

Chaboud gewinnt aus seiner neun Hektar großen Anbaufläche Stillwein und Schaumwein, auf den der größere Anteil an der Gesamtproduktion entfällt. Zu dem Gut, auf dem seine Familie 1715 mit der Weinbereitung in Saint-Péray begann, gehört eine beeindruckende unterirdische Kellerei. Nach eigener Aussage unterhält Chaboud einen florierenden Direktverkauf an durchreisende Touristen. Voller Skepsis betrachtet er die Zukunft der Saint-Pérays, behauptet allerdings, dass der Verkauf seiner Weine keinerlei Schwierigkeiten bereite.

PIERRE UND GUY DARONA ***

Adresse:

Les Faures, Route de Toulaud, 07130 Saint-Péray, Tel.: 4 75 40 34 11

Produzierte Weine: Saint-Péray (Still- und Schaumwein)

Rebfläche: 9 ha

Produktionsmenge:

Stillwein: 12 000 Flaschen; Schaumwein: 45 000 Flaschen

Ausbau:

Stillwein: 12 Monate in rostfreien Stahltanks

Schaumwein: 6 Monate in rostfreien Stahltanks und 18 bis 24 Monate in der Flasche

Durchschnittsalter der Reben: 30 bis 40 Jahre

Verschnitt: 90 % Marsanne, 10 % Roussanne

Die Daronas besitzen eine bescheidene Anbaufläche von neun Hektar. Ähnlich wie Chaboud stellen sie hauptsächlich Schaumwein her, der mit 3 800 Kisten 80 % der Gesamtproduktion ausmacht. Die Schaumweine lassen sich kaum als typische Vertreter der Appellation erkennen, so dass sie auch weniger seltsam und ungewöhnlich schmecken. Sauber bereitet fehlt es diesen nichts sagenden, eindimensionalen Tropfen doch an Kontur. Ich bevorzuge den Stillwein dieses Hauses.

JEAN-MARIE TEYSSEIRE ***

Adresse:

07130 Cornas, Tel.: 4 75 40 52 01

Produzierte Weine: Saint-Péray (Still- und Schaumwein)

Rebfläche: 1,7 ha

Produktionsmenge:

8 250 Flaschen, wobei der Anteil an Still- und Schaumwein variiert

Ausbau:

Stillwein: 18 Monate in Emailtanks

Schaumwein: 7 Monate in Emailtanks und 12 bis 24 Monate in der Flasche

Durchschnittsalter der Reben: 80 Jahre

Verschnitt: 100 % Marsanne

Teysseire, der auch Cornas-Weine herstellt, besitzt in Saint-Péray eine 1,7 Hektar große Rebfläche. Ich bevorzuge seinen Stillwein, aber das ist wahrhaftig nicht als Kompliment zu werten.

DIE NÖRDLICHE RHONE

WEITERE SAINT-PÉRAY-ERZEUGER

CAVE LES VIOGNERONS DE SAINT-PÉRAY

Adresse: Avenue du 11 Novembre, 07130 Saint-Péray, Tel.: 4 75 40 31 17, Fax: 4 75 81 06 02
Produzierte Weine: Saint-Péray (Still- und Schaumwein)
Produktionsmenge: Stillwein – 15 000 Flaschen; Schaumwein – 35 500 bis 40 000 Flaschen
Ausbau: Stillwein: 8 bis 10 Monate in rostfreien Stahltanks
Schaumwein: 6 Monate in rostfreien Stahltanks und 30 Monate in der Flasche
Verschnitt: Im Allgemeinen 100 % Marsanne

CAVES COTTEVERGNE (L. SAUGÈRE)

Adresse: Quartier le Bret, 07130 Saint-Péray, Tel.: 4 75 40 30 43, Fax: 4 75 40 55 06
Produzierte Weine: Saint-Péray Beauregard (Stillwein), Saint-Péray Golden Hill (Schaumwein)
Rebfläche: 3 ha
Produktionsmenge: Beauregard – 6 750 Flaschen; Golden Hill – 6 750 Flaschen
Ausbau: Beauregard – 3 bis 4 Monate in zu 30 % neuen Eichenfässern
Golden Hill – 6 bis 8 Monate in rostfreien Stahltanks und mindestens 24 Monate in der Flasche
Durchschnittsalter der Reben: 25 Jahre
Verschnitt: 100 % Marsanne

AUGUSTE CLAPE ***

Adresse: 07130 Cornas, Tel.: 4 75 40 33 64, Fax: 4 75 81 01 98
Produzierte Weine: Saint-Péray (Stillwein)
Rebfläche: 0,3 ha
Produktionsmenge: 2 200 Flaschen
Ausbau: 6 bis 8 Monate in rostfreien Stahltanks
Durchschnittsalter der Reben: 60 Jahre
Verschnitt: 100 % Marsanne

BERNARD GRIPPA

Adresse: 5, avenue Ozier, 07300 Mauves, Tel.: 4 75 08 14 96, Fax: 4 75 07 06 81
Produzierte Weine: Saint-Péray (Stillwein)
Rebfläche: 1 ha
Produktionsmenge: 5 700 Flaschen
Ausbau: 8 Monate, 90 % in rostfreien Stahltanks und 10 % in mehrheitlich alten Eichenfässern
Durchschnittsalter der Reben: 50 Jahre
Verschnitt: 80 % Marsanne, 20 % Roussanne

SAINT-PERAY

DOMAINE DE LA HAUTE FAUTERIE

Adresse: 07130 Saint-Péray, Tel.: 4 75 40 46 17

Produzierte Weine: Saint-Péray Cuvée Tradition (Stillwein), Saint-Péray Cuvée Sélection (Stillwein)
Bei unzureichender Qualität wird die ganze Produktion als Cuvée Tradition abgefüllt.
Rebfläche: 3 ha
Produktionsmenge: 18 000 Flaschen
Ausbau: 8 Monate in rostfreien Stahltanks
Durchschnittsalter der Reben: 8 bis 10 Jahre
Verschnitt: 70 % Marsanne, 30 % Roussanne

MARCEL JUGE

Adresse: Place de la Salle des Fêtes, 07130 Cornas, Tel.: 4 75 40 36 68, Fax: 4 75 40 30 05
Produzierte Weine: Saint-Péray (Stillwein)
Rebfläche: 0,35 ha
Produktionsmenge: 1 600 Flaschen
Ausbau: 12 Monate in alter Eiche
Durchschnittsalter der Reben: 40 Jahre
Verschnitt: 50 % Marsanne, 50 % Roussanne

JACQUES LEMENCIER

Adresse: Route des Granges, 07130 Cornas, Tel.: 4 75 40 49 54
Produzierte Weine: Saint-Péray Cuvée Traditionnelle (Stillwein),
Saint-Péray Cuvée Boisée (Stillwein)
Rebfläche: 0,6 ha
Produktionsmenge: Cuvée Traditionnelle – 1 500 Flaschen
Cuvée Boisée – 1 500 Flaschen
Ausbau: Cuvée Traditionnelle: 7 bis 8 Monate in Emailtanks
Cuvée Boisée: 6 bis 8 Monate in neuen Eichenfässern
Durchschnittsalter der Reben: 60 Jahre
Verschnitt: 100 % Marsanne

JEAN-RENÉ LIONNET

Adresse: Pied la Vigne, 07130 Cornas, Tel.: 4 75 40 36 01
Produzierte Weine: Saint-Péray (Stillwein)
Rebfläche: 2 ha
Produktionsmenge: 12 000 Flaschen
Ausbau: 8 Monate, 40 % in 20 % neuen Eichenfässern und 60 % in rostfreien Stahltanks
Durchschnittsalter der Reben: 60 Jahre
Verschnitt: 80 % Marsanne, 20 % Roussanne

DIE NÖRDLICHE RHONE

Jean-Louis Thiers

Adresse: Quartier Biguet, 07130 Toulaud, Tel.: 4 75 40 49 44
Produzierte Weine: Saint-Péray (Still- und Schaumwein)
Rebfläche: 5 ha
Produktionsmenge: Stillwein: 4 000 bis 5 000 Flaschen; Schaumwein: 20 000 Flaschen
Ausbau: Stillwein: 6 bis 8 Monate in rostfreien Stahltanks
Schaumwein: 6 Monate in rostfreien Stahltanks und 18 Monate in der Flasche
Durchschnittsalter der Reben: 4 bis 5 und 50 Jahre
Verschnitt: 100 % Marsanne

Alain Voge

Adresse: Rue de l'Equerre, 07130 Cornas, Tel.: 4 75 40 32 04
Produzierte Weine: Saint-Péray (Stillwein), Saint-Péray Cuvée Boisée (Stillwein),
Saint-Péray Ultra Brut (Schaumwein), Saint-Péray Brut (Schaumwein)
Rebfläche: 7 ha
Produktionsmenge: Stillwein: Saint-Péray – 22 500 Flaschen; Cuvée Boisée – 8 000 Flaschen
Schaumwein: Ultra Brut – 2 000 Flaschen; Brut – 8 000 Flaschen
Ausbau: Stillwein: Saint-Péray – 12 Monate, zu je 50 % in Emailtanks und in zur Hälfte neuen
Eichenfässern; Cuvée Boisée – 12 Monate in 50 % neuen Eichenfässern
Schaumwein: Ultra Brut – 6 Monate in rostfreien Stahltanks und 5 Jahre in der Flasche;
Brut – 6 Monate in rostfreien Stahltanks und 2 Jahre in der Flasche
Durchschnittsalter der Reben: 30 bis 40 Jahre
Verschnitt: 100 % Marsanne

Die südliche Rhône

Vacqueyras
Châteauneuf-du-Pape
Gigondas
Tavel
Lirac
Côtes du Rhône-Villages
Côtes du Rhône
Rhôneweine für Connaisseurs

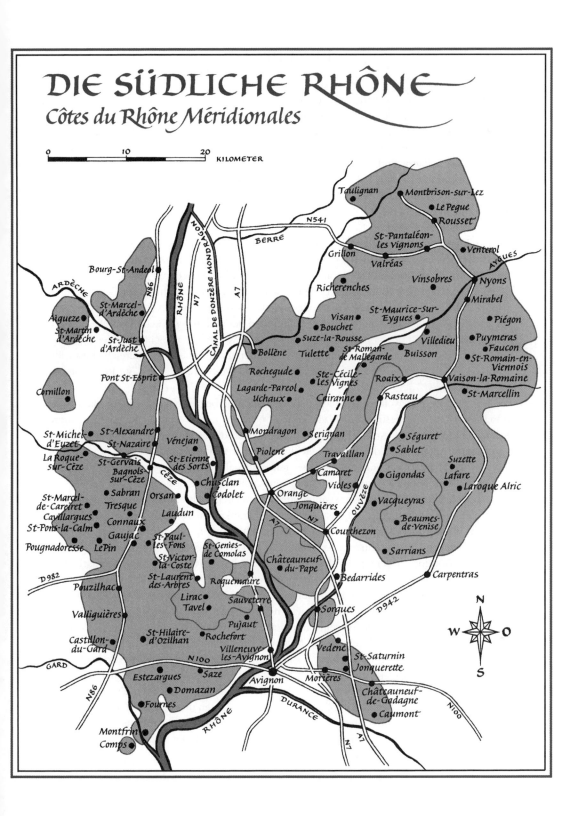

DIE SÜDLICHE RHÔNE
Côtes du Rhône Méridionales

0   10   20   KILOMETER

Taulignan • Montbrison-sur-Lez
• Le Pegue
• Rousset
N541
BERRE
St-Pantaléon-
les Vignons
Grillon • Venterol
Valréas
Vinsobres
Bourg-St-Andeol • Richerenches Nyons
ARDÈCHE St-Maurice-Sur- • Mirabel
St-Marcel- Visan Eygues
d'Ardèche • Bouchet • Piégon
Aigueze Suze-la-Rousse Villedieu Puymeras
St-Martin St-Roman- Buisson • Faucon
d'Ardèche St-Just Bollène Tulette de Mallegarde St-Romain-en-
d'Ardèche Viennois
Rochegude Ste-Cécile- Roaix Vaison-la-Romaine
Pont St-Esprit Lagarde-Pareol les Vignes Rasteau • St-Marcellin
Uchaux Cairanne
Cornillon
St-Michel- St-Alexandre Mondragon Séguret
d'Euzet St-Nazaire Vénejan Serignan • Sablet
La Roque- Piolene Travaillan Suzette
Sur-Cèze St-Etienne Lafare
St-Gervais des Sorts Camaret Gigondas Laroque Alric
Bagnols- CÈZE Violes Vacqueyras
sur-Cèze Chusclan Orange
St-Marcel- Sabran Codolet Jonquières Beaumes-
de-Careiret Tresque Orsan de-Venise
Cavillargues Laudun Courthezon
St-Pons-la-Calm Connaux A7 N7 Sarrians
Gaujac St-Paul-
Pougnadoresse LePin les-Fons St-Genies- Châteauneuf- Carpentras
St-Victor- de-Comolas du-Pape Bedarrides
la-Coste
St-Laurent Roquemaure Sorgues D942
Pouzilhac des-Arbres
Lirac Sauveterre
Valliguières Tavel
Pujaut
St-Hilaire- Rochefort Vedene St-Saturnin
Castillon- d'Ozilhan Villeneuve- Jonquerette
du-Gard les-Avignon
GARD N100 Morières Châteauneuf-
Estezargues Saze Avignon de-Gadagne
Domazan Caumont
Fournes
Montfrin RHÔNE DURANCE
Comps

N
W   O
S

Einführung

Westlich der Industriestadt Valence endet mit der Appellation Saint-Péray das Weinbaugebiet der nördlichen Rhône, das in Frankreich häufig als *Côtes du Rhône Septentrionales* bezeichnet wird. Knapp 100 Kilometer weiter südlich beginnen in der Umgebung von Orange die Anbauflächen der südlichen Rhône, die auch als *Côtes du Rhône Méridionales* bekannt sind.

Der Abstand zwischen Valence und Orange ist gering, doch unterscheiden sie sich in Klima und Geographie auf eklatante Weise. Abgesehen von den riesigen, bedrohlich wirkenden Atomkraftwerken, die die Region zwischen Montélimar und Orange beherrschen, verliert die Vegetation zusehend an Üppigkeit, während die Topographie den Charakter der windgepeitschten, sonnendurchfluteten Landschaft des südlichen Rhônetals widerspiegelt. Angesichts der größeren Trockenheit, Hitze und der stärkeren Winde herrscht hier ein mediterraneres Klima als im Norden. Das Aroma von Kräutern der Provence und *garrigue*, ein für die Gegend typisch erdiger Kräuterduft, bedeutet mehr als nur eine Täuschung der Geruchssinne: Dieser Duft findet sich tatsächlich überall. So kann es deshalb nicht verwundern, dass sich die gleichen Geschmacksnoten auch im Wein und in der regionalen Küche feststellen lassen.

Im nördlichen Rhônetal befinden sich nahezu alle Weinberge in Sichtweite des Flusses – die besten sind steile terrassierte Hanglagen. Im Süden gibt es ebenfalls zahlreiche bestockte Hänge, sie sind jedoch viel weniger abschüssig als die Anbauflächen in Côte Rôtie, Hermitage und Cornas.

Das ausgedehnte Weinbaugebiet der südlichen Rhône begrenzt sich nicht auf die Umgebung des Flusses, es erstreckt sich vielmehr in östlicher und westlicher Richtung mehrere Kilometer landeinwärts. Am rechten Ufer befinden sich die Lagen von Lirac – eine viel versprechende Appellation, die ihre Möglichkeiten noch nicht vollends ausgeschöpft hat –, Tavel – die Heimat von Frankreichs teuerstem und gelegentlich schönstem Rosé – sowie einige Côtes du Rhône-Villages, von denen Saint-Gervais als die beste gilt.

Die Mehrzahl der Erzeugnisse stammt vom linken Ufer – einer Region, die zu den meistbesuchten und landschaftlich schönsten Gegenden Frankreichs zählt: die Provence. Von Valréas und Vinsobres im Nordosten, von Orange bis Châteauneuf-du-Pape erstrecken sich hier die Weinberge auf ausgedehnten Ebenen und an sanften Hängen neben malerischen, mittelalterlichen Dörfern, in denen Handwerker und Künstler zu Hause sind. Die Landschaft ist großartig und das Klima – bis auf den heftigen Mistral – angenehm. In der Umgebung des berühmtesten Anbaugebiets, Châteauneuf-du-Pape, liegt Gigondas, das ebenfalls vollmundige und körperreiche Weine von ausgezeichneter Qualität hervorbringt. In Sichtweise liegt Beaumes-de-Venise, bekannt für seine üppigen Dessertweine. Bis auf wenige Ausnahmen besitzen die östlichen Anbaugebiete das Monopol auf die feinsten Côtes du Rhône-Villages. Pittoreske Orte wie Vaison-la-Romaine, Rochegude, Lagarde-Paréol, Sainte-Cécile-les-Vignes, Séguret, Cairanne, Rasteau, Vacqueyras und Carpentras, um nur einige zu nennen, befinden sich in herrlichen Lagen, umgeben von riesigen Rebflächen. Jede hat ihren eigenen Charme und bietet eine Auswahl an unkomplizierten, aber großzügigen und zufrieden stellenden Weinen. Diese von der Sonne durchfluteten Dörfer wissen nicht allein Besucher oder Hobbyfotografen zu verführen, sie locken auch den Weinliebhaber auf der Suche nach einem günstigen oder großen Angebot an.

Die Zahl der Rebsorten, die im südlichen Rhônetal verwendet wird, erschwert häufig das Verständnis für die dortigen Weine. Die bereits aus dem Norden bekannte Syrah-Traube wird auch hier – wenngleich weniger häufig – angebaut. Einige Produzenten meinen, sie würde durch die intensive Hitze und Sonneneinstrahlung überreif werden und rosinieren. Im richtigen *terroir* können zwar auch im Süden mit Syrah hervorragende Leistungen erzielt werden, doch wird der rote Grenache bevorzugt: Bei nicht eingeschränkten Erträgen liefert er fleischig-reife, alkoholbetonte Weine, werden die Reben dagegen immer wieder streng zurückgeschnitten und damit die Erträge gedrosselt, erzeugt er wunderbarste Gewächse. Allerdings werden nur wenige reinsortige Weine bereitet; die meisten Roten verschneidet man mit mindestens vier anderen Rebsorten. Dafür eignen sich der spätreifende Mourvèdre, der in die *assemblage* Farbe, viel Struktur und eine zusätzliche aromatische Vielfalt einbringt, und der Cinsault. Letzterer wird im Rhônegebiet häufig angebaut, weil er anspruchslos und relativ ertragreich ist. Er verleiht dem Wein ebenfalls Aroma, aber auch Säure, wird jedoch auf Grund der qualitativen Neuorientierung zusehends unpopulär. Zu den anderen zugelassenen roten Trauben, die weniger häufig verwendet werden, zählen Muscardin, Terret, Counoise und Vaccarèse; den beiden Letzteren sagt man ein riesiges Qualitätspotenzial nach.

Drei der aus dem Norden bekannten weißen Trauben – der allgegenwärtige Marsanne, der unbeständige Roussanne und der faszinierende Viognier – werden, in viel geringerem Umfang, auch in der südlichen Region angebaut. Das Rückgrat bilden jedoch Grenache blanc, Clairette und Bourboulenc. Während Picardin und Picpoul zunehmend aus der Mode kommen, stieg das Interesse an Viognier und Roussanne derart, dass einige der neuen Güter ausschließlich mit diesen Sorten arbeiten.

Angesichts dieser großen Vielfalt erstaunt es nicht, dass sich die Weine dieses Anbaugebiets in Art und Stil je nach Verschnitt stark unterscheiden. Zum besseren Verständnis werden die wichtigsten Reben deshalb im Folgenden kurz charakterisiert.

Eine Übersicht der Rebsorten des südlichen Rhônetals

Trauben für Weisswein

Bourboulenc Im heißen südlichen Rhônetal bietet diese Rebe reichen Körper und die nötige Säure. Kenner sagen Bourboulenc, die ursprünglich aus Griechenland stammen soll, auch den Duft von Rosen nach. Sie wird oft in Châteauneuf-du-Pape mitverarbeitet, findet sich aber auch in Côtes du Rhône, Lirac und bis zu einem gewissen Grad in Tavel.

Clairette blanc Bis das Risiko einer Oxidation durch die Gärung bei kühlen Temperaturen und moderne Verfahren minimiert werden konnte, entstanden aus Clairette schwere, alkoholreiche, häufig tief gelbe Weine von dickem, massigem Charakter. Heute werden dank der Technik weiche, blumig-fruchtige Weine mit einem leichten bis mittleren Körper bereitet, die allerdings jung getrunken werden sollten. Wegen des zunehmenden Interesses an Roussanne verzichten aber viele der hier ansässigen Weißweinerzeuger auf Clairette blanc.

Grenache blanc Aus dieser Sorte gehen Weine mit einer tiefen Frucht, einem hohen Alkoholgehalt und einer geringen Säure hervor. Wenn die Gärung bei kühlen Temperaturen stattfindet und die malolaktische Gärung gestoppt wird, kann ein dynamischer, köstlicher, gut strukturierter Wein mit einem mittleren bis vollen Körper, hinreichend Alkohol sowie Glyzerin und einem gelegentlich verführerischen Duft von Narzissen entstehen.

Marsanne Da ein sortenreiner Marsanne aus der südlichen Rhône angeblich einen robusten Wein ergibt, wird er mit anderen Trauben verschnitten und kann nicht, wie im Norden, ausschließlich verwendet werden. Jancis Robinson behauptet, er würde «nicht unangenehm an Leim erinnern». Auch wenn das etwas ungerecht klingt, so ist Marsanne im Norden doch eindeutig beliebter als im Süden.

Picardin Picardin fiel im Wesentlichen deshalb in Ungnade, weil sie nach Winzermeinung nichts in den Verschnitt einbrachte. Offenkundig waren ihre Neutralität und niedrige Säure die Gründe für ihre Unpopularität. Der weiße Châteauneuf-du-Pape Les Cèdres von Jaboulet-Ainé zeigt jedoch den unverwechselbaren Duft von Aprikosen und Pfirsichen, und laut Jacques Jaboulet erinnert bei geringen Erträgen und alten Reben der Geruch des Picardin an den des Viognier.

Picpoul Offen gesagt weiß ich nicht, wie diese Traube schmeckt. Allein oder in hinreichenden Mengen, die eine Identifizierung ermöglichen würden, kommt Picpoul nicht vor, zudem wird sie heute im südlichen Rhônetal nur selten kultiviert. Ältere Winzer behaupten, diese Sorte habe eine blumige Komponente eingebracht und dem Wein durch ihre tanninreichen Schalen Struktur verliehen.

Roussanne Jahrhundertelang bildete Roussanne die Essenz des weißen Hermitage aus dem nördlichen Rhônegebiet. Die geringen Erträge und ihre Anfälligkeit für Krankheiten führten dazu, dass sie größtenteils von Marsanne abgelöst wurde. Von allen Weißweintrauben besitzt sie jedoch den meisten Charakter und wird im Süden mit Erfolg wieder angebaut. Mit Geschmacksnoten von Honig, Kaffee, Blumen (Schwertlilien) und Nüssen erzeugt sie kraftvolle Weine mit einer fettigen Struktur, die eine für Weißweine aus dem südlichen Rhônetal erstaunliche Langlebigkeit aufweisen. Das berühmte Gut Beaucastel in Châteauneuf-du-Pape verwendet für die einfache weiße Cuvée Beaucastel einen Anteil von 80 % Roussanne. 1986 erzeugten sie sogar eine reinsortige Roussanne-Luxuscuvée aus alten Reben – unbestritten einer der verlockendsten und vielschichtigsten trockenen Weißweine. Neubestockungen mit Roussanne finden sich um Châteauneuf-du-Pape und in den Côtes du Rhône. In Châteauneuf-du-Pape setzt sich das Château de la Nerthe zusammen mit unzähligen anderen Erzeugern für die Kultivierung dieser Rebe ein, da sie ein immenses Qualitätspotenzial besitzt.

Viognier Wie bereits im Kapitel zu Condrieu erwähnt, erzeugt Viognier sehr charakteristische und potenziell große Gewächse, die aber jung getrunken werden müssen. Viognier steht im Norden für Condrieu und Château Grillet. Im Süden verliefen die Probebestockungen der späten siebziger und frühen achtziger Jahre so erfolgreich, dass die Sorte jetzt *très à la mode* ist – im gesamten Gebiet lassen sich fast in jedem Dorf gute Beispiele nachweisen. Selbst in Verschnitten wartet die Traube mit faszinierenden, verlockenden Komponenten auf und wurde zum wichtigen Bestandteil vieler ursprünglicher Côtes-du-Rhône-Weine großer Händler, insbesondere Guigals. Die Sorte, die sich für das heiße, sonnige und windige Wetter des Anbaugebiets ideal eignet, scheint eine glänzende Zukunft vor sich zu haben. Zusammen mit Roussanne kann Viognier die Entwicklung großer trockener Weißweine in der südlichen Rhône maßgeblich beeinflussen.

TRAUBEN FÜR ROTWEIN

Cinsault Alle Erzeuger scheinen durchweg einen kleinen Anteil Cinsault, der den Duft von Rosen und Mandeln verströmen kann, zu verwenden. Die ertragreiche Sorte reift sehr früh und erzeugt fruchtige Weine. Sie gleicht darüber hinaus den hohen Alkoholgehalt der Grenache und die Tannine von Syrah und Mourvèdre aus, wobei die beiden Letzteren gegenüber Cinsault bevorzugt eingesetzt werden. Im Verschnitt erweist sich Cinsault als nach wie vor wertvoll. Sie eignet sich zwar nicht für reinsortige Erzeugnisse, wenn ich aber in den Kellern von Rayas einen Cinsault aus Niedrigerträgen und alten Reben verkostete, bevor dieser Jacques Reynauds Côtes du Rhône Fonsalette beigemischt wird, wünschte ich mir oft, einige Kisten reinen Cinsault erwerben zu können. Wenn die Erträge – wie bei Reynaud – bei 15 bis 20 Hektoliter pro Hektar gehalten werden, rechnet sich ein 100 % Cinsault-Wein leider nicht.

Counoise Diese Sorte findet sich in der südlichen Rhône auf Grund ihres launenhaften Charakters nur selten, in Châteauneuf-du-Pape haben die Perrins vom Château Beaucastel allerdings die Verwendung von Counoise, den ich dort einzeln verkosten konnte, gesteigert. Counoise-Weine präsentieren sich mit großer Finesse und tiefgründigen Geschmacksnoten von reicher Frucht, gepaart mit einem vielschichtigen Bukett von geräuchertem Fleisch, Muskat, grünem Pfeffer, Blumen und Beerenfrüchten. Laut der Familie Perrin besitzt die Sorte in ihren Verschnitten als Spitzenbestandteil mindestens so viel Potenzial wie Mourvèdre.

Grenache Eine klassische Rebsorte für heiße Regionen, die auch im südlichen Rhônetal das Rückgrat der Rotweine bildet. Die Qualität der Erzeugnisse reicht von feurig, alkoholreich, unausgewogen und schroff bis reichhaltig, majestätisch, äußerst langlebig und üppig. Die Unterschiede sind vor allem auf den Mostertrag pro Hektar zurückzuführen. Wird Grenache richtig beschnitten und nicht übermäßig gedüngt, kann sie wahre Wunder vollbringen, wie der sensationelle Châteauneuf-du-Pape Château Rayas zeigt. In Bestform besitzen Grenache-Erzeugnisse ein Aroma von Kirschen, Schwarzen Johannisbeeren, Himbeermarmelade, Pfeffer, Lakritze und gerösteten Erdnüssen.

Mourvèdre Jeder scheint sich über die guten antioxidierenden Eigenschaften des Mourvèdre einig zu sein, aber nur wenige sind bereit, den Anbau zu riskieren. Die Traube gedeiht in der mediterranen Appellation Bandol, während sie in der südlichen Rhône nur in Châteauneuf-du-Pape – im Château Beaucastel und Château de la Nerthe – einen wichtigen Anteil im Verschnitt bildet. Mourvèdre intensiviert die Farbe und verleiht dem Wein nicht nur ein komplexes Aroma, sondern auch eine hervorragende Struktur, doch entwickelt sie sich äußerst spät und ist im Gegensatz zu anderen Sorten erst bei Hochreife von wirklichem Wert. In einem früheren Stadium halten die Winzer diese Traube für farblos, sauer und unbrauchbar. Ihr charakteristisches Aroma offenbart Düfte von Unterholz, Fell, Leder, Trüffeln, frischen Pilzen und Baumrinde. Bei soviel Exzentrizität erscheint es unwahrscheinlich, dass die Sorte – abgesehen von einigen Risikobereiten oder leidenschaftlich Begeisterten – großflächig verwendet wird. Die provokative animalische Seite der Mourvèdre hat einige Kritiker zu der Annahme verleitet, die Weine enthielten die Brettanomyces-Hefe (häufig Brett-Hefe genannt). In großen Mengen kann diese dem Wein einen unangenehmen, schalen und animalischen Geruch von Schweiß und Sattelleder verleihen, den man aber nicht mit den konzentrierteren Aromen der Mourvèdre-Traube verwechseln sollte.

Muscardin Muscardin ist weiter verbreitet als Terret noir und stattet den Wein mit einem blumigen Duft, Solidität sowie einem guten Maß an Alkohol und Kraft aus. Muscardin wird in Beaucastel verwendet, unter den bedeutenderen Gütern setzt sich vor allem Chante-Perdrix aus Châteauneuf-du-Pape für den Anbau ein. Aus nicht geklärten Gründen haben die Nicolets den Anteil von Muscardin in ihren Weinen reduziert.

Syrah Von der Hauptrolle im Norden wechselt Syrah hier zur Nebenrolle. Ihre unangefochtene Aufgabe ist es, dem fleischigen Grenache die notwendige Struktur, Rückgrat und Tannin zu verleihen. Einige Erzeuger behaupten, sie würde in der heißen Sonne zu schnell reifen, doch bietet sie meines Erachtens für viele Weine der Region einen sehr kräftigen Zusatz. Immer mehr Côtes-du-Rhône-Kellereien erzeugen reinsortige Syrah-Spezialabfüllungen von einem ungeheuren Qualitätspotenzial. Der feinste Syrah der südlichen Rhône ist die Cuvée Syrah des Château de Fonsalette, die sich 25 bis 30 Jahre halten und entwickeln kann und ein Aroma von Beerenfrüchten, Kaffee, rauchigem Teer und Hickoryholz besitzt. Auch in anderen Côtes-du-Rhône-Kellereien wird zunehmend Syrah beigemischt, und selbst in Châteauneuf-du-Pape wurde sie zu einer wichtigen Komponente. So beträgt der Syrah-Anteil des berühmten Château Fortia in neueren Verschnitten bereits mehr als ein Drittel. Spitzen-Syrah wird man nur dann erzeugen, wenn das Mikroklima kühl genug ist und/oder die Weinstöcke auf nördlich ausgerichteten Hängen stehen.

Terret noir Obwohl sie zum Rebsortiment der Appellation gehört, findet sich Terret noir hier nur noch selten. Sie diente dazu, den Weinen Säure zu verleihen und den kraftvollen Grenache- und Syrah-Charakter zu mildern. Von den Spitzenerzeugern wird sie nicht mehr verwendet.

Vaccarèse In Beaucastel konnte ich auch einen Vaccarèse, den die Perrins einzeln keltern, verkosten. Weniger kraftvoll und tief als Syrah weist der Wein einen geringeren Alkoholgehalt als Grenache auf, zeigt aber einen individuellen Charakter, der sich durch ein Aroma von Blumen, Tabak und Lakritze auszeichnet, bei wenig Körper und Struktur.

Das südliche Rhônetal bringt außergewöhnlich große Weine hervor, mit einem riesigen Potenzial. Von allen Weinbaugebieten Frankreichs – bis auf die Region Languedoc-Roussillon – findet sich hier das beständigste und günstigste Klima. Die trockene Hitze und der andauernde böige Mistral wirken wie natürliche Antibiotika und verhindern die gefürchtete Fäule, die im übrigen Frankreich so große Schwierigkeiten bereitet. Die gesetzlich erlaubten, konservativen Mosterträge führen üblicherweise zu einer Produktion pro Hektar, die weniger als die Hälfte der Mengen in Burgund oder Bordeaux ausmacht. In Appellationen wie Châteauneuf-du-Pape und Gigondas ist der Einsatz von Maschinen bei der Lese untersagt. Im Gegensatz zu den geringen Mengen, die im Norden erzeugt werden, sind die südlichen Spitzentropfen in größerem Maße verbreitet, da sie in höherer Quantität hergestellt werden und preislich zu den günstigsten Rotweinangeboten weltweit gehören. Die meisten Weine haben überdies den Vorzug, unmittelbar nach der Freigabe trinkbar oder zumindest verfügbar zu sein. Dennoch kann sich ein erstklassiger Châteauneuf-du-Pape 15 bis 20 Jahre halten und entwickeln, der beste Gigondas 8 bis 12 Jahre und selbst ein guter Côtes du Rhône 2 bis 5 Jahre.

Das südliche Rhônetal hält einige der kostbarsten Tropfen der Welt – zu bescheidenen Preisen – zum Genuss bereit und wartet darauf, entdeckt zu werden.

VACQUEYRAS

Mehr als nur ein kleiner Châteauneuf-du-Pape oder Gigondas

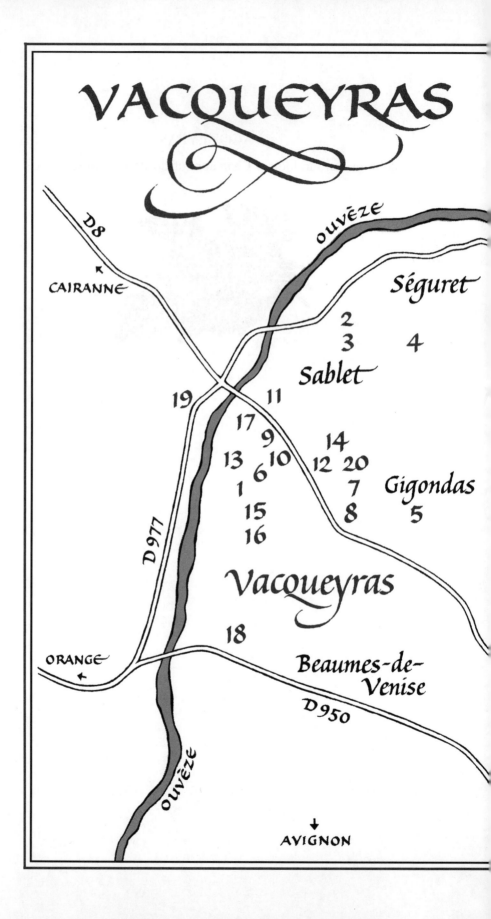

VAISON-
LA-ROMAINE

D977

Dentelles de Montmiral

N
W   O
S

ARPENTRAS

ERZEUGER

1 Domaine des Amouriers
2 La Bastide St-Vincent
3 Domaine de Boissan
4 Domaine Chamfort
5 Domaine le Clos de Caveau
6 Domaine le Clos des Cazaux
7 Domaine de la Colline St-Jean
8 Domaine le Couroulu
9 Domaine la Fourmone
10 Domaine des Lambertins
11 Domaine du Mas des Collines
12 Château de Montmirail
13 Domaine de la Monardière
14 Domaine de Montvac
15 Château des Roques
16 Domaine le Sang des Cailloux
17 Domaine de la Tourade
18 Château des Tours
19 Domaine de Verquière
20 Cave des Vignerons

Die Appellation Vacqueyras auf einen Blick

Appellation seit:	9. August 1990
Weinarten:	95 % Rotwein, 4 % Rosé, 1 % Weißwein
Rebsorten:	Für Rotwein und Rosé Grenache, Syrah, Mourvèdre und Cinsault, für Weißwein Grenache blanc, Clairette und Bourboulenc
Derzeitige Rebfläche:	1 300 ha
Qualitätsniveau:	Durchschnittlich bis gut, Tendenz steigend
Reifepotenzial:	4 bis 12 Jahre
Allgemeine Eigenschaften:	Kraftvoller, rustikaler, körperreicher Rotwein, dem häufig die Komplexität und Finesse eines Gigondas oder Château-neuf-du-Pape fehlt
Größte neuere Jahrgänge:	1995, 1990, 1989
Aroma:	Ein klassisches provenzalisch-mediterranes Bukett von Kräutern der Provence, *garrigue*, roten und schwarzen Früchten, Erde und Oliven
Struktur:	Ungezügelte Kraft, derbes Tannin und eine üppige Persönlichkeit ergeben ein gehaltvolles Glas Wein.

Bewertung der Vacqueyras-Erzeuger

****

Domaine des Amouriers • Domaine de la Charbonnière • Domaine le Couroulu •
Domaine la Fourmone • Domaine de Montvac • Tardieu-Laurent •
Domaine de la Tourade • Château des Tours

***

La Bastide Saint-Vincent • Domaine de Boissan • Domaine Chamfort •
Domaine le Clos des Cazaux ***/**** • Domaine de la Garrigue • Paul Jaboulet-Ainé •
Château de Montmirail • Château des Roques • Domaine le Sang des Cailloux •
Domaine de Verquière • Vidal-Fleury

VACQUEYRAS

Mehr noch als Gigondas ist Vacqueyras das klassische Dorf der Provence. Auf der *Route du Vin* (D 7) von Carpentras in Richtung Vaison la Romaine hat man es schnell verpasst, da die Weinstrasse durch die wenig markanten Außenbezirke führt. Der Dorfkern verwöhnt den Besucher jedoch mit beträchtlichem Charme. Wie in zahlreichen anderen Dörfern dieser wundervollen Landschaft finden sich hier die gelb-braunen und rostfarbenen Häuser mit den für den Süden Frankreichs typischen roten Dachziegeln. Die sonnenträge Dorfstimmung, die schattigen, engen Gassen, die alten Männer beim *pétanque*-Spiel und die überall wahrnehmbaren Gerüche vom Gemüsemarkt mit Kräutern, Oliven und Obst – alles erinnert an die Romane Marcel Pagnols. Darüber hinaus scheint es in Vacqueyras genauso viele *caveaux* zu geben wie in Châteauneuf-du-Pape.

Vacqueyras zählte zunächst zur Côtes du Rhône und wurde erst 1990 eine eigenständige Appellation. Völlig unklar ist, warum zahlreiche andere, ebenfalls ausgezeichnete Dörfer der Côtes du Rhône, wie Séguret, Sablet und Cairanne nicht auch diesen Status erhalten. Mehr als 50 % der Produktion befindet sich in der Hand der örtlichen Winzergenossenschaft, der 130 der insgesamt 160 Winzer angehören sollen. Von den übrigen 30 stammen Erzeugerabfüllungen, die zweifelsohne eine höhere Qualität erreichen als ein kleiner Châteauneuf-du-Pape oder ein Gigondas.

Vacqueyras befindet sich nur einige Kilometer nördlich von Gigondas in der Region Vaucluse im Schutze der Dentelles de Montmirail. Beide Anbaugebiete erzeugen in mancherlei Hinsicht ähnliche Weine, doch kann ein Vacqueyras viel derber und robuster sein, ohne die Reinheit und süße Frucht der feinsten Gigondas. Die wichtigsten Lagen der relativ homogenen *terroirs* von Vacqueyras befinden sich auf dem *Plateau des Garrigues* in Richtung Sarrians. Andere finden sich in der roten sandigen Ebene, mit den berühmten *galets roulés*, die man aus Châteauneuf-du-Pape kennt. In diesem Gebiet kann eine sengende Hitze herrschen, die durch den heftigen Mistral nur noch verstärkt wird.

Die vorherrschende Rebsorte in Vacqueyras ist der Grenache, zunehmend wird jedoch auch Syrah und Mourvèdre gepflanzt; Cinsault und Carignan finden sich dagegen nur noch selten in modernen Verschnitten. Die Produktion konzentriert sich fast ausschließlich auf Rotwein. Daneben werden ein etwas durchschnittlicher Rosé und Kleinstmengen weißer Vacqueyras produziert. Es finden sich jedoch auch Neubestockungen mit Roussanne, dessen Spitzenqualität zahlreiche Winzer begeistert. Tatsächlich gibt es keinen Grund, warum diese Traube in den *terroirs* von Vacqueyras nicht zu hervorragenden Ergebnissen führen sollte.

Besonders stolz ist man auf den berühmten provenzalischen Troubadour Raimbaud, der hier im zwölften Jahrhundert gelebt haben soll und bis heute – in Ermangelung weiterer berühmter Einwohner – das Selbstverständnis zum Teil prägt. Die Weinbereitung lässt sich in Vacqueyras bis ins 15. Jahrhundert zurückverfolgen. Von den 30 Winzern, die unter eigenem Etikett abfüllen, erzeugt eine stetig wachsende Zahl zwar keine außergewöhnlichen, dafür aber ausgezeichnete Weine. Trotz der Erhebung in den Rang einer Appellation haben sie der Versuchung widerstanden, die Preise anzuheben. Die Zukunft der Region hängt im Wesentlichen davon ab, ob es eines der Weingüter schafft, sich zu einem Spitzenerzeuger zu entwickeln, um das internationale Interesse auf Vacqueyras zu lenken. Die potenziellen Kandidaten für diese Rolle finden sich unter den derzeitigen großen Erzeugern Domaine La Fourmone, Château des Tours, Domaine le Couroulu und Domaine des Amouriers. Vacqueyras besitzt ausgezeichnete *terroirs*, einen beeindruckenden Anteil an alten Reben und ein hervorragendes Klima, so dass einer Steigerung der Qualität nichts im Wege steht. Dabei steht fest, dass die besten Tropfen bis heute unterschätzt und unterbewertet werden.

DOMAINE DES AMOURIERS ****

Adresse:
Les Garrigues, 84190 Vacqueyras, Tel.: 4 90 65 83 22, Fax: 4 90 65 84 13

Produzierte Weine:
Vacqueyras Cuvée Signature, Vacqueyras Cuvée Les Genestres, Vacqueyras Cuvée Les Truffières,
Vacqueyras Cuvée Hautes Terraces, Vacqueyras Cuvée Normale

Rebfläche: 6,5 ha

Produktionsmenge:
Cuvée Signature – 1 500 Kisten; Cuvée Les Genestres – 812 Kisten;
Cuvée Les Truffières – 312 Kisten; Cuvée Hautes Terraces – 225 Kisten

Ausbau:
Cuvée Signature – 12 bis 18 Monate in Edelstahl- und Emailtanks;
Cuvée Les Genestres – 12 bis 18 Monate in Edelstahl- und Emailtanks;
Cuvée Les Truffières – 8 Monate in neuen Eichenfässern;
Cuvée Hautes Terraces – ausschließlich in neuen Eichenfässern

Durchschnittsalter der Reben: 40 Jahre

Verschnitt:
Cuvée Signature – 60 % Grenache, 30 % Syrah, 6 % Cinsault, 4 % Mourvèdre;
Cuvée Les Genestres – 50 % Grenache, 40 % Syrah, 6 % Cinsault, 4 % Mourvèdre;
Cuvée Les Truffières – 47 % Grenache, 40 % Syrah, 9 % Cinsault, 4 % Mourvèdre;
Cuvée Hautes Terraces – 75 % Syrah, 25 % Grenache

Der Winzer Jocelyn Chudzikiewicz, der mit dem Önologen Gérard Philis zusammenarbeitet, zählt zu den bedeutendsten Erzeugern von erstklassigem Vacqueyras. Er besitzt hier zwar nur 6,5 Hektar, doch gehören zu seinem Gut auch noch 12,1 Hektar Côtes-du-Rhône-Weinberge. Die Großeltern des jungen und begeisterten Winzers emigrierten 1928 aus Polen und arbeiteten zunächst als Minenarbeiter. Sie begannen sich jedoch bald für die Weinbereitung zu interessieren und wurden bedeutende Mitglieder der örtlichen Winzergenossenschaft.

Das Unternehmen arbeitet traditionell, das Lesegut wird nicht entrappt. Eine Probephase mit neuen Eichenfässern war bei den konzentriertesten Cuvées so erfolgreich, dass die Cuvée les Truffières und die in Kleinstmengen erzeugte Cuvée Hautes Terraces nun im Wesentlichen in neuer Eiche ausgebaut werden. In Anbetracht der Tatsache, dass die gesamte Produktion bis 1985 an die Genossenschaft verkauft wurde, entwickelte sich die Kellerei zu einer der potenziell führenden in der Region. Unter der hervorragenden Leitung von Jocelyn Chudzikiewicz wird die Domaine des Amouriers die Appellation Vacqueyras zu neuer Qualität führen.

JAHRGÄNGE

1995 • 88 Vacqueyras Cuvée Genestres: Dieser Rotwein aus 40 % Syrah und 60 % Grenache zeigt Unmengen von Schwarzer Johannisbeerfrucht, begleitet von Kirschen, Kräutern und erdigen Geschmacksnoten. Er besitzt einen mittleren bis vollen Körper mit ausgezeichneten

Konturen, einen würzig-pfeffrigen langen Abgang und sollte sich 4 bis 5 Jahre gut trinken lassen. Letzte Verkostung: 6/96.

1995 • 89 Vacqueyras Cuvée Hautes Terrasses: Zu seinem undurchdringlichen Purpurrot bis Schwarz offenbart der 95er Hautes Terrasses verschwenderisch pralle Cassisfrucht, verwoben mit den Düften von Thymian, Lakritze und Gewürzen. Dieser körperreiche, kraftvoll-konzentrierte Wein mit vielschichtigen Geschmacksnoten und wenig Säure liefert ein glänzendes Beispiel für einen Syrah-betonten Côtes du Rhône. Er erinnert an die hervorragende Cuvée Syrah des Château de Fonsalette und könnte als der Hermitage von Vacqueyras bezeichnet werden. Er wird 10 bis 15 Jahre und länger Genuss bereiten. Letzte Verkostung: 6/96.

1995 • 87 Vacqueyras Cuvée Signature: Die 95er Cuvée Signature – ein Verschnitt aus 85 % Grenache von 40 Jahre alten Reben, 5 % Syrah von 25 Jahre alten Reben und 10 % Cinsault – ist ein schokoladiger Wein mit dem Duft von Kräutern und Vogelkirschen. Dieser frische und elegante Tropfen besitzt eine tiefere Farbe, mehr Kraft und Reife als ein Côtes du Rhône und sollte innerhalb der nächsten 4 bis 5 Jahre getrunken werden. Letzte Verkostung: 6/96.

1994 • 87 Vacqueyras Cuvée Normale: Verschnitten aus 60 % Grenache und je 20 % Mourvèdre und Syrah zeigt dieser 94er ein tiefes Rubinrot und ein großes, kraftvolles, pfeffriges Bukett von Vogelkirschen und provenzalischen Kräutern. Bei einem reifen, mittleren bis vollen Körper besitzt er würzige Geschmacksnoten, eine ansprechende Geschmeidigkeit und einen glatten, gehaltvollen Abgang. Er sollte sich 4 bis 5 Jahre gut trinken lassen. Letzte Verkostung: 9/95.

1993 • 88 Vacqueyras Cuvée Normale: Die 93er Standardcuvée besteht zu 60 % aus Grenache, 30 % Mourvèdre und 10 % Syrah – ein vollmundiger, üppiger, pfeffrig-fruchtiger Rhônewein. Bei vollem Körper auf dem Höhepunkt seiner Reife, sollte dieser Rote jetzt getrunken werden. Letzte Verkostung: 6/96.

LA BASTIDE SAINT-VINCENT ***

Adresse:
Route de Vaison-la-Romaine, 84150 Violès, Tel.: 4 90 70 94 13, Fax: 4 90 70 96 13

Produzierte Weine: Vacqueyras

Rebfläche: 5 ha

Produktionsmenge: 1 625 Kisten

Ausbau: 12 bis 18 Monate in Zement- oder Emailtanks und alten *foudres*

Durchschnittsalter der Reben: 25 Jahre

Verschnitt: 65 % Grenache, 25 % Syrah, 10 % Mourvèdre

Dieses sehr gute, aber unbeständige Gut besitzt fünf Hektar Anbaufläche in den hervorragenden Lagen der *garrigues* von Sarrians. Guy und Brigitte Daniel erzeugen einen reifen, pfeffrigen Tropfen, der mit seinen Unmengen an Roten Johannisbeeren und prallen Vogelkirschen typisch ist für die Weine des südlichen Rhônetals. Dass die gesamte Produktion als Erzeugerabfüllung verkauft wird, spricht für den Erfolg dieser Kellerei. Einzig der Ausbau erscheint problematisch. Wenn jedoch die alten *foudres* ersetzt würden, wäre die Qualität dieses Guts, das über wunderbare Rohmaterialien verfügt, schnell zu steigern.

Cave des Vignerons de Vacqueyras **/***

Adresse:

Le Troubadour, 84190 Vacqueyras, Tel.: 4 90 65 84 54, Fax: 4 90 65 81 32

Produzierte Weine:

Vacqueyras Château Hautes Ribes, Vacqueyras Domaine Soleiade, Vacqueyras Cuvée Fonseguille, Vacqueyras Cuvée Fontimple, Vacqueyras Cuvée Vieillie en Fûts de Chêne, Vacqueyras Cuvée du Président, Vacqueyras Cuvée Vieilles Vignes

Rebfläche:

Château Hautes Ribes – 30 ha; Domaine Soleiade – 35,2 ha

Produktionsmenge:

Château Hautes Ribes – 10 000 Kisten; Domaine Soleiade – 12 500 Kisten; Cuvée Fonseguille – 50 000 Kisten; Cuvée Fontimple – 25 000 Kisten; Cuvée Vieillie en Fûts de Chêne – 18 750 Kisten; Cuvée du Président – 6 250 Kisten; Cuvée Vieilles Vignes – 2 500 Kisten

Ausbau:

Château Hautes Ribes – 12 Monate in Edelstahl; Domaine Soleiade – 12 Monate in Edelstahl; Cuvée Fonseguille – 7 bis 8 Monate in Zementtanks; Cuvée Fontimple – 7 bis 8 Monate in Zementtanks; Cuvée Vieillie en Fûts de Chêne – 15 bis 18 Monate in Eichenfässern; Cuvée du Président – 15 bis 18 Monate in Eichenfässern; Cuvée Vieilles Vignes – 18 Monate insgesamt, davon 6 in neuen Eichenfässern

Durchschnittsalter der Reben:

Château Hautes Ribes – 35 Jahre; Domaine Soleiade – 35 Jahre; Cuvée Fonseguille – 30 Jahre; Cuvée Fontimple – 30 Jahre; Cuvée Vieillie en Fûts de Chêne – 30 Jahre; Cuvée du Président – 30 bis 35 Jahre; Cuvée Vieilles Vignes, Grenache – 50 Jahre und älter

Verschnitt:

Château Hautes Ribes – 65 % Grenache, 25 % Syrah, 5 % Mourvèdre, 5 % Cinsault; Domaine Soleiade – 65 % Grenache, 25 % Syrah, 5 % Mourvèdre, 5 % Cinsault; Cuvée Fonseguille – 65 % Grenache, 15 % Syrah, 20 % Mourvèdre und Cinsault; Cuvée Fontimple – 65 % Grenache, 25 % Syrah, 10 % Mourvèdre und Cinsault; Cuvée Vieillie en Fûts de Chêne – 70 % Grenache, 20 % Syrah, 10 % Mourvèdre; Cuvée du Président – 70 % Grenache, 15 % Syrah, 15 % Mourvèdre; Cuvée Vieilles Vignes – 65 % Grenache, 25 % Syrah, 5 % Mourvèdre, 5 % Cinsault

Bei dieser Vielzahl verschiedenartiger Cuvées ist die Qualität dieser Winzergenossenschaft, die über eine Anbaufläche von knapp 450 Hektar verfügt und 187 000 und mehr Kisten Wein erzeugt, unterschiedlich. Die feinsten Cuvées zeigen viel Frucht und Charakter und bieten zudem ein sehr gutes Preis-Leistungs-Verhältnis. Die Weine werden in einer vordergründig-fruchtigen und reintönigen Weise erzeugt und können innerhalb der nächsten 2 bis 5 Jahre getrunken werden.

DOMAINE CHAMFORT ***

Adresse:
La Pause, 84111 Sablet, Tel.: 4 90 46 95 95, Fax: 4 90 46 99 86

Produzierte Weine: Vacqueyras

Rebfläche: 8 ha

Produktionsmenge: 3 750 Kisten

Ausbau: 6 Monate in alter Eiche

Durchschnittsalter der Reben: 25 Jahre

Verschnitt: 75 % Grenache, 25 % Mourvèdre

Dieses relativ neue Gut wird von Denis Chamfort geführt. Unglücklicherweise begann er 1991, als zahlreiche sintflutartige Regenfälle während der Ernte große Schwierigkeiten bereiteten. Während der 92er Lese folgten katastrophale Überschwemmungen durch den Fluss Ouvèze sowie feucht-kaltes Wetter während der Ernte 1993. Trotzdem ist dieser ernsthafte, tatkräftige junge Winzer fest entschlossen, Vacqueyras von hoher Qualität zu erzeugen. Mit ihrer 94er und 95er Produktion dürfte die Domaine Chamfort in Vacqueyras erstes Aufsehen erregen.

DOMAINE DE LA CHARBONNIÈRE (MICHEL MARET) ****

Adresse:
Route de Courthézon, 84230 Châteauneuf-du-Pape, Tel.: 4 90 83 64 59, Fax: 4 90 83 53 46

Produzierte Weine: Vacqueyras

Rebfläche: 4 ha

Produktionsmenge: 1 750 Kisten

Ausbau:
Traditionelle Weinbereitung ohne Entrappen und mit minimaler Intervention

Durchschnittsalter der Reben: 50 bis 60 Jahre

Verschnitt: 50 % Grenache, 50 % Syrah

Einer der neuen Spitzenerzeuger von Châteauneuf-du-Pape, Michel Maret, produziert auch eine kleine Menge ausgezeichneten Vacqueyras aus alten Reben. Es sind reichhaltige, vollmundige Spitzenerzeugnisse aus einem faszinierenden Verschnitt von je 50 % Grenache und Syrah. Wer das Glück hat, eine Flasche aufzutreiben, findet hier zweifellos einen der feinsten Tropfen der Appellation.

JAHRGÄNGE

1995 • 88 Vacqueyras: Dieser 95er offenbart ein dichtes, tiefes Purpur, begleitet von einem großen, pfeffrig-würzigen, prallen Bukett von Vogelkirschen, vollem Körper, schöner Kraft und einem langen, rustikalen Abgang großen Stils. Ein ausgezeichneter Wein, der sich 5 bis 7 Jahre gut trinken lassen sollte. Letzte Verkostung: 6/96.

1994 • 88 Vacqueyras: Eine bemerkenswerte Leistung für den 94er Jahrgang. Mit seinem tiefen Rubin- bis Purpurrot, dem intensiven Bukett von provenzalischen Kräutern, Pfeffer, Gewürzen und schwarzen Früchten bietet dieser kräftige, gehaltvolle Vacqueyras von mittlerem bis vollem Körper und samtiger Struktur bereits jetzt Genuss. Er wird sich aber auch weitere 3 bis 4 Jahre halten. Letzte Verkostung 6/96.

DOMAINE LE CLOS DES CAZAUX ***/****

Adresse:
84190 Vacqueyras, Tel.: 4 90 65 85 83, Fax: 4 90 65 83 94

Produzierte Weine:
Vacqueyras Cuvée Les Clefs d'Or (weiß), Vacqueyras Cuvée Saint-Roch,
Vacqueyras Cuvée des Templiers

Rebfläche:
Cuvée Les Clefs d'Or – 1,5 ha; Cuvée Saint-Roch – 8 ha; Cuvée des Templiers – 10 ha

Produktionsmenge:
Cuvée Les Clefs d'Or – 375 Kisten; Cuvée Saint-Roch – 1 875 Kisten;
Cuvée des Templiers – 2 187 Kisten

Ausbau:
24 Monate in Edelstahltanks (alle drei Cuvées)

Durchschnittsalter der Reben:
Cuvée Les Clefs d'Or – 20 bis 30 Jahre; Cuvée Saint-Roch – 25 bis 40 Jahre;
Cuvée des Templiers – 25 Jahre

Verschnitt:
Cuvée Les Clefs d'Or – 70 % Clairette, 15 % Grenache blanc, 15 % Roussanne;
Cuvée Saint-Roch – 60 % Grenache, 35 % Syrah, 5 % Mourvèdre;
Cuvée des Templiers – 60 % Syrah, 30 % Grenache, 10 % Mourvèdre

Maurice Vache und sein Sohn Jean-Michel sind junge, ehrgeizige Winzer, die einen feinen, körperreichen und beispielhaften Vacqueyras hervorbringen – dank geringer Erträge und möglichst wenig Intervention. Zudem haben sie mit der Erzeugung des vielleicht besten trockenen weißen Vacqueyras – Les Clefs D'Or – begonnen, einem Verschnitt aus 70% Clairette und je 15 % Grenache blanc und Roussanne.

Die beiden hier bereiteten Rotweincuvées heißen Cuvée Saint-Roch, ein solides, stämmiges, reichhaltiges Gewächs mit vollem Körper, das sich in den ersten 5 bis 7 Jahren gut trinken lässt, und Cuvée des Templiers. Letztere wird aus 60 % Syrah, 30 % Grenache und 10 % Mourvèdre verschnitten und zeigt eine tiefe Farbe mit reichlich Cassisfrucht sowie einen vollmundigen Abgang. Das Lesegut wird nicht entrappt und der Wein bereitet sich im Wesentlichen selbst. Domaine le Clos des Cazaux präsentiert sich als ein sehr guter und verlässlicher Erzeuger.

DOMAINE DE LA COLLINE SAINT-JEAN **/***

Adresse:
84190 Vacqueyras, Tel.: 4 90 65 85 50

Produzierte Weine: Vacqueyras

Rebfläche: 17,8 ha

Produktionsmenge: 8 125 Kisten

Ausbau:
24 Monate insgesamt, davon mindestens 6 Monate in alter Eiche

Durchschnittsalter der Reben: 50 bis 80 Jahre

Verschnitt:
75 % Grenache, 15 % Syrah, 5 % Mourvèdre, 5 % Cinsault

Von den Kalkterrassen und steinigen Hochflächen der Familie Alazard stammt ein rustikaler Vacqueyras, der auf traditionelle Weise erzeugt wird. Auf dem Gut gab es im Laufe der Jahre wenige Veränderungen, die *assemblage* besteht immer noch zum Großteil aus Grenache mit einem kleinen Anteil Syrah und Kleinstmengen Mourvèdre und Cinsault. Nur 30 % der Produktion werden vom Erzeuger abgefüllt. Der ohne allzu große Finesse produzierte Wein trocknet häufig durch zu lange Lagerung in altem Holz aus und sollte innerhalb der ersten 4 bis 5 Jahre getrunken werden.

DOMAINE LE COUROULU ****

Adresse:
84190 Vacqueyras, Tel.: 4 90 54 84 83, Fax: 4 90 65 81 25

Produzierte Weine:
Vacqueyras Cuvée Jeune Fruite, Vacqueyras Vieilli en Foudre

Rebfläche:
Cuvée Jeune Fruite – 5 ha; Vieilli en Foudre – 10,9 ha

Produktionsmenge:
Cuvée Jeune Fruite – 2 250 Kisten; Vieilli en Foudre – 4 400 Kisten

Ausbau:
Cuvée Jeune Fruite – 6 Monate in alten Eichenfässern;
Vieilli en Foudre – 18 Monate in alten Eichenfässern

Durchschnittsalter der Reben:
Cuvée Jeune Fruite – 20 Jahre; Vieilli en Foudre – 40 bis 50 Jahre

Verschnitt:
Cuvée Jeune Fruite – 60 % Grenache, 30 % Syrah, 10 % Mourvèdre;
Vieilli en Foudre – 60 % Grenache, 25 % Mourvèdre, 15 % Syrah

Auf dem relativ großen Gut von Jean Ricard entsteht neben einem äußerst feinen Côtes du Rhône ein schöner, geschmeidiger, vollmundig-schwerfälliger Vacqueyras. Die Anbauflächen bestehen aus Kalkböden oder den steinigen *galets roulés*, das Durchschnittsalter der Rebstöcke liegt bei etwa 40 bis 50 Jahren. Die Beeren werden nicht entrappt, und Ricard setzt in der Vinifikation auf 10 % Kohlensäuregärung, während der Rest im Ganzen vergoren wird. Es muss dem Winzer zu Gute gehalten werden, dass er die Erträge junger, 20 Jahre alter Reben von den älteren trennt und diesen schmackhaften Wein separat verkauft. Vor kurzem wurde der Anteil an Mourvèdre und Syrah erhöht, so kann die Spitzencuvée bis zu 25 % Mourvèdre und 15 % Syrah enthalten. Die traditionell erzeugten, klassischen Beispiele eines Vacqueyras entwickeln sich 5 bis 7 Jahre lang sehr schön.

Qualitätsmängel treten durch die mehrfachen Abfüllungen beim Verkauf des Weins auf. Vermutlich ist die erste Abfüllung den nachfolgenden weit überlegen, denn die letzten Erzeugnisse haben etwas an Frucht verloren.

Domaine la Fourmone (Roger Combe) ****

Adresse:

84190 Vacqueyras, Tel.: 4 90 65 86 05

Produzierte Weine:

Vacqueyras Trésor du Poète, Vacqueyras Sélection Maître de Chais,
Vacqueyras Cuvée des Ceps d'Or, Vacqueyras Cuvée Fleurantine (weiß)

Rebfläche:

Trésor du Poète – 8 ha; Sélection Maître de Chais – 10 ha;
Cuvée des Ceps d'Or – 2 ha; Cuvée Fleurantine – 1,5 ha

Produktionsmenge:

Trésor du Poète – 3 125 Kisten; Sélection Maître de Chais – 4 375 Kisten;
Cuvée des Ceps d'Or – 500 Kisten; Cuvée Fleurantine – 625 Kisten

Ausbau:

Trésor du Poète – 4 bis 6 Monate in Eiche; Sélection Maître de Chais – 24 Monate insgesamt,
davon 12 Monate in Eiche; Cuvée des Ceps d'Or – 36 Monate insgesamt, davon 18 Monate in Eiche;
Cuvée Fleurantine – 6 Monate in Edelstahl

Durchschnittsalter der Reben:

Trésor du Poète – 30 Jahre; Sélection Maître de Chais – 30 Jahre;
Cuvée des Ceps d'Or – 50 Jahre; Cuvée Fleurantine – 20 Jahre

Verschnitt:

Trésor du Poète – 85 % Grenache, 15 % Syrah; Sélection Maître de Chais – 70 % Grenache,
15 % Syrah, 15 % Mourvèdre; Cuvée des Ceps d'Or – 100 % Grenache;
Cuvée Fleurantine – 50 % Grenache blanc, 50 % Clairette

Roger Combe wurde lange Zeit mit Spitzen-Gigondas in Verbindung gebracht. Da er sich nun langsam auf die Pensionierung vorbereitet, hat seine Tochter Marie-Thérèse dieses schöne, relativ große Gut, das vier Cuvées erzeugt, übernommen. Es zählt zu den wenigen Kellereien in Vacqueyras, die Weißwein erzeugen, doch ist die Cuvée Fleurantine aus je 50 % Grenache blanc und Clairette ein eher solider als umwerfender weißer Vacqueyras.

Die Rotweine sind hingegen Klassiker: voll, üppig, robust, sauber bereitet und relativ lagerungsfähig. Zwei von ihnen lassen sich am ehesten auftreiben: Der Trésor du Poète zeichnet sich durch die reichhaltige, vordergründige Frucht von Vogelkirschen und Pflaumen aus und sollte innerhalb von 4 bis 5 Jahren getrunken werden. Die Sélection Maître de Chais gilt vor allem dank ihres Anteils von 15 % Mourvèdre als ein ernsthafteres Gewächs, das längere Zeit in Holz lagert und zwölf Monate nach dem Trésor du Poète abgefüllt wird. Ein häufig konzentrierterer, rustikalerer und handwerklicherer Wein als der Trésor du Poète, doch bleibt er immer fleischig und gehaltvoll. Die nur in begrenztem Umfang bereitete Cuvée des Ceps d'Or zählt zu den neueren Erzeugnissen aus dem Hause Combe. Dieser sortenreine Grenache strotzt vor Charakter – einfach umwerfend –, trotzdem füllt man ihn meines Erachtens etwas zu spät ab. Die Domaine la Fourmone ist eines der besten Weingüter in Vacqueyras und zeichnet sich durch Beständigkeit und beispielhafte Weine aus.

1995 • 86   Vacqueyras Sélection Maître de Chais (rot): Es gibt nur kleine Unterschiede zwischen dem 95er und dem 94er Maître de Chais: Der 94er ist weiter entwickelt, süßer und verführerischer. Beide sind köstliche, runde, fruchtige und fleischige Weine, die innerhalb der nächsten 4 bis 5 Jahre getrunken werden sollten. Letzte Verkostung: 6/96.

1995 • 86   Vacqueyras Trésor du Poète (rot): Dieser 95er zeigt ein tiefes Rubin- bis Purpurrot, feine Dichte und Reichhaltigkeit sowie süße, reife Frucht. Voraussichtliche Genussreife: jetzt bis 2003. Letzte Verkostung: 6/96.

1994 • 87   Vacqueyras Sélection Maître de Chais (rot): Der würzige Vacqueyras mit einem Hauch von Kräutern gibt sich mollig, rund und frühreif. Er zeigt einen mittleren bis vollen Körper und ist auf dem Höhepunkt seiner Reife. Austrinken. Letzte Verkostung: 6/96.

1994 • 85   Vacqueyras Trésor du Poète (rot): Der mit großem Ehrgeiz erzeugte 94er Trésor du Poète besitzt zwar Struktur, doch wenig Charme und nur ein mittleres Rubinrot. Austrinken. Letzte Verkostung: 6/96.

DOMAINE DE LA GARRIGUE ***

Adresse:
Château Tallaud, B.P. 23, 84190 Vacqueyras, Tel.: 4 90 65 84 60

Produzierte Weine: Vacqueyras (rot und rosé)

Rebfläche: 67 ha

Produktionsmenge: 7 500 Kisten

Ausbau: 24 Monate in Zementtanks; keine Filtration

Durchschnittsalter der Reben: 45 Jahre

Verschnitt:
75 % Grenache, 15 % Syrah, 5 % Mourvèdre, 5 % Cinsault

Das Gut zählt zu den größten in Vacqueyras und gehört Pierre-Albert Bernard und seiner Frau, die auch die Eigentümer des hervorragenden Restaurants Les Florets in Gigondas sind. Sie erzeugen einen ernsthaften, tanninbetonten und würzigen Vacqueyras, der außerordentlich adstringierend und derb sein kann und bestenfalls als rustikales Beispiel für die Appellation betrachtet werden sollte. Daneben werden kleine Mengen trockenen Rosé bereitet.

1993 • 87   Vacqueyras (rot): Dieser rustikale Rotwein offenbart einen erdigen, würzigen Vogelkirschenduft und ein tiefes Rubinrot mit Bernsteintönung am Rand. Bei mittlerem bis vollem Körper, mäßigem Tannin, großer Statur und reichhaltiger Frucht gibt er sich intensiv würzig und pfeffrig. Voraussichtliche Genussreife: jetzt bis 1996. Letzte Verkostung: 6/95.

PAUL JABOULET-AINÉ ***

Adresse:

Les Jalets, Route Nationale 7, B.P. 462, La-Roche-de-Glun, 26600 Tain l'Hermitage,
Tel.: 4 75 84 68 93, Fax: 4 75 84 56 14

Dieser berühmte Händler aus dem nördlichen Rhônegebiet erzeugt aus gekauftem Wein einen beständig guten Vacqueyras. Er basiert stark auf Grenache, obwohl die Jaboulets darauf bestehen, mehr Syrah-Anteile in ihre südlichen Rhôneweine aufzunehmen. Die meisten Jahrgänge ihres Vacqueyras halten sich ein Jahrzehnt, so etwa die ausgezeichneten Tropfen von 1989 und 1990. Im Juni 1996 konnte ich mit Jacques Jaboulet einen 78er Vacqueyras verkosten, der auf dem Höhepunkt seiner Reife erstaunlich komplex und schmackhaft war.

CHÂTEAU DE MONTMIRAIL ***

Adresse:

B.P. 12, 84190 Vacqueyras, Tel.: 4 90 65 86 72, Fax: 4 90 65 81 31

Produzierte Weine:

Vacqueyras Cuvée des Saint-Papes, Vacqueyras Cuvée de l'Ermite,
Vacqueyras Cuvée des Deux Frères

Rebfläche: 20,2 ha

Produktionsmenge:

Cuvée des Saint-Papes – 3 125 Kisten; Cuvée de l'Ermite – 2 500 Kisten;
Cuvée des Deux Frères – 3 125 Kisten

Ausbau:

Cuvée des Saint-Papes – 18 Monate in Emailtanks;
Cuvée de l'Ermite – 15 bis 18 Monate in Emailtanks;
Cuvée des Deux Frères – 18 Monate in Emailtanks

Durchschnittsalter der Reben: 40 Jahre

Verschnitt:

Cuvée des Saint-Papes – 70 % Grenache, 15 % Syrah, 15 % Mourvèdre und Cinsault;
Cuvée de l'Ermite – 50 % Grenache, 50 % Syrah;
Cuvée des Deux Frères – 70 % Grenache, 15 % Syrah, 15 % Mourvèdre und Cinsault

Maurice Archimbeault ist eine imposante Persönlichkeit und in Vacqueyras fast eine legendäre Figur. Zusammen mit seiner Tochter Monique erzeugt er verschiedene fleischige, körperreiche Weine, die ein würzig-pfeffriges Aroma von gerösteten Kräutern sowie praller roter und schwarzer Frucht zeigen und zu den feinsten des Anbaugebiets zählen. Sie sind in der Jugend köstlich zu trinken und halten sich 7 bis 8 Jahre. Von seinen drei Cuvées basieren die Cuvée des Deux Frères und die Cuvée des St-Papes mehrheitlich auf Grenache, während die Cuvée de l'Ermite zu gleichen Teilen aus Grenache und Syrah besteht. Alle Erzeugnisse werden in Emailtanks gelagert und nur eine kleine Menge in *foudres* ausgebaut. Die Cuvée des St-Papes hat sich als leichter, eingängiger Wein mit reichhaltiger Frucht erwiesen. Die Cuvée des Deux Frères gibt sich etwas voller, robuster und lagerungsfähiger, während sich die Cuvée de l'Ermite durch ihre Konzentration, ihre dunkle Farbe und ihre Fülle auszeichnet.

DOMAINE DE MONTVAC ****

Adresse:
84190 Vacqueyras, Tel.: 4 90 65 85 51, Fax: 4 90 65 82 38

Produzierte Weine:
Vacqueyras Domaine de Montvac, Vacqueyras Cuvée Vincila

Rebfläche:
Domaine de Montvac – 14,1 ha; Cuvée Vincila – 6 ha

Produktionsmenge:
Domaine de Montvac – 5 625 Kisten; Cuvée Vincila – 1 875 Kisten

Ausbau:
Domaine de Montvac – 12 bis 24 Monate, normalerweise nur in Zementtanks, manche Jahrgänge in Eiche; Cuvée Vincila – 36 Monate insgesamt, davon 10 Monate in alten Eichenfässern

Durchschnittsalter der Reben:
Domaine de Montvac – 30 bis 35 Jahre; Cuvée Vincila – 65 bis 70 Jahre

Verschnitt:
Domaine de Montvac – 60 % Grenache, 35 % Syrah, 5 % Mourvèdre;
Cuvée Vincila – 60 % Grenache, 40 % Syrah

Die Kellerei des Önologen Jean Duserre und seiner Frau Monique entwickelt sich seit kurzem zu einem der ernsthafteren und ehrgeizigeren Güter dieser Appellation. Die intensiv gefärbten Weine sind einwandfrei bereitet und verbinden den rustikal-traditionellen Stil mit modernen, gehaltvollen, fruchtigen und reinen Tropfen. Die Spezialcuvée Vincila konnte ich noch nicht verkosten, doch in Anbetracht der Qualität der Standardcuvée wird sie vermutlich ein ganz besonderer Tropfen sein.

CHÂTEAU DES ROQUES ***

Adresse:

B.P. 9, 84190 Vacqueyras, Tel.: 4 90 65 85 16, Fax: 4 90 65 88 18

Produzierte Weine: Vacqueyras (rot und weiß)

Rebfläche: Weiß: 3 ha; Rot: 37 ha

Produktionsmenge: Weiß: 1 250 Kisten; Rot: 16 250 Kisten

Ausbau:

Weiß: 6 bis 8 Monate in Edelstahl

Rot: 12 Monate in Zementtanks und 12 Monate in 3 Jahre alten Fässern

Durchschnittsalter der Reben:

Weiß: 30 Jahre; Rot: 30 bis 35 Jahre

Verschnitt:

Weiß: 70 % Marsanne, 30 % Roussanne, Bourboulenc und Viognier

Rot: 80 % Grenache, 20 % Syrah und Mourvèdre

Edouard Dusser ist ein großer, breit gebauter Mann, und seine Weine ähneln ihm auf gewisse Weise. Der Großteil seines roten Vacqueyras wird beim Verkauf abgefüllt, 60 % der Gesamtproduktion wird lose vermarktet. Er erzeugt ebenfalls eine geringe Menge Rosé und zählt zu den wenigen Winzern, die auch Weißwein bereiten – möglicherweise den besten trockenen Weißen des Dorfes. Die Tropfen von Château des Roques sind typische Vacqueyras im alten Stil: rustikal und schroff, aber voller Geschmack und Persönlichkeit, wenn auch selten komplex und elegant.

DOMAINE LE SANG DES CAILLOUX ***

Adresse:

Route de Vacqueyras, 84110 Sarrians, Tel.: 4 90 65 88 64, Fax: 4 90 65 88 75

Produzierte Weine: Vacqueyras

Rebfläche: 15,9 ha

Produktionsmenge: 6 875 Kisten

Ausbau: 6 bis 8 Monate in alten Eichenfässern

Durchschnittsalter der Reben: 28 bis 30 Jahre

Verschnitt: 70 % Grenache, 20 Syrah, je 5 % Mourvèdre und Cinsault

Seit langem bekannt für seinen mächtigen, feurigen Wein, schwankt die Produktion dieses Guts doch in ihrer Qualität. Auf Anraten des Önologen wird stark geschönt und gefiltert, trotzdem bereitete man 1989, 1990 und 1995 einen kraftvollen Vacqueyras, der sich zehn Jahre lang gut entwickeln wird.

TARDIEU-LAURENT ****

Adresse:
Chemin de la Marquette, 84360 Lauris, Tel.: 4 90 08 32 07, Fax: 4 90 08 26 57

Der *négociant* mit Kellern im Château Loumarin hat sich auf den Ankauf konzentrierter Cuvées aus alten Rebbeständen verschiedener Vacqueyras-Erzeuger spezialisiert. Der Wein wird in kleinen, zu 50 % neuen Eichenfässern ausgebaut und zählt zu den auffallendsten, intensivsten und dramatischsten Tropfen der Appellation.

JAHRGÄNGE

1995 • 88 Vacqueyras: Dieser beeindruckende 95er wird im Wesentlichen aus 70 Jahre alten Grenache-Reben erzeugt. Er strotzt vor süßer, reifer, pfeffriger Vogelkirschenfrucht und einem Hauch von Kräutern, zeigt sich dabei körperreich, füllig und mit einem inneren Kern von Süße und Reife. Ein vollmundiger Tropfen für die nächsten 5 bis 6 Jahre. Letzte Verkostung: 6/96.

1994 • 87 Vacqueyras: Der 94er offenbart ein Aroma von Gewürzen und *garrigue*, diesem nicht näher definierten, erdigen Duft der provenzalischen Kräuter, der im Frühling und Sommer die Landschaft durchdringt. Zudem zeigt der Wein Toastwürzigkeit, hinreichend reife, pfeffrige Frucht, einen mittleren Körper, gute Dichte und eine ansprechende Struktur – ein Charakteristikum jener Weine, die lange an der Hefe geblieben sind und selten abgestochen wurden. Er sollte sich 5 bis 6 Jahre lang gut trinken lassen. Letzte Verkostung: 6/96.

DOMAINE DE LA TOURADE ****

Adresse:
Hameau Beaumette, 84190 Gigondas, Tel.: 4 90 70 91 09, Fax: 4 90 70 96 31

Produzierte Weine: Vacqueyras

Rebfläche: 6 ha

Produktionsmenge: 1 500 Kisten

Ausbau: 36 Monate insgesamt, davon 12 bis 18 Monate in alter Eiche

Durchschnittsalter der Reben: 30 Jahre

Verschnitt:
65 % Grenache, 15 % Syrah, je 10 % Mourvèdre und Cinsault

Dieses ernst zu nehmende Gut wird sehr engagiert von André Richard und seiner Frau geführt und erzeugt einen relativ massiven, starken, muskulösen Vacqueyras, der insbesondere in Spitzenjahrgängen wie 1989, 1990 und 1995 eine weitere Entwicklungszeit benötigt. Richard möchte ein Höchstmaß an Extraktstoffen gewinnen. Damit die Kraft und das Temperament, die in den erwähnten Jahrgängen charakteristisch sind, vollständig erhalten bleiben, wird ohne Schönen und Filtrieren abgefüllt, was für Vacqueyras durchaus selten ist.

Château des Tours ****

Adresse:

Quartier des Sablons, 84260 Sarrians, Tel.: 4 90 65 41 75, Fax: 4 90 65 38 46

Produzierte Weine: Vacqueyras

Rebfläche: 15 ha

Produktionsmenge: 5 600 Kisten

Ausbau:

24 Monate insgesamt; Gärung in Edelstahl- und Zementtanks;
je nach Jahrgang ruht ein Teil des Ertrags 3 bis 6 Monate in alter Eiche;
Lagerung in Edelstahl- und Zementtanks

Durchschnittsalter der Reben: 35 bis 40 Jahre

Verschnitt: 95 % Grenache, 5 % Syrah

Wer einen Vacqueyras im Stil des berühmten Châteauneuf-du-Pape Château Rayas sucht, sollte sich für die Weine des Château des Tours interessieren. Dieses 15 Hektar umfassende Gut liegt an der Route Départementale 950 zwischen den Côtes du Rhône-Villages von Sarrians und Jonquières. Weitere 22,7 Hektar befinden sich außerhalb und werden als Côtes-du-Rhône-Villages oder *vin de pays* auf den Markt gebracht. Der Besitzer des Château des Tours ist Bernard Reynaud, der Bruder des verstorbenen Jacques Reynaud vom Château Rayas. Die Verantwortung für die Weinbereitung hat er nach und nach in die Hände seines Sohnes Emmanuel gelegt. Der ruhige, ernsthafte und konservative junge Winzer ist bestrebt, Château des Tours zum führenden Weingut der Appellation zu machen und verzeichnet bereits sichtbare Erfolge. Nach den Lehrjahren bei seinem Vater und seinem eigensinnigen Onkel Jacques erzeugt Emmanuel nunmehr den konzentriertesten und potenziell komplexesten Tropfen des Anbaugebiets. Die Auswahl ist streng; nur ein Drittel der Lese wird als Vacqueyras abgefüllt, der Rest deklassiert und mit Côtes du Rhône verschnitten. Sein Wein basiert, wie die Erzeugnisse von Château Rayas, auf intensivem, spätgelesenem, prallem Grenache, der Komplexität, Charakter und eine üppige Struktur gewährleistet. Die Vacqueyras-Erträge gehören ebenso wie die Erträge für die *vin de pays* und Côtes-du-Rhône-Weine zu den niedrigsten des Anbaugebiets und erbringen kräftige, reichhaltige, konzentrierte Gewächse, die in den Spitzenjahrgängen 1989, 1990, 1995 vermutlich eine Lagerungsfähigkeit von mindestens zehn Jahren besitzen. Es würde mich nicht überraschen, wenn sich ein Vacqueyras von Château des Tours auch noch nach 20 Jahren gut trinken ließe. Den Namen Emmanuel Reynaud sollte man sich merken, zumal er dabei ist, die Nachfolge des ihm überaus unfreundlich gesonnenen Jacques Reynaud anzutreten.

DIE SÜDLICHE RHONE

JAHRGÄNGE

1992 • 86 Vacqueyras: Der gehaltvolle, alkoholreiche 92er bietet ein sattes Rubinrot, begleitet von einem schönen Bukett von Erde, Kräutern und Vogelkirschen, einem mittleren bis vollen Körper, einer angenehm geschmeidigen Struktur und einem alkoholstarken, kräftigen Abgang. Er sollte in den nächsten 5 bis 6 Jahren getrunken werden. Letzte Verkostung: 6/96.

1990 • 90 Vacqueyras: Dieser an einen Rayas erinnernde 90er Vacqueyras offenbart ein glänzendes, großes, reifes Bukett von Schwarzer Himbeerfrucht und gerösteten Nüssen. Am Gaumen zeigen sich ein immenser Körper, Unmengen von kernigen, intensiven Geschmacksnoten, mäßiges Tannin und ein üppiger, explosiv langer Abgang. Voraussichtliche Genussreife: jetzt bis 2008. Letzte Verkostung: 6/96.

1989 • 91 Vacqueyras: Bei einer Blindverkostung könnte ein Rayas-Liebhaber diesen gehaltvollen, dichten 89er, der vor überreifer Grenache-Frucht strotzt, zunächst für einen 85er oder 88er Rayas halten. Mit seiner explosiven Fülle und der unglaublichen Konzentration und Tiefe wird sich dieses beeindruckend intensive Gewächs bestimmt 15 bis 20 Jahre lang halten. Voraussichtliche Genussreife: jetzt bis 2005. Letzte Verkostung: 6/96.

DOMAINE DE VERQUIÈRE ***

Adresse:
84110 Sarrians, Tel.: 4 90 46 90 11, Fax: 4 90 46 99 69

Produzierte Weine: Vacqueyras

Rebfläche: 2,5 ha

Produktionsmenge: 937 Kisten

Ausbau: 6 bis 8 Monate in alten Eichenfässern

Durchschnittsalter der Reben: 15 Jahre

Verschnitt: 70 % Grenache, je 15 % Syrah und Cinsault

Der Großteil der Anbauflächen von Bernard Chamfort liegt in den Côtes du Rhône-Villages, doch besitzt er ebenfalls 2,5 Hektar in Vacqueyras, die knapp 1 000 Kisten Wein erzeugen. Das noch junge Gut verdient auf Grund seines reinen, ausgewogenen, gut integrierten und komplexen Stils bereits heute Aufmerksamkeit. Ob aber die Domaine de Verquière einmal zu den neuen Stars der Appellation zählt, wird die Zukunft zeigen – ein beträchtliches Qualitätspotenzial ist jedenfalls vorhanden.

Vidal-Fleury ***

Adresse:

Route Nationale 86, 69420 Ampuis, Tel.: 4 74 56 10 18 , Fax: 4 74 56 19 19

Produzierte Weine:

Ein vollständiges Angebot an *négociant*-Weinen, darunter auch Vacqueyras

Rebfläche:

Alle Trauben beziehungsweise der gesamte Most werden gekauft

Produktionsmenge: 5 500 Kisten

Ausbau:

36 bis 48 Monate insgesamt, davon 24 bis 36 Monate in alten Eichenfässern

Verschnitt:

70 % Grenache, 20 % Syrah, 10 % Mourvèdre

Das *négociant*-Unternehmen in Ampuis steht unter der sachkundigen Leitung von Jean-Pierre Rochias, der für seine Erzeugnisse Wein von verschiedenen Vacqueyras-Winzern erwirbt und einen Verschnitt aus 70 % Grenache, 20 % Syrah und 10 % Mourvèdre bevorzugt. Der Wein wird anschließend sechs bis acht Monate in großen *foudres* in den Ampuis-Kellern gelagert. In den neueren Jahrgängen erzeugt man regelmäßig einen beachtenswerten Vacqueyras, mit guten Leistungen im schwierigen Jahrgang 1992 und noch besseren Tropfen in den Jahren 1990, 1989 und 1988. Dieser kräftige, gehaltvolle füllige Wein zeigt ein deutliches Aroma von gerösteten Kräutern, Cassis und Erde. Er besitzt einen vollen Körper und sollte innerhalb von 5 bis 7 Jahren getrunken werden.

DIE SÜDLICHE RHONE

Weitere Erzeuger von Vacqueyras

Domaine de Boissan

Adresse: 84110 Sablet, Tel.: 4 90 46 93 30, Fax: 4 90 46 99 46
Produzierte Weine: Vacqueyras
Rebfläche: 1,5 ha
Produktionsmenge: 700 Kisten
Ausbau: 24 Monate in Zementtanks
Durchschnittsalter der Reben: 6 Jahre
Verschnitt: 80 % Grenache, 20 % Syrah

Domaine de Bouletin

Adresse: 84190 Beaumes-de-Venise, Tel.: 4 90 62 95 10
Produzierte Weine: Vacqueyras
Rebfläche: 10 ha
Produktionsmenge: 2 500 Kisten
Ausbau: 12 Monate in Zementtanks
Durchschnittsalter der Reben: 10 Jahre
Verschnitt: 55 % Grenache, 15 % Mourvèdre, 15 % Syrah, 10 % Cinsault, 5 % Clairette

Domaine la Brunelly

Adresse: 84260 Sarrians, Tel.: 4 90 65 41 24, Fax: 4 90 65 30 60
Produzierte Weine: Vacqueyras
Rebfläche: 19,8 ha
Produktionsmenge: 8 125 Kisten
Ausbau: 36 Monate in Zementtanks
Durchschnittsalter der Reben: 30 Jahre
Verschnitt: 70 % Syrah, 25 % Grenache, 5 % Mourvèdre und Cinsault

Edmond Burle

Adresse: La Beaumette, 84190 Gigondas, Tel.: 4 90 70 94 85
Produzierte Weine: Vacqueyras
Rebfläche: 4 ha
Produktionsmenge: 1 550 Kisten
Ausbau: 24 Monate insgesamt, davon 6 Monate in alten Eichenfässern
Durchschnittsalter der Reben: 70 Jahre
Verschnitt: 80 % Grenache, 15 % Syrah, 5 % Clairette und Cinsault

Domaine des Cardelines

Adresse: 84190 Vacqueyras, Tel.: 4 90 65 88 27

Produzierte Weine: Vacqueyras

Rebfläche: 8 ha

Produktionsmenge: 2 500 Kisten

Ausbau: 36 Monate in Zementtanks

Durchschnittsalter der Reben: 30 Jahre

Verschnitt: 70 % Grenache, 30 % Syrah

Cave Vinicole de Serres

Adresse: Route de Malaucène, 84200 Carpentras, Tel.: 4 90 63 00 85, Fax: 4 90 63 06 41

Produzierte Weine: Vacqueyras

Produktionsmenge: 625 Kisten

Ausbau: 6 bis 12 Monate in Zementtanks

Durchschnittsalter der Reben: 15 Jahre

Verschnitt: 80 % Grenache, 20 % Syrah

Anmerkung: Diese Winzergenossenschaft kauft das Lesegut von zwei Vacqueyras-Erzeugern.

Domaine de Chantegut

Adresse: 436, boulevard du Comte d'Orange, 84260 Sarrians, Tel.: 4 90 65 46 38, Fax: 4 90 65 33 60

Produzierte Weine: Vacqueyras

Rebfläche: 19,8 ha

Produktionsmenge: 8 750 Kisten

Ausbau: mindestens 18 Monate in Zementtanks

Durchschnittsalter der Reben: 30 Jahre

Verschnitt: 75 % Grenache, 20 % Syrah, 5 % Mourvèdre

Domaine le Clos de Caveau

Adresse: 84190 Vacqueyras, Tel.: 4 90 65 85 33

Produzierte Weine: Vacqueyras

Rebfläche: 11,5 ha

Produktionsmenge: 3 750 Kisten

Ausbau: 16 bis 18 Monate in Epoxidtanks

Durchschnittsalter der Reben: 5 bis 10 Jahre

Verschnitt: 70 % Grenache, 25 % Syrah, 5 % Cinsault

DIE SÜDLICHE RHONE

CLOS DU JONCUAS

Adresse: 84190 Gigondas, Tel.: 4 90 65 86 86, Fax: 4 90 65 83 68
Produzierte Weine: Vacqueyras
Rebfläche: 5 ha (ausschließlich organisch-biologisch bewirtschaftet)
Produktionsmenge: 1 875 Kisten
Ausbau: 18 bis 24 Monate insgesamt, davon 12 Monate in alter Eiche
Durchschnittsalter der Reben: 30 Jahre
Verschnitt: 65 % Grenache, 20 % Syrah, 15 % Mourvèdre

DOMAINE DU COLOMBIER

Adresse: 84190 Vacqueyras, Tel.: 4 90 65 85 84
Produzierte Weine: Vacqueyras
Rebfläche: 15 ha
Produktionsmenge: 7 500 Kisten
Ausbau: 18 bis 24 Monate in Zementtanks
Durchschnittsalter der Reben: 30 bis 50 Jahre
Verschnitt: 70 % Grenache, 20 % Syrah, 10 % Cinsault, Mourvèdre und Carignan

DOMAINE DE LA CYPRIÈRE

Adresse: 84260 Sarrians, Tel.: 4 90 65 88 11
Produzierte Weine: Vacqueyras
Rebfläche: 8 ha
Produktionsmenge: 3 125 Kisten
Ausbau: 24 Monate in Zementtanks
Durchschnittsalter der Reben: 20 Jahre
Verschnitt: 80 % Grenache, 20 % Syrah

DELAS FRÈRES

Adresse: Z.A. de l'Oliver, B.P. 4, 07300 Saint-Jean-de-Muzols,
Tel.: 4 75 08 60 30, Fax: 4 75 08 53 67
Produzierte Weine: Domaine des Genets Vacqueyras
Produktionsmenge: 2 000 Kisten
Ausbau: 12 bis 18 Monate, 30 % in kleinen alten Eichenfässern und 70 % in großen Eichenfässern
Verschnitt: 80 % Grenache, 10 % Mourvèdre, 10 % Syrah
Anmerkung: Die Weinbereitung und Abfüllung der gekauften Weine geschieht unter
Aufsicht von Delas Frères.

DOMAINE DU GRAND PRIEUR (GABRIEL MEFFRE S.A.)

Adresse: Cave des Troubadours, 84190 Vacqueyras, Tel.: 4 90 65 80 80, Fax: 4 90 65 81 81
Produzierte Weine: Vacqueyras
Rebfläche: 25 ha
Produktionsmenge: 6 250 Kisten
Ausbau: 9 Monate insgesamt, davon 8 Monate in Emailtanks
Durchschnittsalter der Reben: 20 Jahre
Verschnitt: 70 % Grenache, 25 % Syrah, 5 % Cinsault

LES GRANDS CYPRÈS (GABRIEL MEFFRE S.A.)

Adresse: Cave des Troubadours, 84190 Vacqueyras, Tel.: 4 90 65 80 80, Fax: 4 90 65 81 81
Produzierte Weine: Vacqueyras
Rebfläche: 25 ha
Produktionsmenge: 2 500 Kisten
Ausbau: 9 Monate insgesamt, Gärung in Edelstahltanks und 8 Monate in Emailtanks
Durchschnittsalter der Reben: 15 bis 20 Jahre
Verschnitt: 75 % Grenache, 25 % Syrah

DOMAINE DE LA JAUFRETTE

Adresse: Chemin de la Fronde, 84100 Orange, Tel.: 4 90 34 35 34
Produzierte Weine: Vacqueyras
Rebfläche: 10 ha
Produktionsmenge: 4 400 Kisten
Ausbau: 3 bis 4 Jahre insgesamt; 18 bis 21 Tage Gärung in Zementtanks, dann 6 bis 8 Monate in
großen und kleinen alten Eichenfässern, anschließend bis zur Abfüllung Lagerung in Epoxidtanks
Durchschnittsalter der Reben: 40 bis 50 Jahre
Verschnitt: 80 % Grenache, 10 % Syrah, 10 % Mourvèdre

DOMAINE DES LAMBERTINS

Adresse: La Grande Fontaine, 84190 Vacqueyras, Tel.: 4 90 65 85 54, Fax: 4 90 65 83 38
Produzierte Weine: Vacqueyras
Rebfläche: 21 ha
Produktionsmenge: 5 625 Kisten
Ausbau: 24 Monate insgesamt, davon 6 Monate in alten Eichenfässern
Durchschnittsalter der Reben: 30 bis 40 Jahre
Verschnitt: 65 % Grenache, 25 % Syrah, je 5 % Mourvèdre und Cinsault

Domaine du Mas des Collines

Adresse: Les Hautes Garrigues, 84190 Gigondas, Tel.: 4 90 65 90 40
Produzierte Weine: Vacqueyras
Rebfläche: 6,5 ha
Produktionsmenge: 2 500 Kisten
Ausbau: 36 Monate insgesamt, davon 12 Monate in alten Eichenfässern
Durchschnittsalter der Reben: 50 Jahre
Verschnitt: 90 % Grenache, 7 % Syrah, 3 % Cinsault

Domaine de la Monardière

Adresse: Quartier des Grès, 84190 Vacqueyras, Tel.: 4 90 65 87 20, Fax: 4 90 65 82 01
Produzierte Weine: Vacqueyras Cuvée des Monardes,
Vacqueyras Cuvée Vieille Vigne, Vacqueyras Rosé
Rebfläche: Cuvée des Monardes – 14,2 ha; Cuvée Vieille Vigne – 1 ha; Rosé – 1 ha
Produktionsmenge: Cuvée des Monardes – 6 250 Kisten;
Cuvée Vieille Vigne – 375 Kisten; Rosé – 375 Kisten
Ausbau: Cuvée des Monardes – 6 Monate in Epoxidtanks;
Cuvée Vieille Vigne – 6 Monate in Eiche; Rosé – 5 bis 6 Monate in Epoxidtanks
Durchschnittsalter der Reben: Cuvée des Monardes – 45 Jahre;
Cuvée Vieille Vigne – 55 Jahre; Rosé – 25 bis 30 Jahre
Verschnitt: Cuvée des Monardes – 80 % Grenache, je 10 % Syrah uns Mourvèdre;
Cuvée Vieille Vigne – 70 % Grenache, 30 % Syrah; Rosé – 60 % Grenache,
20 % Cinsault, 20 % Mourvèdre

Domaine de la Muse (Gabriel Meffre S.A.)

Adresse: 84190 Gigondas, Tel.: 4 90 65 80 80, Fax: 4 90 65 81 81
Produzierte Weine: Vacqueyras
Rebfläche: 2,5 ha
Produktionsmenge: 1 000 Kisten
Ausbau: 6 bis 8 Monate in Edelstahl
Durchschnittsalter der Reben: 20 Jahre
Verschnitt: 70 % Grenache, 30 % Syrah

VACQUEYRAS

DOMAINE DU PONT DE RIEU

Adresse: 84190 Vacqueyras, Tel.: 4 90 65 86 03

Produzierte Weine: Vacqueyras

Rebfläche: 15 ha

Produktionsmenge: 6 250 Kisten

Ausbau: 36 Monate insgesamt, davon 18 Monate in alten Eichenfässern

Durchschnittsalter der Reben: 40 Jahre

Verschnitt: 80 % Grenache, je 10% Syrah und Mourvèdre

DOMAINE DES RICHARDS

Adresse: Route d'Avignon, 84150 Violès, Tel.: 4 90 70 93 73, Fax: 4 90 70 90 74

Produzierte Weine: Vacqueyras

Rebfläche: 5 ha

Produktionsmenge: 1 875 Kisten

Ausbau: 6 Monate in Zementtanks und 4 bis 5 Monate in neuer Eiche

Durchschnittsalter der Reben: 15 bis 20 Jahre

Verschnitt: 80 % Grenache, 20 % Syrah

DOMAINE SAINT-FRANÇOIS XAVIER

Adresse: 84190 Gigondas, Tel.: 4 90 65 85 08

Produzierte Weine: Vacqueyras

Rebfläche: 4 ha

Produktionsmenge: 1 500 Kisten

Ausbau: 18 Monate insgesamt, davon 6 bis 12 Monate in alten Eichenfässern,
kein Schönen oder Filtrieren

Durchschnittsalter der Reben: 40 Jahre

Verschnitt: 70 % Grenache, je 10 % Syrah, Mourvèdre und Cinsault

DIE SÜDLICHE RHONE

Vieux Clocher

Adresse: 84190 Vacqueyras, Tel.: 4 90 65 84 18, Fax: 4 90 65 80 07
Produzierte Weine: Vacqueyras Vieux Clocher, Vacqueyras Seigneur de Lauris,
Vacqueyras La Nuit des Temps, Vacqueyras Lestour Clocher
Rebfläche: Vieux Clocher – 30 ha; Seigneur de Lauris – 10 ha;
La Nuit des Temps und Lestour Clocher – 15 ha
Produktionsmenge: Vieux Clocher – 12 500 Kisten; Seigneur de Lauris – 3 125 Kisten;
La Nuit des Temps und Lestour Clocher – 6 250 Kisten
Ausbau: Vieux Clocher – normalerweise 8 bis 12 Monate in alter Eiche, je nach Jahrgang
kann auch bereits im Mai nach der Lese abgefüllt werden; Seigneur de Lauris – 18 bis 24 Monate
in alter Eiche, nach der Abfüllung wird der Wein zwei weitere Jahre gelagert; La Nuit des
Temps und Lestour Clocher – normalerweise 8 bis 12 Monate in alter Eiche, je nach Jahrgang
kann auch bereits im Mai nach der Lese abgefüllt werden
Durchschnittsalter der Reben: Vieux Clocher – 35 Jahre; Seigneur de Lauris – 60 Jahre;
La Nuit des Temps und Lestour Clocher – 40 Jahre
Verschnitt: Vieux Clocher – 75 % Grenache, 12 % Mourvèdre, 10 % Syrah und 3 % Cinsault;
Seigneur de Lauris – 80 % Grenache, je 10 % Syrah und Mourvèdre; La Nuit des Temps und
Lestour Clocher – 80 % Grenache, 17 % Syrah und 3 % Cinsault
Anmerkung: Bei La Nuit des Temps und Lestour Clocher handelt es sich um den gleichen Wein,
der unter zwei Namen verkauft wird. Er wird aus gekauften Trauben erzeugt.

CHÂTEAUNEUF-DU-PAPE

Das Herz des Rhônetals und der Provence

DIE APPELLATION CHÂTEAUNEUF-DU-PAPE AUF EINEN BLICK

Appellation seit:	15. Mai 1936
Weinarten:	93 % Rotwein, 7 % Weißwein
Rebsorten:	Zugelassen sind 13 Rebsorten (mit dem geklonten weißen Grenache sind es 14); für Rotweine Grenache, Syrah, Mourvèdre, Cinsault, Muscardin, Counoise, Vaccarèse und Terret noir; für Weißweine Grenache blanc, Clairette, Bourboulenc, Roussanne, Picpoul und Picardin
Derzeitige Rebfläche:	3 287 ha
Qualitätsniveau:	Rotwein – Erzeugerabfüllungen sehr gut bis außergewöhnlich, Händlerabfüllungen mittelmäßig bis sehr gut Weißwein – mittelmäßig bis außergewöhnlich
Reifepotenzial:	Rotwein 5 bis 20 Jahre je nach Weinstil, Weißwein 1 bis 3 Jahre, außer Beaucastel und dem Beauvenir von La Nerthe
Allgemeine Eigenschaften:	Rotwein – die beträchtliche Vielfalt der Weinstile reicht von körperreichen, üppigen, gehaltvollen, runden, alkoholstarken und langlebigen Weinen bis zu milden, fruchtigen, die als Beaujolais der Provence bezeichnet werden könnten Weißwein – blumig, fruchtig, schlicht und frisch, wenn er innerhalb von 2 Jahren nach der Lese getrunken wird
Größte neuere Jahrgänge:	1995, 1990, 1989, 1981, 1979, 1978, 1970, 1967, 1961
Rotweinaroma:	Bei der ungeheuren Vielfalt der Weinbereitungsmethoden in dieser Appellation gilt die folgende – vereinfachte – Einschätzung: Mit Kohlensäuremaischung arbeitende Erzeuger streben eine sehr frühe Abfüllung und ein eingängiges, liebliches und ansprechendes Aroma von roten und schwarzen Beeren an. Ist das Ziel hingegen ein eher körperreicher, klassischer Châteauneuf-du-Pape-Stil, so entstehen Weine mit einem breit gestreuten Aromaspektrum, von Vogelkirschen, Schwarzen Johannisbeeren und Blaubeeren über den bekannten provenzalischen Geruch der *garrigue* (einer erdigen Mischung von Kräutern der Provence) bis zu überreifen Pfirsichen und Himbeermarmelade.
Weißweinaroma:	Bei der überwiegenden Mehrzahl der Châteauneufs wird die malolaktische Gärung gestoppt, die Vinifikation erfolgt ohne Einsatz von Eichenfässern und die Weine werden sehr früh – meist innerhalb von 3 bis 4 Monaten nach der Lese – abgefüllt. Sie sind für den Verbrauch innerhalb von 1 bis 2 Jahren gedacht und zeigen Düfte von Blumen und Südfrüchten in einem gefälligen, aber schlichten Bukett.

Struktur der Rotweine: Die leichteren Rotweine, die einer teilweisen oder vollständigen Kohlensäuregärung ausgesetzt wurden, können körperreich sein, neigen aber eher zu einer milden und fruchtigen Art mit dem für die Appellation typischen kräftigen Alkoholgehalt, nicht aber dem gleichen Gewicht und der vielschichtigen, facettenreichen Persönlichkeit. Die klassischeren Gewächse variieren von muskulösen, körperreichen, konzentrierten Weinen bis hin zu kernigen, dicken Tropfen von ungeheurem Format und hohem Glyzerin- und Alkoholgehalt. Sie überwältigen den Geschmackssinn förmlich und man könnte fast meinen, sie würden dunkle Flecken auf den Zähnen verursachen.

Struktur der Weißweine: Die ohne malolaktische Gärung im modernen Stil bereiteten, früh abgefüllten Weine sind überraschend körperreich und alkoholstark, füllig und vollmundig. Ihr Format lässt auf Langlebigkeit schließen, sie sind aber für den baldigen Verbrauch bereitet. Die wenigen Erzeuger, die mit einer vollen malolaktischen Gärung und späterem Abfülltermin arbeiten, bringen honigfeine, ölige, dicke und saftige Weine hervor, die dann eine Spezialität sein können, wenn eine Oxidation bei der Abfüllung vermieden wird.

Die besten Weine der Appellation Châteauneuf-du-Pape: Weißweine – Château Beaucastel Cuvée Classique • Château Beaucastel Roussanne Vieilles Vignes • Clos des Papes • Font de Michelle • Domaine de la Janasse • Domaine du Marcoux • Domaine de Nalys • Château de la Nerthe Clos de Beauvenir • Château Rayas • Domaine du Vieux-Télégraphe Rotweine – Château Beaucastel Cuvée Classique • Château Beaucastel Hommage à Jacques Perrin • Domaine de Beaurenard Cuvée Boisrenard • Domaine Henri Bonneau Réserve des Célestins • La Bosquet des Papes Cuvée Chantemerle • Les Cailloux • Les Cailloux Cuvée Centenaire • Chapoutier Barbe Rac • Domaine de la Charbonnière Mourre des Perdrix • Domaine de la Charbonnière Cuvée Vieilles Vignes • Gérard Charvin • Clos du Mont Olivet Cuvée Papet • Clos des Papes • Font de Michelle Cuvée Etienne Gonnet • Château Fortia (seit 1994) • Château de la Gardine Cuvée des Générations • Domaine de la Janasse Cuvée Chaupin • Domaine de la Janasse Cuvée Vieilles Vignes • Domaine de Marcoux Cuvée Vieilles Vignes • Domaine de la Mordorée Cuvée de la Reine des Bois • Château de la Nerthe Cuvée des Cadettes • Domaine du Pégau Cuvée Réservée • Domaine du Pégau Cuvée Laurence • Château Rayas • Domaine Roger Sabon Cuvée Prestige • Domaine Saint-Benoît Grande Garde • Domaine Saint-Benoît La Truffière • Le Vieux Donjon • Domaine du Vieux-Télégraphe

Bewertung der Erzeuger roter Châteauneuf-du-Pape-Weine

*****

Château Beaucastel (Cuvée Classique) • Château Beaucastel (Hommage à Jacques Perrin) • Domaine de Beaurenard (Cuvée Boisrenard) • Domaine Henri Bonneau (Réserve des Céléstins) • Le Bosquet des Papes (Cuvée Chantemerle) • Les Cailloux • Les Cailloux (Cuvée Centenaire) • Chapoutier (Barbe Rac) • Clos du Mont Olivet (Cuvée Papet) • Clos des Papes • Font de Michelle (Cuvée Etienne Gonnet) • Château de la Gardine (Cuvée des Générations) • Domaine de la Janasse (Cuvée Chaupin) • Domaine de la Janasse (Cuvée Vieilles Vignes) • Domaine de Marcoux (Cuvée Vieilles Vignes) • Domaine de la Mordorée (Cuvée de la Reine des Bois) • Château de la Nerthe (Cuvée des Cadettes) • Domaine du Pégau (Cuvée Réservée) • Domaine du Pégau (Cuvée Laurence) • Château Rayas • Domaine Roger Sabon (Cuvée Prestige) • Le Vieux Donjon • Domaine du Vieux-Télégraphe

****

Pierre André • Paul Autard (Cuvée La Côte Ronde) • Paul Autard (Cuvée Mireille) • Lucien Barrot • Domaine de Chante-Perdrix • Domaine de la Charbonnière • Gérard Charvin (****/*****) • Domaine Les Clefs d'Or • Domaine Clos du Caillou • Clos du Mont Olivet (Cuvée Classique) • Clos Saint-Michel • Henriet Crouzet-Féraud • Cuvée de Boisdauphin • Cuvée du Vatican • Font du Loup (Le Puy Rolland) • Font de Michelle (Cuvée Classique) • Château Fortia (seit 1994) • Château de la Gardine (Cuvée Tradition) • Domaine Haut des Terres Blanches • Domaine les Hautes Brusquières • Domaine de la Janasse (Cuvée Classique) • Domaine de Marcoux (Cuvée Classique) • Mas de Bois Lauzon • Domaine de Montpertuis (Cuvée Tradition) • Domaine de Beaurenard (Cuvée Classique) • Domaine Bois de Boursan • Henri Bonneau (Cuvée Marie Beurrier) • Le Bosquet des Papes (Cuvée Classique) • Domaine de la Mordorée (Cuvée Classique) • Domaine de Nalys • Château de la Nerthe (Cuvée Classique) • Père Caboche (Cuvée Elisabeth Chambellan) • Domaine Roger Perrin (Réserve de Vieilles Vignes) • Domaine de la Présidente • Domaine de Rayas Château Pignan • Domaine de la Roquette • Domaine Roger Sabon (Cuvée Réservée) • Domaine Saint-Benoît (Grande Garde) • Domaine Saint-Benoît (La Truffière) • Domaine de Saint-Siffrein • Domaine des Sénéchaux • Château Simian • Tardieu-Laurent • Raymond Usseglio • Domaine de la Vieille Julienne • Domaine de Villeneuve

CHATEAUNEUF-DU-PAPE

***

Paul Autard (Cuvée Classique) • Jean Avril • Domaine de Bois Dauphin • Château Cabrières (Cuvée Prestige) • Domaine de Chanssaud • Domaine Chantadu • Domaine Chante-Cigale • Chapoutier (La Bernadine) • Clos Saint-Jean • Domaine de Cristia • Cuvée du Belvedere (***/****) • Domaine Durieu • Château des Fines Roches • Lou Fréjau • Domaine du Galet des Papes (***/****) • Domaine du Grand Tinel • Domaine Grand Veneur • Guigal • Domaine Haut des Terres Blanches • Paul Jaboulet-Ainé (Les Cèdres) (vor 1970 *****) • Domaine Mathieu • Château Maucoil (**/***) • Château Mongin • Domaine de Mont Redon • Domaine de Montpertuis (Cuvée Classique) • Moulin-Tacussel • Domaine de Palestor • Père Anselme • Père Caboche (Cuvée Classique) • Domaine du Père Pape (***/****) • Roger Perrin • Domaine de la Pinède • Domaine Pontifical (***/****) • Domaine des Relagnes • Domaine Riche • Domaine Roger Sabon (Les Olivets) • Saint-Benoît (Cuvée Elise) • Saint-Benoît (Soleil et Festins) • Domaine de la Solitude • Domaine Terre Ferme • Domaine Trintignant • Jean-Pierre Usseglio • Pierre Usseglio • Château Vaudieu • Vidal-Fleury

Bewertung der Erzeuger weisser Châteauneuf-du-Pape-Weine

*****

Château Beaucastel (Roussanne Vieilles Vignes)

****

Château Beaucastel (Cuvée Classique) • Clos des Papes • Font de Michelle • Domaine de la Janasse • Domaine du Marcoux • Domaine de Nalys • Domaine de la Nerthe (Cuvée Beauvenir) • Château Rayas • Domaine du Vieux-Télégraphe

***

Domaine de Beaurenard • Les Cailloux • Château de la Gardine • Domaine de Mont Redon • Château de la Nerthe • Domaine du Père Caboche • Domaine Trintignant (La Reviscoulado) • Domaine de la Roquette

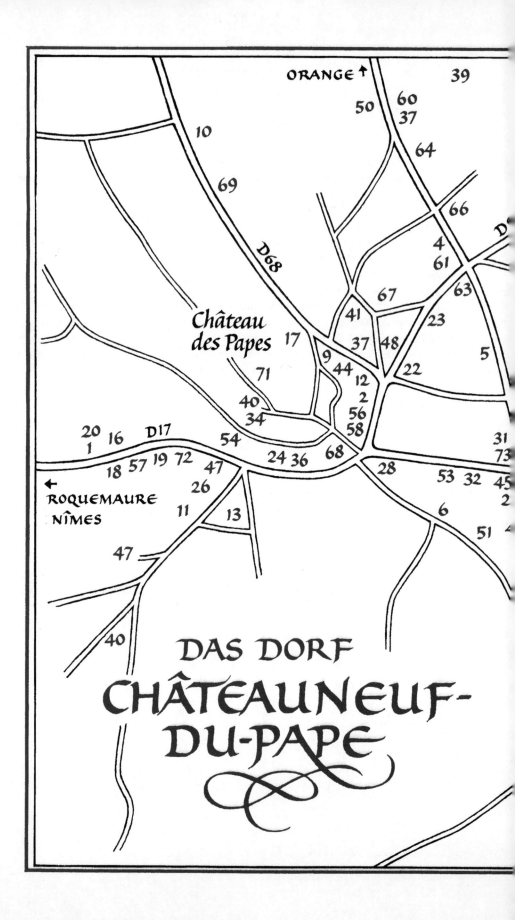

ORANGE

39

50   60
     37

10

64

69

66

D68

4
61

67

63

41

23

Château
des Papes   17

37   48

5

9
44

22

71

12

40

2

34

56
58

20   16   D17

31
73

1

54

18 57 19 72   47

24 36   68

28

53 32 45
                2

26

ROQUEMAURE
NÎMES

11   13

6

47

51

40

DAS DORF
CHÂTEAUNEUF-
DU-PAPE

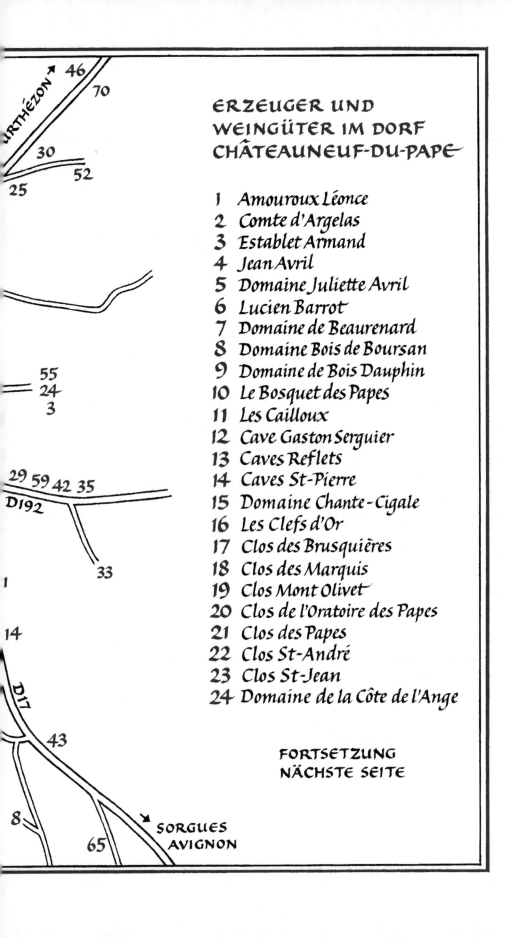

ERZEUGER UND
WEINGÜTER IM DORF
CHÂTEAUNEUF-DU-PAPE

1 Amouroux Léonce
2 Comte d'Argelas
3 Establet Armand
4 Jean Avril
5 Domaine Juliette Avril
6 Lucien Barrot
7 Domaine de Beaurenard
8 Domaine Bois de Boursan
9 Domaine de Bois Dauphin
10 Le Bosquet des Papes
11 Les Cailloux
12 Cave Gaston Serguier
13 Caves Reflets
14 Caves St-Pierre
15 Domaine Chante-Cigale
16 Les Clefs d'Or
17 Clos des Brusquières
18 Clos des Marquis
19 Clos Mont Olivet
20 Clos de l'Oratoire des Papes
21 Clos des Papes
22 Clos St-André
23 Clos St-Jean
24 Domaine de la Côte de l'Ange

FORTSETZUNG
NÄCHSTE SEITE

FORTSETZUNG

ERZEUGER UND WEINGÜTER
IN DER REGION CHÂTEAUNEUF-DU-PAPE

SIEHE KARTE NÄCHSTE SEITE

1 Pierre André
2 Paul Autard
3 Domaine les Barulettes
4 Domaine la Bastide
      St-Dominique
5 Château Beaucastel
6 Domaine Berthet-Rayne
7 Domaine de la Biscarelle
8 Château Cabrières
9 Cellier des Princes
10 Domaine de Chanssaud
11 Domaine de Chante-Perdrix
12 Domaine de la Charbonnière
13 Gérard Charvin
14 Domaine Clos du Caillou
15 Clos St-Michel
16 Clos Val Seille
17 Domaine de Cristia
18 Cuvée de Boisdauphin
19 La Fagotière
20 Château des Fines Roches
21 Château des Fines Roches
      et du Bois de la Garde
22 Château des Fines Roches
      (Domaine Mousset)
23 Château de la Font du Loup
24 Font de Michelle
25 Lou Fréjau
26 Château de la Gardine
27 Les Grandes Serres
28 Domaine Grand Veneur

29 Château de Husson
30 Domaine de la Janasse
31 Domaine de la Jaufrette
32 Mas de Bois Lauzon
33 Mas Chante Mistral
34 Château Maucoil
35 Domaine de la Mereuille
36 Domaine de la Millière
37 Domaine de Mont Redon
38 Château du Mont Thabor
39 Fabrice Mousset
40 Château de la Nerthe
41 Domaine de Nalys
42 Domaine de Palestor
43 Du Peloux
44 Roger Perrin
45 Domaine de la Pinède
46 Domaine St-Laurent
47 Domaine de St-Prefert
48 Château St-Roch
49 Domaine de St-Siffrein
50 Domaine de la Solitude
51 Domaine Terre Ferme
52 Domaine Tour Saint Michel
53 Jean-Pierre Usseglio
54 Domaine la Vallée du Mistral
55 Château Vaudieu
56 Domaine de la Vieille Julienne
57 Domaine de la
      Vieux-Télégraphe
58 Domaine de Villeneuve

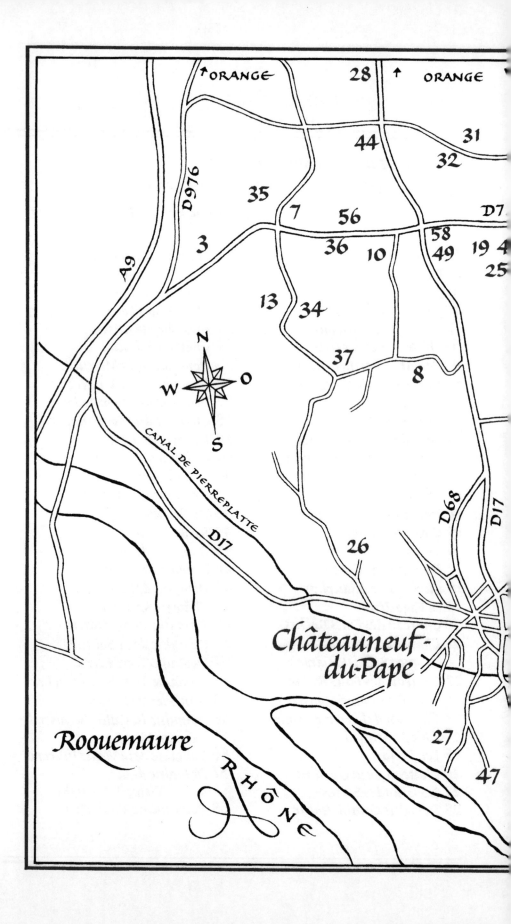

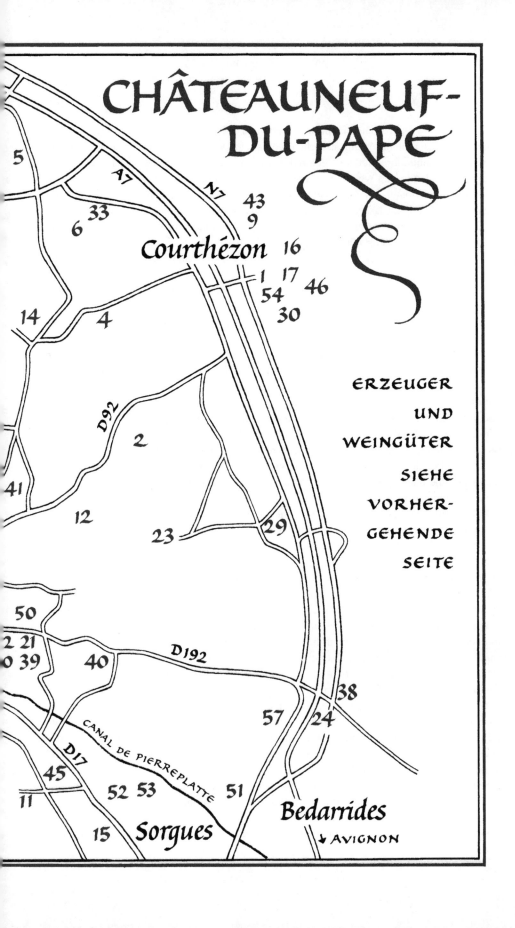

CHÂTEAUNEUF-DU-PAPE

A7

N7

5

33

6

Courthézon

43
9

16

1 17
54   46
30

14

4

ERZEUGER

UND

WEINGÜTER

D92

2

SIEHE

VORHER-

41

GEHENDE

12

SEITE

23   29

50

2 21
0 39   40   **D192**

38

57 24

CANAL DE PIERREPLATTE

D17

45

52 53   51

11

15   Sorgues

Bedarrides

AVIGNON

Kurz gesagt: Ein großer Châteauneuf-du-Pape ist mir lieb und teuer. Seit fast 20 Jahren versuche ich die Leser meiner Weinzeitschrift *The Wine Advocate* für die Vorzüge der besten Weine aus dieser sonnendurchfluteten Region der Provence zu begeistern. Der herrliche Duft dieser Gewächse, der an den Wochenmarkt einer Stadt in den provenzalischen Hügeln erinnert, ihr ausladender, üppiger, gut ausgestatteter Geschmack, ihre opulente Struktur und ihr berauschender Alkoholgehalt lassen den Weinfreund ins Schwelgen geraten. Ähnlich wie Hunger, Angst und Lust spricht der Châteauneuf-du-Pape – zumindest der große – in fast süchtig machender Weise die menschlichen Urinstinkte an. Ich finde zwar an den verschiedensten Weinen Geschmack, den Châteauneuf-du-Pape trinke ich aber am häufigsten. So können die Besucher meines privaten Weinkellers bezeugen, dass der Umfang meiner Châteauneuf-Vorräte meinen unersättlichen Durst auf die feinsten Weine der Appellation widerspiegelt. Und wie oft habe ich mich gefragt, warum bei einem Abendessen mit lieben Freunden so häufig ein Châteauneuf-du-Pape im Mittelpunkt steht, während der Bordeaux anderen Gelegenheiten vorbehalten zu sein scheint?

In dieser mit 3 287 Hektar und mehr als 300 Erzeugern sehr großen Appellation sind meine Vorliebe, aber auch meine Kritik nicht unbemerkt geblieben. 1995 wurde ich als einer von wenigen in diesem Jahrhundert zum *citoyen d'honneur* (Ehrenbürger) des Dorfes Châteauneuf-du-Pape ernannt. Falls das Anlass zu der Vermutung geben sollte, die Auszeichnung habe meine Kritikfähigkeit beeinträchtigt, möchte ich an dieser Stelle betonen, dass weniger als vier Dutzend der Erzeuger von Châteauneuf-du-Pape Weine von Weltrang produzieren. Das ungeheure Potenzial dieser Appellation wird weiterhin nicht voll ausgeschöpft, und doch gibt es auch in keiner anderen Gegend Frankreichs so großartige *terroirs*, derart viele uralte Weinstöcke und ein vergleichbar ausgezeichnetes Mikroklima, das für die Erzeugung feinster Weine unabdingbar ist.

Auf Grund ihres Produktionsumfangs und Potenzials gilt Châteauneuf-du-Pape als die wichtigste Appellation des Rhônetals. Auf dem globalen Weinmarkt ist sie ebenfalls bekannt, wenn man auch ihren Namen nicht mit dem gleichen Maß an Ehrfurcht und Respekt ausspricht wie die Namen so glanzvoller französischer Anbaugebiete wie Bordeaux, Burgund oder die Champagne. Nach Auskunft der beiden Anbauverbände des Ortes gab es in der Appellation 1996 über 300 Erzeuger, von denen 235 ihre Produktion vollständig oder teilweise auf dem eigenen Gut abfüllten. Im Gegensatz zu Bordeaux und Burgund, wo praktisch jedes Weingut bereits genauestens studiert, analysiert und beschrieben worden ist, gibt es über die führenden Winzer von Châteauneuf-du-Pape nur sehr wenige Informationen oder Studien. Symptomatisch dafür war der Titelbericht in *The Wine Spectator*, dem bekannten Hochglanzmagazin der amerikanischen Weinwelt, vom August 1996. Dieser Artikel über «große amerikanische Weinkeller» traf in meinem Büro ein, als ich das vorliegende Kapitel zu etwa drei Vierteln beendet hatte. Es war schmerzlich zu lesen, dass von den acht Sammlern mit Weinkellern im Wert vieler Millionen Dollar kein einziger auch nur die Existenz eines Châteauneuf-du-Pape in seiner Sammlung eingestand – zumindest war davon in dem Bericht keine Rede. Vielleicht bereitet es dem Weinfreund ja einige Genugtuung, dass selbst diese acht Trophäenjäger solche Schätze ignorieren.

Selbst wenn in Châteauneuf-du-Pape nicht so viel feiner Wein erzeugt würde, wäre das liebenswerte Dorf, das sich direkt unter den eindrucksvollen Ruinen eines alten Schlosses anmutig über einen Hügel breitet, immer noch ein sehenswertes Reiseziel. Sein Name geht auf die Geschichte des Gebiets und seine räumliche Nähe zu dem geweihten Avignon zurück.

Zwischen 1309 und 1376 hatten sich die römischen Päpste wegen der tumultartigen und angespannten Beziehungen zwischen dem König von Frankreich und dem Papsttum in Avignon niedergelassen. Als im Jahre 1305 der Franzose Klemens V. zum Papst ernannt wurde, tat er, was jeder gute Franzose getan hätte: Er verlegte den Sitz des Papsttums nach Avignon (1309). Hier hatte es schon seit langer Zeit Weinberge gegeben, und dem neuen Papst war der Weinbau nicht fremd, hatte er doch in Graves den berühmten Weinberg Pape-Clement angelegt.

Es war jedoch sein Nachfolger Papst Johannes XXII., der das dauerhafteste Vermächtnis in Châteauneuf-du-Pape hinterließ. Er baute sich dort eine Sommerresidenz, die ihm angesichts des überfüllten, heißen Avignon – das im 14. Jahrhundert offenbar genauso heiß und laut war wie heute – als Zuflucht diente. Dieses gewaltige Schloss, das Jahrhunderte von Kriegen und die Verwüstungen plündernder Banditen überstand, wurde im Zweiten Weltkrieg von den Deutschen als Munitionslager genutzt und während eines Rückzugsgefechts im August 1944 in die Luft gesprengt. Übrig blieben nur die eindrucksvolle Schlossmauer und der Turm, die über dem am Fuße des Bergs liegenden Châteauneuf emporragen.

Der Sitz des Papsttums blieb allerdings nicht in Frankreich, und die als «Babylonisches Exil» bekannte historische Episode endete im Jahre 1376. Über das Schicksal von Châteauneuf-du-Pape nach dieser Zeit ist nur wenig bekannt, bis die Region im ausgehenden 19. Jahrhundert als «Châteauneuf-du-Pape-Calcernier» urkundlich erwähnt wurde. Der Name geht auf die in der Nähe liegenden Kalksteinbrüche zurück. Ende des 19. Jahrhunderts wurde auch Châteauneuf-du-Pape von der Reblaus heimgesucht. Darüber hinaus führte die Vernichtung einer ganzen Generation junger Franzosen in den unvorstellbar grausamen Stellungskriegen des Ersten Weltkriegs zu einem Mangel an Arbeitskräften. Daher blieb die Rebfläche der Appellation nach Kriegsende fast zur Hälfte unbestockt, und viele Winzer mussten ihren Beruf aufgeben. Châteauneuf-du-Pape erlebte einen solchen Prestigeverlust, dass man zu viel produzierte und ein Teil des Leseguts in andere Anbaugebiete – vor allem nach Burgund – verkauft wurde. 1923 entwickelte der damalige Baron Le Roy aus dem Château Fortia, einem der besten Weingüter dieses Anbaugebiets, eine Reihe von Kontrollmaßnahmen, mit denen die Qualität und das Image des Châteauneuf-du-Pape gefördert werden sollten. Diese freiwilligen Richtlinien sollten später fundamentale Bedeutung erlangen, denn auf ihnen beruht das gesamte französische System der *appellation contrôlée*. Baron Le Roy war ein Visionär und hoffte, dass durch die Anwendung seiner Regeln das Potenzial dieser privilegierten südfranzösischen Region voll ausgeschöpft werden könnte. Um die Bezeichnung Châteauneuf-du-Pape führen zu dürfen, sollten deshalb folgende Kriterien erfüllt werden:

1. Der Wein musste aus Reben gewonnen werden, die an einem genau festgelegten Standort zu pflanzen waren.
2. An diesem Standort durfte man nur bestimmte Rebsorten anbauen.
3. Die Erziehung der Reben sollte überwacht werden.
4. Der Wein musste einen Alkoholgehalt von mindestens 12,5 % aufweisen.
5. Bei der Lese mussten fünf Prozent des Ernteguts – unabhängig von seiner Qualität – ausgeschieden werden, was eine Art obligatorische Selektion bedeutete.
6. Die Herstellung von Roséwein wurde untersagt, und alle Erzeugnisse sollten einer Prüfkommission vorgelegt werden, bevor sie die Bezeichnung Châteauneuf-du-Pape tragen durften.

Zweifellos besserte sich die Qualität der Weine auf Grund dieser Richtlinien. In seinem 1932 verfassten Buch *Documents pour servir à l'historie Châteauneuf-du-Pape* schrieb Baron Le Roy, dass Les Cabrières, Fines-Roches, Fortia, La Nerthe, Rayas, Vaudieu, Clos des Papes und Nalys damals die besten Weingüter waren. Diese acht Betriebe bestehen noch immer, und wenn sie auch Höhen und Tiefen durchlaufen haben, gehören sie doch nach wie vor zu den bedeutendsten Kellereien der Appellation.

Heute wäre Baron Le Roy stolz darauf, dass die Appellation vollständig bestockt ist. Abgesehen von einigen Waldgebieten und wenigen brach liegenden Buschflächen in den *garrigues* gibt es kaum Grundbesitz, der für zusätzliche Weinberge noch urbar gemacht werden könnte. In Châteauneuf-du-Pape selbst, das wunderbar gelegen fast das geografische Zentrum bildet, drängen sich die Winzer und die Touristen. Außer in den Monaten Januar bis März gehört das Dorf mit seinem Gewirr kleiner Straßen, Gässchen und Höhlen zu den reizvollsten Stationen einer Provence-Reise.

Eine ereignisreiche Geschichte und erstklassige Weine bieten auch andere französische Weinanbaugebiete, doch gibt es zwei Faktoren, die die charakteristische Art dieser Weine und die Einzigartigkeit der Appellation begründen: Da sind zunächst die Rebsorten, aus denen der Châteauneuf-du-Pape bereitet wird. Die viel geschmähte Grenache-Traube erreicht mit ihm ihren edlen Höhepunkt. Sie nimmt 80 % der Rebflächen ein und bestimmt das Aroma, den Geschmack und die Struktur der meisten großen Châteauneufs. Trotzdem wird hier keine *monocépage* betrieben, denn es sind 13 Rebsorten zugelassen. Neben dem Grenache gehören die roten Trauben Mourvèdre, Syrah, Cinsault, Vaccarèse, Counoise, Muscardin, Terret noir und Picpoul noir dazu. Die Weißweine, die nur fünf bis sieben Prozent der Gesamtproduktion ausmachen, werden aus Grenache blanc, Clairette, Bourboulenc, Roussanne, Picpoul und Picardin bereitet. Dieser interessante Rebsatz wurde in den 1936 beschlossenen Appellationsbestimmungen festgelegt.

Der zweite Faktor, der den Charakter des Châteauneuf-du-Pape in erheblichem Maße bestimmt, ist das *terroir*. Das ungefähr 13,7 Kilometer lange und 8 Kilometer breite Anbaugebiet wird im Westen von der Rhône begrenzt und im Osten von der neuen Autobahn A7. Im Norden grenzt es an Orange, im Süden an die Route Nationale N7 und die eintönige Stadt Sorgues. Das auffälligste Merkmal dieser Weinberge ist ihr Teppich aus riesigen rostroten Steinen, den *galets roulés*, die melonen- bis fußballgroß sein können. Es handelt sich um Überreste der Alpengletscher, die dieses Gebiet einst bedeckten. In Rayas gibt es nur sehr wenige *galets roulés*, auf der Ebene im Norden und Nordwesten des Dorfes sind die Lagen Mont Redon, Cabrières und Maucoil aber für ihre Kieseldecke bekannt, die man auch in östlicher Richtung in der Nähe von Courthézon und Bédarrides findet. Der Boden des tiefer gelegenen Teils von Châteauneuf-du-Pape in Richtung Sorgues besteht dagegen zumeist aus kiesartig erodiertem Gestein, das mit Lehm und Sand vermischt ist.

Wer diese steinigen Weinberge besucht, sollte einmal versuchen, zwischen zwei Rebzeilen hindurchzugehen. Die dafür nötige Aufmerksamkeit und die Belastung von Rücken und Knien lassen erahnen, was für eine Knochenarbeit die Weinlese dort sein muss. Einen Zweck erfüllen die Steine jedoch: Sie absorbieren die Hitze der glühenden Sonne der Provence und geben sie in den frühen Abendstunden wieder an die Weinstöcke ab.

Was dem Besucher außerdem sofort auffällt, ist das extrem hohe Durchschnittsalter der Reben. Die durch regelmäßigen Zapfenschnitt versehenen Weinstöcke werden bewusst sehr niedrig gehalten, denn hier tobt sich der grimmige Mistral aus, der von den Alpen herunter nach Süden weht und an Geschwindigkeit zulegt, bevor er sich über dem azurblauen Mittelmeer verliert. Er mag mit seiner Geschwindigkeit von bis zu 80 Stundenkilometern beunruhigend sein – er bläst gnadenlos durchschnittlich 125 bis 150 Tage im Jahr –, wirkt jedoch gegen Rebkrankheiten aller Art gewissermaßen als homöopathisches Arzneimittel. Angesichts der geringen Luftfeuchtigkeit, der hohen Sonneneinstrahlung und der häufigen Winde können die meisten Weingüter von Châteauneuf-du-Pape problemlos biologisch bewirtschaftet werden.

Der Châteauneuf wird in den unterschiedlichsten Stilen bereitet. Die höchste Bedeutung kommt dabei dem jeweiligen Verschnitt der Rebsorten und der Frage zu, was die einzelne Sorte in das Aroma und den Geschmack des Endprodukts einbringt. So besitzt eines der Spitzengewächse, der Beaucastel, ganz untypisch den niedrigsten Grenache-Anteil und sehr viel Mourvèdre, während der Rayas ein fast reinsortiger Grenache-Wein ist. Beide Erzeuger bringen große, profunde Weine hervor, die aber kaum unterschiedlicher sein könnten.

Mehrere Weingüter verwenden 80 bis 100 % Grenache im Verschnitt, darunter auch Chapoutier bei seinem Barbe Rac, André Bunel beim Les Cailloux und Henri Bonneau bei seiner Réserve des Célestins. Im Château Fortia arbeitet man mit einem hohen Syrah-Anteil, während die Cuvée des Cadettes aus dem Hause La Nerthe vorwiegend Mourvèdre enthält. Im Allgemeinen lässt sich jedoch feststellen, dass die meisten Erzeuger 65 bis 70 % Grenache mit 10 bis 15 % Mourvèdre und Syrah verschneiden. In den sechziger Jahren wurden die Winzer vom Landwirtschaftsministerium und den Verantwortlichen der Appellation zur vermehrten Anpflanzung der Cinsault-Traube ermuntert. Zwei der bekanntesten Autoritäten des Rhônetals, Pierre Charney und Philippe Dufays, befolgten diesen Rat, wurden aber sehr bald eines Besseren belehrt. Es mangelt der Cinsault-Traube an Farbe, und sie nahm dem Grenachegeprägten Châteauneuf, dem charakteristischsten Wein der Appellation, seine Typentreue. Inzwischen wurde ein Großteil der Reben von den aufgebrachten Winzern, die sich von der Regierung und ihren Gemeindeverwaltungen schlecht beraten fühlten, wieder entfernt. In den siebziger und achtziger Jahren erlebten die Rebsorten Mourvèdre und Syrah einen gewissen Aufschwung. Man glaubt, nicht ganz ohne Berechtigung, dass ein wenig Mourvèdre dem Châteauneuf mehr Struktur, Geradlinigkeit und ein komplexeres Aroma verleiht, während ihm die Syrah Farbe, einen Duft reifer Schwarzer Johannisbeeren und zusätzliche Komplexität gibt. Dem Weißen verhilft die ebenfalls beliebter gewordene Roussanne, die im Gut Beaucastel üppige, Montrachet-ähnliche Cuvées aus Altreben hervorbringt, zu einer stärker honigartigen, öligeren Konsistenz. Entgegen zahlreicher Behauptungen, die Grenache werde zugunsten modischerer Sorten wie Mourvèdre und Syrah in den Hintergrund gedrängt, erbrachte eine Anfang der neunziger Jahre von der *Fédération des Vignerons* durchgeführte Erhebung folgende Rebsorten-Verteilung in Châteauneuf-du-Pape: Grenache noir 79,25 %, Syrah 5,6 %, Mourvèdre 4,7 %, Cinsault 3,3 %, Clairette 2,3 %, Grenache blanc 2 %. Die übrigen 2,85 % der Rebflächen teilen sich so ausgefallene Sorten wie die rote Counoise und Vaccarèse und die weiße Roussanne. Bei der großen Mehrheit der Erzeuger spielt demnach die Grenache weiterhin die Hauptrolle, und so sollte es auch sein, denn diese Traube schwingt sich im südlichen Rhônegebiet zu Höhen auf, die sie sonst – außer in Spanien – nirgends auf der Welt erreicht.

Wer an den Vorzügen des Grenache immer noch zweifelt, sollte sich einmal vor Augen halten, dass sie von den besten Burgunder Handelshäusern einst hoch geschätzt wurde. Sie mischten sie den *Premiers crus* und *Grands crus* der Côte d'Or bei, um diese abzurunden, ihr mehr Gewicht und Frucht zu verleihen und ihre Qualität zu «verbessern». Bis in die Mitte der siebziger Jahre hinein verkauften außerdem viele namhafte Châteauneuf-Erzeuger ihren Wein offen an Produzenten in Burgund. «Veteranen» im nahe gelegenen Gigondas erinnern sich ebenfalls noch an die Zeit, als sie ganze «Tankwagenladungen» ihres Weins in die Bourgogne schickten. Die dortigen Winzer verwandelten ihre säurebetont, scharf oder verwässert ausfallenden Clos de Vougeout, Chambertin oder Musigny mit einem Zusatz von 5 bis 25 % Grenache aus alten Reben wie durch ein Wunder in genussvolle, schön strukturierte Tropfen. So schenkte mir ein bekannter Burgunder Großhändler und Importeur bei einer Probe einen 59er Musigny ein und sagte aufgeregt: «Warten Sie ab, bis Sie diesen hier probiert haben!» Der Wein gefiel mir sehr, aber ich wies den Händler darauf hin, dies sei kein Musigny, sondern «verdammt noch mal einer der besten Châteauneufs, die ich je verkostet habe.» Es kann also kaum überraschen, dass nicht nur einige kenntnisreiche Insider die unbeständige Qualität und enttäuschend kurze Lebenserwartung eines modernen Burgunders darauf zurückführen, dass er nicht mehr «verbessert» wird.

Beim Versuch, diese komplexe Appellation zu verstehen, sollte man sich die Mannigfaltigkeit ihrer Stile bewusst machen. Ich habe die Erzeuger von Châteauneuf-du-Pape in drei «Schulen» eingeteilt – die Traditionalisten, die Modernisten und die Individualisten. Dessen ungeachtet gibt es natürlich innerhalb dieser Gruppierungen zahllose Variationen, denn es finden sich praktisch bei allen Winzern bestimmte Techniken oder Auffassungen, die auf eine der anderen Kategorien verweisen.

Die meisten *Traditionalisten* bereiten ihren Châteauneuf-du-Pape auf die gleiche Art wie ihre Vorfahren. Sie lehnen meistens das Entrappen der Trauben ab, lassen ihren gesamten Wein in großen *foudres* statt in kleinen Fässern oder *demi-muids* reifen und neigen nicht zu einer übereilten Abfüllung. In ihren Kellereien wird man neues Eichenholz finden, und ihre zwar leicht geschönten und manchmal grob (oder auch gar nicht) gefilterten Weine sind traditionelle, körperreiche Châteauneufs, deren Konzentrationsgrad vom Alter der Weinstöcke und der Entscheidung ihres Erzeugers abhängt. Sie bestehen hauptsächlich aus Grenache, deren Anteil von 60 bis 80 % durch Mourvèdre und Syrah ergänzt wird. Häufig haben die Traditionalisten jedoch eine ärgerliche Angewohnheit, von der sie auch nicht abrücken wollen: Der Wein eines Jahrgangs wird erst kurz vor dem Verkauf abgefüllt, so dass es zu mehreren Teilabfüllungen über einen längeren Zeitraum hinweg kommt. Manche halten diese Phase überaus kurz, um eine möglichst einheitliche Qualität zu gewährleisten, andere wie Clos du Mont Olivet, Hauts des Terres Blanches und Grand Tinel dehnen sie dagegen über zwei bis sechs Jahre oder sogar länger aus. Und schließlich verwenden nur sehr wenige Traditionalisten die Kohlensäuremaischung, da sie bei den Spitzenjahrgängen Weine mit einem Reifepotenzial von mindestens 10 bis 15 Jahren anstreben.

Auch die *Modernisten* teilen bestimmte Einstellungen. So sind die meisten von ihnen der Auffassung, dass ein Châteauneuf-du-Pape ein fruchtiger, leicht zugänglicher Wein sein sollte, der spätestens innerhalb von 12 bis 16 Monaten nach der Lese abgefüllt werden kann. Die Trauben werden häufig zumindest teilentrappt, mancherorts auch unter Kohlendioxid vergoren und so sanft wie möglich gepresst. Um den angestrebten eingängigen, fruchtigen Stil zu erreichen, manipulieren die Modernisten eher ihre Weine. Im Allgemeinen gehören ihre Produkte zu den leichtesten und oberflächlichsten Châteauneufs, andererseits entstehen in Font de Michelle, Beaurenard und La Roquette Tropfen von ausgezeichneter bis hervorragender Intensität, die sich 10 bis 15 Jahre halten können, manchmal aber auch schon bei der Freigabe köstlich sind. Ironischerweise produzieren einige der berühmtesten Weingüter mit großartigen *terroirs* wie Mont Redon, Les Cabrières, La Solitude, Clos de l'Oratoire, Vaudieu und Nalys, heutzutage nicht mehr so gehaltvolle üppige und appellationstypische Gewächse wie noch vor zwei oder drei Jahrzehnten. Was den Verschnitt angeht, unterscheiden sich die meisten Modernisten nicht wesentlich von den Traditionalisten, wobei bestimmte Weingüter – wie La Nerthe, Vieux-Télégraphe oder Mont Redon – ihre Weinberge nicht nur mit Grenache, Syrah und Mourvèdre, sondern auch mit verschiedenen anderen Rebsorten bestocken.

Die *Individualisten* folgen weitgehend ihren eigenen Vorstellungen. Einige bevorzugen reinsortige Grenache-Weine – zum Beispiel Chapoutier, die Domaine de la Janassse bei ihrer Cuvée Chaupin, Les Cailloux bei der Cuvée Centenaire sowie Rayas. Andere wie Beaucastel bei ihrer Cuvée des Cadettes sowie Château Fortia meinen, der Grenache-Anteil sollte 50 % nicht übersteigen; das gilt verstärkt auch für La Nerthe. Dazu kommen Erzeuger, die ihren Wein in neuer Eiche ausbauen: La Nerthe (Cuvée des Cadettes), Beaurenard (Cuvée Boisrenard), J. Marchand (Clos des Pontifes), Château de la Gardine (Cuvée des Générations), Les Cailloux (Cuvée Centenaire) und Beaucastel, dessen Syrah- und Roussanne-Partien in kleinen Eichenfässern reifen. Zu dieser Gruppe gehörten auch der legendäre Jacques Reynaud vom Weingut Raynas – der eigenwillige, im Januar 1997 verstorbene Einsiedler der Appellation – sowie der unnachahmliche Henri Bonneau. Reynaud gefiel sich in seiner Rolle als Autorität und produzierte aus Kleinsterträgen 100 % Grenache-Erzeugnisse, die er in den verschiedensten Holzbehältern von kleinen alten Fässern bis zu großen *foudres* reifen ließ. Das Gleiche gilt für Henri Bonneau, der mit mindestens 80 % Grenache arbeitet und lieber die Effizienz der französischen Bürokratie preisen würde, als ein Fass aus neuem Eichenholz zu kaufen. Zu den Individualisten zählen auch Erzeuger, die sich der Produktion möglichst reichhaltiger und konzentrierter Châteauneufs verschrieben haben. Einige von ihnen entrappen ihre Trauben, während andere wie Reynaud und Bonneau darauf verzichten. Zudem lehnen die meisten überflüssige Eingriffe in die Weinbereitung unerbittlich ab. Fast alle füllen ungefiltert ab, manche auch ungeschönt. Sie widersetzen sich – zumindest in Bezug auf ihre Spitzengewächse – vehement der modernistischen Kellertechnik. Mit den Traditionalisten verbindet sie zwar am meisten, sie wenden deren Philosophie jedoch noch konsequenter an. So erzielen sie Weine, die in vielerlei Hinsicht als Châteauneufs in höchster Vollendung angesehen werden können.

Was wird wohl die Zukunft für Châteauneuf-du-Pape bringen? Seit zwanzig Jahren preise ich die besten Weine dieser Appellation als eine Art Geheimtip für Eingeweihte – als dekadente, schwelgerisch komplexe und gehaltvolle Weine, die weit unter Preis verkauft und stark unterschätzt werden. Die besten Provenienzen gehören zu den genussbringendsten Tropfen der Welt. Um das außerordentliche Potenzial der Appellation maximieren zu können, muss man in Châteauneuf-du-Pape jedoch zunächst folgende Ratschläge beherzigen:

1. Die Appellation muss sich mit der Tatsache auseinandersetzen, dass so viele Weingüter den Wein erst beim Verkauf auf Flaschen ziehen, was zu unentschuldbaren und inakzeptablen Qualitätsschwankungen führt. Wenn das erste Los eines Jahrgangs 18 Monate nach der Lese abgefüllt wird, der Rest aber erst fünf Jahre später, wer wird da noch bezweifeln, dass die Flaschen merkliche Unterschiede in Charakter, Geschmack und Qualität zeigen? Die spätere Abfüllung ist meist, aber nicht immer, ausgetrocknet und wenig repräsentativ für den Jahrgang.
2. Die großen und mittleren Erzeuger müssen eine Selektion vornehmen und überschüssige Produktionsmengen an *négociants* verkaufen oder den Wein unter einem Zweitetikett zu einem stark reduzierten Preis anbieten. Viele gute Erzeuger praktizieren dies bereits. Vieux-Télégraphe und andere bieten Zweitetiketten an, und die meisten Vier- und Fünf-Sterne-Erzeuger verkaufen wachsende Anteile ihrer Produktion an Handelshäuser, um die Qualität

des für die Erzeugerabfüllungen verbleibenden Weins zu steigern. Das müssen jedoch mehr als nur die 30 besten Weingütern praktizieren.

3. Die meisten Produzenten sollten die Erzeugung von Luxuscuvées aus Altreben oder von Einzellagencuvées in Betracht ziehen und dabei auf Schönung oder Filtration möglichst verzichten. Die Weinwelt hat für beispielhafte Qualität von jeher gerne hohe Preise gezahlt, und die wahren Anhänger des Châteauneuf-du-Pape haben die seit Ende der achtziger Jahre auf dem Markt auftauchenden Prestigecuvées stets begeistert aufgenommen. So können die Erzeuger neben einem Wein im kommerzielleren, fruchtigeren Stil für den Trinkgenuss innerhalb von sieben bis acht Jahren, der den meisten Liebhabern von Rhôneweinen gefallen wird, auch eine Spezialcuvée produzieren, die jeweils die besonderen Merkmale von *cépage* oder *terroir* ihres Guts verkörpert und zu einem erheblich höheren Preis verkauft werden kann.

4. Die beiden für Regulierung und Verkaufsförderung der Weinbaubetriebe von Châteauneuf-du-Pape zuständigen Verbände müssen eine aggressivere und stärker exportorientierte Haltung einnehmen. Sie sollten die Welt über ihre großartigen *terroirs*, wunderbaren Einzellagen und vielfältigen Weinstile unterrichten. Die meisten Kenner können in Sekundenschnelle ungefähr ein Dutzend prominenter Rebflächen in Burgund oder Bordeaux aufzählen, doch gilt das auch für Châteauneuf-du-Pape?

5. Sowohl die Appellationsverwaltung als auch das französische Landwirtschaftsministerium müssen sich dem bürokratischen Apparat der EG in Brüssel widersetzen, der die Vinifikation vereinheitlichen, den Alkoholgehalt senken und die Sterilisierung der Weine fördern will. Einige der Stärken des Châteauneuf-du-Pape sind seine explosive Fülle, seine lebhafte Kraft und Üppigkeit. Man sollte bedenken, wie großzügig die Natur ihn beschenkt: Der Châteauneuf wird unter der herrlichen Sonne und den starken Mistralwinden der Provence angebaut und ist ein Wein von einzigartiger Statur, dem die Einheitsgewächse aus der Neuen Welt nicht das Wasser reichen können. Der wachsenden Standardisierung durch die europäischen Verwaltungsbeamten muss auf jeder Ebene Widerstand entgegengesetzt werden.

6. Der weiße Châteauneuf-du-Pape, der nur in einem geringen Maße erzeugt wird, ist besser als je zuvor, aber abgesehen von wenigen ruhmreichen Cuvées bleibt er ein relativ monolithischer und uninteressanter Wein. Die Verantwortlichen haben sich der Einführung der Viognier-Traube in diesem Anbaugebiet unerbittlich widersetzt, doch ist gerade diese Sorte außerhalb der Appellationsgrenzen sehr erfolgreich. Nach meiner Auffassung sollte sie zugelassen werden, um dem weißen Châteauneuf ein komplexeres und interessanteres Aroma zu verleihen.

7. Neben der Werbung für die sagenhaften Lagen und die stilistische Vielfalt der Weine sollte die Appellationsverwaltung betonen: (a) dass die Erträge zu den niedrigsten in ganz Frankreich gehören, (b) die Appellation nicht erweitert werden kann, (c) eine maschinelle Lese nicht möglich ist und (d) die meisten Weinberge von Châteauneuf-du-Pape biologisch bewirtschaftet werden. Der letzte Punkt verdient umso mehr Beachtung, als sich andernorts so viele Erzeuger vom Einsatz von Spritz- und Düngemitteln abhängig gemacht haben.

NEUERE JAHRGÄNGE

1995 Auf dem Papier ist 1995 unleugbar ein viel versprechendes Jahr, das weitgehend wie 1994 verlief und einen ähnlich heißen, aber nicht ganz so ausgedörrten Sommer hatte. Anfang September hoffte man noch auf einen großen Jahrgang, falls das Wetter mitspielen würde.

Der Blitz kann jedoch zweimal in denselben Baum einschlagen, und so öffnete der Himmel fast am gleichen Tag wie 1994 seine Schleusen und bescherte dem Rhônetal vom 7. bis zum 20. September 14 Tage heftiger Regenfälle. Es gab jedoch einen entscheidenden Unterschied zum vorausgegangenen Jahr: Damals waren früh erntende Winzer zumeist erfolgreicher als ihre langsameren Kollegen, weil die Trauben zum Zeitpunkt der Regenfälle schon sehr reif gewesen waren, während ein Herauszögern der Lese das Risiko von Fäulnisbefall mit sich gebracht hatte. 1995 lagen die Trauben in ihrer Reifekurve aber zwei Wochen im Rückstand, daher konnte der Regen kein Grund für eine vorgezogene Lese sein. Zudem lag die Niederschlagsmenge im September 1995 merklich niedriger als im Jahr zuvor. Anders als damals folgten ab Ende der dritten Septemberwoche mehrere Wochen mit klarem, trockenem, warmem und windigem Wetter, so dass die späte Lese ein sehr reifes, gesundes Traubengut einbrachte, das gemessen an seinem physiologischen Reifegrad einen überraschend hohen Säuregehalt aufwies. Man kann den 95er im südlichen Rhônetal also durchaus als außergewöhnlich bezeichnen, er ist aber nicht so profund wie der 89er oder der 90er.

1994 Dieses Jahr hätte ein großer Jahrgang für Châteauneuf-du-Pape werden können, wären die schweren Regenschauer nicht gewesen, die am 9. September begannen und den ganzen Monat anhielten. Bis dahin war der Sommer sengend heiß und trocken gewesen, und die Erzeuger hatten auf ähnliche Erfolge wie 1990 oder 1989 gehofft. 1994 sicherte eine frühe Lese bessere Erzeugnisse. Die Erträge fielen wegen des trockenen Sommers und der von den besseren Erzeugern praktizierten Behangausdünnung gering aus. Aus dem Fass erschienen die Weine sehr gut bis ausgezeichnet, nach der Abfüllung fand ich dagegen weniger beständige Qualität, als ich gehofft hatte. Trotzdem ist 1994 ein sehr gutes Jahr für Châteauneuf-du-Pape, in dem eine ganze Anzahl herausragender Provenienzen entstand. Die feinsten Gewächse sind aufgeschlossen, mild und früh zugänglich, mit dem unverwechselbaren Duft der *garrigue*, gutem Körper und geringer Säure. Der Jahrgang dürfte sich als genauso zufrieden stellend erweisen wie 1988, 1985 und 1983.

1993 An der nördlichen Rhône nahezu eine Katastrophe brachte das Jahr 1993 im Süden annehmbare, aber unbeständige Weine hervor. Die ansprechendsten zeigen eine gute Farbe und Frucht, neigen aber zu einem spröden und tanninherben Geschmack, zumindest war dies bei der Verkostung 1996 der Fall. Die feinsten Weine fielen weit überdurchschnittlich aus und versprechen eine hohe Lebensdauer. Der Nachteil dieses Jahrgangs ist, dass einige Weine sich als ähnlich hohl, tanninbetont, mager und karg wie die 86er erweisen könnten. 1993 gilt deshalb als durchschnittlicher bis überdurchschnittlicher Jahrgang, dessen Entwicklung man aufmerksam verfolgen sollte.

1992 Die sintflutartigen Regenfälle, die im Gebiet von Gigondas schwere Überschwemmungen zur Folge hatten, waren in Châteauneuf-du-Pape bei weitem nicht so schwerwiegend. Der September war feucht und brachte hohe Erträge. Auf dem Papier schien der Jahrgang weit unter dem Durchschnitt zu liegen, ich war aber immer wieder überrascht, wie köstlich, fruchtig und gut bereitet viele der Châteauneufs von 1992 wirken. Ein hohes Alter wird ihnen nicht vergönnt sein, da es zum Teil an der dafür nötigen Konzentration fehlt, trotzdem entstanden füllige und säurearme Weine, die in den ersten 10 bis 12 Jahren nach der Lese getrunken werden sollten.

1991 Dieser Jahrgang wurde abgeschrieben, bevor man auch nur einen einzigen Wein gekostet hatte, und nachdem ich sie alle selbst durchprobiert habe, erscheint mir das Urteil gerechtfertigt. Abgesehen von einigen ordentlichen Tropfen erweisen sich die 91er Châteauneufs als dünne, hohle, widerliche Weine, die man am besten vergisst.

1990 Sicher werden sich die Erzeuger von Châteauneuf-du-Pape noch in zwanzig Jahren darüber streiten, ob der 90er oder der 89er der größere Jahrgang war. Falls Letzterer den Erfolg des 78ers wiederholt, dann ist der 90er vielleicht eine Wiederholung des 67ers oder des 59ers. Ein wundervoller Jahrgang, in dem praktisch alle Erzeuger Weine von gewaltiger Fülle, Kraft, gutem Gewicht und stolzem Alkoholgehalt hervorbrachten. Sie sind der Inbegriff des Châteauneuf-du-Pape: kräftig, hoch konzentriert, sehr gehaltvoll und ungeheuer ansprechend. Trotz ihrer Konzentration, ihres Formats und ihres hohen Reifepotenzials haben ihnen der niedrige Säuregehalt und ihr Glyzerinreichtum einen frühreifen, lieblichen Stil verliehen, der sie von der Freigabe an unvergesslich macht. Zudem sollten sich die großen Châteauneufs von 1990 als ungewöhnlich langlebig erweisen, weil sie dafür die nötigen Voraussetzungen – Extrakt-, Alkohol- und Tanninreichtum – in hohem Maße mitbringen. Ein großer Jahrgang!

1989 Die Weine dieses für Châteauneuf-du-Pape denkwürdigen Jahrgangs zeigen eine klassischere Struktur und keinen so extravaganten, auffälligen Charakter wie die 90er. In ihrer immensen Kraft und konzentrierten Fülle, aber unentwickelten, tanninreichen und strukturierten Persönlichkeit ähneln sie den 78ern. Ihr Potenzial ist riesig, verkostet man sie aber neben den 90ern, wirken sie meist relativ verschlossen und zurückhaltend. 1989 erwies sich für alle Spitzenerzeuger als durchgängig großer Jahrgang. Schon 1991 riet ich in meiner Zeitschrift *The Wine Advocate* allen Liebhabern prachtvoller, schwelgerischer Châteauneufs, so viele 89er und 90er zu kaufen, wie ihr Geldbeutel erlaubt, denn dies ist eine nie da gewesene, ruhmreiche Jahrgangsfolge.

1988 Einer der drei besten Jahrgänge der achtziger Jahre, der nur noch von der Fülle und potenziellen Größe des 89ers und der Üppigkeit und kräftigen Intensität des 81ers übertroffen wird. Er wurde zunächst zurückhaltend bewertet, ist aber lohnender ausgefallen als der schnell reifende 85er. Die Weine zeigen eine tiefe Farbe und eine schöne Struktur. Die meisten 88er können mit beträchtlichem Genuss getrunken werden, dürften aber auch mit Anmut altern, vor allem dann, wenn sie gemäß der klassischen Methoden der *élevage* und Vinifikation bereitet wurden. Im Vergleich zu den nachfolgenden großen Jahrgängen wird der 88er immer noch unterbewertet.

1987 Nicht ganz so fürchterlich wie der 91er erreicht der 87er noch nicht einmal durchschnittliche Qualität, da er durch einen mittelmäßigen Sommer und eine verregnete Lese verdorben wurde. 1987 kam es zu einer der ungewöhnlichsten Erscheinungen in der Geschichte von Châteauneuf-du-Pape: Eine Nebeldecke hüllte im September die Weinberge ein, was in diesem Gebiet noch niemand erlebt hatte. Der Nebel förderte Fäulnis und Schimmelbildung, deshalb sollten die meisten 87er innerhalb von 10 Jahren getrunken werden.

1986 Nach einem relativ heißen Sommer begann der September im Anschluss an mehrere schwere Gewitter mit starken Niederschlägen. Das Wetter klärte sich jedoch rasch auf, und den Rest des Septembers und Beginn des Oktobers prägte schöne Witterung. Wie sich später herausstellte, gerieten nach den starken Schauern Anfang September zu viele Erzeuger in Panik und ernteten einen großen Teil ihrer Trauben. Im Ergebnis entstanden hohle Weine mit grünem, adstringierendem Tannin und einem Mangel an Fett, Glyzerin und Reife, wie sich zunehmend zeigt. Henri Bonneaus unglaubliche Réserve des Céléstins, Paul Férauds Pégau oder der 86er von der Domaine Durieu zeigen, dass andere Winzer auch warten konnten. Der zunächst als gut eingeschätzte Jahrgang ist jedoch bestenfalls mittelmäßig und zudem außergewöhnlich uneinheitlich.

1985 Die anfangs hoch gelobten Weine von 1985 enttäuschen heute. Der heiße Sommer mit seinen gerade ausreichenden Niederschlägen und ein schöner September weckten Hoffnungen auf den besten Jahrgang in Châteauneuf-du-Pape seit 1978. Im Ganzen gesehen ist der 85er einheitlicher ausgefallen als der 81er, trotzdem übertreffen ihn die besten Provenienzen von 1981 deutlich. Die Weine sind säurearm bei sehr guter Konzentration und schöner Farbe. Sie haben sich immer gut trinken lassen, entwickeln sich aber schnell, deshalb befanden sich viele 85er bereits 1996 am Wendepunkt – ihr Niedergang ist vorprogrammiert. Bei kühler Lagerung lassen sich die besten Exemplare – immer noch fruchtig, offen gewirkt, rund und einschmeichelnd – bis zum Ende des Jahrhunderts gut trinken. Möglicherweise werden nur Henri Bonneaus Réserve des Céléstins, der Beaucastel, der Clos des Papes und vielleicht der Vieux-Télégraphe bis ins nächste Jahrzehnt hinein anmutig reifen. Wer Weine aus diesem Jahrgang besitzt, sollte ihren Genuss nicht länger aufschieben.

1984 Ein unterdurchschnittlicher Jahrgang, der allerdings nicht so schlecht ausfiel wie zunächst angenommen. Der kühle Sommer und der feuchte September verhinderten eine volle Ausreifung der Trauben. Trotz der sehr späten Lese – erst im Oktober – hatte das Lesegut seine physiologische Reife noch nicht erreicht. Nicht viele 84er gerieten interessant, und diese sollten mittlerweile getrunken sein.

1983 Die Erträge fielen niedrig aus, vor allem weil die Grenache-Trauben durch *coulure* – Durchrieseln, ein natürliches Phänomen, das zum vorzeitigen Abfallen der Fruchtansätze führt – während und nach der Blüte im Juni erheblich reduziert wurden. Der Sommer war fast tropisch heiß, was die Lese erschwerte. Wer mit solchen ungewöhnlich niedrigen Erträgen aus der Grenache nicht vertraut war, brachte häufig nur wenig ausgewogene Verschnitte zu Stande. Daneben entstanden aber auch viele sehr gute bis ausgezeichnete Weine, die sich zumeist noch köstlich trinken lassen. Wie die 85er sind jedoch auch die feinsten 83er schnell gereift und müssen vor der Jahrtausendwende getrunken werden.

1982 Gigantische Erträge führten zu Weinen, die von Beginn an wässerig und flau schmeckten – 1982 wäre ein Ausdünnen der Trauben angezeigt gewesen. Die sengende Hitze während der Lese, durch die viele Beeren rosinierten, war ein Alptraum für manchen kleineren Erzeuger, der nicht über die für eine Abkühlung der Gärbehälter erforderliche Ausrüstung verfügte. Die besten 82er waren als Jungweine offen gewirkt, fruchtig, alkoholstark und köstlich, sind aber nicht gut gereift. Sie hätten innerhalb von 10 Jahren nach der Lese getrunken werden müssen.

1981 Die zunächst durchweg als überdurchschnittlich bewerteten 81er haben ihre anfängliche Verschlossenheit abgelegt und sich zum zweitbesten Jahrgang der achtziger Jahre entwickelt. Mittlere Erträge führten zu reichhaltigen und alkoholstarken Weinen mit festem Tannin und ebensolcher Struktur. Nach 5 bis 6 Jahren Kellerreife verflüchtigten sich die Tannine allmählich, und es wurde offensichtlich, über welche herrlichen Mengen Frucht und Glyzerin und welch prachtvolle Intensität diese körperreichen, dramatischen Weine verfügten. Die besten 81er haben in der Flasche weiter an Stärke zugelegt, 1996 waren aber selbst diese voll ausgereift. Die konzentriertesten und vollsten Châteauneufs haben indes noch ein Jahrzehnt oder mehr vor sich. Beaucastel – gefolgt von Rayas, Pégau, Vieux-Télégraphe und Clos des Papes – brachte die Weine des Jahrgangs hervor. Ein ausgezeichneter bis herausragender Jahrgang, dessen Produkte bei Auktionen seltener Weine häufig zu attraktiven Preisen erworben werden können.

1980 In Châteauneuf-du-Pape ist der 80er weit besser geraten als in vielen anderen Anbaugebieten Frankreichs. Die meisten Provenienzen erwiesen sich als mittelgewichtige, leicht kräuterwürzige Weine mit genügend üppiger Frucht und Struktur, um innerhalb der ersten 10 bis 12 Jahre köstlichen Genuss bereiten zu können. Jetzt austrinken.

1979 Dieser Jahrgang geriet nach der großen Aufregung über den 78er weitgehend in Vergessenheit, entwickelte sich aber, wie es in so einem Fall häufig vorkommt, gut mit reichhaltigen, konzentrierten und schön strukturierten Tropfen, die langsam gereift sind. Aufgrund des relativ kühlen Sommers werden sie zwar niemals das Aroma der 81er, 89er oder 90er erreichen, sind aber auch nicht verhalten oder abgeschwächt. Vielmehr enthüllen die meisten der Jahrgangsbesten weiterhin eine überraschend tiefe Farbe, zeigen wenig Alterserscheinungen und bleiben fest strukturiert, konzentriert und nachhaltig. Im besten Fall handelt es sich um einen eleganten, ausdrucksstarken, ausgezeichneten Jahrgang für Châteauneuf-du-Pape. Rayas brachte 1979 einen großen Wein hervor, der fast so überwältigend ausgefallen ist wie der legendäre 78er aus demselben Hause.

1978 Dies ist der größte Jahrgang für Châteauneuf-du-Pape zwischen 1967 und 1989/1990. Die Weine altern sehr langsam, und gut gelagerte Flaschen sind nach wie vor bemerkenswert wuchtig, gehaltvoll und jugendlich, bei seltener Lebendigkeit und Intensität. Der Sommer war warm, aber nicht zu heiß, die Erträge mäßig. Die Weine gaben sich von Anfang an sehr körperreich und enthüllten eine dichte Farbe und reichlich Tannine. Letztere haben sich inzwischen verflüchtigt, und so ist eine Vielzahl außerordentlicher Châteauneufs entstanden. Fast alle Spitzenerzeuger haben in diesem Jahrgang beispielhafte Tropfen hervorgebracht. Ich kaufe nur selten bei Auktionen Wein, prüfe jedoch die Kataloge daraufhin, welche 78er aus Châteauneuf-du-Pape erhältlich sein könnten. Vom Stil her dürften sich der 89er und der 95er als würdige Nachfolger dieses großen Jahrgangs erweisen.

ÄLTERE JAHRGÄNGE

1976, 1975, 1974 und 1973 waren schwierige Jahre für Châteauneuf-du-Pape. 1972 brachte einige positive Überraschungen wie bei Beaucastel und Vieux-Télégraphe. Der 71er wirkte zwar zunächst füllig, gehaltvoll und köstlich, wird sich aber nicht mehr lange halten. Der 70er kann bei guter Lagerung wunderbar sein, da dieser Jahrgang für Châteauneuf-du-Pape außergewöhnlich ausfiel, und auch der 1969er geriet hier besser als im übrigen Frankreich. 1968 dagegen war eine Katastrophe. Wegen der Probleme des Jahrgangs 1967 in Burgund und Bordeaux meinen die meisten Beobachter der französischen Weinszene, damals hätten alle Erzeuger in Frankreich nur einen mittelmäßigen Jahrgang erlebt. Für Châteauneuf-du-Pape und das Elsass war dies jedoch ein großes Jahr. Die Châteauneufs, die man zum Teil heute noch findet, waren wunderbar reichhaltig, exotisch und üppig, bei niedriger Säure, riesigem Körper und ungeheurem Frucht-, Glyzerin- und Alkoholgehalt. Beaucastel brachte zwar einen großen 67er hervor, doch stammt der beste Wein des Jahrgangs und einer der größten Châteauneufs, die ich je verkostet habe, aus dem Handelshaus Paul Jaboulet-Aîné im nördlichen Rhônetal. Sein La Grappe de Pape wurde ausschließlich aus dem Most von Altreben, der im Château de la Nerthe produziert wurde, hergestellt. Seit seiner Freigabe habe ich von diesem Wein wohl fast drei Kisten geleert. Als ich ihn 1996 zuletzt verkostete, fand ich ihn unverändert gewaltig – einer der größten Châteauneufs aller Zeiten. Auch 1966, 1961, 1959, 1957 und 1953 waren Spitzenjahrgänge. Diese Erzeugnisse haben ihren Höhepunkt wahrscheinlich überschritten, wenn sie nicht außergewöhnlich gut gelagert wurden, allerdings taucht bei Auktionen gelegentlich noch eine große Flasche Mont Redon von 1961, 1955 oder 1949 auf.

Ein *Who's Who* der Erzeuger von Châteauneuf-du-Pape

Traditionalisten

Pierre André • Lucien Barrot • Bois de Boursan • Les Bosquet des Papes • Les Cailloux • Chante-Perdrix • La Charbonnière • Gérard Charvin • Les Clefs d'Or • Clos du Caillou • Clos du Mont Olivet • Clos des Papes • Clos Saint-Jean • Crouzet-Féraud • Cuvée du Belvedere • Cuvée de Boisdauphin • Cuvée du Vatican • Durieu • Font du Loup • Lou Fréjau • Galet des Papes • Grant Tinel • Guigal • Haut des Terres Blanches • Les Hautes Brusquières • De la Janasse • De Marcoux • Mas de Bois Lauzon • Mathieu • Millière • Monpertuis • Moulin-Tacussel • Palestor • Pégau • Père Anselme • Père Pape • La Pinède • Pontifical • La Présidente • Riche • Roger Sabon • Saint-Siffrein • Château Simian • Tardieu-Laurent • Terre Ferme • Jean-Pierre Usseglio • Pierre Usseglio • Raymond Usseglio • Vidal-Fleury • La Vieille Julienne • Le Vieux Donjon • Villeneuve

Modernisten

Juliette Avril • Michel Bernard • Berthet-Rayne • Bois Dauphin • Château Cabrières • Chanssaud • Chantadu • Chante-Cigale • Clos de l'Oratoire des Papes • Cristia • Fines Roches • Font de Michelle • Grand Veneur • Paul Jaboulet-Ainé (Les Cèdres) • Comte de Lauze • Lauzon • Maucoil • Mongin • Mont Redon • Nalys • Père Caboche • Roger Perrin • Relagnes • La Roquette • Saint-Benoît • Sénéchaux • La Solitude • Trintignant • Vaudieu • Vieux Lazaret

Individualisten

Paul Autard • Beaucastel • Beaurenard (Cuvée Boisrenard) • Clos des Pontifes • Henri Bonneau • Les Cailloux (Cuvée Centenaire) • Chapoutier (Barbe Rac) • Chapoutier (La Bernardine) • Charbonnière (Mourre Perdrix) • Château Fortia (seit 1994) • La Gardine • De la Janasse • La Mordorée • La Nerthe • Rayas • Vieux-Télégraphe

Pierre André ****

Adresse:

Faubourg Saint-Georges, 84350 Courthézon, Tel.: 4 90 70 73 25, Fax: 4 90 70 75 73

Produzierte Weine: Châteauneuf-du-Pape (rot und weiß)

Rebfläche:

Weiß: 0,5 ha; Rot: 15 ha

Produktionsmenge:

Weiß: 200 Kisten; Rot: 5 625 Kisten

Ausbau:

Weiß: 10 bis 15 Tage Gärung, dann 6 bis 8 Monate in Edelstahltanks

Rot: 15 bis 21 Tage Gärung in Zement- und Emailtanks, dann 18 Monate in alten Eichenfässern

Durchschnittsalter der Reben: 60 Jahre

Verschnitt:

Weiß: 40 % Clairette, 30 % Bourboulenc, 20 % Roussanne, 10 % Grenache blanc

Rot: 78 % Grenache, 10 % Syrah, 10 % Mourvèdre, 2 % Cinsault, Muscardin, Picpoul und Counoise

Ein verlässlicher Erzeuger von sehr typischem Châteauneuf, der zwar selten die Spitzenqualität eines Rayas oder einer Réserve des Céléstins von Henri Bonneau erreicht, aber auch kaum Mißerfolge erlebt. Die Roten aus Grenache, Syrah, Mourvèdre, sehr wenig Cinsault und verschiedenen anderen Sorten sind körperreiche, alkoholstarke, kräftige Châteauneufs der klassischen Art, die sich jung überraschend gut trinken lassen, sicher weil sie bereits 18 bis 20 Monate nach der Lese abgefüllt werden. Pierre André, ein begeisterungsfähiger, jugendlich wirkender Mann um die 70, wird von seiner Tochter Jacqueline kompetent unterstützt. Wie so oft in dieser Appellation liegen auch seine Weinberge sehr verstreut, so dass die Bodenzusammensetzung von leichtem, sandigem Lehm bis zu kalkhaltiger Erde in den höher gelegenen Gebieten in Richtung der gutseigenen Kellerei in Courthézon reicht. Die Weinbereitung erfolgt durchweg auf traditionelle Weise: ohne Abbeeren, mit zurückhaltender Eiweißschönung und ohne Filtrierung. Wer einen typischen köstlichen, körperreichen und geschmackvollen Châteauneuf-du-Pape sucht, sollte sich an Pierre André als einen beständigen und zufrieden stellenden Erzeuger halten.

Von den Weißweinen dieses Hauses habe ich nur sehr wenige Jahrgänge verkostet. Nach der letzten Probe ist der Anteil der Roussanne-Traube im Mischungsverhältnis noch erhöht worden. Meist zeigt sich der Weiße kompetent, wenn auch nicht gerade umwerfend.

1994 • 89 Châteauneuf-du-Pape (rot): Den 95er von Pierre André habe ich nicht verkostet, aber der 94er ist fraglos eine eindrucksvolle Leistung für den Jahrgang. Von einem tiefen Granatrot und einem reifen, süßen, ja berauschenden Bukett von Kräutern, Kirschen, Gewürzen und Pfeffer präsentiert sich dieser Tropfen wunderbar fruchtig und körperreich, bei großem Alkohol-, Glyzerin- und Extraktreichtum. Ein üppiger, ausgelassener Châteauneuf, der bereits jetzt köstlich schmeckt und sich ein Jahrzehnt halten sollte. Letzte Verkostung: 6/96.

1990 • 88 Châteauneuf-du-Pape (rot): Ein verführerischer Tropfen, dessen tief rubin- bis purpurrote Farbe von einer schönen Mischung süßer roter und schwarzer Beerenfrüchte, verwoben mit einem starken Aroma von Oliven und provenzalischen Kräutern, begleitet wird. Der 90er ist körperreich, fett und üppig, dabei wunderbar opulent und samtig strukturiert, mit einem glatten, reifen, vollmundigen Abgang. Er schmeckt schon jetzt köstlich! Solche Weine halten sich häufig länger, als man zunächst vermutet, potenzielle Käufer sollten jedoch beachten, dass dieser spezielle Tropfen über die nächsten 7 bis 8 Jahre getrunken sein will. Letzte Verkostung: 9/95.

1989 • 88 Châteauneuf-du-Pape (rot): Der 89er ist verschlossener als der 90er und hat nicht dessen dramatisch süße, überreife Nase von roten und schwarzen Früchten und provenzalischen Kräutern, zeigt aber eine tief rubinrote Farbe mit Purpurnuancen und ohne Alterserscheinungen. Mit seiner festen Struktur und der körperreichen, wuchtigen, gehaltvollen Art benötigt dieser eindrucksvolle und potenziell langlebige Châteauneuf-du-Pape ein weiteres Jahr im Keller, dürfte dann aber über die nächsten 10 Jahre viel zu bieten haben. Voraussichtliche Genussreife: jetzt bis 2006. Letzte Verkostung: 9/95.

PAUL AUTARD ***/****

Adresse:
Route de Châteauneuf, 84350 Courthézon, Tel.: 4 90 70 73 15

Produzierte Weine:
Châteauneuf-du-Pape (rot und weiß), Châteauneuf-du-Pape Cuvée La Côte Ronde (rot)

Rebfläche:
Weiß: 1 ha; Rot: Standardcuvée – 10,1 ha; Cuvée La Côte Ronde – 2 ha

Produktionsmenge:
Weiß: 3 000 bis 4 000 Kisten
Rot: Standardcuvée – 6 000 bis 40 000 Flaschen;
Cuvée La Côte Ronde – 1 000 bis 5 000 Flaschen

Ausbau:
Weiß: 7 Monate, 40 % in Edelstahltanks und 60 % in neuen Eichenfässern
Rot: Standardcuvée – 12 Monate, 30 bis 40 % in großen alten Eichenfässern,
10 % in Barriques, 50 % in kleinen, 1 bis 5 Jahre alten Fässern, Lagerung vor der
Abfüllung in Tanks, Gärungsdauer 28 Tage; Cuvée La Côte Ronde – insgesamt 18 Monate,
50 % 12 Monate in neuen Eichenfässern, Abfüllung nach Lagerung in Tanks,
Gärung 28 Tage in Zementtanks

Durchschnittsalter der Reben:
Weiß: 60 Jahre; Rot: Standardcuvée – 50 Jahre; Cuvée La Côte Ronde – 70 bis 95 Jahre

Verschnitt:
Weiß: Zu je einem Drittel Grenache blanc, Clairette und Roussanne
Rot: Standardcuvée – 60 bis 70 % Grenache, 10 % Syrah, 10 % Cinsault und andere Sorten;
Cuvée La Côte Ronde – 40 bis 50 % Syrah, 20 bis 30 % Grenache sowie Cinsault,
Mourvèdre, Counoise, Muscardin und Vaccarèse

Auf dieser Domaine von 13 Hektar wird fast traditionell gekeltert. Jean-Paul Autard, einer der Individualisten der Appellation, entfernt sich offenbar von dem noch vor zehn Jahren beliebten feineren Stil und erzeugt heute reichhaltige, konzentrierte Weine. Als einer unter wenigen entrappt er einen großen Teil seines Leseguts. In Spitzenjahrgängen produziert das Gut heute vier Rotweincuvées: die leichteste und jung zu trinkende Cuvée Tradition, die Cuvée La Côte Ronde – eigentlich ein Einzellagenwein aus einer Parzelle im Norden des Dorfes Châteauneuf-du-Pape – sowie die beiden neuen Prestigecuvées Cuvée Mireille und Cuvée Michele seit 1995. Die Weinstöcke der Cuvée La Côte Ronde wachsen auf einem Untergrund aus sandigem Sediment, die Cuvée Tradition dagegen inmitten von *galets roulés*. Die beiden Spitzenweine sind Selektionen aus bestimmten Fässern und werden beide nur in begrenztem Umfang hergestellt. Die jüngeren Jahrgänge sind sehr erfolgreich ausgefallen – dieses Weingut scheint sich zu einem Star zu entwickeln.

Jean-Paul und Joachim Autard produzieren außerdem einen zufrieden stellenden weißen Châteauneuf-du-Pape, und sie besitzen 14,5 Hektar Land in den Côtes du Rhône, das einen guten, soliden, saftigen Wein hervorbringt, geeignet für den Verbrauch innerhalb von zwei bis drei Jahren nach der Lese.

JAHRGÄNGE

1995 • 89 Châteauneuf-du-Pape Cuvée La Côte Ronde (rot): Der konzentrierte 95er La Côte Ronde scheint sich in neuem Eichenholz noch nicht sehr weit entwickelt zu haben. Er ist zwar von eindrucksvoller Statur, körperreich, reif und viel versprechend, wirkt aber noch so verschlossen, als wäre die malolaktische Gärung eben erst abgeschlossen. Er scheint sehr zurückhaltend, doch bietet dieser Wein vermutlich mehr, als aus meinen Prüfnotizen und der Bewertung hervorgeht. Letzte Verkostung: 6/96.

1994 • 86 Châteauneuf-du-Pape (rot): Der 94er Châteauneuf zeigt toastwürzige neue Eiche und Aromen von neuem Sattelleder, Pfeffer und reifer, johannisbeer- und kirschenduftiger Frucht. Von mittlerem bis vollem Körper gibt er sich etwas monolithisch, ist aber solide gebaut und wird 7 bis 8 Jahre halten. Letzte Verkostung: 6/96.

1994 • 90 Châteauneuf-du-Pape Cuvée La Côte Ronde (rot): Der 94er La Côte Ronde enthüllt süße Nuancen von Toast und marmeladiger Vogelkirschenfrucht. Körperreich und konzentriert besitzt er eine gute Struktur, eine ausgezeichnete Reintönigkeit und einen langen, tiefen, konzentrierten Abgang mit bewundernswerter Frucht, schönem Extrakt, Glyzerin und milden Tanninen. Nach 2 bis 3 Jahren Flaschenalterung sollte dieser Rote in den folgenden 10 bis 12 Jahren getrunken werden. Letzte Verkostung: 6/96.

1993 • 87 Châteauneuf-du-Pape (rot): Dieser 93er ist zwar nicht der muskulöseste oder extraktstoffreichste Wein seines Jahrgangs, bietet aber eine verführerisch köstliche, elegante Mischung aus reichhaltiger Kirschenfrucht, Gewürzen, Kräutern der Provence und Trockenblumen. Der stilvolle und einschmeichelnde Châteauneuf präsentiert sich mit mittlerem Körper und seidenweicher, ausgewogener Art. Er sollte über die nächsten 5 bis 6 Jahre getrunken werden. Letzte Verkostung: 9/95.

1993 • 88+ Châteauneuf-du-Pape Cuvée La Côte Ronde (rot): Der 93er La Côte Ronde zeigt Düfte von Rauch, süßer Eichenholzwürze und Toast, eine dunkle, beeindruckend satte Farbe, einen reich strukturierten Geschmack von mittlerem bis vollem Körper sowie ein großzügiges neues Eichenholzaroma. Dieser Tropfen besitzt ausgezeichnete Tiefe, Reintönigkeit und Biss, sollte sich nach 2 bis 3 Jahren im Keller verbessern und sich dann 10 bis 15 Jahre gut trinken lassen. Letzte Verkostung: 9/95.

1990 • 87 Châteauneuf-du-Pape (rot): Ausgezeichnet dieser 90er Châteauneuf-du-Pape von Autard. Mit seiner schwarzrubin- bis purpurroten Farbe und einem intensiven Bukett von Vogelkirschen und Rauch zeigt er ernst zu nehmenden Geschmack, viel mildes Tannin und eine würzige, erdige Fruchtigkeit. In diesem körperreichen, glatten, schneidigen Wein lassen sich reichlich Glyzerin und süße Frucht entdecken. Voraussichtliche Genussreife: jetzt bis 2004. Letzte Verkostung: 6/94.

1990 • 91 Châteauneuf-du-Pape Cuvée La Côte Ronde (rot): Dem 90er La Côte Ronde merkt man seinen Ausbau in neuer Eiche an. Er zeigt eine undurchdringliche, rubin- bis purpurrote Farbe und ein facettenreiches Bukett von schwarzen Beerenfrüchten, Mineralien und toastwürziger Vanille. Sein körper- und extraktstoffreicher Geschmack von Schokolade, Kräutern und Kaffee machen ihn zu einem sehr vollmundigen Tropfen, ausgezeichnet strukturiert und geradlinig. Voraussichtliche Genussreife: jetzt bis 2005. Letzte Verkostung: 6/94.

1989 • 87 Châteauneuf-du-Pape (rot): Der 89er zeigt ein eindrucksvolles, tiefdunkles Rubinbis Purpurrot und eine würzige, straffe Nase von Eichenholz, Cassis und Kräutern. Er gibt sich äußerst gehaltvoll, bleibt aber gut strukturiert und dicht und ähnelt in seiner robusten, kargen Art fast einem Bordeaux. Voraussichtliche Genussreife: jetzt bis 2016. Letzte Verkostung: 4/94.

1988 • 88 Châteauneuf-du-Pape (rot): Der 88er von einem mittleren Rubinrot ist ein duftiges Gewächs mit einem Bukett von Tabak, Schwarzen Himbeeren, Pfeffer und provenzalischen Kräutern. Er gibt sich körperreich, rund und füllig, mit einer prächtigen Struktur, die vor Reife und Reichhaltigkeit nur so strotzt, mildem Tannin und einem langen, berauschenden, alkoholstarken Abgang. Voraussichtliche Genussreife: jetzt bis 2001. Letzte Verkostung: 6/94.

JEAN AVRIL ***

Adresse:

Avenue Impériale, 84230 Châteauneuf-du-Pape, Tel.: 4 90 83 73 83, Fax: 4 90 83 50 21

Produzierte Weine: Châteauneuf-du-Pape (rot)

Rebfläche: 20 ha

Produktionsmenge: 850 Kisten

Ausbau:

Insgesamt 18 Monate; Gärung in Zementtanks für 3 Wochen, dann 12 Monate in alten Eichenfässern. Anschließend wird der Wein bis zur Abfüllung in Tanks gelagert.

Durchschnittsalter der Reben:
50 bis 60 Jahre

Verschnitt:

85 % Grenache, 15 % Cinsault und Syrah sowie etwas Mourvèdre und Counoise

Fast die gesamte Produktion verkauft Jean Avril vor der Abfüllung an *négociants*, abgesehen von etwa 850 Kisten, die vorwiegend aus der Grenache-Traube bereitet werden. Neben dem 89er und dem 90er habe ich davon nur wenige Jahrgänge verkostet. Der Wein zeigte einen locker gewirkten, reifen, fetten Stil, ist kommerziell gemacht und zum Verbrauch innerhalb der ersten vier bis fünf Jahre bestimmt.

JAHRGÄNGE

1994 • 88 Châteauneuf-du-Pape: Der 94er Châteauneuf-du-Pape zeigt ein gesundes, dunkles Rubin- bis Purpurrot und die für den Jahrgang typische üppig-reiche, süße, überquellende Frucht, geringe Säure, viel Glyzerin und einen vollmundigen, fülligen Stil, der einschmeichelnd und verführerisch wirkt. Über die nächsten 10 Jahre zu trinken. Letzte Verkostung: 6/96.
1993 • 88+ Châteauneuf-du-Pape: Der 93er enthüllt mehr Tannine, eine größere Festigkeit und mehr Biss als der 94er, dazu eine geballte Ladung pfeffriger Vogelkirschenfrucht mit einer leichten Andeutung von Kräutern in Bukett und Geschmack. Auf Grund seiner ausgezeichneten Reife wirkt dieser vollmundige, nachhaltige Wein köstlich süß. Im Abgang zeigt er einen mäßig hohen Tanningehalt. Nach weiteren 2 Jahren Flaschenalterung sollte er dann innerhalb von 15 Jahren getrunken werden. Letzte Verkostung: 6/95.

DOMAINE JULIETTE AVRIL **

Adresse:

8, avenue Louis Pasteur, 84230 Châteauneuf-du-Pape, Tel.: 4 90 83 72 49, Fax: 4 90 83 53 08

Produzierte Weine: Châteauneuf-du-Pape (rot und weiß)

Rebfläche: Weiß: 2 ha; Rot: 19 ha

Produktionsmenge: Weiß: 800 Kisten; Rot: 8 350 Kisten

Ausbau:

Weiß: 8 bis 10 Tage Gärung, dann 6 bis 8 Monate in Edelstahltanks

Rot: 12 Monate insgesamt; 10 bis 20 Tage Gärung in Edelstahltanks, dann 3 bis 6 Monate
in alten Eichenfässern, Lagerung bis zur Abfüllung in Edelstahltanks

Durchschnittsalter der Reben: Weiß: 7 Jahre; Rot: 50 Jahre

Verschnitt:

Weiß: 40 % Grenache blanc, 20 % Roussanne, 20 % Clairette, 20 % Bourboulenc
Rot: 80 % Grenache, 10 % Syrah, 5 % Cinsault, 5 % Mourvèdre

Die Weine, die ich von diesem Gut verkostet habe, waren in modernem Stil kompetent bereitete, fruchtige, mehrfach behandelte Châteauneufs, die schnell abgefüllt, verkauft und getrunken werden sollten. Da ich sie aus dem Fass nie probiert habe, könnte es sein, dass sie
zunächst mehr Fülle zeigen, die ihnen dann aber durch übereifriges Schönen und Filtrieren
genommen wird. Dieses Gut gehört nicht zu den führenden Erzeugern der Appellation.

LUCIEN BARROT ****

Adresse:

Chemin du Clos, 84230 Châteauneuf-du-Pape, Tel.: 4 90 83 70 90, Fax: 4 90 83 51 89

Produzierte Weine: Châteauneuf-du-Pape (rot)

Rebfläche: 19 ha (4 ha gepachtet)

Produktionsmenge: 6 900 Kisten

Ausbau:

21 bis 24 Wochen Gärung in Zementtanks, dann 2 bis 3 Jahre in alten Eichenfässern

Durchschnittsalter der Reben: 50 Jahre

Verschnitt:

80 % Grenache, 10 % Syrah, 10 % Cinsault und Mourvèdre

Die Familie Barrot lebt seit dem 14. Jahrhundert in Châteauneuf-du-Pape, hat jedoch erst vor
kurzem mit dem eigenen Abfüllen begonnen. Lucien Barrot, ein Mitglied der kleinen Gruppe handwerklich orientierter Erzeuger *Prestige et Tradition*, bereitet köstliche, musterhafte

Châteauneufs, die mir seit Jahren ungeheuren Genuss bereiten. Meine erste überwältigende Erfahrung mit Barrots Gewächsen machte ich mit dem 79er. Als Anhänger seines kühnen, schwergewichtigen, aber niemals harten Stils habe ich mir fast jeden Spitzenjahrgang zugelegt und bin von der Qualität der Weine oder ihrer Entwicklung in der Flasche nie enttäuscht worden. Im Allgemeinen sind sie jung trinkreif, können sich aber 15 bis 16 Jahre halten.

In allen Parzellen dieses traditionell geführten Weinguts sind die berühmten großen, runden *galets roulets* zu finden. Der Wein wird aus 80 % Grenache bereitet und lange vergoren, da Barrot durch relativ hohe Gärtemperaturen einen möglichst großen Anteil an Extraktstoffen gewinnen will. Seine Produkte fallen auf durch ihr verführerisches, extravagantes Bukett von provenzalischen Kräutern, marmeladigen roten und schwarzen Beerenfrüchten und Gewürzen, doch fehlen Barrot leider wie vielen kleineren Erzeugern die finanziellen Mittel, den gesamten Ertrag eines Jahrgangs in einem Durchgang abfüllen zu können. Daher wird der Wein jeweils erst kurz vor dem Verkauf auf Flaschen gezogen. Man muss Barrot jedoch zugute halten, dass er so wenig wie möglich in den Weinbereitungsprozess eingreift. Nur in den Jahrgängen, in denen der Wein nicht glanzhell ausfällt, wird er grob filtriert.

Lucien Barrot stellt keinen Weißwein her, was für einen Erzeuger von Châteauneuf-du-Pape ungewöhnlich ist. Wer alte Flaschen dieses Winzers im Keller liegen hat, wundert sich vielleicht, warum auf dem Etikett der neueren Jahrgänge nicht mehr die Bezeichnung «Cuvée de Tastevin» zu finden ist. Vor einigen Jahren haben die Winzer der Bourgogne und ihre *Confrérie des Chevaliers de Tastevin* Barrot verklagt, weil der Gebrauch dieser Bezeichnung angeblich den Verbraucher verwirre und das Recht auf ihre Verwendung für die Burgunder-Auslesen verletze. Einen derartigen Einsatz hätte man vielleicht sinnvoller für eine Qualitätssteigerung gezeigt, statt sich mit solchen Trivialitäten abzugeben.

Wie die folgenden Prüfnotizen zeigen, ist Lucien Barrot ein sehr beständiger Spitzenerzeuger von klassischen, körperreichen Châteauneufs.

JAHRGÄNGE

1995 • 89 Châteauneuf-du-Pape: Verglichen mit dem 94er zeigt der 95er Châteauneuf in seiner tief rubinroten Farbe mehr Purpurnuancen sowie süßere Frucht und einen höheren Glyzerin-, Alkohol- und Tanningehalt. Der Wein ist gewichtiger und hat ein größeres Format, bei guter Struktur und einer Ahnung von toastwürziger Vanille, so als wäre er zum Teil in neuem Eichenholz gereift. Der 95er ist eine potenziell herausragende Leistung von Lucien Barrot, einem unterbewerteten Châteauneuf-Erzeuger, dessen Weine gemessen an ihrer Qualität preislich sehr günstig sind und sich 10 bis 15 Jahre halten. Letzte Verkostung: 6/96.

1994 • 88 Châteauneuf-du-Pape: Gekeltert in einem aufgeschlossenen Stil präsentiert sich dieser mittelgewichtige bis körperreiche 94er in tiefem Rubin- bis Purpurrot, mit dem Aroma orientalischer Gewürze und praller Vogelkirschen. Dabei ist er saftig und kräftig, aber auch überraschend elegant und gut ausgewogen und zeigt eine fette, schön entwickelte Art, die an den köstlichen 88er erinnert. Ab sofort und über die nächsten 7 bis 8 Jahre zu trinken. Letzte Verkostung: 6/96.

1993 • 88 Châteauneuf-du-Pape: Der 93er Jahrgang besitzt eine verführerische Nase mit Anklängen von Jod, Lakritze, Schokolade und gerösteten Kaffeebohnen, einen bewundernswerten Reichtum an Gehalt und Glyzerin, einen vollen Körper und einen lebendigen, süßen, alkoholstarken, dickflüssigen Abgang. Dieser aufgeschlossene Tropfen gleicht eher den 94ern als den stärker strukturierten 93ern. Über die nächsten 7 bis 8 Jahre zu trinken. Letzte Verkostung: 6/95.

1992 • 86 Châteauneuf-du-Pape: Der säurearme 92er bietet Kirschenfrucht, viel Glyzerin und Alkohol sowie eine eingängige, füllige Persönlichkeit. Ein Erfolg für dieses uneinheitliche Jahr, doch sollte der Wein jetzt getrunken werden. Genussreife: jetzt. Letzte Verkostung: 6/95.

1990 • 90 Châteauneuf-du-Pape: Ein außergewöhnlich verführerischer 90er! Sein sattes Rubin- bis Purpurrot geht einher mit einem würzigen, frühreifen Bukett von Pfeffer, Rauch, Teer und Beerenfrüchten. Auch ein Anklang von Aprikosen und Pfirsichen als Zeichen für Hochreife lässt sich feststellen. Im Mund bietet der Wein eine wunderschöne Fülle, eine samtige Struk- tur und einen großen Reichtum an reifer, üppiger Frucht. Er besitzt weder die Struktur noch den tanninreichen Biss des 89ers, doch wird man seinem berauschenden, fülligen, etwas dekadenten Stil in den nächsten 10 Jahren nur schwer widerstehen können. Voraussichtliche Genussreife: jetzt bis 2003. Letzte Verkostung: 9/94.

1989 • 90 Châteauneuf-du-Pape: Wie sein Vorgänger gibt sich der 89er süß, rund und sam- tig strukturiert, breit gebaut und gehaltvoll: Es ist ein frühreifer, dekadent schwelgerischer, aromatischer Châteauneuf-du-Pape. Trotz weicher Tannine und etwas weniger Säure zeigt er eine reiche rauchige, zedernholzartige und schokoladige Frucht bei einem vollmundigen, kräftigen Charakter. Voraussichtliche Genussreife: jetzt bis 2005. Letzte Verkostung: 6/96.

1988 • 89 Châteauneuf-du-Pape: Dieser ausgezeichnete, körperreiche Wein mit einem natür- lichen Alkoholgehalt von 13,5 % zeichnet sich durch die Barrot-Charakteristika aus: eine tie- fe Farbe und einen reich extrahierten, kernigen, muskulösen und gehaltvollen, dabei aber reintönigen und perfekt ausgewogenen Geschmack. Dieser intensive Châteauneuf-du-Pape im traditionellen Stil sollte bis zu 10 Jahre anmutig altern. Voraussichtliche Genussreife: jetzt bis 2001. Letzte Verkostung: 8/96.

ÄLTERE JAHRGÄNGE

Barrots 85er war sehr erfolgreich, ist jetzt aber voll ausgereift und muss vor Ende des Jahr- zehnts getrunken werden. Der ebenfalls voll ausgereifte 83er fällt komplexer aus als der 85er und hat eine etwas längere Reifekurve, der Verbrauch bis zur Jahrtausendwende ist jedoch zu empfehlen. Der 81er Barrots gehört zu meinen Lieblingsweinen, ein reicher, sensationeller, kraftvoller und vorzüglich gereifter Tropfen. Er zeigt noch immer ein tiefes Granatrot, ein herr- lich provenzalisches Aroma und eine Fülle süßer, reicher Frucht in einem kernigen, körper- reichen Format. Von diesem Wein habe ich schon fast 2 Kisten durchprobiert, und nichts weist darauf hin, dass er bald zerfällt. Trotzdem wäre eine Lagerung von mehr als 5 bis 6 weiteren Jahren zu riskant. Der ausgezeichnete 79er gibt sich kompakter und karger, doch ist er mit Sicherheit für ein langes Leben gebaut. Zu meinem großen Bedauern habe ich den sicherlich ebenfalls vorzüglichen 78er nie verkostet.

CHÂTEAU BEAUCASTEL (PERRIN) *****

Adresse:
Chemin de Beaucastel, 84350 Courthézon, Tel.: 4 90 70 41 00, Fax: 4 90 70 41 19

Produzierte Weine:
Châteauneuf-du-Pape (rot und weiß), Châteauneuf-du-Pape Cuvée Roussanne Vieilles Vignes (weiß),
Châteauneuf-du-Pape Hommage à Jacques Perrin (rot)

Rebfläche:
Weiß: Cuvée Tradition – 5,5 ha, Cuvée Vieilles Vignes – 2 ha
Rot: Standardcuvée – 70 ha, Hommage à Jacques Perrin – 2 ha

Produktionsmenge:
Weiß: Cuvée Tradition – 1 625 Kisten, Cuvée Vieilles Vignes – 300 bis 325 Kisten
Rot: Standardcuvée – 20 000 bis 24 000 Kisten, Hommage à Jacques Perrin – 400 bis 425 Kisten

Ausbau:
Weiß: 15 bis 60 Tage Gärung, Ausbau zu 80 % in Edelstahltanks und zu 20 % in alten
und neuen Eichenholzfässern, Abfüllung 10 bis 12 Monate nach der *assemblage*;
Cuvée Vieilles Vignes – insgesamt 12 Monate, davon 15 bis 60 Tage Gärung je zur Hälfte
in Edelstahltanks und ein Jahr in alten Holzfässern
Rot: Insgesamt 24 Monate, davon 3 Wochen Gärung in Zementtanks, dann 8 bis 18 Monate
Ausbau in alten Eichenfässern; Hommage à Jacques Perrin – 3 Wochen Gärung in
Zementtanks, dann 8 bis 18 Monate Ausbau in alten Eichenfässern, Abfüllung nach 2 Jahren

Durchschnittsalter der Reben:
Weiß: 30 Jahre; Cuvée Vieilles Vignes – 70 Jahre
Rot: 50 Jahre; Hommage à Jacques Perrin – 65 bis 90 Jahre und älter

Verschnitt:
Weiß: 80 % Roussanne, 15 % Grenache blanc, 5 % Clairette, Bourboulenc, Picardan;
Cuvée Vieilles Vignes – 100 % Roussanne
Rot: 30 % Grenache, 30 % Mourvèdre, 10 % Syrah, 10 % Counoise, 5 % Cinsault
sowie andere Sorten, vor allem Vaccarèse und Muscardin;
Hommage à Jacques Perrin – 70 % Mourvèdre, 15 % Syrah, 10 % Grenache, 5 % Counoise

Es ist unbestreitbar, dass Beaucastel nicht nur die langlebigsten Rotweine der südlichen Rhône hervorbringt, sondern auch einen der größten und charaktervollsten Weine des gesamten Rhônetals. Die Bewirtschaftung der Weinberge erfolgt ausschließlich nach biologisch-organischen Grundsätzen. Die riesige, 110 Hektar umfassende Rebfläche im äußersten Norden von Châteauneuf-du-Pape in der Nähe von Courthézon wird nicht chemisch, sondern mit über 500 Tonnen Mist gedüngt. Die Neubestockung erfolgt nach einem minutiös geplanten Rotationsprinzip, so dass die Weinstöcke im Schnitt stets 50 Jahre alt sind. Jacques Perrin, der vielfach als einer der brillantesten und klügsten Kellermeister des Rhônetals respektiert wurde, handelte nach drei eisernen Prinzipien: (1) Der Wein muss mit natürlichen Methoden hergestellt werden. (2) Er muss mit einem erheblichen Anteil Mourvèdre verschnitten werden. (3) Der Charakter und die natürlichen Eigenschaften eines Weins dürfen nicht durch Zugeständnisse an die moderne Technik gefährdet werden. Der 1978 gestorbene Jacques Perrin hat seine Söhne François und Pierre gut geschult – sie folgten nicht nur seiner Methodik, sondern verbesserten sogar noch die Qualität des Beaucastel.

Zusammen mit Mont Redon und der Domaine de Nalys gehört Beaucastel zu den drei bedeutendsten Weingütern, die alle 13 zugelassenen Rebsorten verwenden. Der rote Beaucastel zeichnet sich durch einen hohen Anteil an Mourvèdre aus; bevorzugt wird ein Verschnitt aus 30 % Grenache, 30 % Mourvèdre, jeweils 10 % Syrah und Counoise, 5 % Cinsault sowie Muscardin und Vaccarèse. In den Neupflanzungen wird zur Zeit der Anteil von Mourvèdre und Counoise weiter erhöht. Abgesehen vom Château de la Nerthe verwendet kein anderes Gut in dieser Appellation so viel Mourvèdre im Rotwein. Auch der Weißweinverschnitt ist einzigartig, da mit 80 % ein ungewöhnlich hoher Anteil Roussanne Verwendung findet. Die übrigen 20 % teilen sich die Sorten Bourboulenc, Clairette und Grenache blanc.

Im Beaucastel vereinen sich der hohe Mourvèdre-Anteil mit den Trauben Counoise, Muscardin und Vaccarèse sowie Grenache in geringer Menge zu einem Erzeugnis, das Kenner der Appellation oft als das genaue Gegenteil eines klassischen Châteauneuf-du-Pape bezeichnen. Das Ergebnis ist jedoch umwerfend. In Spitzenjahrgängen zeigt sich der Wein üblicherweise rubin- bis purpurrot und schwarz mit einem überquellenden Frucht- und Tanningehalt sowie mannigfaltigen, faszinierenden Duft- und Geschmacksnoten. Da der Mourvèdre dem Châteauneuf-du-Pape einerseits mehr Struktur und Tannine, andererseits auch ein unverwechselbares Parfüm von tierischen und an Pilze und Baumrinde erinnernden Düften verleiht, ist es verständlich, dass dieser Rote nicht jedem schmeckt. Auch sind bei diesem Vollblutgewächs die besten Jahrgänge in ihrer Jugend häufig wenig einschmeichelnd. Alter und Reife bringen erst das charakteristische Aroma, die Süße und die Fülle seiner Frucht zur Geltung, was bei diesem Wein normalerweise mindestens sechs bis zehn Jahre dauert. Die meisten Spitzenjahrgänge des Château Beaucastel verbessern sich in der Flasche und halten sich über mindestens zwei Jahrzehnte. Man hat dem Gut einen untragbar hohen Gehalt an *brettanomyces* – häufig auch «Brett» genannt – vorgeworfen. Dabei handelt es sich um eine Hefeart, die in der Luft fast jeder Kellerei zu finden ist. Den Kritikern zufolge besitzen solche Weine einen ungewöhnlichen, abstoßenden Geruch von verschwitztem Sattelleder und Pferdemist, zudem schockiert der hohe Brett-Gehalt Weinfreunde, die an steril gefilterte Einheitsweine gewöhnt sind. Interessanterweise wurden im Labor bei fertigen, abgefüllten Weinen weitaus geringere Brettanomyces-Populationen nachgewiesen, als man behauptet. Dennoch gefällt der Stil, geprägt von den Rebsorten Mourvèdre und Counoise sowie einem gewissen Brett-Gehalt, nicht jedem und missfällt vor allem Genießern in der Neuen Welt, die bei einem Châteauneuf-du-Pape Wert auf Frucht und neue Eiche legen. Für französische Weintrinker und die meisten anderen Westeuropäer ist dies kein Thema.

Dieser äußerst gewissenhaft geführte Betrieb vertritt eine bemerkenswert offene Einstellung, da die Brüder François und Jean-Pierre Perrin vollendete Profis ihrer Zunft sind. Zu ihren ungewöhnlichen Methoden gehört unter anderem die umstrittene *vinification à chaud*. Bei dieser Gärungsmethode werden die hereinkommenden Trauben für gut eine Minute auf 30 °C erhitzt und unmittelbar danach bei der Beförderung in die Gärbehälter wieder auf 20 °C abgekühlt. Diese Vorgehensweise, die zuerst vom Großvater der Brüder Perrin eingesetzt und von ihrem Vater perfektioniert wurde, soll mehreren Zielen dienen: (1) Die natürliche Neigung der Trauben zur Oxidation wird gestoppt. (2) Aus den Beerenhäuten werden tiefere, sattere Farb-, Aroma- und Geschmacksstoffe extrahiert. (3) Der Gärungsprozess wird verlangsamt, das heißt verlängert. (4) Die Notwendigkeit der Schwefelung wird minimiert. Die

Ergebnisse dieser von Kritikern als «Schnellpasteurisierung» bezeichneten Methode sprechen für sich.

In Beaucastel verarbeitet man alle Rebsorten getrennt, wobei der Großteil der Mourvèdre- und Syrah-Trauben entrappt wird. Letztere ist die einzige Sorte, die mit neuer Eiche in Berührung kommt, da Experimente zeigten, dass ihr eine Gärung in kleinen Eichenfässern gut bekommt. Nach der Lese werden die restlichen Rebsorten bis zum Spätfrühling, wenn der Selektionsprozess und der endgültige Verschnitt erfolgen, getrennt vergoren und ausgebaut.

Die einjährige Lagerung des Weins erfolgt in klimatisierten, unterirdischen Kellern, deren zahllose Reihen riesiger *foudres* jeden Besucher beeindrucken. Die Keller wurden angelegt, um seit 1980 alle 18 000 bis 20 000 Kisten eines Jahrgangs in einem einzigen Durchgang abzufüllen, da das mehrmalige Abfüllen kurz vor dem Verkauf unerwünschte Qualitätsunterschiede nach sich zog. Der handwerklichen Einstellung zum Weinbau und zur Weinbereitung entsprechend wird der Beaucastel ein Mal mit Eiweiß geschönt, aber nicht gefiltert.

François Perrin, ein jugendlich wirkender, redegewandter Mann, und sein Bruder Jean-Pierre, der eine freimütigere und hitzigere Art hat, geben im Gespräch über die Praxis des Filtrierens provozierende Informationen preis. Beide haben damit experimentiert und waren schockiert, welchen negativen Effekt das Filtrieren auf Bukett, Fülle, Körper und Entwicklungspotenzial ihrer Weine hatte. So überrascht es nicht, dass besonders die gehaltvolleren, konzentrierteren Jahrgänge des ungefilterten Beaucastel meist nach drei oder vier Jahren Flaschenalter ein dickes *dépôt* bilden.

Neben der roten Cuvée Beaucastel mit ihrer berühmten Vergangenheit bereitete man in den Jahren 1989, 1990, 1994 und 1995 die spezielle Cuvée Hommage à Jacques Perrin. Jacques Perrin, der Vater von François und Jean-Pierre, hatte unerschütterlich die Verwendung des Mourvèdre in der Appellation unterstützt. Dieser besondere Wein ist ein höchst konzentrierter Verschnitt aus 60 % Mourvèdre, 20 % Grenache, und je 10 % Syrah und Counoise, der in *foudres* ausgebaut und zu einem späteren Zeitpunkt abgefüllt wird als der gewöhnliche Châteauneuf. In Kleinstmengen produziert ist der auf höchstem Niveau bereitete Tropfen seit der Freigabe des ersten Jahrgangs unsterblich.

Auf Grund ihres besonderen Einsatzes für den Mourvèdre gehören die Perrins nach meinem Erzeugerschema zu den Individualisten; das Château de la Nerthe machte es ihnen nach. Darüber hinaus lehnt man in Beaucastel die vorherrschende Methode der Weißweinbereitung ab und favorisiert die launische, häufig schwer zu ziehende Roussanne-Traube gegenüber den beliebteren Sorten Grenache blanc, Clairette und Bourboulenc. Die beiden weißen Beaucastel-Cuvées gehören zu den feinsten weißen Châteauneufs und sind im Vergleich zum Standard sehr langlebig sowie überaus reichhaltig und komplex. Beide basieren auf der Roussanne, wobei die Cuvée Tradition aus 80 % Roussanne, 15 % Grenache blanc und 5 % Bourboulenc, Clairette und Picpoul verschnitten wird, dagegen gewinnt man die Cuvée Vieilles Vignes aus den limitierten Erträgen der Roussanne-Traube, die ausschließlich von einer vier Hektar großen Parzelle mit 65 Jahre alten Weinstöcken stammen. Der Wein wird sowohl in teilweise neuen Holzfässern als auch in Edelstahl vergoren, durchläuft die volle malolaktische Gärung und erzielt ähnliche Preise wie ein weißer *Grand cru* aus Burgund. Er ist die vielleicht großartigste Ausdrucksform der Roussanne-Rebe weltweit. Die seit 1986 hergestellte Cuvée präsentiert sich Jahr für Jahr als unwiderstehlicher Tropfen mit einem Reifepotenzial von mindestens zehn bis zwanzig Jahren.

Offensichtlich handelt es sich bei dem Gut Beaucastel um das Flaggschiff der Familie Perrin, daneben erzeugt sie aber aus den Erträgen eines benachbarten Weinbergs auf der anderen Seite der Appellationsgrenze einen der feinsten weißen und roten Côtes du Rhône – den Coudulet. Dazu gesellt sich der Côtes du Rhône Le Grand Prébois von einem Gut, auf dem François Perrin und seine Familie auch wohnen, während Jean-Pierre Perrin das Handelshaus La Vieille Ferme sein Eigen nennt. Die dort erzeugten Weine gehören wegen ihres guten Preis-Leistungs-Verhältnisses auf vielen ausländischen Märkten zu den erfolgreichsten roten und weißen Markenweinen.

Die Gebrüder Perrin beschränken sich nicht auf Investitionen in Frankreich. Zusammen mit ihrem Partner, dem bekannten amerikanischen Importeur Robert Haas, kauften sie in der sonnendurchfluteten, trockenen Region Paso Robles in Kalifornien einen potenziellen Weinberg von 50,6 Hektar Größe. Bei Drucklegung des vorliegenden Buches trug dieses Projekt die ersten Früchte – seine Debütweine sollen 1997 freigegeben werden, die Erzeugerabfüllungen erst zur Jahrtausendwende. Es überrascht nicht, dass es sich bei den Anpflanzungen durchweg um Rebsorten aus dem Rhônetal handelt.

Die Perrins arbeiten außerordentlich professionell und fühlen sich dem Besten, was die Natur zu bieten hat, verpflichtet. Der wohlverdiente Erfolg des Beaucastel hat dazu geführt, dass François und Jean-Pierre Perrin heute im Rhônetal wesentlich mehr repräsentieren als Qualitätsbewusstsein – nämlich Ehrlichkeit, vorzügliche Leistungen, Fleiß und Hingabe. Sie haben nicht nur die besten Traditionen im Rhônetal bewahrt, sondern diese sogar erweitert und damit weltweiten Ruhm erlangt – für ihre Weine, für das Rhônetal und nicht zuletzt für Frankreich.

JAHRGÄNGE

1995 • 93 Châteauneuf-du-Pape (rot): Der 95er Châteauneuf-du-Pape war zum Zeitpunkt meines Besuchs noch nicht verschnitten worden, doch ließ das Verkosten der einzelnen Partien auf ein sehr reifes, konzentriertes, beeindruckendes Endprodukt hoffen. Keine Einzelbewertung lag unter 90, die meisten zwischen 92 und 95. Dies wird ein weiterer dicker, voller, saftiger Châteauneuf-du-Pape mit seiner typischen, ausgesprochen komplexen Nase von Schwarzen Himbeeren, Kirschen, getrockneten Kräutern, geröstetem Kaffee und Lakritze. Er ist körperreich und konzentriert sowie etwas reifer und alkoholstärker als der 94er und sollte sich mühelos über 15 bis 20 Jahre entfalten. Letzte Verkostung: 6/96.

1995 • 92 Châteauneuf-du-Pape (weiß): Der weiße 95er aus 80 % Roussanne, 15 % Grenache blanc und 5 % anderen Trauben reift zu 25 % in kleinen Eichenfässern. Ein reichhaltiger, dichter Wein in opulentem Stil mit üppigen Mengen honigartiger Frucht, beträchtlicher Kraft und einem gehaltvollen, an Rosenblüten und Honig erinnernden Stil mit einem Hauch von Toast und Gewürzen. Dieser nachhaltige, köstliche, dicke Beaucastel sollte in den nächsten Jahren getrunken werden, bevor er sich verschließt. Letzte Verkostung: 6/96.

1995 • 95 Châteauneuf-du-Pape Hommage à Jacques Perrin (rot): Die 95er Cuvée Jacques Perrin enthüllt eine purpurrote bis schwarze Farbe und ein riesiges Bukett von provenzalischen Kräutern, geräucherten Oliven, gebratenem Fleisch und süßer Frucht aus Vogelkirschen und Himbeeren. Er ist körperreich und quillt fast über vor Extrakt und Glyzerin, die seinen ungeheuren Tanningehalt nahezu maskieren. Dieser sensationelle Châteauneuf-du-Pape wird mindestens 10 bis 12 Jahre im Keller benötigen und sollte sich über die erste Hälfte des nächsten Jahrhunderts halten. Letzte Verkostung: 6/96.

1995 • 95 Châteauneuf-du-Pape Roussanne Vieilles Vignes (weiß): Dieser Roussanne Vieilles Vignes hat die Statur eines Montrachet und die Struktur der größten weißen Provenienzen aus

Burgund, gibt sich wunderbar konzentriert, säurearm und ungeheuer dick, bei einem öligen, kernigen Abgang. Ein großformatiger, rauer Weißwein zum Beißen – fast zu gut, um wahr zu sein. Kreiert wurde er 1986; nach meiner Erfahrung werden Erzeugnisse dieser Art mit zunehmender Lagerzeit geradliniger und zivilisierter. Dieses Gewächs wurde aus den Erträgen von weniger als 2,5 Tonnen Frucht pro Hektar gewonnen. Wer das Glück hat, den 94er und den 95er Roussanne Vieilles Vignes zu entdecken, kann sich mit der Entscheidung vergnügen, welcher der Bessere ist. Es sind beide großartige Jahrgänge. Letzte Verkostung: 6/96.

1994 • 93 Châteauneuf-du-Pape (rot): Der 94er Châteauneuf-du-Pape ist ein rubin- bis purpurroter, fast schwarzer Wein mit süßer, ausladender, kerniger Frucht. Er erinnert mich an den konzentrierteren 85er, erreicht dabei gleichzeitig den Charakter und die Größe des gewaltigen 89ers. Sein Grenache-Anteil liegt mit 30 % niedriger als bei jedem anderen Châteauneuf, sein Mourvèdre-Anteil mit 40 % am höchsten. Der als Jungwein so schmackhafte 93er Beaucastel hat sich mittlerweile völlig verschlossen, der 94er wird das wahrscheinlich nicht tun, denn er zeigt sich sehr süß, gehaltvoll, dick und kernig. Ausgestattet mit einem vollen Körper und einem vorzüglichen Bukett von rauchigen, schwarzen Früchten, orientalischen Gewürzen, Lakritze, Oliven und Kräutern sollte sich dieser füllige, konzentrierte, saftige Wein die nächsten 15 bis 20 Jahre gut trinken lassen. Letzte Verkostung: 6/96.

1994 • 93 Châteauneuf-du-Pape (weiß): Der gewaltige 94er Châteauneuf Blanc gibt sich honigartiger und reichhaltiger als sein Nachfolger, dabei körperreich und intensiv, voll überschäumender, kirschenartiger Frucht. Strukturiert und doch dicht wird er 15 Jahre oder länger reifen. Letzte Verkostung: 6/96.

1994 • 95 Châteauneuf-du-Pape Hommage à Jacques Perrin (rot): Von dem 94er Hommage à Jacques Perrin aus 70 % Mourvèdre, 15 % Grenache sowie Counoise und Syrah gibt es etwa 300 Kisten. Sein undurchdringliches Purpurrot verbindet sich mit einer straffen, aber viel versprechenden Nase von Schwarzen Himbeeren, Rauch, Kräutern der Provence, neuem Sattelleder, Kaffee und Erde. Dieser gewaltig ausgestattete, unentwickelte, massive Wein präsentiert sich außerordentlich tanninreich, kraftvoll und konzentriert, bei sehr hohem Glyzerin- und Extraktstoffgehalt. Nach 10 Jahren Lagerzeit wird er sich 30 bis 40 Jahre halten. Letzte Verkostung: 6/96.

1994 • 96 Châteauneuf-du-Pape Roussanne Vieilles Vignes (weiß): Sensationell ist dieser Weiße, und dabei vielleicht sogar noch duftiger und öliger als der 95er! Sein Bukett bietet Aromen von Honig, Rosen, Toast und weißen Blüten, sein Körper ist außergewöhnlich dick, gehaltvoll und reintönig. Ein herrlich reicher, extravaganter Tropfen, der sich zweifellos verschließen und nach 1 bis 2 Jahren Flaschenalterung besser strukturiert wirken wird. Er dürfte sich 15 bis 20 Jahre halten. Letzte Verkostung: 6/96.

1993 • 87? Châteauneuf-du-Pape (rot): Bei der Verkostung zeigte sich der 93er prächtig, auffällig und offen gewirkt, bei mir zu Hause erwiesen sich aber zwei Flaschen aus derselben Kiste als tanninherb, verschlossen und fest. Deshalb revidierte ich meine zunächst hohe Einstufung. Der Rotwein besitzt fraglos eine dichte Farbe, viel Körper und Intensität, sein reiches, süßes, locker gefügtes Bukett hat sich jedoch zurückgezogen. Er ist stattdessen straff gewirkt, erscheint fest gefroren und gibt sein Aroma von schwarzen Beeren und Rauch nur zögernd frei. Der tanninreiche, karge, eher dem 88er ähnelnde Wein scheint länger gelagert werden zu müssen als zunächst vermutet. Es wird interessant sein, diesen Wein nach 4 bis 6 Monaten Ruhe erneut zu probieren. Letzte Verkostung: 11/96.

1993 • 90 Châteauneuf-du-Pape (weiß): Der weiße Beaucastel von 1993 aus 80 % Roussanne gibt sich fett, ölig, körperreich und voll honigfeiner Frucht. Ein massiver, trockener Weißer, den man am Besten mit kräftig gewürzter, provenzalischer Küche kombinieren sollte. Letzte Verkostung: 7/96.

1993 • 96 Châteauneuf-du-Pape Roussanne Vieilles Vignes (weiß): Der 93er Roussanne Vieilles Vignes, von dem nur 4 000 Flaschen produziert wurden, zeigt ein riesiges, nach Kirschen und Rosen duftendes Bukett, einen tropischen Fruchtgeschmack, große Fülle und Konzentration, mittleren bis vollen Körper und wunderbar lebendige, schwungvolle Säure. Diese Rarität aus einer kleinen Parzelle mit durchschnittlich 50 bis 60 Jahre alten Reben ist zweifellos der feinste trockene Weißwein der südlichen Rhône. Letzte Verkostung: 7/96.

1992 • 74 Châteauneuf-du-Pape (rot): Unglücklicherweise musste ich meine beiden einzigen Flaschen öffnen, und sie waren beide gekocht. Dabei lagerten sie seit dem Kauf erschütterungsfrei in meinem kühlen Keller und zeigten keine Anzeichen von Hitzeschäden wie eine zu geringe Füllhöhe, herausgepresste Korken oder fleckige Etiketten. Trotzdem schmeckte der Wein hohl, mit einem teerartigen Aroma und mangelnder Frucht. Sobald ich weitere Flaschen erwerben kann, berichte ich erneut über ihn. Der 92er Beaucastel war eines der besten Gewächse der Appellation in einem durchschnittlichen Jahrgang – es beunruhigt umso mehr, dass er auf dem Weg von Avignon in die USA nachlässig behandelt wurde. Letzte Verkostung: 1/96.

1992 • 89 Châteauneuf-du-Pape (weiß): Der weiße 92er bietet ein blumiges, honigduftendes Bukett und einen festen, kernigen Geschmack bei mittlerem Körper und einer Lebenserwartung von 10 bis 15 Jahren. Letzte Verkostung: 6/95.

1992 • 91 Châteauneuf-du-Pape Roussanne Vieilles Vignes (weiß): Dieser weiße Vieilles Vignes besitzt ein exotisches Bukett von Honig, gerösteten Nüssen und Blumen, einen intensiven, körperreichen Geschmack, vorzügliche Konzentration und einen langen, saftigen, reintönigen Abgang. Derartige Weine lassen sich zumeist 2 bis 3 Jahre nach der Abfüllung gut trinken und verschließen sich dann. Die Perrins halten eine Reifezeit von 15 bis mehr als 20 Jahren für möglich. Letzte Verkostung: 6/95.

1991 • 77 Châteauneuf-du-Pape (rot): Obwohl 50 % des Ertrags an *négociants* abgegeben wurden, lässt sich dieser Rote nur als ein ausgehungerter, dünner, vegetabiler Beaucastel charakterisieren, dessen geringer Frucht- und Glyzeringehalt seine skelettartige Struktur nicht zu maskieren vermag. Angesichts dieser Mängel scheint sein Niedergang vorprogrammiert. Letzte Verkostung: 12/95.

1990 • 94 Châteauneuf-du-Pape (rot): In diesem Jahr gelang Beaucastel ein weiterer großer Wurf, der sich stilistisch vollkommen von dem profunden Vorgänger unterscheidet. Von einem opaken Schwarz mit rubin- bis purpurroten Nuancen und einem sensationellen Parfüm von geräuchertem Fleisch, Kaffee, Hickoryholz, orientalischen Gewürzen und Schwarzen Himbeeren gibt der Tropfen sich zwar konzentriert, körperreich und extrem gehaltvoll, weist aber etwas härtere Tannine, mehr Säure und eine muskulösere, weniger üppige Art auf als der 89er. Ein profundes Gewächs, das ich unterhalb des 89ers und des 81ers einstufen würde, während es mit dem 83er und dem 85er leicht mithalten kann. François und Jean-Pierre Perrin stellen den 90er auf eine Stufe mit ihrem angesehenen 67er und ziehen ihn sogar ihrem 89er vor – ein großes Lob! Als Jungwein wird er sich nicht so einschmeichelnd geben wie der 89er, dürfte sich aber mindestens 30 Jahre halten. Letzte Verkostung: 12/95.

1990 • 88 Châteauneuf-du-Pape (weiß): Der Weiße von 1990 zeigt viel Stärke und Muskelkraft in seinem körperreichen, gut ausgewogenen, reifen, berauschenden und schön strukturierten Stil. Nicht so konzentriert wie der 89er, aber dennoch beeindruckend vollmundig sollte man den Wein entweder innerhalb von 2 bis 3 Jahren nach der Lese trinken oder bereit sein, ihn 10 Jahre einzukellern. Meist ist er ein paar Jahre nach der Abfüllung in Bestform und verschließt sich dann für 7 bis 8 Jahre. Letzte Verkostung: 11/94.

1990 • 100 Châteauneuf-du-Pape Hommage à Jacques Perrin: Die hoch konzentrierte 90er Hommage à Jacques Perrin enthält mit 60 % einen größeren Mourvèdre-Anteil sowie 20 % Grenache und je 10 % Counoise und Syrah. Diese vorzügliche Cuvée von mammuthaftem Format in Purpurrot bis Schwarz präsentiert sich mit einem riesigen, duftigen Bukett von Räucherfleisch, schwarzen Beerenfrüchten, Erde und orientalischen Gewürzen. Muskulös, tannin- und ungeheuer glyzerinreich sollte der Wein bis zum Ende des Jahrhunderts seinen Höhepunkt erreicht haben und sich weitere 20 bis 30 Jahre halten. Letzte Verkostung: 12/95.

1990 • 90 Châteauneuf-du-Pape Vieilles Vignes (weiß): Charakteristisch wirkt sein Bukett von Honig, rauchigen Haselnüssen und Ananas. Im Mund gibt sich der Weiße verschlossen, aber reichhaltig und voll, bei verführerischer Struktur und einem festen, aber viel versprechenden Abgang. Neben dem 89er erscheint dieser Wein strukturierter und nicht so weich und üppig, dabei aber ähnlich konzentriert. Vielleicht verdient er in 10 Jahren eine höhere Bewertung.

1989 • 97 Châteauneuf-du-Pape (rot): Der üppige 89er zeigt ein intensives, sehr dunkles Rubin- bis Purpurrot und sein Bukett bietet einen wahren Festschmaus aus praller Cassisfrucht, provenzalischen Kräutern, orientalischen Gewürzen, Früchtebrot, Kaffee und Hickoryholz. Der Tropfen ist phantastisch konzentriert und besitzt weiche Tannine und genügend Säure, um ausgewogen und frisch zu wirken. Der körperreiche, vielschichtig fruchtige und glyzerinreiche Wein kann aufgrund seiner schwelgerischen Fülle schon jetzt getrunken werden, sollte aber noch weitere 20 Jahre oder länger gut reifen. Er wird vermutlich sogar den vorzüglichen 81er überflügeln. Letzte Verkostung: 12/95.

1989 • 86 Châteauneuf-du-Pape (weiß): Der 89er Beaucastel Blanc erscheint überraschend aufgeschlossen, rund, reichfruchtig, reif und üppig am Gaumen und hat mindestens 10 bis 12 Jahre Entfaltung vor sich. Er lässt sich jetzt gut trinken, wird sich aber in den nächsten Jahren wohl verschließen. Letzte Verkostung: 4/95.

1989 • 99 Châteauneuf-du-Pape Hommage à Jacques Perrin: Ein profunder Tropfen, dessen dichtes, sattes, fast opakes Purpurrot bis Schwarz Hochreife und Intensität verheißt. Im Vergleich zu seinem offeneren Nachfolger hat das Bukett begonnen, sich zu verschließen, bietet jedoch noch immer rauchige Düfte von Mineralien, Lakritze, schwarzen Beerenfrüchten und eine verführerische, blumige Note. Außergewöhnlich körper- und tanninreich, Ehrfurcht gebietend konzentriert und hervorragend ausgewogen wirkt er als Jungwein unentwickelter und weniger einschmeichelnd als der 90er. Voraussichtliche Genussreife: 2002 bis 2020. Letzte Verkostung: 12/95.

1989 • 90 Châteauneuf-du-Pape Roussanne Vieilles Vignes (weiß): Der 89er Roussanne Vieilles Vignes glänzt mit einem wunderbar ausladenden, intensiven Bukett von rauchigen Haselnüssen, nassem Gestein und Ananas. Körperreich, gehaltvoll und sehr konzentriert zeigt er Ähnlichkeit mit dem 86er, dafür aber weniger Säure. Er dürfte sich 12 bis 15 Jahre halten. Letzte Verkostung: 1/96.

1988 • 90 Châteauneuf-du-Pape (rot): Überraschend gut entwickelt und geschmeidig hat sich der 88er Rote tanninreich und stärker strukturiert entfaltet, verfügt aber schon jetzt über einen gewissen zugänglichen Charme. Sein gesundes, dunkles Rubin- bis Purpurrot ohne Alterserscheinungen verbindet sich mit einem mittleren bis vollen Körper bei reichlich erdiger, süßer, reifer Frucht und einer Portion Brett-Hefe mit ihrem Geruch nach Pferdeschweiß und altem Leder. Der lange Abgang gibt sich konzentriert und gehaltvoll bei mittelstarkem

Tannin. Dieses Erzeugnis wird sich weitere 12 bis 15 Jahre entfalten und sogar noch länger halten. Letzte Verkostung: 12/95.

1988 • 87 Châteauneuf-du-Pape (weiß): Diesen 88er weißen Beaucastel zeichnet ein würziges, fast pfeffriges Bukett aus, das eher auf einen Rotwein schließen lässt. Geschmacklich fett, körperreich, tief und gehaltvoll präsentiert sich der Weiße mit ausgezeichneter Länge. Die Perrins bevorzugen zwar den 89er, mir gefällt jedoch dieser Jahrgang besser. Letzte Verkostung: 6/92.

1988 • 90 Châteauneuf-du-Pape Roussanne Vieilles Vignes (weiß): Der 88er Roussanne Vieilles Vignes bietet mit seinem Bukett von gerösteten Mandeln, buttriger Ananas und Mineralien ein wunderbares Beispiel für einen Weißwein der südlichen Rhône. In diesem Jahrgang, nicht aber im 89er, stellte ich außerdem einen intensiven Duft von Frühlingsblumen fest, der an Akazienblüten erinnerte. Der 88er charakterisiert sich durch eine stärker honigartige, gehaltvollere Struktur und eine bessere Säure. Beide Jahrgänge des Roussanne Vieilles Vignes würde ich gerne besitzen. Wie sein Nachfolger sollte sich der 88er mindestens 12 bis 15 Jahre lang gut entfalten und schön trinken lassen. Letzte Verkostung: 1/96.

1987 • 73 Châteauneuf-du-Pape (rot): Der 87er bot in seinen ersten 4 bis 5 Lebensjahren einige weiche, fruchtige, pflanzliche Geschmacksnuancen von mittlerem bis vollem Körper, zeigt sich jetzt allerdings eher tanninstreng und karg als gefällig. Er trocknet aus und verliert auch noch den letzten Charme. Austrinken. Letzte Verkostung: 12/95.

1986 • 78 Châteauneuf-du-Pape (rot): Meine Prüfnotizen über den 86er Beaucastel zeugen von beunruhigender Wechselhaftigkeit. Dieser Wein hat die verschiedensten Phasen durchlaufen, letztlich zeigte er sich jedoch in schlechterer Form als in seinen ersten 3 oder 4 Lebensjahren: mager, robust, übermäßig karg und unausgewogen ohne Frucht, Fleisch und Gehalt. Die letzte Flasche aus meinem Keller präsentierte sich mit einem gesunden, dunklen Rubin- bis Purpurrot, einem zurückhaltenden Aroma, dem ich schließlich etwas Staub, Erde und rote Beerenfrucht entlocken konnte, sowie einer verschlossenen, tanninherben, harten Persönlichkeit. Im Gegensatz zu mir glauben die Gebrüder Perrin, dass er mehr Zeit braucht und sich beizeiten wieder entfalten wird. Letzte Verkostung: 12/95.

1985 • 93 Châteauneuf-du-Pape (rot): Der rote Châteauneuf-du-Pape ist einer der beständigsten und am leichtesten zu bewertenden Weine aus dem Hause Beaucastel. Sowohl vor als auch nach der Abfüllung wirkte der 85er stets köstlich und verkörperte einen üppigen, gehaltvollen, schmackhaften Stil mit einem Bukett von würzigen, erdigen Düften nach schwarzen Beeren und Tieren, einem an Wild erinnernden, reifen, kernigen, konzentrierten Geschmack, beträchtlichem Körper, geringer Säure und einem saftigen, samtigen Abgang. Es gibt keine Anzeichen für einen Verlust an Farbe oder Gehalt, daher sollte sich dieses Naturtalent mindestens ein weiteres Jahrzehnt schön trinken lassen. Letzte Verkostung: 12/95.

1985 • 90 Châteauneuf-du-Pape (weiß): Dieser körperreiche, gehaltvolle, sehr konzentrierte Tropfen erinnert mit Düften von Nuss und Ananas an den 82er, bei einem extrem langen Abgang. Er dürfte sich noch mindestens 10 Jahre halten. Voraussichtliche Genussreife: jetzt bis 2000. Letzte Verkostung: 1/87.

1984 • 87 Châteauneuf-du-Pape (rot): Dieser sehr gut geratene Wein präsentiert sich mit einer tiefen, aber für einen Beaucastel untypisch durchsichtigen Farbe und einem intensiven, gehaltvollen, duftigen Bukett von Frühlingsblumen und voller Kirschenfrucht. Ein körperreicher, überraschend konzentrierter, elegant gewirkter Roter, der durchaus noch ein paar Tannine abstreifen darf. Voraussichtliche Genussreife: 1988 bis 1995. Letzte Verkostung: 1/87.

1983 • 91 Châteauneuf-du-Pape (rot): Einige Beaucastel-Jahrgänge zeigen ein intensiveres Aroma von Brett-Hefe mit ihren Gerüchen nach abgehangenem Rindfleisch und Tierschweiß als andere. So spürt man die Brettanomyces am stärksten bei den Jahrgängen 1978, 1983 und 1990 und in geringerem Umfang beim 81er. Sie können nur durch große Dosen von geschmacksschädigendem Schwefeldioxid oder durch Sterilfiltration, die den Wein faktisch vernichtet, beseitigt werden. Daher werden Kellereien, die die Hefepopulationen von Anfang an so niedrig wie möglich halten, dem Problem am besten gerecht. In begrenztem Maße kann Brett dem Wein eine bemerkenswerte Komplexität verleihen, wie so große rote Burgunder der Domainen Roumier und Leroy und so angesehene Bordeaux-Provenienzen wie Lynch Bages und L'Evangile zeigen. Wird die Frucht dagegen von der Brett-Hefe dominiert, so erweist sich diese in jedem Fall als Fehler. Im 93er Beaucastel erreicht die Hefe zumindest für meinen Geschmack die Grenze des Erträglichen, doch schätze ich ihn für seine gehaltvolle, auffallende Zurschaustellung roter und schwarzer Beerenfrüchte, Lakritze, provenzalischer Kräuter und des subtilen, süßen Geruchs von abgehangenem Rindfleisch. Dieser körperreiche, voll ausgereifte Wein sollte während der nächsten 5 bis 7 Jahre getrunken werden. Letzte Verkostung: 12/95.

1982 • 82 Châteauneuf-du-Pape (rot): Dem 82er fehlten von Anfang an Gewicht und Charakter, trotzdem hält er sich länger als vermutet. Von einem mittleren Rubinrot enthüllt er noch immer einige pflanzliche Nuancen, ein anziehendes erdiges, würziges Bukett von schwarzem Pfeffer und Kirschen, einen mittleren Körper sowie mäßige Frucht in einem komprimierten Format. Austrinken. Letzte Verkostung: 12/95.

1981 • 94 Châteauneuf-du-Pape (rot): Ein spektakulärer Beaucastel, der seine Höchstreife Mitte bis Ende der achtziger Jahre erreichte, ein umwerfender Tropfen, ausgestattet mit einer hinreißenden Nase von Trüffeln, Leder, Zedernholz, schwarzen und roten Beerenfrüchten, Kräutern und Pfeffer. Dieser körperbetonte, weiche, samtig strukturierte Beaucastel mit seiner vielschichtigen, süßen, prallen Frucht und dem hohen Gehalt an Glyzerin schmeckt wie aus Mourvèdre und Grenache gewonnene Zuckerwatte. Im Glas zeigt er bereits merkliche Bernstein- und Rosttöne, daher sollte man den Wein in den nächsten 5 bis 7 Jahren trinken. Letzte Verkostung: 12/95.

1980 • 85 Châteauneuf-du-Pape (rot): Der voll ausgereifte 80er Beaucastel zeigt sich weder sonderlich konzentriert noch kräftig, besitzt aber eine milde, fruchtige, gut entwickelte Art, schöne Nachhaltigkeit und einen Abgang ohne Tannine oder Adstringenz. In den nächsten 3 bis 5 Jahren zu trinken. Letzte Verkostung: 10/86.

1979 • 90 Châteauneuf-du-Pape (rot): Auf Grund seines Buketts von geschmolzenem Teer und Trüffeln, das noch jugendlich und konzentriert wirkt, erinnert der rote 79er an einen Barolo. Vor allem im Vergleich zum 81er gibt sich dieser kräftige und gehaltvolle, überraschend junge Beaucastel kompakt, bei einem mittleren bis vollen Körper. Der unterbewertete 79er wird vielleicht niemals die Höhen der großen Jahrgänge erreichen, beweist aber große Einheitlichkeit in der Qualität. Über die nächsten 10 bis 15 Jahre zu trinken. Letzte Verkostung: 12/95.

1978 • 90 Châteauneuf-du-Pape (rot): Der 78er verwirrt mich immer wieder. An seine massive Fülle und Intensität, die er sowohl vor der Abfüllung als auch mehrere Jahre danach zeigte, erinnere ich mich noch gut. Danach zog er sich völlig zurück und enthüllte kaum mehr als einen tanninreichen, harten, wenig charmanten, strengen Stil. Die vier im Dezember 1994 probeweise geöffneten Flaschen, von denen eine gekorkelt hatte, ließen mich zerknirscht an meine überschwänglichen Kritiken für den Jungwein zurückdenken. In der Farbe zeigt er immer noch ein dunkles Rubinrot mit purpurroten Nuancen – ein gutes Zeichen. Sein Bukett ist zwar straff, bietet aber einige staubige rote Beerenfrüchte, glücklicherweise nur wenig Brett-Hefe und einen Hauch von Reife. Der Wein enthält ungeheures Tannin und verengt sich zu einem trockenen, spröden, kantigen Abgang, der mehr und mehr Anlass zu Sorge gibt: einer der zweifellos am langsamsten reifenden Jahrgänge in Châteauneuf-du-Pape; wären mir nicht so viele herausragende Gegenbeispiele bekannt, würde ich ihn vermutlich abschreiben. Wird sich dieser Wein nach weiteren 10 Jahren öffnen und zu einem großen, klassischen Beaucastel aufblühen, oder wird er seine Frucht verlieren und zusehends tanninreicher, reizloser und strenger werden? Abwarten! Letzte Verkostung: 12/95.

1976 • 78 Châteauneuf-du-Pape (rot): Rostrot mit bernsteinbraunem Saum und einer erdigen Nase ohne reife Frucht zeigt sich dieser Wein unerträglich tanninreich und ein wenig ausgedörrt, darüber hinaus mangelt es ihm an Frucht, Substanz und Charme. Er sollte getrunken werden. Letzte Verkostung: 8/96.

1973 • 84 Châteauneuf-du-Pape (rot): Dieser milde, duftige, fruchtige Tropfen ließ sich 1975 und 1976 extrem gut trinken, daher hätte ich nicht geglaubt, dass er sich halten würde. Jetzt zeigt er einen starken orangefarbenen Saum mit einer noch ordentlich weichen, rauchigen Frucht. Austrinken. Letzte Verkostung: 6/85.

1972 • 88 Châteauneuf-du-Pape (rot): Dieser Wein befand sich ab Ende der siebziger bis Ende der achtziger Jahre auf dem Höhepunkt, jetzt aber verliert er allmählich seine süße Frucht und Komplexität. Der von jeher erfolgreiche, tiefe, körperreiche Beaucastel bietet noch immer reichliche Geruchs- und Geschmacksnoten von Erde, Tieren, Rauch, Backpflaumen und Teer. Seine schöne Säure im Hintergrund hat ihn frisch gehalten, doch weisen die austrocknenden Tannine dieses gut strukturierten, kargen Weins auf ein langsames Verblassen hin. Austrinken. Letzte Verkostung: 8/96.

1970 • 91 Châteauneuf-du-Pape (rot): Die wenigen letzten Flaschen dieses durchgängig großen Beaucastel-Jahrgangs schmücken sich noch mit dem alten Etikett «Domaine de Beaucastel». Auch weiterhin beeindruckend, undurchdringlich granatrot mit einem leichten Bernsteinsaum bietet sein Bukett das klassische Beaucastel-Aroma von Sojasauce, süßer, schokoladiger schwarzer Frucht, Trüffeln, Teer, Fell und neuem Sattelleder. Der körperreiche, strukturierte und extrem geradlinige Wein präsentiert sich als ein herrlich gehaltvoller, lebendiger, gesunder Tropfen, der sich weitere 10 Jahre schön trinken lassen dürfte. Diese Prüfnotiz betrifft Flaschen, die Mitte der siebziger Jahre gekauft und bei Temperaturen von etwa 15 °C gelagert wurden! Voraussichtliche Genussreife: jetzt bis 2001. Letzte Verkostung: 8/96.

Ältere Jahrgänge

Ob diese noch trinkbar sind, hängt von der Art ihrer Lagerung ab. Bei einer vertikalen Beaucastel-Probe 1992 hatten alte Jahrgänge, die direkt vom Weingut kamen, den Transport über den Atlantik nicht überlebt. Unter den korrekt gelagerten Weinen sind der 67er, der 66er, der 61er und der 59er unbestreitbar große Tropfen, von denen ich Letzteren eindeutig favorisiere: ein sensationell intensiver Wein. Weitere seinerzeit gute Jahrgänge waren der 62er und der 64er. Zu den enttäuschenderen Weinen gehörte leider unter anderem der mehrfach verkostete 54er aus dem Geburtsjahr von François Perrin.

Château Beauchène (Domaine Michel Bernard) **

Adresse:

Route de Sérignan, 84100 Orange, Tel.: 4 90 34 35 17, Fax: 4 90 34 87 30

Produzierte Weine:

Châteauneuf-du-Pape (rot und weiß), Châteauneuf-du-Pape Vignobles de la Serrière

Rebfläche rot: 6 ha

Produktionsmenge rot: 1 400 Kisten

Durchschnittsalter der Reben: 70 Jahre

Verschnitt:

Weiß: 70 % Clairette, 30 % Grenache blanc
Rot: 80 % Grenache, 10 % Mourvèdre, 10 % Syrah

Michel Bernard, Inhaber eines großen Handelshauses im südlichen Rhônegebiet, erwarb dieses alte, aus dem 15. Jahrhundert stammende Weingut Ende der achtziger Jahre. Auf dem potenziell ausgezeichneten *terroir* stehen sehr alte Rebstöcke mit einer für die Appellation relativ großen Dichte von 5 000 Pflanzen pro Hektar. Die fast traditionelle Vinifikation kennt das teilweise Entrappen sowie den Ausbau in *foudres* und kleinen Fässern. Es handelt sich hier um geradlinige, eindimensionale Châteauneufs, die allem Anschein nach durch intensives Schönen und Filtrieren relativ stark manipuliert werden. Die exponierte Lage, das *terroir* und der Unterboden aus Kalkstein, auf dem die Rebflächen liegen, bieten jedoch nicht zu unterschätzende Möglichkeiten.

Jahrgänge

1995 • 83 Châteauneuf-du-Pape Vignobles de la Serrière (rot): Dieser mittelgewichtige, mäßig ausgestattete Wein mit reifer Frucht und einnehmendem, eher süßem Gaumen wirkt schlicht und eindimensional. Er sollte sich 4 bis 5 Jahre gut trinken lassen. Letzte Verkostung: 6/96.

1994 • 78 Châteauneuf-du-Pape Vignobles de la Serrière (rot): Der 94er zeigt reichlich krautartige Zedernholzdüfte in seinem würzigen Bukett. Am Gaumen wirkt er sauber bereitet, es mangelt ihm jedoch an Konzentration, und der Abgang ist kompakt und von kurzer Dauer. Über die nächsten 3 bis 4 Jahre trinken. Letzte Verkostung: 6/96.

1993 • 83 Châteauneuf-du-Pape Vignobles de la Serrière (rot): Einer der geradlinigeren Châteauneufs der Jahrgänge 1993 und 1994. Der durchschnittlich rubinrote Wein enthüllt ein kirschduftiges Bukett, einen mittleren Körper, eine kompakte Persönlichkeit und einen reifen, aber kurzen Abgang. Über die nächsten 3 bis 4 Jahre zu trinken. Letzte Verkostung: 9/95.

DOMAINE DE BEAURENARD (PAUL COULON)

(Cuvée Classique ****, Cuvée Boisrenard *****)

Adresse:

10, route d'Avignon, 84230 Châteauneuf-du-Pape, Tel.: 4 90 83 71 79, Fax: 4 90 83 78 06

Produzierte Weine:

Châteauneuf du Pape Cuvée Classique (rot), Châteauneuf-du-Pape Cuvée Boisrenard (rot), Châteauneuf-du-Pape (weiß)

Rebfläche:

Cuvée Classique – 27 ha; Cuvée Boisrenard – 3 ha

Produktionsmenge:

Cuvée Classique – 10 500 Kisten; Cuvée Boisrenard – 1 800 Kisten

Ausbau:

Cuvée Classique – 12 Monate in zu 5 % neuen kleinen und großen Eichenfässern; Cuvée Boisrenard – 12 bis 15 Monate in zu 20 % neuen kleinen und großen Eichenfässern

Durchschnittsalter der Reben:

Cuvée Classique – 40 Jahre; Cuvée Boisrenard – 65 bis 90 Jahre

Verschnitt:

Cuvée Classique – 70 % Grenache, 10 % Syrah, 10 % Mourvèdre, 7 bis 8 % Cinsault, 2 bis 3 % andere Rebsorten; Cuvée Boisrenard – 85 % Grenache, 10 % Mourvèdre, 5 % andere Sorten

Die Domaine de Beaurenard gehört zu den führenden Weingütern von Châteauneuf-du-Pape. Sein Eigentümer Paul Coulon und dessen begeisterungsfähiger Sohn Daniel betreiben diesen großen Betrieb, in dem seit langem klassische, ansprechende, geschmeidige Châteauneufs bereitet werden. Seit die Keller Ende der achtziger Jahre von Grund auf modernisiert wurden, hat sich die Weinqualität von ausgezeichnet bis häufig außergewöhnlich entwickelt, vor allem bei den Spitzenjahrgängen, wobei man immer versuchte, einen mittelgewichtigen, glatt strukturierten Wein zu erzeugen. Die Kohlensäuregärung wird noch praktiziert, aber in geringerem Umfang als früher, die Trauben werden nicht entrappt und nur zum Teil gemahlen. Unter dem Einfluss Daniels hat man die Gär- und Maischdauer verlängert, um einen dichteren, volleren Extrakt zu erhalten, ohne die natürlich vorhandene Geschmeidigkeit, Anmut und seidige Struktur des Weines zu beschädigen.

Seit 1990 bringen die Coulons unter der Bezeichnung Boisrenard eine Luxuscuvée heraus. Aus einem drei Hektar großen Weinberg mit 65- bis 70-jährigen Reben werden rund 1 800 Kisten gewonnen. Dabei handelt es sich zu 80 % um Grenache, ergänzt durch Mourvèdre und einige extrem alte Weinstöcke, deren Sorte aufgrund ihres Alters nicht genau bestimmt werden kann. Die Cuvée Boisrenard wird 12 bis 15 Monate in zu 20 % neuer Eiche ausgebaut. Bei aller Kritik an einem solchen, in gewissermaßen internationalem Stil bereiteten Produkt hat sich dieser Wein, der nach den in der Neuen Welt üblichen Methoden verarbeitet und ausgebaut wird, seine Typentreue und den Charakter der Appellation bewahrt.

Daneben erzeugen die Coulons auch einen weißen Châteauneuf-du-Pape, der sich im Laufe der letzten Jahre zwar verbessert hat, aber nicht das gleiche Qualitätsniveau erreicht wie die beiden Rotweincuvées. Außerdem entsteht auf ihrem über 45 Hektar großen Gut im Vaucluse bei Rasteau ein köstlicher, preisgünstiger Côtes du Rhône.

Die insgesamt über 30 Hektar umfassende Fläche der Domaine de Beaurenard zerfällt nicht in zahlreiche verstreut liegende Flächen wie viele andere Güter der Appellation. Die Coulons besitzen vier verschiedene *terroirs*, die jedoch alle aus steinigen Kiesböden oder lehmigem Kalkstein bestehen. Alle 25 Parzellen liegen nordwestlich in den Gemarkungen Beaurenard, Cabrières und Pradel. Man ist hier stolz auf seinen Erfolg, und der Besucher kann sich einer warmherzigen Begrüßung durch die Familie Coulon sicher sein. Der Betrieb gehört zu den wenigen Gütern mittlerer Größe, die in die Werbung investieren und so entstand neben dem Verkaufsraum ein interessantes *Musée du Vigneron*. Die elegante, gehaltvolle Standardcuvée gehört zu meinen liebsten Châteauneufs, und ich empfehle sie meinen Lesern als Einstieg in die Welt der herrlich fruchtigen, überschwänglichen Weine Südfrankreichs. Das Prestigeerzeugnis Cuvée Boisrenard überzeugt als Wein von Weltrang.

JAHRGÄNGE

1995 • 89 Châteauneuf-du-Pape (rot): Der 95er Châteauneuf-du-Pape enthüllt die gewohnt reife Frucht dieses Jahrgangs, sein Bukett von Schwarzen Himbeeren, Lakritze, Rauch und Pfeffer nimmt gefangen. Ein klassischer Châteauneuf-du-Pape – voll, üppig, saftig und mit vielschichtiger Frucht –, der jung getrunken oder 10 Jahre und länger gelagert werden kann. Letzte Verkostung: 6/96.

1995 • 92 Châteauneuf-du-Pape Cuvée Boisrenard (rot): Die 95er Cuvée Boisrenard besitzt großartige Frucht, reichlich Tannin, eine höhere Säure als die Vorgängerin, wunderbare Eleganz, eine volle, körperreiche Art sowie Duft- und Geschmacksnuancen von Schwarzen Himbeeren, Kirschen und einem Hauch Eichenholz. Dieser Musigny aus Châteauneuf-du-Pape benötigt weitere 2 bis 3 Jahre Flaschenalterung, um dann 15 Jahre und länger zu halten. Letzte Verkostung: 6/96.

1994 • 89 Châteauneuf-du-Pape (rot): Der 94er ist ein sinnlicher, süßer, voller, schwarzbeerenduftiger Wein mit einer Ahnung von provenzalischen Kräutern. Rund, generös und reichfruchtig bietet er hinter seiner Frucht und seinem Fleisch auch eine gute Struktur und schöne Konturen. Ein köstlicher Châteauneuf, der über die nächsten 7 bis 8 Jahre getrunken werden kann. Letzte Verkostung: 6/96.

1994 •90+ Châteauneuf-du-Pape Cuvée Boisrenard (rot): Die 94er Cuvée Boisrenard wurde in kleinen Eichenfässern ausgebaut und gilt als das konzentrierteste Gewächs dieses Weinguts. Sie erscheint zwar zunächst verschlossen und tanninreich, beim Schwenken entströmen dem Glas aber Düfte von Toast, Vanille und Vogelkirschen. Der zunächst nicht so geschmeidig wirkende, aber gut extrahierte und in großem Stil bereitete, volle und tanninstrenge Wein gibt sich körperreich und spröde. Er sollte weitere 2 bis 3 Jahre gelagert werden und sich dann 15 Jahre halten. Letzte Verkostung: 6/96.

1993 • 88 Châteauneuf-du-Pape (rot): Einer der Spitzenweine dieses Jahrgangs bietet ein tiefes, sehr intensives Purpurrot und eine vorzügliche Nase von süßer, praller Schwarzer Himbeere und Cassis, verwoben mit den zarten Düften von Kräutern und Gewürzen. Seine verschwenderisch reiche Struktur wirkt weder schwer noch überfrachtet. Ein gewichtiger, ausladend schmeckender, geradliniger Châteauneuf-du-Pape mit einer seidenweichen Struktur, der sofort oder während der nächsten 7 bis 8 Jahre getrunken werden kann.Voraussichtliche Genussreife: jetzt bis 2002. Letzte Verkostung: 6/96.

1993 • 89+ Châteauneuf-du-Pape Cuvée Boisrenard (rot): Der 93er Boisrenard, aus sorgfältig ausgewählten Spitzencuvées und teilweise in neuer Eiche ausgebaut, zeigte sich bei der letzten Verkostung im September 1996 verschlossen. Zu seiner unentwickelten, jugendlich wirkenden rubin- bis purpurroten Farbe gesellen sich nach einer gewissen Zeit an der Luft Düfte von Toast und reifer Vogelkirsche. Der Wein setzt mit reichlich süßer, reifer Frucht ein und wirkt im Großen und Ganzen sehr elegant und füllig, bei mittlerem bis vollem Körper und klassischem Format. Das neue Eichenholz dominiert stärker als 1995, aber vielleicht war der Wein damals in einer zurückhaltenden Phase. Voraussichtliche Genussreife: 1998 bis 2008. Letzte Verkostung: 9/96.

1992 • 86 Châteauneuf-du-Pape (rot): Mit seinem wunderbar reintönigen Bukett von Vogelkirschen, Pfeffer und Kräutern, seinem runden, milden, ausladenden Geschmack bei mittlerem bis vollem Körper und seinem mäßig langen Abgang repräsentiert der köstliche 92er Rote einen modernen Stil. Genussreif: jetzt. Letzte Verkostung: 12/95.

1990 • 89 Châteauneuf-du-Pape (rot): Der gut entwickelte Châteauneuf-du-Pape von 1990 scheint einer der besten Weine zu werden, die Beaurenard in den letzten 10 Jahren hervorgebracht hat. Er besitzt eine eindrucksvolle dunkle, rubinrote Farbe und ein riesiges Bukett von Gewürznelken, Gewürzen, Zimt, Vogelkirschen und Tabak. Im Mund zeigt er sich wunderbar reich, weich und üppig, bei seidenglatter Struktur und einem langen, saftigen Abgang. Voraussichtliche Genussreife: jetzt bis 2001. Letzte Verkostung: 11/94.

1990 • 94 Châteauneuf-du-Pape Cuvée Boisrenard (rot): Dieser Wein lässt sich weiterhin hervorragend trinken. Mit seiner auffällig tiefen, rubin- bis purpurroten Farbe, seinem verblüffenden Vanillearoma und den großen Mengen praller Cassisfrucht zeigt er keine harten Kanten. Das Mittelstück gibt sich schwelgerisch reichhaltig, mehrdimensional und vielschichtig, die Struktur ausladend, vollmundig, sehr reintönig und intensiv, der Abgang überwältigend lang. Diese schön bereitete Luxuscuvée von ungezügelter Opulenz und Reinheit wurde aus einer Auswahl aus Altreben der Sorten Grenache und Mourvèdre bereitet, die in kleinen und großen Eichenfässern reiften. Voraussichtliche Genussreife: jetzt bis 2009. Letzte Verkostung: 7/96.

1989 • 89 Châteauneuf-du-Pape (rot): Ein weiterer, höchst verführerischer, einnehmender Châteauneuf-du-Pape! Er besitzt zwar nicht die intensive Fruchtigkeit oder Tiefe des 90ers, präsentiert sich aber mittelschwer bis körperreich, rund, üppig und parfümiert, wobei Kaffee, Hickoryholz, Beeren und Kräuter dominieren. Der Abgang zeigt sich geschmeidig und saftig. Voraussichtliche Genussreife: jetzt bis 2000. Letzte Verkostung: 6/95.

1988 • 87 Châteauneuf-du-Pape (rot): Sein tiefes Rubinrot mit leichten rostroten Nuancen deutet auf Vollreife: Dieser 88er gibt sich köstlich, rund und großzügig ausgestattet mit einem reichlich rauchigen Beerenaroma. Letzte Verkostung: 11/94.

ÄLTERE JAHRGÄNGE

Aus unerfindlichen Gründen erscheinen die Jahrgänge der frühen achtziger Jahre locker gefügt, und es mangelt ihnen an Konzentration und Kontur. In jüngerer Zeit habe ich einzig den 81er verkostet, der offenbar seine Frucht verliert und im Niedergang begriffen ist. Der 78er war von Jugend auf sehr gut, gehörte aber nicht zu den Spitzengewächsen seines Jahrgangs. Von den älteren Jahrgängen war der 67er im Alter von fast 20 Jahren vorzüglich, doch habe ich ihn seit 1986 nicht mehr verkostet.

DOMAINE BERTHET-RAYNE **/***

Adresse:

Route de Roquemaure, 84350 Courthézon, Tel.: 4 90 70 74 14, Fax: 4 90 70 77 85

Produzierte Weine:

Châteauneuf-du-Pape (rot und weiß), Châteauneuf-du-Pape Cuvée Vieilles Vignes (rot)

Rebfläche:

Weiß: 1 ha; Rot: 12 ha; Cuvée Vieilles Vignes – 1,5 ha

Produktionsmenge:

Weiß: 375 Kisten; Rot: 3 200 Kisten; Cuvée Vieilles Vignes – 416 Kisten

Ausbau:

Weiß: 30 Tage Gärung, dann 12 bis 14 Monate in Edelstahltanks

Rot: 21 Tage Gärung in Zement- und Edelstahltanks, dann 18 Monate in Edelstahltanks;

Cuvée Vieilles Vignes – 21 Tage Gärung in Edelstahltanks, dann 12 bis 18 Monate in Eichenfässern, davon 30 % neu und 70 % 2 bis 3 Jahre alt; Lagerung bis zur Abfüllung in Edelstahltanks

Durchschnittsalter der Reben:

Weiß: 20 bis 25 Jahre

Rot: 30 Jahre; Cuvée Vieilles Vignes – 50 bis 60 Jahre

Verschnitt:

Weiß: 30 % Grenache blanc, 30 % Clairette, 30 % Bourboulenc, 10 % Roussanne

Rot: 60 % Grenache, 20 % Syrah, 20 % Counoise;

Cuvée Vieilles Vignes – 60 % Grenache, 20 % Syrah, 20 % Counoise

Dieses Gut gehört zu den innovativeren Betrieben von Châteauneuf-du-Pape. Die Anteile an Roussanne im Weißwein und Counoise im Rotwein wurden erhöht, zum Teil setzt man neues Eichenholz ein und testet verschiedene Methoden, um einen Châteauneuf-du-Pape in modernerem Stil hervorzubringen. Die Weine sind leicht, mit einer harzigen Komponente von Kiefernnadeln. Reberziehung und Vinifikation lassen nichts Ungewöhnliches erkennen, und so sollten die Weine eigentlich besser ausfallen. Meiner Meinung nach wird unter dem Inhaber Christian Berthet-Rayne ein Wandel eintreten.

JAHRGÄNGE

1995 • 86 Châteauneuf-du-Pape (rot): Diese kleine Domaine, deren außergewöhnlich alte Reben 1902, 1908 und 1930 gepflanzt wurden, produziert erst seit 1980 Erzeugerabfüllungen. Ihr tief rubinroter 95er von mittlerem bis vollem Körper zeigt gute Reife, ein einnehmend süßes, würziges, harziges und kräuterduftiges Bukett, einen gut entwickelten Geschmack sowie genügend Extrakt und Fruchtgehalt, um die nächsten 7 bis 8 Jahre zu überdauern. Letzte Verkostung: 6/96.

1990 • 82 Châteauneuf-du-Pape (rot): Der 90er wirkt ausgesprochen tanninreich, fleischig und etwas eindimensional, ohne die Konzentration oder Persönlichkeit vieler anderer Gewächse der neunziger Jahre. Voraussichtliche Genussreife: jetzt bis 2000. Letzte Verkostung: 6/94.

1989 • 77 Châteauneuf-du-Pape (rot): Überraschend leicht und zu wenig konzentriert ist dieser rote 89er mit seiner mageren, beißenden, krautigen Art ohne Tiefe oder Charakter – ein untypischer Vertreter seines Jahrgangs. Austrinken. Letzte Verkostung: 6/94.

1988 • 82 Châteauneuf-du-Pape (rot): Der 88er fällt schön reif und fruchtig aus, gleichzeitig aber auch noch mild, schlicht und eindimensional. Er sollte während der nächsten 3 bis 4 Jahre getrunken werden. Letzte Verkostung: 6/94.

DOMAINE BOIS DE BOURSAN ****

Adresse:
Quartier Saint-Pierre, 84230 Châteauneuf-du-Pape, Tel.: 4 90 83 73 60, Fax: 4 90 34 46 61

Produzierte Weine:
Châteauneuf-du-Pape (rot und weiß)

Rebfläche:
Weiß: 0,7 ha; Rot: 11 ha

Produktionsmenge:
Weiß: 166 Kisten; Rot: 4 125 Kisten

Ausbau:
Weiß: 4 Monate insgesamt, 3 bis 4 Wochen Gärung in Edelstahltanks,
dann 3 Monate Ausbau in Edelstahltanks, Filtrierung vor der Abfüllung
Rot: 24 bis 36 Monate insgesamt, 3 Wochen Gärung in Zement- und Edelstahltanks;
die besten Lose reifen 24 Monate in alten Eichenfässern

Durchschnittsalter der Reben:
Weiß: 40 Jahre; Rot: 40 bis 80 Jahre

Verschnitt:
Weiß: 40 % Clairette, 30 % Grenache blanc, 15 % Bourboulenc, 15 % Roussanne
Rot: 65 % Grenache, 15 % Mourvèdre, 15 % Syrah, 5 % andere Sorten

Dieses Weingut wurde 1955 von Jean Versino gegründet und hat sich in den letzten 10 Jahren sehr gut entwickelt. Interessanterweise kam Versinos Vater aus Piemont, und so gesteht Jean seine Vorliebe für die Nebbiolo-Traube und großen Barolo freimütig ein. Er besitzt 15 verschiedene Parzellen, in denen man von steinigen, mit großen Kieseln bedeckten Böden bis zu sandigeren Weinbergen praktisch jeden Bodentyp Châteauneufs-du-Pape antreffen kann. Auf Versinos Gut entstehen beständige, traditionell bereitete, gehaltvolle Weine. Während die Qualität des Weißen eher schwankt, lohnt es sich, den Roten aufzuspüren, der zehn Jahre und länger gelagert werden kann. Die Domaine Bois de Boursan wird unterschätzt und bringt sehr traditionelle, aber zugängliche Gewächse hervor.

DIE SÜDLICHE RHONE

JAHRGÄNGE

1995 • 88 Châteauneuf-du-Pape (rot): Der 95er zeigt sich exzellent, möglicherweise sogar herausragend. Er bietet eine tiefe, rubin- bis purpurrote Farbe, ein süßes, marmeladiges Cassis- und Kirscharoma, reine, klar abgegrenzte und körperreiche Geschmacksnoten sowie einen beeindruckenden Extraktstoffreichtum bei schöner Länge, ohne harte Kanten. Über die nächsten 10 bis 15 Jahre trinken. Letzte Verkostung: 6/96.

1994 • 89 Châteauneuf-du-Pape (rot): Der 94er erscheint – vielleicht durch zu intensives Schönen und Filtrieren – zwar weniger konzentriert als vor der Abfüllung, kann aber dennoch als sehr gutes bis ausgezeichnetes Beispiel für die Appellation und den Jahrgang gelten. Von einem gesunden Rubin- bis Granatrot und einem Bukett von Kräutern, Oliven, Zedernholz, Pflaumen und Kirschen wirkt er duftig und mäßig intensiv. Ein würziger, süßer, gut entwickelter und zugänglicher Wein von ausladendem Geschmack und mittlerem bis vollem Körper, der über die nächsten 7 bis 8 Jahre getrunken werden sollte. Letzte Verkostung: 6/96.

1993 • 88 Châteauneuf-du-Pape (rot): Der 93er präsentiert sich mit dunkler, rubinroter Farbe und reichlich purpurroten Nuancen. Seine auffällige Nase von frisch gemahlenem Pfeffer, provenzalischen Kräutern und der reifen Frucht von Vogelkirschen wird von einem körperreichen, besonders langen und fülligen Mittelstück sowie leichten bis mäßigen Tanninen abgelöst. Der Wein verkörpert zwar einen sehr strukturierten Châteauneuf-Stil, gibt sich zur Zeit jedoch recht einschmeichelnd. Man sollte ihn während der nächsten 10 bis 12 Jahre trinken. Letzte Verkostung: 6/95.

1990 • 85 Châteauneuf-du-Pape (rot): Der 90er bietet ein vages, aber überreifes Bukett von Pfirsichen, Aprikosen und Vogelkirschen. Schmackhaft, mild und lose gefügt deuten seine blankpolierte Farbe und der verkürzte Abgang auf intensive Filtrierung hin. Der Wein sollte idealerweise im Laufe der nächsten 5 Jahre getrunken werden. Voraussichtliche Genussreife: jetzt bis 1999. Letzte Verkostung: 9/94.

1989 • 89 Châteauneuf-du-Pape (rot): Von größerer Ausgewogenheit als sein Nachfolger präsentiert sich der 89er mit einem beeindruckend tiefen Rubin- bis Purpurrot, einem zurückhaltenden, aber aufblühenden Bukett von Kräutern, Vanille, roten und schwarzen Beeren und einer leicht harzigen Komponente – vielleicht von Kiefernnadeln? Seine kräftige, sehr reiche Art, sein Geschmack von getrockneten Kirschen, sein hoher Gerbstoffgehalt und sein berauschender, würziger Abgang machen ihn zu einem sehr feinen Tropfen. Voraussichtliche Genussreife: jetzt bis 2006. Letzte Verkostung: 11/95.

1988 • 86 Châteauneuf-du-Pape (rot): Ähnlich geschmeidig besitzt dieser Rote aber ein eher kräuterwürziges Bukett mit Salzwasserduft, einem glatten, samtigen Geschmack und einem mäßig langen Abgang. Voraussichtliche Genussreife: jetzt bis 2000. Letzte Verkostung: 6/94.

Domaine de Bois Dauphin (Jean Marchand) ***

Adresse:
21, route d'Orange, 84230 Châteauneuf-du-Pape, Tel.: 4 90 83 70 34, Fax: 4 90 83 50 83

Produzierte Weine:
Châteauneuf-du-Pape (rot und weiß), Châteauneuf-du-Pape Clos des Pontifes (rot und weiß)

Rebfläche: 30,1 ha

Produktionsmenge:
Weiß: 1 250 Kisten; Rot: 7 500 Kisten

Ausbau:
2 bis 4 Jahre in Tanks und *foudres*; Ausbau des Clos des Pontifes in kleinen Eichenfässern

Durchschnittsalter der Reben: 80 Jahre

Verschnitt:
Weiß: 60 % Clairette, 20 % Roussanne, 20 % Grenache blanc
Rot: 80 % Grenache, 20 % Syrah, Cinsault und Mourvèdre

Die Domaine de Bois Dauphin, benannt nach dem neben der Kellerei liegenden Weinberg, steht seit ihrer Gründung im Jahre 1920 unter der Leitung ihres Besitzers Jean Marchand. Der bekannte Önologe Jean-Luc Colombo aus dem nördlichen Rhônetal empfahl Marchand eine sanftere Abfüllpraxis mit zurückhaltenderer Schönung und Filtrierung, doch fallen die Weine unterschiedlich aus. In jedem Fall entsteht ein fruchtiger, milder Châteauneuf-du-Pape in modernem Stil, dem es gelegentlich an Konzentration mangelt, der aber in seiner Jugend einnehmend sein kann. Seit einigen Jahren gehört auch die Luxuscuvée Clos des Pontifes zum Sortiment, der der teilweise Ausbau in neuer Eiche offenbar gefällt! Der in internationalem Stil erzeugte Wein gewinnt dadurch an Intensität, Fülle und Charakter. Der beste Jahrgang bisher war der 90er.

Jahrgänge

1993 • 91 Châteauneuf-du-Pape Clos des Pontifes (rot): Die Prestigecuvée von Jean Marchand, dessen Standardcuvée sich leicht und fruchtig gibt und fast so wirkt, als wäre sie nach dem Beaujolais-Verfahren entstanden, ist ein ernst zu nehmender Tropfen. Der überwiegend in neuer Eiche ausgebaute Wein mit seinem an die Methoden der Neuen Welt angelehnten Stil zeigt sich allerdings wenig typisch für die Appellation. So scheint die Kritik der Traditionalisten zwar verständlich, für sich betrachtet erweckt dieses Gewächs aber Bewunderung. Es besitzt eine satte, dunkel rubin- bis purpurrote Farbe und zeigt neben dem Duft von Toast und saftigen, sehr reifen Vogelkirschen auch blumige Nuancen. Der körperreiche, reintönige Tropfen mit seiner beeindruckenden Konzentration und seiner vielfältigen süßen, marmeladigen Frucht präsentiert sich mit einer klaren Grundstruktur und einem langen Abgang von öliger Konsistenz. Voraussichtliche Genussreife: jetzt bis 2006. Letzte Verkostung: 6/96.
1991 • 87 Châteauneuf-du-Pape Clos des Pontifes (weiß): Einer der zwei besten Weißweine, die ich von diesem ansonsten wenig begeisternden Jahrgang verkostet habe. Er überzeugt dank seines reifen, blumigen, honigartigen Dufts und seines vollen, konzentrierten, körper-

reichen, eindrucksvollen Geschmacks mit einem feinen Hauch neuer Eiche. Damit übertrifft er bei weitem die Qualität der meisten weißen 91er Châteauneufs. Letzte Verkostung: 6/95.

1990 • 87 Châteauneuf-du-Pape Clos des Pontifes (rot): Der tief purpurrote 90er Jahrgang offenbart ein beträchtliches Maß an Gerbsäure sowie eine fette, reichhaltige Fruchtigkeit von Himbeeren und Vogelkirschen im Zusammenspiel mit einem Aroma von provenzalischen Kräutern. Der füllige, kräftige Châteauneuf-du-Pape sollte im Laufe der nächsten 10 Jahre getrunken werden. Letzte Verkostung: 4/96.

1989 • 87 Châteauneuf-du-Pape Clos des Pontifes (rot): Der 89er Jahrgang bietet in seinem mäßig intensiven Duft eine Komposition aus rotem und schwarzem Beerenobst. Im Geschmack beweist er eine schöne Reife, anziehende Geschmeidigkeit, ein tiefes, gut gewirktes Aroma sowie mäßiges Tannin im anhaltenden, alkoholstarken Abgang. Voraussichtliche Genussreife: jetzt bis 2002. Letzte Verkostung: 11/93.

DOMAINE HENRI BONNEAU

(Cuvée Marie Beurrier ****/Réserve des Céléstins *****)

Adresse:
35, rue Joseph Ducos, 84230 Châteauneuf-du-Pape, Tel. und Fax: Geheim

Produzierte Weine:
Châteauneuf-du-Pape (rot), Châteauneuf-du-Pape Réserve des Céléstins,
Châteauneuf-du-Pape Cuvée Marie Beurrier

Rebfläche: 6 ha

Produktionsmenge: 1 500 Kisten

Ausbau:
3 bis 4 Jahre in kleinen Fässern und größeren *demi-muids* und *foudres*, der Wein wird
zu einem von Henri Bonneau bestimmten Zeitpunkt ungefiltert abgefüllt

Durchschnittsalter der Reben: 30 bis 45 Jahre

Verschnitt:
80 bis 90 % Grenache, 10 bis 20 % andere Sorten

Es scheint kein Zufall zu sein, dass sich das Kellergewirr des eigenwilligen Henri Bonneau im höher gelegenen Teil des Dorfes Châteauneuf-du-Pape befindet, denn sein Wein bildet, wie der von Rayas, eine Klasse für sich. Obwohl er sich von Letzterem deutlich unterscheidet, stützen sich beide Güter auf ertragsarme, alte Grenache-Reben mit kraftvollen, reichhaltigen Trauben. Bonneaus Spitzencuvée, die Réserve des Céléstins, ist ein eindrucksvolles und wuchtiges Gewächs, der größte, mächtigste und kraftvollste Wein des südlichen Rhônetals, ein erregender Gaumenkitzel für jeden, dem es gelingt, eine oder zwei Flaschen der produzierten 800 bis 1 000 Kisten aufzutreiben. Einen Besuch bei dem unkonventionellen Henri Bonneau vergisst man nicht so schnell; er gehört zu den faszinierendsten Weinpersönlichkeiten, die ich jemals getroffen habe. Sein bekannter provenzalischer, spitzer und – besonders, wenn er sich gegen die französische Regierung richtet – leicht boshafter Humor sowie sein enzyklopädisches kulinarisches Wissen bereichern noch den Genuss seiner außergewöhnlichen Erzeugnisse.

Die Familie Bonneau siedelte sich im späten 18. Jahrhundert in Châteauneuf-du-Pape an. Eine Weinprobe sollte man sich nicht entgehen lassen, auch wenn der Keller noch so eng und unansehnlich wirkt. Nach archäologischen Ausgrabungen blieben in den Gewölben große schwarze Löcher zurück, die der Besucher nur auf Holzplanken überwinden kann. Wie der verstorbene Jacques Reynaud ist auch Bonneau, der inzwischen von seinem Sohn Marcel unterstützt wird, in Châteauneuf-du-Pape eine Legende: Man bewundert ihn dort als großen Kellermeister und überaus eindrucksvolle Persönlichkeit. Seine winzige Domaine von knapp sechs Hektar umfasst auf 5,3 Hektar beinahe alle Altreben der Lage La Crau, die viele Winzer als das beste *terroir* von Châteauneuf-du-Pape ansehen. Bonneau hält seine Erträge vernünftigerweise gering. Wenn er seine Methoden beschreibt, lüftet sich nicht das Geheimnis der außerordentlichen Komplexität, Reichhaltigkeit und Intensität seiner Weine. Die besten Jahrgänge zeigen einen deutlichen Geschmack von Rinderblutkonzentrat, verbunden mit einer kräftigen, dicken, viskosen Konsistenz. Als *copain* des großen Feinschmeckers Gérard Chave verwundert es nicht, dass Bonneau häufig lieber über seine Leibgerichte – zum Beispiel Ziegenhoden – spricht als über seinen Wein.

Im Gegensatz zu vielen anderen Erzeugnissen, vor allem aus Burgund, sind Bonneaus Châteauneufs aus dem Fass zwar eindrucksvoll, schmecken aber nach der Abfüllung besser. Bei schlechten Bedingungen wie in den Jahren 1997, 1991 und 1993 deklassiert Bonneau durchaus seine beiden Luxuscuvées. Wie Jacques Reynaud, mit dem er befreundet war, beginnt er spät mit der Lese, so dass seine Trauben durch überraschende Regenfälle im Oktober erheblichen Schaden davontragen können. Er produziert so geringe Mengen, dass man seine Weine fast nirgends finden kann.

Die meisten Bonneau-Tropfen besitzen ungeheure Konzentration und Charakter – sie sind fast unsterblich. Mit diesem Erzeuger habe ich schon viele denkwürdige Gespräche geführt, aber eine der bemerkenswertesten Erfahrungen meiner Laufbahn war ein Abend, den ich vor mehreren Jahren mit Henri Bonneau, Jacques Reynaud, dem bekannten Weinhändler Carlo Russo aus New Jersey und dem französischen Importeur Alain Junguenet in dem großartigen Restaurant La Beaugravière in Mondragon verbrachte. Vor dem Essen hatte ich Bonneau zu Jacques Reynauds Kellerei ganz in der Nähe begleitet – bemerkenswerterweise hatte Henri Bonneau das Weingut Rayas nie zuvor in seinem Leben besucht.

Jahrgänge

1995 • 89 Châteauneuf-du-Pape (Cuvées 1 und 2, wahrscheinlich Marie Beurrier): Die leichteren Cuvées aus diesem Jahrgang – die Bonneau wie den 94er Jahrgang noch nicht gekennzeichnet hat – sind umwerfend: Süß, gehaltvoll und reif, mit einem konzentrierten Geruch von Rinderblut, Kräutern der Provence, Vogelkirschen und Cassisfrucht. Dieser 95er gibt sich körperreich, ausladend, voll und kernig; er wird sich 15 Jahre oder länger gut trinken lassen. Letzte Verkostung: 6/96.

1995 • 93 Châteauneuf-du-Pape (Cuvée 3 und 4, wahrscheinlich Réserve de Céléstins): In seiner bescheidenen Art bezeichnet Bonneau den 95er als einen «*bon millésime*», einen guten Jahrgang, und wenn er «*bon*» sagt, meint er groß. Die konzentrierteren Cuvées verdienen offenbar die Klassifizierung als Réserve de Céléstins, denn sie sind purpurrot bis schwarz, extrem breit gebaut und körperreich, bei hohem Alkohol und öliger Struktur. Sie sollten ähnlich überzeugen wie seine 88er, doch können sie sich nach Bonneaus eigener Aussage nicht mit seinen 3 größten Jahrgängen 1978, 1989 und 1990 messen. Letzte Verkostung: 6/96.

1994 • 92 Châteauneuf-du-Pape (Probiernotiz für alle Fässer): Alle 94er besitzen etwas rauhere Tannine, dafür aber wunderbar süße, volle, konzentrierte Frucht, riesigen Körper sowie die Intensität und Kraft alter Weinstöcke. Die intensiven, vollen Tropfen können zu den langlebigsten und massivsten Gewächsen des Jahrgangs gehören, wenn die besten Cuvées separat gehalten und als Céléstins abgefüllt werden, anstatt sie zu verschneiden und als Cuvée Marie Beurrier herauszubringen. Letzte Verkostung: 6/96.

1993 • 89 Châteauneuf-du-Pape Cuvée Marie Beurrier: Der 1993er ist nicht gerade Bonneaus Lieblingsjahrgang in den letzten 4 Jahren. Er besitzt eine milde Art ohne eine Spur von Fäulnis oder vegetabiler Frucht, ein sattes Rubinrot, einen vollen Körper, eine süße, ausladende Vollmundigkeit und erdige, trüffelartige, würzige Geschmacksnoten. Mit einer voraussichtlichen Lebenserwartung von 10 bis 12 Jahren kann der 93er für einen Wein dieser Kellerei eher als kurzlebig bezeichnet werden. Letzte Verkostung: 6/96.

1993 • 77 Châteauneuf-du-Pape (Cuvées 1 und 2): Der 93er gibt sich karg, dünn und hart, auch wenn einige Cuvées etwas Frucht, Reife und mittleren Körper zeigen. Ein Jahrgang, den Bonneau hasst! Voraussichtliche Genussreife: 1998 bis 2005. Letzte Verkostung: 6/96.

1992 • 92 Châteauneuf-du-Pape Réserve des Céléstins: Dieses Gewächs zeigt einen Anflug von Überreife und außerordentlich süße Vogelkirschenfrucht, vermischt mit Zedernholz, Rauch, gegrilltem Fleisch und einem Schokoladenaroma. Bonneaus Spitzencuvées von 1992 sind in ihrer vollen, körperreichen Art und der fetten, öligen Konsistenz die attraktivsten 92er Weine in Châteauneuf-du-Pape. Als gleichfalls herausragend gilt Michel Chapoutiers Barbe Rac. Voraussichtliche Genussreife: 1998 bis 2012. Letzte Verkostung: 6/96.

1991 • 89 Châteauneuf-du-Pape: Ein Erfolg in diesem für die Appellation grauenvollen und mit 1984 und 1975 vergleichbaren Jahrgang; Bonneau deklassierte seine Cuvées Marie Beurrier und Céléstins in diesem Jahr. Um zu beweisen, dass er mit den schlimmsten Witterungsbedingungen fertig wird, öffnete er eine Flasche des 75ers, der zweifellos eine Bewertung von 90 Punkten verdient hätte. Tatsächlich erklären die guten Lagen, die geringen Erträge und eine vollkommen naturbelassene Weinbereitung zu einem großen Teil die Güte dieser Kellerei. Der 91er besitzt eine überraschend intensive Farbe, ein reichhaltiges Bukett von Leder, Fleisch, Kräutern und Vogelkirschen, einen alkoholstarken, vollmundigen Geschmack sowie beträchtlichen Körper und Nachhaltigkeit. Der feinste 91er, den die Appellation hervorbrachte! Voraussichtliche Genussreife: jetzt bis 2007. Letzte Verkostung: 6/96.

1990 • 100 Châteauneuf-du-Pape Réserve des Céléstins: Ein massiv ausgestatteter, fülliger, körperreicher Wein mit einer überirdischen Kombination von Kraft, Extraktstoffreichtum und Ausgewogenheit. Auch angesichts der produzierten Kleinstmenge würde ich ihn gegen Nichts auf der Welt eintauschen. Dieser Titan unter den Weinen steht jenseits aller Ranglisten, weil er sich noch nicht verschlossen hat, sondern massenhaft rauchige, pfeffrige, rote und schwarze Frucht enthüllt, verbunden mit einer Konsistenz wie verflüssigtes Rindfleisch. Dieses körperreiche, Ehrfurcht gebietende Monstrum ähnelt eher einer Sauce als einem Getränk. Voraussichtliche Genussreife: jetzt bis 2020. Letzte Verkostung: 8/96.

1990 • 94 Châteauneuf-du-Pape Cuvée Marie Beurrier: Diese 90er Cuvée zeigt sich fast so profund wie ihre Nachfolgerin. Bonneau findet sie leichter als seine Céléstins, doch bedeutet in seiner Ausdrucksweise «leicht» wohl eher «massiv»! Dieses riesige, konzentrierte Gewächs ähnelt der 90er Cuvée Céléstins und ist zwar etwas weniger tanninreich und kraftvoll als diese, aber immer noch ein Wein von außergewöhnlichem Format und ungeheurem Extrakt-stoffreichtum. Voraussichtliche Genussreife: jetzt bis 2008. Letzte Verkostung: 8/96.

1990 • 96 Châteauneuf-du-Pape Cuvée Spéciale: 1990, im Debütjahrgang seiner Cuvée Spéciale, ließ Bonneau die Grenache-Trauben einer Parzelle so lange reifen, bis ihr Zuckergehalt auf über 30 % angestiegen war. Im Grunde handelt es sich um eine Châteauneuf-Spätlese mit 16,5 % natürlichem Alkoholgehalt und 3 Gramm Restsüße. Sie wurde 3 Jahre auf ihren wilden Hefen vergoren und nach einer Ausbauzeit von mehr als 4 Jahren in Fässern und *foudres* ungefiltert abgefüllt. Es wäre untertrieben, von einer Lebenserwartung von 25 bis 30 Jahren zu sprechen. Als ich Bonneau fragte, zu welchem Essen er einen so wuchtigen, gehaltvollen Wein servieren würde, verlor er sich in einer langen Träumerei über mögliche Speisefolgen. Wer die Quintessenz des Bonneauschen Stils probieren und erfahren will, wie aufregend und maßlos ein derartig reifer Grenache bei so kleinen Erträgen schmecken kann, sollte sich dieses Gewächs nicht entgehen lassen. Jetzt noch zu massiv, wird sich der Wein mit dem Alter überraschend zivilisiert geben und nach 7 bis 10 Jahren Lagerung anschließend 2 Jahrzehnte lang gut zu trinken sein. Voraussichtliche Genussreife: 2001 bis 2040. Letzte Verkostung: 6/96.

1989 • 98+ Châteauneuf-du-Pape Réserve des Céléstins: Wenn man den 90er auch fast perfekt nennen kann, so kommen ihm der 86er, 88er und 89er doch sehr nahe, wobei sich Letzterer seit der ersten Probe verschlossen hat. Dieser dunkel rubin- bis purpurrote Châteauneuf-du-Pape ist ein riesiges, animalisches, gewaltiges Gewächs von großer Ausgewogenheit, Reintönigkeit und Charakterstärke. Massiv und überquellend vor Extrakt, Glyzerin und Persönlichkeit, wird er seinem Käufer weitere 5 bis 10 Jahre im Keller danken. Voraussichtliche Genussreife: 2003 bis 2025. Letzte Verkostung: 8/96.

1989 • 89 Châteauneuf-du-Pape Cuvée Marie Beurrier: Der 89er Marie Beurrier enthüllt eine dunkle Pflaumenfarbe, ein riesiges, süßes, nach in Brandy getränktem Früchtebrot duftendes Bukett, einen üppigen körperreichen Geschmack von exzellenter Konzentration und einen kraftvollen, berauschenden, intensiv würzigen Abgang. Trotz seines Formats kann dieser breitschultrige Wein jetzt getrunken werden. Voraussichtliche Genussreife: jetzt bis 2006. Letzte Verkostung: 6/96.

1988 • 95 Châteauneuf-du-Pape Réserve des Céléstins: Die 88er Réserve des Céléstins hat mir aus der Flasche immer besser geschmeckt als aus den großen *foudres* in Bonneaus beengten Kellergewölben. Ähnlich dem 89er gehört sie zu den größten Châteauneufs, die ich kenne! Mit seiner gewaltigen Tiefe, Reichhaltigkeit und Komplexität ließ sich der Wein schon jung trinken, verschloss sich dann aber. Er wird sich wahrscheinlich weitere 25 bis 30 Jahre halten und dabei größere Komplexität entwickeln. Voraussichtliche Genussreife: 2002 bis 2022. Letzte Verkostung: 5/96.

1988 • 90 Châteauneuf-du-Pape Cuvée Marie Beurrier: Bonneau findet diese Cuvée weniger intensiv als seine anderen Weine, aber wer sie probiert, wird sie wohl als großartig voll und dick wahrnehmen. Ein wunderbarer Châteauneuf mit einem exotischen Bukett von Kräutern, Schokolade, roten Früchten und Leder. Samtig und füllig bleibt dieser Rote dem berauschenden, gewaltigen Stil der Appellation gänzlich treu. Voraussichtliche Genussreife: jetzt bis 2007. Letzte Verkostung: 5/96.

1986 • 95 Châteauneuf-du-Pape Réserve des Céléstins: Zweifellos der «Wein des Jahrgangs» im Rhônetal! Er ist massiv, fast so großartig wie der 90er, offenbart aber deutlicher hervortretende Tannine und eine vielschichtige, marmeladige, konzentrierte Frucht, die dem Stil des Jahrgangs so wenig zu entsprechen scheint. Seit meiner ersten Verkostung nach der Abfüllung hat sich dieser Tropfen kaum von der Stelle gerührt und wird sich ähnlich der 88er, der 89er und der 90er weitere 20 bis mehr als 30 Jahre entfalten. Letzte Verkostung: 1/96.

1981 • 93 Châteauneuf-du-Pape Réserve des Célestins: Dieser noch jugendliche, dunkel rubin- bis granatrote Wein enthüllt eine gewaltige Nase von schwarzen Früchten, Trüffeln und abgehangenem Rindfleisch sowie einen rauchigen Grillgeruch. Bei seinem explodierenden Extraktstoff-, Alkohol- und Glyzeringehalt und seinem ungeheuren Format bietet dieser Koloss eine beachtliche Ausgewogenheit. Seine Farbe lässt noch keine rostroten Nuancen erkennen, lediglich eine leichte Aufhellung. Der dicke, saftige, üppige Châteauneuf gibt sich schwelgerisch und lebhaft und kann jetzt getrunken oder weitere 20 Jahre gelagert werden. Letzte Verkostung: 6/94.

1978 • 99 Châteauneuf-du-Pape Réserve des Célestins: Dieser Wein präsentiert sich unfassbar jung, als handle es sich um einen Verschnitt aus dem 89er und dem 90er. Strukturiert, tanninreich und äußerst konzentriert: der Inbegriff eines klassisch-profunden Châteauneuf-du-Pape. Er bietet eine große, intensive Nase von getrockneten Kräutern, Oliven, Rinderblut und schwarzen Früchten, eine enorme Konzentration, Frische und vorzügliche Ausgewogenheit. Darüber hinaus zeigt sich dieser 78er erstaunlich extraktstoffreich, vollendet und komplex und sollte sich selbst für ein Gewächs aus dem Hause Bonneau als ungewöhnlich langlebig erweisen. Voraussichtliche Genussreife: jetzt bis 2020. Letzte Verkostung: 6/94.

1975 • 90 Châteauneuf-du-Pape Réserve des Célestins: Henri Bonneau öffnete diesen Wein nur als Beweis, dass selbst die am wenigsten ansprechenden Weine wie der 91er oder der 93er sich in der Flasche überraschend wandeln können. Dieser Châteauneuf-du-Pape aus einem grauenhaften Jahrgang besticht durch sein exotisches Bukett von Kräutern, *garrigue*, Früchtebrot und Rauch, seinen fetten, saftigen, reifen Geschmack, seine bemerkenswerte Säure und seinen sagenhaft langen Abgang. Voll ausgereift bietet er weit mehr reife Frucht als erwartet. Voraussichtliche Genussreife: jetzt bis 2002. Letzte Verkostung: 6/95.

1970 • 98 Châteauneuf-du-Pape Réserve des Célestins: Dieses Gewächs gleicht dem 78er, wirkt aber noch duftiger und zeigt bereits einen leichten Bernsteinton am Saum seiner opaken granatroten Farbe. Das rauchige Bukett von gebratenem Fleisch verbindet sich mit einer großen Profundität und riesigen Mengen Glyzerin und Tannin. Der gewaltig ausgestattete Tropfen besitzt heute noch die Lebendigkeit und Frische eines 5 bis 8 Jahre alten Weins. Voraussichtliche Genussreife: jetzt bis 2015. Letzte Verkostung: 6/94.

ÄLTERE JAHRGÄNGE

Ich würde praktisch alles geben, um Bonneau-Jahrgänge von 1967, 1961, 1959, 1957 et cetera verkosten zu können, aber der einzige wirklich alte Jahrgang, den ich neben dem großen Mann selbst probieren durfte – und das mit außerordentlichem Genuss –, ist der 35er. Voll ausgereift und etwas scharf im Alkohol, wirkt er bemerkenswert intakt, gehaltvoll, tief und unglaublich fruchtig. In diesem Weinbaubetrieb bleiben die Wunder nicht dem Zufall überlassen – dieser Mann ist ein phänomenaler Kellermeister!

LE BOSQUET DES PAPES (MAURICE BOIRON)

(Cuvée Classique ****, Cuvée Chantemerle *****)

Adresse:
Route d'Orange, 84230 Châteauneuf-du-Pape, Tel.: 4 90 83 72 33, Fax: 4 90 83 50 52

Produzierte Weine:
Châteauneuf-du-Pape Cuvée Classique (rot und weiß), Châteauneuf-du-Pape Cuvée Chantemerle (rot)

Rebfläche:
Weiß: 1,5 ha; Rot: 22 ha; Cuvée Chantemerle – 3,5 ha

Produktionsmenge:
Weiß: 500 Kisten
Rot: 7 500 Kisten; Cuvée Chantemerle – 800 Kisten

Ausbau:
Weiß: 6 Monate in Emailtanks
Rot: Beide Cuvées insgesamt 24 Monate; 21 Tage Gärung in Zementtanks,
dann 12 bis 18 Monate in alten Eichenfässern, Lagerung bis zur Abfüllung in Zementtanks

Durchschnittsalter der Reben:
Weiß: 45 bis 50 Jahre (die ältesten 90 Jahre)
Rot: 45 Jahre; Cuvée Chantemerle – 90 Jahre

Verschnitt:
Weiß: Je ein Drittel Grenache, Clairette und Bourboulenc
Rot: 70 % Grenache, 10 % Syrah, 10 % Mourvèdre, 10 % Cinsault;
Cuvée Chantemerle – 70 % Grenache, 10 % Syrah, 10 % Mourvèdre, 5 % Cinsault, 5 % Vaccarèse

Dieser mit 23 Hektar mittelgroße Familienbetrieb wird von dem scheuen Maurice Boiron und seiner Frau Josette, die offenbar über alle Geschehnisse in Châteauneuf-du-Pape genauestens unterrichtet ist, sehr umsichtig geführt. Das Gut liegt kurz hinter Châteauneuf-du-Pape an der Route Départementale 68, die zu den Ruinen des Schlosses von Papst Johannes XXII. führt. Die Weinberge findet man überwiegend im nördlichen Teil der Appellation: die steinigeren Rebflächen bei Cabrières, die Lagen mit sandigeren, lehmhaltigeren Kiesböden in der Nähe von Vaudieu und Rayas und im Südosten der Appellation in Richtung Sorgues. In Bosquet des Papes entstehen sowohl annehmbare, aber ausdrucksschwache Weißweine als auch einer der besseren Roten der Appellation mit einer recht profunden, geschmacklich facettenreichen, tiefen Art. Letzterer wird aus 70 % Grenache und je gleich großen Anteilen von Syrah, Mourvèdre und Cinsault gewonnen, in klassischer Manier vergoren und 18 Monate lang in alter Eiche ausgebaut. Die Jahrgänge vor 1978 kenne ich zwar nicht, der Bosquet des Papes aus den Spitzenjahren sollte sich aber mindestens ein Jahrzehnt halten. Zudem bewies der Wein auch in so genannten flauen Jahren eine exzellente Beständigkeit.

Die Vinifikation und der Ausbau des Bosquet des Papes erfolgen völlig traditionell. Der Wein aus nicht entrapptem Lesegut reift in alten *foudres* und kleinen Eichenfässern, bis er kurz vor dem Verkauf abgefüllt wird. Der Rotwein wird in den Kellern der qualitätsorientierten Winzervereinigung *Prestige et Tradition*, der sich die Boirons vor Jahren anschlossen, grob filtriert; der Weiße durchläuft nach dem Abstoppen der malolaktischen Gärung eine sterile Filtration.

1990 führten die Boirons ihre Luxuscuvée Chantemerle aus 90 Jahre alten Grenache-Reben ein. Die Standardcuvée aus demselben Jahr brachte Ehrfurcht gebietende Ergebnisse und ist zweifellos einer der größten Tropfen dieses vorzüglichen Jahrgangs. Ihm folgten zahlreiche außergewöhnliche Weine, darunter der 93er, der 94er und der 95er. Leider lassen sich die Bosquets des Papes auf Grund der geringen Produktionsmenge von 800 Kisten nur schwer finden.

Jahrgänge

1995 • 89   Châteauneuf-du-Pape (rot): Der 95er Châteauneuf zeigt einen purpurroten Einschlag in der Farbe sowie große Reife und bewundernswert viel Glyzerin, Struktur und Kraft. Ein körperreicher, konzentrierter, mächtiger Bosquet des Papes – wohl die feinste Standardcuvée aus diesem Hause seit 1989 und 1990. Letzte Verkostung: 6/96.

1995 • 91   Châteauneuf-du-Pape Cuvée Chantemerle (rot): Die 95er Cuvée Chantemerle präsentiert sich mit einem besonderen, überreifen Aroma von Kirschwasser, prallen Vogelkirschen und Himbeeren. Süß, dick und ölig im Eingang zeigt sie einen vollen Körper, beträchtliche Struktur und Tannine sowie eine hervorragende Reintönigkeit. Der großformatige, noch junge und unentwickelte Wein sollte seinen Höhepunkt bis zur Jahrtausendwende erreicht haben und sich 10 bis 15 Jahre halten. Letzte Verkostung: 6/96.

1994 • 88   Châteauneuf-du-Pape (rot): Der 94er Châteauneuf-du-Pape bietet reichlich süße Vogelkirschenfrucht, die unverwechselbaren Düfte der *garrigue* mit ihren provenzalischen Kräutern, exzellente Dichte und Reife, bewundernswertes Glyzerin sowie einen langen, körperreichen, alkoholstarken Abgang. Dieser gehaltvolle, ledrige Wein schmeckt aus der Flasche weit besser als aus dem *foudre*. Jetzt und über die nächsten 6 bis 8 Jahre zu trinken. Letzte Verkostung: 6/96.

1994 • 90   Châteauneuf-du-Pape Cuvée Chantemerle (rot): Die 94er Cuvée Chantemerle präsentiert sich mit einer intensiven Nase von Schwarzen Himbeeren, Räucherfleisch, Lakritze und Holz. Der körperreiche, kraftvolle, außergewöhnlich konzentrierte Tropfen besitzt reichlich Struktur und Tannine. Bei der Probe gab er sich verschlossen, so dass ich in ihm sogar noch mehr Potenzial vermute, als meine Prüfnotizen nahelegen. Er will 2 bis 3 Jahre gelagert werden und sollte sich über 15 Jahre halten. Sein Alkoholgehalt liegt sicher weit über 14 %. Letzte Verkostung: 6/96.

1993 • 87   Châteauneuf-du-Pape (rot): Die dunkel rubinrote Farbe des 93er Châteauneuf zeigt einen leicht granatroten Saum. Der ausgezeichnete, sehr griffige und strukturierte Wein offenbart mäßiges Tannin sowie gute Reife und Reichhaltigkeit, sollte sich über die nächsten 2 bis 3 Jahre schön entfalten und bis zu einem Jahrzehnt nach seiner Freigabe trinkbar bleiben. Sein Tanninreichtum lässt mich etwas zurückhaltend urteilen, andererseits hat das Haus Bosquet des Papes einen vorbildlichen Ruf für ausgewogene, alterungsfähige Châteauneufs. Voraussichtliche Genussreife: 1998 bis 2008. Letzte Verkostung: 7/96.

1993 • 90   Châteauneuf-du-Pape Cuvée Chantemerle (rot): Die dunkel und satt rubin- bis purpurrot gefärbte 93er Cuvée Chantemerle offeriert eine straffe, aber viel versprechende Nase von getrockneten Kräutern der Provence, *garrigue* und süßer Beerenfrucht. Sie ist noch unentwickelt, körperreich, dicht und mäßig tanninhaltig und will 3 bis 5 Jahre gelagert werden.

Einer der gehaltvollsten und vollendetsten Weine des Jahrgangs. Voraussichtliche Genuss-reife: 1999 bis 2012. Letzte Verkostung: 7/96.

1992 • 86 Châteauneuf-du-Pape (rot): Der 92er Châteauneuf besticht als runder, köstlicher und für diesen mittelgewichtigen Jahrgang überraschend kräftiger Tropfen mit einer süßen, prall-fruchtigen Art und einem mittleren bis vollen Körper. Genussreife: jetzt. Letzte Verkostung: 11/95.

1990 • 92 Châteauneuf-du-Pape (rot): Der 90er Châteauneuf ist dem 89er leicht überlegen. Ausgestattet mit einem satten, undurchdringlichen Purpurrot, einem schönen reintönigen, überreifen Aroma von Vogelkirschen, Cassis, Kräutern und Pfeffer im Bukett, wirkt dieser Wein wunderbar reif im Geschmack sowie gehaltvoll und körperreich in der Struktur. Sein langer, mäßig tanninreicher und strukturierter Abgang macht ungeheuer Eindruck. Voraus-sichtliche Genussreife: jetzt bis 2007. Letzte Verkostung: 12/95.

1990 • 98 Châteauneuf-du-Pape Cuvée Chantemerle (rot): Die undurchdringlich purpurrote bis schwarze 90er Cuvée Chantemerle erregt mit ihrem umwerfenden Parfüm von schwarzen Früchten, Mineralien, Pfeffer und Blumen Aufsehen. Dieser profunde Châteauneuf gibt sich außergewöhnlich gehaltvoll, höchst konzentriert und viskos in der Struktur, die auf ertrags-arme, alte Reben verweist. Eine außergewöhnliche Leistung, unerhört köstlich, ja dekadent! Voraussichtliche Genussreife: jetzt bis 2012. Letzte Verkostung: 12/95.

1989 • 90 Châteauneuf-du-Pape (rot): Ein potenziell langlebiger Wein, der schon viel Baby-speck verloren hat und jetzt einen strukturierteren, tanninreicheren, unentwickelteren Stil offenbart als während seines ersten Jahrs im Fass. Sein opakes, dunkles Rubin- bis Purpurrot und sein riesenhaftes Bukett von Cassis, Kräutern und Gewürzen werden begleitet von einem kräftig gebauten, dichten, konzentrierten Geschmack mit einem Reifepotenzial von mindes-tens 15 Jahren. Im Gegensatz zu den Bosquets des Papes von 1983 und 1985 lässt sich dieser Châteauneuf weder jung trinken noch wirkt er frühreif oder einschmeichelnd; bis zur Voll-reife wird er 3 bis 5 Jahre Flaschenalterung benötigen. Seine Struktur, Konsistenz und sein Aroma machen diesen 89er Bosquet zum feinsten Tropfen, den die Domaine seit ihrem fabel-haften 78er, der eben Vollreife erreicht, bisher hervorbrachte. Voraussichtliche Genussreife: 1999 bis 2007. Letzte Verkostung: 12/95.

1988 • 88 Châteauneuf-du-Pape (rot): Ein sehr viel einschmeichelnderer Stil mit einem von den Düften Schwarzer Johannisbeeren, Tabak und Zedernholz durchzogenen Bukett und einer samtigen Struktur – dieser gehaltvolle, körperreiche, bewundernswert konzentrierte Wein, dessen Geschmacksnuancen an Früchtebrot erinnern, dürfte sich jung gut trinken las-sen, kann sich aber bis zu 10 Jahren halten. Voraussichtliche Genussreife: jetzt bis 2004. Letz-te Verkostung: 1/95.

1985 • 87 Châteauneuf-du-Pape (rot): Der voll ausgereifte Châteauneuf von einem mäßig tie-fen Rubinrot besitzt ein nach Kräutern, Oliven und Vogelkirschen duftendes Bukett, einen kräftigen, runden, milden Geschmack, reichlich Nachhaltigkeit und einen locker gefügten Ab-gang. Er hat seinen Höhepunkt erreicht und muss getrunken werden. Voraussichtliche Ge-nussreife: jetzt. Letzte Verkostung: 1/96.

1983 • 90 Châteauneuf-du-Pape (rot): Dieser anmutig und langsamer als der 85er reifende Châteauneuf enthüllt eine rubin- bis granatrote Farbe und ausladende Düfte von Tabak, Kräu-tern der Provence, Rauch und Gewürzen. Sauber bereitet, gehaltvoll und von mittlerem bis vollem Körper präsentiert sich der Wein voll ausgereift. Trotzdem scheint seine Frucht nicht gefährdet. Genussreife: jetzt. Letzte Verkostung: 6/96.

ÄLTERE JAHRGÄNGE

Den 82er habe ich seit vielen Jahren nicht verkostet, seinen Höhepunkt hat er mittlerweile jedoch überschritten. Der 81er ließ sich Ende der achtziger Jahre gut trinken, doch ist mein Vorrat inzwischen erschöpft. Der 78er erwies sich bei der letzten Probe 1986 als herausragend.

CHÂTEAU CABRIÈRES (LOUIS ARNAUD) ***/****

Adresse:
Route d'Orange, 84230 Châteauneuf-du-Pape, Tel.: 4 90 83 73 58, Fax: 4 90 83 75 55

Produzierte Weine:
Châteauneuf-du-Pape (rot und weiß), Châteauneuf-du-Pape Cuvée Prestige (rot)

Rebfläche:
Weiß: 3 ha; Rot: 25 ha; Cuvée Prestige – 5 ha

Produktionsmenge:
Weiß: 1 125 Kisten
Rot: 9 400 Kisten; Cuvée Prestige – 875 Kisten

Ausbau:
Weiß: 4 bis 5 Monate in Edelstahltanks
Rot: 3 Wochen Gärung in Edelstahltanks und mit Steingut ausgekleideten Gärtanks,
dann 12 bis 18 Monate in alten Eichenfässern;
Cuvée Prestige – 3 Wochen Gärung in Edelstahltanks, dann 12 bis 24 Monate zu
30 bis 50 % in neuen und zu 50 bis 70 % in 1 bis 2 Jahre alten Eichenfässern;
Lagerung bis zur Abfüllung in Edelstahltanks

Durchschnittsalter der Reben:
Weiß: 35 Jahre
Rot: 45 Jahre; Cuvée Prestige – 90 Jahre

Verschnitt:
Weiß: 30 % Clairette, 30 % Grenache blanc, 30 % Bourboulenc, 10 % Roussanne
Rot: 50 % Grenache, 12 % Syrah, 12 % Mourvèdre, 8 % Cinsault, 18 % andere Sorten;
Cuvée Prestige – Verschnitt aus allen 13 zugelassenen Rebsorten

Die Domaine de Cabrières liegt auf der Hochebene bei Mont Redon, in einem Gebiet, das nach übereinstimmender Meinung über das beste Potenzial für großen Châteauneuf-du-Pape verfügt. Die besonders steinigen, an Cabrières angrenzenden Weinberge wirken sehr bedrohlich, gehören aber zu den faszinierendsten in der gesamten Appellation.

Modernste Kellertechnik prägt die Weingewinnung. Diese Ausstattung und ihre Erzeugnisse erwecken den Eindruck, dass man hier – ähnlich wie in der Neuen Welt – insbesondere Stabilität und korrekte Statistik im Auge hat. Das führt natürlich zu einer Nivellierung von Jahrgangsunterschieden und zu Weinen, deren Charakter und Geschmack durch zu starkes Schönen und zweimalige Filtration nahezu beseitigt werden. Stolz erklärt Monsieur Arnaud: «Wir garantieren, dass alle schädlichen Bakterien und Mikroben beseitigt sind.» Eine Probe der jüngsten Produkte beweist jedoch auch, dass mit den Bakterien die Seele des Weins verloren ging – ein trauriges Ergebnis, denn alte Cabrières-Jahrgänge wie der 61er, der 66er und der 67er, die vor dem Zeitalter der Zentrifuge und der doppelten Filtrierung entstanden, sind noch immer herrlich gehaltvolle, komplexe und ausdrucksstarke Tropfen von majestätischem Geschmack. Sie lassen sich kaum als schlechte Weine abqualifizieren, die durch ein paar Bakterien ruiniert wurden.

Die heutigen Rotweine verbringen 12 bis 18 Monate in kleinen Eichenfässern und großen *foudres*, in jüngster Zeit zum Teil auch in neuer Eiche. Sehr sauber bereitet zeigen sie ein mäßig intensives Aroma sowie den Geschmack von Kirschenfrucht und Gewürzen; es sind gute, beständige Tropfen. Eingedenk des Potenzials der Weinberge stimmt es allerdings traurig, dass sich der Châteauneuf dieser Kellerei von vielen anderen, in ähnlichem Stil bereiteten Weinen kaum unterscheidet. In jüngster Zeit versuchen die Arnauds aber offenbar, ihm mehr Intensität und Charakter zu verleihen – zumindest die Cuvée Prestige aus einer fünf Hektar großen Parzelle 90-jähriger Reben geriet ihnen in den letzten Jahren sehr gut bis nahezu herausragend.

In Europa, wo die Verbraucher und Sommeliers der Restaurants sich für Weine mit Depot keine Zeit nehmen wollen, ist der Cabrières beliebt.

JAHRGÄNGE

1995 • 84 Châteauneuf-du-Pape (rot): Der 95er enthüllt einen weniger einschmeichelnden Stil als der 94er und ein würziges, pfeffriges Bukett sowie eine bessere Säure als sein Vorgänger, besitzt allerdings weder dessen Reichhaltigkeit noch Intensität. Bei dieser Struktur wird er sicherlich länger reifen als der 94er. Letzte Verkostung: 6/96.

1995 • 88 Châteauneuf-du-Pape (rot): Die aus den ältesten Weinstöcken des Guts gewonnene 95er Cuvée Prestige präsentiert sich als ein dichter, gehaltvoller, körperreicher Wein von undurchdringlich dunkler, rubin- bis granatroter Farbe, anständiger Säure, einem rauchigen, an getrocknete Kräuter erinnernden Charakter sowie reichlichen Mengen süßer roter und schwarzer Beerenfrucht. Der Wein kann sich eines guten Glyzerin- und hohen Alkoholgehalts sowie einer klar strukturierten Persönlichkeit rühmen. Voraussichtliche Genussreife: 1998 bis 2006. Letzte Verkostung: 6/96.

1994 • 86 Châteauneuf-du-Pape (rot): Aus der Flasche erscheint dieses Gewächs bei weitem nicht so reich und eindrucksvoll wie aus dem Fass. Vermutlich ist die Kellertechnik für den Aroma- und Geschmacksverlust verantwortlich zu machen, trotzdem reicht das, was vom Charakter des Weins übrig blieb, als Empfehlung. Der Châteauneuf von einem mittleren bis dunklen Rubinrot besitzt eine einnehmend reife Nase von süßer Kirschenfrucht, provenzalischen Kräutern und Pfeffer, einen mittleren bis vollen Körper, eine ausgezeichnete Reife und eine locker gefügte, weiche, cremige Struktur. Könnte man diesen Erzeuger dazu überreden, seine Weine unbehandelt reifen zu lassen, wäre dieses Erzeugnis sicher weit ausdrucksvoller geraten. Es sollte über die nächsten 7 bis 8 Jahre getrunken werden. Voraussichtliche Genussreife: jetzt bis 2002. Letzte Verkostung: 6/96.

1992 • 88 Châteauneuf-du-Pape Cuvée Prestige (rot): Der Rote zeigt ein Aroma von schwarzen Oliven, Cassis und provenzalischen Kräutern, einen würzigen Gaumen von mittlerem bis vollem Körper, eine exzellente Fülle und eine kernige Struktur. Man sollte den nachhaltigen, saftigen Wein mit seiner anständigen Säure und dem leichten Tanningehalt über die nächsten 7 bis 8 Jahre trinken. Letzte Verkostung: 6/95.

1990 • 86 Châteauneuf-du-Pape (rot): Der 90er bietet ein überreifes Bukett von Aprikosen, Pfirsichen und Vogelkirschen, und dank seines süßen, marmeladig-rotfruchtigen Charakters spürt man die *surmaturité*. Der säurearme, mit viel Glyzerin und reicher Frucht beladene Châteauneuf dürfte über die nächsten 5 bis 7 Jahre einen verführerischen Trinkgenuss bereiten. Letzte Verkostung: 6/94.

1990 • 90 Châteauneuf-du-Pape Cuvée Prestige (rot): Um einen Cabrières zu finden, der sich so vorzüglich gibt wie diese 90er Cuvée Prestige, müsste man bis 1961 zurückgehen – eine ganz wunderbare Auslese aus den ältesten Reben! Nach dem subtilen, rauchigen Vanillearoma im fabelhaft dramatischen, erdigen, nach schwarzen Beeren duftenden Bukett zu urteilen, kam dieser exquisite Tropfen offenbar mit neuer Eiche in Berührung. Er zeigt einen vollen Körper, eine erlesene Tiefe und Fülle sowie schöne Konturen. Der auffällige, ungeheuer eindrucksvolle und griffige Wein mit einer samtigen Struktur kann früh getrunken werden, sollte sich aber leicht 15 Jahre oder länger halten. Letzte Verkostung: 6/94.

1989 • 89 Châteauneuf-du-Pape Cuvée Prestige (rot): Die 89er Prestigecuvée – ein Verschnitt aus 50 % Grenache, 14 % Syrah, 12 % Mourvèdre, 10 % Cinsault und einer Mischung anderer Sorten – gilt als einer der besten Châteauneufs aus dem Hause Cabrières seit dem profunden 61er. Sein riesiges, rauchiges Bukett mit Düften von Hickoryholz, Vogelkirsche und Kräutern verbindet sich mit einer geschickt ausgewogenen Kraft und Finesse. Die ausladende, süße, reife Frucht und die anständige Säure verleihen dem Wein Konturen und in seinem langen, lebhaften Abgang zeigt sich mäßig hohes Tannin. Es bereitet Freude zu sehen, welch einen stattlichen Tropfen diese große Domaine hervorzubringen vermag. Voraussichtliche Genussreife: jetzt bis 2006. Letzte Verkostung: 6/95.

ÄLTERE JAHRGÄNGE

Cabrières 59er und 61er Châteauneufs waren vorzüglich, doch habe ich beide seit fast 10 Jahren nicht mehr verkostet. Im alten vollen und körperreichen Stil bereitet, wirkten sie im ausgereiften Zustand intensiver als die meisten jüngeren Jahrgänge. Vor mehr als einem Jahrzehnt probierte ich den 67er zweimal, und die zuletzt geprüfte, leider leicht korkelnde Flasche war ebenso wie der 66er schon eine sehr gute Leistung. Weine aus jüngeren Jahren – wie der 85er, der 83er, der 82er, der 79er und der 78er – erwiesen sich als kompetent und sauber bereitet, konnten aber nicht gerade begeistern. Gut gelagerte Flaschen von 1961 und 1959 wären bei Auktionen zweifellos günstig zu erwerben.

LES CAILLOUX (ANDRÉ BRUNEL) *****

Adresse:
6, chemin du Bois de la Ville, 84230 Châteauneuf-du-Pape, Tel.: 4 90 83 72 62, Fax: 4 90 83 51 07

Produzierte Weine:
Châteauneuf-du-Pape (rot und weiß), Châteauneuf-du-Pape Cuvée Centenaire (rot)

Rebfläche:
Weiß: 2 ha; Rot: 173,5 ha; Cuvée Centenaire – 2,3 ha

Produktionsmenge:
Weiß: 750 Kisten; Rot: 6 900 Kisten; Cuvée Centenaire – 500 Kisten

Ausbau:
Weiß: 15 bis 21 Tage Gärung in Edelstahltanks, dann 5 Monate Ausbau ebenfalls in Edelstahl
Rot: 3 bis 4 Wochen Gärung in Emailtanks, dann Ausbau eines Teils des Ertrags in Eichenfässern,
von denen 33 % neu und 67 % 1 bis 2 Jahre alt sind, der Rest des Ertrags bleibt 18 Monate in mit
Email ausgekleideten Zementtanks; Cuvée Centenaire – 3 bis 4 Wochen Gärung in Emailtanks,
dann Ausbau von je 50 % des Ertrags für 18 Monate in Barriques und Emailtanks

Durchschnittsalter der Reben:
Weiß: 30 Jahre
Rot: 60 Jahre; Cuvée Centenaire – 100 Jahre und älter (1889 gepflanzt)

Verschnitt:
Weiß: 30 % Grenache blanc, 30% Roussanne, 30 % Clairette, 10 % Bourboulenc
Rot: 65 % Grenache, 20 % Mourvèdre, 10 % Syrah, 5 % andere Sorten;
Cuvée Centenaire – 90 % Grenache, 10 % andere Sorten

Etwa Anfang fünfzig, sieht André Brunel aber zehn Jahre jünger aus. Er gehörte von jeher zu den ernst zu nehmenden Erzeugern der Appellation Châteauneuf-du-Pape, und ich berichte gerne über einen stetigen Qualitätsanstieg seiner Produkte. Aus den Trauben dieses 21 Hektar großen Guts werden kraftvolle, reiche, elegante und konzentrierte Weine gewonnen. Seine Weinberge liegen zwar verstreut, doch legte man einen der größeren bei Mont Redon auf den berühmten *galets roulés* an. Brunel stammt aus einer Familie, die seit dem 18. Jahrhundert in diesem Anbaugebiet ansässig ist, und übernahm das Weingut Anfang der siebziger Jahre von seinem Vater. Sein Engagement und seine Führungsqualitäten finden auch in Châteauneuf Anerkennung, wo er nicht nur eine führende Rolle in einem der beiden Gremien der Appellationsverwaltung spielt, sondern auch in seinem eigenen Winzerverband *Les Reflets*.

Brunel ruht sich jedoch niemals auf seinen Erfolgen aus und erkundet stets neue Methoden. So erhöht er bei seinem sehr guten Weißwein allmählich den Roussanne-Anteil, während beim Roten die Rebsorten Syrah und Mourvèdre im endgültigen Verschnitt immer bedeutender werden. 1989 führte Brunel die Cuvée Centenaire ein, die aus einer 2,3 Hektar umfassenden, 1889 bestockten Parzelle vorwiegend aus der Grenache-Traube gewonnen wird.

Auch das Entrappen handhabt Brunel flexibel. Da seiner Meinung nach die Stiele häufig nicht physiologisch reif waren und dem Wein zu viel Säure und Bitterkeit verliehen, wurden praktisch alle Mourvèdre-Trauben und der überwiegende Teil des Syrah- und Grenache-Leseguts abgebeert. Bis 1988 wurde auch je nach Bedarf geschönt und filtriert, abhängig davon, ob sich der Jahrgang von Natur aus glanzhell entwickelte oder sich noch Proteine oder Schwebeteilchen im Wein hielten. Danach entschloss sich der Winzer jedoch, bei seinen Rotweinen auf eine solche Klärung zu verzichten; die Cuvée Centenaire war ohnehin immer unfiltriert abgefüllt worden.

In den siebziger und achtziger Jahren gerieten Brunels Erzeugnisse gut, wenn auch etwas unbeständig, seit Ende der achtziger Jahre zeigen sie sich in Bestform. Sein Châteauneuf-du-Pape lässt sich zumeist schon bei der Freigabe trinken, kann aber auch 10 bis 15 Jahre reifen. Die in den Jahren 1989, 1990 und 1995 erzeugte Cuvée Centenaire kommt außerordentlich opulent und voll daher und kann sehr gut früh getrunken werden, sich aber ebenso gut zwei Jahrzehnte oder länger halten. André Brunel ist wahrlich einer der hellsten Sterne am Erzeugerhimmel von Châteauneuf-du-Pape.

Anmerkung: Die folgenden Notizen über die Standardcuvée beziehen sich auf den Les Cailloux, der von dem Importeur Robert Kacher exklusiv für den amerikanischen Markt ausgewählt wurde. Er gleicht keiner anderen, irgendwo auf der Welt verkauften Cuvée dieses Erzeugers. Die amerikanische «Version» von 1 500 Kisten wird in einem größeren Prozentsatz neuer Eiche ausgebaut, wobei die Mourvèdre- und Syrah-Partien in zu 25 % neuen Eichenfässern, der Rest aber in älteren Fässern und *foudres* reifen. Die Cuvée Centenaire wird dagegen unverändert in den USA und weltweit verkauft.

JAHRGÄNGE

1995 • 92 Châteauneuf-du-Pape (rot): Der 95er Châteauneuf macht fast Brunels großartigem 90er Konkurrenz. Er zeigt ein tieferes Rubin- bis Purpurrot als der 94er und eine hervorragende Reife, außergewöhnliche Fülle, einen Kern von süßer, reich extrahierter Frucht sowie einen langen, nach Cassis schmeckenden Abgang. Dieser reintönige, mäßig tanninreiche und eindrucksvoll gebaute Wein explodiert geradezu am hinteren Gaumen. Er wird bei der Freigabe trinkreif sein und sich 15 Jahre halten. Letzte Verkostung: 6/96.

1994 • 90 Châteauneuf-du-Pape (rot): Brunel hat einen der feinsten 94er Châteauneufs hervorgebracht, einen körperreichen, beeindruckend strukturierten und konzentrierten Wein, der von der Leistung seines großen 89ers und 90ers nicht weit entfernt ist. Er offeriert ein tiefes Rubin- bis Purpurrot sowie ein wunderbares provenzalisches Bukett von Seetang, schwarzen Oliven und reichlichen Mengen schwarzer und roter Kirschen und Himbeeren. Dieser körperreiche Tropfen mit seiner weichen, seidigen Konsistenz und herausragenden Reintönigkeit besticht als nachhaltiger, gut ausgewogener, harmonischer Wein, den man über die nächsten 10 bis 12 Jahre trinken kann. Letzte Verkostung: 6/96.

1993 • 90 Châteauneuf-du-Pape (rot): Der 93er wird vielleicht nie das Niveau des üppigen 90ers erreichen, wohl aber die Qualität des 88ers. Er enthüllt eine eindrucksvoll dunkle rubin- bis purpurrote Farbe, eine duftige, vorbildliche Nase von *garrigue* und süßer Schwarzkirschenfrucht. Reif, körperreich, bewundernswert – dieser milde Châteauneuf mit seinem zentralen Kern von Süße und Fülle eignet sich für den sofortigen Genuss, kann aber auch noch 10 bis 12 Jahre gelagert werden. Letzte Verkostung: 6/96.

1992 • 92 Châteauneuf-du-Pape (rot): Die nur 850 Kisten des 92ers aus den ältesten Reben Brunels werden ausschließlich auf dem amerikanischen Markt vertrieben. Der Wein, in zu 15 bis 25 % neuem Eichenholz ausgebaut, ist einer der Superstars eines durchschnittlichen bis leicht überdurchschnittlichen Jahrgangs. In der Farbe beeindruckend satt und dunkel rubin- bis purpurrot entströmen dem profunden, süßen, exotischen Bukett Düfte von Schwarzen

Himbeeren, Gewürzen und milder Vanille. Dieser körperreiche und konzentrierte Châteauneuf-du-Pape mit seiner Fülle an Glyzerin, Extrakt und Alkohol präsentiert sich in dekadentem Stil und sollte über die nächsten 10 Jahre getrunken werden. Letzte Verkostung: 12/95.

1990 • 93 Châteauneuf-du-Pape (rot): Der süffige 90er mit seinem etwas höheren Alkoholgehalt und offener gewirkten Stil mutet ein wenig aufgeschlossener und nicht ganz so strukturiert an als der ebenso eindrucksvolle, aber nicht so weit entwickelte 89er; viele 90er erzielten immerhin 14,5 bis 15 % natürlichen Alkoholgehalt. Der Wein präsentiert eine dunkle rubinrote Farbe mit purpurroten Nuancen und ein Bukett mit einer umwerfend vollen, prallen Vogelkirschenfrucht, verwoben mit den Aromen von süßem Früchtebrot und provenzalischen Kräutern – ein körperreicher, gehaltvoller, ausgewogener und konzentrierter Tropfen, der seine Säure und seine Tannine wunderbar integriert und über einen Alkoholgehalt von über 14 % verfügt. Dieser saftige, schmackhafte Rote lässt sich schon jetzt gut trinken, kann aber auch weitere 10 bis 12 Jahre lagern – ein vorzüglicher Châteauneuf-du-Pape! Letzte Verkostung: 8/96.

1990 • 96 Châteauneuf-du-Pape Cuvée Centenaire (rot): Ein fabelhafter Wein! Seine undurchdringliche, dunkel rubin- bis purpurrote Farbe lässt auf feinen Geschmacksextrakt schließen. Das Bukett zeigt sich fast so profund wie bei einem La Mouline von Guigal aus der Appellation Côte Rôtie, und sein blumiger Charakter von süßen Brombeeren, verbunden mit angerauchter neuer Eiche und Mineralien, fasziniert. Im Mund gibt sich dieser Tropfen körperreich und außergewöhnlich gehaltvoll, und auf Grund der sagenhaften Reife und Fülle der Frucht schmeckt er süß, mit einem opulenten, üppig strukturierten und nachhaltigen Abgang. Dieser Jahrgang fiel zwar nicht so kräftig und konzentriert aus wie der 89er, bietet aber mehr Komplexität und Finesse in seinem geradlinigeren Stil. Es wäre interessant zu sehen, wie dieser Wein in einer Blindprobe von *Grands crus* aus Burgund desselben Jahrgangs, vor allem aus der Appellation Richebourg, abschneiden würde. Diese Cuvée Centenaire dürfte kurzfristig einen fabelhaften Genuss bieten und sich weitere 12 bis 14 Jahre halten. Letzte Verkostung: 1/96.

1989 • 93 Châteauneuf-du-Pape (rot): Der vorzügliche 89er Les Cailloux besitzt eine purpurrote- bis schwarze Farbe und ein riesiges Bukett von Leder, exotischen Gewürzen sowie roten und schwarzen Früchten. Gehaltvoller und körperreicher als der 90er offenbart er auch erheblich mehr Tannine; im Abgang gibt er sich lang, konzentriert und eindrucksvoll. Man sollte ihm mindestens 4 bis 5 Jahre im Keller zugestehen; er wird sich dann bis zu 20 Jahre halten. Die beste Leistung Brunels seit seinem wunderbaren 78er. Letzte Verkostung: 1/96.

1989 • 95 Châteauneuf-du-Pape Cuvée Centenaire (rot): Brunels Prestigecuvée, der 89er Les Cailloux Cuvée Centenaire, ist wahrhaft außergewöhnlich! 1989 gab es mehrere monumentale Châteauneufs, doch gehört dieser zu den besten. An Reichhaltigkeit, Farbtiefe und Vielschichtigkeit der in sein massives Format eingebauten, konzentrierten Frucht übertrifft er auch die ebenfalls große Standardcuvée und wirkt dabei bemerkenswert ausgeglichen. Sein Abgang dauert wohl über eine Minute und sein durchdringendes, explosives Bukett von Mineralien, Lakritze, schwarzen Beeren und orientalischen Gewürzen beeindruckt sehr. Dieser jetzt zugängliche Châteauneuf wird sich aber – wie so viele große Weine dieser Appellation – mindestens weitere 10 bis 15 Jahre verbessern und sich vielleicht 20 Jahre oder länger halten. Eine Spitzenleistung! Letzte Verkostung: 1/96.

1988 • 89 Châteauneuf-du-Pape (rot): Der 88er bietet ein vielschichtiges Bukett von Paprika, Gewürzen, schwarzen Beerenfrüchten und Kräutern, gefolgt von einer gehaltvollen, samtig strukturierten Mittelphase mit einem mittleren bis vollen Körper. Der Rotwein gibt sich komplex, dabei aber aufgeschlossener und weniger konzentriert als der 89er. Voraussichtliche Genussreife: jetzt bis 2004. Letzte Verkostung: 4/96.

1985 • 86 Châteauneuf-du-Pape (rot): Wie so viele Châteauneufs von 1985 – außer denen von Beaucastel und Henri Bonneau – erwies sich auch der 85er von Les Cailloux als guter, aber wenig begeisternder Tropfen. Bei zahlreichen Châteauneufs verflüchtigte sich der Babyspeck schnell und ließ weniger Körper zurück als zunächst angenommen. Der 85er Les Cailloux zeigt sich mild und kräuterwürzig, bei guter Frucht, mittlerem bis vollem Körper und einer glatten, abgerundeten Struktur. Austrinken, da die Farbe allmählich merkliche Bernstein- und Rosttöne annimmt. Letzte Verkostung: 1/96.

1983 • 87 Châteauneuf-du-Pape (rot): Dieser Wein hat sich gut entwickelt – zweifellos ein Erfolg für diesen Jahrgang. Er präsentiert sich mit einer guten, tiefen Farbe, einem würzigen Bukett von Vogelkirschen, subtiler Kräuterwürze, einem vollen Körper und beträchtlicher Länge. Voraussichtliche Genussreife: jetzt bis 2000. Letzte Verkostung: 12/93.

1978 • 90 Châteauneuf-du-Pape (rot): Tief granatrot in der Farbe, mit einem Aroma von Rauch, Zedernholz, Tabak und prallen Kirschen zeigt sich dieser klassische, körperreiche, tiefe, süffige Wein vollmundig und komplex. Obwohl er Hochreife erreicht hat, wird er sich weitere 10 Jahre gut trinken lassen. Letzte Verkostung: 4/96.

LES CAVES SAINT PIERRE **

Adresse:
Maison Henry Bouachon, avenue Pierre de Luxembourg, 84230 Châteauneuf-du-Pape
Tel.: 4 90 83 72 14, Fax: 4 90 83 77 23

Dieses riesige Handelshaus hat eine große Auswahl von Weinen im Angebot, unter anderem von der südlichen Rhône und aus der Provence sowie verschiedene *vins de pays* aus dem Languedoc-Roussillon. Sein Châteauneuf-du-Pape ist kompetent bereitet, von mittlerem bis vollem Körper, robust und kräftig – man kann ihn weder charakterlos noch unwiderstehlich nennen. Große kommerzielle Händler wie die Cave Saint-Pierre lassen sich leicht kritisieren, in der Qualität erweist sich ihr Angebot letztlich jedoch als zumindest annehmbar, gelegentlich sogar überdurchschnittlich.

CELLIER DES PRINCES **

Adresse:
Route Nationale 7, 84350 Courthézon, Tel.: 4 90 70 21 44, Fax: 4 90 70 27 56

Diese 1924 gegründete Winzergenossenschaft ist die einzige ihrer Art in Châteauneuf-du-Pape, hat über 500 Mitglieder und herrscht über mehr als 588 Weinberge der Appellation. Das Durchschnittsalter der Reben beträgt 30 Jahre, die Rebflächen sind normalerweise mit 80 % Grenache, 10 % Mourvèdre und Syrah und 10 % verschiedener anderer Sorten bestockt. Der daraus gewonnene Châteauneuf zeigt sich zwar annehmbar, aber wenig begeisternd und verbessert kaum das Image der Appellation. Kompetent bereitet, fruchtig und mild muss der Wein innerhalb von 5 bis 6 Jahren getrunken werden. Mit viel gutem Willen kann man ihm ein Aroma von *garrigue*, Kräutern der Provence und Pfeffer entlocken.

DOMAINE DES CHANSSAUD ***

Adresse:
84100 Orange, Tel.: 4 90 34 23 51, Fax: 4 90 34 50 20

Produzierte Weine:
Châteauneuf-du-Pape (rot und weiß)

Rebfläche:
Weiß: 2 ha; Rot: 39 ha

Produktionsmenge:
Weiß: 750 Kisten; Rot: 15 000 Kisten

Ausbau:
Weiß: Insgesamt 4 Monate, 15 Tage Gärung in Zement- und Epoxidtanks,
dann 4 Monate Ausbau in Zementtanks
Rot: Insgesamt 18 bis 20 Monate, 15 bis 20 Tage Gärung in Epoxidtanks,
dann 8 bis 12 Monate Ausbau – 15 % in neuen bis 3 Jahre alten *demi-muids*, 85 % in Zementtanks

Durchschnittsalter der Reben:
Weiß: 20 Jahre; Rot: 60 Jahre

Verschnitt:
Weiß: 70 % Clairette, 20 % Grenache blanc, 10 % Bourboulenc, Roussanne und andere Sorten
Rot: 80 % Grenache, 8 bis 10 % Syrah, 6 % Mourvèdre, 4 % Cinsault

Der Betrieb des Winzers Patrick Jaume lässt sich bis in das Jahr 1772 zurückverfolgen und liegt auf halbem Wege zwischen Châteauneuf-du-Pape und Orange. Seine Weinberge verteilen sich auf 15 separate Parzellen mit überwiegend sandigen Steinböden. Bei meinen Proben kam ein kommerziell bereiteter, fruchtiger, milder Châteauneuf in modernem Stil zum Vorschein, den man innerhalb von fünf bis sieben Jahren nach der Lese trinken sollte. Die wenigen von mir verkosteten Weißen erwiesen sich als eindimensional.

JAHRGÄNGE

1995 • 77 Châteauneuf-du-Pape (rot): Bei meiner Probe hatte der 95er Châteauneuf-du-Pape die malolaktische Gärung eben abgeschlossen, daher fällt mein Urteil vielleicht zu streng aus, denn ein Wein in dieser Phase lässt sich schwerlich einschätzen. Er schmeckt mager und tanninstreng bei einem überraschend hohen Säuregehalt. Letzte Verkostung: 6/96.

1994 • 85 Châteauneuf-du-Pape (rot): Vor der Abfüllung zeigte der 94er sehr viel mehr Fleisch und Fülle, aber wie bei so vielen Betrieben der Appellation wurde der Chansaud zweifellos geschönt und filtriert und verlor damit beträchtlich an Potenzial. Dafür kann man neben den Önologen des Dorfes, die solche Techniken fördern, auch den unwissenden Verbraucher verantwortlich machen, der keinen Bodensatz im Wein akzeptiert. Der angenehm milde, runde, gut entwickelte und säurearme 94er von einem mittleren Rubinrot offeriert ansprechende Düfte nach Oliven und prallen Kirschen. Idealerweise sollte er über die nächsten 3 bis 5 Jahre getrunken werden. Letzte Verkostung: 6/96.

1993 • 85 Châteauneuf-du-Pape (rot): Dieser milde, fruchtige, mittelgewichtige 93er ist über die nächsten 5 bis 6 Jahre zu trinken. Letzte Verkostung: 9/95.

1990 • 85 Châteauneuf-du-Pape (rot): Der 90er bietet ein süßes, beinahe nach Aprikosen- und Himbeermarmelade duftendes Bukett, das auf einen späten Lesezeitpunkt schließen lässt. Im Mund gibt er sich ausladend und leicht süß mit runden, milden Geschmacksnuancen. Ein erfreulicher Rotwein in kommerziellem Stil, den man idealerweise über die nächsten 4 bis 6 Jahre trinken sollte. Letzte Verkostung: 6/93.

1989 • 76 Châteauneuf-du-Pape (rot): Überraschend leicht, geradlinig und eindimensional. Letzte Verkostung: 6/93.

1988 • 82 Châteauneuf-du-Pape (rot): Der würzige 88er zeigt einen mittleren Körper und eine annehmbare Frucht, insgesamt aber mangelt es diesem eindimensionalen Erzeugnis an Tiefe und Konzentration. Letzte Verkostung: 6/92.

DOMAINE CHANTADOU ***

Adresse:
84230 Châteauneuf-du-Pape, Tel.: 4 90 83 72 87, Fax: 4 90 83 50 93

Produzierte Weine: Châteauneuf-du-Pape (rot und weiß)

Rebfläche: 16 ha

Produktionsmenge: 3 500 Kisten

Ausbau: Rot: 12 bis 14 Monate in *foudres* aus Eiche

Durchschnittsalter der Reben: 35 Jahre

Verschnitt:
Weiß: 60 % Grenache blanc, 40 % Clairette
Rot: 80 % Grenache, 10 % Cinsault, 10 % Syrah

Die 1976 gegründete Domaine Chantadou gehört Jean Comte de Lauze. Sie besteht aus verstreut liegenden Weinbergen, deren Nord- und Südhänge Kalkstein- und Lehmböden aufweisen, auf denen leichte, fruchtige, milde Weine wachsen, die beständig eine Punktzahl um 85 erzielen. Der beste bisher von mir verkostete Jahrgang war der 90er, der innerhalb von 6 bis 7 Jahren nach der Lese getrunken sein wollte.

JAHRGÄNGE

1990 • 86 Châteauneuf-du-Pape (rot): Der 90er Châteauneuf der Domaine Chantadu gewann mit seinem Aroma überreifer Apfelsinen, Aprikosen und Pfirsiche beim jährlichen Festival von Saint-Marc den zweiten Preis. Im Mund zeigt er sich einigermaßen gehaltvoll, bei milden Tanninen, mittlerem bis vollem Körper und reichlichem Alkoholgehalt. Erstaunlicherweise sind die meisten Sieger dieses Festivals, dessen Jury aus den Erzeugern von Châteauneuf-du-Pape besteht, in einem vordergründigen, kommerziellen Stil bereitete, alkoholstarke Weine von einem mittleren bis vollen Körper. Die drei Superstars des Dorfes – Rayas, Bonneau und Beaucastel – nehmen an diesem Wettbewerb erst gar nicht teil. Letzte Verkostung: 9/94.

1989 • 82 Châteauneuf-du-Pape (rot): Der 89er repräsentiert einen relativ käuferorientierten, offen gewirkten, milden Châteauneuf-Stil mit einem Bukett von Pfeffer, Kräutern und Beeren. Von mittlerem Körper und weicher, reifer Frucht gibt er sich im Abgang rund und alkoholstark. Über die nächsten 3 bis 5 Jahre trinken. Letzte Verkostung: 9/94.

1988 • 85 Châteauneuf-du-Pape (rot): Der ebenfalls reife und alkoholreiche 88er mit seinem berauschenden, fleischigen, schokoladenartigen Geschmack besitzt mehr Konturen. Ein sehr gutes Beispiel für einen Châteauneuf im modernen Stil, den man über die nächsten 4 bis 5 Jahre trinken sollte. Letzte Verkostung: 6/93.

DOMAINE CHANTE-CIGALE ***

Adresse:
Avenue Louis Pasteur, 84230 Châteauneuf-du-Pape, Tel.: 4 90 83 70 57, Fax: 4 90 83 51 28

Produzierte Weine:
Châteauneuf-du-Pape (rot und weiß), Châteauneuf-du-Pape Cuvée Spéciale (weiß)

Rebfläche:
Weiß: 6 ha; Cuvée Spéciale – 1 ha; Rot: 34 ha

Produktionsmenge:
Weiß: 2 500 Kisten; Cuvée Spéciale – 438 Kisten
Rot: 12 500 Kisten

Ausbau:
Weiß: 4 Monate in Edelstahltanks; Cuvée Spéciale – 4 Monate alkoholische Gärung
ausschließlich in Barriques
Rot: Insgesamt 24 bis 28 Monate, davon 3 Wochen Gärung, dann 12 bis 24 Monate Ausbau in alter Eiche, danach Lagerung in Edelstahl vor der in einem Durchgang vorgenommenen Abfüllung

Durchschnittsalter der Reben:
Weiß: 15 Jahre; Cuvée Spéciale – 15 Jahre
Rot: 30 Jahre

Verschnitt:
Weiß: 30 % Grenache blanc, 40 % Clairette, 15 % Bourboulenc, 15 % Roussanne;
Cuvée Spéciale – 100 % Roussanne
Rot: 80 % Grenache, 10 % Syrah, 5 % Cinsault, 5 % Mourvèdre

Diese mit 42 Hektar relativ große Domaine trägt den charmanten Namen Chante Cigale – die zirpende Heuschrecke. Sie gehört Christian Favier, dem Schwiegersohn von Noël Sabon, der in Châteauneuf-du-Pape so manchen Winzer schulte. Für den Rotwein sind 80 % der Rebflächen mit Grenache, 10 % mit Syrah und je 5 % mit Mourvèdre und Syrah bestockt. Daneben werden 2 500 Kisten eines trockenen Weißen aus 30 % Grenache blanc, 40 % Clairette und je 15 % Bourboulenc und Roussanne hergestellt sowie seit einigen Jahren eine weiße Luxuscuvée aus 100 % Roussanne, die ausschließlich in Barriques vergoren und darin weitere vier Monate ausgebaut wird. Leider habe ich diesen Wein nie verkostet; sollte er jedoch dem ebenfalls reinsortigen Roussanne Vieilles Vignes aus dem Hause Beaucastel ähneln, so ist er zweifellos etwas Besonderes.

Auch in dieser Kellerei wird mit Mehrfachabfüllungen gearbeitet, was zu enttäuschenden Qualitätsschwankungen führt. Früher erzeugte Chante-Cigale traditionelle, schwergewichtige, intensive und alterungsfähige Weine von exotischer, konzentrierter Art. Seit Anfang der achtziger Jahre werden jedoch geschönte und mehrfach filtrierte Produkte in modernem Stil angeboten: fruchtig, mild und ansprechend, aber keineswegs profund, bei einem Reifepotenzial von sechs bis acht Jahren.

Die neueren Jahrgänge wurden auf Grund der als sehr kritisch aufgefassten Bewertungen dieser Weine nicht verkostet. Über den 89er und den 90er liegen mir dagegen begeisterte Prüfnotizen vor, obwohl je nach Abfüllort und Importeur die Qualität von Flasche zu Flasche schwankte. Unter den älteren Jahrgängen finden sich ein guter 88er sowie mittelmäßige Weine aus den Jahren 1985, 1982 und 1980.

DOMAINE DE CHANTE-PERDRIX (NICOLET FRÈRES) ****

Adresse:
84230 Châteauneuf-du-Pape, Tel.: 4 90 83 71 86, Fax: 4 90 83 53 14

Produzierte Weine: Châteauneuf-du-Pape (rot und weiß)

Rebfläche: Weiß: 4 ha; Rot: 17 ha

Produktionsmenge: Weiß: 562 Kisten; Rot: 6 875 Kisten

Ausbau:
Weiß: 8 Monate in Emailtanks
Rot: Insgesamt 30 Monate, 15 Tage Gärung in Zementtanks, dann 18 bis 24 Monate
Ausbau in alten Eichenfässern und 6 Monate Lagerung in Emailtanks bis zur Abfüllung

Durchschnittsalter der Reben:
Weiß: 25 Jahre; Rot: 45 Jahre

Verschnitt:
Weiß: 70 % Grenache blanc, 10 % Clairette, 10 % Bourboulenc, 10 % Roussanne
Rot: 80 % Grenache, 6 % Syrah, 6 % Muscardin, 6 % Mourvèdre, 2 % andere Sorten

Von der Domaine des «singenden Rebhuhns» – Chante Perdrix – stammt einer der exotischeren und verlockenderen Weine von Châteauneuf-du-Pape, der sich in Spitzenjahrgängen wie 1989 unleugbar extravagant und ausdrucksstark gibt. Der Rote des mit 18,2 Hektar mittelgroßen Guts von Guy und Frédéric Nicolet wird aus 80 % Grenache, jeweils 6 % Syrah, Muscardin und Mourvèdre und 2 % anderen Sorten gekeltert und stammt von Rebstöcken mit einem Durchschnittsalter von beeindruckenden 45 Jahren. Der im Bereich Condorcet im Süden der Appellation gelegene Weinberg zählt als einer der wenigen zu einer einzigen Domaine. Der Boden ist dort leichter und kieshaltiger, mit kleineren Kieselsteinen und Felsbrocken. Die Nicolets gehören dem Winzerverband *Les Reflets* an. Guy Nicolet, ein stiller, bescheidener Mann von kleiner Statur, produziert alles andere als bescheidene Weine: Ungeheuer fruchtig, bei üppiger Struktur und extrovertierter Art repräsentieren sie den Châteauneuf-du-Pape in seiner verführerischsten Form. Wer diesen Stil mag, sollte den Chante-Perdrix innerhalb von zehn bis fünfzehn Jahren nach der Lese trinken. Er gehört zwar nicht zu den langlebigsten Weinen der Appellation, wohl aber zu den köstlichsten. Den Weißen habe ich nie verkostet.

Jahrgänge

1994 • 84 Châteauneuf-du-Pape (rot): Der 94er zeigt eine gut entwickelte, mittlere bis dunkle rubinrote Farbe mit leichten granatroten Nuancen. Das kräftige, kräuterwürzig-rauchige Bukett von gerösteten Kaffeebohnen geht einem nicht sonderlich konzentrierten Wein voraus, der leichter geriet als sein Vorgänger. Vielleicht haben die Nicolets 1994 zu spät mit der Lese begonnen? Letzte Verkostung: 6/95.

1993 • 89 Châteauneuf-du-Pape (rot): Ein Musterexemplar aus dem Hause Nicolet – ein exotischer, nach Kaffee und Schokolade duftender Tropfen mit reichlich überreifer Frucht von Vogelkirschen, Aprikosen und Pfirsichen, dem das typische Aroma von provenzalischen Kräutern Komplexität verleiht. Auffällig, von weicher, samtiger Struktur und äußerst fruchtig sollte der Wein idealerweise über die nächsten 10 bis 12 Jahre getrunken werden. Letzte Verkostung: 6/95.

1990 • 86 Châteauneuf-du-Pape (rot): Nach dem Erfolg des herrlichen 89ers geriet der 90er weniger berauschend: Ein zweifellos guter Châteauneuf, dem jedoch die Konzentration, die Komplexität und das Reifepotenzial des 89ers fehlen. Das Bukett dieses Weins von einem mittleren Rubinrot bietet ein intensives Aroma von Kräutern, Lakritze sowie roten und schwarzen Früchten. Im Mund zeigen sich ein mittlerer bis voller Körper, eine einnehmende, üppige, fleischige Struktur, eine gute, wenn auch nicht große Tiefe und ein glatter, seidiger Abgang. Für sein Alter wirkt dieses Erzeugnis bereits recht schön entfaltet, bei leichten Bernsteintönen am Saum. Es empfiehlt sich ein Verbrauch in den nächsten 5 bis 6 Jahren. Letzte Verkostung: 4/95.

1989 • 94 Châteauneuf-du-Pape (rot): Der 89er Chante-Perdrix besticht als einer der schwelgerisch gehaltvollsten, exotischsten Weine dieses Jahrgangs. Auf Grund seiner ausgezeichneten Qualität erwarb ich gleich mehrere Kisten dieses Nektars mit einem noch immer gesunden, dunklen Rubin- bis Purpurrot und einem herrlich intensiven Bukett von getrockneten Blumen, prallen schwarzen Beerenfrüchten, orientalischen Gewürzen, Rauch und provenzalischen Kräutern. Dieser körperreiche und wunderbar gehaltvolle Tropfen zeigt eine üppige Struktur, eine vielschichtige, den Gaumen streichelnde Frucht und eine viskose, höchstkonzentrierte, saftige Art. Er zeigte sich von Beginn an köstlich, weist keinerlei Alterserscheinungen auf und sollte sich bei diesem Format weitere 10 Jahre gut trinken lassen. Ein erregender Châteauneuf-du-Pape! Voraussichtliche Genussreife: jetzt bis 2005. Letzte Verkostung: 3/97.

Ältere Jahrgänge

Zu den besten älteren Jahrgängen gehören ein wunderbarer 83er, ein sehr guter 81er und ein vorzüglicher 78er. Diese drei Weine habe ich zuletzt vor 1990 verkostet; damals befanden sie sich in gutem Zustand.

CHAPOUTIER

(Barbe Rac *****, La Bernardine ***)

Adresse:
18, avenue du Docteur Paul Durand, B.P. 382, 26600 Tain l'Hermitage,
Tel.: 4 75 08 28 65, Fax: 4 75 08 81 70

Produzierte Weine:
Châteauneuf-du-Pape La Bernardine (rot und weiß), Châteauneuf-du-Pape Barbe Rac

Rebfläche: 30 ha

Produktionsmenge: Weiß: 600 Kisten; Rot: 2 000 Kisten

Ausbau:
Weiß: 6 Monate in Edelstahltanks
Rot: 12 Monate in Fässern und *demi-muids*

Durchschnittsalter der Reben: 40 bis 90 Jahre

Verschnitt:
Weiß: 80 % Grenache blanc, 20 % Clairette
Rot: 100 % Grenache

Chapoutiers 30 Hektar umfassendes Weingut in Châteauneuf-du-Pape, La Bernardine, fällt insofern auf, als seine Rotwein-Rebflächen zu 100 % mit Grenache bepflanzt sind. Nach Auffassung Michel Chapoutiers erfährt das *terroir* seinen besten Ausdruck in den so genannten *monocépages* – den reinsortigen Weinen –, sofern man ihre Erträge beschränkt. Der 1939 erworbene Besitz besteht aus mehreren Parzellen: Die größten liegen im Norden der Appellation bei La Gardine sowie im Osten in der Nähe von Vieux-Télégraphe und Bédarrides. Im Westen befindet sich die älteste Parzelle, die 1901 bestockt wurde und deren Erträge seit 1989 nicht mehr dem La-Bernardine-Verschnitt beigemischt, sondern zu der Luxuscuvée Barbe Rac verarbeitet werden. Dieser ausschließlich aus alten Grenache-Reben gewonnene Wein gilt als eine massive, riesig dimensionierte Verkörperung der Grenache, vergleichbar dem Château Rayas von Jacques Reynaud. Die Produktionsmengen schwanken zwischen 500 und 700 Kisten pro Jahr, während vom La Bernardine in einem ertragreichen Jahrgang bis zu 7 500 Kisten erzeugt werden. Zum Sortiment gehört ferner ein weißer La Bernardine, wenn auch in sehr geringem Umfang.

Seit der Übernahme des Betriebs durch Michel Chapoutier wurde die Bereitung der beiden Cuvées La Bernardine und Barbe Rac umgestellt: Alle Trauben werden entrappt, und durch eine ausgedehnte Maischung und Gärung versucht man, möglichst viel Farbe und Intensität zu extrahieren. Anschließend reift der Wein zwölf Monate in *barriques* und *demi-muids*. Der Barbe Rac wird seit seinem Debütjahrgang 1989 ungeschönt und unfiltriert abgefüllt, während der La Bernardine traditionell einer stärkeren Behandlung unterzogen wurde. Seit 1995 lässt man jedoch auch roten La Bernardine unbehandelt und füllt ihn in einem Durchgang ab, um eine beständige Qualität zu erzielen.

In Chapoutiers fähigen Händen hat sich die Qualität dieser Weine sprunghaft erhöht – heute ist die Cuvée La Bernardine ein sehr guter bis ausgezeichneter Châteauneuf-du-Pape, während die Cuvée Barbe Rac zu den köstlichsten Weinen der Appellation zählt.

JAHRGÄNGE

1995 • 95 Châteauneuf-du-Pape Barbe Rac (rot): 1995 betrug die Produktionsmenge 10 Hektoliter pro Hektar, was rund 16,5 Doppelzentnern Frucht pro Hektar entsprach. Der undurchdringlich purpurrote Wein erinnert an einen jungen 78er und besitzt ein riesiges Bukett von Kirschwasser, Schwarzen Himbeeren und Mineralien – ein unentwickelter, dichter, kraftvoller Tropfen von legendärer Fülle, verblüffender Intensität und Tiefe, dabei massiv und etwas tanninstreng. Ein großartiger, seltener Châteauneuf in altem Stil! Voraussichtliche Genussreife: 2001 bis 2025. Letzte Verkostung: 6/96.

1995 • 90 Châteauneuf-du-Pape La Bernardine (rot): Der 95er La Bernardine zeigt eine tief rubin- bis purpurrote Farbe und ein süßes, ausladendes Bukett von *garrigue*, Zedernholz, schwarzen und roten Beerenfrüchten und gerösteten Erdnüssen. Dieser hervorragende, körperreiche, volle und strukturierte Wein wird sich als langlebig erweisen. Voraussichtliche Genussreife: 1998 bis 2010. Letzte Verkostung: 6/96.

1995 • 87 Châteauneuf-du-Pape La Bernardine (weiß): Der 95er La Bernardine blanc (Loskennzeichnung 7011) – fast ausschließlich aus Grenache blanc gewonnen – bietet ein mit Mandarinen-, Zitronen- und Mineraliendüften parfümiertes Bukett und ebensolche Geschmacksnuancen. Der fleischige, elegante Weiße von einem mittleren Körper sollte sich 1 bis 3 Jahre gut trinken lassen. Letzte Verkostung: 6/96.

1994 • 93 Châteauneuf-du-Pape Barbe Rac (rot): Der 94er Barbe Rac besitzt ein provenzalisches Bukett wie aus dem Bilderbuch, mit den Düften von Lavendel, *garrigue*, Kräutern, schwarzen Oliven und prallen Vogelkirschen. Sein kräftiger Geschmack weist einen explosiven Extraktstoff- und Glyzeringehalt auf und gibt sich äußerst voluminös und kraftvoll, gleichzeitig aber auch überraschend elegant und subtil. Dieser körperreiche Châteauneuf wird in 4 bis 6 Jahren und damit weit schneller als der 95er reifen, sich jedoch über weitere 2 Jahrzehnte gut trinken lassen. Letzte Verkostung: 6/96.

1994 • 89 Châteauneuf-du-Pape La Bernardine (rot): Mit einem Bukett von Lakritze, Pfeffer und Vogelkirschen/Kirschwasser, einem würzigen, körper- und tanninreichen, strukturierten Geschmack, hervorragender Tiefe und gehörigen Mengen Alkohol und Glyzerin im nachhaltigen Abgang sollte der 94er 2 bis 3 Jahre gelagert und dann über die nächsten 20 Jahre getrunken werden. Chapoutier strebt für den La Bernardine eine einzige Abfüllung an, nur beim 94er wird es eine zweite Abfüllung geben. Dabei handelt es sich zwar um exakt denselben Verschnitt, der Wein soll jedoch nicht eher abgefüllt werden, als bis die ersten 8 000 Kisten mit der Loskennzeichnung 6731 verkauft sind. Letzte Verkostung: 6/96.

1993 • 92 Châteauneuf-du-Pape Barbe Rac (rot): Ein herrlicher Tropfen: dick, voll und tanninreich, aus Erträgen von 10 Hektolitern pro Hektar. Er präsentiert sich mit einer satten, dunkel rubin- bis purpurroten Farbe, einem riesigen Körper, einer vielschichtigen, prallen und süßen Frucht, einer öligen Struktur und einem gewaltigen, fast scharfen Tanningehalt im Abgang. Ein Châteauneuf in massivem Stil, wie geschaffen für eine lange Lagerung. Voraussichtliche Genussreife: 2000 bis 2020. Letzte Verkostung: 6/96.

1993 • 88 Châteauneuf-du-Pape La Bernardine (rot): Der 93er La Bernardine wirkt aus der Flasche weniger eindrucksvoll als aus dem Fass – die Tannine des noch unentwickelten Weins treten jetzt mehr hervor. Der gehaltvolle Châteauneuf besitzt einen mittleren bis vollen Körper, eine beträchtliche Struktur und ein Reifepotenzial von 12 bis 15 Jahren. Letzte Verkostung: 6/96.

1992 • 90 Châteauneuf-du-Pape Barbe Rac (rot): Gehaltvoll und von einem mittleren bis dunklen Rubinrot bietet dieser Barbe Rac ein süßes, entwickeltes, pralles Bukett von getrockneten Kräutern, schwarzen Früchten und Gewürzen. Ein körperreicher, samtig strukturierter, alkoholstarker Tropfen, den man über die nächsten 10 bis 12 Jahre trinken sollte. Letzte Verkostung: 8/96.

1992 • 88 Châteauneuf-du-Pape La Bernardine (rot): Der purpurrote 92er La Bernardine offenbart ein parfümiertes Bukett von exotischen Gewürzen, Kräutern, Pfeffer, Leder und schwarzem Beerenobst. Ein dichter, konzentrierter Wein aus Kleinsterträgen von 15 Hektolitern pro Hektar, der durch seine feine Reife, seine geballte Ladung fülliger, kerniger Frucht und seinen langen, berauschenden Abgang überzeugt. Er ist mild genug, schon jetzt getrunken zu werden. Voraussichtliche Genussreife: jetzt bis 2005. Letzte Verkostung: 9/95.

1991 • 87 Châteauneuf-du-Pape Barbe Rac (rot): Der 91er Barbe Rac gehört zu den 2 oder 3 besten Weinen, die ich aus diesem in Châteauneuf-du-Pape scheußlichen Jahrgang verkostet habe. Ausgestattet mit einem tiefen Rubinrot, einer kräuterwürzigen Nase und reicher Johannisbeerfrucht gibt er sich im Geschmack zwar recht einseitig, verfügt aber über einen mittleren bis vollen Körper sowie eine ausgezeichnete Konzentration und Reife. Dank stärkerer Tannine als beim 92er und 93er wird sich dieser Rote nach 2 bis 3 Jahren im Keller verbessern und 15 Jahre halten. Letzte Verkostung: 6/96.

1990 • 97+ Châteauneuf-du-Pape Barbe Rac (rot): 1990 erzeugte man aus einem äußerst geringen Ertrag von 15 Hektolitern pro Hektar weniger als 5 000 Flaschen. Der Most wurde vor der Gärung mehrere Tage lang kalt eingemaischt, die *cuvaison* dauerte einen ganzen Monat! Daraus resultierte einer der gewaltigsten Rotweine, die ich je verkostet habe! Seine undurchdringliche, dunkel rubin- bis purpurrote Farbe begleitet ein Bukett, das zunächst zurückhaltend und unentwickelt wirkt, beim Schwenken an der Luft treten allerdings kraftvolle Düfte von Schwarzen Himbeeren, Schokolade, gerösteten Nüssen, Kräutern und Erde hervor. Im Mund zeigt sich der Wein außerordentlich gehaltvoll, mit viel Glyzerin, einer körperreichen, öligen Struktur und einem Abgang mit verblüffendem Geschmacksextrakt und hohem Tannin. Mit einer Lebenserwartung von 25 bis 35 Jahren kann gerechnet werden. Sollte Michel Chapoutier einen Châteauneuf-Stil nach dem Vorbild des renommierten Château Rayas – nur noch konzentrierter und intensiver – anstreben, dann sichert ihm der 90er Barbe Rac seinen Erfolg. Voraussichtliche Genussreife: 1998 bis 2020. Letzte Verkostung: 12/95.

1990 • 89 Châteauneuf-du-Pape La Bernardine (rot): Eine tief dunkle, rubin- bis granatrote Farbe, ein riesiges Bukett von süßer, gedörrter Himbeerfrucht, vermischt mit den Düften von Erdnüssen, Früchtebrot und würzigem Pfeffer – dieser gehaltvolle, expansive, körperreiche Tropfen bietet eine ölige Struktur, eine ausgezeichnete Konzentration und einen langen, mäßig tanninreichen Abgang. Ein intensiver, samtiger Wein, der für mindestens weitere 12 bis 14 Jahre erregenden Trinkgenuss bieten dürfte. Letzte Verkostung: 12/95.

1989 • 93 Châteauneuf-du-Pape Barbe Rac (rot): Der 89er Barbe Rac wurde aus nur 14 Hektolitern pro Hektar gewonnen, leider sind deshalb von diesem großartigen Tropfen, der mit seinem riesigen Bukett von Kräutern, Lakritze, Schokolade und Beerenfrüchten außergewöhnliche Ausmaße besitzt, auch nur 600 Kisten zu haben. Geschmacklich präsentiert er sich mit einer außerordentlichen Dichte und Konzentration, hohem Tannin, einer vielschichtigen Fülle sowie bemerkenswerter Nachhaltigkeit. Trotz seiner beträchtlichen Größe und Kraft schmeckt er nicht alkoholstark – ein sensationeller Châteauneuf-du-Pape. Voraussichtliche Genussreife: 1998 bis 2022. Letzte Verkostung: 12/95.

1989 • 88 Châteauneuf-du-Pape La Bernardine (rot): Während der 89er La Bernardine vor der Abfüllung herrlich war, erwies er sich nun leichter und nicht annähernd so tiefgründig, wie ich zunächst gehofft hatte. Trotzdem handelt es sich um einen ausgezeichneten Wein mit einem kräftigen, würzigen, beerenduftigen Bukett, vermischt mit den Düften von Kräutern, Mandeln und reichlich roten Früchten. Im Geschmack zeigt er sich üppig, schön konzentriert und geschmeidig, im Abgang lang und alkoholstark. Voraussichtliche Genussreife: jetzt bis 2005. Letzte Verkostung: 6/96.

ÄLTERE JAHRGÄNGE

Vor den bedeutenden Veränderungen in der Vinifikation durch Michel Chapoutier war der La Bernardine unbeständig, geriet häufig zu rustikal und war zuweilen bereits bei der Abfüllung ausgetrocknet. Michels Vater Max lagerte die Weine mehrere Jahre in seinen allgegenwärtigen *foudres* aus Kastanienholz, was zu schalen, dünnen, ausgetrockneten Weinen führte, insbesondere in weniger gut ausgestatteten Jahrgängen. Auch Max bereitete die Luxuscuvée Barbe Rac, jedoch nicht als Jahrgangswein, sondern als Verschnitt aus verschiedenen Jahrgängen. Wer das Glück hat, eine Flasche davon zu finden, sollte ihn probieren. Es lässt sich nicht sagen, welche Abfüllung auf dem Markt ist, doch waren alle, die ich verkostet habe, bedeutend gehaltvoller, komplexer und vollendeter als die Standardcuvée von La Bernardine.

DIE SÜDLICHE RHONE

Domaine de la Charbonnière ****

Adresse:
Route de Courthézon, 84230 Châteauneuf-du-Pape, Tel.: 4 90 83 64 59, Fax: 4 90 83 53 46

Produzierte Weine:
Châteauneuf-du-Pape (rot und weiß), Châteauneuf-du-Pape Mourre des Perdrix (rot),
Châteauneuf-du-Pape Cuvée Vieilles Vignes (rot)

Rebfläche:
Weiß: 1 ha; Rot: 6,9 ha; Mourre des Perdrix – 5 ha; Cuvée Vieilles Vignes – 3 ha

Produktionsmenge:
Weiß: 437 Kisten
Rot: 2 812 Kisten; Mourre des Perdrix – 2 200 Kisten; Cuvée Vieilles Vignes – 1 250 Kisten

Ausbau:
Weiß: 3 bis 5 Monate insgesamt, wobei 90 % in Edelstahltanks, 10 % in neuer Eiche vinifiziert werden
Rot: 3 Wochen Gärung in Edelstahltanks, dann 12 bis 18 Monate Ausbau in alten großen und
kleinen Eichenholzfässern, *assemblage* in Zementtanks, wo der Wein bis zur Abfüllung
gelagert wird; Mourre des Perdrix und Cuvée Vieilles Vignes – siehe rote Standardcuvée, wobei
aber jeweils 50 % in kleinen und großen Eichenfässern reifen, bei 15 % neuem Eichenholzanteil

Durchschnittsalter der Reben:
Weiß: 10 Jahre
Rot: 25 bis 30 Jahre; Mourre des Perdrix – 25 bis 30 Jahre;
Cuvée Vieilles Vignes – 80 Jahre und älter

Verschnitt:
Weiß: 25 % Roussanne, Grenache blanc, Bourboulenc und Clairette
Rot: 75 % Grenache, 25 % Syrah und Mourvèdre; Mourre des Perdrix – 75 % Grenache,
20 % Mourvèdre, 5 % Cinsault; Cuvée Vieilles Vignes – 100 % Grenache

Dieser Anbaubetrieb ist eine wunderbare Entdeckung. Sein Besitzer Michel Maret zeigt ein beträchtliches Selbstbewusstsein als Kellermeister und legt in jedem Jahr bessere Weine vor. Den Löwenanteil der Produktion dieses 20 Hektar großen Guts bildet der Rotwein, daneben wird aber auch in Kleinstmengen ein gefälliger trockener Weißer aus einem verführerischen Verschnitt bereitet, dessen Qualität weit über dem Durchschnitt von Châteauneuf liegt.

Zu den drei Rotweinen, die zu den feinsten der Appellation zählen, gehören die klassische Cuvée, der Mourre des Perdrix aus der gleichnamigen Lage und der aus 80-jährigen Rebstöcken gewonnene Vieilles Vignes. Mit Ausnahme des Letzteren wurde in allen Weinen der Mourvèdre-Anteil im Verschnitt erhöht und erreicht jetzt in manchen Jahrgängen 20 bis 25 Prozent. Marets fragmentierte Weinberge befinden sich in allen vier Gebieten der Appellation – in Hanglagen, auf der Ebene, auf den Kieselteppichen des Nordens und den leichteren, sandigen Böden im Südosten.

Die Vinifikation erfolgt auf klassische Weise, ohne Entrappen, und gewöhnlich reift der Wein 12 bis 18 Monate in kleinen Eichenfässern sowie größeren *demi-muids* und *foudres*. Im Verlaufe der letzten zehn Jahre erhöhte Maret den Anteil neuer Eiche bei seinen Spitzenerzeugnissen Mourre des Perdrix und Vieilles Vignes auf rund 15 Prozent. Wie die folgenden

Prüfnotizen beweisen, entstanden klassische, vorbildliche Châteauneufs, in denen sich die besten Traditionen mit bestimmten Grundsätzen der Modernisten vereinen. Die Weine sind reintönig, gehaltvoll und komplex, zeigen sich schon in jungen Jahren zugänglich, können aber wohl auch weitere zehn bis fünfzehn Jahre oder länger gut altern. Die Domaine de la Charbonnière ist ein eindrucksvolles, weitgehend unbekanntes Weingut.

JAHRGÄNGE

1995 • 90 Châteauneuf-du-Pape Mourre des Perdrix (rot): Der 95er Mourre des Perdrix bietet eine süßere Frucht und eine öligere Konsistenz als sein Vorgänger, bei hervorragender Reintönigkeit, annehmbarer Säure und einem körperreichen, reifen, vollen Stil. Es zeigen sich noch keine Andeutungen der für diesen Wein typischen, salzigen Meerwasserdüfte. Er dürfte sich 12 bis 15 Jahre gut trinken lassen. Letzte Verkostung: 6/96.

1995 • 91 Châteauneuf-du-Pape Vieilles Vignes (rot): Der 95er Vieilles Vignes erinnert an einen jungen, klassischen Châteauneuf von 1989; mit seinem opaken Purpurrot und dem tanninreichen, verschlossenen, gewaltigen Stil gefällt er als wahrer *vin de garde*. Voll, reintönig und beeindruckend wird er Freunden eines vordergründigen, einschmeichelnden, köstlichen, unmittelbar trinkreifen Châteauneuf-du-Pape nicht schmecken. Da dieser Tropfen zu den seltenen Weinen der Appellation gehört, die sich durch lange Lagerung verbessern, benötigt er weitere 4 bis 5 Jahre im Keller, um danach 15 bis 20 Jahre gut zu reifen. Letzte Verkostung: 6/96.

1994 • 88 Châteauneuf-du-Pape (rot): Die 94er Standardcuvée offenbart ein spritziges, nach Pfeffersteak duftendes Bukett, das sich mit dem intensiven Aroma gerösteter provenzalischer Kräuter vermischt. Der weiche, milde Wein wirkt fetter und einschmeichelnder als der klassisch strukturierte und geradlinige 93er und besitzt eine gute bis ausgezeichnete Konzentration. Er sollte in den nächsten 7 bis 8 Jahren getrunken werden. Letzte Verkostung: 8/96.

1994 • 90 Châteauneuf-du-Pape Mourre des Perdrix (rot): Der herausragende 94er Mourre des Perdrix von einem dunklen Rubinrot mit Purpurnuancen besticht durch sein ausdrucksvolles Bukett mit den Düften von Seetang, Vogelkirschen, getrockneten Kräutern und Gewürzen. Weitere Kennzeichen sind seine ausgezeichnete Dichte, seine süße, expansive Mittelphase, sein voller Körper und reicher Geschmack. Im Abgang explodiert er fast – offenbar verbirgt sich hinter den Tanninen und der gesunden Struktur noch mehr. Ein beeindruckender, fülliger Châteauneuf-du-Pape, zu trinken innerhalb der nächsten 10 bis 12 Jahre. Letzte Verkostung: 8/96.

1994 • 91 Châteauneuf-du-Pape Cuvée Vieilles Vignes (rot): Die dunkel rubin- bis purpurrote 94er Cuvée Vieilles Vignes beeindruckt als voller Wein aus durchschnittlich 60 Jahre alten Reben, mit einem facettenreichen, lieblichen Bukett von Räucherfleisch, gerösteten Kräutern und üppiger Vogelkirschen- und Himbeerfrucht. Das ausladende und ansprechend strukturierte Erzeugnis gibt sich tief, körperreich und kräftig, braucht aber noch 2 bis 3 Jahre im Keller, um dann im Verlaufe der folgenden 15 Jahre getrunken werden zu können. Letzte Verkostung: 8/96.

1993 • 88+ Châteauneuf-du-Pape (rot): Der eindrucksvolle, körperreiche, generöse und gehaltvolle, konzentrierte 93er enthüllt eine schöne Süße und Nachhaltigkeit, seine griffige Art und seine tanninreiche Struktur deuten aber an, dass ihm mehrere Jahre Kellerreife gut tun werden. Er zählt zu den verschlosseneren und potenziell langlebigeren Weinen des Jahrgangs und sollte zwischen 1997 und 2010 getrunken werden. Letzte Verkostung: 12/95.

1993 • 87 Châteauneuf-du-Pape Vieilles Vignes (rot): Die reichere, vollere 93er Cuvée Vieilles Vignes zeigt deutlicher spürbare Tannine und dürfte sich über ein Jahrzehnt gut trinken lassen. Letzte Verkostung: 12/95.

1992 • 86 Châteauneuf-du-Pape (rot): Der 92er Châteauneuf bietet eine mäßig satte, rubinrote Farbe und ein einschmeichelndes, parfümiertes Bukett von prallen roten und schwarzen Beerenfrüchten, Kräutern und Gewürzen. Dieser säurearme, berauschende Wein gibt sich mild, fett, fleischig und kernig und sollte über die nächsten 5 bis 6 Jahre getrunken werden. Letzte Verkostung: 12/95.

1992 • 88 Châteauneuf-du-Pape Cuvée Vieilles Vignes (rot): Die dunkel rubinrote 92er Cuvée Vieilles Vignes besticht durch ihre beeindruckend gehaltvollen Düfte von schwarzen und roten Beeren, Leder, Zedernholz und Kräutern, ihre ausgezeichneten Extraktstoffe, ihren vollen Körper, ihre annehmbare Säure und ihre leichten Tannine im Abgang. Der facettenreiche Tropfen gehört zu den konzentrierteren Leistungen des Jahrgangs. Über die nächsten 10 bis 12 Jahre und länger zu trinken. Letzte Verkostung: 12/95.

1990 • 87 Châteauneuf-du-Pape (rot): Der 90er enthüllt eine gefällige, füllige Art, einnehmende Düfte von Kräutern und Vogelkirschen sowie reife, runde, geschmeidige Geschmacksnuancen von Kirschen und Cassis in einem eingängigen Format von mittlerem bis vollem Körper. Ein sauber bereiteter, mäßig gehaltvoller Châteauneuf, der über die nächsten 5 bis 7 Jahre getrunken werden sollte. Letzte Verkostung: 9/94.

1989 • 87 Châteauneuf-du-Pape (rot): Ein fleischiger, körperreicher, großformatiger Châteauneuf von ausgezeichneter Konzentration und Reife, der für den Jahrgang eine überraschend gute Säure und milde Tannine im robusten Abgang zeigt. Er sollte etwa bis 2002 in Bestform bleiben. Letzte Verkostung: 9/94.

1988 • 87 Châteauneuf-du-Pape (rot): Mit seinen ausgezeichneten Extraktstoffen präsentiert sich dieser 88er reich, konzentriert, ausladend und fast süß am Gaumen, bei würzigen, pfeffrigen, beerigen und mit Thymianaroma durchzogenen Geschmacksnuancen. Qualitativ so gut wie der 89er könnte sich diese Standardcuvée sogar noch länger halten. Innerhalb der nächsten 10 Jahre trinken. Letzte Verkostung: 6/93.

GÉRARD CHARVIN ****/*****

Adresse:

Chemin de Maucoil, 84100 Orange, Tel.: 4 90 34 41 10, Fax: 4 90 51 65 59

Produzierte Weine: Châteauneuf-du-Pape (rot)

Rebfläche: 8 ha

Produktionsmenge: 2 750 Kisten

Ausbau:

Insgesamt 18 Monate, 17 Tage Gärung in Zement- oder Emailtanks, mindestens 6 Monate Ausbau in alten *demi-muids*, dann Lagerung in Zementtanks

Durchschnittsalter der Reben: 45 Jahre, die ältesten 70 Jahre

Verschnitt:

90 % Grenache, 5 % Mourvèdre, 5 % Vaccarèse und andere weiße Sorten

Zu den angenehmsten Aspekten meiner umfassenden Verkostungen in Gebieten wie Châteauneuf-du-Pape gehört, dass kleine Winzer wie Gérard Charvin heute zum auserwählten Kreis zählen. Mit seinen üppigen, ausdrucksvollen Weinen erzielte er beträchtliche Erfolge und erzeugte einen herrlichen 90er sowie andere Spitzenweine in den jüngeren Jahrgängen. Als vielleicht einziger Winzer in Châteauneuf-du-Pape verweist er auf seinen Etiketten stolz auf eine ungefilterte Abfüllung. Stilistisch stehen seine Erzeugnisse denen aus dem Hause Rayas am nächsten. Sie besitzen eine herrlich reintönige, brombeerduftige Fruchtigkeit, eine wunderbar süße, tiefe und konzentrierte Mittelphase sowie vielfältige, sich auf der Zunge entfaltende Geschmacksnuancen. Eigentlich sollte auch ein großer Burgunder eine ähnliche Struktur und Reinheit aufweisen, das passiert aber nur selten. Vielleicht produziert Charvin, den die Massen noch nicht entdeckt haben, tatsächlich den Richebourg von Châteauneuf-du-Pape – und das zu einem sehr anständigen Preis.

Auf den acht Hektarn dieser Kellerei werden nur Rotwein-Trauben und einige wenige weiße Trauben angebaut. Der Wein verbringt sechs Monate in *demi-muids*, neue Eiche sucht man in diesem Keller vergeblich; bis zur Abfüllung wird der Wein dann unfiltriert in Zementtanks gelagert. Die Parzellen befinden sich in außergewöhnlich guten Lagen in den Gemarkungen Maucoil, Mont Redon und La Gardine, wo sich der Boden vorwiegend aus Felsgestein auf einem Untergrund aus Kalkstein und Lehm zusammensetzt. In der Vergangenheit pflegte Charvin einen großen Teil seiner Produktion an *négociants* zu verkaufen, füllt jetzt aber seine Weine zunehmend selbst ab. Dieser glänzende Erzeuger verdient mehr Anerkennung.

JAHRGÄNGE

1995 • 91 Châteauneuf-du-Pape: Der 95er enthüllt eine undurchdringliche rubin- bis purpur-rote Farbe, ein reintöniges, aber zurückhaltendes Bukett von Schwarzen Himbeeren und Kirschwasser, einen beträchtlichen Körper, schöne Tannine und Säure, eine hervorragende Konzentration und einen strukturierten, verhaltenen und verschlossenen Stil. Er wird einige Jahre im Keller benötigen, besitzt aber mit 15 oder mehr Jahren ein längeres Reifepotenzial als der 94er, wenn auch nicht dessen aufgeschlossenen Charme. Voraussichtliche Genussreife: 2000 bis 2015. Letzte Verkostung: 6/96.

1994 • 91 Châteauneuf-du-Pape: Der 94er zeigt die typisch liebliche, duftige Nase von Schwar-zen Himbeeren und Kirschwasser, eine süße, ausladende, kernige Frucht, eine vorzügliche Reinheit, eine ausgezeichnete Integration von Kraft und Eleganz sowie einen weichen, run-den, üppigen Abgang – ein gut ausgewogener, symmetrischer Châteauneuf-du-Pape. Voraus-sichtliche Genussreife: jetzt bis 2008. Letzte Verkostung: 6/96.

1993 • 91 Châteauneuf-du-Pape: Charvins 93er enthüllt eine gesunde, purpurrote Farbe von eindrucksvoller Undurchdringlichkeit, aus dem Glas erhebt sich ein prächtig gehaltvolles, pralles Bukett von Schwarzen Himbeeren – das Markenzeichen dieser Weine. Körperreich und süß, dabei gut konturiert, proportioniert und großzügig ausgestattet schmeichelt der Tropfen dem Gaumen mit einer viskosen Fülle, wirkt aber nie schwer oder ermüdend. Hin-ter der herrlichen Pracht seiner Frucht verbergen sich mäßige Tannine. Voraussichtliche Ge-nussreife: jetzt bis 2006. Letzte Verkostung: 12/95.

1992 • 87 Châteauneuf-du-Pape: Der 92er Châteauneuf präsentiert sich mit Charvins typi-schem Bukett von reifer, reintöniger, voller Himbeerfrucht und ausgezeichneter Tiefe. Von reichem Körper zeigt er eine ausladende, geschmeidige Struktur, geringe Säure und einen samtigen Abgang. Voraussichtliche Genussreife: jetzt bis 2000. Letzte Verkostung: 6/96.

1990 • 93 Châteauneuf-du-Pape: Dieser Wein war einer der Stars meiner Verkostungen von 90er Châteauneufs – ein wahres Schwergewicht. Sein dunkles, sattes Rubinrot wird begleitet von einem unentwickelten, überreichen Bukett von gerösteten Kräutern, Nüssen, schwarzen Beerenfrüchten und orientalischen Gewürzen. Dieser kräftige, wunderbar ausgewogene Wein mit einem Alkoholgehalt von 14,5 % gibt sich ungeheuer reichhaltig und bietet einen öligen, facettenreichen Geschmack sowie einen vollmundigen, kraftvollen Abgang bei einem Reife-potenzial von 10 bis 15 Jahren. Stilistisch ähneln die Charvin-Weine denen des Château Rayas und der Domaine Henri Bonneau. Letzte Verkostung: 7/96.

Domaine Les Clefs d'Or (Jean Deydier) ****

Adresse:

Avenue Saint-Joseph, 84230 Châteauneuf-du-Pape, Tel.: 4 90 83 70 35, Fax: 4 90 83 50 57

Produzierte Weine: Châteauneuf-du-Pape (rot und weiß)

Rebfläche: Weiß: 2 ha; Rot: 22 ha

Produktionsmenge: Weiß: 625 Kisten; Rot: 8 750 Kisten

Ausbau:

Weiß: 4 Monate in Emailtanks

Rot: 20 Tage Gärung in Zementtanks, dann 16 bis 20 Monate Ausbau in alter Eiche;

Abfüllung in mehreren Durchgängen direkt aus den Fässern

Durchschnittsalter der Reben: Weiß: 40 Jahre; Rot: 40 Jahre

Verschnitt:

Weiß: Je ein Drittel Grenache blanc, Bourboulenc und Clairette

Rot: 80 % Grenache, 15 % Mourvèdre, 5 % Syrah und Mourvèdre

Die Kellerei der Familie Deydier liegt am Fuße der Ruinen des alten Papstpalastes in den winzigen, gewundenen Seitenstraßen des Dorfes Châteauneuf-du-Pape. Ihr hoch geschätzter Wein entsteht auf 25 Hektar Weinbergen, die mit 80 % Grenache und einer offenen Mischung aus Syrah und Mourvèdre bestockt sind. Sie befinden sich in schönen Lagen auf der Hochebene – eine Parzelle bei Mont Redon und die andere weiter östlich in Richtung Vieux-Télégraphe. Die Pflanzen sind durchschnittlich 40 Jahre alt. Aus gleich großen Anteilen der Sorten Bourboulenc, Grenache blanc und Clairette werden 625 Kisten eines sehr guten Weißweins gewonnen. In großen Jahrgängen wie 1978 kann Deydiers Wein 10, 15 oder sogar 20 Jahre alt werden. Er wird in traditionellem Stil bereitet und nur selten gefiltert, zeigt aber auch eine eigene Eleganz, die ihn zu etwas Besonderem macht.

Bei der Weinbereitung kombiniert man traditionelle Methoden mit der modernen Verarbeitung ganzer Trauben. Von diesen werden zwei Drittel gemahlen und bei hohen Temperaturen verhältnismäßig lange vergoren, der Rest wird entrappt und unzerkleinert in die Tanks gegeben. Auch auf diesem Gut wird der Wein erst kurz vor dem Verkauf abgefüllt, was unweigerlich zu Qualitätsschwankungen führt. Heute führt Jean Deydiers Sohn Pierre die Kellerei, der nicht beabsichtigt, an der Herstellungsweise dieses sehr gut bereiteten und beliebten Châteauneufs auch nur das Geringste zu ändern. 70 % seiner Produktion werden exportiert, weil, wie er sagt, «die Ausländer mehr von gutem Wein verstehen als die Franzosen.»

Jahrgänge

1995 • 88 Châteauneuf-du-Pape (rot): Der 95er Châteauneuf hat mich verblüfft. Er zeigt eine dunkel rubin- bis purpurrote Farbe und eine verhaltene, aber viel versprechende Nase von schwarzen Früchten, Blumen, Gewürzen und einer Ahnung von Pfeffer. Seine gute Reichhaltigkeit und die süße Frucht im Eingang weichen in der Mittelphase dem Tannin, der Säure und der monolithischen Persönlichkeit. Dieser Wein sollte sich zu einem sehr guten Roten entwickeln, ohne wohl jemals eine hervorragende Punktzahl zu erzielen. Letzte Verkostung: 6/96.

1994 • 88 Châteauneuf-du-Pape (rot): Jean Deydier hat einen ausgezeichneten 94er zu Stande gebracht. Dieser zeigt sich mit einem gesunden, dunklen Rubinrot und einem zurückhaltenden, verschlossenen, aber viel versprechenden Bukett von Schwarzen Himbeeren und Kirschen. Dem süßen, runden Eingang von einem mittleren bis vollen Körper folgen mäßiges Tannin und ein strukturierterer Vin-de-garde-Stil, als man ihn in anderen 94er Châteauneufs findet. Dieser sauber bereitete Wein beweist eine sehr gute bis ausgezeichnete Konzentration. Weitere 1 bis 3 Jahre in der Flasche werden von Vorteil sein, und er dürfte sich 10 bis 12 Jahre halten. Letzte Verkostung: 6/96.

1993 • 88 Châteauneuf-du-Pape (rot): Ein Châteauneuf, wie er im Buche steht, mit einem gehaltvollen, reifen und süßen, nach Vogelkirschen duftenden Bukett, vermischt mit den Düften von provenzalischen Kräutern, Gewürzen und Pfeffer. Von einem rauchigen, reifen, reichfruchtigen Geschmack, einem vollen Körper, einer ausgezeichneten Reintönigkeit und einer samtigen Struktur sollte er sich 10 bis 12 Jahre und länger gut trinken lassen. Letzte Verkostung: 9/95.

1992 • 84 Châteauneuf-du-Pape (rot): Der eingängige 92er Châteauneuf-du-Pape besitzt einen leichten Körper bei annehmbarer Konzentration und einem glatten Abgang. Vor der Jahrtausendwende austrinken. Letzte Verkostung: 6/95.

1990 • 88 Châteauneuf-du-Pape (rot): Der 90er präsentiert sich mit der Kraft, Fülle und Struktur eines Spitzenjahrgangs. Dieser unentwickelte Wein mit seinem interessanten, durchdringenden Bukett von Brombeeren, Frühlingsblumen, Erde und Kräutern besitzt am Gaumen reichlich Fett und Tannine. Er gibt sich verschlossener als die meisten 90er, scheint aber eleganter und ausgewogener zu sein als viele größere Weine dieses Jahrgangs. Bei einem längeren Abgang hätte er eine herausragende Bewertung verdient. Voraussichtliche Genussreife: jetzt bis 2005. Letzte Verkostung: 6/95.

1989 • 90 Châteauneuf-du-Pape (rot): Der 89er bietet ein Bukett von süßen, fast überreifen Himbeeren, vermischt mit Lakritze- und Blumendüften. Im Geschmack zeigt er sich außergewöhnlich gehaltvoll, mit viel Glyzerin, reichlich Tanninen und einem langen, gut strukturierten, eindrucksvollen Abgang. Selbst für einen Châteauneuf schmeckt der Wein überraschend verschlossen. Es sollte noch einmal darauf hingewiesen werden: Deydier füllt seine Gewächse nach sehr vorsichtiger Schönung und Filtration ab, damit ihre ganze Fülle und ihr Reifepotenzial erhalten bleiben. Voraussichtliche Genussreife: jetzt bis 2007. Letzte Verkostung: 12/94.

1988 • 90 Châteauneuf-du-Pape (rot): Der 88er gilt als einer der Stars dieses ausgezeichneten Jahrgangs. Sein Bukett von Pflaumen, Brombeeren, Veilchen und anderen Frühlingsblumen könnte man leicht mit dem eines Grand cru von der Côte de Nuits verwechseln. Ich kenne jedoch nur wenige Burgunder, die im Geschmack eine ähnlich fette, reife, konzentrierte, körperreiche Kraft und einen so hohen Glyzeringehalt zeigen würden. Das Endprodukt ist ein äußerst stilvoller, herrlich strukturierter, kerniger Châteauneuf-du-Pape. Voraussichtliche Genussreife: jetzt bis 2004. Letzte Verkostung: 2/95.

Ältere Jahrgänge

Von diesem Wein habe ich schon viele Jahrgänge verkostet, da er seit Jahrzehnten auf dem amerikanischen Markt angeboten wird. Der voll ausgereifte 85er fällt – wie so viele Provenienzen dieses Jahrgangs – sehr gut aus, aber nicht so erregend, wie er als Jungwein vermuten ließ. Man sollte ihn austrinken. Der 83er und der 81er sind ebenfalls voll ausgereift und sollten vor dem Ende des Jahrhunderts getrunken werden. Möglicherweise verlieren sie sogar bereits an Frucht, aber noch sind sie intakte, elegante und doch geschmackvolle Châteauneufs von einem mittleren bis vollen Körper. Der 79er war stets etwas verwässert und klein, der 78er hingegen besticht nach wie vor als der schönste Tropfen, den die Deydiers in den letzten 25 Jahren zu Stande gebracht haben. Glücklicherweise konnte ich von ihm auch Magnum-Flaschen erstehen. Diese sind immer noch bemerkenswert frisch und lebendig, mit einem herrlichen Bukett von Blumen und reifer Himbeerfrucht und einer Prise von Kräutern der Provence und Pfeffer. Der voll ausgereifte 78er ist der vielleicht reichste und gehaltvollste Les Clefs d'Or der letzten Jahrzehnte und dürfte sich weitere 5 bis 7 Jahre gut trinken lassen. Ich habe ihn zuletzt im Dezember 1995 verkostet.

Domaine Clos du Caillou ****

Adresse:
84350 Courthézon, Tel.: 4 90 70 73 05, Fax: 4 90 70 76 47

Produzierte Weine: Châteauneuf-du-Pape (rot und weiß)

Rebfläche: Weiß: 1 ha; Rot: 6 ha

Produktionsmenge: Weiß: 375 Kisten; Rot: 2 500 Kisten

Ausbau:
Weiß: 6 Monate in Edelstahltanks
Rot: Insgesamt 36 Monate, 18 bis 23 Tage Gärung ohne Entrappen in Zementtanks,
12 Monate Ausbau in Zementtanks, dann 6 Monate in Edelstahltanks,
danach 12 bis 18 Monate in Eichenfässern

Durchschnittsalter der Reben: Weiß: 20 Jahre; Rot: 30 bis 35 Jahre

Verschnitt:
Weiß: 60 % Grenache blanc, 30 % Roussanne, 10 % Clairette
Rot: 80 % Grenache, 15 % Syrah, 5 % Mourvèdre

Claude Pouizins sieben Hektar umfassende Weinberge liegen im nordöstlichen Teil der Appellation und grenzen an die Rebflächen des Château Beaucastel. Es handelt sich teils um Hanglagen, teils um Steinböden. Ich habe dieses Gut 1990 entdeckt und einige Flaschen des herrlichen 88ers gekauft, der beim jährlichen Weinfest von St-Marc den zweiten Preis hinter dem Vieux-Télégraphe gewann. Pouizins Weine zeigen bewundernswerte Reinheit sowie reichlich tiefe, alkoholstarke, reiche und berauschende Frucht und erregen im besten Fall erhebliches Aufsehen. Der Verschnitt des Roten setzt sich aus 80 % Grenache, 15 % Syrah und 5 % Mourvèdre zusammen, der Wein wird 12 bis 18 Monate in *foudres* ausgebaut und unfiltriert abgefüllt. Den von dem Gutsbesitzer Claude Pouizin erzielten Stil könnte man als Chopin-Groffier/Henry-Jayer-Stil bezeichnen. Seine Weine sind ungeheuer verführerische, duftige, samtig strukturierte, körperreiche Tropfen von ausgezeichneter Farbe und vielschichtiger, üppiger Frucht. Man sollte aber keine schwergewichtigen Châteauneufs erwarten, denn die reichen, glatten, stilvollen Weine wollen in den ersten zehn Lebensjahren getrunken sein. Pouizin verkaufte 1993 einen großen Teil seines Leseguts an *négociants* und behielt nur den feinsten Most für seine Gutsabfüllungen zurück.

JAHRGÄNGE

1995 • 88 Châteauneuf-du-Pape (rot): Der strukturierte 95er Châteauneuf zeigt Säure, viel süße, reife Frucht und einen Hauch angerauchter Eichenholzwürze. Er beweist mittleren bis vollen Körper, feine Tiefe und beträchtlichen Charakter – nach der Abfüllung wird er vielleicht eine Bewertung von rund 90 Punkten verdienen. Er sollte sich 10 bis 12 Jahre halten. Letzte Verkostung: 6/96.

1994 • 89 Châteauneuf-du-Pape (rot): Auf diesem Gut entstehen sinnliche, geradlinige, saftige und süffige Châteauneufs von samtiger Struktur, denen ich nur schwer widerstehen kann. Außer bei herausragenden Jahrgängen liegt ihr Reifepotenzial bei 7 bis 8 Jahren, doch lässt sich ihre genussbetonte Ausstrahlung kaum übertreffen. Der 94er Châteauneuf bietet ein extravagantes Bukett von praller Vogelkirschenfrucht mit den Düften von Zedernholz, Rauch und Grillfleisch sowie ein herbes, kräuterwürziges Aroma. Er besitzt eine sinnliche Struktur, eine geballte Ladung Frucht, herrliche Reife, ein ausladendes, kerniges Mittelstück sowie einen berauschenden und alkoholstarken Abgang. Ein kräftiger Châteauneuf, der über die nächsten 5 bis 6 Jahre getrunken werden sollte. Letzte Verkostung: 6/96.

1993 • 90 Châteauneuf-du-Pape (rot): Der 93er ist kein langlebiger Wein, doch wer könnte seinem intensiven Parfüm und seiner herrlichen Pracht reicher Frucht von Vogelkirschen mit reichlichen Mengen Glyzerin, Extrakt und Alkohol schon widerstehen? Voraussichtliche Genussreife: jetzt bis 2000. Letzte Verkostung: 12/95.

1990 • 91 Châteauneuf-du-Pape (rot): Pouizins roter 90er ist fruchtig, saftig und schwelgerisch und verfügt über gewaltige Fülle reich extrahierter, voller und süßer Frucht von roten und schwarzen Beeren. Sein Bukett von Schwarzen Himbeeren und Blumen wirkt intensiv und gleichzeitig bezaubernd. Im Geschmack zeigt er eine vollmundige, verlockende Struktur und einen langen, gehaltvollen, von milden Tanninen geprägten Abgang – ein üppiger Châteauneuf-du-Pape. Voraussichtliche Genussreife: jetzt bis 2004. Letzte Verkostung: 2/96.

1989 • 86 Châteauneuf-du-Pape (rot): Der 89er beeindruckt bei weitem nicht so wie der 90er oder der 88er, aber in seiner reichfruchtigen, schlichten, runden und generösen Art schneidet er nur im Vergleich zu diesen Weinen schlecht ab. Für sich genommen präsentiert sich hier ein stämmiger, großzügig ausgestatteter Châteauneuf, den man über die nächsten 5 bis 7 Jahre trinken sollte. Letzte Verkostung: 11/94.

1988 • 92 Châteauneuf-du-Pape (rot): Der körperreiche und voll ausgereifte 88er gehört zu den Spitzenweinen des Jahrgangs. Er hat ein großzügiges Bukett von Schokolade, Zedernholz, schwarzen Pflaumen und Vogelkirschen. Im Geschmack konzentriert, voll und körperreich besitzt er eine samtige Struktur und einen langen, berauschenden, wunderschön extrahierten Abgang. Voraussichtliche Genussreife: jetzt bis 2000. Letzte Verkostung: 8/96.

Clos du Mont Olivet (Joseph Sabon)

(Cuvée Classique ****, Cuvée du Papet *****)

Adresse:

15, avenue Saint-Joseph, 84230 Châteauneuf-du-Pape, Tel.: 4 90 83 72 46, Fax: 4 90 83 51 75

Produzierte Weine:

Châteauneuf-du-Pape Cuvée Classique (rot und weiß),

Châteauneuf-du-Pape Cuvée du Papet (rot)

Rebfläche:

Weiß: 2,3 ha; Rot: 22 ha; Cuvée du Papet – 2 ha

Produktionsmenge:

Weiß: 875 Kisten; Rot: 8 100 Kisten; Cuvée du Papet – 562 Kisten

Ausbau:

Weiß: 8 Monate in Edelstahltanks, die malolaktische Gärung wird durch Kühlung abgestoppt

Rot: 18 bis 21 Tage Gärung in Zementtanks, dann bleiben die Weine 18 Monate bis

5 Jahre in Eichenfässern, da die Abfüllung nach Bedarf erfolgt, ohne Schönen oder Filtration;

Cuvée du Papet – 18 bis 21 Tage Gärung, dann 18 Monate in Eichenfässern,

Abfüllung in einem Durchgang, ohne Schönen oder Filtration

Durchschnittsalter der Reben:

Weiß: 50 Jahre

Rot: 60 Jahre und älter; Cuvée du Papet – 60 bis 80 Jahre

Verschnitt:

Weiß: 30 % Clairette, 30 % Bourboulenc, 25 % Roussanne, 15 % Grenache blanc

Rot: Bei beiden Rotwein-Cuvées 90 bis 92 % Grenache, 2 bis 3 % Syrah sowie andere Sorten

Anmerkung: Die Cuvée du Papet wird aus ausgewählten Altreben verschnitten und nur
in außergewöhnlichen Jahrgängen – so 1989 und 1990 – erzeugt.

Einer der allerbesten Châteauneufs, der Mont Olivet, wird von den Söhnen des legendären Joseph Sabon – Pierre, Jean-Claude und Bernard – hervorgebracht. Sie gewinnen ihren herrlich gehaltvollen Wein in altem Stil aus 24 Hektar durchschnittlich 60 Jahre alter Reben. In der Appellation Côtes du Rhône in der Nähe von Bollène bewirtschaften sie weitere 7,7 Hektar Rebflächen. Der Verschnitt ihres Châteauneufs setzt sich zusammen aus 90 bis 92 % Grenache, einem kleinen Anteil Syrah und einem Schuss ein oder zwei andere Sorten. So vorzüglich jedoch der Rotwein dieses Hauses sein kann, der Weiße geriet bisher grün, säurebetont und mittelmäßig, obwohl in jüngeren Jahrgängen eine gewisse Verbesserung zu verzeichnen war. Was den Roten angeht, so kritisiere ich einzig und allein die von ihnen praktizierte Abfüllung nach Bedarf. Den 78er füllte man beispielsweise über einen Zeitraum von insgesamt acht Jahren ab! Bei allem Verständnis für die finanziellen und räumlichen Schwierigkeiten kleiner Weinbaubetriebe sind die Verantwortlichen der Appellation doch dazu verpflichtet, sich mit dieser Frage auseinanderzusetzen. In Anbetracht des in Châteauneuf-du-Pape vorhandenen Potenzials für exquisite Weine ist es eine Schande, dass die französische Regierung und die Erzeuger zur Lösung dieses Problems nicht genügend Ressourcen zur Verfügung stellen. Trotzdem – wer die frühen Abfüllungen kauft, kann in den für Sabon großen Jahren wie 1967, 1970, 1971, 1976, 1978, 1979, 1985, 1988, 1989, 1990, 1994 und 1995 wahrhaft bemerkenswerte Tropfen erstehen. Sie werden sich gut 10 bis 15 Jahre halten, die besten Jahrgänge wie 1978, 1989 und 1990 sogar noch länger.

Die Vinifikation erfolgt bei den Sabons völlig traditionell. Die Trauben werden nicht entrappt, sondern nur gemahlen und bei hohen Temperaturen recht lange eingemaischt und vergoren. Seit dem 89er Jahrgang wird der Wein weder geschönt noch filtriert. Abgesehen von der Praxis der verschiedenen Abfülldaten (französisch: *mises en bouteille*) kann man den Clos du Mont Olivet vorbehaltlos empfehlen. In ihm scheint sich die kraftvolle Art eines Châteauneufs alten Stils mit Finesse und Eleganz zu paaren. Die Sabons gehören übrigens der Winzervereinigung *Les Reflets* an, die auf qualitätsorientierte Produktion zu mäßigen Preisen Wert legt.

Der Name des Weinguts geht auf einen Notar zurück, der 1547 einen Weinberg namens Clos du Mont Olivet besaß – die Tradition der Weinbereitung ist in der Familie Sabon seit vier Generationen verankert. Ihre fragmentierten Parzellen bestehen fast alle aus einem steinigen Boden auf lehm- und kalksteinhaltigem Untergrund. Die Besten liegen im Norden und Osten der Appellation sowie im südlichen Teil nahe der Gemarkung Les Gallimardes. Das Wort *clos* in der Bezeichnung von Mont Olivet bezieht sich auf einen bestimmten Weinberg von knapp acht Hektar in der Ebene nördlich der Domaine de la Solitude. Aus dieser Parzelle mit mehr als 100 Jahre alten Reben gewinnen die Sabons ihre berühmte Cuvée du Papet, benannt nach ihrem Großvater. Sie wurde bisher nur 1989 und 1990 in einem Umfang von rund 600 Kisten produziert und ist, wie die folgenden Prüfnotizen bezeugen, ein exquisiter Tropfen.

Jahrgänge

1995 • 90 Châteauneuf-du-Pape (rot): Die tief rubin- bis purpurrote Farbe des 95ers verbindet sich mit geradlinigen, reifen Düften von Himbeeren, Kirschen und Pfeffer. Der dichte, konzentrierte Wein präsentiert sich körper- und tanninreich, aber auch säurehaltiger als der 94er und sollte sich mindestens als ausgezeichnet erweisen, benötigt aber noch 3 bis 5 Jahre Lagerung. Wird er aber mit dem 94er, dessen vordergründiger Charme ihm fehlt, mithalten? Voraussichtliche Genussreife: 2001 bis 2015. Letzte Verkostung: 6/96.

1994 • 91 Châteauneuf-du-Pape (rot): Der 94er Châteauneuf ist einer der Spitzenweine des Jahrgangs. Er verfügt über eine dunkle, rubin- bis purpurrote Farbe und ein typisches Bukett von schwarzen Oliven, einer salzigen Meeresbrise und *garrigue* sowie reichlich nach Vogelkirschen und Pflaumen duftende Frucht. Dieser reich extrahierte Wein wirkt dicht und geschmeidig im Eingang und besitzt ein vollmundiges Mittelstück mit einem extrem reichen Körper sowie bewundernswertem Glyzerin – ein vielschichtiger, konzentrierter und beeindruckend nachhaltiger Tropfen. Voraussichtliche Genussreife: jetzt bis 2007. Letzte Verkostung: 6/96.

1993 • 89 Châteauneuf-du-Pape (rot): Der sehr dunkle rubinrote 93er mit granatroten Nuancen am Glasrand zeigt im Bukett die sinnlich süße Frucht roter und schwarzer Beeren sowie rauchige provenzalische Kräuter. Für einen so jungen Wein gibt sich dieser Clos du Mont Olivet bemerkenswert geschmeidig – ein gehaltvoller, körperreicher, runder, köstlicher 93er. Voraussichtliche Genussreife: jetzt bis 2001. Letzte Verkostung: 9/95.

1992 • 85 Châteauneuf-du-Pape (rot): Der 92er besitzt ein würziges, geröstetes Bukett mit Kirschenduft und zeigt sich für den Jahrgang überraschend griffig und strukturiert, bei einem mittleren Körper sowie schöner Tiefe und Reife in seinem mäßig langen Abgang. Über die nächsten 7 bis 10 Jahre trinken. Letzte Verkostung: 9/95.

1990 • 90 Châteauneuf-du-Pape (rot): Ein hoch konzentrierter, muskulöser, kräftiger Wein von einem dunklen Rubin- bis Purpurrot. Schwenkt man ihn im Glas, gibt er ein würziges, pfeffriges Bukett von Kräutern der Provence und Cassisfrucht preis. Der körperreiche, beeindruckend ausgestattete Tropfen besitzt ein großes Format und beginnt eben, seinen Tanninmantel abzustreifen. Voraussichtliche Genussreife: jetzt bis 2010. Letzte Verkostung: 2/96.

1990 • 95 Châteauneuf-du-Pape Cuvée du Papet (rot): Die Cuvée du Papet enthüllt weit mehr Tannin und rustikale Art als die Standardcuvée; in gewissem Maße zeigt sie auch den krautigen, kräuterwürzigen Charakter der Provence. Mit seinem massiven Körper, seiner erregenden Konzentration und seinem Extraktstoffreichtum gibt sich der 90er offener und sogar noch reifer als der Aufsehen erregende 89er. Ein herrlicher, gewaltig ausgestatteter Châteauneuf-du-Pape alten Stils! Voraussichtliche Genussreife: 2000 bis 2025. Letzte Verkostung: 8/96.

1989 • 90+ Châteauneuf-du-Pape (rot): Wer den Châteauneuf liebt, wird diesen Clos du Mont Olivet gerne mit dem 90er vergleichen. Der 89er verschließt sich allmählich, ist aber ein schön bereiteter, intensiver, körperreicher Wein mit einem Anflug der provenzalischen *garrigue* sowie Rauch, prallen Vogelkirschen und staubtrockenen Tanninen. Er präsentiert sich reich extrahiert und sehr reintönig, voll und nachhaltig. Im Vergleich zum 90er enthüllt er mehr Konturen, besitzt jedoch vielleicht weniger pralle Frucht – aber das grenzt an Haarspalterei. Voraussichtliche Genussreife: 1998 bis 2012. Letzte Verkostung: 8/96.

1989 • 94 Châteauneuf-du-Pape Cuvée du Papet (rot): Die 89er Cuvée du Papet bietet ein riesenhaftes Aroma von provenzalischen Kräutern, gerösteten Nüssen und süßer, praller, exotischer Frucht, die sich im Mund unfasslich dekadent und üppig zeigt. Der ölige, wunderbar gehaltvolle Tropfen lässt sich jetzt herrlich trinken, verspricht aber, sich mit zunehmender Flaschenreife noch zu verbessern. Einen solch umwerfenden, traditionell bereiteten Châteauneuf im alten Stil findet man in der Welt der hochgerüsteten Kellertechnik, in der die Weine nur zu oft nach festgelegten Parametern produziert werden, kaum noch. Voraussichtliche Genussreife: 1998 bis 2020. Letzte Verkostung: 8/96.

1988 • 90 Châteauneuf-du-Pape (rot): Der 88er verfügt über ein vorzügliches Bukett von orientalischen Gewürzen, Vogelkirschen, Zedernholz, Schokolade und Kaffee. Extrem körperreich, etwa so konzentriert wie der 89er und der 90er und ausgestattet mit einer intensiven, reichen, wunderbar reintönigen Frucht hinterlässt der ausgewogene Tropfen einen guten Eindruck. Voraussichtliche Genussreife: jetzt bis 2008. Letzte Verkostung: 8/96.

1986 • 88 Châteauneuf-du-Pape (rot): Der sehr erfolgreiche, tief rubin- bis purpurrote 86er enthüllt ein intensives Bukett von Himbeeren, Thymian und Johannisbeeren. Ein weiterer traditionell bereiteter, gehaltvoller, tiefer, kerniger, körperreicher und massiver Wein, bestimmt für eine lange Lagerung. Voraussichtliche Genussreife: jetzt bis 2005. Letzte Verkostung: 12/93.

1985 • 85-92? Châteauneuf-du-Pape (rot): Ich habe einige großartige Flaschen des 85er Châteauneuf probiert, aber keine davon gehörte zu dem von Robert Kacher importierten Kontingent. Im besten Fall zählt dieser Wein, der beim Festival von Saint-Marc den ersten Preis gewann, zu den Spitzenweinen des Jahrgangs, verkostet man dagegen andere Abfüllungen, so hat der leichte, verwässerte, geradlinige Wein kaum etwas gemein mit dem Tropfen, der in Châteauneuf-du-Pape so schwärmerische Kritiken einheimste. Je nach Abfülldatum kann man diesen Tropfen entweder über weitere 7 bis 10 Jahre trinken oder sollte ihn sofort verbrauchen. Letzte Verkostung: 1/96.

1983 • 87 Châteauneuf-du-Pape (rot): In diesem 83er sind die Düfte von überreifen Pfirsichen, Aprikosen und Beerenfrüchten wunderbar präsent. Auf der Zunge wirkt er fast wie ein Burgunder, mit geschmeidigen, samtigen Geschmacksnuancen, einem vollen Körper und einem köstlichen, langen Abgang. Voraussichtliche Genussreife: 1993. Letzte Verkostung: 11/90.

1982 • 76 Châteauneuf-du-Pape (rot): Die Farbe dieses 82ers zeigt einen wässrigen Saum, und sein Bukett verfügt zwar über angenehme Beerenfrucht, aber auch über das Feuer eines hohen Alkoholgehalts. Die Ausgewogenheit des schmackhaften Weins steht auf wackeligen Füßen. Voraussichtliche Genussreife: jetzt. Letzte Verkostung: 6/86.

ÄLTERE JAHRGÄNGE

Die Clos du Mont Olivet aus älteren Jahrgängen können ungeheuer lohnend sein, doch erwirbt man mit ihnen die sprichwörtliche Katze im Sack. Die Praxis der mehrfachen Abfüllungen über einen längeren Zeitraum hinweg führt zu beträchtlichen Qualitätsschwankungen. Zu den Spitzenjahrgängen gehören die brillanten Weine von 1978 und 1967.

CLOS DE L'ORATOIRE DES PAPES (MADAME AMOUROUX) **

Adresse:
Avenue Saint-Joseph, 84230 Châteauneuf-du-Pape, Tel.: 4 90 83 70 19, Fax: 4 90 83 51 24

Produzierte Weine:
Châteauneuf-du-Pape (rot und weiß)

Rebfläche:
Weiß: 4,2 ha; Rot: 40 ha

Produktionsmenge:
Weiß: 1 200 Kisten; Rot: 12 500 Kisten

Ausbau:
Weiß: 8 Monate in temperaturgeregelten Edelstahltanks
Rot: 10 bis 15 Tage Gärung in temperaturgeregelten Edelstahltanks, wo sie für die malolaktische Gärung 6 bis 8 Monate bleiben, um sie dann für 18 bis 20 Monate in alte Eichenfässer umzupumpen; die erste Abfüllung erfolgt nach 24 Monaten

Durchschnittsalter der Reben:
Weiß: 15 Jahre; Rot: 40 Jahre

Verschnitt:
Weiß: Jeweils 25 % Clairette, Bourboulenc, Grenache blanc und Roussanne
Rot: 60 % Grenache, 20 % Mourvèdre, 10 % Syrah und 10 % andere Sorten

Seit dem 18. Jahrhundert besteht dieser historische Weinbaubetrieb, der über 44 Hektar Parzellen in guten Hanglagen verfügt. Bis vor dreißig Jahren entstand hier einer der eindrucksvollsten Weine der Appellation, seitdem bedient man ultramoderne Ansprüche. Der fruchtige, angenehme, charmante Clos de l'Oratoire des Papes sollte innerhalb von drei bis vier Jahren nach der Abfüllung getrunken werden. Nach meiner Erfahrung wurden neuere Jahrgänge acht bis zehn Monate nach der Lese abgefüllt, nach der Information des Erzeugers reifen die Weine zwei Jahre – vielleicht hat man die Praxis vor kurzem geändert.

In jedem Fall lassen sich diese Erzeugnisse als der Inbegriff der auf minimales Risiko ausgerichteten Weinbereitung charakterisieren – sie wirken eindimensional, mild und eingestandenermaßen kommerziell bereitet, aber schmackhaft. Wer keine kraftvolleren, typischeren Provenienzen sucht, dem wird mit diesen Weinen der Einstieg in die Appellation Châteauneuf-du-Pape leicht gemacht.

CLOS DES PAPES (PAUL AVRIL) *****

Adresse:
13, avenue Pierre de Luxembourg, 84230 Châteauneuf-du-Pape, Tel.: 4 90 83 70 13, Fax: 4 90 83 50 87

Produzierte Weine:
Châteauneuf-du-Pape (rot und weiß)

Rebfläche:
Weiß: 3 ha; Rot: 29 ha

Produktionsmenge:
Weiß: 1 050 Kisten; Rot: 9 650 Kisten

Ausbau:
Weiß: 6 bis 8 Monate in Emailtanks, die malolaktische Gärung wird gestoppt
und die Weine werden gefiltert abgefüllt

Durchschnittsalter der Reben:
Weiß: 30 Jahre; Rot: 30 Jahre

Verschnitt:
Weiß: Grenache blanc, Roussanne, Clairette, Bourboulenc und Picpoul zu gleichen Teilen
Rot: 65 % Grenache, 20 % Mourvèdre, 10 % Syrah, 5 % andere Sorten

Die Familie Avril ist seit Anfang des 18. Jahrhunderts in Châteauneuf-du-Pape ansässig. Der Zeremonienmeister des Hauses heißt Paul Avril und wird heute von seinem talentierten Sohn Vincent unterstützt. Ihr Clos des Papes setzte in Châteauneuf von jeher Maßstäbe – zuweilen entspricht dies nicht den eigenen Degustationserfahrungen, in diesem Fall handelt es sich jedoch tatsächlich um brillante Weine. Zudem gehören Paul, Vincent und Madame Avril zu den großzügigsten und freundlichsten Winzern im südlichen Rhônetal, so dass man bei einem Besuch der Region dieses gut geführte Gut nicht auslassen sollte!

Im Büro hängt eine Landkarte der verstreut liegenden 18 Parzellen der Kellerei. Ihr Name leitet sich von der Bezeichnung des Weinbergs ab, der einst zu der alten Rebfläche innerhalb der Mauern des heute zerfallenen päpstlichen Schlosses gehörte. Die anderen Parzellen liegen über die gesamte Appellation verteilt, von den Sandböden im Westen und Südosten bis hin zu den steinigen Lehm- und Kalksteinböden im Norden und Nordosten. Paul Avril hat den Grenache-Anteil in seinem Verschnitt schrittweise verringert und gleichzeitig mehr Syrah und Mourvèdre beigemischt. Der Wein wird weitgehend aus Grenache, Syrah und Mourvèdre bereitet, erhält meistens jedoch auch geringe Mengen Trauben aus den anderen Pflanzungen des Guts, vor allem Muscardin, Counoise und Vaccarèse. Das Herstellungsverfahren folgt der Tradition. Das Lesegut wird – außer bei den Rebsorten Mourvèdre und Syrah – nicht entrappt, man handhabt diese Praxis allerdings flexibel. So wurde 1995 ein großer Teil der Grenache-Trauben entstielt, da sie nicht den angestrebten Reifegrad erreicht hatten.

Die Avrils sind gegen die Erzeugung von Luxuscuvées, da sie nach eigener Aussage ohnehin das ganze nicht akzeptable Lesegut an *négociants* verkaufen; daher gibt es nur einen Rot- und einen Weißwein. Die traditionell unbehandelt abgefüllten Weine wurden Anfang bis Mitte der achtziger Jahre versuchsweise geschönt und gefiltert. Angesichts der negativen Auswirkungen dieser Verfahren zeigte man sich aber enttäuscht und verzichtet seit dem 88er Jahrgang auf die Filtration. Auch geschönt wird nur dann, wenn der Wein zu tanninstreng ausfällt. Der Rotwein findet sich stets unter den feinsten der Appellation, aber auch mit dem Weißen sind die Avrils recht erfolgreich. Die jüngeren Jahrgänge zählen zu den besseren Provenienzen von Châteauneuf-du-Pape, müssen aber sehr jung getrunken werden. Daneben entsteht auf diesem Gut ein Le Petit d'Avril ohne Jahrgangsangabe, der meist aus den drei neuesten Jahrgängen verschnitten wird. Aus den jungen Weinstöcken und den Partien, die für den Clos des Papes nicht gehaltvoll genug sind, werden in jedem Jahr rund 1 200 Kisten von beachtenswerter Qualität gewonnen.

Der Clos des Papes ist einer der wenigen Châteauneufs, der als Jungwein selten einschmeichelnd wirkt; die meisten Spitzenjahrgänge müssen fünf bis acht Jahre reifen. Da überrascht es nicht, dass er zu den langlebigsten Tropfen der Appellation gehört – ein Wein für eingefleischte Châteauneuf-Liebhaber.

Jahrgänge

1995 • 92 Châteauneuf-du-Pape (rot): Der 95er Châteauneuf erzielte einen natürlichen Alkoholgehalt von durchschnittlich 14 %, was dem 1990 erreichten Rekord von 14,3 % recht nahe kommt, und die Erträge lagen bei bescheidenen 25 Hektolitern pro Hektar. Da verwundert es nicht, dass der 95er sich als ungeheuer dichter, rubin- bis purpurroter, fast schwarzer Wein mit einem sagenhaften Bukett von orientalischen Gewürzen, Vogelkirschen und Himbeeren, Rauch und Zedernholz erwies. Dieser körperreiche, sehr volle und muskulöse, mäßig tanninreiche Tropfen dürfte einer der langlebigsten und kraftvollsten Châteauneufs des Jahrgangs sein. Er will 4 bis 5 Jahre gelagert werden und sollte sich zwei Jahrzehnte halten. Letzte Verkostung: 6/96.

1994 • 91 Châteauneuf-du-Pape (rot): Dieser Châteauneuf erwies sich als einer der erfolgreichsten Weine des Jahres 1994. Er zeigt ein süßes Bukett von Kirschwasser, Zedernholz und Gewürzen, einen vollen Körper, eine hervorragende Reife und eine exotische, würzige Räucherfleischnote, ist kernig und fleischig, bei mäßigen Tanninen im Abgang. Dabei sollte man sich bewusst machen, dass dieses Erzeugnis einen relativ hohen Mourvèdre-Anteil im endgültigen Verschnitt besitzt. Empfehlenswert erscheint eine 2- bis 3-jährige Lagerung – der Wein kann dann in den folgenden 15 Jahren getrunken werden. Letzte Verkostung: 6/96.

1993 • 90 Châteauneuf-du-Pape (rot): Der beeindruckende 93er gilt als einer der Stars des Jahrgangs. Sein dunkles Rubin- bis Purpurrot wird begleitet von den klassischen Düften von Vogelkirschen und Cassis bei beträchtlicher Süße und einem herausragenden Format. Der körperreiche, mäßig tanninhaltige Tropfen verfügt über ein ausladendes, kerniges Mittelstück, ausgezeichnetes Glyzerin, eine schöne Konzentration und einen sehr guten Abgang. Fest gewirkt und beeindruckend ausgestattet will er 3 bis 4 Jahre gelagert und die darauf folgenden zwei Jahrzehnte genossen werden. Letzte Verkostung: 6/96.

1992 • 89+ Châteauneuf-du-Pape (rot): Einer der konzentriertesten Weine, die ich aus diesem Jahrgang verkostet habe: Der 92er Châteauneuf präsentiert sich mit einem dunklen Rubin- bis Purpurrot, einem kräftigen, würzigen, nach Vogelkirschen und Zedernholz duftenden Bukett, einer vorzüglichen Fülle, einer vollmundigen, öligen Struktur und mäßigen Tanninen im nachhaltigen Abgang. Voraussichtliche Genussreife: jetzt bis 2008. Letzte Verkostung: 6/96.

1990 • 94 Châteauneuf-du-Pape (rot): Der feinste Tropfen aus dem Hause Avril seit dem herrlichen 78er! Er offenbart eine beeindruckend opake, dunkel rubin- bis purpurrote Farbe, ein ausgeprägtes Bukett von süßer Cassis- und Vogelkirschenfrucht, eine ansprechende Süße und Reife am Gaumen sowie einen kraftvollen, langen Abgang mit hohem Tannin-, Glyzerin- und Alkoholgehalt. Dieser klassische, ausdrucksstarke Wein gibt sich weitaus verschlossener als viele andere 90er. Voraussichtliche Genussreife: 2000 bis 2015. Letzte Verkostung: 6/96.

1989 • 90+ Châteauneuf-du-Pape (rot): Der 89er geriet zwar eindrucksvoll, bleibt aber zurückhaltend, strukturiert, tanninreich und zeigt bislang erst einen Hauch seines ungeheuren Potenzials. Er offenbart ein überaus dunkles Rubinrot und ein straffes, aber pralles Bukett von Vogelkirschen, durchzogen mit dem Duft provenzalischer Kräuter – ein extrem körperbetonter und konzentrierter, klassischer Châteauneuf-du-Pape für eine jahrzehntelange Reifung. Voraussichtliche Genussreife: 1999 bis 2015. Letzte Verkostung: 6/96.

1988 • 88 Châteauneuf-du-Pape (rot): Der finessenreiche 88er bietet eine pfeffrige, würzige Nase, intensiven, reichfruchtigen Geschmack, einen mittleren bis vollen Körper und mäßige Tannine im Abgang. Voraussichtliche Genussreife: jetzt bis 2006. Letzte Verkostung: 6/95.

1985 • 88 Châteauneuf-du-Pape (rot): Der 85er stammt aus einer Phase, in der die Avrils nach eigener Aussage zu stark schönten und filtrierten, trotzdem fiel er gut aus. Der voll ausgereifte Wein besitzt ein tiefes Rubinrot mit reichlichen Rost- und Orangetönen am Saum, gefolgt von einem würzigen Bukett mit Düften von provenzalischen Kräutern, *garrigue* und süßer Kirschenfrucht. Er hat ein wenig an Gehalt verloren, zeigt jetzt einen mittleren Körper bei guter Länge, aber geringer Säure, und muss vor der Jahrtausendwende getrunken werden. Letzte Verkostung: 8/96.

1983 • 89 Châteauneuf-du-Pape (rot): Der 83er enthüllt ein tiefes Granatrot, ein rauchiges, süßes und pralles Bukett von Vogelkirschen und Kräutern sowie einen reifen Geschmack von mittlerem und vollem Körper, dem man noch reichliche Mengen Frucht, Glyzerin und Extrakt anmerkt. Im Abgang sind feste Tannine zu spüren. Der voll ausgereifte Wein kann weitere 8 bis 10 Jahre überdauern. Letzte Verkostung: 8/96.

1981 • 92 Châteauneuf-du-Pape (rot): In der Flasche herrlich aufgeblüht trinkt sich der 81er nun besser als je zuvor. Sein riesenhaftes Bukett von süßen, roten und schwarzen Früchten, Karamell, Rauch, getrockneten Kräutern und Oliven wird begleitet von einem körperreichen, extravaganten Geschmack mit sehr viel Frucht. Die Farbe zeigt sich noch immer jugendlich – ein tiefes Rubinrot ohne Bernsteinsaum. Der Wein ist kraftvoll, doch elegant und vollmundig – ein sinnlicher Clos des Papes. Voraussichtliche Genussreife: jetzt bis 2004. Letzte Verkostung: 6/96.

1979 • 88 Châteauneuf-du-Pape (rot): Der sehr dunkle 79er hat den wildartigen, rauchigen Charakter, den ich mit den Rebsorten Mourvèdre und Syrah verbinde. Körperreich, gehaltvoll und kräftig am Gaumen zeigt er allmählich erste Anzeichen für Vollreife und hat viel Bodensatz abgesondert. Voraussichtliche Genussreife: jetzt bis 2002. Letzte Verkostung: 6/86.

1978 • 95 Châteauneuf-du-Pape (rot): Dieser absolut sagenhafte 78er hat seine Höchstreife erreicht. Er war stets der schönste Clos des Papes seit dem 61er, ich hoffe aber, dass der 90er es ihm gleich tun wird, wenn er ihn nicht sogar überflügelt. Der 78er tritt mit einem dunklen, fast opaken Granatrot auf, gefolgt von einem riesigen rauchigen Bukett von Kräutern und gebratenem Fleisch, mit süßen Düften von Trüffeln und schwarzen Beeren. Dieser massive Wein mit seinem großartigen Körper und der vielschichtig konzentrierten, reich extrahierten Frucht präsentiert sich geschmeidig, fleischig und eindrucksvoll. Er dürfte sich noch mindestens 10 Jahre gut trinken lassen. Letzte Verkostung: 6/96.

ÄLTERE JAHRGÄNGE

Die großen Jahrgänge von 1970 und 1966 habe ich seit zehn Jahren nicht mehr verkostet, daher kann ich nicht sagen, wie sie sich entwickelt haben. Gut gelagerte Flaschen dieser Weine dürften noch intakt sein.

CLOS DU ROI

Adresse:
Le Prieuré Saint-Joseph, 84700 Sorgues, Tel.: 4 90 39 57 46, Fax: 4 90 39 15 28

Produzierte Weine: Châteauneuf-du-Pape (rot)

Rebfläche: 21 ha

Produktionsmenge: 7 500 Kisten

Ausbau: 12 bis 14 Monate in Fässern und *foudres*

Durchschnittsalter der Reben: 40 Jahre

Verschnitt:
60 % Grenache, 10 % Mourvèdre, 10 % Clairette, 10 % Cinsault, 10 % Picpoul

Dieser Betrieb wurde 1930 gegründet und befindet sich seit vielen Jahren im Besitz der Familie Mousset. Ihr Wein scheint sich in den letzten Jahren verbessert zu haben, ist jedoch für gewöhnlich ein relativ eindimensionaler und konzentrierter, aber vielfach behandelter Châteauneuf-du-Pape, der innerhalb von fünf bis sechs Jahren getrunken sein will.

Clos Saint-Jean (G. Maurel) ***

Adresse:

8, chemin de la Calade, 84230 Châteauneuf-du-Pape, Tel.: 4 90 83 71 33, Fax: 4 90 83 50 56

Produzierte Weine: Châteauneuf-du-Pape (rot)

Rebfläche: 1,6 ha

Produktionsmenge: 12 500 Kisten

Ausbau:

Kein Entrappen, nach der Gärung werden die Weine 2 Jahre in *foudres* ausgebaut,
dann vor der Abfüllung mit Eiweiß geschönt und filtriert

Durchschnittsalter der Reben: 40 Jahre

Verschnitt:

75 % Grenache, 15 % Syrah, 10 % Cinsault, Mourvèdre, Vaccarèse, Muscardin und Picpoul

Dieser traditionell arbeitende Châteauneuf-du-Pape-Erzeuger besitzt Weinberge in guten Lagen, wobei die beiden größten Parzellen im Norden der Appellation zwischen Fines-Roches und Bédarrides liegen. Ein Teil der Produktion wird an *négociants* verkauft, der Ruhm das Hauses liegt aber darin begründet, dass man die Weine erst dann freigibt, wenn sie nach Einschätzung des Winzers «auf dem Höhepunkt der Perfektion» angelangt sind. Daher waren die Jahrgänge wie 1989 und 1990 selbst Mitte der neunziger Jahre noch nicht auf dem Markt. Die Erzeugnisse werden außerdem nicht verkauft, bevor die Besitzer ein Freigabedatum bestimmt haben.

Die von mir verkosteten Jahrgänge waren bodenständige Châteauneufs im alten Stil, mit einer ausgeprägten Komponente von Teer, Leder, Tiergeruch und Erde, die den fruchtig-blumigen Charakter des Weins maskierte. Dieser Weinstil ist umstritten, doch wenn ein Gut so unerschütterlich nach traditioneller Manier geführt wird wie in diesem Fall von Madame Maurel, erweckt das Anerkennung. Die meisten Jahrgänge werden sich weitere 15 bis 20 Jahre halten, selbst wenn sie bei der Freigabe schon zehn bis zwölf Jahre alt waren. Viel Raffinesse oder gut integrierte, milde Tannine sollte man von diesen aggressiven, rustikalen Weinen jedoch nicht erwarten.

CLOS SAINT-MICHEL ****

Adresse:

Le Prieuré Saint-Joseph, 84770 Sorgues, Tel.: 4 90 39 57 46, Fax: 4 90 39 15 28

Produzierte Weine:

Châteauneuf-du-Pape (rot), Châteauneuf-du-Pape Cuvée Réservée (rot),
Châteauneuf-du-Pape Vignes Nobles Guy Mousset

Rebfläche: 16,2 ha

Produktionsmenge: 6 850 Kisten

Ausbau: 12 bis 16 Monate in *foudres* aus Eiche und Edelstahltanks

Durchschnittsalter der Reben: 20 Jahre

Verschnitt:

60 % Grenache, 20 % Syrah, 10 % Mourvèdre, 5 % Cinsault, 4 % verschiedene Sorten

Guy Moussets Sohn Franck hat mit Unterstützung des in Châteauneuf-du-Pape allgegenwärtigen Önologen Noël Rabot die Qualität seines Weins verbessert. Es handelt sich um einen tiefgründigen, dicken, kernigen Châteauneuf aus guten Lagen am Rande der Appellation in Richtung Sorgues. Die Trauben werden etwa zur Hälfte entrappt, denn man strebt einen hohen Frucht- und Farbextrakt an, und lässt die Weine bis zu ihrer meist nach 12 bis 16 Monaten erfolgenden Abfüllung in *foudres* reifen. Insgesamt kann der Clos Saint-Michel als der beste Wein aus den verschiedenen Betrieben von Guy Mousset bezeichnet werden.

JAHRGÄNGE

1995 • 87 Châteauneuf-du-Pape: Der 95er besitzt sehr viel fette, reife Frucht, ein süßes, ausladendes Mittelstück, einige Komplexität und einen berauschenden, süßen, gehaltvollen Abgang. Er sollte sich jung gut trinken lassen und 10 Jahre halten. Letzte Verkostung: 6/96.

1995 • 88 Châteauneuf-du-Pape Cuvée Réservée: Die 95er Cuvée Réservée zeigt eine ähnliche Intensität wie die 94er, dabei aber eine reifere schwarze Frucht ohne Seetang- und Jodnuancen, mit einem höheren Säure- und Tanningehalt. Dieser breit gebaute, raue Châteauneuf erreicht vielleicht nicht dieselbe Komplexität, gilt aber als ein herausragender Wein, der sich 10 bis 15 Jahre halten sollte. Letzte Verkostung: 6/96.

1994 • 89+ Châteauneuf-du-Pape Cuvée Réservée: Aus reifer, gehaltvoller, lieblicher Frucht gewonnen, wird sich die 94er Cuvée Réservée mit ihrer komplexen Duftkombination aus Salz, Jod und Meerwasser sowie prallen Vogelkirschen, Pfeffer und Kräutern als der möglicherweise vollendetste Tropfen erweisen. Reich extrahiert, gehaltvoll und tanninreich besitzt sie einen rauchigen, angerösteten Charakter, der einiges verspricht. Angesichts seiner strukturierten, verschlossenen Persönlichkeit will dieser Wein weitere 2 bis 3 Jahre gelagert werden und verdient dann vielleicht eine hervorragende Bewertung. Letzte Verkostung: 6/96.

1994 • 88 Châteauneuf-du-Pape Vignes Nobles Guy Mousset: Der 94er Vigne Nobles Guy Mousset reflektiert die Reichhaltigkeit seines Jahrgangs. Der reintönige, gut bereitete, ungeheuer sättigende Wein gibt sich körperreich mit einem fetten, seidenglatten Vogelkirschengeschmack, der den Gaumen so schnell nicht verlässt. Man kann ihn früh trinken oder auch 7 bis 8 Jahre lagern. Letzte Verkostung: 6/96.

1993 • 89 Châteauneuf-du-Pape Cuvée Réservée: Auch die 93er belegt Franck Moussets gute Leistungen. Sie bietet ein dunkles Rubinrot mit purpurroten Nuancen und ein reifes, süßes, nachhaltiges, nach Cassis duftendes Bukett. Der Wein quillt über vor Glyzerin und praller Frucht und vermittelt jenes üppige, vollmundige Trinkgefühl, das den Châteauneuf-du-Pape so verführerisch macht. Über die nächsten 7 bis 8 Jahre trinken. Letzte Verkostung: 6/95.

1993 • 87 Châteauneuf-du-Pape Vignes Nobles Guy Mousset: Der 93er zeigt eine provenzalische Mischung von Gewürzen, Pfeffer und Vogelkirschenfrucht. Der dunkel rubinrote Wein enthüllt einen mittleren bis vollen Körper, eine gute Reichhaltigkeit und leichte bis mäßige Tannine in einem geradlinigen, würzigen Abgang. Nach einer Lagerzeit von 1 bis 3 Jahren wird man ihn weitere 10 bis mindestens 12 Jahre lang gut trinken können. Letzte Verkostung: 6/95.

DOMAINE DE CRISTIA ***

Adresse:

33, Faubourg Saint-Georges, 84350 Courthézon, Tel.: 4 90 70 89 15

Produzierte Weine:

Châteauneuf-du-Pape (rot und weiß), Châteauneuf-du-Pape A. Grangeon Sélection (rot)

Rebfläche: Weiß: 1 ha; Rot: 10 ha

Produktionsmenge:

Weiß: 333 Kisten; Rot: 1 250 bis 1 660 Kisten; A. Grangeon – 416 Kisten

Ausbau:

Weiß: Insgesamt 14 bis 16 Monate, 90 % in Edelstahltanks, 10 % in alten Eichenfässern; die *assemblage* erfolgt kurz vor der Abfüllung

Rot (Standardcuvée und A. Grangeon): Insgesamt 36 Monate; 3 Wochen Gärung in Zementtanks, dann 24 Monate Ausbau in alten Eichenfässern; Lagerung bis zur Abfüllung in Zementtanks

Durchschnittsalter der Reben:

Weiß: 70 Jahre; 12 Jahre beim Grenache blanc; Rot: 50 Jahre

Verschnitt:

Weiß: 40 % Grenache blanc, 30 % Clairette, 20 % Bourboulenc, 10 % Roussanne

Rot: 70 % Grenache, 10 % Syrah, 10 % Mourvèdre, 5 % Cinsault, 5 % Muscardin;

A. Grangeon – 100 % Grenache

'*Anmerkung:* Die A. Grangeon Sélection wird nach Art einer *tête de cuvée* aus Bordeaux als Auslese aus den besten Lagen und Trauben bereitet. Nach der Gärung erfolgt eine weitere Selektion; nur die feinsten Partien werden für diese Cuvée ausgewählt.

Der Inhaber Alain Grangeon gewinnt aus seinen elf Hektar umfassenden Weinbergen beständig gute Châteauneufs. Von dem roten Domaine de Cristia habe ich nur wenige Jahrgänge probiert – sie waren schön bereitet, doch fehlte es ihnen an Intensität und Nachhaltigkeit. Die Spezialcuvée A. Grangeon Sélection, eine Kellerauslese aus 100 % Grenache-Altreben, habe ich leider nie verkostet.

Henriet Crouzet-Féraud ****

Adresse:
4bis, chemin de Bois de la Ville, 84230 Châteauneuf-du-Pape

Produzierte Weine: Châteauneuf-du-Pape (rot)

Rebfläche: 5 ha

Produktionsmenge: 1 250 Kisten

Ausbau:
Kein Entrappen, mindestens 14 bis 20 Monate bis zur Abfüllung in *foudres*, keine Filtration

Durchschnittsalter der Reben: 60 Jahre

Verschnitt: 80 % Grenache, 20 % verschiedene Sorten

Die wenigen von mir verkosteten Weine dieses Erzeugers waren beeindruckende, traditionell bereitete, kraftvolle und konzentrierte Châteauneufs, die denen von Laurent und Paul Féraud ähneln. Trotz der geringen Produktion verdient dieser Winzer mehr Aufmerksamkeit.

Cuvée du Belvedere (Robert Girard) ***/****

Adresse:
Le Boucou, 84230 Châteauneuf-du-Pape, Tel.: 4 90 83 70 08, Fax: 4 90 83 50 45

Produzierte Weine: Châteauneuf-du-Pape Le Boucou (rot)

Rebfläche: 4 ha

Produktionsmenge:
800 Kisten, von denen ein Teil an *négociants* verkauft wird

Ausbau:
Kein Entrappen; 3 bis 4 Wochen Vinifikation in 100-Hektoliter-Tanks bei einer Maximaltemperatur
von 30 bis 32 °C, Lagerung bis zur Abfüllung 12 bis 20 Monate in den Tanks

Durchschnittsalter der Reben: 40 Jahre

Verschnitt:
80 % Grenache, 15 % Counoise, 5 % Mourvèdre

Der wenig bekannte Winzer Robert Girard, ein drahtiger, wissbegieriger Mann, besitzt nur vier Hektar in einer einzelnen Lage namens Le Boucou. Seine Rebfläche ist zu 80 % mit Grenache bestockt, man findet jedoch auch einen ungewöhnlich hohen Prozentsatz von Counoise (15 %) sowie 5 % Syrah. Girards Weine – vor allem der 78er, der 79er, der 83er und der 89er – haben mir sehr viel Genuss bereitet. Er geht nach der klassischen Methode vor: Die Trauben werden nicht entrappt, und der Wein wird nach einer angemessenen Zeit in alten *foudres* aus Holz abgefüllt. In manchen Jahren geraten seine Erzeugnisse fast Burgunder-ähnlich mit einem nach Vogelkirschen duftenden Bukett und intensivem Duft. Ich kann mich noch an eine Blindprobe erinnern, bei der für den namhaften Weinhändler Carlo Russo aus

New Jersey die 85er Cuvée du Belvedere zusammen mit einigen 85er Premiers und Grands crus von der Côte d'Or verkostet wurde. Damals bevorzugten zahlreiche Teilnehmer den Belvedere gegenüber den sehr viel teureren Burgundern. Zudem erkannte in ihm keiner das Côtes-du-Rhône-Gewächs!

Jüngere Jahrgänge erweckten den Eindruck, dass Girard zu einem leichteren Stil übergeht: Es fehlte ihnen die Konzentration und die Ausdruckskraft ihrer Vorgänger. Hoffentlich werde ich eines Besseren belehrt, denn früher erzeugte diese Kellerei einen der anmutigsten, verführerischsten und elegantesten Châteauneufs.

JAHRGÄNGE

1995 • 76 Châteauneuf-du-Pape Le Boucou: Zu meiner Überraschung besaß der leicht rubinrote 95er Le Boucou nicht die Tiefe des 94ers. Ihm mangelt es an Körper und Extrakt, bei einem oberflächlichen Abgang ohne Tiefe oder Intensität. Ein gefälliger, aber wenig begeisternder Tropfen. Voraussichtliche Genussreife: jetzt bis 2000. Letzte Verkostung: 6/96.

1994 • 86 Châteauneuf-du-Pape Le Boucou: Seit diesem Jahr scheint sich Girards Stil zu verändern. Der 94er Châteauneuf zeigt eine Burgunder-ähnliche, verführerische Nase von roten Kirschen, Blumendüften und Gewürzen. Er ist zwar nicht sehr stilvoll, dafür aber rund, fruchtig und eingängig. Voraussichtliche Genussreife: jetzt bis 2001. Letzte Verkostung: 6/96.

1993 • 88 Châteauneuf-du-Pape Le Boucou: Der 93er Le Boucou gibt sich adstringierend und hohl, verfügt jedoch über genug Frucht, um leichten Genuss und Charme zu bereiten. Nach weiteren 3 bis 4 Jahren im Keller wird er wahrscheinlich austrocknen, daher sollte er bald getrunken werden. Letzte Verkostung: 9/95.

1990 • 88 Châteauneuf-du-Pape: Der säurearme 90er schmeckt aus der Flasche weit gehaltvoller als aus dem Fass. Der Wein von einem mittleren Rubinrot besitzt ein intensiv duftendes Bukett von prallen Himbeeren, Blumen und Erde. Er präsentiert sich üppig, fleischig und seidenglatt, bei vollem Körper und einem langen, süßen, sinnlich strukturierten Abgang – man sollte ihn in den nächsten 6 bis 8 Jahren trinken. Letzte Verkostung: 12/95.

1989 • 89 Châteauneuf-du-Pape: Der gut ausgewogene, tief rubinrote 89er offeriert ein anmutiges, reiches, pflaumenduftiges Bukett, verwoben mit den Düften von Himbeeren und Schokolade. Im Mund gibt er sich elegant, reichfruchtig und gut strukturiert, im Abgang lang, berauschend und vollmundig. Wie die meisten Châteauneufs von Girard besticht der Wein gegenwärtig durch seine herrliche Frucht und Geradlinigkeit, wodurch der irreführende Eindruck entsteht, es fehle ihm das Reifepotenzial. Voraussichtliche Genussreife: jetzt bis 2003. Letzte Verkostung: 6/95.

1988 • 88 Châteauneuf-du-Pape: Dieser Wein hat das typische kühne, dramatische Bukett der Girard-Erzeugnisse. Weist der 89er den Charakter eines Volnay auf, so schmeckt der 88er eher wie ein Pomerol: üppig, gehaltvoll, körperreich, dabei nicht so konzentriert oder extravagant wie der 88er und trotzdem herrlich sinnlich. Voraussichtliche Genussreife: jetzt bis 2002. Letzte Verkostung: 12/95.

1985 • 87 Châteauneuf-du-Pape: Dieser köstliche, vordergründige 85er ließ sich jung schön trinken, verliert aber allmählich seine Frucht und nimmt einen verwässerten, kleineren Stil an. Sein mittleres Rubinrot hellt sich am Glasrand merklich auf; die einst wunderbar pralle Himbeer- und Kirschenfrucht weicht den Düften von Kräutern, Erde, Gewürzen, und es bleibt nur eine Ahnung von roter Beerenfrucht. In seinem milden, schlaffen Abgang zeigt der Wein einen feurigen Alkoholgehalt. Er muss getrunken werden. Letzte Verkostung: 11/95.

1983 • 89 Châteauneuf-du-Pape: In völligem Gegensatz zum 85er war Girards 83er stets ein voller, üppiger Châteauneuf, der von Beginn an trinkreif erschien. Von seiner schönen Fülle rauchiger Vogelkirschenfrucht hat er nichts verloren. Der milde, aber konturenreiche und ausgewogene Wein zeigt sich mittelschwer bis körperreich, auf eine längere Lagerung sollte man es aber nicht ankommen lassen. Genussreife: jetzt. Letzte Verkostung: 11/95.

ÄLTERE JAHRGÄNGE

Bei der letzten Verkostung Anfang der neunziger Jahre schien der einst feine 81er bereits auszutrocknen. Die Besitzer der 79er und 78er Cuvée du Belvedere werden sich jedoch freuen zu hören, dass beide Weine noch in sehr guter Verfassung sind. Der 79er enthüllt einen gewissen rustikalen Charakter und zeigt eher die erdige, animalische Seite des Châteauneuf-du-Pape als die für Girard typische gehaltvolle, sahnige Frucht von Himbeeren und Vogelkirschen. Der 78er war stets ein umwerfendes, körperreiches und ausladendes Erzeugnis eines außergewöhnlichen Jahrgangs. Bei der letzten Verkostung im Jahr 1990 präsentierte er sich noch in vorzüglicher Verfassung.

CUVÉE DE BOISDAUPHIN (PIERRE JACUMIN) ****

Adresse:
Route de Sorgues, 84230 Châteauneuf-du-Pape, Tel.: 4 90 83 70 34, Fax: 4 90 83 50 83

Produzierte Weine: Châteauneuf-du-Pape (rot und weiß)

Rebfläche: Weiß: 1 ha; Rot: 6 ha

Produktionsmenge: Weiß: 438 Kisten; Rot: 1 500 Kisten

Ausbau:
Weiß: Insgesamt 6 bis 8 Monate, 80 % in Edelstahl- und Emailtanks, 20 % in zu
20 % neuen Eichenfässern, Ausbau jeweils 4 Monate
Rot: 20 Tage Gärung in Zementtanks, dann Ausbau in zu 10 % neuen, kleinen und
großen Eichenfässern, *assemblage* kurz vor der Abfüllung

Durchschnittsalter der Reben: Weiß: 35 Jahre; Rot: 35 Jahre

Verschnitt:
Weiß: 50 % Grenache blanc und je ein Drittel Picpoul, Clairette und Roussanne
Rot: 65 % Grenache, 10 bis 15 % Mourvèdre, 10 bis 15 % Syrah, 10 % andere Sorten

Das kleine Weingut Cuvée de Boisdauphin von Pierre Jacumin sollte nicht verwechselt werden mit der Domaine de Bois Dauphin von Jean Marchand, denn beide Häuser erzeugen sehr unterschiedliche Weine. Jacumins intensive, kräftige und gehaltvolle Gewächse weisen den typischen *garrigue*-Duft der Provence auf. Wie bei zahlreichen Besitztümern der Appellation liegen die Weinberge über das gesamte Gebiet mit seinen verschiedenen Bodentypen verstreut. Der nachdenkliche Jacumin strahlt das Selbstbewusstsein eines fähigen Kellermeisters aus und scheint in seinen Methoden flexibler zu sein als viele andere Erzeuger der Region.

Sein Rotweinverschnitt, der zunehmend Mourvèdre und Syrah enthält, entsteht auf interessante Weise: Der Grenache wird nicht entrappt und auf klassische Art vergoren, während der Mourvèdre sowie ein Teil des Syrah vollständig abgebeert werden. Letzterer wird der Kohlensäuremaischung unterzogen, da dies dem Wein laut Jacumin mehr Frucht und Intensität, dafür aber weniger Tannine verleiht. Da der Mourvèdre außerdem für schöne Konturen sorgt, überzeugt diese Art der Vinifikation. Die Cuvée de Boisdauphin ist ein kleines, jedoch bemerkenswertes Weingut, das gut bereitete, traditionelle Châteauneufs mit einem Reifepotenzial von 10 bis 15 Jahren in den Spitzenjahrgängen hervorbringt.

Jahrgänge

1995 • 91 Châteauneuf-du-Pape (rot): Der herausragende 95er zeigt ein undurchdringliches Rubin- bis Purpurrot und ein süßes, berauschendes Bukett von Zedernholz, provenzalischen Kräutern, schwarzen und roten Beerenfrüchten und Erde. Mit seiner vielschichtigen, reifen und kernigen Frucht erscheint dieser gehaltvolle, bei sinnlicher Konsistenz gut strukturierte, körperreiche Châteauneuf als eine wahre Pracht. Bei der Freigabe wird er einschmeichelnd sein, dürfte aber auch 12 bis 15 Jahre tadellos reifen. Letzte Verkostung: 6/96.

1994 • 89 Châteauneuf-du-Pape (rot): Die 94er Cuvée de Boisdauphin zeigt sich für den Jahrgang verschlossen. Von einem gesunden, dunklen Rubinrot gibt sie zögernd Düfte von Früchtebrot, Zedernholz, Gewürzen, Oliven und Vogelkirschen preis. Der kraftvolle Wein besitzt einen mittleren bis vollen Körper, eine ausgezeichnete Fülle, ein insgesamt strukturiertes Trinkgefühl und einen würzigen, langen, alkoholstarken Abgang. Bereits jetzt trinkbar, verspricht der Rote aber in 2 bis 3 Jahren noch mehr und wird sich 10 bis 12 Jahre halten. Letzte Verkostung: 6/96.

1993 • 89 Châteauneuf-du-Pape (rot): Der erwartungsgemäß ausgezeichnete 93er besitzt eine gesunde, dunkel rubin- bis purpurrote Farbe, die zu den sattesten des Jahrgangs gehört. Mit etwas Geduld kann man aus dem verhaltenen Bukett süße Schichten von Vogelkirschenfrucht, Zedernholz, provenzalischen Kräutern und geröstetem Fleisch herauskitzeln. Dieser breit gebaute, aufgeschlossene, strukturierte 93er Châteauneuf gibt sich tief, dicht und körperbetont, bei reichlicher Würze, und wird sich 10 Jahren Kellerreife leicht gewachsen zeigen. Voraussichtliche Genussreife: 1997 bis 2008. Letzte Verkostung: 12/95.

1990 • 88+ Châteauneuf-du-Pape (rot): Der 90er präsentiert sich zwar nicht ganz so profund wie der 89er, dafür aber recht rau und vollmundig, mit einem erdigen, kirschenduftigen Bukett, einem reichhaltigen, dicken, tanninschweren Geschmack und einem körperreichen, kräftigen, alkoholstarken Abgang. Voraussichtliche Genussreife: jetzt bis 2006. Letzte Verkostung: 6/96.

1989 • 91 Châteauneuf-du-Pape (rot): Jacumins 89er gehört zu den Spitzenweinen des Jahrgangs und wirkt noch jugendlich und relativ unentwickelt. Er provoziert mit einem Bukett von Lakritze, Pfeffer, Kräutern und einer süßen, prallen Vogelkirschenfrucht und zeigt eine reiche, üppige, körperreiche Struktur, einen hohen Alkoholgehalt sowie mäßige Tannine. Mit dieser breit gebauten, konzentrierten Art besitzt er die typischen Charakteristika dieses Jahrgangs. Er gibt sich zwar zugänglich und genussreif, wird aber weitere 10 bis 15 Jahre gut reifen. Voraussichtliche Genussreife: jetzt bis 2010. Letzte Verkostung: 7/96.

CUVÉE DU VATICAN (FÉLICIEN DIFFONTY) ****

Adresse:
Route de Courthézon, 84230 Châteauneuf-du-Pape, Tel.: 4 90 83 70 31, Fax: 4 90 83 50 36

Produzierte Weine:
Châteauneuf-du-Pape (rot und weiß)

Rebfläche:
Weiß: 1 ha; Rot: 15,4 ha

Produktionsmenge:
Weiß: 333 Kisten; Rot: 5 400 Kisten

Ausbau:
Weiß: 5 bis 6 Monate in temperaturgeregelten Edelstahltanks
Rot: Insgesamt 24 bis 36 Monate; 22 Tage Gärung bei 28 bis 33 °C in Edelstahltanks,
dann 6 Monate malolaktische Gärung in Zementtanks und 18 bis 30 Monate Ausbau in alter Eiche

Durchschnittsalter der Reben:
Weiß: 5 Jahre; Rot: 5 Jahre

Verschnitt:
Weiß: 35 % Clairette, 25 % Roussanne, 25 % Grenache blanc, 15 % Bourboulenc
Rot: 70 % Grenache, 15 % Syrah, 12 % Mourvèdre, 3 % Cinsault

Wie die Familie Sabon ist auch der Name Diffonty in Châteauneuf-du-Pape berühmt. Féliciens Bruder Rémy leitet einen anderen Betrieb in der Appellation, die Domaine Haut des Terres Blanches. Diese bekannte Familie, aus der in diesem Jahrhundert auch ein Bürgermeister des Dorfes Châteauneuf-du-Pape hervorging, erzeugt aus 15,4 Hektar Rebfläche einen traditionellen Châteauneuf, von denen nur ein Hektar für die Weißweinproduktion genutzt wird. Diffonty und sein Sohn Marius haben den Roussanne-Anteil in ihrem Weißen erhöht, wodurch sie auch eine Qualitätssteigerung erreichen dürften.

Der Rotwein – ein traditioneller Verschnitt aus 70 % Grenache, 15 % Syrah, 12 % Mourvèdre und 3 % Cinsault – altert in alten Eichenfässern und wird nach zwei bis drei Jahren Reifezeit abgefüllt. Auf diesem Gut entstehen einige wunderbare Weine – körperreiche, kraftvolle, füllige Tropfen mit einer unverwechselbar provenzalischen Art und einem gehörigen Schuss wuchtigen Alkohols. Auf Grund der langen Ausbauphase und ihres hohen Alkoholgehalts sind sie bei der Freigabe gewöhnlich trinkreif und schwerfällig.

Zugeständnisse an die moderne Önologie sind bei diesem Erzeuger kaum zu entdecken, abgesehen von einer verräterischen Filtriereinrichtung. Ein Entrappen findet nicht statt, und durch eine lange Gärung bei relativ hohen Temperaturen geraten die Weine sehr intensiv und nehmen die angestrebte körperbetonte, kraftvolle Art an. Sie erreichen zwar nicht das höchste Qualitätsniveau der Appellation, enttäuschen aber auch nie. Wie aus den folgenden Prüfnotizen hervorgeht, sollten diese kräftigen Châteauneufs innerhalb von sechs bis zehn Jahren getrunken werden.

JAHRGÄNGE

1995 • 88 Châteauneuf-du-Pape (rot): Der 95er enthüllt ein rauchiges, liebliches Bukett von gerösteten Kräutern und Vogelkirschen, einen süßen, dichten, kernigen Fruchtgeschmack, eine ausgezeichnete Länge sowie reichlich Körper und Alkohol im nachhaltigen Abgang. Zudem besitzt er jene unverwechselbare salzige, erdige, kräuterwürzige *garrigue*-Note, die zahlreiche Weine aus dem südlichen Rhônetal auszeichnet. Voraussichtliche Genussreife: jetzt bis 2003. Letzte Verkostung: 6/96.

1994 • 87 Châteauneuf-du-Pape (rot): Der 94er offenbart ein mittleres Rubin- bis Granatrot, ein würziges Bukett mit dem Duft von Zigarrenkisten, Kräutern, Johannisbeeren und Kirschen, einen mittleren bis vollen Körper, eine bewundernswerte Fülle und einen eingängigen, fülligen Abgang mit merklichem Alkoholgehalt. Voraussichtliche Genussreife: jetzt bis 2002. Letzte Verkostung: 6/96.

1990 • 87 Châteauneuf-du-Pape (rot): Der 90er entfaltet ein intensiv würziges, nach Kirschen, gerösteten Nüssen und Kirschwasser duftendes Bukett, einen süßen, alkoholstarken, geschmeidigen und vollmundigen Geschmack, viel Reife sowie milde Tannine in einem langen, saftigen, lebhaften Abgang – ein exotischer Châteauneuf-du-Pape in dekadentem Stil. Voraussichtliche Genussreife: jetzt bis 2003. Letzte Verkostung: 9/95.

ÄLTERE JAHRGÄNGE

Mit den Weinen aus dem Hause Cuvée du Vatican habe ich reichlich Erfahrung: Die Besten von ihnen stammen aus den Jahren 1966, 1970 und 1978, sind vermutlich jedoch mittlerweile alle dem Untergang geweiht.

DOMAINE DURIEU (PAUL DURIEU) ***

Adresse:

10, avenue Baron Le Roy, 84230 Châteauneuf-du-Pape, Tel.: 4 90 83 70 86, Fax: 4 90 37 76 05

Produzierte Weine: Châteauneuf-du-Pape (rot und weiß)

Rebfläche: Weiß: 0,8 ha; Rot: 20 ha

Produktionsmenge: Weiß: 250 Kisten; Rot: 8 750 Kisten

Ausbau:

Weiß: Insgesamt 2 bis 3 Monate; Gärung in Edelstahl- und Emailtanks bei niedrigen Temperaturen
Rot: Insgesamt 24 bis 36 Monate; kein Entrappen, 3 Wochen Gärung in Zementtanks,
dann 6 bis 18 Monate in Eichenfässern und Lagerung bis zur Abfüllung in Emailtanks

---

Durchschnittsalter der Reben: Weiß: 10 Jahre; Rot: 15 bis 90 Jahre

---

Verschnitt:

Weiß: 80 % Roussanne, 10 % Bourboulenc, 10 % Grenache blanc
Rot: 70 % Grenache, 10 % Syrah, 10 % Mourvèdre, 10 % Counoise

Die «Höhlen» der Domaine Durieu liegen im Zentrum des geschäftigen, windzerzausten Dorfes Châteauneuf-du-Pape. Den Degustationsraum erreicht man über einige steile Treppenstufen, die in Durieus unterirdirsche Kellerräume hinunterführen, wo man mit Verblüffung die riesigen *foudres* und großen Gärbottiche entdeckt, die vor der Installation zunächst in ihre Bestandteile zerlegt und dann unten im Keller wieder montiert werden mussten. Der gut aussehende Paul Durieu verfügt über 21 Hektar mit 10 bis 90 Jahre alten Weinstöcken. Den im leichten Beaujolais-Stil bereiteten Châteauneufs steht der Winzer ebenso kritisch gegenüber wie der schweren, oxidierten, übertrieben muskulösen Weinart, die in der Appellation vor 30 bis 40 Jahren verbreitet war. Durieu versucht es mit einem Mittelweg – meiner Auffassung nach mit Erfolg.

Die drei Parzellen seines Guts liegen bei Maucoil, in der Nähe von Beaucastel, und die mit 14 Hektar größte Rebfläche findet sich in herrlicher Lage auf der Ebene zwischen Les Cabrières und Mont Redon. Durieu hat mehr als die meisten anderen französischen Winzer mit verschiedenen Stilen experimentiert und bietet nach einigen Fehlstarts heute kraftvolle, konzentrierte Weine von beständiger Qualität, die sich vor allem in schwierigen Jahrgängen als verlässlich erwiesen haben. So gehört sein 86er zu den feinsten Tropfen des Jahrgangs. Mit dem Entrappen der Trauben hat es Durieu zwar auch versucht, inzwischen verzichtet er aber darauf und lässt seinen Wein länger als früher in großen Eichenfässern reifen. Sein Châteauneuf-du-Pape weist für gewöhnlich einen animalischeren Charakter auf als viele andere Provenienzen, wobei der Mourvèdre und der Counoise im Verschnitt dem Wein trotz eines Anteils von jeweils nicht mehr als zehn Prozent offensichtlich mehr Ausdruck verleihen.

Den weißen Châteauneuf, den Durieu seit einiger Zeit gewinnt, konnte ich noch nicht verkosten. Bei einem Anteil von 80 % Roussanne könnte er sich jedoch als einer der verlockenderen trockenen Weißweine aus Châteauneuf-du-Pape erweisen.

In manchen Jahrgängen bereitet Durieu außerdem eine Spezialcuvée. So wurde 1990 die nach seiner Ehefrau benannte Cuvée Lucille Avril produziert, doch bin ich diesem Wein seitdem nicht wieder begegnet.

Insgesamt handelt es sich hier um einen erstklassigen Erzeuger, der sein Potenzial bislang noch nicht völlig ausgeschöpft hat. Die bereits jetzt ausgezeichneten Weine könnten weiter verbessert und so auf ein noch höheres Qualitätsniveau gebracht werden.

JAHRGÄNGE

1995 • 87 Châteauneuf-du-Pape (rot): Der extrem unentwickelte 95er Châteauneuf zeigt ein dunkles Rubinrot, hohes Tannin und eine verschlossene, schwierige Persönlichkeit, in der man die Süße und Reife, die das Bukett verspricht, nicht wiederfindet. Ein *vin de garde*, dessen Einzelbestandteile sich noch nicht zu einem harmonischen Ganzen verbunden haben. Voraussichtliche Genussreife: 2002 bis 2015. Letzte Verkostung: 6/96.

1994 • 88 Châteauneuf-du-Pape (rot): Der 94er besitzt ein tiefes Rubin-Granat-Purpurrot, ein kräftiges Bukett von Räucherfleisch, orientalischen Gewürzen, Lakritze, Kräutern und schwarzen Beerenfrüchten, einen vollen Körper, eine ausgezeichnete Konzentration, mäßige Tannine und reichlich Glyzerin. Ein nicht sehr anspruchsvoller, aber eindrucksvoll ausgestatteter Wein. Voraussichtliche Genussreife: 1998 bis 2009. Letzte Verkostung: 6/96.

1990 • 87 Châteauneuf-du-Pape (rot): Paul Durieu ist ein ausgezeichneter Kellermeister, aber er verblüfft mich immer wieder, weil seine Weine häufig völlig anders ausfallen als die seiner Kollegen. So war sein 86er besser als sein 85er, und sein 83er – seine persönliche Bestleistung in den achtziger Jahren – geriet schöner als sein 81er. Der 89er zeigte sich dagegen nur mittelmäßig, was für diesen Superjahrgang schon bemerkenswert ist. 1990 produzierte Durieu zwei Cuvées. Seine Standardcuvée zeigt eine dunkle rubinrote Farbe, ein würziges, erdiges, ledriges Aroma mit einem Hauch von Brett-Hefe, fleischigen, süßen, ausladenden, körperreichen Geschmack und einen langen, saftigen, alkoholstarken Abgang. Voraussichtliche Genussreife: jetzt bis 2002. Letzte Verkostung: 9/95.

1990 • 88+ Châteauneuf-du-Pape Cuvée Lucille Avril (rot): Die 90er Cuvée Lucille Avril geriet potenziell herausragend, mit einem riesigen Bukett von Räucherfleisch, Leder, reifen Vogelkirschen und Kräutern. Im Mund gibt sich der Wein körperreich, intensiv, alkoholstark und sehr tanninbetont. Der beeindruckende, aber schlichte Tropfen offenbart beträchtliche Fülle und Struktur. Voraussichtliche Genussreife: 1998 bis 2009. Letzte Verkostung: 9/95.

1989 • 79 Châteauneuf-du-Pape (rot): Ein grüner, harter, mager ausgestatteter Châteauneuf, dem es an Fülle und Charakter mangelt. Schwer zu sagen, was in diesem außergewöhnlichen Jahrgang falsch gelaufen ist. Letzte Verkostung: 2/93.

1988 • 86 Châteauneuf-du-Pape (rot): Der jugendliche 88er besitzt einen mittleren bis vollen Körper, gibt sich würzig und berauschend, bei einem erdigen, nach Zimt und Himbeeren duftenden Bukett und einem saftigen, fleischigen, tanninreichen Geschmack. Dieser nicht sonderlich konzentrierte Wein muß getrunken werden. Genussreife: jetzt. Letzte Verkostung: 3/95.

1986 • 90 Châteauneuf-du-Pape (rot): In diesem für unerwartet hohle und karge Weine bekannten Jahrgang brachte Durieu einen der eindrucksvollsten Tropfen zu Stande. Sein tief rubin- bis granatrot gefärbter 86er präsentiert sich noch jugendlich und besitzt ein provozierend erdiges Bukett von Lakritze, gebratenem Fleisch und Kräutern sowie einen kraftvollen, körperreichen, konzentrierten Geschmack bei großer Muskelkraft und Extraktreichtum. Er sondert zwar viel Bodensatz ab, scheint aber noch mehrere Jahre von seinem Höhepunkt entfernt zu sein. Voraussichtliche Genussreife: 1999 bis 2011. Letzte Verkostung: 1/96.

ÄLTERE JAHRGÄNGE

Durieus 85er war leicht und wirkte für den Jahrgang überraschend verwässert. Der herrliche 83er gehört dagegen zu den feinsten Weinen, die der Winzer je hervorgebracht hat. Der 82er geriet wiederum leicht, der 81er – gemessen am Jahrgang – überraschend dünn. Der älteste von mir verkostete Wein, der 78er, gefiel sehr, ich habe ihn jedoch seit 10 Jahren nicht mehr verkostet.

Château des Fines Roches ***

Adresse:
1, avenue Baron Le Roy, 84230 Châteauneuf-du-Pape, Tel.: 4 90 83 73 10, Fax: 4 90 83 50 78

Produzierte Weine:
Châteauneuf-du-Pape (weiß und rot)

Rebfläche:
Weiß: 4 ha; Rot: 38 ha

Produktionsmenge:
Weiß: 1 500 Kisten; Rot: 16 250 Kisten

Ausbau:
Weiß: 4 bis 6 Monate in Edelstahltanks
Rot: Insgesamt 6 bis 12 Monate; 20 Tage Gärung in Edelstahl, dann 6 Monate
Ausbau in alter Eiche; Lagerung in Zement-, Epoxid- und Edelstahltanks

Durchschnittsalter der Reben:
Weiß: 9 Jahre; Rot: 45 bis 50 Jahre

Verschnitt:
Weiß: 60 % Grenache blanc, 35 % Clairette und Bourboulenc (mit veränderlichen Anteilen),
5 % Roussanne
Rot: 60 % Grenache, 15 % Syrah, 10 % Mourvèdre, 10 % Cinsault und 5 % verschiedene Sorten

Verlässt man Avignon auf der Route Départementale 17 in Richtung Châteauneuf-du-Pape, so kann man rechts, rund eineinhalb Kilometer vor dem Ortseingang von Châteauneuf, das Château des Fines Roches kaum übersehen. Dieses wie eine Art Miniaturausführung des Excalibur Hotels auf der berühmten Vergnügungsmeile in Las Vegas wirkende Schloss rühmt sich eines erstklassigen kleinen Hotels mit wenigen Zimmern, aber auch eines ausgezeichneten Restaurants, in dessen Küche Henri Estevin und sein Sohn regieren.

Das Château des Fines Roches gehört zwar seit langem zu den führenden Erzeugern von Châteauneuf-du-Pape, doch habe ich seit vielen Jahren keinen profunden Wein mehr aus diesem Hause verkostet. Das ist nicht abwertend gemeint, denn die mit einem modifizierten Verfahren der Kohlensäuremaischung bereiteten Weine schmecken fruchtig, reif und köstlich, sofern man sie innerhalb von fünf bis sechs Jahren nach der Lese trinkt. Bei dem großartigen *terroir* dieses Guts könnte dort aber statt dieser nur annehmbaren Tropfen ohne weiteres ein klassischer Châteauneuf mit einem Reifepotenzial von 15 bis 30 Jahren entstehen, wenn man sich zu traditionellen Methoden durchringen könnte. Würde dadurch nicht auch das Image des Châteauneuf-du-Pape erst gefördert? Offensichtlich favorisiert der Massengeschmack jedoch eher die fruchtigen, offen gewirkten Kreszenzen.

Meinen Prüfnotizen zufolge werden die Weine nach wie vor in diesem kommerziellen Stil bereitet, obwohl es Berichte über einen angeblichen Wechsel hin zu einem intensiveren Charakter gibt. Wer den Fines Roches erwirbt, sollte also bereit sein, ihn innerhalb von fünf bis sieben Jahren nach der Lese zu trinken.

Angesichts der herrlichen Lage des gutseigenen Weinbergs zwischen den berühmtesten Kellereien der Appellation, dem Château Fortia und dem Château de la Nerthe, lässt sich das enorme Potenzial dieses Erzeugers leicht erfassen. Den Boden der beiden Parzellen, auf denen sich der größte Teil der Rebflächen von Fines Roches befindet, bedecken die großen *galets roulés*.

JAHRGÄNGE

1990 • 82 Châteauneuf-du-Pape (rot): Der 90er gibt sich mild, rund und schmackhaft, aber eindimensional, und sollte über die nächsten 5 bis 6 Jahre getrunken werden. Letzte Verkostung: 6/94.

1989 • 86 Châteauneuf-du-Pape (rot): Der 89er zeigt eine rubin- bis purpurrote Farbe, ein kräftiges, intensiv duftendes Bukett von Vogelkirschen, viel weiche, üppige Frucht, reichlich Alkohol und einen mäßigen Tanningehalt im Abgang. Einiges weist darauf hin, dass dieser Wein sich über die nächsten 7 bis 10 Jahre schön entfalten wird. Trotzdem: Gemessen an den finanziellen Möglichkeiten der Familie Mousset und der vorzüglichen Lage ihrer Weinberge ist dies der enttäuschendste Erzeuger von Châteauneuf-du-Pape. Letzte Verkostung: 6/94.

1988 • 80 Châteauneuf-du-Pape (rot): Der 88er fällt bedauerlicherweise leicht, mittelschwer und beunruhigend fade aus. Letzte Verkostung: 3/93.

FONT DU LOUP (CHARLES MELIA) ****

Adresse:
Route de Châteauneuf-du-Pape, 84350 Courthézon, Tel.: 4 90 33 06 34, Fax: 4 90 33 05 47

Produzierte Weine: Châteauneuf-du-Pape (weiß und rot)

Rebfläche: Weiß: 1 ha; Rot: 21 ha

Produktionsmenge:
Weiß: 438 Kisten; Rot: 4 400 bis 9 200 Kisten

Ausbau:
Weiß: 6 Monate in Edelstahltanks
Rot: Insgesamt 18 bis 36 Monate, 21 Tage Gärung, 12 bis 18 Monate
Ausbau in alter Eiche, Lagerung in Edelstahltanks

Durchschnittsalter der Reben:
Weiß: 15 Jahre; Rot: 60 Jahre

Verschnitt:
Weiß: 50 % Grenache blanc, 50 % verschiedene Sorten
Rot: 80 % Grenache, 20 % verschiedene Sorten

Die von dem gut aussehenden, nachdenklichen Charles Melia und seiner künstlerisch ambitionierten Frau geführte Domaine Font du Loup befindet sich im Nordosten der Appellation Châteauneuf-du-Pape, unweit von Vieux-Télégraphe. Der Boden ist hier sehr sandig und in manchen Parzellen mit den appellationstypischen großen, glatten Steinen bedeckt. Das Gut wurde 1942 von Melias Großeltern erworben und wird seit 1977 von Charles geleitet. Sehr engagiert gibt er einem sogleich zu verstehen, dass er wegen seiner Arbeit in Weinberg und Kellerei nur wenig Zeit für Besucher erübrigen kann. Seine durchschnittlich 60-jährigen, zum

Teil sehr alten Weinstöcke werden zu einem Verschnitt aus 80 % Grenache und 20 % Syrah, Cinsault und Mourvèdre verarbeitet. Sobald sein knapper halber Hektar Muscardin zu tragen beginnt, will Melia auch diese Rebsorte dem Rotweinverschnitt hinzufügen. Sein Weißwein gehört zu den schmackhafteren der Appellation; die Produktion dieses je zur Hälfte aus Grenache blanc und einer Mischung aus gleich großen Anteilen von Bourboulenc, Roussanne und Clairette bereiteten Weins beträgt jedoch nur 438 Kisten.

Melia vertritt die Auffassung, eine strenge Auslese der Trauben sei eine unabdingbare Voraussetzung für einen erstklassigen Wein. Seine Erträge gehören nach eigener Aussage in jedem Jahrgang zu den niedrigsten der Appellation, darüber hinaus werden unerwünschte Partien an *négociants* verkauft. Seine Kunden, so klagt er, berücksichtigen diesen Umstand nur selten, wenn sie behaupten, sein Châteauneuf-du-Pape liege preislich höher als viele andere. Die Weine aus dem Hause Font du Loup sind konzentriert, nicht so offen gewirkt und weniger einschmeichelnd als andere Provenienzen dieser Appellation. Sie lassen eindeutig Melias Absicht erkennen, einen eleganteren und raffinierteren *vin de garde* als seine Kollegen zu produzieren.

Wie aus den folgenden Prüfnotizen hervorgeht, bereitet Melia auch den Châteauneuf Le Puy Rolland. Dieser entsteht auf einem an Font du Loup angrenzenden, vier Hektar großen Weinberg.

JAHRGÄNGE

1995 • 89 Châteauneuf-du-Pape (rot): Der 95er Châteauneuf enthüllt eine leichte Note von toastwürziger Vanille im Bukett, so als hätte das eine oder andere neue Fass hier seinen Einfluss geltend gemacht. Der Wein zeigt ein beeindruckend sattes Rubin- bis Purpurrot sowie ein prachtvolles Bukett von Vogelkirschen und Himbeeren. Er ist tief, gehaltvoll und körperreich, bei hervorragender Geradlinigkeit und herrlicher Reintönigkeit. Wieder einmal hat man es mit Hilfe ausgezeichneter Weinbereitungsverfahren vermocht, aus vorzüglichem Lesegut etwas Besonderes zu schaffen. Offenbar kann Melia gleichzeitig beträchtliche Fülle erzielen und den Geschmack schön konturiert und reintönig erhalten, ohne dass der Wein zu gewichtig oder extraktstoffreich ausfällt. Voraussichtliche Genussreife: 2002 bis 2012. Letzte Verkostung: 6/96.

1995 • 90 Châteauneuf-du-Pape Le Puy Rolland (rot): Der 95er Le Puy Rolland präsentiert sich als ein tanninreicher, verschlossener und überraschend griffiger *vin de garde* von einem beeindruckend satten, dunklen Rubin- bis Purpurrot, reichlicher Würze, Reife, Extrakt und Fülle sowie mäßig hohem Tanningehalt. Ein Wein zum Lagern. Voraussichtliche Genussreife: 2005 bis 2015. Letzte Verkostung: 6/96.

1994 • 88 Châteauneuf-du-Pape (rot): Der 94er Châteauneuf-du-Pape rühmt sich einer dunkel rubin- bis purpurroten Farbe sowie eines verhaltenen und verschlossenen, aber viel versprechenden Buketts von süßer Beerenfrucht. Der körperreiche Wein besitzt neben Biss, Struktur und Reife eine burgunderartige Fruchtigkeit von Vogelkirschen und eine blumige Art. Dieser reintönige, gehaltvolle und schön proportionierte Tropfen muss getrunken werden. Voraussichtliche Genussreife: 1998 bis 2010. Letzte Verkostung: 6/96.

1994 • 88 Châteauneuf-du-Pape Le Puy Rolland (rot): Hinter dem ansprechend gestalteten Etikett findet man einen gut ausgestatteten, dunkel rubin- bis purpurroten Wein von ausgezeichneter Reinheit und Intensität. Sein süßes Bukett von roten und schwarzen Früchten, Gewürzen und Mineralien wird ergänzt durch mäßiges Tannin, einen reichen Geschmack von mittlerem bis vollem Körper und einen langen, sauberen Abgang. Voraussichtliche Genussreife: jetzt bis 2010. Letzte Verkostung: 9/95.

1990 • 89 Châteauneuf-du-Pape (rot): Melias satt rubinroter 90er zeigt viel schwarze Beerenfrucht, Kräuter und Mineralien im Bukett. Seinen facettenreichen Geschmack ergänzt eine ansprechend ölige Art, die sich in dem gehaltvollen, konzentrierten, reifen und üppigen Stil des Weins gut ausnimmt. Über die nächsten 10 Jahre sollte er sich gut trinken lassen. Letzte Verkostung: 9/95.

Ältere Jahrgänge

1989 entstanden in Font du Loup zwei Weine – eine sehr gute Standardcuvée und eine Luxuscuvée, die ich auf dem Markt nie gefunden habe – vielleicht war sie nur ein Experiment. Sie besaß eine ungeheure Fülle, einen massiven, vollen Körper, eine ölige Konsistenz und war für ihr Format und ihre kraftvolle Art außerordentlich schön konturiert. Ich hielt diesen Wein für den erregendsten Tropfen, den ich je von Melia verkostet hatte; da er nicht vermarktet wurde, ist das aber eigentlich nicht von Belang. Melias 88er gefiel sehr, während sich der elegante und leichte 85er jetzt voll ausgereift zeigt. Als ein weiterer bemerkenswerter Erfolg kann der 81er gelten, während der 83er Font du Loup als einer der wenigen enttäuschenden Weine dieses Erzeugers zu Buche schlägt.

Font de Michelle (Gonnet Frères)

(Cuvée Classique ****, Cuvée Etienne Gonnet *****)

Adresse:
14, impasse des Vignerons, 84370 Bédarrides, Tel.: 4 90 33 00 22, Fax: 4 90 33 20 27

Produzierte Weine:
Châteauneuf-du-Pape (weiß und rot), Châteauneuf-du-Pape Cuvée Etienne Gonnet (weiß und rot)

Rebfläche:
Weiß: 2,5 ha; Cuvée E. Gonnet – Kellerauslese
Rot: 30 ha; Cuvée E. Gonnet – Kellerauslese

Produktionsmenge:
Weiß: 1 000 Kisten; Cuvée E. Gonnet – 250 Kisten
Rot: 10 000 Kisten; Cuvée E. Gonnet – 1 000 Kisten

Ausbau:
Weiß: 3 bis 4 Monate in Edelstahltanks;
Cuvée E. Gonnet – Der Roussanne wird 4 Monate lang in neuer Eiche vergoren und
vor der Abfüllung zu gleichen Teilen mit der normalen Cuvée verschnitten
Rot: Insgesamt 15 bis 18 Monate; 18 bis 20 Tage Gärung des zu 30 % entrappten Leseguts
in temperaturgeregelten Edelstahltanks, 8 bis 12 Monate Ausbau in alten Eichenfässern,
Lagerung in Edelstahl; Cuvée E. Gonnet – Insgesamt 18 Monate; 18 bis 20 Tage in temperatur-
geregelten Edelstahltanks, dann 12 Monate Ausbau in neuen und in 2 bis 3 Jahre alten
Eichenfässern, Verschnitt mit der Standardcuvée (25 %)

Durchschnittsalter der Reben:
Weiß: 40 und 15 Jahre; Rot: 35 bis 40 Jahre

Verschnitt:
Weiß: 50 % Grenache blanc, 25 % Clairette, 20 % Bourboulenc, 5 % Roussanne;
Cuvée E. Gonnet – 50 % Roussanne, 50 % Standardcuvée
Rot: 65 % Grenache, 15 % Cinsault, 10 % Syrah, 10 % Mourvèdre;
Cuvée Etienne Gonnet – 65 % Grenache, 15 % Cinsault, 10 % Syrah, 10 % Mourvèdre

Die jungen Gonnet-Brüder haben sich, inspiriert durch ihren Onkel und Mentor Henri Brunier von Vieux-Télégraphe, rasch einen guten Ruf erworben. Ihre Châteauneufs gelten als interessante, ausdrucksvolle Weine; ihr Weißer zählt zum Besten, was die Appellation zu bieten hat. Mit ihren rund 32 Hektar besitzt die Kellerei eine gute Größe; die Bestockung erfolgt in der recht typischen Mischung von roten Rebsorten. Mehr als drei Viertel der Produktion gehen in den Export. Der Hauptteil der Gonnetschen Weinberge liegt in der Nähe des berühmten Vieux-Télégraphe und besteht aus reichlich mit kleinen Felsbrocken und Kieseln bedeckten, reinen Lehm- und Kalksteinböden. Der feine Weißwein wird frühzeitig abgefüllt, trotz des Abstoppens der malolaktischen Gärung aber nicht steril filtriert – vielleicht besitzt er deshalb ein so wunderbares Aroma bei viel Fleisch und Frucht. Dessen ungeachtet sollte er innerhalb weniger Jahre getrunken werden. Mit der Cuvée Etienne Gonnet führte man außerdem kürzlich einen Wein mit einem stärkeren Eichenholzaroma ein, der je zur Hälfte aus Roussanne und dem normalen Weißweinverschnitt bereitet wird. Diese im Vergleich zur Standardcuvée gehaltvollere, eichenholzwürzigere Kellerauslese bevorzuge ich persönlich auch weiterhin.

Den Rotwein gewinnen die Gonnets auf fast traditionelle Weise. Der Syrah entsteht unter Einsatz der Kohlensäuremaischtechnik; die anderen Sorten werden nicht entrappt, sondern nach klassischer Art gemahlen und vergoren. Dieser Tropfen reift höchstens 18 Monate lang in großen *foudres*; nachdem die Gonnets ihn verkostet haben, werden die feinsten Partien ausgewählt und zum Teil in *barriques* umgepumpt. Seit 1988 entsteht daraus die Luxuscuvée Etienne Gonnet. Im Gegensatz zu vielen aus Einzellagen oder Altreben gewonnenen Prestige-cuvées stellt dieser Wein also eine Auslese dar, die im Keller getroffen wird.

Bei aller Ähnlichkeit zwischen den Erzeugnissen von Gonnet und Bruniers Vieux-Télé-graphe – selbst die Kellereitechnik ist vergleichbar – präsentiert sich der Font de Michelle weniger gewichtig und nicht ganz so kräftig und alkoholstark wie der Vieux-Télégraphe. Die Cuvée Etienne Gonnet ist das dichteste, gehaltvollste Gewächs aus diesem Hause und zählt sicherlich zu den besten der Appellation. Alle Gonnet-Produkte zeichnen sich durch eine be-ständig gute Qualität und sehr faire Preise aus.

JAHRGÄNGE

1995 • 89 Châteauneuf-du-Pape (rot): Der dichte, purpurrote 95er Font de Michelle mit sei-nem süßen, rauchigen Bukett von Vogelkirschen und Himbeeren bietet einen saftigen, pfeff-rigen, konzentrierten Geschmack, einen vollen Körper und ein expansives Mittelstück ohne harte Kanten – ein Châteauneuf in ungeheuer verführerischem Stil. Voraussichtliche Genuss-reife: 1998 bis 2007. Letzte Verkostung: 6/96.

1995 • 91 Châteauneuf-du-Pape Cuvée Etienne Gonnet (rot): Die verschlossene, bewunderns-wert ausgestattete, massive 95er Cuvée Etienne Gonnet zeigt einige Anzeichen des *barrique*-Ausbaus, wird aber von riesigen Mengen Frucht, Glyzerin und Extrakt dominiert. Der kör-perreiche, kräftige Wein gibt sich bei überraschendem Tannin und ausgezeichneter Säure jugendlich und dicht. Voraussichtliche Genussreife: 1999 bis 2012. Letzte Verkostung: 6/96.

1994 • 88 Châteauneuf-du-Pape (rot): Der ansprechend dunkle, rubin- bis purpurrote 94er Châteauneuf bestätigt meine hohe Einschätzung der Fassproben von 1995. Er bietet Aromen von Oliven und Kräutern der Provence im Bukett sowie die süße, pralle Frucht von Vogel-kirschen und Himbeeren. Dieser körperreiche, vollmundige, saftige und großzügig ausge-stattete Tropfen sollte sich über 10 Jahre hinweg gut trinken lassen. Voraussichtliche Genuss-reife: jetzt bis 2004. Letzte Verkostung: 6/96.

1994 • 91 Châteauneuf-du-Pape Cuvée Etienne Gonnet (rot): Die tief rubin- bis purpurrote 94er Cuvée Etienne Gonnet präsentiert sich mit reichlichen Düften von rauchigem Unterholz, *garrigue*, Oliven und Pfeffer sowie einer ansprechenden Nuance von gebratenem Fleisch. Sie ist körperbetont, reich an vielschichtiger, praller Frucht bei hohem Glyzerin und einem sen-sationellen Abgang – ein gehaltvoller und breitschultriger Châteauneuf-du-Pape. Voraussicht-liche Genussreife: 1998 bis 2012. Letzte Verkostung: 6/96.

1993 • 88 Châteauneuf-du-Pape (rot): Der 93er Châteauneuf besticht mit einer gesunden, dunkel rubin- bis purpurroten Farbe bei einem reichlich pfeffrigen, kräuterartigen und wür-zigen, nach *garrigue* und Kaffee duftenden Aroma im Bukett, einem runden, gehaltvollen und körperreichen Geschmack sowie leichtem Tannin im Abgang. Er besitzt eine kernige Persönlichkeit mit Anklängen an provenzalische Kräuter. Voraussichtliche Genussreife: jetzt bis 2003. Letzte Verkostung: 6/95.

1993 • 89 Châteauneuf-du-Pape Cuvée Etienne Gonnet (rot): Das Bukett der 93er Luxus-cuvée enthüllt Kirschenessenz sowie den Geruch überreifer Frucht, vermischt mit Zedern-holz, Rauch, Pfeffer und Kräutern. Ein reich extrahierter, geschmeidiger und körperreicher, saftiger und vollmundiger Tropfen. Voraussichtliche Genussreife: 1998 bis 2007. Letzte Ver-kostung: 6/95.

1992 • 86 Châteauneuf-du-Pape (rot): Der 92er Châteauneuf bietet ein wunderbar liebliches Bukett von Zedernholz, Kräutern, Kaffee und Kirschen. Ein großzügig ausgestatteter, kon-zentrierter, etwas schwerfälliger Wein von mittlerem bis vollem Körper und geschmeidiger Struktur. Genussreife: jetzt. Letzte Verkostung: 9/94.

1992 • 88 Châteauneuf-du-Pape Cuvée Etienne Gonnet (rot): Die körperreiche 92er Cuvée Etienne Gonnet zeigt ein ansprechendes Bukett von Oliven, Vogelkirschen und Kräutern, eine ausgezeichnete Reife sowie weiche Tannine und einen alkoholstarken Abgang. Voraus-sichtliche Genussreife: jetzt bis 2004. Letzte Verkostung: 9/94.

1990 • 89 Châteauneuf-du-Pape (rot): Der beste Wein aus dem Hause Gonnet seit dem hero-ischen 78er! Neben einer herrlich rubinroten bis schwarzen Farbe und einem prächtigen Bukett von zerdrückter, praller Himbeerfrucht offenbart er einen körperreichen, konzentrier-ten Geschmack sowie reichlich Frucht, Glyzerin und Gewürze im langen Abgang. Voraus-sichtliche Genussreife: jetzt bis 2008. Letzte Verkostung: 10/95.

1990 • 91 Châteauneuf-du-Pape Cuvée Etienne Gonnet (rot): Dieser Wein schmeckt wunder-bar gehaltvoll und fett, mit einem köstlichen Aroma von Blumen, Kräutern, Vogelkirschen und Pfeffer. Die körperreiche Cuvée überzeugt als saftiger, süffiger Châteauneuf-du-Pape von ausgezeichneter Konzentration. Voraussichtliche Genussreife: jetzt bis 2007. Letzte Ver-kostung: 6/96.

1989 • 86 Châteauneuf-du-Pape (rot): Schmackhaft geraten offenbart die 89er Standardcuvée eine kräuterwürzige, pfeffrige Nase, einen reichen Geschmack von roten und schwarzen Bee-renfrüchten, einen vollen Körper sowie robuste Tannine im nachhaltigen Abgang. Voraus-sichtliche Genussreife: jetzt bis 2004. Letzte Verkostung: 2/95.

1989 • 88 Châteauneuf-du-Pape Cuvée Etienne Gonnet (rot): Der toastwürzige, vanilleartige Holzduft tritt in dem Aroma dieses Weins hervor, verleiht ihm aber eine gewisse subtile Kom-plexität. Der körperreiche Tropfen gibt sich strukturierter, etwas gehaltvoller sowie reifer und von größerer Statur als die Standardcuvée desselben Jahrgangs. Voraussichtliche Genussreife: jetzt bis 2006. Letzte Verkostung: 5/95.

ÄLTERE JAHRGÄNGE

Abgesehen von dem brillanten 78er können die meisten guten Jahrgänge des Font de Michelle (1981, 1983 und 1985) nicht gerade begeistern. In den achtziger Jahren zeigte sich eine Ten-denz, die Weine zu *facile* zu machen, wie man in Frankreich sagen würde, und einigen Jahr-gängen mangelte es an Fülle und Stehvermögen. Nach 1988 wurden wieder gehaltvollere, vollendetere und gut ausgestattete Weine erzeugt.

CHÂTEAU FORTIA (BARON LE ROY DE BOISEAUMARIE)

(Vor 1978 *****, 1978 bis 1993 **, seit 1994 ****)

Adresse:
84230 Châteauneuf-du-Pape, Tel.: 4 90 83 72 25, Fax: 4 90 83 51 03

Produzierte Weine: Châteauneuf-du-Pape (weiß und rot)

Rebfläche: Weiß: 2 ha; Rot: 25 ha

Produktionsmenge: Weiß: 416 Kisten; Rot: 5 420 Kisten

Ausbau:
Weiß: 6 Monate in temperaturgeregelten Edelstahltanks
Rot: Insgesamt 24 bis 36 Monate; 22 Tage Gärung in Zementtanks, dann 18 Monate
Ausbau in alten Eichenfässern, 6 Monate Lagerung in Emailtanks

---

Durchschnittsalter der Reben:
Weiß: 15 bis 20 Jahre; Rot: 50 Jahre

Verschnitt:
Weiß: 50 % Roussanne, 43 % Clairette, 6 % Grenache blanc, 1 % Bourboulenc
Rot: 70 % Grenache, 20 % Syrah, 7 % Mourvèdre, 3 % Counoise

Historisch gesehen ist das Weingut Château Fortia mit seinem eindrucksvollen, efeubewachsenen Schloss der wichtigste Besitz von Châteauneuf-du-Pape. 1923 entwarf der damalige Baron Pierre Le Roy ein Regelwerk für die Vinifikation, das 1936 die Grundlage für die gesamte Appellationsgesetzgebung bilden sollte. 1964 wurde das Gut von dem jetzigen Baron Henri Le Roy übernommen, der es im Verlauf seiner 25-jährigen Amtszeit fertigbrachte, den Ruf der hauseigenen Weine weitgehend zu ruinieren. Bei mehreren Besuchen zwischen 1978 und 1994 gewann ich den starken Eindruck, dass Baron Henri Le Roy trotz seines erstklassigen *terroir* weder mit den gutseigenen Weinen noch mit denen von Châteauneuf-du-Pape insgesamt zufrieden war. Seiner Meinung nach geht die Appellation «vor die Hunde». Der Winzer, offenbar der konfliktbeladenen Zusammenarbeit mit den anderen Besitzern überdrüssig, geißelte deren teure neue Entrappungsmühlen (weil diese die Trauben nicht gründlich genug mahlten), griff das Beharren der Winzer auf der Rebsorte Grenache an (er wollte mehr Mourvèdre und Counoise im Verschnitt) und drohte, in den Ruhestand zu gehen, falls er sich nicht durchsetzen könne. Die Persönlichkeit des Barons in Verbindung mit der Qualität seiner Weine ließen jedes Jahr meine Aufenthalte im Château Fortia ungefähr so angenehm erscheinen wie eine Betriebsprüfung durch das Finanzamt. Dieser Brummbär, dem der Realitätssinn weitgehend abhanden gekommen war, übergab 1994 die Leitung der Kellerei an seinen jüngsten Sohn Bruno – mit dem Ergebnis, dass die oxidierten, holzigen, charakterlosen und verwässerten Weine aus Henris Herrschaft der Mittelmäßigkeit rasch der Vergangenheit angehörten.

Der begeisterungsfähige Bruno scheint sich wohl bewusst zu sein, welch ungeheure Aufgabe er mit der Rehabilitierung dieses Weinguts vor sich hat. Gleich zu Beginn seiner Amtszeit zog er den namhaften Önologen Jean-Luc Colombo hinzu. Dieser erfasste mit einem Blick die riesige Chance, sein Talent unter Beweis zu stellen, denn Fortia besitzt beides: eine bedeutende Historie und ein exquisites *terroir*. Während der ersten unter seiner Aufsicht erzeugten

Jahrgänge 1994 und 1995 erfolgte eine strenge Auslese der Trauben, und man erhöhte den Syrah-Anteil im endgültigen Verschnitt auf ungeheure 40 Prozent. Die Ergebnisse waren umwerfend – seit dem gewaltigen 78er brachte Château Fortia erstmals wieder sehr feine Tropfen hervor. Dies alles verheißt viel Gutes für die Zukunft. Seit dem Abtreten seines Vaters und nachdem Colombo sich gut eingeführt hat, erzielte der junge Bruno bereits gewaltige Fortschritte bei der Wiederherstellung des altehrwürdigen Rufs von Château Fortia.

Jahrgänge

1995 • 90 Châteauneuf-du-Pape (rot): Fortias 95er Châteauneuf-du-Pape wirkt wie eine strukturiertere, verschlossenere und muskulösere Ausführung des 94ers. Als Jungwein nicht sonderlich köstlich und einschmeichelnd besitzt er aber das Potenzial, den 94er zu überflügeln, und wird sich 15 bis 20 Jahre halten. Undurchdringlich tief purpurrot gibt sich der Tropfen im Bukett straff, aber viel versprechend, mit den Düften von süßer Cassisfrucht und Blaubeeren. Er ist sauber bereitet und verfügt über eine wunderbare Konsistenz und eine strukturierte, sehr griffige Art – ein körperreicher, hervorragend ausgestatteter Wein von herrlicher Geschmacksintensität und lobenswerten Konturen. Voraussichtliche Genussreife: 2000 bis 2015. Letzte Verkostung: 6/96.

1994 • 90 Châteauneuf-du-Pape (rot): Der außergewöhnliche 94er Châteauneuf schmückt sich mit einer tief rubin- bis purpurroten Farbe und dem rauchigen Aroma praller Cassisfrucht. Er zeigt sich lieblich, gehaltvoll, fleischig und vollmundig, mit einer reichlichen Fruchtmischung aus wilden Brombeeren und Cassis, bei milden Tanninen, geringer Säure und einem großen, körperreichen, üppigen Abgang. Der 94er sollte sich als herrlicher Châteauneuf-du-Pape erweisen. Voraussichtliche Genussreife: jetzt bis 2010. Letzte Verkostung: 6/96.

1993 • 87 Châteauneuf-du-Pape (rot): Der 93er fällt geschmeidig und rund aus, mit viel schwarzer Beerenfrucht, vermischt mit den Düften von provenzalischen Kräutern, Rauch und Erde. Ein Wein von mittlerem Körper sowie schöner Konzentration und Reife mit einer seidenglatten Persönlichkeit und einem langen, berauschenden, feurigen Abgang. Voraussichtliche Genussreife: jetzt bis 2002. Letzte Verkostung: 6/95.

1992 • 74 Châteauneuf-du-Pape (rot): Der 92er Châteauneuf-du-Pape zeigt erdige, würzige, verwässerte Geschmacksnoten von Trockenfrüchten, Tabak und Kräutern, einen mittleren Körper und einen schlichten, knappen Abgang. Schade! Letzte Verkostung: 6/95.

1990 • 82 Châteauneuf-du-Pape (rot): Der leicht krautige 90er präsentiert einiges an Reife, wirkt ansonsten aber diffus, bei mangelnder Konzentration, schlaffer Fruchtigkeit und zu viel Alkohol im Abgang. Voraussichtliche Genussreife: jetzt bis 2002. Letzte Verkostung: 9/94.

1989 • 87 Châteauneuf-du-Pape (rot): Ausgestattet mit reichlich Tannin und Glyzerin offenbart sich der 89er als der reichhaltigste, reifste und hoffnungsvollste Fortia der achtziger Jahre mit einem interessanten, würzigen, prall-süßen Bukett und einer Burgunder-ähnlichen, samtigen Struktur, die von beträchtlichem Alkohol gestützt wird. Bis zum Jahr 2008 austrinken. Letzte Verkostung: 8/96.

1988 • 84 Châteauneuf-du-Pape (rot): Der 88er bietet ein mittleres Rubinrot, einen dichten, alkoholstarken, würzigen Geschmack, einige Anklänge an Trüffel, Leder und Rinderhack, eine weiche Struktur und einen runden, sanften Abgang. Voraussichtliche Genussreife: jetzt bis 2001. Letzte Verkostung: 11/95.

1986 • 84 Châteauneuf-du-Pape (rot): Der voll ausgereifte 86er besitzt ein exotisches Bukett von orientalischen Gewürzen und süßer Pflaumenfrucht, eine volle, samtige Struktur sowie reichlich rauchige, saftige Frucht im Abgang. Genussreife: jetzt. Letzte Verkostung: 11/95.

1985 • 82 Châteauneuf-du-Pape (rot): Dieser ausgesprochen säurearme, voll ausgereifte 85er offenbart ein mittleres Granatrot mit Bernsteinsaum und ein würziges, an Früchtebrot erinnerndes Bukett. Sein Fett hat sich verflüchtigt, und übrig bleibt ein alkoholstarker, fruchtiger Wein, der allmählich austrocknet. Austrinken. Letzte Verkostung: 4/94.

ÄLTERE JAHRGÄNGE

Praktisch alle Erzeugnisse der frühen achtziger Jahre haben ihren Höhepunkt mittlerweile überschritten. Der 78er indes bleibt ein unwiderstehlicher, majestätischer Châteauneuf, der das sensationelle *terroir* des Château Fortia enthüllt. Ich habe bereits mehrere Kisten von ihm verbraucht und bin nach wie vor verblüfft, wie viel Fülle, Frucht und Komplexität dieser Tropfen bietet. Sein Kleid ist noch immer tief und undurchdringlich granatrot und zeigt reiche rubinrote Nuancen. Der Wein quillt förmlich über vor Frucht, Glyzerin und Extrakt und wirkt körperreich und voll bei herrlich klarer Grundstruktur. Bei Auktionen sehe ich mich häufig nach diesem beeindruckenden Gewächs um; bisher leider ohne Erfolg.

LOU FRÉJAU ***

Adresse:
Chemin de la Gironde, 84100 Orange, Tel.: 4 90 34 83 00, Fax: 4 90 34 48 78

Produzierte Weine: Châteauneuf-du-Pape (weiß und rot)

Rebfläche: Weiß: 0,4 ha; Rot: 7,3 ha

Produktionsmenge: Weiß: 375 Kisten; Rot: 2 875 Kisten

Ausbau:
Weiß: 2 bis 4 Monate in Edelstahltanks
Rot: 15 bis 28 Monate in *foudres*

Durchschnittsalter der Reben:
Weiß: 20 Jahre; Rot: 45 bis 50 Jahre

Verschnitt:
Weiß: 40 % Clairette, 40 % Bourboulenc, 20 % Grenache blanc
Rot: 70 % Grenache, 20 % Mourvèdre, 10 % verschiedene Sorten

Die Chastans, die das Weingut Lou Fréjau betreiben, gehören zu den bekannteren Familien von Châteauneuf-du-Pape; «Fréjau» ist übrigens ein provenzalischer Ausdruck für die appellationstypischen großen Kiesel. Die Familie stammt aus dem nördlichen Teil des Anbaugebiets, unmittelbar südlich von Orange. Ihre ebenfalls im Norden liegenden Parzellen weisen einen steinigen Boden mit lehmigem Untergrund auf, auf dem ein frischer, eindimensionaler Weißwein sowie ein würziger und ansprechender, aber eingängiger Roter von mittlerem Körper entstehen. In den letzten Jahren wurde der Mourvèdre-Anteil erhöht, um dem Wein mehr Struktur zu verleihen. Was das Entrappen angeht, zeigt Chastan sich sehr flexibel – oft werden die Trauben bei entsprechenden Bedingungen teilweise abgebeert. Der Wein sollte für gewöhnlich innerhalb von sieben bis zehn Jahren nach der Lese getrunken werden.

JAHRGÄNGE

1995 • 86 Châteauneuf-du-Pape (rot): Der griffige 95er besitzt schöne Tannine, eine gute Säure, Reife und Fülle, einen mittleren Körper und eine ansprechende, kräuterwürzige Kirschenfrucht sowie ausreichend Glyzerin für eine interessante Struktur und einen würzigen Abgang. Er sollte sich 7 bis 8 Jahre oder länger gut trinken lassen. Letzte Verkostung: 6/96.

1994 • 82 Châteauneuf-du-Pape (rot): Ein würziges, pfeffriges Bukett von schwarzen Oliven zeichnet diesen 94er von mittlerem Körper, durchschnittlicher Konzentration, guter Reife und einem würzigen, kräuterduftigen Abgang aus. Voraussichtliche Genussreife: jetzt bis 2000. Letzte Verkostung: 6/96.

1993 • 87 Châteauneuf-du-Pape (rot): Dies ist eine der wenigen Domainen, deren 93er ich gegenüber dem 94er bevorzuge. Ersterer zeigt Anzeichen einer süßen, reifen Frucht, einen vollen Körper und eine geschmeidige, samtige Konsistenz bei bewundernswerter Nachhaltigkeit und Kraft. Voraussichtliche Genussreife: jetzt bis 2000. Letzte Verkostung: 9/95.

1990 • 87 Châteauneuf-du-Pape (rot): Der 90er bietet ein großes, schön duftendes, kräuterwürziges, pralles Bukett sowie einen reifen, öligen, körperreichen Geschmack, der an Vogelkirschen und Früchtebrot erinnert. Im Abgang gibt sich der Wein süß, rund, würzig und alkoholstark, ein besonders hohes Alter erreichen wird er allerdings nicht. Genussreife: jetzt. Letzte Verkostung: 9/95.

1989 • 85 Châteauneuf-du-Pape (rot): Dieser charmante, aber eindimensionale 89er gibt sich duftig und mild, bei ansprechender, beeriger Fruchtigkeit, einem mittleren bis vollen Körper und einem runden, leicht tanninherben Abgang. Anklänge an Aprikosen- und Pfirsichmarmelade weisen auf ein hochreifes Lesegut hin. Genussreife: jetzt. Letzte Verkostung: 9/95.

1988 • 87 Châteauneuf-du-Pape (rot): Der 88er präsentiert sich mit einem überschwänglichen, schokoladigen Bukett von Schwarzen Himbeeren und Zedernholz, einem tiefen, vollen Geschmack von mittlerem bis vollem Körper sowie einer weichen, samtigen Struktur. Genussreife: jetzt. Letzte Verkostung: 9/95.

Domaine du Galet des Papes ***/****

Adresse:

Route de Bédarrides, 84230 Châteauneuf-du-Pape, Tel.: 4 90 83 73 67, Fax: 4 90 83 50 22

Produzierte Weine:

Châteauneuf-du-Pape (weiß und rot), Châteauneuf-du-Pape Cuvée Vieilles Vignes (rot)

Rebfläche:

Weiß: 1 ha; Rot: 10 ha; Cuvée Vieilles Vignes – 3 ha

Produktionsmenge:

Weiß: 250 Kisten; Rot: 3 250 Kisten; Cuvée Vieilles Vignes – 1 125 Kisten

Ausbau:

Weiß: 6 Monate in Emailtanks

Rot: Insgesamt 18 bis 24 Monate; 15 Tage Gärung in Edelstahl und Email,

dann 6 Monate in Eiche sowie 6 bis 12 Monate Lagerung in Edelstahltanks;

Cuvée Vieilles Vignes – wie die rote Standardcuvée

Durchschnittsalter der Reben:

Weiß: 30 Jahre

Rot: 40 Jahre; Cuvée Vieilles Vignes – 60 Jahre, einige Weinstöcke 90 bis 100 Jahre

Verschnitt:

Weiß: 60 % Grenache blanc, 20 % Clairette, 20 % Bourboulenc

Rot: 80 % Grenache, 5 % Vaccarèse, 5 % Cinsault, 5 % Mourvèdre, 5 % Syrah;

Cuvée Vieilles Vignes – 60 % Grenache, 30 % Mourvèdre, 10 % Syrah

Aus diesem mittelgroßen Betrieb von Jean-Luc und Roger Mayard gehen zunehmend bessere Weine hervor. Im Angebot sind zwei Rotweincuvées und ein Weißer. Sie entstehen in den 18 über drei Gebiete Châteauneufs verstreuten Parzellen, und zwar auf dem mit Kieseln bedeckten Steinboden des Südwestens, den Lehm-Kalksteinböden des Nordens und den sandigen, steinigen Rebflächen im Nordosten von Châteauneuf-du-Pape. Die außergewöhnliche Cuvée aus Altreben wird in traditioneller Weise überwiegend aus Grenache, ergänzt durch Mourvèdre und Syrah, erzeugt. Interessanterweise werden demnächst auch einige junge Pflanzungen der Sorten Counoise und Vaccarèse zur Produktion beitragen. Der Rotwein wird unfiltriert abgefüllt, der Weiße muss dagegen steril filtriert werden, da man hier die malolaktische Gärung abstoppt. Der Rote zeigt mit seiner kräftig-würzigen, prallen Persönlichkeit von Kirschen, Kräutern der Provence, *garrigue* und Rauch und seiner fleischigen Konsistenz typische Merkmale der besseren Provenienzen dieser Appellation. Demgegenüber wirkt die Cuvée Vieilles Vignes tiefer und reichhaltiger. Die Kellerei befindet sich offenbar im Aufwind, denn sie produziert in jedem guten Jahrgang eindrucksvolle Tropfen, deren Preise günstiger ausfallen als die der anderen Stars in Châteauneuf.

Der Weiße zeigt sich gefällig, wird aber wie so viele andere Weißweine der Appellation auf Grund seines Seltenheitswerts und seiner Qualität zu überhöhten Preisen angeboten.

JAHRGÄNGE

1995 • 89   Châteauneuf-du-Pape (rot): Der leicht ölige 95er Châteauneuf-du-Pape von einem tiefen Rubin- bis Purpurrot offenbart einen süßen Kirschengeschmack, eine dicke Struktur sowie Gehalt, Körper und Extraktstoffe im nachhaltigen, reifen Abgang. Er dürfte sich 8 bis 10 Jahre gut trinken lassen. Letzte Verkostung: 6/96.

1995 • 90   Châteauneuf-du-Pape Cuvée Vieilles Vignes (rot): Die tief purpurrote 95er Cuvée Vieilles Vignes offenbart einen verschlossenen, unentwickelten Stil, ist ansonsten jedoch ein eindrucksvoller Wein mit beträchtlichen Tanninen, einer hervorragenden Konzentration und ebensolchem Potenzial. Voraussichtliche Genussreife: 2000 bis 2012. Letzte Verkostung: 6/96.

1994 • 88   Châteauneuf-du-Pape (rot): Bereits in der Vergangenheit zeigten sich die Weine von Jean-Luc Mayard nach der Abfüllung in einem besseren Licht. Der 94er Châteauneuf-du-Pape war jedenfalls schon bei der Fassprobe eindrucksvoll und scheint nicht unter der Abfüllung gelitten zu haben. Er präsentiert sich tief rubinrot, mit einem ausdrucksvollen, würzigen Bukett und Düften von Kirschen, provenzalischen Kräutern und Rauch, einem runden, gehaltvollen, lieblichen Fruchtgeschmack, einem mittleren bis vollen Körper, einer samtigen Struktur sowie einem würzigen, sauberen, vollmundigen Abgang. Voraussichtliche Genussreife: jetzt bis 2003. Letzte Verkostung: 6/96.

1994 • 89+   Châteauneuf-du-Pape Cuvée Vieilles Vignes (rot): Die 94er Cuvée Vieilles Vignes bietet neben ihrem dunklen Rubin- bis Granatrot ein duftiges, extravagantes Bukett von provenzalischen Kräutern, Räucherfleisch, Früchtebrot und Kirschmarmelade. Der körperreiche Wein mit seiner vollen, kernigen Frucht gibt sich mild, rund und großzügig – ein hedonistischer, geradliniger Châteauneuf, der sich 10 bis 12 Jahre gut trinken lassen dürfte. Voraussichtliche Genussreife: jetzt bis 2003. Letzte Verkostung: 6/96.

1993 • 86   Châteauneuf-du-Pape (rot): Der 93er Châteauneuf-du-Pape von einem gesunden, mittleren bis dunklen Rubinrot gilt als Inbegriff der Bing-Kirschenfrucht, dargeboten in einem verführerischen Stil von mittlerem bis vollem Körper. Dieser Tropfen streichelt den Gaumen mit seiner runden und vielschichtigen, üppigen Frucht. Voraussichtliche Genussreife: jetzt bis 2000. Letzte Verkostung: 9/95.

1993 • 88   Châteauneuf-du-Pape Cuvée Vieilles Vignes (rot): Die 93er Cuvée Vieilles Vignes gefällt durch ihre sehr gute Konzentration, den schönen Körper, ihr Glyzerin und ihre Tannine. Der zugängliche, volle und reichhaltige Wein enthüllt viel Vogelkirschenaroma, vermischt mit den Düften von Kräutern, Rauch, Gewürzen und Erde. Voraussichtliche Genussreife: jetzt bis 2005. Letzte Verkostung: 9/95.

1992 • 86   Châteauneuf-du-Pape (rot): Der 92er Châteauneuf offenbart ein süßes, saftiges Bukett von Kräutern, Vogelkirschen und erdigen Düften, bei einem mittleren bis vollen Körper, einem ausladenden, runden Geschmack, viel Glyzerin und Gehalt sowie einem milden, angenehmen Abgang. Genussreife: jetzt. Letzte Verkostung: 6/95.

1992 • 87+   Châteauneuf-du-Pape Cuvée Vieilles Vignes (rot): Die 92er Cuvée Vieilles Vignes gibt sich weniger entwickelt, aber strukturierter als die Standardcuvée, bei einem ausgezeichnet satten, dunklen Rubinrot, einem würzigen und verhaltenen, aber vollen Bukett sowie einem körper- und tanninreichen, dabei gleichzeitig konzentrierten Geschmack. Voraussichtliche Genussreife: jetzt bis 2001. Letzte Verkostung: 6/95.

1990 • 86   Châteauneuf-du-Pape (rot): Der ansprechend dunkle, rubinrote 90er zeigt ein reifes, süßes, pralles Bukett von schwarzen Früchten und Kräutern. Die Mittelphase besitzt einen mittleren bis vollen Körper und wirkt etwas monolithisch, aber dicht und schön konzentriert, bei einem beträchtlichen Tannin- und Alkoholgehalt im Abgang. Ob der Wein wohl mit der Zeit mehr Charakter und Komplexität entwickeln wird? Voraussichtliche Genussreife: jetzt bis 2001. Letzte Verkostung: 6/94.

1989 • 89 Châteauneuf-du-Pape (rot): Der 89er kommt in einem beeindruckend tiefen, purpurroten Kleid daher und enthüllt einen typischen, wunderbaren Kern von süßen schwarzen Früchten sowie ein straffes, aber aufblühendes Bukett von Mineralien, Lakritze, Tabak, Früchtebrot und erneut schwarzen Früchten. Dieses eindrucksvolle Gewächs, das zwar weniger Säure, dafür aber mehr Alkohol als der 90er besitzt, könnte nach 3 bis 4 Jahren Flaschenreife eine hervorragende Bewertung verdienen. Voraussichtliche Genussreife: jetzt bis 2005. Letzte Verkostung: 6/94.

LES GALETS BLONDES ★★★★

Diese Standardcuvée erwarb ich bei dem Pariser Weinmakler Patrick Lesec, der sie wiederum – wie die folgende Prüfnotiz zeigt – von Maurels Weingut Clos Saint-Jean kaufte. Tatsächlich handelt es sich hier um eine Auslese, die an Lesec verkauft und für seine Kunden ungeschönt und ungefiltert abgefüllt wird. Der einzige Jahrgang, den ich verkostet habe, war der 95er, der zumindest eine Vier-Sterne-Klassifikation nahe legt. Bei solchen Cuvées kann sich jedoch die Herkunft der Weinpartien ändern, und häufig werden diese nur in Spitzenjahrgängen gekauft. Ein bemerkenswerter Wein – es sei jedoch darauf hingewiesen, dass es sich weder um eine Guts- noch um eine Händlerabfüllung handelt.

JAHRGÄNGE

1995 • 91 Châteauneuf-du-Pape (rot): Dieser von Monsieur Maurel erzeugte 95er Châteauneuf stammt aus einem Weinberg mit 80 bis 85 Jahre alten Grenache-Reben in der Gemeinde Bédarrides, nicht weit von den bekannten Lagen des Hauses Vieux-Télégraphe. Es handelt sich um einen Verschnitt aus überwiegend Grenache, durch Syrah und Mourvèdre ergänzt. Er wird vor der *assemblage* nicht abgestochen, und man verzichtet auch auf Schönung und Filtration. Erfreulicherweise gibt es 500 Kisten von diesem kraftvollen, reichhaltigen, vielschichtigen Châteauneuf, der vor schwarzer Frucht nur so überquillt. Seine Süße basiert auf Reife, nicht auf Zuckerung – der körperreiche, konzentrierte Tropfen dürfte mit seiner schwelgerischen Darbietung von Frucht, Glyzerin und Akohol großes Aufsehen erregen. Ein Wein in einem kräftigen, gehaltvollen, zugänglichen Stil, der sich 12 bis mindestens 15 Jahre lang wunderbar trinken lassen sollte. Letzte Verkostung: 6/96.

Château de la Gardine (Gaston Brunel)

(Château de la Gardine ****, Cuvée des Générations *****)

Adresse:
84230 Châteauneuf-du-Pape, Tel.: 4 90 83 73 20, Fax: 4 90 83 77 24

Produzierte Weine:
Châteauneuf-du-Pape Château de la Gardine (weiß und rot), Châteauneuf-du-Pape Cuvée Vieilles
Vignes (weiß), Châteauneuf-du-Pape Cuvée des Générations (rot), Cuvée Tradition (rot)

Rebfläche:
Weiß: Château de la Gardine – 3 ha; Cuvée Vieilles Vignes – 1,5 ha
Rot: Insgesamt 57 ha

Produktionsmenge:
Weiß: Château de la Gardine – 1 125 Kisten; Cuvée Vieilles Vignes – 562 Kisten
Rot: Cuvée Tradition – 16 500 Kisten; Cuvée des Générations – 250 bis 1 000 Kisten

Ausbau:
Weiß: Château de la Gardine – 4 bis 6 Monate in Edelstahl;
Cuvée Vieilles Vignes – 9 Monate zur alkoholischen und malolaktischen Gärung in neuer Eiche
Rot: Cuvée Tradition – Insgesamt 24 Monate, 15 bis 21 Tage Gärung in Edelstahltanks, dann,
je nach Jahrgang, 9 bis 12 Monate in 15 % neuer Eiche, danach Lagerung in Zementtanks;
Cuvée des Générations – Insgesamt 24 Monate, 15 bis 21 Tage Gärung in Edelstahltanks,
dann 9 bis 18 Monate Reife in 100 % neuen Eichenfässern, Lagerung in Zementtanks

Durchschnittsalter der Reben:
Weiß: Château de la Gardine – 15 Jahre; Cuvée Vieilles Vignes – 35 Jahre
Rot: Cuvée Tradition – 30 Jahre; Cuvée des Générations – 35 bis 38 Jahre

Verschnitt:
Weiß: Château de la Gardine – jeweils 25 % Grenache blanc, Roussanne, Bourboulenc
und Clairette; Cuvée Vieilles Vignes – 60 % Roussanne, 40 % jeweils gleich große
Anteile von Grenache blanc, Bourboulenc und Clairette
Rot: Alle drei Cuvées 60 % Grenache, 15 % Syrah, 12 % Mourvèdre, 13 % verschiedene Sorten

Anmerkung: Die weiße Cuvée Vieilles Vignes wird aus den ältesten Weinstöcken einer bestimmten
Rebfläche gewonnen; ihr Verschnitt enthält einen größeren Roussanne-Anteil als die Standardcuvée.

Seit Ende der siebziger Jahre hat sich die Qualität des Château de la Gardine sprunghaft verbessert, und das Gut stieg zu einem der großen Erzeuger von Châteauneuf-du-Pape auf. Der
verstorbene Besitzer Gaston Brunel, Autor eines wichtigen, 1980 erschienenen Buches über
die Region, war einer der großen Vorkämpfer für den Châteauneuf. Im Sommer 1986 kam er
auf tragische Weise bei einem Angelausflug ums Leben. Seine beiden Söhne Maxime und
Patrick waren von ihrem Vater jedoch gut ausgebildet worden und führen seit seinem Tod
gemeinsam das hinter dem Dorf Châteauneuf-du-Pape im Westen der Appellation gelegene
Gut, das einen schönen Blick auf die Rhône und die Stadt Roquemaure bietet. Die Hanglagen
der Kellerei, deren Rebflächen im Übrigen in für die Appellation ungewöhnlicher Weise in

einer einzigen Parzelle zusammengefasst sind, weisen steinige, mit *galets roulés* bedeckte Böden auf – die Kiesel liegen jedoch weniger dicht als auf der Ebene zwischen Mont Redon und Cabrières oder im Osten der Appellation bei Vieux-Télégraphe. Der Boden ist außerdem leichter und flacher und gilt als nicht so wertvoll wie die übrigen Lagen – in heißen, trockenen Jahren haben es hier die Weinstöcke sehr schwer. Der alte Brunel hat die Domaine jedoch in einem ausgedehnten Sanierungsprogramm auf 61,5 Hektar erweitert und sie mit einer interessanten Mischung aus 60 % Grenache, großzügigen 15 % Syrah, 12 % Mourvèdre und 13 % Muscardin und Cinsault bestockt. Der Anteil der Mourvèdre-Reben soll in Zukunft weiter erhöht werden. Das Durchschnittsalter aller Reben beträgt 35 bis 38 Jahre.

Die Gebrüder Brunel haben sich bei der Führung dieses bedeutenden Weinbaubetriebs als dynamisch und flexibel erwiesen und setzen sich engagiert für die Qualität ihrer Erzeugnisse ein. Unter ihrer Leitung hat sich vieles verändert. So werden im Gegensatz zur appellationsüblichen Praxis die verschiedenen Rebsorten nicht separat verarbeitet. In den Weinbergen stehen Rebzeilen mit verschiedenen Sorten nebeneinander; unabhängig von der Sorte werden die Trauben nach dem Reifegrad gelesen und gemeinsam vergoren. Damit will man im Château de la Gardine eine alte Tradition der Appellation neu aufleben lassen – auch im vergangenen Jahrhundert wurden die Rebflächen in Châteauneuf-du-Pape im gemischten Satz bestockt.

Daneben haben die Brunels die mit Roussanne bepflanzte Fläche vergrößert und eine zweite Weißweincuvée eingeführt. Ihre gesamte Weißweinproduktion beträgt rund 1 700 Kisten. Die Standardcuvée, ein Verschnitt aus jeweils gleichen Anteilen der Sorten Grenache blanc, Roussanne, Bourboulenc und Clairette, wird in einem fruchtigen, aber kraftvollen Stil bereitet; ihre Qualität hat sich in den letzten Jahrgängen verbessert. Die Cuvée Vieilles Vignes dagegen wird aus 60 % Roussanne und 40 % Grenache blanc, Bourboulenc und Clairette gekeltert und bis zu neun Monaten in neuen Eichenfässern vergoren und ausgebaut. Ihr Debütjahrgang zeigte einen fürchterlichen Holzgeschmack, in den letzten Jahren war aber die Eichenholzwürze sehr viel besser in die gehaltvolle, honigfeine Roussanne-Frucht integriert. Diesen aufstrebenden weißen Châteauneuf sollte man im Auge behalten.

Wahrhaft herrlich sind jedoch die Rotweine. Man verlässt die ausgetretenen Pfade der Weinbereitung, was sich unter anderem an der Abkehr von der traditionellen Châteauneuf-Flasche mit ihrem ins Glas eingearbeiten Motiv der päpstlichen Schlüssel zeigt. Statt dessen wird eine speziell angefertigte, etwas bucklig und exzentrisch wirkende braune Flasche eingesetzt, die mich, ästhetisch gesehen, wenig begeistert. Dies spielt jedoch keine große Rolle, da ihr Inhalt seit dem Ende der achtziger Jahre stets ausgezeichnet bis herausragend geriet.

In Übereinstimmung mit der Tradition einerseits und einer progressiven Einstellung zu technischen Neuerungen andererseits wurden in der Kellerei 1989 zehn Edelstahltanks mit einer Vorrichtung für die automatische *pigeage* installiert – ein System, das auch die Erzeuger Beaurenard und La Nerthe verwenden. Die Einstellung der Brunels zum Entrappen weicht ebenfalls vom Althergebrachten ab. In jedem Jahr werden die Trauben mindestens zu 80 %, manchmal auch vollständig entrappt, um die Adstringenz der Tannine auf jeden Fall auszuschalten. Die Brunelschen Methoden der Maischung und Gärung – die Maischdauer wird verlängert, um milde Tannine und möglichst viel Farbe und Geschmacksintensität zu extrahieren – kommen der im Bordelais üblichen Art der Vinifikation recht nahe.

Im Château de la Gardine sind drei Rotweincuvées im Angebot: Die Cuvée Tradition wird sowohl in Zementtanks als auch in von der Firma Demptos in Bordeaux bezogenen *barriques* ausgebaut. Der Anteil an neuen Fässern beträgt jedoch nie mehr als 15 Prozent.

Der Château de la Gardine hingegen wird nach Art eines Zweitweins im Bordelais bereitet. Er stammt im Wesentlichen von den jüngeren Weinstöcken – die entsprechende Lage wird gerade teilweise neu bestockt, was die starken Schwankungen in der Produktionsmenge erklärt, die bis zu 24 000 Flaschen betragen kann. Dazu kommen Partien, die für die Cuvée des Générations oder die Cuvée Tradition nicht konzentriert genug sind. Die Produktion aus jungen Rebstöcken wird also entgegen der in Châteauneuf-du-Pape gängigen Praxis nicht an *négociants* verkauft.

In bestimmten Jahrgängen – so 1985, 1989, 1990, 1994 und 1995 –, in denen die Qualität des Leseguts von älteren Rebstöcken eines speziellen *terroir* die der Standardcuvée weit übertrifft, entstehen 250 bis 1 000 Kisten der roten Cuvée des Générations, eines höchst gehaltvollen Châteauneufs, der zwei Jahre in ausschließlich neuen Bordeaux-Fässern reift. Er ist dem Vater der Brunels, Gaston, und dem Großvater Philippe gewidmet. Nach dem Urteil einiger Kritiker zeigt dieser Wein einen an die Neue Welt erinnernden, internationalen Stil, lässt dabei jedoch deutlich den Typencharakter erkennen.

Die Kombination aus Respekt für die Tradition einerseits und Experimentierfreudigkeit andererseits machen gerade dieses Gut zu einem interessanten Besuchsziel in Châteauneuf-du-Pape. Seine Weine sind erstklassig, und die Brunels bemühen sich in jedem Jahrgang um eine weitere Qualitätssteigerung. Sie haben sich den Erfolg auf dem internationalen Markt wohl verdient.

JAHRGÄNGE

1995 • 87 Châteauneuf-du-Pape Cuvée Tradition (rot): Die tief rubin- bis purpurrote 95er Cuvée Tradition zeigt beträchtliche Struktur und Tannine sowie einen ansprechenden, reifen und süßen Fruchtkern. Gleichzeitig waren überraschend Furcht erregende Tannine und lebhafte Säure festzustellen. Dieser Wein benötigt 4 bis 5 Jahre im Keller und wird sich 10 bis 15 Jahre halten – offenbar ein wahrer *vin de garde*. Letzte Verkostung: 6/96.

1995 • 92 Châteauneuf-du-Pape Cuvée des Générations (rot): Die 95er Cuvée des Générations ist zwar verschlossen und dicht, bietet aber neben einem opaken Purpurrot auch einen hohen Tanningehalt und eine beeindruckende Reife sowie Extraktstoffreichtum und Fruchtgehalt. Bei der Fassprobe waren die Einflüsse des neuen Eichenholzes noch kaum wahrnehmbar, vielleicht kommen aber die Vanille- und Toastaromen nach der Abfüllung stärker zum Vorschein. Ein strukturierter, klassischer, reichhaltiger und vorzüglicher Châteauneuf für passionierte Rhônewein-Liebhaber, die auch die Geduld aufbringen, mehrere Jahre auf seine Entfaltung zu warten. Voraussichtliche Genussreife: 2001 bis 2018. Letzte Verkostung: 6/96.

1994 • 87 Châteauneuf-du-Pape Cuvée Tradition (rot): Die 94er Cuvée Tradition besitzt ein beeindruckend sattes Rubin- bis Purpurrot, ein würziges, elegantes Bukett mit den Düften von Melonen, Vogelkirschen und Cassis, einen mittleren bis vollen Körper, mäßiges Tannin und einen strukturierten, vielschichtigen Charakter. Ein sehr guter bis ausgezeichneter Châteauneuf, der zwischen 1998 und 2008 getrunken werden kann. Letzte Verkostung: 6/96.

1994 • 91 Châteauneuf-du-Pape Cuvée des Générations (rot): Die undurchdringlich purpurrote 94er Cuvée des Générations bietet ein verhaltenes, aber aufblühendes Bukett von süßer Vanille, angerauchtem Eichenholz, prallen Vogelkirschen, Kräutern und Schokolade. Dieser volle und körperreiche Wein mit seiner würzigen, pfeffrigen Note, seinem vielschichtig reichen, konzentrierten Geschmack und dem strukturierten, mäßig tanninherben Abgang zeigt sich breit gebaut und muskulös, mit einem beträchtlichen Reifepotenzial. Voraussichtliche Genussreife: 1999 bis 2015. Letzte Verkostung: 6/96.

1993 • 89+ Châteauneuf-du-Pape (rot): Der beeindruckend rubin- bis purpurrote 93er Châteauneuf-du-Pape präsentiert sich mit einer an den Bordeaux erinnernden Struktur, einer süßen, toastwürzigen Nuance von neuer Eiche im Bukett, einer reifen, süßen, gehaltvollen Frucht und einem mittleren bis vollen Körper. Zudem überzeugt der lange und tanninreiche Abgang. Dieser junge, verschlossene Wein sollte noch 1 bis 2 Jahre im Keller verbringen und wird sich dann 15 Jahre gut trinken lassen. Letzte Verkostung: 6/96.

1993 • 90 Châteauneuf-du-Pape Cuvée des Générations (rot): Die 93er Cuvée des Générations enthüllt ein Pauillac-ähnliches Bukett von Bleistiftduft, Vanille und Cassis und quillt über vor Fülle und Extraktstoffreichtum. In wenigen Jahren wird die süße, gehaltvolle, intensive Frucht dieses reintönigen, sauber bereiteten Weins jeden Anklang an neues Eichenholz, den er über die nächsten Jahre entwickeln könnte, aufgesaugt haben. Angesichts seiner griffigen Intensität und seines noch unentwickelten Standes werden ihm mehrere Jahre Lagerung gut tun. Voraussichtliche Genussreife: 1998 bis 2010. Letzte Verkostung: 6/96.

1992 • 89+ Châteauneuf-du-Pape (rot): Der 92er gehört zu den tanninreichsten, konzentriertesten und intensivsten Weinen, die ich aus diesem Jahrgang verkostet habe. Tatsächlich sind die meisten Châteauneufs aus dem Jahre 1992 trinkreif, diesem Roten wird bei seinem hohen Tannin jedoch zusätzliche Lagerzeit gut tun. Das für den Jahrgang erstklassige önologische Erzeugnis besitzt eine satte, dunkel rubinrote Farbe, ein duftendes Bukett von Vogelkirschen, Kräutern, Leder und Toastwürze, einen vollen Körper, eine ausgezeichnete Konzentration und einen langen, würzigen, verschlossenen Abgang. Voraussichtliche Genussreife: 1998 bis 2006. Letzte Verkostung: 6/96.

1990 • 88 Châteauneuf-du-Pape (rot): Der voll ausgereifte 90er Châteauneuf von einem äußerst satten Purpurrot enthüllt ein straffes, aber aufblühendes Bukett von süßer schwarzer Beerenfrucht und ein tanninreiches, gut strukturiertes, körperreiches Mittelstück. Im Abgang zeigt er sich lang und reintönig. Voraussichtliche Genussreife: jetzt bis 2005. Letzte Verkostung: 4/96.

1990 • 93+ Châteauneuf-du-Pape Cuvée des Générations (rot): Die purpurrote bis schwarze 90er Cuvée des Générations bietet ein verschlossenes, aber viel versprechendes Bukett von Vanille, Rauch, Mineralien und Schwarzen Johannisbeeren. Dieser breit gebaute, tanninreiche, schwergewichtige Wein glänzt mit großer Konzentration und Nachhaltigkeit und wird 20 bis 25 Jahre überdauern. Voraussichtliche Genussreife: 1998 bis 2014. Letzte Verkostung: 8/96.

1989 • 90 Châteauneuf-du-Pape (rot): Der 90er Châteauneuf zeigt ein Bukett mit den Düften von Vogelkirschen, Rauch, Kräutern und toastwürziger Vanille. Sein dichtes Purpurrot lässt eine außergewöhnliche Reife und Fülle vermuten, geschmacklich gibt er sich sogar noch tanninreicher und muskulöser als der 90er. Dieser außergewöhnlich jung wirkende, verschlossene, aber aussichtsreiche Wein könnte noch mehrere Punkte zulegen, sobald er seinen Höhepunkt erreicht hat, denn sein eindrucksvoller Extraktstoffreichtum kann die Tannine allemal stützen. Für Patrick Brunel sind der 89er und der 90er die feinsten Weine aus dem Château de la Gardine seit dem außergewöhnlichen 52er, den ich vor 10 Jahren verkosten konnte. Damals war er noch immer wunderbar vollmundig. Voraussichtliche Genussreife: 1999 bis 2019. Letzte Verkostung: 8/96.

1988 • 89 Châteauneuf-du-Pape (rot): Der 88er tritt extrem gehaltvoll und körperreich auf und bietet ein an überreife Zwetschgen erinnerndes Bukett, das mit den Aromen von toastwürziger neuer Eiche, Lakritze und Veilchen verwoben ist. Der körperreiche, Furcht erregend dichte und tanninreiche Wein gleicht stilistisch eher einem Bordeaux als einem Châteauneuf-du-Pape. Voraussichtliche Genussreife: jetzt bis 2008. Letzte Verkostung: 12/95.

1985 • 85 Châteauneuf-du-Pape (rot): Der tief rubinrote, am Rande leicht bernsteinfarbene 85er ist nunmehr voll ausgereift. Er stammt aus einer Phase, in der die Weine weniger intensiv waren und unter mehrfacher Filtration und starker Schönung zu leiden hatten. Im Bukett bietet er süße Kirschenfrucht, Erde, Lakritze und Kräuter. Der körperreiche und noch runde Tropfen flacht allmählich ab und muss getrunken werden. Letzte Verkostung: 12/95.

Ältere Jahrgänge

Die Jahrgänge der Siebziger und Achtziger wurden in einem leichteren, offener gewirkten, weniger konzentrierten Stil bereitet. Sie erreichten ihren Höhepunkt nach etwa 7 bis 8 Jahren und hielten sich 12 bis 15 Jahre. Von den Spitzenjahrgängen – 1983, 1981, 1979, 1978, 1970 – erzielte der 78er mit 87 Punkten die höchste Wertung; ich habe ihn aber seit 1986 nicht mehr verkostet. Damals war er bereits voll ausgereift; bei jener Probe zeigte sich auch noch der 52er von außergewöhnlicher Qualität. Sollten auf einer Auktion einmal gut gelagerte Flaschen zu haben sein, lohnt es sich zuzugreifen.

Domaine du Grand Tinel (Elie Jeune) ***

Adresse:
B.P. 58, 84230 Châteauneuf-du-Pape, Tel.: 4 90 34 68 70, Fax: 4 90 34 43 71

Produzierte Weine: Châteauneuf-du-Pape (weiß und rot)

Rebfläche: Weiß: 2 ha; Rot: 53 ha

Produktionsmenge: Weiß: 750 Kisten; Rot: 18 750 Kisten

Ausbau:
Weiß: 6 Monate in Edelstahl
Rot: Insgesamt 18 bis 24 Monate; 15 bis 18 Tage Gärung in Edelstahl- und Zementtanks, dann 12 bis 18 Monate in alten Eichenfässern; Lagerung bis zur Abfüllung in Edelstahl

Durchschnittsalter der Reben:
Weiß: 15 Jahre; Rot: 45 bis 50 Jahre

Verschnitt:
Weiß: 40 % Grenache blanc, 30 % Clairette, 30 % Bourboulenc
Rot: 80 % Grenache, 10 % Syrah, 10 % Mourvèdre, Counoise und Cinsault

Dieser große Weinbaubetrieb von 55 Hektar, bestockt mit 80 % Grenache und einer Kombination aus Syrah-, Mourvèdre-, Counoise- und Cinsault-Reben mit einem sehr hohen Durchschnittsalter von 45 bis 60 Jahren, erzeugt einen Châteauneuf-du-Pape in eher traditionellem Stil. In diesem Tropfen werden weniger die in den moderneren Châteauneufs zu findende reintönige Beerenfrucht als die Komponenten Kraft und Körper sowie ledrige, würzige und exotische Düfte betont. Die meisten Weinberge des Guts liegen im Osten der Appellation – bei Courthézon, La Petite Gardiole, Montalivet und schließlich in vorzüglicher Lage bei La Nerthe. Jeune ist ein guter Kellermeister, aber wie so viele Erzeuger in Châteauneuf nimmt auch er die Abfüllung seines Weins erst kurz vor dem Verkauf vor, womit sich die Abfüll-termine eines einzigen Jahrgangs über sechs Jahre und länger erstrecken können. Damit kann man zunächst Platz und Geld sparen, den Weinen, die zu lange in den großen *foudres* lagern, fehlen aber die Frische und Frucht der ersten Abfüllungen. Man muss Jeune jedoch zugute halten, dass er unter dem Zweitetikett Les Caves Saint-Paul einen weiteren Wein produziert.

Der sehr klassisch bereitete, extrem kraftvolle Grand Tinel wird zwei bis drei Jahre in *foudres* aus Eichenholz ausgebaut, bevor er auf Flaschen gezogen wird, und gehört zu den kräftigsten, alkoholstärksten und typischsten Weinen der Appellation. Ich würde allerdings statt der älteren, vielleicht erst vor kurzem abgefüllten Jahrgänge den Kauf der jeweils ersten Abfüllung empfehlen, die für gewöhnlich zwei bis drei Jahre nach der Lese freigegeben wird.

Jahrgänge

1995 • 87 Châteauneuf-du-Pape (rot): Der 95er Châteauneuf-du-Pape bietet auf Grund sei-nes höheren Säuregehalts mehr Struktur als der 94er. Er wirkt würzig und reif, großzügig aus-gestattet, körperreich und nicht komplex, geriet aber erfreulich und dürfte sich 7 bis 8 Jahre gut trinken lassen. Letzte Verkostung: 6/96.

1994 • 87 Châteauneuf-du-Pape (rot): Dieser Erzeuger scheint unabhängig von der Beschaf-fenheit des Jahrgangs stets einen authentischen Châteauneuf-Stil hervorzubringen. Für ge-wöhnlich ist dies ein pfeffriger, nach gerösteten Erdnüssen duftender und nach Kirschen schmeckender, großzügig gestalteter Wein mit einem hohen Alkoholgehalt und gleichzeitig schmackhafter und vollmundiger Art. Der 94er Châteauneuf besitzt alle diese Merkmale und eine samtige Struktur – ein idealer Wein für Restaurants. Voraussichtliche Genussreife: jetzt bis 2003. Letzte Verkostung: 6/96.

1993 • 86 Châteauneuf-du-Pape (rot): Der monolithische, schlichte und verschlossene, aber schmackhafte 93er zeigt ein dunkles Rubinrot, schwache Nuancen von provenzalischen Kräu-tern, Pfeffer und Vogelkirschenfrucht, einen mittleren bis vollen Körper, merklich harte Tanni-ne und eine gute Tiefe. Voraussichtliche Genussreife: jetzt bis 2003. Letzte Verkostung: 6/96.

1992 • 85 Châteauneuf-du-Pape (rot): Der füllige, körperreiche und fleischige 92er Château-neuf präsentiert ein charakteristisches Bukett von Oliven, Kräutern und Johannisbeeren, viel Alkohol und Glyzerin. Genussreife: jetzt. Letzte Verkostung: 6/95.

1990 • 86 Châteauneuf-du-Pape (rot): Der 90er kommt in einem direkten, prachtvollen, alko-holstarken und auffälligen Stil daher, den Weinsnobs vielleicht kritisieren würden; an der erfreulichen Persönlichkeit dieses Weins besteht hingegen kein Zweifel. Dem extrovertierten Bukett von praller, roter Beerenfrucht und provenzalischen Kräutern folgt ein fleischiges, fet-tes Mittelstück mit einem Schwindel erregenden Alkoholgehalt, einem reichlich öligen, dick-fruchtigen Geschmack, einer gewichtigen, robusten Struktur und einem feurigen Abgang. Voraussichtliche Genussreife: jetzt bis 2001. Letzte Verkostung: 6/95.

1989 • 89 Châteauneuf-du-Pape (rot): Der 89er gibt sich zwar strukturiert und tanninreich, aber auch breit und konzentriert bei einer von explosiver, praller schwarzer Beerenfrucht geprägten Persönlichkeit. Üppig und kräftig im Geschmack, dabei wenig raffiniert sollte er über die nächsten 10 bis 12 Jahre Genuss bieten. Auch hier nur die erste Abfüllung kaufen. Voraussichtliche Genussreife: jetzt bis 2004. Letzte Verkostung: 6/95.

1988 • 89 Châteauneuf-du-Pape (rot): Der 88er beeindruckt genauso wie der 89er – er wirkt zwar nicht so überwältigend wuchtig und dick wie dieser, seine dichte Farbe, das kräftige Aro-ma von Schokolade und Früchtebrot und die kraftvollen, kühnen Geschmacksnoten erwecken jedoch Bewunderung. Im langen Abgang lassen sich beträchtliche Tannine feststellen, der Wein kann aber sowohl jetzt getrunken als auch noch gelagert werden. Voraussichtliche Genussreife: jetzt bis 2007. Letzte Verkostung: 6/95.

1985 • 90 Châteauneuf-du-Pape (rot): Der 85er hat mit einem Alkoholgehalt von 14,7 % Vollreife erreicht. Er wurde im klassischen Grand-Tinel-Stil bereitet – mit einer robusten, überschwänglichen Persönlichkeit von Format, Gewicht und Schlagkraft. Seine pfeffrige Frucht von Vogelkirschen und Himbeeren paart sich mit den Düften von provenzalischen Kräutern, Oliven und gebratenem Fleisch. Der körperreiche, milde, fette und fleischige Tropfen gibt sich säurearm und sollte daher über die nächsten 4 bis 5 Jahre getrunken werden. Voraussichtliche Genussreife: jetzt bis 2002. Letzte Verkostung: 6/95.

ÄLTERE JAHRGÄNGE

Die folgenden Anmerkungen beziehen sich jeweils auf die erste Abfüllung jedes Jahrgangs – im Allgemeinen die beste –, wenn auch die robustesten Jahrgänge eine längere Reifung in *foudres* überstehen können. In den siebziger und achtziger Jahren waren der 78er und der 81er die Spitzenreiter des Grand Tinel. Beide wurden 1993 erneut verkostet. Ich würde sie zwar im Gegensatz zu damals nicht mehr außergewöhnlich nennen, trotzdem sind es noch immer ausgezeichnete, voll ausgereifte, kräftige, kernige und massive Châteauneufs mit viel Verve, Alkohol und Charakter. Beide sollten vor der Jahrhundertwende getrunken werden. Erfolgreich waren auch die Jahrgänge 1983 und 1979. Diese stehen zwar qualitativ nicht auf derselben Stufe wie der 81er und der 78er, sie fielen dennoch sehr gut aus. Wenn man bedenkt, dass Elie Jeune erst seit 1969 Châteauneuf-du-Pape produziert, so hat er bereits viel geleistet. Mit Blick auf das *terroir* und die Einstellung des Winzers kann das Qualitätsniveau vermutlich weiter gesteigert werden.

DOMAINE GRAND VENEUR ***

Adresse:

Route de Châteauneuf-du-Pape, 84100 Orange, Tel.: 4 90 34 68 70, Fax: 4 90 34 43 71

Produzierte Weine:

Châteauneuf-du-Pape (weiß und rot), Châteauneuf-du-Pape Cuvée Lafontaine (weiß)

Rebfläche:

Weiß: 2,5 ha; Cuvée Lafontaine – 0,5 ha; Rot: 13 ha

Produktionsmenge:

Weiß: 833 Kisten; Cuvée Lafontaine – 166 Kisten

Rot: 4 375 Kisten

Ausbau:

Weiß: 6 Monate in temperaturgeregelten Edelstahltanks;

Cuvée Lafontaine – 6 Monate in neuen Eichenfässern; Abstoppen der malolaktischen Gärung

Rot: Insgesamt 18 Monate, 18 bis 20 Tage Gärung in Edelstahltanks,

dann Ausbau von 60 % des Ertrags 6 Monate lang in Eichenholz (davon 20 % neue,

80 % 1 bis 4 Jahre alte Fässer), 40 % in Edelstahl, Lagerung in Edelstahl- und Emailtanks

bis zur Abfüllung, die in einem Durchgang vorgenommen wird

Durchschnittsalter der Reben:

Weiß: 15 Jahre; Cuvée Lavontaine – 18 Jahre; Rot: 45 Jahre

Verschnitt:

Weiß: Jeweils ein Drittel Grenache blanc, Clairette und Roussanne;

Cuvée Lafontaine – 100 % Roussanne

Rot: 65 % Grenache, 15 bis 20 % Syrah, 10 % Mourvèdre, 5 bis 10 % andere Sorten

Dieser zukunftsorientierte Betrieb wird von Alain Jaume geführt. Die Familie übt das Winzer-handwerk zwar schon seit 1826 aus, ihr Gut ist jedoch für die Châteauneuf-Verhältnisse noch relativ jung: der Debütjahrgang war 1979. Die sich über 16 Hektar erstreckenden Weinberge liegen im Nordosten der Appellation, südlich von Orange. Die Böden sind hier unterschied-lich – steinig, lehm- und auch eisenhaltig. Das Gebiet steht in dem Ruf, eher rustikale Weine hervorzubringen, daher entrappt Jaume seine roten Trauben vollständig. Die Weine verbes-serten sich in den letzten Jahren und betonen eine sehr aufgeschlossene, saubere, reintönige Frucht. Jaumes Weißwein entwickelt sich zu einem der intensiveren, stärker parfümierten der Appellation. Seit kurzem produziert der Winzer auch eine Cuvée Lafontaine, die ausschließ-lich aus der Roussanne-Traube gekeltert und nach dem Abstoppen der malolaktischen Gärung in neuer Eiche ausgebaut wird. Es scheint sich um einen guten Tropfen zu handeln, der aber interessanterweise dem herrlichen, außerhalb der Appellation hergestellten Côtes du Rhône mit einem gehörigen Schuss Viognier nicht das Wasser reichen kann.

Der Rote präsentiert sich als schöner Châteauneuf-du-Pape in modernem Stil, der für den Verbrauch innerhalb von fünf bis acht Jahren vorgesehen ist. Vor der Abfüllung erscheint er häufig fülliger und abgerundeter, daher wäre es interessant zu sehen, wie er ohne die mehrfache Filtration schmecken würde. Vermutlich könnte man die Intensität und Gesamtqualität des gleichwohl ansprechenden, gefälligen und vordergründigen Châteauneufs im modernen Stil durch eine schonendere Verarbeitung verbessern.

<h2 style="text-align:center">JAHRGÄNGE</h2>

1995 • 88 Châteauneuf-du-Pape (rot): Der 95er Châteauneuf-du-Pape enthüllt eine süße, reife Frucht und einen hohen Glyzerin-, Extraktstoff- und Alkoholgehalt bei einigen Tanninen im Hintergrund sowie eine gesunde Säure. Wird der Wein durch die mehrfache Behandlung bei der Abfüllung wieder seiner Substanz beraubt? Letzte Verkostung: 6/96.

1994 • 84 Châteauneuf-du-Pape (rot): Jaume steigert weiterhin den Extraktstoffreichtum, die Komplexität und die Gesamtqualität seiner Weine. Der 94er Châteauneuf erschien mir vor der Abfüllung etwas konzentrierter als danach, was wohl erneut auf einen verstärkten kellertechnischen Einsatz zurückzuführen ist. Der Wein zeigt einen mittleren bis vollen Körper, eine reife Vogelkirschenfrucht, einen lieblichen Eingang, ein gutes Mittelstück sowie trockene, scharfe, verwässerte Tannine im Abgang. Voraussichtliche Genussreife: jetzt bis 2000. Letzte Verkostung: 6/96.

1993 • 86 Châteauneuf-du-Pape (rot): Auch dieser Rote präsentierte vor der Abfüllung mehr Frucht, Körper und Intensität. Gleichwohl handelt es sich um einen guten Tropfen von tiefem Rubinrot und einem kräftig-süßen, erdigen Bukett von Kirschen und Kräutern, einem mittleren Körper, einigem Tannin und schöner Reintönigkeit. Im Gegensatz zu vielen anderen 93ern wirkt er weder hohl noch übermäßig gerbstoffreich. Voraussichtliche Genussreife: jetzt bis 2000. Letzte Verkostung: 6/96.

1990 • 87 Châteauneuf-du-Pape (rot): Der 90er enthüllt eine leichte Überreife in seinem prall pflaumigen, kräuterduftigen Bukett. Dunkel rubinrot in der Farbe und kräftig-konzentriert, gehaltvoll, ölig und kernig im Geschmack zeigt sich der Wein im Abgang lang, berauschend und alkoholstark. Sein überreifer, fleischiger Stil erscheint fast ein wenig aufdringlich. Voraussichtliche Genussreife: jetzt bis 1999. Letzte Verkostung: 6/95.

1989 • 87 Châteauneuf-du-Pape (rot): Der 89er gibt sich körperreich und ausgezeichnet mit einer kernigen Frucht von Schwarzen Himbeeren, mäßiger Säure, einem ansprechenden sauberen, reintönigen Beerenduft und einem milden, berauschenden Abgang. Voraussichtliche Genussreife: jetzt bis 2001. Letzte Verkostung: 6/95.

1988 • 84 Châteauneuf-du-Pape (rot): Dieser 88er wirkt leichter, weniger konzentriert und kleiner in der Statur als sein Vorgänger, dafür aber geradlinig und sauber bereitet. Er sollte getrunken werden. Letzte Verkostung: 6/95.

GUIGAL (E. GUIGAL) ***

Anmerkung: Handelshaus – Die gesamte Produktion dieses vorzüglichen Erzeugers und Weinbergbesitzers aus Ampuis im nördlichen Rhônetal basiert in Châteauneuf-du-Pape auf hinzugekauftem Most, die Namen seiner Lieferanten behält er allerdings für sich. Die meisten Jahrgänge können mindestens zehn Jahre gelagert werden. Guigal lässt den Wein vor der Abfüllung zwei bis drei Jahre in Tanks, *foudres* und Fässern reifen und fügt dem Verschnitt mit Erfolg Anteile der Sorten Syrah und Mourvèdre hinzu, um dem Wein ein komplexeres Aroma und eine größere Struktur zu verleihen.

Angesichts seiner wunderbaren Côte-Rôtie-Tropfen und der feinen Côtes du Rhônes sowie der vielen guten Châteauneufs anderer Spitzenerzeuger lässt sich die Qualität von Guigals Châteauneuf leicht übersehen. Man sollte sich seine Weine jedoch nicht entgehen lassen.

JAHRGÄNGE

1994 • 86 Châteauneuf-du-Pape: Der weiche, runde 94er Châteauneuf besitzt einen mittleren Körper und seine reife Vogelkirschenfrucht ist mit den Düften von Pfeffer und Zedernholz verwoben. Der Wein gibt sich zwar fleischig, besitzt aber nicht das Gewicht und die Fülle des 90ers. Voraussichtliche Genussreife: jetzt bis 2001. Letzte Verkostung: 6/96.

1991 • 83 Châteauneuf-du-Pape: In den Jahrgängen 1992 und 1993 stellte Guigal auf seine direkte Art fest, es gebe kein hochwertiges Lesegut, und entschied sich deshalb gegen die Produktion eines Châteauneuf. Der 91er fällt bescheiden aus. An diesem Wein aus einem extrem schwierigen Jahrgang zeigt sich, dass nicht einmal ein Zauberer wie Guigal Wunder bewirken kann. Trotzdem besitzt dieser starke Châteauneuf-du-Pape eine pfeffrige, kräuterwürzige Kirschenfrucht und einen mittleren Körper, seine Persönlichkeit wirkt aber knapp und kantig. Voraussichtliche Genussreife: jetzt bis 2000. Letzte Verkostung: 6/96.

1990 • 90 Châteauneuf-du-Pape: In Anerkennung der Größe dieses Jahrgangs kaufte Marcel Guigal von sämtlichen Lieferanten Most und verwandelte diesen in einen der schönsten Châteauneufs, die er je als *négociant* produzierte. Der bereits jetzt köstliche Wein präsentiert sich körperreich, gehaltvoll und dick, mit einer geballten Ladung Frucht und einem ausdrucksvollen Geschmack. Mit seinen mehr als 14 % Alkohol besticht er als kraftvolles Schwergewicht von feuriger Fülle. Voraussichtliche Genussreife: jetzt bis 2005. Letzte Verkostung: 6/96.

1989 • 88 Châteauneuf-du-Pape: Dem 89er würde mehr Aufmerksamkeit zuteil, wenn sein sensationeller Vorgänger ihm nicht die Schau stehlen würde. Von einem dunklen Rubinrot enthüllt er ein kräftiges, staubiges, kräuterduftiges Bukett von Vogelkirschen und Pfeffer, eine ausgezeichnete Tiefe und Fülle, einen vollen Körper, weiche Tannine und einen vollmundigen Abgang. Voraussichtliche Genussreife: jetzt bis 2001. Letzte Verkostung: 8/96.

1988 • 89 Châteauneuf-du-Pape: Der tiefe, körperreiche 88er zeigt eine kräftige rubinrote bis schwarze Farbe, und sein Kräuter-, Pflaumen- und Cassisgeschmack machen den fleischigen Wein zu einem ansprechenden Tropfen. Voraussichtliche Genussreife: jetzt bis 2000. Letzte Verkostung: 11/95.

1986 • 84? Châteauneuf-du-Pape: Tanninreicher und robuster strukturiert fehlt dem 86er die Üppigkeit des 88er Jahrgangs. Im Abgang zeigt er sich leicht adstringierend, im Hintergrund besitzt er jedoch eine schöne Tiefe – bei etwas Geduld könnte er sich noch öffnen. Letzte Verkostung: 11/95.

DIE SÜDLICHE RHONE

ÄLTERE JAHRGÄNGE

Guigals ältere Jahrgänge fielen in den besten Jahren meist gut bis sehr gut aus, müssen aber in jedem Fall innerhalb von 7 bis 8 Jahren nach der Freigabe – also meist 9 bis 11 Jahre nach der Lese – getrunken werden. Da es für gewöhnlich 2 bis 3 Abfüllungen gibt und schon die zuerst abgefüllte Partie 2 bis 3 Jahre nach Guigals patentiertem *élevage*-Verfahren ausgebaut wird, sollte man nach Möglichkeit die Flaschen der ersten Abfüllung kaufen – allerdings lässt sich das Abfülldatum nicht am Etikett ablesen. Unter den älteren Jahrgängen geriet der 81er stämmig und rustikal, der 79er dagegen gut. Dafür wirkte der 78er von Anfang an ausdrucksschwach und leicht oxidiert und zeigte einen teerartigen, muffigen Fassgeschmack. Der voll ausgereifte 67er gab sich bei der Verkostung im September 1996 immer noch sehr reichhaltig und eindrucksvoll. Ähnlich wie Guigals Hermitage, der ebenfalls aus gekauftem Most hergestellt wird, müssen seine Châteauneufs für gewöhnlich früher getrunken werden als seine Côte-Rôtie-Weine.

DOMAINE HAUT DES TERRES BLANCHES (RÉMY DIFFONTY) ****

Adresse:
Les Terres Blanches, 84230 Châteauneuf-du-Pape, Tel.: 4 90 83 71 19, Fax: 4 90 83 51 26

Produzierte Weine:
Châteauneuf-du-Pape (rot), Châteauneuf-du-Pape Domaine de la Glacière

Rebfläche: 53 ha

Produktionsmenge: 20 625 Kisten

Ausbau:
Insgesamt 36 Monate, 21 Tage Gärung in Zementtanks, dann 12 Monate in alten Eichenfässern, Lagerung bis zur Abfüllung in Email- oder Epoxidtanks

Durchschnittsalter der Reben:
50 Jahre, die ältesten 100 Jahre

Verschnitt:
75 % Grenache, jeweils 10 % Syrah, 10 % Mourvèdre, 5 % Cinsault

Hoch auf einem Hügel östlich von Châteauneuf-du-Pape liegt das Gut von Rémy Diffonty und seinem Sohn Joël. Der Ausblick von dort zählt zweifellos zu den schönsten in der Gegend. Die Familie Diffonty besitzt eine bedeutende Parzelle in Les Pradels im Norden der Appellation sowie eine weitere in schöner Lage im Nordwesten, unmittelbar südlich der von den Weinbergen Mont Redon und Les Cabrières dominierten Ebene. Diffontys Wein lässt sich zwischen dem alten, alkoholreichen und konzentrierten Stil von Erzeugern wie Grand Tinel und den blumigen, beerenfruchtigen, moderneren Tropfen wie Vieux Lazaret einreihen. Er ist nicht sehr dunkel oder sonderlich konzentriert, zeigt aber immer einen breiten, expansiven Geschmack und einen gewissermaßen feurigen, draufgängerischen Charme.

Da in jedem Jahr über 20 000 Kisten die Kellerei verlassen, sollte der Leser sich über die Existenz verschiedener Cuvées und Mehrfachabfüllungen über einen Zeitraum von fünf bis sechs Jahren nicht wundern. Es sind zwar noch alte Jahrgänge erhältlich, vor Qualitäts-schwankungen der verschiedenen Abfüllungen kann man aber nie sicher sein.

Außerdem produziert Diffonty Châteauneufs unter mehreren anderen Bezeichnungen. Dazu gehört der ebenfalls im Nordwesten gelegene Weinberg La Glacière, aus dem kraftvol-le, reife Erzeugnisse im klassischen Stil hervorgehen. Darüber hinaus vertreiben die Diffontys Zweitweine, die häufig exklusiv an bestimmte Importeure verkauft werden.

JAHRGÄNGE

1993 • 87 Châteauneuf-du-Pape: Der 93er zeigt eine geballte Ladung Himbeerfrucht, eine elegante Persönlichkeit, einen mittleren bis vollen Körper und einen weichen, reifen, runden Abgang. Voraussichtliche Genussreife: jetzt bis 1999. Letzte Verkostung: 6/95.

1993 • 88 Châteauneuf-du-Pape Domaine de la Glacière: Dieser schmackhafte, gehaltvolle und körperreiche Châteauneuf besitzt reichliche Mengen pfeffriger, würziger, dicker Vogel-kirschenfrucht, eine schöne Reife, einen vollen Körper und einen langen, lebendigen Abgang. Über die nächsten 5 bis 6 Jahre trinken. Letzte Verkostung: 6/96.

1992 • 86 Châteauneuf-du-Pape: Der 92er offenbart süße, marmeladige Himbeernuancen, die in einem eingängigen Format schön dargeboten werden. Genussreife: jetzt. Letzte Verkos-tung: 6/95.

1990 • 88 Châteauneuf-du-Pape: Diffontys Weine repräsentieren nicht gerade die massivste aller in Châteauneuf vertretenen Stilrichtungen, besitzen aber eine süße Himbeerfruchtigkeit und eine Anmut, die ihnen Stil, Eleganz und Milde verleihen. Alle diese Merkmale treffen auch auf den 90er zu, der sich zudem rund und prächtig parfümiert präsentiert, mit einem Duft von Zedernholz und der süßen Fruchtigkeit Schwarzer Himbeeren. Trotz der milden Tannine und seiner geringen Säure handelt es sich zweifellos um einen verführerischen, süffigen Tropfen. Voraussichtliche Genussreife: jetzt bis 2001. Letzte Verkostung: 6/95.

1989 • 88 Châteauneuf-du-Pape: Der dunkel rubinrote 89er offeriert ein einnehmendes, über-reifes, süßes und himbeerduftiges Bukett – ähnlich wie der 90er, nur üppiger. Sein ungeheu-er schwelgerischer Geschmack bereitet einen köstlichen, reichfruchtigen und runden Trink-genuss, bei weichen Tanninen und einer samtigen Struktur. Voraussichtliche Genussreife: jetzt bis 2002. Letzte Verkostung: 6/95.

1988 • 88 Châteauneuf-du-Pape: Der 88er von einem mittleren Rubinrot besitzt ein kräftiges, schokoladiges und geröstetes, nach Schwarzen Himbeeren duftendes Bukett, einen reifen, nachhaltigen, hedonistischen Geschmack, wenig Säure und eine üppige, samtige Struktur. Voraussichtliche Genussreife: jetzt bis 2000. Letzte Verkostung: 6/95.

ÄLTERE JAHRGÄNGE

Diese können direkt beim Erzeuger gekauft werden und tauchen häufig auf Auktionen auf. 1985, 1983 und 1970 brachte man sehr schöne Weine hervor. Vermutlich müssen sie jetzt ge-trunken werden, können aber in größeren Flaschenformaten, die in feuchten und kalten Kel-lern gelagert werden, durchaus noch ausgezeichnet sein.

Domaine Les Hautes Brusquières ****

Anmerkung: Diese speziell für den amerikanischen Importeur Eric Solomon von der Firma European Cellars bereitete Cuvée stammt von einem der besten Güter in Châteauneuf-du-Pape. Der Wein wird im Keller ausgewählt und ohne Filtration oder Schönung abgefüllt. Bisher liegen nur zwei Jahrgänge vor – beide gleichermaßen herausragend.

Jahrgänge

1995 • 90 Châteauneuf-du-Pape (rot): Der 95er Châteauneuf ähnelt dem ausgezeichneten 94er dieses Erzeugers, gibt sich aber etwas gehaltvoller und besitzt mehr Körper, Extraktstoffgehalt und Säure. Voraussichtliche Genussreife: 1998 bis 2008. Letzte Verkostung: 6/96.

1994 • 90 Châteauneuf-du-Pape (rot): Mit seinem verführerischen Bukett von aromatischen Kräutern der Provence, verwoben mit prallen Vogelkirschen, bietet dieser Tropfen von einem mittleren Rubin- bis Purpurrot einen üppigen, geschmeidigen, körperreichen Geschmack, der vor marmeladiger Vogelkirschenfrucht förmlich überquillt. Seine geringe Säure sowie der hohe Alkohol- und Glyzeringehalt verleihen dem 90er zusätzliches Gewicht und tragen zu seiner cremigen Konsistenz bei – ein einnehmender, fleischiger Châteauneuf-du-Pape wie aus dem Bilderbuch. Voraussichtliche Genussreife: jetzt bis 2001. Letzte Verkostung: 6/96.

Paul Jaboulet-Ainé

(***, vor 1970 *****)

Adresse:
Les Jalets, Route Nationale 7, B. P. 462, La-Roche-de-Glun, 26600 Tain l'Hermitage,
Tel.: 4 75 84 68 93, Fax: 4 75 84 56 14

Produzierte Weine:
Châteauneuf-du-Pape Les Cèdres (rot)
Anmerkung: In Frankreich wird derselbe Wein unter dem Namen La Grappe des Papes verkauft; 1994 und 1995 führte man außerdem geringe Mengen eines weißen Les Cèdres ein

Produktionsmenge: 6 000 Kisten

Ausbau: 10 Monate in 2 bis 3 Jahre alten Fässern

Verschnitt:
65 % Grenache, 20 bis 25 % Cinsault, 10 bis 15 % Mourvèdre

Von Paul Jaboulet-Ainés exquisiten Jahrgängen 1957, 1961, 1962, 1966, 1967 und 1969 habe ich so viele Kisten, wie ich nur bekommen und bezahlen konnte, erworben, eingekellert und mit großem Genuss getrunken. Abgesehen von den verblassenden 57er und 66er Jahrgängen waren und sind die Les Cèdres vollkommene Beispiele eines körperreichen, üppigen, großartig duftenden Weins. Seit den Siebzigern werden sie jedoch zusehends leichter, und in den

Achtzigern stellen sie kaum mehr dar als fade, charakterlose, kommerziell erzeugte Gewächse. Glücklicherweise hat die Kellerei seitdem jedoch begonnen, dem Wein erneut mehr Tiefe und Intensität zu verleihen.

Zweifellos rührt das Problem zum Teil daher, dass der Betrieb in Châteauneuf-du-Pape keine Weinberge besitzt und man von ausgewählten Erzeugern Most kaufen muss. In den fünfziger und sechziger Jahren war dies relativ einfach, und man bezog in großen Mengen Most aus den schönsten Altreblagen der Appellation. So wurde der kolossale 67er Les Cèdres ausschließlich aus Altrebcuvées bereitet, die Jaboulet-Ainé vom Château de la Nerthe erworben hatte. Seit die Erzeuger Châteauneufs-du-Pape jedoch immer mehr zu Gutsabfüllungen übergehen, hat sich das Angebot an erstklassigem Wein aus Altreben deutlich reduziert, so dass Mitte der neunziger Jahre nur noch Kleinstmengen für die *négociants* zur Verfügung standen.

Jaboulet-Ainés Produktion wurde traditionell zu 85 bis nahezu 100 % von der Grenache-Traube dominiert; im Laufe der letzten zehn Jahre hat man jedoch den Anteil des Syrah auf mindestens 25 bis 35 % erhöht. Neben einer relativ frühzeitigen Abfüllung geht auch die noch Anfang bis Mitte der Achtziger zu beobachtende Tendenz zur übermäßigen Filtration allmählich zurück: Der Wein wird vor der Abfüllung nur einmal filtriert.

JAHRGÄNGE

1995 • 86 Châteauneuf-du-Pape Les Cèdres (rot): Der tief rubinrote 95er präsentiert sich als ein eleganter, nach Vogelkirschen duftender und schmeckender Wein von einem mittleren Körper und ansprechender Frucht, bietet für einen Châteauneuf-du-Pape jedoch nichts Außergewöhnliches. Ein hübscher Tropfen, aber nicht zu vergleichen mit dem 67er! Voraussichtliche Genussreife: jetzt bis 2002. Letzte Verkostung: 6/96.

1995 • 88 Châteauneuf-du-Pape Les Cèdres (weiß): Der weiße 95er Les Cèdres offenbart ein nach Aprikosen und Pfirsichen duftendes Bukett, eine reife Frucht sowie reichlich Kraft, Körper und Alkohol. Interessanterweise sind die Jaboulets der Auffassung, der geringe Prozentsatz der Picardin-Traube – einer der seltensten an der Rhône zugelassenen Rebsorten – nehme bei der Gärung bei niedrigen Temperaturen einen Viognier-Charakter an. Tatsächlich schmecken der 95er und der 94er so, als enthielte ihr Verschnitt Viognier-Anteile. Voraussichtliche Genussreife: jetzt bis 1998. Letzte Verkostung: 6/96.

1994 • 89 Châteauneuf-du-Pape Les Cèdres (weiß): Den 94er Les Cèdres fand ich geringfügig besser als den 95er. Mit seinem üppigen, reichfruchtigen, extravaganten, nach Geißblatt duftenden Bukett und seinem körperreichen, reifen, berauschenden und alkoholstarken Geschmack stellt er einen köstlichen trockenen Weißwein dar. Voraussichtliche Genussreife: jetzt bis 1998. Letzte Verkostung: 6/96.

1990 • 88 Châteauneuf-du-Pape Les Cèdres (rot): Der 90er Châteauneuf-du-Pape, ein Verschnitt aus 65 % Grenache und 35 % Syrah mit 14 % natürlichem Alkoholgehalt, enthüllt ein beeindruckendes, dunkles Rubin- bis Purpurrot, ein kräftig-würziges, erdiges, pralles Bukett, einen tiefen, öligen, körperreichen Geschmack sowie einen dichten, langen, mäßig tanninreichen Abgang. Diesem noch jungen, unentwickelten und verschlossenen Wein wird eine gewisse Lagerzeit gut tun. Voraussichtliche Genussreife: jetzt bis 2004. Letzte Verkostung: 6/96.

1989 • 87 Châteauneuf-du-Pape Les Cèdres (rot): Der 89er Les Cèdres aus 75 % Grenache, 10 % Mourvèdre und 15 % Cinsault, aber ohne Syrah, ist ein verführerischer, gehaltvoller, großzügig ausgestatteter Wein mit milden Tanninen und einer geballten Ladung intensiver Frucht. Der ölige, samtige Tropfen sollte idealerweise in den nächsten 10 Jahren getrunken werden. Voraussichtliche Genussreife: jetzt bis 2000. Letzte Verkostung: 4/95.

1985 • 84 Châteauneuf-du-Pape Les Cèdres (rot): Dieses eindimensionale Gewächs hat mit den Weinen der sechziger Jahre kaum noch etwas gemein. Von einem mittleren Rubinrot präsentiert sich der 84er mit einem traubigen, eingängigen Bukett und Gehalt, wobei er sich mild, recht gefällig und körperreich gibt. Genussreife: jetzt. Letzte Verkostung: 9/94.

1983 • 79 Châteauneuf-du-Pape Les Cèdres (rot): Seine bescheidene kirschfruchtige Art, vermischt mit *garrigue*-Düften, weist auf einen guten Côtes du Rhône hin. In der Mittelphase zeigt der würzige, aber leichte und einfache Wein einen mittleren Körper. Genussreife: jetzt. Letzte Verkostung: 10/94.

1982 • 76 Châteauneuf-du-Pape Les Cèdres (rot): Von einem hellen, mittleren Granatrot mit rostroten Nuancen, erweist sich dieser Wein als mild, locker gewirkt und voll ausgereift, verliert aber seine Frucht. Austrinken. Letzte Verkostung: 10/94.

1978 • 83 Châteauneuf-du-Pape Les Cèdres (rot): Gemessen an der Größe des Jahrgangs musste dieser 78er stets enttäuschen. Er enthüllt ein mittleres Granatrot, ein staubiges, kräuterwürziges Bukett mit animalischen Düften, einen mittleren Körper, süße Frucht und einen insgesamt mageren, verwässerten Stil. Der Wein scheint auszutrocknen und muss deshalb getrunken werden. Letzte Verkostung: 10/94.

1969 • 86 Châteauneuf-du-Pape Les Cèdres (rot): Der eben verblassende, dunkel granatrote 69er zeigt einen rauchig-teerigen, trüffelartigen Geruch, einen mittleren bis vollen Körper sowie einen merklichen Tannin- und Alkoholgehalt. Er wirkt noch intakt, die Frucht trocknet jedoch bereits aus. Austrinken. Letzte Verkostung: 10/94.

1967 • 95 Châteauneuf-du-Pape Les Cèdres (rot): Nachdem ich fast drei Kisten dieses Roten durchprobiert habe, kann ich ihn vorbehaltlos als einen der größten Schätze in meinem Keller bezeichnen. Kaum ein anderer Tropfen hat sich so beständig als brillant und spektakulär erwiesen wie der 67er Les Cèdres, zu 100 % hergestellt aus Altreben, das heisst aus aus der Cuvée des Cadettes des Château de la Nerthe. Mit seinem Alkoholgehalt von fast 15 % bewahrt der Wein seine riesige, ölige Struktur, seine dicke, saftige Frucht und seine Duft- und Geschmacksnoten von orientalischen Gewürzen, Rauch, Zedernholz und schwarzen Früchten. Er gab sich stets so dick und gehaltvoll, dass er fast süß schmeckte. Dieser glorreiche Châteauneuf-du-Pape gehört zu den monumentalen Weinen der Appellation, wie lange wird er sich aber noch halten können? In den letzten zwanzig Jahren habe ich ihm niemals zugetraut, dass er den größten Teil seiner Frucht gut bewahren und sich dabei beständig weiter entfalten könnte. Daher irre ich mich möglicherweise auch jetzt, wenn ich seinen Verbrauch innerhalb weniger Jahre empfehle. Letzte Verkostung: 8/96.

1966 • 87 Châteauneuf-du-Pape Les Cèdres (rot): Aus der Magnum kann dieser Wein noch immer herrlich sein, die normalen Flaschen lassen allerdings bereits nach. Der 66er war ein herrlich süßer, parfümierter, exotischer und körperreicher, dicker Châteauneuf-du-Pape, nicht ganz so voll wie der 67er, aber doch erstklassig bei wunderbarer Konzentration und Intensität. Inzwischen enthüllt er beträchtliche Rost- und Bernsteintöne, verliert allmählich viel süße Frucht und zeigt jetzt eine staubige, erdige Komponente sowie einen hohen Alkoholgehalt im Abgang. Austrinken. Letzte Verkostung: 8/96.

1962 • 85 Châteauneuf-du-Pape Les Cèdres (rot): Eine weitere große, mittlerweile verblassende Leistung von Jaboulet-Ainé mit deutlichen Orange- und Rosttönen, bei manchen Flaschen erinnert der Charakter sogar an Tee. Dieser Wein war lange Zeit außergewöhnlich, wirkt jetzt aber nur noch wie ein Schatten seiner selbst. Sein schales Bukett von Blättern, Kräutern und Erde verbindet sich mit mangelnder süßer Frucht – einst ein Markenzeichen des 62ers – und einem alkoholstarken, tanninreichen Abgang. Austrinken. Letzte Verkostung: 8/96.

1961 • 90? Châteauneuf-du-Pape Les Cèdres (rot): Einer der großartigsten je in Châteauneuf erzeugten Weine, der fast so profund geriet wie der 67er. Obwohl er sich noch in einem guten Zustand befindet, scheinen seine Tage jetzt gezählt: Sein tiefes Granatrot weist am Rand beträchtliche Rost- und Bernsteinnoten auf. Der Wein besitzt ein süßes, rauchiges Bukett von Zedernholz und Früchtebrot und einen vollen Körper, seine ungeheure Dicke und Fülle werden aber allmählich abgebaut. Er wirkt zwar noch kraftvoll und alkoholreich, verliert aber nun seine Frucht. Man sollte das Schicksal nicht herausfordern. Letzte Verkostung: 8/96.

Ältere Jahrgänge

Die wenigen letzten Proben des 57ers – alle aus Magnumflaschen – zeigten einen schwer angegriffenen Wein.

Domaine de la Janasse

(Cuvée Classique ****, Cuvée Chaupin und Cuvée Vieilles Vignes *****)

Adresse:
27, chemin du Moulin, 84350 Courthézon, Tel.: 4 90 70 86 29, Fax: 4 90 70 75 93

Produzierte Weine:
Châteauneuf-du-Pape (weiß und rot), Châteauneuf-du-Pape Cuvée Chaupin (rot),
Châteauneuf-du-Pape Cuvée Vieilles Vignes (rot)

Rebfläche:
Weiß: 1,8 ha
Rot: 4,5 ha; Cuvée Chaupin und Cuvée Vieilles Vignes – jeweils 3 ha

Produktionsmenge:
Weiß: 333 Kisten
Rot: 833 Kisten; Cuvée Chaupin – 833 Kisten; Cuvée Vieilles Vignes – 500 Kisten

Ausbau:
Weiß: Der Roussanne wird 6 Monate lang ausschließlich und ohne malolaktische
Gärung in *barriques* vinifiziert, die anderen Rebsorten verbringen 6 Monate in
temperaturgeregelten Emailtanks, *assemblage* vor der Abfüllung
Rot: Insgesamt 18 Monate, 20 Tage Gärung in Zementtanks, dann werden für 12 Monate
85 % des Ertrags in große Eichenfässer und 15 % in zu 5 % neuen Eichenfässern umgepumpt,
Lagerung bis zur Abfüllung in Epoxidtanks; Cuvée Chaupin – Insgesamt 18 Monate, 21 bis
23 Tage Gärung in Zement- und Edelstahltanks, dann Ausbau von 90 % des Ertrags
in großen, 10 % in kleinen alten Eichenfässern, Lagerung bis zur Abfüllung in Epoxidtanks;
Cuvée Vieilles Vignes – Insgesamt 18 Monate, 23 bis 25 Tage Gärung in Edelstahltanks,
dann Ausbau von 85 % des Ertrags in großen alten Eichenfässern und von 15 % in
zu 5 % neuen Eichenfässern, Lagerung bis zur Abfüllung in Epoxidtanks

Durchschnittsalter der Reben:
Weiß: 40 Jahre
Rot: 40 Jahre; Cuvée Chaupin – 80 Jahre; Cuvée Vieilles Vignes – 80 Jahre und älter

Verschnitt:
Weiß: Jeweils 40 % Roussanne und Grenache blanc, 20 % Clairette
Rot: 80 % Grenache, 15 % Syrah, 5 % andere Sorten; Cuvée Chaupin – 100 % Grenache;
Cuvée Vieilles Vignes – 90 % Grenache, 10 % andere Sorten

Dieses mit einer Fläche von gut zwölf Hektar nicht sehr große Gut hat sich in den letzten fünf
Jahren durch Aimé Sabon und seinen Sohn Christophe zu einem der bestgeführten Erzeu-
gerbetriebe der Appellation entwickelt. Bis 1973 verkaufte Aimé jeweils die gesamte Jahresproduktion an Winzergenossenschaften, bevor er mit eigenen Abfüllungen begann. Christophe
übernahm 1991 die Leitung der Kellerei und schuf dank seiner ungeheuren Energie und Begeisterung eine Serie vorzüglicher Weine. Die Châteauneufs sind mittlerweile so beliebt, dass
sie beim Verkauf zugeteilt werden müssen; aber auch die sehr schönen Côtes-du-Rhône-Trop-

fen von einem anderen, knapp 20 Hektar umfassenden Gut sowie ein beeindruckender *vin de table* von einem 12-Hektar-Besitz im südlichen Rhônetal verdienen Beachtung.

Die Domaine de la Janasse besitzt einige vorzügliche Weinberge, aufgeteilt in 15 Parzellen. Dort entstehen drei verschiedene Weine: Die Cuvée Classique stammt von relativ alten Weinstöcken unter anderem in der Lage Le Crau mit ihrem sandigen, lehmartigen Boden im Nordosten nicht weit von Courthézon, während die Cuvée Chaupin aus Trauben von 1912 gepflanzten Grenache-Stöcken gekeltert wird. Die Cuvée Vieilles Vignes wird aus verschiedenen Parzellen mit durchschnittlich 80 Jahre alten Reben erzeugt. In sämtlichen Cuvées stellt die Grenache-Traube den höchsten Anteil. Da Christophe häufig mit neuen Methoden experimentiert, würde die Ergänzung seines Sortiments an guten Weinen durch weitere Kreszenzen kaum überraschen. Im Gegensatz zu früher entrappt Sabon heute zuweilen sein Lesegut je nach Reife der Trauben und Stiele. In der Vinifikation wendet er sich allmählich ab von intensiver Filtration und verzichtet zuweilen sogar völlig auf Intervention – für den amerikanischen Markt werden die Cuvées unfiltriert, alle anderen nur nach einer äußerst vorsichtigen Klärung abgefüllt. In den Jahren reicher Ernte erfolgt zudem routinemäßig eine Ausdünnung der Trauben. Beim Ausbau der Cuvée Vieilles Vignes wird zu einem winzigen Prozentsatz (rund fünf Prozent) neue Eiche eingesetzt, während für alle anderen Rebsorten außer der Grenache kleine Fässer verwendet werden. So entstehen einige der reintönigsten, ausdrucksvollsten Châteauneufs, ausgestattet mit der Intensität traditioneller Gewächse und der von Modernisten angestrebten Reinheit, dabei aber trotzdem unleugbar elegant, lieblich und anmutig.

Auch das Weißweinangebot des Hauses Janasse wurde von Christophe Sabon neu belebt. Wie bei vielen zukunftsorientierten Kellereien hat man den Charakter und die Persönlichkeit des Weißen durch neue Roussanne-Pflanzungen gewaltig verbessert. Heute setzt sich der Verschnitt aus jeweils 40 % Roussanne und Grenache blanc sowie 20 % Clairette zusammen. Der Roussanne wird wie in Beaucastel ausschließlich in neuer Eiche vinifiziert und dann mit dem im Tank ausgebauten Weißen verschnitten – mit unleugbarem Erfolg.

Diese Domaine bietet höchste Qualität, ihre Weine entwickeln sich auf dem internationalen Markt zu Superstars. Im Kapitel über Côtes du Rhône finden sich weitere allgemeine Informationen über dieses Unternehmen, dessen Côtes-du-Rhône-Erzeugnisse ebenfalls zu den köstlichsten Roten und Weißen im südlichen Rhônetal gehören.

Jahrgänge

1995 • 88 Châteauneuf-du-Pape (rot): Der 95er wirkt extrem jung und zeigt weniger das typische *garrigue*-Aroma als die Merkmale schwarzer Früchte. Alle drei 95er Cuvées sind kraftvoll und besitzen eine schöne Struktur sowie eine bessere Säure als die jeweiligen 94er. Der 95er Châteauneuf dürfte sich als beinahe so gut wie der 94er erweisen und gibt sich vielleicht strukturierter und weniger frühreif, aber auch nicht derart schwerfällig und fett wie sein älterer Bruder – er verlangt ein wenig Geduld. Voraussichtliche Genussreife: 1998 bis 2008. Letzte Verkostung: 6/96.

1995 • 91 Châteauneuf-du-Pape Cuvée Chaupin (rot): Die tief rubinrote bis schwarze 95er Cuvée Chaupin präsentiert eine vorzügliche Fülle und bewundernswerte Kraft in einem verhaltenen, maßvollen und eleganten Stil. Sie könnte bei einer Blindprobe als Grand-cru-Burgunder der Côtes de Nuits durchgehen – ein prachtvoller, facettenreicher, gehaltvoller und dabei schön ausgewogener Wein. Voraussichtliche Genussreife: 1998 bis 2010. Letzte Verkostung: 6/96.

1995 • 91 Châteauneuf-du-Pape Cuvée Vieilles Vignes (rot): Die 95er Cuvée Vieilles Vignes wirkt wie der Inbegriff von Himbeermarmelade und ist der verschlossenste, strukturierteste junge Châteauneuf, den ich von der Domaine de la Janasse gekostet habe. Dieser körperreiche, kraftvolle und reichhaltige Wein mit seiner gesunden Grundlage von Säure und Tannin gefällt als für Sabon nicht ganz typisches, aber eindrucksvoll ausgestattetes Gewächs, das ein wenig Geduld verlangt. Voraussichtliche Genussreife: 2000 bis 2015. Letzte Verkostung: 6/96.

1994 • 89 Châteauneuf-du-Pape (rot): Der tief rubinrote 94er Châteauneuf mit purpurroten Nuancen offenbart sich als einnehmender, offen gewirkter, körperreicher Tropfen ohne harte Kanten, mit einem lieblichen Bukett von Schwarzen Himbeeren, Kirschen, Zedernholz und Gewürzen, das einem aus dem Glas förmlich entgegenströmt. Der runde und samtig strukturierte, großzügig mit üppiger Frucht ausgestattete, seidige Wein lässt sich bereits jetzt köstlich trinken. Voraussichtliche Genussreife: jetzt bis 2003. Letzte Verkostung: 6/96.

1994 • 90 Châteauneuf-du-Pape Cuvée Chaupin (rot): Die 94er Cuvée Chaupin enthüllt ein intensives, verführerisches Bukett von marmeladigen Kirschen, Kirschwasser, Rauch und Kräutern der Provence. Dieser runde, mit einem guten Körper und üppigen Mengen Glyzerin sowie vielschichtiger Frucht versehene Tropfen scheint zu köstlich zu sein, um ein langes Leben zu versprechen, bietet aber genug Struktur und Säure für ein weiteres Jahrzehnt schwelgerischen Genusses. Voraussichtliche Genussreife: jetzt bis 2006. Letzte Verkostung: 6/96.

1994 • 92 Châteauneuf-du-Pape Vieilles Vignes (rot): Die 94er Cuvée Vieilles Vignes besticht als körperreicherer, tieferer Wein mit größerer Fülle und Glyzerin, einem Rauch- und Kirschwasseraroma sowie reicher Kirschenfrucht und einem höheren Alkoholgehalt. Ein herrlich junger Châteauneuf, der sich bereits überraschend entwickelt zeigt und köstlichen Trinkgenuss verspricht. Im Geschmack gibt er eine Breitseite aus Frucht ab, gefolgt von reichlicher Reife, Fülle und Reintönigkeit. Trotz einiger Tannine wird der Gesamteindruck von der prächtig reifen, reichen Frucht in einem samtig strukturierten, schön konturierten Format dominiert. Voraussichtliche Genussreife: 1998 bis 2010. Letzte Verkostung: 6/96.

1993 • 87 Châteauneuf-du-Pape (rot): Der gehaltvolle, wohl proportionierte 93er Châteauneuf-du-Pape bietet eine gesunde, dunkel rubin- und purpurrot nuancierte Farbe, eine feste Struktur, mäßige Tannine und ein süßes, beerenduftiges Bukett mit Anklängen an schwarze Oliven, provenzalische Kräuter, Kirschen und Cassis. Voraussichtliche Genussreife: jetzt bis 2006. Letzte Verkostung: 6/96.

1993 • 90 Châteauneuf-du-Pape Cuvée Chaupin (rot): Die herausragende, tief rubinrote 93er Cuvée Chaupin aus einem *lieu-dit* gibt sich extrem konzentriert und körperreich, bei großer Reinheit ihrer Vogelkirschen- und Cassisfrucht. Der nachhaltige, opulente Tropfen verfügt über eine für einen 93er überraschend viskose Struktur. Voraussichtliche Genussreife: jetzt bis 2006. Letzte Verkostung: 6/96.

1993 • 90+ Châteauneuf-du-Pape Cuvée Vieilles Vignes (rot): Die weniger entwickelte 93er Cuvée Vieilles Vignes ist die verschlossenste der 93er Cuvées dieser Kellerei. Sie zeigt eine satte, dunkel rubin- bis purpurrote Farbe und eine straffe, aber viel versprechende Nase von Gewürzen, schwarzen Früchten und frisch gemahlenem Pfeffer. Ein mäßig tanninreicher, strukturierter Châteauneuf-du-Pape – stämmig und doch stilvoll. Voraussichtliche Genussreife: 1998 bis 2007. Letzte Verkostung: 6/96.

1993 • 92 Châteauneuf-du-Pape Cuvée Vingtième Anniversaire (rot): Die vorzügliche 93er Cuvée Vingtième Anniversaire wirkt extrem jung und tanninreich, besitzt aber neben einer großartigen Fülle auch eine geballte Ladung Vogelkirschenfrucht, vermischt mit den subtilen Düften provenzalischer Kräuter, Räucherfleisch und sehr dunkler Kirschen. Ein umwerfender, konzentrierter und körperreicher Châteauneuf! Voraussichtliche Genussreife: 1998 bis 2012. Letzte Verkostung: 11/95.

1992 • 85 Châteauneuf-du-Pape Cuvée Chaupin (rot): Die 92er Cuvée Chaupin zeigt ein sattes, dunkles Rubinrot, ein würziges, pflaumiges, erdiges Bukett, eine süße, expansive, großzügige Mittelphase von einem mittleren Körper sowie schlichte, rohe Tannine im Abgang. Es fehlt ihr zwar an Harmonie und Ausgeglichenheit, das Rohmaterial überzeugt jedoch. Voraussichtliche Genussreife: jetzt bis 2002. Letzte Verkostung: 6/95.

1990 • 85 Châteauneuf-du-Pape (rot): Der letzte, noch von Aimé Sabon bereitete Jahrgang, bevor sein Sohn Christophe das Gut übernahm. Der rubin- bis granatrote 90er bietet ein einnehmendes und entwickeltes Bukett von Vogelkirschen, Leder, Gewürzen und Rauch und gibt sich gleichzeitig körperreich, mild und angenehm sowie schlicht und eingängig, vor allem im Vergleich zu den anderen 90ern. Genussreife: jetzt. Letzte Verkostung: 11/94.

1990 • 90 Châteauneuf-du-Pape Cuvée Chaupin (rot): Die satt rubin- bis purpurrote 90er Cuvée Chaupin zeigt ein extravagantes Bukett von feurigen Schwarzen Himbeeren, gerösteten Kräutern und Schokolade, eine ausgezeichnete Konzentration, reichlichen Glyzerin- und Extraktstoffgehalt, viel Alkohol und einen langen, mäßig tanninreichen Abgang. Voraussichtliche Genussreife: jetzt bis 2008. Letzte Verkostung: 11/94.

1990 • 92 Châteauneuf-du-Pape Cuvée Vieilles Vignes (rot): Die dunkel rubinrote 90er Cuvée Vieilles Vignes gefällt als massiver, reich extrahierter Wein von dichter Farbe, mit einer geballten Ladung Tannin und einem ausgezeichneten Reifepotenzial. Der noch jugendliche, bemerkenswerte 90er brüstet sich mit einem gewaltigen natürlichen Alkoholgehalt von 15 %. Voraussichtliche Genussreife: jetzt bis 2009. Letzte Verkostung: 6/96.

1989 • 89 Châteauneuf-du-Pape (rot): Der körperreiche, rubin- bis purpurrote 89er Châteauneuf besitzt eine reife Nase von Cassis, Kräutern und anderen schwarzen Früchten, eine ausgezeichnete, nahezu herausragende Fülle und einen eindrucksvoll kernigen, hoch konzentrierten, reifen Abgang. Voraussichtliche Genussreife: jetzt bis 2008. Letzte Verkostung: 6/96.

DIE SÜDLICHE RHONE

COMTE DE LAUZE **

Adresse:

7, avenue des Bosquets, 84230 Châteauneuf-du-Pape, Tel.: 4 90 83 72 87, Fax: 4 90 83 50 93

Produzierte Weine: Châteauneuf-du-Pape (weiß und rot)

Rebfläche: Weiß: 1 ha; Rot: 18,2 ha

Produktionsmenge: Weiß: 187 Kisten; Rot: 6 250 Kisten

Ausbau:

Weiß: 6 Monate in temperaturgeregelten Edelstahl- und Zementtanks
Rot: Insgesamt 18 Monate, 12 Tage Gärung in Zementtanks, dann 12 Monate in alten, kleinen und
großen Eichenfässern und *demi-muids*, danach Lagerung bis zur Abfüllung in Zementtanks

Durchschnittsalter der Reben:
Weiß: 40 Jahre; Rot: 40 Jahre

Verschnitt:
Weiß: 70 % Clairette, 30 % Grenache blanc
Rot: 70 % Grenache, 10 % Syrah, 10 % Mourvèdre und Muscardin, 10 % Cinsault

Ghislène Carre besitzt neben diesem Gut auch den Betrieb Chantadu. Die Weine von Comte de Lauze können mild und fruchtig sein, es aber an Konzentration und Länge fehlen lassen. Manche Jahrgänge wie der 90er waren erfolgreich, doch ist dies ein unbeständiger Erzeuger, der meist übertrieben behandelte Châteauneufs in eher leichtem Stil auf den Markt bringt.

JAHRGÄNGE

1995 • 79 Châteauneuf-du-Pape (rot): Der 95er zeigt sich verwässert, mit einfachem Kirschengeschmack, mittlerem Körper und wenig Abgang – ein eingängiger, simpler, wenig begeisternder Tropfen. Voraussichtliche Genussreife: jetzt bis 2000. Letzte Verkostung: 6/96.
1994 • 82 Châteauneuf-du-Pape (rot): Der gut entwickelte 94er von einem mittleren Granatrot offenbart ein salziges, meeresbrisenduftiges und kräuterwürziges *garrigue*-Bukett und einen mittleren Körper bei zu wenig Tiefe und Extrakt. Ein offener, abgerundeter, würziger und voll ausgereifter Wein. Letzte Verkostung: 6/96.
1990 • 89 Châteauneuf-du-Pape (rot): Der dunkel rubin- bis pupurrote 90er präsentiert sich mit einem sehr intensiven Bukett von gerösteten Erdnüssen, Kräutern und Vogelkirschen. Er zeigt eine großartige Frucht sowie einen langen, opulenten, mäßig tanninreichen und vollen Abgang. Der schönste Wein, den ich von diesem Gut verkostet habe! Voraussichtliche Genussreife: jetzt bis 2002. Letzte Verkostung: 6/94.
· 1989 • 86 Châteauneuf-du-Pape (rot): Beim 89er findet man ein ausgeprägt pfeffriges, kräuterwürziges, rauchiges Bukett, schönes Tannin, eine gute Struktur und einnehmende Fülle, einen mittleren bis vollen Körper sowie einen langen, gut strukturierten Abgang. Voraussichtliche Genussreife: jetzt bis 2005. Letzte Verkostung: 6/94.
1988 • 84 Châteauneuf-du-Pape (rot): Der 88er war robust und rund, aber eindimensional, ein wenig rustikal und derb. Voraussichtliche Genussreife: jetzt. Letzte Verkostung: 4/94.

Domaine de Marcoux (Philippe Armenier)

(Cuvée Classique ****, Cuvée Vieilles Vignes *****)

Adresse:
7, rue A. Daudet, Chemin de la Gironde, 84100 Orange, Tel.: 4 90 34 67 43, Fax: 4 90 51 84 53

Produzierte Weine:
Châteauneuf-du-Pape Cuvée Classique (weiß und rot),
Châteauneuf-du-Pape Cuvée Vieilles Vignes (rot)

Rebfläche:
Weiß: 1,2 ha
Rot: 16,2 ha; Cuvée Vieilles Vignes – 4 ha

Produktionsmenge:
Weiß: 500 Kisten
Rot: 5 000 Kisten; Cuvée Vieilles Vignes – 750 Kisten

Ausbau:
Weiß: Vinifikation in Edelstahltanks und Abfüllung nach mindestens 4 bis 6 Monaten,
Abstoppen der malolaktischen Gärung
Rot: Insgesamt 18 bis 24 Monate, ein Monat Gärung in Edelstahltanks,
zum Ausbau bleiben 30 % des Ertrags in Edelstahl,
70 % werden für 3 Monate in alte, kleine und große Eichenfässer umgepumpt;
Cuvée Vieilles Vignes – siehe rote Standardcuvée

Durchschnittsalter der Reben:
Weiß: 15 Jahre
Rot: 40 bis 50 Jahre; Cuvée Vieilles Vignes – 90 Jahre

Verschnitt:
Weiß: Jeweils 40 % Bourboulenc und Roussanne, 20 % Clairette
Rot: 80 % Grenache, jeweils 5 % Cinsault, Syrah, Mourvèdre und andere Sorten;
Cuvée Vieilles Vignes – 80 % Grenache, 10 % Mourvèdre, 10 % andere Sorten

Seit dem 14. Jahrhundert lebt die Familie Armenier in Châteauneuf-du-Pape. Der imposante Philippe Armenier, der die Domaine de Marcoux seit fast zwei Jahrzehnten führt, hat seit unserer ersten Begegnung vor 20 Jahren große Fortschritte gemacht – der leidenschaftliche, ernsthafte Kellermeister bringt einige der verlockendsten Weine der Region hervor! Inspiriert von Lalou Bize-Leroy, Nicolas Joly und Michel Chapoutier, bewirtschaftet er seine 21,4 Hektar nach biologisch-organischen Prinzipien, im Einklang mit den Schriften Rudolf Steiners. Die Erträge werden sehr niedrig gehalten, die Qualität liegt erwartungsgemäß außergewöhnlich hoch.

Das Durchschnittsalter der Rotweinreben beträgt eindrucksvolle 40 bis 50 Jahre, in manchen Parzellen sogar über 90 Jahre. Es gibt insgesamt mindestens zehn getrennte Parzellen, wobei sich die ältesten Rebstöcke im Osten der Appellation auf dem Weinberg Les Charbonnières befinden, der seinerseits westlich des berühmten La Crau liegt. Les Esquirons, direkt hinter den Ruinen des Château, heißt eine weitere Lage mit extrem alten Rebstöcken auf Sandboden. Die Trauben aus diesen beiden Anbauflächen sowie einer weiteren, mit *galets roulés* bedeckten Lage im südlichen Châteauneuf-du-Pape bilden das Rohmaterial für die Cuvée Vieilles Vignes. Diese gehört in Jahren wie 1989 und 1990 zu den größten Rotweinen der Welt und ist vielleicht sogar der außergewöhnlichste Wein der gesamten Appellation. Ihr Konzentrationsgrad und ihre intensive Brombeer- und Blaubeerfruchtigkeit sind sensationell. Selbst in leichteren Jahren wie 1992 und 1993 fiel sie überraschend kraftvoll aus. Der Wein reift nicht in neuer Eiche, sondern in alten Fässern, *foudres* und Tanks, man füllt ihn stets ungeschönt und unfiltriert ab.

Auch die Standardcuvée aus dem Hause Marcoux überzeugt in Spitzenjahren als kraftvoller Châteauneuf-du-Pape, der genauso ausgebaut wird wie der Vieilles Vignes und – zumindest für den amerikanischen Importeur – ebenfalls ohne Schönung oder Filtration auf Flaschen gezogen wird. Die für den Export in andere Länder vorgesehenen Partien gelangen nur leicht geklärt in den Handel.

Die gesamte Weinbereitung dieses Betriebs richtet sich nach dem Stand der Sterne, und es werden praktisch keine Eingriffe in die natürlichen Prozesse vorgenommen. Das Lesegut wird nicht entrappt, und trotz der Beachtung der Mondphasen erfolgt die Vinifikation auf traditionelle Weise. Ausgehend von der außerordentlichen Intensität der Erzeugnisse könnte man auf eine Gärdauer von mindestens einem Monat schließen – was jedoch nur selten vorkommt. Vielmehr war die *cuvaison* in großen Jahren wie 1989 und 1990 mit zwei Wochen relativ kurz, während sie sich in leichteren Jahrgängen wie 1993 tatsächlich beinahe über einen Monat hinzog. Der Rotweinverschnitt enthält 80 % Grenache; Armenier hat jedoch die übliche Bestockung mit Cinsault, Syrah und Mourvèdre durch die Sorten Vaccarèse, Counoise, Muscardin und Terret noir ergänzt.

Der Weißwein zählt stets zu den feinsten der Appellation, und das bevor den Erzeugern die Bedeutung des Roussanne für den Gesamtverschnitt bewusst wurde. Der Marcoux gibt sich immer aromatischer und fruchtiger als die meisten anderen – ein sehr schönes Beispiel für einen trockenen, weißen Châteauneuf-du-Pape. Wie viele seiner Kollegen fügt auch Armenier seinem Verschnitt mehr Roussanne hinzu (40 %) sowie 40 % Bourboulenc und 20 % Clairette.

Vielfach schwärmt man von den jüngeren, von Philippe Armenier bereiteten Jahrgängen, allerdings brachte bereits dessen 1980 verstorbener Vater Elie einige klassische Châteauneufs hervor. Wer irgendwo auf ältere Jahrgänge wie den 66er, den 67er, den 70er und den 78er stößt, kann diese klassischen, alkoholreichen, wunderbar ausgestatteten Châteauneufs bedenkenlos erwerben. Die Armeniers gelten zu Recht als vorzügliche, vorbildliche Erzeuger in Châteauneuf-du-Pape.

Jahrgänge

1995 • 89 Châteauneuf-du-Pape (rot): Armeniers 95er Châteauneuf-du-Pape zeigt eine dunkel rubin- bis purpurrote Farbe und reine, süße Düfte von Cassis, Vogelkirschen und Trüffeln. Sein Aroma erinnert an den Château Fortia, der aber im Gegensatz zum Marcoux einen hohen Prozentsatz Syrah im Verschnitt aufweist. Dieser gehaltvolle Wein bietet einen süßen Eingang, einen vollen Körper, eine ausgezeichnete Grundstruktur, gute Reife und Extraktstoffe sowie einen sauberen, runden, üppig strukturierten Abgang. Voraussichtliche Genussreife: 1998 bis 2006. Letzte Verkostung: 6/96.

1995 • 94 Châteauneuf-du-Pape Cuvée Vieilles Vignes (rot): Erneut eine önologische Spitzenleistung, der Inbegriff eines Châteauneuf aus Altreben und vielleicht der größte Vieilles Vignes seit dem monumentalen 90er! Die Trauben werden in einem hochreifen Zustand – *surmaturité* – geerntet. Neben seinem opaken Purpurrot bietet dieser Tropfen ein Aroma von Lakritze, praller Cassis, würzigem Unterholz und einem Hauch weißer Blüten. Der extrem gehaltvolle und körperreiche Châteauneuf besitzt einen vielschichtigen, fabelhaft konzentrierten Geschmack – ein gewaltiger Tropfen von bemerkenswerter Ausgewogenheit, bedenkt man sein massives Format. Seine nahezu übermäßige Fülle maskiert fast seine enormen Tannine und seine Struktur. Voraussichtliche Genussreife: 2002 bis 2020. Letzte Verkostung: 6/96.

1994 • 88 Châteauneuf-du-Pape (rot): Der 94er Châteauneuf-du-Pape zeigt eine fortgeschrittene dunkel rubinrote Farbe mit leichten Granattönen am Glasrand. Sein würziges Aroma von Piment, Vitamintabletten und überreifen roten und schwarzen Früchten wird sicher selbst bei Fans von Rhôneweinen umstritten sein. Mit seiner reichen, süßen, marmeladigen Frucht und der geringen Säure gibt er sich als vollmundiger, fleischiger, typischer Châteauneuf-du-Pape. Voraussichtliche Genussreife: jetzt bis 2004. Letzte Verkostung: 6/96.

1994 • 93 Châteauneuf-du-Pape Cuvée Vieilles Vignes (rot): Ein Ehrfurcht erregender Tropfen! Neben ihrer undurchdringlich dunklen rubin- bis purpurroten Farbe zeigt diese Cuvée ein sensationelles Bukett von zerquetschten schwarzen Früchten, Lakritze und Trüffeln. Hinter der mit großer Geste präsentierten Fülle dieses körperreichen Weins mit seinem großartigen Fruchtextrakt und seiner vielschichtigen, viskosen Struktur verbergen sich reichlich Tannine – ein glänzender Châteauneuf-du-Pape! Voraussichtliche Genussreife: 1998 bis 2012. Letzte Verkostung: 6/96.

1993 • 88 Châteauneuf-du-Pape (rot): Ausgestattet mit einem intensiven Aroma von Zimt, Kirschen, Pfeffer und Kräutertee sowie einer fortgeschrittenen, dunkel rubin- bis granatroten Farbe präsentiert der 93er süße, runde Geschmacksnuancen von mittlerem bis vollem Körper und einen weichen, üppigen Abgang. Dieser für den Jahrgang überraschend entfaltete Wein sollte über die nächsten 4 bis 5 Jahre getrunken werden – ein umstrittener Tropfen. Letzte Verkostung: 6/96.

1993 • 90 Châteauneuf-du-Pape Cuvée Vieilles Vignes (rot): Die 93er Cuvée Vieilles Vignes bietet ein exotisches, pralles Bukett von Ingwer, Zimt und Vogelkirschen sowie ausgezeichnete, süße und reiche, auf eine späte Ernte hinweisende Geschmacksnuancen, die von viskoser Kirschenfrucht überströmen. Dieser Wein könnte die Antwort Châteauneufs-du-Pape auf den berühmten Pomerol-Erzeuger Lafleur sein. Der 93er beeindruckt zwar nicht im gleichen Maße wie der 89er und der 90er, wirkt dafür aber dick und gehaltvoll, wenn auch fragil und überraschend aufgeschlossen. Voraussichtliche Genussreife: jetzt bis 2003. Letzte Verkostung: 6/96.

1992 • 87 Châteauneuf-du-Pape (rot): Der überschwängliche, fast aufdringliche 92er Châteauneuf in einem prallen, dekadenten Stil verfügt über ein süßes, nach Kirschen duftendes Bukett von Zedernholz und provenzalischen Kräutern, einem niedrigen Säuregehalt sowie reichlich Alkohol. Voraussichtliche Genussreife: jetzt bis 2001. Letzte Verkostung: 9/96.

1992 • 94? Châteauneuf-du-Pape Cuvée Vieilles Vignes (rot): Bei mehreren Proben war dieser Wein mit seinem ausgeprägt muffigen, schalen Teearoma verdorben. Andere Flaschen wiederum sind unerhört köstlich. Abgesehen von ihrem hohen Alkoholgehalt könnte man die 92er Cuvée Vieilles Vignes leicht mit einem großen Pomerol Lafleur verwechseln. Sie brüstet sich mit einer phänomenalen Purpurfarbe, einem gewaltigen Bukett von marmeladigen

Schwarzen Himbeeren, Blüten und Mineralien, einer wunderbaren Konzentration und öliger Konsistenz. Der umwerfend lange Abgang offenbart einen so großen Extraktstoffreichtum und eine solche Tiefe, dass sein mäßiges Tannin kaum spürbar wird. Bereits jetzt bietet der Tropfen einen vorzüglichen Trinkgenuss, und zumindest die sauberen Flaschen repräsentieren einen der größten Weine dieses durchschnittlichen bis überdurchschnittlichen Jahrgangs. Voraussichtliche Genussreife: jetzt bis 2005. Letzte Verkostung: 8/96.

1990 • 90 Châteauneuf-du-Pape (rot): Der 90er enthüllt eine dunkel rubin- bis purpurrote Farbe und ein riesiges Bukett von prallen, süßen schwarzen Früchten und Kräutern. Geschmacklich sorgen seine Süße, sein Glyzerin, der hohe Alkohol- und prachtvolle Extraktstoffgehalt für ein üppiges Trinkerlebnis. Die Tannine sind seidig, der Abgang gewaltig. Voraussichtliche Genussreife: jetzt bis 2006. Letzte Verkostung: 8/96.

1990 • 100 Châteauneuf-du-Pape Cuvée Vieilles Vignes (rot): Die undurchdringlich purpurrote bis schwarze 90er Cuvée Vieilles Vignes mit ihrem Bukett von überreifer Cassis, Blaubeeren, Frühlingsblumen und Lakritze besitzt einen Ehrfurcht gebietend vollen und konzentrierten Geschmack bei einer dicken, öligen Struktur, reichlichen Tanninen sowie einem berauschenden Alkoholgehalt im Abgang. Ein profunder Tropfen von vielschichtiger, ausdrucksvoller Art, der sich als unsterblicher Klassiker der Appellation erweisen dürfte! Voraussichtliche Genussreife: 2000 bis 2025. Letzte Verkostung: 7/96.

1989 • 85 Châteauneuf-du-Pape (rot): Der säurearme 89er Châteauneuf-du-Pape gibt sich weich, rund und großzügig und wartet auf mit einer fleischigen, vollmundigen Persönlichkeit. Der vorherrschende Eindruck: ein schnörkelloser, reichfruchtiger Châteauneuf. Voraussichtliche Genussreife: jetzt bis 2000. Letzte Verkostung: 6/96.

1989 • 99 Châteauneuf-du-Pape Cuvée Vieilles Vignes (rot): Die 89er Cuvée Vieilles Vignes präsentiert sich mit einem opaken Purpurrot bis Schwarz und einem riesigen, unentwickelten Bukett von Cassis, Schwarzen Himbeeren und Lakritze. Dieser phantastisch gehaltvolle, außergewöhnlich konzentrierte Tropfen gehört zu den unwiderstehlichsten Châteauneufs, die ich je verkostet habe. Einen so Ehrfurcht gebietenden Extraktstoffgehalt, eine solche massive Konzentration und wunderbare Länge trifft man heute nur noch selten – ein Denkmal für den Châteauneuf-du-Pape und die Grenache-Traube! Voraussichtliche Genussreife: 2000 bis 2020. Letzte Verkostung: 7/96.

1988 • 82 Châteauneuf-du-Pape (rot): Der schnörkellose 88er schmeckt überraschend mild, flach und fruchtig – austrinken. Letzte Verkostung: 12/93.

ÄLTERE JAHRGÄNGE

Da in meinem Keller keine älteren Jahrgänge der Domaine de Marcoux mehr zu finden sind, liegen meine Verkostungen der früheren, erfolgreichen Jahrgänge bereits einige Zeit zurück. Der 83er und der 81er fielen nicht so gut aus, wie man es in Anbetracht der Voraussetzungen in jenen Jahren hätte erwarten können. Trotz des schwierigen Jahres geriet der 78er überraschenderweise ausgezeichnet, wenn auch nicht herausragend. Der 70er, der 67er und der 66er waren allesamt vorzüglich, ich habe sie jedoch seit mehr als einem Jahrzehnt nicht mehr degustiert.

MAS DE BOIS LAUZON ****

Adresse:
Quartier Bois Lauzon, Route Départementale 68, 84110 Orange,
Tel.: 4 90 34 46 49, Fax: 4 90 34 46 61

Produzierte Weine: Châteauneuf-du-Pape (weiß und rot)

Rebfläche: Weiß: 1 ha; Rot: 10 ha

Produktionsmenge: Weiß: 375 Kisten; Rot: 3 750 Kisten

Ausbau:
Weiß: 8 Tage Gärung, dann 3 Monate in Edelstahltanks
Rot: 10 Tage Gärung in Zementtanks, dann 24 Monate in alter Eiche,
Abfüllung nach 12 Monaten Lagerung in Edelstahl

Durchschnittsalter der Reben:
Weiß: 25 Jahre; Rot: 50 bis 60 Jahre

Verschnitt:
Weiß: Jeweils ein Drittel Grenache blanc, Clairette und Bourboulenc
Rot: 90 % Grenache, 10 % andere Sorten

JAHRGÄNGE

1995 • 88   Châteauneuf-du-Pape (rot): Die Weine von Mas de Bois Lauzon, erzeugt von Monique und Daniel Chaussy in Orange, dem uralten römischen Dorf nördlich von Châteauneuf-du-Pape, hatte ich bislang nicht verkostet. Der 95er wie der 94er sind beeindruckende Tropfen. Ersterer bietet eine süße Frucht, einen guten Körper und einen langen Abgang. Neben einem gesunden, dunklen Rubinrot mit Purpurnuancen verfügt er außerdem über einen ausgezeichneten Extraktstoffgehalt, eine schöne Frucht, eine ausladende, vollmundige Struktur, einen vollen Körper, profunde Tiefe und einen langen, pfefferwürzigen, gehaltvollen Abgang mit beträchtlichem Alkohol und Glyzerin. Er dürfte sich jung gut trinken lassen und 12 Jahre oder länger halten. Letzte Verkostung: 6/96.

1994 • 87   Châteauneuf-du-Pape (rot): Der 94er Châteauneuf-du-Pape zeigt ein gesundes, sattes Rubin- bis Granatrot sowie ein gehaltvolles, schokoladiges Bukett mit Kirschen- und Kräuterdüften bei einer kraftvollen Mittelphase von einem mittleren bis vollen Körper, schöner Reife, Dichte und Struktur. Dieser Wein sollte sich nach 1 bis 2 Jahren im Keller verbessern und 10 bis 12 Jahre halten. Letzte Verkostung: 6/96.

DOMAINE MATHIEU ***

Adresse:
Route de Courthézon, B. P. 32, 84230 Châteauneuf-du-Pape,
Tel.: 4 90 83 72 09, Fax: 4 90 83 50 55

Produzierte Weine: Châteauneuf-du-Pape (weiß und rot)

Rebfläche: Weiß: 0,2 ha; Rot: 18,6 ha

Produktionsmenge: Weiß: 375 Kisten; Rot: 7 500 Kisten

Ausbau:
Weiß: Vinifikation und Ausbau in Tanks mit abgestoppter malolaktischer Gärung,
Abfüllung 4 bis 5 Monate nach der Sterilfiltration
Rot: 12 bis 20 Monate in alten *foudres*, Abfüllung ohne Schönung oder Filtration

Durchschnittsalter der Reben:
Weiß: 60 Jahre; Rot: 60 Jahre

Verschnitt:
Weiß: 50 % Clairette, 30 % Grenache blanc, 8 % Picpoul, 7 % Bourboulenc, 5 % andere Sorten
Rot: 80 % Grenache, 8 % Mourvèdre, 3 % Cinsault, 2 % Syrah, 7 % andere Sorten

Dieses historische Gut mit einer fast 400-jährigen Geschichte besitzt 45 über die gesamte Appellation verstreute Parzellen! Wahrscheinlich muss man die Lese hier ungefähr so sorgfältig planen wie eine gewaltige Militärinvasion. Es gibt fast jeden Bodentyp, doch auch eine Gemeinsamkeit: Alle Rebflächen besitzen einen hohen Grenache-Anteil. Die Roten werden auf traditionelle Weise bereitet, die Vinifikation des nicht entrappten Leseguts erfolgt in Tanks, die Abfüllung nach 12 bis 20 Monaten Ausbau in alten *foudres*. Der ausdrucksarme weiße Châteauneuf wirkt lebhaft und frisch, aber eindimensional.

Die Rotweine zeigten sich bisher wenig verlässlich, können in Spitzenjahren aber sehr gut geraten und sind zum Verbrauch innerhalb von sieben bis acht Jahren vorgesehen. Ich bringe dieser von Charles, Jacqueline und André Mathieu geführten Kellerei gemischte Gefühle entgegen, da mir die Begeisterung für mehrere Jahrgänge durch mittelmäßige Leistungen in anderen Jahren verdorben wurde. Ohne Zweifel entstehen hier schöne Weine, es fehlt ihnen aber die Zuverlässigkeit eines Spitzenerzeugers.

JAHRGÄNGE

1995 • 82 Châteauneuf-du-Pape (rot): Nach dem reichen, konzentrierten und viel versprechenden 93er der Domaine Mathieu war ich von den mittelmäßigen Leistungen der eigentlich besseren Jahre 1994 und 1995 enttäuscht. Der fruchtige, reintönige und reife 95er Châteauneuf wurde in einem klaren, offen gewirkten, modernen Stil sauber bereitet, besitzt aber kaum Tiefe oder Individualität. Voraussichtliche Genussreife: jetzt bis 2000. Letzte Verkostung: 6/96.
1994 • 80 Châteauneuf-du-Pape (rot): Der 94er Châteauneuf-du-Pape zeigt einen weichen, kommerziellen Stil bei guter Frucht, einem würzigen Früchtebrot-Aroma, einem mittleren Kör-

per und einem ordentlichen Abgang. Der eingängige Wein sollte die nächsten 3 bis 4 Jahre getrunken werden. Letzte Verkostung: 6/96.

1993 • 88 Châteauneuf-du-Pape (rot): Ein charakteristischer körperreicher, generöser und süffiger Châteauneuf-du-Pape von beträchtlicher Komplexität. Sein Stil erinnert an die Spitzenjahrgänge aus dem Hause Chante Perdrix. Das erdige Bukett von Trüffeln, orientalischen Gewürzen, Kräutern und praller schwarzer Frucht wird begleitet von einem reifen Mittelstück mit einer geballten Ladung Frucht, Glyzerin und Alkohol. Der unbestreitbar gehaltvolle, verführerische und vollmundige Wein hat vermutlich kein langes Leben vor sich. Voraussichtliche Genussreife: jetzt bis 2001. Letzte Verkostung: 6/96.

1990 • 87 Châteauneuf-du-Pape (rot): Der rubinrote 90er Châteauneuf-du-Pape ist ein marmeladiges, würziges und reichfruchtiges Gewächs mit milden Tanninen, viel fleischigem Glyzerin, gewaltigem Alkohol, wenig Säure und einem Hauch von *surmaturité*. Er zeigt ein explosives Kirscharoma und eine kraftvolle Kombination von kerniger Frucht, Alkohol und Tannin. Dieser milde, säurearme Tropfen sollte in den kommenden 7 bis 10 Jahren verbraucht werden. Letzte Verkostung: 6/95.

1989 • 87 Châteauneuf-du-Pape (rot): Der 89er offenbart einen intensiv aromatischen Charakter, der an würzige, krautartig duftende Himbeeren und rauchigen Tabak erinnert. Dazu gesellt sich ein tiefer, runder, süßer Geschmack. Ein Wein für Genießer – eingängig, aber erfreulich. Genussreife: jetzt. Letzte Verkostung: 6/95.

1988 • 86 Châteauneuf-du-Pape (rot): Der 88er bietet einen verführerischen milden, expansiven, lieblichen Geschmack, ein nach Zedernholz und Cassis duftendes Bukett und einen langen, eleganten Abgang. Seine weiche Struktur deutet darauf hin, dass er über die kommenden 4 bis 5 Jahre getrunken werden sollte. Letzte Verkostung: 6/94.

CHÂTEAU MAUCOIL (PIERRE QUIOT) **/***

Adresse:
Chemin de Maucoil, 84230 Châteauneuf-du-Pape, Tel.: 4 90 34 14 86, Fax: 4 90 34 71 88

Produzierte Weine:
Châteauneuf-du-Pape Réserve Suzeraine (rot)

Rebfläche: Weiß: 1 ha; Rot: 19 ha

Produktionsmenge: Weiß: 300 Kisten; Rot: 6 875 Kisten

Ausbau:
Weiß: 6 Monate in Epoxidtanks
Rot: Insgesamt 24 Monate, mindestens 12 bis 18 Monate in alter Eiche

Durchschnittsalter der Reben:
Weiß: 55 Jahre; Rot: 55 Jahre

Verschnitt:
Weiß: 70 % Grenache blanc, 20 % Clairette, 10 % Roussanne
Rot: 50 % Grenache, 20 % Syrah, 5 % Mourvèdre, 25 % andere Sorten

Das Château Maucoil erhielt seinen Namen von dem im äußersten Nordwesten der Appellation liegenden Weinberg und kann sich einer ebenso langen Tradition rühmen wie manche anderen Erzeuger von Châteauneuf-du-Pape. Zumindest seit dem 16. Jahrhundert gewinnt man hier Wein, und Gerätschaften römischen Ursprungs, die auf dem Grundstück gefunden wurden, könnten darauf hindeuten, dass an diesem Ort schon vor 2 000 Jahren Wein angebaut wurde. Der gegenwärtige Besitzer Pierre Quiot gehört nicht nur in Châteauneuf-du-Pape zu den führenden Politikern, sondern im gesamten Rhônetal. Die mit der Führung der Kellerei betraute Carol Maimone setzt die Erzeugung moderner und unkomplizierter, fruchtiger Châteauneufs mit Kirschgeschmack fort, die zum Verbrauch innerhalb von vier bis fünf Jahren nach der Lese bestimmt sind. Der Wein wird offensichtlich mehrfach behandelt, damit er so schnell wie möglich auf Flaschen gezogen werden kann. Nach der malolaktischen Gärung erfolgen ein Schönungs- und ein Filtrationsdurchgang sowie eine weitere Klärung vor der Abfüllung. Das Potenzial seines Leseguts könnte das Château Maucoil zu den führenden Erzeugern der Appellation machen, doch hat man sich für einen sicheren, risikoarmen, kommerziellen Stil entschieden, der ohne Zweifel seine Fürsprecher findet. Im Château Maucoil entsteht außerdem ein einfacher Weißwein.

JAHRGÄNGE

1995 • 82 Châteauneuf-du-Pape Réserve Suzeraine (rot): Die süße, ausladende 95er Réserve Suzeraine zeigt einen leichteren Körper als die 94er, lässt aber auch geringere Konzentration und mehr Säure erkennen. Ein angenehmer, jedoch eindimensionaler und einfacher Tropfen. Letzte Verkostung: 6/96.

1994 • 86 Châteauneuf-du-Pape Réserve Suzeraine (rot): Bei diesem Erzeuger geriet der 94er besser als der 95er. Er präsentiert ein ansprechendes, dunkles Rubin- bis Purpurrot sowie ein süßes Bukett von Kräutern, Pfeffer, Oliven und Vogelkirschen. Der Wein von einem mittleren bis vollen Körper mit einer guten Konzentration, einer weichen, eingängigen Struktur und einem angemessen langen Abgang sollte innerhalb von 7 bis 8 Jahren getrunken werden. Letzte Verkostung: 6/96.

1993 • 86 Châteauneuf-du-Pape Réserve Suzeraine (rot): Die ausgezeichnete 93er Réserve Suzeraine bietet ein gesundes, tiefes Rubin- bis Purpurrot und süße, reine Vogelkirschenfrucht, vermischt mit den Düften von Kräutern und Gewürzen. Der außerdem mit einem mittleren bis vollen Körper, schöner Tiefe, einem weichen ersten Eindruck und einem würzigen Abgang gesegnete Wein kann jetzt oder über die nächsten 6 bis 7 Jahre getrunken werden. Letzte Verkostung: 6/96.

DOMAINE DE LA MILLIÈRE **

Adresse:
Quartier Cabrières, 84100 Orange, Tel.: 4 90 34 53 06, Fax: 4 90 51 14 60

Produzierte Weine:
Châteauneuf-du-Pape (weiß und rot); Châteauneuf-du-Pape Vieilles Vignes (rot)

Rebfläche:
Weiß: 0,7 ha; Rot: 5 ha; Cuvée Vieilles Vignes – 12 ha

Produktionsmenge:
Weiß: 250 Kisten; Rot: 1 875 Kisten; Cuvée Vieilles Vignes – 2 625 Kisten

Ausbau:
Weiß: 8 Monate in Emailtanks
Rot: Insgesamt 36 bis 42 Monate, 20 Tage Gärung in Zementtanks, dann 18 Monate
in alter Eiche, anschließend Lagerung in Edelstahl- und Emailtanks;
Cuvée Vieilles Vignes – Insgesamt 36 bis 42 Monate, 25 Tage Gärung, dann
18 Monate in alter Eiche und Lagerung in Edelstahl- und Emailtanks

Durchschnittsalter der Reben:
Weiß: 60 Jahre; Rot: 75 Jahre; Cuvée Vieilles Vignes – 95 Jahre

Verschnitt:
Weiß: 80 % Grenache blanc, 15 % Clairette, 5 % Bourboulenc
Rot: 70 % Grenache, 15 % Cinsault, 10 % Mourvèdre, 5 % Syrah;
Cuvée Vieilles Vignes – 70 % Grenache, 15 % Cinsault, 10 % Mourvèdre, 5 % Syrah

Der Großteil der Weinberge dieses Erzeugers liegt südlich von Orange. Dort entstehen ein erfreulicher, aber eindimensionaler Weißer und zwei Rote. Die durchschnittliche Standard-cuvée repräsentiert im Grunde den Zweitwein der Domaine, denn der Löwenanteil ihrer Produktion fließt in die Cuvée Vieilles Vignes, die ich leider nie verkostet habe. Die Cuvée Vieilles Vignes wird aus 90 Jahre alten Reben bereitet, mit einem Grenache-Anteil von 70 % sowie 30 % Cinsault, Mourvèdre und Syrah. Die Vinifikation erfolgt traditionell, ohne Entrappen, und der Wein reift 18 Monate lang in kleinen Eichenfässern und großen *foudres*.

JAHRGÄNGE

1995 • 83 Châteauneuf-du-Pape (rot): Der 95er Châteauneuf-du-Pape zeigt ein dunkleres Rubinrot als der 94er, eine süßere, reifere Frucht, einen mittleren Körper und einen verhaltenen, mäßig konzentrierten Stil. Er sollte sich 4 bis 5 Jahre lang gut trinken lassen. Letzte Verkostung: 6/96.
1994 • 76 Châteauneuf-du-Pape (rot): Der Erzeuger legte einen korrekten, würzigen, kräuterduftigen, jedoch dünnen 94er Châteauneuf von mittlerem Körper vor. Der wenig begeisternde Wein wird 3 bis 5 Jahre lang angemessen zu trinken sein. Letzte Verkostung: 6/96.

1990 • 85 Châteauneuf-du-Pape (rot): Der 90er rote, geradlinige und robuste Châteauneuf offenbart mäßige Tannine, ein einnehmendes Bukett von Vogelkirschen, Kräutern und Gewürzen und einen konzentrierten Geschmack von mittlerem bis vollem Körper sowie mäßige, aber feste Tannine. Kein großer Wurf, jedoch kompetent bereitet und über die nächsten 5 bis 7 Jahre zu trinken. Letzte Verkostung: 6/95.

CHÂTEAU MONGIN ***

Adresse:
2260 Route Grès, 84100 Orange, Tel.: 4 90 51 48 00, Fax: 4 90 51 48 20

Dieses kleine Gut wird von der Lycée Viticole d'Orange geführt, einer Schule für angehende Winzer. Der Weinberg liegt in der Nähe der Lehranstalt, eines modernen, mit der neuesten Kellertechnik ausgestatteten Gebäudes unmittelbar südlich von Orange. Hier entstehen Weine im modernen Stil – gut gemacht und vernünftig im Preis. Sie verdienen mehr Anerkennung, als ihnen bisher zuteil wurde.

JAHRGÄNGE

1994 • 87 Châteauneuf-du-Pape (rot): Ein schöner Châteauneuf-du-Pape von mittlerem Körper, mit süßer Vogelkirschenfrucht, einer weichen, samtigen Konsistenz und einem langen, üppigen Abgang. Wenn er auch zu vordergründig und offen gewirkt sein mag, so zeigt er sich doch als köstlicher, vollmundiger Tropfen. Voraussichtliche Genussreife: jetzt bis 2000. Letzte Verkostung: 6/96.
1993 • 87 Châteauneuf-du-Pape (rot): Dies war mein erster Jahrgang dieser Winzer- und Önologenschule: Ein gut bereiteter Tropfen in modernem, vordergründigen, fruchtigen Stil, mit einem sauberen Aroma und Geschmack, einem mittleren bis vollen Körper und milden, lieblichen Tanninen. Voraussichtliche Genussreife: jetzt bis 2000. Letzte Verkostung: 6/95.

Domaine de Mont Redon (Fabre/Abeille) ***

Adresse:

84230 Châteauneuf-du-Pape, Tel.: 4 90 83 72 75, Fax: 4 90 83 77 20

Produzierte Weine: Châteauneuf-du-Pape (weiß und rot)

Rebfläche: Weiß: 10,2 ha; Rot: 100 ha

Produktionsmenge: Weiß: 6 000 Kisten; Rot: 30 000 Kisten

Ausbau:

Weiß: 4 bis 5 Monate Vinifikation im Tank mit abgestoppter malolaktischer Gärung, Sterilfiltration

Rot: Entrappen von fast 100 % des Leseguts, Vinifikation in modernen, temperaturgeregelten Tanks, anschließend Umpumpen in *foudres* und kleine Eichenfässer mit einem geringen Anteil an neuem Eichenholz, wo der Wein 18 Monate bis zur Abfüllung lagert

Durchschnittsalter der Reben: Rot: 45 Jahre

Verschnitt:

Weiß: 40 % Grenache blanc, 25 % Bourboulenc, 20 % Clairette, 10 % Picpoul, 5 % Roussanne

Rot: 65 % Grenache, 15 % Syrah, 10 % Cinsault, 5 % Mourvèdre, 5 % andere Sorten

Mont Redon gehört zu den traditionsreichsten Weingütern von Châteauneuf-du-Pape – historische Dokumente belegen, dass die ersten Weinberge bereits 1334 angelegt wurden. Das moderne Zeitalter begann 1921, als Henri Plantin sich daran machte, die jahrzehntelang vernachlässigten Weinberge wieder zu beleben. Sie befinden sich in einer der herrlichsten Lagen der gesamten Appellation, direkt auf der steinigen Hochebene im Norden von Châteauneuf-du-Pape. Der 100 Hektar große Besitz wird begeistert und gewissenhaft von Jean Abeille und Didier Fabre, den Enkeln des verstorbenen Henri Plantin, geleitet.

Mont Redon war einst für seine vorbildlichen Gewächse bekannt. Als klassische Schwergewichte galten der 47er, der 49er, der 55er und der 61er Mont Redons – mächtige, aber bemerkenswert komplexe Châteauneufs, die mühelos ein Alter von 20 bis 30 Jahren erreichten. Unter Abeille und Fabre hat der Wein einen leichteren Stil bekommen, was in den Siebzigern und Achtzigern häufig zu faden und ausdrucksschwachen Erzeugnissen führte. Einen derartigen Wandel in der Philosophie der Weinbereitung wird man wahrscheinlich abstreiten, doch bildete Mont Redon in den achtziger Jahren das Schlußlicht unter den Erzeugern dieses Anbaugebiets.

Wie es scheint, hat es begrenzte Versuche gegeben, dem Wein mehr Fleisch, Muskelkraft und aromatische Komplexität zu verleihen, trotzdem können die Besitzer von ihrer Fast-Food-Mentalität, das heißt dem mehrfachen Schönen und Filtrieren, nicht lassen. Ihr einfacher, fruchtiger Châteauneuf-du-Pape modernen Stils begeistert deshalb nach wie vor wenig. Zugegeben, wer nie ein Glas Rayas, Beaucastel, Henri Bonneau oder Pegau verkostet hat, wird nicht so kritisch auf den Mont Redon reagieren, zumal er sich sauber bereitet, reintönig und anmutig präsentiert und sich damit kaum von Tausenden anderer kommerziell fruchtiger Rotweine der Welt unterscheidet. Solche Einwände treffen in diesem Betrieb jedoch auf taube Ohren, dessen Ruhm als bekanntestes Gut der Appellation ohnehin gesichert scheint.

Mit Abeille und Fabre habe ich über diese Fragen ausgiebig diskutiert – leider vergeblich. Mir scheint, die Lösung läge in der Produktion einer begrenzten Menge Mont Redon aus Altreben, der an die Klassiker der vierziger, fünfziger und sechziger Jahre erinnern und die lange Geschichte der Kellerei symbolisieren würde. Gleichzeitig könnte das großartige *terroir* darin seinen vollkommenen Ausdruck finden. Die Châteauneuf-Kenner, die es nach mehr verlangt als nur einem körperreichen Beaujolais und die auch entsprechende Preise zahlen würden, könnten zufrieden gestellt werden. Außerdem blieben noch genügende Mengen für den Massenverkauf übrig, um den beeindruckenden Umsatz zu erhalten. Nach meinem Eindruck wird es aber eine solche Umstellung unter der gegenwärtigen Gutsverwaltung nicht geben.

Ironischerweise hat sich die Qualität des weißen Mont Redon in den letzten Jahren enorm gesteigert. Dieser war einst das prominenteste Beispiel für den Missbrauch der modernen Technologie – ein Unding von einem Wein, ohne Aroma oder Geschmack, dem man nur Säure und Alkohol anmerkte. Heute gilt der Weiße als guter Châteauneuf-du-Pape. Weil man die malolaktische Gärung abstoppt, wird er steril filtriert, trotzdem besitzt das Resultat mehr Gehalt und Reife als die Leistungen der vorangegangenen Jahre.

Eine weitere Ironie liegt in der interessanten Tatsache, dass zu Mont Redon ein schöner Côtes-du-Rhône-Betrieb von gut 20 Hektar gehört, auf dem ein fruchtiger, weicher, sauberer und kommerziell bereiteter Wein entsteht, der ähnlich schmeckt wie der Châteauneuf-du-Pape, den man aber für ein Drittel seines Preises kaufen kann.

Diese Kellerei mit ihrem wunderbaren *terroir*, ihrem exquisiten Potenzial und ihrer Tradition legendärer Weine liefert ein echtes Beispiel dafür, was eine übertriebene moderne Önologie einem großartigen Gut antun kann.

Jahrgänge

1993 • 86 Châteauneuf-du-Pape (rot): Ein sauber bereiteter, kommerzieller Wein von mittlerem Körper und durchschnittlicher Qualität mit einer einnehmenden, mäßig intensiven, von reifer schwarzer Frucht geprägten Persönlichkeit und einer krautigen, pfeffrigen Komponente. Mit seiner guten Tiefe und seinem milden, geradlinigen Abgang dürfte er sich 10 bis 12 Jahre lang gut trinken lassen. Letzte Verkostung: 6/95.

1992 • 86 Châteauneuf-du-Pape (rot): Der 92er Châteauneuf-du-Pape besitzt ein ähnliches Format, mit einem angenehmen Bukett von Vogelkirschen, Kräutern und Zedernholz, einem pfeffrigen, reifen Geschmack von mittlerem Körper, einer weichen Struktur und einem süffigen Abgang. Genussreife: jetzt. Letzte Verkostung: 6/96.

1990 • 85 Châteauneuf-du-Pape (rot): Der 90er bietet ein tiefes Rubinrot, einen reifen, stark strukturierten Geschmack von mittlerem bis vollem Körper, reichlich Tannin und einen festen, verschlossenen Stil. Nach der Abfüllung zeigt der Wein entschieden weniger Charakter als bei der Fassprobe. Voraussichtliche Genussreife: 1998 bis 2005. Letzte Verkostung: 11/95. Die sorgfältige Pflege der Rebflächen und die untadelige Weinbereitung im Keller, ganz zu schweigen vom Charakter der Lage und des Jahrgangs – all dies wurde durch die Sterilfiltration beeinträchtigt. Wann werden die Besitzer außerordentlicher *terroirs*, alter Reben und eines Potenzials für überwältigende Gewächse von profunder Komplexität und Fülle wohl begreifen, dass ernsthafte Konsumenten nicht länger den Preis für einen übertriebenen kellertechnischen Einsatz zahlen wollen?

1989 • 87 Châteauneuf-du-Pape (rot): Ein reiner, gut strukturierter Wein und ein klassisches Beispiel für den modernen Stil des Hauses Mont Redon. Er offenbart beträchtliches Tannin sowie einen Hauch neuer Eiche in seinem verschlossenen Bukett von schwarzen Früchten, Gewürzen, Mineralien und Lakritze. Dieser gehaltvolle und konzentrierte Tropfen von mittlerem Körper dürfte sich 20 Jahre halten. Bei der Probe aus dem Tank 1990, nach dem Abschluss der malolaktischen Gärung, zeigte er ein Ehrfurcht gebietendes Rohmaterial. Er ist zwar immer noch sehr gut, hat aber wohl die Hälfte seines Aromas, Körpers und Geschmacks durch die zahlreichen Filtrationen verloren. Genussreife: jetzt. Letzte Verkostung: 6/95.

1988 • 86 Châteauneuf-du-Pape (rot): Angesichts seines strukturierteren, kargeren Stils besitzt der 88er nicht die Extravaganz und die dramatischen Qualitäten des 89ers, wirkt aber gut, wenn auch verhalten. Genussreife: jetzt bis 2002. Letzte Verkostung: 6/95.

Ältere Jahrgänge

Die Leistungen der achtziger Jahre sind jämmerlich. Der voll ausgereifte 85er verliert seine Frucht, die enttäuschenden Gewächse von 1983, 1982 und 1981 bieten nur einen leichten Körper und einen ausdrucksschwachen Charakter – sie leben noch, mehr aber auch nicht. Das Gleiche gilt für den kleinformatigen, verwässerten 79er und den ausgetrockneten 78er. Letzterer war der erste Wein, der dem neuen System der mehrfachen Filtration ausgesetzt wurde – ein Erzeugnis von neutralem Geschmack, dem sowohl ein Aromaprofil als auch wirkliche Typentreue und Ausdrucksstärke fehlen. Der 76er wirkt karg und weist rauhe Tannine auf. Der 71er, vielleicht der letzte Mont Redon alten Stils, offenbart indes ein prachtvolles Bukett von Kaffee, *garrigue* und süßer, praller Frucht sowie üppige, körperreiche, robuste Geschmacksnoten – nicht zu vergleichen mit dem 61er, aber sicher allen seinen Nachfolgern weit überlegen. Ich habe ihn zuletzt 1990 in einem französischen Restaurant probiert, und damals war er in prachtvoller Verfassung.

Andere ältere Jahrgänge könnten bei Auktionen auftauchen und wären einen Kauf wert, denn ein traditioneller Mont Redon kann sich mühelos 25 bis 30 Jahre entfalten. Zu dieser Klasse gehören der 70er, der 67er, der prachtvolle 61er sowie die kolossalen Tropfen von 1949 und 1947. Die letzte Flasche des 55ers, die ich bei Taillevant trank, war am Verblassen, doch bleiben diese alten Jahrgänge wahre Schätze und stehen in völligem Gegensatz zu den mittelmäßigen Standards von heute.

Domaine de Montpertuis

(Cuvée Classique ***, Cuvée Tradition ****)

Adresse:
7, avenue Saint-Joseph, 84230 Châteauneuf-du-Pape, Tel.: 4 90 83 73 87, Fax: 4 90 83 51 13

Produzierte Weine:
Châteauneuf-du-Pape (weiß), Châteauneuf-du-Pape Cuvée Classique (rot),
Châteauneuf-du-Pape Cuvée Tradition (rot)

Rebfläche:
Weiß: 3 ha; Rot: Cuvée Classique – 10 ha; Cuvée Tradition – 5,5 ha

Produktionsmenge:
Weiß: 800 bis 950 Kisten; Rot: Cuvée Classique – 3 750 Kisten; Cuvée Tradition – 1 125 Kisten

Ausbau:
Weiß: 6 Monate in temperaturgeregelten Edelstahltanks
Rot: Cuvée Classique – 3 Wochen Gärung und 3 Monate Lagerung in Zementtanks,
dann 10 bis 12 Monate in alter Eiche sowie mehrere Abfüllungen, die erste nach 18 Monaten;
Cuvée Tradition – 30 bis 45 Tage Gärung in Zementtanks, dann 3 Monate Lagerung
in Edelstahltanks, gefolgt von 20 Monaten in Eiche, Abfüllung in einem Durchgang

Durchschnittsalter der Reben:
Weiß: 25 Jahre; Rot: Cuvée Classique – 40 Jahre; Cuvée Tradition – 60 bis 110 Jahre

Verschnitt:
Weiß: 40 % Grenache blanc und je 20 % Clairette (weiß und rosa), Bourboulenc und Roussanne
Rot: Cuvée Classique – 60 % Grenache, 20 % Mourvèdre, 10 % Syrah, 10 % andere Sorten;
Cuvée Tradition – 90 % Grenache, 10 % andere Sorten außer Syrah

Dieser von seinem Besitzer Paul Jeune geleitete Betrieb erzeugt traditionelle Châteauneufs, die ihr Potenzial untypischerweise häufig erst nach vier bis fünf Jahren Lagerzeit enthüllen. Die Weißen geben sich sauber bereitet, aber eindimensional, die beiden Roten wirken sehr viel interessanter. So produziert Jeune eine Cuvée Classique für den Verbrauch innerhalb von 10 bis 15 Jahren und – in Spitzenjahren – eine Cuvée Tradition aus niedrigen Erträgen älterer Weinstöcke. Diese setzt sich zusammen aus 90 % Grenache und einem Schuß anderer Rebsorten. Der Grenache-Anteil der Standardcuvée von 60 % wird durch Mourvèdre, Syrah und diverse andere Trauben ergänzt.

Die Weine von Montpertuis besitzen eine altmodische Art, was nicht negativ gemeint ist. Sie tragen die Handschrift eines Kellermeisters, der sich nicht auf Zugeständnisse an moderne Weinfreunde einlässt, die von einem Wein vordergründige Frucht und einen unkomplizierten Charakter verlangen. Die Vinifikation erfolgt ohne vorheriges Entrappen nach den üblichen Methoden, die Ausbauzeit in Eichenfässern beträgt 18 bis 20 Monate, die Abfüllung vollzieht sich ohne Filtration.

Die Rotweine sind in ihrer Jugend schwer zu beurteilen, da sie sich oft verschlossen, fest gewirkt und verhalten geben; allerdings öffnen sich große Jahrgänge in einem Alter von rund sechs bis acht Jahren und schmecken dann besser als unmittelbar nach der Abfüllung. Diese

Weine enthüllen stets den unverwechselbaren Duft und Geschmack von Bing-Kirschen. Die größten Rebgebiete dieses in nicht weniger als 42 Parzellen aufgeteilten Besitzes liegen in Les Cabrières, Montpertuis, La Crau und La Croze.

Jahrgänge

1995 • 88 Châteauneuf-du-Pape Cuvée Classique (rot): Die ausgezeichnete 95er Cuvée Classique zeigt eine dunkel rubin- bis purpurrote Farbe und ein einnehmendes, reintöniges Bukett von kraftvollen roten Kirschen, mit einem Hauch von Kräutern und Erde. In diesem ausgewogenen, jugendlichen Tropfen findet man eine beeindruckende Tiefe, Reife und schöne Extraktstoffe. Als Jungwein weniger einschmeichelnd als der 94er besitzt er jedoch ein Reifepotenzial von 10 bis 12 Jahren und mehr. Letzte Verkostung: 6/96.

1994 • 87 Châteauneuf-du-Pape Cuvée Classique (rot): Der 94er bietet reichliche Mengen eines süßen, reifen Beerenaromas, begleitet von einnehmenden Düften nach Pfeffer und Kräutern. Der runde, süße, reintönige Tropfen gibt sich frühreifer als andere Jeune-Erzeugnisse, enthüllt einen mittleren bis vollen Körper, eine ausgezeichnete Frucht und einen dichten, ansprechenden, würzigen und körperreichen Abgang. Voraussichtliche Genussreife: 1998 bis 2006. Letzte Verkostung: 6/96.

1993 • 87 Châteauneuf-du-Pape Cuvée Classique (rot): Die 93er Cuvée Classique von einem mittleren bis dunklen Rubinrot offenbart eine würzige, süße Vogelkirschenfrucht, einen mittleren bis vollen Körper, eine saubere, gut strukturierte, mäßig tanninreiche Persönlichkeit und eine schöne Länge. Jetzt bereits zugänglich kann sie aber auch im Laufe der nächsten 10 bis 12 Jahre oder später getrunken werden. Letzte Verkostung: 6/96.

1992 • 87 Châteauneuf-du-Pape Cuvée Classique (rot): 1992 wurde keine Cuvée Tradition erzeugt. Die unfiltrierte Cuvée Classique aus diesem Jahr, die die gesamten Trauben der Altreben enthält, besitzt eine dunkel rubinrote Farbe, ein schönes reifes und liebliches Bukett, einen fetten, vollmundigen Geschmack mit dem Aroma von Vogelkirschen und Kräutern sowie einen mäßig langen, würzigen, berauschenden Abgang. Voraussichtliche Genussreife: jetzt bis 2006. Letzte Verkostung: 6/95.

1990 • 86 Châteauneuf-du-Pape Cuvée Classique (rot): Die 90er Cuvée Classique kann jetzt getrunken werden. Sie bietet einen milden, vordergründigen Duft von Kräutern und Beeren, eine schmackhafte, großzügig ausgestattete Mittelphase, einen mittleren bis vollen Körper, wenig Säure sowie reichlich Alkohol im Abgang. Voraussichtliche Genussreife: jetzt bis 2004. Letzte Verkostung: 6/96.

1990 • 92 Châteauneuf-du-Pape Cuvée Tradition (rot): Vielleicht sind einige Flaschen von Jeunes umwerfender 90er Cuvée Tradition noch zu finden – inzwischen zeigt sie sogar mehr Ausdrucksstärke als direkt nach der Abfüllung. Ihr tiefes Rubin- bis Purpurrot paart sich mit einem kräftig-würzigen Bukett von Kräutern, Vogelkirschen, Schwarzen Himbeeren und Pfeffer, einem vollen Körper sowie einer geballten Ladung Glyzerin und Fülle bei mäßigen Tanninen im Abgang. Voraussichtliche Genussreife: 1998 bis 2015. Letzte Verkostung: 12/95.

1989 • 91 Châteauneuf-du-Pape Cuvée Tradition (rot): Der 89er dürfte sich mit seinen 14,8 % Alkohol als einer der schwergewichtigen, großen, langlebigen Stars des Jahrgangs erweisen. Er erscheint mir wie eine Mischung aus dem 89er Clefs d'Or und dem 89er Rayas – ein unglaubliches Lob! Der Wein präsentiert sich rubinrot bis schwarz in der Farbe und mit einem sagenhaften Bukett von Mineralien, Lakritze und reinen Schwarzen Himbeeren. Gleichzeitig verfügt er über eine Ehrfurcht gebietende Konzentration, einen vollen Körper, reichlich Tannin und eine anständige Säure – ein wahrer *vin de garde*, der mindestens 4 bis 5 Jahre nicht angerührt werden darf, denn sein Reifepotenzial erstreckt sich auf 2 Jahrzehnte und mehr. Erstaunlich, dass die gewaltige Konzentration der Frucht den eingangs erwähnten hohen Alkoholgehalt beinahe vollständig maskiert. Voraussichtliche Genussreife: jetzt bis 2010. Letzte Verkostung: 5/96.

1988 • 89 Châteauneuf-du-Pape Cuvée Classique (rot): Die 88er Cuvée Classique stellt einen weiteren klassisch bereiteten, potenziell langlebigen Châteauneuf-du-Pape dar. Sein würziges, nach Vogelkirschen duftendes Bukett und seine intensive, muskulöse, körperreiche Mittelphase machen diesen Wein zu einem beeindruckend gebauten und strukturierten Châteauneuf-du-Pape. Voraussichtliche Genussreife: 1998 bis 2008. Letzte Verkostung: 5/96.

DOMAINE DE LA MORDORÉE

(Cuvée Classique ****, Cuvée de la Reine des Bois *****)

Adresse:
30126 Tavel, Tel.: 4 66 50 00 75, Fax: 4 66 50 47 39

Produzierte Weine:
Châteauneuf-du-Pape Cuvée Classique (rot), Châteauneuf-du-Pape Cuvée de la Reine des Bois (rot)

Rebfläche: 3 ha

Produktionsmenge: 1 125 Kisten

Ausbau:
Insgesamt 24 Monate, Ausbau 9 Monate lang je zur Hälfte in neuen Eichenfässern und Edelstahltanks

Durchschnittsalter der Reben: 60 Jahre

Verschnitt:
70 % Grenache, 10 % Mourvèdre, jeweils 5 % Cinsault, Syrah, Counoise und Vaccarèse

Anmerkung: Die Cuvée de la Reine des Bois ist eine nur in den allerbesten Jahren, und auch dann nur in geringen Mengen abgefüllte, besondere Auslese der konzentriertesten Weinpartien.

In Lirac, der Appellation im Westen von Châteauneuf-du-Pape am gegenüberliegenden Rhôneufer, ist die Domaine de la Mordorée sehr bekannt. In Châteauneuf selbst verfügt sie über eine mit drei Hektar sehr kleine Rebfläche in den drei vorzüglichen Lagen La Crau, Les Cabrières und Bois la Ville. Christophe Délorme vinifiziert seinen Wein nach modernen Maßstäben: Die Trauben werden vollständig entrappt, und der Ausbau erfolgt in kleinen Eichenfässern. Der La Mordorée hat sich als einer der Spitzenweine des Anbaugebiets erwiesen, was angesichts seines späten Debüts (1989) Bewunderung hervorruft. Dieser reintönige und körperreiche Châteauneuf besitzt eine vorzügliche Struktur. Schon als Jungwein zugänglich, verfügt er über die notwendige Konzentration und Intensität, um sich 10 bis 15 Jahre zu halten. Während sich die Standardcuvée beständig auf einem Vier-Sterne-Niveau hält, gehört die Cuvée de la Reine des Bois zweifellos zu den Fünf-Sterne-Erzeugnissen. Bemerkenswert bleibt darüber hinaus, wie erfolgreich die beiden Cuvées in so schwierigen Jahrgängen wie 1992 und 1993 waren.

CHATEAUNEUF-DU-PAPE

1994 • 90 Châteauneuf-du-Pape (rot): Der 94er La Mordorée gewann beim Festival von Saint-Marc, wo die meisten Châteauneuf-Erzeuger ihren neuesten Jahrgang einer Blindprobe unterziehen, den ersten Preis. Er präsentiert sich als eindrucksvoller, köstlich reicher Wein modernen Stils, mit Düften von Schwarzen Himbeeren, Kirschen und Pfeffer. Wie bei so vielen Weinen dieses Guts sind seine Markenzeichen die Reintönigkeit, die ausgezeichnete Ausgewogenheit und die reife, dekadent gehaltvolle Frucht. Voraussichtliche Genussreife: jetzt bis 2005. Letzte Verkostung: 6/96.

1994 • 93 Châteauneuf-du-Pape Cuvée de la Reine des Bois (rot): Die dunkel rubin- bis purpurrote 94er Cuvée de la Reine des Bois übertrifft sogar die Standardcuvée, die bereits selbst etwas Besonderes ist. Bei dieser ersten Verkostung zeigte sich, dass sie aus den reifsten Trauben der älteren Weinstöcke gekeltert wurde – sie wird deshalb von einer gewissen *surmaturité* getragen. Sie besitzt einen ungeheuren Körper, einen vorzüglichen Extraktstoffgehalt, ein süßes, extravagantes Bukett von Vogelkirschenmarmelade, Früchtebrot und Rauch bei öliger und dicker Konsistenz und mit einigem Tannin im Hintergrund – ein Châteauneuf-du-Pape von großem Format, der gleichwohl schon trinkbar ist. Voraussichtliche Genussreife: jetzt bis 2010. Letzte Verkostung: 6/96.

1993 • 89 Châteauneuf-du-Pape (rot): Der 93er Châteauneuf-du-Pape besitzt ein dunkles Rubinrot mit purpurnen Nuancen, ein süßes, reifes, außergewöhnlich reintöniges und geradliniges Bukett von Vogelkirschen und johannisbeerduftiger Frucht, einen vollen Körper, leichtes, aber merkliches Tannin, einen beträchtlichen Gehalt und eine schöne Konsistenz sowie bewundernswerte Nachhaltigkeit. Voraussichtliche Genussreife: jetzt bis 2006. Letzte Verkostung: 6/96.

1992 • 90 Châteauneuf-du-Pape (rot): An dem 92er Châteauneuf-du-Pape konnten die Erzeuger im Dorf erkennen, welch positive Entwicklung die Domaine de la Mordorée vollzogen hatte: Auch in diesem Jahr gewann die Standardcuvée den ersten Preis beim Festival von Saint-Marc und war damit in drei Jahren gleich zweimal siegreich. Dieser herausragende Châteauneuf wurde in einem verbraucherfreundlichen, körperreichen, breit ausladenden und duftigen Stil bereitet. Seine geballte Ladung roter und schwarzer Früchte, sein beträchtlicher Glyzerin- und Alkoholgehalt sowie sein bemerkenswerter, samtiger Abgang garantieren ein wahres Trinkvergnügen. Voraussichtliche Genussreife: jetzt bis 2003. Letzte Verkostung: 6/95.

MOULIN-TACUSSEL ***

Adresse:
10, avenue des Bosquets, 84230 Châteauneuf-du-Pape, Tel.: 4 90 83 70 09, Fax: 4 90 83 50 92

Produzierte Weine: Châteauneuf-du-Pape (rot)

Rebfläche: 8,5 ha

Produktionsmenge: 3 000 Kisten

Ausbau:
Insgesamt 24 bis 26 Monate, 15 bis 20 Tage Gärung in Epoxidtanks,
dann 5 bis 6 Monate Lagerung in gefliesten Tanks, anschließend
12 bis 18 Monate in alten Eichenfässern, Abfüllung in einem Durchgang

Durchschnittsalter der Reben: 60 Jahre

Verschnitt:
80 % Grenache, 20 % Mourvèdre, Cinsault und Syrah

Dieses Gut trägt die Namen seines gegenwärtigen Besitzers Moulin und des verstorbenen Henri Tacussel, der seinerzeit mit dem Baron Le Roy befreundet war. Erzeugerabfüllungen entstehen hier erst seit 1985. Zur Kellerei gehören mehrere Parzellen, alle mit den typischen runden Kieseln bedeckt. Weißweine werden nicht erzeugt, und der Rote entsteht nach traditionellen Methoden: ohne Entrappen, mit klassischer Vinifikation und einem zwei Jahre währenden Ausbau in kleinen und großen Eichenfässern. Wie die folgenden Prüfnotizen andeuten, gehört zu den fesselnderen Eigenschaften des Moulin-Tacussel ein charakteristischer, von mir als Eukalyptus wahrgenommener Duft, der an bestimmte kalifornische Cabernet-Sauvignon-Weine erinnert, vor allem an den berühmten Cabernet von Heitz Martha's Vineyard aus dem westlichen Napa Valley.

In der wunderbaren Trilogie von 1988, 1989 und 1990 gerieten die Weine von Moulin-Tacussel sehr gut, aber die nachfolgenden Leistungen enttäuschten. Mir scheint, auch bei dieser Châteauneuf-Domaine könnte eine vorsichtigere Handhabung der Kellertechnik durchaus von Nutzen sein.

JAHRGÄNGE

1995 • 78 Châteauneuf-du-Pape: Der 95er Châteauneuf-du-Pape enthüllt kreideartiges, hartes Tannin und eine metallische Art, die den Gesamteindruck des Weines beeinträchtigt. Sein Abgang wirkt kurz und hart, und es fehlt ihm an Reife und Frucht. Der Betrieb hat schon sehr schöne Tropfen hervorgebracht, dieser Jahrgang ist jedoch keine Glanzleistung. Letzte Verkostung: 6/96.

1994 • 74 Châteauneuf-du-Pape: Vor der Abfüllung wirkte der 94er bedeutend besser als bei der Probe im Juni 1996. Mittlerweile schmeckt der Wein so, als hätte man ihn übertrieben geschönt und filtriert. Eines Großteils seiner Ausdruckskraft beraubt, erscheint er säurebetont, kräuterwürzig und seelenlos – ein weiterer Sieg für die Hersteller von Weinfiltern. Schade! Letzte Verkostung: 6/96.

1993 • 83 Châteauneuf-du-Pape: Der 93er von einem mittleren Rubinrot zeigt die typische minzduftige Nase und einen runden, milden Geschmack, der die Zunge rasch wieder verlässt. Diese mittelmäßige Leistung sollte innerhalb von 5 bis 6 Jahren getrunken werden. Letzte Verkostung: 6/95.

1992 • 85 Châteauneuf-du-Pape: Der Minzcharakter des 92er Châteauneuf wird von reifer Vogelkirschenfrucht, vermischt mit Teerdüften, begleitet. Dieser fruchtige Wein mit seinem mittleren Körper und dem anständigen Glyzerin- und Alkoholgehalt gibt sich mild und leicht eingängig – ein Mittelgewicht, das über die nächsten 4 bis 5 Jahre getrunken werden sollte. Letzte Verkostung: 6/95.

1990 • 87 Châteauneuf-du-Pape: Dieses Gewächs zeigt eine gewisse lebhafte, beißende Kantigkeit und atmet die Düfte von Minze und Cassis; es besitzt reiche, nachhaltige, körper- und tanninreiche, strukturierte Geschmacksnoten sowie einen würzigen, fest gewirkten Abgang. Der bemerkenswerte, ungewöhnliche Châteauneuf kann sofort getrunken werden, würde aber von 3 bis 4 Jahren Kellerreife profitieren. Voraussichtliche Genussreife: jetzt bis 2002. Letzte Verkostung: 11/95.

1989 • 89 Châteauneuf-du-Pape: Auch hier spürt man deutlich den lebhaften Biss, neben einem riesigen Bukett von Minze und Cassis und einem gehaltvollen, langen und körperreichen, strukturierten und tanninherben Geschmack, gefolgt von einem würzigen, fest gewirkten Abgang. Von dem 89er hätte ich mehr Tiefe und Konzentration erwartet als von seinem Nachfolger, doch sind die Unterschiede kaum wahrnehmbar. Auch dieser besondere Châteauneuf mit seiner ungewöhnlichen Art schmeckt wie ein kalifornischer Spitzen-Cabernet – seltsam, aber wahr! Voraussichtliche Genussreife: jetzt bis 2006. Letzte Verkostung: 11/95.

1988 • 87 Châteauneuf-du-Pape: Der 88er besitzt ein weniger konzentriertes, aber immer noch beeindruckend minzduftiges, volles Cassisbukett, einen körperreichen, fleischigen und vollmundigen Geschmack, mäßige Tannine sowie eine gute Säure und Grundstruktur mit schönen Konturen. Voraussichtliche Genussreife: jetzt bis 2004. Letzte Verkostung: 11/95.

Domaine de Nalys (Dufays) ****

Adresse:

Route de Courthézon, 84230 Châteauneuf-du-Pape, Tel.: 4 90 83 72 52, Fax: 4 90 83 51 15

Produzierte Weine:

Châteauneuf-du-Pape (weiß und rot)

Rebfläche:

Weiß: 10,1 ha; Rot: 43 ha

Produktionsmenge:

Weiß: 4 375 Kisten; Rot: 17 500 Kisten

Ausbau:

Weiß: 4 Monate in temperaturgeregelten Edelstahltanks, kein Abstoppen der malolaktischen Gärung
Rot: 10 Tage Gärung in Edelstahltanks, dann wird der Wein zur malolaktischen Gärung in
Zementtanks umgepumpt und anschließend 6 bis 8 Monate in 3-jährigen Eichenfässern gelagert

Durchschnittsalter der Reben:

Weiß: 40 Jahre; Rot: 40 Jahre

Verschnitt:

Weiß: Gleiche Anteile von Grenache blanc, Clairette und Bourboulenc
Rot: 55 % Grenache, 15 % Syrah, 15 % Cinsault und Mourvèdre, 15 % andere Sorten

Dr. Philippe Dufays war im südlichen Rhônetal der leidenschaftlichste Verfechter der Kohlensäuremaischtechnik für die Rotweinerzeugung. Nach seinem Tod 1978 wurde seine geliebte Domaine an eine Genossenschaft verkauft. An der Weinbereitung hat sich jedoch nichts geändert. Das Gut ist auf einer Fläche von zur Zeit 53 Hektar mit allen 13 zugelassenen Rebsorten bepflanzt. Das Durchschnittsalter der Weinstöcke beträgt 40 Jahre, wobei das Spektrum von 20 Jahre alten bis 80-jährigen Pflanzen reicht und sich der rote Verschnitt aus 55 % Grenache, 15 % Syrah, 15 % Cinsault und Mourvèdre sowie anderen Sorten zusammensetzt. Der ausgezeichnete Weiße, der neben dem Vieux-Télégraphe den modernen, parfümierten, fruchtigen Stil in Vollendung darstellt, bietet in seinen ersten 2 bis 4 Lebensjahren köstlichen Trinkgenuss und hält sich besser als viele andere in diesem Stil bereitete Provenienzen.

Die umstrittene Methode der Kohlensäuregärung, so heißt es, opfert die Tiefe und das Alterungspotenzial eines Weins zugunsten einer jugendlichen, überschwänglichen Fruchtigkeit. Auf Grund meiner gesamten Degustationserfahrungen mit den Rotweinen der Appellation, die nach dieser Methode hergestellt wurden, kann ich sagen, dass dabei köstliche, ansprechende, runde und fruchtige Tropfen entstehen, die im Alter von 4 bis 6 Jahren Genuss bieten und anschließend rapide nachlassen. Selbst der Önologe des Guts, Pierre Pelissier, empfiehlt den Verbrauch des Nalys innerhalb von 7 bis 8 Jahren nach der Lese – mit einer Ausnahme, an die ich mich noch gut erinnern kann: Der im Jahre 1986 zusammen mit einem von Dr. Dufays damaligen Jüngern, André Roux vom Château de Trignon, getrunkene 67er bot die reinste hedonistische Trinkerfahrung. War dies ein Einzelfall, oder ist an Dufays Vertrauen in das Alterungspotenzial dieser Weine doch etwas dran? – Zusammenfassend kann ich nur noch einmal betonen: Den hier gekelterten Weißen, der mit Sicherheit einen schönen Trinkgenuss bietet, kann man gar nicht genug empfehlen. Auch der köstliche Rote wirkt entwaffnend üppig und verführerisch. Abgesehen von ein paar Ausreißern wie dem 67er sollte man ihn innerhalb von 4 bis 6 Jahren nach der Lese trinken. Ein idealer Châteauneuf für ein Picknick!

JAHRGÄNGE

1994 • 88 Châteauneuf-du-Pape: Der seidige 94er von einem mittleren Rubinrot – die Gewächse der Domaine de Nalys sind nie sehr satt in der Farbe – bietet eine reiche, reife, verführerische Fruchtigkeit. Er wirkt gehaltvoller, alkoholreicher und länger als der 93er, doch sind beide Weine aus dem gleichen Holz geschnitzt, trotz des unterschiedlichen Charakters der Jahrgänge. Voraussichtliche Genussreife: jetzt bis 2000. Letzte Verkostung: 6/96.

1993 • 86 Châteauneuf-du-Pape: Der 93er wirkt trügerisch gefällig mit seinen Unmengen weicher Vogelkirschenfrucht, seinem eleganten Parfüm von Kräutern, Pfeffer und Kirschen und seinem einnehmenden, seidenglatten Abgang von mittlerem Körper. Voraussichtliche Genussreife: jetzt bis 1998. Letzte Verkostung: 6/96.

1992 • 87 Châteauneuf-du-Pape: Der 92er Châteauneuf-du-Pape enthüllt eine tief rubinrote Farbe und ein ausgezeichnetes Bukett von Tabak, Zedernholz, Pflaumen und prallen Vogelkirschen. Fett und vollmundig besitzt er reichlich Alkohol im Abgang. Genussreife: jetzt. Letzte Verkostung: 12/95.

1990 • 86 Châteauneuf-du-Pape: Der 90er dunkel rubinrote Châteauneuf gibt sich reichfruchtig mit Massen von Himbeeren, rund und süffig mit milden Tanninen, einer geringen Säure und samtiger Konsistenz. Der insgesamt traubig, fruchtig und überschwänglich wirkende Wein verspricht beträchtlichen Trinkgenuss. Voraussichtliche Genussreife: jetzt bis 1998. Letzte Verkostung: 6/94.

DIE SÜDLICHE RHONE

Château de la Nerthe (Société Civile)

(Cuvée Classique ****, Cuvée des Cadettes *****)

Adresse:

84230 Châteauneuf-du-Pape, Tel.: 4 90 83 70 11, Fax: 4 90 83 79 69

Produzierte Weine:

Châteauneuf-du-Pape (weiß unnd rot), Châteauneuf-du-Pape Clos de Beauvenir (weiß),
Châteauneuf-du-Pape Cuvée des Cadettes (rot)

Rebfläche:

Weiß: 5 ha; Clos de Beauvenir – 3 ha
Rot: Knapp 77 ha; Cuvée des Cadettes – 5 ha

Produktionsmenge:

Weiß: 2 000 Kisten; Clos de Beauvenir – 400 Kisten
Rot: 27 500 Kisten; Cuvée des Cadettes – 1 000 Kisten

Ausbau:

Weiß: 4 bis 5 Monate in Edelstahltanks, Abstoppen der malolaktischen Gärung;
Clos de Beauvenir – 1 Monat Gärung in neuer Eiche und 1-jährigen Fässern, Abstoppen
der malolaktischen Gärung, dann 12 Monate Lagerung in denselben Fässern vor der Abfüllung
Rot: Insgesamt 24 bis 26 Monate, 20 bis 24 Tage Gärung in verschiedenen Tanks, anschließend
reift jeweils ein Drittel des Ertrags für 12 bis 18 Monate – je nach Jahrgang – in Barriques,
alten Eichenfässern und in Tanks, anschließend *assemblage* und Lagerung bis zur Abfüllung in Tanks;
Cuvée des Cadettes – Mindestens 24 Tage Gärung in Holztanks bei systematischer *pigeage*,
anschließend werden 80 % für 12 Monate in neue, 20 % in 1-jährige Eichenfässer umgepumpt,
Lagerung und *assemblage* in Tanks bis zur Abfüllung

Durchschnittsalter der Reben:

Weiß: 15 Jahre; Clos de Beauvenir – 15 Jahre
Rot: 40 Jahre; Cuvée des Cadettes – 80 bis 100 Jahre

Verschnitt:

Weiß: Gleiche Anteile von Bourboulenc, Grenache blanc, Clairette und Roussanne;
Clos de Beauvenir – 60 % Roussanne, 40 % Clairette
Rot: 55 % Grenache, 17 % Syrah, 15 % Mourvèdre, 7 % Cinsault, 3 % Counoise, 3 % andere Sorten;
Cuvée des Cadettes – 60 % Grenache, 30 % Mourvèdre, 10 % Syrah

Anmerkung: Der Clos de Beauvenir erfährt nicht nur einen anderen Verschnitt und einen
besseren Ausbau als die Standardcuvée, seine Trauben wachsen auch in einem speziellen,
von einer kleinen Mauer umgebenen Weinberg; die Cuvée des Cadettes wird nur in
sehr guten Jahren produziert und ist eine Auslese aus Altreben, vorwiegend Grenache.

Die Weinberge und das Château dieses historisch betrachtet berühmtesten Guts der Appellation liegen südöstlich des Dorfs und sind von der Straße aus gut ausgeschildert, aber hinter
einem großen Baumbestand verborgen. Seit dem 16. Jahrhundert wird hier ohne Unterbre-
chung Wein erzeugt. Dokumente belegen, dass ein Kaufmann aus Boston im US-Bundesstaat

Massachusetts Ende des 18. Jahrhunderts den La Nerthe sogar fassweise bestellte. Der berühmte französische Dichter Frédéric Mistral nannte ihn «un vin royal impérial et pontifical». Während des Zweiten Weltkriegs wurde das Schloss von der deutschen Luftwaffe als Kommandozentrale genutzt und bei der anschließenden Befreiung des Gebiets durch die Briten schwer beschädigt. Bis 1985 gehörte die Kellerei der Familie Dereumaux, und ihr Wein genoss wegen seiner ungeheuren Statur und seines immensen Trinkvergnügens hohes Ansehen. In jenem Jahr erwarben die Familie Ricaud und das Weinhandelshaus David und Foillard den Besitz. Die neuen Eigentümer investierten Millionen in umfangreiche Renovierungsarbeiten und zogen Alain Dugas hinzu, um die Wiederbelebung von La Nerthe zu verwalten. Heute gilt es als das Vorzeige-Château des südlichen Rhônetals, wenn nicht sogar als das einzige von der Statur und Größe eines Spitzenguts des Médoc. Die Weinberge wurden mit Ausnahme der nach wie vor für die Erzeugung der berühmten Cuvée des Cadettes genutzten Altrebflächen vollständig neu aufgebaut. Das Anbaugebiet umfasst acht Hektar für die beiden Weißen und 81,7 Hektar für die beiden Roten. 1991 wurden die Weinberge durch den Kauf des Châteauneuf-Betriebs La Terre Ferme erheblich erweitert.

In den Sechzigern und Siebzigern zählte der La Nerthe zu den legendären Tropfen von Châteauneuf-du-Pape. Noch heute erinnere ich mich an meinen ersten Schluck aus der 78er Cuvée des Cadettes, die über 15 % Alkohol besessen haben muss und einer der denkwürdigsten Châteauneuf-Kreszenzen war, die ich je verkostet habe. Dieser Stil wurde zunächst zugunsten eines kommerzielleren Charakters aufgegeben. Alain Dugas gelangte jedoch später zu einer Einstellung, die nur die höchste Qualität zulässt – eine erfrischende Perspektive angesichts der Mentalität mancher Weinbaubetriebe, in denen Quantität vor Qualität kommt. Die Keller von Dugas sind tadellos sauber, und man gewinnt den Eindruck, dass in La Nerthe das Streben nach Güte und Genauigkeit alles Tun prägt – ganz im Gegensatz zu der Zeit vor 1985.

Die Weinbereitung wirkt relativ modern: Nach dem Entrappen der Trauben erfolgt die Vinifikation in Tanks und Gärbottichen verschiedener Bauart. Entgegen der traditionellen Praxis pumpt man die Standardcuvée anschließend in verschiedene Behälter, und zwar zu zwei Dritteln in zur Hälfte neue Eichenfässer und zu einem Drittel in Tanks, bevor sie verschnitten und abgefüllt wird. Unter dem neuen Besitzer wurde ihr Grenache-Anteil verringert, so dass sich der Verschnitt nunmehr aus 55 % Grenache sowie Syrah, Mourvèdre, Cinsault, Counoise und kleineren Mengen anderer Sorten zusammensetzt. Die Cuvée des Cadettes wird dagegen weiterhin aus dem ursprünglichen, fünf Hektar großen Weinberg mit 80- bis 100-jährigen Reben gewonnen. Ihr Verschnitt besteht aus 60 % Grenache sowie Mourvèdre und Syrah und wird in zu 80 % neuen und zu 20 % ein Jahr alten Eichenfässern ausgebaut. Seit 1993 füllt Alain Dugas beide Rotweine ungefiltert ab. Fraglos wurde zuvor das fabelhafte Potenzial des 89er wie auch des 90er Les Cadettes durch die mehrfache Behandlung in Mitleidenschaft gezogen. Dieses Verfahren gehört aber nun der Vergangenheit an, und meines Erachtens wird La Nerthe bald zu den Spitzengütern am Platz gehören.

Die Vinifikation der Weißen zielt auf Frische sowie mehr Gehalt und Fülle ab, als im Allgemeinen beim weißen Châteauneuf üblich. Die Standardcuvée wird aus Bourboulenc, Grenache blanc, Clairette und Roussanne gekeltert und nach dem Abstoppen der malolaktischen Gärung in Tanks ausgebaut und recht bald abgefüllt, um die Frische und Frucht des Weins zu erhalten. Der Clos de Beauvenir hingegen setzt sich zusammen aus 60 % Roussanne und 40 % Clairette von einer Rebfläche mit 15-jährigen Pflanzen. Er wird in barriques vergoren und ein Jahr lang in ihnen ausgebaut. Auf Grund der abgestoppten malolaktischen Gärung wird er anschließend steril filtriert, entwickelt sich aber dank der ertragsarmen Reben und der sehr reifen Trauben zu einem kraftvollen, intensiven, konzentrierten und trockenen weißen Châteauneuf, der sich 5 bis 10 Jahre halten kann.

Das Château de la Nerthe zählt außerdem zu den wenigen Erzeugern in Châteauneuf-du-Pape mit einem Zweitetikett, dem Clos de la Granière. Mit dem 1991 erfolgten Kauf von La Terre Ferme, dem 25-Hektar-Betrieb Pierre Berards, besitzt La Nerthe nun eine riesige, zusammenhängende Rebfläche, die sich über den südöstlichen Abschnitt der Appellation bis hin zu der berühmten Lage La Crau im Osten erstreckt. Die Böden bestehen aus einer Mischung aus Sand, Lehm und den allgegenwärtigen, rostroten *galets roulés*.

Nach einem Jahrzehnt unter seinem neuen Besitzer erzeugt La Nerthe wieder Weine, die seinem *terroir* und seinem historischen Ruf gerecht werden. Sie gehören zwar nicht zu den besten der Appellation, sind aber auf dem Wege dorthin, und meine früheren Befürchtungen, dass die moderne Technik den Wein dominieren und einen gemeißelten, charakterlosen, «eleganten» Weinstil begünstigen könnte, haben sich glücklicherweise nicht bewahrheitet.

JAHRGÄNGE

1994 • 89 Châteauneuf-du-Pape Cuvée Classique (rot): Die 94er Cuvée Classique gibt sich dunkel rubin- bis purpurrot mit einem rauchigen, süßen, vanilleduftigen Bukett von Vogelkirschen und Himbeeren, einem mittleren bis vollen Körper, einer herausragend reintönigen Frucht, einem süßen, expansiven Mittelstück und einem langen, reifen, strukturierten, mäßig tanninreichen Abgang. Voraussichtliche Genussreife: 2000 bis 2010. Letzte Verkostung: 6/96.

1994 • 92 Châteauneuf-du-Pape Cuvée des Cadettes (rot): Die 94er Cuvée des Cadettes, von der 10 000 Flaschen produziert werden, enthüllt ein opakes, dunkles Rubin- bis Purpurrot, eine vorzügliche Reife und einen vielschichtigen, strukturierten Charakter mit einer Opulenz und Fülle, die die Cuvée Classique übertrifft. Dieser dichte und kraftvolle Tropfen mit seiner gut integrierten Säure und dem mäßigen Tannin könnte sich als die schönste Cuvée des Cadettes erweisen, die bisher unter der Leitung von Alain Dugas entstand. Voraussichtliche Genussreife: 1999 bis 2012. Letzte Verkostung: 6/96.

1994 • 90 Châteauneuf-du-Pape Clos de Beauvenir (weiß): Der erfreuliche Fortschritt des Château de la Nerthe manifestiert sich auch im 94er und dem 93er; sie gehören zu den besten trockenen Weißen, die je dort erzeugt wurden. Unglücklicherweise füllte man in beiden Jahren jeweils nur 9 000 Flaschen, das sind 750 Kisten, ab. Der 94er präsentiert sich als körperreicher, gehaltvoller und konzentrierter weißer Châteauneuf mit beträchtlichem Wohlgeruch, viel Persönlichkeit und einem großen Format. Normalerweise bin ich kein Anhänger des weißen Châteauneuf-du-Pape, doch verdienen die Leistungen Beaucastels und La Nerthes jede Anerkennung. Dieser dichte, kraftvolle Wein zeigt die honigfeine Kirschenfrucht der Roussanne-Traube, einen gut integrierten Hauch von neuer Eiche sowie eine Burgunder-ähnliche, fleischige Struktur – ein langer, gehaltvoller und konzentrierter Tropfen, der über die nächsten 3 bis 4 Jahre getrunken werden sollte. Letzte Verkostung: 6/96.

1993 • 89 Châteauneuf-du-Pape (rot): 1993 wurden die Filtrationen endlich eingestellt – und die Weine legten an natürlicher Fülle und Vollmundigkeit zu. Die 93er Cuvée Classique zeigt eine tiefe rubin- bis purpurrote Farbe, süße Vogelkirschen- und Cassisfrucht, einen vollen Körper, eine ausgezeichnete Konzentration und einen langen, schmackhaften, samtigen Abgang. Voraussichtliche Genussreife: jetzt bis 2008. Letzte Verkostung: 6/96.

1993 • 91 Châteauneuf-du-Pape Cuvée des Cadettes (rot): Die 93er Cuvée des Cadettes besticht auf Grund der erhöhten Syrah- und Mourvèdre-Anteile als tiefer, konzentrierter, strukturierter und alterungswürdiger Wein mit einem eindrucksvollen, satten, dunklen Rubinrot und einem süßen, prallen Bukett von schwarzen Früchten, angerauchter Eichenwürze und gerösteten provenzalischen Kräutern. Ein dichter, körperreicher, herausragender Tropfen mit einer durch reichliches Glyzerin verführerisch wirkenden, vollmundigen Struktur. Voraussichtliche Genussreife: jetzt bis 2009. Letzte Verkostung: 6/96.

1992 • 86 Châteauneuf-du-Pape (rot): Der elegante 92er offenbart einen mittleren bis vollen Körper, mäßiges Tannin, eine ausreichende Tiefe sowie würzige Vogelkirschen- und Himbeerfrucht. Dieser stilvolle und dabei schmackhafte Wein sollte im Laufe der nächsten 7 bis 8 Jahre getrunken werden. Letzte Verkostung: 6/95.

1992 • 89 Châteauneuf-du-Pape Cuvée des Cadettes (rot): Die 92er Cuvée des Cadettes gilt als aufgeschlossener, gehaltvoller und körperreicher Tropfen mit reichlichen Duft- und Geschmacksnoten von Rauch, Kräutern und roten und schwarzen Früchten. Man sollte sie in den nächsten 7 bis 8 Jahren verbrauchen. Letzte Verkostung: 6/95.

1991 • 78 Châteauneuf-du-Pape: 1991 wurde keine Cuvée des Cadettes erzeugt, der normale 91er Châteauneuf stellt aber angesichts dieses schwierigen Jahrgangs einen Erfolg dar. Er gibt sich zwar krautiger und besitzt ein kleineres Format als üblich, zeigt aber eine zufrieden stellende Reife, eine vordergründige Vogelkirschenfrucht von mittlerem Körper und einen würzigen Abgang. Über die kommenden 5 bis 6 Jahre austrinken. Letzte Verkostung: 6/95.

1990 • 85 Châteauneuf-du-Pape (rot): 1990 produzierte man von der Standardcuvée fast 20 000 Kisten. Im Bukett straff und verschlossen besitzt sie eine glanzhelle, strahlend rubinrote Farbe, einen tanninreichen, kompakten Geschmack sowie reichlich Säure und Gerbstoffe in ihrem etwas mageren Abgang. Vor der Abfüllung war dies ein herausragender Wein mit einem Potenzial von 90 bis 93 Punkten, der jedoch unter einer übertriebenen Filtration zu leiden hatte. Letzte Verkostung: 6/95.

1990 • 90+ Châteauneuf-du-Pape Cuvée des Cadettes (rot): Aus dem Fass brillierte die 90er Cuvée des Cadettes und schien eine Bewertung von etwa 95 Punkten zu rechtfertigen – ein riesiger, wuchtiger Wein von außergewöhnlicher Fülle und Intensität, mit einem würzigen Bukett von Schokolade und Schwarzen Himbeeren sowie einem nachhaltigen, äußerst gehaltvollen, tanninreichen Geschmack. Nach dem Abfüllprozess bleibt der Wein herausragend, kann aber nicht mehr in gleicher Weise begeistern. Man hat nach wie vor ein Gewächs von tiefer Farbe vor sich, das aber wie ein Bordeaux riecht. Der Sortencharakter von Grenache und Mourvèdre wird durch die Eichendüfte maskiert, und übrig bleiben nur der Duft der reichen Frucht sowie massenhaft süße, einnehmende Eichenholzwürze. Geschmacklich ist er nach wie vor bewundernswert gehaltvoll, bei einem mittleren bis vollen Körper und einem höchst strukturierten, lebhaften Abgang. Wer diesen Tropfen vor der Abfüllung nie verkostet hat, dem wird sein internationaler Stil zweifellos gefallen. Voraussichtliche Genussreife: jetzt bis 2008. Letzte Verkostung: 6/95.

1989 • 87 Châteauneuf-du-Pape (rot): Der 89er Châteauneuf zeigt eine beeindruckend dichte, purpur- bis tief rubinrote Farbe, ein gewaltiges Bukett von Veilchen, Schwarzen Himbeeren und Mineralien, einen vollen Körper, einen stark konzentrierten Geschmack, reichlich Tannin, einen anständigen Säuregehalt und einen langen, viel versprechenden Abgang. Voraussichtliche Genussreife: jetzt bis 2007. Letzte Verkostung: 11/95.

1989 • 89 Châteauneuf-du-Pape Cuvée des Cadettes (rot): Diese vor der Abfüllung ausgesprochen große Cuvée wurde durch einen aggressiven Schönungs- und Klärungsprozess zum Teil ihres Charakters beraubt. Süß im Geschmack und mit einem entwickelten, durchdringenden Bukett von Cassis, Vanille – dank der neuen Eichenfässer – und Gewürzen ausgestattet, zeigt sich ihr Mittelstück gut ausgewogen. Die ausgezeichnete Geschmackstiefe und die, gemessen an ihrem Format, überraschend schönen Konturen werden ergänzt von einem mäßig tanninreichen Abgang. Wie ihre Vorgängerin büßte sie ihre Größe bei der Abfüllung ein. Schade! Voraussichtliche Genussreife: jetzt bis 2006. Letzte Verkostung: 8/94.

ÄLTERE JAHRGÄNGE

Die ersten im Château de la Nerthe unter dem neuen Besitzer produzierten Weine sind nicht gut gealtert, und ihr Fruchtverlust schreitet sehr rasch voran. Bereits unmittelbar vor dem Wechsel litt die Qualität der Weine unter der schwierigen finanziellen Situation des Erzeugers: Jahrgänge wie der 83er, der 80er und der 79er hätten weit besser ausfallen müssen, wurden aber in alten, schimmeligen *foudres* ausgebaut und nachlässig abgefüllt. Die letzten großen Leistungen von La Nerthe waren die beiden 78er Cuvées, die noch heute bemerkenswert sind. Die normale Abfüllung von 1978 bildete einen beträchtlichen Bodensatz, bietet aber einen fabelhaften Duft von Himbeeren und Blaubeeren sowie das Aroma von *garrigue* und würzigem Früchtebrot. Dieses körperreiche, volle und üppige Gewächs präsentiert sich seit fünf oder sechs Jahren voll ausgereift und zeigt noch keine Alterserscheinungen – ein gewaltiger Châteauneuf, den ich an meinem Geburtstag im Juli 1996 mit großem Genuss trank. Die 78er Cuvée des Cadettes habe ich dagegen seit 1991 nicht probiert, damals zählte sie allerdings zu den bemerkenswertesten, intensivsten, dicksten und öligsten Châteauneufs, die ich je verkostet hatte. Vermutlich ist sie noch immer jugendlich, und ich hoffe, die eine oder andere Kiste bei einer Auktion zu finden.

DOMAINE DE PALESTOR ***

Adresse:
84100 Orange, Tel.: 4 90 34 50 96, Fax: 4 90 34 69 93

Produzierte Weine: Châteauneuf-du-Pape (rot)

Rebfläche: 3 ha

Produktionsmenge: 1 100 Kisten

Ausbau:
15 bis 21 Tage Gärung in Zementtanks, dann 2 Monate Lagerung in Tanks und 12 Monate in Eichenfässern, Abfüllung über einen Zeitraum von 6 bis 12 Monaten

Durchschnittsalter der Reben: 40 Jahre

Verschnitt: 80 % Grenache, 20 % Mourvèdre

Leider habe ich von diesem kleinen Gut im Norden der Appellation, dessen Weinbergparzellen südlich von Orange und Courthézon liegen, zu wenige Jahrgänge verkostet. Ein Weißwein wird nicht produziert. Der einzige Jahrgang, den ich beurteilen kann, ist der 78er, den ich 1994 aus einer Magnumflasche probierte. Er war sehr gut, aber angesichts der Größe des Jahrgangs nichts Außergewöhnliches. Zeichen fortgeschrittener Reife waren nicht festzustellen.

DOMAINE DU PÉGAU *****

Adresse:
Avenue Impériale, 84230 Châteauneuf-du-Pape, Tel.: 4 90 83 72 70, Fax: 4 90 83 53 02

Produzierte Weine:
Châteauneuf-du-Pape (weiß), Châteauneuf-du-Pape Cuvée Réservée (rot),
Châteauneuf-du-Pape Cuvée Laurence (rot)

Rebfläche:
Weiß: 1 ha; Rot: 12,1 ha

Produktionsmenge:
Weiß: 125 Kisten; Rot: Cuvée Réservée – 5 600 Kisten; Cuvée Laurence – 650 Kisten

Ausbau:
Weiß: Es gibt zwei Ausbaumethoden: (1) Gärung in Zementtanks, dann 6 Monate
in 1 bis 4 Jahre alten Eichenfässern wie beim 94er, oder (2) Gärung in
Edelstahltanks und Abfüllung nach 3 Monaten wie beim 95er
Rot: Cuvée Réservée – 15 Tage Gärung in Zementtanks, dann 2 Jahre in Eichenfässern,
anschließend Abfüllung eines Teils des Ertrags;
Cuvée Laurence – Wie Cuvée Réservée, aber Ausbau in Eichenfässern für mehr als 2 Jahre

Durchschnittsalter der Reben:
Weiß: 20 Jahre; Rot: 50 bis 60 Jahre

Verschnitt:
Weiß: 60 % Grenache blanc, 20 % Clairette, jeweils 10 % Bourboulenc und Roussanne
Rot: 80 % Grenache, 17 % Syrah, 3 % Mourvèdre und andere Sorten

Der 13 Hektar große Weinbaubetrieb von Laurence Féraud und ihrem Vater Paul bringt eines der majestätischsten, widerstandsfähigsten und höchst konzentrierten Schwergewichte alten Stils hervor. Da überrascht es nicht, dass Paul Féraud mit Henri Bonneau zusammen zur Schule ging und bis heute sehr gut mit ihm befreundet ist. Wahrscheinlich ist es auch kein Zufall, dass es von allen Châteauneuf-Weinen ausgerechnet die Cuvée Réservée und die Cuvée Laurence aus dem Hause Pégau sind, die der herrlichen Cuvée des Célestins von Henri Bonneau am nächsten kommen.

Tochter und Vater könnten kaum unterschiedlicher sein. Der kleine, drahtige Paul mit seinem starken provenzalischen Tonfall sieht selbst aus wie der Spross einer kieselbedeckten Châteauneuf-Rebfläche und besitzt die Ausstrahlung eines Arbeiters im Weinberg. Die charmante, redegewandte und studierte Laurence verantwortet ganz offensichtlich die geschäftliche Seite des Betriebs. Die beiden ergänzen einander, und bei meinem letzten Besuch in Pégau war es Laurence und nicht ihr Vater, die auf die Leiter kletterte, um aus den großen alten *foudres* in der Kellerei der Familie – neben ihrem Wohnhaus im Dorf Châteauneuf-du-Pape – Most zu entnehmen.

Das Gut mit seinen über Courthézon, La Solitude und Bédarrides verstreuten Lagen nennt zahlreiche alte Weinstöcke sein Eigen. Die beiden besten Parzellen sind eine 1902 bestockte im Nordwesten, nicht weit von La Gardine, und ein 1905 bestockter Altrebberg im Zentrum von La Crau. Bis 1987, als Laurence beginnen konnte, ihren Vater zu unterstützen, war ein großer Teil der Produktion an *négociants* verkauft worden. – In der Weinbereitung geht man keine Kompromisse ein. Die ertragsbeschränkten, physiologisch reifen Trauben werden an der Hefe belassen, bis Paul und Laurence den Abfülltermin bestimmen. Einen Abfüllschock vermeiden sie durch niedrige Schwefelgaben und vor allem dadurch, dass der rote Pégau weder geschönt noch filtriert wird.

Die Weißen profitieren heute von ihrem Anteil an Roussanne aus einer winzigen, 1901 bestockten Parzelle, die man vor kurzem hinzukaufte. Als ich diese Zeilen schrieb, stand – offensichtlich unter dem Einfluss von Laurence – ein Wandel in der Weißweinbereitung bevor, wobei sie sich nicht sicher zu sein scheint, ob man einen typischen weißen Châteauneuf mit abgestoppter malolaktischer Gärung anstreben sollte, der eine Sterilfiltration erforderlich machen würde, oder einen auch malolaktisch vergorenen, unbehandelt abgefüllten Weißen. Bislang wird der weiße Pégau solide und korrekt bereitet, erreicht aber kaum das Niveau der wunderbaren Roten.

Ich bin seit langem ein großer Anhänger dieses Erzeugers und habe entsprechend in alle Jahrgänge seit 1979 investiert. Für dieses Buch verkostete ich sie alle und bemerkenswerterweise hatte nicht ein einziger die Vollreife überschritten. Pégaus Erzeugnisse sind als Jungweine zugänglich, wenn auch vielleicht etwas feurig und wuchtig, und zählen zu den typentreuesten und langlebigsten Gewächsen der Appellation. Die großen Jahrgänge 1981, 1985, 1989, 1990, 1994 und 1995 – allesamt potenziell Legenden – können mit Leichtigkeit zwei Jahrzehnte altern.

Die Cuvée Laurence, von der in Spitzenjahren rund 650 Kisten erzeugt werden, reift kilometerweit von den Kellern entfernt, die man als Besucher zu sehen bekommt. Im Großen und Ganzen mit der Cuvée Réservée identisch, wird sie indes 2 bis 3 Jahre länger in kleinen, aber niemals neuen Eichenfässern gelagert. Die vorhandenen Jahrgänge verglich ich in einer Blindprobe mit der Cuvée Réservée – in den meisten Fällen würde ich deren intensivere Frucht und Traubigkeit vorziehen, trotzdem wirkt die Cuvée Laurence auf Grund ihrer längeren Lagerung in Holz merklich komplexer und besser entwickelt. Sie wurde nicht als Luxuscuvée konzipiert, sondern soll schlicht die ältesten Traditionen des Châteauneuf-du-Pape fortleben lassen, der in der Vergangenheit häufig vor der Abfüllung 4 bis 5 Jahre gelagert wurde.

1995 • 94 Châteauneuf-du-Pape Cuvée Réservée (rot): Die 95er Cuvée Réservée zeigt ein opakes Rubinrot bis Schwarz und ein außerordentlich volles, intensives Aroma von Rauch, Schwarzen Himbeeren, Kirschwasser und Gewürzen. Der unwahrscheinlich körperreiche, ölige Tropfen gibt sich dick, gehaltvoll und ausladend im Geschmack und besitzt eine vorzügliche Konzentration – offenbar ein würdiger Konkurrent der phänomenalen Weine aus den Jahren 1989 und 1990 und ein sensationeller Châteauneuf. Interessanterweise betrug der hier 1995 erzielte durchschnittliche Alkoholgehalt 14,5 bis 15,5 %. Voraussichtliche Genussreife: 2001 bis 2020. Letzte Verkostung: 6/96.

1994 • 92 Châteauneuf-du-Pape Cuvée Réservée (rot): Der vorzügliche 94er gehört zu den Spitzenweinen des Jahrgangs. Er enthüllt eine tiefes Rubin- bis Purpurrot sowie ein ausdrucksvolles Bukett von Vogelkirschen, Räucherfleisch, schwarzen Oliven und *garrigue*. Darüber hinaus gibt er sich dick, gehaltvoll und körperreich, aber auch süßer und weicher als der strukturiertere 95er – angesichts des Jahrgangs ein riesiger Tropfen! Voraussichtliche Genussreife: jetzt bis 2015. Letzte Verkostung: 6/96.

1993 • 90 Châteauneuf-du-Pape Cuvée Réservée (rot): Die überschwängliche und virile 93er Cuvée Réservée erweist sich als typischer Pégau: kraftvoll, körperreich, füllig, dicht und tanninreich, mit intensiver, vollmundiger, pfeffriger Frucht, einer muskulösen Art und eindrucksvollem Geschmacksextrakt. Voraussichtliche Genussreife: 1998 bis 2010. Letzte Verkostung: 6/96.

1992 • 90 Châteauneuf-du-Pape Cuvée Réservée (rot): Der schon jetzt köstliche 92er charakterisiert sich durch: ein riesiges, erdiges und exotisches Bukett von Kräutern, Vogelkirschen und Schokolade, einen höchst gehaltvollen, körperreichen Geschmack, eine satte Farbe – er zählt zu den dunkelsten 92ern, die ich verkostet habe –, einen niedrigen Säuregehalt und einen fleischigen, alkoholstarken, intensiven Abgang. Voraussichtliche Genussreife: jetzt bis 2008. Letzte Verkostung: 11/95.

1991 • 78 Châteauneuf-du-Pape Cuvée Réservée (rot): Die Férauds waren immer stolz auf diesen Wein, ich bin aber auch nach sechs Verkostungen weiterhin nicht sonderlich beeindruckt. Der rubinrote Tropfen bietet ein gutes, würziges und peffriges, nach *garrigue* duftendes Bukett, einen mittleren Körper und einen leicht verwässerten Geschmack, dem es an Fleisch, Volumen und Süße der Frucht fehlt. Er wird sich weitere zehn Jahre halten, mit dem Alter jedoch zunehmend austrocknen, da sein Tannin, die Säure und der Alkohol die Frucht beherrschen werden. Letzte Verkostung: 7/96.

1990 • 95 Châteauneuf-du-Pape Cuvée Laurence (rot): Die Abfüllung – vermutlich eine Laune von Paul Féraud – der 89er und der 90er Cuvée Laurence wurde gleichzeitig mit der Cuvée Réservée verkostet. Die Cuvée Laurence ist zwar nicht besser als die Réservée, dafür aber weiter entwickelt und dank der verlängerten Fassreife fällt sie komplexer aus. Am Ende wird die Cuvée Réservée sie wahrscheinlich übertrumpfen, da deren Entwicklung in der Flasche und nicht im Holz statt findet, jetzt gibt sie sich allerdings verschlossener und weniger entfaltet. Voraussichtliche Genussreife: jetzt bis 2020. Letzte Verkostung: 6/96.

1990 • 96 Châteauneuf-du-Pape Cuvée Réservée (rot): Die 90er Cuvée Réservée gehört zu den Superstars der Appellation. Nach der Abfüllung hat sie ihr opakes Rubinrot bis Schwarz bewahrt, und ihr riesiges Bukett von Trüffeln, Teer, hochreifen schwarzen Früchten, Lakritze,

Tabak und Gewürzen wirkt profund. Im Mittelstück zeigt sie eine süße, ausladende Frucht, einen hoch konzentrierten, kraftvollen, tanninreichen Geschmack, fürstliche Mengen Glyzerin und Körper sowie einen Abgang, der weit über eine Minute lang anhält. Auf Grund seines reichlichen Tannins sind diesem Wein 20 bis 25 Jahre Entfaltung vorherbestimmt. Da er weder geschönt noch filtriert wurde, muss man mit einem beträchtlichen Bodensatz rechnen. Voraussichtliche Genussreife: 2000 bis 2020. Letzte Verkostung: 6/96.

1989 • 92 Châteauneuf-du-Pape Cuvée Réservée (rot): Férauds 89er liegt im Charakter etwa zwischen einem trockenen roten Tafelwein und einem Jahrgangsport. Sein dunkles Purpurrot bis Schwarz und seine außergewöhnliche Konzentration, sein großer Extrakt und sein riesiger, vor Glyzerin und Tannin überströmender Körper machen ihn zu einem der gewaltigsten Weine dieses Spitzenjahres. Der dank seiner vorzüglichen Reife und des relativ geringen Säuregehalts des Jahrgangs überraschend aufgeschlossene Tropfen zeigt ein ungeheures Format. Voraussichtliche Genussreife: 1998 bis 2018. Letzte Verkostung: 6/96.

1989 • 95 Châteauneuf-du-Pape Cuvée Laurence (rot): Die 89er Cuvée Laurence fiel etwas süßer, gehaltvoller und üppiger aus als ihre Nachfolgerin. Beide Weine sind jedoch sehr groß gebaute, dicke, reiche, klassische Châteauneuf-Tropfen alten Stils, die man heute nur noch selten findet. Voraussichtliche Genussreife: jetzt bis 2018. Letzte Verkostung: 6/96.

1988 • 89 Châteauneuf-du-Pape Cuvée Réservée (rot): Der dunkel rubinrote, am Rand leicht aufgehellte 88er Pégau war immer etwas fester gewirkt, verschlossener und weniger üppig. Das soll jedoch nicht heißen, er sei ein leichter Wein – so etwas gibt es im Hause Féraud nicht –, doch wirkt er bei weitem nicht so überschwänglich, kräftig und ausdrucksvoll wie die meisten anderen Jahrgänge. Von fester Struktur zeigt er ein würziges und pfeffriges Aroma sowie einen Anklang von *garrigue* und ist körperreich, muskulös, gehaltvoll und noch jugendlich. Eine herausragende Bewertung könnte nach weiteren 1 bis 2 Jahren Flaschenreife angezeigt sein, auch wenn er nie so üppig werden wird wie die besten Pégau-Jahrgänge. Voraussichtliche Genussreife: 1998 bis 2010. Letzte Verkostung: 7/96.

1985 • 93 Châteauneuf-du-Pape Cuvée Réservée (rot): Die meisten 85er Châteauneuf-Erzeugnisse reiften schnell und erreichten meist nicht die enorme Fülle und Komplexität, die man ihnen als Jungweine prophezeit hatte. Der Pégau aus diesem Jahrgang bildet die Ausnahme. Nach wie vor undurchdringlich rubin- bis purpurrot und ohne Aufhellungen am Rand, ähnelt sein Bukett einem 3 bis 5 Jahre alten Wein und nicht einem knapp 12-jährigen. Seine opulente Frucht, seine muskulöse, körperreiche und füllige Persönlichkeit sowie seine überwältigende Länge machen ihn zu einem reichen, kraftvollen Châteauneuf-du-Pape. Trotz seiner beeindruckend öligen Struktur und Dicke wirkt er unentwickelt und benötigt noch mehrere Jahre im Keller. Voraussichtliche Genussreife: 1998 bis 2012. Letzte Verkostung: 7/96.

1983 • 90 Châteauneuf-du-Pape Cuvée Réservée (rot): Im völligen Gegensatz zu dem wunderbar kräftigen und reichen, aber noch verschlossenen 85er wirkt der 83er voll ausgereift. Tief rubinrot, mit einigen Bernstein- und Orangetönen am Rand, bietet er in seinem extravaganten Bukett eine geballte Ladung von süßem Zedernholz, Kräutern der Provence, Räucherfleisch und marmeladiger Kirschenfrucht. Dieser körperreiche, fleischige und vollmundige, kräftige und doch weiche, expansive Wein mit seiner samtigen Struktur verspricht einen köstlichen Trinkgenuss. Voraussichtliche Genussreife: jetzt bis 2005. Letzte Verkostung: 7/96.

1981 • 93 Châteauneuf-du-Pape Cuvée Réservée (rot): Ein immer schon großartiges Beispiel dieses Jahrgangs! Nachdem ich fast zwei Kisten durchprobiert habe, begeisterte mich dieser

Wein – abgesehen von einer einzelnen korkelnden Flasche – stets aufs Neue. Seit 1990 präsentiert sich der tief dunkle, granatrote, am Rande etwas bernsteinfarbene Tropfen voll ausgereift, zeigt aber noch immer keinen Fruchtverlust und legt weiterhin an aromatischer Entfaltung und Komplexität zu. Sein riesiges, höchst präsentes und offensichtliches Bukett von Räucherfleisch, praller Beerenfrucht, orientalischen Gewürzen und Trüffeln geht einher mit einem gewaltigen, kräftigen und fleischigen, körperreichen Geschmack, beladen mit Glyzerin, Extrakt und Alkohol. Ein sensationell dekadenter, samtiger Châteauneuf-du-Pape, der sich weitere 10 bis 12 Jahre gut trinken lassen dürfte. Letzte Verkostung: 7/96.

1979 • 89 Châteauneuf-du-Pape Cuvée Réservée (rot): Dieser jahrgangstypische 79er Pégau besitzt ein kleineres Format und eine feste, Bordeaux-ähnliche Struktur und Kargheit. Das tief rubinrote Gewächs gibt sich auch weiterhin generös, gehaltvoll und jung und enthüllt einnehmende Düfte und Geschmacksnoten von Lakritze, Teer, Gewürzen, Erde und schwarzen Früchten. Ein körperreicher und extrem gut gemachter Châteauneuf ohne die Süße und das dicke Glyzerin des 81ers oder des 85ers. Er sollte sich weitere 10 bis 12 Jahre gut trinken lassen. Letzte Verkostung: 7/96.

PÈRE ANSELME (P. BROTTE) ***

Adresse:

B.P. 1, 84230 Châteauneuf-du-Pape, Tel.: 4 90 83 70 07, Fax: 4 90 83 74 34

Produzierte Weine: Châteauneuf-du-Pape

Anmerkung: Dieser *négociant* kauft Weine aus der gesamten Appellation und erzeugt Verschnitte, die unter dem Namen Père Anselme vertrieben werden.

Unmittelbar vor dem Ortseingang von Châteauneuf-du-Pape liegen die Kellerei, das Weinmuseum und das Büro von Père Anselme, einem der großen *négociants*. Die von der Familie Brotte geleitete Firma hat sich auf die Weine des gesamten südlichen Rhônetals spezialisiert und produziert knapp 200 000 Kisten pro Jahr. Auch das bekannte Dorfrestaurant La Mule du Pape, dessen Weinkarte ausschließlich die Erzeugnisse der Brottes verzeichnet, befindet sich im Besitz der Familie. Ihr Châteauneuf-du-Pape wird von vielen kritisiert, hauptsächlich wohl deshalb, weil er eine Händlerabfüllung ist – dabei handelt es sich durchaus nicht um einen schlechten Tropfen. Im Gegenteil: Die von mir verkosteten Jahrgänge 1978 bis 1995 waren gesunde, satt gefärbte, robuste, stämmige Weine mit aggressiver, fleischiger, nach Teer duftender Frucht und einer gehörigen Portion Alkohol. Sie mögen nicht gerade sublim sein, fallen aber recht zufrieden stellend aus. Die Brottes nennen ihren Châteauneuf «La Fiole du Pape» und präsentieren ihn in einer seltsam unförmigen, kohlfarbenen und mit künstlichem Staub bedeckten Flasche. Ihr Wein hat etwas Besseres verdient als diese Spielerei.

In diesem Handelshaus werden außerdem die Produkte des sieben Hektar großen Guts Clos Bimard vinifiziert, abgefüllt und vermarktet. Diese Gewächse aus 90 % Grenache und jeweils 5 % Cinsault und Syrah fallen recht gut aus.

DIE SÜDLICHE RHONE

JAHRGÄNGE

1995 • 85 Châteauneuf-du-Pape (rot): Die Erzeugnisse des *négociant* Laurent-Charles Brotte konnten beträchtlich in der Qualität gesteigert werden: In dem tief gefärbten 95er Châteauneuf finden sich mehr Dichte und Kraft als in der Vorjahresleistung. Dieser offen gewirkte, aufgeschlossene Tropfen von einem mittleren Körper sollte bald verbraucht werden. Wie schön, einen solchen Fortschritt zu erleben! Letzte Verkostung: 6/96.

1994 • 85 Châteauneuf-du-Pape (rot): Der 94er zeigt ein mittleres Rubinrot, ein offenes, eingängiges, nach Kaffee und Kirschen duftendes Bukett, einen runden, seidigen Geschmack, gute Tiefe und einen mittleren Körper. Voll ausgereift wird er sich trotzdem weitere 3 bis 4 Jahre halten. Letzte Verkostung: 6/96.

1990 • 85 Châteauneuf-du-Pape (rot): Ein überraschend reifer, einnehmender Tropfen mit viel süßer, nach gerösteten Erdnüssen und Cassis duftender Frucht, einem mittleren bis vollen Körper und einem geschmeidigen, langen Abgang. Voraussichtliche Genussreife: jetzt bis 2000. Letzte Verkostung: 6/94.

1989 • 85 Châteauneuf-du-Pape (rot): Die 89er Standardcuvée präsentiert sich als runder, fruchtiger, solide gemachter Wein mit einigen süffigen, gerösteten Geschmacksnuancen von Vogelkirschen sowie milden Tanninen. Voraussichtliche Genussreife: jetzt bis 1999. Letzte Verkostung: 6/94.

1988 • 86 Châteauneuf-du-Pape Cuvée Prestige (rot): Die 88er Cuvée Prestige wirkt kraftvoller als die 89er Standardcuvée. Der recht würzige und volle, schmackhafte Wein mit einem gerösteten Bukett von Mineralien besitzt einen vollen Körper und mäßiges Tannin im Abgang. Voraussichtliche Genussreife: jetzt bis 2001. Letzte Verkostung: 6/94.

Père Caboche (Jean-Pierre Boisson)

(Cuvée Classique ***, Cuvée Elisabeth Chambellan ****)

Adresse:
Route de Courthézon, 84230 Châteauneuf-du-Pape, Tel.: 4 90 83 71 44, Fax: 4 90 83 50 46

Produzierte Weine:
Châteauneuf-du-Pape Cuvée Classique (weiß und rot),
Châteauneuf-du-Pape J.-P. Boisson Vieilles Vignes Elisabeth Chambellan (rot)

Rebfläche: Rot: 32,4 Hektar

Produktionsmenge:
Weiß: 2 500 Kisten; Rot: 11 500 Kisten

Ausbau:
Weiß: Gärung bei niedrigen Temperaturen in Edelstahl, Abstoppen der malolaktischen Gärung,
Abfüllung 3 bis 4 Monate nach der Lese, um Frische und Frucht des Weins zu erhalten
Rot: Getrennte Vinifikation des nicht entrappten Leseguts jeweils nach der Traubensorte,
nur der Syrah wird mit Hilfe der Kohlensäuremaischung vinifiziert; 6 bis 18 Monate
Ausbau in Fässern und großen *foudres*

Durchschnittsalter der Reben: Rot: 40 Jahre

Verschnitt:
Weiß: 40 % Bourboulenc, jeweils 25 % Clairette und Grenache blanc, 10 % Roussanne und Picpoul
Rot: 70 % Grenache, 15 % Syrah, 7 % Mourvèdre, 8 % Cinsault,
Counoise, Muscardin, Vaccarèse und Terret noir

Anmerkung: Die Cuvée Elisabeth Chambellan, die etwa 10 % der Gesamtproduktion ausmacht,
wird aus kleinen Erträgen 60- bis 80-jähriger Weinstöcke von der Ebene La Crau
gewonnen und auf die gleiche Weise ausgebaut wie die rote Standardcuvée.

Diese 32 Hektar große Kellerei wird von dem redseligen Jean-Pierre Boisson, der auch Bürgermeister des Dorfs ist, mit Engagement geführt. Die Erzeugnisse sind leichte, fruchtige, gefällige Rote und Weiße, ergänzt durch die Prestigecuvée Elisabeth Chambellan aus alten Reben. Sie wurde nach der Familie benannt, die den Weinberg im 17. Jahrhundert anlegte, und repräsentiert den gehaltvollsten Père Caboche, dem man seine moderne Vinifikation zwar anmerkt, der sich jedoch ausdrucksstark, reichhaltig und konzentriert gibt, jung getrunken werden kann und sich für gewöhnlich zehn Jahre hält.

Auf diesem Gut wird der Wein sehr intensiv behandelt: Der Rote erfährt eine doppelte Filtration, zunächst nach der malolaktischen Gärung mit Hilfe eines Kieselgurfilters sowie unmittelbar vor der Abfüllung mit einem deutschen Mikropur-System. Zusätzlich wird der Wein mit Eiweiß geschönt, wobei die exzessive Klärung zu einem hohen Verlust an Farbe, Extrakt- und Aromastoffen führt. Auch in diesem Hause degustiert man vor der mehrfachen Behandlung häufig sehr eindrucksvolles Rohmaterial. Das gilt jedoch nicht nur für Châteauneuf-du-Pape, sondern auch für andere Orte in der Welt, in denen die moderne Önologie so viele Betriebe fest im Griff hat. Gleichwohl kann man den Père Caboche als ausgezeichneten

Tropfen bezeichnen, die Cuvée Elisabeth Chambellan häufig sogar als herausragend. Zudem gibt man den Châteauneuf hier fast umsonst ab, denn die Preise gehören zu den gemäßigtesten der Appellation, und selbst die Cuvée Elisabeth Chambellan wird zu einem bemerkenswert fairen Preis verkauft.

Wie viele Weiße dieses Anbaugebiets wirkt auch dieser sauber bereitet und frisch, bei einem beträchtlichen Körper, aber ohne viel Ausdruckskraft.

Jahrgänge

1995 • 86 Châteauneuf-du-Pape (rot): Der 95er ähnelt dem 94er in seiner reifen, schön saftigen und fetten Art, besitzt aber auf Grund seiner besseren Säure mehr Struktur und enthüllt einen offen gewirkten Stil und genug Fruchtkonzentration für ein mittleres Reifepotenzial. Voraussichtliche Genussreife: 1998 bis 2005. Letzte Verkostung: 6/96.

1995 • 88 Châteauneuf-du-Pape Cuvée Elisabeth Chambellan (rot): Die 95er Cuvée Elisabeth Chambellan weist das dunkelste Rubin- bis Purpurrot dieses Quartetts sowie mehr Tannin und Säure auf. Mit seinem expansiven, süßen Kern reifer Frucht und einigem Tannin in seinem körperreichen Abgang wird dieser Wein einen rauen, vollmundigen Trinkgenuss bieten. Voraussichtliche Genussreife: 1999 bis 2007. Letzte Verkostung: 6/96.

1994 • 87 Châteauneuf-du-Pape (rot): Ein einnehmender, köstlicher, hedonistischer Châteauneuf-du-Pape, den man innerhalb von 5 bis 7 Jahren trinken sollte. Dieser milde, fruchtige, pralle Tropfen zeigt ein durchschnittliches Granatrot, eine sinnliche, üppige Persönlichkeit, einen mittleren bis vollen Körper, wenig Säure, reichlich Alkohol und eine gehörige Portion reicher, saftiger Frucht im Abgang – ein Erzeugnis mit dem Charakter eines Schokoriegels. Voraussichtliche Genussreife: jetzt bis 2003. Letzte Verkostung: 6/96.

1994 • 89 Châteauneuf-du-Pape Cuvée Elisabeth Chambellan (rot): Die 94er Cuvée Elisabeth Chambellan gibt sich reifer und ausdrucksvoller als ihre Vorgängerin, bei mehr Glyzerin und vollerem Körper. Der runde, ausladende Tropfen mit seinem eingängigen, gefälligen und seidigen Stil besitzt eine geballte Ladung süßer Beerenfrucht sowie Düfte von Kräutern, Pfeffer und Gewürzen. Ein alkoholstarker, offener, kommerziell bereiteter Châteauneuf-du-Pape. Voraussichtliche Genussreife: jetzt bis 2003. Letzte Verkostung: 6/96.

1993 • 87 Châteauneuf-du-Pape (rot): Der 93er Châteauneuf enthüllt eine ausgezeichnete Farbe und eine pralle, süße rote und schwarze Frucht, verbunden mit jenem unverwechselbaren provenzalischen Duft von Pfeffer, Erde und *garrigue*. Geschmeidig und von samtiger Struktur, mit vielen Schichten verführerischer Fülle, kann auch er als verbraucherfreundlicher, üppiger, hedonistischer Wein eingestuft werden. Voraussichtliche Genussreife: jetzt bis 2000. Letzte Verkostung: 6/96.

1990 • 88 Châteauneuf-du-Pape Cuvée Elisabeth Chambellan (rot): Der konzentrierteste Wein, den ich auf diesem Gut nach der Abfüllung verkostet habe: Die tief rubinrote Cuvée Elisabeth Chambellan zeigt ein von der typischen provenzalischen *garrigue* geprägtes und nach Oliven und prallen Vogelkirschen duftendes Bukett, einen vollen Körper, einen hohen Alkoholgehalt, reichlich Frucht und Glyzerin, einen seidenweichen Abgang und eine herzhafte, Hochgenuss bereitende Persönlichkeit – ein ausgezeichnetes Beispiel für einen köstlich fruchtigen Châteauneuf modernen Stils. Voraussichtliche Genussreife: jetzt bis 2002. Letzte Verkostung: 6/96.

1989 • 85 Châteauneuf-du-Pape (rot): Der 89er bietet ein interessantes Bukett von Balsamholz, Vogelkirschen und gerösteten Erdnüssen. Geschmacklich offeriert er reichliche Mengen köstlicher roter Frucht, einen feinen, kräuterwürzigen Charakter und einen körperreichen, saftigen Abgang. Austrinken. Letzte Verkostung: 6/94.

1988 • 85 Châteauneuf-du-Pape (rot): Der 88er von einem mittleren Rubin- bis Granatrot besitzt ein ausgeprägtes Aroma von Lakritze, Kräutern und Cassis und gibt sich gleichzeitig reif, säure- und tanninarm, bei einem mittleren bis vollen Körper. Er sollte getrunken werden. Letzte Verkostung: 6/94.

ÄLTERE JAHRGÄNGE

In Anbetracht des bei Père Caboche produzierten Stils wäre es töricht, die Weißen länger als 18 Monate und die Roten länger als 8 bis 10 Jahre zu lagern. Die meisten Jahrgänge müssen innerhalb von 5 bis 7 Jahren getrunken werden; nur die Gewächse aus Ausnahmejahrgängen wie 1990 oder 1995 halten sich länger.

DOMAINE DU PÈRE PAPE ***/****

Adresse:
24, avenue Baron Le Roy, 84230 Châteauneuf-du-Pape, Tel.: 4 90 83 70 16, Fax: 4 90 83 50 47

Produzierte Weine:
Châteauneuf-du-Pape (weiß und rot), Châteauneuf-du-Pape Clos du Calvaire (rot)

Rebfläche:
Weiß: 4 ha; Rot: 39 ha

Produktionsmenge:
Weiß: 3 000 Kisten; Rot: 12 100 Kisten

Ausbau:
Weiß: Abstoppen der malolaktischen Gärung, Abfüllung nach 3 Monaten Tankausbau
Rot: Sehr traditionell, ohne Entrappen, 8 bis 14 Monate Ausbau in Tanks und *foudres*

Durchschnittsalter der Reben:
40 Jahre

Verschnitt:
Weiß: Gleich große Anteile von Grenache blanc, Clairette, Bourboulenc, Roussanne und Picpoul
Rot: 70 % Grenache, 20 % Syrah, 10 % Cinsault und Mourvèdre

Gemessen an den Standards von Châteauneuf-du-Pape gilt die Domaine du Père Pape als relativ jung: Sie entstand erst 1864. Ein großer Teil des gegenwärtigen Besitzes besteht aus Parzellen, die der Eigentümer Maurice Mayard nach mehreren Erbschaften seit Mitte der siebziger Jahre erwarb. Dazu gehört vor allem die Domaine de Grand Coulet. Deren Rebflächen wurden 1989 den knapp fünf bereits vorhandenen Hektarn hinzugefügt und bilden nun den

Clos du Calvaire, ein vorzügliches *terroir*, das zwischen der Domaine de Nalys und dem Vieux-Télégraphe im Osten liegt. Es besteht aus terrassierten, mit *galets roulés* bedeckten Weinbergen in ausgezeichneter Lage.

Dieser Betrieb scheint sein Potenzial erst jetzt so recht umzusetzen, denn die Weine aus der zweiten Hälfte der Achtziger zeigen zunehmend Intensität und Ausdruckskraft. Der Weiße wirkt relativ uninteressant und eindimensional, die beiden Roten sind hingegen klassische Châteauneuf-Vertreter. Der Clos du Calvaire stellt das Rohmaterial für eine Einzellagencuvée, die Standardausführung wird aus einem Verschnitt von Mayards eigenen Rebflächen bereitet. Alle Weine werden auf die traditionelle Art aus nicht entrappten Trauben erzeugt und reifen vor der Abfüllung 8 bis 14 Monate in Tanks. Neue Eiche kommt nicht zum Einsatz.

In Anbetracht der jüngeren Leistungen der Domaine du Père Pape sollte man diesen Winzer im Auge behalten.

JAHRGÄNGE

1994 • 89 Châteauneuf-du-Pape (rot): Dieser beeindruckend ausgestattete, möglicherweise herausragende Châteauneuf bietet ein tiefes, sattes Purpurrot, ein süßes, nach Schokolade, gerösteten Kräutern und Vogelkirschen duftendes Bukett, ausgezeichnete Geschmacksextraktion, einen vollen Körper und einen ölig dicken, langen Abgang, der die leichten Tannine fast maskiert. Voraussichtliche Genussreife: jetzt bis 2004. Letzte Verkostung: 6/96.

1990 • 87 Châteauneuf-du-Pape Clos du Calvaire (rot): Der dunkel rubinrote 90er präsentiert sich mit würziger, kräuterduftiger Bing-Kirschenfrucht, einem weichen, körperreichen, erdigen Geschmack, der ein wenig an Trüffel erinnert, einer samtigen Struktur und einem alkoholstarken Abgang. Tannine sind vorhanden, werden von der prallen Frucht jedoch weitgehend verhüllt. Voraussichtliche Genussreife: jetzt bis 2000. Letzte Verkostung: 6/95.

1989 • 88 Châteauneuf-du-Pape Clos du Calvaire (rot): Der 89er Clos du Calvaire verspricht Herausragendes. Ein Châteauneuf in gewichtigem Stil, mit vollem, alkoholreichem, fast spätleseartigem Geschmack von Aprikosen, Pfirsichen und prallen Vogelkirschen. Im Mund zeigt er sich herrlich tief, voll und von einer wunderbaren Reintönigkeit, sein Abgang erweist sich als lang, berauschend und alkoholstark. Der Tanningehalt liegt hoch, wirkt aber mild und wird von der schwelgerisch süßen Frucht ausgeglichen. Voraussichtliche Genussreife: jetzt bis 2005. Letzte Verkostung: 6/95.

1988 • 83 Châteauneuf-du-Pape Clos du Calvaire (rot): Der 88er Clos du Calvaire präsentiert sich mild und fruchtig, bei mittlerem bis vollem Körper und guter Konzentration. Genussreife: jetzt. Letzte Verkostung: 6/94.

ROGER PERRIN ***

Adresse:

La Berthaude, Route de Châteauneuf-du-Pape, 84100 Orange, Tel.: 4 90 34 25 64, Fax: 4 90 34 88 37

Produzierte Weine:

Châteauneuf-du-Pape (weiß und rot), Châteauneuf-du-Pape Réserve de Vieilles Vignes

Rebfläche:

Weiß: 1,5 ha; Rot: 10,5 ha

Produktionsmenge:

Weiß: 625 Kisten; Rot: 2 200 Kisten

Ausbau:

Weiß: 3 bis 4 Monate in temperaturgeregelten Edelstahltanks, Abstoppen der malolaktischen Gärung
Rot: Insgesamt 18 bis 20 Monate, 18 bis 24 Tage Gärung in Edelstahltanks, anschließend
4 Monate in Email zur malolaktischen Gärung, dann Ausbau von 50 % in Eiche für 9 bis 12 Monate,
von 15 % in kleinen – neuen oder 1 bis 2 Jahre alten – Eichenfässern für 12 bis 14 Monate,
der Rest bleibt in den Emailtanks; *assemblage* und Lagerung bis zur Abfüllung in Email

Durchschnittsalter der Reben:

Weiß: 40 Jahre ; Rot: 65 Jahre

Verschnitt:

Weiß: 45 % Grenache blanc, 30 % Clairette, 20 % Roussanne, 5 % Bourboulenc
Rot: 70 bis 75 % Grenache, 10 bis 15 % Syrah, 6 bis 8 % Mourvèdre,
5 bis 6 % Cinsault und Clairette sowie Counoise und Vaccarèse

Luc Perrin wurde 1986, als sein Vater im Weinberg tödlich verunglückte, unvermittelt in sei-ne jetzige Position als Gutsbesitzer und Kellermeister hineingestoßen. Er produziert zwei tra-ditionell bereitete Rote, wobei die Réserve de Vieilles Vignes eine Zeitlang in zu rund einem Drittel neuen *barriques* ausgebaut wird. Dadurch gewinnt sie einen Neue-Welt-Stil, ohne ihre Herkunft zu verleugnen. Unter dem Einfluss des in Châteauneuf-du-Pape allgegenwär-tigen Önologen Noël Rabot neigt Luc Perrin dazu, seine Weine übertrieben zu schönen und zu filtrieren. So weist der ausgezeichnete Wein, den ich vor der Abfüllung probierte, weniger Struktur, Intensität und Aroma auf. Ein trauriges Urteil, doch will der Önologe hundertpro-zentige Sicherheit. Zudem scheint man sich auf dem europäischen Kontinent um ein paar Ab-lagerungen in der Flasche mehr Sorgen zu machen als in Großbritannien oder den USA, wo man den Bodensatz als Zeichen für einen natürlich hergestellten, unverfälschten Wein schätzt.

Bei einer nicht ganz so interventionistischen, manipulativen Einstellung zur Vinifikation könnte diese Domaine leicht in die Vier-Sterne-Kategorie aufsteigen.

JAHRGÄNGE

1995 • 86 Châteauneuf-du-Pape (rot): Der 95er Châteauneuf-du-Pape zeigt eine süße Frucht, einen eleganten, verhaltenen, internationalen Stil und einen mittleren bis vollen Körper bei sauberer Verarbeitung. Er wirkt zwar weniger ausdrucksstark, als zu hoffen wäre, sollte aber mit zunehmender Reife an Charakter gewinnen. Voraussichtliche Genussreife: 1998 bis 2006. Letzte Verkostung: 6/96.

1995 • 88 Châteauneuf-du-Pape Réserve de Vieilles Vignes (rot): 1995 wurde aus sehr alten Weinstöcken – 80 % Grenache, 20 % Syrah – eine Réserve de Vieilles Vignes produziert, die an die Cuvée des Générations des Château de la Gardine erinnert. Sie besitzt das Potenzial für eine herausragende Bewertung und zeigt neben einem beeindruckend dunklen Rubin- bis Purpurrot sowie einem einnehmenden Vanille- und Toastduft reichlich reife Vogelkirschen- und Johannisbeerfrucht. Im Hintergrund dieses körperreichen, stilvollen, eichenholzwürzigen Tropfens verspürt man eine mineralische Art. Voraussichtliche Genussreife: 1999 bis 2007. Letzte Verkostung: 6/96.

1994 • 85 Châteauneuf-du-Pape (rot): 1994 hat Roger Perrin einen würzigen, stieligen Châteauneuf mit Kirschenaroma vorgelegt. Das durchschnittlich rubinrote Erzeugnis besitzt eine feste Grundstruktur, doch verspricht der Gesamteindruck einen weichen, reifen, kräuterwürzigen Wein von mittlerem bis vollem Körper, der innerhalb von 3 bis 4 Jahren getrunken werden sollte. Letzte Verkostung: 6/96.

1993 • 87 Châteauneuf-du-Pape (rot): Der 93er verrät durch seinen Vanilleduft und sein Bukett von reifen Kirschen einen Ausbau in neuer Eiche. Er ist schön reif, bei mittlerem bis vollem Körper, bewundernswerter Frucht und Tiefe und einem weichen, üppigen Abgang. Voraussichtliche Genussreife: jetzt bis 2000. Letzte Verkostung: 6/96.

1992 • 87 Châteauneuf-du-Pape (rot): Der 92er gibt in seinem kräuterduftigen Bukett von Vogelkirschen und Pfeffer und seinem üppigen, süffigen Geschmack von mittlerem bis vollem Körper Hinweise auf Extraktstoffgehalt und Reife. Der aufgeschlossene, köstliche Tropfen sollte in 6 bis 7 Jahren getrunken werden. Letzte Verkostung: 6/95.

1990 • 88 Châteauneuf-du-Pape (rot): Perrins 90er geriet ausgezeichnet. Er besitzt ein tiefes, opakes Purpurrot bis Schwarz, ein volles, von Cassis und Vogelkirschen beherrschtes Bukett, einen dichten, vollmundigen und konzentrierten Geschmack sowie einen ausdrucksstarken, langen, kernigen Abgang. Voraussichtliche Genussreife: jetzt bis 2002. Letzte Verkostung: 6/94.

1989 • 85 Châteauneuf-du-Pape (rot): Der 89er präsentiert sich mit trockenen, harten Tanninen und guter Konzentration, doch erschwert sein verschlossener, unzugänglicher Stil das Urteil. Voraussichtliche Genussreife: jetzt bis 2001. Letzte Verkostung: 6/94.

ÄLTERE JAHRGÄNGE

Perrins Châteauneuf- sind – vor allem nach der Behandlung, der sie vor der Abfüllung ausgesetzt werden – mittelgewichtige Weine, die man im Allgemeinen am besten innerhalb von zehn Jahren austrinkt. Unter den älteren, von mir probierten Jahrgängen fanden sich ein alter, ausgereifter, aber verblassender 85er (1992 verkostet) sowie ein enttäuschender, verwässerter 88er (1993 verkostet).

DOMAINE DE LA PINÈDE ***

Adresse:
Route de Sorgues, 84230 Châteauneuf-du-Pape, Tel.: 4 90 83 71 50, Fax: 4 90 83 52 20

Produzierte Weine:
Châteauneuf-du-Pape (weiß und rot)

Rebfläche:
Weiß: 1 ha; Rot: 8 ha

Produktionsmenge:
Weiß: 375 Kisten; Rot: 3 125 Kisten

Ausbau:
Weiß: 3 bis 4 Monate in Edelstahl, Abstoppen der malolaktischen Gärung
Rot: Insgesamt 18 Monate, 3 Wochen Gärung in Emailtanks,
in denen der Wein während der gesamten Ausbauzeit bleibt

Durchschnittsalter der Reben:
Weiß: 10 Jahre; Rot: 30 Jahre

Verschnitt:
Weiß: 40 % Grenache blanc, 60 % jeweils gleich große Anteile von Clairette,
Roussanne und Bourboulenc
Rot: 60 % Grenache, jeweils 10 % Syrah und Cinsault, 20 % Mourvèdre und Muscardin

Dieser Weinbaubetrieb läßt sich bis 1879 zurückverfolgen, aber sein Besitzer Georges-Pierre Coulon produziert erst seit 1982 traditionell bereitete Gutsabfüllungen. Die roten Trauben werden nicht entrappt und der Ausbau erfolgt bis zu 18 Monaten in *foudres* und Tanks. Die wenigen von mir verkosteten Jahrgänge des weißen La Pinède zeigten weit überdurchschnittliche Qualität.

JAHRGÄNGE

1994 • 77 Châteauneuf-du-Pape (rot): Ich habe einige gute Coulon-Weine verkostet, doch zeigt der 94er ein ausgewaschenes, krautiges, würziges Bukett. Diesem beißenden, mageren und kantigen Wein fehlt es an Frucht und dem nötigen Fleisch, das seine knochige Struktur ausgleichen könnte. Letzte Verkostung: 6/96.
1992 • 87 Châteauneuf-du-Pape (rot): Ein rauchiges, zedernholzduftiges Bukett von Kiefernnadeln, Kräutern und Vogelkirschen sowie ein fetter, saftiger, körperreicher Geschmack und mildes Tannin charakterisieren diesen säurearmen Wein. Ein köstlicher Châteauneuf zum Verbrauch innerhalb der nächsten 6 bis 8 Jahre. Letzte Verkostung: 6/95.
1990 • 87 Châteauneuf-du-Pape (rot): 1990 entstand ein besserer Rotwein als 1989. Dieser präsentiert sich mit einem riesigen Bukett von Pfeffer, Gewürzen und Kräutern, Tabak, Schokolade und salzigem Meerwasser sowie einer gehaltvollen, fetten und süßen, ausladenden Mittelphase mit vorzüglichem Extrakt, ergänzt von einem alkoholstarken, berauschenden Ab-

gang. Der Wein wirkt zwar mild, besitzt jedoch eine annehmbare Struktur, Muskelkraft und Konzentration. Voraussichtliche Genussreife: jetzt bis 2002. Letzte Verkostung: 6/95.

1989 • 85 Châteauneuf-du-Pape (rot): Der 89er zeigt sich reif, schmackhaft und großzügig, aber eindimensional. Zudem besitzt er weder die Struktur noch die profunde Tiefe des 90ers. Voraussichtliche Genussreife: jetzt bis 1999. Letzte Verkostung: 6/95.

DOMAINE PONTIFICAL (FRANÇOIS LAGET) ***/****

Adresse:
19, avenue Saint-Joseph, 84230 Châteauneuf-du-Pape, Tel.: 4 90 83 70 91, Fax: 4 90 83 52 97

Produzierte Weine:
Châteauneuf-du-Pape (weiß und rot)

Rebfläche:
Weiß: 0,8 ha; Rot: 14,5 ha

Produktionsmenge:
Weiß: 250 Kisten; Rot: 5 500 Kisten

Ausbau:
Weiß: Mindestens 6 Monate in Edelstahl
Rot: Insgesamt 18 Monate, 10 bis 15 Tage Gärung in Zementtanks,
dann 12 Monate in alten Eichenfässern

Durchschnittsalter der Reben:
Weiß: 5 Jahre; Rot: 40 Jahre

Verschnitt:
Weiß: 35 % Roussanne, 30 % Bourboulenc, 18 % Clairette, 17 % Grenache blanc
Rot: 70 bis 75 % Grenache, 25 bis 30 % Mourvèdre, Syrah, Counoise und Cinsault

Zum ersten Mal begegnete ich dieser Kellerei, als ich ihren vorzüglichen 89er verkostete. Vielleicht ließ ich mich deshalb von der potenziellen Qualität des Guts zu sehr begeistern, denn bisher vermochte kein Jahrgang das Niveau des 89ers zu erreichen. Immerhin gilt der seit Anfang der zwanziger Jahre im Besitz der Familie Laget-Royer befindliche Betrieb als typisch für Châteauneuf-du-Pape mit seinen 30 über alle Bereiche der Appellation verstreuten Parzellen – ein Alptraum bei der Lese. Die Weinberge erstrecken sich auf Sand-, Kalk-, Lehm- und mit Kieseln bedeckten Böden.

Zur traditionellen Bereitung der aus nicht entrappten Trauben gekelterten Weine gehört der einjährige Ausbau in kleinen Fässern, Tanks und *foudres*. Abgesehen von dem untypisch kraftvoll, reichhaltig und langlebig erscheinenden 89er weisen die meisten Jahrgänge auf einen mittelgewichtigen Châteauneuf hin, der innerhalb von 8 bis 10 Jahren nach der Ernte verbraucht werden sollte.

CHATEAUNEUF-DU-PAPE

1995 • 80? Châteauneuf-du-Pape (rot): Nach meiner Probe zu urteilen, hat der Besitzer François Laget-Royer offenbar 1994 einen viel besseren Wein zu Stande gebracht als 1995. Der 95er wirkt kurz und komprimiert, ohne das Volumen und die Intensität des 94ers. Vielleicht ging er bei meiner Verkostung gerade durch eine schwierige Phase, doch erschien er eindimensional und schlicht. Letzte Verkostung: 6/96.

1994 • 87 Châteauneuf-du-Pape (rot): Der 94er zeigt ein aufgeschlossenes, schokoladiges und kräuterwürziges, rauchiges Kirschmarmeladenbukett, das extrem reifes Lesegut vermuten lässt. Dies wird durch den süßen, säurearmen, üppigen und verführerischen Geschmackseindruck bestätigt – ein aufgeschlossener, wohlschmeckender, komplexer Châteauneuf. Voraussichtliche Genussreife: jetzt bis 2001. Letzte Verkostung: 6/96.

1992 • 85 Châteauneuf-du-Pape (rot): Der 92er bietet ein pflaumenduftiges, pfeffriges, würziges Bukett, einen marmeladigen, hochreifen Geschmack und harte Tannine im Abgang. Seine Bestandteile fügen sich nicht zu einem harmonischen Ganzen, und in Anbetracht des Furcht erregenden Tannins könnte seine Zukunft gefährdet sein. Voraussichtliche Genussreife: jetzt bis 1999. Letzte Verkostung: 4/95.

1990 • 87 Châteauneuf-du-Pape (rot): Von einem tiefen Rubinrot besitzt der 90er ein verführerisch duftendes Parfüm von süßer Beerenfrucht und einen langen, süffigen, geschmeidigen Geschmack, ergänzt durch einen vollen Körper, einen niedrigen Säuregehalt und einen fleischigen Abgang – die Tiefe oder Struktur des vorzüglichen 89ers fehlen allerdings. Dem Wein wird kein hohes Alter beschieden sein, er sollte deshalb im Laufe der nächsten 7 bis 8 Jahre getrunken werden. Voraussichtliche Genussreife: jetzt bis 2002. Letzte Verkostung: 6/95.

1989 • 92 Châteauneuf-du-Pape (rot): Mit seinem opaken, dunklen Rubin- bis Purpurrot, seinem ungeheuer eindrucksvollen Bukett von Pfeffer, Kräutern, Cassis und Tabak und seinem körperreichen, vollen Geschmack mit einem beeindruckenden Glyzerin- und Extraktstoffgehalt kann dieser Tropfen nur gefallen. Der äußerst kraftvolle, mäßig tanninreiche Rote verabschiedet sich mit einem sensationell nachhaltigen Abgang von mindestens 60 Sekunden – ein großer Châteauneuf-du-Pape. Voraussichtliche Genussreife: jetzt bis 2007. Letzte Verkostung: 8/96.

Domaine de la Présidente (M. Aubert) ****

Max Aubert gilt im südlichen Rhônetal, wo er im Dorf Sainte-Cécile-les-Vignes in der Appellation Côtes du Rhône eine Domaine besitzt, als eine namhafte Persönlichkeit. Bekannt gemacht haben ihn seine Côtes-du-Rhône-Weine und seine Erzeugerabfüllung Cairanne, er produziert aber auch kleine Mengen des erstklassigen Châteauneuf-du-Pape La Nonciature Réserve. Dieser spät freigegebene Wein repräsentiert – nach den drei von mir verkosteten Jahrgängen zu urteilen – einen kraftvollen, reichhaltigen und körperreichen Châteauneuf-Stil und ist ein Tropfen, der 15 Jahre oder länger reifen kann.

Jahrgänge

1995 • 89 Châteauneuf-du-Pape La Nonciature Réserve (rot): Dies ist der Spitzen-Châteauneuf des bekannten Weinmaklers und *négociant* Max Aubert. 1995 lobte ich begeistert den 89er wie den 90er, die spät freigegeben worden waren. Wer einen dieser Weine bei irgendeinem Händler ihr Dasein fristen sieht, kann getrost zugreifen, sofern sie gut gelagert wurden. Der körperreiche 95er La Nonciature Réserve gibt sich kraftvoll, tanninreich und strukturiert mit einer Menge dichter Bing-Kirschenfrucht, staubigen, pfeffrigen, erdigen Düften, einem schönen Tannin und guter Säure sowie einem würzigen, strukturierten Abgang. Man gönne ihm 3 bis 4 Jahre Kellerreife und trinke ihn im Laufe der folgenden 10 bis 15 Jahre. Da man hier den Wein gewöhnlich erst spät freigibt, sollte man den 95er nicht so bald auf dem Markt erwarten. Letzte Verkostung: 6/96.

1990 • 92 Châteauneuf-du-Pape La Nonciature Réserve (rot): Dieser opake, purpurfarbene Wein mit seinem authentischen provenzalischen Bukett aus Rauch, Schokolade, *garrigue* und reifen Vogelkirschen besitzt ein großes Format und einen vollen Körper bei herausragender Komplexität und Intensität. Sehr gehaltvoll und alkoholstark gefällt er als klassischer, stämmiger, großer Châteauneuf, der innerhalb von 7 bis 10 Jahren getrunken werden sollte. Letzte Verkostung: 7/96.

1989 • 91 Châteauneuf-du-Pape La Nonciature Réserve (rot): Interessanterweise ähnelt Auberts 89er seinem 90er, obwohl sich die 89er normalerweise straffer und verschlossener zeigen als die extravaganten 90er, zumindest bei der Verkostung von 1996. Der 89er enthüllt ein gesundes, dunkles Rubin- bis Purpurrot ohne Alterserscheinungen. Sein kräftiges, rauchiges Bukett von Oliven und Kräutern integriert reichlich pralle Frucht, die einem aus dem Glas entgegenströmt. Der körperreiche, mit merklicheren Tanninen, aber etwas weniger Alkohol als der 90er ausgestattete Wein präsentiert sich als kerniger, vollmundiger Châteauneuf-du-Pape von großem Format. Ein typisches Beispiel für die schönsten Provenienzen der Appellation! Voraussichtliche Genussreife: jetzt bis 2005. Letzte Verkostung: 7/96.

Château Rayas (Jacques Reynaud) *****

Adresse:

84230 Châteauneuf-du-Pape, Tel.: 4 90 83 73 09, Fax: 4 90 83 51 17

Produzierte Weine:

Rayas Châteauneuf-du-Pape (weiß und rot), Château Pignan Châteauneuf-du-Pape (rot)

Rebfläche:

Weiß: 2 ha; Rot: Rayas – 8 ha; Pignan – 3 ha

Produktionsmenge:

Weiß: 375 Kisten; Rot: Rayas – 2 000 Kisten; Pignan – 800 Kisten

Ausbau:

Weiß: 9 Monate in Edelstahltanks (vor 1995 in alten Eichenfässern)

Rot: Rayas und Pignan – Insgesamt 24 Monate, Gärung in Zementtanks,
dann 12 bis 22 Monate in alten Eichenfässern

Durchschnittsalter der Reben:

Weiß: 25 Jahre; Rot: Rayas und Pignan – 30 Jahre

Verschnitt:

Weiß: Jeweils 50 % Grenache blanc und Clairette

Rot: Rayas und Pignan – 98 % Grenache, 2 % andere Sorten

Die Weine dieses außergewöhnlichen Guts, das von dem exzentrischen, charmanten und dabei an Mephistopheles erinnernden Jacques Reynaud geleitet wird, bescherten mir einige der großartigsten Degustationserfahrungen meines Lebens. In meiner persönlichen Sammlung gibt es einige Weine, von denen ich mich niemals trennen würde – zu diesen wenigen «Unberührbaren» gehören die schönsten Rayas-Jahrgänge. In großen Jahren erreicht der Tropfen eine Üppigkeit und außerordentliche Intensität, gepaart mit einer geschmacklichen und strukturellen Opulenz, die selbst einem großen Bordeaux oder Burgunder den Spitzenplatz streitig machen können.

Keiner würde vermuten, dass sich in dem unscheinbaren, farblosen Gebäude des Château Rayas am Ende eines Feldwegs in der Appellation Châteauneuf-du-Pape einige der angesehensten Gewächse der Welt verbergen. Dies ist Jacques Reynaud und seinem 1978 verstorbenen Vater Louis zu verdanken. Jacques überzeugt als brillanter, bescheidener Geist, der diese aus Niedrigsterträgen einiger der ältesten Rebstöcke des südlichen Rhônetals gewonnenen Weine möglich macht und dabei tatkräftige Unterstützung durch seine Schwester Françoise erhält, die aus demselben Holz geschnitzt ist wie er.

Château Rayas stellt die Antithese der modernen Winzerkunst dar: Es gibt hier weder Edelstahl noch eine Temperaturregelung, weder neues Eichenholz noch einen Önologen – nur ein Sammelsurium von Fässern, *demi-muids* und *foudres*. Die Geschichten über Jacques Reynaud würden ein ganzes Buch füllen, doch verbirgt sich hinter der entschieden öffentlichkeits- und fortschrittsfeindlichen Fassade dieses Mannes ein extrem belesener, außergewöhnlich kenntnisreicher Gentleman mit vielen Leidenschaften, einschließlich der für gutes Essen, wie ich bei mehreren gemeinsamen Mahlzeiten im nahe gelegenen Restaurant La Beaugravière feststellen konnte.

Es fällt nicht leicht, präzise Informationen über die Vorgänge im Château Rayas zu bekommen. In den vergangenen zehn Jahren habe ich hier mehr als ein Dutzend Degustationen vorgenommen, das Geheimnis seiner Weine konnte ich allerdings bislang nicht lüften. In Anbetracht der außerordentlichen Qualität, die hier in den besten Jahren entsteht, kann ich allerdings auch ohne dieses Wissen leben. Reynaud und ich haben uns einigermaßen gut kennen gelernt; vielleicht vermitteln die folgenden Anekdoten dem Leser einen Eindruck von der spitzbübischen Art des Winzers: Bei einer der ersten Verkostungen ärgerte ich mich, dass Reynaud nach der Probe aus vier verschiedenen Fässern noch kein Wort über deren Inhalt verloren hatte. Schließlich fragte ich ihn danach. Die Antwort war: «Sie sind doch der Experte. Sagen Sie es mir!» Ein weiteres Beispiel für seinen typischen Humor bot sich während eines Abendessens im La Beaugravière bei einer großartigen Flasche von Chaves Hermitage. Ich fragte Reynaud, welchen Menschen er am meisten bewunderte. Todernst erwiderte er: «Sie!»

Im Verlauf von zehn Jahren habe ich erfahren, dass das Château Rayas 22,7 Hektar Grund und Boden besitzt, von denen 13 Hektar bestockt sind. Aus diesen Rebflächen werden nicht einmal 3 000 Kisten Châteauneuf-du-Pape gewonnen. Bedenkt man, dass Château Pétrus aus gut elf Hektar durchschnittlich 4 500 Kisten herstellt, so wird deutlich, wie unglaublich niedrig die Erträge hier sind. Daraus werden zwei Rote, der Rayas und der Pignan, sowie ein umstrittener Weißer hergestellt.

Jacques Reynaud gefällt sich zwar in der Rolle des zurückgezogenen Außenseiters, dass er mir aber noch keine Einladung zum Essen abgeschlagen hat, deutet darauf hin, dass dieser Mann weitaus weltoffener ist, als er glauben machen will. Besucher seines Guts sollten vorher einen Termin vereinbaren. Selbst dann wird keine Gewähr dafür übernommen, dass sie das Grundstück finden werden, denn es gibt auf dem Weg dahin keine Hinweisschilder – ebenso wenig wie zu Henri Bonneaus Besitz. Am besten folgt man der Straße zum Château Vaudieu oder nimmt von Châteauneuf-du-Pape aus die Route Départementale 68 in Richtung Orange, vorbei an Bosquet des Papes zur Rechten und der päpstlichen Schlossruine zur Linken. Nach knapp zwei Kilometern biegt man nach rechts in die unbeschilderte Straße ein, die scharf in östlicher Richtung abzweigt. Nach weiteren gut eineinhalb Kilometern kann man im Südosten das Château Vaudieu ausmachen und findet auf einem kleinen Holzschild das Wort «Rayas», dessen dunkle, graubraune Kellerei hinter den großen Bäumen fast verschwindet. Ein Stück weiter westlich beginnt die Ebene von Châteauneuf-du-Pape, wo die Weinberge mit den berühmten *galets roulés* bedeckt sind. Dieser Teil der Appellation zeigt jedoch eine andere Landschaft, mit sandigeren, roten Böden und ohne die typischen großen runden Kiesel. In dem niedrigen, zweigeschossigen Kellergebäude bereitet Reynaud den Rayas, seinen Zweitwein Pignan sowie seine Côtes-du-Rhône-Erzeugnisse Fonsalette und verschiedene andere Cuvées, die für seinen Alltagswein La Pialade aussortiert werden. Bei einer Weinprobe wird er niemals ausführliche Informationen darüber preisgeben, wie diese wunderbaren Tropfen nun eigentlich bereitet werden – seine Standardantworten auf jegliche Frage nach der Vinifikation erfolgen nach dem Motto: «Auf den Weinberg und kleine Erträge kommt es an, Dummkopf!» Die Kollegen halten seine Kleinsterträge für ökonomischen Selbstmord, trotzdem habe ich in Châteauneuf-du-Pape noch keinen Menschen getroffen, der Reynaud und seinen Geistesverwandten Henri Bonneau nicht außerordentlich bewunderte und respektierte. In Reynauds Keller fällt die Probe der Einzelbestandteile nie so befriedigend aus wie die Verkostung aus der Flasche, ganz im Gegensatz zu einer Degustation in Burgund.

Da man allenthalben vom Rayas schwärmt, gerät leicht in Vergessenheit, dass der Pignan, dessen Partien nach der Auslese der Rayas-Bestandteile ausgewählt werden, ebenfalls ein herrlicher Tropfen sein kann. So präsentiert sich der 90er kraftvoller und konzentrierter als der Rayas desselben Jahres, allerdings auch weniger komplex. In Jahrgängen wie 1990 und 1989 kann der Pignan sogar die meisten anderen Spitzen-Châteauneuf in den Schatten stellen.

Als selbst unter den Anhängern Reynauds umstrittener Wein gilt der weiße, reinsortige Clairette. Dieser Châteauneuf in altem Stil, der 10 bis 16 Monate in verschiedenen Holzbehältern ausgebaut wird, kann zauberhaft voll und sensationell ausgestattet sein, gibt sich aber in anderen Jahren oxidiert und beunruhigend uneinheitlich. Er durchläuft für gewöhnlich die volle malolaktische Gärung; in manchen Jahrgängen wird diese aber auch abgestoppt. Reynaud behauptet, er tue das, «was mir der Wein befiehlt». Sein Vater Louis erzeugte gelegentlich auch einen blumigen, süßen Marc Liquoreux, den zu verkosten ich einmal die Ehre hatte: den 45er im La Beaugravière. Meines Wissens hat Jacques Reynaud diesen Wein jedoch nie produziert.

Die Abfüllung des weißen Rayas und des weißen Fonsalette erfolgt zuerst, gefolgt von den Roten Rayas, Fonsalette Côtes du Rhône und Fonsalette Côtes du Rhône Syrah. Anschließend werden die Partien, deren Qualität für den Rayas nicht ausreicht, unter der Bezeichnung Pignan abgefüllt. Der Rest wird zum Côtes du Rhône La Pialade, dem unwichtigsten Wein aus dem Reynaudschen Repertoire, verarbeitet. Die Trauben für den Rayas, der aus einem kühleren Mikroklima und *terroir* entsteht, werden für gewöhnlich als letzter Wein in ganz Châteauneuf-du-Pape gelesen. In großen Jahrgängen verleiht dieser späte Lesezeitpunkt dem Rayas seinen außerordentlichen Extrakt von Kirschen und Himbeeren. Kein anderer Wein der Welt, den ich je verkostet habe, vielleicht mit Ausnahme des aus alten Reben gewonnenen Merlot und Cabernet Franc vom Château Lafleur in Pomerol, besitzt eine so konzentrierte, likörartige Intensität von Himbeeren und Kirschen wie der Château Rayas. So gering die Produktionsmenge des Rayas und seiner Geschwistergewächse auch sein mag, einmal im Leben sollte man mindestens einen großen Jahrgang dieses gewaltigen Tropfens probiert haben. So wurden 1996 bei einer Geburtstagsfeier für einen guten Freund ein 78er Rayas und ein 78er Domaine de la Romanée-Conti la Tâche – einer der größten roten Burgunder, die ich kenne – geöffnet. Innerhalb einer Viertelstunde wies kein Glas auch nur noch einen Tropfen Rayas auf, während viele Gläser mit La Tâche noch gefüllt waren. Sagt das nicht alles?

Reynaud hat eine ganze Generation junger französischer Kellermeister inspiriert und motiviert, die Methoden der Vergangenheit wieder zu entdecken und die Existenzberechtigung des Grenache anzuerkennen. Und schließlich hat er, der Einsiedler, Philosoph, Gourmet, vorzügliche Kellermeister, selbst Mythos und Legende, beim Autor und vermutlich auch bei allen, die von ihm oder seinen außerordentlichen Weinen berührt wurden, einen unauslöschlichen Eindruck hinterlassen.

Am 14. Januar 1997, einen Tag vor seinem 73. Geburtstag, starb Jacques Reynaud an einem Herzinfarkt, während er Schuhe kaufte. Er war *tatsächlich* legendär – ich werde ihn vermissen.

JAHRGÄNGE

1995 • 97+ Rayas Châteauneuf-du-Pape (rot): Der unfassbar profunde 95er Rayas dient als herrliches Beispiel dafür, zu welchen Höhen sich die Grenache-Traube aufschwingen kann. Aus Erträgen von 12 bis 15 Hektolitern pro Hektar gewonnen, wird dieser 95er noch schwieriger zu finden sein als andere. Zwar fehlen ihm die ungezügelte Üppigkeit und Hochreife des 90ers, doch wirkt er auf mich wie ein imaginärer Verschnitt aus dem 78er, dem 89er und dem 90er. Dicht und satt purpurrot in der Farbe bietet er ein Bukett mit den unverwechselbaren Düften von Kirschwasser, Cassis und gerösteten Erdnüssen. Ein körperreicher Rayas von großartiger Konzentration und doch auffallend schönen Konturen, der die ganze Kraft und hedonistische Fülle der großen Jahrgänge bereit hält und es gleichzeitig fertig bringt, diese massive Fülle mit einem Hauch Eleganz und Konturen auszustatten! Ich weiß nicht, wie der legendäre 78er nach neun Monaten schmeckte, doch besitzt dieser 95er eine solche Struktur, innere Stärke und Intensität, dass er dessen Niveau möglicherweise erreichen wird. Er besticht als hoch konzentrierter, herrlich bereiteter, nahtlos gefügter Wein, der Rayas-Fans in Begeisterung versetzen wird. Sein Säuregehalt ist angesichts seines Extraktstoffreichtums und seiner Fülle überraschend hoch, daher sollte man ihm 5 bis 6 Jahre Kellerreife gönnen. Sein Reifepotenzial dürfte sich auf zwei Jahrzehnte erstrecken. Letzte Verkostung: 6/96.

1994 • 92+ Rayas Châteauneuf-du-Pape (rot): Der 94er Rayas hat sich als Klassiker erwiesen. Ähnlich dem 88er, nur aufgeschlossener und lieblicher, zeigt er ein tiefes Rubin- bis Purpurrot und ein himmlisch duftendes Bukett von Erdbeeren, Kirschwasser und Schwarzen Himbeeren. Der dichte und körperreiche Tropfen mit einer süßen Mittelphase zeigt sich gut proportioniert und stilvoll, dabei gleichzeitig ausdrucksstark, reich und kraftvoll – eine bemerkenswerte Leistung, die sich über 12 bis 16 Jahre gut trinken lassen dürfte. Letzte Verkostung: 9/96.

1993 • 86 Rayas Châteauneuf-du-Pape (rot): Der offene und duftige, helle bis durchschnittlich rubinrote Wein besitzt eine pfeffrige Beerenfrucht, einen mittleren Körper, leichtes Tannin sowie eine milde, angenehme und unkomplizierte Art. Ihm fehlt die Konzentration der schönsten Jahrgänge, daher wird er über die nächsten 7 bis 8 Jahre austrocknen und zusehends karger werden. Letzte Verkostung: 12/95.

1992 • 86 Rayas Châteauneuf-du-Pape (rot): Ein weiterer fruchtiger, milder, runder Rayas – der 92er zeigt mehr Tiefe als sein Nachfolger, ein mittleres Rubinrot und ein Bukett von staubiger, erdiger Kirschenfrucht, verwoben mit den Düften von Pfeffer und Kräutern. Der fleischige, mittelschwere Wein bietet kaum genug Frucht, Glyzerin und Körper, um seinen feurigen Alkoholgehalt auszugleichen. Im Laufe der nächsten 4 bis 6 Jahre austrinken. Letzte Verkostung: 12/95.

1992 • 78 Rayas Châteauneuf-du-Pape (weiß): Der weiße 92er Rayas offenbart eine frische Säure und einen mittleren Körper, aber wenig Tiefe oder Charakter. Letzte Verkostung: 6/95.

1991 • 89 Château Pignan Châteauneuf-du-Pape (rot): Der 91er Pignan liegt preislich günstiger als der Rayas, da er alle deklassierten Rayas-Partien enthält. Für einen Reynaudschen Wein ungewöhnlich tanninreich beeindruckt er mit einem opaken Rubin- bis Purpurrot und einem kräftigen, süßen, ledrigen Bukett von Lakritze und schwarzer Frucht. In diesem großformatigen, gut gebauten Tropfen findet man eine riesige Frucht und erstaunlichen Extraktstoffreichtum sowie Furcht erregende Tannine. Er wird sich ohne weiteres eine hervorragende Bewertung verdienen, sofern sich das Tannin verflüchtigt, bevor die Frucht verblasst. Zwischen 1997 und 2010 trinken. Letzte Verkostung: 6/96.

1990 • 100 Rayas Châteauneuf-du-Pape (rot): Der 90er Rayas ist wohl der wertvollste Tropfen in meiner Sammlung – ihn würde ich höchstens für einen ehrwürdigen, unverdorbenen Pétrus von 1921, 1929, 1947 oder 1961 hergeben! Aus extrem spät gelesenen, reifen Trauben mit Ehrfurcht gebietenden Zuckerwerten gekeltert, verkörpert Reynauds 90er den Inbegriff des Rayas und einen der größten jungen Roten, die ich je probiert habe. Außergewöhnlich üppig, dick und saftig zeigt er eine überreife Kirschwasser- und Kirschenintensität, die noch kein sekundäres Aroma angenommen hat. Dieser massive, dickflüssige und außergewöhnlich körperreiche, alkoholstarke Wein – der Alkoholgehalt muss um die 15 % liegen – von saftiger, öliger Struktur bietet einen sensationellen Trinkgenuss! Dabei zeigt er noch keine Anzeichen der reifen, wildartigen Eigenschaften, die seinen größten Konkurrenten, den phänomenalen 78er, über ein Jahrzehnt lang auszeichneten. Das Leben erscheint zu kurz, um von diesem Wein nicht so viel wie möglich zu trinken! Voraussichtliche Genussreife: jetzt bis 2010. Letzte Verkostung: 9/96.

1990 • 91 Rayas Châteauneuf-du-Pape (weiß): Der 90er weiße Rayas erwies sich als ein erstaunlicher Tropfen, als wir ihn in einem Restaurant bei Orange tranken. Reynaud deutete an, der 90er werde erst nach 10 bis 15 Jahren voll ausgereift sein! Bei meiner letzten Probe enthüllte der Wein ein riesiges Bukett von Honig und Birnen, einen ausladenden, öligen Geschmack, herrlichen Fruchtextrakt und einen langen, alkoholstarken Abgang. Er sollte sich 15 bis 20 Jahre gut trinken lassen.

1990 • 95 Château Pignan Châteauneuf-du-Pape (rot): Pignan bezeichnet ein *terroir* oder *lieu-dit* im Norden und Westen des schmalen Weinbergstreifens von Rayas mit Sand- und Lehmboden. Es handelt sich zwar um eine separate Rebfläche, in der Praxis stellt der Pignan aber den Zweitwein der Kellerei dar. Sein außerordentlicher Erfolg mit so jungen Jahrgängen wie dem 89er und dem 90er brachte Skeptiker auf die Idee, Reynaud könnte seinen besten Most für den Pignan verarbeiten, während er den Rayas als Zweitetikett verwendet. Dies trifft nicht zu, zweifellos aber besticht der Wein – vor allem die erwähnten Jahrgänge – durch seine außerordentliche Fülle und Intensität, und das zum halben Preis eines Rayas. Der 90er bietet eine dicke, fruchtige Ladung geballter Grenache-Frucht mit dem Aroma überreifer Vogelkirschen. Dieser saftige, alkohol-, glyzerin- und körperreiche, portähnliche, umwerfende Knüller sollte sich weitere 15 Jahre und länger gut trinken lassen. Letzte Verkostung: 12/95.

1989 • 96 Rayas Châteauneuf-du-Pape (rot): Ähnlich wie der 78er zeigt sich der 89er zwar nicht so offensichtlich massiv wie der 90er, er könnte sich jedoch als ein Rayas von klassischeren Proportionen erweisen. Ihn charakterisieren ein dunkles Rubin- bis Purpurrot sowie das typische Rayas-Aroma von gedörrten Früchten, Kirschwasser, Erde und Rauch. Der strukturiertere, reich extrahierte, dicke Wein kann innerhalb der nächsten 20 Jahre oder später getrunken werden. Hinsichtlich seiner Kraft, seines Extraktstoffreichtums und Gewichts wird er zwar mit dem 90er vielleicht nicht mithalten können, präsentiert sich aber als ein feiner Tropfen und gehört eindeutig zu den schönsten, die in den letzten 30 Jahren auf diesem Gut entstanden sind. Letzte Verkostung: 9/96.

1989 • 93 Château Pignan Châteauneuf-du-Pape (rot): Ähnlich wie der 90er, wenn auch mit etwas weniger Portwein-Charakter und ohne dessen satte Farbe, schmeichelt dieser ungezügelte, kernige, intensive und gehaltvolle 89er Pignan dem Gaumen mit vielen Schichten viskosen Fruchtgeschmacks, einem hohen Alkoholgehalt und einer beeindruckend samtigen Süße. Dieser starke Tropfen zeigt keine Anzeichen, sich zu verschließen, und sollte sich weitere 12 bis 15 Jahre oder länger wunderbar trinken lassen.

1988 • 94+ Rayas Châteauneuf-du-Pape (rot): Neben dem 89er und dem 90er erscheint deren Vorgänger höflich und zivilisiert, ist aber dennoch kein schüchterner Tropfen. Für sich genommen repräsentiert der 88er einen saftigen Rayas von ungeheurem Format, was wieder einmal die zuweilen irreführende Wirkung vertikaler Degustationen verdeutlicht. Von einem gesunden, dunklen Rubinrot bietet der Wein ein Bukett, das sich weniger aufgeschlossen gibt als das seiner beiden Nachfolger, das aber den Inbegriff der Vogelkirschenfrucht in jenem ausgefallenen, unverwechselbaren Rayas-Stil darstellt. Dieser körperreiche und gehaltvolle Tropfen besitzt sogar mehr Tannin und Struktur als der 89er, wird aber jenem extravaganten Gewächs sowie dem legendären 90er stets den Vortritt lassen müssen. Dennoch zeigt er sich als ein extrem würdiger, erstklassiger Châteauneuf-du-Pape, der sich schön entfalten und einige der voll ausgereiften Spitzenjahrgänge – wie den 85er, den 83er und den 81er – übertreffen wird. Letzte Verkostung: 12/95.

1986 • 86 Rayas Châteauneuf-du-Pape (rot): Dieser Wein von einem mittleren Rubinrot ohne Bernstein- oder Orangetöne offenbart seit der Freigabe Vollreife und lässt sich weiterhin gut trinken, sollte aber vor der Jahrtausendwende verbraucht werden. Er gehört nicht zu den erfolgreichsten Erzeugnissen dieses für Châteauneuf-du-Pape schwierigen und unbeständigen Jahres. Seine pfeffrige, kräuterwürzige Sellerienote liegt im Wettstreit mit dem Aroma von reifen Kirschen und Kirschwasser. Der Wein besitzt zwar einen mittleren bis vollen Körper, gutes Glyzerin und eine samtige Struktur, ihm fehlen jedoch das süße Mittelstück und der extraktstoffreiche, tiefe Kern der besten Erzeugnisse dieses Guts. Austrinken. Letzte Verkostung: 12/95.

1985 • 90? Rayas Châteauneuf-du-Pape (rot): Der dunkel rubinrote 85er lässt sich nur schwer beurteilen. Er schlug sich stets hervorragend mit seiner reichlich pfeffrigen Vogelkirschenfrucht, dem vollen Körper, der ausgezeichneten Kraft und Konsistenz und einem ebenso saftigen Eingang wie Mittelstück und Abgang, voller Glyzerin, Frucht, Extraktstoffgehalt und Alkohol. Aus einem unerfindlichen Grund zeigt er sich jedoch weiterhin monolithisch, ohne die Präzision und Konturen so großer Jahrgänge wie 1988, 1989 und 1990 aufzuweisen. Vermutlich verflüchtigt sich sein Babyspeck noch zum Teil und lässt den Alkohol stärker hervortreten. Diesen Wein würde ich über die nächsten 5 bis 8 Jahre trinken, statt auf weitere Entfaltung zu hoffen. Unzweifelhaft ausgezeichnet und herausragend steht doch seine Ausgewogenheit auf schwachen Füßen, obwohl noch keine Farbabschwächung sichtbar wird. Letzte Verkostung: 12/95.

1985 • 86 Rayas Châteauneuf-du-Pape (weiß): Für den weißen Rayas hatte ich nie sonderlich viel übrig, muss aber zugeben, dass der 85er zu den besseren Leistungen gehört. Der recht gehaltvolle, körperreiche und alkoholstarke Tropfen von kräftiger, öliger Art sollte innerhalb von 3 bis 4 Jahren getrunken werden. Letzte Verkostung: 6/86.

1983 • 92 Rayas Châteauneuf-du-Pape (rot): Seit den späten Achtzigern voll ausgereift, hält sich der 83er aber weiterhin auf einem üppigen Trinkniveau, auch wenn sein dunkles Rubin- bis Granatrot am Rand merkliche Bernsteintöne aufweist. Sein berauschendes Aroma von schwarzem Pfeffer, roten und schwarzen Früchten, Gewürzen, Kräutern und Erde nimmt besonders für ihn ein. Mit seiner weichen, samtigen, lieblichen und abgerundeten Art, frei von harten Kanten, stellt dieser Tropfen seit nunmehr fast zehn Jahren eine beständige Köstlichkeit dar. Man sollte ihn jedoch bis 2002 trinken, bevor sein Gehalt und die Frucht verblassen. Letzte Verkostung: 12/95.

1983 • 89 Château Pignan Châteauneuf-du-Pape (rot): Ähnlich dem 83er Rayas besitzt dieser Pignan eine tiefe Farbe, einen riesigen Geschmack von süßen Beeren, eine pfeffrige Himbeerfruchtigkeit und einen saftigen Abgang. Letzte Verkostung: 2/87.

1981 • 92 Rayas Châteauneuf-du-Pape (rot): Im Stil ähnelt dieser Rote dem 83er, gibt sich jedoch alkoholreicher und berauschender. Seit Ende der Achtziger lässt er sich fabelhaft trinken und bietet seitdem einen herrlich opulenten, reichen, sahnigen Geschmack von prallen Kirschen, verbunden mit Rauch, Pfeffer und Kräutern. Der körperreiche, milde und voll ausgereifte Rayas, der im Hintergrund über ausgeprägtere Konturen verfügt als der 83er oder der 85er, sollte über die nächsten 4 bis 5 Jahre getrunken werden – eine wahre Schönheit! Letzte Verkostung: 12/95.

1981 • 90 Château Pignan Châteauneuf-du-Pape (rot): Der 81er Pignan, satter in der Farbe als der 83er, verfügt über ein pflaumenduftiges Bukett von gerösteten Nüssen, einen intensiven, sehr konzentrierten, körperreichen Geschmack und einen langen, tanninreichen Abgang – ein großer Châteauneuf-du-Pape. Voraussichtliche Genussreife: 1989 bis 1998. Letzte Verkostung: 2/87.

1979 • 96 Rayas Châteauneuf-du-Pape (rot): Gelegentlich erreicht dieser Wein die Qualität des überirdischen 78ers. 1979 war stets ein sich spät entwickelnder und unterschätzter Jahrgang für die Standardcuvée, von der ich seit ihrer Freigabe Anfang der Achtziger mehr als zwei Kisten getrunken habe. Am meisten ähnelt der 79er dem 88er – zumindest zu diesem Zeitpunkt. Die dunkel granatrote, mit leichten Bernsteintönen versehene Farbe des großformatigen 79ers vereint sich mit einem riesigen Bukett von Rauch, Schwarzen Himbeeren, Kirsche, Lakritze und Früchtebrot, einem saftigen, körperreichen Geschmack, Glyzerin, Extraktstoffgehalt und Dicke in beträchtlichem Maße sowie leichtem Tannin in seinem massiven Abgang – ohne das geringste Anzeichen einer verblassenden Frucht. Es wird empfohlen, sich diesen begeisternden Trinkgenuss nicht entgehen zu lassen und den Wein im Laufe der nächsten 4 bis 5 Jahre zu verbrauchen. Letzte Verkostung: 12/95.

1978 • 100 Rayas Châteauneuf-du-Pape (rot): Es wird sich zeigen, ob der 89er, der 90er und der 95er mit der üppigen Qualität des monumentalen 78ers werden mithalten können. Vermutlich wird ihn der 90er übertreffen, der 95er und der 89er werden mit ihm konkurrieren und der 88er wird ihm ebenbürtig sein. Mit diesem Wein wurde mir einer der dekadentesten Nektare meines Lebens kredenzt; er gehört zu den wertvollsten Schätzen meiner Sammlung, und ich würde ihn allerhöchstens gegen einen 61er Château Latour Pomerol eintauschen! Er begann massiv, aber strukturiert und verschlossen, um dann Mitte der Achtziger voll aufzublühen. Seine üppig konzentrierte, pralle Frucht von Schwarzen Himbeeren, Kirschwasser und Kirschen ist nach wie vor vorhanden, während sich in der dunkel granatroten Farbe erste Bernsteintöne zeigen. Das rauchige, erdige, wildduftige Bukett, das die außerordentliche Fruchtmasse umspielt, kann nur als ein hedonistischer Traum beschrieben werden. Dick, saftig und süffig, ohne harte Kanten, bietet dieser alkoholreiche, wunderbar proportionierte, konzentrierte Tropfen den Rayas in seiner großartigsten Form. Über die nächsten 7 bis 8 Jahre austrinken, denn die schönsten Châteauneufs zeigten bisher ein ungewöhnliches Reifepotenzial. Letzte Verkostung: 8/96.

1976 • 76? Rayas Châteauneuf-du-Pape (rot): Der 76er verblasst seit Mitte bis Ende der achtziger Jahre, und seine Orange-Bernsteintöne am Rand werden zahlreicher. Das Bukett verliert einen Teil seiner einst bescheidenen Mengen praller Kirschenfrucht und nimmt allmählich einen erdigeren, kräuterwürzigeren, ausgewascheneren Charakter an. Der milde, kantige Wein zeigt bei zunehmend austrocknender Frucht eine kargere Art. Die Zeit meinte es weder mit der 76er Châteauneuf-Produktion im Allgemeinen noch mit dem 76er Rayas im Besonderen gut. Letzte Verkostung: 12/95.

1971 • 85 Rayas Châteauneuf-du-Pape (rot): Der am Rand schon sehr braune 71er von einem mittleren Rubinrot ist seit 1978 voll ausgereift, und seine breite, ausladende, süße und pralle Frucht wirkt sehr einnehmend. Der reife und runde, aber inzwischen nachlassende Wein war vor einigen Jahren besser und konzentrierter und muss ausgetrunken werden. Letzte Verkostung: 7/86.

1969 • 88 Rayas Châteauneuf-du-Pape (rot): Auf seinem Höhepunkt angekommen befindet sich der 69er Rayas in besserer Verfassung als der 71er oder der 76er. Sein rauchiges, komplexes Bukett von orientalischen Gewürzen wird ergänzt von einem ebenso verführerischen Geschmack, einem vollen Körper, einer dicken Schicht süßer Frucht und einem üppigen Abgang – ein großes Trinkvergnügen. Letzte Verkostung: 7/86.

1967 • 91 Rayas Châteauneuf-du-Pape (rot): Aus dem Glas strömt einem das Aroma von gerösteten Nüssen, provenzalischen Kräutern, Räucherfleisch und intensiven kandierten Früchten entgegen. Geschmacklich macht die durch viel Frucht, Glyzerin und Alkohol ölige Struktur diesen Wein zu einer wunderbar schwelgerischen Trinkerfahrung. Er sollte ausgetrunken werden. Letzte Verkostung: 6/86.

1966 • 89 Rayas Châteauneuf-du-Pape (rot): Auch wenn der 66er nicht so ausladend und süß wirkt wie sein Vorgänger, so handelt es sich doch um einen klassischen Rayas mit einem sehr duftigen und intensiven Bukett, einem vollmundigen, portartigen Geschmack und einem langen Abgang. Letzte Verkostung: 7/86.

1964 • 87 Rayas Châteauneuf-du-Pape (rot): Wie der 67er kann sich auch dieser Wein nicht mehr verbessern oder weiter entfalten und sollte daher ausgetrunken werden. Mehr als sein typisches Bukett von rauchigen Nüssen, orientalischen Gewürzen und seine sehr reife Frucht kann man nicht verlangen. In der Mittelphase verliert er bereits einige Frucht, und sein mächtiger Alkoholgehalt drängt sich nach vorne. Letzte Verkostung: 6/85.

1962 • 65-90 Rayas Châteauneuf-du-Pape (rot): Eine sehr helle Farbe und ein verwaschener Geschmack kennzeichneten bei der Verkostung Mitte 1986 diesen stark nachlassenden Wein. Zwei Jahre zuvor hatte ich eine vorzüglich erhaltene Flasche getrunken, die genauso überzeugte wie der 67er. Bei einem so alten Wein sind gute Lagerbedingungen extrem wichtig. Letzte Verkostung: 6/86.

1961 • 92 Rayas Châteauneuf-du-Pape (rot): Trotz seiner verblassenden Farbe besitzt dieser Wein immer noch eine beachtliche Menge reifer, süßer Frucht. Geschmacklich ähnelt er einem 20 Jahre alten Tawny Port. Der Genuss dieses hedonistischen Tropfens ist ein Privileg. Letzte Verkostung: 6/86.

Domaine des Relagnes

(Cuvée Vigneronne oder Cuvée Henri Boiron ***)

Adresse:
Route de Bédarrides, 84230 Châteauneuf-du-Pape, Tel.: 4 90 83 73 37

Produzierte Weine: Châteauneuf-du-Pape (weiß und rot)

Rebfläche: 13 ha

Produktionsmenge:
Weiß: 375 Kisten; Rot: 5 000 Kisten

Ausbau: Traditionell in *foudres*, ohne Entrappen

Durchschnittsalter der Reben: 60 Jahre

Verschnitt:
Weiß: Jeweils 45 % Grenache blanc und Clairette, 10 % Bourboulenc
Rot: 85 % Grenache, 8 % Mourvèdre, 7 % Cinsault und Syrah

Henri Boiron ist der Cousin von Maurice Boiron, der zusammen mit seiner Frau das exzellente Weingut Le Bosquet du Pape sein Eigen nennt. Boirons 13 Hektar umfassendes Gut, zu 85 % mit Grenache und zu 15 % mit Mourvèdre bestockt, verfügt über sehr alte Reben mit einem Durchschnittsalter von 60 Jahren. Seine Weinberge liegen über die gesamte Appellation verstreut auf Sand-, Lehm- und Steinböden. Vinifiziert wird auf traditionelle Weise, und nur der Syrah wird entrappt. Boiron filtert seinen Wein zweimal, weil «die Verbraucher Wein ohne Bodensatz verlangen». In den achtziger Jahren fielen seine Erzeugnisse erheblich leichter aus, während sich in den letzten 5 bis 6 Jahren eine Tendenz zu einem fülligeren, intensiveren Charakter bemerkbar macht, da selbst Boiron – von den geschönten Weinen enttäuscht – auf diese Behandlung nunmehr verzichtet und nur noch filtriert. Hinter den Bezeichnungen Cuvée Vigneronne und Cuvée Henri Boiron verbirgt sich übrigens derselbe Wein.

Insgesamt produziert Boiron einen fruchtigen, etwas kommerziellen, aber doch schmackhaften Châteauneuf-du-Pape von weicher Struktur, den man am besten innerhalb von 5 bis 8 Jahren trinkt.

Jahrgänge

1995 • 88 Châteauneuf-du-Pape (rot): Der 95er Châteauneuf-du-Pape zeigt eine ausgezeichnete Intensität, ein tiefes Rubinrot und eine schöne, fette Mittelphase, die von dem Aroma süßer Vogelkirschenfrucht beherrscht wird. Der Wein besitzt eine großartige Reife, eine bessere Grundstruktur als der 94er sowie einen guten Abgang; er wird zugänglicher und fleischiger sein als die Vorjahresleistung. Voraussichtliche Genussreife: jetzt bis 2004. Letzte Verkostung: 6/96.
1994 • 86 Châteauneuf-du-Pape (rot): Boirons 94er Châteauneuf hat sich als ansprechender Wein von einem mittleren Granatrot mit einem würzigen, nach Kirschen und Kräutern duftenden Bukett erwiesen. Der Mund füllt sich mit weichen, runden, von einer verführerischen Zimtnote ergänzten Geschmacksnuancen von einem mittleren Körper, einer schönen Reife,

einem fleischigen Eindruck, gutem Alkoholgehalt und einem würzigen Abgang. Voraussichtliche Genussreife: jetzt bis 2001. Letzte Verkostung: 6/96.

1993 • 86 Châteauneuf-du-Pape (rot): Der 93er zeigt eine überraschend entwickelte Farbe, die bereits Granat- und Bernsteintöne aufweist. Der fette, runde und etwas diffuse Wein gibt sich schmackhaft und vollmundig und hat in seiner prallen Kirschenfruchtigkeit einen fast pflaumigen Charakter. Voraussichtliche Genussreife: jetzt bis 1994. Letzte Verkostung: 6/96.

1992 • 87 Châteauneuf-du-Pape (rot): Der mittel bis dunkel rubinrote 92er Châteauneuf enthüllt ein expansives, prallsüßes, blumiges Bukett und einen breiten, kernigen Geschmack – ein Châteauneuf in sehr verführerischem Stil. Voraussichtliche Genussreife: jetzt. Letzte Verkostung: 6/95.

1990 • 84 Châteauneuf-du-Pape (rot): Diese 90er Cuvée zeigt sich von einem mittleren Rubinrot mit einem angenehm würzigen Bukett von Kräutern und roten Früchten, einem mäßig ausgestatteten Geschmack, einem guten Körper, einer weichen Struktur und dem verräterischen pfeffrigen Nussaroma der hochreifen Grenache-Traube. Genussreife: jetzt. Letzte Verkostung: 6/95.

1989 • 88 Châteauneuf-du-Pape (rot): Der beste Tropfen Henri Boirons seit 1981! Von einem tiefen Rubin- bis Purpurrot, mit einem Bukett von provenzalischen Kräutern, Schwarzen Himbeeren, gerösteten Erdnüssen und Pfeffer, ist dies ein körperreicher, weicher Tropfen von samtiger Konsistenz. Voraussichtliche Genussreife: jetzt bis 2000. Letzte Verkostung: 6/94.

1988 • 84 Châteauneuf-du-Pape (rot): Der 88er präsentiert sich als feiner, hell rubinroter Châteauneuf-du-Pape mit einem pfeffrigen, würzigen, intensiv kräuterduftigen Bukett und einem runden, milden, etwas faden Geschmack. Genussreife: jetzt. Letzte Verkostung: 6/94.

ÄLTERE JAHRGÄNGE

Sowohl der 85er als auch der 83er fielen innerhalb von 5 bis 6 Jahren nach der Lese auseinander. Wer indes den 81er oder den 78er irgendwo findet, kann beide als sehr gute Beispiele der Domaine des Relagnes probieren.

Domaine Riche ***

Adresse:
27, avenue de Général de Gaulle, 84230 Châteauneuf-du-Pape, Tel.: 4 90 83 72 63

Produzierte Weine:
Châteauneuf-du-Pape (weiß und rot)

Rebfläche:
Weiß: 1 ha; Rot: 12,8 ha

Produktionsmenge:
Weiß: 1 800 Kisten; Rot: 5 000 Kisten

Ausbau:
Weiß: Gärung bei niedrigen Temperaturen in Tanks, Abfüllung im Dezember oder Januar nach der Lese
Rot: Nach dem Entrappen werden die Trauben gemahlen, anschließend 12 bis 18 Monate
Ausbau in verschiedenen *foudres*

Durchschnittsalter der Reben:
Weiß: 30 Jahre; Rot: 30 Jahre

Verschnitt:
Weiß: 50 % Grenache blanc, 30 % Clairette, 20 % Bourboulenc
Rot: 70 % Grenache, jeweils 10 % Cinsault, Mourvèdre und Syrah

Diese recht unbekannte Kellerei kann auf eine gute Tradition beispielhafter, sehr Grenache-betonter Châteauneuf-Erzeugnisse zurückblicken, die das verräterische Aroma von *garrigue* und Vogelkirschen sowie einer guten, massigen, saftigen Frucht zeigen. Sie sind nicht für eine lange Kellerreife vorgesehen und sollten daher innerhalb von 5 bis 8 Jahren verbraucht werden. Nach meiner Erfahrung bringt die Domaine Riche in den besseren Jahrgängen sehr gute Weine hervor.

Jahrgänge

1995 • 87 Châteauneuf-du-Pape (rot): Eine schöne Leistung! Der dunkel rubinrote 95er zeigt sich aufgeschlossen, schwerfällig und etwas kommerziell orientiert mit einer guten Struktur und Säure, schöner Reife und klaren Konturen sowie eingängigen, süßen Aroma- und Geschmacksnuancen von Vogelkirschen und Kräutern der Provence. Er sollte innerhalb von 5 bis 8 Jahren getrunken werden. Voraussichtliche Genussreife: jetzt bis 2004. Letzte Verkostung: 6/96.

1994 • 86+ Châteauneuf-du-Pape (rot): Der 94er bietet ein mittleres bis dunkles Rubin- bis Granatrot, ein würziges, süßes Bukett von Kirschen, Erde, Leder und Oliven, einen gehaltvollen, samtigen Geschmack von mittlerem bis vollem Körper, einen guten Alkohol- und Glyzeringehalt sowie einen säurearmen, berauschenden Abgang. Voraussichtliche Genussreife: jetzt bis 2002. Letzte Verkostung: 6/96.

1993 • 86 Châteauneuf-du-Pape (rot): Der durchschnittlich rubinrote 93er präsentiert sich als reifer, sauber bereiteter, kommerzieller Châteauneuf-du-Pape mit Wärme, Üppigkeit und einem fetten Kräuter-, Pfeffer- und Kirschengeschmack. Der saftige, glyzerinreiche Tropfen sollte kurzfristig getrunken werden. Voraussichtliche Genussreife: jetzt bis 1999. Letzte Verkostung: 6/96.

1992 • 77 Châteauneuf-du-Pape (rot): Der leichte, flache 92er bietet eine anständige Frucht, einen mittleren Körper und einen ausdrucksarmen Abgang von kleinem Format. Austrinken. Letzte Verkostung: 6/95.

1989 • 86 Châteauneuf-du-Pape (rot): Der dunkel granat- bis rubinrote 89er zeigt Reife, Konzentration, einen mittleren bis vollen Körper, eine geschmeidige Struktur sowie reichlich Gewürze und Pfeffer. Ein guter Wein aus einem großen Jahrgang. Voraussichtliche Genussreife: jetzt bis 2000. Letzte Verkostung: 6/95.

1988 • 83 Châteauneuf-du-Pape (rot): Der 88er wirkt leicht und vordergründig, weich, fruchtig und eindimensional. Voraussichtliche Genussreife: jetzt. Letzte Verkostung: 6/94.

DOMAINE DE LA ROQUETTE (DANIEL BRUNIER) ****

Adresse:
2, avenue Louis Pasteur, 84230 Châteauneuf-du-Pape, Tel.: 4 90 83 00 31, Fax: 4 90 83 71 25

Produzierte Weine:
Châteauneuf-du-Pape (weiß und rot)

Rebfläche:
Weiß: 3 ha; Rot: 27,1 ha

Produktionsmenge:
Weiß: 1 875 Kisten; Rot: 11 250 Kisten

Ausbau:
Weiß: 8 Monate in Emailtanks
Rot: Insgesamt 24 Monate, 12 bis 15 Tage Gärung in Zementtanks, dort 1-jähriger Ausbau, anschließend 8 Monate in alter Eiche, Abfüllung in einem Durchgang ohne Schönung oder Filtration

Durchschnittsalter der Reben:
Weiß: 10 Jahre; Rot: 40 Jahre

Verschnitt:
Weiß: Gleiche Anteile der Sorten Grenache blanc, Bourboulenc, Roussanne und Clairette
Rot: 70 % Grenache, 20 % Syrah, 10 % Mourvèdre

Bis 1986 erzeugte René Laugier auf seiner 30-Hektar-Domaine sowohl roten als auch weißen Châteauneuf-du-Pape, verkaufte dann aber an Henri Brunier, den Besitzer von Vieux-Télégraphe. Die Rebflächen sind zu 70 % mit Grenache bestockt, die Produktionsmenge beträgt knapp 13 500 Kisten.

Seit dem Verkauf haben die beiden jungen Bruniers, Daniel und Frédéric, die Qualität der Domaine de la Roquette erheblich verbessert, indem sie die Keller renovierten und mit der Entrappung der Trauben begannen. Ihre Weine nehmen einen moderneren, aber ausdrucksstarken Châteauneuf-Stil an. Das Gut verfügt über ein schönes *terroir* aus drei getrennten Parzellen, die alle auf dem steinigen Plateau nördlich des Dorfs liegen. Bei dem gesunden Durchschnittsalter ihrer Reben überraschen die Fortschritte kaum. Zudem verzichten die Bruniers inzwischen auf jedes Schönen oder Filtrieren, um einen Wein zu erhalten, der die Lage dieses alten Weinbergs verkörpert.

Auch der weiße Domaine de la Roquette hat sich verbessert – heute präsentiert er sich als eleganter, fruchtiger, stilvoller trockener weißer Châteauneuf, der von dem 25-prozentigen Roussanne-Anteil im Verschnitt immens profitiert hat. Wie die folgenden Prüfnotizen zeigen, verdient dieser unterschätzte, preislich günstige Châteauneuf-du-Pape mehr Beachtung.

JAHRGÄNGE

1995 • 90 Châteauneuf-du-Pape (rot): Die Familie Brunier von Vieux-Télégraphe hat sich durch die Qualitätsverbesserung ihrer Weine ein großes Verdienst erworben. Verglichen mit dem 94er enthüllt der 95er Châteauneuf eine tiefere Farbe, eine bessere Struktur – mit mehr Säure und Tanninen –, eine herausragende Fülle und Reife sowie einen breiten, fülligen, dicken Geschmack. Er dürfte sich als langlebiger Tropfen erweisen, der jedoch als Jungwein nicht so einschmeichelnd wirkt wie der 94er. Voraussichtliche Genussreife: 1998 bis 2007. Letzte Verkostung: 6/96.

1994 • 89 Châteauneuf-du-Pape (rot): Der unfiltriert abgefüllte 94er wurde aus 70 % Grenache und jeweils 15 % Syrah und Mourvèdre verschnitten. Dieser dunkel rubin- bis purpurrote Wein zeigt reichlich schwarze Früchte, eine süße, körperreiche Mittelphase, eine geschmeidige, runde, großzügig ausgestattete Persönlichkeit und einen würzigen, langen, pfeffrigen Abgang – ein köstlicher, aufgeschlossener Châteauneuf. Voraussichtliche Genussreife: jetzt bis 2004. Letzte Verkostung: 6/96.

1993 • 88+ Châteauneuf-du-Pape (rot): Der tanninreiche und verschlossene 93er zeigt neben einem gesunden, satten, dichten Rubin- bis Purpurrot ein klassisches Châteauneuf-Bukett von gerösteten Kräutern, schwarzem Pfeffer und süßer Vogelkirschenfrucht. Der hoch konzentrierte, kräftige und körperreiche, muskulöse Wein besitzt in seinem langen Abgang mäßige Tannine. Ausnahmsweise einmal ein 93er, der von der Kellerreife profitieren wird. Voraussichtliche Genussreife: 1998 bis 2007. Letzte Verkostung: 6/96.

1992 • 86 Châteauneuf-du-Pape (rot): Der säurearme 92er Châteauneuf mit seinem pflaumenduftigen Bukett von hochreifen Vogelkirschen, Kräuter- und Pfefferdüften und seinem teerartigen, kernigen Geschmack weist in dem berauschenden Abgang reichlich Alkohol auf. Er wirkt zwar etwas überreif, bietet aber einen starken, fülligen und vollmundigen Trinkgenuss. Voraussichtliche Genussreife: jetzt bis 2000. Letzte Verkostung: 6/95.

1990 • 90 Châteauneuf-du-Pape (rot): Dieser Wein offenbart einen ansprechend süßen Duft von überreifen schwarzen Früchten und pikanten Kräutern, einen Hauch von Kaffee und Tabak sowie eine volle, massige, geschmeidige Mittelphase und eine samtig strukturierte Art. Er wird sich nicht als sonderlich langlebig erweisen, kann aber ein ungeheures Trinkvergnügen bereiten. Voraussichtliche Genussreife: jetzt bis 2002. Letzte Verkostung: 9/95.

1989 • 90 Châteauneuf-du-Pape (rot): Ein kräftiger, voller, alterungswürdiger Wein in ehrgeizigem Stil! Obwohl er sich weniger einschmeichelnd gibt als der 90er, lässt sich nichts aussetzen an seiner intensiven, süßen und exotischen Vogelkirschenfrucht, seinem von Kräutern, Lakritze und Erde durchzogenen Geschmack, dem reichlichen Glyzerin und dem vollen, kräftigen und langen Abgang. Voraussichtliche Genussreife: jetzt bis 2004. Letzte Verkostung: 9/95.

Vor der Übernahme durch Brunier war der Domaine de la Roquette enttäuschend leicht und kurzlebig. Die einzige positive Prüfnotiz seit 1978 betrifft den 88er, der noch in schöner Form sein dürfte.

DOMAINE ROGER SABON (ROGER SABON)

(Les Olivets ***, Cuvée Réservée ****, Cuvée Prestige *****)

Adresse:
Avenue Impériale, B.P. 57, 84230 Châteauneuf-du-Pape, Tel.: 4 90 83 71 72, Fax: 4 90 83 50 51

Produzierte Weine:
Châteauneuf-du-Pape (weiß und rot), Châteauneuf-du-Pape Les Olivets (rot),
Châteauneuf-du-Pape Cuvée Réservée (rot), Châteauneuf-du-Pape Cuvée Prestige (rot)

Rebfläche:
Weiß: 1,5 ha
Rot: 15 ha, einschließlich der Rebflächen in den Appellationen Lirac und Côtes du Rhône;
Les Olivets – 8,5 ha; Cuvée Réservée – 3 ha; Cuvée Prestige – 2,4 ha

Produktionsmenge:
Weiß: 560 Kisten
Rot: 5 750 Kisten, davon Les Olivets – 3 750 Kisten; Cuvée Réservée – 1 250 Kisten;
Cuvée Prestige – 750 Kisten

Ausbau:
Weiß: 6 bis 7 Monate in Emailtanks
Rot: Nach der Gärung werden die drei Luxuscuvées verkostet, und die Partien, die nicht
die gewünschte Qualität aufweisen, werden zur Standardcuvée verarbeitet;
Les Olivets Cuvée Réservée und Cuvée Prestige – Insgesamt 14 Monate,
davon 6 Monate in alten Eichenfässern

Durchschnittsalter der Reben:
Weiß: 40 Jahre
Rot: 40 bis 90 Jahre; Les Olivets – 50 Jahre;
Cuvée Réservée – 60 bis 70 Jahre; Cuvée Prestige – 90 Jahre

Verschnitt:
Weiß: 30 bis 40 % Clairette, jeweils 20 % Grenache blanc und Bourboulenc, 15 % Roussanne,
4 bis 5 % Picpoul sowie eine offene Mischung verschiedener Sorten zu 15 bis 20 %
Rot: Les Olivets – 80 % Grenache, jeweils 10 % Syrah und Cinsault;
Cuvée Réservée – 70 % Grenache, jeweils 10 % Syrah, Cinsault und Mourvèdre;
Cuvée Prestige – 55 bis 60 % Grenache, 10 bis 15 % Syrah, 10 % Mourvèdre sowie andere Sorten

Roger Sabon gehört eher zu den intellektuellen und zukunftsorientierten Winzern von Châteauneuf-du-Pape – Letzteres vielleicht deshalb, weil der Name Sabon bereits seit Anfang des 17. Jahrhunderts mit dieser Appellation verbunden ist. Auf seinem mit gut 16,5 Hektar mittelgroßen Gut bringt Sabon einen starken Weißen und drei Rote hervor. Seine Weinberge findet man in so vorzüglichen Lagen wie Les Cabrières, La Crau, Courthézon und Nalys auf unterschiedlichen, aber ausnahmslos mit *galets roulés* bedeckten Böden. Insgesamt liegt der Grenache-Anteil im Verschnitt bei 70 %, wird aber für die Cuvée Prestige auf 55 bis 60 % reduziert.

Als traditionsbewusster Kellermeister ging Sabon dazu über, seine Roten in kleinen Eichenfässern auszubauen, jedoch nur in alten, da er die Wirkung des neuen Holzes nicht mag. Nachdem ihn sein Önologe und seine europäischen Kunden gedrängt hatten, den Wein stärker zu klären, entschied sich Sabon entgegen aller betriebswirtschaftlichen Argumente für Qualität und verweigert seit rund einem halben Jahrzehnt die Filtration. Zudem widersetzt er sich explizit denjenigen Önologen, die dem intensiven Filtrieren huldigen und nicht anerkennen, dass diese Praxis den Wein in einem erheblichen Maße seines Aromas, Körpers und Geschmacks berauben kann. Seine Gewächse sind klassische Châteauneufs, deren Intensität sich erwartungsgemäß von der traditionellen Cuvée Les Olivets über die Cuvée Réservée bis hin zur Cuvée Prestige steigert. Letztere wird aus den ältesten, knapp 100 Jahre alten Rebstöcken des Guts gekeltert.

Seit Jahren entstehen hier hochklassige Weine, während sich bei den neueren Jahrgängen sogar ein weiterer Qualitätssprung anzudeuten scheint. Zudem wurden Sabons Weine noch nicht von den Massen entdeckt und sind daher überraschend günstig zu erwerben.

Schließlich sei auf die ausgesprochen köstlichen Sabonschen Gewächse aus den Appellationen Côtes du Rhône und Lirac hingewiesen.

JAHRGÄNGE

1995 • 90 Châteauneuf-du-Pape Cuvée Prestige (rot): Die 95er Cuvée Prestige brüstet sich mit großer Süße, einem von schwarzer Frucht geprägten Charakter, einem hohen Reifegrad sowie einem bewundernswerten Glyzerin- und Alkoholgehalt – ein dichter, viel versprechender, herrlich ausgestatteter Châteauneuf-du-Pape. Voraussichtliche Genussreife: 1998 bis 2012. Letzte Verkostung: 6/96.

1995 • 89 Châteauneuf-du-Pape Cuvée Réservée (rot): Die 95er Cuvée Réservée enthüllt einen stärker von schwarzen Früchten geprägten Charakter und eine weniger hervortretende ledrige, olivenduftige Note. Sie besitzt eine üppige Frucht, eine dichtere Persönlichkeit, einen vollen Körper und einen gut strukturierten, würzigen, tanninreichen Abgang. Voraussichtliche Genussreife: 1998 bis 2009. Letzte Verkostung: 6/96.

1995 • 87 Châteauneuf-du-Pape Les Olivets (rot): Die 95er Cuvée Les Olivets bietet ein einnehmendes, würziges und pfeffriges Bukett von praller Vogelkirschenfrucht, einen süßen, runden, vollmundigen Geschmack, einen mittleren bis vollen Körper sowie einen säurearmen, süffigen Abgang. Voraussichtliche Genussreife: jetzt bis 2005. Letzte Verkostung: 6/96.

1994 • 90 Châteauneuf-du-Pape Cuvée Prestige (rot): Der dunkel granatroten 94er Cuvée Prestige entströmt ein kräftiger Duft von Oliven, Zedernholz, roten und schwarzen Früchten, Gewürzen und Pfeffer. Der berauschende, dicke und körperreiche Wein mit seinem vielschichtigen Geschmack ist schön bereitet, gehaltvoll und komplex; er kann sofort getrunken werden. Voraussichtliche Genussreife: jetzt bis 2007. Letzte Verkostung: 6/96.

1994 • 88 Châteauneuf-du-Pape Cuvée Réservée (rot): Die 94er Cuvée Réservée offeriert ein dunkles Rubin- bis Purpurrot und ein ausgeprägtes Bukett von schwarzen Oliven, Zedernholz, neuem Sattelleder und reifer, praller Kirsch- und Johannisbeerfrucht. Mit seinem vollen Körper und dem Tannin im Hintergrund ist dies ein etwas fülliger, großzügiger, klassischer Châteauneuf-du-Pape. Voraussichtliche Genussreife: jetzt bis 2006. Letzte Verkostung: 6/96.

1993 • 89+ Châteauneuf-du-Pape Cuvée Prestige (rot): Die tanninreiche und konzentrierte 93er Cuvée Prestige weist ein satteres Rubin- bis Purpurrot sowie eine geballte Ladung reicher Frucht im Bukett auf. Dieser körperreiche, ausladende und üppige Châteauneuf besitzt ein großes Format und eine vollmundige, intensive Frucht, die das offenbar leichte bis mäßige Tannin maskiert. Voraussichtliche Genussreife: jetzt bis 2006. Letzte Verkostung: 6/96.

1993 • 88 Châteauneuf-du-Pape Cuvée Réservée (rot): Die 93er Cuvée Réservée präsentiert sich mit einem gesunden, dunklen Rubin- bis Purpurrot und einem kräftigen, süßen Bukett von Vogelkirschen, Zedernholz, Kräutern und Gewürzen. Ein körperreicher, gehaltvoller, großzügig ausgestatteter, seidenglatter Châteauneuf von sahniger Konsistenz, der jetzt getrunken werden kann. Voraussichtliche Genussreife: jetzt bis 2003. Letzte Verkostung: 6/96.

1993 • 88 Châteauneuf-du-Pape Les Olivets (rot): Der 93er Les Olivets enthüllt ein sattes, dunkles Rubinrot, ein süßes, pralles Bukett von Vogelkirschen, Kräutern und Pfeffer sowie einen üppig reichhaltigen, kernigen Geschmack von ausgezeichneter Tiefe und Nachhaltigkeit. Voraussichtliche Genussreife: jetzt bis 2002. Letzte Verkostung: 6/96.

1992 • 90 Châteauneuf-du-Pape Cuvée Prestige (rot): Die herausragende, dekadent stilvolle und unfiltrierte 92er Cuvée Prestige bietet verschwenderische Mengen von prallen roten und schwarzen Früchten, gerösteten Kräutern und Nüssen sowie Pfeffer im Bukett. Dieser körperreiche und gehaltvolle, füllige und ölige, lebhafte Tropfen zieht alle Register. Er sollte innerhalb der nächsten 7 bis 8 Jahre getrunken werden. Letzte Verkostung: 6/95.

1992 • 86 Châteauneuf-du-Pape Cuvée Réservée (rot): Die kräftige 92er Cuvée Réservée zeigt ein großzügiges, reichfruchtiges, nach gerösteten Nüssen und Kräutern duftendes Bukett, reichliche Mengen stämmiger Frucht, jede Menge Alkohol und eine anziehende, vollmundige Persönlichkeit. Voraussichtliche Genussreife: jetzt bis 2000. Letzte Verkostung: 6/95.

1990 • 90 Châteauneuf-du-Pape Cuvée Prestige (rot): Sabons 90er Cuvée Prestige weist im Verschnitt weniger Grenache, dafür aber mehr Syrah und Mourvèdre auf, die aus einigen der ältesten Weinberge der Kellerei gewonnen wurden. Der Alkoholgehalt von 14 % verbirgt sich hinter einer wahren Flut von süßen Vogelkirschen. Dem Glas entströmen ein Bukett von reichlicher Frucht und pfeffrigen Gewürzen sowie ein interessantes Aroma von Schinkenspeck und gerösteten Erdnüssen. Geschmacklich wirkt der Wein dicht und körperreich, mit verlockender Struktur, milden Tanninen und geringer Säure. Er verabschiedet sich mit einem gehaltvollen, reichhaltigen und ausgewogenen Abgang. Voraussichtliche Genussreife: jetzt bis 2006. Letzte Verkostung: 6/94.

1990 • 86 Châteauneuf-du-Pape Cuvée Réservée (rot): Die reichhaltigere 90er Cuvée Réservée besitzt mehr Alkohol, bei einer fleischigeren Struktur, starken Düften von roten und schwarzen Früchten in einem würzigen, erdigen Bukett sowie körperreiche, üppige Geschmacksnoten, die den Gaumen so schnell nicht verlassen. Auch dieser alkoholstarke Wein gibt sich ein wenig säurearm, aber insgesamt von fleischiger, samtiger Art. Voraussichtliche Genussreife: jetzt bis 2003. Letzte Verkostung: 6/94.

1990 • 85 Châteauneuf-du-Pape Les Olivets (rot): Dieser mittel bis dunkel rubinrote 90er Les Olivets bietet ein attraktives würziges Bukett von überreifen Kirschen und Apfelsinen. Im Geschmack präsentiert er sich körperreich, kompakt und schnörkellos, bei guter Tiefe, milden Tanninen sowie reichlich vordergründigem Charme. Voraussichtliche Genussreife: jetzt bis 2002. Letzte Verkostung: 6/94.

1989 • 85 Châteauneuf-du-Pape Cuvée Réservée (rot): Die 89er Cuvée Réservée offenbart ein Bukett von Bing-Kirschen und Kräutern, einen runden, körperreichen Geschmack und im Abgang einen spürbaren Alkoholgehalt. Insgesamt ein üppiger, milder Wein. Voraussichtliche Genussreife: jetzt bis 1999. Letzte Verkostung: 6/94.

ÄLTERE JAHRGÄNGE

Sabon gesteht selbst ein, dass ihn die Qualität seiner Weine in den achtziger Jahren dazu bewegte, auf das Filtrieren zu verzichten und nur noch so vorsichtig wie möglich zu schönen. Jene nicht lagerfähigen Gewächse verloren ihren Charakter auf Grund der von dem Dorf-Önologen befürworteten starken Behandlung. Jahrgänge wie der 85er, der 83er und der 81er waren alle bereits nach 5 bis 7 Jahren Flaschenreife ermüdet und verloren an Frucht.

Domaine Saint-Benoît

(Cuvée Elise ***, Soleil et Festins ***, Grande Garde ****, La Truffière ****)

Adresse:
Quartier Saint-Pierre, 84230 Châteauneuf-du-Pape, Tel.: 4 90 83 51 36, Fax: 4 90 83 51 37

Produzierte Weine:
Châteauneuf-du-Pape (weiß), Châteauneuf-du-Pape Cuvée Vieilles Vignes (weiß),
Châteauneuf-du-Pape Cuvée Elise (rot), Châteauneuf-du-Pape Soleil et Festins (rot),
Châteauneuf-du-Pape Grande Garde (rot), Châteauneuf-du-Pape La Truffière (rot)

Rebfläche: Weiß: 2,8 ha

Produktionsmenge:
Weiß: 1 000 Kisten; Cuvée Vieilles Vignes – 50 Kisten
Rot: Cuvée Elise – 1 000 Kisten; Soleil et Festins – 2 125 Kisten; Grande Garde – 1 500 Kisten;
La Truffière – 250 Kisten

Ausbau:
Weiß: Nach Rebsorte getrennte Vinifikation in temperaturgeregelten Edelstahltanks,
assemblage nach 4 Monaten, anschließend 6 bis 7 Monate Ausbau in Edelstahl,
Abstoppen der malolaktischen Gärung;
Cuvée Vieilles Vignes – Vinifikation von 30 bis 50 % in neuen Eichenfässern, die übrige Menge in temperaturgeregelten Edelstahltanks, *assemblage* nach 9 Monaten, Abfüllung in einem Durchgang
Rot: Cuvée Elise – Nach Rebarten getrennte Vinifikation für 20 Tage, Grenache in Edelstahltanks,
die anderen Sorten in Zementtanks, anschließend Ausbau aller Sorten
für 12 Monate in Edelstahltanks;
Soleil et Festins – Nach Rebarten getrennte Vinifikation für 20 Tage, Grenache in Edelstahltanks,
die anderen Sorten in Zementtanks, anschließend Ausbau aller Sorten
für 18 Monate in großen Eichenfässern;
Grande Garde – Nach Rebarten getrennte Vinifikation für 20 Tage, Grenache in Edelstahltanks,
die anderen Sorten in Zementtanks, anschließend Ausbau aller Sorten
für 18 bis 24 Monate in großen Eichenfässern;
La Truffière – Nach Rebarten getrennte Vinifikation für 20 Tage, Grenache in Edelstahl, die anderen
Sorten in Zementtanks, anschließend Ausbau aller Sorten für 18 Monate in kleinen Eichenfässern

Durchschnittsalter der Reben:
Weiß: 15 Jahre; Cuvée Vieilles Vignes – 47 Jahre; Rot: Cuvée Elise – Grenache-Reben 40 Jahre und älter;
Grande Garde – Grenache-Reben 70 Jahre und älter

Verschnitt:
Weiß: Grenache blanc, Clairette, Roussanne und Picpoul in unterschiedlichen Anteilen;
Cuvée Vieilles Vignes – 100 % Roussanne
Rot: Cuvée Elise – Grenache, Clairette rosé, Syrah und Cinsault in unterschiedlichen Anteilen;
Soleil et Festins – 90 % rote und 10 % weiße Trauben, unter anderem Clairette rosé,
Grenache blanc, Cinsault, Mourvèdre, Syrah und Picpoul;
Grande Garde – Mourvèdre und Grenache in unterschiedlichen Anteilen;
La Truffière – 50 % Grenache und jeweils 25 % Mourvèdre und Syrah

Dieser neue Betrieb wurde erst 1989 als Zusammenschluss von drei Besitzern unter dem Namen Domaine Saint-Benoît gegründet. Paul Courtil, Madame Cellier und Pierre Jacumin produzieren auf ihren 45 einzelnen Châteauneuf-Parzellen nun den St-Benoît.

Die Weine werden in einem modernen Stil bereitet, wobei die Hälfte der Grenache- und alle Syrah-Trauben mit einem modifizierten Verfahren der Kohlensäuremaischung vinifiziert werden. Die Erträge beschränkt man auf ein vernünftiges Maß, und in den wenigen Jahren seines Bestehens haben sich die Weine dieses Guts zusehends verbessert. Produziert werden zwei Weiße und vier Rote, von denen einer ausschließlich für den amerikanischen Markt bestimmt ist. Der normale weiße Châteauneuf-du-Pape wies bisher Standardqualität auf; den Debütjahrgang der Cuvée Vieilles Vignes – nach dem Vorbild des berühmten Altreb-Roussanne von Beaucastel aus 100 % Roussanne hergestellt – konnte ich noch nicht verkosten.

Der Rotwein am untersten Ende der Skala heißt Cuvée Elise – die fruchtigste und zugänglichste rote Cuvée dieser Kellerei, die nach zwölf Monaten im Tank abgefüllt wird. Der Soleil et Festins wird vorwiegend aus Grenache gekeltert und 18 Monate lang in großen Eichenfässern ausgebaut. Die Cuvée Grande Garde entsteht aus Trauben von 70 Jahre alten Grenache-Reben, ergänzt durch eine winzige Menge Mourvèdre, und reift 18 bis 24 Monate ebenfalls in großen Eichenfässern – sie ist für gewöhnlich der gehaltvollste, körperreichste und dichteste St-Benoît. Die vierte Cuvée, der La Truffière, wurde 1995 eingeführt. Dieser ungeschönte und unfiltrierte, für den amerikanischen Importeur hergestellte Wein scheint außerordentlich erfolgreich zu sein.

Der Stil des St-Benoît lässt sich auf Grund der Unterschiedlichkeit der einzelnen Cuvées und der kurzen Geschichte dieser Domaine nur schwer einordnen. Vermutlich wird ein moderner Charakter angestrebt, wobei die beiden Spitzencuvées, der Grande Garde und der La Truffière, mehr Intensität, Fülle und potenzielle Langlebigkeit zu bieten haben als die meisten anderen modernen Châteauneufs. Insgesamt scheint dieser Erzeuger ein viel versprechender Neuankömmling in der Hierarchie der qualitätsbewussten Winzer von Châteauneuf-du-Pape zu sein.

Jahrgänge

1995 • 89 Châteauneuf-du-Pape Grande Garde (rot): Der 95er Grande Garde besitzt ein sattes Rubin- bis Purpurrot, ein süßes, duftiges, ansprechendes, vor Beerenfrucht überströmendes Aroma, einen beträchtlichen Körper, eine potenziell hervorragende Dichte und vermittelt einen vielschichtigen, gehaltvollen, strukturierten Geschmackseindruck. Dieser wuchtige, breitschultrige, muskulöse Châteauneuf benötigt 3 bis 4 Jahre Kellerreife. Voraussichtliche Genussreife: 2000 bis 2015. Letzte Verkostung: 6/96.

1995 • 86 Châteauneuf-du-Pape Cuvée Elise (rot): Die säurearme 95er Cuvée Elise, in einem offen fruchtigen Stil bereitet, gefällt mit ihrer reichlichen reifen Vogelkirschenfrucht, einer eingängigen, fetten, runden, vollmundigen und offen gewirkten Persönlichkeit und einem würzigen, reifen Abgang. Voraussichtliche Genussreife: jetzt bis 2001. Letzte Verkostung: 6/96.

1995 • 87 Châteauneuf-du-Pape Soleil et Festins (rot): Der 95er Soleil et Festins enthüllt eine angenehme Reife, einen mittleren bis vollen Körper, schöne Reintönigkeit und einen strukturierten, geringfügig tanninbetonten Abgang. Voraussichtliche Genussreife: jetzt bis 2003. Letzte Verkostung: 6/96.

1995 • 92 Châteauneuf-du-Pape La Truffière (rot): Der undurchdringlich purpurrote, extrem säurearme und alkoholstarke 95er von öliger, sahniger und körperreicher Art besitzt eine geballte Ladung Vogelkirschen- und Cassisfrucht im Bukett, einen dicken, saftigen, durch reife Trauben – und nicht durch Zucker – fast süßen Geschmack und einen fülligen, hedonistischen Abgang. Voraussichtliche Genussreife: jetzt bis 2006. Letzte Verkostung: 6/96.

1994 • 90 Châteauneuf-du-Pape Grande Garde (rot): Wie der 95er zeigt sich auch dieser Grande Garde als klassischer, körperreicher Châteauneuf mit einem vielschichtigen Geschmack sowie ausgezeichneter Struktur und Würze. Das jugendliche Bukett dieses dunkel rubin- bis purpurroten Weins bietet ein überschwängliches, lebendiges, reintöniges Aroma von Vogelkirschen, Himbeeren, Pfeffer und Gewürzen. Der gehaltvolle, griffige und tanninreiche Tropfen ist ein klassischer Châteauneuf. Voraussichtliche Genussreife: 1998 bis 2010. Letzte Verkostung: 6/96.

1994 • 86 Châteauneuf-du-Pape Cuvée Elise (rot): Die durchschnittlich granatrote, gut ausgewogene 94er Cuvée Elise offenbart ein einnehmendes, mäßig intensives Bukett von Kirschen und Gewürzen und einen guten Extraktstoffgehalt, schmeckt aber weiter entwickelt und weniger konzentriert als vor der Abfüllung. Ein ansprechendes Erzeugnis für den baldigen Verbrauch. Voraussichtliche Genussreife: jetzt bis 2001. Letzte Verkostung: 6/96.

1994 • 87 Châteauneuf-du-Pape Soleil et Festins (rot): Der 94er Soleil et Festins bietet ein duftiges, pfeffriges, erdiges und würziges Bukett von Lakritze und Kirschen, einen mittleren Körper und einige Tannine. Der mäßig vollmundige Geschmack dieses Weins wird von einem würzigen garrigue-Charakter dominiert. Voraussichtliche Genussreife: jetzt bis 2002. Letzte Verkostung: 6/96.

1993 • 90 Châteauneuf-du-Pape Grande Garde (rot): Der herausragende 93er Grande Garde enthüllt neben jenem unverwechselbaren Duft von garrigue auch gemahlenen schwarzen Pfeffer und süße schwarze Früchte – vorwiegend Kirschen – im Bukett sowie einen Hauch von orientalischen Gewürzen im Hintergrund. Dieser kräftige, wuchtige und intensive Tropfen gibt sich körperreich und mäßig tanninbetont, schön extrahiert und gehaltvoll. Er benötigt 3 bis 5 Jahre Kellerreife und wird sich möglicherweise 20 Jahre halten. Voraussichtliche Genussreife: 1998 bis 2012. Letzte Verkostung: 6/96.

1993 • 86 Châteauneuf-du-Pape Cuvée Elise (rot): Die dunkle 93er Cuvée Elise zeigt ein an Pinot noir erinnerndes Bukett von feuchter Erde, schwarzen Früchten und Blumen, lässt geschmacklich etwas Tannin spüren, gibt sich ansonsten aber rund, vollmundig, reichfruchtig und stilvoll. Voraussichtliche Genussreife: jetzt bis 2001. Letzte Verkostung: 6/96.

1993 • 87 Châteauneuf-du-Pape Soleil et Festins (rot): Der 93er Soleil et Festins mit seiner schönen Farbsättigung präsentiert sich als dichter, extraktstoffreicher Wein mit einem süßen Eingang und Mittelstück sowie merklichem Tannin im Abgang. Eine Lagerung wird ihm gut tun. Voraussichtliche Genussreife: 1998 bis 2007. Letzte Verkostung: 6/96.

1992 • 86 Châteauneuf-du-Pape Grande Garde (rot): Das Bukett des 92er Grande Garde offeriert ein interessantes Aroma von Gewürzen, Pfeffer und Vogelkirschen, einen mittleren bis vollen Körper und eine angemessene Konzentration sowie mäßige Säure und Tannine. Voraussichtliche Genussreife: jetzt bis 2003. Letzte Verkostung: 6/95.

1992 • 84 Châteauneuf-du-Pape Cuvée Elise (rot): Die 92er Cuvée Elise bietet eine pflaumige Frucht, verwoben mit den Düften von Leder, Pfeffer und Kräutern. Der runde, hinlänglich tanninreiche Wein besitzt einen mittleren Körper und eine anständige Reife – ein geradliniger, mittelgewichtiger Châteauneuf-du-Pape. Genussreife: jetzt. Letzte Verkostung: 6/95.

1992 • ? Châteauneuf-du-Pape Soleil et Festins (rot): Der 92er Soleil et Festins unterliegt großen Qualitätsschwankungen. Bei der Verkostung in Frankreich erschien er wie ein tiefer, gehaltvoller, milder, geradliniger Wein in einem etwas schwerfälligen Stil – ein wenig kommerziell orientiert, aber durchaus eingängig und ansprechend. Mehrere andere, in den USA probierte Flaschen zeigten sich jedoch weniger konzentriert und etwas kantig. Letzte Verkostung: 6/95.

1990 • 91 Châteauneuf-du-Pape Grande Garde (rot): Der außergewöhnlich reiche, wuchtige, konzentrierte 90er wartet mit einem riesigen Bukett von schwarzem Pfeffer, praller Frucht, Tabak, provenzalischen Kräutern und Bratenduft auf – ein Wein von großer Statur und guter Ausgewogenheit, mit einem muskulösen, gehaltvollen Abgang. Voraussichtliche Genussreife: jetzt bis 2005. Letzte Verkostung: 6/94.

1989 • 88 Châteauneuf-du-Pape (rot): Neben der dunkel rubin- bis purpurroten Farbe offeriert der 89er ein würziges Vogelkirschen- und Brombeerbukett, das mit seinem Vanilleduft den Ausbau in neuer Eiche verrät. Reif und üppig im Geschmack besitzt er milde Tannine, viel Glyzerin und einen glatten, berauschenden, alkoholstarken Abgang. Voraussichtliche Genussreife: jetzt bis 2001. Letzte Verkostung: 6/94.

DOMAINE DE SAINT-SIFFREIN (CLAUDE CHASTAN) ****

Adresse:
Route de Châteauneuf-du-Pape, 84100 Orange, Tel.: 4 90 34 49 85

Produzierte Weine: Châteauneuf-du-Pape (rot)

Rebfläche: 17 ha

Produktionsmenge: 5 000 Kisten

Ausbau:
Kein Entrappen, 18 bis 20 Tage Gärung in *cuves* aus Zement,
anschließend 20 bis 24 Monate Ausbau in *foudres*

Durchschnittsalter der Reben: 50 Jahre

Verschnitt:
70 % Grenache, 12 % Syrah, 10 % Mourvèdre, 5 % Cinsault,
jeweils 1 % Clairette, Bourboulenc und Picpoul

Anmerkung: Die wenigen weißen Trauben werden mit dem Rotwein verschnitten.

Diese Domaine ist seit ihrer Gründung im Jahre 1880 im Besitz der Familie Chastan, und ihre mit *galets roulés* bedeckten Böden liegen im nördlichen Teil der Appellation. Die Jahrgänge, die ich seit den frühen neunziger Jahren probiert habe, waren kraftvolle, ungezügelte, dichte Weine von beeindruckender Statur. Zudem scheinen sie 10 bis 15 Jahre lagerfähig zu sein.

JAHRGÄNGE

1995 • 89 Châteauneuf-du-Pape: Der 95er präsentiert sich als ein beeindruckend extrahierter, kraftvoller, reicher und dichter Tropfen mit einer geballten Ladung Frucht sowie merklichem Tannin und einer ausgeprägten Säure. Dieser große, tiefe, verschlossene, rustikale Châteauneuf sollte 4 bis 5 Jahre gelagert werden und sich mindestens 12 bis 15 Jahre halten. Sind die Säure und die Gerbstoffe erst besser integriert, wird dieser Wein ohne weiteres eine Bewertung in den 90ern erzielen. Voraussichtliche Genussreife: 1999 bis 2008. Letzte Verkostung: 6/96.

1994 • 88+ Châteauneuf-du-Pape: In der Flasche bestätigt sich die hohe Qualität, die ich dem 94er prophezeit hatte. Neben seiner überaus dunklen, rubin- bis granatroten Farbe offenbart er ein exotisches, duftiges Bukett von salziger Meeresbrise, Kräutern, Oliven, *garrigue* und prallen Vogelkirschen, einen mittleren bis vollen Körper, eine ausgezeichnete Fülle und einen muskulösen, rustikalen, kraftvollen Stil. Dieser stämmige, raue Châteauneuf-du-Pape muss gelagert werden. Voraussichtliche Genussreife: 1998 bis 2007. Letzte Verkostung: 6/96.

1993 • 87 Châteauneuf-du-Pape: Dem satt dunkelrubin- bis purpurrot gefärbten 93er begegne ich mit Vorbehalt, da sein Tanningehalt möglicherweise zu hoch ist. Er bietet ein Aroma von reicher, schokoladiger und kräuterwürziger Vogelkirschenfrucht, gibt sich körperreich und konzentriert, aber auch extrem strukturiert und fest gewirkt. Trotz seiner großen Intensität benötigt er 5 bis 6 Jahre im Keller und sollte sich über 15 Jahre und länger halten. Hoffentlich verflüchtigt sich das Tannin mit Anmut und ohne Fruchtverlust. Voraussichtliche Genussreife: 2000 bis 2007. Letzte Verkostung: 6/96.

1990 • 87 Châteauneuf-du-Pape: Vor der Abfüllung war ich von diesem Wein nicht sonderlich beeindruckt, weil ein Anflug von Schimmel sein Aroma durchzieht. In der Flasche scheint er sich jedoch erholt zu haben und wirkt zwar nicht so eindrucksvoll, wie der Jahrgang versprach, präsentiert sich aber als praller, reichfruchtiger Tropfen von mittlerem bis vollem Körper, bei viel Alkohol, wenig Säure und einem schwerfälligen, reifen Stil. Voraussichtliche Genussreife: jetzt bis 2003. Letzte Verkostung: 6/96.

1989 • 90 Châteauneuf-du-Pape: Der dunkel rubin- bis purpurrote 89er entfaltet sich im Zeitlupentempo und gibt sich dabei weitaus konzentrierter und besser konturiert als der 90er. Er besitzt einige erdige, pfeffrige und kräuterwürzige Düfte von Vogelkirschen, einen gehaltvollen, ausladenden, kernigen und körperreichen, öligen Geschmack sowie leichte bis mäßige Tannine in seinem langen, munteren, alkoholstarken Abgang. Voraussichtliche Genussreife: jetzt bis 2007. Letzte Verkostung: 6/96.

CHATEAUNEUF-DU-PAPE

DOMAINE DES SÉNÉCHAUX ****

Adresse:

3, rue de la Nouvelle Poste, 84230 Châteauneuf-du-Pape, Tel.: 4 90 83 73 52, Fax: 4 90 83 52 88

Produzierte Weine: Châteauneuf-du-Pape (weiß und rot)

Rebfläche:

Weiß: 2 ha; Rot: 25 ha

Produktionsmenge:

Weiß: 600 Kisten; Rot: 5 500 Kisten

Ausbau:

Weiß: 6 Monate in Edelstahltanks

Rot: 12 bis 18 Monate in zu 10 % neuen Eichenfässern

Durchschnittsalter der Reben:

Weiß: 40 Jahre; Rot: 70 Jahre

Verschnitt:

Weiß: Jeweils 40 % Grenache blanc und Clairette, 20 % Bourboulenc

Rot: 90 % Grenache, 5 % Syrah, 3 % Mourvèdre und 2 % andere Sorten

Die Weinbereitung auf dieser uralten Domaine lässt sich bis ins 14. Jahrhundert zurückverfolgen. Sénéchaux – das provenzalische Wort für «Wald» – ist ein 25-Hektar-Gut, auf dem alle 13 zugelassenen Rebsorten zu finden sind. Erneut dominiert der Grenache mit 90 % den Verschnitt, den Restanteil teilen sich Mourvèdre und eine offene Mischung.

Die Kellerei wurde 1993 von ihren früheren Besitzern, den Raynauds, an die Familie Roux verkauft, die für ihre Château-de-Trignons-Erzeugnisse aus der Appellation Côtes du Rhône bekannt sind. Der alte traditionelle, ein wenig rustikale Weinstil von Sénéchaux wurde zu Gunsten eines moderneren, zugänglichen und doch konzentrierten und ansprechenden Charakters völlig aufgegeben. Zudem vermute ich, dass die unter der früheren Leitung existierende Unbeständigkeit durch die heute sorgfältigere Handhabung von Weinbau und Vinifikation bald der Vergangenheit angehören wird.

Pascal Roux hat erst drei Jahrgänge hervorgebracht, doch deuten diese einen mittelgewichtigen, reichfruchtigen, typischen Châteauneuf an, der innerhalb von 7 bis 8 Jahren nach der Lese getrunken sein will.

JAHRGÄNGE

1995 • 87 Châteauneuf-du-Pape (rot): Der 95er Châteauneuf-du-Pape wurde in einem eingängigen, vordergründigen, fruchtigen Stil mit einem pfeffrigen, rauchigen und kräuterduftigen Bukett und Kirschgeschmack bereitet. Ein milder, runder Wein von einem mittleren bis vollen Körper. Voraussichtliche Genussreife: jetzt bis 2003. Letzte Verkostung: 6/96.

1994 • 87 Châteauneuf-du-Pape (rot): Dieser 94er zeigt ein dunkles Rubinrot, ein süßes, reifes Bukett von Vogelkirschen und geräucherten Kräutern, einen süßen, runden, verführerischen Geschmack, eine sinnliche Struktur, wenig Säure und einen saftigen, kräuterwürzigen, nach Vogelkirschen schmeckenden Abgang mit einem angemessenen Glyzerin-, Extraktstoff- und Alkoholgehalt. Voraussichtliche Genussreife: jetzt bis 2001. Letzte Verkostung: 6/96.

1993 • 88 Châteauneuf-du-Pape (rot): Der 93er – der erste von Monsieur Roux bereitete Jahrgang – ist ein sehr schöner Châteauneuf mit dem verräterischen, pfeffrigen *garrigue*-Duft und jener würzigen, süßen Vogelkirschenfrucht, die die Qualität eines provenzalischen Spitzenrotweins ausmacht. Ein körperreicher, intensiver, geschmeidiger und eingängiger Tropfen in hedonistischem Stil. Voraussichtliche Genussreife: jetzt bis 2001. Letzte Verkostung: 6/95.

1990 • 79 Châteauneuf-du-Pape (rot): Dieser etwas seelenlose, durchschnittlich rubinrote Wein scheint beim Abfüllverfahren gelitten zu haben. Er bietet ein unbestimmtes Bukett von Kräutern und Frucht, einen mittleren bis vollen Körper, staubtrockene, schroffe Tannine und eine runde, reife Frucht – ein fragiles Gewächs, das getrunken werden sollte. Genussreife: jetzt. Letzte Verkostung: 6/94.

1989 • 87 Châteauneuf-du-Pape (rot): Intensiv konzentriert präsentiert sich der 89er reicher und gehaltvoller als der 90er und der 88er. Der säurearme Wein wirkt etwas schlaff, verfügt aber über reichlich fleischige, volle, pfeffrige Cassis- und Vogelkirschenfrucht, einen vollen Körper und einen milden, berauschenden Abgang. Voraussichtliche Genussreife: jetzt bis 2000. Letzte Verkostung: 6/94.

1988 • 86 Châteauneuf-du-Pape (rot): Der voll ausgereifte 88er von einem durchschnittlichen Granatrot ist rund und mild, bei einem für den Jahrgang unerwartet kleinen Format. Diesen fruchtigen, mittelschweren Wein muss man austrinken. Voraussichtliche Genussreife: jetzt bis 1999. Letzte Verkostung: 6/94.

CHÂTEAU SIMIAN ****

Adresse:
84420 Piolenc, Tel.: 4 90 29 50 67, Fax: 4 90 29 62 33

Produzierte Weine: Châteauneuf-du-Pape (weiß und rot)

Rebfläche:
Weiß: 0,2 ha; Rot: 4 ha

Produktionsmenge:
Weiß: 125 Kisten; Rot: 1 700 Kisten

Ausbau:
Weiß: Abgestoppte malolaktische Gärung und Tankausbau, frühe Abfüllung
Rot: Traditionelle Vinifikation ohne Entrappen, 8 bis 14 Monate in *foudres* aus Eichenholz

Durchschnittsalter der Reben:
Weiß: 15 Jahre; Rot: 45 Jahre

Verschnitt:
Weiß: 100 % Clairette; Rot: 80 % Grenache, 20 % Syrah

Dieses winzige Vier-Hektar-Gut von Yves und Jean-Pierre Serguier befindet sich in schöner Lage auf dem Plateau hinter dem Dorf, zwischen den steinigen Weinbergen des Château Cabrières und der Domaine de Mont Redon.

1994 • 86 Châteauneuf-du-Pape (rot): Der 94er ist ein ansprechender, milder, gut ausgestatteter Châteauneuf mit reichlichen Düften von *garrigue* und der Frucht von Vogelkirschen, einem niedrigen Säuregehalt, einem runden, schmackhaften Charakter, guter Reintönigkeit und Reife sowie einem pfeffrigen, alkoholstarken Abgang. Kein sehr lagerfähiger, aber ein angenehmer Wein, den man innerhalb von 5 bis 7 Jahren trinken sollte. Letzte Verkostung: 6/96.

1993 • 88 Châteauneuf-du-Pape (rot): 1993 brachte das Château Simian einen beeindruckenden Châteauneuf hervor. Sein gesundes, dunkles Rubin- bis Purpurrot wird begleitet von dem Aroma überreifer Kirschen und Pflaumen, verwoben mit den Düften von gerösteten provenzalischen Kräutern, Schokolade und Gewürzen. Mit seinem jugendlichen, körperreichen Geschmack und der ausgezeichneten Konzentration verfügt dieser Wein über einen weichen, süßen, vollmundigen Eingang und Abgang. Voraussichtliche Genussreife: jetzt bis 2004. Letzte Verkostung: 6/96.

1990 • 85 Châteauneuf-du-Pape (rot): Dieser 90er Châteauneuf zeigt ein mäßig intensives Bukett von Kirschen und Himbeeren mit einem unbestimmten Aroma provenzalischer Kräuter im Hintergrund. In der Mittelphase bietet er eine würzige Reife, einen mittleren bis vollen Körper sowie einen milden, vordergründigen, frühreifen Stil. Voraussichtliche Genussreife: jetzt bis 2001. Letzte Verkostung: 6/95.

1989 • 89 Châteauneuf-du-Pape (rot): Der satt rubin- bis purpurrote 89er Châteauneuf-du-Pape besitzt ein intensives Bukett von rauchigem Hickoryholz, Vogelkirschen und Schokolade, gefolgt von einer schönen Geschmacksreife, einer gut ausgestatteten, üppigen Struktur und milden Tanninen in einem berauschenden, eindrucksvollen Abgang. Über die nächsten 8 bis 10 Jahre austrinken. Letzte Verkostung: 6/95.

1988 • 89 Châteauneuf-du-Pape (rot): Der 88er verfügt über ein riesiges, duftiges, an Früchtebrot erinnerndes Bukett, einen reichen, intensiven, kernigen, alkoholstarken Geschmack, eine körperreiche, höchst konzentrierte Konsistenz und einen langen, würzigen, mäßig tanninreichen Abgang – ein ähnlich eindrucksvoller Tropfen wie der 89er. Voraussichtliche Genussreife: jetzt bis 2003. Letzte Verkostung: 6/95.

Domaine de la Solitude (Lançon) ***

Adresse:

Route de Bédarrides, 84230 Châteauneuf-du-Pape, Tel.: 4 90 83 71 45, Fax: 4 90 83 51 34

Produzierte Weine: Châteauneuf-du-Pape (weiß und rot)

Rebfläche:

Weiß: 6 ha; Rot: 34,8 ha

Produktionsmenge:

Weiß: 1 850 Kisten; Rot: 15 000 Kisten

Ausbau:

Weiß: Insgesamt 6 Monate wird der Roussanne ausschließlich in neuer Eiche vergoren und ausgebaut, die anderen Sorten in Edelstahl, keine malolaktische Gärung,
assemblage im März oder April nach der Lese, unmittelbar vor der Abfüllung
Rot: 18 bis 25 Tage Gärung in Zement- und Edelstahltanks, Ausbau von 10 % 6 bis 8 Monate
in neuen Eichenfässern, der Rest über denselben Zeitraum in Edelstahl, anschließend
assemblage und Lagerung in Edelstahltanks

Durchschnittsalter der Reben:

Weiß: 30 Jahre; Rot: 40 Jahre

Verschnitt:

Weiß: 40 % Grenache blanc, 30 % Roussanne, 20 % Clairette, 10 % Bourboulenc
Rot: 60 % Grenache, 20 % Syrah, 15 % Mourvèdre, 5 % Cinsault

Auf dieser Domaine von 80 Hektar, von denen gut die Hälfte auf Weinberge entfallen, experimentierte man mit neuer Eiche, unterschiedlichen Rebsorten und innovativen Vinifikationstechniken. Ihr Besitzer Lançon gehörte zu den ersten Winzern der Appellation, die bei der Gewinnung von Weißen und Roten neue Eichenfässer einsetzten, zugegebenermaßen mit unterschiedlichem Erfolg. Den seriös bereiteten Jahrgängen der sechziger Jahre folgte eine fast zwei Jahrzehnte anhaltende, enttäuschende Phase der Kohlensäuremaischung, die zu leichten, schwachen und charakterlosen Châteauneuf-Erzeugnissen führte. Die jüngeren Leistungen aus dem Hause Lançon weisen indes wieder auf einen Wandel zum Besseren hin.

Die Domaine de la Solitude gehört zu den ältesten und traditionsreichsten Gütern von Châteauneuf-du-Pape und produziert seit 1604 kontinuierlich Wein. Es gibt sogar Belege dafür, dass es schon vor der Französischen Revolution eine Erzeugerabfüllung gegeben hat – ein bemerkenswertes Faktum, wenn man bedenkt, dass der erste Lafite-Rothschild erst 1797 abgefüllt wurde, nach dem Ende der Revolution! Die Kellerei war auch der erste Weinbaubetrieb in Châteauneuf-du-Pape, der seine Produkte exportierte – im 19. Jahrhundert nach Österreich und England.

Bei einer so illustren Geschichte kann man nur schwerlich nachvollziehen, warum in den Siebzigern und zum Teil auch in den Achtzigern dieses Jahrhunderts eine solche Serie erbärmlicher Gewächse entstand, die nach 4 bis 5 Jahren in der Flasche auseinander fielen. Der mittlerweile von seinen Söhnen Jean und Michel unterstützte Pierre Lançon hat nach zahlreichen Experimenten jedoch begonnen, seinen Weinen mehr Intensität zu verleihen. Die Kohlensäuremaischung gab man weitgehend auf und erhöhte den Anteil von Syrah und Mourvèdre im endgültigen Verschnitt, wodurch sich der Grenache von 80 % auf 60 % verringerte. Die Trauben werden mittlerweile entrappt, und nur der Wein aus dem besten Lesegut kommt als Domaine de la Solitude in den Handel. Neue Eiche setzt man nach wie vor ein, auf Grund der höheren Konzentration des Weins drängt sich die Eichenholzwürze jedoch nicht mehr so stark in den Vordergrund. Höchstens 15 % des Rotweins kommt mit neuer Eiche in Berührung, während der Rest in den überall in der Appellation eingesetzten, traditionellen *foudres* ausgebaut wird. Auf La Solitude wird immer noch zu viel geschönt und filtriert, die junge Generation entwickelt jedoch allmählich einen gehaltvolleren und intensiveren Châteauneuf in modernem Stil mit einem Reifepotenzial von 10 bis 12 Jahren. Mit den majestätischen Gewächsen, die hier 1967, 1964 und 1961 entstanden, sind die Weine zwar nach wie vor nicht vergleichbar, doch bewegt man sich zumindest in diese Richtung.

Das Potenzial dieser Domaine ist ungeheuer groß, da ihr Weinberg zu einem der steinigsten der Appellation gehört. Zudem handelt es sich nicht um verstreute Parzellen, sondern um eine große, zusammenhängende Rebfläche, deren gesamter lehm- und kalkhaltiger Unterboden von den allgegenwärtigen, hier zum Teil fußballgroßen *galets roulés* bedeckt ist.

Der Weiße hat sich durch die Zugabe von 30 % Roussanne sehr verbessert und präsentiert sich als frischer, lebendiger Tropfen mit mehr Körper und honigduftigen Nuancen als früher. Ähnlich dem Roten scheint auch er eine schmackhaftere, komplexere Art zu entwickeln. Er wird auf moderne Weise bereitet, mit abgestoppter malolaktischer Gärung, und 3 bis 4 Monate nach der Lese abgefüllt.

Dieser solide Drei-Sterne-Erzeuger von Châteauneuf-du-Pape könnte bei einer etwas zurückhaltenderen Manipulation seiner Weine den Glanz der fünfziger und sechziger Jahre wieder aufleben lassen und erneut zum Fünf-Sterne-Betrieb avancieren.

Jahrgänge

1995 • 87 Châteauneuf-du-Pape (rot): In diesem Jahr legte Lançon einen fruchtigen, gehaltvollen, würzigen und konzentrierten, aber doch eleganten 95er Châteauneuf vor, dessen sahniger, mit einem Hauch aromatischer Vanille versehener Kirschgeschmack an einen Burgunder erinnert. Er verfügt über angemessene Säure, eine gute Fülle und ein schönes Gleichgewicht. Voraussichtliche Genussreife: jetzt bis 2003. Letzte Verkostung: 6/96.

1990 • 90 Châteauneuf-du-Pape (rot): Der 90er La Solitude signalisiert eine teilweise Rückkehr dieser berühmten Domaine in die Riege der besten Châteauneuf-Erzeuger. Der in kleinen Eichenfässern ausgebaute Wein zeigt ein opakes Schwarzrubin- bis Purpurrot, ein eindrucksvolles Bukett von Vanille, Vogelkirschen und Cassis sowie einen kräftigen, gehaltvollen, kräuterduftigen Geschmack – ein großer, eher moderner Stil. Er sollte sich 10 bis 15 Jahre gut trinken lassen. Der schönste La Solitude seit den sagenhaften Jahrgängen von 1964 und 1967! Letzte Verkostung: 5/94.

1989 • 87 Châteauneuf-du-Pape (rot): Der 89er zeigt das rauchige Aroma von neuer Eiche sowie einen wunderbar reichen, tabakduftigen Himbeergeschmack, einen mittleren bis vollen Körper und einen langen, würzigen und doch geschmeidigen Abgang. Voraussichtliche Genussreife: jetzt bis 2003. Letzte Verkostung: 5/94.

1988 • 85 Châteauneuf-du-Pape (rot): Der ansprechende, voll ausgereifte 88er gibt sich weniger konzentriert und extravagant als der 89er, bei einem vernünftigen Maß an angerauchter, toastiger Eichenholzwürze, einem reifen, angenehmen und vollmundigen Geschmack, einem mittleren Körper sowie einem milden, einnehmenden Abgang. Allerdings fehlt ihm das Reifepotenzial des 89ers. Genussreife: jetzt. Letzte Verkostung: 5/94.

ÄLTERE JAHRGÄNGE

Von Beginn der siebziger Jahre bis 1985 wurden so gut wie alle Erzeugnisse in einem leichten, fruchtigen Beaujolais-Stil bereitet. Die meisten, darunter selbst die Jahrgänge 1985, 1983, 1981 und 1979, begannen innerhalb von 4 bis 5 Jahren nach der Lese auseinander zu fallen. Wer einen der glorreichen alten Jahrgänge – 1967, 1966, 1964 oder 1961 – auf einer Auktion entdeckt, sollte mit dem Kauf nicht zögern, sofern der Wein untadelig gelagert wurde.

TARDIEU-LAURENT ****

Diese neue Handelsfirma unter der Leitung von Michel Tardieu aus dem Rhônetal und Dominique Laurent aus der Bourgogne widmet sich der Produktion konzentrierter, nach minimalen Eingriffen und extrem niedrigen Schwefelgaben abgefüllter Weine. Vielleicht ist der Name Dominique Laurent den Lesern bekannt, da Laurent mit seinem *négociant*-Keller in Nuits Saint-Georges große Kontroversen auslöste. Dort wurde er von Verbrauchern und Weinjournalisten für die Konzentration und Natürlichkeit seiner Weine hoch gelobt. Für seine Investition im südlichen Rhônetal, mit Kellern in einem alten Château in dem schönen Bergdorf Loumarin, hat sich Laurent mit Michel Tardieu zusammengetan, der das Aufspüren von Altrebcuvées aus verschiedenen Appellationen verantwortet. Ihre Kellerei verfügt über eines der kältesten unterirdischen Gewölbe des südlichen Rhônetals. Alle Weine werden in kleinen Eichenfässern ausgebaut. Laurent befürwortet eine ausgedehnte Fassreife und den langen Kontakt des Weins mit der Hefe, verzichtet auf Schönen und Filtrieren und votiert für minimale Schwefelgaben. Im Ergebnis zeigen sich die Gewächse deshalb meistens ausdrucksvoll. Die beiden im Folgenden beschriebenen Weine waren noch nicht abgefüllt, da sie jedoch ohne weitere Behandlung direkt aus dem Fass auf Flaschen gezogen werden, dürften die Prüfnotizen ihr Qualitätsniveau relativ genau wiedergeben.

JAHRGÄNGE

1995 • 90 Châteauneuf-du-Pape (rot): Der vorzügliche 95er Châteauneuf wartet mit einer geballten Ladung kräuterwürziger Frucht von Schwarzen Himbeeren und Vogelkirschen, einem guten Gehalt und Glyzerin, viel Alkohol und einem reifen, kernigen, strukturierten Abgang auf. Dieser hoch konzentrierte Wein wurde ganz offensichtlich aus ertragsarmen Altreben gekeltert und wird schon als Jungwein zugänglich sein. Voraussichtliche Genussreife: jetzt bis 2009. Letzte Verkostung: 6/96.

1994 • 90 Châteauneuf-du-Pape (rot): Von Tardieu-Laurents 94er Châteauneuf war ich sehr beeindruckt. Der in zur Hälfte neuen Eichenfässern gereifte, strukturierte, körperreiche und hoch konzentrierte Wein bietet eine üppige Cassisfrucht, eine kernige Struktur, beträchtliche Kraft sowie leichte Tannine im Abgang. Voraussichtliche Genussreife: jetzt bis 2006. Letzte Verkostung: 6/96.

DOMAINE TERRE FERME (BÉRARD) ***

Anmerkung: 1991 wurde der gesamte Besitz an das Château de la Nerthe veräußert.
Die folgenden Informationen dienen daher lediglich dem historischen Interesse.

Ich werde nie das Mittagessen vergessen, das ich einmal mit etwa drei Dutzend Erzeugern aus Châteauneuf-du-Pape einnahm. Über diese Gruppe herrschte – einem Paten nicht ganz unähnlich – der ungestüme, laute, redselige Monsieur Bérard, der Besitzer von Terre Ferme, der 1986 seinen Anteil an dieser Domaine teilweise veräußerte. Vor einigen Jahren starb Bérard. 1991 wurde dann der restliche Besitz von La Nerthe erworben. Das Gut, dessen Kellerei und Weinberge in der Nähe von Vieux-Télégraphe im Osten der Appellation liegen, wurde in Châteauneuf-du-Pape stark unterbewertet. Der Verschnitt des ausdrucksvollen und doch eleganten Roten setzte sich zusammen aus 70 % Grenache, 15 % Mourvèdre, 12 % Syrah und 3 % Cinsault. Die Grenache- und Cinsault-Trauben wurden gemahlen und auf klassische Weise vinifiziert, Syrah und Mourvèdre unterzog man dagegen der Kohlensäuremaischung. Der Rotwein verbrachte bis zu 30 Monate in *foudres* und wurde vor der Abfüllung grob filtriert. Der ebenfalls recht gute Weiße entstand aus 70 % Grenache blanc, 20 % Bourboulenc, 3 % Roussanne und 7 % Clairette.

Mehrere Jahrgänge des von mir verkosteten roten Terre Ferme wiesen eine fast an einen Volnay erinnernde Frucht und Struktur auf.

JAHRGÄNGE

1990 • 82 Châteauneuf-du-Pape (rot): Bei der Fassprobe hatte sich der 90er Châteauneuf von Terre Ferme als üppig bereiteter, überströmend gehaltvoller, breitschultriger Wein voller Extraktstoffe und Charakter erwiesen. Nach der Abfüllung, der – so fürchte ich – eine intensive Filtration vorausging, hellte die Farbe stark auf, das Bukett wirkte geradlinig und reduziert, die ehemals große Tiefe ging verloren. In seiner weichen, runden, profanen Art, bei mittlerem bis vollem Körper, ist der Wein ganz annehmbar – vermutlich blieben jedoch ein Großteil seiner Seele und seines Charakters im Filter zurück. Letzte Verkostung: 6/94.

1989 • 88 Châteauneuf-du-Pape (rot): Der 89er verschließt sich allmählich, wenn auch sein Bukett von Pfirsich-, Aprikosen- und Marmeladendüften einige Anflüge von Überreife zeigt. Im Geschmack verspürt man einen Hauch von Kräuterwürze, feste Tannine und reichlich reife, ölige Frucht – ein großformatiger, aber verschlossener Châteauneuf, der 4 bis 5 Jahre Kellerreife benötigt. Voraussichtliche Genussreife: jetzt bis 2010. Letzte Verkostung: 6/95.

Domaine Trintignant ***

Adresse:

Place de la Fontaine, B.P. 64, 84230 Châteauneuf-du-Pape, Tel.: 4 90 83 73 23, Fax: 4 90 83 52 30

Produzierte Weine: Châteauneuf-du-Pape (weiß und rot)

Rebfläche:

Weiß: 1,4 ha; Rot: 6,4 ha

Produktionsmenge:

Weiß: 625 Kisten; Rot: 2 750 Kisten

Ausbau:

Weiß: Gärung und Ausbau in temperaturgeregelten Edelstahltanks für 3 bis 4 Monate,
Abstoppen der malolaktischen Gärung

Rot: 18 bis 21 Tage Gärung in Zementtanks, wo der Wein zur malolaktischen Gärung
einen Monat bleibt, dann Umpumpen von 50 % zur 1- bis 6-monatigen Lagerung
in 3 bis 4 Jahre alten Eichenfässern, die andere Hälfte bleibt in den Tanks,
Abfüllung in mehreren Durchgängen

Durchschnittsalter der Reben:

Weiß: 30 Jahre; Rot: 50 Jahre

Verschnitt:

Weiß: Jeweils 35 % Grenache blanc und Roussanne, 20 % Clairette, 10 % Picpoul
Rot: 70 % Grenache, 15 % Syrah, 10 % Cinsault, 5 % Mourvèdre

Dieser Châteauneuf-du-Pape tendiert zu einem mittelgewichtigen, fruchtigen, ansprechenden Stil und sollte innerhalb von 5 bis 8 Jahren nach der Lese verbraucht werden. Gelegentlich werden verschiedene Cuvées angeboten, so ein nach einem alten Hof benannter La Reviscoulado sowie der gehaltvollere La Réserve de Vigneron. Die Produktion wird größtenteils direkt an europäische Kunden verkauft. Nach meinem Eindruck experimentiert der Besitzer Jean-Philippe Trintignant weiterhin mit verschiedenen Weinbereitungstechniken, was sich beispielsweise beim 89er Cuvée Fut Neuf zeigt. Die Vinifikation erfolgt auf traditionelle Weise, ohne Entrappen und mit der üblichen zwei- bis dreiwöchigen Gärung, gefolgt von einem Ausbau in *foudres*.

In geringerem Umfang wird auch ein Weißwein produziert, der sich in den letzten Jahren durch die Verwendung von Roussanne-Trauben offenbar erheblich verbesserte.

Jahrgänge

1990 • 86 Châteauneuf-du-Pape (rot): Die 90er Standardcuvée offenbart ein Aroma von *sur-maturité* in ihrer prallen Kirschen-, Aprikosen- und Pfirsichfrucht. Geschmacklich zeigt sich ein nachhaltiger, fetter, kerniger und süffiger Wein ohne große Finesse, der innerhalb des nächsten Jahrzehnts getrunken werden sollte. Letzte Verkostung: 6/95.

1989 • 89 Châteauneuf-du-Pape Fut Neuf (rot): Die 89er Cuvée Fut Neuf wurde ungeschönt und ungefiltert abgefüllt – eine önologische Glanzleistung! Dieser purpurrote bis schwarze, körper- und extraktstoffreiche Châteauneuf strömt über vor gerösteter Cassisfrucht und besitzt mäßige Tannine, die von den üppigen Extraktstoffen erstaunlich gut maskiert werden. Voraussichtliche Genussreife: jetzt bis 2003. Letzte Verkostung: 6/94.

1989 • 85 Châteauneuf-du-Pape La Reviscoulado (rot): Der 89er La Reviscoulado gibt sich extrem aufgeschlossen und geschmeidig, in einem eher kommerziellen, aber ausdrucksstarken Stil, und sollte innerhalb von 5 bis 6 Jahren getrunken werden. Letzte Verkostung: 6/94.

Jean-Pierre Usseglio ***

Adresse:
Route d'Avignon, 84700 Sorgues, Tel.: 4 90 39 58 10

Produzierte Weine: Châteauneuf-du-Pape (weiß und rot)

Rebfläche:
Weiß: 1 ha; Rot: 12 ha

Produktionsmenge:
Weiß: 250 Kisten; Rot: 4 400 Kisten

Ausbau:
Weiß: 3 Monate in temperaturgeregelten Edelstahltanks
Rot: Insgesamt 30 bis 26 Monate, 15 bis 20 Tage Gärung in Zementtanks, dort auch malolaktische Gärung, anschließend mindestens 2 Jahre Ausbau in alter Eiche

Durchschnittsalter der Reben:
Weiß: 35 Jahre; Rot: 55 Jahre

Verschnitt:
Weiß: 30 % Grenache blanc sowie gleiche Anteile der Sorten Bourboulenc, Clairette und Picpoul
Rot: 75 bis 80 % Grenache, 10 % Syrah sowie 10 % Cinsault, Mourvèdre und andere Sorten

Die Familie Usseglio besitzt einen beinahe burgundischen Charakter dank ihrer weit verzweigten Verwandtschaft und den zahlreichen Kellereien in ihrem Besitz. Die Weine von Jean-Pierre ähneln denen von Pierre Usseglio sehr – beide erzeugen körperreiche, traditionelle, alkoholstarke und gehaltvolle, stämmige, typische Châteauneufs. Fast die gesamte Produktion wird direkt an europäische Kunden verkauft. Die einzigen von mir verkosteten Jahrgänge, der 90er und der 89er, schmeckten wie die von Pierre Usseglio. Die drei Usseglios haben denselben Önologen, Monsieur Lauriol, und ihre Vinifikations- und Ausbauverfahren sind fast identisch. Zweifellos eine weitere gute Quelle für traditionellen Châteauneuf-du-Pape.

PIERRE USSEGLIO ***

Adresse:

Route d'Orange, 84230 Châteauneuf-du-Pape, Tel.: 4 90 83 72 98

Produzierte Weine: Châteauneuf-du-Pape (weiß und rot)

Rebfläche:

Weiß: 1 ha; Rot: 13 ha

Produktionsmenge:

Weiß: 350 Kisten; Rot: 5 000 Kisten

Ausbau:

Weiß: 3 bis 4 Monate in temperaturgeregelten Edelstahltanks

Rot: 15 Tage Gärung in Zementtanks, wo der Wein 4 Monate lang zur malolaktischen
Gärung bleibt, anschließend 18 Monate Ausbau in Eichenfässern

Durchschnittsalter der Reben:

Weiß: 20 Jahre; Rot: 40 Jahre

Verschnitt:

Weiß: Gleiche Anteile der Sorten Grenache blanc, Clairette und Bourboulenc

Rot: 70 % Grenache, 20 % Syrah, 10 % Mourvèdre, Cinsault und Muscardin

Der einzige Unterschied zwischen den Erzeugnissen von Pierre und Jean-Pierre Usseglio liegt
vielleicht darin, dass Ersterer nach wie vor einen Teil seines Leseguts, und zwar vor allem
weiße Trauben, an *négociants* verkauft. Die Rotweine werden auf ähnliche Weise erzeugt wie
die der anderen Usseglios, jedoch statt in *foudres* in kleinen Eichenfässern ausgebaut. Es sind
körperreiche Châteauneufs, die innerhalb eines Jahrzehnts getrunken sein wollen.

RAYMOND USSEGLIO ****

Adresse:

Route de Courthézon, 84230 Châteauneuf-du-Pape, Tel.: 4 90 83 71 85, Fax: 4 90 83 50 42

Produzierte Weine:

Châteauneuf-du-Pape (weiß und rot), Châteauneuf-du-Pape Cuvée Vieilles Vignes (rot)

Rebfläche:

Weiß: 1 ha; Rot: 15 ha; Cuvée Vieilles Vignes – 1 ha

Produktionsmenge:

Weiß: 350 Kisten; Rot: 4 200 Kisten; Cuvée Vieilles Vignes – 250 Kisten

Ausbau:

Weiß: Gärung in temperaturgeregelten Edelstahltanks und Ausbau in Edelstahl für 5 bis 6 Monate
Rot: 21 Tage Gärung in Zement- und Epoxidtanks, dann zweieinhalb Monate malolaktische Gärung in
Zementtanks, anschließend 16 bis 24 Monate in Eichenfässern, Abfüllung in 3 bis 4 Durchgängen;
Cuvée Vieilles Vignes – wie normale Rotweincuvée

Durchschnittsalter der Reben:

Weiß: 30 Jahre

Rot: 50 Jahre; Cuvée Vieilles Vignes – 90 Jahre

Verschnitt:

Weiß: Gleiche Anteile der Sorten Grenache blanc, Clairette, Bourboulenc und Roussanne
Rot: 75 % Grenache, 15 % Syrah, 10 % Mourvèdre; Cuvée Vieilles Vignes – 95 % Grenache, 5 % Cinsault

Von den drei Usseglios produziert Raymond die reichhaltigsten und vollsten Weine. Sein traditionell bereiteter Châteauneuf zeigt einen stark *garrigue*-geprägten Charakter in seinem rauchigen, prallen Kirschgeschmack. Usseglio strebt eine gewisse Überreife an und produziert einen saftigen, massigen, kernigen Châteauneuf-Stil, der sich zehn Jahre lang gut trinken lässt.

Außerdem bereitet man hier in Kleinstmengen Weißwein, von dem ich jedoch nie eine Flasche zu Gesicht bekommen habe, sowie eine Cuvée Vieilles Vignes, die ich jedoch auch noch nicht probieren konnte. Dem Winzer zufolge wird sie nur in bestimmten Jahren hergestellt und direkt an seine besten europäischen Kunden verkauft.

JAHRGÄNGE

1995 • 89 Châteauneuf-du-Pape (rot): Ich habe leider nur selten Gelegenheit, die Weine von Raymond Usseglio zu verkosten, bewundere aber diesen Erzeuger. Sein dichter, rubin- bis purpurroter Châteauneuf-du-Pape schmeckt dank seiner zur Schau gestellten, auffälligen Vogelkirschenfrucht und seines würzigen Aromas zugänglich. Dieser körperreiche, gehaltvolle und intensive Wein mit seiner schwungvollen Säure und den mäßigen Tanninen zeigt bis jetzt noch nicht die aromatischen Feinheiten seines Vorgängers. Voraussichtliche Genussreife: 1999 bis 2009. Letzte Verkostung: 6/96.

1994 • 90 Châteauneuf-du-Pape (rot): Der 94er Châteauneuf-du-Pape spiegelt die von Usseglio praktizierte, traditionelle Vinifikation alten Stils wider. Dieser muskulöse, körperreiche, kraftvoll extrahierte Wein erinnert ein wenig an die Gewächse von Pégau und Henri Bonneau. Der rustikale Tropfen präsentiert sich mit einem würzigen Bukett von Seetang, Zedernholz, Jod und Pfeffer sowie einem gehaltvollen, körperreichen Geschmack mit einer dicken, öligen Frucht, durchzogen von einer Nuance von Unterholz und *garrigue*. Voraussichtliche Genussreife: jetzt bis 2007. Letzte Verkostung: 6/96.

1990 • 88 Châteauneuf-du-Pape (rot): Für Usseglios roten 90er hege ich eine ungeheure Bewunderung: Er offenbart den typischen kräftigen, opulenten, alkoholreichen, munteren Weinstil dieses Guts und sollte innerhalb von 7 bis 8 Jahren getrunken werden. Sein riesiges Bukett von prallen roten und schwarzen Früchten, gerösteten Nüssen, schwarzen Oliven und Gewürzen wirkt höchst anregend. Geschmacklich macht er mit reichlich süßer, süffiger Frucht, wenig Säure, mindestens 15 % Alkohol und einem schneidigen, kernigen, feurigen Abgang von sich reden. Kein Châteauneuf-du-Pape für zaghafte Gemüter, in seiner vordergründigen, frühreifen Art bereitet er jedoch großes Vergnügen. Voraussichtliche Genussreife: jetzt bis 2003. Letzte Verkostung: 4/95.

CHÂTEAU VAUDIEU (MEFFRE) ***

Adresse:
84230 Châteauneuf-du-Pape, Tel.: 4 90 83 70 31, Fax: 4 90 83 51 97

Produzierte Weine: Châteauneuf-du-Pape (weiß und rot)

Rebfläche:
Weiß: 10,1 ha; Rot: 60 ha

Produktionsmenge:
Weiß: 3 750 Kisten; Rot: 22 500 Kisten

Ausbau:
Weiß: 3 bis 4 Monate, 10 % in neuer Eiche, 90 % in Edelstahl
Rot: Insgesamt 24 Monate in unterirdischen Edelstahltanks, 20 % der Ernte
bleibt 4 bis 5 Monate in alten Eichenfässern, *assemblage* vor der Abfüllung

Durchschnittsalter der Reben:
Weiß: 25 Jahre; Rot: 30 bis 40 Jahre

Verschnitt:
Weiß: 60 Grenache blanc, 20 % Roussanne, 10 % Clairette, 10 % Picardan und Bourboulenc
Rot: 80 % Grenache, 10 % Syrah, jeweils 5 % Mourvèdre und Cinsault

Gäbe es nicht das Château de la Nerthe mit seiner majestätischen Herrlichkeit, so wäre Vaudieu das berühmteste «richtige» Château. Seine Geschichte reicht bis in das Jahr 1767 zurück, als die Familie Gerini aus Florenz mit der Konstruktion begann. Dieses prachtvolle Bauwerk ist von der Straße aus nicht zu sehen. Um dorthin zu gelangen, nimmt man am besten die Route Départementale 68 in nördlicher Richtung nach Orange, um dann am Ortsausgang bei der ersten sich bietenden Gelegenheit rechts abzubiegen. Das Château liegt unmittelbar südlich des Weinbergs von Rayas. Oder man schlägt die Route Départementale 92 nach Courthézon ein und folgt dem Wegweiser zum Château Vaudieu.

Auf diesem Gut entsteht ein Roter in tendenziell modernem Stil, wobei die leichten, Beaujolais-ähnlichen Weine der siebziger und frühen achtziger Jahre von gehaltvolleren, runderen und substanzreicheren Gewächsen abgelöst wurden. Die Meffres, eine bekannte Familie mit ausgedehntem Grundbesitz im ganzen südlichen Rhônetal, betreiben diese Kellerei seit 1953. Ihnen gebührt Anerkennung für die in den letzten Jahren vorgenommenen Qualitätsverbesserungen. Ihr fruchtiger, mittelgewichtiger Châteauneuf-du-Pape will innerhalb von 5 bis 7 Jahren nach der Lese getrunken sein. Die Trauben werden vollständig entrappt, und der Wein wird mehr als nötig behandelt und filtriert, doch gehört Sicherheit in Vaudieu zu den wichtigsten Zielsetzungen.

Jahrgänge

1995 • 86 Châteauneuf-du-Pape (rot): Dieser moderne 95er wirkt gut bereitet, fruchtig, reif und sollte innerhalb von 5 bis 7 Jahren nach der Lese genossen werden. Aus demselben Holz geschnitzt wie der 94er, zeigt der 95er Châteauneuf mehr Dichte, einen volleren Körper und mehr Farbe. Voraussichtliche Genussreife: jetzt bis 2002. Letzte Verkostung: 6/96.

1994 • 86 Châteauneuf-du-Pape (rot): Zweifellos werden die Leser den 94er Châteauneuf-du-Pape als ansprechend würzigen, nach Kräutern, Kirschen und Pfeffer duftenden Wein mit einem guten Körper, schöner Reife und einem reichen, vollmundigen Charakter wahrnehmen. Voraussichtliche Genussreife: jetzt bis 2001. Letzte Verkostung: 6/96.

1990 • 87 Châteauneuf-du-Pape (rot): Dieses Gut zeigt zwar eine Tendenz zu technologieorientierter Weinbereitung, doch hat der 90er diesen Prozess ohne Zweifel mit beträchtlichem Charme und Anziehungskraft überstanden. Neben einem glanzhellen mittleren Rubinrot bietet er ein insgesamt intaktes Bukett mit reichlich süßer Frucht von Schwarzen Himbeeren. In der Mittelphase präsentiert dieser körperreiche, hedonistische Tropfen üppige, kernige, pralle schwarze Früchte, wenig Säure, eine süffige, beißfeste Struktur und einen berauschenden Alkohol- und Glyzeringehalt in seinem langen, vollmundigen Abgang. Ohne sonderlich komplex zu sein, kann man trotzdem seine im Überfluss vorhandene Frucht nur bewundern. Voraussichtliche Genussreife: jetzt bis 2000. Letzte Verkostung: 6/94.

1989 • 85 Châteauneuf-du-Pape (rot): Der 89er Vaudieu präsentiert sich körperreich, voll, sauber bereitet und ein wenig vordergründig bei einem ansprechenden, fleischigen Charakter, jedoch mangelt es ihm an Komplexität und Individualität. Der Wein bietet einen recht angenehmen Trinkgenuss. Voraussichtliche Genussreife: jetzt bis 2000. Letzte Verkostung: 6/94.

1988 • 85 Châteauneuf-du-Pape (rot): Der voll ausgereifte, am Rande bereits etwas bernsteinfarbene 88er gibt sich kräftig mit einem mittleren Körper, einem würzigen, pfeffrigen, prallen Cassisbukett, milden Tanninen und einer geringen Säure. Genussreife: jetzt. Letzte Verkostung: 6/96.

Ältere Jahrgänge

Selbst so große Jahrgänge wie 1978 und – in geringerem Maße – 1981 waren für den Verbrauch innerhalb von 5 bis 6 Jahren bestimmt. Alle Weine, die älter sind als 7 bis 8 Jahre, werden wahrscheinlich bereits erheblich nachgelassen haben.

VIDAL-FLEURY ***

Adresse:

Route Nationale 86, 69420 Ampuis, Tel.: 4 74 56 10 18, Fax: 4 74 56 19 19

Anmerkung: Hier handelt es sich um eine Erzeugerabfüllung aus zugekauftem Most, der in großen *foudres* ausgebaut wird.

Mit dem Namen Vidal-Fleury assoziiert man das nördliche Rhônetal, vor allem die Appellation Côte Rôtie. Dieser *négociant* erzeugt jedoch seit langem einen gut gemachten und preislich fairen Châteauneuf-du-Pape.

JAHRGÄNGE

1992 • 74 Châteauneuf-du-Pape (rot): Ein enttäuschend vegetabiler, dünner, magerer und hohler 92er. Letzte Verkostung: 6/96.

1990 • 89 Châteauneuf-du-Pape (rot): Ein etwas körperreicherer, üppiger, kräftiger 90er – ein ausgezeichneter, voll ausgereifter und säurearmer Wein. Voraussichtliche Genussreife: jetzt bis 2002. Letzte Verkostung: 6/95.

1989 • 87 Châteauneuf-du-Pape (rot): Der dunkel rubinrote 89er Châteauneuf-du-Pape wirkt hart und tanninbetont bei mittlerem bis vollem Körper. Ein sehr guter bis ausgezeichneter, fest strukturierter Wein, der sich schön entfalten dürfte. Voraussichtliche Genussreife: jetzt bis 2004. Letzte Verkostung: 6/95.

1988 • 86 Châteauneuf-du-Pape (rot): Der 88er Châteauneuf von Vidal-Fleury ist so gut wie sein schmackhafter 85er, mit reichlich reifer Vogelkirschenfrucht und Himbeeren, einem schönen, würzigen, pfeffrigen Bukett und einem körper- und alkoholreichen Abgang. Ein nicht sonderlich komplexer, aber ansprechender, stämmiger, kräftiger Tropfen. Voraussichtliche Genussreife: jetzt bis 2000. Letzte Verkostung: 9/94.

1985 • 86 Châteauneuf-du-Pape (rot): Ein wunderbar reintöniger, fleischiger, gehaltvoller und körperreicher, saftiger Wein mit pfeffriger, würziger Frucht, milden Tanninen und geringer Säure. Voraussichtliche Genussreife: jetzt bis 1999. Letzte Verkostung: 9/94.

DOMAINE DE LA VIEILLE JULIENNE (ARNAUD-DAUMEN) ****

Adresse:

Le Grès, 84100 Orange, Tel.: 4 90 34 20 10, Fax: 4 90 34 10 20

Produzierte Weine:

Châteauneuf-du-Pape (weiß und rot)

Châteauneuf-du-Pape Cuvée Réservée (rot)

Rebfläche:

Weiß: 0,4 ha; Rot: 11 ha

Produktionsmenge:

Weiß: 185 Kisten

Rot: Insgesamt 4 400 Kisten, ein großer Teil wird offen verkauft;

Vieille Julienne – 2 500 Kisten; Cuvée Réservée – 65 bis 250 Kisten

Ausbau:

Weiß: Die Vinifikation der ziemlich überreif gelesenen Clairette-Trauben geschieht in
neuen Eichenfässern, die anderen Sorten werden in Emailtanks vergoren, keine malolaktische Gärung,
Abfüllung nach 4 Monaten, *assemblage* einen Monat vor der Abfüllung.

Rot: 3 Wochen Gärung bei einer Durchschnittstemperatur von 28 °C, in den letzten 5 Tagen lässt man
die Temperatur jedoch bis auf 33 °C ansteigen, um eine bessere Tanninextraktion
zu gewährleisten. Dies geschieht in Emailtanks. Anschließend werden die Weine
12 bis 18 Monate zu jeweils einem Drittel in *barriques*, großen Eichenfässern und in Tanks
ausgebaut, leicht geschönt, aber nicht filtriert, und in einem Durchgang abgefüllt.

Cuvée Réservée – wie rote Standardcuvée, doch wird der gesamte
Wein in neuen Eichenfässern ausgebaut

Durchschnittsalter der Reben:

Weiß: 40 Jahre

Rot: 55 Jahre; Cuvée Réservée – 70 Jahre, manche Weinstöcke 100 Jahre

Verschnitt:

Weiß: Gleiche Anteile der Sorten Grenache blanc, Clairette und Bourboulenc

Rot: 60 % Grenache, 15 % Syrah, jeweils 10 % Mourvèdre und Counoise, 5 % Cinsault;

Cuvée Réservée – 40 % Grenache, 30 % Syrah, jeweils 15 % Counoise und Mourvèdre

Dieses Gut hat eine interessante Geschichte. Als ich seine Weine vor mehr als zehn Jahren zum ersten Mal verkostete, zeigten sie sich ärgerlich unbeständig und verkörperten bestenfalls den typischen alten, schweren, schwarz gefärbten Châteauneuf-Stil. Die Einstellung zur Weinbereitung und Abfüllung schien jedoch eher lässig, so dass einige Jahrgänge 7 bis 10 Jahre in den großen *foudres* blieben und nach Bedarf abgefüllt wurden. Die besten Weine präsentierten sich mit einem ungeheuren Körper und einem hohen Alkohol- und Tanningehalt, waren aber nicht immer harmonisch abgerundet und konnten sogar unerhört rustikal ausfallen. Andere Erzeugnisse wirkten dünn und verwässert.

Seit jedoch Jean-Paul Daumen 1990 den Betrieb von seinem Vater übernommen hat, hat sich einiges verändert. Die Keller wurden gesäubert, und der gesamte Rotwein wird nun in *foudres* ausgebaut. Entgegen der alten Gewohnheit entrappt man die Trauben jetzt vollständig, füllt einen Jahrgang in einem Durchgang ab und verzichtet nach Möglichkeit auf das Filtrieren. Für Trauben von jungen Weinstöcken und für Partien, die als nicht gehaltvoll genug erachtet werden, wurde das Zweitetikett Grangette des Grès eingeführt. In der Tat scheint dieser Betrieb ganz auf eine glänzende Zukunft eingestellt zu sein, sofern die Natur mitspielt.

Die Rebflächen und die Keller der Domaine de la Vieille Julienne liegen im nördlichen Teil der Appellation, in Le Grès. Das Gut wurde nach der Familie Julienne benannt, die den Weinberg im 17. Jahrhundert anlegte, und ist auf dem besten Wege, in die höchsten Ränge der Châteauneuf-Erzeuger aufzusteigen – dank der begeisterungsfähigen und qualitätsorientierten Haltung von Jean-Paul Daumen.

Jahrgänge

1995 • 86+ Châteauneuf-du-Pape (rot): Der tief rubinrote 95er Châteauneuf zeigt zwar gutes Tannin, Frucht und Farbe und fällt säurereicher aus als der 94er, besitzt aber auch eine monolithische, fest gefügte Art. Möglicherweise wird er noch mehr Charakter entwickeln. Voraussichtliche Genussreife: 2000 bis 2007. Letzte Verkostung: 6/96.

1994 • 86 Châteauneuf-du-Pape (rot): Der 94er La Vieille Julienne enthüllt ein exotisches, würziges Bukett von Kaffee, Kräutern und Schokolade, eine süße, runde, verführerische Vogelkirschenfrucht, wenig Säure und einen schwerfälligen, fleischigen Abgang – ein weicher, eingängiger Tropfen. Voraussichtliche Genussreife: jetzt bis 2002. Letzte Verkostung: 6/96.

1994 • 90 Châteauneuf-du-Pape Cuvée Réservée (rot): Die 94er Cuvée Réservée – meines Wissens die erste Altrebcuvée dieses Winzers – offenbart die toastwürzige Vanille der neuen Eichenfässer sowie eine geballte Ladung süßes Aroma von Schokolade, Kirschen, Kräutern, Oliven und Kaffee. Ihr Geschmack nach Hickoryholz und prallen Vogelkirschen bietet einen beträchtlichen Gehalt an Extraktstoffen, Glyzerin und Kraft. Ein kühner, gehaltvoller, kerniger und dichter, ein wenig rustikaler, aber beeindruckend ausgestatteter Châteauneuf. Voraussichtliche Genussreife: 1997 bis 2007. Letzte Verkostung: 6/96.

1993 • 82 Châteauneuf-du-Pape (rot): Der 93er Châteauneuf offenbart einen leichten Körper, ein von den Düften gerösteter Nüsse und Beerenfrüchte durchzogenes Bukett bei mangelnder Konzentration. Voraussichtliche Genussreife: jetzt bis 2000. Letzte Verkostung: 6/96.

1990 • 89+ Châteauneuf-du-Pape (rot): Der 90er präsentiert sich mit einem nach Schokolade, Rauch und Cassis duftenden Bukett sowie einem pfeffrigen, gehaltvollen, kräftigen und körperreichen Geschmack, der vor Extrakt, Glyzerin und Tannin überströmt. In Anbetracht seines Formats und seines Reifepotenzials beeindruckt dieser Tropfen. Der aufdringliche, grobe, gelegentlich flüchtige und unsaubere Stil vieler älterer Jahrgänge gehört glücklicherweise der Vergangenheit an. Voraussichtliche Genussreife: jetzt bis 2007. Letzte Verkostung: 6/95.

1989 • 90 Châteauneuf-du-Pape (rot): Ein massiver, typischer, der Tradition verpflichteter Châteauneuf mit riesigen, vollmundigen, ungeheuer extraktstoffreichen Geschmacksnuancen, die an Grillfleisch und Wildbret erinnern. Er zeigt eine sensationelle Reife, wirkt aber wegen seiner Konzentration und seiner rustikalen Art fast aufdringlich. Ein großartiger Châteauneuf-du-Pape für einen kalten Winterabend. Voraussichtliche Genussreife: jetzt bis 2008. Letzte Verkostung: 6/95.

Ältere Jahrgänge

Die älteren Jahrgänge des La Vieille Julienne können problematisch sein. Der Abfüllprozess wurde häufig über 6 bis 8 Jahre ausgedehnt, und die Qualität der Weine schwankte unglaublich: Sie trafen in manchen Jahren ins Schwarze, während sie in anderen kläglich versagten. Der einzige herrliche alte Jahrgang, der das Probieren lohnt, ist der 78er – ein überwältigend gehaltvoller, tanninreicher Tropfen, der 30 Jahre Genuss bereiten wird.

Le Vieux Donjon (Louis Michel) *****

Adresse:

9, avenue Saint-Joseph, 84230 Châteauneuf-du-Pape, Tel.: 4 90 83 70 03, Fax: 4 90 83 50 38

Produzierte Weine: Châteauneuf-du-Pape (weiß und rot)

Rebfläche:

Weiß: 1 ha; Rot: 12 ha

Produktionsmenge:

Weiß: 600 Kisten; Rot: 4 200 Kisten

Ausbau:

Weiß: 3 bis 4 Monate in temperaturgeregelten Edelstahltanks
Rot: 18 bis 21 Tage Gärung in Zementtanks, 2 Monate zur malolaktischen Gärung ebenfalls in Zementtanks, anschließend mindestens 2 Jahre in Eichenfässern

Durchschnittsalter der Reben:

Weiß: 6 Jahre
Rot: Über 75 % der Weinstöcke sind 80 bis 90 Jahre alt

Verschnitt:

Weiß: Gleiche Anteile der Sorten Clairette, Roussanne und Grenache blanc
Rot: 80 % Grenache, 10 % Syrah, 10 % Mourvèdre und Cinsault

Dieser relativ junge Betrieb, der 1979 nach der Heirat von Lucien Michel und Marie Jose gegründet wurde, gehört zu den großen Unbekannten von Châteauneuf-du-Pape. Auf der gut 13 Hektar großen Rebfläche finden sich viele alte Pflanzen, darunter über 80-jährige Weinstöcke auf circa zehn Hektar, die sich über das mit *galets roulés* bedeckte Plateau bei Mont Redon und Les Cabrières erstrecken. 1990 bestockten die Michels einen Hektar zu gleichen Teilen mit Clairette, Roussanne und Grenache blanc, aus deren Trauben sie einen fruchtigen, trockenen Weißen bereiten. Als wahre Glanzleistung gilt jedoch ihr majestätischer Rotwein.

Dieser wird traditionell vinifiziert, nicht entrappt, relativ lange eingemaischt und – was vielleicht das wichtigste ist – aus ertragsarmen, alten Reben gekeltert. Zudem gehört die rote Cuvée zu den wenigen Châteauneuf-Erzeugnissen, die ohne Schönen oder Filtration abgefüllt werden. Die bescheidenen, begeisterungsfähigen Michels bewirtschaften ihren Weinberg biologisch, lesen viel später als die meisten Winzer der Appellation – abgesehen von Henri Bonneau und dem verstorbenen Jacques Reynaud – und überlassen den Wein weitgehend sich selbst. Der Ausbau in Holzfässern vor der ersten Abfüllung kann sich auf bis zu zwei Jahre erstrecken. Kritisch vermerkt sei allein, dass der Wein nach Bedarf abgefüllt wird. Dies stellt jedoch kein allzu großes Problem dar, weil hier heutzutage praktisch die gesamte Produktion in den Handel kommt, sobald sie abfüllreif ist.

Die Weine dieser Kellerei gehören zu den großen Klassikern der Appellation und sind sehr langlebig; auch in leichteren Jahren erweist sich dieser Erzeuger als bemerkenswert beständig. Zudem haben sich seine Preise seit knapp zehn Jahren fast auf demselben Niveau gehalten!

JAHRGÄNGE

1995 • 91 Châteauneuf-du-Pape (rot): Der 95er Châteauneuf zeigt ein opakes Purpurrot und ein spritziges, duftiges Bukett von überreifen Vogelkirschen, süßem Grillrauch, gerösteten Kräutern, Fleisch und einer fesselnden, schokoladigen Kirschnote. Dieser dicke, ölige, kraftvolle und geschmacklich vielschichtige Wein wurde offensichtlich aus extrem reifen Trauben und niedrigen Erträgen bereitet sowie ungeschönt und unfiltriert abgefüllt. Voraussichtliche Genussreife: 2000 bis 2015. Letzte Verkostung: 6/96.

1994 • 91 Châteauneuf-du-Pape (rot): Der undurchdringlich dunkel rubin- bis purpurrote 94er Châteauneuf zeigt ein sagenhaftes Bukett von süßen, prallen Vogelkirschen, Himbeeren, Rauch sowie einem schwachen Hauch von Lakritze und provenzalischen Kräutern. Der körperreiche, ausgezeichnet konzentrierte, kraftvolle Tropfen mit seinem süßen, ausladenden, kernigen Mittelstück kann nur als herausragend charakterisiert werden – bereitet von dem auch weiterhin am meisten unterbewerteten Winzer in Châteauneuf. Voraussichtliche Genussreife: jetzt bis 2010. Letzte Verkostung: 6/96.

1993 • 90 Châteauneuf-du-Pape (rot): Einer der Spitzenweine des Jahrgangs! Sein gesundes, eindrucksvolles, undurchdringlich dunkles Rubin- bis Purpurrot wird begleitet von reichen, konzentrierten und überreifen Duft- und Geschmacksnoten – Schwarze Johannisbeeren, Kirschen, Lakritze, Kräuter, Schokolade und Kaffee. Der jetzt zugängliche Tropfen präsentiert sich in einem körperreichen, geschmeidigen Stil von wunderbaren Proportionen und bezeugt eine fehlerlose Weinbereitung. Voraussichtliche Genussreife: 1998 bis 2009. Letzte Verkostung: 6/96.

1992 • 88 Châteauneuf-du-Pape (rot): Der 92er ist angesichts des Jahrgangs ausgezeichnet geraten. Es handelt sich um einen Roten mit der tiefsten, sattesten Färbung, einem ansprechenden, reifen Bukett von Cassisfrucht, provenzalischen Kräutern und Zedernholz, einem süßen, ausladenden und einnehmend ausgestatteten Geschmack, einem vollen Körper, geringer Säure und leichtem Tannin. Er dürfte für mindestens zehn Jahre verführerischen Trinkgenuss bieten. Letzte Verkostung: 6/96.

1990 • 93 Châteauneuf-du-Pape (rot): Der beste Châteauneuf, den ich von diesem Gut verkostet habe! Extrem kraftvoll und konzentriert, bietet der schwarzrubinrote Tropfen ein sensationelles Bukett von provenzalischen Kräutern und praller Vogelkirschen- und Cassisfrucht. Der körperreiche, außergewöhnlich intensive Wein duftet und schmeckt förmlich nach alten Rebstöcken und geringen Erträgen. Voraussichtliche Genussreife: jetzt bis 2010. Letzte Verkostung: 8/96.

CHATEAUNEUF-DU-PAPE

1989 • 91 Châteauneuf-du-Pape (rot): Der beeindruckende 89er wartet mit einem opaken, dunklen Rubin- bis Purpurrot sowie einem straffen, aber reifen Bukett von Cassis, Kirschen, Kräutern und Lakritze auf. Dieser vorzüglich ausgewogene und reich extrahierte Wein zeigt eine sehr vielschichtige, reife Frucht, eine glänzende Klarheit und schöne Konturen im Geschmack bei einem langen, mäßig tanninreichen Abgang. Voraussichtliche Genussreife: jetzt bis 2008. Letzte Verkostung: 8/96.

1988 • 87 Châteauneuf-du-Pape (rot): Leichter als sein Nachfolger präsentiert sich der elegante 88er mit einem schönen beerenduftigen Bukett, vermischt mit dem Aroma von Kräutern und Kaffee. Im Mund gibt er sich reichfruchtig, von einem mittleren bis vollen Körper, verfügt aber nicht ganz über die geschmacklichen Dimensionen und das beeindruckende Format des 89ers. Voraussichtliche Genussreife: jetzt bis 2002. Letzte Verkostung: 11/95.

1985 • 86 Châteauneuf-du-Pape (rot): Der voll ausgereifte 85er ist gut, aber wie so viele Weine dieses Jahrgangs ein wenig monolithisch und fest gewirkt, ohne die Fülle, den Überschwang und die klare Grundstruktur des 90ers. Ein erfolgreicher Tropfen, der jedoch keine Zukunft hat, wie sein bernstein- bis orangefarbener Rand und sein reifes Bukett von Pfeffer, Gewürzen, altem Leder und Kirschenfrucht bestätigen. Letzte Verkostung: 1/96.

1983 • 89 Châteauneuf-du-Pape (rot): Auch der 83er gefällt auf Grund der Markenzeichen dieses Guts: die gesunde, tiefe Farbe und eine reiche, pflaumenduftige Fruchtigkeit, die einen Hauch Pomerol verspüren lässt. Der tief rubinrote, leicht bernsteingetönte, voll ausgereifte und körperreiche Wein zeigt sich tanninreicher als der 85er, bei einer ausgezeichneten Ausgewogenheit und Tiefe. Voraussichtliche Genussreife: jetzt bis 2000. Letzte Verkostung: 12/95.

1981 • 90 Châteauneuf-du-Pape (rot): Ein Bukett von praller Himbeerfrucht entströmt dem Glas! Dank seiner sehr tiefen, konzentrierten, verführerisch üppigen und schwelgerischen Geschmacksnuancen wirkt der dunkel granatrote Tropfen vollmundig. Der glatte, samtige, ausgewogene Wein präsentiert sich voll ausgereift, zeigt aber keinerlei Anzeichen eines Fruchtabbaus – ein weiterer hochklassiger, charakteristischer Vieux Donjon. Voraussichtliche Genussreife: jetzt bis 2000. Letzte Verkostung: 11/95.

VIEUX LAZARET (JÉROME QUIOT) **/***

Adresse:
Avenue Baron Le Roy, 84230 Châteauneuf-du-Pape, Tel.: 4 90 83 73 55, Fax: 4 90 83 78 48

Produzierte Weine: Châteauneuf-du-Pape (weiß und rot)

Rebfläche (insgesamt): 86 ha

Produktionsmenge:
Weiß: 3 600 Kisten; Rot: 27 500 Kisten

Ausbau:
Weiß: Moderne Vinifikation mit abgestoppter malolaktischer Gärung, Sterilfiltration vor der Abfüllung
Rot: Gelegentliches Entrappen, aber traditionelle Vinifikation mit Ausbau in Tanks
und *foudres* für 12 bis 14 Monate

Durchschnittsalter der Reben:
Weiß: 16 Jahre; Rot: 35 Jahre

Verschnitt:
Weiß: 49 % Grenache blanc, 29 % Bourboulenc, 18 % Clairette, 4 % Roussanne
Rot: 75 % Grenache, 15 % Syrah, 5 % Cinsault, jeweils 1 % Mourvèdre, Terret noir,
Counoise, Muscardin und Vaccarèse

Einer der leidenschaftlichsten Vertreter des fruchtigen, einfachen, modernen Châteauneuf-Stils ist Vieux-Lazaret, das große Gut im Besitz von Jerôme Quiot und seiner Familie. Nach Ansicht Quiots – der im südlichen Rhônetal und der französischen Appellationsverwaltung eine wichtige Rolle spielt – sollte man Weine anstreben, die innerhalb von 4 bis 5 Jahren getrunken werden, denn «heutzutage kellert niemand mehr seinen Wein ein». Quiots Weißer wirkt relativ neutral, beim Roten kann man sich aber auf sofortige Trinkreife und einen geschmeidigen, beerigen Stil von mittlerem Körper verlassen. Er bietet unmittelbaren Genuss und trägt ganz offensichtlich eine kommerzielle Handschrift.

DOMAINE DU VIEUX-TÉLÉGRAPHE (HENRI BRUNIER) *****

Adresse:
3, route de Châteauneuf-du-Pape, 84360 Bédarrides, Tel.: 4 90 33 00 31, Fax: 4 90 33 18 47

Produzierte Weine:
Châteauneuf-du-Pape (weiß und rot), Vieux Mas des Papes (rot)

Rebfläche:
Weiß: 5 ha; Rot: 45 ha; Vieux Mas des Papes – 25 ha

Produktionsmenge:
Weiß: 1 800 Kisten; Rot: 17 000 Kisten; Vieux Mas des Papes – 3 200 Kisten

Ausbau:
Weiß: Insgesamt 8 Monate, 4 Wochen Gärung von 80 % in temperaturgeregelten
Edelstahltanks und 20 % in 3 bis 5 Jahre alten Eichenfässern, anschließend *assemblage* und
Ausbau in Edelstahltanks, kein Ausbau in Eiche, Abfüllung nach 8 Monaten
Rot: Insgesamt 24 Monate, 12 bis 15 Tage Gärung in Edelstahl, dann 12 Monate in
Zementtanks und ein weiteres Jahr in alter Eiche, Abfüllung in einem Durchgang
direkt aus dem Fass, ohne Schönen oder Filtrieren;
Vieux Mas des Papes – Insgesamt 18 Monate, 12 Tage Gärung in Edelstahl,
dann ein Jahr Ausbau in Edelstahl, gefolgt von 6 Monaten in Eiche, Abfüllung in einem
Durchgang ohne Schönen oder Filtrieren

Durchschnittsalter der Reben:
Weiß: 35 Jahre; Rot: 55 Jahre, Vieux Mas des Papes – 25 Jahre

Verschnitt:
Weiß: 40 % Clairette, 30 % Grenache blanc, jeweils 15 % Roussanne und Bourboulenc
Rot: 70 % Grenache, 15 % Syrah, 5 % Cinsault, 10 % andere Sorten;
Vieux Mas des Papes – 100 % Grenache

Vieux-Télégraphe gehört zweifellos zu den berühmtesten Weingütern von Châteauneuf-du-Pape – wie Mont-Redon und Les Cabriéres. Es wurde nach einem Telegraphenmasten benannt, den sein Erfinder Claude Chappe 1792 auf dem Besitz errichtete. Sicherlich lässt sich der effektive Vertrieb dieser Erzeugnisse quer durch die feinsten Weinzirkel der Welt auf den großen Produktionsumfang dieses 73-Hektar-Guts zurückzuführen. Die Familie Brunier, die die Kellerei seit Anfang des Jahrhunderts betreibt, besitzt mit Vieux-Télégraphe eines der am meisten bevorzugten *terroirs* und Mikroklimata der gesamten Appellation, im Osten in der mit *galets roulets* übersäten Lage La Crau gelegen: Alle Weinberge verfügen über ein extrem heißes Mikroklima, so dass man hier 7 bis 10 Tage früher als die meisten der anderen Winzer mit der Lese beginnen kann. Vor allem dadurch erklärt sich der Erfolg dieses Erzeugers auch in schwierigen Jahren wie 1993.

Zweite In der zweiten Hälfte des 20. Jahrhunderts bestimmte Henri Brunier, den ich Ende der siebziger Jahre kennenlernte, das Schicksal der Domaine. Gesellig, offenherzig, immer braun gebrannt und mit gut geschnittenen Gesichtszügen ging Brunier Ende der Achtziger in den

Ruhestand und übertrug seinen beiden fähigen Söhnen Daniel und Frédéric die Leitung. Die letzten Jahre lassen darauf schließen, dass dieser Erzeuger die Grenzen dessen, was im Weinbau möglich ist, sogar noch erweitern wird.

Die durchschnittlich 40-jährigen, zu einem Teil sogar 60-jährigen Rebstöcke bringen einen traditionellen Verschnitt aus 60 bis 70 % Grenache, jeweils 15 bis 18 % Syrah und Mourvèdre sowie einen minimalen Prozentsatz Cinsault hervor. Seit dem Generationswechsel bemüht man sich um eine Verringerung des Grenache-Anteils und um eine höhere Beimischung von Syrah und Mourvèdre. Die Erträge liegen meist bei vorsichtigen 30 Hektolitern pro Hektar.

Als die blitzblanken neuen Keller 1979 gebaut wurden, erlebte die Weinbereitung von Vieux-Télégraphe eine Metamorphose: 1987 beklagte ich noch die Tatsache, dass man hier statt des gewohnten typentreuen, klassischen und lagerfähigen, dicken, stämmigen Châteauneufs einen moderneren, fruchtigeren Stil erzeugte. Die neue Machart war zwar ungeheuer ansprechend, doch fehlte ihr die Langlebigkeit der Jahrgänge vor 1979, die am besten durch den großartigen 78er und den ausgezeichneten 72er verkörpert wurde. Schritt für Schritt verfeinerte man die Weinbereitung, wobei die durchgreifendsten Veränderungen in den Neunzigern stattfanden. 1994 führte man mit dem nach dem Wohnhaus von Daniel benannten Vieux Mas des Papes einen Zweitwein aus jüngeren Reben – ausschließlich Grenache – ein. Im selben Jahr debütierte die nur in Magnumflaschen abgefüllte Cuvée Spéciale, ein Verschnitt mit einem hohen Mourvèdre-Anteil. Die Produktion wurde sehr niedrig gehalten, und die Bruniers bestanden eisern darauf, dass dieser Tropfen nur mit Freunden oder professionellen Degustatoren zusammen verkostet und nicht vermarktet wird. Eine weitere wahrnehmbare Veränderung war der Verzicht auf Filtration seit dem Ende der achtziger Jahre. Zuvor hatten die Bruniers den Vieux-Télégraphe mehrfach filtriert, zunächst nach der malolaktischen Gärung mit Hilfe von Kieselgurfiltern und ein zweites Mal vor der Abfüllung. Diese letzte Klärung gab man auf, um dem Wein nicht zu viel Extrakt und Körper zu entziehen.

Die Vinifikation ist tadellos: Die Entrappungsfrage handhaben die Bruniers flexibel – die Grenache-Trauben aus Altreben werden nicht entstielt, wohl aber das Lesegut der jungen Grenache-Generation sowie ein gehöriger Anteil der Mourvèdre- und Syrah-Trauben. Neue Eiche kommt nicht zum Einsatz, Gärung und Ausbau erfolgen in blitzsauberen Edelstahltanks, die sich in einem Hügel unterhalb der berühmten *Autoroute de Soleil* befinden. Nach 8 bis 10 Monaten werden die Weine in große *foudres* abgezogen, wo sie bis zur Abfüllung bleiben. Der Produktionsumfang des Vieux-Télégraphe beträgt fast 20 000 Kisten, von dem Zweitwein Vieux Mas des Papes werden mehrere Tausend Kisten abgefüllt. Daneben entstehen rund 1 000 Kisten eines weißen Châteauneufs aus Clairette, Grenache blanc, Roussanne und Bourboulenc. Das Gewächs ging durch Höhen und Tiefen, gehört aber mit seinem mäßig intensiven, blumigen, zitronenduftigen und fruchtigen Bukett für gewöhnlich zu den schönsten Weißen der Appellation. Wie die meisten weißen Châteauneuf-Erzeugnisse mit abgestoppter malolaktischer Gärung sollte auch dieses innerhalb der ersten beiden Lebensjahre getrunken werden.

Bleibt die Frage, ob Vieux-Télégraphe jemals wieder einen Wein von der Statur des 78ers hervorbringt. Selbst die in einem leichteren Stil erzeugten Produkte der achtziger Jahre blieben intakt und bewiesen, dass das Gut auch weiterhin eine erstaunliche Fülle und Langlebigkeit erzielen kann. Mit der außerordentlichen Intensität und dem majestätischen Gehalt des 78ers kann jedoch kein neuerer Wein mithalten. In den Neunzigern sagten mir der 94er und der 95er am meisten zu. Der Stil von Vieux-Télégraphe spricht sowohl Neulinge als auch Kenner an – dieses renommierte Gut hat sich seine weltweite Beliebtheit redlich und schwer verdient.

Jahrgänge

1995 • 93 Châteauneuf-du-Pape (rot): Mit dem 95er setzt sich der Aufschwung fort. Der Wein besitzt eine reifere Frucht und eine tiefere purpurrote Farbe als sein Vorgänger, gibt sich jedoch ähnlich ölig, lieblich und geschmeidig. Das herrliche Bukett von Bratenfleisch, Lakritze, provenzalischen Kräutern und einer geballten Ladung schwarzer Früchte (Kirschen und Pflaumen) begleitet einen dicken, vollen Geschmack, hohes Glyzerin, schöne Säure und einen mäßig tanninreichen Abgang. Der 95er dürfte sich als ein weiterer großer Châteauneuf erweisen. Voraussichtliche Genussreife: jetzt bis 2009. Letzte Verkostung: 6/96.

1995 • 88 Châteauneuf-du-Pape Vieux Mas des Papes (rot): Dieser 1993 eingeführte Zweitwein soll es der Kellerei ermöglichen, den *Grand vin* nur aus alten Reben zu gewinnen. Der ausgezeichnete Vieux Mas des Papes zeigt sich geschmeidig, voll und für den Verbrauch innerhalb von 7 bis 8 Jahren nach der Lese ideal. Ausgestattet mit reichlich süßer Frucht von Lakritze, *garrigue* und prallen Vogelkirschen besitzt der reife, behäbige, säurearme Wein eine samtige Struktur und einen alkoholstarken Abgang. Zwar mangelt es ihm an Komplexität, der 95er bietet aber trotzdem einen köstlichen, marmeladig-vollmundigen Schluck reinster Frucht. Voraussichtliche Genussreife: jetzt bis 2005. Letzte Verkostung: 6/96.

1994 • 92 Châteauneuf-du-Pape (rot): Ein herausragender Erfolg: ein Wein von einem gesunden, dunklen Purpurrot, mit einem Bukett von reichlichen Mengen praller, süßer Vogelkirschen, Lakritze, Rauch, Pfeffer und Kräuter. Der 94er besticht als körperreicher Tropfen von vorzüglicher Reintönigkeit, mit einer vielschichtigen, konzentrierten Mittelphase und einem opulenten, dicken, gehaltvollen Abgang. Trotz seines Formats wirkt der Wein weder schwer noch übertrieben stark, wenn auch der Alkoholgehalt reichlich über der 14-Prozent-Marke liegt. Es handelt sich vielmehr um einen reichhaltigen, dicken, saftigen und süffigen, dabei gut konturierten 94er, vielleicht der feinste seit dem unfassbaren 78er. Voraussichtliche Genussreife: jetzt bis 2009. Letzte Verkostung: 6/96.

1994 • 95 Châteauneuf-du-Pape Cuvée Prestige (rot): Von der Cuvée Prestige wurden lediglich 100 Magnumflaschen produziert. Aus 50 % Grenache, 30 % Mourvèdre und 20 % Syrah verschnitten, repräsentiert dieser Wein die ältesten Rebstöcke des Guts, mit einem Alter zwischen 50 und über 80 Jahren. Er besitzt gleichzeitig die gewohnte massive Fruchtfülle des Vieux-Télégraphe und wirkt wegen seiner festen, kraftvollen, tanninreichen Struktur doch eher untypisch. Sein hoher Mourvèdre-Anteil verlangt seinen Besitzern einige Geduld ab, da er weit weniger schmeichelt als der normale Châteauneuf von 1994. Die undurchdringlich purpurrote Cuvée Prestige schmeckt wie ein imaginärer Verschnitt eines großen Bandol – zum Beispiel von der Domaine Pradeaux – und der Hommage à Jacques Perrin von Beaucastel. Dieser massive, ungeheuer gehaltvolle Tropfen benötigt 8 bis 10 Jahre Kellerreife. Letzte Verkostung: 6/96.

1993 • 90 Châteauneuf-du-Pape (rot): 1993 erreichte fast das gesamte Lesegut von Vieux-Télégraphe Zuckerwerte, die einen Alkoholgehalt von 14 % zur Folge hatten. Der herausragende 93er enthüllt ein beeindruckend sattes, dunkles Rubin- bis Purpurrot und ein würzig-pfeffriges Bukett von provenzalischen Kräutern, Vogelkirschen und Himbeeren mit einem

Hauch von Lakritze. Dieser körperreiche Châteauneuf mit festen Tanninen und ebensolcher Struktur – in dieser Hinsicht erinnert er an den 89er – sowie einer vielschichtigen Fülle besitzt ein Reifepotenzial von 10 bis 15 Jahren. Letzte Verkostung: 8/96.

1993 • 88 Châteauneuf-du-Pape Vieux Mas des Papes (rot): 1993 debütierte der Zweitwein von Vieux-Télégraphe. Da die Familie Brunier die Intensität ihrer wichtigsten Cuvée erhöhen möchte, stellt sie aus den jüngeren Grenache-Weinstöcken den reinsortigen Vieux Mas des Papes her, von dem 2 500 Kisten erzeugt werden. Sein dunkles Rubinrot paart sich mit einem beeindruckenden Geschmack aus einer geballten Ladung schwarzer Früchte und Glyzerin. Der ausladende, runde Tropfen ohne spürbare Härte endet in einem vollmundigen, körperreichen, überschwänglichen Abgang. Mehr kann man von einem samtigen Châteauneuf-du-Pape nicht verlangen. Über die kommenden 7 bis 8 Jahre trinken.

1992 • 86 Châteauneuf-du-Pape (rot): Ein ausgezeichnetes Beispiel für diesen durchschnittlichen bis leicht überdurchschnittlichen Jahrgang! Neben einem mittleren bis dunklen Rubinrot enthüllt der 92er ein würziges Bukett von Kräutern und Vogelkirschen, einen ausladenden Geschmack von mittlerem bis vollem Körper und ansprechender süffiger Süße, wenig Säure sowie einen reifen, korpulenten, berauschenden Abgang. Innerhalb von 5 bis 7 Jahren austrinken. Letzte Verkostung: 12/95.

1991 • 76 Châteauneuf-du-Pape (rot): Diesen mager ausgestatteten, mittelgewichtigen Wein dominiert ein kräuterwürziges, vegetabiles, pfeffriges Aroma. Er zeigt zwar eine ansprechende Kirschenfrucht, wirkt aber recht ausgemergelt. Innerhalb von wenigen Jahren verliert er auch noch seine geringen Mengen Babyspeck und wird austrocknen. Letzte Verkostung: 12/95.

1990 • 90 Châteauneuf-du-Pape (rot): Von diesem Tropfen habe ich bereits mehrere herausragende Flaschen getrunken, doch verpasste er bei den meisten Verkostungen knapp eine Spitzenbewertung. Ausgestattet mit einem körperreichen, alkoholstarken und fleischigen Charakter offenbart er eine gehörige Portion des für den Vieux-Télégraphe typischen Buketts von Kräutern, Oliven, schwarzem Pfeffer, Jod und süßer, praller Frucht. Dieser weiche, runde und gehaltvolle 90er sollte innerhalb der nächsten 7 bis 8 Jahre getrunken werden. Letzte Verkostung: 12/95.

1989 • 88 Châteauneuf-du-Pape (rot): Dieser Wein befindet sich jetzt in besserer Form als in seinen frühen Jahren. Etwas mehr Extraktstoffreichtum könnte nicht schaden, trotzdem gefällt er als ausgezeichneter, würziger Roter mit süßen, marmeladigen Duft- und Geschmacksnoten von Tabak, Oliven, Früchtebrot und Kirschen. Der körperreiche und samtig strukturierte, weiche und schmackhafte Tropfen mit kernigem Glyzerin sollte innerhalb von 5 bis 6 Jahren getrunken werden. Letzte Verkostung: 12/95.

1988 • 87 Châteauneuf-du-Pape (rot): Der 88er Vieux-Télégraphe wirkt strukturierter, tanninreicher und verschlossener als die locker gefügten Jahrgänge 1989 und 1990. Er enthüllt ein dunkles Rubinrot sowie ein verhaltenes, aber würziges Bukett von roten und schwarzen Früchten, Erde und provenzalischen Kräutern. Mit seinem mittleren bis vollen Körper könnte sich dieser trotz allem konzentrierte Tropfen als langlebiger Vieux-Télégraphe erweisen, der bis in die ersten 5 bis 6 Jahre des nächsten Jahrhunderts durchhält. Da er weniger schmeichelt als der 89er und der 90er, kann man die beiden jüngeren Ausführungen trinken, während man die Entfaltung des 88ers abwartet. Letzte Verkostung: 12/95.

1987 • 78 Châteauneuf-du-Pape (rot): Der 87er wirkt im Vergleich zum 88er und dem 89er dünn, ja fast magersüchtig. Er verfügt über einen anständigen Fruchtgehalt, eine intensive vegetabile, pfeffrige Komponente im Hintergrund und einen kurzen Abgang. Für sich genommen erscheint er recht süffig, im Vergleich zu den späteren Jahrgängen kann man ihn aber nur als zweitrangig und wenig interessant bewerten. Letzte Verkostung: 3/93.

1986 • 86 Châteauneuf-du-Pape (rot): Wie diese Prüfnotizen zeigen, enttäuschten die Leistungen in den achtziger Jahren nur selten, erreichten aber nicht die höchsten Standards der Appellation. Der 86er ist der jüngste Jahrgang, der schon bernsteinfarbene und roströte Töne am Glasrand zeigt. Sein seetangähnliches, rauchiges, kräuter- und olivenduftiges Bukett wird begleitet von einem spröden Wein mit einem mittleren bis vollen Körper, der eben verblasst und offenbar allmählich aus dem Gleichgewicht gerät. Man sollte ihn über die kommenden 2 bis 3 Jahre austrinken. Letzte Verkostung: 12/95.

1986 • 90 Châteauneuf-du-Pape (weiß): Das großartig parfümierte Bukett von Tropenfrüchten und Blumendüften wirkt herrlich ansprechend. Dieser ölige, körperreiche Tropfen füllt den Mund mit einer schönen, reifen, gehaltvollen Frucht. Letzte Verkostung: 2/87.

1985 • 88 Châteauneuf-du-Pape (rot): Dieser stets köstliche 85er besticht als würziger, fruchtiger, überschwänglicher und extravaganter Wein – körperreich, saftig und süffig. Für eine herausragende Bewertung fehlen ihm zwar die zusätzliche geschmackliche Dimension und die Komplexität, er bietet jedoch ein einnehmendes, vollmundiges, typisches Beispiel eines Vieux-Télégraphe. Innerhalb von 2 bis 3 Jahren trinken. Letzte Verkostung: 12/95.

1985 • 87 Châteauneuf-du-Pape (weiß): Der allmählich verblassende 85er war im Oktober 1986 vorzüglich, 3 Monate später setzte aber der Fruchtverlust ein, was wieder einmal bestätigt, dass diese Weine nur sehr, sehr jung Genuss versprechen. Letzte Verkostung: 2/87.

1984 • 86 Châteauneuf-du-Pape (rot): Eine starke Leistung! Der 84er Vieux-Télégraphe besitzt eine tiefe Farbe und reichlich würzige, pfeffrige Beerenfrucht, zeigt sich für den Jahrgang recht körperreich, aber eleganter und deutlich weniger alkoholstark als der ungezügelte 85er. Genussreife: jetzt. Letzte Verkostung: 12/86.

1983 • 90 Châteauneuf-du-Pape (rot): In einer für das Gut eher sehr guten als herausragenden Phase bereitet, stellt dieser würzige, pfeffrige und erdige 83er mit seinem duftigen, geradlinigen Aroma eine der Spitzenleistungen dar. Der körperreiche, korpulente und muskulöse 83er gehört zu den wenigen in der High-Tech-Ära erzeugten Weinen, die den alten stämmigen, dicken Charakter der Jahrgänge vor 1979 erahnen lassen. Am Rand werden leichte Bernstein- und Orangetöne wahrnehmbar, zu einem Verblassen der Frucht kommt es aber noch nicht. Dieser voll entwickelte Wein dürfte sich weitere 4 bis 5 Jahre halten. Letzte Verkostung: 12/95.

1982 • 85 Châteauneuf-du-Pape (rot): Der voll ausgereifte 82er weist einen recht hohen Alkoholgehalt auf, bringt aber ausreichend schwerfällige, süffige, reife Frucht ins Spiel, um eine brandige und unausgewogene Wirkung zu vermeiden. Austrinken. Letzte Verkostung: 10/86.

1981 • 89 Châteauneuf-du-Pape (rot): Eine weitere gute Leistung, die eine herausragende Bewertung nur knapp verfehlt. Der 81er zeigt eine körperreiche, weiche und samtige Art, mit beträchtlichen Bernsteinfärbungen am Glasrand. Sein hoher Alkoholgehalt kämpft sich allmählich durch die kernige, fleischige Frucht. Ein schneidiger, würzig-pfeffriger und reifer Châteauneuf-du-Pape, der vor der Jahrtausendwende konsumiert werden sollte. Letzte Verkostung: 12/95.

1980 • 84 Châteauneuf-du-Pape (rot): Ein weicher, öliger, fruchtiger Geschmack, ein voller Körper und ein Duft von Kräutern und salzigem Seetang vereinen sich zu einem verführerischen Aroma. Der voll ausgereifte Wein sollte getrunken werden. Letzte Verkostung: 6/86.

1979 • 87 Châteauneuf-du-Pape (rot): Als erster Jahrgang, der in der neuen Produktionsanlage des Guts entstand, alterte der 79er gut. Er hat sich den jugendlichen Überschwang bewahrt, aber auch seine üppige Frucht mit den typisch würzigen, prallen Düften von Seetang, Jod und Früchtebrot, den mittleren bis vollen Körper, einen spröde strukturierten Hintergrund und einen sauberen, lebhaften, pfeffrigen Abgang. Ein sehr guter, wenn auch ein wenig monolithischer Vieux-Télégraphe. Innerhalb von 4 bis 5 Jahren austrinken. Letzte Verkostung: 12/95.

1978 • 96 Châteauneuf-du-Pape (rot): Ich muss gestehen, dass ich von diesem unwiderstehlichen, bemerkenswert beständigen Wein schon fast vier Kisten getrunken habe – und keine einzige Flasche war schlechter als sensationell, und keine einzige von ihnen hatte gekorkelt. Der 78er Vieux-Télégraphe setzt weiterhin Maßstäbe für das Qualitätsniveau, das ein Châteauneuf-du-Pape erreichen kann! Seine Farbe bleibt ein opakes, dunkles Rubin- bis Granatrot ohne bernstein- oder rostfarbene Töne. Dazu gesellt sich ein riesenhaftes, sensationelles Bukett von *garrigue*-Unterholz, Pfeffer, schwarzen Früchten, Trüffeln und Räucherfleisch. In der Mittelphase zeigt der Wein die Dicke, Viskosität und den außerordentlichen Extraktstoffreichtum eines klassischen großen Jahrgangs sowie eine gute Struktur, jugendlichen Überschwang und einen ungeheuer konzentrierten, intensiven Geschmack. Als Folge der unfiltrierten Abfüllung verliert man trotz sorgfältigen Dekantierens knapp einen halben Deziliter Depot – der vollkommene Inbegriff des Vieux-Télégraphe. Ich glaube fast, dass der 94er eine Rückkehr zu diesen Standards einleitet. Seit Mitte der achtziger Jahre hat der Tropfen Hochreife erreicht, trotzdem kann man sich mit dem Trinken Zeit lassen, denn er wird sich mindestens weitere zehn Jahre halten. Ein Klassiker. Letzte Verkostung: 12/95.

ÄLTERE JAHRGÄNGE

1994 waren bei der Verkostung die einst außerordentlichen Jahrgänge 1972, 1971 und 1967 am Nachlassen.

DOMAINE DE VILLENEUVE ****

Adresse:
Route de Courthézon, 84100 Orange, Tel.: 4 90 51 61 22

Produzierte Weine:
Châteauneuf-du-Pape, Châteauneuf-du-Pape Cuvée Vieilles Vignes (rot)

Rebfläche: 8,7 ha

Produktionsmenge: 3 125 Kisten

Ausbau:
Traditionell, ohne Entrappen, Ausbau in *foudres* und Tanks

Durchschnittsalter der Reben: 40 Jahre

Verschnitt: 75 % Grenache, jeweils 5 % Syrah, Roussanne und Cinsault, 10 % andere Sorten

Dieser Betrieb ist relativ jung, obwohl sich seine Ursprünge bis ins späte 19. Jahrhundert zurückverfolgen lassen. Unter seiner Besitzerin Madame Veuve Arnoux wird auf dem Gut aber erst seit 1987 selbst abgefüllt. Die drei Weinbergparzellen liegen im nördlichen Teil der

Appellation nicht weit von Orange, im Bereich Le Grés. Die Weinbereitung erfolgt auf traditionelle Weise, und die drei von mir verkosteten Jahrgänge lassen wunderbare Ergebnisse vermuten. Dies scheint ein kraftvoller Châteauneuf-du-Pape alten Stils zu sein, konzipiert als *vin de garde*.

JAHRGÄNGE

1995 • 91 Châteauneuf-du-Pape Cuvée Vieilles Vignes: Die 95er Cuvée Vieilles Vignes präsentiert sich als eindrucksvolle Leistung. Bei der Fassprobe zeigte dieser sensationelle, opake, gehaltvolle Châteauneuf ein vorzügliches Rohmaterial. Neben seiner herrlichen Farbe wartet er mit einem erblühenden Bukett von Trüffeln, geräucherten Kräutern und schwarzen Früchten auf und gibt sich reich extrahiert, kräftig und gehaltvoll, mit mäßigen Tanninen in seinem langen Abgang. Er erfüllt alle Voraussetzungen für einen besonderen Tropfen. Ich hoffe, dass er ohne übertriebenes Schönen und/oder Filtrieren abgefüllt wird, was ihm Aroma, Geschmack und Körper rauben würde. Letzte Verkostung: 6/96.

1994 • 87+ Châteauneuf-du-Pape Cuvée Vieilles Vignes: Die 94er Cuvée Vieilles Vignes – die bei der Vorjahresprobe einen verwirrenden Eindruck machte – ist nun abgefüllt und erfreulicherweise zu einem sehr guten, möglicherweise gar ausgezeichneten Châteauneuf-du-Pape geworden. Sie besitzt ein dunkles Rubin- bis Purpurrot, ein rustikales, erdiges Bukett von Schwarzen Himbeeren, einen mittleren bis vollen Körper, schöne Reintönigkeit und Reife, einen ansprechenden, süßen Geschmack sowie mäßige Tannine im langen, rustikalen Abgang. 1 bis 2 Jahre im Keller sollte man dem Wein gönnen, dann wird er sich 7 bis 8 Jahre gut trinken lassen. Letzte Verkostung: 6/96.

1993 • 88+ Châteauneuf-du-Pape Cuvée Vieilles Vignes: Der 93er repräsentiert einen jungen, traubigen, monolithischen Châteauneuf-Stil, zeigt eine ausgezeichnete Reintönigkeit und reichlich süße schwarze Frucht, jedoch auch eine extrem jugendliche, bislang wenig komplexe Art. Als einer der jugendlichsten 93er verfügt er über eine beeindruckende, satte Farbe, einen vollen Körper und viel Extrakt. Sollte er mehr Konturen und Komplexität entwickeln, dann ist diesem Wein eine herausragende Bewertung sicher – ein Kandidat für 10 bis 15 Jahre Kellerreife.

WEITERE ERZEUGER VON CHÂTEAUNEUF-DU-PAPE

COMTE D'ARGELAS

Adresse: 9 et 11, rue de la République, 84230 Châteauneuf-du-Pape,
Tel.: 4 90 83 74 01, Fax: 4 90 83 50 93

Dieses Handelshaus nimmt in jeder Appellation eine Selektion vor und verzeichnet auf seinen Etiketten sowohl den Markennamen «Comte d'Argelas» als auch den Namen und die Adresse des Erzeugers. Die Selektion aus Vacqueyras heißt Domaine de Fontavin, die aus Gigondas Domaine des Paillières, die aus Tavel Domaine de Roc Epine, die aus Lirac Domaine Devoy und die in Muscat de Beaumes de Venise führt den Namen Cave Coopérative.

Domaine La Bastide Saint-Dominique

Adresse: 84350 Courthézon, Tel.: 4 90 70 85 32

Produzierte Weine: Châteauneuf-du-Pape (weiß und rot)

Rebfläche: 8 ha

Produktionsmenge: Weiß: 312 Kisten; Rot: 2 000 Kisten

Ausbau: Kein Entrappen, Ausbau in Tanks und *foudres*

Durchschnittsalter der Reben: 50 Jahre

Verschnitt: Weiß: Jeweils 40 % Grenache und Clairette, 20 % Bourboulenc

Rot: 70 % Grenache, jeweils 10 % Syrah und Mourvèdre, jeweils 5 % Cinsault und Clairette

Domaine de la Biscarelle

Adresse: Quartier du Grès, 84100 Orange, Tel.: 4 90 34 64 71

Produzierte Weine: Châteauneuf-du-Pape (rot)

Rebfläche: 4 ha

Produktionsmenge: 1 700 Kisten

Ausbau: Insgesamt 24 bis 36 Monate, Gärung und Lagerung in Zementtanks,
gefolgt von 12 bis 18 Monaten in Eiche

Durchschnittsalter der Reben: 30 Jahre

Verschnitt: 90 % Grenache, 10 % Cinsault

Domaine de Bois Lauzun

Adresse: Route de Sainte-Cécile, 84830 Sérignan, Tel.: 4 90 70 01 60

Produzierte Weine: Châteauneuf-du-Pape (rot)

Rebfläche: 2 ha

Produktionsmenge: 625 Kisten, davon nur 225 als Erzeugerabfüllung

Ausbau: Insgesamt 36 Monate, 13 bis 20 Tage Gärung in Zementtanks,
dann 24 Monate in alter Eiche, anschließend Lagerung bis zur Abfüllung in Edelstahl

Durchschnittsalter der Reben: 30 bis 40 Jahre

Verschnitt: 90 % Grenache, 10 % Cinsault

Château du Bois de la Garde

Adresse: 1, avenue Baron Le Roy, 84230 Châteauneuf-du-Pape, Tel.: 4 90 83 73 10, Fax: 4 90 83 50 78

Produzierte Weine: Châteauneuf-du-Pape (rot)

Rebfläche: 62 ha

Produktionsmenge: 35 000 Kisten

Ausbau: Insgesamt 6 bis 12 Monate, 20 Tage Gärung in Edelstahl, dann 6 Monate in Eiche,
anschließend Lagerung bis zur Abfüllung in Zement-, Edelstahl- und Epoxidtanks

Durchschnittsalter der Reben: 45 bis 50 Jahre

Verschnitt: 55 % Grenache, 15 % Syrah, 10 % Cinsault, 10 % Mourvèdre und Carignan,
der Rest andere Sorten

CHATEAUNEUF-DU-PAPE

Clos des Brusquières

Adresse: 15, rue Vieille Ville, 84230 Châteauneuf-du-Pape, Tel.: 4 90 83 74 47
Produzierte Weine: Châteauneuf-du-Pape (rot)
Rebfläche: 6 ha
Produktionsmenge: 2 500 Kisten
Ausbau: Insgesamt 24 bis 36 Monate, 20 Tage Gärung in Zementtanks,
dann 24 Monate in alten *demi-muids*, Lagerung in Zement- und Emailtanks
Durchschnittsalter der Reben: 30 bis 40 und 80 bis 100 Jahre
Verschnitt: 80 % Grenache, 10 % Syrah, jeweils 5 % Mourvèdre und andere Sorten

Clos des Marquis

Adresse: 23, avenue Saint-Joseph, 84230 Châteauneuf-du-Pape, Tel.: 4 90 83 52 74, Fax: 4 90 83 52 75
Produzierte Weine: Châteauneuf-du-Pape (weiß und rot)
Rebfläche: Weiß: 0,8 ha; Rot: 4,5 ha
Produktionsmenge: Weiß: 320 Kisten; Rot: 1 625 Kisten
Ausbau: Weiß: Gärung in temperaturgeregelten Emailtanks für mindestens 4 Monate,
keine malolaktische Gärung
Rot: Insgesamt 24 Monate, 15 bis 21 Tage Gärung in Zementtanks, dann wird
ein Drittel 9 bis 12 Monate in alter Eiche ausgebaut, der Rest bleibt in Edelstahltanks,
nach der *assemblage* Lagerung in Edelstahl bis zur Abfüllung
Durchschnittsalter der Reben: Weiß: 30 Jahre; Rot: 50 bis 100 Jahre
Verschnitt: Weiß: Gleiche Anteile der Sorten Grenache blanc, Bourboulenc und Clairette
Rot: 80 % Grenache, 10 % Syrah, 10 % andere Sorten

Clos Saint-André

Adresse: 4 et 6, avenue Général de Gaulle, 84230 Châteauneuf-du-Pape,
Tel.: 4 90 83 72 26, Fax: 4 90 83 53 85
Produzierte Weine: Châteauneuf-du-Pape (rot)
Rebfläche: 20 ha
Produktionsmenge: 8 700 Kisten
Ausbau: Insgesamt 24 bis 30 Monate, 15 bis 20 Tage Gärung in Edelstahltanks,
dann 12 bis 24 Monate in Eichenfässern, Lagerung in Edelstahl bis zur Abfüllung
Durchschnittsalter der Reben: 50 Jahre
Verschnitt: 70 % Grenache, 15 % Mourvèdre, 10 % Syrah, 5 % andere Sorten

Domaine de la Côte de l'Ange

Adresse: Quartier de la Font du Pape, 84230 Châteauneuf-du-Pape,
Tel.: 4 90 83 72 24, Fax: 4 90 83 54 88
Produzierte Weine: Châteauneuf-du-Pape (weiß und rot)
Rebfläche: Weiß: 1 ha; Rot: 10,1 ha
Produktionsmenge: Weiß: 375 Kisten; Rot: 3 750 Kisten
Ausbau: Weiß: 6 Monate in Zementtanks
Rot: Insgesamt 24 Monate, 15 Tage Gärung in Zementtanks, dann 18 Monate in alter Eiche,
anschließend Lagerung in Zementtanks
Durchschnittsalter der Reben: Weiß: 30 Jahre; Rot: 30 Jahre
Verschnitt: Weiß: Gleiche Anteile der Sorten Grenache blanc, Clairette und Bourboulenc
Rot: 75 % Grenache, 10 % Syrah, 15 % Mourvèdre und Cinsault

Domaine la Crau des Papes

Adresse: Route de Courthézon, 84230 Châteauneuf-du-Pape, Tel.: 4 90 83 72 39, Fax: 4 90 83 53 01
Produzierte Weine: Châteauneuf-du-Pape (rot)
Rebfläche: 22,7 ha
Produktionsmenge: 10 000 Kisten
Ausbau: Insgesamt 12 Monate, 3 Wochen Gärung in Zementtanks,
wo der Wein bis zur Abfüllung innerhalb eines Jahres verbleibt
Durchschnittsalter der Reben: Manche sind jung, manche bis 100 Jahre alt
Verschnitt: 85 % Grenache, 10 % Syrah, 5 % Cinsault und Mourvèdre

Delas Frères

Adresse: Z.A. de L'Olivet, B.P. 4, 73000 Saint-Jean de Muzols, Tel.: 4 75 08 60 30, Fax: 4 75 08 53 67
Delas Frères produziert rund 3 000 Kisten Les Hauts Pierres und 3 000 Kisten Les Calcerniers.
Diese Weine werden nur zur Abfüllung in die Kellerei des Unternehmens gebracht;
vinifiziert und ausgebaut werden sie von einem Lieferantenteam.

La Fagotière

Adresse: Domaine de Palestor, 84100 Orange, Tel.: 4 90 34 51 81, Fax: 4 90 51 04 44
Produzierte Weine: Châteauneuf-du-Pape (rot)
Rebfläche: 20 ha
Produktionsmenge: 7 500 Kisten
Ausbau: Insgesamt 24 Monate, 3 Wochen Gärung in Zement- und Emailtanks,
dann 12 bis 18 Monate in Eichenfässern, anschließend Lagerung in Edelstahl
Durchschnittsalter der Reben: 30 bis 50 Jahre und älter
Verschnitt: 70 % Grenache, jeweils 7 % Cinsault und Mourvèdre,
jeweils 1 % Syrah und Clairette, 0,5 % Counoise, der Rest andere Sorten

CHÂTEAU DE FONTAVIN

Adresse: 1468, route de la Plaine, 84350 Courthézon, Tel.: 4 90 70 72 14, Fax: 4 90 70 79 39

Produzierte Weine: Châteauneuf-du-Pape (rot)

Rebfläche: 10,1 ha

Produktionsmenge: 4 000 Kisten

Ausbau: Insgesamt 24 Monate, 15 Tage Gärung in Edelstahltanks, dann 20 % für 6 Monate in 3 Jahre alten Eichenfässern, Lagerung des Restweins in Zementtanks, *assemblage* kurz vor der Abfüllung

Durchschnittsalter der Reben: 50 Jahre, die ältesten 100 Jahre

Verschnitt: 70 % Grenache, 30 % Syrah

DOMAINE DE FUSAT

Adresse: 20, avenue des Oliviers, B.P. 14, 84230 Châteauneuf-du-Pape,
Tel.: 4 90 83 73 58, Fax: 4 90 83 75 55

Produzierte Weine: Châteauneuf-du-Pape (rot)

Rebfläche: 20,2 ha

Produktionsmenge: 6 250 Kisten

Ausbau: Insgesamt 12 Monate, 3 Wochen Gärung in Edelstahl- und Zementtanks, anschließend 6 bis 12 Monate in alten Eichenfässern, keine Lagerung vor der Abfüllung

DOMAINE GIMOND

Adresse: La Désirade, Quartier du Bosquet, 84230 Châteauneuf-du-Pape, Tel.: 4 90 83 73 49

Produzierte Weine: Châteauneuf-du-Pape (rot)

Rebfläche: 4,2 ha

Produktionsmenge: 1 500 Kisten

Ausbau: Insgesamt 24 Monate, 3 Wochen Gärung in Edelstahltanks, dann 6 bis 12 Monate in alten Eichenfässern, Lagerung bis zur Abfüllung in Email

Durchschnittsalter der Reben: 40 Jahre

Verschnitt: 80 % Grenache, 20 % Mourvèdre und Cinsault

Domaine Pierre Giraud

Adresse: Avenue Impériale, 84230 Châteauneuf-du-Pape, Tel.: 4 90 83 73 49, Fax: 4 90 83 52 05
Produzierte Weine: Châteauneuf-du-Pape Cuvée des Gallimardes (weiß und rot)
Rebfläche: Weiß: 1,5 ha; Rot: 20 ha
Produktionsmenge: Weiß: 500 Kisten; Rot: 7 500 Kisten
Ausbau: Weiß: 6 Monate in Emailtanks
Rot: Insgesamt 24 Monate, 21 Tage Gärung in Email- und Zementtanks,
dann 6 bis 12 Monate in alter Eiche
Durchschnittsalter der Reben: Weiß: 10 Jahre; Rot: 60 bis 70 Jahre
Verschnitt: Weiß: Gleiche Anteile der Sorten Grenache blanc, Bourboulenc, Roussanne und Clairette
Rot: 80 % Grenache, 10 % Syrah, jeweils 5 % Mourvèdre und Cinsault

Château de Husson

Adresse: 2031, chemin des Saintes-Vierges, 84350 Courthézon, Tel.: 4 90 33 02 96, Fax: 4 90 33 16 82
Produzierte Weine: Châteauneuf-du-Pape (weiß und rot)
Rebfläche: Weiß: 3,5 ha (davon nur 2 ha in Produktion); Rot: 21 ha
Produktionsmenge: Weiß: 685 Kisten
Rot 7 500 Kisten, davon sind nur 625 Kisten – aus den ältesten Weinstöcken – Gutsabfüllungen
Ausbau: Weiß: 2 bis 3 Monate in Edelstahl
Rot: Insgesamt 24 bis 36 Monate, 15 bis 20 Tage Gärung in temperaturgeregelten Edelstahltanks,
assemblage nach der malolaktischen Gärung, anschließend 5 bis 6 Monate Ausbau
in alten Eichenfässern, Lagerung bis zur Abfüllung in Zementtanks
Durchschnittsalter der Reben: Weiß: 10 Jahre; Rot: 70 bis 80 Jahre
Verschnitt: Weiß: 70 % Grenache blanc, 20 % Clairette, 10 % Bourboulenc
Rot: 70 bis 75 % Grenache, 5 % Cinsault, der Rest Syrah und Mourvèdre

Domaine Alain Jacumin

Adresse: Le Moulin à Vent, 84230 Châteauneuf-du-Pape, Tel.: 4 90 83 73 58, Fax: 4 90 83 75 55
Produzierte Weine: Châteauneuf-du-Pape (rot)
Rebfläche: 10,1 ha
Produktionsmenge: 2 875 Kisten
Ausbau: Insgesamt 12 Monate, 3 Wochen Gärung in Edelstahl- und Zementtanks,
dann 6 bis 12 Monate in Eichenfässern
Durchschnittsalter der Reben: 40 Jahre
Verschnitt: 65 % Grenache, 12 % Mourvèdre, 10 % Syrah, 6 % Cinsault, der Rest verschiedene Sorten

DOMAINE DE LA JAUFRETTE

Adresse: Chemin de la Gironde, 84100 Orange, Tel.: 4 90 34 35 34
Produzierte Weine: Châteauneuf-du-Pape (rot)
Rebfläche: 2,5 ha
Produktionsmenge: 875 Kisten
Ausbau: Insgesamt 3 bis 4 Jahre, 18 bis 21 Tage Gärung in Zementtanks, dann 6 bis 8 Monate in alten,
kleinen und großen Eichenfässern, Lagerung bis zur Abfüllung in Epoxidtanks
Durchschnittsalter der Reben: 50 Jahre
Verschnitt: 99 % Grenache, 1 % andere Sorten

MAS CHANTE MISTRAL

Adresse: 1880, route de Caderousse, 84230 Châteauneuf-du-Pape, Tel.: 4 90 70 72 65
Produzierte Weine: Châteauneuf-du-Pape (rot)
Rebfläche: 12 ha, von denen aber nur 0,5 ha für die Abfüllungen verwendet werden
Produktionsmenge: 3 000 Flaschen, der Großteil wird offen verkauft
Ausbau: Insgesamt 12 Monate, 15 bis 20 Tage Gärung in Edelstahltanks,
dann 6 Monate in 3 bis 4 Jahre alten Eichenfässern, anschließend Lagerung in Edelstahl
Durchschnittsalter der Reben: 40 Jahre
Verschnitt: 70 % Grenache, jeweils 15 % Cinsault und Mourvèdre

CHÂTEAU DU MONT THABOR

Adresse: Le Mont Thabor, 84370 Bédarrides, Tel.: 4 90 33 16 21, Fax: 4 90 33 00 04
Produzierte Weine: Châteauneuf-du-Pape (rot)
Rebfläche: 4 ha
Produktionsmenge: 1 500 Kisten
Ausbau: Insgesamt 10 bis 24 Monate, 15 Tage Gärung in Zementtanks, dann 12 Monate
in Zementtanks, anschließend 6 Monate in alter Eiche, Abfüllung ungeschönt und unfiltriert
Durchschnittsalter der Reben: 70 Jahre
Verschnitt: 80 % Grenache, 15 % Syrah und Mourvèdre, 5 % Cinsault

DOMAINE DU MOULIN BLANC

Adresse: 3026 Tavel, Tel.: 4 78 34 25 06, Fax: 4 78 34 30 60
Produzierte Weine: Châteauneuf-du-Pape (rot)
Rebfläche: 1,3 ha
Produktionsmenge: 500 Kisten
Ausbau: Insgesamt 12 Monate, davon 6 Monate in Eiche
Durchschnittsalter der Reben: 9 Jahre
Verschnitt: 80 % Grenache, 20 % Syrah

FABRICE MOUSSET

Adresse: 84230 Châteauneuf-du-Pape, Tel.: 4 90 83 73 10, Fax: 4 90 83 74 79

Produzierte Weine: Châteauneuf-du-Pape (weiß und rot)

Rebfläche: 4 ha

Produktionsmenge: Weiß: 875 Kisten; Rot: 875 Kisten

Ausbau: Weiß: Niedrigtemperaturgärung mit abgestoppter malolaktischer Gärung,
Sterilfiltration und Abfüllung im Januar nach der Lese

Rot: 6 bis 18 Monate in *foudres* und Tanks, 70 % der Trauben werden entrappt

Durchschnittsalter der Reben: 5 Jahre

Verschnitt: Weiß: Gleiche Anteile der Sorten Roussanne, Bourboulenc, Grenache blanc und Clairette

Rot: 80 % Grenache, 20 % Mourvèdre

OGIER ET FILS

Adresse: La Grande Marine, Avenue Louis Boudin, B.P. 64, 84800 L'Isle-sur-la-Sorgue

Dieses riesige Handelshaus produziert neben anderen Rhôneweinen einen Châteauneuf-du-Pape,
den ich stets gekocht und wenig typentreu fand.

DOMAINE PERGES

Adresse: 8, avenue Saint-Joseph, 84230 Châteauneuf-du-Pape, Tel.: 4 90 83 71 34

Produzierte Weine: Châteauneuf-du-Pape (rot)

Rebfläche: 8 ha

Ausbau: Kein Entrappen, Ausbau für ein Jahr in Tanks und *foudres*

Durchschnittsalter der Reben: 40 Jahre

Verschnitt: 75 % Grenache, jeweils 10 % Muscardin und Mourvèdre, 5 % andere Sorten

RÉSERVE DES DIACRES

Adresse: Quartier des Terres Blanches, 84230 Châteauneuf-du-Pape, Tel.: 4 90 83 70 84

Produzierte Weine: Châteauneuf-du-Pape (weiß und rot)

Rebfläche: Weiß: 0,3 ha; Rot: 12,1 ha

Produktionsmenge: Weiß: 185 Kisten; Rot: 2 850 Kisten

Ausbau: Weiß: Niedrigtemperaturgärung, Abstoppen der malolaktischen Gärung,
Abfüllung innerhalb von 3 bis 4 Monaten nach der Lese

Rot: Bereitung ohne Entrappen in *cuves*, dann 6 bis 12 Monate in großen alten *foudres* aus Eichenholz

Durchschnittsalter der Reben: Weiß: 20 Jahre; Rot: 60 Jahre

Verschnitt: Weiß: Gleiche Anteile der Sorten Grenache blanc, Clairette und Bourboulenc

Rot: 80 % Grenache, 10 % Cinsault, 10 % Mourvèdre und Syrah

DOMAINE SAINT-GAYAN

Adresse: Le Trignon, 84190 Vacqueyras, Tel.: 4 90 65 90 33, Fax: 4 90 65 85 10
Produzierte Weine: Châteauneuf-du-Pape (rot)
Rebfläche: 0,7 ha
Produktionsmenge: 300 Kisten
Ausbau: Insgesamt 30 Monate, davon 12 Monate in alten, großen und kleinen Eichenfässern
Durchschnittsalter der Reben: 50 Jahre
Verschnitt: 90 % Grenache, 10 % Syrah, Cinsault und Mourvèdre

DOMAINE SAINT-LAURENT

Adresse: 1375, chemin de Saint-Laurent, 84350 Courthézon, Tel.: 4 90 70 87 92, Fax: 4 90 70 78 49
Produzierte Weine: Châteauneuf-du-Pape (weiß und rot)
Rebfläche: Weiß: 0,5 ha; Rot: 2,5 ha
Produktionsmenge: Weiß: 250 Kisten; Rot: 1 000 Kisten
Ausbau: Weiß: Vinifikation und Ausbau für 12 Monate in Emailtanks,
kein Abstoppen der malolaktischen Gärung
Rot: Insgesamt 18 bis 24 Monate, 15 bis 20 Tage Gärung in Zement- oder Edelstahltanks,
dann 20 % 12 bis 18 Monate in neuer Eiche, der übrige Wein bleibt in Emailtanks,
Lagerung bis zur Abfüllung in Edelstahl
Durchschnittsalter der Reben: Weiß: 25 Jahre; Rot: 25 bis 30 Jahre
Verschnitt: Weiß: 80 % Clairette, 20 % Roussanne und Bourboulenc
Rot: 90 % Grenache, 10 % Syrah

DOMAINE DE SAINT-PAUL

Adresse: B.P. 58, 84230 Châteauneuf-du-Pape, Tel.: 4 90 83 70 28, Fax: 4 90 83 78 07
Produzierte Weine: Châteauneuf-du-Pape (rot)
Rebfläche: 13 ha
Produktionsmenge: 4 375 Kisten
Ausbau: Insgesamt 20 Monate, 20 Tage Gärung in Edelstahltanks, dann 12 Monate in 3-jährigen
Eichenfässern, anschließend Lagerung bis zur Abfüllung in Edelstahl
Durchschnittsalter der Reben: 25 Jahre
Verschnitt: 80 % Grenache, 20 % gleiche Anteile der Sorten Syrah, Cinsault und Muscardin

Château Saint-Roche

Adresse: 30150 Roquemaure, Tel.: 4 66 82 82 59, Fax: 4 66 82 83 00
Produzierte Weine: Châteauneuf-du-Pape (rot)
Rebfläche: 1,7 ha
Produktionsmenge: 560 Kisten
Ausbau: Insgesamt 42 Monate, Gärung in Edelstahltanks, dann 18 Monate in großen,
6 Monate in kleinen Eichenfässern, anschließend Lagerung bis zur Abfüllung in Edelstahl
Durchschnittsalter der Reben: 60 Jahre
Verschnitt: 90 % Grenache, 10 % andere Sorten

Domaine de Valori

Adresse: Domaine Meffre
Produzierte Weine: Châteauneuf-du-Pape (rot)
Rebfläche: 8 ha
Produktionsmenge: 3 000 Kisten
Ausbau: Mindestens 2 Jahre in Edelstahl- und Zementtanks
Durchschnittsalter der Reben: 30 bis 35 Jahre
Verschnitt: 80 % Grenache, 20 % Syrah

GIGONDAS

Ein kräftiger, robuster Tropfen für eine kalte Winternacht

DIE APPELLATION GIGONDAS AUF EINEN BLICK

Appellation seit:	6. Januar 1971
Weinarten:	97 % Rotwein. Rosé ist der einzige weitere zugelassene Wein.
Rebsorten:	Die Hauptsorten sind Grenache, Syrah, Mourvèdre und Cinsault.
Derzeitige Rebfläche:	1 040 ha
Qualitätsniveau:	Durchschnittlich bis außergewöhnlich
Reifepotenzial:	5 bis 15 Jahre
Allgemeine Eigenschaften:	Robuster, vollmundiger, körperreicher, gehaltvoller, großzügiger Rotwein; leichter dynamischer, frischer, unterbewerteter Rosé
Größte neuere Jahrgänge:	1995, 1990, 1989, 1985, 1979, 1978
Aroma:	In den Spitzenerzeugnissen finden sich eindeutig Erde, *garrigue* (die erdige provenzalische Kräutermischung), Pfeffer, süße Kirschen, Heidelbeeren und Cassis.
Struktur:	Es werden leichte, fruchtige, weiche Weine im kommerziellen Stil erzeugt, doch besitzt der klassische Gigondas auch eine körperreiche, muskulöse, ungezügelte Kraft, die in den besten Tropfen fein abgestimmt und in anderen rustikal bis ungebärdig sein kann.
Die besten Weine der Appellation Gigondas:	Domaine de Cayron • Domaine de Font-Sane Cuvée Futée • Domaine les Goubert Cuvée Florence • Les Hauts de Montmirail • Moulin de la Gardette Cuvée Spéciale • Château Redortier • Château de Sainte-Cosme Cuvée Valbelle • Domaine Santa Duc Cuvée des Hautes Garrigues • Domaine Santa Duc Cuvée Classique

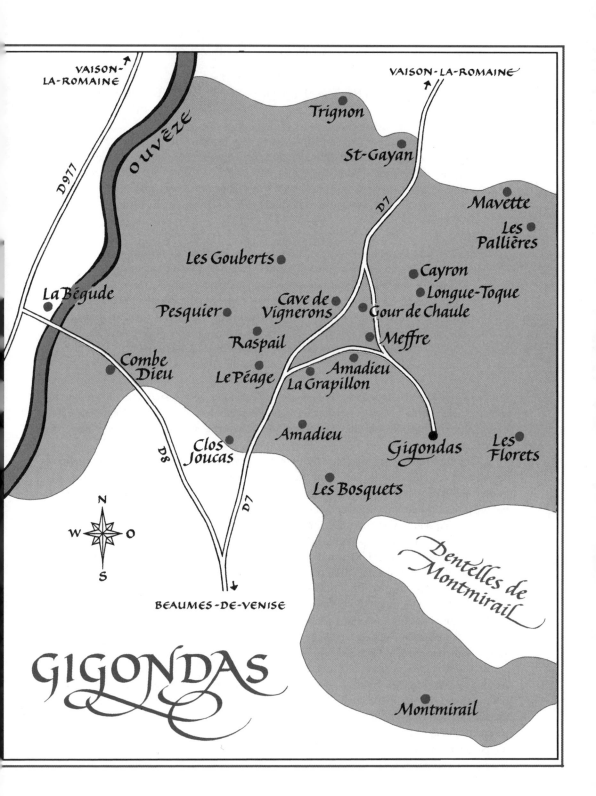

Bewertung der Gigondas-Erzeuger

*****

Domaine de Cayron • Les Hauts de Montmirail (Daniel Brusset) • Domaine Santa Duc

****

Domaine de Font-Sane • Domaine de la Garrigue • Domaine les Goubert ****/***** •
Domaine du Gour de Chaule • Domaine de Longue-Toque • Moulin de la Gardette •
Domaine les Pallieroudas (Edmonde Burle) • Domaine de Piauger • Domaine Raspail
(Dominique Ay) • Château Redortier ****/***** • Château de Sainte-Cosme ****/***** •
Domaine de Saint-Gayan • Tardieu-Laurent • Domaine du Terme

***

La Bastide Saint-Vincent • Domaine la Bouissière • Domaine de Cassan • Caves des
Vignerons de Gigondas • Domaine le Clos des Cazaux • Clos du Joncuas • Domaine
des Espiers • Domaine Grand-Romane • Domaine du Grapillon d'Or • Guigal •
Paul Jaboulet-Ainé • Domaine de la Mavette • Château de Montmirail • L'Oustau
Fouquet • Domaine les Pallières ***/**** • Domaine du Pesquier • Château Raspail
(Familie Meffre) • Domaine Romane-Machotte • Domaine Roucas de Saint-Pierre •
Domaine les Teyssonières • Domaine de la Tourade •
Domaine des Tourelles ***/**** • Château du Trignon • Vidal-Fleury

Das verträumte Dorf Gigondas, das genauso viele Hunde und Katzen wie Einwohner zu zählen scheint, befindet sich in geschützter Lage unterhalb der Dentelles de Montmirail, einer einzigartigen Formation schroffer Kalkfelsen, die senkrecht, steil und zackig aus der Erde emporragen.

Als früherer Teil des Anbaugebiets Côtes du Rhône wurde der Ort 1971 zur eigenständigen Appellation erhoben. Die Region dehnt sich aus auf 959 Hektar Rebfläche und gliedert sich in drei Gebiete: Auf dem Weg nach Gigondas befindet sich westlich eine relativ flache Ebene, die typischerweise aus Kies und Lehm, der so genannten *terre rouge* besteht. In diesem heißesten Mikroklima von Gigondas entstehen die robustesten und kräftigsten Weine. Nach Osten hin, an den niedrigeren Hängen der imposanten Dentelles, enthält der Boden weniger Lehm, dafür aber mehr Sand, Kies und gelegentlich auch *terre rouge*. Hinter dem Dorf erstrecken sich zahlreiche Hanglagen, die oft den Bergen abgerungen sind. Die Rebstöcke stehen hier auf einer Höhe von 300 bis 400 Meter, gut 230 bis 260 Meter oberhalb der Weinberge in der Ebene. Das Mikroklima dieser schroffen Lagen ist kühler, und die Böden aus Kalk und Geröll, vermischt mit etwas Lehm, erinnern mitunter an eine Mondlandschaft. Obwohl jeder Erzeuger die eigenen Flächen für die besten hält, werden in allen drei Gebieten Spitzenerzeugnisse bereitet: in der Ebene, den niedrigeren terrassierten Lagen und an den Steilhängen.

Bedauerlicherweise stützt sich der Ruf des Gigondas, auch «le Médecin» (der Arzt) genannt, in großem Maße darauf, dass er häufig zum «Kurieren» von Burgundern und Châteauneuf-du-Pape-Weinen, denen er Gehalt und Kraft verlieh, verwendet wurde. Gigondas war jedoch preiswerter als Châteauneuf-du-Pape, so dass die Behauptung der Winzer aus Châteauneuf-du-Pape nicht erstaunt, dass ihr Wein zur Verbesserung der Grands crus und Premiers crus eingesetzt worden sei, während mithilfe des Gigondas die Qualität zweitklassiger Burgunder verbessert worden wäre. Gerne erzählen die älteren Winzer die Geschichte von den Tankwagen aus Burgund, die auf der Suche nach dem kraftvollen, konzentrierten, reifen, fruchtigen Wein, der den schwächeren Burgunder-Tropfen Gehalt und Gewicht verleihen würde, in dieses Anbaugebiet kamen. Vermutlich sind derart betrügerische Praktiken heute nicht mehr üblich – es wäre verwerflich, wenn sich in dem Angebot großer *négociants* aus Burgund noch immer Gigondas finden ließe.

Abgesehen von seinem robusten, feurigen Wein zählt der Ort selbst zu den sehenswertesten und reizvollsten Bergdörfern der Provence. Er befindet sich am Fuße der zackigen Dentelles de Montmirail und wird von der Ruine eines alten Schlosses überragt. Dieses südfranzösische Bilderbuchdorf mit seinem Gewirr von Häusern und *caveaux* durchziehen steile enge Gassen. Es gibt mehr Traktoren und Kleintransporter als Autos sowie einen Dorfplatz, auf dem im Schatten der Bäume meistens Boule gespielt wird. Archäologische Funde in und um Gigondas beweisen, dass hier zur Zeit der Römer beeindruckende Villen gestanden haben. Man nimmt an, dass sich *Gigondas* vom Lateinischen *jocundits* ableitet, was «fröhliche Stadt» bedeutet. Handelt es sich dabei um einen frühen Hinweis auf den feurigen Charakter, den der Gigondas schon vor 2 000 Jahren besaß?

Bis 1971 war Gigondas nur eines von vielen Côtes-du-Rhône-Dörfern, das dank der Bemühungen des Besitzers der Domaine Les Pallières, Hilarion Roux, von Pierre Amadieu und von Edmond Chauvet als eigenständige Appellation anerkannt wurde. Früher erzeugte man auch Weißwein, heute besteht die Produktion zu 93 % aus Roten und zu 7 % aus Rosé. Die vorherrschende Rebsorte Grenache noir findet sich zu 65 bis 80 % in den meisten Cuvées. Gleichzeitig stieg die Bedeutung von Syrah und Mourvèdre, so dass diese inzwischen einen Anteil von 15 bis 35 % erlangen können. Die Region wird gern mit Châteauneuf-du-Pape verglichen und tatsächlich lassen sich einige Gemeinsamkeiten feststellen, doch herrscht in Gigondas ein kühleres Mikroklima, so dass die Lese häufig 10 bis 15 Tage später, selten vor Ende September oder Anfang Oktober, stattfindet. Wenn Frankreich in dieser Zeit von sintflutartigen Regenfällen heimgesucht wird, bedeutet das für Gigondas einen kompletten Ernteausfall. In trockneren Jahren fällt die Lese genauso gut aus wie in den anderen Anbaugebieten der südlichen Rhône.

Ich besuche die Region seit knapp 20 Jahren und verkoste jedes Jahr sämtliche Erzeugerabfüllungen und eine Auswahl von Genossenschaftsweinen. Es frustriert, dass das oft beeindruckende Erntegut durch einen mangelhaften Ausbau in alten modrigen Kellern verdorben wird. Zu viele Weine besitzen anfangs ein gewaltiges Potenzial, eine große reine Frucht und einen unverwechselbaren Charakter, der ihnen internationale Anerkennung sichern würde, doch werden sie 1. zum Teil durch unsaubere Lagerungsverhältnisse verdorben, 2. zu spät auf Flaschen gezogen und/oder 3. ausgiebig geschönt und gefiltert. Letzteres geschieht auf Anraten des Önologen, der sich um Stabilität bemüht, ohne den Wunsch des Verbrauchers nach Genuss zu berücksichtigen. Vermutlich würden eine größere Sauberkeit im Keller sowie ein früheres Abfüllen der gesamten Lese in ein oder zwei Durchgängen ohne eine derart intensive Behandlung bereits wesentliche Verbesserungen bringen.

Trotzdem stieg das Interesse an den Spitzenerzeugern von Gigondas zu Recht. Zahlreiche bessere Güter wie etwa Daniel Brussets Les Hauts de Montmirail, Santa Duc, Font-Sane und Les Goubert haben mit der Erzeugung von Altreben- oder Luxuscuvées begonnen, die einige Zeit in neuen Eichenfässern ruhen und nach minimaler Klärung abgefüllt werden. Erwartungsgemäß reagiert der Kunde auf diese Tropfen ausgesprochen positiv.

Ein Spitzen-Gigondas kann sich bis zu 20 Jahren halten, am besten schmeckt er aber in den ersten 7 bis 8 Jahren. Er besticht durch seine kräftige, alkoholstarke Art und seinen feurigen Stil, nach zehn bis zwölfjähriger Flaschenlagerung schwächen sich diese Merkmale allerdings ab. Ein 15-jähriger Gigondas kann zwar ein feinerer Wein sein, doch fehlt ihm häufig der extrovertierte Charakter und die Persönlichkeit seiner Jugend. Wie in jedem Anbaugebiet findet sich auch hier eine ganze Palette unterschiedlich bereiteter Produkte: in kleinen Fässern ausgebaute Erzeugnisse, Weine von internationalem Stil und traditionell erzeugte, leicht oxidierte Gewächse, die auf dem Grenache basieren wie etwa jene der Domaine les Pallières. Sagten mir viele dieser Weine in der Vergangenheit zu, so empfinde ich neuere Jahrgänge heute häufig als etwas fade und weniger interessant. Darüber hinaus werden zahlreiche leichte, weiche und fruchtige Cuvées angeboten, die sofort nach der Freigabe Genuss bieten, trotzdem trifft man auf ein weniger breit gefächertes Sortiment als im benachbarten Châteauneuf-du-Pape.

Unabhängig vom Stil zählen diese Erzeugnisse nach wie vor zu den preisgünstigsten Weinen der Welt. Nach einigen Verbesserungen in der Qualität könnten sie auch zu den gefragtesten Tropfen Südfrankreichs gehören.

So erweist sich ein Gigondas niemals als ein zurückhaltender oder feiner Wein, genossen und bewundert wird er vielmehr wegen seines robusten, offenen, großzügigen und extrovertierten Auftretens.

NEUERE JAHRGÄNGE

1995 Eher noch als der 95er Châteauneuf-du-Pape könnte der Gigondas des gleichen Jahrgangs der erfolgreichste Wein Südfrankreichs werden. Selbst die *négociants* und Erzeuger von leichteren Weinen produzierten Tropfen von dunkelstem Purpur mit einer außergewöhnlich reifen Frucht, einer guten Struktur und Säure sowie hervorragender Konzentration. Die meisten Winzer füllen den Wein erst beim Verkauf ab, so dass dieser häufig zu lange in muffigen, alten Fässern lagert, was die Erzeugung einer sehr guten Qualität verhindert. Das 95er Lesegut ist auf jeden Fall superb, und es bleibt zu hoffen, dass die meisten Weine vor Ende 1997 abgefüllt werden. Der Jahrgang besitzt das Potenzial, die Größe des 89ers und 90ers zu erreichen, wenn nicht gar zu übertreffen.

1994 Allgemein ein sehr guter Jahrgang für die südliche Rhône, die Gigondas fallen jedoch aus unerklärlichen Gründen sehr unbeständig aus. Häufig fehlen ihnen jene Konzentration und Reife, die in den nahe gelegenen Côtes du Rhône-Villages Cairanne und Vacqueyras, aber auch in Châteauneuf-du-Pape zu finden sind. Ein durchschnittlicher bis überdurchschnittlicher Jahrgang für Gigondas, das 1994 das schwächste Ergebnis der südlichen Rhône erzielte.

1993 Zur Ironie des Weinverkostens gehört, dass der 94er dem Papier nach besser sein sollte als der 93er. Bei der Weinprobe erweist sich der 93er jedoch als mindestens genauso gut. Der Jahrgang bringt solide, robuste, gut ausgestattete Weine hervor, denen jedoch der Gehalt und die Dichte von Spitzenjahrgängen wie 1995, 1990 und 1989 fehlt. Der 93er sollte sich ein Jahrzehnt lang gut halten.

1992 Ein grauenvolles Jahr für Gigondas. Heftige Regengüsse und Überschwemmungen wirkten sich in den Weinbergen verheerend aus und führten zu den schlimmsten dünnen, verwässerten und faulen Weinen seit dem schrecklichen 75er Jahrgang. Angesichts dieses Zorns der Natur war jeder machtlos.

1991 1991 enttäuschte nicht im gleichen Maße wie 1992, trotzdem brachten die Winzer nur in geringer Menge anständige Weine hervor, die kompakt, komprimiert und meistens durchschnittlich in der Qualität ausfallen.

1990 Ein Spitzenjahr für die gesamte südliche Rhône, einschließlich Gigondas! Die heiße und trockene Wachstumszeit erzeugte sehr reife, körperreiche und gehaltvolle Weine von einer wunderbaren Farbe und einem Schwindel erregenden Alkoholgehalt. Mitte der Neunziger schmeckten sie noch jung, doch sind sie phantastisch ausgestattet und viel versprechend. Die 90er dürften sich 15 bis 20 Jahre halten und ein 12 bis 15 Jahre alter Gigondas wird sich in jeder Hinsicht genauso fabelhaft geben wie im Alter von 8 bis 9 Jahren.

1989 Obwohl ein heißer Sommer den Weinbergen zusetzte, wurde ein großzügiger, körperreicher, kräftiger und beispielhafter Gigondas erzeugt. Im Wesentlichen gibt er sich eher etwas fester und strukturierter als seine stark fruchtigen, üppigen Nachfolger, doch gefällt der 89er als ein Spitzenjahrgang von hoher Qualität.

1988 Ein sehr gutes Jahr, das aus einem heißen, trockenen Sommer mit leichtem Regen vor der Lese hervorging und nur von den zwei darauf folgenden Jahren übertroffen wurde. Die Weine besitzen eine gute Struktur, angemessenes Tannin und eine feine Reife. Am Gaumen hinterlassen sie jenes runde, großzügige, zufrieden stellende Gefühl, das dem Gigondas seine Anziehungskraft verleiht.

1987 Auf Grund der heftigen Regengüsse Ende September und im Oktober fällt dieser Jahrgang schwach bis durchschnittlich aus. Die besseren Cuvées zeigten sich nach der Freigabe weich, kräuterwürzig und vegetabil; sie hätten bis zur Mitte der neunziger Jahre getrunken werden müssen.

1986 Während dieser faszinierende Jahrgang auf dem Papier einen erstklassigen Eindruck machte und einige sehr gute 86er erzeugte, zeigen die Weine im Endeffekt eine wenig schmeichelhafte Robustheit und geben sich hohl und spröde. Sie werden sich problemlos zehn Jahre und länger halten, ob allerdings einer von ihnen jemals anmutig, gehaltvoll oder intensiv wird, steht zu bezweifeln.

1985 Ein glänzendes Jahr für das Anbaugebiet, in dem die Spitzenerzeuger Tropfen hervorbrachten, die sich etwas besser entwickeln und sich dabei ausgewogener und frischer präsentieren als ihre geschätzteren westlichen Nachbarn aus Châteauneuf-du-Pape. Auf dem Höhepunkt ihrer Reife schmecken die 85er köstlich, füllig, körperreich und anmutig.

1984 Dieser für Gigondas schwierige Jahrgang hätte bis zur Mitte der neunziger Jahre getrunken werden müssen.

1983 Auf Grund von Problemen mit der Grenache-Traube fiel die Produktion äußerst gering aus. Die Weine besitzen viel Kraft, Gehalt und Alkohol, viele geben sich rustikal, aber dennoch schmackhaft und körperreich. Die meisten befanden sich um 1990 auf dem Höhepunkt ihrer Genussreife, halten sich aber weiterhin und sollten vor der Jahrtausendwende getrunken werden.

1982 Überreife und sengende Hitze während der Lese bereiteten erhebliche Schwierigkeiten. Es gibt zahlreiche farblich instabile Weine, die eine flüchtige Säure und Alkohol im Übermaß offenbaren, ohne das Gegengewicht an Gehalt, Frucht und Extraktstoffen aufzuweisen. Der 82er entwickelte sich schnell und sollte ausgetrunken werden.

1981 Ein schwacher Jahrgang.

ÄLTERE JAHRGÄNGE

1979 überzeugte als sehr guter Jahrgang, und wie in fast allen Anbaugebieten des Rhônetals ergab das Jahr 1978 körperreiche, intensive, gelegentlich verblühte Weine, die alle ihren Höhepunkt erreicht haben. Sie setzten für Gigondas Maßstäbe, die durch die 89er, 90er und 95er – eine richtige Behandlung vorausgesetzt – erreicht und vielleicht noch verbessert wurden.

LA BASTIDE SAINT-VINCENT ***

Adresse:
Route de Vaison-la-Romaine, 84150 Violès

Produzierte Weine: Gigondas

Rebfläche: 6 ha

Produktionsmenge: 1 875 Kisten

Ausbau:
12 bis 18 Monate in Zement- oder Epoxidtanks, seit 1994 lagern
außerdem 10 % vor dem Verschnitt 12 Monate in neuen Eichenfässern

Durchschnittsalter der Reben: 25 Jahre

Verschnitt: 70 % Grenache, 20 % Mourvèdre, 10 % Syrah

Zu dem kleinen Gut von Guy Daniel gehören Lagen an den terrassierten Hängen und auf der Hochebene. Der Wein wird traditionell bereitet, das Lesegut nicht entrappt und nach der Fassgärung findet der Ausbau in Barriques statt. Der Verschnitt von 70 % Grenache, 20 % Mourvèdre und 10 % Syrah gilt als typisch für Gigondas. Die seit 1994 verwendete neue Eiche hat Gewächse mit etwas klareren Konturen und einer besseren Konzentration hervorgebracht. Eine aufstrebende Kellerei, die Aufmerksamkeit verdient.

JAHRGÄNGE

1995 • 86 Gigondas: Dieser tief purpurfarbene 95er schmeckt, als wäre soeben erst die malolaktische Gärung abgeschlossen – was eine Verkostung immer erschwert: Der Wein könnte mehr bieten als hier angegeben, noch bereitet aber sein Vorgänger einen höheren Trinkgenuss. Das Bukett hat erst begonnen, einen Hauch von Schwarzen Himbeeren und Kirschen zu verströmen. Im Eingang zeigt er eine süße, reife Frucht und etwas unaufgelöste Kohlensäure, im Abgang gibt er sich jugendlich und verschlossen. Letzte Verkostung: 6/96.

1994 • 87 Gigondas: Die dunkle Pflaumenfarbe begleitet ein süßes, pralles und reifes Aroma von Kräutern, Pfeffer und Vogelkirschen. Seine schöne Reife, Kraft und fleischig-vollmundige Struktur ergeben einen köstlichen und gut entwickelten Gigondas, der in den nächsten 5 bis 6 Jahren getrunken werden sollte. Letzte Verkostung: 6/96.

1990 • 86 Gigondas: Dieser direkte, kommerzielle Wein mit viel vordergründigem Charme offenbart ein anziehendes, reifes Bukett von schwarzen Früchten, verwoben mit schmackhaften, fetten, vollmundigen Geschmacksnoten, einer geschmeidigen Struktur und einer reinen, glatten Frucht. Wäre ich in einem Restaurant tätig, würde ich meinen Kunden diesen Tropfen empfehlen. Er sollte innerhalb von 5 bis 6 Jahren nach der Lese getrunken werden. Letzte Verkostung: 6/95.

1989 • 83 Gigondas: Dieser reine, schwerfällige, reife und fruchtige 89er gibt sich im Wesentlichen direkt und kommerziell und sollte sich in den nächsten 4 bis 7 Jahren gut trinken lassen. Letzte Verkostung: 6/94.

1988 • 85 Gigondas: Voller und alkoholhaltiger als sein Nachfolger zeigt der 88er am Gaumen mehr Tiefe und Länge. Die geringe Säure und das weiche Tannin legen nahe, dass er in den nächsten 5 Jahren getrunken werden sollte. Letzte Verkostung: 9/94.

DOMAINE DES BOSQUETS **/***

Adresse:
84190 Gigondas, Tel.: 4 90 65 86 09, Fax: 4 90 65 81 81

Produzierte Weine: Gigondas

Rebfläche: 25 ha

Produktionsmenge: 9 000 bis 10 000 Kisten

Ausbau:
Gärung in Edelstahltanks, dann 2 bis 3 Jahre in unterirdischen Emailtanks;
beginnend mit der 95er Lese wird der Wein in kleinen und großen Eichenfässern ausgebaut

Durchschnittsalter der Reben: 30 Jahre

Verschnitt:
75 % Grenache, je 10 % Syrah und Cinsault, 5 % Mourvèdre

Trotz der sehr schönen 95er Erzeugnisse neigt dieses Gut zur Bereitung eines Gigondas im alten Stil, dem das für die lange Fasslagerung notwendige Rückgrat an Konzentration und Intenstität fehlt. Die Domaine des Bosquets besitzt verschiedene Lagen, die sich hauptsächlich auf den Lehm- und Kalkböden der Ebene und den terrassierten Weinbergen erstrecken.

JAHRGÄNGE

1995 • 87 Gigondas: Als ausgezeichnetes, fast hervorragendes Beispiel eines 95er Gigondas offenbart der Domaine des Bosquets das für den Jahrgang typisch opake Purpur, ein reichhaltiges, süßes, unkompliziertes Aroma von Schwarzen Himbeeren und Cassis, tiefe Geschmacksnoten bei einem mittleren bis vollen Körper, eine ausgezeichnete Struktur und Reinheit sowie eine erstaunliche Länge. Er wird sich 10 bis 12 Jahre gut trinken lassen. Letzte Verkostung: 6/96.

1994 • 81 Gigondas: Der tief granatrote bis pflaumenfarbige 94er offenbart ein Bukett von Bing-Kirschen, Kräutern der Provence und Pfefferdüften. Bei mittlerem Körper zeigt er lebhafte und angenehme Geschmacksnoten von überdurchschnittlicher Konzentration sowie einen reinen Abgang und sollte innerhalb der nächsten 3 bis 4 Jahre getrunken werden. Letzte Verkostung: 6/96.

1990 • 70 Gigondas: Dieser nur wenig akzeptable, dünne und wässerige Wein besitzt keine Konzentration und einen erstaunlich leichten Körper bei einem verwässerten Abgang. Man kann kaum glauben, dass aus dem 90er Jahrgang ein derart charakterloser Wein hervorgehen konnte. Letzte Verkostung: 6/94.

1989 • 80 Gigondas: Der 89er präsentiert sich als leichter, weicher, fruchtiger und direkter Wein mit einer angemessenen Konzentration bei einem Mangel an geschmacklicher Dimension, Komplexität und Länge. Austrinken. Letzte Verkostung: 6/93.

DOMAINE LA BOUISSIÈRE ***

Adresse:
Rue du Portail, 84190 Gigondas, Tel.: 4 90 65 87 91

Produzierte Weine:
Gigondas, Gigondas La Font de Tonin

Rebfläche:
Standardcuvée – 7 ha; La Font de Tonin – 0,5 ha

Produktionsmenge:
Standardcuvée – 3 100 Kisten; La Font de Tonin – 160 Kisten

Ausbau:
Standardcuvée – 36 Monate insgesamt, davon 12 bis 18 Monate in alten Eichenfässern;
La Font de Tonin – 36 Monate insgesamt, davon 15 bis 21 Monate in 2 bis 3 Jahre alten Eichenfässern

Durchschnittsalter der Reben:
Standardcuvée – 35 Jahre; La Font de Tonin – 45 Jahre

Verschnitt:
Standardcuvée – 70 % Grenache, 20 % Syrah, 10 % Mourvèdre;
La Font de Tonin – 85 % Grenache, 15 % Syrah

Nach dem Tod von Antonin Faravel steigerten seine Söhne Gilles und Thierry die Qualität dieser Kellerei von mittlerer Größe. Das provenzalische Wort La Bouissière im Gutsnamen verweist auf die Wälder, die am Fuße der Dentelles de Montmirail den Rebstöcken weichen mussten. Zwei Weine werden hier produziert: die rustikale Standardcuvée mit Himbeerfrucht und reichlichen Erdnuancen sowie die Cuvée Spéciale La Font de Tonin, die aus alten Reben und ohne Mourvèdre-Anteil gewonnen wird. Auch wenn die traditionell bereiteten Weine in den vergangenen 7 bis 8 Jahren an Kraft und Intensität gewonnen haben, schöpfen die beiden Winzer das Potenzial ihrer Rebflächen doch nicht aus.

Jahrgänge

1995 • 87 Gigondas: Undurchdringlich rubin- bis purpurrot zeigt dieser 95er ein verschlossenes, aber reines Bukett von Vogelkirschen, Himbeeren und Lakritze, eine ausgezeichnete Tiefe sowie schöne Kraft und Intensität. Der Abgang ist tanninbetont, würzig-konzentriert und gehaltvoll. Voraussichtliche Genussreife: 1998 bis 2010. Letzte Verkostung: 6/96.

1995 • 89 Gigondas La Font de Tonin: Dieser Wein von einem undurchdringlichen Purpur bietet ein ehrgeiziges, kraftvolles, körperreiches Bukett von Vogelkirschen, Cassis und gerösteten Kräutern. Der riesige, ernsthaft ausgestattete Gigondas besitzt ein Reifepotenzial von 15 Jahren und belegt, dass 1995 der beste Jahrgang der Appellation seit 1978 war. Voraussichtliche Genussreife: 2000 bis 2010. Letzte Verkostung: 6/96.

1993 • 86 Gigondas: Der verschlossene, würzige 93er von einer überdurchschnittlichen Qualität offenbart eine dunkle Farbe, einen mittleren bis vollen Körper, eine feine Tiefe und einen würzigen Abgang von mittlerer Länge. Voraussichtliche Genussreife: jetzt bis 2001. Letzte Verkostung: 6/95.

1992 • 79 Gigondas: Der 92er zeigt ein Bukett von Zwetschgen-, Gräser- und Teedüften mit einer Nuance von Himbeerfrucht. Der abgeschwächte Wein zeigt ein kompaktes Geschmacksprofil und einen kurzen Abgang. Austrinken. Letzte Verkostung: 6/94.

1989 • 87? Gigondas: Überaus konzentriert und potenziell beeindruckend könnte das stattliche, adstringierende Tannin in Zukunft die Ausgewogenheit des 89ers beeinträchtigen, wenn die Frucht nicht ausreicht. Zur Zeit gibt er sich als *vin de garde* alten Stils mit einem großen Reifepotenzial. Voraussichtliche Genussreife: 1998 bis 2004. Letzte Verkostung: 6/94.

1988 • 86 Gigondas: Der weicher und direkter bereitete 88er unterscheidet sich völlig von seinem Nachfolger und zeigt weder dessen Konzentration noch sein Tannin. Er wird in den nächsten 4 bis 5 Jahren einen schmackhaften Trinkgenuss bereiten. Voraussichtliche Genussreife: jetzt bis 2000. Letzte Verkostung: 6/93.

Domaine de Cassan ***

Adresse:
84190 Lafare, Tel.: 4 90 65 87 65, Fax: 4 90 65 80 83

Produzierte Weine: Gigondas

Rebfläche: 7,5 ha

Produktionsmenge: 3 125 Kisten

Ausbau: 18 Monate in alten Eichenfässern

Durchschnittsalter der Reben: 25 bis 30 Jahre

Verschnitt: 65 % Grenache, 10 % Syrah, 15 % Mourvèdre

Die südlich ausgerichteten Weinberge dieses kleinen Guts bestehen aus Lehm- und Kalkböden. Zu den wenigen Jahrgängen, die ich verkostet habe, gehören gute und traditionell bereitete Gigondas, die genug Geschmeidigkeit aufweisen um unmittelbar nach der Freigabe trinkbar zu sein. Sie werden sich aber auch weitere 7 bis 8 Jahre halten.

JAHRGÄNGE

1994 • 87 Gigondas: Dieser Gigondas zählt zu den interessanteren 94ern, die ich kenne. Er zeigt ein dunkles Rubin- bis Purpurrot, begleitet von einem prallen Bukett von Kirschen, Lakritze und rauchigen Düften sowie elegante, aber kraftvolle Geschmacksnoten, eine geringe Säure und *surmaturité*. Mit geringem Tannin und einem ausgezeichneten Gehalt ausgestattet hinterlässt der Wein einen guten ersten Eindruck und verdichtet sich leicht im Abgang. Voraussichtliche Genussreife: jetzt bis 2001. Letzte Verkostung: 6/96.

1990 • 85 Gigondas: Dieser mittelschwere 90er in reifem Stil offenbart eine attraktive Frucht von Vogelkirschen, verwoben mit den Düften toastwürziger Eiche. Voraussichtliche Genussreife: jetzt bis 2000. Letzte Verkostung: 6/94.

CAVES DES VIGNERONS DE GIGONDAS ***

Adresse:
84190 Gigondas, Tel.: 4 90 65 86 27, Fax: 4 90 65 80 13

Produzierte Weine:
Gigondas Cuvée Signature, Gigondas Cuvée Signature Rosé, Gigondas Cuvée du Président, Gigondas Cuvée Le Pavillon de Beaumirail, Gigondas La Seigneurie de Fontange Vieilles Vignes

Rebfläche: 272 ha

Produktionsmenge:
Cuvée Signature – 29 000 bis 30 000 Kisten; Cuvée Signature Rosé – 3 350 Kisten;
Cuvée du Président – 3 300 Kisten; Le Pavillon de Beaumirail – 1 000 Kisten;
La Seigneurie de Fontange – 3 300 Kisten

Ausbau:
Cuvée Signature – 12 Monate in unterirdischen Zementtanks und 12 bis 18 Monate in alter Eiche;
Cuvée Signature Rosé – 8 bis 10 Monate in Edelstahl; Cuvée du Président – 12 Monate in Zementtanks;
Le Pavillon de Beaumirail – 12 Monate in neuer Eiche;
La Seigneurie de Fontange – insgesamt mindestens 36 Monate, davon je nach Jahrgang
18 Monate in Eichenfässern

Durchschnittsalter der Reben:
40 Jahre; La Seigneurie de Fontange – 50 Jahre

Verschnitt:
Cuvée Signature, Cuvée Signature Rosé, Cuvée du Président und
La Seigneurie de Fontange – 80 % Grenache, 15 % Syrah und Mourvèdre, 5 % Cinsault;
Le Pavillon de Beaumirail – 80 % Grenache, 20 % Syrah und Mourvèdre

Die Caves des Vignerons de Gigondas zählen zu den besseren Winzergenossenschaften Südfrankreichs. Ihr großes Angebot reicht von leichten, fruchtigen Weinen im Stil eines Beaujolais bis hin zu konzentrierten, körperreichen und lagerungsfähigen Cuvées von sehr alten, terrassierten Weinbergen. Ihre feinsten Tropfen sind La Seigneurie de Fontange Vieilles Vignes und Le Pavillon de Montmirail; die Cuvée du Président sollte jung und frisch getrunken werden. Das Preis-Leistungs-Verhältnis dieser Weine überzeugt. Sie erreichen zwar nicht die Klasse von Santa Duc, Les Hauts de Montmirail oder der Domaine de Cayron, doch bieten sie häufig eine bessere Qualität als zahlreiche andere Güter.

Die gängige Meinung, Genossenschaftsweine seien von minderer Qualität, wird hier durch sehr gute Leistungen widerlegt, wobei das Niveau vor allem in jüngeren Jahren durch die sachkundige Leitung von Madame Annie Gleizes angehoben wurde.

DOMAINE DE CAYRON *****

Adresse:
Rue de la Fontaine, 84190 Gigondas, Tel.: 4 90 65 87 46, Fax: 4 90 65 88 81

Produzierte Weine: Gigondas

Rebfläche: 14,1 ha

Produktionsmenge: 5 000 Kisten

Ausbau:
36 Monate insgesamt, davon 18 Monate in alter Eiche

Durchschnittsalter der Reben: 40 Jahre

Verschnitt:
70 % Grenache, 16 % Cinsault, 12 % Syrah, 2 % Mourvèdre

Die erste Kellerei, auf die man linker Hand bei der Einfahrt nach Gigondas trifft, gehört der Familie Faraud. Seit mehr als 150 Jahren bereiten die Farauds einen einzigen, extrem konzentrierten und intensiven Gigondas. Das Gut besitzt am Fuße der Dentelles de Montmirail 14,1 Hektar Weinberge mit etwa 40 Jahre alten Rebstöcken. Sie werden von dem betagten, grauhaarigen Georges Faraud bewirtschaftet, der seit zehn Jahren tatkräftige Unterstützung durch seinen Sohn Michel erhält.

Farauds Weine gehören zu den gehaltvollsten, exotischsten und häufig dramatischsten Tropfen der Appellation. Gelegentlich überwältigen ihre explosive Fülle und die rustikalen Geschmacksnoten sogar etwas zu sehr. Die Gewächse entstehen in einem der wenigen unterirdischen Keller von Gigondas und werden weder geschönt noch gefiltert, die Trubstoffe setzen sich stattdessen auf natürliche Weise ab, indem der Wein 2 bis 3 Jahre in alten *foudres* ruht. Bei einem Anteil von 70 % Grenache kommen in der Domaine de Cayron Syrah, Cinsault und Mourvèdre hinzu. An Kraft fehlt es diesem Wein nicht, der natürliche Alkoholgehalt beträgt bereits 14 %, und er kann sich mühelos 10 bis 15 Jahre schön entwickeln. Auf Grund der Größe und des Stils empfiehlt Faraud, seinen Wein 1 bis 2 Stunden atmen zu lassen, wegen des starken Bodensatzes muss er zudem dekantiert werden.

Der Gigondas der Domaine de Cayron gibt sich derart gehaltvoll, dass seine ausgeprägte Persönlichkeit – mehr als jeder andere Wein des Anbaugebiets – am besten zu einem reichhaltigen Eintopf, *cassoulet* oder Wild passt. Richtig und zu dem passenden Gericht serviert versetzt einen dieses denkwürdige Gewächs auf angenehme Weise ins 19. Jahrhundert zurück.

JAHRGÄNGE

1995 • 91 Gigondas: Der 95er schmeckt, als sei die malolaktische Gärung soeben abgeschlossen. Ausgestattet mit einem opaken Purpur, einer guten Säure, einer unentwickelten Persönlichkeit sowie Massen an Frucht und Extraktstoffen, präsentiert sich dieser tiefe und gewaltige Tropfen gleichzeitig verschlossen und jugendlich. Eine Lagerung von 3 bis 4 Jahren sollte ihn besänftigen. Voraussichtliche Genussreife: 2000 bis 2015. Letzte Verkostung: 6/96.

1994 • 87 Gigondas: Der 94er bietet Unmengen an Lakritze, Brombeer- und Heidelbeerfrucht. Für einen 94er zeigt er einen guten Gehalt, einen mittleren bis vollen Körper, einen verführerischen und offen gewirkten Charakter sowie einen runden, von Glyzerin durchdrungenen, sinnlichen Abgang. Er ist nicht komplex, trotzdem aber schmackhaft und eingängig. Voraussichtliche Genussreife: jetzt bis 2004. Letzte Verkostung: 6/96.

1993 • 88 Gigondas: Der 93er könnte sich fast hervorragend entwickeln, obwohl er vermutlich hinter der Qualität von Farauds 88er, 89er, 90er und 95er zurückbleiben wird. Er offenbart ein sattes Purpur bis Schwarz, ein hohes Maß an Extraktstoffen und ein Bukett von Erde, Trüffeln, gerösteten Kräutern und Vogelkirschen. Die Frucht wirkt gehaltvoll und konzentriert, bei phantastischer Länge und Reife sowie einer vollmundigen Struktur. Voraussichtliche Genussreife: jetzt bis 2004. Letzte Verkostung: 6/96.

1992 • ? Gigondas: Der 92er offenbart ein angesengtes, rosiniertes und vegetabiles Bukett, ein süßes, starkes Aroma sowie mangelnde Festigkeit und Konzentration. Selbst großartige Weinbereiter wie Georges und Michel Faraud mussten sich hier den Folgen der 92er Regengüsse beugen. Letzte Verkostung: 6/95.

1990 • 90 Gigondas: Das große, würzig-erdige Lakritze-Bukett und die üppigen, fetten und vollmundigen Geschmacksnoten maskieren nahezu das stattliche Tannin dieses rubinroten bis schwarzen 90ers. Ein direkter, ungezügelter Gigondas – kaum zivilisiert, aber absolut köstlich. Voraussichtliche Genussreife: jetzt bis 2006. Letzte Verkostung: 11/95.

1989 • 90 Gigondas: Der 89er präsentiert sich sogar noch gehaltvoller. Sein ausgefallener, exotischer Duft nach geräuchertem Fleisch verbindet sich mit Unmengen an dicker, vollmundiger, schokoladiger Frucht und dem Geschmack von Hickoryholz. Angesichts seines hohen Glyzerin- und Tanningehalts kann man diesen Roten nur als interessant und sogar provokativ bezeichnen. Voraussichtliche Genussreife: jetzt bis 2005. Letzte Verkostung: 11/95.

1988 • 90 Gigondas: Dieser granatrote 88er besitzt enorme pfeffrige, kräuterwürzige, rauchige Geschmacksnoten und ein Aroma von Früchtebrot und Oliven. Am Gaumen ausladend und fast süß überlagern die Extraktstoffe zweifelsohne den Alkoholgehalt von mehr als 14 %. Ein erregender Tropfen, der auch weiterhin die Köpfe verdrehen und konservative Weintrinker entrüstet aufblicken lassen wird. Voraussichtliche Genussreife: jetzt bis 2005. Letzte Verkostung: 11/95.

1986 • 90 Gigondas: Dieser tief granatrote bis pflaumenfarbene 86er weist eine etwas geringere Konzentration und weniger Alkohol als der 85er auf, gibt sich aber parfümiert, füllig und intensiv. Vollreif besticht das vollmundige, körperreiche Gewächs angesichts eines ansonsten durchschnittlichen Jahrgangs. Voraussichtliche Genussreife: jetzt bis 2000. Letzte Verkostung: 11/95.

1985 • 90 Gigondas: Der 85er war schon immer ein umwerfendes Beispiel für einen übervollen Gigondas. Wie ein Erzeuger einen Wein mit diesen Mengen an süffig-schwelgerischer, pfeffriger Brombeer- und Kirschenfrucht bereiten kann, lässt sich kaum nachvollziehen. Ausgestattet mit einer verschwenderisch üppigen, verführerisch geschmeidigen Frucht offenbart dieser körper- und alkoholreiche, ausgereifte Tropfen einen glänzenden Duft von asiatischen Gewürzen und roten Früchten und repräsentiert die Quintessenz eines Gigondas. Voraussichtliche Genussreife: jetzt bis 2004. Letzte Verkostung: 11/95.

1984 • 86 Gigondas: In diesem sattroten 84er paaren sich ein pfeffriges Bukett von Schwarzen Johannisbeeren, gehaltvolle, würzige Geschmacksnoten, eine schöne Tiefe, eine gute Balance und «nur» 13,3 % Alkohol. Für den Jahrgang ein Spitzenerfolg! Genussreife: jetzt. Letzte Verkostung: 6/86.

1983 • 87 Gigondas: Das phantastisch komplexe Bukett von Zedern, Pfeffer, Oliven, Beerenfrüchten und Trüffeln gehört zur Spitzenklasse, doch wirken sich am Gaumen die spürbare Rustikalität und der Alkoholgehalt von 14,8 % negativ auf die Note aus. Derart robuste, muskulöse Tropfen mit einem enormen Körper besitzen heutzutage Seltenheitswert. Genussreife: jetzt. Letzte Verkostung: 6/86.

1982 • 87 Gigondas: Mit 14,5 % Alkohol gilt auch der 82er als Sensation. Dieser breit gebaute, sehr vollmundige, portartige Wein mit einem Anflug von Süße zeigt ein äußerst intensives Bukett von Früchtebrot, Pfeffer und Kräutern sowie großzügige Geschmacksnoten. Er bereitet einen vollen Genuss und sollte jetzt getrunken werden. Letzte Verkostung: 6/86.

1981 • 86 Gigondas: Ein sehr guter Gigondas mit den Düften von Gewürzen, Erde und Kräutern der Provence. Dieser kräftige, sauber bereitete Tropfen strotzt vor Charakter und enthüllt eine tiefe Farbe, eine schöne Konzentration und einen vollen Körper. Genussreife: jetzt. Letzte Verkostung: 1/87.

Ältere Jahrgänge

Im November 1995 habe ich die Weine aus den Jahren 1979 und 1978 verkostet. Der ausgezeichnete 79er mutet exotisch an und zeigt Unmengen an Trüffeln und praller Frucht. Der massive 78er hat seinen aufdringlichen Charakter abgelegt und präsentiert sich inzwischen als ein enorm großer Wein mit Persönlichkeit und vielschichtigen Extraktstoffen.

Domaine le Clos des Cazaux ***

Adresse:

84190 Vacqueyras, Tel.: 4 90 65 85 83, Fax: 4 90 65 83 94

Produzierte Weine: Gigondas La Tour Sarrazine

Rebfläche: 10 ha

Produktionsmenge: 2 188 Kisten

Ausbau: 18 bis 24 Monate in Edelstahltanks

Durchschnittsalter der Reben: 30 bis 40 Jahre

Verschnitt:

80 % Grenache, 15 % Syrah, 5 % Mourvèdre

Das relativ große Gut wird von der Familie Archimbau-Vache geführt, die eher bekannt ist für ihren ausgezeichneten Vacqueyras. Erzeugerabfüllungen gibt es erst seit 1980, obwohl man seit mehr als fünf Generationen in Gigondas und Vacqueyras Weinberge besitzt. In den achtziger Jahren habe ich hier fast alle Jahrgänge verkostet, seitdem jedoch nicht mehr. Es handelte sich um gut bereitete Gigondas im traditionellen Stil, die in den ersten 5 bis 7 Jahren getrunken werden sollten. Die Weine werden fast zwei Jahre in Fässern ausgebaut und glücklicherweise ohne Schönen und Filtrieren abgefüllt, mir schien der Vacqueyras jedoch immer der interessantere Tropfen zu sein. Vielleicht begünstigt das wärmere Mikroklima Vacqueyras, wo die Traubenlese 10 bis 14 Tage vor der Ernte auf den kühleren Gigondas-Terrassen und an den Hanglagen stattfinden kann.

CLOS DU JONCUAS ***

Adresse:
84190 Gigondas, Tel.: 4 90 65 86 86, Fax: 4 90 65 83 68

Produzierte Weine:
Gigondas, Gigondas Cuvée F. Chastan, Gigondas Cuvée Prestige

Rebfläche: 10,9 ha

Produktionsmenge:
Standardcuvée – 4 375 Kisten; Cuvée F. Chastan – 825 Kisten;
Cuvée Prestige – die Menge variiert, Erzeugung nur in sehr guten Jahrgängen

Ausbau:
18 bis 24 Monate insgesamt, davon 12 Monate in alten Eichenfässern

Durchschnittsalter der Reben: 40 Jahre

Verschnitt:
80 % Grenache, je 10 % Cinsault und Mourvèdre

Von diesem Gut stammt ein traditionell bereiteter Wein, den man in kleinen Fässern ausbaut und erst beim Verkauf abfüllt. In den Neunzigern konnte ich leider nur Weine aus schwierigen Gigondas-Jahrgängen verkosten: Der 92er war enttäuschend und der 93er ein guter, rustikaler Tropfen im alten Stil. Der Besitzer Fernand Chastan bereitet drei Cuvées: eine Standardcuvée, die Cuvée F. Chastan und Kleinstmengen der Cuvée Prestige, die nur mit herausragendem Lesegut erzeugt wird. Clos du Joncuas gilt als gute Adresse für rustikale, körperreiche Gigondas, die bei Spitzenqualität ein Lagerungspotenzial von zehn Jahren und länger aufweisen.

JAHRGÄNGE

1993 • 86 Gigondas: Der erstaunlich tanninbetonte 93er zeigt eine tiefe Farbe und vollen Körper, gibt sich füllig und eindimensional und wirkt äußerst fleischig. Er sollte sich 10 bis 15 Jahre halten. Letzte Verkostung: 6/95.

1992 • 76 Gigondas: Die Geschmacksnoten von Kaffee, Gewürzen und Früchtebrot dieses 92ers werden von einer krautig-vegetabilen Komponente begleitet. Bei hartem Tannin zeigt der Abgang Pflaumenwürze und einen hohen Alkoholgehalt. Obwohl sich der Wein schwierig und erstaunlich gibt, wirkt er nicht unangenehm und sollte in den nächsten 4 bis 5 Jahren getrunken werden. Letzte Verkostung: 6/95.

Domaine des Espiers ***

Adresse:

84190 Gigondas, Tel.: 4 90 65 87 98

Produzierte Weine: Gigondas

Rebfläche: 2 ha

Produktionsmenge: 800 bis 1 000 Kisten

Ausbau:

Ein traditionell erzeugter Gigondas, kein Entrappen,

Lagerung bis zur Abfüllung in alten *foudres*

Durchschnittsalter der Reben: 40 Jahre

Verschnitt: 85 % Grenache, 15 % Syrah

Von diesem nur zwei Hektar kleinen Gut, dessen Reben durchschnittlich beeindruckende 40 Jahre erreichen, konnte ich nur einige Erzeugnisse verkosten. Der Wein besteht zum größten Teil aus Grenache, dem eine kleine Menge Syrah mehr Struktur und Komplexität verleiht.

Jahrgänge

1995 • 89 Gigondas: Die 95er Probe beeindruckte sehr und deutete an, dass der Wein so ausgezeichnet werden könnte, wie es das Jahr für Gigondas war. Ausgestattet mit einem opaken Purpurrot bis Schwarz, einem vollen Bukett von Blumen, schwarzen Früchten und Mineralien zeigt sich dieser Tropfen außergewöhnlich intensiv, mit üppigen Geschmacksnoten von öliger Struktur, einer für diese Reife schönen Säure sowie einem langen Abgang von mittlerem bis vollem Körper. Voraussichtliche Genussreife: 1999 bis 2010. Letzte Verkostung: 6/96.

1994 • 78 Gigondas: Dieser säurehaltige 94er fällt enttäuschend dünn, kompakt und dicht aus. Letzte Verkostung: 6/96.

1989 • 86 Gigondas: Der 89er von einem mittleren Granatrot präsentiert ein geröstetes, reifes Bukett von Schwarzen Himbeeren, weiche, fette, alkoholische Geschmacksnoten und eine geringe Säure. Auf dem Höhepunkt seiner Reife sollte er jetzt getrunken werden. Letzte Verkostung: 6/94.

DOMAINE DE FONT-SANE ****

Adresse:

Quartier Tuilières, 84190 Gigondas, Tel.: 4 90 65 86 36, Fax: 4 90 65 81 71

Produzierte Weine:

Gigondas, Gigondas Cuvée Futée

Rebfläche: 14,2 ha

Produktionsmenge:

Standardcuvée – 3 000 Kisten; Cuvée Futée – 325 Kisten

Ausbau:

Standardcuvée – 24 Monate insgesamt, davon 8 bis 10 Monate in alter Eiche;

Cuvée Futée – 24 Monate insgesamt, davon 8 bis 12 Monate in neuer Eiche

Durchschnittsalter der Reben: 35 Jahre

Verschnitt:

Standardcuvée – 75 % Grenache, 10 bis 15 % Syrah, der Rest Cinsault und Mourvèdre;

Cuvée Futée – 75 % Grenache, 25 % Syrah

Seit Mitte der achtziger Jahre zählt die Domaine de Font-Sane zu den Spitzenerzeugern von Gigondas. Das 14,2 Hektar umfassende Gut befindet sich seit langem im Familienbesitz der Peyssons und wird seit fünf Jahren mit Genauigkeit und Begeisterung von Véronique Cunty, der Tochter von Gilbert Peysson, geführt. Der Name Font-Sane stammt von einer alten Wasserquelle. Die besten Grenache-Lagen erstrecken sich an Terrassenhängen mit Kalk- und Lehmböden am Fuße der Dentelles de Montmirail sowie auf den Hochebenen, die von den Dentelles wegführen. Hier herrscht ein heißeres Mikroklima und die Kiesböden sind sandiger. Die Erträge zählen zu den niedrigsten in Gigondas und belaufen sich im Schnitt auf selten mehr als 8 Doppelzentner Trauben pro Hektar.

Der auf traditionelle Weise bereitete, reine und ausdrucksstarke Wein zeigt eine tiefe Farbe. Die Standardcuvée ist ausgezeichnet, die Cuvée Futée superb. Letztere wird 24 Monate in 100 % neuer Eiche ausgebaut, ungefiltert abgefüllt und lediglich in Spitzenjahrgängen wie etwa 1986, 1988, 1989 und 1990 erzeugt; vermutlich gibt es auch eine 95er Cuvée Futée.

Erstaunlicherweise stößt man in der kleinen Appellation auf zwei Unternehmen, die von dynamischen Frauen geführt werden – an dieser Stelle muss deshalb auch die Domaine du Gour de Chaule genannt werden, die unter der Leitung von Madame Beaumet und Madame Bonfils steht.

JAHRGÄNGE

1995 • 88 Gigondas: Dieser tief rubin- bis purpurrote, feine Gigondas übertrifft sicherlich seinen Vorgänger. Er besitzt ein süßes, pfeffriges, pralles Bukett von roten und schwarzen Früchten, einen mittleren bis vollen Körper, unkomplizierte, aber fleischige Geschmacksnoten von reiner Frucht sowie ein schönes Glyzerin und eine gute Länge. Voraussichtliche Genussreife: 1999 bis 2009. Letzte Verkostung: 6/96.

1994 • 80 Gigondas: Der dunkle, pflaumenfarbene 94er besitzt einen mittleren Körper und gibt sich besonders spröde. Es mangelt ihm an Gehalt, Reife und süßer Frucht, die man von dem Wein eines Spitzenerzeugers erwarten könnte. Voraussichtliche Genussreife: jetzt bis 2001. Letzte Verkostung: 6/96.

1993 • 88 Gigondas: Ein erfolgreicher Tropfen! Dunkel rubin- bis purpurrot offenbart er ein ausgezeichnetes Bukett von Cassis, Lakritze und Blumendüften sowie Geschmacksnoten von mittlerem bis vollem Körper, mäßiges Tannin sowie eine ausgezeichnete Reinheit und Reife. Er wird 10 bis 12 Jahre schönen Genuss bereiten. Letzte Verkostung: 6/96.

1992 • 87 Gigondas: Der 92er zeigt in seiner Farbe erstaunlich viel Purpur und gehört zu einem der dunkelsten Weine des Jahrgangs. Mit seiner bewundernswerten Reife, seinem mittleren Körper, seinem mäßigen Tannin und seinem füllig-vollmundigen Abgang stellt er eine Spitzenleistung in einem für Gigondas grauenvollen Jahr dar. Voraussichtliche Genussreife: jetzt bis 2000. Letzte Verkostung: 6/95.

1990 • 87 Gigondas: Der beeindruckend purpurrote 90er präsentiert sich mit einem reinen Bukett von Cassis und Schwarzen Himbeeren, begleitet von einem vollen Körper, einem üppig fruchtigen, fetten Aroma und einem langen Abgang. Das sanfte Tannin und die geringe Säure weisen darauf hin, dass sich der Wein 6 bis 7 Jahre lang gut halten wird. Letzte Verkostung: 6/95.

1990 • 91 Gigondas Cuvée Futée: Die 90er Cuvée Futée offenbart ein ausgezeichnetes Bukett von süßer Vogelkirschen- und Cassisfrucht sowie Unmengen von *pain grillé*, mit einem Duft von Bleistift. Dieser kraftvolle, reichhaltige, elegante Wein gibt sich körperreich, hervorragend rein und reif und hinterlässt einen vielschichtigen, mehrdimensionalen Eindruck. Voraussichtliche Genussreife: jetzt bis 2006. Letzte Verkostung: 6/96.

1989 • 89 Gigondas: Ein purpurroter bis schwarzer Gigondas mit einem riesigen Bukett von Frühlingsblumen, reifen Schwarzen Johannisbeeren, Kräutern und Mineralien. Am Gaumen zeigt sich die in den 89ern so deutlich vorhandene sinnliche Struktur, eine geringe Säure sowie große, reichhaltige und fleischige Geschmacksnoten bei einem langen, intensiven Abgang. Voraussichtliche Genussreife: jetzt bis 2003. Letzte Verkostung: 9/95.

1989 • 90 Gigondas Cuvée Futée: Tief rubin- bis purpurrot bietet dieser 89er ein geschlosseneres Aromaprofil als der 90er und einen vollen Körper. Beeindruckend ausgestattet gibt er sich gehaltvoll, tanninbetont, sauber bereitet und verschlossen; eine weitere Lagerung wird ihm nicht schaden. Voraussichtliche Genussreife: 1998 bis 2009. Letzte Verkostung: 6/96.

1988 • 87 Gigondas: Der vollreife granatrote 88er Gigondas verströmt ein duftiges, geröstetes Bukett von Kräutern der Provence, begleitet von runden, gut ausgestatteten Geschmacksnoten und einem weichen Abgang. Voraussichtliche Genussreife: jetzt bis 2000. Letzte Verkostung: 6/95.

1988 • 90 Gigondas Cuvée Futée: Die 88er Cuvée Futée, die in 100 % Eiche aus den Vogesen reift, offenbart eine tiefere Farbe und reichere Extraktstoffe als ihre Nachfolgerin; in der Nase und am Gaumen finden sich darüber hinaus satte Mengen neuer Eiche. Ihr großartiger Gehalt und die unterliegende, üppige Frucht machen sie zu einem wunderbar köstlichen Tropfen. Voraussichtliche Genussreife: jetzt bis 2004. Letzte Verkostung: 9/95.

1986 • 87 Gigondas Cuvée Futée: Der Erstlingsjahrgang der Cuvée Futée besticht als gehaltvoller, körperreicher Wein mit anziehenden geräucherten Düften, verwoben mit Cassis. Der vollreife Tropfen präsentiert sich etwas spröde, aber nach wie vor sehr frisch. Voraussichtliche Genussreife: jetzt bis 2000. Letzte Verkostung: 9/95.

DOMAINE DE LA GARRIGUE ****

Adresse:
B.P. 23, 84190 Vacqueyras, Tel.: 4 90 65 84 60

Produzierte Weine: Gigondas

Rebfläche: 3 ha

Produktionsmenge: 1 125 Kisten

Ausbau: 24 Monate in Zementtanks

Durchschnittsalter der Reben: 45 Jahre

Verschnitt:
75 % Grenache, 15 % Syrah, je 5 % Cinsault und Mourvèdre

Zu den schönsten Restaurants der Provence zählt Les Florets – idyllisch gelegen hinter dem Dorf Gigondas an einem Hang und im Besitz der Familie Bernard. Sie nennt auch drei Hektar Anbauflächen in Gigondas sowie 40,5 Hektar in Vacqueyras ihr Eigen. Der sensationell kräftige Gigondas wird weder geschönt noch gefiltert und fällt gelegentlich etwas zu rustikal aus, besitzt aber Persönlichkeit und Charakter. Die meisten Spitzenjahrgänge – so 1988, 1989 und 1990 – sollten erst 5 bis 6 Jahre nach der Abfüllung getrunken werden. Da die produzierte Menge sich auf etwa 1 000 Kisten beschränkt, von denen ein Großteil für das Restaurant reserviert wird, kann man diesen Wein nur selten außerhalb des Dorfs erwerben.

JAHRGÄNGE

1990 • 90 Gigondas: Dieser füllige, granat- bis purpurrote 90er offenbart ein Aroma von Kräutern der Provence, geräucherten Oliven, Rinderblut sowie süßen prallen roten und schwarzen Früchten. Er gibt sich körperreich, üppig und massiv, bei stattlichem Tannin. Ein feurig-kräftiger Gigondas, der sich ein Jahrzehnt oder länger gut trinken lassen wird. Voraussichtliche Genussreife: jetzt bis 2008. Letzte Verkostung: 6/96.

1989 • 89 Gigondas: Der 89er ist ein Furcht erregend tanninbetonter, würziger Wein von dunklem Granatrot, körperreich, gut ausgestattet und fest gewirkt, insbesondere im Vergleich zu seinem offeneren Nachfolger. Ein altmodischer, rustikaler Tropfen mit feuriger Kraft in Hülle und Fülle. Voraussichtliche Genussreife: 1998 bis 2009. Letzte Verkostung: 6/96.

Domaine les Goubert ★★★★/★★★★★

Adresse:

84190 Gigondas, Tel.: 4 90 65 86 38, Fax: 4 90 65 81 52

Produzierte Weine:

Gigondas, Gigondas Cuvée Florence

Rebfläche:

Standardcuvée – 9,7 ha; Cuvée Florence – 5,5 ha

Produktionsmenge:

Standardcuvée – 1 800 Kisten; Cuvée Florence – 375 bis 400 Kisten

Ausbau:

Standardcuvée – 23 Monate in Zementtanks; Cuvée Florence – 24 Monate insgesamt,
davon 9 bis 18 Monate in neuen Eichenfässern; seit 1993 wird zu 50 % neue Eiche verwendet

Durchschnittsalter der Reben:

Standardcuvée – 35 Jahre; Cuvée Florence – 100 Jahre

Verschnitt:

Standardcuvée – 62 % Grenache, 25 % Syrah, 10 % Mourvèdre, 3 % Cinsault;
Cuvée Florence – 80 % Grenache, 19 % Syrah, 1 % Clairette

Unbestritten zählt der Gigondas von Jean-Pierre Cartier zu den feinsten des Anbaugebiets – so überragten sein 85er, 81er und 79er in ihren jeweiligen Jahrgängen als *hors classe*. Der etwa fünfzigjährige Winzer, der häufiger eine Baseballkappe als ein klassisches Béret trägt, hat sein Gut in eines der erfolgreichsten der Appellation verwandelt. Seine Rebflächen erstrecken sich in Gigondas, Beaumes de Venise und der Côtes-du-Rhône-Lage Sablet über mehr als 20 Hektar. Ihren Namen verdankt die Kellerei dem Gigondas-Weinberg Goubert, wo sich auch das Unternehmen und das Haus der Familie befinden, deren Weinbautradition bis in das Jahr 1636 zurückreicht. Mireille, die Frau Jean-Pierres, arbeitet auch als Sekretärin für den Winzerverband und engagiert sich sehr in der Leitung des eigenen Guts. Die Luxuscuvée trägt den Namen der einzigen Tochter des Ehepaars Cartier, der 1985 geborenen, rothaarigen kleinen Florence.

Trotz aller Erfolge schien der Wein vor etwa zehn Jahren Qualität einzubüßen. Eine zu große Produktion und die irrige Angst vor Bodensatz führten zu exzessivem Schönen und Filtrieren. Zum Glück kehrte man in den Neunzigern zu natürlicheren Vinifikationsmethoden und weniger bearbeiteten Abfüllungen zurück. Mit dem 93er wurde das Filtrieren der Rotweine eingestellt.

Die Domaine les Goubert erzeugt zwei Cuvées: eine sehr gute *cuvée tradition*, die ausschließlich in Zementtanks reift, und die berühmte Cuvée Florence, der erste Wein im Anbaugebiet, der in neuen Fässern ausgebaut wurde. Die Erzeugnisse stammten zum größten Teil von den sandigen Kiesböden in der Umgebung der Kellerei, der Rest von den steinigen Kalk- und Lehmböden der terrassierten Hänge der Dentelles de Montmirail sowie der niedriger gelegenen *terre rouge*. Die Spitzencuvée entwickelt sich 10 bis 12 Jahre sehr schön. Zu den Geheimtips der Domaine les Goubert zählt ein ausgezeichneter roter Côtes du Rhône aus

Beaumes de Venise. In immer größerem Maße erzeugt Cartier auch interessante weiße Côtes-du-Rhône-Weine, für die er den Viognier-Anteil erhöht hat.

Nach der Krise in den frühen Neunzigern hat dieses ausgezeichnete Gut, das früher Maßstäbe in Gigondas setzte, das ehemals hohe Niveau wieder erreicht.

JAHRGÄNGE

1990 • 85 Gigondas: Die gut entwickelte 90er Standardcuvée von mittlerem Körper zeigt sich reif und weich im Geschmack. Ihr fehlt es jedoch an jener Konzentration und Intensität, die man mittlerweile von Cartiers Weinen erwarten kann. Voraussichtliche Genussreife: jetzt bis 1999. Letzte Verkostung: 6/95.

1990 • 87 Gigondas Cuvée Florence: Vom Fass war die 90er Cuvée Florence umwerfend, nach der Abfüllung schmeckt sie dagegen spröde und etwas seelenlos – vielleicht auf Grund des exzessiven Schönens und Filtrierens. Sie offenbart das toastwürzige Aroma neuer Eiche in Verbindung mit den ansprechenden Düften von Vogelkirschen und Cassis. Am Gaumen zeigt der Wein im Vergleich zum Vorgänger einen weniger reifen Charakter, mehr Struktur und einen erstaunlich schnellen Abgang. Die ausführliche Diskussion mit Cartier erweckte den Eindruck, als bedaure er, seine 90er derart beharrlich geklärt zu haben. Voraussichtliche Genussreife: jetzt bis 1999. Letzte Verkostung: 6/95.

1989 • 87 Gigondas: Die 89er Standardcuvée bietet ein offen gewirktes, attraktives, würzigpfeffriges Johannisbeerbukett, verwoben mit den Düften von Kräutern der Provence. Dieser süße, reife und vollmundige Gigondas besitzt mäßiges Tannin und einen fülligen, konzentrierten Abgang. Genussreife: jetzt. Letzte Verkostung: 11/95.

1989 • 89 Gigondas Cuvée Florence: Die dunkel rubinrote 89er Cuvée Florence präsentiert in ihrem Bukett mehr Toastwürze neben intensiven Düften von Cassis sowie einem Hauch von Kräutern und überreifen Pflaumen. Der üppige Wein offenbart einen mittleren Körper, eine sinnliche Struktur, weiches Tannin, schöne Anklänge von Vanille und neuer, rauchiger Eiche sowie einen langen Abgang. Voraussichtliche Genussreife: jetzt bis 2000. Letzte Verkostung: 6/95.

1988 • 87 Gigondas: Diese köstliche Standardcuvée zeichnet sich aus durch eine große, alkoholstarke, füllige, tadellos saubere, aber muskulöse Art, begleitet von einem kräftigen Abgang. Genussreife: jetzt. Letzte Verkostung: 1/95.

1988 • 91 Gigondas Cuvée Florence: Die dunkle rubin- bis purpurrote Farbe der 88er Cuvée Florence geht einher mit einem äußerst extraktstoffreichen Bukett von Veilchen, Schwarzen Himbeeren und toastwürziger neuer Eiche. Gehaltvoll, körperreich und üppig ausgestattet, bei weichem Tannin und mäßiger Säure hat der Wein nun endlich Vollreife erreicht und dürfte sich als äußerst langlebig erweisen. Voraussichtliche Genussreife: jetzt bis 2005. Letzte Verkostung: 6/95.

1986 • 90 Gigondas Cuvée Florence: Das heiße, trockene Jahr 1986 brachte breiter strukturierte, tanninreichere und weniger schmeichelnde Weine als 1985 hervor. Die jugendlich anmutende Cuvée Florence präsentiert sich als ein volles, vielschichtiges Gewächs mit einem intensiven Bukett von schwarzen Früchten, Bleistift, Mineralien und Rauch. Sie besitzt die bewundernswerte Geschmacksintensität alter Reben und steht an der Schwelle zur Vollreife. Voraussichtliche Genussreife: jetzt bis 2003. Letzte Verkostung: 12/95.

1985 • 92 Gigondas Cuvée Florence: Diesem Verschnitt von 88 % Grenache, 10 % Syrah und 2 % Mourvèdre scheint die Lagerung in neuer Eiche äußerst gut getan zu haben. Dem sehr duftigen und komplexen, gehaltvollen und körperreichen Tropfen fehlt es im Vergleich zu zahlreichen anderen 85ern nicht an Säure und Struktur. Seit den späten Achtzigern bereitet er einen köstlichen Genuss und beginnt nun bei Hochreife etwas Bernsteintönung anzunehmen. Er wird sich vermutlich noch ein paar Jahre halten. Voraussichtliche Genussreife: jetzt bis 2003. Letzte Verkostung: 12/95.

Domaine du Gour de Chaule ****

Adresse:

Quartier Sainte-Anne, 84190 Gigondas, Tel.: 4 90 65 85 62, Fax: 4 90 65 82 40

Produzierte Weine: Gigondas (rot und rosé)

Rebfläche: 10 ha

Produktionsmenge: Rot: 4 000 Kisten; Rosé: 375 Kisten

Ausbau:

Rot: 1 Jahr in Edelstahl- und Zementtanks und 12 bis 18 Monate in alten Eichenfässern
Rosé: 4 Monate in Edelstahl- und Zementtanks

Durchschnittsalter der Reben: 35 Jahre

Verschnitt:

Rot: 80 % Grenache, 20 % Syrah und Mourvèdre
Rosé: 45 % Grenache, 45 % Clairette, 10 % Mourvèdre

Die Domaine du Gour de Chaule hält sich relativ bedeckt, erzeugt aber einen äußerst köstlichen, samtigen und gehaltvollen Gigondas; zur Kellerei gehören zehn Hektar Weinberge. Der gut bereitete Rote besteht zu 80 % aus Grenache sowie 20 % Syrah und Mourvèdre, wird ein Jahr lang in Zementtanks ausgebaut und ruht anschließend 12 bis 18 Monate in großen *foudres*. Dieses ernst zu nehmende Haus steht unter der tadellosen Führung von Madame Bonfils. Warum ihre Weine jedoch nicht besser bekannt sind, bleibt ein Rätsel.

Jahrgänge

1995 • 88 Gigondas: Ein purpurroter bis schwarzer, jugendlicher 95er von mittlerem bis vollem Körper, schöner Säure im Hintergrund und einem ausgezeichneten Potenzial. Der fest gewirkte Wein gibt sich dennoch rein und überzeugend konturiert. Ob er die Nachfolge des 78ers antreten wird? Voraussichtliche Genussreife: 2000 bis 2010. Letzte Verkostung: 6/96.

1994 • 85 Gigondas: Der 94er von einem mittleren Rubinrot enthüllt ein ansprechendes Bukett von Pfeffer, reifen Pflaumen und Kirschen, einen schönen ersten Eindruck, eine leichte Süße, einen mittleren Körper und einen durchschnittlichen Abgang. Voraussichtliche Genussreife: jetzt bis 2002. Letzte Verkostung: 6/96.

1993 • 77 Gigondas: Dieser mittelschwere 93er verdient zwar eine Einstufung als reifer, gut bereiteter Wein, doch fehlen ihm die Tiefe, Kraft und Intensität der anderen Bonfils-Erzeugnisse. Letzte Verkostung: 6/96.

ÄLTERE JAHRGÄNGE

In den achtziger Jahren imponierte die Domäne mit starken Leistungen. Zu den Spitzenjahrgängen zählen der 81er, 83er und 85er, die 1996 alle höchsten Genuss bereiteten; dazu gehören auch der 86er – einer der besten Weine des Jahrgangs im gesamten Anbaugebiet – und der 89er. Obwohl noch sehr jung strotzte der 90er vor Kraft, wirkte viel versprechend und war 1996 köstlich. Die Weine halten sich mühelos 10 bis 12 Jahre.

DOMAINE GRAND-ROMANE ***

Adresse:
84190 Gigondas, Tel.: 4 90 65 84 08, Fax: 4 90 65 82 14

Produzierte Weine: Gigondas

Rebfläche: 60 ha

Produktionsmenge: 18 750 Kisten

Ausbau:
24 Monate insgesamt; 6 Monate zu 20 % in neuer Eiche,
10 % in 2 bis 3 Jahre alten Fässern und 70 % in Edelstahl

Durchschnittsalter der Reben: 30 bis 35 Jahre

Verschnitt:
65 % Grenache, 25 % Syrah, 10 % Mourvèdre und Counoise

Grand-Romane gehört zum Imperium von Pierre Amadieu. Man hat die Weinberge des ansehnlichen Guts in erster Linie mit Grenache bestockt sowie einen bedeutenden Anteil Syrah und erstaunlicherweise die Rebsorte Counoise, die außer in den Châteauneuf-du-Pape-Spitzendomänen Beaucastel und Mont Redon selten Verwendung findet, hinzugefügt. Von Grand-Romane stammen rustikale, muskulöse Tropfen, die sich 10 bis 12 Jahre gut halten.

JAHRGÄNGE

1995 • 86 Gigondas: Der 95er zählt nicht zu den konzentriertesten und beeindruckendsten Erzeugnissen, die ich aus diesem gut ausgestatteten Jahrgang verkosten konnte. Sauber bereitet, mit reiner Frucht und einem mittleren Körper sollte er innerhalb von 5 bis 6 Jahren getrunken werden. Letzte Verkostung: 6/96.

1994 • 78 Gigondas: Der magere, vegetabile 94er zeigt eine fortgeschrittene Farbentwicklung und wenig Intensität oder Gehalt. Austrinken. Letzte Verkostung: 6/96.

1990 • 89 Gigondas: Auf ein ausladendes, würziges Bukett von Kräutern und erdigen schwarzen Früchten folgt ein tiefer, gehaltvoller, körperreicher Wein, der am Gaumen einen gewaltigen Eindruck hinterlässt. Erwartungsgemäß zeigt sich dieser mächtige, kernige Tropfen in einem opaken Rubin- bis Purpurrot. Er besitzt noch keine große Komplexität, doch verleihen ihm seine reine geschmackliche Kraft und sein volles Auftreten bereits eine beträchtliche Anziehungskraft. Voraussichtliche Genussreife: jetzt bis 2001. Letzte Verkostung: 6/96.

1989 • 88 Gigondas: Tief rubin- bis purpurrot verströmt das komplexe Bukett des 89ers Düfte von Gewürzen, *pain grillé*, reicher, reifer Cassisfrucht, Pfeffer und Lakritze. Geschmacklich präsentiert sich der Tropfen körperreich, samtig und großzügig ausgestattet, bei einem langen, alkoholstarken Abgang. Ein ausgezeichneter, tadelloser Gigondas, der sich 7 bis 8 Jahre anmutig entwickeln wird. Letzte Verkostung: 6/95.

DOMAINE DU GRAPILLON D'OR ***

Adresse:
Le Péage, 84190 Gigondas, Tel.: 4 90 65 66 37, Fax: 4 90 65 82 99

Produzierte Weine: Gigondas

Rebfläche: 15 ha

Produktionsmenge: 5 625 Kisten

Ausbau:
36 Monate insgesamt, davon 12 bis 14 Monate in alter Eiche

Durchschnittsalter der Reben: 30 Jahre

Verschnitt:
80 % Grenache, 15 % Syrah, 5 % Cinsault

Bernard Chauvet, der Präsident des Gigondas-Konsortiums, und sein Sohn erzeugen auf ihren zahlreichen Parzellen einen traditionellen Gigondas. Er wird noch genauso wie vor 100 Jahren bereitet und mutet deshalb gelegentlich etwas rustikal an: Das Lesegut stammt von alten Reben, die niedrige Erträge liefern, und wird nicht entrappt. Die Weine werden in *foudres* gelagert, bis Chauvet sie für die Abfüllung geeignet hält – meistens nach einer Fassreifezeit von zwölf Monaten. Sie werden ohne Schönen und Filtrieren abgefüllt und weisen einen dementsprechend schweren Bodensatz auf. Obwohl eine größere Komplexität das hohe Niveau dieses Guts noch weiter anheben könnte, steht die Qualität dieser kraftvollen, vollblütigen, kernigen Tropfen außer Frage. Die meisten Spitzenjahrgänge halten sich mühelos 10 bis 12 Jahre.

JAHRGÄNGE

1995 • 86 Gigondas: Die dichte Purpurfarbe des 95er Gigondas geht einher mit einem süßen, unkomplizierten Aroma von Brombeeren und Kirschen, einem mittleren bis vollen Körper, einer ausgezeichneten Fülle, einer vollmundigen Struktur sowie schöner Reinheit und Länge. Er sollte sich zu einem sehr guten Vertreter der Appellation entwickeln. Voraussichtliche Genussreife: jetzt bis 2001. Letzte Verkostung: 6/96.
1994 • 85 Gigondas: Dieser weiche, granatrote bis pflaumenfarbene 94er offenbart eine süße Vogelkirschenfrucht, einen mittleren Körper und eine gefällige, runde, direkte, aber zufrieden stellende Persönlichkeit. Er sollte in seinen ersten 5 bis 6 Lebensjahren getrunken werden. Letzte Verkostung: 6/96.
1993 • 84 Gigondas: Ein leichter, angenehmer und weicher 93er von mittlerem Körper, den man innerhalb der nächsten 5 bis 7 Jahre trinken sollte. Letzte Verkostung: 6/96.

1992 • 73 Gigondas: Der 92er zeigt die leichte, staubig granatrote Farbe des Jahrgangs, begleitet von rosinierter Frucht, wenig Körper und einem alkoholstarken Abgang. Letzte Verkostung: 6/95.

1990 • 86 Gigondas: Der Anflug von Schimmel verflüchtigt sich schnell in diesem ansonsten attraktiven, gerösteten Bukett von Schokolade, Kräutern und Olivenduft. Der 90er besitzt eine große Menge Extraktstoffe und eine erdige Fruchtigkeit von Schwarzen Himbeeren; er sollte in den nächsten 7 bis 8 Jahren getrunken werden. Letzte Verkostung: 6/94.

1989 • 86 Gigondas: Der schmeichlerische, pralle 89er besticht durch eine schöne Reinheit, ein ansprechendes Bukett von gerösteten Düften, Schokolade, Kräutern, Oliven sowie roten und schwarzen Früchten bei weicher, sinnlicher Struktur. Letzte Verkostung: 6/94.

GUIGAL ***

Adresse:
1, route de Taquières und Château d'Ampuis, 69420 Ampuis,
Tel.: 4 74 56 10 22, Fax: 4 74 56 10 96

Produzierte Weine: Gigondas

Produktionsmenge: 10 800 Kisten

Ausbau: 3 Jahre in alten Eichenfässern

Verschnitt: 50 % Grenache, 35 % Mourvèdre, 15 % Syrah

Der *négociant* Marcel Guigal besitzt Weinberge in der nördlichen Rhône und kauft wegen des guten, manchmal sogar ausgezeichneten Gigondas im südlichen Anbaugebiet Most. Er verbringt dafür viel Zeit mit Verkostungen und glaubt, dass Bargeld manch eine gute Partie zu Tage fördert, während die verschiedenen Anteile anschließend einen schönen Wein hervorbringen können. Guigal konnte die Qualität seines kraftvollen und ausdrucksstarken Gigondas verbessern, erhöhte die Syrah- und Mourvèdre-Anteile zunehmend und reduzierte den Grenache. Seine Erzeugnisse sollten innerhalb von 5 bis 10 Jahren getrunken werden.

JAHRGÄNGE

1990 • 87+ Gigondas: Der 90er Gigondas aus einem Drittel Mourvèdre und zwei Dritteln Grenache zeigt ein äußerst dunkles Rubinrot und ein großes, würzig-ledriges Bukett von schwarzen Früchten, verwoben mit süßen, fetten, körperreichen Geschmacksnoten. Er besitzt eine feste Struktur, mäßiges Tannin und einen ausgezeichneten Abgang. Voraussichtliche Genussreife: jetzt bis 2002. Letzte Verkostung: 6/96.

1989 • 90 Gigondas: Der großartige 89er bietet ein frühreifes, entwickeltes Bukett von schwarzen Früchten, Zedern, provenzalischen Kräutern und feuchter Erde. Der körperreiche Tropfen ist von tiefer, fettiger und fülliger Struktur, der alkoholstarke, geschmeidige Abgang enthüllt eine herrliche Reife. Voraussichtliche Genussreife: jetzt bis 1999. Letzte Verkostung: 6/94.

1988 • 86 Gigondas: Der 88er gibt sich strukturiert und tanninbetont, besitzt aber nicht den gleichen Charakter vollreifer schwarzer Früchte wie die 89er und 90er. Wer geradlinigere und weniger ausladende Weine bevorzugt, sollte diesen 88er ins Auge fassen. Voraussichtliche Genussreife: jetzt bis 2001. Letzte Verkostung: 6/96.

ÄLTERE JAHRGÄNGE

Guigals Erzeugnisse werden zwar am besten innerhalb eines Jahrzehnts nach der Lese getrunken, doch gewähren seine Tropfen durchaus auch einen längeren Trinkgenuss. In den Jahren 1983, 1979 und 1978 erzeugte er kompakte Weine, die sich bestimmt bis jetzt gehalten haben. Ich erinnere mich an die Verkostung köstlicher 69er und 71er im Jahr 1986, die sich beide in gutem Zustand befanden.

LES HAUTS DE MONTMIRAIL (DANIEL BRUSSET) *****

Adresse:
Place du Village, 84190 Gigondas, Tel.: 4 90 70 91 60 oder 4 90 30 82 16, Fax: 4 90 30 73 31

Produzierte Weine:
Gigondas Les Hauts de Montmirail, Gigondas Cuvée Tradition

Rebfläche: 18,6 ha

Produktionsmenge: 6 250 Kisten

Ausbau:
Les Hauts de Montmirail – 18 Monate insgesamt, davon 12 Monate in 100 % neuen Eichenfässern;
Cuvée Tradition – 18 Monate in *foudres*

Durchschnittsalter der Reben: 25 Jahre

Verschnitt:
Les Hauts de Montmirail – 55 % Grenache, je 20 % Syrah und Mourvèdre, 5 % Cinsault;
Cuvée Tradition – 70 % Grenache, 25 % Syrah, 5 % Cinsault

Die Kellerei von Daniel Brusset befindet sich in dem Côtes-du-Rhône-Dorf Cairanne. Die Bestockungen umfassen 18,6 Hektar und erstrecken sich hinter den spitzen Türmen der Dentelles de Montmirail. Auf diesen steilen Terrassen, übersät von Steinen und Geröll, wachsen die Rebstöcke in reinem Kalkstein und produzieren einen der konzentriertesten, zauberhaftesten Tropfen der Appellation.

Das Gut selbst wurde erst 1947 von Brussets Vater, der Keller in Cairanne besaß, gegründet und wuchs allmählich von den anfänglichen acht Hektar auf die heutigen knapp 83 Hektar, die zum Großteil aus Côtes-du-Rhône-Lagen und Weinbergen in Cairanne bestehen. In Gigondas selbst wurde Brusset immer als Außenseiter betrachtet, obwohl seine Keller weniger als zehn Autominuten vom Dorfkern entfernt liegen. Eine gewisse Skepsis rief auch seine Entscheidung hervor, die Spitzencuvée Les Hauts de Montmirail in zu 100 % neuer Eiche auszubauen. Der wahre Grund für den Neid des Dorfs mag aber darin liegen, dass seine Weine auf Blindverkostungen sehr gut bewertet werden und meistens zu den besten Gewächsen der Appellation zählen.

Jeder, der die sehr empfehlenswerte Fahrt durch die Dentelles de Montmirail auf sich nimmt, wird bestätigen, dass Daniel Brusset und sein Sohn Laurent hier Schwerstarbeit leisten. Die einzige Straße zu den Anbauflächen windet sich oberhalb des Dorfs in die Höhe und bietet einen unglaublichen Blick auf steinige, windgepeitschte und unwirklich erscheinende

Weinberge, die eine intensive Bearbeitung erfordern. Für seine Rebstöcke würde Brusset jedoch trotzdem immer nur Steilhänge auswählen. Hinter den schroffen Dentelles gehören ihm noch weitere 27,5 Hektar terrassierte Anbauflächen. Seine Flexibilität zeigt sich bei der Weinkelterung. Das Lesegut wird nicht entrappt, doch ging er allmählich dazu über, 40 bis 45 % ganze Trauben zu vergären. Brusset widersetzt sich dezidiert der Filtration, derer er sich nur dann bedient, wenn ein Wein instabil ausfällt.

Les Hauts de Montmirail ist auch eine gute Adresse für die Gigondas-Standardcuvée sowie für eine Auswahl an Côtes-du-Rhône-Weinen. Der weiße Côtes du Rhône enthält einen Anteil Viognier, was ihn noch ansprechender macht. Brusset zählt außerdem zu jenen *vignerons*, die sich intensiver um die Vermarktung ihrer Produkte kümmern. Seine Weine können in drei *caveaux* erworben werden: Die eine liegt am Marktplatz von Gigondas, die Caveau du Plan de Dieu findet man an der Kreuzung der Routes Départementales 8 und 975, als dritter Verkaufsraum dienen die eigenen Keller in Cairanne.

JAHRGÄNGE

1995 • 90 Gigondas Les Hauts de Montmirail: Der 95er Les Hauts de Montmirail gehört ebenfalls zu den hervorragenden Tropfen aus dem Hause Brusset. Der Ausbau des Gigondas geschieht in neuen Eichenfässern, die aus Vogesen-, Nevers- und Allierholz bestehen. Der 95er schmeichelt mit einem üppigen Bukett von verführerischen, süßen, vollen schwarzen Früchten – Himbeeren, Kirschen und Johannisbeeren –, Vanilleduft und Toastwürze. Der körperreiche Wein ist verschlossen, dicht, konzentriert, offensichtlich tanninbetont und verbindet Kraft mit Finesse. Er zählt zu den strukturierteren Gewächsen aus Gigondas und benötigt deutlich noch eine Reifezeit von 4 bis 5 Jahren. Um die Jahrtausendwende wird dieser wunderbar reine Wein den Höhepunkt erreichen und sich dann zehn Jahre oder länger halten. Wie alle ernst zu nehmenden Rotweine Brussets wurde er ungefiltert abgefüllt. Letzte Verkostung: 6/96.
1994 • 88+ Gigondas Les Hauts de Montmirail: Der 94er präsentiert sich als intensiver, tief rubin- bis purpurroter Wein mit mittlerem Körper, der in einem eleganten Stil bereitet wurde. Der Mourvèdre-Anteil dominiert, doch könnten sich Grenache und Syrah im Laufe der Zeit durchsetzen. Der Wein besitzt eine schöne Struktur sowie den für Mourvèdre typisch animalischen Duft und den Geruch von Baumrinde. Bei einem ausladenden, vollmundigen Mittelstück zeigt sich der Abgang gut strukturiert und lang mit Unmengen an Tannin. Trotz seines natürlichen Alkoholgehalts von 13,5 % bleibt der Rote verschlossen und straff. Nach 1 bis 2 weiteren Jahren in der Flasche sollte er 10 bis 12 Jahre Genuss bereiten. Letzte Verkostung: 6/96.
1993 • 88 Gigondas Les Hauts de Montmirail: Dieser tief rubinrote, schmackhafte, runde, elegante und doch füllige Wein wurde mit einem größeren Grenache-Anteil als üblich bereitet und offeriert ein gut wahrnehmbares Bukett von Vogelkirschen, Gewürzen und Vanille. Den Mourvèdre fand Brusset 1993 für seinen Verschnitt zu vegetabil und bereitete so eines der erfolgreichsten Erzeugnisse in einem ansonsten für Gigondas schwierigen Jahr. Voraussichtliche Genussreife: jetzt bis 2003. Letzte Verkostung: 6/96.
1992 • 90 Gigondas Les Hauts de Montmirail: Die folgenden Notizen beziehen sich allein auf die Cuvée, die an den amerikanischen Importeur verkauft wurde. Der dunkel rubinrote Wein besitzt ein kraftvolles Bukett von süßer Vanille, toastwürziger neuer Eiche, schwarzen Früchten, Kräutern und gerösteten Nüssen. Geschmeidig und großzügig ausgestattet präsentiert

sich der Wein reif und körperreich, mit einer vielschichtigen, prallen Frucht, aber ohne den verwässerten, vegetabilen Charakter zahlreicher anderer Produkte der Appellation. Eine außergewöhnliche Leistung für diesen Jahrgang. Voraussichtliche Genussreife: jetzt bis 2004. Letzte Verkostung: 6/96.

1991 • 89 Gigondas Les Hauts de Montmirail: 1991 war für das südliche Rhônegebiet ein grauenvolles Jahr, so dass die Bereitung eines beeindruckenden Weins eine strenge Auswahl und höchste Winzerkunst erforderte. Die Erträge betrugen mäßige 18 Hektoliter pro Hektar. Das tiefschwarze Rubinrot des 91ers geht einher mit einem immensen Bukett von Schokolade, Vogelkirschen und Kräutern, verwoben mit dem süßen Aroma reifer, unverdünnter Frucht. Körperreich, gehaltvoll und vielschichtig stellt dieser Rote einen ausgezeichneten, reifen Tropfen dar. Voraussichtliche Genussreife: jetzt bis 2004. Letzte Verkostung: 6/95.

1990 • 90 Gigondas Les Hauts de Montmirail: Der schwarze 90er offenbart verschwenderische Mengen toastwürziger neuer Eiche, begleitet von wunderbar reifen Cassisdüften. Ein dramatischer, prachtvoller Gigondas: rund, weich, von außergewöhnlicher Fülle – einfach sinnbetörend. Vermutlich birgt er nicht das Reifepotenzial des 89ers in sich, aber wen sollte das schon stören? Voraussichtliche Genussreife: jetzt bis 2006. Letzte Verkostung: 11/95.

1989 • 93 Gigondas Les Hauts de Montmirail: Ein spektakulärer Tropfen, den ich in meinen Notizen «die Quintessenz von Wein» nannte. Er strotzt vor Gehalt und bezaubert mit einem Bukett von Cassis, Vanille, Rauch, Mineralien und Lakritze. Ausgestattet mit einem fabelhaften Extraktstoffgehalt besitzt dieses Gewächs Unmengen von reifem Tannin und einen süßen, ausladenden, superben Abgang. Ein Gigondas, den man nur kistenweise kauft. Voraussichtliche Genussreife: jetzt bis 2007. Letzte Verkostung: 8/96.

1988 • 91 Gigondas Les Hauts de Montmirail: Der 88er Jahrgang war für Gigondas ausgezeichnet, und der 88er Les Hauts de Montmirail gefällt fast so gut wie der 89er. Im Einklang mit den Spitzenerzeugnissen der Domaine les Goubert oder der Domaine de Cayron scheint er zu den feinsten Tropfen des Jahrgangs zu zählen. Sein enormes Bukett von Mineralien, Toastwürze und Schwarzen Johannisbeeren ist schlichtweg fesselnd. Im Mund zeigt der körperreiche Wein eine große Präsenz, eine herrliche Tiefe und Länge sowie etwas bessere Säure und Kontur als der 89er. Ein umwerfender Gigondas! Voraussichtliche Genussreife: jetzt bis 2002. Letzte Verkostung: 8/96.

1987 • 82 Gigondas: Angesichts des bedauerlichen Jahrgangs legt Brusset einen weichen, fruchtigen, würzigen, angemessenen Gigondas vor. Genussreife: jetzt. Letzte Verkostung: 11/96.

Paul Jaboulet-Ainé ***

Adresse:
Les Jalets, Route Nationale 7, B.P. 46, 26600 Tain l'Hermitage,
Tel.: 4 75 84 68 93, Fax: 4 75 84 56 14

Produzierte Weine:
Gigondas, Gigondas Cuvée Pierre Aiguille

Produktionsmenge: 1 675 Kisten

Ausbau: 8 bis 10 Monate in 2 bis 3 Jahre alten Eichenfässern

Verschnitt: 90 % Grenache, 10 % Cinsault und Mourvèdre

Aus dem berühmten Hause Jaboulet-Ainé in Tain l'Hermitage stammt seit eh und je ein sehr guter Gigondas. Tatsächlich zählte er bis 1980 zu den fünf oder sechs Spitzenweinen des Anbaugebiets. Die Gewächse zeigten ein hervorragendes Reifepotenzial, und so haben sich Flaschen aus den Jahren 1964, 1967, 1969 und 1970 bis heute sehr gut gehalten. Seit 1980 sind jedoch deutliche Veränderungen wahrnehmbar: Die Jaboulets haben sich entschieden, einen moderneren, saubereren, filtrierten und polierten Konsumwein herzustellen, der eine Lebenserwartung von 4 bis höchstens 6 Jahren besitzt. So sehr man diese Situation auch bedauern mag, könnte sich doch alles wieder zum Besseren wenden. In neueren Jahrgängen begann das Unternehmen mit der Erzeugung der stark konzentrierten Cuvée Pierre Aiguille, die Liebhabern von Rhônewein einen zufrieden stellenden, vollmundigen, klassischen und lagerungsfähigen Gigondas bietet, während die Standardcuvée den Supermärkten und Freunden eines fruchtigen, direkten Weins vorbehalten bleibt.

Jahrgänge

1995 • 86 Gigondas Cuvée Pierre Aiguille: Der 95er Pierre Aiguille gibt sich eher rustikal, verbunden mit einer erdigen Komponente von *garrigue*. Der tief rubinrote Wein offenbart eine würzige Persönlichkeit von mittlerem Körper, gute Frucht und Länge, doch verglichen mit dem Côtes du Rhône-Villages und dem Côtes du Rhône Parallel 45 ziehe ich Letztere dem teureren Gigondas vor. Letzte Verkostung: 6/96.

1990 • 88 Gigondas: Jaboulet-Ainés satt pupurroter bis schwarzer 90er besteht ebenfalls zum größten Teil aus Grenache und zeigt sich groß, kräftig und rustikal. Er besitzt ein straffes, aber verheißungsvolles Bukett von schwarzen Früchten, Lakritze und Kräutern, im Verein mit einer prächtigen Konzentration und Unmengen an Tannin. Voraussichtliche Genussreife: jetzt bis 2005. Letzte Verkostung: 12/95.

1989 • 86 Gigondas: Jaboulets dunkler, rubinroter 89er bietet eine vollmundige, relativ einfache, aber pralle, reichhaltige und konzentrierte geröstete Brombeerfrucht, alkoholstarke Geschmacksnoten und einen saftigen, weichen Abgang. Wer einen ungezügelten, muskulösen, fettigen Gigondas liebt, wird hier in den nächsten 5 bis 8 Jahren einen herrlichen, wenn auch nicht komplexen Tropfen vorfinden. Letzte Verkostung: 12/96.

1989 • 90 Gigondas Cuvée Pierre Aiguille: Der spektakuläre 89er Pierre Aiguille ist einfach umwerfend. Der rubinrote bis schwarze, körperreiche Tropfen besteht zu 100 % aus Grenache:

Sein Bukett strömt einem förmlich entgegen und verwöhnt mit einem Aroma von gerösteten Nüssen, Schokolade, Vogelkirschen, Himbeeren und Mineralien bei einem wunderbaren Auftreten und einer sensationell konzentrierten Struktur, üppiger Frucht und einem alkoholstarken, würzigen Abgang. Jaboulet-Ainés feinster Gigondas seit 1967! Voraussichtliche Genussreife: jetzt bis 2006. Letzte Verkostung: 12/95.

ÄLTERE JAHRGÄNGE

Die Jahrgänge zwischen 1979 und 1985 waren enttäuschend – in den Jahren 1985, 1983, 1982 und 1981 entstanden leichte, dünne Weine. Sollte sich ein 78er auf einer Auktion auftreiben lassen, wird er sich als pfeffrig-würziger, gehaltvoller, traditioneller Gigondas erweisen, wie Jaboulet-Ainé sie in den Sechzigern und Siebzigern zuverlässig erzeugte. Selbst ältere Jahrgänge wie die wundervollen 67er, 69er und 71er könnten sich bei entsprechender Lagerung gut gehalten haben.

DOMAINE DE LONGUE-TOQUE ****

Adresse:
Route de Sablet, 84190 Gigondas, Tel.: 4 90 12 39 31, Fax: 4 90 12 39 32

Produzierte Weine:
Gigondas Cuvée Elégance, Gigondas Cuvée Prestige, Gigondas Cuvée Excellence

Rebfläche: 18 ha

Produktionsmenge:
Cuvée Elégance – 1 875 Kisten; Cuvée Prestige – 1 875 Kisten; Cuvée Excellence – 1 875 Kisten

Ausbau:
Cuvée Elégance – 15 Tage Gärung in Zementtanks, die Rebsorten werden einzeln vinifiziert,
im November erste *assemblage*, weitere 3 Monate in Tanks, dann 2 Jahre in alter Eiche,
nach einem Jahr die endgültige *assemblage* und ein weiteres Jahr Lagerung im Fass;
Cuvée Prestige – 15 Tage Gärung in Zementtanks, die Erträge der 50 Jahre alten Grenache- und
Syrah-Rebstöcke werden zusammen in Zementtanks vergoren,
assemblage und Lagerung wie Cuvée Elégance;
Cuvée Excellence – 15 Tage Gärung in Zementtanks, die Erträge der 100 Jahre alten
Grenache- und Syrah-Weinstöcke werden einzeln vergoren,
dann *assemblage* und Lagerung wie Cuvée Elégance

Durchschnittsalter der Reben:
50 bis 100 Jahre

Verschnitt:
80 % Grenache, 20 % Cinsault und etwas Mourvèdre (alle 3 Cuvées)

1995 verkaufte der nicht sehr große, sanftmütige Serge Chapalain die berühmte 18 Hektar umfassende Domaine de Longue-Toque an Madame Glenat. Das Gut war 1962 von Chapalains Vater gegründet worden und zählte zu den besseren Kellereien von Gigondas. Sein Wein besaß eine individualistische Note und eine ausdrucksstarke, geschmeidige, üppig fruchtige, seidige Persönlichkeit, die mehr mit einem Spitzen-Burgunder als mit einem rustikalen Gigondas gemein hatte.

In seiner Philosophie und seinem wirtschaftlichen Denken erinnerte der Individualist Chapalain an Jacques Reynaud aus Châteauneuf-du-Pape. Man wird ihn in Gigondas vermissen, doch konnte Madame Glenat dem Gut bereits neuen Schwung verleihen. Sie hat sich entschlossen, drei Cuvées zu erzeugen, die die Möglichkeiten der alten Grenache-Parzellen voll ausschöpfen. Die Cuvée Prestige entsteht aus 50 Jahre alten Reben, die Cuvée Excellence aus 100-jährigen. Die drei Cuvées sind jeweils aus 80 % Grenache, 20 % Syrah und etwas Mourvèdre zusammengesetzt. Keiner der von Madame Glenat erzeugten Weine wurde bereits auf Flaschen gezogen, doch scheint die neue Leitung die durch Serge Chapalain und seinen Vater im Laufe der vergangenen 35 Jahre erreichte Qualität halten zu wollen.

Von den wenigen Chapalain-Weinen, die sich noch auf dem Markt befinden, zählen der 90er und der 89er Gigondas, die jeweils vier Jahre nach der Lese freigegeben wurden, zu den feinsten Tropfen, die Chapalain seit den frühen Achtzigern erzeugt hat. Beide besitzen ein Lagerungspotenzial von 7 bis 8 Jahren und sollten vor Ende des Jahrhunderts getrunken werden.

DOMAINE DE LA MAVETTE ***

Adresse:
Quartier des Paillères, Route de Lancieux, 84190 Gigondas, Tel.: 4 90 65 85 29

Produzierte Weine:
Gigondas, Gigondas Cuvée Prestige

Rebfläche:
Standardcuvée – 5,5 ha; Cuvée Prestige – 1 ha

Produktionsmenge:
Standardcuvée – 1 875 Kisten; Cuvée Prestige – 312 Kisten

Ausbau:
Standardcuvée – Zementtanks, dann 12 bis 24 Monate in alten Eichenfässern;
Cuvée Prestige – Zementtanks, dann 24 bis 36 Monate in alten Eichenfässern

Durchschnittsalter der Reben:
Standardcuvée – 60 Jahre; Cuvée Prestige – 100 Jahre

Verschnitt:
70 % Grenache, 20 % Syrah, je 5 % Cinsault und Mourvèdre (beide Cuvées)

JAHRGÄNGE

1995 • 85? Gigondas: Zweifellos ist der 95er der beste Wein, den ich von der Domaine de la Mavette bis jetzt verkostet habe. Diese tief rubin- bis purpurrote Cuvée Tradition gibt sich verschlossen und offenbart ein süßes, pralles Bukett von zerquetschten Schwarzen Johannisbeeren, eine gewisse Sprödigkeit und trockenes Tannin, aber schöne Reinheit, Reife und Würze. Wird die Frucht aber dem kräftigen Tannin gewachsen sein? Voraussichtliche Genussreife: 2000 bis 2007. Letzte Verkostung: 6/96.

1995 • 88 Gigondas Cuvée Prestige: Der feinste Wein dieses Guts! Er benötigt noch eine Lagerung von 3 bis 4 Jahren, zeigt sich aber bereits tief rubin- bis purpurrot. Im Geschmack präsentiert sich die 95er Cuvée Prestige fleischig, breit gebaut, strukturreich und tanninbetont, mit einer guten Tiefe und Reife sowie einer prallen, reichhaltigen Frucht von Vogelkirschen und Johannisbeeren. Das Tannin im Abgang wirkt Furcht erregend. Voraussichtliche Genussreife: 2000 bis 2008. Letzte Verkostung: 6/96.

1994 • 82 Gigondas: Von einem mittleren Rubinrot offeriert dieser würzige, pfeffrige, kräuterartige Gigondas ein einfaches, pralles Bukett von roten Früchten. Er sollte jung getrunken werden. Voraussichtliche Genussreife: jetzt bis 1999. Letzte Verkostung: 6/96.

1994 • 86 Gigondas Cuvée Prestige: Die 94er Cuvée Prestige erscheint im Vergleich zur Standardcuvée verschlossener, tiefer und körperreicher. Von dunkler Farbe und geringer Komplexität besitzt sie doch eine gute, würzige, attraktiv süße und reife Frucht von mittlerem Gewicht. Voraussichtliche Genussreife: jetzt bis 2001. Letzte Verkostung: 6/96.

1989 • 76 Gigondas: Nach dem würzig-pfeffrigen Bukett offenbart dieser 89er Gigondas bedauerlicherweise nur kurze, schlecht genährte, weiche Geschmacksnoten, denen es an Festigkeit und Konzentration mangelt. Austrinken. Letzte Verkostung: 11/94.

1988 • 79 Gigondas: Der 88er zeigt deutlich etwas reife Frucht, doch sorgt sein hoher Tanningehalt für Unausgewogenheit. Er besitzt einen mittleren Körper und etwas ansprechende, würzige Frucht, insgesamt kann diese Leistung aber nur als mittelmäßig bezeichnet werden. Letzte Verkostung: 6/94.

CHÂTEAU DE MONTMIRAIL ***

Adresse:
B.P. 12, 84190 Vacqueyras, Tel.: 4 90 65 86 72, Fax: 4 90 65 81 31

Produzierte Weine: Gigondas

Rebfläche: 30 ha

Produktionsmenge: 12 500 Kisten

Ausbau:
Mindestens 18 Monate in *foudres* sowie Email- oder Zementtanks

Durchschnittsalter der Reben: 30 Jahre

Verschnitt:
75 % Grenache, 15 % Syrah, 10 % Mourvèdre und Cinsault

Die Keller dieses mittelgroßen Guts liegen im malerischen Vacqueyras und werden mit offensichtlicher Begeisterung von Maurice Archimbaud und seinem Schwiegersohn, Jacques Bouteiller, geleitet. Sie besitzen 30 Hektar Weinberge in guten, sonnendurchfluteten Terrassenlagen. Ihr Gigondas wird vor der Abfüllung 18 Monate in *foudres* und Zementbehältern ausgebaut. Archimbaud möchte das Risiko einer Oxidation möglichst vermeiden und füllt zu diesem Zweck früh ab; darüber hinaus werden seine Weine nicht geschönt, aber leicht filtriert. Die Cuvée Beauchamp ist eine von nur vier Rotweinen, die das Gut hervorbringt; die drei anderen stammen von den Rebflächen, die das Dorf umgeben. Der pralle Gigondas von tiefer Farbe und mit Unmengen an Frucht besticht jedoch als der beste Tropfen des Château de Montmirail. Ihm fehlt die Komplexität und Kraft der Spitzen-Gigondas, doch findet er auf Grund seines eingängigen Charakters allgemeinen Zuspruch. Er muss jung getrunken werden, üblicherweise vor dem siebten oder achten Lebensjahr.

MOULIN DE LA GARDETTE ****

Adresse:
84190 Gigondas, Tel.: 4 90 65 81 51, Fax: 4 90 65 85 92

Produzierte Weine:
Gigondas Cuvée Classique, Gigondas Cuvée Spéciale, Gigondas Rosé

Rebfläche:
Cuvée Classique – 5 ha; Cuvée Spéciale – 2 ha

Produktionsmenge:
Cuvée Classique – 1 560 Kisten; Cuvée Spéciale – 500 Kisten; Rosé – 110 Kisten

Ausbau:
Cuvée Classique – 18 Monate insgesamt, davon 6 bis 12 Monate in alten Eichenfässern;
Cuvée Spéciale – 18 Monate insgesamt, davon 8 Monate in 2 bis 3 Jahre alten Eichenfässern;
Rosé – 5 Monate in Edelstahl

Durchschnittsalter der Reben:
Cuvée Classique – 60 Jahre; Cuvée Spéciale – 60 bis 100 Jahre; Rosé – 20 Jahre

Verschnitt:
Cuvée Classique – 80 % Grenache, 15 % Syrah, 5 % Cinsault, Mourvèdre und Clairette;
Cuvée Spéciale – 80 % Grenache, 20 % Syrah; Rosé – 70 % Syrah, 30 % Cinsault

Jean-Baptiste Meunier besitzt ein kleines Gut von sieben Hektar und erzeugt dort einen klassischen Gigondas. Seine Rebflächen befinden sich auf Kalk- und Lehmböden in Terrassenlagen und auf der heißeren Hochebene. Die durchschnittlich 60-jährigen, sehr alten Weinstöcke und die niedrigen Erträge ergeben einen kraftvollen, konzentrierten Tropfen. Seine möglicherweise mangelnde Finesse wird durch seine ausgesprochen ungestüme Art kompensiert. Die meisten Jahrgänge weisen einen hohen Alkoholgehalt auf, sind also nicht für Freunde eher sanfter Erzeugnisse geeignet; alles deutet darauf hin, dass sie sich mindestens zehn Jahre halten. Die selten bereitete Cuvée Spéciale wird sich dagegen mühelos 15 Jahre und länger anmutig entwickeln. Gelegentlich fällt ein Jahrgang zu rustikal und schroff aus, meistens entsteht hier jedoch ein zufrieden stellender, kerniger Wein, der die Handwerkskunst des Winzers widerspiegelt und mehr Beachtung verdient.

1995 • 91 Gigondas Cuvée Classique: Der 95er Gigondas prahlt mit einem opaken Purpurrot, lebhafter Säure und einer trotz der beißenden Säure erstaunlich reifen Frucht und Konzentration. Dem süßen, reichhaltigen und kraftvollen Eingang folgen lange, muskulöse und körperreiche Geschmacksnoten sowie ein jugendlicher Abgang. Ein expressionistischer, breit gebauter Tropfen, dessen Entwicklung soeben erst eingesetzt hat. Voraussichtliche Genussreife: 2000 bis 2012. Letzte Verkostung: 6/96.

1994 • 85 Gigondas Cuvée Classique: Der 94er offenbart ein ansprechendes Bukett von Gewürzen, Pfeffer, Mineralien und Erddüften, einen mittleren Körper, reife Geschmacksnoten und einen unkomplizierten Abgang. Im Gegensatz zum riesigen 95er gibt er sich unverhüllt und schmeichelhaft. Voraussichtliche Genussreife: jetzt bis 2003. Letzte Verkostung: 6/96.

1994 • 88+ Gigondas Cuvée Spéciale: Das tiefe Rubin- bis Purpurrot der 94er Cuvée Spéciale geht einher mit erdigen, exotischen, süßen Düften von asiatischen Gewürzen und Kirschen sowie Trüffeln und Lakritze im Hintergrund. Der Wein präsentiert sich dicht, tanninbetont, strukturiert und von ausgezeichneter Konzentration und könnte noch besser werden, als die Note vermuten lässt. Voraussichtliche Genussreife: 1999 bis 2008. Letzte Verkostung: 6/96.

1993 • 86 Gigondas Cuvée Classique: Im 93er verbinden sich ein blumig-erdiges Bukett von Lakritze und Kirschdüften mit einem mittleren bis vollen Körper, einem würzigen Aroma mit feiner Konzentration und Glyzerin sowie einem mäßigen Abgang. Ein Erfolg für den Jahrgang, der in den nächsten zehn Jahren getrunken werden möchte. Letzte Verkostung: 6/96.

1992 • 72 Gigondas Cuvée Classique: Dieser enttäuschende 92er ist in dem grauenvollen Jahrgang kein Einzelfall. Er offenbart ein schales, vegetabiles, krautiges Aroma von verwelkten Rosen und geröstetem Kaffee neben dünnen, harten, tanninbetonten Geschmacksnoten. Letzte Verkostung: 6/95.

1990 • 88 Gigondas Cuvée Classique: Bei einer Blindverkostung erreichte der 90er Moulin de la Gardette bewundernswerte Resultate. Zu einem Bukett von süßer Vanille und Schwarzen Himbeeren in Hülle und Fülle zeigt er ein dichtes, dunkles Rubin- bis Purpurrot. Am Gaumen besitzt dieser körperreiche und opulente Tropfen eine herrliche Konzentration, eine große, muskulöse, fleischige Struktur und einen langen, konzentrierten, alkoholreichen Abgang. Die geringe Säure macht ihn zugänglich, doch wird er sich auf Grund seiner kräftigen Konstitution mindestens 10 bis 12 Jahre halten. Letzte Verkostung: 6/95.

1989 • 87 Gigondas Cuvée Classique: Obwohl der 89er zunächst unentwickelt, tanninbetont, verschlossen und von straffer Struktur war, zeigte er beim Schwenken doch erhebliche Mengen reifer Frucht und reichlich Konzentration. Besänftigt sich das Tannin, könnte sich die Note als zu vorsichtig erweisen, und diese Cuvée Classique würde eine bessere erreichen. Voraussichtliche Genussreife: 1998 bis 2010. Letzte Verkostung: 6/95.

L'Oustau Fouquet ***

Adresse:

Domaine de la Fourmone, 84190 Vacqueyras, Tel.: 4 90 65 86 05

Produzierte Weine:

Gigondas, Gigondas Cuvée Cigaloun

Rebfläche:

Standardcuvée – 5 ha; Cuvée Cigaloun – 4 ha

Produktionsmenge:

Standardcuvée – 2 000 Kisten; Cuvée Cigaloun – 1 625 Kisten

Ausbau:

Standardcuvée – 36 Monate insgesamt, davon 12 Monate in alten Eichenfässern;

Cuvée Cigaloun – 36 Monate insgesamt, davon 18 Monate in alten Eichenfässern

Durchschnittsalter der Reben:

Standardcuvée – 30 Jahre; Cuvée Cigaloun – 35 Jahre

Verschnitt:

Standardcuvée – 80 % Grenache, 10 % Syrah, 10 % Mourvèdre und Cinsault;

Cuvée Cigaloun – 70 % Grenache, 30 % Mourvèdre

Die Keller von Roger Combe befinden sich zwischen dem alten Dorf Gigondas und dem schöneren Ort Vacqueyras. In beiden Anbaugebieten wird ausschließlich Roter erzeugt. Die Familie Combe besitzt knapp 24 Hektar Rebflächen, darunter neun in Gigondas. Der traditionell bereitete Wein besteht zu 80 % aus Grenache, die übrigen 20 % setzen sich aus einer offenen Mischung von Syrah, Mourvèdre und Cinsault zusammen. Die Erzeugnisse werden weder geschönt noch filtriert und ruhen vor der Abfüllung 12 bis 18 Monate in Zementtanks und *foudres*. Die Gigondas Anbauflächen befinden sich allesamt an den Hängen des Montmirail. Eine gute Adresse für zuverlässigen, selten aufregenden, aber schön bereiteten und sehr preisgünstigen Gigondas.

Jahrgänge

1993 • 86 Gigondas: Der elegante 93er zeigt einen schönen Körper, eine gute Reife und eine würzige, reine, beerenartige Fruchtigkeit. Genussreife: jetzt. Letzte Verkostung: 6/95.
1992 • 74 Gigondas: Der leicht rubin- bis rostrote 92er offenbart ein vages Bukett von Zedern und erdiger Frucht. Der wässerige, weiche Wein ist das Produkt der sintflutartigen Regenfälle, die die Winzer in Gigondas 1992 beinahe ruiniert hätten. Letzte Verkostung: 6/94.

DOMAINE LES PALLIÈRES ***/****

Adresse:
84190 Gigondas, Tel.: 4 90 65 85 07

Produzierte Weine: Gigondas

Rebfläche: 25 ha

Produktionsmenge: 10 625 Kisten

Ausbau:
36 Monate insgesamt, davon 24 Monate in alten Eichenfässern
und 12 Monate in Zementtanks

Durchschnittsalter der Reben: 50 bis 55 Jahre

Verschnitt:
65 % Grenache, 17 % Syrah, 15 % Mourvèdre,
2 % Cinsault, 1 % andere Rebsorten

An meine Besuche in der Domaine les Pallières erinnere ich mich stets gern. Sie war das erste Gut, das mit Erzeugerabfüllungen begann, und liefert weiterhin eines der klassischen Gigondas-Beispiele für traditionellen, oxidierten Grenache, der vor der Abfüllung 2 bis 6 Jahre in alten Zementtanks gelagert wird. Das Unternehmen wird nach wie vor von Pierre Roux geführt, der nach dem Tod seines Bruders und Partners Christian eher zurückgezogen lebt. Seine Weinberge auf den Kalk- und Lehmterrassen unterhalb der schroffen Zacken der Dentelles de Montmirail zählen zu den schönsten des Anbaugebiets.

Im Laufe der Jahre konnte ich einige wundervolle Domaine les Pallières verkosten, die alle ein gut entwickeltes, komplexes, rauchiges Bukett von Tabakdüften besaßen, begleitet von weichen, runden, gehaltvollen und warmen Geschmacksnoten. Die heutige Tendenz zu eher traubigen Erzeugnissen bewirkt jedoch, dass derartige Tropfen nicht länger auf breite Zustimmung stoßen. Zudem scheinen die jüngeren Jahrgänge, selbst nach der langen Ruhezeit in Zementtanks und *foudres*, nicht mehr so konzentriert zu sein wie in den siebziger und frühen achtziger Jahren, als die Kellerei noch kernige, sehr gehaltvolle und schmackhafte Weine hervorbrachte.

Pierre Roux wird die Domäne zweifelsohne weiterhin leiten. Die Frage der Nachfolge ist jedoch noch offen, da beide Brüder kinderlos sind. Ein derart attraktives Gut mit gesunden, durchschnittlich etwa 50 bis 55 Jahre alten Rebstöcken dürfte aber durchaus das Interesse fremder Käufer wecken.

Die folgenden Verkostungsnotizen zeigen, dass dieser Wein zu den ausdrucksstärksten traditionell bereiteten Gigondas zählen kann. Da er zumeist erst 3 bis 4 Jahre nach der Lese abgefüllt wird, fehlen die 94er und 95er. Der 94er war erstaunlich weich und von äußerst mangelhafter Intensität, während der 95er ein ausgezeichneter, möglicherweise hervorragender Tropfen zu sein scheint. Vermutlich wird er nicht vor Ende des Jahrhunderts abgefüllt.

1990 • 84 Gigondas: Von diesem Erzeuger verkostete ich viele klassische Gigondas, deshalb erstaunt mich der sprödere, weniger konzentrierte und weitaus uninteressantere Stil der neueren Jahrgänge. Wie auf vielen größeren Gütern der südlichen Rhône wird auch hier der Wein erst beim Verkauf abgefüllt, was zu erheblichen Qualitätsunterschieden führen kann, doch fehlte selbst den Erstabfüllungen jene Kraft und Intensität, die Les Pallières in den sechziger und siebziger Jahren berühmt gemacht hatte. Der 90er vermittelte zwar einen angenehmen, weichen und fruchtigen Eindruck, es mangelt ihm jedoch an Gewicht, Extraktstoffen und Körper. Er sollte sich 5 bis 7 Jahre halten. Letzte Verkostung: 6/95.

1989 • 88 Gigondas: Der 89er verströmt einen großen, animalischen, fast ungebärdigen Duft von geräuchertem Fleisch – typisch für einen Gigondas im alten Stil und nicht jedermanns Geschmack. Im Mund zeigt er kräftige, vollmundige, alkoholstarke Geschmacksnoten, die das stattliche Alter der Reben unterstreichen: Zwei Drittel sind älter als 70, der Rest steht seit etwa 15 Jahren. Dieser breitschultrige Tropfen besitzt ausladende Geschmacksnoten, viel Körper und Würze, wenn er auch etwas schroff und rustikal daherkommt. Er wird sicherlich 10 bis 15 Jahre schönen Genuss bereiten. Letzte Verkostung: 6/95.

1988 • 85 Gigondas: Der 88er zeigt am Rand eine leicht orangefarbene Bernsteintönung. Er besitzt ein pfeffriges Bukett von Kräuter- und Beerendüften, einen mittleren Körper, weiche, würzige, angemessen ausgestattete Geschmacksnoten und einen kurzen, tanninbetonten Abgang. Es mangelt ihm an Intensität und Reichhaltigkeit. Voraussichtliche Genussreife: jetzt bis 2000. Letzte Verkostung: 6/94.

1985 • 90? Gigondas: Ganz ohne Zweifel ist der früh abgefüllte 85er Les Pallières ein köstlicher Tropfen und einer der großen Erfolge für die südliche Rhône in diesem Jahrgang. Der körperreiche, kraftvolle und harmonische Wein von einem dichten Rubin- bis Granatrot offenbart einen außergewöhnlich intensiven Duft von *garrigue*, schwarzem Pfeffer, Himbeerfrucht und Veilchen. Nachfolgende Abfüllungen charakterisieren sich durch spürbares Anis und eine rostige Farbe bei deutlich weniger Frucht und Extraktstoffen: Sie sind offensichtlich durch ihren langen Kelleraufenthalt vertrocknet. Voraussichtliche Genussreife: jetzt bis 1999. Letzte Verkostung: 11/95.

Von dem 83er Les Pallières habe ich mehr als eine Kiste verkostet, stets erwies er sich als großer, rauchiger, zedernduftiger Wein, der Unmengen an Frucht, schöne Frische und körperreiche, kräftige Geschmacksnoten besitzt. In vielerlei Hinsicht repräsentiert er die Quintessenz eines traditionellen Gigondas ohne übermäßige Oxidation. Bei der letzten Verkostung 1995 ließ er sich außergewöhnlich gut trinken. Lohnend sind ebenfalls der superbe 78er und der fast genauso beeindruckende 79er, die ich beide seit knapp zehn Jahren allerdings nicht mehr verkostet habe.

Domaine les Pallieroudas (Edmond Burle) ****

Adresse:
La Beaumette, 84190 Gigondas, Tel.: 4 90 70 94 85

Produzierte Weine: Gigondas Les Pallieroudas

Rebfläche: 2 ha

Produktionsmenge: 685 Kisten

Ausbau: 24 Monate insgesamt, davon 6 Monate in alten Eichenfässern

Durchschnittsalter der Reben: 60 Jahre

Verschnitt: 80 % Grenache, 20 % Mourvèdre

Auf der Hochebene und den Terrassen von Gigondas nennt Edmond Burle einen beeindruckenden alten Rebbestand sein Eigen. In seinem eher chaotischen und verfallenen Keller entstanden insbesondere in den Jahren 1989 und 1990 spektakuläre Tropfen. Sein Gut zeichnet sich jedoch durch eine unbeständige Produktion aus, trotzdem gehört der Wein potenziell zu den konzentriertesten und intensivsten Gigondas, jenen klassischen, feurigen, traditionellen Ungeheuern, die immer seltener werden. Manche Erzeugnisse, die bis zu zwei Jahren gelagert werden, sind durch eine flüchtige Säure und Brett-Hefen beeinträchtigt. Abhängig von der finanziellen Situation wird ein variierender Anteil des Ertrags an *négociants* verkauft. Bei größerer Beständigkeit könnte das Gut zu den hervorragenden Adressen der Appellation zählen, wobei eine bessere Organisation und eine Modernisierung der Keller sicherlich nützlich wären. Dennoch gehört Les Pallieroudas wegen seines Geschmacks und seiner Intensität – und trotz des grellen, neon-orangefarbenen Etiketts – zu den klassischen Tropfen des Anbaugebiets; man sollte ihn jedoch unbedingt vor dem Kauf probieren.

Jahrgänge

1990 • 92 Gigondas: Der 92er zeigt ein dichtes Purpurrot bis Schwarz, dem Glas entsteigt ein süßes, rauchiges Bukett reifer Vogelkirschen und Himbeeren. Im Mund gibt er sich massiv konzentriert, durch die Süße und Reife des Tannins jedoch auch opulent und seidig. Der Abgang ist sinnlich, lang und alkoholstark. Voraussichtliche Genussreife: jetzt bis 2006. Letzte Verkostung: 6/96.
1989 • 93 Gigondas: Der 89er strotzt vor anregender, lebhaft reiner, süßer, schwarzer Frucht, verwoben mit den Nuancen provenzalischer Kräuter. Der Alkoholgehalt liegt hier ganz gewiss über 14 %, ein derartiges Maß an Extraktstoffen kann Burle nur mit winzigsten Erträgen erreicht haben. Voraussichtliche Genussreife: jetzt bis 2006. Letzte Verkostung: 6/96.

Domaine du Pesquier ***

Adresse:
84190 Gigondas, Tel.: 4 90 65 86 16, Fax: 4 90 65 88 48

Produzierte Weine: Gigondas

Rebfläche: 16 ha

Produktionsmenge: 6 250 Kisten

Ausbau:
12 Monate in Zementtanks und 18 bis 24 Monate in alten Eichenfässern

Durchschnittsalter der Reben: 35 bis 40 Jahre

Verschnitt: 75 % Grenache, 20 % Syrah, 5 % Mourvèdre

Der Winzer Raymond Boutière hat stets einen der kernigsten Gigondas hervorgebracht. Der Großteil seiner Anbauflächen erstreckt sich über die sengend heiße, trockene Hochebene, die hinter den Dentelles liegt. Boutière, der sich bald aus dem Geschäft zurückziehen möchte, erfährt Unterstützung durch seinen Sohn Guy. Der Wein wird in Zementtanks und alten Holzfässern vergoren und nach einer Reifezeit von mindestens 18 Monaten abgefüllt. Ein Teil des Ertrags wird zwar noch an *négociants* verkauft, doch gehen die Boutières mehr und mehr zu Erzeugerabfüllungen über. Ihr Gigondas ist ein ausgewachsener, gehaltvoller und würziger Tropfen, der wie viele andere im Anbaugebiet unbeständig sein kann. Eine gute Flasche bietet jedoch ein faszinierendes Beispiel für eine traditionsbewußte Vinifikation und enthält ein großes, muskulöses, vollmundiges Gewächs für Freunde des 19. Jahrhunderts.

Jahrgänge

1995 • 88 Gigondas: Der 95er zeigt ein verschlossenes Rubin- bis Purpurrot und Unmengen an Tannin, Säure, Extraktstoffen sowie eine süße, reife Frucht. 1996 noch rustikal, schroff und roh offenbart der Wein inzwischen jedoch ein erhebliches Potenzial und könnte sich zu einem ausgezeichneten Tropfen entwickeln. Voraussichtliche Genussreife: 2000 bis 2009. Letzte Verkostung: 6/96.

1994 • 84 Gigondas: Der 94er von einem mittleren Rubinrot offeriert ein Bukett von Oliven, *garrigue* und leichtem Kirschenduft. Zu seiner schönen Frucht fügt sich ein weicher, diffuser Charakter. Voraussichtliche Genussreife: jetzt bis 2000. Letzte Verkostung: 6/96.

1993 • 85 Gigondas: Aus dem gut entwickelten 93er Jahrgang entstand ein mittelgewichtiger, mäßig tanninbetonter, schöner Gigondas, der sich leichter gibt als erwartet, aber einen Charakter von Pfeffer und schwarzen Früchten sowie einen würzigen Abgang besitzt. Voraussichtliche Genussreife: jetzt bis 2000. Letzte Verkostung: 6/96.

1992 • 75 Gigondas: Der 92er zeigt ein Bukett von Fleisch, Zwetschgen und Unterholz, begleitet von unharmonischen Geschmacksnoten. Der weiche, tanninbetonte Abgang hinterlässt einen merkwürdigen Eindruck. Letzte Verkostung: 6/95.

1990 • 90 Gigondas: Die Domaine du Pesquier repräsentiert seit langem einen traditionellen, rustikalen Gigondas im alten Stil. Der kernige, reichhaltige, vollmundige und massive 90er besitzt eine Frucht mit vertrocknetem Kern, begleitet von einem würzig-pfeffrigen

Kirscharoma, kernigem Tannin und einem Alkoholgehalt, der in diesem Ausmaß immer weniger den Käuferinteressen entspricht. Er dürfte sich, selbst für einen Gigondas, ungewöhnlich lange halten, vermutlich etwa 20 Jahre. Dieser reine Tropfen, der in seinem extraktstoffreichen, stämmigen Charakter die Essenz von Bing-Kirschen berherbergt, erinnert an die vollreifen Gewächse, die in Rayas aus altem Grenache bereitet werden. Ein Gigondas, der zweifellos Aufmerksamkeit verdient. Voraussichtliche Genussreife: jetzt bis 2005. Letzte Verkostung: 6/95.

ÄLTERE JAHRGÄNGE

Die Domaine du Pesquier brachte einen erstaunlich leichten 89er hervor, der 85er und 81er zählen jedoch zu den sehr guten Leistungen. Ich habe sie zwar seit mehr als fünf Jahren nicht mehr verkostet, doch machten sie bei der letzten Probe einen starken Eindruck.

DOMAINE DE PIAUGER ****

Adresse:
La Daysse des Dulcy, 84110 Sablet, Tel.: 4 90 46 90 54, Fax: 4 90 46 99 48

Produzierte Weine: Gigondas

Rebfläche: 3,6 ha

Produktionsmenge: 1 500 Kisten

Ausbau: 18 Monate in Zementtanks

Durchschnittsalter der Reben: 40 Jahre

Verschnitt: 70 % Grenache, 20 % Mourvèdre, 10 % Syrah

Die kleine, aber beständige Menge an Spitzen-Gigondas und erstklassigem Côtes du Rhône von Jean-Marc Autran bezeugt seinen lobenswerten Sachverstand und seine Winzerkunst. Man verfolgt bei der Weinbereitung einen modernen Ansatz, die Erzeugnisse erweisen sich als rein und im Vergleich zu anderen als weniger kernig, stämmig und oxidiert. Bis jetzt beeindrucken die reichhaltigen, ausdrucksvollen Gewächse im eleganten Stil, die sich ein Jahrzehnt halten. Die Produktion basiert auf erstaunlich niedrigen Erträgen von 30 oder weniger Hektolitern pro Hektar. Die Rebflächen in Gigondas sind leider sehr begrenzt, doch entstehen in ihren Côtes-du-Rhône-Lagen, insbesondere in Sablet, wo sich auch die Kellerei befindet, ebenfalls Spitzenweine.

JAHRGÄNGE

1995 • 88 Gigondas: Das tiefe Purpurrot des 95ers charakterisiert alle Spitzenweine dieses Jahrgangs. Der Gigondas Autrans integriert eine phantastische Frucht, gewaltige, kräftige Geschmacksnoten, ein hohes Maß an Extraktstoffen sowie eine ausgezeichnete Reinheit und Länge. Ein wirkungsvoller Tropfen, der sich 10 bis 15 Jahre lang entwickeln wird. Letzte Verkostung: 6/96.

1994 • 81 Gigondas: Verhalten und schlanker als sein Nachfolger zeigt sich der 94er granatrot mit ansprechender Kirschenfrucht und mäßigen Geschmacksnoten. Er erweist sich als dichtes, kompaktes Gewächs, das in den nächsten 3 bis 4 Jahren getrunken werden sollte. Letzte Verkostung: 6/96.

1990 • 87 Gigondas: Der ausladende 90er gibt sich außergewöhnlich rein, sehr geschmeidig und von tiefer Farbe. Seine Unmengen an gehaltvoller, würziger, gerösteter Cassisfrucht werden von einem beeindruckend tiefen Purpurrot und einem langen, vollmundigen, intensiven Abgang begleitet. Voraussichtliche Genussreife: jetzt bis 2003. Letzte Verkostung: 7/94.

1989 • 88 Gigondas: Der tief rubinrote, üppige 89er besitzt eine geringe Säure sowie eine äußerst schmeichelhafte, beeindruckende, vordergründige Reife und Reichhaltigkeit. Aufmerksamkeit erregen seine süße, reife Vogelkirschenfrucht und seine Persönlichkeit von mittlerem bis vollem Körper. Voraussichtliche Genussreife: jetzt bis 2002. Letzte Verkostung: 6/94.

1988 • 89 Gigondas: Der dunkel granatrote 88er zeigt sich tanninbetonter und strukturierter als der 89er und der 90er, präsentiert sich aber noch jung, frisch und beladen mit reicher, stämmiger Frucht. Voraussichtliche Genussreife: jetzt bis 2003. Letzte Verkostung: 6/94.

CHÂTEAU RASPAIL (FAMILIE MEFFRE) ***

Adresse:
Domaines Meffre, 84190 Gigondas, Tel.: 4 90 65 88 93

Produzierte Weine: Gigondas

Rebfläche: 40 ha

Produktionsmenge: 15 000 Kisten

Ausbau: 18 bis 24 Monate in Edelstahltanks

Durchschnittsalter der Reben: 25 Jahre

Verschnitt: 60 % Grenache, 35 % Syrah, 5 % Mourvèdre

Das Château Raspail gehört der Familie Meffre, deren Ruhm auf den verstorbenen Gabriel Meffre zurückgeht. Unter seiner Hand entstand nach dem Zweiten Weltkrieg die größte *appellation-contrôlée*-Anbaufläche Frankreichs. Momentan besteht sie aus 900 Hektar und umfasst unter anderem die Gigondas-Güter Château Raspail, Domaine de la Daysse, Domaine des Bosquets und Domaine La Chapelle. In Châteauneuf-du-Pape zählt auch das Château Vaudieu – geleitet von einer der Töchter, Sylvette Brechet – zum Meffre-Imperium. Die erheblichen Eingriffe in die Landschaft um Gigondas gehen allesamt auf Gabriel Meffre zurück, der mit schwerem Gerät Bäume und Sträucher entfernen und Terrassen anlegen ließ. Zusammen mit der Familie Amadieu beherrschen die Meffres nun das gesamte Anbaugebiet. In der ausgedehnten Region der Vaucluse besitzen sie noch größere Flächen, die unter dem Namen Plan de Dieu bekannt sind. Hier gehören ihnen sechs Güter, die sich zusammen über ungefähr 500 Hektar Weinberge erstrecken. Es erstaunt somit nicht, dass es sehr viel wahrscheinlicher ist, im Rhônetal auf einen Meffre-Wein zu stoßen als auf ein anderes Erzeugnis dieser Region.

Die Größe des Unternehmens fordert selbstverständlich zahlreiche Kritiker heraus, doch sind die Erzeugnisse von guter Qualität. Château Raspail, das Flaggschiff der Meffres in Gigondas, umfasst 40 Hektar. Die nach Süden und Südosten ausgerichteten Weinberge sind mit etwa 25 Jahre altem Grenache, Syrah und Mourvèdre bestockt, die Böden bestehen aus Lehm und Kalk sowie dem Juramergel, den die Franzosen *marne* nennen. Im Gegensatz zu den meisten anderen Kellereien wird hier das Lesegut entrappt, doch folgen Weinbereitung und Ausbau weiterhin traditionellen Methoden.

Während ein Großteil der Meffre-Produktion zu den verbraucherfreundlichen Konsumweinen zählt, die man eher für ihre Tadellosigkeit als wegen ihres besonderen Charakters rühmt, erweisen sich neuere Jahrgänge als gute Leistungen.

Jahrgänge

1995 • 89 Gigondas: Château Raspail legt hier einen potenziell hervorragenden Tropfen vor. Der konzentrierte, kräftige und junge Wein besitzt ein leuchtendes Purpurrot, spritzige Säure, mäßiges Tannin sowie Frucht und Extraktstoffe in Hülle und Fülle. Er wird noch einige Jahre seinen verschlossenen und nicht ausgeformten Charakter beibehalten. Voraussichtliche Genussreife: 2000 bis 2008. Letzte Verkostung: 6/96.

1994 • 85 Gigondas: Der mittlere Körper des 94ers paart sich mit einem leicht intensiven Bukett von *garrigue*, Erde und reifer Kirschenfrucht. Der Wein offenbart eine schöne Reinheit, angemessene Säure und stattliches Tannin in einem mäßig langen Abgang. Voraussichtliche Genussreife: jetzt bis 2000. Letzte Verkostung: 6/96.

1990 • 84 Gigondas: Der 90er ist ein alkoholstarker, stämmiger Gigondas, dessen Bukett Nuancen von Pflaumen-, Zwetschgen- und Gewürzdüften aufweist. Die dicken, vollmundigen und weichen Geschmacksnoten offenbaren einen erhöhten Alkoholgehalt. Voraussichtliche Genussreife: jetzt bis 1998. Letzte Verkostung: 6/95.

1989 • 88? Gigondas: Der 89er entpuppt sich als verwirrender Wein. In zwei Verkostungen präsentierte er sich mit einem äußerst vollen Körper und einem dichten, gehaltvollen, hoch konzentrierten Charakter. Bei anderen Degustationen erwies er sich als ein wesentlich leichteres Gewächs, was die Frage aufwirft, ob vor der Abfüllung eine harmonische *assemblage* stattgefunden hat oder ob von verschiedenen Cuvées mehrere Abfüllungen gemacht wurden. Die besten dieser Tropfen sind ausgezeichnet und könnten sich nach einiger Zeit der Reife als hervorragend erweisen. Letzte Verkostung: 6/96.

1988 • 87 Gigondas: Der intensive 88er besitzt Unmengen an Extraktstoffen und Tannin, im Verein mit kräftigen, gerösteten, pfeffrigen Geschmacksnoten von schwarzen Früchten. Dieser beeindruckende, vollmundige Gigondas bietet einen vollen Körper und einen leicht rustikalen Stil. Voraussichtliche Genussreife: jetzt bis 2001. Letzte Verkostung: 5/96.

Domaine Raspail (Dominique Ay) ****

Adresse:
84190 Gigondas, Tel.: 4 90 65 83 01, Fax: 4 90 65 89 55

Produzierte Weine: Gigondas

Rebfläche: 17,8 ha

Produktionsmenge: 6 250 Kisten

Ausbau:
36 Monate insgesamt, davon 18 bis 24 Monate in alten, großen und kleinen Eichenfässern

Durchschnittsalter der Reben: 30 Jahre

Verschnitt:
70 % Grenache, 15 % Syrah, 6 % Mourvèdre, 5 % Clairette, 4 % Cinsault

Die Erzeugnisse der Domaine Raspail, geführt von dem ernsthaften und beredten Dominique Ay, zählen zu den Spitzengewächsen der Appellation. In den späten Achtzigern war die Qualität unbeständig, meistens wird jedoch ein tadelloser Wein mit einem für Gigondas ungewöhnlichen Reifepotenzial von bis zu 20 Jahren bereitet.

Der reichhaltige, duftige Wein von tiefer Farbe wird nach – für Gigondas sehr untypischer – vollständiger Entrappung in temperaturgeregelten Edelstahltanks vinifiziert. Die lange Gärzeit beträgt drei Wochen, der 18 bis 24 Monate dauernde Ausbau geschieht in großen *foudres*. Die Trubstoffe setzen sich auf natürliche Weise ab, und man verzichtet auf Schönen und Filtrieren, so dass hochkonzentrierte Jahrgänge einen starken Bodensatz aufweisen. Ay verwendet einen Verschnitt aus 70 % Grenache und 15 % Syrah mit einem Rest aus Mourvèdre, Clairette und Cinsault. Das Durchschnittsalter seiner Reben liegt bei 30 Jahren. Der Raspail von Dominique Ay zählt zweifelsohne zu den repräsentativen Gigondas-Weinen. Seine tiefe Farbe und das Bukett von Pfeffer und Himbeeren gehen einher mit einem körperreichen Tropfen von fleischiger Struktur und alkoholstarkem Schwung – sie illustrieren auf wunderbare Weise den temperamentvollen Stil der Weinbereitung in dieser Appellation.

Jahrgänge

1995 • 91 Gigondas: Nach einer unbeständigen Produktion in den späten Achtzigern und frühen Neunzigern knüpft der 95er an die glorreichen Jahrgänge der Domaine Raspail an. Seinem wunderbar dichten Purpurrot bis Schwarz folgt ein kräftig duftender Wein, der Unmengen an überreifen schwarzen Früchten besitzt. Er zeigt einen vollen Körper, herrliche, intensive Geschmacksnoten mit hohem Extrakt, eine bewundernswerte Säure, mäßiges Tannin und einen umwerfenden Abgang. Ein wahrer *vin de garde*, der noch 3 bis 4 Jahre Lagerung benötigt. Welch eine Wohltat, in einem meiner Lieblingsgüter einen so vorzüglichen Tropfen zu finden. Voraussichtliche Genussreife: 2000 bis 2015. Letzte Verkostung: 6/96.

1994 • 85 Gigondas: Im Gegensatz zum 95er ist dieser Gigondas ein eleganter, verhaltenerer Wein von mittlerem Gewicht. Er besitzt eine ansprechende Pfeffer- und Kirschenfrucht, doch mangelt es ihm etwas an Konzentration und Intensität. Voraussichtliche Genussreife: jetzt bis 2002. Letzte Verkostung: 6/96.

1993 • 82 Gigondas: Für dieses Gut wirkt der 93er von mittlerem Körper extrem leicht. Er besitzt weiche, fruchtige Geschmacksnoten, die einen Charakter von Pfeffer und roten Früchten aufweisen, es fehlt ihm aber an Tiefe, Konzentration und Gehalt. In den nächsten 5 bis 6 Jahren zu trinken. Letzte Verkostung: 6/96.

1992 • 73 Gigondas: Der weiche 92er zeigt sich enttäuschend kurz, leicht und verwässert. Austrinken. Letzte Verkostung: 6/95.

1990 • 90 Gigondas: Vermutlich wurde mit diesem 90er in der Domaine de Raspail der beste Tropfen seit 1985 erzeugt. Sein sattes Rubin- und Purpurrot bis Schwarz weist auf Vollreife und einen hohen Extraktstoffgehalt hin. Das Bukett offenbart ein intensives, geröstetes Aroma von Mineralien und Cassis mit den Düften provenzalischer Kräuter. Am Gaumen spürt man einen vollen Körper, tiefe, konzentrierte Geschmacksnoten, eine ausgezeichnete Intensität und Tiefe sowie mäßiges Tannin im langen Abgang. Zum verschwenderischen Gehalt und der Kraft fügt sich eine angemessene Struktur. Unter den 90ern zählt dieser schön konturierte Wein zu den Stars. Voraussichtliche Genussreife: jetzt bis 2007. Letzte Verkostung: 11/95.

1989 • 86 Gigondas: Das dunkle Rubinrot des 89ers geht einher mit einem würzigen Bukett von Kräutern und Vogelkirschen. Im Mund zeigt er einen vollen Körper mit schöner Konzentration und einem süßen Mittelstück, doch erweist sich das Tannin im Abgang als äußerst hart. Der sehr gute Wein hält einem Vergleich mit dem großartigen 90er nicht stand. Voraussichtliche Genussreife: jetzt bis 2004. Letzte Verkostung: 11/95.

1988 • 85? Gigondas: Der 88er von einem mittleren Granat- bis Rubinrot offenbart Düfte von Gewürzen, Kräutern, Erde und Himbeeren, obwohl er eine straffe, harte Struktur und einen möglicherweise zu hohen Tanningehalt besitzt. Voraussichtliche Genussreife: 1998 bis 2006. Letzte Verkostung: 6/94.

ÄLTERE JAHRGÄNGE

Die 79er, 81er und 83er der Domaine Raspail sind nicht annähernd so konzentriert und intensiv, wie man hätte erwarten können. Die Weine sind mir seit meiner Studienzeit bekannt, als ich begann, Jahrgänge wie den 64er, 66er und 67er zu lagern. In den Achtzigern entstand mit dem 85er der schönste Tropfen dieses Guts. Als ich ihn 1993 das letzte Mal verkostete, präsentierte er sich gehaltvoll, üppig, fett, saftig und in guter Form. In den Siebzigern entstanden eine Anzahl großartiger Gewächse, so etwa der 78er, von dem sich immer noch einige Flaschen in meinem Keller befinden. Der Wein zeigte sich von Anfang an als körperreicher, kräftiger *vin de garde* mit großen Mengen an Gewürzen, Pfeffer und Vogelkirschenfrucht, verwoben mit den Düften von Trüffeln und *garrigue*. Obwohl er endlich Hochreife erreicht hat, besitzt er weiterhin einen vollen Körper und schönen Gehalt und wird weitere 5 bis 6 Jahre Trinkgenuss bieten. Ich habe ihn zuletzt im Dezember 1995 verkostet. Die alten Klassiker aus den Jahren 1971, 1970, 1967 und 1964 lassen wahrscheinlich nach, doch liegt die Vermutung nahe, dass die Magnumflaschen noch Großartiges enthalten.

Château Redortier ****/*****

Adresse:
84190 Suzette, Tel.: 4 90 65 85 83, Fax: 4 90 65 83 94

Produzierte Weine: Gigondas (rot)

Rebfläche: 5 ha

Produktionsmenge: 1 875 Kisten

Ausbau: 24 bis 36 Monate in Zementtanks

Durchschnittsalter der Reben: 15 Jahre

Verschnitt: 60 % Grenache, 40 % Syrah

Stärker noch als Daniel Brusset von Les Hauts de Montmirail gilt Etienne de Menthon in Gigondas als Außenseiter. Aus dem schönen Städtchen Annecy in den französischen Alpen zog er in den frühen achtziger Jahren in Richtung Süden, baute ein provenzalisches Bauernhaus und meißelte aus den Felsen um Beaumes de Venise seine Weinberge. Mit großer Vorliebe bestockte er weitere Lagen, so dass er heute über fünf Hektar hoch gelegener, terrassierter Gigondas-Anbauflächen verfügt. Auf diesem kleinen Gut erzeugt der intelligente und redegewandte Menthon einen der beeindruckendsten Tropfen der Appellation. Vielleicht kann man es seiner Außenseiterrolle zuschreiben, dass sich nur wenige Dorfbewohner zu der besonderen Klasse seiner Tropfen äußern. Der Wein wird auf traditionelle Weise bereitet, obwohl der Verschnitt einen relativ hohen Anteil an Syrah enthält, was ihm eine tiefere Farbe und den unverkennbaren Charakter schwarzer Früchte verleiht. Da Menthon den Holzgeschmack in Gigondas nicht mag, findet der Ausbau bis zu drei Jahren in Zementtanks statt, und es wird ohne Filtrieren abgefüllt.

Den Gigondas von Château Redortier kann man meistens bereits nach der Freigabe köstlich trinken, doch ist er so gut ausgestattet, konzentriert und kräftig, dass er sich mühelos – und besonders in Spitzenjahrgängen – zehn Jahre oder länger hält.

Eine kleine, aber hervorragende Kellerei, die deutlich mehr Aufmerksamkeit verdient.

Jahrgänge

1994 • 87 Gigondas: Sein dunkles Rubin- bis Granatrot geht einher mit einem süßen Bukett von gerösteten Kräutern, Brombeeren und Kirschen. Seine runden, alkoholstarken Geschmacksnoten zeigen eine schöne Intensität und mittleren bis vollen Körper. Ein köstlicher, schmeichelnder, mundfüllender Gigondas – einer der feinsten 94er. Voraussichtliche Genussreife: jetzt bis 2004. Letzte Verkostung: 6/96.

1993 • 87 Gigondas: Der 93er des Château Redortier, das zu den neuen Stars in Gigondas zählt, offenbart eine satte Farbe und ein großes, stämmiges, fleischiges Bukett von Pfeffer und Vogelkirschenduft mit einer Nuance *garrigue*. Der körperreiche Wein besitzt aromatische, konzentrierte Geschmacksnoten. Voraussichtliche Genussreife: jetzt bis 2003. Letzte Verkostung: 6/96.

1992 • 89 Gigondas: Der Wein des Jahrgangs und das in diesem verregneten Jahr! Die alten Reben verleihen ihm ein intensives Aroma von überreifen schwarzen Früchten, gefolgt von einem sauberen, reinen Tropfen, der nicht den vegetabilen Zwetschgen- und Pilzcharakter aufweist, der viele andere 92er Gigondas plagt. Das Gewächs gibt sich kräftig mit schöner Dichte, dunkler Farbe und geringer Säure, wirkt jedoch zerbrechlich und sollte vermutlich eher früher als später getrunken werden. Voraussichtliche Genussreife: jetzt bis 2000. Letzte Verkostung: 6/95.

1990 • 89 Gigondas: Der 90er beeindruckt nahezu in gleichem Maße wie der 89er, präsentiert sich aber weicher und weist im Abgang einen erheblichen Alkoholgehalt auf. Seine rubin- bis purpurrote Farbe, das intensive Bukett von kräuterwürzigen, überreifen Kirschen, begleitet von konzentrierten, gehaltvollen Geschmacksnoten und einem langen, samtig strukturierten Abgang geben Anlass zur Bewunderung. Er wird sich ein Jahrzehnt lang anmutig entwickeln. Voraussichtliche Genussreife: jetzt bis 2005. Letzte Verkostung: 6/95.

1989 • 91 Gigondas: Einer der Stars von Gigondas in dem eindeutig besten Jahrgang dieses Anbaugebiets zwischen 1978 und 1990! Er zeigt ein tiefes Rubin- bis Purpurrot und Schwarz sowie ein riesiges, äußerst duftiges Bukett von Oliven, provenzalischen Kräutern, Cassis und Lakritze. Der Gaumen wird von Glyzerin überzogen und von einer außergewöhnlich konzentrierten Frucht verwöhnt. Auf Grund des Jahrgangs ist die Säure gering und das Tannin reif und rund, so dass er sich bereits jetzt schön trinken lässt. Voraussichtliche Genussreife: jetzt bis 2005. Letzte Verkostung: 6/95.

1988 • 84 Gigondas: Im Vergleich zu seinen Nachfolgern schneidet der 88er schlecht ab. Er besitzt einen würzigen, pfeffrigen Kräuterduft, doch fehlt der Farbe die Pigmentierung und Reinheit der 89er und 90er. Der weiche Wein hat bereits Vollreife erreicht. Austrinken. Letzte Verkostung: 6/95.

DOMAINE ROMANE-MACHOTTE (JEAN-PIERRE AMADIEU) ***

Adresse:
84190 Gigondas, Tel.: 4 90 65 84 08, Fax: 4 90 65 82 14

Produzierte Weine: Gigondas (rot und rosé)

Rebfläche: 60 ha

Produktionsmenge: Rot: 15 625 Kisten; Rosé: 2 000 Kisten

Ausbau:
Rot: 48 Monate insgesamt, davon 36 Monate in alten Eichenfässern; Rosé: 3 Monate in Edelstahltanks

Durchschnittsalter der Reben: 30 bis 35 Jahre

Verschnitt:
Rot: 70 % Grenache, 30 % Syrah; Rosé: 80 % Grenache, je 10 % Syrah und Cinsault

Jean-Pierre Amadieu gehört neben der Domaine Romane-Machotte auch das Nachbargut Grand-Romane – mit einer Anbaufläche von 91 Hektar zählt er zu den größten Gigondas-Erzeugern. Zu beiden Besitzungen gehören terrassierte Lagen auf einer Höhe von etwa 400 Metern. Laut Amadieu verfügt das Grand-Romane über eine etwas höhere Qualität, weil seine *terroirs* besser sind und eine strengere Auswahl erfolgt. So gut die Weine aber auch sind, ohne die starke Behandlung und Filtrierung könnten sie noch besser ausfallen.

JAHRGÄNGE

1995 • 89 Gigondas: Ein ausdrucksvoller, süßer, verführerischer, rubin- bis purpurroter und schwarzer Wein mit dem Aroma von Heidelbeeren und Kirschwasser sowie einer Nuance Lakritze und Pfeffer im Hintergrund. Dieser körperreiche, entwickelte, sinnlich strukturierte Tropfen sollte bereits nach der Freigabe im nächsten Jahr zu trinken sein. Voraussichtliche Genussreife: 1998 bis 2008. Letzte Verkostung: 6/96.

1990 • 80 Gigondas: Der 90er präsentiert sich leicht und etwas stielig, aber weich und von mittlerem bis vollem Körper, verbunden mit einer attraktiven, würzigen Kirschenfruchtigkeit. Austrinken. Letzte Verkostung: 6/94.

DOMAINE ROUCAS DE SAINT-PIERRE ***

Adresse:

84190 Gigondas, Tel.: 4 90 65 00 22

Produzierte Weine: Gigondas

Rebfläche: 5 ha

Produktionsmenge: 1 875 Kisten

Ausbau: mindestens 3 Jahre in unterirdischen Zementtanks

Durchschnittsalter der Reben: 10 bis 40 Jahre

Verschnitt: 80 % Grenache, 20 % Syrah

Mit diesem Gut habe ich wenig Erfahrung. Die kleine Anbaufläche von fünf Hektar ist im Wesentlichen mit Grenache und etwas Syrah bestockt, die Reben sind zwischen 10 und 40 Jahren alt. Die Erträge der letzten Jahrgänge betrugen bescheidene 30 Hektoliter oder acht Doppelzentner Trauben pro Hektar. Roucas de Saint-Pierre könnte größere Aufmerksamkeit erringen, wenn die Weinbereitung etwas mehr Beständigkeit zeigte.

JAHRGÄNGE

1995 • 89 Gigondas: Dieser beeindruckende, körperreiche und kräftige 95er besitzt eine für den Jahrgang typische, beißende Säure, die ihm trotz seiner Größe Dynamik und Konturen verleiht. Der ausladende Wein von einem tiefen Purpurrot offenbart einen Kern von süßer, vollmundiger Frucht. Voraussichtliche Genussreife: 1999 bis 2008. Letzte Verkostung: 6/96.

1994 • 76 Gigondas: Obwohl der 94er von einem mittleren Rubinrot ein würziges Bukett zeigt, wirken seine verwässerten, fäkalen Geschmacksnoten, sein mangelnder Charme und sein Fett abstoßend. Es erstaunt immer wieder, wie viel versprechend ein Jahrgang – beispielsweise der 95er – sein kann und wie enttäuschend ein anderer. Letzte Verkostung: 6/96.

1989 • 87 Gigondas: Der beeindruckende 89er ist rubin- bis purpurrot und schwarz. Sein intensives, pralles, pfeffrig-himbeerartiges Bukett geht einher mit gehaltvollen, konzentrierten, extraktreichen, reifen und sinnlichen Geschmacksnoten, einer geringen Säure und einem unwahrscheinlich alkoholstarken Abgang. Voraussichtliche Genussreife: jetzt bis 2002. Letzte Verkostung: 6/94.

Château de Saint-Cosme ****/*****

Adresse:

84190 Gigondas, Tel.: 4 90 65 86 97

Produzierte Weine:

Gigondas, Gigondas Cuvée Valbelle Fut de Chêne, Gigondas Pavillon de Saint-Cosme

(nur in Großbritannien erhältlich)

Rebfläche: 15 ha

Produktionsmenge:

Standardcuvée – 1 500 Kisten; Cuvée Valbelle – 916 Kisten;

Pavillon de Saint-Cosme – 1 250 Kisten

Ausbau:

Standardcuvée – 18 Monate insgesamt, davon 12 Monate 75 % in Edelstahl

und 25 % in 4 Jahre alten Eichenfässern; Cuvée Valbelle – 18 Monate insgesamt, davon 12 Monate

in zu 30 % neuen Eichenfässern; Pavillon de Saint-Cosme – 18 Monate in Edelstahl

Durchschnittsalter der Reben:

Standardcuvée – 40 bis 50 Jahre; Cuvée Valbelle – 80 Jahre;

Pavillon de Saint-Cosme – 30 Jahre

Verschnitt:

Standardcuvée – 80 % Grenache, 15 % Syrah, 5 % Cinsault;

Cuvée Valbelle – 70 % Grenache, 25 % Syrah, 5 % Cinsault;

Pavillon de Saint-Cosme – 100% Grenache

Louis Barruol leitet dieses Gut seit den frühen Neunzigern und besteht zu Recht darauf, dass von der Produktion aus alten Reben ein höherer Prozentsatz in Erzeugerabfüllungen fließen soll. Sein Vater war eine der offenherzigsten und witzigsten Persönlichkeiten des Dorfes. Vermutlich ist das Château de Saint-Cosme nicht besser bekannt, weil ein Großteil der Produktion an Händler verkauft wurde. Selbst 1995 versuchten geschickte *négociants*, den jungen Barruol zum Verkauf zu überreden.

Der Winzer hat die Qualität seiner Kellerei merklich gesteigert. Die Prestigecuvée Valbelle wird nun in zu 30 % neuen Eichenfässern ausgebaut. Auch die malolaktische Gärung dieses Weins vollzieht sich in neuer Eiche, was zumindest 1995 zu einem auffallenden, intensiven Tropfen führte, der den Namen Château Le Pin von Gigondas tragen könnte. Barruol konnte bis jetzt auch die Versuche örtlicher Önologen abwehren, seine Erzeugnisse zu schönen oder zu filtrieren. Er brachte zudem ein Zweitetikett auf den Markt, das aus deklassierten Partien seiner Cuvée Valbelle oder der Gigondas-Standardcuvée entsteht und ausschließlich nach Großbritannien exportiert wird. Es mag etwas verfrüht klingen, doch glaube ich, dass Louis Barruol mit seiner Kellerei fünf Sterne erreichen wird.

JAHRGÄNGE

1995 • 89 Gigondas: Der 95er zeigt eine ansprechende, reife Nuance von Vogelkirschen, schönen Gehalt und Tiefe sowie einen würzigen, reinen, vielschichtigen Abgang. Dieser gehaltvolle Gigondas wird sich bereits früh trinken lassen, gleichzeitig aber auch ein gutes Alterungspotenzial aufweisen. Voraussichtliche Genussreife: 1998 bis 2007. Letzte Verkostung: 6/96.

1995 • 92 Gigondas Valbelle Fut de Chêne: Diese spektakuläre Cuvée aus 40 bis 80 Jahre alten Reben wird in zu 40 % neuer Eiche ausgebaut. Ihr opakes Purpurrot verbindet sich mit einem süßen Bukett von schwarzen Früchten, weißen Blumen, Pfeffer und Toastwürze. Gehaltvoll und körperreich offenbart der Wein eine erstaunliche Kraft bei gut integriertem Säure- und Tanningehalt – ein üppiger, einfach umwerfender Gigondas. Voraussichtliche Genussreife: 1999 bis 2012. Letzte Verkostung: 6/96.

DOMAINE DE SAINT-GAYAN ****

Adresse:
Le Trignon, 84190 Vacqueyras, Tel.: 4 90 65 86 33, Fax: 4 90 65 85 10

Produzierte Weine: Gigondas

Rebfläche: 16 ha

Produktionsmenge: 6 000 Kisten

Ausbau:
30 Monate insgesamt, davon 12 Monate in kleinen und großen alten Eichenfässern

Durchschnittsalter der Reben: 60 Jahre

Verschnitt:
75 % Grenache, 15 % Syrah, 5 % Mourvèdre und 5 % andere Rebsorten

Der warmherzige, freundliche, etwa 60-jährige Roger Meffre wirkt äußerst zuversichtlich und optimistisch. Der frühere Präsident des Winzerverbandes von Gigondas hat Anfang der neunziger Jahre die Leitung seines Guts fast ganz in die Hände seines talentierten Sohnes Jean-Pierre gelegt. Ähnlich wie bei Gérard Chave in Mauves, dessen Familie seit 1481 Wein anbaut, reicht auch die Tradition der Familie Meffre in Saint-Gayan bis in den Beginn des 15. Jahrhunderts zurück. Als Vollblutwinzer spricht Meffre derart überschwänglich über das Potenzial von Gigondas, dass seine Begeisterung ansteckt. Er weist darauf hin, dass es keine Maschinenlese gibt und der erlaubte Mostertrag pro Hektar sich auf ein Drittel der Routineproduktion in Burgund und Bordeaux beläuft. Seiner Meinung nach strebt die örtliche Winzergenossenschaft inzwischen nach einer höheren Qualität, so dass den Gigondas-Erzeugnissen nun endlich etwas mehr Respekt zuteil wird. Und bei der Qualität, wie sie in Gigondas entsteht, verdienen sie durchaus mehr Beachtung – die Tropfen aus Saint-Gayan sind der beste Beweis.

Meffres Anbaufläche umfasst 16 Hektar, bestockt mit etwa 60 Jahre alten Reben, und sein Wein gerät stets gehaltvoll und körperreich. Er wird zwei Jahre in Zementtanks und ein Jahr in *foudres* ausgebaut, geschönt, aber nicht filtriert, weil «ein großer Wein ein gewisses Risiko bedingt». Meffres Gigondas, der seinen Höhepunkt im sechsten oder siebten Lebensjahr erreicht und etwa im zwölften zu verblassen beginnt, zählt zu den reichhaltigsten Gewächsen der Appellation. Charakterisiert wird er durch eine intensive, fast portähnliche, pralle Beerenfrucht, die Meffre seinen sehr alten Reben zuschreibt.

Die Domaine de Saint-Gayan überzeugt als ausgezeichnetes Gut, dessen kernige, natürliche Weine immer zu den besten unter den traditionellen Schwergewichten des Anbaugebiets zählen. Etwas preisgünstiger und ebenfalls empfehlenswert sind der Saint-Gayan Côtes du Rhône und der kräftige, konzentrierte Rasteau aus den Côtes du Rhône-Villages.

Jahrgänge

1995 • 88+ Gigondas: Diesen purpurroten Wein habe ich im Sommer 1996 noch vom Fass verkostet. Er besaß großzügige Mengen süßer Beerenfrucht, eine schöne Dichte, eine gute Säure und eine ganze Ladung rustikales Tannin. Der konzentrierte und gut ausgestattete Tropfen scheint ein wahrer *vin de garde* zu sein und könnte sich 10 bis 15 Jahre gut entwickeln. Letzte Verkostung: 6/96.

1994 • 83 Gigondas: Der 94er zeigt eine schöne Farbe, aber auch straffes, hartes Tannin. Ob der Wein für diese Struktur wohl genug Frucht besitzt? Letzte Verkostung: 6/96.

1993 • 86 Gigondas: Der 93er war eine angenehme Überraschung in diesem durchwachsenen, von zahlreichen Enttäuschungen heimgesuchten Jahr. Meffre erzeugte einen tief granatroten Gigondas mit einem rauchig-fleischigen Bukett von überreifen Pflaumen, verwoben mit Nuancen von Pfeffer und provenzalischen Kräutern. Der reife Wein verfügt über eine gute Dichte und eine stämmige Persönlichkeit. Er sollte sich 5 bis 6 Jahre schön trinken lassen. Letzte Verkostung: 6/96.

1992 • 76 Gigondas: Der dünne, tanninbetonte 92er besitzt keinen Charme und zeigt sich dem 93er eindeutig unterlegen. Letzte Verkostung: 6/96.

1991 • 84 Gigondas: Dieser erstaunlich gut bereitete 91er präsentiert sich rund und fruchtig. Austrinken. Letzte Verkostung: 6/96.

1990 • 90 Gigondas: Ein wahrer Spitzenschlager! Sein opakes Purpur bis Granatrot wird begleitet von einem riesigen Bukett von gerösteten Oliven, Kräutern, schwarzen Früchten und Wilddüften. Der körperreiche Wein besitzt eine ölige Struktur, dicke, gehaltvolle Geschmacksnoten und Unmengen an Konzentration, die zusammen einen großartigen Gigondas ergeben. Voraussichtliche Genussreife: jetzt bis 2006. Letzte Verkostung: 6/96.

1989 • 91 Gigondas: Ein weiterer Star! Dieser umwerfende Gigondas von einem undurchdringlichen, dunklen Rubin- bis Purpurrot verfügt über ein ausladendes Bukett von gebratenem Fleisch, Schwarzen Himbeeren, asiatischen Gewürzen, Kräutern und Pfeffer. Im Mund gibt er sich sagenhaft konzentriert und zeigt eine körperreiche, ölige Struktur sowie eine angemessene Säure, die Festigkeit und Konturen garantiert, bei einem überwältigend langen, gehaltvollen Abgang. Voraussichtliche Genussreife: jetzt bis 2005. Letzte Verkostung: 6/96.

1988 • 89 Gigondas: Der 88er weist mehr Struktur und Tannin auf, ihm fehlt allerdings die üppige Frucht der 89er oder 90er. Der tiefe, gehaltvolle Wein besitzt ein zurückhaltenderes Bukett, das erst nach einiger Überredung ein Aroma von pfeffrigen schwarzen Früchten, Kräutern und Trüffeln verströmt. Man spürt seinen reichen Körper, seinen deutlich höheren Tanningehalt und seine im Vergleich zum 89er oder 90er bessere Säure. Voraussichtliche Genussreife: jetzt bis 2002. Letzte Verkostung: 6/96.

1985 • 87 Gigondas: Wie die meisten 85er wirkte auch dieser Tropfen in jungen Jahren sehr schön, doch erlangte er schnell Hochreife. Sein tiefes Rubin- bis Granatrot geht einher mit einem überaus intensiven, portähnlichen Bukett von praller Beerenfrucht mit einem Hauch von Kräutern. Der 85er gibt sich körperreich, vollmundig und lang, seine geringe Säure läßt vermuten, dass eine lange Lagerung nicht problemlos sein dürfte. Genussreife: jetzt. Letzte Verkostung: 6/96.

ÄLTERE JAHRGÄNGE

An älteren Spitzenweinen aus diesem Gut fehlt es nicht. Der 78er, 79er und selbst der 80er sind klassische, ausgewachsene, erdige, gehaltvolle und draufgängerische Tropfen, die eine kalte Winternacht vergessen lassen. Der 81er war gut. Der 83er, der im Kontext des Jahrgangs gesehen etwas enttäuschte, wurde durch den erstaunlich üppigen, fetten 82er in den Hintergrund gedrängt. Insbesondere bei guter Lagerung kann sich ein Saint-Gayan-Tropfen lange halten.

DOMAINE DE SANTA DUC *****

Adresse:
Quartier des Hautes Garrigues, 84190 Gigondas, Tel.: 4 90 65 84 49

Produzierte Weine:
Gigondas Cuvée Classique, Gigondas Cuvée des Hautes Garrigues
(wird nur in Spitzenjahrgängen erzeugt)

Rebfläche:
Standardcuvée – 10 ha; Cuvée des Hautes Garrigues – 5 ha

Produktionsmenge:
Standardcuvée – 6 875 Kisten; Cuvée des Hautes Garrigues – 935 Kisten

Ausbau:
Standardcuvée – 18 bis 24 Monate insgesamt, davon 12 Monate in alten Eichenfässern;
Cuvée des Hautes Garrigues – 18 bis 24 Monate insgesamt, davon 30 % 12 Monate in neuer Eiche,
70 % in Edelstahltanks

Durchschnittsalter der Reben:
Standardcuvée – 40 Jahre; Cuvée des Hautes Garrigues – 50 Jahre

Verschnitt:
Standardcuvée – 70 % Grenache, je 15 % Syrah und Mourvèdre;
Cuvée des Hautes Garrigues – 70 % Grenache, je 15 % Syrah und Mourvèdre
(gelegentlich beträgt der Mourvèdre-Anteil bis zu 30 %)

In weniger als zehn Jahren hat sich die Domaine de Santa Duc als das Ausnahmegut für erstklassige Gigondas etabliert. Um diese Position verdient gemacht hat sich der gut aussehende, vermutlich 30-jährige Winzer Yves Gras, der aber jünger wirkt. Er übernahm die Leitung des Unternehmens 1985 von seinem Vater, Edmond Gras. Bis zu diesem Zeitpunkt wurde fast die gesamte Produktion an verschiedene *négociants* verkauft. Mit jugendlichem Elan und Begeisterung beschloss Yves, eine neue Richtung einzuschlagen und den Großteil seiner Erträge als Erzeugerabfüllungen zu vertreiben.

So entwickelte sich Santa Duc mit seinen circa 15 Hektar nicht nur in Gigondas zu einer bedeutenden Kellerei, sondern auch in den Appellationen Côtes du Rhône und Vacqueyras, wo die Familie knapp sieben Hektar verstreut liegende Lagen in und um Vacqueyras, Séguret und Roaix ihr Eigen nennt.

Ich glaube, dass ich der Erste war, der über diese Weine schrieb. In meinen jährlichen Blindverkostungen der Genossenschaftsweine belegten die Standardcuvée und die Luxuscuvée Hautes Garrigues viele Jahre nacheinander die Plätze eins oder zwei. Letzterer wurde lediglich in den Jahren 1989, 1990, 1993 und 1995 erzeugt. Die Kellerei, die sich auf der Hochebene drei Kilometer außerhalb des Dorfes befindet, verrät nichts von dem Zauber, der sich hier abspielt. Das Gut hat sich progressiv weiterentwickelt und verwendet kleine Fässer für den Ausbau von einem Drittel des Gigondas-Ertrags. Ein weiteres Drittel reift in Edelstahl, der Rest in *foudres*. Die drei Partien werden vor der Abfüllung verschnitten. In großen Jahren erzeugt Yves Gras seine Cuvée des Hautes Garrigues von einer Parzelle mit 50-jährigem Rebbestand, die zu 70 % aus Grenache und je 15 % Syrah und Mourvèdre besteht. Die Erträge fallen mit zwei Doppelzentnern Trauben pro Hektar gering aus und sind typisch für diesen Betrieb. Der Wein, der stärker in neuer Eiche – 30 % in zu 100 % neuen Fässern – ausgebaut wird als die Standardcuvée, enthält auch einen guten Anteil Mourvèdre, der bis zu 30 % betragen kann. Die Weinberge von Yves Gras befinden sich entweder auf der Hochebene gegenüber dem Côtes-du-Rhône-Dorf Sablet im Norden oder auf den terrassierten Lehm- und Kalkböden von Les Hautes Garrigues. Die niedrigen Erträge führen bei der Standardcuvée zu einem Alkoholgehalt von 13 bis 14 % und in Jahrgängen wie 1989 und 1990 bei der Luxuscuvée zu bis zu 15 %. Bemerkenswerterweise spürt man trotz der Intensität von Frucht und Extrakt kaum den Alkohol.

Heute werden 90 % der exquisiten Santa-Duc-Weine exportiert. Es ist nicht ungewöhnlich, dass Gras Bestellungen aus Singapur, Australien oder Südamerika entgegennimmt. Auf Grund dieser großen Nachfrage wird in zunehmendem Maße eine Abfüllung in einem Durchgang angestrebt, um eine absolut ausgewogene Qualität zu gewährleisten; der Hautes Garrigues wurde schon immer in einem Durchgang auf Flaschen gezogen. Gras schönt nicht, verwendet jedoch einen feinen Filter (Filterlage Nr. 3), was einer geringen Filtrierung gleichkommt. Die sehr poröse Zellulosefilterlage wurde für jene Erzeuger entworfen, die eine gewisse Sicherheit bevorzugen, dem Wein jedoch nicht sein Aroma, Geschmack oder Körper nehmen wollen.

Ist Santa Duc 1997 das Spitzengut in Gigondas? Wie aus den folgenden Verkostungsnotizen hervorgeht, verbinden sich hier die Kraft, der Gehalt und das Feuer eines klassischen Gigondas mit einem Maß an Eleganz und Reinheit, das vielen Gewächsen dieser Appellation fehlt – für mich ist Santa Duc die beste Adresse in diesem Gebiet.

JAHRGÄNGE

1995 • 88 Gigondas Cuvée Classique: Die 95er Cuvée Classique besteht aus einem Verschnitt von 75 % Grenache, 15 % Syrah und 10 % Mourvèdre. Der körperreiche Wein zeigt ein opakes Purpurrot, eine schöne Struktur, hinreichend dynamische Säure, die gute Konturen gewährleistet, eine hervorragende Konzentration und einen süßen, reichhaltigen, langen Abgang. Obwohl noch jung und unentwickelt, zeigt er sich bereits als potenziell hervorragender Gigondas. Voraussichtliche Genussreife: 1998 bis 2008. Letzte Verkostung: 6/96.

1995 • 91 Gigondas Cuvée des Hautes Garrigues: Diese Cuvée des Hautes Garrigues aus 70 % Grenache und 30 % Mourvèdre wurde zu 40 % in neuer Eiche ausgebaut. Das Datum der Lese berücksichtigte den Zuckeranteil in der Frucht, was den Alkoholgehalt von knapp 16 % erklärt; erzeugt wurde dieser Tropfen lediglich in den Jahren 1989, 1990, 1993 und 1995. Letzterer Jahrgang wirbt mit einem opaken Purpurrot und einem verschlossenen, aber viel versprechenden Bukett von Blumendüften sowie reiner Schwarzer Himbeerfrucht. Körperreich, kräftig und mit stattlichem Tannin ausgestattet wirkt er so riesig, dass er noch 5 bis 6 Jahre ruhen sollte. Dadurch wird sich sein Tannin besänftigen und die süße, gehaltvolle Frucht kann sich entfalten. Voraussichtliche Genussreife: 2000 bis 2010. Letzte Verkostung: 6/96.

1994 • 89 Gigondas Cuvée Classique: Die kraftvolle, kernige 94er Standardcuvée besitzt eine ausgezeichnete Tiefe, Reinheit und Größe. Bei aller Jugendlichkeit und Ausgelassenheit verbindet sie bereits Finesse mit Kraft. Voraussichtliche Genussreife: jetzt bis 2005. Letzte Verkostung: 6/96.

1993 • 90 Gigondas Cuvée des Hautes Garrigues: Eine für diesen Jahrgang verblüffende Leistung! Der körperreiche 93er besteht aus einem Verschnitt von 75 % Grenache und 25 % Mourvèdre und wird in kleinen Eichenfässern ausgebaut. Sein Purpurrot bis Schwarz geht einher mit einer wunderbaren Reife, einer dichten, öligen und dicken Struktur sowie einem üppigen, konzentrierten Stil. Voraussichtliche Genussreife: 1998 bis 2007. Letzte Verkostung: 6/96.

1993 • 92 Gigondas Cuvée des Hautes Garrigues: Der schwarze, körperreiche 93er enthüllt ein großartig gehaltvolles Bukett von Himbeeren, prallen Kirschen und Gewürzen, eine herrliche Konzentration sowie mäßiges Tannin und Glyzerin. Er sollte sich als breit gebauter, beeindruckend konzentrierter Gigondas erweisen, der sich 15 Jahre halten wird. Letzte Verkostung: 6/96.

1992 • 88 Gigondas Cuvée Classique: 1992 war für Gigondas ein schwieriges Jahr, die meisten Weine beeindrucken daher kaum. Eine Ausnahme bildet der 92er Santa Duc, der mit einem süßen, prallen Bukett von gerösteten Nüssen, provenzalischen Kräutern und Kirschenfrucht aufwartet. Der ernst zu nehmende, gut ausgestattete Tropfen zeigt einen mittleren bis vollen Körper, eine ausladende, süße Fruchtigkeit, mäßiges Tannin und eine bewundernswerte Struktur. Voraussichtliche Genussreife: jetzt bis 2001. Letzte Verkostung: 9/95.

1991 • 88 Gigondas Cuvée Classique: Das Talent von Yves Gras, sogar in katastrophalen Jahrgängen Spitzenweine zu erzeugen, stellt sich 1991 noch deutlicher unter Beweis. Nur ein Drittel seiner Produktion kam als Erzeugerabfüllung auf den Markt. Der dunkel rubinrote Wein verströmt ein Bukett von Schokolade, Zedern und Kräutern der Provence, begleitet von süßer, praller Vogelkirschenfrucht, Geschmacksnoten, die an Früchtebrot erinnern, und einem würzigen, weichen Abgang von mittlerem Körper. Diese Glanzleistung in einem ansonsten wenig überzeugenden Jahr wird in den nächsten 5 bis 6 Jahren für einen schönen Genuss sorgen. Letzte Verkostung: 9/95.

1990 • 89 Gigondas Cuvée Classique: Die außergewöhnliche Qualität des 90er Leseguts veranlasste dazu, zwei Cuvées zu bereiten. Die dicht purpurrote bis schwarze Standardausführung offenbart ein wundervoll reines Bukett von Schwarzen Himbeeren und Mineralien. Am Gaumen gibt sich der herrlich konzentrierte Tropfen körperreich, lang, opulent, kräftig und tadellos ausgewogen. Seine bloße Intensität süßer Frucht macht ihn bereits jetzt zugänglich, doch wird er sich auch mühelos bis zu zehn Jahre halten. Letzte Verkostung: 11/95.

1990 • 93 Gigondas Cuvée des Hautes Garrigues: Die 90er Luxuscuvée von Santa Duc wurde in kleinen Eichenfässern ausgebaut, doch statt zu dominieren, steigert die Eiche noch die außergewöhnliche Reichhaltigkeit und Opulenz dieses Weins. Dem immensen Bukett von Cassis, Vanille, Rauch, Blumen und Mineralien folgt ein tief konzentrierter, körperreicher Tropfen, der weiches Tannin, eine erhebliche Komplexität und einen sinnlichen, explosiv langen, gehaltvollen Abgang aufweist. Er kann bereits jetzt genossen werden, doch welch eine herrliche Zukunft steht ihm bevor! Voraussichtliche Genussreife: jetzt bis 2008. Letzte Verkostung: 8/96.

1989 • 90 Gigondas Cuvée Classique: Die 89er Standardcuvée kommt einer Ladung geballter Kraft gleich. Sie zeigt ein sensationelles, opakes Rubin- bis Purpurrot und Schwarz, gepaart mit einem köstlich intensiven Bukett von Veilchen, Cassis, Rauch und Mineralien. Die reifen Geschmacksnoten geben sich auf fast extravagante Weise intensiv, Unmengen an Glyzerin verbinden sich mit einer öligen Struktur und einem spektakulär langen, explosiven Abgang. Auf Grund des weichen Tannins und der geringen Säure lässt sich dieser glänzende Tropfen bereits jetzt wunderbar trinken, doch wird er sich auch mindestens 12 bis 15 Jahre halten. Letzte Verkostung: 11/95.

1989 • 92 Gigondas Cuvée des Hautes Garrigues: Die 89er Cuvée des Hautes Garrigues zeigt mehr Tannin als die normale Cuvée, ein großzügiges, rauchiges Aroma von Vanille, Toastwürze und Cassis, begleitet von einem verlockend satten Purpurrot bis Schwarz und immensen Geschmacksnoten von Kaffee, Schokolade, Kräutern und vollreifen schwarzen Früchten. Am Gaumen offenbart sich die gleiche Opulenz, doch führte die Verwendung neuer Eiche zu einem muskulöseren, strukturierteren, tanninbetonten Wein. Höchst beeindruckend! Voraussichtliche Genussreife: 1998 bis 2010. Letzte Verkostung: 12/95.

1988 • 88 Gigondas Cuvée Classique: Der 88er Gigondas von Santa Duc ist ein ausgezeichneter, nahezu hervorragender Tropfen. Sein opakes, dunkles Rubin- bis Purpurrot geht einher mit einem würzigen, pfeffrigen, konzentrierten und körperreichen Wein von reicher Fruchtigkeit, der auf Grund des Ausbaus in kleinen Fässern ein Aroma von Toastwürze, Vanille und Eiche aufweist. Seine Länge und Ausgewogenheit sind überwältigend. Eine tadellose Leistung für das Anbaugebiet und einer der preisgünstigsten Tropfen auf dem Markt. Voraussichtliche Genussreife: jetzt bis 2005. Letzte Verkostung: 6/95.

Tardieu-Laurent ****

Adresse:
Chemin de la Marquette, 84360 Lauris, Tel.: 4 90 08 32 07, Fax: 4 90 08 26 57

Die Keller dieses Händlers befinden sich in dem schönen Château Loumarin, die Weine werden aus gekauftem Most von ausgewählten Erzeugern produziert. Zusätzliche Information zum Unternehmen Tardieu-Laurent, das Wein aus den meisten Anbaugebieten des Rhônetals bietet, findet sich auf Seite 553. Die ersten Gigondas-Jahrgänge waren beeindruckend, der Most stammte von Louis Barruol vom Château de Saint-Cosme. Die Qualität verdient eindeutig vier Sterne.

Jahrgänge

1995 • 89 Gigondas: Der rubin- bis purpurrote 95er besitzt ein Aroma von Kirschwasser und Vogelkirschen, einen mittleren bis vollen Körper, begleitet von ausgezeichneter Dichte und Konzentration. Voraussichtliche Genussreife: 1998 bis 2005. Letzte Verkostung: 6/96.

1995 • 91 Gigondas Vieilles Vignes: Der 95er Vieilles Vignes aus 70 % Grenache und 30 % Mourvèdre zeigt einen natürlichen Alkoholgehalt von 14,7 %. Der spektakuläre Wein von einer fabelhaften Reife, einer vielschichtigen, süßen, prallen Frucht, einer schönen Struktur und etwas Tannin im Abgang gibt sich breit gebaut, groß, saftig und rein. Er wird viele Anhänger finden. Voraussichtliche Genussreife: 1998 bis 2008. Letzte Verkostung: 6/96.

1994 • 87 Gigondas: Dieser straff strukturierte, traditionelle, dichte, tanninbetonte, würzige 94er von einem mittleren bis vollen Körper weist ein beeindruckendes Rubin- bis Purpurrot auf und bietet ein Aroma von Baumrinde und Gewürzen. Bei einem Anteil von 15 % Mourvèdre erstaunen weder seine großartige Struktur noch seine verschlossene Art. Falls sich die Frucht entwickeln kann, wird er eine noch bessere Note verdienen; 1996 wirkt der Wein spröde, aber gut ausgestattet. Voraussichtliche Genussreife: 1998 bis 2005. Letzte Verkostung: 6/96.

DOMAINE DU TERME ****

Adresse:

84190 Gigondas, Tel.: 4 90 65 86 75, Fax: 4 90 65 80 29

Produzierte Weine: Gigondas (rot und rosé)

Rebfläche: 11 ha

Produktionsmenge:

Rot – 3 125 Kisten; Rosé – 625 Kisten

Ausbau:

Rot – 36 Monate insgesamt, davon 12 Monate in Emailtanks, 6 bis 8 Monate in alten Eichenfässern, nach der Abfüllung verbleibt der Wein weitere 6 Monate im Keller

Durchschnittsalter der Reben: 30 Jahre

Verschnitt:

Rot – 80 % Grenache, 15 % Syrah, 5 % Mourvèdre und Cinsault;
Rosé – 80 % Grenache, 20 % Mourvèdre und Cinsault

Der momentane Präsident des Winzerverbandes, Rolland Gaudin, erzeugt einen traditionellen, kernigen, tanninbetonten Gigondas, der sich 10 bis 12 Jahre oder länger schön entwickelt. In jungen Jahren erscheint er wegen seines adstringierenden Tannins häufig schroff, doch besitzt er im Hintergrund hinreichend Frucht und Intensität. Wie zu erwarten in einem Dorf, das für seinen handwerklich erzeugten Wein bekannt ist, bereitet Gaudin seine Tropfen im klassischen Stil.

JAHRGÄNGE

1993 • 87? Gigondas: Der 93er besitzt ein opakes, sattes Purpurrot, begleitet von einem dichten Bukett von Vogelkirschen und langen, gehaltvollen Geschmacksnoten von einem mittleren bis vollen Körper mit mäßigem Tannin. Er sollte sich als einer der konzentrierteren und strukturierteren 93er erweisen. Voraussichtliche Genussreife: 2000 bis 2008. Letzte Verkostung: 6/95.
1992 • 85 Gigondas: Dieser Domaine du Terme gibt sich süß, weich, früchtebrotduftig, traubig und alkoholstark, ohne die vegetabilen, zwetschgenartigen, feucht-waldigen Noten, die zahlreiche verregnete 92er aufweisen. Ein schöner Wein für die nächsten 3 bis 4 Jahre. Letzte Verkostung: 6/95.
1990 • 82 Gigondas: Der sehr gehaltvolle Tropfen offenbart eine fleischig reife Fruchtigkeit und eine geschmeidige, vollmundige Struktur, doch mangelt es ihm an Komplexität. Er wird in den nächsten 4 bis 6 Jahren köstlichen Genuss bereiten. Letzte Verkostung: 6/94.

1989 • 87 Gigondas: Tief granatrot gibt sich der 89er intensiv, konzentriert und körperreich, mit vollreifen Geschmacksnoten von roten und schwarzen Früchten, *garrigue* und Pfeffer. Sein weiches Tannin, der hohe Alkoholgehalt und die geringe Säure sorgen dafür, dass er sich 5 bis 7 Jahre schön trinken lassen wird. Letzte Verkostung: 6/94.

1988 • 87 Gigondas: Der gut entwickelte, rustikale, fast ungebärdige 88er hinterlässt einen ähnlich vollmundigen, dichten und intensiv konzentrierten Eindruck wie sein Nachfolger. Er besitzt eine ausgezeichnete Reife, einen vollen Körper, lebhafte Säure und aggressives Tannin. Ein kerniger, würziger Gigondas, traditionell bereitet. Voraussichtliche Genussreife: jetzt bis 2006. Letzte Verkostung: 6/94.

DOMAINE LES TEYSSONIÈRES ***

Adresse:
84190 Gigondas, Tel.: 4 90 65 86 39

Produzierte Weine:
Gigondas, Gigondas Cuvée Alexandre

Rebfläche:
Standardcuvée – 11 ha; Cuvée Alexandre – 1 ha

Produktionsmenge:
Standardcuvée – 4 275 Kisten; Cuvée Alexandre – 291 Kisten

Ausbau:
Standardcuvée – 36 Monate insgesamt, davon 18 Monate in alten Eichenfässern;
Cuvée Alexandre – 18 Monate insgesamt, davon 12 bis 18 Monate in alten Eichenfässern

Durchschnittsalter der Reben:
Standardcuvée – 60 Jahre; Cuvée Alexandre – 65 Jahre

Verschnitt:
Standardcuvée – 80 % Grenache, 15 % Syrah, 5 % Mourvèdre;
Cuvée Alexandre – 80 % Grenache, 20% Syrah

Auf Lehmböden südlich der terrassierten Hanglagen erzeugt die Domaine les Teyssonières einen traditionellen Wein. Die verkosteten Jahrgänge stehen für einen guten, mittelgewichtigen Gigondas, der die Typentreue der Appellation und ein mäßiges Reifepotenzial aufweist.

JAHRGÄNGE

1995 • 87 Gigondas: Der 95er präsentiert jene rubinrote bis schwarze Farbe, die diese jungen Weine auszeichnet, begleitet von Kirschen-, Himbeer-, Blumen- und Gewürzdüften. Der mittelgewichtige, elegant bereitete Tropfen besitzt Reinheit und Stil, und seine Säure dürfte ausreichen, um diesem erstklassigen, intensiven, schmackhaften, raffinierten Wein Konturen zu verleihen. Voraussichtliche Genussreife: 1998 bis 2006. Letzte Verkostung: 6/96.

1994 • 86 Gigondas: Von einem dunklen Rubinrot, einem mittleren Körper, einer ansprechenden Frucht und einem kurzen Abgang weist dieser 94er einen rauchigen Charakter von *pain grillé* mit dem Duft toastwürziger neuer Eiche auf. Voraussichtliche Genussreife: jetzt bis 2001. Letzte Verkostung: 6/96.

1989 • 71 Gigondas: Dieser Gigondas kann nur als wässerig, kantig und zu leicht charakterisiert werden. Genussreife: jetzt. Letzte Verkostung: 6/95.

1988 • 84 Gigondas: Eine attraktive Fruchtigkeit reifer Beeren, einen mittleren Körper, sanftes Tannin und eine allgemeine, schöne Ausgewogenheit kennzeichnen diesen Roten, dem es jedoch an Tiefe und Konzentration mangelt. Austrinken. Letzte Verkostung: 6/94.

DOMAINE DE LA TOURADE ***

Adresse:
Hameau Beaumette, 84190 Gigondas, Tel.: 4 90 70 91 09

Produzierte Weine:
Gigondas, Gigondas Cuvée Font des Aieux

Rebfläche:
Standardcuvée – 4 ha ; Cuvée Font des Aieux – 2 ha

Produktionsmenge:
Standardcuvée – 1 875 Kisten; Cuvée Font des Aieux – 750 Kisten

Ausbau:
Standardcuvée – 36 Monate insgesamt, davon 12 bis 18 Monate in alten Eichenfässern;
Cuvée Font des Aieux – 18 Monate insgesamt, davon 12 bis 18 Monate in alten Eichenfässern

Durchschnittsalter der Reben:
Standardcuvée – 40 Jahre; Cuvée Font des Aieux – 40 Jahre

Verschnitt:
Standardcuvée – 80 % Grenache, je 10 % Syrah und Mourvèdre;
Cuvée Font des Aieux – 80 % Grenache, 15 % Syrah, 5 % Cinsault

Das Gut von André Richard bereitet zwei Gigondas-Cuvées. Die Standardcuvée stammt von den Weinbergen der Hochebene, die nur in begrenztem Umfang produzierte Cuvée Font des Aieux entsteht auf einer zwei Hektar großen Fläche mit 40-jährigem Rebbestand. Das Lesegut wird nicht entrappt, der Wein traditionell vinifiziert und 18 Monate in kleinen Fässern ausgebaut. Meine wenigen Erfahrungen mit dieser Kellerei zeigen einen mäßig ausgestatteten, mittelgewichtigen Gigondas im alten Stil, der jedoch kein großes, sensationell umwerfendes Gewächs abgibt.

JAHRGÄNGE

1995 • 87 Gigondas: Der 95er Tourade offenbart jene vollreife Frucht, die in diesem Jahrgang von vielen Winzern erlangt wurde. Auf sein dunkles Rubin- bis Purpurrot folgt ein direktes, aber reifes, süßes Aroma von prallen Kirschen, Kirschwasser und gerösteten Kräutern. Der unentwickelte, fette und reiche Tropfen bietet ein schönes Beispiel für einen Gigondas. Voraussichtliche Genussreife: jetzt bis 2006. Letzte Verkostung: 6/96.

1994 • 85 Gigondas: Der 94er präsentiert sich in fortgeschrittenem Granat- bis Pflaumenrot, weich, reif und mit einem mittleren Körper. Der erste Eindruck enthüllt eine pfeffrig-würzige Note und süße Frucht, der Wein sollte in jungen Jahren getrunken werden. Voraussichtliche Genussreife: jetzt bis 2001. Letzte Verkostung: 6/96.

1990 • 85 Gigondas: Der 90er Gigondas ist ein Erfolg. Sein Bukett von prallen Kirschen, Zwetschgen und Kirschwasser zeigt, dass er offensichtlich aus außergewöhnlich reifen – vielleicht sogar überreifen – Grenache-Trauben entstand. Der fette, schmackhafte Wein besitzt einen mittleren bis vollen Körper, nicht besonders viel Tannin und erschreckend wenig Säure, lässt sich aber köstlich und unkompliziert trinken. Voraussichtliche Genussreife: jetzt bis 2000. Letzte Verkostung: 6/94.

DOMAINE DES TOURELLES ***/****

Adresse:
Le Village, 84190 Gigondas, Tel.: 4 90 65 86 98, Fax: 4 90 65 89 47

Produzierte Weine: Gigondas

Rebfläche: 8 ha

Produktionsmenge: 3 250 Kisten

Ausbau: 36 Monate insgesamt, davon 12 bis 18 Monate in alten Eichenfässern

---

Durchschnittsalter der Reben: 45 Jahre

Verschnitt: 80 % Grenache, 10 % Syrah, je 5 % Mourvèdre und Cinsault

Ein Teil der Produktion wird nach wie vor an *négociants* verkauft, unter der Führung von André Cuillerat scheint sich die Qualität der Erzeugerabfüllungen dieses acht Hektar großen Guts aber stetig zu verbessern. Der Wein, angebaut auf terrassierten Lehm- und Kalkböden, besitzt ein schönes Gewicht, mehr Eleganz als die meisten Gewächse sowie saubere, frische Geschmacksnoten. Meine Erfahrungen beschränken sich in diesem Fall allerdings nur auf die neueren Jahrgänge.

JAHRGÄNGE

1995 • 89 Gigondas: Ein beeindruckender 95er. Er zeigt ein dunkles Rubin- bis Purpurrot, Unmengen an Extraktstoffen, schöne Kraft und im Hintergrund eine lebhafte Säure. Dem Maß an Säure und Tannin steht hinreichend Frucht gegenüber. Er wird sich langsam entwickeln und benötigt noch mehrere Jahre im Keller. Voraussichtliche Genussreife: 1999 bis 2008. Letzte Verkostung: 6/96.

1994 • 86 Gigondas: Ein gut verpackter, dunkel rubinroter Wein mit süßer Pflaumen- und Kirschenfrucht, einem mittleren Körper, etwas Rundheit und einem schönen ersten Auftreten. Der etwas kompakte Abgang erklärt die trotzdem niedrigere Benotung. Dieser 94er sollte sich 4 bis 5 Jahre schön trinken lassen. Letzte Verkostung: 6/96.

Château du Trignon ***

Adresse:
84190 Gigondas, Tel.: 4 90 46 90 27, Fax: 4 90 46 98 63

Produzierte Weine: Gigondas

Rebfläche: 22 ha

Produktionsmenge: 7 000 Kisten

Ausbau: 18 Monate in Zementtanks

Durchschnittsalter der Reben: 40 Jahre

Verschnitt:
60 % Grenache, 20 % Syrah, 10 % Mourvèdre, 8 % Cinsault, 2 % andere Rebsorten

Das runde, freundliche und aufgeschlossene Gesicht von André Roux versetzt selbst den griesgrämigsten Besucher in gute Laune. Der begeisterte, sanfte Winzer leitet zusammen mit seinem Sohn Pascal das Château du Trignon in Sablet, wo sie Côtes du Rhône-Villages bereiten. Aus ihrem Hause stammen verschiedene Rhôneweine, der beste ist jedoch ihr Gigondas. Im Rhônetal gehört André zu den lautstärksten Verfechtern der Kohlensäuregärung mit ganzen Trauben. Er arbeitete für den berühmten Dr. Nalys der Domaine Nalys in Châteauneuf-du-Pape, wo diese Methode der Rotweinbereitung angewandt wird. Die *macération carbonique* bringt meistens herrlich frische, fruchtige Tropfen hervor, die jung getrunken werden müssen. Roux teilt nicht die Auffassung, dass dieser Wein schlecht altern würde, nach meiner Erfahrung entwickelt sich jedoch der Trignon nach 4 bis 5 Jahren nicht weiter, wenn er überhaupt so lange hält. Er sollte daher in seiner überschwänglichen Jugend getrunken werden. Auf diesem Gut befürwortet man zudem höhere Mourvèdre- und Syrah-Anteile im Verschnitt, was nach und nach in die Tat umgesetzt wird.

Seit den frühen Achtzigern wurde das Imperium von Château Trignon erheblich erweitert. Erst nach genauem Hinsehen kann man vom Etikett ablesen, ob es sich um eine Gutsabfüllung aus den eigenen Lagen in Gigondas oder Sablet, um einen Côtes du Rhône aus ihren anderen Weinbergen oder gar um eine Händlerabfüllung handelt. Tatsache bleibt, dass der berühmte Name Trignon zu einer wachsenden Zahl an *négociant*-Weinen aus gekauftem Most führt, die den Ruhm zu nutzen versucht. Diese Erzeugnisse sollten innerhalb von 2 bis 3 Jahren nach der Lese konsumiert werden, während sich die Gutsabfüllungen 4 bis 5 Jahre schön trinken lassen.

JAHRGÄNGE

1995 • 89 Gigondas: Dieser massive 95er von einem opaken Purpurrot bis Schwarz verkörpert den gehaltvollsten und konzentriertesten Wein, den ich jemals von Château du Trignon verkostet habe. Das Gut offeriert zumeist fruchtige, gut bereitete Erzeugnisse, die aber selten gehaltvoll genug sind, um sich länger als 5 bis 7 Jahre zu entwickeln. Der 95er besitzt im Hintergrund eine schöne Säure, Unmengen an Frucht und einen Charakter von fast überreifen Schwarzen Himbeeren und Kirschwasser, durchsetzt von Erde und Lakritze. Voraussichtliche Genussreife: 1998 bis 2006. Letzte Verkostung: 6/96.

1994 • 85 Gigondas: Der dunkel rubinrote bis pflaumenfarbene 94er offenbart einen eleganten Duft von Kirschen und Pfeffer. Dieser mittelgewichtige, attraktive und weiche Konsumwein, der einen für diese Kellerei typischeren Stil aufweist als sein Nachfolger, sollte sich leicht und schmackhaft 4 bis 5 Jahre trinken lassen. Letzte Verkostung: 6/96.

VIDAL-FLEURY ***

Aus gekauftem Most erzeugt dieser *négociant* zumeist sehr guten Wein. Die gesamte Produktion von Gigondas wurde nach Ampuis verlagert, wo sie in den großen *foudres* lagert, die die unterirdischen Keller des berühmten Händlers aus dem nördlichen Rhônegebiet füllen.

JAHRGÄNGE

1992 • 86 Gigondas: Qualitativ betrachtet zeigt sich dieser 92er Gigondas mehr als 90 % der Erzeugerabfüllungen überlegen. Er besitzt ein schokoladiges, rauchiges Bukett von Vogelkirschen, reife und runde Geschmacksnoten von mittlerem bis vollem Körper, keine vegetabile Komponente sowie Unmengen an süßer, reifer Frucht im Abgang. Er sollte sich 4 bis 5 Jahre schön trinken lassen. Letzte Verkostung: 6/96.

1990 • 87 Gigondas: Das dunkle Rubin- bis Purpurrot des 90ers geht einher mit einem reichhaltigen Bukett von Lakritze, Cassis, Kräutern und Pfeffer. Dieses lange, sinnliche und tiefe Gewächs wird in den nächsten zehn Jahren erstklassigen Genuss bereiten. Letzte Verkostung: 6/95.

1989 • 85 Gigondas: Der 89er Gigondas von Vidal-Fleury zeichnet sich aus durch Unmengen an Cassisfrucht, staubiges Tannin, eine ausgezeichnete Intensität und einen mittleren bis vollen Körper, wobei der 90er sogar noch besser ausfällt. Sein tiefes Rubin- bis Purpurrot wird von einem reichhaltigen Bukett von Lakritze, Cassis, Kräutern und Pfeffer begleitet. Ein solider Gigondas für die nächsten zehn Jahre. Letzte Verkostung: 9/95.

1988 • 82 Gigondas: Das Urteil kann nur lauten: Rauchig und schmackhaft, aber eindimensional, im Stil korrekt, doch fehlt der Funke, der einen zu einem zweiten Glas verführt. Letzte Verkostung: 9/95.

1985 • 86 Gigondas: Jene Leser, die einen wunderbar reinen, fleischigen, gehaltvollen und körperreichen Rhônewein suchen, der zu einer herzhaften Küche passt, finden in diesem 85er Gigondas einen pfeffrig-würzigen, üppig-fruchtigen Tropfen mit weichem Tannin und geringer Säure. Ein idealer Tropfen für die nächsten 3 bis 4 Jahre. Letzte Verkostung: 9/95.

WEITERE ERZEUGER VON GIGONDAS

DOMAINE DU BOIS DES NÉGES

Adresse: 84190 Gigondas, Tel.: 4 90 70 92 95, Fax: 4 90 70 97 39
Produzierte Weine: Gigondas
Rebfläche: 0,5 ha
Produktionsmenge: 300 bis 500 Kisten
Ausbau: In Zementtanks und kleinen Eichenfässern, darunter eine kleine Anzahl neue
Durchschnittsalter der Reben: 25 Jahre
Verschnitt: 75 % Grenache, 25 % Syrah

DOMAINE DE BOISSAN

Adresse: 84110 Sablet, Tel.: 4 90 46 93 30, Fax: 4 90 46 99 46
Produzierte Weine: Gigondas
Rebfläche: 12 ha
Produktionsmenge: 5 625 Kisten
Ausbau: 24 Monate in Zementtanks
Durchschnittsalter der Reben: 30 Jahre
Verschnitt: 75 % Grenache, 25 % Syrah

CAVE LE GRAVILLAS

Adresse: 84110 Sablet, Tel.: 4 90 46 90 20, Fax: 4 90 46 96 71
Produzierte Weine: Gigondas
Rebfläche: 30 ha
Produktionsmenge: 10 000 Kisten
Ausbau: 36 bis 48 Monate insgesamt, davon 50 % 12 bis 24 Monate in Eiche,
der Rest in Zementtanks, kein Entrappen
Durchschnittsalter der Reben: 35 Jahre
Verschnitt: 80 % Grenache, je 10 % Syrah und Mourvèdre

DOMAINE LES CHÊNES BLANCS

Adresse: 84190 Gigondas, Tel.: 4 90 65 85 04, Fax: 4 90 65 82 94
Produzierte Weine: Gigondas
Rebfläche: 10 ha
Produktionsmenge: 3 125 Kisten
Ausbau: 12 Monate in Zementtanks, anschließend je 12 Monate in Emailtanks, dann in alter Eiche
Durchschnittsalter der Reben: 50 Jahre
Verschnitt: 80 % Grenache, 15 % Syrah, 5 % Clairette

DOMAINE DE LA COLLINE SAINT-JEAN

Adresse: 84190 Vacqueyras, Tel.: 4 90 65 85 50
Produzierte Weine: Gigondas
Rebfläche: 2,7 ha
Produktionsmenge: 925 Kisten
Ausbau: 36 Monate insgesamt, davon mindestens 6 Monate in alten Eichenfässern
Durchschnittsalter der Reben: 10 bis 60 Jahre
Verschnitt: 75 % Grenache, 25 % Mourvèdre

DOMAINE DE COYEAUX

Adresse: B.P. 7, 84190 Beaumes de Venise, Tel.: 4 90 62 97 96, Fax: 4 90 65 01 87
Produzierte Weine: Gigondas
Rebfläche: 1 ha
Produktionsmenge: 438 Kisten
Ausbau: 18 Monate insgesamt, davon 9 Monate in zu einem Drittel neuen Eichenfässern (seit 1988)
Durchschnittsalter der Reben: 25 Jahre
Verschnitt: 50 % Grenache, 20 % Syrah, 20 % Mourvèdre, 10 % Cinsault

DOMAINE DE LA DAYSSE ***

Adresse: Domaines Meffre, 84190 Gigondas

DELAS FRÈRES

Adresse: Z.A. de l'Oliver, B.P. 4, 07300 Saint-Jean-de-Muzols, Tel.: 4 75 08 60 30, Fax: 4 75 08 53 67
Produzierte Weine: Gigondas unter dem Etikett Les Reinages, aus gekauftem Wein
Produktionsmenge: 2 000 Kisten
Ausbau: Normalerweise 12 bis 18 Monate, 60 % in kleinen und 40 % in großen Eichenfässern
Verschnitt: 80 % Grenache, je 10 % Mourvèdre und Syrah

DOMAINE DE FONTSEREINE

Adresse: 84190 Gigondas, Tel.: 4 90 65 86 09, Fax: 4 90 65 81 81
Produzierte Weine: Gigondas
Rebfläche: 4,5 ha
Produktionsmenge: 1 625 Kisten
Ausbau: 2 bis 3 Jahre in Emailtanks
Durchschnittsalter der Reben: 30 Jahre
Verschnitt: 75 % Grenache, 10 % Syrah, 10 % Cinsault, 5 % Mourvèdre

GIGONDAS

Domaine du Grand Montmirail

Adresse: 84190 Gigondas, Tel.: 4 90 65 00 22

Produzierte Weine: Gigondas (rot und rosé)

Rebfläche: Rot – 18 ha; Rosé – 2 ha

Produktionsmenge: Rot – 6 875 Kisten; Rosé – 625 Kisten

Ausbau: Rot – mindestens 3 Jahre in unterirdischen Zementtanks; Rosé – 6 bis 8 Monate in Edelstahl

Durchschnittsalter der Reben: Rot – 10 bis 50 Jahre; Rosé – 10 bis 15 Jahre

Verschnitt: Rot – 80 % Grenache, 20 % Syrah; Rosé – je 50 % Grenache und Mourvèdre

Domaine de la Jaufrette

Adresse: Chemin de la Gironde, 84100 Orange, Tel.: 4 90 34 35 34

Produzierte Weine: Gigondas

Rebfläche: 5 ha

Produktionsmenge: 2 125 Kisten

Ausbau: 3 bis 4 Jahre insgesamt, davon 6 bis 8 Monate in kleinen und großen alten Eichenfässern, der Rest in Epoxidtanks

Durchschnittsalter der Reben: 60 bis 80 Jahre

Verschnitt: 80 % Grenache, je 10 % Syrah und Mourvèdre

Domaine du Mas des Collines

Adresse: Les Hautes Garrigues, 84190 Gigondas, Tel.: 4 90 65 90 40

Produzierte Weine: Gigondas

Rebfläche: 18 ha

Produktionsmenge: 6 875 Kisten

Ausbau: 36 Monate insgesamt, davon 12 Monate in alten Eichenfässern

Durchschnittsalter der Reben: 50 Jahre

Verschnitt: 90 % Grenache, 7 % Syrah, 3 % Cinsault

Domaine de Montvac

Adresse: 84190 Vacqueyras, Tel.: 4 90 65 85 51, Fax: 4 90 65 82 38

Produzierte Weine: Gigondas

Rebfläche: 4 ha

Produktionsmenge: 1 625 Kisten

Ausbau: 10 Monate in Zementtanks und 12 Monate in Eichenfässern

Durchschnittsalter der Reben: 40 bis 45 Jahre

Verschnitt: 60 % Grenache, 35 % Syrah, 5 % Mourvèdre

DIE SÜDLICHE RHONE

DOMAINE LOU MOULIN D'OLI

Adresse: Le Moulin, 84150 Violès, Tel.: 4 90 70 93 71
Produzierte Weine: Gigondas
Rebfläche: 0,8 ha
Produktionsmenge: 337 Kisten
Ausbau: 12 bis 18 Monate in Emailtanks
Durchschnittsalter der Reben: 30 Jahre
Verschnitt: 80 % Grenache, 20 % Syrah

DOMAINE NOTRE DAME DES PAILLÈRES

Adresse: Route de Lencieux, 84190 Gigondas, Tel.: 4 90 46 93 82
Produzierte Weine: Gigondas
Rebfläche: 15 ha
Produktionsmenge: 5 000 Kisten
Ausbau: 42 Monate in Emailtanks
Durchschnittsalter der Reben: 40 Jahre
Verschnitt: 80 % Grenache, 15 % Mourvèdre, 5 % Cinsault und Syrah

DOMAINE DU PARANDOU

Adresse: Route d'Avignon, 84110 Sablet, Tel.: 4 90 46 90 52, Fax: 4 90 46 99 05
Produzierte Weine: Gigondas
Rebfläche: 2 ha
Produktionsmenge: 875 Kisten
Ausbau: 24 Monate in Edelstahl
Durchschnittsalter der Reben: 20 bis 25 Jahre
Verschnitt: 70 % Grenache, 30 % Syrah

DOMAINE LE PÉAGE

Adresse: 84190 Gigondas, Tel.: 4 90 70 96 80
Produzierte Weine: Gigondas
Rebfläche: 17 ha
Produktionsmenge: 6 250 Kisten
Ausbau: 24 Monate in Zementtanks
Durchschnittsalter der Reben: 25 Jahre
Verschnitt: 80 % Grenache, 15 % Syrah, 5 % Mourvèdre und Cinsault

GIGONDAS

Domaine du Pourra

Adresse: Quartier des Abeilles, 84110 Sablet, Tel.: 4 90 46 93 59, Fax: 4 90 46 99 66

Château Saint-André

Adresse: 84190 Gigondas, Tel.: 4 90 65 84 03, Fax: 4 90 65 83 11
Produzierte Weine: Gigondas
Rebfläche: 53 ha
Produktionsmenge: 22 500 Kisten
Ausbau: 12 Monate insgesamt, davon 6 Monate in alten Eichenfässern
Durchschnittsalter der Reben: 15 bis 20 Jahre
Verschnitt: 70 % Grenache, 15 % Syrah, 10 % Mourvèdre und 5 % Cinsault

Domaine Saint-Damien

Adresse: La Beaumette, 84190 Gigondas, Tel.: 4 90 70 96 80
Produzierte Weine: Gigondas
Rebfläche: 22 ha
Produktionsmenge: 8 250 Kisten
Ausbau: 24 Monate insgesamt, davon 12 Monate in Eichenfässern
Durchschnittsalter der Reben: 30 bis 35 Jahre
Verschnitt: 80 % Grenache, 15 % Syrah, 5 % Mourvèdre

Domaine Saint-François Xavier

Adresse: 84190 Gigondas, Tel.: 4 90 65 85 08
Produzierte Weine: Gigondas
Rebfläche: 15 ha
Produktionsmenge: 5 625 Kisten
Ausbau: 18 Monate insgesamt, davon 6 bis 12 Monate in alten Eichenfässern
Durchschnittsalter der Reben: 30 Jahre
Verschnitt: 70 % Grenache, je 10 % Syrah, Mourvèdre und Cinsault

Domaine de Saint-Gens

Adresse: 84190 Gigondas, Tel.: 4 90 65 00 22
Produzierte Weine: Gigondas
Rebfläche: 5 ha
Produktionsmenge: 1 875 Kisten
Ausbau: Mindestens 36 Monate in unterirdischen Zementtanks
Durchschnittsalter der Reben: 10 bis 40 Jahre
Verschnitt: 80 % Grenache, 20 % Syrah

DOMAINE SAINT-PIERRE

Adresse: 84150 Violès, Tel.: 4 90 70 92 64

Produzierte Weine: Gigondas

Rebfläche: 1 ha

Produktionsmenge: 375 Kisten

Ausbau: 24 bis 36 Monate insgesamt, davon 18 bis 24 Monate in alten Eichenfässern

Durchschnittsalter der Reben: 30 Jahre

Verschnitt: 80 % Grenache, 20 % Syrah

DOMAINE DE LA TUILIÈRE

Adresse: 84190 Gigondas, Tel.: 4 90 65 86 51

Produzierte Weine: Gigondas

Rebfläche: 4 ha

Produktionsmenge: 1 250 Kisten

Ausbau: 18 Monate insgesamt, davon 12 Monate in alten kleinen und großen Eichenfässern

Verschnitt: 80 % Grenache, 18 % Syrah, 2 % Mourvèdre

L. DE VALLOUIT

Anmerkung: Dieser *négociant* besitzt keine Anbauflächen und erzeugt einen dünnen, säurelastigen, vegetabilen Gigondas, der nicht meinen Geschmack trifft.

VIEUX CLOCHER

Adresse: 84190 Vacqueyras, Tel.: 4 90 65 84 18, Fax: 4 90 65 80 07

Produzierte Weine: Gigondas (Händlerabfüllung)

Produktionsmenge: 1 250 Kisten

Ausbau: 18 bis 24 Monate in Eichenfässern, nach der Abfüllung weitere zwei Jahre im Keller

Verschnitt: 75 % Grenache, 15 % Syrah, 10 % Mourvèdre

TAVEL

Der berühmteste, teuerste und am meisten überschätzte Rosé Frankreichs

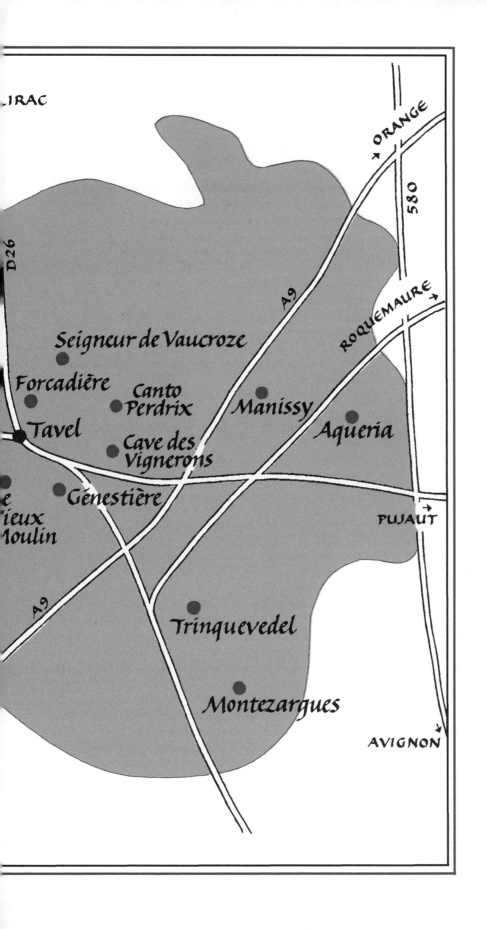

Die Appellation Tavel auf einen Blick

Appellation seit:	15. Mai 1936
Weinarten:	Ausschließlich trockener Rosé – die einzige Appellation in Frankreich, die nur Rosé als zugelassenen Wein anerkennt
Rebsorten:	Die neun zugelassenen Rebsorten sind: In erster Linie Grenache und Cinsault, gefolgt von Clairette, Syrah, Bourboulenc, Mourvèdre, Picpoul, Carignan und Calitor
Derzeitige Rebfläche:	947 ha
Qualitätsniveau:	Durchschnittlich bis sehr gut
Reifepotenzial:	1 bis 3 Jahre
Allgemeine Eigenschaften:	Die feinsten Tavel-Tropfen sind trocken, körperreich und charakteristisch im Geschmack
Größte neuere Jahrgänge:	1995
Aroma:	Erdbeeren, Kirschen und ein vager Hauch von provenzalischer *garrigue*
Struktur:	Einem an halbsüße, weiche, kraftlose Rosés aus der Neuen Welt gewöhnten Gaumen kann der trockene, manchmal spröde, körperreiche Tavel erstaunlich robust und sogar eher abstoßend erscheinen Tavel-Erzeugnisse besitzen keine Tiefe

Bewertung der Tavel-Erzeuger

***

Château d'Aqueria • Domaine Canto-Perdrix • Domaine Corne-Loup • Domaine de la Forcadière • Domaine de la Genestière • Guigal • Domaine Méjan-Taulier • Domaine de la Mordorée • Domaine de Roc Epine • Château de Trinquevedel

Etwa zwölf Kilometer westlich von Châteauneuf-du-Pape, jenseits der *garrigues*, einer trockenen, öden Landschaft mit Gestrüpp und kantigen Felsen, liegt das kleine Weindorf Tavel. Stolz hat die örtliche Winzergenossenschaft die Dächer mit der riesigen Aufschrift «Tavel, 1er Rosé de France» versehen. Vielleicht sollten die Worte «teuerster und häufig wenig bemerkenswerter» hinzugefügt werden. Tavel ist ein unvergleichlicher Rosé. Schmeckt er nur deshalb so gut, weil er allein angesichts der unbarmherzigen Sonne und des peitschenden Winds, der hier noch gnadenloser wütet als in Châteauneuf-du-Pape, Linderung verschafft? Oder ist das berühmte Gewächs, das von Ludwig XIV. verehrt, von französischen Schriftstellern wie Daudet und Balzac mit Bewunderung erwähnt und vom *bon vivant* und Gastronomen Brillat-Savarin mit Genuss in großen Mengen getrunken wurde, wirklich außergewöhnlich? Fest steht, dass der Ruhm seinen Erzeugern einen großen Spielraum bei der Preisfestlegung gegeben hat. Heute sind jedoch nur noch wenige Weine der Region ihren stolzen Preis wert. Wie auch immer man diese Fragen beantworten mag – der Tavel bleibt ein charakteristischer Tropfen, der aber auch Kritik hervorruft. So unterstreicht Hugh Johnson, dass er von dem «trockenen, körperreichen Stil niemals besonders angetan gewesen sei».

Das winzige Dorf, das sich offensichtlich voll und ganz der Weinerzeugung verschrieben hat, bietet an jeder Straßenecke Probierräume und *caves*. Rosé kann auf zwei Arten bereitet werden. Entgegen der gängigen Vorstellung entsteht der Tavel nicht, indem Rot- und Weißwein verschnitten werden. Vielmehr werden die frisch gelesenen, ganzen Trauben in Edelstahltanks gefüllt, wo sie sich durch das eigene Gewicht leicht zerquetschen. Der Most ruht 1 bis 2 Tage an den Schalen, bis der Wein seine kraftvolle Lachsfarbe angenommen hat. Das Verfahren muss mit Vorsicht und bei einer angemessen kühlen Temperatur durchgeführt werden, damit die aromatische Intensität und die Frische des Buketts nicht durch Oxidation beeinträchtigt werden. Die zweite Methode, die in den meisten anderen Weinanbaugebieten, aber ungerne in Tavel angewandt wird, heißt in Frankreich *saigner* (bluten). Dabei wird der obere Teil des Tanks langsam abgelassen, wenn die Farbe ein für einen Rosé ausreichendes Rosa aufweist. Der Rest gärt an den Schalen weiter und wird letztlich zu Rotwein. Bei der Verkostung mehrerer Erzeugnisse aus dem Anbaugebiet zeigt sich, dass die Farbe je nach Erzeuger variiert. Die Palette reicht von einer leichten, blassen, rosa Lachsfarbe bis hin zu einem tiefen, kraftvollen, hellen Rubinrot. Wird die Rubinnote zu stark, ist der Wein in den Augen der örtlichen Spezialisten ein mittelmäßiges und schlecht vinifiziertes Gewächs.

In den letzten zehn Jahren bestand die größte Veränderung in Tavel darin, dass die Verantwortung für die Vinifikation von den Erzeugern in die Hände einiger prominenter Önologen gelegt wurde. In der Folge entstand ein neuer, lebhafter und leichterer Tavel-Stil. Die malolaktische Gärung wird gestoppt, der Wein steril filtriert und innerhalb von 4 bis 6 Monaten nach der Lese abgefüllt. Einige dieser Erzeugnisse besitzen nach wie vor genügend Typentreue, Schwung und Kraft, um den ruhmreichen Tavel aus früheren Jahren erahnen zu lassen, die meisten unterscheiden sich jedoch in nichts von den anderen Rosés dieser Welt. Da ein Tavel im Vergleich zu ähnlich guten Rosé-Weinen jedoch preislich doppelt, wenn nicht sogar dreimal so hoch liegt, sind die Absatzschwierigkeiten offensichtlich.

Die örtlichen Winzer behaupten, ihr Wein besäße auf Grund seines kräftigen – und für einen Rosé hohen – Alkoholgehalts von 13 bis 14 % ein mittleres Reifepotenzial. Ein Tavel, der älter als drei Jahre war, hat mir jedoch niemals – wirklich niemals – Freude bereitet. Meines Erachtens muss ein schöner Rosé, also nicht die billigen und widerlich süßen Erzeugnisse, die in den Regalen zahlreicher Einzelhändler zu finden sind, jung getrunken werden. Speziell der Tavel verliert, wenn die überschwängliche frische Erdbeer- und Kirschenfrucht verblasst und der hässliche Alkoholgehalt hervortritt. In jungen Jahren kann er jedoch ein köstlich alkoholstarkes Gewächs abgeben. Ein Rosé wird zumeist wegen seiner Frische, seiner dynamischen Frucht, der lebhaften Säure und seiner Ausgewogenheit geschätzt. Ein Tavel fügt diesen Merkmalen noch Körper und Tiefe hinzu, was zu einem beeindruckend vielschichtigen, gehalt- und kraftvollen Wein führen kann. In seiner Jugend offenbart er eine fabelhafte Frucht und einen schönen Körper und verströmt einen intensiven Duft von Blumen und Beerenfrüchten. Als schockierend empfindet man eher, dass das Erzeugnis auch auf Grund seines Körpers und des hohen Alkohols am Gaumen Tiefe und Länge aufweist. Ohne seine Frische und die schöne Frucht wirkt der Tropfen unangenehm. Am besten eignet er sich vermutlich als Begleiter der häufig pfeffrig-würzigen, charakteristisch provenzalischen Küche. Wer mit Spezialitäten wie *ratatouille*, scharfer Wurst oder kräuterduftigen Fleisch- und Fischgerichten vertraut ist, weiß, dass diese Speisen oft jeden Wein überdecken – mit Ausnahme des trockenen, körperreichen, spröden Tavel.

Was bringt die Zukunft für diese Appellation? Aus dem Languedoc-Roussillon und aus Spanien stammen zahlreiche phantastische Rosés, die zumeist für ein Drittel oder die Hälfte des Preises eines Tavels zu haben sind. Es erscheint somit unwahrscheinlich, dass sich die Appellation auch weiterhin auf ihren historischen Lorbeeren ausruhen kann. Der Mythos

Tavel, der von Tausenden von Touristen alljährlich aufs Neue belebt wird, hat dem Gebiet jahrhundertelang gute Dienste erwiesen. Mit Blick auf die Konkurrenz aus anderen Anbaugebieten muss der Tavel heute jedoch wie ein überteuerter Außenseiter erscheinen.

NEUERE JAHRGÄNGE

1995 Da der Wein innerhalb von drei Jahren nach der Lese getrunken werden sollte, sind der 95er und der 96er diejenigen Jahrgänge, die für die Jahre 1997 und 1998 in Frage kommen. Ich möchte nochmals wiederholen, dass für Rosé-Weine, die älter als drei Jahre sind, nur eines gilt: *caveat emptor*.

CHÂTEAU D'AQUERIA (PAUL DEBEZ) ***

Adresse:
30126 Tavel, Tel.: 4 66 50 04 56, Fax: 4 66 50 18 46

Produzierte Weine: Tavel

Rebfläche: 48 ha

Produktionsmenge: 25 000 Kisten

Ausbau:
Gärung in Edelstahltanks bei 20 °C, nach der *assemblage* ruht der Wein 6 Monate in Edelstahl

Durchschnittsalter der Reben: 35 Jahre

Verschnitt:
45 % Grenache, 20 % Clairette, 15 % Cinsault,
7 % Mourvèdre, 13 % Bourboulenc und Syrah

Außerhalb des winzigen Orts liegt in Richtung Roquemaure das wunderschöne Château d'Acqueria. Trotz seiner umfangreichen Produktion zählt dieser Tropfen zu den feinsten des Anbaugebiets. Er weist häufig einen Alkoholgehalt von 14 % auf und ist bekannt für seine Kraft und die provozierende Entfaltung roter Früchte, hauptsächlich Kirschen und Erdbeeren.

Domaine Corne-Loup (J. Lafond) ***

Adresse:
30126 Tavel, Tel.: 4 66 50 34 37, Fax: 4 66 50 31 36

Produzierte Weine: Côtes du Rhône, Tavel

Rebfläche:
Côtes du Rhône – 27,1 ha; Tavel – 22 ha

Produktionsmenge:
Côtes du Rhône – 13 750 Kisten; Tavel – 8 000 Kisten

Ausbau: 4 Monate in Edelstahl- und Epoxidtanks

Durchschnittsalter der Reben: 30 bis 35 Jahre

Verschnitt:
60 % Grenache, 20 % Cinsault, 5 % Syrah, 15 % Clairette, Mourvèdre und Carignan

Auf einer Anbaufläche von 22 Hektar erzeugt dieses Gut unter der sorgfältigen Leitung von Jacques Lafond 8 000 Kisten Rosé. Das relativ trockene, körperreiche Gewächs zeigt meistens ein leuchtendes Lachsrot und gibt sich sehr fruchtig und parfümiert. Lafond zieht den Wein so früh wie möglich auf Flaschen, um auf diese Weise die Frische und duftige Frucht optimal erhalten zu können. Unter normalen Bedingungen erfolgt die Abfüllung bis Ende März nach der Lese. Ein guter Erzeuger, der immer besseren Tavel auf den Markt bringt.

Domaine de la Forcadière (Roger Maby) ***

Adresse:
Rue Saint-Vincent, B.P. 8, 30126 Tavel, Tel.: 4 66 50 03 40, Fax: 4 66 50 43 12

Produzierte Weine: Tavel

Rebfläche: 18 ha

Produktionsmenge: 9 400 Kisten

Ausbau: 6 bis 12 Monate in Edelstahl

Durchschnittsalter der Reben: 25 Jahre

Verschnitt:
50 % Grenache, 20 % Cinsault, 5 % Mourvèdre, 25 % Syrah, Clairette, Picpoul und Bourboulenc

Roger Maby setzt die Tradition seiner für ihren Tavel berühmten Familie fort und erzeugt einen der beliebtesten Tropfen der Appellation. Seine Kunden finden sich in der ganzen Welt und schätzen den lebhaften, gut ausgewogenen, alkoholstarken Wein, der niemals enttäuscht. Während Maby behauptet, seine Erzeugnisse verfügten über ein Reifepotenzial von fünf Jahren oder länger, werden sie doch am besten innerhalb von 2 bis 3 Jahren nach der Lese getrunken. Dass dies auch die Meinung seiner Kunden ist, zeigt sich darin, dass der Wein innerhalb eines halben Jahres nach der Freigabe ausverkauft ist.

DOMAINE DE LA GENESTIÈRE ***

Adresse:
30126 Tavel, Tel.: 4 66 50 07 03, Fax: 4 66 50 27 03

Produzierte Weine: Tavel

Rebfläche: 37 ha

Produktionsmenge: 16 250 Kisten

Ausbau: 6 bis 12 Monate in Zement- und Edelstahltanks

Durchschnittsalter der Reben: 20 bis 25 Jahre

Verschnitt:
Hauptsächlich Grenache mit geringen Anteilen Cinsault,
Carignan, Syrah und Clairette

Als sich das Gut noch im Besitz von Georges Bernard befand, wurde hier zweifellos der feinste Rosé erzeugt. Dann erwarb Monsieur Garcin den Besitz, der den Verkauf von Wurzelablegern und Reben im örtlichen Anbau überwacht. Hier entstand früher ein fruchtiger Tavel von tiefer Farbe, der mehr Eleganz bewies als so mancher größere Rosé. Es bleibt abzuwarten, ob die neuen Eigentümer diesen Stil beibehalten.

GUIGAL ***

Adresse:
1, route de Taquières, 69420 Ampuis, Tel.: 4 74 56 10 22, Fax: 4 74 56 18 76

Produzierte Weine: Tavel (Händlerabfüllung)

Produktionsmenge: 3 400 Kisten

Ausbau: 6 Monate in Edelstahl

Verschnitt:
35 % Grenache, 35 % Cinsault, 15 % Syrah, 10 % Clairette, 5 % Mourvèdre

Guigal ist in so vielen Bereichen ein Könner, dass sein trockener Rosé leicht übersehen wird. Er erzeugt einen ausgezeichneten Côtes du Rhône und einen sehr guten, klassischen Tavel, der selten die Aufmerksamkeit bekommt, die ihm gebührt. Dieser Wein sollte innerhalb von 2 bis 3 Jahren nach der Lese getrunken werden.

Domaine Méjan-Taulier ***

Adresse:
S.C.E.A. Méjan-Taulier, 30126 Tavel, Tel.: 4 66 50 04 02, Fax: 4 66 50 21 72

Produzierte Weine: Tavel

Rebfläche: 27,5 ha

Produktionsmenge: 16 250 Kisten

Ausbau: 6 bis 12 Monate in Edelstahl

Alter der Reben: 8 bis 50 Jahre

Verschnitt:
50 % Grenache, 10 % Syrah, 10 % Mourvèdre, 10 % Cinsault,
20 % Bourboulenc, Picpoul und Clairette

Der Eigentümer André Méjan erzeugt einen frischen, lebhaften Rosé von mittlerem bis vollem Körper, der sich spröde und schmackhaft gibt – einer der besten Tropfen der Appellation.

Domaine de la Mordorée ***

Adresse:
30126 Tavel, Tel.: 4 66 50 00 75, Fax: 4 66 50 47 39

Produzierte Weine: Tavel

Rebfläche: 9 ha

Produktionsmenge: 4 375 Kisten

Ausbau: 4 bis 6 Monate in Edelstahl

Durchschnittsalter der Reben: 40 Jahre

Verschnitt:
60 % Grenache, 10 % Cinsault, 5 bis 10 % Mourvèdre, 3 bis 5 % Bourboulenc,
15 bis 22 % andere Rebsorten

Wie bereits betont, gelang Christophe Delorme eine beeindruckende Qualitätssteigerung. Er zählt zu den beständigsten Erzeugern der südlichen Rhône. Auf der Domaine de la Mordorée entstehen ein exquisiter Châteauneuf-du-Pape, ein ausgezeichneter Lirac – rot und rosé – sowie ein körperreicher, intensiv erdbeerduftiger, eleganter und trockener Tavel. Das gute Preis-Leistungs-Verhältnis lädt dazu ein, nach diesem Wein Ausschau zu halten.

DIE SÜDLICHE RHONE

Domaine de Roc Epine (Lafond) ***

Adresse:

Route de Vignobles, 30126 Tavel, Tel.: 4 66 50 24 59, Fax: 4 66 50 12 42

Produzierte Weine: Tavel

Rebfläche: 37 ha

Produktionsmenge: 20 000 Kisten

Ausbau: 6 bis 12 Monate in Edelstahl, nach der Abfüllung 6-monatige Lagerung im Keller

Durchschnittsalter der Reben: 25 Jahre

Verschnitt:

60 % Grenache, 10 % Cinsault, 5 % Syrah, 3 % Carignan, 2 % Mourvèdre,
2 % Clairette, 18 % andere Rebsorten

Die Domaine de Roc Epine gilt als weiteres zuverlässiges Gut für einen modernen Tavel von satter Färbung und einem mittleren Körper, der ein verschwenderisches Aroma von frischen roten Früchten verströmt. Er wird früh abgefüllt und sollte innerhalb eines Jahres nach der Freigabe getrunken werden.

Château de Trinquevedel (F. Dumoulin) ***

Adresse:

S.C.E.A. Demoulin, 30126 Tavel, Tel.: 4 66 50 04 04, Fax: 4 66 50 31 66

Produzierte Weine: Tavel

Rebfläche: 32 ha

Produktionsmenge: 13 750 Kisten

Ausbau: 9 Monate in Edelstahl

Durchschnittsalter der Reben: 36 Jahre

Verschnitt:

40 % Grenache, 20 % Cinsault, 18 % Clairette, 3 % Bourboulenc,
2 % Syrah, 1 % Mourvèdre, der Rest weitere weiße Rebsorten

Das historische Gut Trinquevedel, dessen Ursprünge in die Zeit der französischen Revolution zurückreichen, liegt am Rande des Dorfs. Der Wein wird durch *macération carbonique* von roten und weißen Trauben erzeugt und von den Schalen abgepumpt, wenn er die richtige Farbe aufweist. Ein parfümierter und kraftvoller Tropfen, der beständig zu den besten der Appellation zählt.

Les Vignerons de Tavel

Adresse:

Route de la Commanderie, B.P. 3, 30126 Tavel, Tel.: 4 66 50 03 57, Fax: 4 66 50 46 57

Produzierte Weine:

Tavel Cuvée Royale, Tavel Cuvée du Roi, Tavel Cuvée du Tableau, Tavel Carte d'Or

Rebfläche: 400 ha

Produktionsmenge:

Insgesamt – 237 000 Kisten: Cuvée Royale – 4 200 Kisten; Cuvée du Roi – 5 800 Kisten;
Cuvée du Tableau – 2 500 Kisten; Carte d'Or – 85 000 Kisten

Ausbau: 6 Monate in Edelstahl (alle Cuvées)

Durchschnittsalter der Reben: 30 bis 35 Jahre

Verschnitt:

55 % Grenache, 15 % Cinsault, 15 % Clairette und 15 % Picpoul, Bourboulenc,
Syrah, Mourvèdre, Grenache blanc und Carignan

Zu dieser Winzergenossenschaft gehören 140 Erzeuger mit einem Besitz von insgesamt 400 Hektar. Sie machen etwa die Hälfte der Appellation aus, und ihre Gesamtproduktion beläuft sich auf 237 000 Kisten Wein. Vier verschiedene Cuvées finden sich im Angebot, deren Auswahl nach der Gärung aus den Einzelpartien stattfindet. Ein Teil der Produktion wird offen verkauft. Jedes Jahr nimmt die Genossenschaft mit der speziellen Cuvée du Roi am Wettbewerb um den besten Tavel teil. Die Erzeugung der Cuvée du Tableau begann mit der 93er Lese, die Cuvée Carte d'Or ist die Standardausführung der Genossenschaft.

Die Erzeugnisse der *Cave Coopérative de Tavel* sind für die Appellation charakteristisch. Die drei unterschiedlichen Anbauflächen werden zu gleichen Teilen durch die verschiedenen Mitglieder vertreten. Der Boden in den Ebenen besteht aus sandigem Schwemmland, die Hochflächen aus Kieseln und runden Steinen, die an die *galets roulés* aus Châteauneuf-du-Pape erinnern. Die terrassierten Lagen und *coteaux* sind dagegen trocken und weisen einen kalkhaltigen Unterboden auf. Mit weniger als acht Doppelzentnern Trauben pro Hektar fallen die Erträge äußerst gering aus, die Reben dieser Region erzeugen einen stark konzentrierten Wein.

Diese Winzergenossenschaft gilt als der beste Ort für die Verkostung eines breiten Sortiments von verschiedenen Tavel-Cuvées. Bei unterschiedlicher Qualität geraten die besten süffig, saftig und gut bereitet. Die Ortsansässigen sind sich darüber einig, dass die Cuvée du Roi den Charakter der Appellation am deutlichsten widerspiegelt.

WEITERE ERZEUGER VON TAVEL

DOMAINE DES AMANDINES

Adresse: Rue des Carrières, 30126 Tavel
Produzierte Weine: Tavel
Rebfläche: 12 ha
Produktionsmenge: 7 500 Kisten
Ausbau: Insgesamt 6 Monate, Vinifikation in Edelstahl- und Lagerung in Zementtanks
Durchschnittsalter der Reben: 25 Jahre
Verschnitt: 60 % Grenache, 25 % Cinsault, 15 % Syrah und Mourvèdre

DOMAINE BALAZU DES VAUSSIÈRES

Adresse: Rue des Vaussières, 30126 Tavel, Tel.: 4 66 50 44 22
Produzierte Weine: Tavel
Rebfläche: 2,7 ha
Produktionsmenge: 1 550 Kisten
Ausbau: 6 Monate in Edelstahltanks
Durchschnittsalter der Reben: 4 bis 5 Jahre und 80 Jahre
Verschnitt: 50 % Grenache, 30 % Cinsault, 2 % Syrah, 2 % Bourboulenc,
2 % Clairette, 14 % andere Rebsorten

DOMAINE DU BOIS LAURE

Adresse: 30126 Tavel, Tel.: 4 66 50 45 97
Produzierte Weine: Tavel
Rebfläche: 5 ha
Produktionsmenge: 2 250 Kisten
Ausbau: 6 Monate in Zementtanks
Durchschnittsalter der Reben: 20 Jahre
Verschnitt: 50 % Grenache und zu gleichen Teilen Cinsault,
Mourvèdre, Bourboulenc und Clairette

Domaine des Carabiniers

Adresse: 30150 Roquemaure, Tel.: 4 66 82 62 94, Fax: 4 66 82 82 15
Produzierte Weine: Tavel
Rebfläche: 5 ha
Produktionsmenge: 2 500 Kisten
Ausbau: 6 Monate in Zementtanks
Durchschnittsalter der Reben: 30 Jahre
Verschnitt: 50 % Grenache, 20 % Cinsault, je 10 % Clairette, Picpoul und Syrah

Chapoutier

Adresse: 18, avenue du Docteur Paul Durand, B.P. 38, 26600 Tain l'Hermitage,
Tel.: 4 75 08 28 65, Fax: 4 75 08 81 70
Produzierte Weine: Tavel
Produktionsmenge: 2 500 Kisten
Ausbau: 4 bis 6 Monate in Edelstahltanks
Verschnitt: Cinsault und Grenache
Anmerkung: Der gesamte Tavel von Chapoutier wird jung von Erzeugern gekauft.

Domaine Le Chemin du Roy

Adresse: Rue de la Fontaine, 30126 Tavel, Tel.: 4 66 50 07 93, Fax: 4 66 50 17 02
Produzierte Weine: Tavel
Rebfläche: 7 ha
Produktionsmenge: 3 750 Kisten
Ausbau: 6 bis 7 Monate in Emailtanks
Durchschnittsalter der Reben: 20 und 50 Jahre
Verschnitt: 50 % Grenache, 30 % Cinsault, 15 % Clairette,
3 % Syrah, 2 % Bourboulenc und Carignan

Delas Frères

Adresse: Z.A. de l'Oliver, B.P. 4, 07300 Saint-Jean-de-Muzols, Tel.: 4 75 08 60 30, Fax: 4 75 08 53 67
Produzierte Weine: Tavel La Comballe
Produktionsmenge: 1 800 bis 2 000 Kisten
Verschnitt: 60 % Grenache, 40 % Cinsault
Anmerkung: Vinifikation und Ausbau unter Aufsicht von Delas-Frères-Önologen,
Abfüllung durch Delas Frères.

Domaine des Lambrusques

Adresse: Vieux Chemin de Lirac, 30126 Tavel, Tel.: 4 66 50 06 89

Produzierte Weine: Tavel

Rebfläche: 6 ha

Produktionsmenge: 3 125 Kisten

Ausbau: 6 Monate in Epoxidtanks

Durchschnittsalter der Reben: 20 bis 25 Jahre

Verschnitt: 50 % Grenache, 20 % Mourvèdre, 20 % Cinsault, 10 % Carignan, Clairette und Picpoul

Domaine de Lanzac

Adresse: Route de Pujaut, 30126 Tavel, Tel.: 4 66 50 22 17, Fax: 4 66 50 47 44

Produzierte Weine: Tavel

Rebfläche: 11 ha

Produktionsmenge: 6 250 Kisten

Ausbau: Mindestens 4 Monate in Edelstahltanks

Durchschnittsalter der Reben: 30 Jahre

Verschnitt: 50 % Grenache, 20 % Cinsault, 10 % Carignan, 10 % Clairette,
10 % Picpoul, Bourboulenc und andere Rebsorten

Château de Manissy

Adresse: 30126 Tavel, Tel.: 4 66 50 04 16

Produzierte Weine: Tavel

Rebfläche: 30 ha

Produktionsmenge: 15 000 Kisten

Ausbau: Mindestens 12 Monate in alten Eichenfässern (der 89er hat 5 Jahre in Eiche geruht)

Durchschnittsalter der Reben: 60 Jahre

Verschnitt: 50 bis 60 % Grenache, 10 bis 20 % Cinsault, 5 bis 7 % Clairette,
2 bis 3 % Picpoul und andere Rebsorten

TAVEL

Prieuré de Montezargues

Adresse: 30126 Tavel, Tel.: 4 66 50 04 48, Fax: 4 66 50 30 41

Produzierte Weine: Tavel

Rebfläche: 32 ha

Produktionsmenge: 12 500 Kisten

Ausbau: 6 Monate in Edelstahltanks

Durchschnittsalter der Reben: 30 Jahre

Verschnitt: 55 % Grenache, 20 % Cinsault, 8 % Clairette, 6 % Carignan,
5 % Bourboulenc, 4 % Mourvèdre, 2 % andere Rebsorten

Domaine du Moulin Blanc

Adresse: 33, rue du 11 Novembre, 69160 Tassin-la-Demi-Lune, Tel.: 4 78 34 25 06, Fax: 4 78 34 30 60

Produzierte Weine: Tavel

Rebfläche: 3,5 ha

Produktionsmenge: 2 000 Kisten

Ausbau: 6 Monate in Edelstahltanks

Durchschnittsalter der Reben: 15 Jahre

Verschnitt: 50 % Cinsault, 40 % Grenache, 10 % Carignan

Domaine Pelaquié

Adresse: 7, rue Vernet, 30290 Saint-Victor-la-Coste, Tel.: 4 66 50 06 04, Fax: 4 66 50 33 42

Produzierte Weine: Tavel

Rebfläche: 0,6 ha

Produktionsmenge: 325 Kisten

Ausbau: 4 bis 6 Monate in Edelstahltanks

Durchschnittsalter der Reben: 25 Jahre

Verschnitt: 60 % Grenache, 40 % Cinsault

DIE SÜDLICHE RHONE

DOMAINE DU PETIT AVRIL

Adresse: Rue du Pressoir, 30126 Tavel, Tel.: 4 66 50 28 05, Fax: 4 66 50 07 61
Produzierte Weine: Tavel
Rebfläche: 15 ha
Produktionsmenge: 5 600 Kisten
Ausbau: 4 Monate in Epoxidtanks
Durchschnittsalter der Reben: 40 Jahre
Verschnitt: 50 % Grenache, 15 % Cinsault, 10 % Clairette, 10 % Carignan,
15 % Bourboulenc, Clairette, Picpoul und Mourvèdre

DOMAINE SAINT-FERREOL

Adresse: 11, rue Saint-Louis, 30126 Tavel, Tel.: 4 66 50 47 10, Fax: 4 66 50 42 20
Produzierte Weine: Tavel
Rebfläche: 3,2 ha
Produktionsmenge: 1 800 Kisten
Ausbau: 6 Monate in Epoxidtanks
Durchschnittsalter der Reben: Mindestens 35 Jahre
Verschnitt: 50 % Grenache, 20 % Cinsault, 20 % Syrah, 10 % Mourvèdre, Bourboulenc und Clairette

DOMAINE SEIGNEUR DE VAUCROSE

Adresse: S.C.A. Leveque, Route de Lirac, 30126 Tavel, Tel.: 4 66 50 04 37, Fax: 4 66 50 17 04
Produzierte Weine: Tavel
Rebfläche: 30 ha
Produktionsmenge: 11 250 Kisten
Ausbau: Vinifikation 3 Monate in Edelstahltanks, 2 Jahre Lagerung in Emailtanks

Domaine de Tourtouil

Adresse: B.P. 06, 30126 Tavel, Tel.: 4 66 50 05 68, Fax: 4 66 50 21 11

Produzierte Weine: Tavel

Rebfläche: 20 ha

Produktionsmenge: 9 375 Kisten

Ausbau: 5 bis 6 Monate in Edelstahl- oder Zementtanks

Durchschnittsalter der Reben: 30 Jahre

Verschnitt: 60 % Grenache, 20 % Cinsault, 20 % Syrah, Marsanne, Clairette und Mourvèdre

Domaine des Trois Logis

Adresse: G.A.E.C. Charmasson Plantevin, Rue de Tourtouil, 30126 Tavel,
Tel.: 4 66 50 05 34, Fax: 4 66 50 45 31

Produzierte Weine: Tavel

Rebfläche: 20 ha

Produktionsmenge: 11 250 Kisten

Ausbau: 4 Monate in Edelstahltanks, keine Filtration

Durchschnittsalter der Reben: 35 bis 40 Jahre

Verschnitt: 60 % Grenache, 15 bis 20 % Cinsault, Bourboulenc, Clairette und Picpoul

Domaine de la Valinière

Adresse: Rue de Valinière, 30126 Tavel, Tel.: 4 66 50 36 12

Produzierte Weine: Tavel

Rebfläche: 7 ha

Produktionsmenge: 3 750 Kisten

Ausbau: 6 Monate in Email- und Zementtanks

Durchschnittsalter der Reben: 40 Jahre

Verschnitt: 50 % Grenache, 20 % Cinsault, 7 bis 8 % Carignan, 5 % Syrah,
5 bis 8 % Clairette, Bourboulenc und Picpoul

Domaine du Vieux Moulin

Adresse: Rue des Lavandiéres, 30126 Tavel, Tel.: 4 66 50 07 79, Fax: 4 66 50 10 02
Produzierte Weine: Tavel
Rebfläche: 37 ha
Produktionsmenge: 20 625 Kisten
Ausbau: 9 bis 12 Monate in Edelstahltanks
Durchschnittsalter der Reben: 35 Jahre
Verschnitt: 60 % Grenache, 25 % Cinsault, 10 % Clairette, Bourboulenc,
Picpoul und Grenache blanc, 5 % Syrah, Mourvèdre und Carignan

Domaine du Vieux Relais

Adresse: Route de la Commanderie, 30126 Tavel, Tel.: 4 66 50 36 52, Fax: 4 66 50 35 92
Produzierte Weine: Tavel
Rebfläche: 9 ha
Produktionsmenge: 6 250 Kisten
Ausbau: 5 bis 6 Monate in Zementtanks
Durchschnittsalter der Reben: 40 Jahre
Verschnitt: 50 % Grenache, 50 % Syrah, Clairette, Mourvèdre und Cinsault

Lirac

Eine vergessene Weinbauregion

DIE APPELLATION LIRAC AUF EINEN BLICK

Appellation seit:	14. Oktober 1947
Weinarten:	5 % Weißwein, 75 % Rotwein, 20 % Roséwein,
Rebsorten:	Weiß – Grenache blanc, Clairette, Bourboulenc, Ugni blanc, Picpoul, Marsanne, Roussanne und Viognier
	Rot – Grenache noir, Syrah, Mourvèdre, Cinsault und Carignan
Derzeitige Rebfläche:	420 ha
Qualitätsniveau:	Mittelmäßig bis gut, mit steigender Tendenz
Reifepotenzial:	2 bis 8 Jahre
Allgemeine Eigenschaften:	Weiche, sehr fruchtige Rotweine mit mittlerem Körper; neutrale Weißweine; überaus frische und fruchtige Roséweine
Größte neuere Jahrgänge:	1995, 1994, 1990, 1989
Aroma:	Das Aroma von rotem Beerenobst, Gewürzen und Kräutern der Provence hat Ähnlichkeit mit dem eines Côtes du Rhône
Struktur:	Weiche, fruchtige Rotweine mit zumeist mittlerem Körper und relativ anspruchslose, eindimensionale Weißweine; die zum Teil ausgezeichneten Roséweine weisen Ähnlichkeit mit einem Spitzen-Tavel auf
Der beste Wein der Appellation Lirac:	Domaine de la Mordorée

BEWERTUNG DER LIRAC-ERZEUGER

****

Domaine de Cantegril • Domaine de la Mordorée ****/***** • Domaine Roger Sabon • Château Saint-Roch • Domaine de Ségriès

***

Château Boucarut ***/**** • Domaine Canto-Perdrix • Domaine des Causses et de Saint-Eymes • Domaine les Costes • Domaine de la Forcadière • Domaine des Garrigues • Domaine Jean Marchand • Domaine de Roc Epine

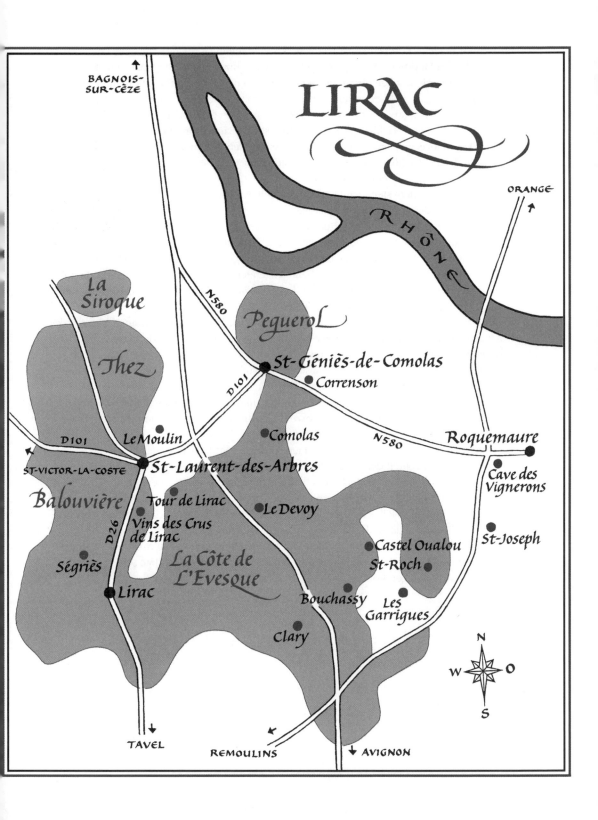

Etwa fünf Kilometer nördlich von Tavel liegt das verträumte Dorf Lirac. Die Qualität der Weine erweckt den Eindruck, als seien sich die hiesigen Winzer über ihr Potenzial nicht so recht im Klaren. Außerdem scheint es an der notwendigen Energie zur Vermarktung ihrer Produkte zu fehlen – ganz im Gegensatz zum schmucken, werbeorientierten Tavel. Zur Region Lirac, die 1947 den Status einer Appellation errang, gehören neben dem Dorf, das den Namen des Weins trägt, der Nachbarort Roquemaure sowie Saint-Laurent-des-Arbres und Saint-Génies-de-Comolas im Norden von Roquemaure. Die Rebflächen in und um Lirac finden sich zumeist an leicht abschüssigen Berghängen, die Weingärten bei Roquemaure erstrecken sich ähnlich wie im knapp zwei Kilometer entfernten, am Ostufer der Rhône gelegenen Châteauneuf-du-Pape auf einem steinigen Plateau. Lirac bildet als südlichste Appellation im Rhônetal die Grenze zur Region Languedoc-Roussillon.

Das günstige Klima und der gut entwässerte, steinige Boden bieten günstige Voraussetzungen für die Herstellung ausgezeichneter Weine. Tatsächlich produzieren Spitzengüter wie die Domaine de la Mordorée, Domaine de Ségriès und das Château Saint-Roch vorzügliche Tropfen, die angesichts der Qualität so herausragender Jahrgänge wie 1989, 1990 und 1995 zu sehr niedrigen Preisen verkauft werden. Doch die große Masse der Lirac-Erzeuger scheint sich mit der Hervorbringung eindimensionaler Weine zufrieden zu geben.

Heutzutage übt der Rotwein mit seinem unverwechselbaren Charakter die größte Attraktivität aus. Er gibt sich leichtgewichtiger, blumiger und fruchtiger als die Rotweine der Nachbarregionen Côtes du Rhône-Villages und Châteauneuf-du-Pape. Der weiße Lirac besitzt im Allgemeinen einen ziemlich neutralen Geschmack. Nur das Château Saint-Roch bereitet einen überraschend schmackhaften, nach tropischen Früchten duftenden und gefälligen Weißen. Der Rosé gerät bisweilen herrlich erfrischend, dynamisch und aromatisch. Solche Jahrgänge sind dem Tavel durchaus ebenbürtig, obwohl sie nur halb so viel kosten. Allerdings wird diese Qualität nur von wenigen Winzern erreicht.

Unter den Anbaugebieten im Département Gard verfügt Lirac über das größte ungenutzte Potenzial. Der Großteil der Produktion entfällt auf die örtliche Genossenschaft. Im Unterschied zu ihren Kollegen in vielen anderen Weinbauregionen scheinen die kleineren Winzer Liracs keinerlei Neigung zu verspüren, die Genossenschaft zu verlassen und ihre feinsten Weine selbst abzufüllen. Vielleicht müsste nur jemand den Anfang machen. Möglicherweise könnten die Domaine de la Mordorée oder das Château Saint-Roch diese Vorreiterrolle übernehmen und Weine mit der notwendigen Qualität bereiten, um die internationale Aufmerksamkeit auf diese vergessene Appellation zu lenken. Andernfalls wird Lirac seinen unbedeutenden Ruf nicht ablegen können.

Neuere Jahrgänge

1995 Der feinste Jahrgang seit 1990. Die Weine sind von dunkler Farbe, besitzen reine Frucht und genug Säure zur Erzielung schöner Konturen. Ihr Alterungspotenzial liegt möglicherweise über dem Durchschnitt, die feinsten Cuvées dürften sich 5 bis 7 Jahre gut trinken lassen.

1994 Die 94er weisen weniger Konsistenz und eine stärkere Kräuternote auf als die 95er. Einige Winzer, die den Traubenbehang ausdünnten, dadurch ihre Erträge verringerten und außerdem zu einem frühen Zeitpunkt ihre Lese durchführten, bereiteten allerdings Liracs voller Geschmack.

1993 Auf Grund des während der Lese einsetzenden Regens fällt der Jahrgang sehr ungleichmäßig aus. Die Bandbreite der 93er reicht von hohlen, harten, reizlosen Erzeugnissen bis zu Weinen mit ansehnlicher Frucht und einem Alterungspotenzial von 3 bis 5 Jahren.

Ältere Jahrgänge

Abgesehen von den gehaltvollsten Cuvées der Jahrgänge 1989 und 1990 sollten die roten Liracs innerhalb von 5 bis 7 Jahren und die Weiß- und Roséweine innerhalb von 12 bis 18 Monaten nach der Lese getrunken werden.

Château Boucarut ***/****

Adresse:

30150 Roquemaure, Tel.: 4 66 50 40 91

Produzierte Weine: Lirac (weiß, rot und rosé)

Rebfläche: Weiß: 0,73 ha; Rot und Rosé: 11 ha

Produktionsmenge:

Weiß: 312 Kisten; Rot: 3 125 Kisten; Rosé: 312 Kisten

Ausbau:

Weiß: 12 bis 15 Monate in rostfreien Stahltanks

Rot: Insgesamt 18 Monate, 40 % 8 bis 10 Monate in alter Eiche,

Gärung und Lagerung in rostfreien Stahl- und Epoxidtanks

Rosé: 6 bis 12 Monate in rostfreien Stahltanks

Durchschnittsalter der Reben:

Weiß: 40 Jahre; Rot und Rosé: 30 Jahre

Verschnitt:

Weiß: 50 % Grenache blanc, 50 % Clairette

Rot: 60 % Grenache, 30 % Syrah, 10 % Cinsault

Rosé: 80 % Grenache, 20 % Cinsault

Dieses Gut erlebt unter dem Besitzer Christophe Valat einen starken Aufschwung. Die neueren Rotweine waren ausgesprochen beeindruckend, und die umwerfenden 89er und 90er Liracs erweisen sich als die zwei konzentriertesten Weine, die ich in Lirac verkostet habe.

Château de Bouchassy **

Adresse:
Route de Nîmes, 30150 Roquemaure, Tel.: 4 66 82 82 49, Fax: 4 66 82 87 80

Produzierte Weine: Lirac (weiß, rot und rosé)

Rebfläche: Weiß: 1 ha; Rot und Rosé: 7 ha

Produktionsmenge:
Weiß: 375 Kisten; Rot: 2 500 Kisten; Rosé: 1 000 Kisten

Ausbau:
Weiß: 9 Monate in Emailtanks
Rot: Mindestens 36 Monate, davon 6 bis 8 Monate in 2 bis 4 Jahre alten Fässern
Rosé: 6 bis 9 Monate in Emailtanks

Durchschnittsalter der Reben:
Weiß: 40 Jahre; Rot und Rosé: 40 Jahre

Verschnitt:
Weiß: 30 % Grenache blanc, 30 % Clairette, 20 % Bourboulenc, 10 % Roussanne, 10 % Viognier
Rot: 60 % Grenache, 20 % Syrah, 20 % Mourvèdre
Rosé: 65 % Grenache, 25 % Cinsault, 5 % Syrah, 5 % Mourvèdre

Der Besitzer Gérard Degoul gewinnt aus Rebflächen in der Nähe von Roquemaure nahezu 4 000 Kisten Weiß-, Rot- und Roséwein. Der für einen Lirac bisweilen kraftvolle und reichhaltige Rote entfaltet das unverwechselbare Aroma von *garrigues* sowie überreifen Kirschen und Pflaumen. Degouls beste Weinlagen bedecken den steinigen Untergrund des Plateaus von Lirac in der Nähe der bekannten Kellerei Cantegril. Im Château de Bouchassy lagert man die Rotweine normalerweise mindestens drei Jahre in Holz, leichtere Jahrgänge überstehen einen derart langen Aufenthalt in Eiche allerdings nicht und trocknen aus.

DOMAINE DE CANTEGRIL ****

Adresse:

30150 Roquemaure, Tel.: 4 66 82 82 59, Fax: 4 66 82 83 00

Produzierte Weine: Lirac (weiß, rot und rosé)

Rebfläche: Weiß: 2,5 ha; Rot und Rosé: 12,1 ha

Produktionsmenge:

Weiß: 375 Kisten; Rot: 7 500 Kisten; Rosé: 500 Kisten

Ausbau:

Weiß: 6 Monate in rostfreien Stahltanks

Rot: 12 Monate in rostfreien Stahltanks

Rosé: 12 Monate in rostfreien Stahltanks

Durchschnittsalter der Reben:

Weiß: 15 Jahre; Rot und Rosé: 17 bis 20 Jahre

Verschnitt:

Weiß: 50 % Clairette, 50 % Grenache blanc

Rot: 60 % Grenache, 20 % Syrah, 10 % Cinsault, 10 % Mourvèdre

Rosé: 50 % Grenache, 50 % Cinsault

Die Domaine de Cantegril befindet sich im Besitz der Familie Verda, die besser bekannt ist für ihre Weine aus der Domaine Saint-Roch in Roquemaure. Der Cantegril-Lirac weist Ähnlichkeit mit dem aus Saint-Roch auf und wird dort auch vergoren und ausgebaut.

Castel Oualou **

Adresse:

30150 Roquemaure, Tel.: 4 66 82 65 65, Fax: 4 66 82 86 76

Produzierte Weine:

Lirac (weiß und rosé), Lirac Cuvée Traditionnelle (rot),

Lirac Cuvée Syrah (rot), Lirac Syrah élevé bois (rot)

Rebfläche:

Weiß: 4 ha; Rot und Rosé: 5 ha

Produktionsmenge:

Weiß: 1 500 Kisten

Rot: Cuvée Traditionnelle – 6 875 Kisten;

Cuvée Syrah – 6 750 Kisten; Syrah élevé bois – 750 Kisten

Rosé: 3 125 Kisten

Ausbau:

Weiß: 4 bis 5 Monate in rostfreien Stahltanks

Rot: Cuvée Traditionnelle – 9 Monate in unterirdischen Tanks;

Cuvée Syrah – 9 Monate in unterirdischen Tanks;

Syrah élevé bois – insgesamt 20 Monate, davon 6 Monate in neuen und in 1 bis 2 Jahre

alten Eichenfässern, Lagerung in rostfreien Stahltanks

Rosé: 6 Monate in Emailtanks

Durchschnittsalter der Reben:

Weiß: 30 Jahre; Rot und Rosé: 30 Jahre

Verschnitt:

Weiß: 40 % Clairette, 20 % Viognier, 20 % Grenache blanc, 10 % Picpoul

Rot: Cuvée Traditionnelle – 60 % Grenache, 20 % Syrah, 10 % Cinsault, 10 % andere Traubensorten;

Cuvée Syrah – 60 % Syrah, 40 % andere Traubensorten;

Syrah élevé bois – 60 % Syrah, 40 % andere Traubensorten

Rosé: 80 % Cinsault, 18 % Grenache, 2 % Syrah

Dieses Weingut befindet sich ebenso wie die Domaine des Causses et de Saint-Eymes und die Domaine des Garrigues im Besitz von Jean-Claude Assemat. Zum Castel Oualou gehört ein beeindruckender Weinberg mit steinigem Boden in ausgezeichneter Lage. Produziert wird ein leichter, zugänglicher Roter, der innerhalb von 4 bis 5 Jahren nach der Lese getrunken werden muss, sowie ein lebhafterer und kraftvollerer Rosé.

Domaine des Causses et de Saint-Eymes ***

Adresse:
Route Nationale 580, 30150 Roquemaure, Tel.: 4 66 82 65 52, Fax: 4 66 82 86 76

Produzierte Weine:
Lirac (weiß), Lirac Rouge d'Eté (weiß), Lirac (rosé), Lirac Cuvée Tradition (rot),
Lirac Cuvée Type Syrah (rot), Lirac Syrah élevé bois (rot)

Rebfläche:
Weiß: 3 ha; Rot und Rosé: 23,9 ha

Produktionsmenge:
Weiß: Lirac – 1 250 Kisten; Rouge d'Eté – 1 875 Kisten
Rot: Cuvée Tradition – 1 875 Kisten; Cuvée Type Syrah – 6 250 Kisten; Syrah élevé bois – 625 Kisten
Rosé: 1 875 Kisten

Ausbau:
Weiß: Lirac – 6 Monate in rostfreien Stahltanks;
Rouge d'Eté – Gärung im Tank, kein Entrappen
Rot: Cuvée Tradition – 9 Monate in unterirdischen Emailtanks;
Cuvée Type Syrah – 20 Monate in unterirdischen Emailtanks;
Syrah élevé bois – insgesamt 20 Monate, davon 6 Monate in neuen und
in 1 bis 2 Jahre alten Eichenfässern, Lagerung in unterirdischen Tanks
Rosé: 6 Monate in unterirdischen Emailtanks

Durchschnittsalter der Reben:
Weiß: 20 Jahre; Rot und Rosé: 20 Jahre

Verschnitt:
Weiß: Lirac – Grenache blanc, Picpoul und Clairette zu gleichen Teilen;
Rouge d'Eté – 60 % Cinsault, 35 % Grenache, 5 % Syrah
Rot: Cuvée Tradition – 60 % Grenache, 20 % Syrah, 10 % Cinsault, 10 % andere Traubensorten;
Cuvée Type Syrah – 60 % Syrah, 40 % andere Traubensorten;
Syrah élevé bois – 60 % Syrah, 40 % andere Traubensorten
Rosé: 70 % Cinsault, 25 % Grenache, 5 % Sarah

Auch dieser Betrieb gehört Jean-Claude Assemat und produziert mehrere rote Liracs sowie einen Weißen und einen Rosé. Allen Lesern, die nach einem Wein mit hohem Cinsault-Anteil Ausschau halten, sei der Rouge d'Eté empfohlen, ein Tropfen, der wegen seines leichten, fruchtigen, beaujolaisartigen Stils vorzugsweise im Sommer getrunken werden will. Zu den gewichtigeren Erzeugnissen gehören die Cuvée Type Syrah aus 60 % Syrah und 40 % Grenache und der in geringer Menge produzierte Syrah élevé bois.

Château de Clary **

Adresse:

30150 Roquemaure, Tel.: 4 66 82 62 88

Produzierte Weine: Lirac (weiß, rot und rosé)

Rebfläche: 55 ha

Produktionsmenge: Schwankend, abhängig von der an *négociants* verkauften Menge

Ausbau: In verschiedenen *foudres*

Durchschnittsalter der Reben: 35 Jahre

Verschnitt:

Grenache und zu gleichen Teilen Mourvèdre, Cinsault und Syrah

Das Château de Clary, das vermutlich älteste Gut der Appellation, liegt in einem Wald in der Nähe von Tavel und wird von Madame Veuve-Mayer und ihrer Tochter Nicole bewirtschaftet. Die Funde römischer Ruinen auf seinem Grund lassen darauf schließen, dass man hier bereits im Altertum Wein bereitete. Der Wald von Clary gilt außerdem als bevorzugtes Jagdgebiet. Ein Großteil des im Château de Clary produzierten Mosts wird an Händler verkauft, nur ein kleiner Teil fließt in Erzeugerabfüllungen. Die wenigen Jahrgänge, die ich verkostete, waren von ungleichmäßiger Qualität – der Wein wird seinem berühmten Namen nicht gerecht.

Domaine le Devoy-Martine **

Adresse:

30126 Saint-Laurent-des-Arbres, Tel.: 4 66 50 01 23, Fax: 4 66 50 43 58

Produzierte Weine: Lirac (weiß, rot und rosé)

Rebfläche: Weiß: 2 ha; Rot und Rosé: 40 ha

Produktionsmenge:

Weiß: 1 000 Kisten; Rot: 20 000 Kisten; Rosé: 3 125 Kisten

Ausbau:

Weiß: 6 Monate in rostfreien Stahltanks; Rot: 2 Jahre in Zementtanks
Rosé: 5 bis 6 Monate in rostfreien Stahltanks

Durchschnittsalter der Reben:

Weiß: 15 Jahre; Rot und Rosé: 25 Jahre

Verschnitt:

Weiß: Zu gleichen Teilen Grenache blanc, Clairette, Bourboulenc und Roussanne
Rot: Zu gleichen Teilen Syrah, Cinsault, Grenache und Mourvèdre
Rosé: 40 % Cinsault 30 % Grenache, 30 % Mourvèdre

Diese Kellerei verfügt über die besten Voraussetzungen, um aus den Trauben ihrer Einzellage im Nordwesten von Saint-Roch feine Weine zu bereiten. In der Regel erweisen sie sich als rus-

DIE SÜDLICHE RHONE

tikaler, fester gewirkt und alterungsfähiger als viele andere Liracs, vor allem wegen der erstaunlich hohen Syrah- und Mourvèdre-Anteile von jeweils 25 %, die wiederum mit der gleichen Menge Grenache- und Cinsault-Trauben verschnitten werden. Die Erzeugnisse enthalten weniger Grenache als die meisten anderen Liracs, allerdings dürften der hohe Tanningehalt und die ausgeprägte Struktur nicht nach jedermanns Geschmack sein.

DOMAINE DE LA FORCARDIÈRE ***

Adresse:
Rue Saint-Vincent, B.P. 8, 30126 Tavel, Tel.: 4 66 50 03 40, Fax: 4 66 50 43 12

Produzierte Weine:
Lirac (weiß und rot), Lirac Cuvée Prestige (weiß und rot)

Rebfläche: Weiß: 8 ha; Rot: 17 ha

Produktionsmenge:
Weiß: Lirac – 3 375 Kisten; Cuvée Prestige – 375 Kisten
Rot: Lirac – 8 375 Kisten; Cuvée Prestige – 250 bis 330 Kisten

Ausbau:
Weiß: Lirac – 6 Monate in rostfreien Stahltanks; Cuvée Prestige – 12 Monate in Barriques
Rot: Lirac – 1 Jahr in rostfreien Stahltanks, danach ein Jahr in großen Eichenfässern
und Barriques, nach der Abfüllung 1 Jahr in unterirdischen Kellern;
Cuvée Prestige – Siehe die rote Standardcuvée, jedoch 1 Jahr in Barriques

Durchschnittsalter der Reben:
Weiß: 20 Jahre; Rot: 20 bis 25 Jahre

Verschnitt:
Weiß: 40 % Clairette, 30 % Grenache blanc, 30 % Picpoul;
seit 1996 wird den Weißen etwas Viognier beigemischt
Rot: 50 % Mourvèdre, 40 % Grenache, 10 % Syrah und Carignan

Diese Domaine bereitet nicht nur einen der feinsten Tavel-Tropfen, sondern auch einen vorzüglichen roten Lirac. Zusätzlich wird in nur geringer Menge ein zwar ansprechender, im Allgemeinen jedoch eindimensionaler und schlichter Weißer produziert. Die Roten geraten zunehmend fruchtiger und geschmeidiger und sind auf den modernen Geschmack abgestimmt. Vor kurzem begann der Besitzer Roger Maby mit der Herstellung einer roten und einer weißen Cuvée Prestige. Beide werden nur in geringer Mengen erzeugt und ein Jahr lang ausschließlich in neuer Eiche ausgebaut. Sie verfügen über ein Alterungspotenzial von bis zu einem Jahrzehnt, während die Standardcuvée innerhalb von 5 bis 6 Jahren getrunken werden sollte. Der Grenache-Anteil im Rotwein wurde zu Gunsten der Mourvèdre-Traube, die die Hälfte der Standardcuvée und auch der Cuvée Prestige ausmacht, auf derzeit 40 % reduziert.

DOMAINE DES GARRIGUES ***

Adresse:

30150 Roquemaure, Tel.: 4 66 82 65 52, Fax: 4 66 82 86 76

Produzierte Weine:

Lirac (rosé), Lirac Cuvée Tradition (rot), Lirac Cuvée Type Syrah (rot)

Rebfläche: 16 ha

Produktionsmenge:

Rot: Cuvée Tradition – 1 250 Kisten; Cuvée Type Syrah – 5 000 Kisten

Rosé: 1 500 Kisten

Ausbau:

Rot: Cuvée Tradition – 9 Monate in unterirdischen Tanks;

Cuvée Type Syrah – 20 Monate in unterirdischen Emailtanks

Durchschnittsalter der Reben:

30 Jahre; Rosé: 6 Monate in Emailtanks

Verschnitt:

Rot: Cuvée Tradition – 60 % Grenache, 20 % Syrah, 10 % Cinsault, 10 % andere Traubensorten;

Cuvée Type Syrah – 60 % Syrah, 40 % Grenache und Cinsault

Rosé: 80 % Cinsault, 15 % Grenache, 5 % Syrah

Auch Les Garrigues ist im Besitz von Jean-Claude Assemat. Man produziert hier einen eleganteren und leichteren Lirac als die Domaine des Causses et de Saint-Eymes.

DOMAINE DE LA MORDORÉE ****/*****

Adresse:
30126 Tavel, Tel.: 4 66 50 00 75, Fax: 4 66 50 47 39

Produzierte Weine:
Lirac (rot), Lirac Cuvée de la Reine des Bois (rot)

Rebfläche: 25,9 ha

Produktionsmenge:
Standardcuvée: 5 625 Kisten; Cuvée de la Reine des Bois: 1 250 Kisten

Ausbau:
Standardcuvée: 6 bis 12 Monate in alten großen Eichenfässern
Cuvée de la Reine des Bois: 6 bis 9 Monate in Barriques

Durchschnittsalter der Reben: 40 Jahre

Verschnitt:
Standardcuvée: 50 % Grenache, 50 % Syrah
Cuvée de la Reine des Bois: Zu gleichen Teilen Grenache, Mourvèdre und Syrah

Unter der Leitung des einfallsreichen Christophe Delorme hat sich die Domaine de la Mordo-rée zu einem der führenden Weinbaubetriebe Liracs entwickelt. Bereitet wird sowohl ein aus-gezeichneter Tavel (siehe Seite 681) als auch ein vorzüglicher Châteauneuf-du-Pape (siehe Seite 520), doch die am leichtesten erhältlichen Weine dieses Guts sind die köstlichen roten Liracs. Die Standardcuvée, ein Verschnitt aus je 50 % Grenache und Syrah, ist zweifellos der feinste Tropfen der Appellation. Interessanterweise verzichtet Delorme auf den animalische-ren, tanninherberen Charakter des Mourvèdre und bevorzugt die pralle Grenache-Traube, die in der konzentrierten Frucht von schwarzem Beerenobst und dem Tannin des Syrah Unter-stützung findet. Heraus kommt ein schöner Roter, der im Geschmack fast an den Château-neuf-du-Pape heranreicht und über ein Alterungspotenzial von einem Jahrzehnt verfügt.

In besonders guten Jahrgängen wird in begrenzter Menge die Luxuscuvée La Reine des Bois hergestellt, in die zu gleichen Teilen Mourvèdre, Grenache und Syrah fließen. Delorme zufolge verlängert der Mourvèdre das Alterungspotenzial des Weins um 5 bis 10 Jahre, so dass dieser 10 bis 15 Jahre reift – eine ungewöhnlich lange Zeit für einen Lirac. Neuere Jahrgänge, selbst der ungleichmäßige 93er, fielen ungemein beeindruckend aus. Die Weine zeigen eine tiefe rubin- bis purpurrote Färbung und entfalten ein Aroma von Vogelkirschen und gerös-teten provenzalischen Kräutern. Außerdem besitzen sie eine erstaunlich ausladende und üp-pige Persönlichkeit bei mittlerem bis schwerem Körper. Die Kellerauslese La Reine des Bois wird in der Regel aus den Trauben 55 bis 60 Jahre alter Rebstöcke gewonnen.

Château Saint-Roch ****

Adresse:

30150 Roquemaure, Tel.: 4 66 82 82 59, Fax: 4 66 82 83 00

Produzierte Weine:

Lirac (weiß, rot und rosé), Lirac Ancienne Viguerie (rot)

Rebfläche: Weiß: 5 ha; Rot und Rosé: 34,8 ha

Produktionsmenge:

Weiß: 1 875 Kisten

Rot: Lirac – 11 250 Kisten; Ancienne Viguerie – 1 250 Kisten

Rosé: 2 500 Kisten

Ausbau:

Weiß: 6 Monate in rostfreien Stahltanks

Rot: Lirac – Insgesamt 2 Jahre, jeweils 1 Jahr Gärung und Lagerung in rostfreien

Stahl- und Epoxidtanks sowie in alten großen Eichenfässern;

Ancienne Viguerie – Insgesamt 2 Jahre, 1 Jahr in rostfreien Stahltanks,

jeweils 6 Monate in alten großen und neuen kleinen Eichenfässern

Rosé: 6 Monate in rostfreien Stahltanks

Durchschnittsalter der Reben: 20 Jahre

Verschnitt:

Weiß: Zu gleichen Teilen Grenache blanc, Clairette und Bourboulenc

Rot: Lirac – 60 % Grenache, 20 % Syrah, 20 % Cinsault;

Ancienne Viguerie – 50 % Grenache, 25, Syrah, 25 % Mourvèdre

Rosé: 60 % Cinsault, 40 % Grenache

Antoine Verdas Château Saint-Roch im Norden von Roquemaure zählt vermutlich zu den bedeutendsten Weinbaubetrieben Liracs. Zu dem Familienunternehmen gehören neben Vater Antoine die Söhne Jean-Jacques, zuständig für die Vinifikation und *élevage*, und André, der für den Weinbau verantwortlich zeichnet. Das noch junge Weingut wurde Mitte der fünfziger Jahre gegründet und konnte seine Rebfläche seither beständig erweitern. Sein Debütjahrgang war 1960.

Die meisten in Saint-Roch bereiteten Weine sollten innerhalb von 5 bis 6 Jahren nach der Lese, die leichteren Jahrgänge wie der 92er und der 93er sogar noch früher getrunken werden. Die Spezialcuvée Ancienne Viguerie erreicht in großen Jahrgängen wie 1990 und 1995 ein Alterungspotenzial von 10 bis 12 Jahren. Von diesem Verschnitt aus 50 % Grenache und je 25 % Syrah und Mourvèdre werden gut 1 000 Kisten produziert. Die Mourvèdre-Traube verleiht dem Wein Struktur und Tannin und wirkt hochgradig oxidationshemmend.

Die Familie Verda besitzt in der Nähe von Roquemaure noch ein weiteres Weingut, die Domaine de Cantegril (siehe Seite 698). Dessen Weine werden nicht nur in der Kellerei von Saint-Roch vergoren und ausgebaut, sondern weisen auch Ähnlichkeiten mit den hiesigen Erzeugnissen auf.

CHÂTEAU DE SÉGRIÈS ****

Adresse:

30126 Lirac, Tel.: 4 66 50 44 72

Produzierte Weine:

Lirac (weiß, rot und rosé)

Rebfläche:

Weiß: 1,5 ha; Rot: 13,5 ha; Rosé: 4 ha

Produktionsmenge:

Weiß: 625 Kisten; Rot: 6 000 Kisten; Rosé: 188 Kisten

Ausbau:

Weiß: 8 Monate in Emailtanks

Rot: 12 Monate in Zementtanks

Rosé: 12 bis 24 Monate in Zementtanks

Durchschnittsalter der Reben:

20 und 50 Jahre

Verschnitt:

Weiß: 50 % Clairette, 25 % Bourboulenc, 25 % Ugni blanc

Rot: 60 % Grenache, 20 % Syrah, 20 % Cinsault und Mourvèdre

Rosé: 50 bis 60 % Grenache, 30 bis 40 % Cinsault, 10 % Syrah

Die Domaine de Ségriès wird von dem Grafen de Regis und seinem Sohn François bewirtschaftet, die zu den Pionieren der Appellation Lirac gehören. Vor der auf Grund der algerischen Revolution einsetzenden Zuwanderung von Algerien-Franzosen zählte die Domaine de Ségrièrs neben dem Château Saint-Roch und dem Château de Clary Anfang der fünfziger Jahre zu den bekanntesten Weingütern der Appellation. Ihre nach Osten und Westen ausgerichteten Weinlagen bringen nicht selten erstklassiges Traubengut hervor. Allerdings zeigt der Rote nach dem einjährigen Ausbau in Zementtanks in der Flasche nicht die erwartete Fruchtfülle und Intensität. Dennoch ist der nach traditionellen Methoden bereitete und unfiltrierte Lirac ein guter Tropfen mit einem ausgeprägten Aroma von Kräutern der Provence, den *garrigues*. Der Weiße zeichnet sich durch einen altmodischen, monolithischen, dumpfen und schlichten Charakter aus.

François beabsichtigt, den Ausbau der Rotweine im Tank zu verkürzen, so dass sich in der Flasche eine möglicherweise frischere und belebendere Frucht einstellen wird.

Weitere Lirac-Erzeuger

Château d'Aqueria

Adresse: 30126 Tavel, Tel.: 4 66 50 04 56, Fax: 4 66 50 18 46
Produzierte Weine: Lirac (weiß und rot)
Rebfläche: Weiß: 4 ha; Rot: 13 ha
Produktionsmenge: Weiß: 1 875 Kisten; Rot: 4 375 Kisten
Ausbau: Weiß: 5 Monate in rostfreien Stahltanks; Rot: Insgesamt 18 Monate,
davon 6 bis 8 Monate in Eichenfässern
Durchschnittsalter der Reben: Weiß: 8 Jahre; Rot: 20 Jahre
Verschnitt: Weiß: 45 bis 50 % Grenache blanc, 25 % Bourboulenc, 15 % Clairette,
10 % Roussanne; Rot: 45 % Grenache, 35 % Mourvèdre, 10 % Cinsault, 10 % Syrah

Domaine des Amandines

Adresse: Rue des Carrières, 30126 Tavel, Tel.: 4 66 50 04 41
Produzierte Weine: Lirac (rot)
Rebfläche: 6 ha
Produktionsmenge: 3 125 Kisten
Ausbau: Insgesamt 18 bis 20 Monate, Gärung in rostfreien Stahltanks und
danach 16 bis 18 Monate in alten Eichenfässern
Durchschnittsalter der Reben: 30 Jahre
Verschnitt: 50 % Grenache, 35 % Syrah, 15 % Mourvèdre

Domaine Balazu des Vaussières

Adresse: Rue des Vaussières, 30126 Tavel, Tel.: 4 66 50 44 22
Produzierte Weine: Lirac (rot)
Rebfläche: 1,25 ha
Produktionsmenge: 250 Kisten
Ausbau: Insgesamt 18 bis 24 Monate, 33 % 10 Monate in Eichenfässern
und 67 % in rostfreien Stahltanks
Durchschnittsalter der Reben: 40 Jahre
Verschnitt: 100 % Grenache

DOMAINE CANTO-PERDRIX ***

Adresse: S.C.E.A. Méjean-Taulier, 30126 Tavel, Tel.: 4 66 50 04 02, Fax: 4 66 50 21 72
Produzierte Weine: Lirac (rot)
Rebfläche: 4,5 ha
Produktionsmenge: 1 000 Kisten
Ausbau: 3 bis 4 Jahre in rostfreien Stahltanks
Durchschnittsalter der Reben: 5 bis 6 Jahre
Verschnitt: 60 % Grenache, 20 % Syrah, 20 % Mourvèdre und Cinsault

DOMAINE DES CARABINIERS

Adresse: Route Nationale 580, 30150 Roquemaure, Tel.: 4 66 82 62 04, Fax: 4 66 82 82 15
Produzierte Weine: Lirac (weiß und rot)
Rebfläche: Weiß: 2 ha; Rot: 15 ha
Produktionsmenge: Weiß: 1 000 Kisten; Rot: 6 250 Kisten
Ausbau: Weiß: 6 Monate in Zementtanks; Rot: Insgesamt 24 Monate,
70 % in Zementtanks und 30 % 12 Monate in 2 Jahre alten Fässern
Durchschnittsalter der Reben: Weiß: 15 Jahre; Rot: 35 Jahre
Verschnitt: Weiß: 30 % Grenache blanc, 30 % Clairette, 30 % Bourboulenc,
10 % Roussanne; Rot: 50 % Grenache, 20 % Mourvèdre, 20 % Syrah, 10 % Cinsault

CAVES DES VIGNERONS DE LIRAC

Adresse: 30126 Saint-Laurent-des-Arbres, Tel.: 4 66 50 01 02, Fax: 4 66 50 37 23
Produzierte Weine: Lirac (weiß), Lirac Cuvée Générique (rot), Lirac Cuvée Vieilles Vignes (rot),
Lirac Cuvée Jean XXII (rot), Lirac Monseigneur de la Rovère (rot)
Rebfläche: 79,7 ha
Produktionsmenge: Weiß: 750 Kisten; Rot: Cuvée Générique – 3 750 Kisten;
Cuvée Vieilles Vignes – 10 000 Kisten; Cuvée Jean XXII – 12 500 Kisten;
Monseigneur de la Rovère – 6 250 Kisten
Ausbau: Weiß: 5 Monate in rostfreien Stahltanks; Rot: Cuvée Générique – 12 Monate in Epoxidtanks;
Cuvée Vieilles Vignes – 12 Monate in Epoxidtanks; Cuvée Jean XXII – 12 Monate in Epoxidtanks;
Monseigneur de la Rovère – 12 Monate in Epoxidtanks
Durchschnittsalter der Reben: Cuvée Générique: Maximal 30 Jahre;
Cuvée Vieilles Vignes Vignes: Mindestens 35 Jahre
Verschnitt: Weiß: 50 % Grenache blanc, 25 % Clairette, 25 % Bourboulenc;
Rot: Cuvée Générique – 60 % Grenache, 40 % andere Traubensorten;
Cuvée Vieilles Vignes – 60 % Grenache, 40 % andere Traubensorten;
Cuvée Jean XXII – 60 % Grenache, 25 % Mourvèdre, 15 % andere Traubensorten;
Monseigneur de la Rovère – 60 % Grenache, 25 % Syrah, 15 % andere Traubensorten außer Mourvèdre

LIRAC

Cave des Vignerons de Roquemaure

Adresse: 30150 Roquemaure, Tel.: 4 66 82 82 01, Fax: 4 66 82 67 28

Produzierte Weine: Lirac (weiß, rot und rosé), Lirac Cuvée Sélection (rot)

Rebfläche: 80,1 ha

Produktionsmenge: Weiß: 688 Kisten; Rot: 12 500 Kisten; Rosé: 6 250 Kisten

Ausbau: Weiß: 4 bis 5 Monate in Zementtanks; Rot: Lirac – 12 Monate in Zementtanks;
Cuvée Sélection – Insgesamt 14 Monate, davon 6 bis 12 Monate in kleinen und großen
alten Eichenfässern; Rosé: 5 Monate in Zementtanks

Durchschnittsalter der Reben: Weiß: 20 bis 25 Jahre; Rot: Lirac – 20 bis 25 Jahre;
Cuvée Sélection – Über 25 Jahre; Rosé: 20 bis 25 Jahre

Verschnitt: Weiß: 60 % Grenache blanc, 20% Bourboulenc, 20 % Clairette;
Rot: 55 bis 60 % Grenache, 20 % Cinsault, 10 % Mourvèdre, 10 % Syrah;
Rosé: 60 % Grenache, 20 % Cinsault, 10 % Mourvèdre, 10 % Syrah

Domaine Chambon

Adresse: 30290 Saint-Victor-la-Coste, Tel.: 4 66 50 45 88

Produzierte Weine: Lirac (rot und rosé)

Rebfläche: 8 ha

Produktionsmenge: Rot: 2 500 Kisten; Rosé: 1 875 Kisten

Ausbau: Rot: Insgesamt 36 Monate, Gärung und Lagerung in Zementtanks,
6 Monate in Eichenfässern; Rosé: 3 Monate in Zementtanks

Durchschnittsalter der Reben: 40 Jahre

Verschnitt: Rot: 60 % Grenache, 40 % zu gleichen Teilen Cinsault, Syrah und Mourvèdre;
Rosé: 60 % Grenache, 20 % Clairette, 10 % Cinsault, 10 % Mourvèdre

Domaine les Costes ***

Adresse: Rue du Stade, 30150 Saint-Génies-de-Comolas, Tel.: 4 66 50 05 28

Produzierte Weine: Lirac (weiß, rot und rosé), Lirac Cuvée Syrah (rot)

Rebfläche: Weiß: 1 ha; Rot: 8 ha; Rosé: 2 ha

Produktionsmenge: Weiß: 500 Kisten; Rot: Lirac – 2 500 Kisten;
Cuvée Syrah – 1 250 Kisten; Rosé: 1 125 Kisten

Ausbau: Weiß: 4 Monate in Epoxidtanks; Rot: 9 Monate in Zementtanks,
10 % 3 Monate in alten Eichenfässern (beide Cuvées);
Rosé: 6 Monate in Epoxidtanks

Durchschnittsalter der Reben: Weiß: 20 Jahre; Rot: 40 Jahre

Verschnitt: Weiß: 50 % Clairette, 50 % Grenache blanc;
Rot: Lirac – 70 % Grenache, 20 % Syrah, 10 % Cinsault;
Cuvée Syrah – 60 % Grenache, 40 % Syrah; Rosé: 60 % Grenache, 40 % Cinsault

Domaine de la Croze

Adresse: 13, rue Bécatillon, 30150 Roquemaure, Tel.: 4 66 82 56 73
Produzierte Weine: Lirac (rot)
Rebfläche: 4 ha
Produktionsmenge: 500 Kisten
Ausbau: Insgesamt 14 Monate, davon 12 Monate in 10 % neuen Fässern
Durchschnittsalter der Reben: 50 bis 60 Jahre
Verschnitt: 60 % Grenache, 20 % Syrah, 10 % Mourvèdre, 10 % Cinsault

Domaine Duseigneur

Adresse: 30126 Saint-Laurent-des-Arbres, Tel.: 4 66 50 02 57, Fax: 4 66 50 43 57
Produzierte Weine: Lirac (weiß, rot und rosé)
Rebfläche: Weiß: 1 ha; Rot und Rosé: 11,5 ha
Produktionsmenge: Weiß: 250 Kisten; Rot: 1 875 Kisten; Rosé: 1 250 Kisten
Ausbau: Weiß: 4 Monate in rostfreien Stahltanks; Rot: 1 Jahr dauernde Gärung und
Lagerung in Zementtanks sowie 3 bis 6 Monate in kleinen und großen alten Eichenfässern;
Rosé: 6 Monate in rostfreien Stahltanks
Durchschnittsalter der Reben: Weiß: 20 bis 25 Jahre; Rot und Rosé: 20 bis 25 Jahre
Verschnitt: Weiß: 60 % Bourboulenc, 30 % Clairette, 10 % Grenache blanc;
Rot: 50 bis 60 % Grenache, 20 % Cinsault, der Rest Syrah und Mourvèdre;
Rosé: 50 % Grenache, 40 % Cinsault, 5 % Syrah, 5 % Clairette

Domaine de la Genestière

Adresse: 30126 Tavel, Tel.: 4 66 50 07 03, Fax: 4 66 50 27 03
Produzierte Weine: Lirac (weiß und rot)
Rebfläche: 11 ha
Produktionsmenge: Weiß: 375 Kisten; Rot: 4 000 Kisten
Ausbau: Weiß: 6 bis 12 Monate in Emailtanks; Rot: Insgesamt 2 Jahre, davon 6 Monate in Eichenfässern
Durchschnittsalter der Reben: 15 bis 20 Jahre
Verschnitt: Weiß: Grenache blanc, Clairette, Picpoul, Bourboulenc;
Rot: Grenache, Cinsault, Carignan, Syrah, Clairette

DOMAINE DES JONCIERS

Adresse: Rue de la Combe, 30126 Tavel, Tel.: 4 66 50 27 70, Fax: 4 66 50 34 07
Produzierte Weine: Lirac (weiß, rot und rosé)
Rebfläche: Weiß: 2 ha; Rot und Rosé: 30 ha
Produktionsmenge: Weiß: 375 Kisten; Rot: 15 000 Kisten; Rosé: 1 250 Kisten
Ausbau: Weiß: 6 Monate in Emailtanks; Rot: 2 Jahre in unterirdischen Zementtanks;
Rosé: 6 Monate in Zementtanks
Durchschnittsalter der Reben: Weiß: Je zur Hälfte 25 Jahre und 1 Jahr; Rot und Rosé: 25 Jahre
Verschnitt: Weiß: 50 % Bourboulenc, 25 % Roussanne, 25 % Marsanne (wegen des geringen
Alters einiger Pflanzungen besteht der Wein zur Zeit ausschließlich aus Bourboulenc);
Rot: 50 % Grenache, 20 % Syrah, 20 % Cinsault, 10 % Mourvèdre;
Rosé: 50 Cinsault, 45 % Grenache, 5 % Syrah

DOMAINE LAFARGUE

Adresse: 30126 Saint-Laurent-des-Arbres, Tel.: 4 66 50 05 21
Produzierte Weine: Lirac (weiß, rot und rosé)
Rebfläche: Weiß: 3 ha; Rot und Rosé: 7 ha
Produktionsmenge: Weiß: 1 500 Kisten; Rot: 1 625 Kisten; Rosé: 1 625 Kisten
Ausbau: Weiß: 6 Monate in rostfreien Stahltanks; Rot: 12 Monate in Zement- und
rostfreien Stahltanks; Rosé: 6 Monate in rostfreien Stahltanks
Durchschnittsalter der Reben: Weiß: 20 Jahre; Rot und Rosé: 35 Jahre
Verschnitt: Weiß: 50 % Clairette, 25 % Grenache blanc, 25 % Ugni blanc;
Rot: 50 % Grenache, 20 % Cinsault, 15 % Mourvèdre, 15 % Syrah;
Rosé: 50 % Grenache, 30 % Cinsault, 20 % andere Traubensorten einschließlich Syrah

DOMAINE DE LANZAC

Adresse: Route de Pujaut, 30126 Tavel, Tel.: 4 66 50 22 17
Produzierte Weine: Lirac (rot)
Rebfläche: 6 ha
Produktionsmenge: 2 500 Kisten
Ausbau: Insgesamt 12 Monate, davon 6 bis 8 Monate in alter Eiche
Durchschnittsalter der Reben: 20 Jahre
Verschnitt: 50 % Grenache, 30 % Syrah, 20 % Cinsault

Domaine Jean Marchand ***

Adresse: 21, route d'Orange, 84230 Châteauneuf-du-Pape, Tel.: 4 90 83 70 34, Fax: 4 90 83 50 83
Produzierte Weine: Lirac (rot)
Rebfläche: 5 ha
Produktionsmenge: 2 500 Kisten
Ausbau: 6 Monate in Emailtanks
Durchschnittsalter der Reben: 25 Jahre
Verschnitt: 80 % Grenache, 20 % Clairette

Domaine du Moulin Blanc

Adresse: 30126 Tavel, Tel.: 4 78 34 25 06, Fax: 4 78 34 30 60
Produzierte Weine: Lirac (rot und rosé)
Rebfläche: Rot: 2 ha; Rosé: 1 ha
Produktionsmenge: Rot: 1 000 Kisten; Rosé: 562 Kisten
Ausbau: Rot: Insgesamt 12 Monate, davon 6 Monate in Eichenfässern;
Rosé: 6 Monate in rostfreien Stahltanks
Durchschnittsalter der Reben: Rot: 25 Jahre; Rosé: 10 Jahre
Verschnitt: Rot: 60 % Grenache, 30 % Syrah, 10 % Mourvèdre; Rosé: 100 % Grenache

Domaine Pelaquié

Adresse: 7, rue du Vernet, 30290 Saint-Victor-la-Coste, Tel.: 4 66 50 21 88
Produzierte Weine: Lirac (rot und rosé)
Rebfläche: Rot: 1,4 ha; Rosé: 0,6 ha
Produktionsmenge: Rot: 837 Kisten; Rosé: 375 Kisten
Ausbau: Rot: 15 bis 18 Monate in rostfreien Stahltanks; Rosé: 5 bis 8 Monate in rostfreien Stahltanks
Durchschnittsalter der Reben: Rot: 20 Jahre; Rosé: 20 Jahre
Verschnitt: Rot: 60 % Grenache, 40 % Mourvèdre;
Rosé: Zu gleichen Teilen Grenache, Cinsault und Mourvèdre

LIRAC

DOMAINE DE ROC EPINE ODER DOMAINE LAFOND

Adresse: Route des Vignobles, 30126 Tavel, Tel.: 4 66 50 24 59, Fax: 4 66 50 12 42
Produzierte Weine: Lirac (weiß und rot) (Debütjahrgang der Weißen: 1995)
Rebfläche: Weiß: 1,5 ha; Rot: 10 ha
Produktionsmenge: Weiß: 750 Kisten; Rot: 5 000 Kisten
Ausbau: Weiß: 6 bis 12 Monate in rostfreien Stahltanks;
Rot: Insgesamt 18 Monate, davon 4 bis 5 Monate in alten Eichenfässern
Durchschnittsalter der Reben: Weiß: 4 und 25 Jahre; Rot: 25 Jahre
Verschnitt: Weiß: 40 % Grenache blanc, 20 % Viognier, 20 % Roussanne, 20 % Clairette;
Rot: 60 % Grenache, 30 % Syrah, 10 % Carignan und Cinsault

DOMAINE ROGER SABON ****

Adresse: Avenue Impériale, 84230 Châteauneuf-du-Pape, Tel.: 4 90 83 71 72, Fax: 4 90 83 50 51
Produzierte Weine: Lirac (weiß und rot)
Rebfläche: Weiß: 0,5 ha; Rot: 13,8 ha
Produktionsmenge: Weiß: 150 Kisten; Rot: 3 750 Kisten
Ausbau: Weiß: 4 bis 5 Monate in Emailtanks; Rot: Insgesamt 14 Monate,
davon 6 Monate in alten Eichenfässern und die übrige Zeit in Zementtanks
Durchschnittsalter der Reben: Weiß: 25 Jahre; Rot: 40 Jahre
Verschnitt: Weiß: 30 % Viognier, 25 % Clairette, 25 % Bourboulenc, 20 % Grenache blanc;
Rot: 60 % Grenache, 20 % Syrah, 10 % Mourvèdre, 10 % Cinsault

CHÂTEAU SAINT-MAURICE

Adresse: 30290 Laudun, Tel.: 4 66 50 29 31, Fax: 4 66 50 40 91
Produzierte Weine: Lirac (rot)
Rebfläche: 4 ha
Produktionsmenge: 1 500 Kisten
Ausbau: Mindestens 18 Monate, 40 % 8 bis 10 Monate in alten Eichenfässern
und der Rest in rostfreien Stahl- und Epoxidtanks
Durchschnittsalter der Reben: 35 Jahre
Verschnitt: 70 % Grenache, 30 % Syrah

DIE SÜDLICHE RHONE

Domaine Tour des Chênes

Adresse: 30126 Saint-Laurent-des-Arbres, Tel.: 4 66 50 34 19, Fax: 4 66 50 34 69

Produzierte Weine: Lirac (weiß, rot und rosé)

Rebfläche: Weiß: 0,56 ha; Rot und Rosé: 29,1 ha

Produktionsmenge: Weiß: 312 Kisten; Rot: 8 750 Kisten; Rosé: 3 750 Kisten

Ausbau: Weiß: Mindestens 6 Monate in Zementtanks; Rot: 18 Monate in Zementtanks; Rosé: 4 Monate in Zementtanks

Durchschnittsalter der Reben: Weiß: 20 bis 25 Jahre; Rot und Rosé: 20 bis 25 Jahre

Verschnitt: Weiß: 40 % Clairette, 35 % Grenache blanc, 25 % Ugni blanc; Rot: 50 % Grenache, 25 % Cinsault, 20 % Syrah, 5 % Mourvèdre; Rosé: 65 % Cinsault, 35 % Grenache

Domaine du Vieux Moulin

Adresse: 30126 Tavel, Tel.: 4 66 50 07 79, Fax: 4 66 50 10 02

Produzierte Weine: Lirac (rot)

Rebfläche: 8 ha

Produktionsmenge: 4 000 Kisten

Ausbau: Mindestens 24 Monate, davon wenigstens 6 Monate in sehr alten Eichenfässern

Durchschnittsalter der Reben: 25 Jahre

Verschnitt: 40 % Grenache, 25 % Syrah, 20 % Cinsault, 15 % Mourvèdre

CÔTES DU RHÔNE-VILLAGES

Caveat emptor! Miserabel bis grandios

DIE APPELLATION CÔTES DU RHÔNE-VILLAGES AUF EINEN BLICK

Weinarten:	Weiß-, Rot- und Roséwein
Rebsorten:	Von 24 erlaubten Rebsorten werden 14 bevorzugt angebaut. In der Praxis dominieren bei den Roten die Sorten Grenache, Syrah, Mourvèdre, Cinsault und Carignan, bei den Weißen Grenache blanc, Clairette, Bourboulenc sowie zunehmend Roussanne und Viognier.
Derzeitige Rebfläche:	Etwa 5 058 Hektar, die sich auf beiden Seiten der Rhône über die Départements Vaucluse, Gard und Drôme erstrecken.
Qualitätsniveau:	Mangelhaft bis ausgezeichnet
Reifepotenzial:	Weiß – 1 bis 2 Jahre
	Rot – 3 bis 5 Jahre, einige Spitzenweine 10 bis 15 Jahre
	Rosé – 1 bis 2 Jahre
Empfehlenswerte Villages:	Etwa 85 % der in der Appellation hergestellten Weine tragen außer der Bezeichnung Côtes du Rhône-Villages den Namen eines der folgenden 16 Dörfer: Beaumes de Venise, Cairanne, Chusclan, Laudun, Rasteau, Roaix, Rochegude, Rousset-les-Vignes, Sablet, Saint-Gervais, Saint-Maurice-sur-Eygues, Saint-Pantaléon-les-Vignes, Séguret, Valréas, Vinsobres und Visan. Zwar kommt den einzelnen Erzeugern eine größere Bedeutung zu als den Dörfern, doch findet man im Allgemeinen die beste Qualität in Beaumes de Venise, Cairanne, Rasteau, Sablet und Séguret. Die übrigen etwa 15 % der Gesamtproduktion stammen aus Orten, die nicht berechtigt sind, ihre Namen anzuhängen, sondern ihre Erzeugnisse lediglich Côtes du Rhône-Villages nennen dürfen. Manche dieser Weine können sehr gut geraten.
Allgemeine Eigenschaften:	Qualität und Stil aller drei Weinarten schwanken in Côtes du Rhône-Villages erheblich.
Größte neuere Jahrgänge:	1995, 1990, 1989

Die französische Regierung, genauer gesagt, die für die Vergabe von Ursprungsbezeichnungen zuständige Behörde INAO (Institut National des Appellations d'Origine) stellte fest, dass innerhalb der riesigen Rhôneregion 16 Gemeinden über besonders gute Böden und Mikroklimata verfügen und herausragende Weine bereiten. Diese 16 «Villages» erhielten das Prädikat Côte du Rhône-Villages und dürfen auf den Etiketten ihrer Weine entweder nur den Namen der Appellation oder zusätzlich den des Dorfs nennen.

Die für das Rebgebiet geltenden Richtlinien – erlaubte Ertragsmenge pro Hektar, Rebsorten und Alkoholgehalt – behandeln die Côtes du Rhône-Villages strenger als die Côtes-du-Rhône-Weine. Damit soll gewährleistet werden, dass der Verbraucher beim Kauf eines Côtes du Rhône-Villages die bessere Qualität erhält. Paradoxerweise gibt es zwar zahlreiche feine Côtes du Rhône-Villages, doch gehören die beiden größten Côtes-du-Rhône-Erzeugnisse nicht zu diesen Tropfen. Diese beiden Gewächse, der Cru de Coudoulet der Familie Perrin und der Château de Fonsalette des verstorbenen Jacques Reynaud, stellen wahrhaftig Ausnahmen dar, dazu mehr im folgenden Kapitel.

COTES DU RHONE-VILLAGES

Das Prädikat Côtes du Rhône-Villages erlangten 1953 zunächst nur Cairanne, Chusclan, Laudun und Gigondas, das wiederum 1971 zu einer selbstständigen Appellation erhoben wurde. Die übrigen Dörfer erhielten auf Antrag ebenfalls den «Villages»-Status, nur Vacqueyras avancierte dann auch zu einem eigenständigen Anbaugebiet. Nun wäre es allerdings töricht anzunehmen, dass alle diese Erzeugnisse gleichwertig seien. Im Laufe meiner zahlreichen Degustationen und Kellereibesuche stellte sich heraus, dass einzelne Dörfer bessere Weine hervorbringen als andere. Im Nordosten der südlichen Rhône liegen – amtlich registriert – Rochegude, Rousset-les-Vignes, Saint-Maurice-sur-Eygues, Saint-Pantaléon-les-Vignes und Vinsobres. Die Gegend ist sehr reizvoll, doch nur wenige der von mir verkosteten Weine scheinen den AC-Status «Villages» zu rechtfertigen. Die meisten Erzeugnisse bereiten im Übrigen Genossenschaften.

Am wenigsten erfreulich zeigt sich die Qualität in Chusclan, Laudun und Saint-Gervais im Département Drôme am Westufer der Rhône. Meines Erachtens verdient allein Saint-Gervais das Prädikat Côtes du Rhône-Villages.

Die edelsten Tropfen stammen zweifellos aus dem malerischen, viel besuchten Département Vaucluse. Inmitten von Rebflächen und provenzalischen Bergdörfern produzieren dort Beaumes de Venise, Cairanne, Rasteau, Sablet und Séguret in riesigen Mengen sehr gute, körperreiche, reine, manchmal sogar außergewöhnliche Weine, die alle einen schönen Trinkgenuss versprechen. Beaumes de Venise besitzt, ebenso wie Rasteau, übrigens ein zweites AC-Prädikat für seinen süßen, gespriteten Muscat. Die Côtes du Rhône-Villages werden in alphabetischer Reihenfolge vorgestellt.

BEAUMES DE VENISE

Weinarten:	Die bekanntesten Weine der Appellation sind die süßen *vins doux naturels*, zumeist gespritete, aus Muscat gewonnene Likörweine; darüber hinaus werden auch trockene, zum Teil ausgezeichnete Rote, Weiße und Roséweine hergestellt
Rebsorten:	Alle in der südlichen Rhône zugelassenen Rebsorten, zusätzlich findet sich hier die einzige legale Pflanzung von weißem und dunklem Muscat à petits grains des Rhônetals
Derzeitige Rebfläche:	440 ha
Qualitätsniveau:	Gut bis außergewöhnlich
Reifepotenzial:	2 bis 4 Jahre
Allgemeine Eigenschaften:	Der Muscat ist ein süßer, alkoholstarker, außerordentlich duftiger und exotischer, übervoller Dessertwein; mustergültige rote Côtes du Rhône-Villages besitzen reichlich Kirschenfrucht, ein pfeffriges Bukett von provenzalischen Kräutern und einen kraftvollen Geschmack
Größte neuere Jahrgänge:	1995
Geheimtip:	Die ausgezeichneten trockenen Rotweine der Domaine de Fenouillet, Domaine les Goubert und des Château Redortier

BEWERTUNG DER ERZEUGER VON MUSCAT BEAUMES DE VENISE (LIKÖRWEIN)

*****

Domaine de Baumalric • Domaine de Durban • Paul Jaboulet-Ainé

****

Domaine des Bernardins • Chapoutier • Domaine de Coyeaux •
Domaine de Fenouillet • Château Saint-Sauveur • Vidal-Fleury

***

Caves des Vignerons de Vacqueyras • Vignerons de Beaumes de Venise

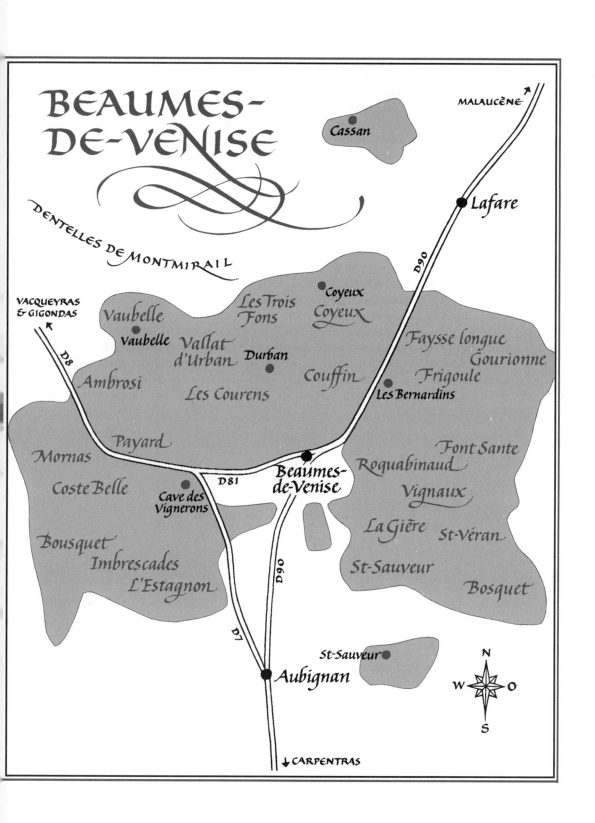

Dieses verträumte Bergdorf verdankt seinen Ruf vor allem dem überschwänglich duftigen *vin doux naturel.* Muscat de Beaumes de Venise erweist sich aber auch als Fundgrube für sehr feine rote Côtes-du-Rhône-Erzeugnisse. Beaumes de Venise liegt fünf Autominuten südlich von Gigondas am Fuße der Dentelles de Montmirail. Der antike Ort wurde von den Römern gegründet, die die Schwefelquellen im nahe gelegenen Montmirail genutzt haben sollen. Die Traubensorte Muscat à petits grains wird im Rhônetal nur hier angebaut.

Der hiesige Muscat gehört zu den größten und verkanntesten Dessertweinen der Welt – hier widerspreche ich heftig den örtlichen Weinkennern, die diesen körperreichen Tropfen mit einem Alkoholgehalt von 21 % nur als Aperitif trinken. Da er sich in der Flasche nicht lange hält und auch nicht weiterentwickelt, muss er innerhalb von 3 bis 4 Jahren nach der Lese getrunken werden, bevor er seine Frische und alkoholstarke Duftigkeit verliert. In dieser Zeit wartet er mit einer Aromawoge auf, in der sich die Düfte von Aprikosen, Pfirsichen, Kokosnüssen, Amaretto, gerösteten Nüssen und Orangen mischen. Der ölige, üppige, exotische Geschmack und die umwerfende Fruchtigkeit überdecken mühelos seinen starken Alkoholgehalt. Der Beaumes de Venise ist eindeutig ein Dessertwein und passt auch großartig zu Obstkuchen und belegten Torten. Außerdem lassen sich Reste gekühlt 5 bis 7 Tage lang ohne Oxidationsgefahr aufbewahren.

In den vergangenen zehn Jahren stieg die Popularität des Muscat de Beaumes de Venise beträchtlich. Normalerweise werden pro Jahr etwa 175 000 Kisten produziert, 135 000 Kisten allein von der 120 Mitglieder starken Genossenschaft. Seine Vorzüge haben sich bis nach Singapur und Japan herumgesprochen, wo seine Beliebtheit mit jedem neuen Jahrgang weiter zu steigen scheint. Außerdem erhöhen die zum Glück relativ stabil gebliebenen Preise noch seine Attraktivität.

DOMAINE DE BAUMALRIC *****

Adresse:
Quartier Saint-Roch, B.P. 15, 84190 Beaumes de Venise, Tel.: 4 90 65 01 77, Fax: 4 90 62 97 28

Produzierte Weine: Beaumes de Venise

Rebfläche: 7 ha

Produktionsmenge: 1 250 Kisten

Ausbau: 12 Monate in rostfreien Stahl- und Zementtanks

Durchschnittsalter der Reben: 30 bis 40 Jahre

Verschnitt: 100 % Muscat blanc à petits grains

Die Domaine de Baumalric gehört zu den anspruchsvolleren Winzereien in Beaumes de Venise. Im Jahr 1991 verließ der damals 35-jährige Besitzer Daniel Begouaussel die Genossenschaft und ging dazu über, seinen Wein selbst abzufüllen. Bei geringen Erträgen, das heißt 23 statt der erlaubten 30 Hektoliter pro Hektar, bereitet Begouaussel ausschließlich aus Muscat à petits grains einige sehr elegante und erfrischende, leichtgewichtige und doch ausdrucksstarke, süße Beaumes de Venise. Im Gegensatz zu Weinen, die es auf einen Alkoholgehalt von 20 % oder mehr bringen, weist der Domaine de Baumalric selten mehr als 15 %

auf. Die 94er und 95er beeindrucken dank ihrer außerordentlichen Reinheit, Frische und lieblichen Aprikosenfrucht. Daniel Begouaussel produziert außerdem einen roten Côtes du Rhône und Beaumes de Venise sowie einige Côtes du Ventoux.

DOMAINE DES BERNARDINS ****

Adresse:

Quartier Saint-Anne, 84110 Beaumes de Venise, Tel.: 4 90 62 94 13

Produzierte Weine: Muscat de Beaumes de Venise

Rebfläche: 5 ha

Produktionsmenge: 6 250 Kisten

Ausbau: 6 Monate in rostfreien Stahltanks

Durchschnittsalter der Reben: 10 bis 40 Jahre

Verschnitt: 75 % Muscat blanc à petits grains, 25 % Muscat noir à petits grains

Madame Renée Castaud legt großen Wert auf die Feststellung, dass dieses auch unter dem Namen Domaine Castaud-Maurin bekannte Gut zu den wenigen Erzeugern im Ort gehört, die ihren Beaumes de Venise auf traditionelle Weise ohne Einsatz von Zentrifugen bereiten. Das Ergebnis ist ein altmodischer, farbintensiver Muscat von dicker, ölig strukturierter, reifer, kerniger und schwergewichtiger Persönlichkeit. Obgleich ich Madame Castauds Ansicht, der Wein könne zwei Jahrzehnte altern, nicht teile, erweist er sich zweifellos als großer Beaumes de Venise mit einem höheren Oxidationsgrad als die meisten seiner Namensvettern.

CAVES DES VIGNERONS DE VACQUEYRAS ***

Adresse:

Le Troubadour, 84190 Vacqueyras, Tel.: 4 90 65 84 54, Fax: 4 90 65 81 32

Produzierte Weine: Muscat de Beaumes de Venise

Rebfläche: 6,5 ha

Produktionsmenge: 2 185 Kisten

Ausbau: Mindestens 6 Monate in rostfreien Stahltanks

Durchschnittsalter der Reben: 10 sowie 15 bis 20 Jahre

Verschnitt: 100 % Muscat blanc à petits grains

Die kleine Genossenschaft in Vacqueyras zählt nur sechs Mitglieder und verfügt über eine Rebfläche von sechseinhalb Hektar. Abgesehen von einer winzigen Parzelle mit durchschnittlich 15 bis 20 Jahre alten Weinstöcken beträgt das Durchschnittsalter der Reben etwa zehn Jahre. Die Genossenschaft produziert einen gefälligen, schnörkellosen Wein.

DIE SÜDLICHE RHONE

Chapoutier ****

Adresse:
18, avenue du Docteur Paul Durand, B.P. 38, 26600 Tain l'Hermitage,
Tel.: 4 75 08 27 43, Fax: 4 75 08 28 65

Chapoutier bereitet ausschließlich aus Muscat blanc à petits grains eine stilvolle, erfrischend fruchtige, reiche Cuvée. Die Trauben stammen von Winzern in Beaumes de Venise und werden unter seiner Aufsicht in deren eigenen Kellereien zu Wein verarbeitet. Die Produktion beläuft sich auf durchschnittlich 1 875 Kisten, dank Michel und Marc Chapoutier gewann der Wein zunehmend an Intensität.

Domaine de Coyeaux ****

Adresse:
B.P. 7, 84190 Beaumes de Venise, Tel.: 4 90 62 97 96, Fax: 4 90 65 01 87

Produzierte Weine: Muscat Beaumes de Venise

Rebfläche: 50,2 ha

Produktionsmenge: 17 500 Kisten

Ausbau:
12 Monate in rostfreien Stahltanks und 6 bis 18 Monate in der Flasche

Durchschnittsalter der Reben: 30 Jahre

Verschnitt: 100 % Muscat blanc à petits grains

Der aus Paris stammende, charmante und selbstbewusste Yves Nativelle erwarb 1978 dieses prachtvolle Gut auf den Hügeln oberhalb des Dorfs – der erste Beaumes de Venise wurde 1982 bereitet. Nativelle erzeugte einen frischen und belebenden Muscat, den er abwechselnd «Wein der Päpste» oder «Göttertrank» zu nennen pflegt. Der Tropfen besitzt die Farbe von Orangen und reichlich saubere, reine Frucht. Obgleich nicht der komplexeste Muscat, gerät er gleich bleibend köstlich sowie leichter und weniger kraftvoll und üppig als zum Beispiel der Domaine des Bernardins oder der Domaine de Durban. Nativelle produziert darüber hinaus moderne, eindimensionale rote Beaumes de Venise und besitzt eine kleine Kellerei in Gigondas.

DOMAINE DE DURBAN *****

Adresse:

84190 Beaumes de Venise, Tel.: 4 90 62 94 26

Produzierte Weine: Muscat Beaumes de Venise

Rebfläche: 25 ha

Produktionsmenge: 10 000 Kisten

Ausbau: Mindestens 4 Monate in rostfreien Stahltanks

Durchschnittsalter der Reben: 30 bis 40 Jahre

Verschnitt: 100 % Muscat blanc à petits grains

Der 25 Hektar große Muscat-Weinberg der Domaine de Durban bringt nach Ansicht vieler Beobachter den feinsten Beaumes de Venise der Appellation hervor. Selbst in verregneten, leichteren Jahrgängen gerät er zu einem aufgeschlossenen, extravaganten Wein. Die Rebfläche des von Bernard und Jean-Pierre Leydier betriebenen Guts liegt an einem Steilhang oberhalb des Dorfs und bietet einen großartigen Ausblick. Obwohl die Leydiers leichtere Weine produzieren als ihr Vater früher, hat ihr Muscat nichts von seiner Intensität, Konzentration und Viskosität oder seinem bemerkenswerten Geschmack und unvergesslichen Duft verloren. Nachdem er lange Zeit ohne Jahrgangsangabe verkauft worden war, gingen die Leydiers 1985 dazu über, das Jahr auf dem Etikett zu nennen. Das war angesichts des kurzen Alterungspotenzials und des gestiegenen Käuferbewusstseins für den jeweiligen Jahrgang eine ebenso entscheidende wie vernünftige Neuerung. Wer die Beliebtheit des Beaumes de Venise anzweifelt, sollte eine Flasche Domaine de Durban drei oder vier Monate nach der Freigabe des Weins zu kaufen versuchen – so schnell verschwindet er aus dem Handel!

DOMAINE DE FENOUILLET ****

Adresse:

84190 Beaumes de Venise, Tel.: 4 90 62 95 61, Fax: 4 90 62 90 67

Produzierte Weine: Muscat Beaumes de Venise

Rebfläche: 7,4 ha

Produktionsmenge: 2 500 Kisten

Ausbau: 7 bis 8 Monate in Epoxid- und Zementtanks

Durchschnittsalter der Reben: 30 Jahre

Verschnitt: 100 % Muscat blanc à petits grains

Die Familie Soard gehört zu den ungekrönten Königen des Anbaugebiets, in dem ihr Süßwein zu den feinsten Erzeugnissen zählt, selbst wenn er das Niveau Paul Jaboulet-Ainés, der Domaine de Durban und der Domaine de Baumalric nicht ganz erreicht. Auch ihre Roten verdienen Beachtung, denn die Soards bereiten einen der feinsten trockenen roten Beaumes de Venise sowie eine Reihe anderer Côtes du Rhône. Der mit energischer Hand geführte Betrieb hat sich in den Neunzigern zu einem der seriöseren Unternehmen der südlichen Côtes du Rhône entwickelt.

PAUL JABOULET-AINÉ *****

Adresse:
Domaine de Thalabert, Les Jalets, Route Nationale 7, 26600 La-Roche-de-Glun,
Tel.: 4 75 84 68 93, Fax: 4 75 84 56 14

Produzierte Weine: Muscat Beaumes de Venise

Produktionsmenge: 3 500 Kisten

Die Jaboulets konnten von jeher mit einem herausragenden Muscat Beaumes de Venise aufwarten. In den Kellern der großen Genossenschaft Vignerons des Beaumes de Venise wählen sie die ihrer Meinung nach besten Cuvées aus. Die Weine werden offen zum Gut dieses bekannten *négociant* bei Tain l'Hermitage befördert und früh in Flaschen gefüllt, um ihre Frische und Fruchtigkeit zu erhalten. So entsteht ein ausnahmslos köstlicher, leichter, pfirsichfarbener Wein mit einem überschäumenden Aroma.

CHÂTEAU SAINT-SAUVEUR ****

Adresse:
G.A.E.C. Les Héritiers de Marcel Rey, 84810 Aubignan, Tel.: 4 90 62 90 39, Fax: 4 90 62 60 46

Produzierte Weine: Muscat Beaumes de Venise

Rebfläche: 6,5 ha

Produktionsmenge: 2 250 Kisten

Ausbau: 6 Monate in rostfreien Stahltanks

Alter der Reben: 6 bis 35 Jahre

Verschnitt: 100 % Muscat blanc à petits grains

Die Familie Rey bereitet einen modernen, eleganten, leichten Beaumes de Venise, dessen Alkoholgehalt von durchschnittlich etwa 15 % in der Regel unter dem der meisten anderen Weine der Appellation liegt. Der Tropfen liefert ein schönes Beispiel für die Leistungsfähigkeit dieser Region und sollte in den ersten 1 bis 2 Jahren nach der Lese getrunken werden.

VIDAL-FLEURY ****

Adresse:

69420 Ampuis, Tel.: 4 74 56 10 18, Fax: 4 74 56 19 19

Produzierte Weine: Muscat Beaumes de Venise

Produktionsmenge: 1 750 Kisten

Ausbau: Maximal 1 bis 2 Jahre in rostfreien Stahltanks

Verschnitt: 100 % Muscat blanc à petits grains

Der Verwalter Jean-Pierre Rochias wartet durchweg mit einem feinen, aus gekauftem Most bereiteten Beaumes de Venise auf. Der Wein wird ausschließlich aus Muscat blanc à petits grains gewonnen und 1 bis 2 Jahre lang in Edelstahltanks ausgebaut.

VIGNERONS DES BEAUMES DE VENISE ***

Adresse:

Quartier Ravel, 84190 Beaumes de Venise, Tel.: 4 90 12 41 00, Fax: 4 90 65 02 05

Produzierte Weine:

Muscat Beaumes de Venise Cuvée Tradition, Muscat Beaumes de Venise Cuvée Carte d'Or, Muscat Beaumes de Venise Cuvée Bois Doré

Rebfläche: 330 ha

Produktionsmenge:

Cuvée Tradition – 93 750 Kisten; Cuvée Carte d'Or – 31 250 Kisten; Cuvée Bois Doré – 1 875 Kisten

Ausbau:

Cuvée Tradition – 3 bis 6 Monate in rostfreien Stahltanks; Cuvée Carte d'Or – 3 bis 6 Monate in rostfreien Stahltanks; Cuvée Bois Doré – 3 bis 6 Monate in Eichenfässern, 30 % in neuer Eiche

Durchschnittsalter der Reben:

Cuvée Tradition – 25 bis 30 Jahre; Cuvée Carte d'Or – 20 bis 30 Jahre; Cuvée Bois Doré – 35 bis 40 Jahre

Verschnitt:

95 % Muscat blanc à petits grains, 5 % Muscat noir à petits grains (alle drei Cuvées)

Die 120 Mitglieder zählende Genossenschaft produziert mit einer Rebfläche von 330 Hektar drei gut gemachte Cuvées: den mittelschweren Muscat Beaumes de Venise Cuvée Tradition, die etwas reifere, süßere und dickflüssigere Cuvée Carte d'Or und die Cuvée Bois Doré, die infolge ihres Ausbaus in 30 % Barriques mehr Struktur und Konturen aufweist. Die Gesamtproduktion ist im Handumdrehen verkauft, entweder offen an *négociants* oder an die Scharen von Touristen, die diesen provenzalischen Göttertrank lieben. Um die stets tadellose Qualität der Weine macht sich vor allem der Vorsitzende Alain Ignace verdient.

WEITERE ERZEUGER VON MUSCAT BEAUMES DE VENISE

DOMAINE BOULETIN

Adresse: 84190 Beaumes de Venise, Tel.: 4 90 62 95 10

Produzierte Weine: Muscat Beaumes de Venise

Rebfläche: 4,5 ha

Produktionsmenge: 1 875 Kisten

Ausbau: 6 Monate in Zementtanks

Durchschnittsalter der Reben: 20 Jahre

Verschnitt: 90 bis 95 % Muscat blanc à petits grains, 5 bis 10 % Muscat noir à petits grains

DELAS FRÈRES

Adresse: Z.A. de l'Olivier, 07300 Saint-Jean-de-Muzols, Tel.: 4 75 08 60 30, Fax: 4 75 08 53 67

Produktionsmenge: 2 000 Kisten

Ausbau: 21 Tage Gärung in rostfreien Stahltanks, Schönung und Filtration, nur eine Abfüllung

Verschnitt: 100 % Muscat blanc à petits grains

DOMAINE DES RICHARDS

Adresse: Route d'Avignon, 84150 Violès, Tel.: 4 90 70 93 73, Fax: 4 90 70 90 74

Produzierte Weine: Muscat Beaumes de Venise

Rebfläche: 10 ha

Produktionsmenge: 3 438 Kisten

Ausbau: 6 bis 8 Monate in rostfreien Stahltanks

Durchschnittsalter der Reben: 15 bis 20 Jahre

Verschnitt: 100 % Muscat blanc à petits grains

Cairanne

Spitzenerzeuger

Domaine de l'Ameillaud (Nick Thompson) **** • Domaine Laureut Brusset **** •
Domaine de l'Oratoire Saint-Martin (Frédéric Alary) ****/***** •
Domaine Rabasse-Charavin (Corinne Couturier) ***/**** • Marcel Richaud ****

Wie viele andere Dörfer in dieser Gegend Frankreichs liegt auch Cairanne auf felsigem Untergrund. Der ehemals befestigte Ort bietet einen malerischen Anblick, besonders wenn man sich von Süden nähert. Cairanne gehört zu den ältesten Gemeinden in Vaucluse und hat gute Aussichten, in den Rang einer eigenständigen Appellation erhoben zu werden. In südlicher Richtung breitet sich die für die Provence typische *garrigues*-Landschaft aus. Die kantigen Felsen tragen nicht nur Weinreben, sondern auch Lavendel, Thymian, Rosmarin und Wacholder. Die flacheren Hänge im Norden und Osten beherbergen die übrigen Weingärten Cairannes. Da in beiden Gebieten der Mistral wütet, werden die Rebstöcke sehr niedrig gehalten.

In Cairanne produziert man kraftvolle, reichhaltige Côtes-du-Rhône-Weine mit einem vollmundigen und pfeffrigen Geschmack. Die führenden Produzenten bieten auf Grund des erreichten hohen Niveaus in der Weinbereitung heute Erzeugnisse an, die sich nicht mehr nur rustikal und kräftig geben, sondern gleichzeitig abgerundet, elegant, fleischig und sauber bereitet sind. Die 1929 gegründete Cave des Coteaux de Cairanne gehört zu den herausragenden Genossenschaften der südlichen Rhône – auf sie entfallen über 75 % der Weinproduktion der Gemeinde. Wie schön, dass ein Genossenschaftsbetrieb eine Reihe feiner Tropfen zu vernünftigen Preisen hervorbringt.

DOMAINE DE L'AMEILLAUD ****

Adresse:
84290 Cairanne, Tel.: 4 90 30 82 92, Fax: 4 90 30 74 66

Produzierte Weine:
Côtes du Rhône-Villages (weiß), Vin de pays (rot), Côtes du Rhône (rot),
Côtes du Rhône-Villages Cairanne (rot)

Rebfläche:
Weiß: 3 ha; Rot: Vin de pays – 17 ha; Côtes du Rhône – 17 ha;
Côtes du Rhône-Villages Cairanne – 12 ha

Produktionsmenge:
Weiß: 100 Kisten; Rot: Vin de pays – 8 700 Kisten; Côtes du Rhône – 8 750 Kisten;
Côtes du Rhône-Villages Cairanne – 5 000 Kisten

Ausbau:
Weiß: Gärung in temperaturgeregelten rostfreien Stahltanks,
Abfüllung nach 4 Monaten, vor der malolaktischen Gärung
Rot: Vin de pays – 7 bis 12 Tage traditionelle Gärung in Zementtanks,
6 bis 8 Monate Lagerung in rostfreien Stahl- und Zementtanks, Schönung und Filtration;
Côtes du Rhône – 10 bis 15 Tage traditionelle Gärung in Zementtanks,
danach 6 bis 8 Monate in rostfreien Stahl- und Zementtanks, Schönung und Filtration;
Côtes du Rhône-Villages Cairanne – 3 Wochen Gärung in rostfreien
Stahl- und Zementtanks, 5 bis 10 % werden für 4 Monate in neue Eiche umgepumpt,
dann *assemblage* und Abfüllung nach 12 Monaten

Durchschnittsalter der Reben:
Weiß: 7 bis 8 Jahre
Rot: Vin de pays – 20 bis 25 Jahre; Côtes du Rhône – 25 bis 30 Jahre;
Côtes du Rhône-Villages Cairanne – 40 Jahre

Verschnitt:
Weiß: 40 bis 45 % Bourboulenc, der Rest zu gleichen Teilen Grenache blanc und Marsanne
Rot: Vin de pays – 60 bis 65 % Grenache, 15 % Syrah, 10 bis 15 % Carignan, dazu Cinsault;
Côtes du Rhône – 60 bis 65 % Grenache, 15 bis 20 % Syrah, 15 % Carignan, dazu Mourvèdre;
Côtes du Rhône-Villages Cairanne – 60 % Grenache, 20 bis 25 % Syrah, 10 % Carignan,
dazu Mourvèdre

Der Besitzer Nick Thompson bereitet ausgezeichneten Côtes du Rhône-Villages Cairanne und Côtes du Rhône, doch dürfte sein preisgünstiger *vin de pays* aus Grenache, Syrah, Carignan und Cinsault am bekanntesten sein. Dieser köstliche, runde und gehaltvolle provenzalische Rote sollte in den ersten 2 bis 3 Jahren nach der Lese getrunken werden. Der Côtes du Rhône-Villages Cairanne erweist sich als äußerst extraktstoffreicher, vollmundiger Wein mit einem Alterungspotenzial von bis zu zehn Jahren. Der 94er ist sehr gut, der 95er sogar großartig. Letzterer Jahrgang lässt sich 6 bis 7 Jahre gut lagern.

Mit den Rebsorten Bourboulenc, Grenache blanc und Marsanne wird versuchsweise und in geringem Umfang ein viel versprechender, trockener Weißer bereitet.

COTES DU RHONE-VILLAGES

Domaine Laurent Brusset ****

Adresse:

84290 Cairanne, Tel.: 4 90 70 91 60, Fax: 4 90 30 73 31

Produzierte Weine: Cairanne Les Hauts de Montmirail, Côtes du Rhône

Rebfläche: 30 ha

Produktionsmenge: 10 600 Kisten

Durchschnittsalter der Reben: 27 Jahre

Verschnitt:

55 % Grenache, 20 bis 25 % Syrah, 5 bis 10 % Mourvèdre,
5 bis 10 % Cinsault und Carignan

Daniel Brusset verdankt seinen Ruf vor allem dem verschwenderisch nach Holz duftenden Gigondas, Wohnsitz und Kellerei befinden sich jedoch in Cairanne. Die Domaine Brusset produziert überwiegend Côtes du Rhône und Côtes du Rhône-Villages Cairanne, beides gehaltvolle, gut gemachte und aromareiche Tropfen. In Spitzenjahren bereitet man aus etwa 25 % Mourvèdre, 60 % Syrah und 15 % Grenache eine Cuvée des Templiers mit einem Alterungspotenzial von zehn Jahren. Der Coteaux de Travers, ein pfeffriger, würziger und gehaltvoller Wein, geht aus einem vom Mistral heimgesuchten terrassierten Hang auf den *garrigues* hervor. Die Erzeugnisse dieser Domaine zählen ausnahmslos zu den besten Weinen Cairannes und der gesamten Côtes du Rhône.

Der Qualitätsanstieg seiner weißen Cuvée erfüllt Brusset mit Stolz. Erste Anzeichen von Verbesserung machten sich im 92er bemerkbar, der eine größere Portion Viognier enthält. Heute zeigt der Wein infolge des steigenden Viognier-Anteils einen größeren Aromareichtum sowie mehr Fülle und Gehalt. Weitere Informationen über Daniel Brusset und seinen Sohn Laurent finden sich im Kapitel Gigondas (siehe Seite 631/632).

DOMAINE DE L'ORATOIRE SAINT-MARTIN ****/*****

Adresse:

Route de Saint-Romain, 84290 Cairanne, Tel.: 4 90 30 82 07, Fax: 4 90 30 74 27

Produzierte Weine:

Cairanne (weiß), Côtes du Rhône (weiß), Côtes du Rhône (rot), Réserve des Seigneurs (rot),
Cuvée Prestige (rot), Cuvée Haut Coustias (rot)

Rebfläche:

Weiß: Cairanne – 2,5 ha; Côtes du Rhône – 2,5 ha
Rot: Côtes du Rhône – 10 ha; Réserve des Seigneurs -7 ha; Cuvée Prestige – 3 ha;
Cuvée Haut Coustias – 2 ha

Produktionsmenge:

Weiß: Cairanne – 540 Kisten; Côtes du Rhône – 540 Kisten
Rot: Côtes du Rhône – 2 500 Kisten; Réserve des Seigneurs 2 000 Kisten;
Cuvée Prestige – 1 000 Kisten; Cuvée Haut Coustias – 500 Kisten

Ausbau:

Weiß: Cairanne – 10 Monate in Eichenfässern; Côtes du Rhône – 4 bis 5 Monate in Tanks
Rot: Côtes du Rhône – 6 bis 8 Tage traditionelle Gärung, dann 6 Monate in Tanks,
keine Schönung oder Filtration;
Réserve des Seigneurs – 12 Tage traditionelle Gärung der Grenache-Trauben und *pigeage*
der übrigen Sorten, danach 12 Monate Lagerung in Tanks, Schönung, keine Filtration;
Cuvée Prestige – 12 Tage Gärung mit *pigeage*, danach 12 Monate Lagerung in Tanks,
Schönung, keine Filtration;
Cuvée Haut Coustias – 12 Tage Gärung, danach 18 Monate Lagerung
in 1 Jahr alten Eichenfässern, keine Filtration

Durchschnittsalter der Reben:

Weiß: Cairanne – 50 Jahre; Côtes du Rhône – 10 und 30 Jahre
Rot: Côtes du Rhône – 30 Jahre; Réserve des Seigneurs – 50 Jahre;
Cuvée Prestige – 90 Jahre; Cuvée Haut Coustias – 60 Jahre

Verschnitt:

Weiß: Cairanne – 45 % Marsanne, 45 % Roussanne, 5 % Viognier, 5 % Muscat;
Côtes du Rhône – 50 % Roussanne, 45 % Clairette, 5 % Viognier
Rot: Côtes du Rhône – 80 % Grenache, 20 % Syrah;
Réserve des Seigneurs – 60 % Grenache, 30 % Mourvèdre, 10 % Syrah;
Cuvée Prestige – 60 % Grenache, 40 % Mourvèdre;
Cuvée Haut Coustias – 50 % Mourvèdre, 50 % Syrah

Die Domaine de l'Oratoire Saint-Martin gehört zu den auffälligsten Erscheinungen der südlichen Rhône. Ihre Weine sind weitaus besser, als die Appellation vermuten lässt. Die Qualitätssteigerung begann unter Bernard Alary und wurde von seinem Sohn Frédéric weiter vorangetrieben. Heute werden zwei weiße Cuvées hergestellt. Im Côtes du Rhône dominiert die Roussanne-Traube, der Cairanne wird hauptsächlich aus Roussanne und Marsanne sowie etwas Viognier und Muscat erzeugt. Beide Tropfen liefern mit ihrer großartigen Frische und

Lebendigkeit Musterbeispiele für einen guten trockenen weißen Côtes du Rhône. Gäbe es aus der Region mehr solcher Weißer, wären Verbraucher auf der ganzen Welt begeistert.

Die Stärke dieser Kellerei waren von jeher ihre Roten: der aus Grenache, Mourvèdre und Syrah gewonnene Réserve des Seigneurs, die Cuvée Prestige aus Grenache und Mourvèdre sowie die in Kleinstmengen erzeugte Cuvée Haut Coustias, die aus Mourvèdre und Syrah von 60 Jahre alten Rebstöcken verschnitten wird. Die Weine werden unfiltriert und nur leicht geschönt auf Flaschen gezogen. Seit Mitte der achtziger Jahre wartet diese Kellerei mit überzeugenden Leistungen auf: Den köstlichen 85ern folgten ausgezeichnete 89er, 90er, 94er und 95er. Der Anblick dieser Weine stimmt Verbraucher fröhlich, denn sie werden zu einem erschwinglichen Preis verkauft und bieten die gleiche Qualität wie andere Erzeugnisse, für die das Zwei- bis Dreifache verlangt wird.

DOMAINE RABASSE-CHARAVIN ***/****

Adresse:
Les Coteaux Saint-Martin, 84290 Cairanne, Tel.: 4 90 30 70 05, Fax: 4 90 34 74 42

Produzierte Weine:
Vin de table, Côtes du Rhône (weiß und rot), Côtes du Rhône-Villages Cairanne (weiß und rot),
Côtes du Rhône-Villages Cairanne Cuvée Laure-Olivier,
Côtes du Rhône-Villages Cairanne Cuvée d'Estevenas

Rebfläche: 68 ha

Produktionsmenge: 10 000 bis 15 000 oder mehr Kisten

Ausbau: Traditionell, 12 bis 18 Monate in alten *foudres*, Flaschenabfüllung ohne Filtration

Alter der Reben: 15 bis 100 Jahre

Verschnitt:
Weiß: 65 % Bourboulenc, 35 % Clairette
Rot: 70 % Grenache, 10 % Syrah, 10 % Cinsault, 10 % Mourvèdre

Hinter dem Namen Domaine Rabasse-Charavin verbirgt sich ein weiteres erstklassiges Gut der südlichen Côtes du Rhône, dem ich so manche gute Flasche verdanke. Zunächst wurde der Wein von Abel Couturier bereitet, bis 1985 seine Tochter Corinne den Betrieb übernahm. Wie viele andere große Kellereien aus der Region produziert auch dieses Gut eine ganze Palette von Weinen: einen *vin de table*, einen roten und weißen Côtes du Rhône, verschiedene Cairanne-Cuvées – darunter den ausgezeichneten, vollen, modischen, pfeffrigen und nach Vogelkirschen schmeckenden Côtes du Rhône-Villages Cairanne –, die üppige, dicke und saftige Cuvée Laure-Olivier sowie die Cuvée d'Estevenas. Außerdem wird aus gleichen Anteilen Bourboulenc und Clairette in verschwindend kleiner Menge von nur etwa 250 Kisten ein weißer Côtes du Rhône-Villages Cairanne gewonnen.

Die Weine gehen aus vielen, über Cairanne, die Côtes du Rhône und das nahe Rasteau (etwa 28 Hektar) verteilte Parzellen hervor. Sie werden nach traditionellen Methoden bereitet, 12 bis 18 Monate in alten *foudres* ausgebaut und unter der Leitung Corinnes unfiltriert abgefüllt. Man sollte nicht darüber streiten, welche Cuvée am besten gefällt: die aus Cairanne oder die aus Rasteau. Im Grunde warten alle Produkte der Domaine Rabasse-Charavin, besonders in Spitzenjahren wie 1989, 1990, 1994 und 1995, mit reichlich Frucht, einem ausgeprägten Charakter und hoher Qualität auf. Abgesehen von der Cuvée Laure-Olivier und der Cuvée d'Estevenas, die über ein Alterungspotenzial von bis zu zehn Jahren verfügen, bieten die meisten Weine in den ersten 2 bis 4 Jahren nach der Lese den besten Trinkgenuss.

MARCEL RICHAUD ****

Adresse:
84290 Cairanne, Tel.: 4 90 30 85 25, Fax: 4 90 30 71 12

Produzierte Weine:
Côtes du Rhône (weiß und rot), Côtes du Rhône-Villages Cairanne (weiß und rot),
Vin de table Vaucluse, Vin de pays Vaucluse,
Côtes du Rhône-Villages Cuvée L'Ebrescade

Rebfläche: 15 ha Eigenbesitz, 25 ha Pachtbesitz

Produktionsmenge: 6 000 bis 8 000 Kisten

Ausbau: In Tanks

Alter der Reben: 15 bis 97 Jahre

Verschnitt:
Rot: 65 bis 75 % Grenache, zusätzlich Syrah, Mourvèdre und Cinsault
Weiß: Roussanne, Marsanne, Grenache blanc, Clairette und Viognier
(die Anteile ändern sich mit jedem Jahrgang)

Marcel Richaud, ein gutaussehender Mann Anfang 40 mit ergrauendem Haar, repräsentiert die neue Generation von *vignerons*, die die Genossenschaften verlassen und in der südlichen Rhône kleine Wunder vollbringen. Da er nicht als Genossenschaftsmitglied in der Anonymität versinken und seine Altre-ben mit dem Ertrag anderer Winzer in einem riesigen Gärbottich vermengen will, bereitet Richaud seit über 20 Jahren seine Gutsabfüllungen. Auf eigenen und gepachteten Rebflächen erzeugt er einen kompakten und robusten *vin de table*, einen interessanten Vin de pays de Vaucluse, einen roten Côtes du Rhône, einen roten Côtes du Rhône-Villages Cairanne und eine aus den Trauben alter Grenache-Reben gewonnene Spezialcuvée Côtes du Rhône-Villages Cairanne Cuvée L'Ebrescade.

Darüber hinaus wird in zunehmendem Maße ein schmackhafter Weißer bereitet. Wie viele andere vorausschauende Winzer der südlichen Rhône konnte auch Richaud durch die Beimischung von Roussanne und Viognier den Standardverschnitt aus Grenache blanc, Clairette und Marsanne erheblich verfeinern – es entstand ein trockener Weißer, der zu den besseren der Region zählt. Richaud weiß die großartige Fruchtigkeit seiner alten Weinstöcke zu schätzen: Seine Erzeugnisse sehen kein Holz, werden nach dem Verschnitt minimal behandelt und dann abgefüllt. So entstehen in Spitzenjahren wie 1989, 1990, 1994 und 1995 unbestreitbar verlockende und köstliche, vollfruchtige Weine. Den Namen Marcel Richaud sollte man sich merken: Er gehört zu dem Kreis fortschrittlicher, erstklassiger Winzer im Rhônegebiet und vor allem in Cairanne, die die französischen Behörden in absehbarer Zeit dazu bewegen dürften, Cairanne in den Rang einer eigenständigen Appellation zu erheben.

Chusclan

Spitzenerzeuger

Cave Coopérative de Chusclan **

Das Dorf Chusclan befindet sich in einer ziemlich abgelegenen Gegend am rechten Rhône-ufer etwa zehn Kilometer westlich von Orange. Es gehört zu den vier Gemeinden, denen die französischen Behörden 1953 das Recht erteilten, ihren Namen an die Bezeichnung Côtes du Rhône anzuhängen. Während der ereignisreichen Geschichte dieser Gegend befassten sich zunächst die Römer und später die Benediktinermönche mit Weinbau. Lange Zeit gründete sich der Ruhm des Dorfs auf den Rosé, der einst mehr als die Hälfte der Gesamtproduktion ausmachte. Heute dominiert der Rote, der Rosé fiel auf etwa 12 % zurück, und Weißer wird nur in Kleinstmengen bereitet.

Im Gegensatz zu vielen anderen Dörfern der Côtes du Rhône, in denen kleine Winzer die örtlichen Genossenschaften verließen, bleibt deren Mitgliederzahl in Chusclan stabil: Die Cave Coopérative de Chusclan kontrolliert nahezu die gesamte Weinerzeugung. Die gut 140 Mitglieder bestellen ein etwa 810 Hektar großes Rebgebiet, aus dem praktisch alle Chusclan-Weine hervorgehen. Die Weine geben sich rustikal und besitzen Standardqualität. Die berühmteste Abfüllung der Genossenschaft heißt Cuvée de Marcoule, ein ordentlicher, aus unerklärlichen Gründen nach dem nahe gelegenen Kernkraftwerk benannter Rosé.

Laudun

Spitzenerzeuger

Domaine Pelaquié ***

Das unscheinbare Provence-Dorf Laudun liegt etwa zehn Kilometer südwestlich von Chusclan ebenfalls am Westufer der Rhône im Département Gard. Wie der nördliche Nachbar gehört es neben Cairanne und Gigondas zu den vier Gemeinden, die 1953 das Prädikat Côtes du Rhône-Villages erhielten. Allerdings erweist sich Laudun als die unergiebigste Fundgrube für erstklassige Weine. Lediglich seine Geschichte bietet Gesprächsstoff, denn Julius Cäsar unterhielt in der Nähe ein Heerlager, wie die auf den Rebflächen gefundenen Artefakte beweisen. Ansonsten fehlt dem Ort nicht nur der Charme anderer Dörfer der Provence, man scheint sich außerdem damit abgefunden zu haben, dass die Weinproduktion von der örtlichen Genossenschaft Cave des Quartier Chemins dominiert wird, deren 282 Mitglieder mit 95 % den Markt beherrschen und durchweg solide, aber reizlose Weine erzeugen. Den einzigen beachtenswerten Tropfen liefert die Domaine Pelaquié.

DOMAINE PELAQUIÉ ***

Adresse:

7, rue de Vernet, 30290 Saint-Victor-la-Coste, Tel.: 4 66 50 06 04, Fax: 4 66 50 33 32

Produzierte Weine: Côtes du Rhône-Villages

Rebfläche: 64,7 ha

Produktionsmenge: 4 000 bis 5 000 Kisten

Verschnitt:

Weiß: Clairette, Grenache blanc, Bourboulenc, Marsanne, Roussanne, Viognier

Rot: 60 % Grenache, 40 % Syrah, Mourvèdre, Cinsault und Counoise

In den vergangenen 10 bis 15 Jahren verlieh Luc Pelaquié den einst von seinem Vater bereiteten Weinen einen leichteren Charakter. Er produziert einen einwandfreien, gefälligen, rustikalen und pfeffrigen, in Spitzenjahren auch kraftvollen Roten, der in den ersten 5 bis 6 Jahren nach der Lese getrunken werden sollte. Die neuesten Weißweinjahrgänge offenbaren ein verlockendes Aroma, Eleganz und Attraktivität – zweifellos eine Folge der Beimischung von Viognier und Roussanne.

RASTEAU

SPITZENERZEUGER

Domaine de Beaumistral (Jean-Marc Brun) *** • Domaine des Coteaux de Travers (Robert Charavin) *** • Domaine des Papillons (Didier Charavin) *** • Domaine Rabasse Charavin (Corinne Couturier) **** • Domaine de la Soumade (André Romero) ***** • Domaine du Trapadis **** • Château du Trignon (Pascal Roux) *** • Domaine de Verquière (Bernard Chamfort) ***

Das Dorf Rasteau thront auf den Hügeln zwischen Séguret und Vaison-la-Romaine – inmitten eines bevorzugten Tourismusgebiets im Herzen der südlichen Rhône und der nördlichen Provence.

Rasteau besitzt zwei AC-Prädikate: Hinter der Bezeichnung Côtes du Rhône-Villages Rasteau verbirgt sich hauptsächlich Rotwein, etwas Rosé und wenig Weißwein. Die Roten werden aus den üblichen Sorten der südlichen Rhône bereitet: Grenache, Syrah, Cinsault und Mourvèdre. Die Bezeichnung Rasteau-Village *vin doux naturel* bezieht sich auf weiße und rote Süßweine, die ausschließlich aus Grenache gewonnen werden. Auf die Weißen entfallen 70 % der Gesamtproduktion. Zu der seit 1944 bestehenden Appellation gehört eine Rebfläche von etwa 100 Hektar, die eine Jahresproduktion von circa 25 000 Kisten dieses süßen, gespriteten, alkoholstarken Grenache-Weins hervorbringt. Die Roten und Weißen ähneln im Allgemeinen einem rustikalen, gelbbraunen bis rubinrot beziehungsweise weiß gefärbten Port. Man braucht einige Zeit, um sich an den feurigen Alkohol, die ölige Struktur und das leicht oxidierte, kräuterartige, schokoladige Röstaroma zu gewöhnen.

Die edelsten Rasteau-Tropfen bereitet André Romeros Domaine de la Soumade, der einzige Fünf-Sterne-Erzeuger im Ort, dessen größte Weine trockene Rote sind.

COTES DU RHONE-VILLAGES

Domaine de la Soumade *****

Adresse:

Route d'Orange, 84110 Rasteau, Tel.: 4 90 46 11 26, Fax: 4 90 46 11 69

Produzierte Weine:

Côtes du Rhône-Villages Rasteau Cuvée Normale, Côtes du Rhône-Villages Rasteau Cuvée Prestige,
Côtes du Rhône-Villages Rasteau Cuvée Confiance, Rasteau Vin Doux Naturel Doré,
Rasteau Vin Doux Naturel Rouge

Rebfläche:

Cuvée Normale – 6 h; Cuvée Prestige – 10,1 ha; Cuvée Confiance – 2 ha;
Vin Doux Naturel Doré – 5,1 ha; Vin Doux Naturel Rouge – 4 ha

Produktionsmenge:

Cuvée Normale – 2 750 Kisten; Cuvée Prestige – 4 375 Kisten; Cuvée Confiance – 750 Kisten;
Vin Doux Naturel Doré – 1 500 Kisten; Vin Doux Naturel Rouge – 1 375 Kisten

Ausbau:

12 Monate in alten Eichenfässern (alle drei Cuvées), 1 bis 2 Jahre in Eichenfässern à 1 000 Liter
(Vin Doux Naturel Doré und Vin Doux Naturel Rouge)

Durchschnittsalter der Reben:

Cuvée Normale – 5 bis 20 Jahre; Cuvée Prestige – 40 Jahre; Cuvée Confiance – 95 Jahre;
Vin Doux Naturel Doré – 40 Jahre; Vin Doux Naturel Rouge – 40 Jahre

Verschnitt:

Cuvée Normale – 60 % Grenache, 20 % Syrah, 10 % Cinsault, 10 % andere Sorten;
Cuvée Prestige – 60 % Grenache, 20 % Syrah, 10 % Cinsault, 10 % andere Sorten;
Cuvée Confiance – 80 % Grenache, 20 % Syrah; Vin Doux Naturel Doré – 100 % Grenache;
Vin Doux Naturel Rouge – 90 % Grenache, 10 % Syrah

Der Lokalmatador in Rasteau heißt André Romero von der Domaine de la Soumade. Er bereitet fünf umwerfende, köstliche rote Cuvées: drei trockene und zwei Versionen der berühmten Spätlese *vin doux naturel.* Die trockenen Cuvées sind sensationell, vor allem in Spitzenjahren wie 1995 und, mit Abstrichen, 1994. Es dürfte eine gute Nachricht für alle Verbraucher sein, die nach vollen, konzentrierten und komplexen Weinen ohne große Namen aus Südfrankreich Ausschau halten, dass Romeros 27,2 Hektar große Rebfläche reichlich Wein hervorbringt. Die Vinifikation folgt traditionellen Prinzipien, doch wird, seit Romero den aus der nördlichen Rhône stammenden Önologen Jean-Luc Colombo zu Rate zieht, ein größerer Teil der Trauben entrappt, was zu einem noch dunkleren Tropfen mit süßerer Frucht geführt hat. Romero besitzt zahlreiche alte Rebstöcke und zudem ein sicheres Gespür für die Bereitung großer Weine. Wie Henri Bonneau, der verstorbene Jacques Reynaud und Dutzende anderer hoch talentierter Winzer im südlichen Rhônetal ist auch dieser Erzeuger Autodidakt – und wahrhaftig nicht der schlechteste.

JAHRGÄNGE

1995 • 89 Cuvée Confiance: Die undurchdringlich purpurrot gefärbte 95er Cuvée Confiance enthüllt eine kernige Struktur, ein Aroma von Schwarzen Johannisbeeren und Kirschwasser sowie ausgezeichnete Konturen. Im langen und körperreichen Abgang zeigt sich eine geballte Ladung Frucht. Letzte Verkostung: 6/96.

1995 • 90 Cuvée Fleur de Confiance: Die im Stil eines Henri Bonneau bereitete 95er Cuvée Fleur de Confiance präsentiert sich als gewaltiger, hochgradig konzentrierter und kraftvoller Wein, der sich 10 bis 15 Jahre gut entwickeln dürfte. Letzte Verkostung: 6/96.

1994 • 90 Cuvée Confiance: Die dunkle, purpurrote 94er Cuvée Confiance besitzt eine großartige Fruchtigkeit und ein Aroma von Vogelkirschen mit einer kräftigen Note provenzalischer Kräuter. Hinzu kommen ein voller Körper, eine zarte, runde, saftige und üppige Struktur sowie ein vollmundiger, weicher Abgang. Der Wein sollte in den kommenden 5 bis 8 Jahren getrunken werden, in dieser Zeit dürften die 95er ihre volle Genussreife erlangen. Letzte Verkostung: 6/96.

1994 • 90 Cuvée Prestige: Dieser satt purpurrote Wein, der sich kaum von der 94er Cuvée Confiance unterscheidet, besitzt enorme Mengen an Frucht, Glyzerin und Extrakt. Zudem offenbart er einen ausladenden Geschmack, einen vollen Körper und eine überschäumende Fülle. Er sollte in den kommenden zehn Jahren getrunken werden. Letzte Verkostung: 6/96.

Zu den beachtenswerten Weinerzeugern in Rasteau zählt auch Jean-Marc Bruns **Domaine de Beaumistral**. Der dort produzierte trockene Rotwein wird aus 40 % Grenache, 30 % Syrah, 20 % Mourvèdre und jeweils 5 % Carignan und Cinsault gewonnen und acht Monate in alten Eichenfässern ausgebaut. Die neueren Jahrgänge zeichnen sich durch einen immer ausgeprägteren Charakter aus.

Die **Domaine des Coteaux de Travers** Robert Charavins gehört ebenfalls zu den herausragenden Weingütern im Ort. Aus einer acht Hektar großen Rebfläche werden 3 200 Kisten eines robusten und kräftigen – in Frankreich als *solide* bezeichneten – Rotweins gewonnen. Die rustikale Standardcuvée wird 6 bis 12 Monate in Zementtanks ausgebaut und nach minimaler Klärung abgefüllt. Der Ausbau der in geringer Menge hergestellten roten Cuvée Prestige erfolgt in *demi-muids* und zu 10 % neuen Eichenfässern. Außerdem bereitet Charavin als einziger Rasteau-Erzeuger einen trockenen weißen Rasteau-Village – ein interessanter und viel versprechender Verschnitt aus gleichen Teilen Marsanne, Roussanne, Viognier und Grenache blanc, der sich zu einem der besseren trockenen Weißen der südlichen Rhône entwickeln könnte. Leider hat Charavin nur einen Hektar Boden mit diesen Sorten bepflanzt, so dass sich die Produktion auf knapp 400 Kisten beläuft.

Didier Charavin leitet die aufstrebende **Domaine des Papillons**. Er produziert erstklassige trockene Rotweine, darunter einen in Zementtanks ausgebauten Rasteau-Village und eine aus 40 bis 80 Jahre alten Rebstöcken hervorgegangene Cuvée Prestige. Der Verschnitt beider Weine setzt sich zusammen aus 70 % Grenache, 25 % Syrah und 5 % Carignan. Die Cuvée Prestige wird acht Monate lang in *demi-muids* ausgebaut und nach einer leichten Klärung auf Flaschen gezogen. Ferner bereitet die Kellerei einen sehr guten Vin Doux Naturel Doré, der sehr nahe an die von André Romeros Domaine de la Soumade erreichte Qualität herankommt.

Wer nach ungezügelter Kraft und Leidenschaft sucht, sollte einen Blick auf die hoch konzentrierten, ein wenig rustikalen, aber überaus beeindruckenden Erzeugnisse Helen Durands auf ihrem Gut **Domaine du Trapadis** werfen. Durand bereitete großartige 94er und 95er, doch leider bringt die knapp 2,5 Hektar große Rebfläche nur Minimalerträge hervor. Drei Weine werden hier erzeugt: eine Cuvée Rasteau aus 60 % Grenache, 25 % Carignan und 15 % Syrah, eine bemerkenswerte Cuvée Prestige aus 40 % Mourvèdre, 40 % Grenache und 20 % Syrah von 70 Jahre alten Rebstöcken und eine Cuvée Vin Doux Naturel Doré. Alle drei Cuvées werden in Zementtanks ausgebaut und ohne Schönung und Filtration abgefüllt. Einige wenige Verfeinerungen dieser massiven Weine könnten die Domaine du Trapadis zu einem Fünf-Sterne-Betrieb werden lassen.

Auch die von Corinne Couturier betriebene **Domaine Rabasse-Charavin** in Cairanne zählt zu den führenden Betrieben der südlichen Rhône. Die acht Hektar große Anbaufläche erbringt 2 500 Kisten eines rustikalen, aromareichen und vollmundigen roten Côtes du Rhône-Villages Rasteau aus 60 % Grenache und 40 % Mourvèdre. Er gehört zu den strukturierteren Gewächsen der Appellation, Jahrgänge wie der 95er dürften sogar bis zu zehn Jahren oder länger altern.

Zum Kreis der in Rasteau ansässigen Erzeuger guter trockener Rotweine gehören auch das **Château du Trignon** von Pascal Roux und die **Domaine de Verquière** von Bernard Chamfort.

WICHTIGE ADRESSEN IN RASTEAU

DOMAINE DE BEAUMISTRAL

Kontaktperson: Jean-Marc Brun
Adresse: Place du Village, 84110 Rasteau, Tel.: 4 90 46 16 90

DOMAINE BRESSY-MASSON

Kontaktperson: Marie France und Thierry Masson
Adresse: 84110 Rasteau, Tel.: 4 90 46 10 45

DOMAINE CHAMFORT

Kontaktperson: Denis Chamfort
Adresse: La Pause, 84110 Sablet, Tel.: 4 90 46 95 95, Fax: 4 90 46 99 86

DOMAINE DES COTEAUX DE TRAVERS

Kontaktperson: Robert Charavin
Adresse: 84110 Rasteau, Tel.: 4 90 46 10 48, Fax: 4 90 46 15 81

DOMAINE DES GIRASOLS

Kontaktperson: Catherine Joyet
Adresse: La Brune, 84110 Rasteau, Tel.: 4 90 46 11 70, Fax: 4 90 46 16 82

DIE SÜDLICHE RHONE

DOMAINE DU GRAND NICOLET

Kontaktperson: Maurice Leyraud
Adresse: 84110 Rasteau, Tel.: 4 90 46 11 37

DOMAINE DES NYMPHES DU GRAND JAS

Kontaktperson: Jean-Louis Meyer
Adresse: 84110 Rasteau, Tel.: 4 90 46 14 13

DOMAINE DES PAPILLONS

Kontaktperson: Didier Charavin
Adresse: Route de Vaison-la-Romaine, 84110 Rasteau, Tel.: 4 90 46 15 63, Fax: 4 90 46 16 22

DOMAINE RABASSE-CHARAVIN

Kontaktperson: Corinne Couturier
Adresse: Les Coteaux Saint-Martin, 84290 Cairanne, Tel.: 4 90 30 70 05, Fax: 4 90 34 74 42

CHÂTEAU DU TRIGNON

Kontaktperson: Pascal Roux
Adresse: 84190 Gigondas, Tel.: 4 90 46 90 27, Fax: 4 90 46 98 63

DOMAINE DE VERQUIÈRE

Kontaktperson: Bernard Chamfort
Adresse: 84110 Sablet, Tel.: 4 90 46 90 11, Fax: 4 90 46 99 69

VIGNERONS DE RASTEAU

Kontaktperson: Jean-Jacques Dost
Adresse: 84110 Rasteau, Tel.: 4 90 10 90 10, Fax: 4 90 46 16 65

DOMAINE WILFRIED

Kontaktperson: Jean-Luc Pouzoulas und Emile Charavin
Adresse: Quartier Blovac, 84110 Rasteau, Tel.: 4 90 46 10 66

ROAIX

Unmittelbar nördlich des malerischen Bergdorfs Séguret liegt das wunderschöne, mittelalterliche Roaix. Der hiesige Wein wird von der **Cave Coopérative de Roaix-Séguret** bereitet, die man keineswegs zu den besseren Genossenschaften zählen kann. Die Beschaffenheit der Weine lässt auf Planlosigkeit, Unbedachtsamkeit im Detail und unzureichendes Qualitätsbewusstsein schließen. Zum Glück wird der größte Teil des Mosts als Bestandteil irgendeines beliebigen Verschnitts offen verkauft – die rechte Bestimmung für den hier produzierten, wenig begeisternden Wein. Roaix ist eine Reise wert, seine Weine sind es nicht.

ROCHEGUDE

Vermutlich gibt es nur einen einzigen Grund für die knapp 13 Kilometer lange Fahrt von Orange aus nordwärts nach Rochegude: ein Besuch des Luxushotels Château de Rochegude, das im 17. Jahrhundert entstand und zur Hauptattraktion dieses winzigen Dorfs avancierte. Dennoch gehört der Ort zur Appellation Côtes du Rhône-Villages. Thomas Jefferson soll aus mir unerfindlichen Gründen an den hiesigen Weinen Gefallen gefunden haben. Die **Cave Coopérative Vinicole de Rochegude**, der einzige Rotweinerzeuger, bereitet solide und robuste Tropfen, die dem unbedarften Weintrinker einen passablen Genuss bereiten mögen. Außerdem werden durchschnittliche Rosés und ausdrucksschwache Côtes-du-Rhône-Weißweine hergestellt.

SABLET

SPITZENERZEUGER

Domaine de Boissan *** • Domaine les Gouberts *** • Domaine de Piauger **** •
Château du Trignon ** • Domaine de Verquière ***

Das befestigte Dorf Sablet findet sich zwischen dem etwa vier Kilometer südlich gelegenen Gigondas und dem drei Kilometer entfernten Séguret im Norden in einem der schönsten Landstriche der Provence am Fuß der Dentelles de Montmirail. Im Osten erhebt sich nur 30 Autominuten entfernt das Ventoux-Gebirge, im Westen breitet sich ein riesiges Weinbergplateau in Richtung Violès bis zum Stadtrand von Orange aus. Die Gemeinde besitzt eine Rebfläche von mehr als 400 Hektar, aus der zu 95 % Rotwein sowie Kleinstmengen Weiß- und Roséwein gewonnen werden. Nähert man sich Sablet von Gigondas kommend auf der Route Départementale 7, wird der Blick auf das Dorf von seinem hoch aufragenden Glockenturm beherrscht. Sablet begeistert durch seine engen, gewundenen mittelalterlichen Gassen, die Boutiquen, Brunnen, Schatten spendenden Bäume und die zahlreich verstreut liegenden Probierkeller – *les caveaux des gustations*. Der Ort kann außerdem die Erfindung einer Maschine, mit der französische Reben auf amerikanische Wurzelstöcke aufgepfropft werden, für sich in Anspruch nehmen.

Wie in vielen anderen Côte-du-Rhône-Villages entfällt auch in Sablet ein Großteil der Produktion auf die örtliche Genossenschaft, die hier **Le Gravillas** heißt. Sie gehört zu den moderneren Kooperativen, wurde 1935 gegründet und erzeugt eine Vielzahl, zumeist recht ordentlich gemachter Cuvées. Die Qualität der Weine Sablets ist seit langem bekannt, 1974 wurde ihnen das AC-Prädikat Côtes du Rhône-Villages-Sablet verliehen. Viele Eingeweihte erwarten, dass der Ort in spätestens zehn Jahren in den Rang einer eigenständigen Appellation erhoben wird. Die Vinifikation kann insgesamt als sehr gut bezeichnet werden.

Es gibt fünf führende Erzeuger: Christian Bonfils, der auf der 40 Hektar großen **Domaine de Boissan** die Nachfolge seines Vaters Hubert angetreten hat, bereitet einen auf Grenache basierenden, farbintensiven, fruchtigen Wein mit mittlerem bis schwerem Körper und dem für die Gegend typisch pfeffrigen *garrigue*-Aroma. Er gehört zu den kraftvolleren Sablet-Produkten.

Jean-Pierre Cartier aus dem benachbarten Gigondas bereitet einen schmackhaften Weißen sowie einen üppigen, vollmundigen Roten aus 65 % Grenache und 35 % Syrah.

Der vielleicht langlebigste und konzentrierteste Sablet wird von der **Domaine de Verquière** bereitet. Nachdem Louis Chamfort jahrzehntelang an der Spitze dieses Betriebs stand, leitet ihn heute sein Sohn Bernard. Vater Chamford lagerte den Wein vor der Abfüllung häufig fünf oder sechs Jahre in *foudres*. Bernard verkürzte diese Zeitspanne, weil er erkannt hatte, dass die Frucht in weniger guten Jahren einen derart langen Aufenthalt in altem Holz nicht überstehen kann. Heute wird der Wein in der Regel innerhalb von 2 bis 3 Jahren nach der Lese auf Flaschen gezogen. Er gehört zu den rustikaleren, pfeffrigeren, würzigeren und muskulöseren Weinen.

Gute Tropfen bereitet auch Pascal Roux im **Château du Trignon**.

DOMAINE DE PIAUGER ****

Adresse:
La-Daysse-des-Dulcy, 84110 Sablet, Tel.: 4 90 46 90 54, Fax: 4 90 46 99 48

Produzierte Weine:
Côtes du Rhône-Villages-Sablet (weiß); Côtes du Rhône-Villages-Sablet Les Briguières (rot),
Côtes du Rhône-Villages-Sablet Montmartel (rot)

Rebfläche:
Weiß: 1 ha; Rot: Les Briguières – 4 ha; Montmartel – 2,5 ha

Produktionsmenge:
Les Briguières – 1 875 Kisten; Montmartel – 1 000 Kisten

Ausbau:
Les Briguières – 1 Monat Gärung in Zementtanks, Abfüllung nach 18 Monaten,
kein Entrappen, eine Schönung nach der malolaktischen Gärung, keine Filtration;
Montmartel – Siehe Les Briguières

Durchschnittsalter der Reben:
Les Briguières – 45 Jahre; Montmartel – 40 Jahre

Verschnitt:
Weiß: 50 % Grenache blanc, 25 % Clairette, 25 % Viognier
Rot: Les Briguières – 80 % Grenache, 20 % Mourvèdre; Montmartel – 80 % Grenache, 20 % Mourvèdre

Die Domaine de Piauger unter der Leitung des einfallsreichen und tatkräftigen Jean-Marc Autran entwickelte sich zu einem der führenden Erzeuger in Sablet und wird von der französischen Presse zu Recht mit Lob überschüttet. Produziert werden gut gemachte, reine, reife Weine, deren Mourvèdre-Anteil erhöht wurde, um dem von der Grenache-Traube dominierten Tropfen mehr Struktur und ein höheres Alterungspotenzial von 5 bis 7 Jahren zu verleihen. Die beiden Roten besitzen reichlich Frucht, ein ausgeprägtes, pfeffriges Vogelkirschenaroma, mehr Gehalt und Reinheit als die meisten anderen Sablets sowie eine geschmeidige Struktur. In den letzten Jahren fielen sie besonders kraftvoll aus.

Die Kellerei produziert außerdem in geringer Menge weißen Sablet aus 50 % Grenache blanc sowie jeweils 25 % Viognier und Clairette.

In den Jahren 1994 und 1995 führte Autran als dritten Rotwein die Cuvée Tenebi ein, die ich allerdings noch nicht verkostet habe.

Es sei daran erinnert, dass Jean-Marc Autran auch einen sehr feinen Gigondas bereitet (siehe Seite 645), einen höheren Genuss versprechen allerdings Les Briguières und Montmartel.

SAINT-GERVAIS

SPITZENERZEUGER

Domaine Sainte-Anne (G. Steinmaier) ****

Auf einem Hügel über der Stadt Saint-Gervais befindet sich eines der besten Weingüter des gesamten Rhônetals. Die großartig gelegene, 26 Hektar umfassende **Domaine Sainte-Anne** bietet einen weiten Ausblick über das südliche Rhônebecken. Ihr Besitzer Guy Steinmaier erweist sich als ebenso innovativer wie seriöser Winzer. Die Charakterisierung seines Weins als «ein Mittelding zwischen Gigondas und Châteauneuf-du-Pape» wird diesem schwerlich gerecht. Bei der Weinbereitung legt Steinmaier ausgesprochen hohe Maßstäbe an, und so gilt der verblüffende Weiße nicht nur als der erfolgreichste Viognier-Tropfen der südlichen Rhône, sondern gleicht auch einem hochfeinen Condrieu. Die roten Auslesen erweisen sich zwar als typische Beispiele des vollfruchtigen, reinen und modernen Stils, besitzen jedoch auch eine ausgeprägte Persönlichkeit. Steinmaier hat die Anteile an Mourvèdre und Syrah in seinen Roten erhöht: Die Standardcuvée Côtes du Rhône besteht aus etwa 50 % Mourvèdre und jeweils 25 % Syrah und Grenache. Die ledrigen, erdigen und animalischen Duftnoten im Bukett und die reife Beerenfrucht legen einen Vergleich mit einem Beaucastel oder Bandol nahe. Die Cuvée Notre Dame de Cellettes aus etwa 60 % Grenache und 40 % Syrah und Mourvèdre offenbart das für einen Côtes du Rhône typisch pfeffrige Aroma von Kirschwasser, gerösteten Kräutern und Beerenfrucht. Zu den Markenzeichen der Steinmaier-Erzeugnisse gehören eine natürliche Struktur, ein nicht durch Filtration beeinträchtigter Charakter sowie eine hochgradig reine, reife Frucht.

Leider gibt es in Saint-Gervais keine weiteren gleichrangigen Erzeuger. Unter den übrigen Produzenten nimmt die **Cave Coopérative de Saint-Gervais** eine dominierende Stellung ein, bringt aber wenig begeisternde, ausdrucksschwache und eintönige Produkte hervor.

Saint-Maurice-sur-Eygues

Die französischen Behörden haben mit der Vergabe des Prädikats Côtes du Rhône-Villages an Saint-Maurice-sur-Eygues erneut eine fragwürdige Entscheidung getroffen. Abgesehen von der örtlichen Genossenschaft **La Cave des Coteaux de Saint-Maurice-sur-Eygues** gibt es praktisch keinen Weinproduzenten im Ort, obwohl die französische Presse für die Weine der **Domaine de Deurre** die Werbetrommel rührt. Dieser Betrieb im Besitz von Jean-Claude Valayer und seinem Sohn Hubert, einem Önologen, entfaltet allmählich seine Möglichkeiten. Die 95er und 94er empfand ich allerdings als ausdruckslos, während die Genossenschaftserzeugnisse qualitativ fragwürdig zu nennen sind. Zu allem Überfluss dürfte Saint-Maurice-sur-Eygues auch noch das uninteressanteste und langweiligste Dorf der Gegend sein.

Saint-Pantaléon-les-Vignes und Rousset-les-Vignes

Der Besuch dieser beiden Côtes-du-Rhône-Dörfer lohnt sich nur wegen ihrer touristischen Reize und der Fahrt durch eine großartige Landschaft, leider aber nicht wegen ihrer Weine. Die **Union des Producteurs de Saint-Pantaléon-les-Vignes et Rousset-les-Vignes** kontrolliert die gesamte Produktion. Der Rosé erweist sich als ausdruckslos, der Weiße als nüchtern und neutral, der Rote als reizlos, hohl und fade. Der Ausflug in das entlegene Saint-Pantaléon-les-Vignes bietet jedoch eine großartige Gelegenheit, während der Fahrt auf einer wenig benutzten Straße durch ein ansonsten gut besuchtes Gebiet der südlichen Rhône und der Provence eine zerklüftete Berglandschaft zu genießen. Bei der Gelegenheit sollte man unbedingt auch die durch Rousset-les-Vignes führende Route Départementale 538 entlangfahren, eine weitere malerische Strecke. Die Gegend vermag zu begeistern, der Wein nicht.

Séguret

Spitzenerzeuger

Domaine de Cabasse *** • Paul Jaboulet-Ainé ***

Dieses windgepeitschte Dorf scheint aus dem Felsen, auf dem es thront, gemeißelt zu sein. Die Aussicht von Ségurets vornehmem Hotel und Restaurant La Table du Comtat auf das Rhônetal sollte man sich nicht entgehen lassen. Vor allem bei Sonnenuntergang bietet sich ein großartiger Blick nach Westen, dessen Erleben durch eine Flasche Séguret aus der Domaine de Cabasse noch gesteigert wird. Unter der Leitung von Nadine Latour produziert die **Domaine de Cabasse** mustergültige Rote, Weiße und Rosés. Sie müssen jung getrunken werden, sind jedoch aromareich, rund und äußerst erquicklich, wenn auch nicht komplex.

Obwohl das Etikett Séguret nicht als Herkunftsort nennt, stammt **Paul Jaboulet-Ainés** Côtes du Rhône-Villages ausschließlich von den hiesigen Weingärten. Der besonders preisgünstige, schwerfällige Wein sollte in den ersten 5 bis 6 Jahren nach der Lese getrunken werden.

VALRÉAS

Domaine des Grands Devers (René Sinard) *** • Domaine Mireille et Vincent *** •
Le Val des Rois (Romain Bouchard) ***

Valréas, ein Bergdorf in einer ziemlich entlegenen Gegend, gehört formal zum Département Vaucluse. Wegen des am Nordrand der Appellation herrschenden kühleren Mikroklimas müsste man den Ort allerdings eigentlich dem Département Drôme zuschreiben. Zahlreiche Sehenswürdigkeiten laden zum Verweilen ein: das eindrucksvolle Hôtel de Ville, die provenzalische, im 11. und 12. Jahrhundert erbaute Kirche Eglise Notre Dame de Nazareth sowie hübsche, überall zu findende uralte Häuser. Wer das Glück hat, an einem Markttag nach Valréas zu kommen, wird einen der belebteren Marktflecken der Region vorfinden. Doch aufgepasst: Die Fahrt auf der engen, kurvenreichen Straße von Orange nach Valréas erscheint einem viel weiter als die tatsächlichen 32 Kilometer.

Wie in vielen anderen Côtes du Rhône-Villages wird auch hier das Angebot von der örtlichen Genossenschaft beherrscht: Die **Cave Coopérative La Gaillarde** bringt einen einwandfreien, im Grunde jedoch eindimensionalen Wein hervor. Zu den Spitzenerzeugern gehören das Gut **Le Val des Rois** der Familie Bouchard, René Sinards **Domaine des Grands Devers** und die **Domaine Mireille et Vincent** der Familie Bizard. Deren Kellerei befindet sich zwar in Valréas, ihr Wein stammt aber von Weinbergen außerhalb der Appellation und trägt schlicht die Bezeichnung Côtes du Rhône.

VINSOBRES

Domaine les Aussellons *** • Cave Coopérative la Vinsobraise ** • Caves C. N. Jaume *** •
Domaine de Coriançon ** • Château de Deurre *** • Domaine de Moulin **

Südlich von Valréas und nur wenige Kilometer westlich von Nyon und der Weinbauregion Coteaux du Tricastin liegt das alte römische Dorf Vinsobres. Hier im Osten der Appellation herrscht ein kühles, nördliches Klima, doch die fast gebirgige Lage schützt den Ort besser gegen den Ansturm des Mistral, als das in Valréas der Fall ist. Vinsobres erhielt 1957 den Status Côtes du Rhône-Villages und verdankt seinen Namen einem Bischof, der im 17. Jahrhundert im nahe gelegenen Vaison-la-Romaine, einer viel besuchten ehemaligen römischen Siedlung, residierte.

Die Produktion wird von zwei Genossenschaften, der **Cave Coopérative la Vinsobraise** und der **La Cave du Prieuré**, dominiert. Das viel versprechende Potenzial der Gemeinde zeigt sich in der wachsenden Zahl von Winzern, die den Kooperativen den Rücken kehren und ihren Wein selbst abfüllen. Zu den führenden Gütern gehören die 16,2 Hektar umfassende **Domaine les Aussellons**, die **Caves C. N. Jaume** mit einer 27,1 Hektar großen, zumeist an beeindruckenden Hangterrassen gelegenen Rebfläche und das **Château de Deurre** mit einem Anbaugebiet von etwa 20 Hektar. Diese drei Betriebe erzeugen den beständigsten Roten in Vinsobres. Allerdings darf die Familie Jaume auf Grund einer Änderung der Appellationsbestimmungen für ihre Erzeugnisse nicht mehr den Namen Vinsobres verwenden und verkauft sie deshalb schlicht als Côtes-du-Rhône-Weine. Die Tropfen der ungefähr 20 Hektar großen **Domaine de Moulin** von Denis Vinson können ebenfalls gut geraten, zeigen aber weniger Konsistenz. Die besten Cuvées der Cave Coopérative la Vinsobraise sind in Spitzenjahren gute Côtes du Rhône-Villages.

Wegen des etwas kühleren Klimas findet sich hier weniger Grenache im Verschnitt als bei den südlichen Nachbarn Cairanne, Sablet, Rasteau, Beaumes de Venise und Séguret. Vinsobres verfügt von allen im Norden liegenden Côtes du Rhône-Villages über das beste Potenzial, erzielt jedoch keineswegs ein zufrieden stellendes Maß an Fülle, Vollendung und Komplexität. Die Weißen enthalten generell zu viel Säure, und die Roséweine erweisen sich als nichts sagend. Allerdings überragen die akzeptablen Roten bei weitem das Qualitätsniveau der Erzeugnisse aus Saint-Pantaléon-les-Vignes und Valréas im Norden oder Visan und Saint-Maurice-sur-Eygues im Süden.

VISAN

SPITZENERZEUGER

Domaine de la Cantharide (J. Roux) *** • Clos du Père Clément (H. Depeyre) ***

Südwestlich von Valréas und westlich von Vinsobres findet man ein weiteres mittelalterliches Dorf mit gewundenen Gassen, grenzenlosem Charme und provenzalischen Bauern, von denen viele den bunten *santons*, Weihnachtsfiguren aus Ton, ähneln, für die die Gegend berühmt ist. Die in Visan erzeugten Rotweine entstammen reichhaltigen Lehmböden und besitzen zumeist ein entfernt an Himbeeren erinnerndes Aroma sowie eine pfeffrige, kräuterwürzige Note, die in weniger guten Jahren bisweilen dominiert. Die beiden besten Kellereien, die **Domaine de la Cantharide** der Familie Laget-Roux und der **Clos du Père Clément** der Familie Depeyre, bereiten moderne, fruchtige, runde Weine von einem mittleren Körper, einer schönen Tiefe und einem ansehnlichen Charakter. Die **Cave Coopérative les Coteaux Visan** bringt in der Regel mittelmäßige und eindimensionale Tropfen hervor. Visan stellt sicher ein lohnendes Ausflugsziel dar, doch die an seinen Status als Côtes-du-Rhône-Village geknüpfte Hoffnung auf qualitativ hochwertigen Wein wird bei einer unbefangenen Verkostung seiner Erzeugnisse enttäuscht.

CÔTES DU RHÔNE
Eine ergiebige Fundgrube für den anspruchsvollen Genießer

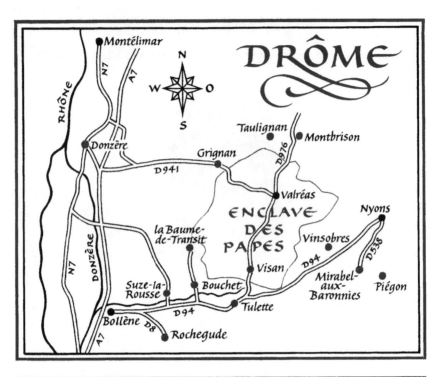

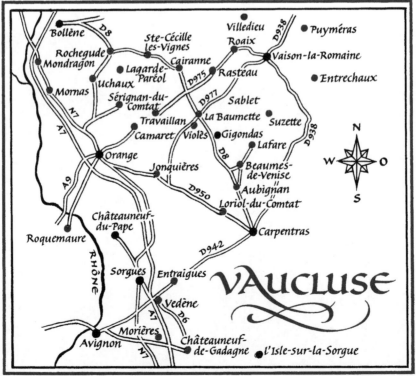

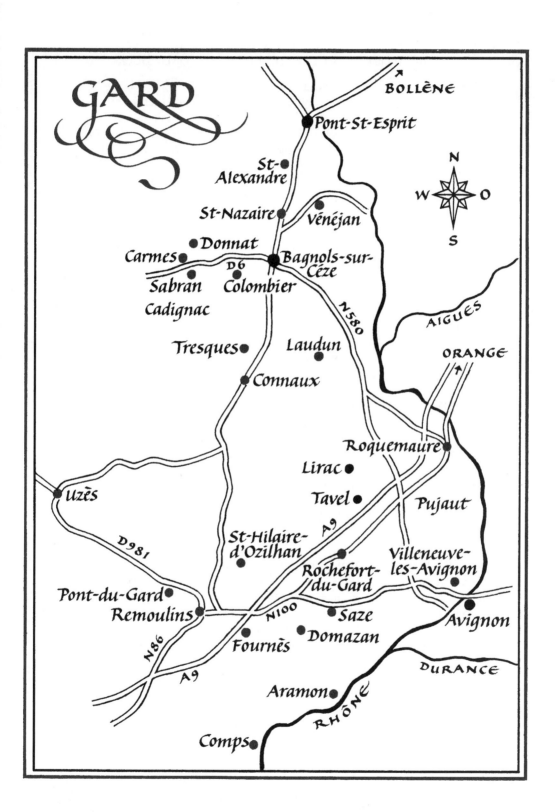

DIE APPELLATION CÔTES DU RHÔNE AUF EINEN BLICK

Appellation seit:	19. November 1937
Weinarten:	Über 95 % Rotwein sowie Weiß- und Roséwein
Rebsorten:	Von den erlaubten 24 Sorten werden 14 bevorzugt angebaut; die beliebteste rote Traube heißt Grenache, danach folgen Syrah, Mourvèdre und Cinsault. Bei den Weißen gehören die Sorten Grenache blanc, Clairette, Bourboulenc sowie zunehmend Viognier und Roussanne zu den bevorzugten Trauben
Derzeitige Rebfläche:	44 715 ha
Qualitätsniveau:	Die Qualität der Genossenschaftsweine, die in der allgemeinen Kategorie 75 bis 80 % der Gesamtproduktion ausmachen, reicht von fade und steril bis zu sehr gut oder ausgezeichnet; die Erzeugerabfüllungen schwanken zwischen unterdurchschnittlich und, bei etwa einem halben Dutzend Ausnahmewinzern, außergewöhnlich
Reifepotenzial:	Mehr als 95 % der ursprünglichen Côtes-du-Rhône-Erzeugnisse sollten jung getrunken werden, die Weiß- und Roséweine innerhalb von 2, die Roten innerhalb von 2 bis 4 Jahren nach der Lese; einige der gehaltvolleren Weine der Spitzengüter verfügen über ein Alterungspotenzial von mindestens 20 Jahren
Allgemeine Eigenschaften:	Die Qualität der besten Weißen ist infolge der modernen Niedrigtemperaturgärung und der Beimischung von Viognier und Roussanne enorm gestiegen. Die Weine erweisen sich als frisch und belebend, sollten aber trotz dieser Aufwärtsentwicklung jung getrunken werden. Die Roten leiden unter erheblichen Qualitätsschwankungen. Zu den Merkmalen eines gut gemachten Côtes du Rhône gehören eine gewaltige Portion roter und schwarzer Beerenfrucht, ein pfeffriges Bukett von provenzalischen Kräutern, eine geschmeidige, samtige Struktur sowie ein alkoholreicher, kräftiger und würziger Abgang.
Größte neuere Jahrgänge:	1995, 1990, 1989
Die besten Weine der Appellation Côtes du Rhône:	Coudoulet de Beaucastel Côtes du Rhône • Domaine de Beaurenard [+] • Domaine de l'Espigouette Plan de Dieu • Château de Fonsalette • Château de Fonsalette Cuvée Syrah • Domaine Gramenon Cuvée des Ceps Centenaires • Domaine Gramenon Cuvée des Laurentides • Domaine du Grand Moulas Côtes du Rhône • Domaine de la Guichard Cuvée Genet • Domaine de la Janasse Les Garrigues [+] • Jean-Marie Lombard Cuvée Eugène de Monicault • Roger Perrin Réserve des Vieilles Vignes [+] • Domaine Réméjeanne Les Genevrières • Château Saint-Estève d'Uchaux Grande Réserve • Château Saint-Estève d'Uchaux Vieilles Vignes

Bewertung der Côtes-du-Rhône-Erzeuger

*****

Coudoulet Beaucastel • Château de Fonsalette • Château de Fonsalette Cuvée Syrah • Domaine Gramenon (Ceps Centenaires) • Domaine Gramenon (Cuvée des Laurentides)

****

Domaine de la Becassonne [+] • Domaine A. Brunel • Domaine de la Cabasse • De la Canorgue • Domaine le Couroulu • Cros de la Mure • Domaine Gramenon (verschiedene Cuvées) • Château du Grand Moulas • Château du Grand Prébois [+] • Domaine des Grands Devers [+] • Domaine de la Guichard • Guigal • Paul Jaboulet-Ainé Parallel 45 [+] • Domaine de la Janasse • Jean-Marie Lombard • Plan Dei [+] • Rabasse-Charavin [+] • Domaine de la Réméjeanne • Domaine des Richards [+] • Domaine Saint-Gayan • Château Saint-Maurice [+] • Domaine Saint-Apollinaire [+] • Domaine Santa Duc [+] • Domaine de la Solitude [+] • Tardieu-Laurent • Château des Tours • Domaine des Trielles [+] • Vidal-Fleury [+] • La Vieille Ferme (Perrin Réserve de Vieilles Vignes) [+] • Domaine du Vieux Chêne (verschiedene Cuvées)

***

Domaine des Aires Vieilles • Domaine Clos du Caillou [+] • Daniel Combe [+] • Château de Domazan • Domaine de l'Espigouette ***/**** • Domaine les Goubert • Domaine Millières [+] • Domaine Mireille et Vincent [+] • Domaine Mitan • Domaine de Mont Redon • Domaine des Moulins ***/**** • Domaine Mousset [+] • Nero-Pinchon Sainte-Agathe [+] • Domaine de la Présidente • Domaine de la Renjarde [+] • Château Saint-Estève d'Uchaux • Domaine Saint-Michel [+] • Domaine Saint-Pierre • Château de Trignon • La Vieille Ferme (andere Cuvées) [+]

[+] Diese Erzeuger werden sehr oft mit den Weinen anderer Rhônetal-Appellationen in Verbindung gebracht, produzieren jedoch auch gute bis ausgezeichnete Côtes-du-Rhône-Tropfen.

Obwohl die Weine fast 90 % der zwischen Ampuis in der Côte Rôtie und Avignon im Süden von Châteuaneuf-du-Pape erzeugten Gesamtproduktion ausmachen, rangieren die Côtes-du-Rhône-Erzeugnisse am unteren Ende der Hierarchie im Rhônetal. Sie genießen den höchsten Bekanntheitsgrad, doch nur deshalb, weil sie in riesigen Mengen produziert werden. Man trifft auf schlampig bereitete, oxidierte, alkoholstarke und unausgewogene Weine, aber auch auf eine wachsende Zahl erstaunlich reichhaltiger und außergewöhnlicher Tropfen mit einem Alterungspotenzial von zehn Jahren. Die Mehrzahl der Weine, obschon eher eindimensional und ohne Komplexität, erweist sich als tadellos, fruchtig, gut gemacht und angenehm sowohl im Geschmack als auch für den Geldbeutel.

Die Appellation Côtes du Rhône wird ebenso wie die Villages-Region von Genossenschaften beherrscht, auf die fast 75 % der Produktion entfallen. Dennoch gibt es zahlreiche ausgezeichnete, von hingebungsvollen Individualisten bewirtschaftete Kellereien, die sehr ordentliche Weine bereiten. Seit mehr als 20 Jahren mache ich es mir zur Aufgabe, diese namenlosen, wahre Kostbarkeiten produzierenden Weinbaubetriebe ausfindig zu machen. Die Faszination der Appellation Côtes du Rhône liegt darin, dass jedes Jahr neue Talente auftauchen und die Zahl der Selbstabfüller vergrößern.

Dieses Kapitel enthält eine detaillierte Darstellung der drei führenden Côtes-du-Rhône-Erzeuger Château de Fonsalette, Coudoulet de Beaucastel und Domaine Gramenon. Darüber hinaus werden weitere Spitzenbetriebe vorgestellt, deren Weine vermutlich weit mehr Genuss bereiten, als man von diesem vermeintlich unscheinbaren Anbaugebiet erwarten würde.

Mit Ausnahme des Fonsalette, des Coudoulet de Beaucastel und bis zu einem gewissen Grad des Domaine Gramenon sowie einer Hand voll Syrah-Cuvées sollten die Weine innerhalb von 5 bis 6 Jahren nach der Lese getrunken werden.

NEUERE JAHRGÄNGE

Die drei eindrucksvollsten neueren Jahrgänge sind der 95er, der 90er und der 89er. Die edelsten Cuvées werden sich zehn Jahre lang gut trinken lassen, der Fonsalette verfügt sogar über ein Alterungspotenzial von mindestens zwei Jahrzehnten. Der 94er erweist sich als guter, aber milder und unkomplizierter Jahrgang, der in den ersten 6 bis 7 Jahren nach der Lese getrunken werden muss.

DOMAINE DES AIRES VIEILLES (GEORGES DUBŒUF)

(VAUCLUSE) ***

Adresse:
75150 Romanèche Thorins, Tel.: 4 85 35 34 20, Fax: 4 85 35 34 25

Produzierte Weine: Côtes du Rhône (rot)

Rebfläche: 25,1 ha

Produktionsmenge: 15 000 Kisten

Ausbau:
3 Wochen Gärung in Zementtanks und Abfüllung nach 6 Monaten;
die Trauben werden entrappt, der Wein geschönt und filtriert

Durchschnittsalter der Reben: 35 Jahre

Verschnitt:
40 % Grenache, 30 % Syrah, 15 % Cinsault, 10 % Carignan, 5 % andere Sorten

Georges Dubœuf, der wegen seiner ausgezeichneten Beaujolais-Erzeugnisse als der König dieser Appellation gilt, blieb auch das hohe Qualitätspotenzial des südlichen Rhônetals nicht verborgen. Der Domaine des Aires Vieilles erweist sich als fruchtiger und eleganter Côtes du Rhône mit leichtem bis mittlerem Körper. Zur Bewahrung seiner Frische und Fruchtigkeit wird er frühzeitig auf Flaschen gezogen. Im Unterschied zu Dubœufs Côtes du Rhône von der Domaine des Moulins zeigt dieser Wein weniger Kraft und mehr Finesse. Er sollte innerhalb von 2 bis 3 Jahren nach der Lese getrunken werden.

DOMAINE A. BRUNEL

(VAUCLUSE) ****

Adresse:

Les Cailloux, 6, chemin du Bois de la Ville, 84230 Châteauneuf-du-Pape, Tel.: 4 90 83 72 62

Produzierte Weine:

Côtes du Rhône Domaine Becassone (weiß), Côtes du Rhône Domaine A. Brunel (rot)

Rebfläche:

Weiß: 2,5 ha; Rot: 11 ha

Produktionsmenge:

Weiß: 1 562 Kisten; Rot: 6 250 Kisten

Ausbau:

Weiß: 15 Tage bis 3 Wochen Gärung bei niedriger Temperatur in rostfreien Stahltanks;
die malolaktische Gärung wird mit Sulfit gestoppt,
die Abfüllung erfolgt ohne vorherige Filtrierung nach 4 Monaten
Rot: 15 Tage bis 3 Wochen Gärung in Emailtanks, danach 1 Jahr Lagerung in rostfreien Stahltanks,
keine Schönung oder Filtrierung

Durchschnittsalter der Reben:

Weiß: 30 Jahre; Rot: 20 Jahre

Verschnitt:

Weiß: 50 % Roussanne, 40 % Clairette, 10 % Grenache blanc
Rot: 85 % Grenache, 12 % Syrah, 3 % Mourvèdre

Der Bekanntheitsgrad des fortschrittlich eingestellten André Brunel beruht in erster Linie auf seinen erstklassigen Châteauneuf-du-Pape-Erzeugnissen wie dem vorzüglichen Les Cailloux. Eine preiswerte Kostprobe seines Könnens bieten der rote Côtes du Rhône Domaine A. Brunel und der weiße Côtes du Rhône Domaine Becassone; beides sind aufgeschlossene, volle, fruchtige Weine, die jung getrunken werden wollen. Der köstliche, pfeffrige und komplexe Rote dürfte 5 bis 6 Jahre lang einen schönen Trinkgenuss bieten. Weil Brunel alle Qualitäten seines Weinbergs in diesen Tropfen einfließen lassen will, erfolgt die Abfüllung ohne vorherige Schönung und Filtration.

Der Domaine Becassone hat im Laufe der letzten fünf Jahre eine erhebliche Qualitätssteigerung erfahren und zählt heute zu den edelsten trockenen Weißen der Côtes du Rhône. In seinem Bukett und Geschmack macht sich eine starke Geißblattnote bemerkbar. Der kräftige, hervorragend bereitete, volle und aromareiche Wein sollte innerhalb von 2 bis 3 Jahren nach der Lese getrunken werden.

COTES DU RHONE

Coudoulet de Beaucastel

(Vaucluse) *****

Adresse:

Domaine de Beaucastel, 84350 Courthézon, Tel.: 4 90 70 70 60, Fax: 4 90 70 25 24

Produzierte Weine:

Coudoulet de Beaucastel Côtes du Rhône (weiß und rot)

Rebfläche:

Weiß: 5 ha; Rot: 30 ha

Produktionsmenge:

Weiß: 1 875 Kisten; Rot: 12 500 Kisten

Ausbau:

Weiß: Insgesamt 8 bis 10 Monate, 90 % werden in Emailtanks vergoren und ausgebaut,
10 % in 2 Jahre alten kleinen Eichenfässern, die malolaktische Gärung wird zugelassen

Rot: Insgesamt 20 Monate, 2 bis 3 Wochen Gärung in Emailtanks,
8 bis 16 Monate Lagerung in großen Eichenfässern, keine Filtration

Durchschnittsalter der Reben:

Weiß: 12 Jahre; Rot: 40 Jahre

Verschnitt:

Weiß: 30 % Viognier, 30 % Bourboulenc, 30 % Marsanne, 10 % Clairette

Rot: 30 % Mourvèdre, 30 % Grenache, 20 % Syrah, 20 % Cinsault

Der Boden des Coudoulet weist große Ähnlichkeit mit dem Weinberg des Guts Beaucastel in Châteauneuf-du-Pape auf. Beide Lagen sind nur durch eine Autobahn voneinander getrennt. Früher produzierte Coudoulet aus einem Verschnitt von 30 % Mourvèdre, 30 % Grenache und jeweils 20 % Syrah und Cinsault ausschließlich Rotwein, der mit dem Beaucastel vergleichbar war, aber nicht dessen Intensität und Struktur besaß. Der Coudoulet besitzt ein Alterungspotenzial von 10 bis 12 Jahren – deshalb präsentieren sich der 78er und selbst der weiche, aufgeschlossene 85er noch immer in bester Verfassung. Der Wein weist einen höheren Cinsault-Anteil als der Beaucastel auf, wodurch die strenge Mourvèdre-Note gemildert wird.

Während diese Kellerei stets einen mustergültigen roten Côtes du Rhône hervorbringt, der sogar zahlreiche Tropfen aus Gigondas oder Châteauneuf-du-Pape in den Schatten stellt, wurde vor kurzem auch mit der Bereitung eines erstklassigen Weißen begonnen, der sich als eines der edelsten Gewächse der Appellation erweist und ein Viognier-Bukett von Geißblatt, Pfirsichen und Aprikosen entfaltet. Dieser reichhaltige, üppige, säurearme und vollmundige trockene Wein durchläuft eine vollständige malolaktische Gärung.

1995 • 91 Côtes du Rhône (rot): Der 95er ist, wie es in der Weinbranche heißt, «zum Bersten voll». Er zeigt ein kräftiges Rubin- bis Purpurrot sowie ein herrliches Bukett von geräucherten Kräutern, Grillgewürzen und süßer, reichhaltiger Vogelkirschmarmelade. Darüber hinaus verfügt der äußerst volle, körperreiche, dichte und dicke Coudoulet über eine hervorragende Konzentration, wenig Säure und eine bestechende Reinheit. Er dürfte sich zehn Jahre lang gut trinken lassen. Letzte Verkostung: 6/96.

1995 • 90 Côtes du Rhône (weiß): Dieser Weiße stammt aus dem Weinberg Coudoulet, der direkt an die Rebfläche des Château Beaucastel grenzt und einen überzeugenden Beweis für das in der südlichen Rhône erreichbare hohe Niveau liefert. Der Verschnitt besteht aus jeweils 30 % Viognier, Marsanne und Bourboulenc und 10 % Clairette. Das Bukett dieses vollen, konzentrierten 95ers entfaltet den an Aprikosen und Pfirsiche erinnernden Duft der Vigonier-Traube, die den Charakter des Weins bestimmt. Der niedrige Säuregrad macht ihn zu einem üppigen und kernigen Tropfen, der in den kommenden 2 bis 3 Jahren getrunken werden sollte. Letzte Verkostung: 6/96.

1994 • 90 Côtes du Rhône (rot): Der gleichfalls hervorragende 94er enthüllt ein süß-duftiges, rauchiges Bukett von neuem Sattelleder, Vogelkirschen, Oliven und Kräutern. Mit hervorragender Konzentration und einem vollen Körper ausgestattet dürfte sich der üppige, reife, samtige und vollfruchtige Wein mindestens 10 bis 12 Jahre gut trinken lassen. Seit den großen 89ern und 85ern gehören der 94er und der 95er zu den edelsten Tropfen dieser Kellerei. Letzte Verkostung: 6/96.

1994 • 89 Côtes du Rhône (weiß): Der weiße 94er verrät eine ansehnliche Fülle und Reife sowie eine üppige, ölige Struktur. Da das Bukett zu verblassen beginnt, mangelt es ihm gegenüber dem 95er an Ausdruckskraft. Dennoch zeigt der von der Viognier-Traube dominierte Wein viel Kraft und Körper. Er dürfte sich mindestens 3 bis 4 Jahre lang gut trinken lassen. Letzte Verkostung: 6/96.

1993 • 90 Côtes du Rhône (rot): Der gewaltige, tief rubin- bis purpurrote 93er besitzt eine ansehnliche Griffigkeit und Struktur – ein Markenzeichen des Jahrgangs! Zu seinem zarten Bukett von schwarzer Beerenfrucht, Baumrinde, Erde, Pfeffer und Gewürzen gesellen sich ein üppiger Körper und eine hervorragende Konzentration. Dieser schön gemachte Coudoulet unterscheidet sich kaum von einem erstklassigen Beaucastel. Er sollte in den nächsten 10 bis 12 Jahren getrunken werden, kann aber auch länger halten. Letzte Verkostung: 6/96.

1992 • 87 Côtes du Rhône (rot): Der 92er gibt sich spröder und tanninherber als der 93er. Er offenbart Struktur, ein kräftiges und reifes Aroma von Leder und schwarzer Beerenfrucht sowie einen würzigen, kernigen Abgang. Er sollte in den nächsten 7 bis 10 Jahren getrunken werden. Letzte Verkostung: 6/95.

1990 • 88 Côtes du Rhône (rot): Der 90er enthüllt ein großartiges lederduftiges, volles, pfeffriges Bukett von Veilchen und Schwarzen Johannisbeeren, einen konzentrierten, geschmeidigen, alkoholstarken Geschmack, mildes Tannin und wenig Säure. Allerdings besitzt der Wein den typischen Beigeschmack und Geruch der so genannten Brett-Hefe. Wer keine animalischen Düfte im Wein mag, wird diesen Tropfen zweifellos meiden. Voraussichtliche Genussreife: jetzt bis 2002. Letzte Verkostung: 11/95.

1989 • 88 Côtes du Rhône (rot): Milder als der 90er zeigt der gut entwickelte, fleischige 89er einen pfeffrigen Pflaumenduft, eine ausgezeichnete Geschmacksfülle, reichlich Glyzerin sowie einen geschmeidigen und würzigen Abgang. Voraussichtliche Genussreife: jetzt bis 2000. Letzte Verkostung: 6/96.

1988 • 90 Côtes du Rhône (rot): Im 88er verbindet sich die Fülle des 89ers mit einem hohen Maß an Reinheit und schönen Konturen, einer geballten Ladung reicher, pfeffriger Frucht von Schwarzen Himbeeren, einem üppigen Körper und einem bemerkenswert langen Abgang. Voraussichtliche Genussreife: jetzt bis 2002. Letzte Verkostung: 6/96.

ÄLTERE JAHRGÄNGE

Die 85er und 83er haben Vollreife erreicht und sollten bis zum Ende des Jahrhunderts getrunken werden. Der überschäumende 81er gleicht dem Beaucastel jenes Jahrgangs: In das rauchige, erdige, mit animalischen Düften durchsetzte Beerenaroma mischen sich reichliche Mengen Frucht und ein kräftiger Schuss Alkohol. Obwohl der üppige, breit gebaute Coudoulet noch keinerlei Anzeichen von Schwäche aufweist, muss er getrunken werden. Der 78er präsentiert sich als fest gefügter, vollreifer, spröder Wein, der durchaus noch 5 bis 7 Jahre durchhalten kann.

CROS DE LA MURE

(VAUCLUSE) ****

Adresse:
Hameau de Derboux, 84430 Mondragon, Tel.: 4 90 30 12 40, Fax: 4 90 30 46 58

Produzierte Weine: Côtes du Rhône (weiß und rot)

Rebfläche: 6 ha

Produktionsmenge: 2 000 Kisten

Ausbau: Im Tank und *foudre*

Durchschnittsalter der Reben: 30 Jahre

Verschnitt:
Weiß: 36 % Viognier, 34 % Grenache blanc, 30 % Roussanne
Rot: 50 % Grenache, 40 % Syrah, 5 % Mourvèdre, 5 % Cinsault

Eric Michel, der Besitzer dieses Guts, bereitet einen der strukturiertesten, fruchtigsten, verlockendsten roten Côtes du Rhône, die ich je verkostet habe. Dank des Syrah-Anteils von 40 % fließt der Wein über vor reiner, großartig proportionierter, fleischiger schwarzer Beerenfrucht, ohne eine Spur von Eichenholz. Er bietet ein Höchstmaß an Fülle und Genuss und sollte in den ersten 5 bis 7 Jahren nach der Lese getrunken werden.

Der Betrieb erzeugt außerdem in geringfügiger Menge einen sehr gut gemachten, duftigen und saftigen trockenen Weißen aus Roussanne, Viognier und Grenache blanc.

Diese kleine, aber feine Kellerei liegt unweit meines Lieblingsrestaurants in der südlichen Rhône, des La Beaugravière in Mondragon.

CHÂTEAU DE DOMAZAN

(GARD) ***

Adresse:
30390 Domazan, Tel.: 4 66 57 07 37

Produzierte Weine: Côtes du Rhône (rot)

Rebfläche: 45 ha

Produktionsmenge: 25 000 Kisten

Ausbau:
10 Tage Gärung in Zementtanks, danach bis zur Abfüllung 9 Monate
Lagerung in rostfreien Stahltanks, Schönung und Filtration

Durchschnittsalter der Reben: 25 Jahre

Verschnitt:
50 % Grenache, 20 % Syrah, 30 % Cinsault und andere Sorten

Das Dorf Domazan südwestlich von Avignon beherbergt bekanntermaßen mehrere erstklassige Kellereien, an deren Spitze das Château de Domazan von Christian Chauderac steht, dessen Vorfahren schon im 14. Jahrhundert Wein produzierten. Es gehört zu den ältesten Familienbetrieben Frankreichs und erzeugt einen reichfruchtigen, kirschroten Côtes du Rhône mit dem würzigen Geschmack und Duft von *garrigue*. Der im modernen Stil bereitete, charaktervolle Wein sollte innerhalb von 2 bis 4 Jahren nach der Lese getrunken werden.

Domaine de l'Espigouette

(Vaucluse) ***/****

Adresse:
84150 Violès, Tel.: 4 90 70 95 48, Fax: 4 90 70 96 06

Produzierte Weine:
Côtes du Rhône (rot), Côtes du Rhône Plan de Dieu (rot), Vin de pays Vaucluse (rot)

Rebfläche:
Côtes du Rhône – 9 ha; Plan de Dieu – 7 ha; Vin de pays – 5 ha

Produktionsmenge:
Côtes du Rhône – 4 400 Kisten; Plan de Dieu – 2 500 Kisten; Vin de pays – 3 125 Kisten

Ausbau:
Côtes du Rhône – 8 Tage traditionelle Gärung, danach 30 % 9 bis 12 Monate in alten Eichenfässern
und der Rest 12 Monate in Tanks, Abfüllung ohne Schönung, aber mit leichter Filtration;
Plan de Dieu – 10 bis 12 Tage Gärung bei 30 bis 32 °C; die Weine lagern 6 bis 9 Monate
in Eiche und werden ungeschönt, aber leicht filtriert abgefüllt;
Vin de pays – 4 bis 5 Tage Gärung, danach 6 bis 9 Monate Lagerung in Tanks,
keine Schönung, aber eine leichte Filtration

Durchschnittsalter der Reben:
Côtes du Rhône – 40 Jahre; Plan de Dieu – 30 Jahre; Vin de pays – 25 Jahre

Verschnitt:
Côtes du Rhône – 80 % Grenache, 20 % Syrah, Cinsault und Carignan;
Plan de Dieu – 85 % Grenache, 15 % Syrah und Mourvèdre;
Vin de pays – 70 % Grenache, 30 % Syrah, Cinsault und Carignan

Dieses 21 Hektar große Gut wird von dem freundlichen und sympathischen Edmond Latour betrieben. Der größte Teil der Rebfläche befindet sich in einer vom Mistral heimgesuchten Gegend in Vaucluse, dem Plan de Dieu, mit einem besonders warmen Klima und einem gut entwickelten *terroir*. Seit mehr als zwei Jahrzehnten füllt die Domaine de l'Espigouette ihre Weine selbst ab, deren Qualität mit jedem neuen Jahrgang steigt. Bereitet werden mehrere Cuvées, die sich alle als rustikale, pfeffrige, aromareiche, robuste, vollmundige und mustergültige Côtes-du-Rhône-Erzeugnisse erweisen. Meiner Ansicht nach besitzt der Côtes du Rhône Plan de Dieu normalerweise etwas mehr Fülle und Intensität als die Standardcuvée. Das schönste Trinkvergnügen bietet häufig der preisgünstige, stämmige, fleischige Vin de pays Vaucluse.

Zu den größten neueren Jahrgängen zählen die Jahre 1989, 1990, 1994 und 1995. Diese traditionellen, altmodischen Côtes-du-Rhône-Tropfen verfügen über ein Alterungspotenzial von mindestens sechs Jahren.

CHÂTEAU DE FONSALETTE

(VAUCLUSE) *****

Adresse:

Château Rayas, 84230 Châteauneuf-du-Pape, Tel.: 4 90 83 73 09, Fax: 4 90 83 51 17

Produzierte Weine:

Fonsalette Côtes du Rhône (weiß und rot), Fonsalette Cuvée Syrah (rot)

Rebfläche:

Weiß: 3 ha; Rot: 8 ha

Produktionsmenge:

Weiß: 500 Kisten; Rot: 1 666 Kisten

Ausbau:

Weiß: 9 Monate in rostfreien Stahltanks

Rot: Insgesamt 2 Jahre, Gärung in Zementtanks, danach 12 bis 24 Monate Lagerung in alter Eiche

Durchschnittsalter der Reben:

Weiß: 35 Jahre; Rot: 35 Jahre

Verschnitt:

Weiß: 50 % Grenache blanc, 30 % Marsanne, 20 % Clairette

Rot: 50 % Grenache, 35 % Cinsault, 15 % Syrah

Die Weine des in der Nähe von Lagarde-Paréol gelegenen Château de Fonsalette werden in der Kellerei des Château Rayas hergestellt. Von der 130 Hektar großen Gesamtfläche dieses am Ende des Zweiten Weltkriegs von Louis Reynaud gegründeten Besitzes wurden lediglich elf Hektar bestockt. Über den größten Teil der Fläche erstreckt sich ein Park, in dessen Mitte ein verfallenes, absonderlich aussehendes Bauwerk steht.

In diesem Gut werden zwei außergewöhnliche Rote erzeugt. Der Fonsalette, ein Verschnitt von 50 % Grenache, 35 % Cinsault und 15 % Syrah, übertrifft die meisten Châteauneuf-du-Pape-Gewächse. Er wird auf exakt die gleiche Art wie der Rayas bereitet und geht aus erstaunlich niedrigen Erträgen hervor. Aus knapp acht Doppelzentnern Trauben pro Hektar werden etwa 5 Fässer pro Hektar gewonnen. Die zweite Cuvée, die schon legendäre Cuvée Syrah, wird in verschwindend geringer Menge aus Trauben bereitet, die nach der Herstellung des Fonsalette übrig bleiben. Der Syrah stammt von einer Rebfläche mit nördlicher Ausrichtung und demzufolge kühlerem Mikroklima als andere Lagen der südlichen Rhône. Der Weinberg wurde mit Setzlingen bestockt, die Jacques Reynauds Vater Louis von Gérard Chave aus Hermitage erworben hatte. Die Cuvée Syrah erweist sich als bemerkenswert dichter, konzentrierter Wein von undurchdringlicher Farbe, dessen Entwicklung häufig erst nach 15 bis 20 Jahre einsetzt – so beginnt der 78er sich soeben zu öffnen.

Der zwiespältigste Wein im Sortiment ist der Weiße, ein Verschnitt aus 50 % Grenache blanc, 30 % Marsanne und 20 % Clairette, dessen Vinifikation von Jahrgang zu Jahrgang variiert. In manchen Jahren wird die malolaktische Gärung gestoppt, in anderen forciert. Heraus kommt ein dicker, öliger und voller, bisweilen leicht oxidierter, doch immer unverwechselbarer, bemerkenswerter, schwerer trockener Weißwein alten Stils.

Gelegentlich wird der La Pialade bereitet, ein Verschnitt aus dem Traubengut, das nach der Herstellung aller anderen Weine in der Rayas-Kellerei zurückbleibt: ein gefälliges, aber unbestimmtes Erzeugnis.

Die Roten wie die Cuvée Fonsalette Côtes du Rhône und Fonsalette Cuvée Syrah halten sich ohne weiteres zwei Jahrzehnte, der Syrah vermutlich sogar 30 bis 40 Jahre. Das Château de Fonsalette bringt unbestreitbar die größten und eindrucksvollsten Weine der Appellation hervor, die jedoch seltsamerweise von den Trophäenjägern der Weinbranche größtenteils ignoriert werden – vielleicht ist das auch besser so.

JAHRGÄNGE

1995 • 90 Côtes du Rhône (rot): Der 95er Côtes du Rhône Fonsalette ging aus Erträgen von weniger als 8 Doppelzentnern pro Hektar hervor. Er offenbart eine süß duftige, ausladende Persönlichkeit, eine geballte Ladung Frucht und angesichts seiner Reife und Intensität eine überraschend lebhafte Säure. Hinzu kommen ein voller Körper, eine großartige Konzentration und eine wunderbare Reinheit. Die aus Grenache und Cinsault gewonnenen Cuvées zeichnen sich durch die verlockende, exotische, verschwenderische Fülle eines großen Jahrgangs aus. Letzte Verkostung: 6/96.

1995 • 94 Côtes du Rhône Cuvée Syrah (rot): Der aus einer mittlerweile 30 Jahre alten Parzelle stammende 95er Fonsalette Cuvée Syrah dürfte anderen großen Jahrgängen wie 1978, 1979, 1983, 1985, 1988, 1989, 1990 und 1994 ebenbürtig sein. Seine undurchdringlich dunkle Farbe paart sich mit einem himmlischen, rauchigen Aroma von Schwarzen Johannisbeeren. Angesichts des vollen Körpers, der herausragenden Reinheit, der vielschichtigen, viskosen Struktur und der Ehrfurcht gebietenden Fülle und Länge muss man damit rechnen, dass dieser gewaltige Syrah mindestens ein Jahrzehnt benötigen wird, um sich zu öffnen. Sein Alterungspotenzial von 30 bis 40 Jahren erscheint immens, doch sei daran erinnert, dass auch der 78er seine Bestform noch immer nicht erreicht hat. Letzte Verkostung: 6/96.

1994 • 90 Côtes du Rhône (rot): Der großartig volle, tief rubin- bis purpurrote 94er Fonsalette besitzt ein pfeffriges, kräuterwürziges Bukett von prallen Vogelkirschen, mäßiges Tannin, einen vollen Körper sowie eine ausgezeichnete Intensität und Länge. Ein hervorragender, mustergültiger Côtes du Rhône, der sich mindestens 15 Jahre lang gut trinken lassen dürfte. Letzte Verkostung: 6/96.

1994 • 94 Côtes du Rhône Cuvée Syrah (rot): Der dunkle, umwerfend volle 94er Fonsalette Cuvée Syrah, von dem nur 4 000 Flaschen hergestellt wurden, reicht fast an den überirdischen 95er heran; sein natürlicher Alkoholgehalt beträgt 14,5 %. Im Geschmack verrät er reichliche Mengen Cassisfrucht, Rauch, Erde und asiatische Gewürze. Dieser gewaltige, großzügig ausgestattete, überaus dicke, ölige und mäßig tanninherbe Rote muss weitere 7 bis 10 Jahre lagern und dürfte sich gleichfalls 30 Jahre halten. Letzte Verkostung: 6/96.

1993 • 87 Côtes du Rhône (rot): Der solide gemachte 93er Fonsalette Côtes du Rhône wird die nächsten zehn Jahre einen herrlichen Trinkgenuss bereiten. Er besitzt ein kräftiges, dunkles Rubinrot sowie schöne Reife und Fülle, sein kraftvolles, pfeffriges Bukett verströmt den Duft von gerösteten Kräutern und Vogelkirschen. Voraussichtliche Genussreife: jetzt bis 2004. Letzte Verkostung: 6/96.

1993 • 88+ Côtes du Rhône Cuvée Syrah (rot): Dieser verschlossene und undurchdringlich schwarzrote Syrah sollte noch 5 bis 6 Jahre in der Flasche altern. Er verfügt über ein hohes Maß an Tannin, große Intensität und einen überaus schweren, kraftvollen Geschmack. Trotz einer Spur von Sprödigkeit erweist sich der 93er insgesamt als reicher und strukturierter Tropfen. Voraussichtliche Genussreife: 2000 bis 2015. Letzte Verkostung: 6/95.

1991 • 83 Côtes du Rhône (rot): Der locker gewirkte, milde und gefällige 91er Fonsalette besitzt einen mittleren Körper und einen angenehmen, wenn auch monolithischen Geschmack. Austrinken! Letzte Verkostung: 6/95.

1991 • 92+ Côtes du Rhône Syrah (rot): Das opake, ins Schwarz spielende Purpurrot dieser gehaltvollen 91er Cuvée Syrah verbindet sich mit einem überwältigenden Bukett von gerösteten Kräutern und Schwarzen Johannisbeeren. Mit einem natürlichen Alkoholgehalt von 14 % – eine Folge der Erträge von 20 bis 25 Hektolitern pro Hektar – benötigt der massive, unglaublich extraktstoffreiche, gewaltige Wein weitere 8 bis 10 Jahre Flaschenalterung. Voraussichtliche Genussreife: 2000 bis 2018. Letzte Verkostung: 12/95.

1990 • 92 Côtes du Rhône (rot): Das Bukett dieses dunklen rubin- bis purpurroten Weins atmet den Geist von Kirschen, Kirschwasser und provenzalischen Kräutern. Der recht körperreiche, fleischige Tropfen besitzt eine dichte Struktur sowie einen angenehmen, ausladenden, vollen und nachhaltigen Geschmack. Ein ansehnlicher Alkoholgehalt und mildes Tannin sorgen für ein langes Alterungspotenzial. Voraussichtliche Genussreife: 1999 bis 2012. Letzte Verkostung: 12/95.

1990 • 95 Côtes du Rhône Cuvée Syrah (rot): Die undurchdringlich schwarze 90er Cuvée Syrah verströmt einen außergewöhnlichen Duft von Hickoryholz, Schokolade, Cassis und anderen schwarzen Früchten, besitzt eine umwerfende Fülle sowie eine große Portion Alkohol und Tannin. Auf Grund seiner massiven Beschaffenheit wird dieser hervorragende Wein noch lange in der Flasche altern müssen, um Bestform zu erreichen. Nur Geduld! Voraussichtliche Genussreife: 2002 bis 2025. Letzte Verkostung: 12/95.

1989 • 92 Côtes du Rhône (rot): Der samtweiche 89er erweist sich als schön bereiteter und verlockender Wein mit einem kräftigen Schuss Alkohol im Abgang. Zusammen mit dem großartigen 90er gehört er zu den zwei feinsten Fonsalette-Cuvées seit den späten Siebzigern. Der mit mildem Tannin ausgestattete, säurearme Wein offenbart eine glänzende Konzentration und ein wunderbares Aroma von überreifen Kirschen, Trüffeln, Grillfleisch und Thymian. Voraussichtliche Genussreife: jetzt bis 2010. Letzte Verkostung: 9/95.

1989 • 93 Côtes du Rhône Cuvée Syrah (rot): Die 89er Cuvée Syrah ähnelt ihrer Nachfolgerin. Sie besitzt eine außerordentliche Intensität, eine ins Schwarze spielende rubin- bis purpurrote Farbe, ein großartiges Aroma von Schwarzen Himbeeren und einen umwerfend langen, mäßig tanninherben Abgang. Der extraktstoffreiche, breit gebaute Wein dürfte noch mindestens 20 Jahre durchhalten. Voraussichtliche Genussreife: 2002 bis 2016. Letzte Verkostung: 9/95.

1988 • 87 Côtes du Rhône (rot): Der würzige, reichhaltige und kraftvolle 88er Fonsalette verrät einen kräftigen Schuss Alkohol im berauschenden Abgang. Körperreich und geschmeidig dürfte er sich noch zehn Jahre lang gut trinken lassen. Letzte Verkostung: 9/95.

1988 • 92 Côtes du Rhône Cuvée Syrah (rot): Die herrlich dunkle, rubin- bis purpurrote 88er Cuvée Syrah ist ein aufregender Tropfen! Das würzige Bukett entfaltet den Duft von provenzalischen Kräutern und überreifen Schwarzen Johannisbeeren. Darüber hinaus zeichnet sich der Wein durch einen äußerst reich extrahierten Geschmack und eine volle, körperreiche und samtige Struktur aus. Voraussichtliche Genussreife: 1999 bis 2018. Letzte Verkostung: 9/95.

1986 • 78 Côtes du Rhône (rot): Ähnlich wie der 86er Rayas besaß der 86er Fonsalette als junger Wein weitaus mehr Gehalt, Anziehungskraft und Qualität als heute. Nachdem er seinen Babyspeck verloren hat, präsentiert er sich als vegetabiler, hohler und spröder Wein, der seinen Höhepunkt überschritten hat. Er verliert bereits seine Frucht und sollte getrunken werden. Letzte Verkostung: 9/95.

1985 • 88 Côtes du Rhône (rot): Der mustergültige 85er besitzt ein kräftiges, dunkles, mit Purpurtönen durchsetztes Rubinrot. Das pfeffrige, erdige Bukett verströmt den Duft von Lakritze und Schwarzen Himbeeren; ein saftiger, runder Geschmack und ein angenehmer, kraftvoller Abgang geben diesem körperreichen Wein den letzten Schliff. Obwohl er seit der Abfüllung Genuss bereitet, weist er keinerlei Anzeichen von Fruchtverlust oder Farbveränderung auf. Voraussichtliche Genussreife: jetzt bis 2002. Letzte Verkostung: 9/95.

1985 • 92 Côtes du Rhône Cuvée Syrah (rot): Die schwerfällige, weiche, purpurrote bis schwarze 85er Cuvée zeichnet sich nach wie vor durch eine monolithische und jugendliche Persönlichkeit aus. Der noch immer dicke, saftige Wein verrät eine Riesenportion schwarze Beerenfrucht, vor allem Schwarze Johannisbeeren, und zeigt keinerlei Spuren einer Entwicklung. Wer traubige, üppige, unkomplizierte, vollmundige Rote mag, kann ihn schon jetzt trinken. Lässt man ihn dagegen weiter altern, wird dieser kräftige und fleischige Wein noch an Komplexität zulegen. Voraussichtliche Genussreife: 1998 bis 2015. Letzte Verkostung: 9/95.

1983 • 87 Côtes du Rhône (rot): Der granatrote, weiche und runde Tropfen von mittlerem bis vollem Körper zeigt sich schon seit einigen Jahren voll ausgereift. Er entfaltet ein attraktives, duftiges und erdiges Bukett von Champignons, *garrigue*, Pfeffer und rotem Beerenobst. Da die Farbe bereits starke rostbraune Töne enthüllt, sollte der Wein bis zum Ende des Jahrhunderts getrunken werden. Genussreife: jetzt. Letzte Verkostung: 9/95.

1983 • 90 Côtes du Rhône Cuvée Syrah (rot): Eine großartige Leistung! Immer noch dick, saftig, kraftvoll und körperreich weist der 87er, abgesehen von einem Wechsel der undurchdringlichen Farbe von Purpur- zu Granatrot, kaum Anzeichen einer Entwicklung auf. Eine fortgesetzte Flaschenalterung wird diesem strukturierten, süß duftigen, aromareichen und übervollen Syrah nur gut tun. Voraussichtliche Genussreife: 2000 bis 2015. Letzte Verkostung: 9/95.

1982 • 87 Côtes du Rhône (rot): Da in diesem Jahr kein Rayas bereitet wurde, konnte der Most vollständig in den Fonsalette einfließen. Der 82er zeigt sich rustikaler als gewöhnlich, besitzt ein opakes Granatrot und ein kräftiges, ausladendes Bukett, verbunden mit dem Duft von provenzalischen Kräutern, Pfeffer, Erde und schwarzem Beerenobst. Darüber hinaus verfügt der tanninherbe, kernige und ungezügelte Wein über einen vollen Körper und eine ansehnliche Struktur; er dürfte sich noch 5 bis 7 Jahre halten. Nach Finesse und Eleganz sollte man anderswo Ausschau halten, denn hier präsentiert sich ein vollmundiger Tropfen voller Kraft und Extrakt. Voraussichtliche Genussreife: jetzt bis 2003. Letzte Verkostung: 9/95.

1978 • 89 Côtes du Rhône (rot): Der Wein war schon Anfang der achtziger Jahre köstlich und zeigt sich nach wie vor in prächtiger Form. Er enthüllt reichlich pfeffrige Schwarze Himbeer- und Kirschenfrucht sowie ein ausgeprägtes Aroma von Erde, Trüffeln und Gewürzen. Hinzu kommen eine gehörige Portion Glyzerin und ein vollmundiger Geschmack. Die Farbe dieses phantastischen, voll ausgereiften Fonsalette weist nur leichte Bernsteintöne auf. Letzte Verkostung: 4/92.

1978 • 92+ Côtes du Rhône Cuvée Syrah (rot): Wird dieser Wein jemals Hochreife erreichen? Die Ablagerungen an der Innenseite der Flasche dieses unglaublich konzentrierten Weins erinnern an einen 20 Jahre alten Jahrgangs-Port. Die kräftige, dunkle, rubin- bis purpurrote

Farbe ohne Bernsteintöne oder Aufhellungen verbindet sich mit einem gewaltig rauchigen und pfeffrigen Bukett von Schwarzen Johannisbeeren und einem ebenso eindrucksvollen, hoch konzentrierten Geschmack. Der kraftvolle, reichhaltige und dicke Wein wird noch 15 bis 20 Jahre Entwicklungszeit benötigen. Wird er aber auch den einmaligen Duft eines großen Hermitage oder Côte Rôtie entfalten können? Voraussichtliche Genussreife: 2000 bis 2015. Letzte Verkostung: 4/92.

1969 • 88 Côtes du Rhône (rot): Die starken Bernstein- und Rostbrauntöne am Rand erweisen sich angesichts der süßen Beerenfrucht des 69ers als irreführend. Der mit einem pfeffrigen und rauchigen Duft von *garrigue* durchdrungene, körperreiche und geschmeidige Côtes du Rhône zeigt keinerlei Anzeichen von Schwäche und bietet noch heute einen herrlichen Trinkgenuss. Ich kaufte diesen Wein zusammen mit dem 66er zu einem lächerlich geringen Preis, und jede einzelne Flasche war köstlich. Da er vermutlich schon vor langer Zeit seine volle Genussreife erreicht hat, besteht kein Grund, ihn noch länger aufzubewahren. Austrinken! Letzte Verkostung: 1/96.

1966 • 88 Côtes du Rhône (rot): Der helle, rubin- bis granatrote 66er weist erhebliche Bernsteintöne am Rand auf. Sein süßes, vollduftiges Kräuterbukett offenbart mehr Kontur und weniger Rauchnoten als der 69er. Der angenehme, samtige Wein besitzt einen vollen Körper, ein ausladendes Mittelstück und einen milden, alkoholstarken Abgang. Seit ich ihn Mitte der Siebziger zum ersten Mal verkostete, bereitet er mir durchweg einen herrlichen Trinkgenuss. Im Allgemeinen empfiehlt es sich, den Fonsalette Côtes du Rhône in den ersten 10 bis 15 Jahren nach der Lese zu trinken, doch der 66er und der 69er liefern den überzeugenden Beweis für das hervorragende Alterungspotenzial der edelsten Jahrgänge. Letzte Verkostung: 1/96.

COTES DU RHONE

DOMAINE GRAMENON

(DRÔME) *****

Adresse:
26770 Montbrison-sur-Lez, Tel.: 4 75 53 57 08, Fax: 4 75 53 68 92

Produzierte Weine:
Côtes du Rhône (weiß), Côtes du Rhône Cuvée des Ceps Centenaires (rot),
Côtes du Rhône Cuvée des Laurentides (rot),
Côtes du Rhône Le Gramenon (rot), weitere rote Cuvées

Rebfläche:
Weiß: 2 ha
Rot: Cuvée des Ceps Centenaires – 2 ha; Cuvée des Laurentides – 5 ha;
Le Gramenon – 10,1 ha; sonstige – 6,1 ha

Produktionsmenge:
Weiß: 750 Kisten
Rot: Cuvée des Ceps Centenaires – 438 Kisten; Cuvée des Laurentides – 2 500 Kisten;
Le Gramenon – 5 625 Kisten

Ausbau:
Weiß: Zu je 50 % Gärung und Ausbau in 1 Jahr alten Fässern und in rostfreien Stahltanks,
die malolaktische Gärung wird zugelassen, Abfüllung nach 10 Monaten
Rot: Cuvée des Ceps Centenaires – 4 Wochen Gärung, danach 12 Monate Lagerung
in 1 Jahr alten Eichenfässern, weder Schönung noch Filtrierung;
Cuvée des Laurentides – Nach dem Entrappen 20 Tage traditionelle Gärung,
danach 10 bis 12 Monate Lagerung in Tanks, ohne Schönung und Filtrierung

Durchschnittsalter der Reben:
Weiß: 8 bis 15 Jahre
Rot: Cuvée des Ceps Centenaires – 100 Jahre und älter;
Cuvée des Laurentides – 40 bis 50 Jahre; Le Gramenon – 10 und 30 Jahre

Verschnitt:
Weiß: 100 % Viognier
Rot: Cuvée des Ceps Centenaires – 100 % Grenache;
Cuvée des Laurentides – 70 bis 80 % Grenache, 20 bis 30 % Syrah

Anmerkung: In manchen Jahren werden zusätzlich eine Cuvée Sagesse
aus 95 % Grenache und 5 % Syrah,
eine Cuvée Pascal (nur 1995 als Hommage für einen engen Freund)
und eine Spätlese aus 100 % Grenache bereitet.

Ich habe in der Zeitschrift *The Wine Advocate* wohlwollend über die Domaine Gramenon, eines der besten Güter der südlichen Rhône, berichtet. Am nördlichen Rand dieses Rebgebiets, unweit von Vinsobres, bewirtschaftet das Ehepaar Philippe und Michelle Laurent nach biodynamischen Grundsätzen einen 15 Hektar großen Weingarten, der auf etwa 24 Hektar ausgedehnt werden kann. Philippe Laurent, ein wahrhafter Könner, bereitet einige der üppigsten, reinsten und unwiderstehlichsten Côtes-du-Rhône-Tropfen. Praktisch alle Erzeugnisse werden aus extrem reifen Trauben gewonnen und mit äußerst niedrigem Schwefelzusatz ungeschönt und ungefiltert von Hand abgefüllt. Als ich diese Weine ohne Namensnennung Gästen servierte, glaubten sie, einen großen Grand cru aus Burgund oder einen der sechsmal teureren Spitzen-Rhôneweine zu trinken. Interessanterweise trägt das verrostete Schild am Gramenon-Gebäude die schlichte Aufschrift «Vin du Raisin». Dieser bescheidene Hinweis spiegelt durchaus die auf Nichteinmischung beruhende, minimalistische Philosophie der Laurents wider. Ein Rundgang durch die Weinberge macht deutlich, warum dieser Betrieb so viele wundervolle Gewächse hervorbringt: Die Erträge liegen niedrig, und die Rebstöcke sind unglaublich alt. So zählt eine ausgedehnte Grenache-Parzelle gar über 100 Jahre.

Erstaunlicherweise gaben die Laurents erst 1990 ihr Debüt. Bis dahin verkauften sie den Most unter anderem an Marcel Guigal und in geringerem Umfang an den Großhändler Paul Jaboulet-Aîné. Die 90er gerieten vorzüglich und weckten mein Interesse für diese Kellerei, die im Département Drôme in der Nähe von Valence liegt, das die südliche Grenze der nördlichen Rhône markiert. Man sieht auf diesem beeindruckenden Anwesen nicht nur außergewöhnliche Lagen mit alten Weinstöcken, sondern begegnet auch einer auf Unabhängigkeit bedachten Familie, die neben ihrer Weinproduktion gleichzeitig Geflügelzucht betreibt. Der feuchte, traditionelle Keller beherbergt keinerlei moderne Technik. Im Wesentlichen wird alles der Schwerkraft überlassen, und der Ausbau der roten Cuvées erfolgt durchweg in alten Fässern und *demi-muids*. Zum Leben wie zur Weinbereitung besitzt man eine vollkommen natürliche Einstellung. Schwefel kommt lediglich bei der Abfüllung in Kleinstmengen zum Einsatz, für die Gärung werden ausschließlich einheimische Hefesorten verwendet, und die Weine werden ungeschönt und ungeklärt auf Flaschen gezogen. Sämtliche Rote zeichnen sich durch eine außerordentliche Geschmacksfülle sowie jene unverwechselbare dicke, volle und kernige Struktur aus, wie sie nur durch niedrige Erträge und/oder alte Rebstöcke erzielt werden kann.

Seit kurzem wird in geringer Menge Weißwein produziert, der zum größten Teil aus Viognier und einer kleinen Portion Clairette besteht – ein typisches Laurent-Produkt: voll, körperreich, aromatisch und alkoholstark – das eindrucksvolle Beispiel eines tadellos bereiteten trockenen Weißen von der südlichen Rhône.

Der Erfolg ließ nicht lange auf sich warten, doch die vielen Menschen, die zu den Laurents kommen, um ihre Weine zu kosten und zu kaufen, lassen die Familie offenbar völlig unbeeindruckt. Die Eheleute und Eltern dreier Kinder strahlen eine bemerkenswerte Lebensfreude aus, die sich in ihren Erzeugnissen widerzuspiegeln scheint. Für alle, die nach großen Tropfen bescheidener Herkunft zu angemessenen Preisen Ausschau halten, ist die Domaine Gramenon die richtige Adresse.

JAHRGÄNGE

1995 • 87 Côtes du Rhône (rot): Die 95er erweisen sich als die erfolgreichsten Weine der Domaine Gramenon seit den großen 90ern. Der reinsortige Grenache entfaltet ein Burgunder-artiges, rauchiges, an einen Pinot Noir erinnerndes Bukett voll animalischer Düfte. Er verfügt über eine geballte Ladung schwarzes Beerenobst, eine ausladende, weiche Struktur, eine ausgezeichnete Reinheit und hinterlässt einen erfrischenden, herrlich fruchtigen, samtigen Eindruck im Mund. Er dürfte sich 2 bis 3 Jahre gut trinken lassen. Letzte Verkostung: 6/96.

1995 • 92 Côtes du Rhône Cuvée des Ceps Centenaires (rot): Dieser exotische 95er hat Ähnlichkeit mit den 3 großen Château-Rayas-Weinen des verstorbenen Jacques Reynaud. Der Tropfen entstammt einer 100 Jahre alten, auf einem Hochplateau gelegenen Rebfläche und wartet mit einem Höchstmaß an hedonistischer Dekadenz, Reife und verschwenderischer Fülle auf. Seine Frucht verrät kräftige Noten von Kirschlikör. Mit äußerster Reinheit und einem unglaublich üppigen und überwältigenden Geschmack ausgestattet, dürfte sich der Wein 5 bis 7 Jahre lang gut trinken lassen. Letzte Verkostung: 6/96.

1995 • 90 Côtes du Rhône Cuvée des Laurentides (rot): Diese 95er Cuvée besteht aus 70 % Grenache und 30 % Syrah. Ihr dunkles Rubin- bis Purpurrot paart sich mit einem süßen Aroma von überreifen Vogelkirschen, provenzalischen Kräutern, Mineralien und Blumen. Überdies verfügt dieser dichte, üppige, körperreiche und kernige Côtes du Rhône über ein großartiges Mittelstück und eine stattliche Struktur. Er dürfte 5 bis 6 Jahre lang schönen Trinkgenuss bieten. Letzte Verkostung: 6/96.

1995 • 93 Côtes du Rhône Cuvée Pascal (rot): Philippe und Michelle Laurent bereiteten diese Cuvée einem verstorbenen engen Freund zu Ehren. Der reinsortige Grenache aus Trauben, die am 1. November 1995 gepflückt wurden, zeigt eine Spur *surmaturité*. Seine außerordentliche Fülle, Reife und Konzentration erinnern an einige der umwerfenden kalifornischen Zinfandel-Spätlesen. Dank der außergewöhnlich vollen und reifen Vogelkirschenfrucht fehlt dem Geschmack des Weins trotz des natürlichen Alkoholgehalts von 16,5 % jegliches Feuer. Dieser seidenweiche Tropfen präsentiert sich erstaunlich rein und vielschichtig strukturiert. Letzte Verkostung: 6/96.

1995 • 89 Côtes du Rhône Cuvée Sagesse (rot): In dieser 95er Cuvée Sagesse aus 95 % Grenache und 5 % Syrah manifestiert sich der ausladende und intensiv duftige Stil der Domaine Gramenon. Das reichhaltige, samtweiche, köstliche, runde und glänzend proportionierte Gewächs offenbart einen vollen Körper, eine geballte Ladung Frucht sowie eine großartige Reinheit und Ausdruckskraft. Er sollte in den nächsten 4 bis 5 Jahren getrunken werden. Letzte Verkostung: 6/96.

1995 • 90 Côtes du Rhône Cuvée Syrah (rot): Die dunkle, undurchdringlich rubin- bis purpurrote Cuvée Syrah entfaltet ein attraktives Bukett von reifer Cassisfrucht, vermischt mit einem Hauch von Pflaumen und *garrigue*. Der süße und ausladende, erstaunlich üppige, körperreiche, reine und vielschichtige Côtes du Rhône sollte in den kommenden 5 bis 6 Jahren getrunken werden. Letzte Verkostung: 6/96.

ÄLTERE JAHRGÄNGE

Für die Domaine Gramenon war 1994 ein sehr erfolgreicher und 1990 ein großer Jahrgang. Als im September 1996 meine letzte Flasche der 90er Cuvée des Ceps Centenaires getrunken wurde, zeigte sich der Wein noch immer in prächtiger Verfassung: jung, kraftvoll, wunderbar reichhaltig – ein Hochgenuss.

Château du Grand Moulas

(Vaucluse) ****

Adresse:
8440 Mornas, Tel.: 4 90 37 00 13, Fax: 4 90 37 05 89

Produzierte Weine:
Côtes du Rhône (weiß und rot)

Rebfläche:
Weiß: 1,8 ha; Rot: 27,1 ha

Produktionsmenge:
Weiß: 875 Kisten; Rot: 12 500 Kisten

Ausbau:
Weiß: 15 Tage bis 3 Wochen Gärung in rostfreien Stahltanks, Abfüllung nach 4 bis 5 Monaten
Rot: 8 Tage Gärung in rostfreien Stahltanks, danach 6 Monate Lagerung im Tank,
Schönung und Filtrierung

Durchschnittsalter der Reben:
Weiß: 12 Jahre; Rot: 25 Jahre

Verschnitt:
Weiß: 75 % Marsanne und Roussanne, 25 % Grenache blanc und Clairette
Rot: 50 % Grenache, 50 % Syrah

Anmerkung: In Spitzenjahren wie 1989, 1990 und 1995 wird ausschließlich aus Syrah
eine Cuvée Clos l'Ecu nach dem Muster des roten Côte du Rhône produziert.

Im Jahr 1958 verließ Marcel Ryckwaert Algerien und gründete in dem an der Route Nationale 7 zwischen Orange und Bollène gelegenen Dorf Mornas dieses fast 30 Hektar große Gut. Auf dem Weg zu dem hervorragenden Restaurant La Beaugravière im nahe gelegenen Mondragon bietet sich hier eine schöne Gelegenheit zur Weinprobe, denn die Brüder Marc und Yves Ryckwaert bauten ihren Betrieb zu einem der führenden Erzeuger roter Côtes-du-Rhône-Weine aus. Gleichzeitig wurde die Qualität des trockenen Weißen stetig verbessert, der heute aus einem interessanten Verschnitt von Marsanne, Roussanne, Grenache blanc und Clairette besteht. Der geschmeidige, herrlich fruchtige, makellose Rote wird von dem Geschmack und dem Aroma Schwarzer Johannisbeeren dominiert, zweifellos eine Folge des 50-prozentigen Syrah-Anteils, der mit der gleichen Menge Grenache verschnitten wird. Trotz des zumeist geringen Säuregehalts verfügt der Wein über ein Alterungspotenzial von 5 bis 7 Jahren. In Spitzenjahren wird in geringem Umfang auch die reinsortige Syrah-Cuvée Clos l'Ecu bereitet, ein eindrucksvoller, überragender Wein mit einem rauchigen Duft und einem Geschmack von Teer und Cassis.

DOMAINE DE LA GUICHARD

(VAUCLUSE) ****

Adresse:
84430 Mondragon, Tel.: 4 90 30 17 84, Fax: 4 90 40 05 69

Produzierte Weine:
Côtes du Rhône (weiß), Côtes du Rhône Cuvée Genet (rot)

Rebfläche:
Weiß: 3,5 ha; Cuvée Genet: 10,1 ha

Produktionsmenge:
Weiß: 1 375 Kisten; Cuvée Genet: 2 500 Kisten

Ausbau:
Weiß: 3 bis 6 Monate in Zementtanks, die malolaktische Gärung wird gestoppt
Cuvée Genet: 7 bis 9 Tage Gärung, danach 5 bis 12 Monate Lagerung in Zementtanks,
die Trauben werden entrappt

Durchschnittsalter der Reben:
Weiß: 30 Jahre; Cuvée Genet: 30 Jahre

Verschnitt:
Weiß: 100 % Grenache blanc
Cuvée Genet: 80 % Grenache, 20 % Syrah

Armand Guichard, der Besitzer dieser Domäne, macht mit einem herrlich fruchtigen, reifen, runden und gehaltvollen roten Côtes du Rhône aus 80 % Grenache und 20 % Syrah auf sich aufmerksam. Der dunkel gefärbte Wein wird unfiltriert abgefüllt und sollte innerhalb von 4 bis 6 Jahren nach der Lese getrunken werden. Er verfügt über ein pfeffriges, würziges, vollfruchtiges Bukett und einen ansehnlichen Körper, vor allem in Spitzenjahren wie 1990 und 1995. Guichards Weißen habe ich bisher nicht verkosten können.

DIE SÜDLICHE RHONE

GUIGAL

(*NÉGOCIANT*) ****

Adresse:

1, route de Taquières oder Château d'Ampuis, 69420 Ampuis, Tel.: 4 74 56 10 22, Fax: 4 74 56 18 76

Produzierte Weine:

Côtes du Rhône (weiß und rot)

Produktionsmenge:

Weiß: 17 000 Kisten; Rot: 70 000 Kisten

Ausbau:

Weiß: Gärung bei niedriger Temperatur, danach 8 Monate Lagerung in rostfreien Stahltanks,
leichte Schönung und Filtrierung

Rot: 15 bis 21 Tage Gärung, danach 1 Jahr Lagerung in alter Eiche;
Mourvèdre wird vollständig, Syrah und Grenache werden teilweise entrappt,
keine Schönung und Filtrierung

Verschnitt:

Weiß: Etwa 30 % Bourboulenc, 25 % Roussanne, 18 bis 20 % Viognier,
10 % Grenache blanc, 10 % Clairette als Idealverschnitt

Rot: Etwa 50 % Grenache, 25 % Mourvèdre, 25 % Syrah, geringe Mengen anderer Sorten

Anmerkung: Die Weine werden in Guigals Kellerei in Ampuis aus
gekauftem Most und nicht aus Trauben bereitet.

Den vielleicht besten Vorgeschmack auf Guigals außergewöhnliches Können vermitteln seine Côtes-du-Rhône-Erzeugnisse. Sie machen den Löwenanteil der Produktion dieses namhaften *négociant* und Weinbergbesitzers aus und gehören zu den edelsten Tropfen Frankreichs. Guigals weißer Côtes du Rhône, einst nichts sagend und fade, zeigt sich heute frisch, lebendig und duftig und findet bei Kritikern wie Verbrauchern hohe Anerkennung. Der Verschnitt enthält etwa 18 bis 20 % Viognier, 25 % Roussanne und die üblichen Traubensorten der südlichen Rhône: Bourboulenc, Grenache blanc und Clairette. Zur Erhaltung seiner Frische wird dieser vorzügliche trockene Weiße von einem mittleren Körper frühzeitig abgefüllt. Er sollte innerhalb von 1 bis 2 Jahren nach der Lese getrunken werden.

Guigals roter Côtes du Rhône präsentiert sich von jeher als dunkler, würziger, strukturierter, von Syrah und Mourvèdre geprägter Wein. In Spitzenjahren wie 1989, 1990 und 1995 bietet dieser vollmundige, erstklassige Tropfen aus je 25 % Syrah und Mourvèdre und 50 % Grenache 7 bis 8 Jahre lang schönen Trinkgenuss. Ansonsten sollte er innerhalb von 3 bis 4 Jahren nach der Lese getrunken werden. Alle diese tadellosen Weine werden zu angemessenen Preisen verkauft. Weitere Informationen über das Haus Guigal finden sich im Kapitel Côte Rôtie (siehe Seite 66).

Jean-Marie Lombard

(Drôme) ****

Adresse:

Quartier Piquet, 26250 Livron, Tel.: 4 75 61 64 90

Produzierte Weine:

Côtes du Rhône (weiß), Côtes du Rhône Cuvée du Grand Chêne (rot),
Côtes du Rhône Cuvée Eugène de Monicault (rot)

Rebfläche:

Weiß: 0,6 ha; Rot: Cuvée du Grand Chêne – 2,5 ha; Cuvée Eugène de Monicault – 1,5 ha

---

Produktionsmenge:

Weiß: 150 Kisten

Rot: Cuvée du Grand Chêne – 1 375 Kisten; Cuvée Eugène de Monicault – 812 Kisten

---

Ausbau:

Weiß: Gärung in 2 Jahre alten Eichenfässern, die Weine bleiben vor der Abfüllung
6 Monate an der Hefe, die malolaktische Gärung wird nicht gestoppt

Rot: Cuvée du Grand Chêne – Insgesamt 20 Monate, 12 Tage Gärung in Zementtanks,
danach 12 bis 14 Monate Lagerung in alter Eiche, gelegentlich leichte Schönung und Filtrierung;
Cuvée Eugène de Monicault – 15 Tage Gärung in Zementtanks, in denen auch die malolaktische
Gärung stattfindet, danach 14 Monate Lagerung in 2 Jahre alten Eichenfässern

---

Durchschnittsalter der Reben:

Weiß: 5 bis 6 Jahre

Rot: Cuvée du Grand Chêne – 15 Jahre; Cuvée Eugène de Monicault – 22 Jahre

---

Verschnitt:

Weiß: 75 % Marsanne, 25 % Viognier

Rot: Cuvée du Grand Chêne – 100 % Syrah; Cuvée Eugène de Monicault – 100 Syrah

---

Die Kellerei von Jean-Marie Lombard, die in einem Landstrich nur 19 Kilometer von Valence entfernt im Norden der Côtes du Rhône liegt, stiftet einige Verwirrung. Diese winzige AC-Region lässt sich weder den Côtes du Rhône-Villages noch den Côtes du Rhône zurechnen; sie nennt sich schlicht Brézème-Côtes-du-Rhône und wurde 1974 gegründet. Der 4,4 Hektar große Betrieb produziert aus einem interessanten Verschnitt von 75 % Marsanne und 25 % Viognier in geringem Umfang einen reichhaltigen und vollmundigen, für den modernen Gaumen aber möglicherweise zu schweren Weißwein.

Lombards Glanzleistungen sind zwei reinsortige Cuvées aus Syrah, der charakteristischen Traubensorte dieses Gebiets. In Wahrheit haben diese Erzeugnisse aber mit Cornas- und Hermitage-Weinen mehr gemein als mit Produkten aus dem Süden. Bei der Bereitung seiner dichten, dunklen, kraftvollen Weine lässt es Lombard an nichts fehlen. Die aus den Trauben eines 15 Jahre alten Weingartens gewonnene Cuvée du Grand Chêne wird 12 bis 24 Monate in alten Fässern gelagert und mit minimaler Kellertechnik abgefüllt. Die Spitzencuvée Eugène de Monicault stammt von 22 Jahre alten Weinstöcken. Erfahrungsgemäß besitzen die Weine häufig eine vegetabile Note, das gilt besonders für Produkte aus den achtziger Jahren. In sehr reifen Jahrgängen tritt dieses Merkmal weniger deutlich in Erscheinung. Vor etwa fünf Jahren begann Lombard, die Syrah-Trauben zu entrappen, weil er Weine mit einer weniger ausgeprägten Kräuternote und einem gemäßigteren Tanningehalt anstrebt.

Die soliden, muskulösen, prunkvollen Tropfen werden bei Freunden eines kräftigen Syrah vermutlich mehr Beifall finden als bei den Liebhabern der im provenzalischen Stil bereiteten, zugänglichen und lebhaften Weine der südlichen Côtes du Rhône. Rote Spitzenjahrgänge wie der 90er verfügen über ein Alterungspotenzial von einem Jahrzehnt, die Mehrzahl der Lombard-Gewächse sollte aber ungeachtet ihres Tanninreichtums innerhalb von 5 bis 7 Jahren nach der Lese getrunken werden.

CHÂTEAU MALIJAY

(VAUCLUSE) **/***

Adresse:
84150 Jonquières, Tel.: 4 90 70 33 44, Fax: 4 90 70 36 07

Produzierte Weine:
Côtes du Rhône (weiß und rot)

Rebfläche:
Weiß: 1 ha; Rot: 100 ha

Produktionsmenge:
Weiß: 400 Kisten; Rot: 45 000 Kisten

Ausbau:
Weiß: 1 Monat Gärung in gekühlten Tanks, Abfüllung nach 6 Monaten,
Stoppen der malolaktischen Gärung, leichte Schönung und Filtrierung
Rot: Moderne Vinifikation mit frühzeitiger Abfüllung, Schönung und Filtrierung

Durchschnittsalter der Reben:
Weiß: 20 Jahre; Rot: 35 Jahre

Verschnitt:
Weiß: 70 % Grenache blanc, 30 % Viognier
Rot: 50 % Grenache, 30 % Syrah, 2 bis 3 % Mourvèdre und andere Sorten

Dieses großzügige Château, das am Standort des Originals aus dem 11. Jahrhundert neu erbaut wurde, erzeugt riesige Mengen eines höchst kommerziellen milden und fruchtigen Roten sowie in geringer Menge einen belanglosen Weißen. Der rote Côtes du Rhône ist ansprechend, aber eindimensional, das Château und sein Landbesitz lohnen jedoch einen Besuch. Es liegt nur acht Kilometer östlich von Orange in der Nähe des bekannten Côtes-du-Rhône-Dorfs Jonquières im Département Vaucluse. Der von Baron Malijay geführte Betrieb exportiert seine Erzeugnisse in zahlreiche Länder der Welt – ein Zeichen für den enormen kommerziellen Erfolg dieses schnörkellosen Tropfens. Die hochmoderne Anlage befindet sich in einem makellos sauberen Zustand und steht unter der kundigen Aufsicht des Verwalters Henri Chavernac. Allerdings darf man hier keine große Komplexität erwarten, denn alle Erzeugnisse durchlaufen eine gründliche Sterilfiltration.

Domaine Mitan

(Vaucluse) ***

Adresse:
Rue du Felibrige, 84270 Védène, Tel.: 4 90 31 07 12

Produzierte Weine: Côtes du Rhône (rot)

Rebfläche: 6 ha

Produktionsmenge: 2 800 Kisten

Ausbau:
Insgesamt 2 Jahre, 1 Woche Gärung in Zementtanks, 12 Monate Lagerung in Tanks
und *demi-muids*, keine Schönung, eine leichte Filtrierung

Durchschnittsalter der Reben: 30 Jahre

Verschnitt: 60 % Grenache, 20 % Syrah, 10 % Cinsault, 10 % Mourvèdre

Dieses unscheinbare, unterbewertete und leider sehr kleine Gut produziert traditionelle, aromareiche und muskulöse Côtes-du-Rhône-Weine. Die vollmundigen und sauber bereiteten Produkte verfügen über ein Alterungspotenzial von 5 bis 8 Jahren. Frédéric Mitan, der Besitzer der Domaine Mitan, überzeugt als seriöser Winzer.

Domaine des Moulins (Georges Dubœuf)

(Gard) ***/****

Adresse:
75150 Romanèche-Thorins, Tel.: 4 85 35 34 20, Fax: 4 85 35 34 25

Produzierte Weine: Côtes du Rhône (rot)

Rebfläche: 19,8 ha

Produktionsmenge: 10 000 Kisten

Ausbau:
Vollständiges Entrappen, Vinifikation in temperaturgeregelten rostfreien Stahltanks,
danach 6 Monate Lagerung in Tanks bis zur Abfüllung

Durchschnittsalter der Reben: 30 Jahre

Verschnitt: 40 % Grenache, jeweils 20 % Cinsault, Mourvèdre und Syrah

Der Domaine des Moulins liefert Dubœufs körperreichsten, vollsten und extraktstoffhaltigsten Côtes du Rhône. Dieser kernige, fleischige und geschmeidige Rote sollte innerhalb von 2 bis 4 Jahren nach der Lese getrunken werden.

DOMAINE DE LA PRÉSIDENTE

(VAUCLUSE) ***

Adresse:
84290 Sainte-Cécile-les-Vignes, Tel.: 4 90 30 80 34, Fax: 4 90 30 72 77

Produzierte Weine:
Côtes du Rhône Domaine de la Présidente (rot), Côtes du Rhône Cuvée 20 (rot)

Rebfläche:
Domaine de la Présidente – 25 ha; Cuvée 20 – 5 ha

Produktionsmenge:
Domaine de la Présidente – 9 000 Kisten; Cuvée 20 – 700 bis 800 Kisten

Ausbau:
Domaine de la Présidente – 12 Tage Gärung in rostfreien Stahltanks,
danach 12 Monate Ausbau im Tank, die Trauben werden entrappt;
Cuvée 20 – Die Syrah-Trauben durchlaufen 12 Tage Kohlensäuregärung,
die übrigen Trauben eine 12- bis 15-tägige traditionelle Gärung, der Most lagert 2 Jahre in
rostfreien Stahltanks; dieser Wein wird nur in Spitzenjahrgängen erzeugt

Durchschnittsalter der Reben:
Cuvée Prestige – 25 Jahre; Cuvée 20 – 35 Jahre

Verschnitt:
Domaine de la Présidente – 70 % Grenache, 20 % Syrah, 10 % Carignan;
Cuvée 20 – 50 % Syrah, 40 % Grenache, 10 % Carignan

Max Aubert bereitet sowohl einen erstklassigen Châteauneuf-du-Pape (siehe Seite 546) als auch einen sehr guten Cairanne. Der überwiegende Teil der Produktion entfällt jedoch auf zwei Côtes-du-Rhône-Cuvées: die kompakte und rustikale Domaine de la Présidente und die Cuvée 20, vormals Cuvée Goutillonné, die nur in Spitzenjahren bereitet wird. Dieser attraktive, fleischige, aromareiche Côtes du Rhône profitiert von der Kohlensäuregärung der Syrah-Trauben, die die Hälfte des Verschnitts ausmachen. Ich habe zuletzt den ausgezeichneten 90er probiert.

Domaine de la Réméjeanne

(Gard) ****

Adresse:

Cadignac, 30200 Sabran, Tel.: 4 66 89 44 51, Fax: 4 66 89 64 22

Produzierte Weine:

Côtes du Rhône Les Arbousiers (weiß), Vin de pays du Gard Les Genevrières (weiß),
Côtes du Rhône Les Arbousiers (rot), Côtes du Rhône Les Chevrefeuilles (rot),
Côtes du Rhône Les Eglantiers (100 % Syrah) (rot)

Rebfläche: 27,4 ha

Produktionsmenge: 6 000 Kisten

Ausbau:

Je nach Cuvée im Tank, *foudre* und in kleineren Fässern

Durchschnittsalter der Reben: 20 bis 40 Jahre

Verschnitt:

Weiß: 60 % Clairette, 20 % Roussanne, 10 % Marsanne, 10 % Ugni blanc
Rot: 40 % Grenache, 20 % Syrah, 15 % Carignan, 14 % Cinsault, 10 % Counoise, 1 % Mourvèdre

Rémy Klein und seiner Gattin Ouahi gebührt das Verdienst, den 1988 übernommenen Familienbetrieb zu einem der besten und beständigsten Côtes-du-Rhône-Erzeuger entwickelt zu haben. Neben köstlichen Roten werden Weiße von steigender Qualität produziert, und das in einem Gebiet, das nicht gerade bekannt ist für erstklassige Weißweine. Das Klima der stark zerstückelten, im Département Gard in der Nähe von Bagnols-sur-Cèze gelegenen Rebfläche ist kühler als gewöhnlich und kommt dem Syrah zugute.

Die Weißen mit ihrer herrlich frischen Frucht und dem von der Roussanne-Traube herrührenden honigartigen, buttrigen Charakter zählen zu den feinsten Tropfen ihrer Art im südlichen Rhônetal.

Ihre Qualität wird allerdings von den roten Cuvées, die zum Teil durch Kohlensäuremaischung und zum Teil durch klassische Vifinikationsverfahren entstehen, noch übertroffen. Zu ihnen gehören der Côtes du Rhône Les Chevrefeuilles – ein leichterer, burgunderartiger Wein mit Kirschenfrucht –, der Côtes du Rhône Les Arbousiers, der mustergültige rauchige und fleischige, nach provenzalischen Kräutern duftende Côtes du Rhône Les Genevrières mit Vogelkirschengeschmack sowie der ausschließlich aus Syrah gewonnene Côtes du Rhône Les Eglantiers, ein ebenfalls fleischiger, dicker, saftiger, dunkler Wein.

Die weißen Tropfen müssen in den ersten 1 bis 2 Jahren, die roten mit Ausnahme des Les Eglantiers innerhalb von 4 bis 5 Jahren nach der Lese getrunken werden. Manche Jahrgänge des Les Eglantiers wie der 95er und der 90er können bis zu einem Jahrzehnt durchhalten. Dieser vorbildliche Betrieb erzeugt köstliche, moderne und charaktervolle Weine.

Château Saint-Estève d'Uchaux

(Vaucluse) ***

Adresse:
Route de Sérignan, 84100 Uchaux, Tel.: 4 90 19 19 44, Fax: 4 90 40 63 49

Produzierte Weine:
Côtes du Rhône Château Saint-Estève (weiß), Côtes du Rhône Viognier (weiß),
Côtes du Rhône Cuvée Friande (rot), Côtes du Rhône Cuvée Tradition (rot),
Côtes du Rhône-Villages Grande Réserve (rot), Côtes du Rhône-Villages Vieilles Vignes (rot)

Rebfläche:
Weiß: Saint-Estève – 6 ha; Viognier – 6 ha
Rot: Cuvée Friande – 8 ha; Cuvée Tradition – 25 ha; Grande Réserve – 5 ha; Vieilles Vignes – 4 ha

Produktionsmenge:
Weiß: Saint-Estève – 3 750 Kisten; Viognier – 1 200 Kisten
Rot: Cuvée Friande – 5 000 Kisten; Cuvée Tradition – 15 000 Kisten;
Grande Réserve – 2 500 Kisten; Vieilles Vignes – 1 625 Kisten

Ausbau:
Weiß: Saint-Estève – 15 Tage Fermentation in temperaturgeregelten rostfreien Stahltanks,
die malolaktische Gärung wird durch Kühlung und Sulfit gestoppt,
Schönung und Filtrierung, Abfüllung nach 6 bis 8 Monaten;
Viognier – Siehe Saint-Estève
Rot: Cuvée Friande – 7 Tage Gärung und 6 bis 12 Monate Lagerung in rostfreien Stahl- und
Zementtanks, Schönung und Filtrierung;
Cuvée Tradition – Siehe Cuvée Friande, aber 8 bis 10 Tage Gärung;
Grande Réserve – Siehe Cuvée Friande, aber 10 bis 15 Tage Gärung;
Vieilles Vignes – 10 bis 15 Tage Gärung in Zement- und rostfreien Stahltanks,
danach 30 % 1 Jahr lang in 3 Jahre alten Eichenfässern, keine Schönung, nur eine leichte Filtrierung

Durchschnittsalter der Reben:
Weiß: Saint-Estève – 15 und 30 Jahre; Viognier – 13 Jahre
Rot: Cuvée Friande – 15 bis 20 Jahre; Cuvée Tradition – 20 bis 25 Jahre;
Grande Réserve – 25 Jahre; Vieilles Vignes – 30 bis 35 Jahre

Verschnitt:
Weiß: Saint-Estève – 60 % Grenache blanc, 30 % Roussanne, 10 % andere Traubensorten;
Viognier – 100 % Viognier
Rot: Cuvée Friande – Je 50 % Grenache und Cinsault;
Cuvée Tradition – 80 % Grenache, 20 % Syrah;
Grande Réserve – 60 % Grenache, 40 % Syrah;
Vieilles Vignes – 60 % Syrah, 40 % Grenache

Unmittelbar nördlich der alten römischen Stadt Orange liegt das ausgedehnte Château Saint-Estève d'Uchaux im Besitz der Familie Français, das mit großer Umsicht von Marc Français geleitet wird. Das vorbildliche, moderne, gut ausgestattete, makellos saubere Gut unterscheidet sich gewaltig von den alten, rustikalen Kellern im Rhônetal. Unter Einsatz von Ernte-maschinen, Zentrifugen, temperaturgeregelten rostfreien Stahltanks und keimfreier Filtrierung bringt der Betrieb saubere, einwandfreie, fruchtige Weiß- und Rotweine hervor, die in den ersten 2 bis 4 Jahren nach der Lese höchsten Trinkgenuss versprechen.

Der Côtes du Rhône Viognier, der von relativ jungen Weinstöcken stammt, gibt sich eher gut als aufregend.

Die Roten reichen von den leichten und fruchtigen Cuvée Tradition und Cuvée Friande bis hin zu den gehaltvolleren Côtes du Rhône-Villages Grande Réserve und Vieilles Vignes, beide aus 60 % Grenache und 40 % Syrah. Der Vieilles Vignes wird nur in Kleinstmengen erzeugt und überragt die übrigen Weine des Château bei weitem. Er zeigt mehr Intensität, wird einige Zeit in Eiche gelagert und erfährt weniger Behandlung bei der Abfüllung.

Die roten und weißen Côtes-du-Rhône-Produkte erweisen sich als verlässlich und durch-weg gut gemacht. Sie werden wahrscheinlich genauso wenig enttäuschen wie begeistern, ganz im Unterschied zu den Weinen von Domaine Gramenon, Château de Fonsalette oder Coudou-let de Beaucastel.

TARDIEU-LAURENT

(*NÉGOCIANT*) ****

Adresse:
Chemin de la Marquette, 84360 Lauris, Tel.: 4 90 08 32 07, Fax: 4 90 08 26 57

Der von Michel Tardieu und Dominique Laurent geführte Handelsbetrieb erzeugt konzen-trierte Weine, die mit einer minimalen Kellertechnik und einem extrem niedrigen Schwefel-dioxidzusatz abgefüllt werden. Dank der ersten beiden Jahrgänge des Côtes du Rhône Cuvée Guy Louis reihte man sich ein in den Kreis der Vier-Sterne-Erzeuger. Die Weine, die in klei-nen, 1995 zu 50 % neuen Eichenfässern ausgebaut wurden, enthalten mindestens zur Hälfte Grenache sowie eine große Portion Syrah – 1995 zum Beispiel 40 % – und eine kleine Men-ge Mourvèdre. Die dunklen, purpurroten, kernigen und vielschichtigen Gewächse sollten in den ersten 5 bis 8 Jahren nach der Lese getrunken werden. Tardieu-Laurent interessiert als ein beeindruckender Neuling in der Region.

CHÂTEAU DES TOURS

(VAUCLUSE) ****

Adresse:
Quartier des Sablons, 84260 Sarrians, Tel.: 4 90 65 41 75

Produzierte Weine:
Côtes du Rhône (weiß und rot), Vin du pays de Vaucluse (rot)

Rebfläche:
Weiß: 1,5 ha
Rot: Côtes du Rhône – 10,1 ha; Vin du pays de Vaucluse – 10,1 ha

Produktionsmenge:
Weiß: 812 Kisten
Rot: Côtes du Rhône – 6 250 Kisten; Vin du pays de Vaucluse – 6 250 Kisten

Ausbau:
Weiß: 8 bis 10 Tage Gärung in rostfreien Stahltanks, Abfüllung nach 2 Jahren,
die malolaktische Gärung wird zugelassen
Rot: Côtes du Rhône – 8 bis 10 Tage Gärung in rostfreien Stahltanks, danach 18 Monate
Lagerung in Zementtanks und ein kleiner Teil in Eiche;
Vin du pays de Vaucluse – Siehe den roten Côtes du Rhône

Durchschnittsalter der Reben:
Weiß: 15 und 20 Jahre
Rot: Côtes du Rhône – 45 Jahre; Vin du pays de Vaucluse – 15 und 50 Jahre

Verschnitt:
Weiß: 80 % Grenache blanc, 20 % Clairette
Rot: Côtes du Rhône – 40 % Grenache, 40 % Cinsault, 20 %Syrah;
Vin du pays de Vaucluse – 40 % Grenache, 35 % Cinsault, 25 % Syrah

Das Château des Tours, das auch im Kapitel Vacqueyras behandelt wird (siehe Seite 359), befindet sich im Besitz von Emmanuel Reynaud, einem Neffen des verstorbenen Jacques Reynaud aus Châteauneuf-du-Pape. Man sollte diesen Betrieb sorgfältig im Auge behalten, weil sich hinter jedem AC-Prädikat erstklassige Weine verbergen. Der Weiße besitzt einen etwas erdigen und ausgefallenen Geschmack, die roten Cuvées erweisen sich aber als aromareiche, würzige und pfeffrige Weine mit einem ausgeprägten Charakter und großer Intensität. Der Côtes du Rhône, ein Verschnitt aus 40 % Grenache, 40 % Cinsault von alten Reben und 20 % Syrah, wirkt wie eine abgeschwächte Version des großen Fonsalette. Sogar der Vin du pays de Vaucluse präsentiert sich als ein aufregender, erstaunlich voller, kräftiger und dazu erschwinglicher Tropfen. Solche Erzeugnisse gehören nicht zu der leichten, fruchtigen, kommerziellen Sorte, sondern zu den kraftvollen, körper- und extraktstoffreichen Weinen mit einem Alterungspotenzial von 7 bis 10 Jahren. Ein überaus ernst zu nehmender Erzeuger!

Domaine du Vieux Chêne

(Vaucluse) ****

Adresse:
Rue Buisseron, Route de Vaison-la-Romaine, 84850 Camaret, Tel.: 4 90 37 25 07, Fax: 4 90 37 76 84

Produzierte Weine:
Côtes du Rhône-Villages (weiß), Côtes du Rhône (rot), Côtes du Rhône Cuvée des Capucines (rot),
Côtes du Rhône Aux Haie des Grives (rot), Vin de pays Vaucluse (rot)

Rebfläche:
Weiß: 1 ha
Rot: Côtes du Rhône (alle Cuvées) – 24,3 ha; Vin de pays Vaucluse – 15 ha

---

Produktionsmenge:
Weiß: 375 Kisten
Rot: Côtes du Rhône (alle Cuvées) – 8 000 Kisten

Ausbau:
Weiß: 3 Wochen Gärung bei niedriger Temperatur in rostfreien Stahltanks, die malolaktische Gärung
wird zugelassen, Abfüllung nach 6 Monaten
Rot: Côtes du Rhône (alle Cuvées) – 20 Tage Gärung in Zementtanks, danach 10 Monate
Lagerung in Zementtanks, kein Entrappen, aber Schönung und Filtrierung

---

Durchschnittsalter der Reben:
Weiß: 50 Jahre
Rot: Côtes du Rhône (alle Cuvées) – 40 Jahre

Verschnitt:
Weiß: 40 % Picpoul, 20 % Viognier, 20 % Roussanne, 20 % Clairette
Rot: Côtes du Rhône (alle Cuvées) – 80 % Grenache, 20 % Syrah;
Cuvée des Capucines – 90 % Grenache, 10 % Syrah; Aux Haie des Grives – 60 % Grenache, 40 % Syrah;
Vin de pays Vaucluse – 80 % Grenache, 10 % Syrah, 10 % Muscardin und Carignan

Diese berühmte Kellerei erzeugt ausnahmslos genussreiche, fleischige, sauber bereitete Rotweine und seit neuestem – in Kleinstmengen – Weißwein. Die von Madame Béatrice Bouché unterstützten Brüder Jean-Claude und Dominique verließen Ende der Siebziger die örtliche Genossenschaft und gingen zu eigenen Gutsabfüllungen über.

Produziert werden vier rote Cuvées: Côtes du Rhône, Côtes du Rhône Cuvée des Capucines, Côtes du Rhône Aux Haie des Grives und Vin de pays Vaucluse. In den Roten dominiert der Grenache, weil die Anbaufläche zu 85 % mit Grenache- und zu 15 % mit Syrah-Reben bepflanzt ist. Die Cuvée des Capucines erweist sich als der leichtere, der stärker von der Syrah-Traube geprägte Haie des Grives als der reichhaltigere und schwerere Tropfen.

Die Qualität der Weißen konnte in den letzten Jahren erheblich gesteigert werden, vor allem seit der Most der neuen Viognier- und Roussanne-Parzellen in die Produktion einfließen. Wurde der Tropfen bislang aus gleichen Teilen Picpoul und Roussanne bereitet, so strebt man heute einen Verschnitt aus Viognier, Picpoul, Roussanne und Clairette an.

DIE SÜDLICHE RHONE

Trotz der traditionellen Weinbereitung lassen die Erzeugnisse eine fortschrittliche Einstellung erkennen, die Wert auf Reinheit sowie eine gut entwickelte, geschmeidige und volle Frucht legt. In den Spitzenjahren 1989, 1990, 1994 und 1995 bieten die Roten in den ersten 5 bis 6 Jahren nach der Lese den höchsten Trinkgenuss, die Weißen müssen dagegen innerhalb von 12 bis 18 Monaten getrunken werden.

WEITERE EMPFEHLENSWERTE CÔTES-DU-RHÔNE-WEINE

Anmerkung: Die Qualität der mit einem Stern markierten
Weine weist eine größere Beständigkeit auf.

Château d'Aigueville (Uchaux) • Domaine de l'Amandier (Carmes) * •
Paul Autard (Châteauneuf-du-Pape) • Domaine de Beaurenard
(Châteauneuf-du-Pape) * • Domaine la Berthet (Camaret) • Château la Borie
(Suze-la-Rousse) • Château de Boussargues (Colombier) •
Cave Jaume (Vinsobres) • Domaine de la Chapelle
(Châteauneuf-de-Gadagne) • Gérard Charvin (Châteauneuf-du-Pape) * •
Auguste Clape (Cornas) * • Clos du Caillou (Courthézon) •
Domaine de Cocol (Donnat) • Domaine de l'Enclos (Courthézon) * •
Château de l'Estagnol (Suze-la-Rousse) • Château de Farel (Comps) •
Domaine les Goubert (Gigondas) • Château Gourdon (Bollène) •
Château de Grand Prébois (Courthézon) * • Domaine Grand Veneur
(Châteauneuf-du-Pape) * • Paul Jaboulet-Ainé (Côtes du Rhône Parallel 45)
(Tain l'Hermitage) * • Domaine de la Janasse (Côtes du Rhône)
(Châteauneuf-du-Pape) * • Domaine de la Janasse (Côtes du Rhône
Les Garrigues) (Châteauneuf-du-Pape) * • Domaine Martin (Travaillan) •
Domaine A. Mazurd et Fils (Tulette) • Domaine de Mont Redon
(Châteauneuf-du-Pape) • Domaine de la Mordorée (Lirac) * •
Domaine de Perillière (Loumarin) * • Domaine Piredon (Loumarin) •
Domaine de la Renjarde (Sérignan) * • Domaine des Richards (Violès) •
Domaine Saint-Gayan (Vacqueyras) • Domaine Saint-Pierre (Violès) •
Domaine Sainte-Apollinaire (Puyneras) • Santa Duc (Gigondas) * •
Domaine la Taurelle (Mirabel-aux-Baronnies) • Domaine des Trielles
(Montbris-sur-Lez) • Château du Trignon (Gigondas) •
Vidal-Fleury (Ampuis) * • La Vieille Ferme (Perrin Réserve) (Orange) * •
Domaine de la Vieille Julienne (Châteauneuf-du-Pape) •
Vignobles de la Jasse (Violès) • La Vignonnerie Plan Dei (Travaillan)

Rhôneweine für Connaisseurs

Clairette de Die
Côtes du Vivarais
Coteaux du Tricastin
Côtes du Ventoux
Costières de Nîmes

DIE APPELLATION CLAIRETTE DE DIE AUF EINEN BLICK

Weinarten:	Trockener und süßer, weißer Schaumwein, trockener weißer Stillwein
Rebsorten:	Muscat und Clairette
Derzeitige Rebfläche:	1 194 ha
Qualitätsniveau:	Mittelmäßig bis gut
Reifepotenzial:	1 bis 4 Jahre
Allgemeine Eigenschaften:	Die besten Schaumweine geraten wegen des hohen Muscat-Anteils bisweilen duftig und schmackhaft, die meisten sind allerdings nichtssagend
Die besten Erzeuger:	Claude Achard • Achard-Vincent • Buffardel Frères • Henri Grangeron • Georges Poulet • Pierre Salabelle • Jean-Claude Vincent

Anscheinend verfügen nur wenige Weinliebhaber über Erfahrungen mit dem Clairette de Die oder kennen auch nur seinen Namen, dabei wird in der Die-Zone schon länger Schaumwein produziert als in der Champagne. Historische Hinweise auf den Wein dieser Region reichen bis in das Jahr 77 nach Christus zurück, allerdings wirkt die Gegend nicht sehr einladend.

Die Weinberge von Die, ein Anhängsel des Hauptanbauzone der Rhône, liegt abgeschieden in den Bergen östlich von Valence am Ende eines 64 Kilometer langen Straßengewirrs. Diesen Zickzackkurs hinter sich zu bringen kann einen halben Tag in Anspruch nehmen. Sobald man in gefährliche Bergregionen vordringt, kündet ein Flickenteppich von Wein- und Walnussbaumgärten dem Besucher an, dass er die unbekannteste Appellation der Rhône erreicht hat. Drei Weißweine werden hier bereitet: Der Stillwein, für gewöhnlich ein ziemlich ausdrucksloses und fades Getränk, wird ausschließlich aus Clairette-Trauben gewonnen. Auch der Schaumwein Clairette de Die Brut besteht zu 100 % aus Clairette und erweist sich als etwas ausdrucksschwach. Der beste Wein ist der Clairette de Die Tradition, ein üppiger und köstlicher Schaumwein aus in der Regel 50 bis 75 % Muscat sowie aus Clairette mit einem ausgesprochen duftigen Bukett. Es gibt ihn als trockenen Brut und in einer süßeren, halbtrockenen Version. Trotz der ausladenden, kommerziellen Aufmachung besitzt dieser Wein einen erstaunlich geringen Bekanntheitsgrad.

Der von Erzeugern wie **Claude Achard**, **Achard-Vincent**, **Buffardel Frères**, **Henri Grangeron**, **Georges Poulet**, **Pierre Salabelle** und **Jean-Claude Vincent** bereitete Schaumwein Clairette de Die und vor allem ihre Tradition-Cuvées mit dem hohen Muscat-Anteil lassen sich überraschend gut trinken.

DIE APPELLATION CÔTES DU VIVARAIS AUF EINEN BLICK

Weinarten:	Weiß-, Rot- und Roséwein
Rebsorten:	Vinifera-Reben und Hybridzüchtungen, doch hauptsächlich Grenache, Syrah, Cinsault, Mourvèdre, Picpoul, Chardonnay, Cabernet Sauvignon, Merlot und Viognier
Derzeitige Rebfläche:	890 ha (eines Gesamtpotenzials von etwa 8 094 ha)
Qualitätsniveau:	Mangelhaft bis gefällig
Reifepotenzial:	1 bis 3 Jahre
Allgemeine Eigenschaften:	Preiswerte, im Allgemeinen gut gemachte, fruchtige Weiß- und Rotweine mit leichtem Körper
Die besten Erzeuger:	Domaine Belvezet • Hervé Boullé • Domaine Gallety • Louis Latours Chardonnay l'Ardèche • Domaine de Vigier • Caves Coopératives Vignerons de Saint-Montan

Am Westufer der Rhône liegt zwischen dem lauten Städtchen Viviers im Norden und Pont Saint-Esprit im Süden die aufstrebende Weinbauregion Côtes de Vivarais.

Vor mehr als zwei Jahrzehnten verbrachten meine Frau und ich eine Woche in dieser Gegend und genossen ihre karge Ursprünglichkeit und die großartige, von Felsschluchten durchzogene Landschaft. Bis vor kurzem war die Region hauptsächlich für ausdrucksschwache, preisgünstige Weiße, Rote und Rosés bekannt. Meine Begegnung mit den Weiß- und Roséweinen verlief enttäuschend, obwohl der bedeutende *négociant* Louis Latour aus Burgund stets einen sehr guten Chardonnay bereitet. Die Roten erweisen sich jedoch als interessanter. Sie werden in einem leichten, fruchtigen Stil bereitet und sollten innerhalb von 3 bis 4 Jahren nach der Lese getrunken werden. Bisher stammten die besten Roten aus der **Domaine de Belvezet** und der **Domaine Gallety**.

Abgesehen von diesen zwei Domänen befindet sich praktisch die gesamte Weinproduktion in der Hand großer Genossenschaften. Sie erzeugen zahlreiche Cuvées, die *négociants* und Importeure von Spezialitäten unter Markennamen vertreiben.

DIE APPELLATION COTEAUX DU TRICASTIN AUF EINEN BLICK:

Weinarten:	95 % Rotwein, etwas Weiß- und Roséwein
Rebsorten:	Grenache, Cinsault, Mourvèdre, Syrah, Picpoul, Carignan für Rotwein; Grenache blanc, Clairette, Picpoul blanc, Bourboulenc, Ugni blanc für Weißwein
Derzeitige Rebfläche:	2 226 ha
Qualitätsniveau:	Mittelmäßig bis sehr gut bei den Rotweinen
Reifepotenzial:	1 bis 4 Jahre
Allgemeine Eigenschaften:	Der Weiße ist schwer, der Rosé fruchtig und einwandfrei, der Rote erweist sich als vollduftig, geschmeidig und potenziell sehr gut, muss jedoch jung getrunken werden
Die besten Erzeuger:	Château la Decelle • Château Guery • Château des Estubiers • Domaine de Grangeneuve • Domaine de l'Orgeat • Domaine de Rieu-Frais • Domaine Saint-Luc • Domaine du Serre Rouge • Domaine de la Tour d'Elyssas

Die Appellation Coteaux du Tricastin erweist sich als die Weinbauregion mit der höchsten Wachstumsrate des Rhônetals. Noch vor 35 Jahren war diese Gegend, in der der Mistral heftiger bläst als an einem anderen Ort an der südlichen Rhône, nur für ihre karge Landschaft und die im Spätherbst und zum Winterbeginn stattfindende Trüffelernte bekannt. Im Zuge politischer Veränderungen, die Algerien, Tunesien und in geringerem Maße auch Marokko die Unabhängigkeit bescherten, zogen viele der dort lebenden Franzosen wegen der ungewissen Zukunft in die südliche Rhône und begannen, Wein anzubauen. In großer Zahl siedelten sie sich in Tricastin an und entwickelten dieses riesige Gebiet binnen dreier Jahrzehnte von einer Vin-de-pays-Region zu einer *VDQS*-Region und schließlich zu einer *appellation controlée.*

Die zwischen Bollène und Montélimar gelegene Rebregion verdankt ihren Namen dem kriegerischen Volksstamm Tricastin, der bei der Eroberung Galliens durch die Römer erfolglos gegen die Eindringlinge kämpfte. Heute bietet diese Gegend auch wohlschmeckende Schwarze Trüffel, Tomaten, Melonen und Spargel an.

Die Erzeuger haben wohlweislich nicht den Versuch unternommen, mit den nahe gelegenen Appellationen Châteauneuf-du-Pape und Gigondas in Konkurrenz zu treten. Statt dessen streben sie breit gebaute, körperreiche Weine voller Kraft und Tiefe an. Bei den Roten wird auf das intensive, geschmeidige Aroma und den Geschmack von Erdbeer- und Kirschfrucht Wert gelegt. So entstehen herrlich runde, frische Tropfen, die sich durchaus zu einer Alternative für die ansprechenden Beaujolais-Weine entwickeln könnten.

Eine der interessantesten Entwicklungen der letzten Jahre ist der Entschluss einiger weniger Winzer, aus dem Appellationssystem auszuscheren und reinsortige Weine aus international anerkannten Spitzentrauben wie Chardonnay, Cabernet Sauvignon, Syrah und Viognier anzubieten. Der Grund dafür liegt auf der Hand. Tricastin-Erzeugnisse erzielen von Haus aus sehr niedrige Preise, und die Winzer müssen ihren Finanzspielraum erweitern, um die Weingärten unterhalten zu können. Daher betrachtet eine immer größere Zahl von Winzern die Bereitung reinsortiger Weine, wie man sie aus Kalifornien, Australien und Südamerika kennt, als das geeignete Instrument zur Umsatz- und Gewinnsteigerung.

Ungeachtet neuer Vermarktungsstrategien entstehen die besten roten Gewächse nach wie vor in der **Domaine de la Tour d'Elyssas**, die von dem verstorbenen Pierre LaBey mit großem, weit blickenden Eifer geleitet wurde. Dieses Gut verfügt über eine Rebfläche von 140 Hektar und erzeugt zwei Einzellagenweine: Le Devroy und Les Echirousses. Außerdem wird eine aus 100 % Syrah erzeugte Cuvée angeboten, die eine noch größere Tiefe und Konzentration besitzt, ihre wunderbare Fruchtigkeit sowie die geschmeidige und üppige Struktur jedoch vollständig bewahrt. Der Rosé dieser Domäne bleibt ebenfalls unübertroffen.

Zu den bekannteren Kellereien in Tricastin gehört auch die von der Familie Bours bewirtschaftete **Domaine de Grangeneuve**. Der 100 Hektar große Betrieb produzierte einen sehr fruchtigen, weichen, bekömmlichen, aber unterbewerteten Wein, der einen ungetrübten Genuss bietet. Die feinsten Rotweine sind die Cuvée Spéciale und die noch reichere Cuvée de la Truffière. Letztere wird aus 100 % Syrah bereitet, zwölf Monate in neuer Eiche ausgebaut und gilt als der Spitzenwein der Appellation. Zusätzlich wird ein ordentlicher, trockener, fruchtiger Rosé angeboten.

Das 92 Hektar umfassende **Château des Estubiers** muss ebenfalls zu den besten Erzeugern gerechnet werden. Seine Besitzer Hector Roth und Léopold Morel verfolgen die gleiche Philosophie wie die bereits genannten Güter: Die Weine werden nicht in Holz ausgebaut und früh abgefüllt, um ihre Frucht und ihren Charme vollständig zu erhalten. Die Rebflächen sind zu 55 % mit Grenache, zu 18 % mit Syrah und zu jeweils 9 % mit Mourvèdre, Cinsault und Carignan bestockt.

DIE SÜDLICHE RHONE

DIE APPELLATION CÔTES DU VENTOUX AUF EINEN BLICK

Weinarten:	Leichter, fruchtiger Rot-, Weiß- und Roséwein
Rebsorten:	Vorwiegend Grenache, Carignan, Cinsault und Syrah für Rotwein, Clairette und Bourboulenc für Weißwein
Derzeitige Rebfläche:	7 082 ha
Qualitätsniveau:	Gut
Reifepotenzial:	1 bis 3 Jahre
Allgemeine Eigenschaften:	Weiche, leichte, fruchtige Weine für den baldigen Genuss
Die besten Erzeuger:	Domaine des Anges • Domaine de Champaga • Domaine Fondrèche • Paul Jaboulet-Aíné • Château Pésquié • Domaine Sainte-Sauveur • Château de Valcombe • Domaine de la Verrière • Vidal-Fleury • La Vieille Ferme

Die 7 082 Hektar große Rebfläche dieser Appellation verteilt sich auf ein ausgedehntes Gebiet. Die meisten Weinberge erstrecken sich über den Mont Ventoux, der sich in einer der großartigsten Gegenden der Provence erhebt. Vor dem malerischen Hintergrund dieser Gebirgskette tummeln sich fast 4 000 Winzer auf einem Areal, das sich von Vaison-la-Romaine im Norden über Carpentras bis nach L'Isle-sur-la-Sorgue im Süden erstreckt. Die 16 Genossenschaften der Region bestreiten 90 % der Gesamtproduktion. Glücklicherweise bekommt der mustergültige, von Jean-Pierre Perrin geleitete Betrieb **La Vieille Ferme**, der bei der Produktion erstklassiger Weine zwei Jahrzehnte lang in der Appellation federführend war, jetzt Gesellschaft von einigen anderen Erzeugern, die exzellente Côtes du Ventoux zu Billigpreisen herstellen. Die derzeit besten Tropfen stammen aus der 18,2 Hektar großen, bei Mormoiron gelegenen **Domaine des Anges** des Engländers Malcolm Swan. Er produziert runde, fruchtige, mit Kohlensäure vergorene Rotweine und kräftige, konzentrierte Cuvées mit einem Alterungspotenzial von bis zu zehn Jahren, wie es zum Beispiel die fabelhaften 90er besitzen.

Zu den Erzeugern erstklassiger Weine zählt weiterhin die **Domaine de Champaga**, ein Familienbetrieb unter der Leitung von Gildas D'Ollone, der auch als Verwalter des Château Pichon Longueville Comtesse de Lalande in Pauillac fungiert. Die Domäne produziert herrlich fruchtige, runde, milde, samtweich strukturierte Weine von überragender Qualität. In die gleiche Kategorie fallen die viel versprechenden Erzeugnisse der **Domaine de la Verrière** und der **Domaine Sainte-Sauveur** sowie die ausgezeichneten Gewächse der in der nördlichen Rhône ansässigen *négociants* **Paul Jaboulet-Aíné** und **Vidal-Fleury**.

Ungeachtet der starken stilistischen Unterschiede erweisen sich die Côtes-du-Ventoux-Erzeugnisse überwiegend als fruchtige, milde, erfrischende Weine, die innerhalb von 2 bis 3 Jahren nach der Lese getrunken werden sollten. Manche Cuvées der Domaine des Anges und des Weinguts La Vieille Ferme können aber auch erheblich länger altern. Eine der interessanten Entwicklungen besteht in der Erhöhung des Syrah-Anteils und beruht auf der Erkenntnis, dass die in der Region angebauten Grenache- und Cinsault-Trauben zu sehr rascher Oxidation neigen.

Die Côtes du Ventoux und insbesondere die oben genannten Kellereien entwickeln sich zu einer wahren Schatzkammer für edle Tropfen.

Die Appellation Costières de Nîmes auf einen Blick

Weinarten:	Vorzügliche Rotweine von mittlerem Körper und steigender Qualität, lebhafte, duftige Weißweine und wenig Rosé
Rebsorten:	Grenache, Mourvèdre, Syrah, Cinsault, Carignan für Rotwein; Clairette, Grenache blanc, Bourboulenc, Ugni blanc, Marsanne, Roussanne, Maccabeo und Rolle für Weißwein
Derzeitige Rebfläche:	9 995 ha
Qualitätsniveau:	Gut mit steigender Tendenz
Reifepotenzial:	Weißwein – 1 bis 3 Jahre
	Rotwein – 2 bis 6 Jahre und länger
Allgemeine Eigenschaften:	Lebhafte, duftige, dynamische und köstliche Weiße, leichte und fruchtige bis gehaltvollere und aromareichere Rote
Die besten Erzeuger:	Château Beaubois • Château de Campuget • Mas des Bressades • Château Mas Neuf • Mourgues du Grès • Château de Nages • Château Tuilerie

Die Appellation Costières de Nîmes liegt in einer sonnendurchfluteten, windigen Gegend, die wie die antiken römischen Städte und Touristenattraktionen Nîmes und Arles bezeugen den Römern einst als Vorposten diente. Sie zählt zweifellos zu den aufstrebenden Weinbaugebieten, entwickelte sich in kurzer Zeit von einer Vin-de-pays- zu einer VDQS-Region und errang 1986 schließlich den AC-Status. Im Jahr 1989 erhielt das Rebgebiet die Erlaubnis, seinen Namen von Costières du Gard in Costières de Nîmes abzuändern. Heute gilt die Appellation als Teil des Rhônetals, obwohl die Erzeuger ihr zwischen dem Rhônebecken im Norden und Languedoc-Roussillon im Süden liegendes Gebiet als eigenständig betrachten.

Costières de Nîmes gehört zu den aufregendsten Weinbauregionen Frankreichs, was größtenteils auf die Leistungen einiger junger, vorausschauender Winzer zurückzuführen ist. Sie bereiten ausgezeichnete Weine, denen jedoch die gebührende Anerkennung bisher versagt blieb. Diese Tatsache sollte man sich zunutze machen, denn schon bald dürfte den Costières de Nîmes die gleiche Aufmerksamkeit zuteil werden wie den renommierteren Appellationen im Rhônetal. Das **Château de la Tuilerie**, eines der alt eingesessenen Güter, erzeugt nach wie vor eine Reihe außergewöhnlich guter Tropfen, darunter je zwei ausgezeichnete weiße und rote Cuvées, deren prunkvollere Versionen einige Zeit in Holz gelagert werden. Unter der hervorragenden Leitung von Madame Chantal Comte entstehen tadellos vinifizierte Weiß- und Rotweine modernen Stils, deren Herstellungsart weder die Eigenart der Gegend veleugnet noch den Charakter und Genuss des Weins beeinträchtigt.

Zu den aufstrebenden Unternehmen gehören auch das Château de Campuget und das Château Mourgues du Grès, zwei Namen, die man sich merken sollte. Über das **Château de Campuget** und seine vorzüglichen roten und weißen Erzeugnisse wurde in meiner Zeitschrift *The Wine Advocate* ausführlich berichtet. Der Rote dieses 100 Hektar großen Guts besteht aus jeweils 40 % Syrah und Grenache und je 10 % Cinsault und Carignan, der Weiße aus 50 % Grenache blanc, 25 % Roussanne, 15 % Clairette und 10 % Marsanne. Außerdem wird einer der besten Merlots der südlichen Rhône bereitet sowie in zunehmendem Maße Cabernet Sauvignon unter Beimischung von Grenache und Syrah in den roten Verschnitt. Als ernst zu nehmender Konkurent gilt das **Château Mourgues du Grès**. Diese 30 Hektar große Kellerei wird von François Collard hervorragend geleitet und produziert zwei rote Cuvées, die beide in kleinen Fässern ausgebaut werden. Die zu 70 % mit Syrah und zu 30 % mit Grenache bestockte Rebfläche bringt vermutlich die konzentriertesten, kräftigsten und körperreichsten Weine der Appellation hervor. In der Standardcuvée macht sich eine köstliche Mischung aus roten und schwarzen Früchten bemerkbar, die Spezialcuvée Terre d'Argence könnte zum besten Rotwein von Costières de Nîmes avancieren, der in Spitzenjahrgängen über ein Alterungspotenzial von 5 bis 10 Jahren verfügt. Für alle, die Qualität und Genuss zu einem sehr angemessenen Preis suchen, sind diese sorgfältig und mit minimaler Kellertechnik abgefüllten Weine ein absolutes Muss. Zu den herausragenden Betrieben zählt darüber hinaus **Mas des Bressades**. Hier produziert man vorwiegend Vin de pays, weil der Weiße aus Roussanne und Viognier, der Rote aus Cabernet Sauvignon und Syrah verschnitten wird. Allerdings wird auch unter dem AC-Prädikat Costières de Nîmes in geringem Umfang ein ausgezeichneter Wein bereitet.

Qualitativ niedriger einzustufen sind das von dem in Orange ansässigen *négociant* Michel Bernard betriebene **Château de Nages**, das **Château de Belle-Coste** der Familie Tremblay und die **Domaine des Aveylans** unter ihrem Besitzer Hubert Sendra.

Man verfällt leicht auf den Gedanken, dieser Teil der Provence diene lediglich als Kulisse für die ehrwürdigen alten römischen Städte Nîmes und Arles, doch sollte man sich auch den Namen Costières de Nîmes merken.

Ratgeber für Besucher des Rhônetals

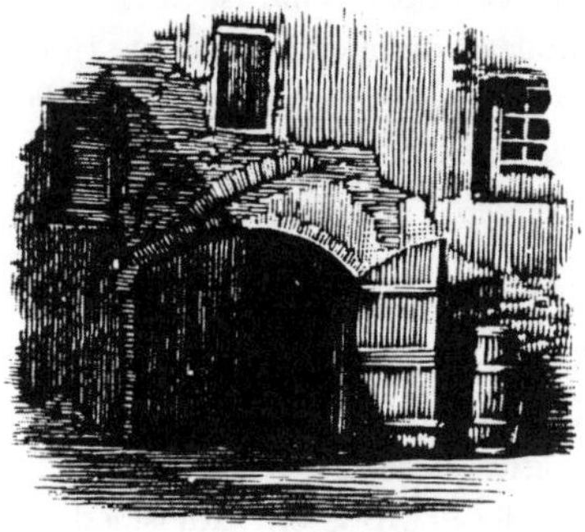

Zusätzlich zur offensichtlichen Anziehungskraft der hier erzeugten Weine inden sich in der Region eine Vielzahl herrlicher Restaurants und Hotels, die den Reiz dieser spektakulären Landschaft noch erhöhen. Da das Rhônetal zu den am meisten von Touristen frequentierten Gegenden Westeuropas zählt, ist es ratsam, in der Hochsaison zwischen Mai und September Reservierungen vorzunehmen. Meine Hotel- und Restaurantempfehlungen sind nach Weinanbaugebieten gegliedert und umfassen das Gebiet von Vienne im Norden bis hin zum südlichen Avignon.

Côte Rôtie und Condrieu

Für einen Besuch der nördlichen Anbauflächen des Rhônetals eignet sich Condrieu am besten, die Côte Rôtie befindet sich nur fünf Autominuten weiter nördlich. Eine weitere Möglichkeit bietet Vienne, das etwa 15 bis 20 Minuten nördlich von Condrieu und der Côte Rôtie gelegen ist. Der Verkehr in dieser größeren Stadt ist jedoch dichter als in Condrieu oder Ampuis.

Condrieu: Restaurant und Hôtel Beau Rivage

Tel.: 4 74 59 52 24, Fax: 4 74 59 59 36

Dieses herrliche Haus an der Rhône bietet 20 komfortable Zimmer, klassische Gerichte, eine superbe Weinkarte und einen freundlichen Empfang. Das Beau Rivage zählt zu den großzügiger eingerichteten und luxuriöser ausgestatteten Hotels des nördlichen Rhônetals. Das Essen ist sehr gut, die Weinkarte mit Condrieu-, Côte-Rôtie- und anderen nördlichen Rhôneweinen erstklassig. Sehr teuer.

Les Roches de Condrieu: Bellevue

Tel.: 4 74 56 41 42, Fax: 4 74 56 47 56

Les Roches de Condrieu besitzt eine herrliche Lage an einer lauten, scharfen Kurve auf der Condrieu gegenüberliegenden Seite des Flusses. Die Zimmer sind angemessen und das köstliche, ländliche Essen ausgezeichnet, besonders die Fischgerichte. Die *quenelles* von Hecht in Nantua-Sauce sollte man sich, begleitet von einer Flasche Condrieu, nicht entgehen lassen. Die Weinkarte ist ausgezeichnet. Teuer.

Vienne: Pyramide

Tel.: 4 74 53 01 96, Fax: 4 74 85 69 73

Dieses Restaurant und Hotel hat wegen seines legendären Küchenchefs, Fernand Point, Berühmtheit erlangt, der hier früher das Zepter schwang und sehr viele der jetzigen französischen Spitzenköche beeinflusst hat. Nach dem Verlust einiger Sterne erhielt es einen zurück und bietet heute eine feine, moderne französische Küche, die gut, aber sehr teuer ist. Die Weinkarte dürfte sich seit meinem ersten Besuch im Jahr 1975 geändert haben, sie enthält jedoch bis heute zahlreiche Schätze. Das Hotel verfügt über 20 Zimmer und vier Wohnungen. Sehr teuer.

CHASSE-SUR-RHÔNE: HÔTEL MERCURE

Tel.: 4 72 24 29 29, Fax: 4 78 07 04 43

Das moderne Hotel befindet sich etwa neun Kilometer südlich von Vienne und fünfzehn Minuten nördlich von Condrieu und der Côte Rôtie. Es bietet 103 karg ausgestattete Zimmer und stellt einen ordentlichen Ausgangspunkt für diejenigen dar, die ein modernes Haus bevorzugen. Durch seine Lage unmittelbar an der A 7 ist es ausgezeichnet zu erreichen. Mittlere Preisklasse.

AMPUIS: RESTAURANT LE CÔTE RÔTIE

Tel.: 4 74 56 12 05, Fax: 4 74 56 00 20

In Ampuis gibt es zwei Restaurants mit dem Namen Le Côte Rôtie: eines ist schrecklich und das andere, am Boulevard des Allées Nummer 18, ausgezeichet. Zu angemessenen Preisen wird hier eine ländliche, schmackhafte *cuisine* angeboten. Die Weinkarte enthält unglaubliche 4 bis 5 Dutzend Côte-Rôtie-Weine. Eine ausgezeichnete Adresse für ein Mittag- oder Abendessen im Herzen der Côte Rôtie. Mittlere Preisklasse.

AMPUIS: HÔTEL ALICE ET GILLES BARGE

Tel.: 4 74 56 13 90, Fax: 4 74 56 10 98

Gilles Barge, der Präsident des Winzerverbandes von Côte Rôtie, gehört zu den talentierten, jungen Winzern der Appellation. Wer auf der Suche ist nach einer kleinen, intimen Bleibe mit zwei Zimmern und einem fabelhaften Blick über die terrassierten Hänge der Côte Rôtie, sollte hier anrufen. Nicht teuer.

HERMITAGE, CORNAS, CROZES-HERMITAGE, SAINT-JOSEPH UND SAINT-PÉRAY

Die südlichen Flächen des nördlichen Anbaugebiets liegen nur 65 bis 70 Kilometer von Vienne oder der Côte Rôtie entfernt. Dennoch bietet es sich an, das Quartier für diese Region eher in oder um die große Handelsstadt Valence zu beziehen. Dadurch können Saint-Péray oder Cornas in 15 Minuten erreicht werden, bis zum Herzen von Hermitage sind es nur etwa 15 Kilometer. Das Gebiet verfügt über einige ausgezeichnete Restaurants und zahlreiche Hotels, so dass sich die Suche nach einer Unterkunft hier nicht so schwierig gestaltet wie in Côte Rôtie und Condrieu.

VALENCE: PIC
Tel.: 4 75 44 15 32, Fax: 4 75 40 96 03

Zu Zeiten Jacques Pics, der mit einer genialen und bemerkenswert beständigen hohen Schule der Kochkunst aufwarten konnte, war dieses Restaurant das beste des Rhônetals. Pic ist jedoch vor einigen Jahren verstorben; er zählte zu den wenigen Drei-Sterne-*Chefs*, die es vorziehen, weiterhin in der Küche zu bleiben, statt sich selbst zu vermarkten oder gar Handelsreisender zu werden. Die Küche übernahm Pics äußerst begabter Sohn Alain. Verschiedene meiner Bekannten haben sich jedoch seitdem über eine schwankende Qualität und eine schlechte Bedienung beklagt. Ich habe bereits zwei Mal dort gespeist und obwohl Michelin den stolzen drei Sternen zu Recht einen genommen hat, ist die *cuisine* noch immer einfallsreich, ausgezeichnet und gelegentlich superb, die Bedienung äußerst angenehm. Die sehr teuren Weine zählen zu den feinsten Tropfen des Rhônetals. Das Pic scheint die zwei Sterne zu verdienen, mit einigen wenigen Verfeinerungen wären sogar drei denkbar. Über dem Restaurant liegen fünf Zimmer, die ich denjenigen empfehlen möchte, die sich für das berühmte *menu rabelais* entscheiden sollten. Sehr, sehr teuer.

PONT DE L'ISÈRE: MICHEL CHABRAN
Tel.: 4 75 84 60 09, Fax: 4 75 84 59 65

Pont de l'Isère ist ein kleines, langweiliges Dorf, zehn Kilometer nördlich von Valence und es gibt nur einen Grund, dort anzuhalten: das Restaurant und Hotel von Michel Chabran. Vor 15 Jahren war Chabran ein sicherer Drei-Sterne-Kandidat, doch hat er sich offensichtlich zu selten in seiner Küche blicken lassen. Nachdem er einen Stern abgeben musste, fand er Ende der achtziger Jahre zu seinem Niveau zurück. Seitdem lässt der fabelhaft begabte *chef de cuisine* wieder jenen Zauber walten, der seinem kleinen, intimen Restaurant die Drei-Sterne-Auszeichnung über kurz oder lang erneut sichern dürfte. Seine Gerichte sind herrlich einfallsreich, zufrieden stellend und stets auf sehr angenehme Weise bereitet und präsentiert. Liebhaber von Rhônewein seien auf die bemerkenswerte Auswahl hingewiesen. Das Hotel besitzt kleine, moderne Zimmer mit Klimaanlage, ein Luxus, der hier in den sengend heißen Sommern besonders geschätzt wird. Ein Restaurant, das bei einer Reise in der Region nicht ausgelassen werden sollte. Sehr teuer.

VALENCE: NOVÔTEL

Tel.: 4 75 42 20 15, Fax: 4 75 43 56 29

Das moderne Hotel liegt an der Autoroute A7, an der südlichen Ausfahrt nach Valence und verfügt über 107 moderne, mit Klimaanlage ausgestattete Zimmer. Ich habe es häufig für meine Besuche in den nördlichen Rhônegebieten ausgewählt, insbesondere für jene zwischen Tain l'Hermitage und Saint-Péray. Zudem ist das Restaurant Pic nur fünf, Chabran 15 bis 20 Autominuten entfernt. Teuer.

GRANGES-LES-BEAUMONT: RESTAURANT LES CÈDRES

Tel.: 4 75 71 50 67, Fax: 4 75 71 64 39

Das Restaurant Les Cèdres liegt von Valence aus gesehen auf der Straße nach Romans-sur-Isère und weitere fünf Kilometer in Richtung Granges-les-Beaumont. Der imposante Weinkeller enthält nicht nur junge, sondern auch alte Jahrgänge Côte Rôtie und Hermitage, und allein der Genuss einiger großer Flaschen böte bereits Anlass genug für einen Besuch. Die *cuisine* des Küchenchefs Bertrand erweist sich ebenfalls als erstklassig, so dass ihm ein Michelin-Stern bereits sicher ist und er sich meines Erachtens dem zweiten nähert. In diesem kleinen Restaurant sollte unbedingt reserviert werden. Teuer.

CORNAS: RESTAURANT OLLIER

Tel.: 4 75 40 32 17

Das Ollier ist ein traditionelles, rustikales Haus, das zu einer großen Auswahl von mindestens 20 Cornas-Weinen die entsprechend reichhaltigen, ländlichen Mahlzeiten reicht. Dieser Treffpunkt der örtlichen Winzer befindet sich an der Route Nationale 86, unmittelbar südlich der Keller von Auguste Clape. Mittlere Preisklasse.

TOURNON-SUR-RHÔNE: HÔTEL UND RESTAURANT DU CHÂTEAU

Tel.: 4 75 08 60 22, Fax: 4 75 07 02 95

Die Zimmer in diesem kleinen Haus aus dem 19. Jahrhundert oberhalb der Weinberge von Hermitage mögen zwar funktional und eher karg wirken, doch bieten sie einen herrlichen Blick auf die beeindruckende Granitkuppel. Zu einem guten Preis-Leistungs-Verhältnis bietet das Restaurant traditionelle Gerichte aus dem Rhônetal und der Provence an. Die Portionen sind reichlich und gut bereitet, nur die Weinkarte könnte etwas besser sein. Mittlere Preisklasse.

ROCHE-DE-GLUN: RESTAURANT GILBERT ET CHARLOTTE

Tel.: 4 75 84 60 45

Dieses preiswerte Restaurant stellte sich als kleine Entdeckung heraus; es liegt wunderbar neben einem schönen Blumengarten am Wasser. Die Menüs sind für den modernen Geschmack gedacht und zu einem vernünftigen Preis zu haben, zudem fallen die Speisen ländlich und reichlich aus. Nicht teuer.

TOURNON: RESTAURANT LE CHAUDRON

Tel.: 4 75 08 17 90

Tournon ist ein malerischer Ort, der von der gegenüberliegenden Flussseite einen wunderbaren Ausblick auf die beeindruckenden terrassierten Hermitage-Lagen bietet. Das kleine, reizvolle Le Chaudron liegt in Tournons Altstadt in der Rue Saint-Antoine 7, die Speisekarte enthält rustikale Rhônegerichte sowie Spezialitäten aus Lyon, das gute Weinangebot gibt es zu vernünftigen Preisen. Mittlere Preisklasse.

TAIN L'HERMITAGE: HÔTEL MERCURE

Tel.: 4 75 08 65 00, Fax: 4 75 08 66 05

Dieses frisch renovierte Hotel wurde der in Frankreich verbreiteten Mercure-Kette angegliedert. Es bietet Klimaanlage, ein Schwimmbad und tatsächlich ein erstaunlich gutes Restaurant. Für einen Besuch von Hermitage, Crozes-Hermitage, Cornas oder Saint-Joseph ist dies der perfekte Ausgangspunkt. Mittlere Preisklasse.

TAIN L'HERMITAGE: RESTAURANT REYNAUD

Tel.: 4 75 07 22 10, Fax: 4 75 08 03 53

Am Rande von Tain l'Hermitage in Richtung Valence befindet sich das Reynaud, ein traditionelles Restaurant im alten Stil, das für seine reichhaltige, relativ schwere, aber ausgezeichnete Küche bekannt ist. Ich esse dort gern, doch sollte man keine *nouvelle cuisine* erwarten. Die Weinkarte erweist sich als genauso beeindruckend wie teuer. Es stehen darüber hinaus zehn Zimmer zu gemäßigten Preisen zur Verfügung. Teuer.

RIVE-DE-GIER: RESTAURANT LA RENAISSANCE

Tel.: 4 77 75 04 31, Fax: 4 77 83 68 58

In diesem Landrestaurant etwa 25 Kilometer südlich von Vienne wird ein ausgezeichnetes Essen geboten, das weitaus größere Aufmerksamkeit verdient. Es stehen außerdem sechs Zimmer zur Verfügung, doch empfiehlt sich die Adresse eher für ein Mittagessen am Wochenende anstatt als Ausgangspunkt für die Besichtigung von Weingütern.

Charmes-sur-Rhône: Autour d'une Fontaine (La Vieille Auberge)

Tel.: 4 75 60 80 10, Fax: 4 75 60 87 47

Dieses beliebte Landrestaurant befindet sich knapp zehn Kilometer südlich von Valence und bietet ausgezeichnete Regionalgerichte zu äußerst vernünftigen Preisen. Es stehen ebenfalls sieben preisgünstige Zimmer zur Verfügung. Mittlere Preisklasse.

Montmeyran: La Vieille Ferme

Tel.: 4 75 59 31 64

In rustikaler, ländlicher Umgebung knapp 15 Kilometer von Valence entfernt, findet man hier reichliches, ausgezeichnetes Essen bei angenehmer Bedienung und bescheidenen Preisen. Mittlere Preisklasse.

Saint-Hilaire-du-Rosier: Bouvarel

Tel.: 4 76 64 50 87, Fax: 4 76 64 58 47

Dieses attraktive Restaurant etwa 50 Kilometer nordöstlich von Valence ist ein ausgesprochenes Ziel für Gourmets. Im *Guide Michelin* ist das Bouvarel mit einem Stern versehen, die Speisen rücken jedoch häufig in die Nähe von zwei Auszeichnungen. Für Ortsfremde ist das Haus noch ein Geheimtip, wenngleich immer mehr über die erstklassige Küche informiert zu sein scheinen. Die Preise sind entsprechend hoch. Es stehen 14 durchschnittlich teure Zimmer zur Verfügung, die das Bouvarel zu einer ausgezeichneten Adresse für ein entspannendes Wochenende nach zu vielen Kellerbesichtigungen werden lassen. Teuer.

Granges-les-Valence: Auberge des Trois Canards

Tel.: 4 75 44 43 24, Fax: 4 75 41 64 48

Westlich von Valence, aber noch nördlich von Saint-Péray befindet sich am westlichen Rhôneufer Granges-les-Valence. In dieser preiswerten, immer überfüllten, rauchigen *auberge* serviert der frühere Küchenchef eines berühmten Pariser Restaurants sehr gutes Essen in überreichlichen Portionen. Für ein Mittagessen geradezu ideal. Mittlere Preisklasse.

CHÂTEAUNEUF-DU-PAPE UND AVIGNON

Wer an grellem Sonnenlicht und/oder böigem Wind keinen Gefallen findet, sollte sich nicht allzu lange in dieser Landschaft aufhalten, da diese Naturelemente ihr ganzes Wesen ausmachen. Châteauneuf-du-Pape zählt jedoch zu den gefälligeren Orten, da nahezu alle Châteaux und Domainen auf die Scharen von Sommertouristen, die dieses kleine Dorf alljährlich durchlaufen, bestens vorbereitet sind. So bieten zahlreiche Güter freie Weinverkostungen an, auf die das Schild *caveau-dégustation* hinweist. Châteauneuf-du-Pape besitzt nur drei gute Hotels; Hostellerie des Fines Roches, Logis d'Arnavel und La Sommellerie, doch ist das faszinierende, von Mauern umgebene Avignon nur 16 Kilometer entfernt. Wer den starken Verkehr in der Stadt meistert, findet in Avignon einen idealen Ausgangspunkt für Touren im südlichen Rhônegebiet.

CHÂTEAUNEUF-DU-PAPE: HOSTELLERIE DES FINES ROCHES

Tel.: 4 90 83 70 23, Fax: 4 90 83 78 42

Diese ruhige Haus, umgeben von Rebflächen, befindet sich südlich des Dorfs in Richtung Sorgues und Avignon. Die Château-Kopie, die eher wie eine Hollywood-Kulisse anmutet, ist nicht zu verfehlen. Die Zimmer sind altmodisch, aber geräumig, zudem schläft der Gast hier inmitten der ältesten Weinberge von Châteauneuf-du-Pape. Die regionale Küche wird von einer der denkwürdigsten Persönlichkeiten der Provence und einem der begabtesten Küchenchefs des Orts, Monsieur Estevin, und seinem Sohn bereitet. Sie verdient spielend einen Stern, gelegentlich auch zwei. Die Weinkarte umfasst größtenteils erstklassige Gewächse der Appellation zu moderaten Preisen.

CHÂTEAUNEUF-DU-PAPE: LA SOMMELLERIE

Tel.: 4 90 83 50 00, Fax: 4 90 83 51 85

Unter neuer Leitung avancierte das Haus zu einer der besten Adressen in Châteauneuf-du-Pape, was größtenteils der ausgezeichneten Küche von Pierre Paumel sowie der Schönheit des renovierten Hotels zuzuschreiben ist. Das moderne Landhotel mit bescheidenen Preisen liegt etwa 2 bis 3 Minuten außerhalb von Châteauneuf-du-Pape in Richtung Roquemaure. Es bietet ein großes Schwimmbad und komfortable, schön eingerichtete Zimmer. Die ausgezeichnete Küche zählt zum Besten, was die Region zu bieten hat. Gemäßigt bis teuer.

CHÂTEAUNEUF-DU-PAPE: LA MULE DES PAPES

Tel.: 4 90 83 73 30

Dieses Restaurant im ersten Stock erfreut sich auf Grund seiner Lage in der Ortsmitte eines großen Zulaufs. Die Weinkarte ist jedoch unentschuldbar auf die Erzeugnisse des *négociant* Père Anselme beschränkt. Die großzügigen Portionen sind gut und erschwinglich. Mittlere Preisklasse.

Châteauneuf-du-Pape: Le Pistou

Tel.: 4 90 83 71 75

Ich liebe dieses taschentuchgroße Restaurant, das sich in derselben Straße befindet, in der auch der berühmte Henri Bonneau wohnt. Es bietet zahlreiche provenzalische Spezialitäten zu erstaunlich günstigen Preisen. Essen und Bedienung zeigen Flair und Persönlichkeit. Mittlere Preisklasse.

Châteauneuf-du-Pape: Le Verger des Papes

Tel.: 4 90 83 50 40, Fax: 4 90 83 50 94

Das kleine Gasthaus kann mit der schönsten Stimmung und Lage in Châteauneuf-du-Pape aufwarten. Es liegt unmittelbar unterhalb der Schlossruinen am höchsten Punkt des Dorfs. Der *chef de cuisine* ist niemand anderes als Henri Estevin, eine der großen Persönlichkeiten von Châteauneuf-du-Pape, dessen Sohn als Küchenchef im Château des Fines Roches arbeitet. Wenn Henri anwesend ist, ist nicht nur eine wahre provenzalische Mahlzeit, sondern auch gute Laune garantiert. Er überzeugt als guter Koch, doch plaudert er meines Erachtens allzu gerne bei einem feinen Glas mit seinen Kunden, anstatt seiner Küche vorzustehen. Mittlere Preisklasse.

Châteauneuf-du-Pape: La Mère Germaine

Tel.: 4 90 83 70 72, Fax: 4 90 83 53 20

La Mère Germaine ist in erster Linie ein Restaurant, es stehen jedoch auch sechs Zimmer zur Verfügung. Viele alteingesessene Dorfbewohner treffen sich hier zu einem körperreichen Châteauneuf-du-Pape. Die Küche bietet rustikal provenzalische Gerichte und enthält genügend Lamm, Knoblauch, Tomaten, Auberginen und Oliven, um auch die größten Freunde der südfranzösischen Küche vollends auf ihre Kosten kommen zu lassen. Mittlere Preisklasse.

Avignon: Hiély-Lucullus

Tel.: 4 90 86 17 07, Fax: 4 90 86 32 38

Aussehen und Küche dieses berühmten Hauses sind unverändert geblieben, seit ich hier 1971 das erste Mal mit meiner Frau gegessen habe. Das Restaurant im ersten Stock innerhalb der Stadtmauern von Avignon verfügt wegen seiner hausmütterlichen und eher rundlichen Kellnerinnen, die eine tadellose Bedienung gewährleisten, über einen gewissen Bekanntheitsgrad. Die Küche zeigt sich selten innovativ – entzog Michelin deshalb einen der zwei Sterne? –, doch immer herrlich zufrieden stellend. Der Weinkeller ist eine wahre Schatztruhe. Für diese Leistung empfand ich die Preise stets als angemessen. Mittlere Preisklasse.

PONTET: AUBERGE DE CASSAGNE

Tel.: 4 90 31 04 18, Fax: 4 90 32 25 09

Diese attraktive, ruhige *auberge* in Familienbesitz befindet sich etwa sechs Kilometer nördlich vom Zentrum Avignons im Vorort Le Pontet. Das Haus besitzt einen wunderschönen Garten und bietet neben einer ausgezeichneten Küche auch 22 angenehme Zimmer. Mittlere Preisklasse.

MONTFAVET: HÔTEL LES FRÊNES

Tel.: 4 90 31 17 93, Fax: 4 90 23 95 03

Dieser schöne Hotelkomplex liegt in einem ruhigen Park zehn Minuten außerhalb von Avignon im Vorort Montfavet. Zu Les Frênes gehören ein herrliches Schwimmbad und schöne Zimmer, die Küche schwankt jedoch neuerdings in ihrer Qualität, und das bei unerklärlicherweise hohen Preisen. Ich zählte früher zu den regelmäßigen Gästen, bin jedoch von den letzten Mahlzeiten enttäuscht. Teuer.

AVIGNON: HÔTEL-RESTAURANT LA MIRANDE

Tel.: 4 90 85 93 93, Fax: 4 90 86 26 85

Dieses Luxushotel ist die erste Adresse am Platz. In einmaliger Lage unmittelbar neben dem Palais des Papes, bietet es großartige und sehr teure Zimmer. Die Küche erreichte bei Michelin einen Stern, verdient jedoch häufig zwei. Sie verwöhnt mit feinster, innovativer, aber nicht verspielter, rustikaler *cuisine provençale*, die auch die hungrigsten Gäste zufrieden entlässt. Ich habe in diesem Haus bereits mehrmals köstlichst gespeist. Die Weinkarte ist teuer, aber es lassen sich einige gute Tropfen zu vertretbaren Preisen finden. Sehr teuer.

AVIGNON: RESTAURANT CHRISTIAN ETIENNE

Tel.: 4 90 86 16 50, Fax: 4 90 86 67 09

In jüngster Zeit war die Qualität der Mahlzeiten aus unerfindlichen Gründen eher unbeständig, doch bietet dieses Restaurant noch immer die kultivierteste Küche in Avignon. In guter Stimmung bringt der *chef de cuisine* sehr schöne Gerichte auf den Tisch. Gemäßigt bis teuer.

AVIGNON: NOVÔTEL AVIGNON NORD

Tel.: 4 90 31 16 43, Fax: 4 90 32 22 21

Dieses ausgezeichnete, moderne Hotel verfügt über 100 Zimmer mit Klimaanlage, die jedoch letzten Sommer bei knapp 40 °C kläglichst versagte. Die gute Lage etwas nördlich von Avignon unmittelbar am Autobahnzubringer erleichtert die Fahrten ins Hinterland. Teuer.

AVIGNON: RESTAURANT LES DOMAINES

Tel.: 4 90 82 58 86, Fax: 4 90 86 26 31

Für das großartige Les Domaines hat Christophe Tassan eine beeindruckende Weinkarte zusammengestellt. Die Küche bietet die Quintessenz der Provence, zu der Tassan mit erstaunlichen 3 bis 4 Dutzend Spitzenerzeugnissen aus Châteauneuf-du-Pape aufwartet, die es fast geschenkt gibt. Restaurants wie dieses sollten über ganz Frankreich verstreut sein, was leider nicht der Fall ist. Für Weinfreunde und Liebhaber einer guten, rustikalen provenzalischen Kochkunst ein Muss. Mittlere Preisklasse.

AVIGNON: RESTAURANT LE CAVEAU DU THÉÂTRE

Tel.: 4 90 82 60 91

Auch in diesem winzigen, geschmackvoll ausgestatteten Restaurant mit einer freundlichen Atmosphäre findet sich eine sehr feine und preisgünstige provenzalische Küche. Die Auswahl an gutem Wein ist überzeugend, die Mahlzeiten sind einfach, aber schmackhaft bereitet und erstaunlich preiswert. Nicht teuer.

COURTHÉZON: RESTAURANT LA JARDINIÈRE

Tel.: 4 90 70 84 49

Ein weiteres einfaches provenzalisches Lokal, das zu vertretbaren Preisen gut bereitete, regionale Spezialitäten anbietet. Die gute Auswahl an Châteauneuf-du-Pape- und Côtes-du-Rhône-Weinen stellt selbst den feinsten Kennergaumen zufrieden.

VILLENEUVE-LES-AVIGNON: LE PRIEURÉ

Tel.: 4 90 25 18 20, Fax: 4 90 25 45 39

In einer wunderbar zurückgesetzten Lage unmittelbar an einer Allee bietet dieses herrlich eingerichtete Hotel und Restaurant in fabelhaften, mittelalterlichen Gewölben gutes Essen sowie eine freundliche Bedienung. Die Lage ist nicht zu übertreffen. Teuer.

Tavel und Lirac

Tavel und Lirac befinden sich etwa 30 Minuten westlich von Avignon, so dass man einen Besuch durchaus von der Stadt der Päpste aus planen kann. Wer jedoch eine Bleibe auf dem Lande sucht, dem seien folgende Adressen empfohlen.

Tavel: Auberge de Tavel

Tel.: 4 66 50 03 41

Das regionale Essen ist gut und angenehm präsentiert, doch für einen Stern nicht ausgezeichnet genug. Die Zimmer sind angemessen. Mittlere Preisklasse.

Tavel: Hostellerie du Seigneur

Tel.: 4 66 50 04 26

Weniger angesehen als die Auberge de Tavel bietet dieses charmante Lokal eine ausgezeichnete Küche zu sehr ansprechenden Preisen neben einer wunderbaren Vielfalt an Tavel-Weinen. Mittlere Preisklasse.

Castillon-du-Gard: Le Vieux Castillon

Tel.: 4 66 37 00 77, Fax: 4 66 37 28 17

Das Vieux Castillon in der Nähe des berühmten Römer-Aquädukts Pont du Gard ist eines der luxuriösesten Hotels und Restaurants Südfrankreichs. Dem *Guide Michelin* war es nur einen Stern wert, in meinen Augen verdient es häufig zwei. Die Gerichte werden kreativ zubereitet, die Weinkarte ist hervorragend und der Blick über das Tal unvergesslich, doch scheinen die elf Zimmer ausschließlich den Reichen und Berühmten vorbehalten zu sein. Nur für den ganz großen Geldbeutel. Sehr teuer.

GIGONDAS, VACQUEYRAS UND DIE CÔTES DU RHÔNE-VILLAGES

Am östlichen Rhôneufer finden sich in übergroßer Zahl mittelalterliche Provence-Dörfer, winzige, charmante, rustikale Restaurants und rotbäckige Winzer, die zu freien Verkostungen einladen.

MONDRAGON: LA BEAUGRAVIÈRE

Tel.: 4 90 40 82 54

Im Beaugravière, einem einfachen Familienrestaurant in dem kleinen Ort Mondragon – an der Autoroute du Soleil, der Autobahn A 7, Ausfahrt Bollène – habe ich bereits häufig gegessen. An diesem wunderbaren Ort fand ich die feinsten Beispiele französischer Landküche in der Provence. Der Koch Julien ist in Südfrankreich als der Trüffelkönig bekannt. Zwischen Dezember und Mai wartet er mit einer Vielzahl an Trüffelgerichten auf und beliefert zudem seine berühmtesten Kollegen in ganz Frankreich mit dem schwarzen Gold. Seine Gerichte schmecken alle köstlich – von der spektakulären Trüffelomelette bis zur regionalen Lammkeule. La Beaugravière bietet zudem die großartigste Auswahl der Welt an Rhôneweinen. Chaves Hermitage ist bis zum Jahrgang 1929 vorhanden, Jaboulets Hermitage La Chapelle bis in die zwanziger Jahre, Château Rayas bis 1945 und Beaucastel bis in die späten vierziger Jahre. Das breite Angebot dieses außergewöhnlichen Kellers lässt sich an der Tatsache veranschaulichen, dass bei meinem letzten Essen dort, im Sommer 1996, allein 48 verschiedene Châteauneuf-du-Pape-Güter mit mehr als 300 einzelnen Tropfen auf der Karte vertreten waren. Man muss jedoch keinen teuren, 30 Jahre alten Hermitage erwerben, um einen großen Wein zu genießen, da Julien auch eine stattliche Auswahl an fabelhaften Côtes-du-Rhône-Villages- und Côtes-du-Rhône-Weinen, die ebenso umwerfend sind, zu bieten hat. Für alle, die in entspannter Atmosphäre provenzalische Gerichte und Rhôneweine genießen möchten, ein unbedingtes Muss. Mäßig teuer.

GIGONDAS: LES FLORETS

Tel.: 4 90 65 85 01, Fax: 4 90 65 83 80

Dieser Familienbetrieb an den unteren Hängen der Dentelles de Montmirail ist wunderschön eingerichtet. Im Sommer diniert man in einem himmlischen Blumengarten. Die kräftigen Portionen gut bereiteter, regionaler Speisen werden von einer Auswahl an überwältigend tiefen Gigondas-Tropfen begleitet. Die Preise sind unglaublich bescheiden. Mittlere Preisklasse.

GIGONDAS: L'OUSTALET

Tel.: 4 90 65 85 30

Mein Lieblingsrestaurant in Gigondas ist das Les Florets, doch gefällt mir auch sehr das einfache, rustikal-ländliche L'Oustalet mitten auf dem alten Dorfplatz von Gigondas. Es gibt hier zahlreiche provenzalische Gerichte zu Niedrigstpreisen. Etwas anderes als einen Côtes du Rhône oder einen Gigondas von einem der örtlichen Winzer kann man hier nicht erwarten – und so sollte es auch sein.

Séguret: La Table du Comtat

Tel.: 4 90 46 91 49, Fax: 4 90 46 94 27

Ein fabelhafter Ort zum Speisen und Verweilen. Im kleinen Bergdorf Séguret muss man einfach anhalten, und sei es nur, um bei einer Mahlzeit den strahlenden Sonnenuntergang über der endlosen Landschaft von Côtes-du-Rhône-Weinbergen und der Provence zu geniessen. Die acht Zimmer sind herrlich, das Schwimmbad erfrischend. Mittlere Preisklasse.

Séguret: Domaine de la Cabasse

Tel.: 4 90 46 91 12, Fax: 4 90 46 94 01

Es gibt kein Menu, nur das ausgezeichnete Angebot der täglichen Kochkünste von Madame Nadine Latour. Der Wein wird unmittelbar aus Tanks in Karaffen serviert und das Essen ist großartig, vorausgesetzt, man begnügt sich mit dem Gericht des Tages. Das Risiko lohnt sich. Mittlere Preisklasse.

Rochegude: Château de Rochegude

Tel.: 4 75 04 81 88, Fax: 4 75 04 89 87

Das herrliche Château liegt wunderschön inmitten von Weinbergen und einem großen Park. Es gehört zu den berühmten *Relais-et-Châteaux*-Restaurants und -Hotels und bietet 25 Zimmer im Herzen des Côtes-du-Rhône-Anbaugebiets, etwa 15 Minuten nördlich von Orange an der Route Départementale 11. Die Zimmer sind prächtig, das Essen erstklassig, wenn auch sehr raffiniert und vielleicht einen Hauch zu international für meine Vorstellung von diesem Teil der Provence. Wer jedoch etwas Besonderes zu feiern hat und unbekümmert tief in die Taschen greifen kann, sollte sich das phantastische Château de Rochegude nicht entgehen lassen. Sehr teuer.

Joucas: Mas des Herbes Blanches

Tel.: 4 90 05 79 79, Fax: 4 90 95 71 96

Eine Mahlzeit auf der Terrasse mit Blick auf das Lubéron-Gebirge bleibt in jeder Hinsicht unvergesslich. Diese Luxusadresse liegt etwas versteckt an einem Hang, die Speisen sind ausgezeichnet und der Blick auf das darunter liegende Tal und die Berge bei Sonnenuntergang einmalig. Sehr teuer.

Vaison-la-Romaine: Le Bateleur

Tel.: 4 90 36 28 04

Das kleine Restaurant in dem faszinierenden Provence-Dorf Vaison-la-Romaine bietet die reinste provenzalische Küche zu erschwinglichen Preisen. Mittlere Preisklasse.

LOURMARIN: LA FENIÈRE

Tel.: 4 90 68 11 79, Fax: 4 90 68 18 60

Etwa eine Stunde östlich von Avignon liegt in einem der schönsten Dörfer der Provence – Lourmarin – das Restaurant La Fenière. Es wird von der äußerst versierten Madame Sammut geleitet. Ihr Ehemann Guy sorgt für die ausgezeichnete Weinauswahl, die Spitzenqualität zu vertretbaren Preisen bietet. Obwohl die Speisen dem neuesten *Guide Michelin* nur einen Stern wert sind, halten viele Feinschmecker das Restaurant für eines der allerbesten in Südfrankreich. Der *loup de mer* (Seeteufel) mit einer Füllung von Trüffeln, gebraten in Olivenöl, und die gegrillten *rougets* (Rotbarben) sind erstaunlich frisch. Ein großartiges Restaurant mit einer hervorragenden Köchin an der Spitze. Die *Michelin*-Bewertung ist unverzeihlich. Ein Besuch sollte auf keinen Fall ausgelassen werden. Teuer.

CAIRANNE: AUBERGE CASTEL MIREIO

Tel.: 4 90 30 82 20

Das wunderbare Restaurant bietet eine ausgezeichnete Weinkarte und serviert großzügige Portionen provenzalischer Gerichte zu vertretbaren Preisen. Ein Genuss für das Auge, den Gaumen und den Geldbeutel. Mittlere Preisklasse.

SORGUES: DAVICO

Tel.: 4 90 39 11 02, Fax: 4 90 83 48 42

Das Hotel und Restaurant in Sorgues wartet mit einer rustikalen, reichhaltigen provenzalischen Küche zu äußerst annehmbaren Preisen auf. Das komfortable Hotel verfügt über 28 Zimmer. Mittlere Preisklasse.

VALRÉAS: LE GRAND HÔTEL

Tel.: 4 90 35 00 26, Fax: 4 90 35 60 93

In diesem ländlichen Restaurant und Hotel treffen sich die Bewohner von Valréas am Samstag zum Mittagessen. Die Gerichte, insbesondere die provenzalischen wie Trüffelspezialitäten und herrliche Auberginen- und Lammzubereitungen, schmecken ausgezeichnet. Mittlere Preisklasse.

GORDES: RESTAURANT LES VORDENSES

Tel.: 4 90 72 10 12, Fax: 4 90 72 11 63

Küchenchef Patrick Garcia verwöhnt in diesem wunderbar gelegenen Restaurant in einem der am häufigsten von Touristen aufgesuchten Orte der Provence mit klassischen regionalen Gerichten zu angemessenen Preisen. Es gibt in Gordes gewiss bekanntere Lokale, doch bietet Les Vordenses das beste Preis-Leistungs-Verhältnis. Bei schönem Wetter sollte man unbedingt auf der Terrasse speisen und den sagenhaften Blick über das Lubéron-Gebirge geniessen. Mittlere Preisklasse.

Spezialitäten des Rhônetals

Aïoli – Eine Sauce aus Eigelb, Knoblauch und Olivenöl, die zu regionalen Fischgerichten gereicht wird.

Anchoïade – Eine dickflüssige Vinaigrette aus Anchovis und Knoblauch.

Bourride – Eine herzhafte Fischsuppe, die es in endlosen Variationen gibt.

Brandade de morue – Es mag schrecklich klingen, doch handelt es sich hier um eine Köstlichkeit aus gesalzenem Kabeljau, der unter Zugabe von Olivenöl und Knoblauch zu einer Paste verarbeitet wird.

Brouillade d'œuf aux truffles – Der Name dieses Gerichts mag schwer auszusprechen sein, ist jedoch ein klassisch provenzalisches Essen aus Rührei mit gewürfelten Trüffeln. Wer Eier mag und eine Leidenschaft für Trüffeln hat, wird diese Spezialität göttlich finden.

Daube de bœuf, agneau, porc Provençal – Ein gehaltvoller, lange in Rotwein geköchelter Eintopf mit einer Mischung an Gemüsen. Die Provence-Variante des *bœuf bourguignon*, obwohl das Rindfleisch häufig durch Lamm- oder Schweinefleisch ersetzt wird.

Fougasse – Ein würziges, flaches Provence-Brot, das Zwiebeln, schwarze Oliven und Anchovis enthält.

Gigot d'agneau d'Alpilles (oder Sisteron) – Eine wunderbar schmackhafte Lammkeule aus zwei Regionen, die sich besonders für die Schafzucht eignen – die südlich von Avignon gelegenen Alpillen und die Gegend um Sisteron in dem bergigen, von tiefen Schluchten durchzogenen Gebiet östlich der Côtes du Ventoux-Lagen .

Picodon – Ein weicher Ziegenkäse, der im Augenblick sehr gefragt ist. Er wird in kleinen, runden Scheiben hergestellt und hat einen deutlich frischen, nussigen Geschmack.

Pissaladière – Im Wesentlichen das provenzalische Pendant zur Pizza: Das leicht krustige, pizzaförmige Ofengebäck ist mit Zwiebeln, Tomaten, Oliven und Anchovis belegt und findet sich in jeder *boulangerie*.

Pistou – Eine herzhafte Gemüsesuppe mit Unmengen an aromatischen Kräutern und Knoblauch.

Quenelles de brochet, sauce nantua – Hecht im Teigmantel mit einer Sauce aus Frischwasserkrebsen.

Ratatouille – Dieser Eintopf ist ein herrlich aromatisches, schweres Suppen- und Gemüsegericht aus Zwiebeln, Auberginen, Zucchini, Tomaten und Paprikaschoten, die langsam und stundenlang in Olivenöl und Knoblauch geköchelt werden.

Rigotte de Condrieu – Der Name deutet an, dass es sich um einen regionalen Käse handelt. Er wird aus Kuhrohmilch hergestellt und ist fest, aber sahnig.

Saint-Marcellin – Ein berühmter Käse aus der Gegend, bereitet aus Kuhrohmilch der Region um Isère. Er zeigt eine sahnige Konsistenz und einen milden Geschmack.

Soupe à l'ail – Knoblauchsuppe.

Tapenade – Eine Paste aus schwarzen Oliven, Knoblauch, Kräutern und Olivenöl.

Tomme – Ein Bergkäse aus Ziegen- oder Kuhrohmilch mit charakteristischem Geschmack.

Truffles – Schwarze Trüffeln aus Tricastin sind nicht so berühmt wie jene aus dem Périgord, doch schmecken sie genauso gut. Die Trüffelsaison ist im Spätherbst, die meisten Restaurants verfügen jedoch über einen Vorrat für 6 bis 8 Monate.

GLOSSAR

Abgang – Bezeichnet die Nachhaltigkeit des Geschmacks, den ein Wein im Mund hinterlässt. Je länger er anhält (vorausgesetzt, dass es sich um einen angenehmen Nachgeschmack handelt), desto feiner ist der Wein.

adstringierend – Zusammenziehend, das heißt ein pelziges Gefühl im Mund auslösend. Ein adstringierender Wein mutet eher hart und schroff an. Mit der Güte eines Weins hat das nicht unbedingt zu tun, eher mit einem hohen Gerbstoffgehalt bei jugendlichem Wein, der sich erst noch mildern muss. Es kann auch ein Zeichen für schlechte Bereitung sein. Bei einem harten Wein trägt der Tanningehalt zur Adstringenz bei.

aggressiv – Dient als Bezeichnung für scharfe Säure oder strenges Tannin beziehungsweise für beide gleichzeitig.

Aroma – Zumeist der Geruch eines relativ jungen Weins, bei dem die Duftnuancen, die sein Bukett ausmachen, noch nicht hinreichend entwickelt sind.

aufgeschlossen – Ein Wein gilt als aufgeschlossen, wenn er seinen Charme und Charakter offen zu erkennen gibt. Er braucht noch nicht voll ausgereift zu sein, ist aber schon ansprechend und schön zu trinken. Aufgeschlossen ist das Gegenteil von verschlossen, als Synonym bietet sich gut entwickelt an.

Ausgewogenheit – Eine der wünschenswertesten Eigenschaften im Wein liegt in einem schönen Gleichgewicht zwischen Frucht, Tannin und Säure, das einen symmetrischen, harmonischen Eindruck entstehen lässt. Ausgewogene Weine entwickeln sich während der Reifezeit anmutig.

Backpflaumen – Überreife Trauben verleihen dem Wein eine unerwünschte Nuance von Backpflaumen.

Bauernhofgeruch – Ein unangenehmes, unreines und fauliges Aroma im Wein, das oft durch unsaubere Fässer oder Weinbereitungsanlagen entsteht.

Beerenaroma – In den meisten Rotweinen entdeckt man ein intensives Aroma von Beerenfrüchten wie etwa Brombeeren, Himbeeren, Vogelkirschen, Maulbeeren oder gar Erdbeeren und Preiselbeeren.

beißend – Scharfe, säurebetonte und unreife Erzeugnisse werden beissend genannt und im Allgemeinen als unangenehm empfunden.

blumig – In Muscat- und Viognier-Weinen lässt sich eine blumige Komponente im Bukett entdecken. Gelegentlich findet sich auch in Rotwein ein blumiger Duft.

Botrytis cinerea – Siehe Edelfäule.

Braunfärbung – Die Farbe alternder Rotweine wandelt sich von Rubin-Purpurrot über Dunkel- und Mittelrubinrot zu Rubinrot mit einem bernsteinfarbenen Saum und schließlich zu Rubinrot mit einem braunen Saum. Wenn ein Wein Braunfärbung annimmt, ist er meist voll durchgereift und entfaltet sich nicht mehr weiter.

brillant – Der Begriff bezieht sich auf die Reinheit der Farbe ebenso wie auf die Klarheit eines Weins. Ein brillanter Wein weist in der Farbe keine Trübheiten oder Unklarheiten auf.

Bukett – Die Gesamtheit der Düfte eines Weins bezeichnet man als Bukett. Es entfaltet sich mit zunehmender Flaschenreife zu einer größeren Vielfalt, als der ursprüngliche Duft der Traube sie bietet.

Cuvée – Zahlreiche Winzer des Rhônetals erzeugen besonders erlesene Partien, die sie getrennt abfüllen und als Cuvée bezeichnen. Eine Cuvée kann auch einer bestimmten Traubensorte entstammen.

delikat – Ein leichter, feiner Wein, der sich eher durch Zurückhaltung als durch einen extrovertierten, robusten Charakter auszeichnet. Das Prädikat trifft mehr auf Weiße als auf Rote zu. Die wenigsten Rhôneweine können als delikat bezeichnet werden.

dick – Ein gehaltvoller, reifer, konzentrierter Wein mit geringem Säuregehalt wird oft als dick bezeichnet.

diffus – Ein Wein, dessen Duft und Geschmack einen Mangel an Struktur und Konturenschärfe zeigt, wird als diffus bezeichnet. Dieser Zustand tritt oft ein, wenn Rotwein zu warm serviert wird.

dünn – Gleichbedeutend mit flach, wässerig und körperarm; eine unerwünschte Eigenschaft.

Edelfäule – Der Schimmelpilz *Botrytis cinerea*, der unter bestimmten Klima- und Witterungsbedingungen – ein häufiger Wechsel zwischen hoher Luftfeuchte und trockenem, sonnigem Wetter über längere Zeiträume – die Trauben befällt und ihrem Saft durch Wasserentzug eine hohe Konzentration verleiht. Edelfäule ist ein wesentliches Element der großen süßen Weißweine von Barsac und Sauternes. Im Rhônetal ist das Phänomen auf Grund des trockenen, anhaltend sonnigen Wetters sowie des böigen Winds eher selten zu beobachten.

Eichenholzwürze – Viele rote Rhôneweine reifen zwischen sechs und 30 Monate in Eichenfässern von unterschiedlicher Größe. In einigen Weingütern werden diese jährlich in unterschiedlichem Umfang erneuert. Das frische Eichenholz verleiht dem Wein einen toastwürzigen Vanillinduft und -geschmack. Bei vernünftigem Gebrauch neuer Eichenfässer und ausreichender Fülle im Wein entsteht eine wunderbare Verbindung von Frucht und Eichenholzwürze. Ist ein Wein nicht gehaltvoll und konzentriert genug, kann er jedoch holzig werden.

elegant – Obwohl das Merkmal eher in Verbindung mit Weißwein Verwendung findet, kann auch ein leichterer, anmutiger und gut ausgewogener Rotwein als elegant qualifiziert werden.

erdig – Dieser Begriff kann einen negativen oder positiven Sinn haben; ich verwende ihn als positive Bezeichnung für ein frisches, volles, sauberes Bodenaroma. Erdig ist als ein intensiverer Geruch zu verstehen als das, was man als Wald- oder Trüffelduft bezeichnet.

Essigsäure – Alle Weine, auch die feinsten, enthalten Essigsäure, die sich erst bei übermäßiger Konzentration als Essigstich störend bemerkbar macht.

Extraktstoffe – Alles in einem Wein außer Wasser, Zucker, Alkohol und Säure.

fest gewirkt – Junger Wein mit kräftiger Säure, gutem Tanningehalt und einer sauberen Art wird als fest gewirkt bezeichnet, um zum Ausdruck zu bringen, dass er sich erst noch entfalten und entwickeln muss.

fett – In außergewöhnlich heißen Jahren erlangt der Wein häufig eine schöne Vollreife, er zeigt sich bei geringer bis durchschnittlicher Säure reichhaltig und konzentriert. Das Prädikat fett ist in diesem Fall eine geschätzte Eigenschaft. Ein zu fetter Wein wirkt jedoch flau.

flach – Ein säurearmer, schwächlicher, wässeriger oder dünner Wein, dem es an Konzentration fehlt, wird auch als flach bezeichnet.

flau – Dickliche, an Säure und Geschmacksnuancen arme Weine schmecken oft fad, flach und schwerfällig.

fleischig – Ein gehaltvoller, fülliger Wein kann auch als fleischig bezeichnet werden.

foudre – Große Eichenfässer von sehr unterschiedlichem Fassungsvermögen, die erheblich größer sind als die üblichen Fässer in Bordeaux oder die pièce aus Burgund. Foudres werden im Rhônegebiet häufig eingesetzt.

frisch – Sowohl in jungen als auch in reiferen Tropfen gilt Frische als willkommenes und angenehmes Merkmal; ein solcher Wein ist lebhaft und sauber. Frische steht im Gegensatz zu schal.

fruchtig – Ein guter Wein sollte genügend konzentrierte Frucht besitzen. Spitzengewächse haben meist mehr zu bieten als nur eine fruchtige Art.

frühreif – Hiermit sind Weine gemeint, die rasch genussreif werden, aber auch Weine, die über eine lange Zeitspanne haltbar bleiben und sich dabei anmutig entwickeln, jedoch so schmecken, als würden sie rasch ausreifen, weil sie bereits früh Schmackhaftigkeit und milden Charme entwickeln.

füllig – Gleichbedeutend mit fleischig oder vollmundig. Der Wein zeigt sich körperreich, besitzt eine Fülle an Alkohol und Extraktstoffen sowie meistens einen hohen Glyzeringehalt. Besonders füllig sind die Erzeugnisse aus Châteauneuf-du-Pape und Hermitage.

geschmeidig – Ein weicher, saftiger, samtiger Wein von äußerst angenehm runder und schmackhafter Art. Geschmeidigkeit geht mit einem harmonischen Charakter einher.

grün – Als grün werden Weine bezeichnet, denen man durch Mangel an Fülle und durch einen vegetabilen Charakter anmerkt, dass sie aus unreifen Trauben bereitet wurden. Das Merkmal trifft selten auf Rhôneweine zu, wenngleich es Jahrgängen wie dem 1977er an Reife gebricht.

herb – Schroffes, adstringierendes Tannin und ein hoher Säuregehalt kennzeichnen einen herben Wein. Neuere Rhônejahrgänge können herb, sollten aber niemals hart sein.

hohl – Ein verwässerter, an Konzentration und Tiefe armer Wein wird als hohl bezeichnet.

holzig – Eichenholzwürze im Bukett und Geschmack ist nur bis zu einem bestimmten Punkt vorteilhaft. Ein durch allzu ausgiebige Fassreife mit Eichenholzwürze überfrachteter Wein, dessen Frucht dadurch in den Hintergrund gedrängt wird, erscheint holzig.

Intensität – Von einem Spitzenwein verlangt man in jedem Fall Intensität. Sie muss mit Ausgewogenheit einhergehen, sollte aber nicht von Schwere oder Aufdringlichkeit begleitet sein. Ein Wein von intensiver Konzentration zeigt sich lebhaft, dynamisch, aromatisch und vielschichtig, und er offenbart eine verlockende Struktur. Intensität steigert den Charakter eines Weins noch.

kantig – Einem kantigen Wein mangelt es an Tiefe, Gehalt und Rundheit. Häufig stammt er aus einem schlechten Jahrgang oder weist einen zu hohen Säuregehalt auf.

karg – Ein karger Wein bereitet im Allgemeinen keinen besonderen Trinkgenuss. Dem harten, eher trockenen Erzeugnissen mangelt es an Fülle und Gehalt, doch gibt sich ein junger Rhônewein nicht so karg wie ein junger Bordeaux.

kernig – Weine aus Spitzenjahrgängen mit einer dichten, viskosen Konsistenz können im Mund durch ihren hohen Alkohol- und Glyzeringehalt sowie ihren Extraktreichtum ein volles, kerniges Gefühl vermitteln.

Kieselgur-Filtrierung – Bei diesem Filtrierungsverfahren werden statt der üblichen Zellulosefilter oder des nunmehr verbotenen Asbests Kieselgur-Drehfilter verwendet.

Kohlensäuremaischung – Bei dieser Technik der Vinifizierung gelangen ganze Trauben in die Tanks, denen dann Kohlensäure beigegeben wird. Auf diese Weise entsteht ein weicher, fruchtiger und sehr zugänglicher Wein, der sich nicht gerade durch Struktur und Tannin auszeichnet.

Komplexität – Eine recht subjektive Bezeichnung für die Eigenschaft von Weinen, immer neue, interessante, subtile Duft- und Geschmacksnuancen an den Tag zu bringen.

Konturenschärfe – Ein feiner Wein muss sowohl im Bukett als auch im Geschmack klar gezeichnete, präzise Konturen aufweisen. Ein Wein ohne Konturenschärfe wirkt diffus wie ein verschwommenes Bild.

Konzentration – Ein feiner Wein, ob von leichtem, mittlerem oder vollem Körper, sollte konzentrierte Geschmacksnoten besitzen. Konzentration bedeutet Tiefe und Fülle der Frucht, die einem Wein seine Ausstrahlung verleihen.

Korkgeschmack – Ein schlechter, unsauberer Korken kann einem Wein einen üblen Beigeschmack verleihen, der an feuchten Karton erinnert. Er tritt gelegentlich auch in einem Bukett ohne wahrnehmbare Frucht in Erscheinung und macht einen Wein ungenießbar.

Körper – Als Körper bezeichnet man die Gewichtigkeit und Fülle des Weins, die man auf der Zunge und am Gaumen spürt. Ein körperreicher Wein zeichnet sich durch einen starken Gehalt an Alkohol und Glyzerin sowie durch große Konzentration aus.

kräuterwürzig – Viele Weine, insbesondere die Erzeugnisse aus dem Rhônetal, zeigen im Duft einen deutlichen Anklang an Kräuter wie Thymian, Lavendel, Rosmarin, Oregano, Fenchel oder Basilikum.

krautig – Dieser Begriff bezeichnet einen Geruch von Gras und Laub, der oft von zu viel Berührung mit den Traubenstielen herrührt. Wird diese Komponente übermäßig stark, dann nimmt sich der Wein vegetabil oder grün aus.

lang – Ein sehr erwünschter Wesenszug bei einem feinen Tropfen ist ein langer Abgang, das heißt, ein nachhaltiger Geschmack, der manchmal eine halbe Minute bis mehrere Minuten lang zu spüren ist, nachdem man den Wein hinuntergeschluckt hat. Bei einem jungen Wein trennt die Länge ein gutes Gewächs von einem großen.

lebhaft – Eine Bezeichnung für einen frischen, spritzigen Wein. Zumeist ist er noch jung und verfügt über eine schöne Säure.

maceration carbonique – Siehe Kohlensäuremaischung.

massiv – In großen Jahrgängen mit hohem Reifegrad und reicher Konzentration entsteht ein Wein von so kräftiger, körperreicher und gehaltvoller Art, dass man ihn nur als massiv bezeichnen kann. Ein Spitzenwein wie der 61er Hermitage La Chapelle bietet hierfür ein Musterbeispiel.

Nase – Der allgemeine Geruchseindruck eines Weins, das Bukett, wird gelegentlich auch als Nase bezeichnet.

ölig – Gehaltvolle, saftige und intensive Weine, die eine vielschichtige, konzentrierte, samtig weiche Frucht besitzen, werden als ölig bezeichnet.

Oxidation – Kommt ein Wein während
der Bereitung oder Lagerung zu stark mit
Luft in Berührung, verliert er an Frische
und nimmt einen schalen, ältlichen Geruch
und Geschmack an, der als oxidiert bezeichnet wird.

pfeffrig – Eine pfeffrige Note ist häufig in
Rhônewein anzutreffen, der ein Aroma
von schwarzem oder weißem Pfeffer sowie
einen pikanten Geschmack besitzt.

pflaumenwürzig – Gehaltvolle, konzentrierte Weine erinnern oft in Duft und
Geschmack an reife Pflaumen.

pigéage – Keltertechnik, bei der der Tres-
terhut während der einsetzenden Gärung
stets erneut unter den Most gedrückt
oder gestampft wird. Dies geschieht mehrmals am Tag und führt zu einer erhöhten
Farb-, Geschmacks- und Tanninextraktion.

prall – Ein praller Wein offenbart eine
schöne intensive Frucht von ausgezeichnet
reifen Trauben. Er weist superbe Extraktstoffe auf und gibt sich äußerst konzentriert
und schmackhaft. In großen Jahrgängen
wie 1961, 1978, 1983 und 1985 entstanden
so konzentrierte Gewächse, dass sie prall
genannt werden können.

rauchig – Eine rauchige Note stammt entweder aus dem Boden oder aus dem
Eichenholz der Fässer. Bei einem Côte Rôtie
oder einem Hermitage lässt sich häufig
ein röstiger oder rauchiger Duft feststellen.

reichhaltig – Ein reichhaltiger Wein verfügt über vielfältige Extraktstoffe, schönen
Geschmack und eine intensive Frucht.

reif – Ein Wein wird als reif bezeichnet,
wenn die Trauben bei optimaler Reife
gelesen wurden. Nicht vollreife Trauben
ergeben einen unreifen, überreifes Lesegut einen überreifen Wein.

reinsortig – Ein Wein, der zu 100 % aus
einer Traubensorte erzeugt wurde.

robust – Ein deftiger, kräftiger, körperreicher, gewichtiger Wein, der jedoch nur
selten Eleganz oder Raffinesse bietet.

rosiniert – Wein von spät gelesenen
Trauben, dessen Genuss meist zum Ende
einer Mahlzeit zu empfehlen ist, erinnert oft an Rosinen, was bei manchen
Portweinen und Sherrys durchaus
erwünscht sein kann. Bei trockenem
Wein dagegen gilt eine rosinierte Note
als unerwünscht.

rund – Diese in allen Weinen durchaus
erwünschte Eigenschaft kommt bei voll aus-
gereiftem Wein vor, dessen jugendlich
adstringierendes Tannin sich gemildert hat,
aber auch in jungem Wein, der von vornherein wenig Tannin und Säure aufweist
und deshalb jung getrunken werden muss.

saftig – Ein samtig weicher Wein mit
reicher Frucht, der sich konzentriert und
fett ausnimmt. Er kann niemals adstringierend oder herb sein.

samtig – So nennt man einen konzentrierten, milden, reich fruchtigen, runden Wein,
der ein sanftes, üppiges Gefühl auf der
Zunge vermittelt. Ähnlich zu verstehen ist
der Begriff seidig. Eine samtige Note gilt
als sehr erwünscht.

Säure – Die wichtigsten im Wein vorkom-
menden natürlichen Säuren sind Apfel-,
Milch-, Wein- und Zitronensäure. In angenehmer Konzentration sorgen sie für Frische
und Lebendigkeit und wirken konser-
vierend. In warmen Jahren ist der Säureanteil meist geringer als in kühlen, reg-
nerischen. Ein zu hoher Säuregehalt ist
unerwünscht, da er die Geschmacksnoten verdeckt und die Struktur des Weins
unterdrückt.

säurebetont – Für einen frischen und
lebhaften Geschmack benötigt ein Wein
natürliche Säure. Über ein bestimmtes
Maß hinaus führt sie jedoch zu einem
säurebetonten Wein, der sich beißend und
sauer gibt.

schal – Stumpfe, schwerfällige, oxidierte
Weine, denen es an frischer Säure fehlt,
gelten als schal.

scharf – Ein unerwünschter Zug; solche Weine sind bitter, unerfreulich und haben eine harte, kantige, eckige Art.

schlank – Schlanken, fast stromlinienförmigen Weinen mangelt es an Gehalt und Fülle, sie können trotzdem ein Trinkvergnügen bereiten.

schmackhaft – Eine allgemeine Beschreibung für einen runden, aromatischen und interessanten Wein.

Schwarze Johannisbeeren – In einigen Rhôneweinen lässt sich oft ein ausgeprägter Duft von Schwarzen Johannisbeeren in unterschiedlicher Intensität ausmachen.

seidig – Eine ähnliche Bezeichnung wie samtig oder üppig, wobei die Betonung jedoch mehr auf zart und manchmal auf weich liegt. Ein seidiger Wein ist niemals herb oder kantig.

stielig – Stärker noch als bei einem vegetabilen Wein, macht sich hier eine zu intensive Berührung mit den Traubenstielen bemerkbar, die zu einem grünen, pflanzlichen oder stieligen Charakter führt.

stumpf – Ein verschlossener, aber noch entwicklungsfähiger Wein wirkt gelegentlich stumpf; meist aber wird dieser Begriff in einem abfälligen Sinn gebraucht und bezeichnet dann einen Wein, von dem keine Entwicklung zum Besseren mehr zu erwarten ist.

sur-lie – Nach Abschluss der Gärung wird der Wein auf dem Hefesatz liegen gelassen, um ihm mehr Geschmack zu verleihen.

Tabak – Einige Rotweine zeigen einen charakteristischen, wundervollen Duft nach frischem Tabak.

Tannin – Der aus Traubenschalen und Stielen extrahierte Gerbstoff bildet zusammen mit dem Alkohol- und Säuregehalt das konservierende Gerüst eines Weins. Im jungen Wein äußert sich Tannin in fester, rauer Art, die sich jedoch mit der Zeit mildert und abschmilzt. Ein tanninstrenger Wein ist meist jung und noch nicht genussreif.

Tiefe – Im Wesentlichen das Gleiche wie konzentriert. Ein tiefer Wein besitzt Gehalt und eine Fülle von Extraktstoffen.

toastwürzig – In vielen Weinen ist eine an Toast erinnernde Duftnote zu entdecken, die dadurch verursacht wird, dass die zur Lagerung benutzten Fässer bei der Herstellung innen angekohlt werden.

überreif – Ein unerwünschtes Merkmal, das durch zu lange am Stock verbliebene und daher überreif gewordene Trauben verursacht wird. Diese haben ihre Säure eingebüßt und ergeben deshalb schwerfällige und unausgewogene Weine. In heißen Weinbaugebieten wie dem Rhônetal kann es durch zu späte Lese zu Überreife kommen.

vegetabil – Bezeichnet einen negativen pflanzlichen Geruch und Geschmack, der meist in Weinen auftritt, die von unzureichend ausgereiften Trauben gekeltert wurden. In manchen Weinen trägt eine subtile Gemüsegartennote auf angenehme Weise zur Komplexität bei, als vorherrschendes Merkmal aber wirkt Vegetabilität unangenehm.

verschlossen – Diese Bezeichnung bedeutet, dass ein Wein sein Potenzial in sich verborgen hält, meist weil er noch zu jung ist. Junger Wein verschließt sich oft 12 bis 18 Monate nach der Abfüllung und verharrt dann je nach Jahrgang und Lagerungsbedingungen einige Jahre, manchmal sogar mehr als ein Jahrzehnt in diesem Zustand.

viskos – Eine gewisse zähflüssige Art zeichnet Weine mit relativ hoher Konzentration, üppiger, fast dicker Konsistenz, dichtem Fruchtextrakt sowie hohem Glyzerin- und Alkoholgehalt aus. Wenn genügend Säure als Gleichgewicht vorhanden ist, sind solche Weine oft überaus schmackhaft und ausdrucksvoll. Fehlt die Säure, wirken sie eher flau und schwerfällig.

volatil – Als volatil wird Wein mit einem hohen Gehalt an Essigsäure bezeichnet, die ihn ungenießbar machen kann.

vollmundig – Große, reichhaltige, konzentrierte Gewächse mit schöner Frucht und einem hohen Alkohol- und Glyzeringehalt vermitteln den Eindruck, den Mund buchstäblich zu füllen. Ein vollmundiger Wein ist zugleich kernig, reich und gehaltvoll.

weich – Ein runder, fruchtiger Tropfen mit geringer Säure, der kein aggresives, herbes Tannin aufweist.

wuchtig – Ein Wein mit kräftigem Körper und intensiver Konzentration wird als wuchtig bezeichnet. Das Merkmal trifft auf die meisten roten Rhôneweine zu.

würzig – Im Aroma zeigen Weine oft Nuancen von bekannten Gewürzen wie Pfeffer oder Zimt. Diese durchdringenden Noten werden gewöhnlich unter dem Begriff würzig zusammengefasst.

Zedernholz – Im Bukett von rotem Rhônewein erkennt man zuweilen mehr oder weniger deutlich den Geruch von Zedernholz als eine von mehreren Komponenten.

REGISTER